U0803526

孙秋克

昆明学院教授。出版《明代文学史》（合著）、《明代云南文学研究》《苍雪大师评传》《孙秋克〈金瓶梅〉研究精选集》等著作5部，注评、编著古代经典文学作品2部，参撰《中国大百科全书》（第二版）。在《文学遗产》《思想战线》《云南民族大学学报》《阅江学刊》和本校学报等期刊、国际国内学术研讨会论文集上发表论文70余篇。主持国家及省级社科基金课题3项。

国家社科基金资助项目
昆明学院重点学科建设资助项目

明代云南文学家年谱

孙秋克　姜晓霞　李艳峰　朱供罗　董雪莲　谢蔚　著
孙秋克　统稿审订

商务印书馆
创于1897　The Commercial Press
2017年·北京

图书在版编目(CIP)数据

明代云南文学家年谱/孙秋克等著.—北京:商务印书馆,2017
ISBN 978-7-100-15009-5

Ⅰ.①明… Ⅱ.①孙… Ⅲ.①作家—年谱—云南—明代 Ⅳ.①K825.6

中国版本图书馆CIP数据核字(2017)第183364号

权利保留,侵权必究。

明代云南文学家年谱
孙秋克等 著

商务印书馆出版
(北京王府井大街36号 邮政编码100710)
商务印书馆发行
北京顶佳世纪印刷有限公司印刷
ISBN 978-7-100-15009-5

2017年11月第1版　开本787×1092 1/16
2017年11月北京第1次印刷　印张44½
定价:148.00元

序

孙秋克

以杨一清、李元阳、陈佐才等十八位明代云南文学家年谱为主体，构成一个从明初到南明，贯穿云南汉文学史的内在体系，呈现其发展的独特历史背景和主要创作风貌，以填补云南古代文学史研究的部分空白，提供充实中国明代文学史研究之实例，是本书力求表现的基本意图。

“扎实的研究，厚实的创获”，是同行专家对本书的一个评价。我觉得此评从两个向度，概括了作者的治学态度和本书的创新价值。这部著作是国家社科基金项目成果，作为项目负责人，我在多年研究明代文学的基础上，进行该项目的设计、论证、立项、结项申报，并承担了全书整体规划和大部分撰写任务，又在全书完成后进行统稿审订，尽力使其在整体学术水平和行文风格上达到基本一致。除了我和各位作者自身的努力外，本书的完成和逐步完善，得益于同行专家的意见和建议甚多，所以，我想就此结合这部著作的实际，谈一谈感想。并非懒于进行自我批评，而是认为与自说自话相比，同行专家所做的双向匿名鉴定更为客观公正，使我们对良好学术风气的建设更有信心。

一部著作应当具有一定的创新意义和参考价值，特别是年谱这类极易以材料之堆砌，淹没著者编撰意图和谱主基本面目的著作形式，更加难以把握怎样在适当的取舍中，尽最大的可能实现推陈出新的设想。或许由于本书在整体构思和年谱撰写上皆着意于此，故鉴定专家认为其“选题值得赞赏，具有重要的学术价值”，编撰方式亦科学合理，“体现了良好的体例意识，也增强了成果的体系性和实用性”，“是学界迄今为止收录明代云南作家最多、编纂最为翔实可靠的系列作家年谱，表现出很高的学术创新程度”。兼收“知人论世”和“品核作家”之效，“兼具年谱和文学史评价的功能”，“对于明代云南文学具有多方面的开创、拓荒性的学术意义”，为之“提供了重要工具书，成为相关研究必备的参考与新起点”。鉴定专家们肯定了本书的原创意义、实际应用和理论参考价值，这使我们对自己多年耕耘的结果甚觉欣慰。此后我们继续努力，进一步修改、完善成果，并运用地理信息技术（GIS），对明代云南文学家的地理分布，做了可视化处理，以加强本书呈现文学史的实际效果。总之，以多个作家的年谱为基本形式，构成一代文学史的内在体系，并辅以三个各有侧重的附录，在整体上进行系统性研究，是本书表现理论创见的基础，舍此则容易产生空洞浮泛、东拉西扯的毛病。

毋庸置疑，如果说这部著作具有以上价值，那么这在很大程度上取决于作者的治学态度。正如专家指出，本书基本上贯串了从明代前期到明清之际数百年的历史，“涉及的谱主众多，年代跨度大”，可谓“工作量极大，涉及的内容极其繁复，文献材料千头万绪……没有甘坐冷板凳的精神是不可能”完成的，而“作者能多方寻求，广泛收集，尽量做到全面占有资料，对资料的处理能仔细分析，认真考辨，符合学术规范，体现了扎实、严谨、下苦功的作风”。由于本书对谱主“进行了知人论世的细密考察，言必有据，论从史出，所涉各类文献宏富”，因而使“成果显得厚重，增强了成果的原创价值”。专家所见，符合本书著者研究工作的实际情况。例如谱主遴选，是体现本书学术创新和构思的重要方面，因为课题设计“充分注意到了年谱选择、撰著的普遍性、覆盖面的问题”和谱主的“代表性问题”，并在云南这个多民族聚居之地，遴选各民族作家，因而能够“推陈出新，言必有据，故所言多切中实际”。又如本书所括年谱有首编，有新编。个中人都知道，实际上编撰新年谱难，在旧年谱后出新亦难。所幸我们多年来甘坐冷板凳的努力，得到了同行专家的理解和肯定，进而增强了我们在治学过程，对严谨态度的自持和考量。

一部著作的原创性和参考价值，还应当表现在它是否为后来的研究，提供了应有的学术思考向度和拓展空间。就全国文学和地域文学、文学通史和断代文学史而言，作家作品研究是重要基础，这当然也是本书选择年谱这一体例来呈现选题意图的基本出发点。明代云南文学是中国明代文学一个不可分割的部分，正如专家指出：“编纂明代云南文学家年谱，是明代云南文学研究深入发展的必要步骤，不仅有利于我们加深对明代云南文学的认识，而且对于古代地域文学的研究也有推进作用。”本书为明代十八位云南作家编写年谱，持续时间直到南明永历王朝终结之后，故“可以说明代云南文学史上比较重要的作家都在其范围之内”。按谱主的生年来编排其出现顺序，即是为了体现明代云南文学发展的基本脉络，及其不同于全国其他地区的特点。另一方面，就作家和文学史的关系而言，本书单个的年谱，重在表现谱主的文学创作成就，而把十八位文学家的年谱统合观之，事实上“便构成了贯穿明代文学史的一个内在体系，这既为明代云南文学史的研究提供了重要平台和基础，也为整个明代文学史的研究提供了参考与借鉴，其学术价值是多方面的”。我感谢鉴定专家的理解，他们指出的以上特点，确乎既是本书个案与系列研究相结合这一体例的呈现原则，也是文学研究者必备的学术前瞻意识。如果要编写一部明代云南文学史，无疑应当先对其在特定历史背景下产生的主要作家作品，进行从个别到统合的透彻研究，对中国明代文学史来说，这也是一个实证性的重要补充。对于上述内容，本书表现得还不够完善，而我们编写的十八家年谱，虽然把明代云南各地、各族的汉语文学家作为主体进行研究，并以大事记、分布图形式对其覆盖面做了简明提示，但实际上云南这个时期的文学家，涉及本省46个地区，人数有358位之多，故无论从纵向还是从横向看，继续研究都有相当大的余地。

对于同行专家的看法，这里不能一一引用，但应当补充说明：在课题立项当年，云南文学馆王运生研究员，云南大学王文光教授、段炳昌教授、冯良方教授，云南社会主义学院陈友康教授，拨冗参加了我们的开题论证会。几位专家肯定了选题、构思的价值和重要研究意义，并提供了有益的建议，推动了课题研究的深入，结项鉴定专家则秉持客观公正的态度，在充分肯定本书原创性、实用性、理论性等价值的同时，提供了一些具体修改意见，并建议进一步统合修改，以提高全书的整体质量，使其臻于完善。在完成课题研究的整个过程中，我们切实地感到，与同行专家进行具有针对性的交流，确实有利于促进学术研究水平的提高。对各位专家的帮助，谨此表示衷心感谢！

获得国家社科基金项目立项，对于学术研究的深入发展，无疑是一个有力的推动；能够良好地完成项目，是大家积极进取的结果，同时也激励了我们做好本书的决心。然而学无止境，加之个人的局限，虽经各位作者和统稿人多次修改，本书还会存在错误和不足，对此我们决不用“在所难免”来推卸，而是要求自身不断改进，亦期待高明不吝赐教，留待日后修订。

目　录

绪　言

一个基础项目从构思到完成，不可能一蹴而就，它源于坚持不懈的探索性研究。笔者早就关注年谱的撰写，曾在研读古今年谱后写道：

"旧年谱带有先天的缺陷……故'批判地继承'这一原则并未过时。当代人写年谱，应当对旧年谱的缺陷加以改造，目的明确、客观真实地论列谱主生平的重要史实，清晰简括地表现出谱主的主要面目。这是决定史料取舍的重要依据，也是著者思想倾向和方法论的重要表现。""徐朔方先生……以引论和正文两部分构为论叙结合之体。引论是著者对谱主所做的综合性评论，正文则是对谱主生平事迹的编年记载。'两者间或互有详略，各相补充'，表现出宏观与微观有机结合的科学方法，为新年谱的编写提供了一个可资借鉴的实例。"①

上述看法，可说是笔者积淀数年，直至申报这个课题的起点。

一

《明代云南文学家年谱》是一部地域性断代汉文学史类著作，它以明代（包括南明）十八位作家之年谱，汇集为一代文学家群谱，展现明代云南汉文学史的基本风貌，及其与中国同期文学史之间的种种联系。最后的三个附录——《明代云南文学大事记》以时为经，以事为纬（本书已有谱主除外），对明代云南本土作家作品和外来作家的在滇事迹、涉滇作品，做了简略汇编；《明代云南文学家地理分布图及统计表》，对明代见诸文献的所有云南籍作家，以地理信息技术（GIS）对其分布情况做出可视化呈现，再以统计表综合每一地区作家人数，并具体表明其所属地区，既全面又直观地展示明代云南作家的阵容——计有46个地区，358位作家。《本书引用文献编目》则以时代为序，综录本书参考文献的版本信息，从中大略可见明代云南汉文学研究的文献概况。如此看来，本书的容积似乎很大，实际上却很小。这使笔者在设计全书体例、遴选全

---

① 孙秋克：《两部〈王世贞年谱〉之批评与订补》，《文学遗产》，2002年第3期。

书谱主时，曾长久地陷入既想呈现一个地域、一代文学的基本风貌，一时却又难以决断取舍的纠结中。

就体例而言，年谱是以编年方式记载人物生平的一种传记体。比起《史记》以来的列传体，年谱的出现，在时间上要晚得多。它源于北宋而盛于清代，在人物传记中一枝独秀；它既是编年史的别体，又与起于汉代的史传及起于南朝的家谱有所联系；它以年代顺序为体，以有始有终并尽可能详备的记载，弥补传志多半只能记载人物生平大略，而不能逐年展示其事迹的缺憾。诚如清代学者所言："传志、年谱之作，其昉于史之纪事编年乎？然传志举大端一二，年谱则条分件系，并始终本末而著之，故年谱可补传志所不及，传志取其简括，年谱取其详备，此大较也。"① 参详于此，要为若干仅有简括传记的文学家编撰详备的年谱，其难度可想而知，故本书的每一个年谱，皆要求作者在全面占有现存相关史料文献、可见实物的基础上，按照本书的体例来撰写，从而尽可能达到单个年谱应有的水平。

就理念而言，年谱有裨于知人论世。在文学研究中，编写年谱实则是以治史的方式，为解读文学家的生平和创作，打下坚实的基础。故在当代学术研究中，年谱仍然具有重要的学术价值和实用价值。在特定历史环境和个人际遇背景下，既顾及全人，又有所侧重，目的更为鲜明突出，载事更为客观真实，叙事更为清晰简要，内在联系更为有机统一地呈现谱主生平事迹和创作实际，或许是文学家年谱撰写的必要思考。年谱以编年为序的体例，会在一定程度上影响谱主基本面目的呈现以及内在联系的显示，故本书在前面冠以"绪言"表明全书主旨，内容，在每个年谱前冠以"综论"，作为对谱主个人整体情况的评述，其后以年谱系谱主生平事迹，表现其人生特定轨迹，进而三者合一，力求构成一个既无重大遗漏而又眉目清楚、不失内在有机联系的整体。

由于云南自古就是多民族聚居的边远地区，故其汉语文学虽然自明代崛起以来，即以不俗的创作成就，汇入中国汉文学史长河，清代汉语文学亦在此基础上发扬光大，却不曾引起中国文学史家的足够重视。明代云南汉文学史的空前成就，是朱明王朝文治武功的结果，更是各民族作家的共同创造。可以说，这是一个广义的认识问题。虽说明代云南文学家的别集散佚甚多，留存很少（以民国时期编纂的《云南丛书》为例，明代不到20部，清代则有60余部），但《滇南诗略》《滇南文略》《滇诗丛录》《滇文丛录》《滇词丛录》《永昌府文征》《丽郡诗文征》《晋宁诗文征》等大型诗文总集，

---

① 王宝仁：《王奉常年谱序》，《北京图书馆藏珍本年谱丛刊》，第66册，第322页，北京图书馆出版社，1999年。

仍然集中表现了明代滇云文坛群星璀璨的景象。然而，从狭义的角度看，作家作品的个案研究，是撰写文学史的基础，不弄清具体作家的生平和创作，就不能真正把握一代文学的基本风貌。然而明代云南作家的别集存世稀少，家谱、族谱佚失甚多，地方志对人物事迹和创作的载录比较粗疏，这些都必然影响到我们从单个作家作品之层面，对明代云南汉文学史，进行相对符合实际的描述和建构。但这只是事实的一个方面，另一方面则是：深入研究现存所有文学作品和各种文学史料，无论是资料集中如别集、家谱、族谱者，还是分散到诗文总集、地方志里的单篇作品或简略传记，只要我们以科学的研究方法、严谨的学术态度去开掘、去辨析，进而编写成文学家群谱，一代地域文学的轮廓，终将以其特有的风貌，展现在我们面前。个别作家和一代文学、地域文学和全国文学，均为有机统一体。一个地域、一代文学家的活动，一旦经过探究者有意识的汇集，就有望从个别到群体，形成其应有的文学史意义。

本书的十八位谱主，基本上是明代云南各民族文学家中的杰出代表、云南文学史上的翘楚。我们这样说，并非否认其他作家的地位，虽然限于历史文献的匮乏，难以一一撰写出他们的年谱，但一隅之阙并不能掩盖其成就。比如明初著名诗人郭文，以现存史料，就不可能撰写其年谱，又如明末的王锡衮和遗民陆天麟（对此人身份的争议见其年谱），终因前者无法考订生年，而后者生卒年皆无法考订，故只能由年谱变格为创作行实录存；再如聚集在杨慎周围的杨门诸子[①]，亦因同样的缘故，只选入了四家，而对明代云南兴起的文学家族，如晋宁唐氏、永昌（今保山）张氏、浪穹（今洱源）白族何氏、丽江纳西族木氏，也只能选入其中成就最高、资料留存较多的。再者，文学家的道德节操，必然要反映到作品中，“文如其人”说于事实虽时有例外，但终究是文学史上的一般规律，这不一定由某人作品的数量来决定。例如王锡衮和陈佐才，前者存世的诗文不到 20 篇，后者则有数百。或许从数量看，王锡衮在文学史上不足以称为名家，然而他和陈佐才的气节同样高尚，所表现的文学格调同样荡气回肠，所以我们既关注陈佐才，也不忽略王锡衮。

---

① “杨门诸子”，即杨慎谪滇后，围绕在其周围的滇云各地文学家。人们把这些文士中声名最显者合称为“杨门六学士”“杨门七子”。但这并不能完全表现杨慎在云南嘉靖文坛的实际影响，故笔者以“杨门诸子”称之（孙秋克：《明代云南文学研究》第五章第三节《杨门诸子与嘉靖云南诗坛之繁荣》，第 126~127 页，云南人民出版社，2010 年）。

二

从本书的十八个年谱中，我们可以看到纷纭复杂的内容，下面只能简言之，至于具体复杂而确凿的事实，各年谱已根据文学家们的生平和创作，做了尽可能翔实而精简的载录，不赘。

由于明王朝统治的强大力量，科举兴教在云南得以推进，使云南人才培养和汉文学史的发展，取得了划时代的成就。应当说，舍此，云南文化、文学发展的落后状态仍将继续下去，而不可能在走过明代之后，到清代蔚为大观。所以，由科举带动的云南向学之风兴盛，是边地汉语文学史发展的基础。无论一心向学者的初衷是学而优则仕，还是积淀为人文精神，我们看到的云南汉文学史发展结果多是极为可喜的：兰茂虽然饱读诗书，却从无科举之念，因而成为取得了多方面学术成就的明初诗人代表；杨一清在科场顺利，仕途青云直上，出将入相的同时遭遇过的诏狱磨难，反而使其作品多了几许风骨；唐尧官乡试博得解元身份，但在春试屡屡落第后隐居乡里，终以出色的诗文创作，成全了其立言功业；高应雷在明王朝大厦倾覆后出征南楚，旋即惨遭兵败，以致无人知其最终下落，然而留下了一部虽残缺却无价的诗文集。无论家国、人生的幸或不幸，都不仅没有磨灭滇云作家的个人才情，反更增添了其文学创作的光彩。从更大的层面上看，在科举兴教的影响下，云南少数民族热衷于汉语文化，他们中的许多人不是被动地接受，而是主动地学习、应用并传播之，不仅促进了边地士绅阶层的形成，更促进了汉语文化在边疆多民族地区的发展，促进了中华民族大融合。李元阳等各民族作家的汉语文学成就，就展示了个人在时代影响下做出的杰出贡献。

在明代各级政府大力兴教办学的同时，内地大量汉族移民和众多科举人士，因宦滇、谪滇等因素进入云南，云南各民族文学家相互之间、与外地文士之间的多元交流，无疑都成为明代云南汉语言文学发展的动力。同时，本土宦游或流寓外地的作家，也自然成为文学交流的桥梁。明代外来文士的个人文学成就，虽然难以和戍滇数十年的杨慎相比，但他们以个人在仕途和文坛上占有的地位和影响，推动云南文学逐步走向全国，为外界有较大影响的人物所认识，其作用和意义同样不可忽视。翻开景泰《云南图经志书》、天启《滇志》等方志，翻开《沧海遗珠》《永昌府文征》等诗文总集，从明初到南明，世道安宁也好，时事混乱也罢，外来人员的作品，皆可谓熠熠生辉，共同折射着某一阶段、某一环境中，文学家们的生存状态和创作情况。在与全国文学交融及地域文学自身传承的合力作用下，明代云南汉语文学家和汉文学史，如同这块土地及多民族文化自身那样绚丽多彩。其文学意象，舒卷着历史风云和沧桑；其文学精神、文学主题、审美趣味，与少数民族文化传统交相辉映。这一切，成为全国文学史上一道亮丽的色彩，成为明代中国和云南文学中不可轻视的遗产。除了云南故里对他们的重视，杨一清、李元阳、苍雪、文祖尧、高应雷等人的事迹和作品，同样载于他们占籍、仕宦或流寓之地的相应典籍中，同样被当地人民视为珍贵的人文遗产。云南文学家与外地士人的交流情况，在本书中并不鲜见，而高应雷出征战败后，长期流寓溆浦，其坐馆为生的当地舒氏后人，在他离世约 130 年后跋山涉水，不畏艰险地来到云南，送还高应雷作品残集的长情高谊，更彰显了跨越时空的人文情怀！

很多时候，具有历史意义的英雄人物之不幸，会催生意想不到的文化成就，经过时间的洗礼，这一成就往往有难以估量的、长期的、正面的影响。如杨慎因坐“大礼议”之罪而戍滇，他本来可能辉煌无比的仕途生涯就此断送，这对个人来说无疑是不幸，但嘉靖时期滇云文坛的兴盛，及其对后世的深远影响，无疑是杨慎个人魅力在边疆的极致发挥。在滇中、滇南、滇西、滇西北乃至整个云南，杨慎都拥有大批仰慕者。张含、李元阳等文人学士的追随，形成了嘉靖云南文学的中坚力量，并成为当时和后来云南汉文学史发展的范式，可谓辐射了明代中叶以来的云南文学史。若无“大礼议”事件对杨慎和全国嘉靖诗人的政治打击，杨门诸子的成名，恐怕也不会如此顺利而迅速。① 如今，外面的世界无比喧嚣，而在滇池之滨的西山高峣，当年杨慎寓居的碧峣精舍，依然那么清幽宁静。笔者曾流连其中，吟成《游升庵祠》小诗一首：“碧峣空对茫茫水，精舍犹开树树花。鹏举青天悲断羽，滇云有幸众诗家。”当然，在杨慎给云南嘉靖文坛带来巨大影响的同时，云南文学家及其作品，也反过来给予杨慎一定的影响。如兰茂的《性天风月通玄记》，是云南戏剧史上的第一部戏曲作品，杨慎的《宴清都洞天玄记》杂剧，就是根据兰茂这个传奇改编而成。

杨慎在嘉靖时期对云南文学的影响，适时地推进了明代前期由于各种因素相互作用，已逐步形成的云南文学走向和发展历程。在成熟的科举、文教基础上，在杨慎自然而然的精神感召和文学凝聚作用下，实际上在这个阶段，云南各民族的汉语文学家，都已经打破了不同地区、不同民族之间的种种隔阂，成为以汉语为文学表现语体、以其传统诗文为形式载体的作家群。这本年谱中的杨士云、张含、李元阳、王廷表，都是杨门诸子中的人物，也是云南文学史上著名的作家。远在滇西北的丽江土司木公，

---

① 请参阅孙秋克《明代云南文学研究》第五章第三节《杨门诸子与嘉靖云南诗坛之繁荣》（第 126~144 页，云南人民出版社，2010 年）。

则不仅是张含的挚友，亦是杨慎的神交。不仅木公唱和杨慎诗，杨慎还从木公的六部汉语诗集中，编选出《雪山诗选》。自嘉靖以来，来自不同民族的汉语作家日益增多，表明云南汉文学史自明代崛起以来，即表现了大一统政权的主流文化特征——凡此种种，无不潜藏着明代云南作家生存和创作的原始状态，以及云南文学发展历程中的丰富信息。

“国家不幸诗家幸”，这是无奈而又不争的事实。在杨慎促进云南嘉靖文坛繁荣后，南明时期因永历王朝入滇，发达地区的大批臣民追随而来，加之本地诸多义士奋笔疾书，形成了云南文学继嘉靖时期之后的又一个高潮。秦光玉的《明季滇南遗民录》共著录了省内外遗民 152 人[①]，其中云南以诗名著称的苍雪、文祖尧、担当、高应雷、赵炳龙、陈佐才等，都进入了本书。可见，大明王朝覆亡后，在边陲云南上演的南明后期历史，与当地文学达成了无法割舍的血肉联系，云南文学的时代精神，因而又一次大放异彩。不少诗人执着于对先朝故园的强烈感情，为了远离新朝，不惜放逐自己于深山野林，甚至以血作诗，抒发自己对故国的眷念，对忠臣义士的敬仰……云南在南明历史上的特殊地位，使其当时的政坛君主和文坛气质，成为全中国遗民的一个精神坐标。不用细心辨识，只要扫一眼本书的目录就会看到，如果以永历十五年（1661），朱由榔父子被执为界，在本书的十八位谱主中，前九位完全生活在大明王朝，后九位中的绝大多数，则从未放弃明代版图意识及其明朝人的身份。这样的顺序并非刻意安排，而是经过多年探索和最终遴选后，自然形成的谱主格局。遗民诗人所处的特殊时世，最为考验其人品格和意志的坚定性。例如苍雪（1588~1656）、文祖尧（1589~1661）不幸面临大明王朝的覆灭，前者在方外痛怀故朝、故人，后者则在归乡途中，因悲愤永历帝被执而绝命；赵炳龙（1608~1697）虽然行年九十余岁，但他长期隐居在石宝山中，从不涉清朝利禄；高应雷（1621~1673）为明朝征战失败而归乡不得，长期流落于溆浦，吟唱着“一点血心无改移”的大丈夫之歌[②]；陈佐才（1623~1692）在滇云版图入清三年后，仍然穿着明朝服饰，晚年更凿巨石为棺，坚守“明末孤臣，死不改节”[③]的精神境界。总之，无论是在鼎革之际，还是在入清后生存的许多遗民文学家，他们高昂的民族优秀精神和爱国情怀，以及虽然面对艰难时世却也依然气节高尚的生活状态，都毫无保留地表现在其生平事迹和诗文中，为时人和后世传颂，他们以自己的血性和血

---

① 秦光玉：《明季滇南遗民录》，呈贡秦氏罗山楼刻本，1933 年。
② 高应雷：《题小影》，《高澹生诗文钞》，影印《云南丛书》，第 22 册，第 11589 页，中华书局，2009 年。
③ 陈佐才：《自挽诗》，《重刊明遗老陈翼叔先生诗全集·石棺集》，第 144 页，国家图书馆藏，1946 年。

书表明，明代遗民绝不是一个悲凄的概念，而是一曲时代的赞歌！

云南遗民文学家的隐居，与此前明代文士的隐逸，无论在生存取向还是在文学精神上，都有深刻的区别。如兰茂的隐居，是在其哲学思想指导下，太平盛世诗人对其人生走向的选择；唐尧官的隐居，是其春试数次失利的结果。但高应雷的隐居，是在南明覆灭的背景下，出征落榜后流落异乡的无奈之举；赵炳龙、陈佐才等人的隐居，是在"遍地皆戎马，满天尽甲兵"①的乱世中，背负国破家亡的巨大痛苦，却不屈于新王朝的精神抗争。然而，云南明代（包括南明）的隐士，又都有一个共同特点：无论在怎样的时世和个人经济条件下，他们都超越了个人或小我，而没有背离对社会、对民众的人文关怀。无论是兰茂《渔》《樵》《耕》《牧》等诗对普通劳动者的满怀同情②，还是陈佐才对遗民有如失巢鸟③的哀婉比兴，都具有深广的时代和人文意义，让后世永远不会遗忘，在这片土地上、在这个时代曾经生活过的这一群体。云南在明初就有隐逸之风，我们特别关注几位遗民诗人的隐居，是因为在清平世界，隐逸可以是一种人生选择，但在鼎革之后，这往往是对家国信念的坚持。明末遗民文学家，在风雨飘摇的南明小王朝入滇后，大清主政已成定局的时代背景下选择隐居避世，不可能获得精神超脱和桃源愉悦。我们对不同时代、不同地区、不同作家的隐居，在编写年谱时，不能以通常的定义轻下判断，而需据实述说。

本书的谱主中还有苍雪和担当两位著名诗僧。云南各民族本来不乏宗教信仰，但作为明王朝统治思想的一部分，佛教在云南的兴起，使其地产生了苍雪这样的佛教大师，担当这样诗、书、画三绝的僧家。担当的影响固然不小，苍雪将点苍和东南凝聚为明灯一盏，对我国佛教事业的推动，更是功不可没。两位诗人的作品诗禅一体，人诗交融，他们是明代云南文学中成就最高的诗人。

把入选的十八位谱主，在全书中以其类型排列，可见他们所处历史阶段的特殊性，从而折射出一代文学家的奇特人生和独特人格。从明代前期作为云南隐逸诗人代表的兰茂，以及明代中后期的唐尧官，可见云南隐逸作家群既遗世独立，又关怀民瘼，既超凡脱俗，又心存时世的精神风标；通过四朝元老杨一清，可见仕宦诗人既出将入相，又不自恃位高，既勤勉治国，又富有韬略的名臣生涯；通过滇西北土司木公，可见既

---

①陈佐才：《乱时》，《重刊明遗老陈翼叔先生诗全集·是何庵集》卷1，第99页，国家图书馆藏，1946年。

②兰茂：《兰隐君集》，李文汉辑《杨林两隐君集》，影印《云南丛书》，第47册，第24903页，中华书局，2009年。

③陈佐才：《失巢鸟》，《重刊明遗老陈翼叔先生诗全集·宁瘦居续集》卷1，第64页，国家图书馆藏，1946年。

潜心向学，又不拘格套，既向往先进文化，又坚持自我的地域文风；通过张含、李元阳等身处云南各地、来自不同民族的杨门诸子，可见既勇于进取，又不趋从势利，既追随鸿儒，又特立独行的人生态度；通过陈佐才、高应雷等人的各种状态，可见遗民诗人既身心漂泊，又矢志不移，既身陷贫困，又甘清守贫的高洁品格……凡此种种，不一而足。

明清以来，省内外诗人、文学史家和各界人士，对云南明代文学家的创作风格，曾发表过许多内涵丰富的评论。且不说李梦阳、康海点评《石淙诗稿》，杨慎、张含、李元阳点评《雪山诗选》，担当等评论陈佐才诗集，以及钱谦益《列朝诗集小传》，朱彝尊辑《明诗综》，《滇诗丛录》《滇文丛录》等诗文总集中的许多评传——只要阅读每位诗文家的别集，我们都不难看到，除了以上类型外，还有个人传记、书牍、序跋，都比较集中地涉足了文学批评领域。这些内容，我们在本书的不少年谱中都可以看到。在云南文学批评史上，产生最早的诗话，是杨慎的《升庵诗话》。在杨慎和其他评点者的影响下，清代以来，云南也出现了多部文学批评专著，如云南科举史上唯一的经济特科状元、《云南丛书》的编纂者之一袁嘉谷，不仅在《滇绎》中评价了《沧海遗珠》，他撰写的《卧雪诗话》，更不乏对明代其他云南文学家的精辟评价，本书谱主王廷表、何蔚文的作品，都在其视野中[①]。文学批评无论形式如何，与文学创作的关系皆可谓一而二，二而一，是一个不可分割的整体。云南文学自明代以来创作与批评共存的局面，可见其文学发展之迅速，文学成就之不容轻视。

三

有必要对本书中的一些概念、谱主选择和一时无法弥补的遗憾，稍做解释和说明。

笔者使用“汉语文学史”这个概念，是因为本书所涉作家，无论其属于哪一个民族，在文学创作上使用的都是汉语。另一方面，在中国古代文学史上，文学家与“士”通常合二为一。“汉”当然首先是民族成分的界定，但中华民族是一个大概念，“汉语”则是对其中一种语言及文学载体的称谓。“士”最简单而普通的含义，则是一种身份界定，即指学习汉语和科举制艺，或以汉语为习用语体及文学表现语体，并达到较高程度的读书人。“汉”“士”合一，因此科举时代的文学家，往往同时也是科举人士，或说

---

① 辑刻《云南丛书》处辑刻《滇诗丛录》，影印《云南丛书》，第43册，中华书局，2009年。

科举人士往往同时也是文学家。[1]像兰茂、木公那样不以科举为务的读书人，毕竟是少数。虽然他们一为汉族，一为纳西族，但若以他们的汉语文化水平来衡量，其身份无疑是士；以他们的汉语创作成就为标准，其身份无疑是汉语文学家。换言之，无论人们学习汉语、掌握汉文化或科举制艺的目的如何、结果怎样，文学创作都有可能成为其精神归宿。云南虽然有诸多民族，但用汉语来进行文学创作，无关乎其民族身份。故为了与少数民族文学相区别，以表明创作的语体特点，汉语文学家这个称谓，是合乎本书谱主实际的，而汉文学史，自然是汉语文学发展演变的历史。

笔者选择谱主的基本条件之所以为明代，主要缘于语言发展的历史背景和云南汉文学史崛起之时代这两个方面的原因。整部云南汉文学史，在崛起并逐渐汇入中国文学主流的过程中，其地域色彩更为浓郁。这当然由于多元因素的影响，但使汉语文学创作蔚为大观者，无疑是作家这个创作主体。显然，在这个主体中，除了大量汉族文人学士外，并不乏世代生活在这块土地上的少数民族。本书的 18 位谱主中有 4 位少数民族，对于拥有诸多民族的云南来说，这似乎为数不多，但从云南汉文学发展史来看，在明代以前则甚为罕见。这关乎上文提到的外部因素：自朱明王朝洪武十五年（1382）平定云南，接着在云南全境相继建立空前强大的统治后，云南的社会变革，加速了其文学发展的进程。朱明王朝经略云南的各种政治、军事、经济、文化措施，汉族移民大量进入对云南社会结构的改变，兴教办学、推行科举对云南士阶层兴起的影响，宦滇、谪滇、流寓官员和文士对云南文化的贡献等因素，都推动了本地汉文化和文学的发展。少数民族融入其中，是一个最有力的实证。另一方面，明王朝以程朱理学为尊，以倡导佛道为辅的儒释道合一统治思想，则推动了云南士人和汉语文学与中原、江南传统文学的融合。明代以前汉文学史在云南发展的涓涓细流，至此终于汇为引人注目的滚滚江河，在清代愈奔腾向前。明王朝对云南前所未有的综合性强势统治诚可谓史无前例，由此促进的汉语文学之兴盛亦如此。

笔者选择谱主的另一个基本条件之所以为原籍云南，缘于构建地域文学发展形态的基础，必然是本地作家作品。明代云南人包见捷《通志草》云其“艺文”载录的标准是：“其人不必滇，而其事必滇也；其人即滇，而其事亦必滇也。而其文乃入之，成其为

---

[1] 以上观点，笔者早在 2007 年“明代云南府士文学群落研究”课题申报论证和《明代云南文学研究》中就已涉及（云南人民出版社，2010 年）。

滇之艺文而已矣。”[①]如果以此来裁定本书各年谱谱主，则与本书的编撰宗旨并不完全吻合。包氏显然把写云南事作为其辑录艺文的首选，本书却以谱主原籍必须为云南绳之，而把非云南籍却曾居云南、写云南事者，作为年谱附录的大事记简存。实际上原籍云南而终身生活于外地者，在本书十八位谱主中，只有杨一清一位。但是，其祖茔皆在云南，其子过继于云南，其号“石淙”缘于不忘云南，“三南”亦见心系云南。一清曾亲自回云南祭扫祖茔，后来又遣其子回云南代扫，其姊夫、其继妻皆为云南人。可见，杨一清与云南的关系是何等紧密！概言之，包氏所括较宽，本书选择较专，这是由二著之宗旨、体例、内容不同决定的。我们重视外来的各种因素，以及各类人员对云南汉语文学发展的重要意义，但也必然会受制于诸如地域、篇幅、文献等条件的限制，而只能选择部分作家，那么自然而然地，籍贯就成为基本条件。明代以来云南籍的汉族，多半是外地各类移民的后裔，少数民族则多为世代土著。文学的发展必然和政治、经济、文化的发展及地理环境发生联系，因此，明代以来云南汉语文学的产生和发展，虽然以昆明为中心，辐射了幅员辽阔的山山水水，却相对集中于滇中和滇西、滇西北地区。在这些地区，一心向学和科举取士，造就了各民族大批汉语作家和作品，本课题选择的18位谱主，多半集中在这些地区，民族成分则有汉族、白族、纳西族，他们的共同特点，是以汉语为文学创作语体。

除了经济和文化因素，明代云南汉语文学家的代表性（作家的创作成就和作品的存世数量），也是选择谱主必要的考虑。这里特别需要说明的是，作家别集和分类总集录存作品的稀少，给年谱的撰写带来了很大的缺憾，我们只能以存有别集，或各分类总集编选其诗文较多的作家，作为选择谱主的主要考虑。有的人别集之保存异常艰难，如赵炳龙、高应雷，而总集编选诗文较多的作家，往往也是文学声名较大且原有别集者，如唐尧官。再者，在作家后的编写过程中，我们还遇到不少困难。仅举两例：首先是别集。明代云南别集传世者本来就不多，即令有别集存世的谱主，其著还在近年佚失，如木公的《雪山庚子稿》（嘉靖刻本）和陈佐才的《重刊明遗老陈翼叔先生诗全集》（民国刊本），在本应藏有其本的省内多家图书馆，均不知下落。其次是谱主。本来选中的文学家如雷跃龙，终因课题组成员撰就年谱后，与其家族后裔无法达成该年谱的著作权共识，为了保证国家课题成果无著作权争议而放弃。并不是说未入选本课题的文学家成就都不高，而是囿于客观原因，本书的谱主目前只能如此选择。

---

① 包见捷《通志草》共24卷，佚。转引自刘文征撰，古永继校点天启《滇志》卷18《艺文志》，第585页，云南教育出版社，1991年。

虽然有上述不得已，但笔者在选择谱主之后，还是考虑了这部年谱冠之以“云南”二字的普遍性问题，故设置了大事记作为附录，后来又增加了作家地理分布图和人数统计表，希望能够以局部见整体，以一斑窥全豹，勾勒出明代云南文学长卷的基本轮廓。我们深知，无论用怎样的方法和体例，任何时代的任何人，实际上都难以完全展现一代文学的全貌，或许，这是一个永远无法解决的问题。

总而言之，把明代云南文学家的个体集合起来，就可能汇成较为壮观的群体。本书的 18 位谱主，从近四百个文学家中被遴选出来了：钱谦益纂辑的《列朝诗集》，录入云南如镇守使沐氏、大理段氏、丽江木氏等文学家族，以及杨一清、兰茂、郭文、张含等数人；王士祯撰写的《居易录》，介绍了“杨门六学士”“杨门七子”及董难；袁嘉谷等编纂的《云南丛书》，辑录了存世的明代别集和散存诗文；李根源等编纂的《永昌府文征》，有明人 144 家；方树梅著《明清滇人著述书目》，辑明人 141 家；张文勋主编《云南历代诗词选》，明代作家约占 40%。仅从举例的这些经过不同时代编者择选过的数字，应当可以印证本书拟定谱主的考虑情有可原，并辅助说明要展现明代云南文学成就之不易。当然，见仁见智，言人言殊，对于本书谱主的名单，不可能要求人们完全认同，但求我们所做的努力，有益于云南古代文学研究的深入和文学通史的形成，亦为中国明代文学的整体研究，提供有用的实例。

（孙秋克）

凡　例

一、按谱主出生年代排列18家年谱顺序。生年不能考订者，按其卒年；生卒年皆不能考订者，按其生活的大致年代。

二、谱主生卒年可考者撰为年谱，在年代后系以其年岁（共16家）；谱主生卒年不详者，撰为行实录存（共2家），按其事迹发生年代编年，不纪年岁。

三、在各年谱之前置“综论”，对谱主的生平事迹、思想意识、文学创作、著作存佚、学界研究等情况进行综合论述；“年谱”以历史文献和现存实物为依据，按年份编写谱主可考的生平事迹和作品写作时间。

四、“综论”和“年谱”纪谱主年岁，均按农历（附括号对应公元年），并按古代计虚岁惯例，出生之年即纪一周岁，有须辨析者，则在涉及处加以说明或注释。

五、“综论”以帝王年号兼当朝年序干支纪年，并附对应公元年，“年谱”则与历史文献相对应，纪年顺序为：当朝帝王庙号及姓名（每代帝王只出现一次）、在朝年号及年序和干支（附对应公元年）、谱主年岁；所引文献年尾月份已进入次年公元年者，仍归农历本年；引用文献中的干支日月，附对应公元日期。

六、对当今地名与明代不同，或与其所属行政区划不同者，在其后以括号附注今名或今属地区，南明时期亦如此；对南直隶所属地区与今同名，且在本书中出现较多者，如南京和苏州，不再出“南直隶”并随文附注；每个地名在其所属年谱中，一般只附注一次。

七、各年谱中出现的谱主事迹、名物，皆注明所载文献版本全信息或名物所在地，言必有据，不做无稽之谈；各年谱所涉全国和部分地区的历史事件，均与谱主生平事迹相关，不为接续其年岁而填充无关史料。

八、对生活于同一时代的谱主，各年谱间纪事有关系者，一般不再重出相同的内容，而以“请参阅某年谱”表明。若事条大致相同，但顾及谱主生平事迹的完整性，则各自有所保留；若所据材料相同，而撰谱者得出的结论不同，亦各自保留。这两种情况本书均尽力避免，有所保留，则为尊重不同撰谱者的知识产权，并为读者提供更多的参考。

九、对在已有旧年谱基础上新编的年谱（包括本书作者个人已经发表，而此课题又有所涉及的旧成果），在“综论”中说明二者的主要不同之处，“年谱”对旧谱和其他旧成果有所沿用（包括其引用的资料），均予以说明或注释并覆按文献、注明出版信息；使用本书作者已发表的本课题阶段性成果，则在脚注中予以注明。

十、为避免篇幅过于冗赘，本书各年谱引用文献的卷数，在脚注中一律使用阿拉伯数字标注。

十一、为使年谱行文简洁，各年谱中部分史籍名著以及各省地方志、诗文总集，正文皆不标编纂者姓名而在脚注中标出。对众所周知者，如《明史》《清史稿》《新纂云南通志》等，编纂者姓名只在《附录三·本书引用文献编目》中标出。

十二、各年谱的脚注，均不标文献著者和纂辑者生活的时代、出版地，此二项内容见《附录三·本书引用文献编目》。

十三、本书脚注对所引用的文献，每页都标注出版全信息：著者和编纂、笺校、校点、辑注者之姓名、书名、卷数（单本所出丛书集名及其在丛书中的册数）、页码（古本及稿本视情况而定）、出版社、出版年代。作者姓名与本集名称重复者，只标作品名而不再标作者姓名（如《杨一清集》，不作“杨一清《杨一清集》”）。

十四、本书采用文献之作者姓名有同音而异写者，通统以所用版本署名为准，如王士祯（禛）。各年谱使用同一文献的不同版本，《附录三》均予以编入。

十五、本书作者已发表的阶段性成果，此次收入均做了修订和补充，此后该年谱以本书为准。

十六、本书使用文献为现代标点本者，对其标点符号一般不做改动，有所调整则在脚注中加以说明。

十七、本书对所引文献中的错字或两写字，加小括号置于原字后，错字改正则加中括号置于原字后，字号同正文。古今字、通假字引用原文予以保留。残缺字用□表示。

十八、本书纪日，“二十”的写法另有“廿”“念”。对这三种古代通用字形，正文据所引文献原文书写，引用《明实录》等以干支纪日文献者，正文及附注公元日期，均统一书写为“廿”。

十九、本书由孙秋克统稿审订。前期制定体例、凡例并撰写例稿。后期统审内容，使全书整体水平达到基本一致；润色语言，使全书行文风格大体统一。最终由各位作者订正其作，文责自负。

（孙秋克）

兰茂年谱（1397~1470）

综论

兰茂，字廷秀，号止庵，原籍河南洛阳。其家何时迁居于云南嵩明，已不得而知。他既是明代云南隐逸诗人的杰出代表[①]，也是学者、理学家和医药学家。但明清两代具有全国性影响的史籍、书目对他的载录，仅见《韵略易通》二卷[②]。同样，兰茂的文学创作在云南虽然早就享有盛名，但他在全国文学史上影响甚微。这固然缘于滇云地处偏僻，但也和主流文化对边疆地区的相对忽略有关。

兰茂的成就是多方面的。作为文学家，他在明代文学所涉及的主要方面，都有所创造，并有理论探究和总结——在批评时人复古风气的基础上，其诗歌创作发为隐逸清音，寄托时世情怀，结集十余部；在通俗文学方面，他不仅是云南第一部戏曲《性天风月通玄记》的作者，亦有可能是长篇小说《续西游记》的作者[③]；作为学者，他以高深的造诣，撰写了影响极为深远的《韵略易通》《声律发蒙》，对我国音韵学和格律学都有突出贡献；作为理学家，他用每章四句，每句六言，结以四言二句的独特诗歌形式，创作了有别于一般哲学著作的《玄壶集》[④]；作为医药学家，其《滇南本草》以明显的地域特点，先于李时珍的《本草纲目》而出现，无疑是我国药学史上的一部力作。

---

① 谢肇淛:《滇略》卷6《献略》:“杨林兰茂、安宁张维，皆以文章行谊，为乡里崇尚，绝意仕进，模楷后学。时人为之语曰：‘杨林有兰，安宁有张。’而太和段锦文，金齿汤琮，曲靖项瑄、柴宗儒，鹤庆奚谦，姚安李瀫，先后隐居不仕，咸有时称。”（《景印文渊阁四库全书》，第494册，第168页，台湾商务印书馆，1986年）袁文典：《滇南诗略五则》：“胜国时，滇中诗人每多隐君子，其最著者四人：兰止庵（茂）、郭舟屋（文）、贾东亩（惟孝）、董西羽（难）是也。”（李文汉辑：《杨林两隐君集》卷3，影印《云南丛书》，第47册，第24922页，中华书局，2009年。）

② 如《四库全书总目》、《明史》卷96《艺文志》、《钦定续文献通考》卷160《经籍考》、《千顷堂书目》卷3，皆载其名目。

③ 孙秋克：《明代云南文学研究》，第87~89页，云南人民出版社，2010年；苏国有《兰茂和〈续西游记〉的关系》、李孝友《关于〈续西游记〉》、冉隆中《我对〈续西游记〉的几点意见》（《边疆文学》，2010年第10期）。

④ 地方志、《滇南诗略》皆载为《玄壶集》，清道光八年（1828）昆明重印本题为《元壶诗》。

正因为兰茂多方面的贡献不可磨灭，清代云贵总督范承勋称其学“内圣外王”，侍读、康熙二十九年（1690）云南乡试主考李澄中称他为“百世师”，提学孙人龙则称他为“天民”，又道“使其出而有为，当与刘诚意、宋景濂后先继美。”[①] 惜乎世事沧桑，陵谷变迁，湮灭了许多历史遗迹，影响了人们对兰茂的全面了解。

长期隐居乡里，兰茂在耕耘务农之余，所好唯著书立说。他自幼聪颖，过目成诵，少年时代即淹通经史，却赋性简淡，不求仕进，至今找不到任何科试、谋官的记录。兰茂把自己的书斋命名为“止庵”，并以此自号，表明了不求功名利禄的生活态度。哲学思想是一个人认识世界，总揽人生，精研学问，文学创作的基础，兰茂以阐发理学为旨的《玄壶集》，貌似民间流行的劝世诗，实际上从内容到形式，都与一般的劝世诗大相径庭。这不仅因其所表现的“内圣外王”思想，在理学研究领域里有重要的价值和意义，而且其修身养性、返璞归真的主旨，并不影响诗人以其切身的感受，去表现个人对生存走向、生活方式的选择，及其对社会弊端的不满。翻开《玄壶集》，哲人所秉持的人生态度，可谓历历在目。如果我们把《玄壶集》及兰茂的其他诗歌对读，或可见这个看法，并非杜撰。

作为明代云南著名的隐士，隐逸成为兰茂诗歌创作的主旋律，其隐逸诗的情怀真实而复杂，鲜明而含蓄，传统的隐逸意象不难见于其诗。最具代表性者，如其咏物之作，讴歌了兰、松、竹、菊、蕉、桐等植物洁身自好，独立不倚，孤高有节，不趋世俗的天然品性[②]；而在以《石羊杂诗》[③]《杨林八景》《松径樵歌》《四时词・行香子》[④]为代表的田园歌咏中，湖光山色的秀美奇绝，喜获丰收的愉悦心境，超脱俗尘的月淡风清，田园升平的虔诚祈求，使这些组诗充满大自然的盎然生趣，以及诗人对生命、生活的种种审美感受。诗人的情怀之所以如此淡泊超然，哲理诗《玄壶集》道出了其思想底蕴：“未死先须学死，在生且养其生。养生不过谨节，学死在于无争。”“谨节自然清净，清净即致中和。持此守心应物，玄关不在其他。”“不忧不惑不惧，无着无碍无争。”“守

---

① 《新纂云南通志》卷 189《列传一》，第 8 册，第 205 页，云南人民出版社，2007 年。

② 兰茂：《兰隐君集》，李文汉辑《杨林两隐君集》，影印《云南丛书》，第 47 册，第 24904~24905 页，中华书局，2009 年。

③ 兰茂：《石羊杂诗》，袁文典、袁文揆辑《滇南诗略》卷 1，影印《云南丛书》，第 36 册，第 18437 页，中华书局，2009 年。

④ 兰茂：《兰隐君集》，李文汉辑《杨林两隐君集》，影印《云南丛书》，第 47 册，第 24904、24908 页，中华书局，2009 年。

正不阿，致死不变。”[①] 但心境看似远离尘世的兰茂，实际上不仅躬耕田园，而且也和普通农人一样，切实地关心收成。有所不同的是，他心忧民瘼，激愤于社会的不公。除了集中表现同情渔、樵、耕、牧四者的痛苦之外，兰茂的这组田园诗，也鞭挞了朱门贵人的安逸享乐，从而具有批判现实的深广意义。[②]《玄壶集》中有的诗可与此对读，如:“去岁雨多伤麦，米增高价杀贫。今年还想这着，不知天可从人？”“夜夜牵车缴水，朝朝运火烧田。种得禾苗结实，快活受用余年。”[③] 这表明，在兰茂的心目中，与世无争的隐逸，并不意味着与现实隔绝。所以，除了民瘼和不公，他也留心于经世济民之术。据说靖远伯王骥征麓川时，曾经采用其策而取胜[④]。兰茂既然写过《安边策条》，这样的事情就有可能出现，也即是说，兰茂在隐逸的同时，也存待时而动之心。他在 73 岁时写下的《乐志赋》，开篇即对其隐居生涯做了一个总结：“唯人心之所之兮，宜取适于和宁。苟劳劳而失养兮，若有负于平生。”“达人之至明兮，善藏器以俟时。”[⑤] 显然，“取适于和宁”是兰茂的生活理想，而不完全是他的现实目的。用之则行，舍之则藏，今日之藏，是为了某日之用。对此，我们在《玄壶集》中同样可以找到依据:“自己悟得真玄，形神保守坚全。此外无功济世，如何做得神仙？性命既修，功行须立。”悟真玄、守形神、求济世、立功行，兰茂表现了中国传统隐逸诗人并不乏用世情怀。

作为云南早期隐逸诗人的代表，兰茂与天顺时期安宁的隐逸诗人张维并称，他与嘉靖时期同乡的隐逸诗人贾惟孝，则被杨慎并题为“杨林两隐君”[⑥]。走出云南，我们不妨把兰茂和时代更早的陶渊明略做比较——虽然二人的生平和创作都不尽相同，却有隐逸这一共同面。简言之：其一，他们都奉行君子固穷的原则，坚定地躬耕农田，而且时间久远到直至其生命终结，但陶渊明归隐是在退出官场之后，兰茂则既无官场可言，还在科举大兴的时代，终生没有赶赴过科举考场；其二，他们皆非养尊处优者，

---

① 兰茂：《玄壶集》，陈荣昌辑《滇诗拾遗》卷 1，影印《云南丛书》，第 40 册，第 21029~21030 页，中华书局，2009 年。

② 渔、樵、耕、牧诗，题为《雪谷樵人》《霜陇耕夫》《雨村牧竖》《风波钓叟》，见兰茂：《兰隐君集》，李文汉辑《杨林两隐君集》，影印《云南丛书》，第 47 册，第 24903 页，中华书局，2009 年。

③ 兰茂：《玄壶集》，陈荣昌辑《滇诗拾遗》卷 1，影印《云南丛书》，第 40 册，第 21031、21033 页，中华书局，2009 年。

④ 详见本谱正统六年（1441）至十年（1445）、正统十三年（1448）、正统十四年（1449）纪事。

⑤ 兰茂：《兰隐君集》，李文汉辑《杨林两隐君集》，影印《云南丛书》，第 47 册，第 24908 页，中华书局，2009 年。

⑥《新纂云南通志》卷 189《兰茂贾惟孝传》载：“其时，安宁张维亦以文行，为乡里崇重。时人为之语曰：‘杨林有兰，安宁有张。’”（第 8 册，第 205 页，云南人民出版社，2007 年）

做出一副优雅逍遥的田园姿态，而是真正经历了农耕的艰辛、物质的匮乏，所以对农人所处的社会现实，皆有超出一般文人的感同身受，但兰茂的处境比陶渊明好，故其诗的悲苦之情、饥寒交迫之感，都不及陶诗；其三，他们都表现了田园的清净美好和心灵自由，内心却向往、激荡着经世济民的豪情，但陶渊明强烈到有“金刚怒目式”的愤激，兰茂却多为待时而动，安命守心的清静中和。从以上三个方面来看，很难说兰茂没有受到陶渊明的影响，然而他毕竟是一个独特的乡土隐逸诗人，虽然在中国文学史上的地位和影响远不及陶渊明，却也无愧为云南隐逸诗人之首。兰茂的终身隐居，在民国被看作“求志”之举，与明末义士薛尔旺同列。《杨林两隐君集》的编辑者李文汉，在《上唐蓂庚将军书》中说：“嵩明兰止庵先生与昆明薛尔旺先生，生当明际，均以节自励。一则舍生取义，一则隐居求志。二子者不同道，其趋一也。将军谓为一代名人，均宜法则，诚为至论。”① 以上论述并非随意比附，而是借此从另一个角度，考察明代云南隐逸诗人的特点。

兰茂的隐逸诗既诗情蕴藉，清新俊逸，又饱含画意，如在目前，令人不禁对其意境心向往之，这是无须多说的。但哲理诗《玄壶集》要写到这样的艺术境界，定非易事。然而，作为云南思想史上早期的理学家，《玄壶集》以诗歌的形式表现哲学，其文学成就亦令人瞩目。此集以言理、明理为首要任务。我们都知道，宋以来诗和理、诗和禅关系的论争，一度相当激烈，其意义在于，这使人们明确了诗歌艺术发展的正确方向，在于以形象、以意境明理，而非走向抽象说教，味同嚼蜡的极端。《玄壶集》可谓是一个成功的范例，它阐明思想，一在借诗人自身感悟明之，一在借大自然意象寄托之，因而或形象鲜明，或诗味醇厚，所以不负诗名。诗人以自身感悟明理，上文已多有涉及，这里只略说借大自然意象寄托哲学思想。“结识啼莺语燕，栽培万紫千红。尽把东风占了，不堪又起西风。人心不足，天运循环。”② 这首诗运用比喻呈现形象，看似用笔平平，但意味丰富而又鲜明如画，简洁有力而又含蓄蕴藉，这样的艺术效果，非一般人所能为。又如“月到花前弄影，风来水面生纹。相有诸般变现，一无何所云云。常应常净，常清净矣。”③ 作为《玄壶集》的最后一首，这诗达到了禅喻的境界：世间诸相变幻无穷，而水、月最是无定。但千变万化，终归虚无。人心如此，则清净无碍，何来庸人自扰？

① 李文汉：《上唐蓂庚将军书》，《杨林两隐君集》卷3，影印《云南丛书》，第47册，第24928页，中华书局，2009年。

② 兰茂：《玄壶集》，陈荣昌辑《滇诗拾遗》卷1，影印《云南丛书》，第40册，第21031页，中华书局，2009年。

③ 同上书，第21034页。

把哲理说到这样高明的程度，诗方为诗。

兰茂诗歌的艺术成就，与他既是诗人，也是一个诗歌批评者有关。他的九首论诗绝句①所表现的诗学观，与同时期中原“前七子”推行的复古论相比，不仅显出了云南诗人特立独行的个性，也针对朱明立朝百年来广为流行的《唐诗鼓吹》②，集中提出了客观公正的采诗（选诗）标准，并表现了自己对待格律的通达态度。

云南诗歌的传播，在明代有两种情形：一方面是云南地处边疆，明代前期诗人的声名，不易远达于外界；另一方面是就总体而言，省内外的文学交流，依然有迹可循。如兰茂《四时词·行香子》，以分写春夏秋冬，来表现诗人的隐逸情怀③。这样的写法在元明时期甚为流行，有明代“第一奇书”之称的《金瓶梅》，就移用了四首到其卷首。这与兰茂的这组词作，与其说是一种巧合，毋宁视为滇中与内地文学产生交流，从而导致的一个共同点。我们还可以通过兰茂的《成化丙戌年，予年七十岁近体诗十首》其三④和唐寅的《感怀》⑤，引申出对这两位在同一年间一生一死，生活于不同时期，有不同人生经历，却有相同情怀的诗人之比较⑥。

从通俗文学方面看兰茂的哲学思想，《滇南诗略》本传之记载不会是空穴来风，小说所表现的明心见性思想、语言特点，证明《续西游记》可能是兰茂的作品⑦。兰茂的传奇戏曲《性天风月通玄记》与哲理诗《玄壶集》，在思想上同样有相通之处。这部神仙道化剧和《玄壶集》一样，主旨都在表现返璞归真，隐居遁世的思想，在艺术上则不乏言辞、意境都写得很优美的片断。

兰茂平生作品甚多，是古代云南学者、文学家中著述最富者。据云南最早的方志正德《云南志》记载，其著述有《玄壶集》《鉴义折中》《经史馀论》《安边策条》《止

---

① 兰茂：《兰隐君集》，李文汉辑《杨林两隐君集》，影印《云南丛书》，第47册，第24906~24907页，中华书局，2009年。

② 元好问选，郝天挺注：《唐诗鼓吹》（《景印文渊阁四库全书》，第1365册，台湾商务印书馆，1986年）。《御選唐诗提要》云：“元好问尚高华，《唐诗鼓吹》所录，即多高华之制。盖求诗于唐，如求材于山海，随取皆给，而所取之当否，则如影随形，各肖其人之学识。自明以来，诗派屡变，论唐诗者亦屡变，大抵各持偏见，未协中声。”（永瑢等编纂：《四库全书总目》卷190，《景印文渊阁四库全书》，第5册，第97页，台湾商务印书馆，1986年）

③ 兰茂：《兰隐君集》，李文汉辑《杨林两隐君集》，影印《云南丛书》，第47册，第24908页，中华书局，2009年。

④ 同上书，第24905页。

⑤ 唐寅：《唐伯虎诗文书画全集·诗文卷》，第345页，中国言实出版社，2004年。

⑥ 孙秋克：《明代云南文学研究》，第85页，云南人民出版社，2010年。

⑦ 同上书，第87~89页。

庵吟稿》《山堂杂稿》《碧山樵唱》《桑榆乐趣》《樵唱馀音》《甲申晚稿》《梅花百韵》《秋香百咏》《草堂风月》《蘋洲晚唱》《韵略易通》《金粟囊》《中州韵》《声律发蒙》《四言碎金》等19种[①]。清代嘉庆时期刊刻的《滇南诗略·兰茂传》，则说兰茂在“兵燹之后，著述散失”，著有《玄壶集》（又名《元壶集》）《鉴例折中》《经史馀编》《安边策条》《止庵吟稿》《声律发蒙》《山堂杂稿》等书，“今惟《声律发蒙》传世”[②]。

检点兰茂现存的著作，除李文汉、李文林辑《杨木两隐君集·兰隐君集》外，尚有《医门揽要》《滇南本草》被《云南丛书》收入。此外收其作品者尚有：袁文典、袁文揆辑《滇南诗略》收诗11首；陈荣昌辑《滇诗拾遗》收诗35首、赋1篇、《玄壶集》1卷；李坤辑《滇诗拾遗补》收诗16首。需要说明，《滇诗拾遗》所收诗，除去与《滇南诗略》重复者，《兰隐君集》未收《玄壶集》，《滇南诗略》未收《乐志赋》。陈荣昌对其辑《滇诗拾遗》时收入《乐志赋》《元壶集》曾做过说明：“赋一首，本不合录于此，第止庵著述，久已散佚，今五百余年而此赋与诗，同时为予所得。爱之重之，附而刊之，免其复失而已。至《元壶集》杂二氏而为言，故《通志》疑有伪托。然得之实难，并附刊于后，聊存旧籍云尔。”[③]兰茂的著作存世者十不足一，而他在文学、音韵学、理学、医药学等方面，皆足以名家，是一个于“医道、阴阳、地理、丹青无不通晓，治家、冠婚、丧祭一体文公”[④]，可惜由于史料匮乏，我们难以深入全面地对他进行了解。

最新的兰茂存世著作整理成果，是2016年出版的《兰茂文集》。“经多方收集，多渠道听取意见，《兰茂文集》共收集汇编了迄今为止有据可查的兰茂所著《滇南本草》《医门揽要》《声律发蒙》《韵略易通》《性天风月通玄记》《玄壶集》《续西游记》及部分诗词，并按照医药学、音韵学和文学归类，分为一、二、三卷，共150余万字，由云南人民出版社正式出版发行。”[⑤]

20世纪90年代以来，对兰茂生平的研究取得了较大的进展。除古、近代地方志零散的简单传记外，出现了两个《兰茂年谱》，一为苏石撰[⑥]，一为黄丝才、纪兴撰[⑦]。

① 周季凤编纂：正德《云南志》卷21《列传七》，传抄范氏天一阁藏嘉靖三十二年（1553）刻本。
② 袁文典、袁文揆辑：《滇南诗略》卷1本传，影印《云南丛书》，第36册，第18436页，中华书局，2009年。
③ 陈荣昌辑：《滇诗拾遗》卷1，影印《云南丛书》，第40册，第21029页，中华书局，2009年。
④ 周季凤编纂：正德《云南志》卷21《列传七》，传抄范氏天一阁藏嘉靖三十二年（1533）刻本。
⑤ 嵩明县委宣传部、嵩明县兰茂研究会汇编：《兰茂文集》，云南人民出版社，2016年。书讯见《〈兰茂文集〉正式汇编出版发行》，云南网（www.yunnam.cn），2016年02月05日。
⑥ 苏石：《兰茂评传·兰止庵年谱》，云南人民出版社，1997年。
⑦ 黄丝才、纪兴：《兰茂年谱》，《云南中医学院学报》，2001年第1期。

这两个年谱对兰茂的生平事迹进行了编录，成绩值得肯定。然而，苦于文献资料的匮乏，要做出完整的《兰茂年谱》，迄今可谓殊无可能。苏石所撰年谱，按兰茂的生卒年编次年岁，对于缺乏资料的年代，则以本时期中国或云南发生的历史事件系之。这在某种程度上，似乎可以让读者了解谱主所处的历史环境，但太多与谱主无关的历史事件被揽入其中，作者充实谱主生平的苦心固然无可厚非，却难免给人喧宾夺主之感。黄丝才、纪兴所撰年谱，则从兰茂是一个医药学家的角度，侧重于载录他在这方面的事迹。这两个年谱在文献引用和占有量上，因而都不同程度地存在局限。

对于兰茂生平和著述存在的以上问题，本谱亦不能够完全解决。诚如孙人龙在《声律发蒙序》中所说，“地以人名，人以地限。纵有博学奇才，湮没无从表见者，不可胜道”①。故在旧谱的基础上，本谱亦只能力求掌握更为丰富的文献，既重全人而又突出谱主的文学风貌，这样，或对兰茂研究有所补益。

年谱

明太祖朱元璋洪武三十年丁丑（1397），一岁

出生于云南府嵩明州杨林千户所（今昆明市嵩明县杨林镇）。原籍河南洛阳。字廷秀，号止庵、和光道人、玄壶子。

《正统乙丑（1445），予年四十九，用李太白紫极宫感秋诗韵》：“过眼四十九，未来难预卜。”《成化丙戌（1466），予年七十岁近体诗十首》其一：“人言七十是稀年，我幸能逢亦偶然。”②

《元史》：“嵩明州，州在中庆东北，治沙札卧城，乌蛮车氏所筑。白蛮名为嵩明，昔汉人居之。后乌、白蛮强盛，汉人徙去，盟誓于此，因号嵩盟。今州南有土台，盟会处也。”③

《明史》：“嵩明州，洪武十五年（1382）三月改曰嵩盟。成化十八年（1482）

---

① 孙人龙：《声律发蒙序》，影印《云南丛书》，第20册，第10497页，中华书局，2009年。此序署名为“翰林院编修督学云南使者乌程孙人龙”。

② 兰茂：《兰隐君集》，李文汉辑《杨林两隐君集》，影印《云南丛书》，第47册，第24902、24905页，中华书局，2009年。苏石《兰茂评传·兰止庵年谱》兰茂出生条下引此二诗题目而未注版本信息（第249页，云南人民出版社，1997年）。

③《元史》卷61《志》第十一《地理四》，第5册，第1458页，中华书局，1976年。

复故。……西南距府百二十里。”①

按：兰茂卒于成化六年，其在世时，“嵩明”“嵩盟”同用。清代沿用“嵩明”，史志载兰茂事迹皆用此称，故本谱下文不再出注。

正德《云南志》本传：“兰茂，字廷秀，杨林千户所籍，河南洛阳人。……自匾其轩曰止庵，号和光道人，自作《和光传》，又称玄壶子。”②

按：兰茂后以“芷庵”为其号。又，除云南方志中最早的正德《云南志》外，所有方志和诗集所载本传，皆不载兰茂原籍河南。据兰茂《乐志赋》自注“缑山七十三翁和光道人”（参阅本谱成化五年纪事）、《滇南诗略》载古碑落款“缑山兰秀”（详下条），则兰氏原为河南缑山（在今洛阳市下辖偃师市府店镇府南村）人。兰氏先人，在洪武时期随军征云南，而后居滇，落籍云南府嵩明州杨林千户所。

有弟二：一名兰秀，字廷俊；一字廷瑞，名不详。兄弟三人，皆有诗名。

《滇南诗略》：“《滇谱》云：止庵，杨林人。兵燹之后，著述散失。其七世孙世蕃所遗断简残篇内，有止庵《元日家庆·沁园春》一调，《甲辰元夕怀亡弟·一剪梅》一调，《四月二十一日寿弟廷俊·西江月》一调，又古碑镌‘景泰年缑山兰秀’等字合参之，则止庵兄弟三人，皆能诗。廷秀，茂字也；廷俊，秀字也；廷瑞，或止庵之又一弟也。年远，遗名无可考矣。……按：和光，止庵别号。”③

明成祖朱棣永乐二年甲申（1404），八岁

始留心识草木，辨药草。

《滇南本草序》：“余幼酷好本草，考其性味，辨地理之情形，察脉络之往来，独滇南则不同也。……余留心数年，审辨数品仙草，合滇中蔬菜、草木种种性情，并著《医门揽要》二卷，特救民病，以传后世。”④

范本《滇南本草图说序》：“兰子因母病，留心此技三十余年。其学皆探本求源，其方饵专一真切，不事枝叶，投人数剂，无不立愈。”⑤

---

①《明史》卷46《地理志》，第4册，第1173页，中华书局，1974年。关于嵩明的历史名称和建制沿革，可参阅马金选《嵩明五千年历史沿革便览》（中国人民政治协商会议云南省嵩明县委员会编：《嵩明文史资料》第9辑，2004年）和苏石《兰茂评传·兰止庵年谱》（第249页，云南人民出版社，1997年）。

② 周季凤编纂：正德《云南志》卷21《列传七》，传抄范氏天一阁藏嘉靖三十二年（1553）刻本。

③ 袁文典、袁文揆辑：《滇南诗略》卷2，影印《云南丛书》，第36册，第18436页，中华书局，2009年。

④ 兰茂：《滇南本草》卷首，影印《云南丛书》，第18册，第9605页，中华书局，2009年。

⑤ 范本，即明嘉靖丙辰（1556）滇南汇聚洪增述，清康熙丁丑（1697）滇南高宏业抄录，乾隆三十八年（1773）朱景阳重抄、汤溪范行准收藏的《滇南本草图说》残卷（苏石：《兰茂评传》，第114页，云南人民出版社，1997年）。

按：一、据上文“余幼酷好本草”，“留心此技三十余年”，《滇南本草》当成于宣德十年（1435），由此推定兰茂辨识药物本草，或始于今年。二、黄丝才、纪兴《兰茂年谱》十五岁载，兰茂是年“酷好本草，留心考查云南药物性味，‘辨地理之情形，察脉络之往来’，仔细观察蔬菜草木种种性情”[①]。这与兰茂和范氏所云年纪及《滇南本草》成书时间相差甚远，故不取。三、黄、纪年谱未按古代虚岁计年岁的惯例纪年，故谱主年纪比本谱和苏石《兰止庵年谱》均小一岁，下文引用其纪事，按本谱虚岁计之，不再一一说明。

永乐七年己丑（1409），十三岁

生性聪颖，已通经史。

苏石《兰止庵年谱》：“性聪颖，过目成诵。年十三，通经史……（康熙《嵩明州志》）”[②]

按：“过目成诵”，正德《云南志》载于兰茂十六岁。见本谱是年纪事。

永乐八年庚寅（1410），十四岁

四月廿七日，皇太子朱高炽擢进士王骥为兵科给事中。

《明太宗实录》夏四月癸亥（廿七日）：“皇太子擢进士王骥为兵科给事中。”[③]

按：云南方志多载王骥征麓川时，曾向兰茂咨询方略（见本谱正统六年至十四年纪事）。麓川即旧麓川王国，在今云南瑞丽，与缅甸接壤。明太祖朱元璋平定云南后，于洪武十七年（1384）置军民宣慰使司。英宗正统二年（1437）十月，麓川宣慰使思任发叛乱，由此引发了明朝著名的征麓川战役，王骥三次出征。是故，本谱大略系其征麓川事。

王骥（1378~1460），传见《明史》[④]。字尚德，保定府束鹿（今河北辛集市）人。永乐四年（1406）进士，授兵科给事中。累迁至兵部尚书。因征麓川有功，封靖远伯。卒时行年八十三，追封靖远侯，谥忠毅。著有《王靖远忠毅侯奏疏》。

---

① 黄丝才、纪兴：《兰茂年谱》，《云南中医学院学报》，2001年第1期。请参阅本谱三十九岁纪事引录《滇南本草序》。

② 苏石：《兰茂评传》，第252页，云南人民出版社，1997年。按：见王奭修《嵩明州志》卷7《隐逸》，云南省图书馆据康熙五十九年（1720）刻本抄藏。

③《明太宗实录》卷103，第1343页，台湾“中央研究院”历史语言研究所，1962年。

④《明史》卷171，第15册，第4555~4560页，中华书局，1974年。

永乐十年壬辰（1412），十六岁

凡读诗书，过目成诵。

正德《云南志》本传："年十六时，凡诗书，过目辄成诵。"①

永乐十一年癸巳（1413），十七岁

正月廿六日，思任发代其兄思行发为麓川平缅宣慰使。

《明孝宗实录》春正月丙午（廿六日）："麓川平缅宣慰使思行发……请以弟思任发代其职，从之。"②

永乐十四年丙申（1416），二十岁

弱冠之年即秉性淡泊，耻于追求功名利禄，乐于著述而不乐仕进。以"止庵""止轩"为其轩名，以"止庵"为己号。好学深思，潜心理学，留心经济，淹通经史，穷究术数，诗文皆高古可法。

正德《云南志》本传："既冠，耻于利禄，自匾其轩曰'止庵'。"③

康熙《嵩明州志》本传："长益嗜学，于濂、洛、关、闽之学，焕如也。赋性简淡，不乐仕进。尝颜其轩曰'止庵'，因自号焉。留心经济。"④

雍正《云南通志》本传："读书过目成诵，耻为章句学，返求'六经'，究心濂、洛、关、闽之微，欣然有得，乃匾其居曰'止轩'。冲淡简远，以著述自娱，所为诗文，皆高古可法。"⑤

《大清一统志》："潜心理道，淹通经史，术数之书，靡不穷究。"⑥

---

① 周季凤编纂：正德《云南志》卷21《列传七》，传抄范氏天一阁藏嘉靖三十二年（1553）刻本。

②《明太宗实录》卷136，第1659页，台湾"中央研究院"历史语言研究所，1962年。苏石《兰茂评传·兰止庵年谱》载其事而未载月、日及出处（第252页，云南人民出版社，1997年）。

③ 周季凤编纂：正德《云南志》卷21《列传七》，传抄范氏天一阁藏嘉靖三十二年（1553）刻本。苏石《兰茂评传·兰止庵年谱》引用而未注明出版信息（第252~253页，云南人民出版社，1997年）。

④ 王贶修：《嵩明州志》卷7《隐逸》，云南省图书馆据康熙五十九年（1720）刻本抄藏。"濂洛关闽"：指宋代理学的四个流派，"濂"以北宋濂溪周敦颐为首；"洛"以北宋洛阳程颢、程颐为首；"关"以北宋关中张载为首；"闽"以南宋出生于福建的朱熹为首。

⑤ 靖道谟等编纂：雍正《云南通志》卷21之2，《景印文渊阁四库全书》，第570册，第158页，台湾商务印书馆，1986年。

⑥ 和珅等撰：《大清一统志》卷369《云南府》，《景印文渊阁四库全书》，第482册，第560页，台湾商务印书馆，1986年。

永乐二十年壬寅（1422），二十六岁

沿滇池考查药草，访方问术；在施石桥草堂，以文会友。

黄丝才、纪兴《兰茂年谱》："沿滇池村舍四野考查药物，向民间访方问术，落脚施石桥草堂以文会友。"①

永乐二十二年甲辰（1424），二十八岁

元日，填词《沁园春·元日家庆》；元夕，填词《一剪梅·甲辰元夕怀亡弟》；四月，填词《西江月·四月二十一日寿弟廷俊》。皆佚。②

按：据后二词，廷瑞当早逝。钱谦益云：廷瑞"诗出杨用修集"③。杨慎不止一处提到其诗，如说："滇中诗人兰廷瑞，杨林人也。予过其家访其稿，仅得数十首。如《夏日》云：'终日凭阑对水鸥，园林长夏似深秋。槐龙细洒鹅黄雪，凉意萧萧风满楼。'《冬夜》云：'枕上诗成喜不睡，起寻笔砚旋呼灯。银瓶取浸梅花水，已被霜风冻作冰。'《题嫦娥奔月图》曰：'窃药私奔计已穷，藁砧应恨洞房空。当时射日弓犹在，何事无能近月中。'三诗皆可喜。"④《杨林两隐君集》附录兰廷瑞诗四首⑤，除杨慎所引这三首外，尚有《咏信天翁》一首。杨慎所得数十首，今不存。

明宣宗朱瞻基宣德元年丙午（1426），三十岁

为撰写《医门揽要》而远行滇南各地，寻访民间郎中；采集药草，收集各民族医方妙术。

黄丝才、纪兴《兰茂年谱》："远行滇南各地，访寻民间郎中，采集曲靖、东川、会泽、大理、永昌（今保山市）、凤庆、勐笼、元江、建水各府州的药草，向彝、苗、白、傣、回兄弟民族的医家收集医方妙术，为构思《医门揽要》的写作立意。"⑥

按：兰茂所存著作，对其采集药草的行踪一无记载。故只能据《滇南本草》中药

---

① 黄丝才、纪兴：《兰茂年谱》，《云南中医学院学报》，2001年第1期。

② 以上三作仅存词题，见于袁文典、袁文揆辑：《滇南诗略》卷2，影印《云南丛书》，第36册，第18436页，中华书局，2009年。

③ 钱谦益：《列朝诗集小传》丙集《兰隐士廷瑞》，第355页，上海古典文学出版社，1957年。

④ 杨慎：《丹铅余录·总录》卷18《兰廷瑞诗》，《景印文渊阁四库全书》，第855册，第547~548页，台湾商务印书馆，1986年。

⑤ 李文汉辑：《杨林两隐君集·兰隐君集》，影印《云南丛书》，第47册，第24910~24911页，中华书局，2009年。

⑥ 黄丝才、纪兴：《兰茂年谱》，《云南中医学院学报》，2001年第1期。

草的生长地，大略推测之。上引《兰茂年谱》当如此。

宣德十年乙卯（1435），三十九岁

客居施家草堂，手植枇杷树多株。

黄丝才、纪兴《兰茂年谱》：“客居昆明城东施家草堂，于南院后花园手植枇杷树多株（时历553年，今遗存三株于昙华寺名胜区，温室所在地一株成长较好，年开二度花果）。”①

按：昙华寺在昆明城东，其中现有兰茂园，但无其人文遗迹，聊胜于无而已。

著成《滇南本草》《医门揽要》。

《云南丛书书目提要》：据清人吴其浚《题识》，《滇南本草》成于明代正统年之前。光绪丁亥（1877），管浚、管暄重订校勘，由昆明书坊王氏务本堂刻印行世。此书最初以钞本传世，即《滇南本草图说》十二卷，此后有多种抄本、刻本出现。②

按：观兰茂《滇南本草序》和范本《滇南本草图说序》③，《滇南本草》《医门揽要》的成书时间，当为同时或略有先后。正统前所成《滇南本草》，应为现存最早的版本，《医门揽要》附于其后。二书收入《云南丛书》子部，《医门揽要》置于《滇南本草》前。黄丝才、纪兴《兰茂年谱》云，正统元年丙辰（1436），兰茂“寄居鸭池城东隅施氏草堂，历时19春秋，著成云南第一部药物巨著《滇南本草》3卷及《医门揽要》2卷。流传后世”④。此载既不符合兰茂幼识草木，积三十余年而成其书的年龄，亦不符合史载《滇南本草》成书的年代。

明英宗朱祁镇正统元年丙辰（1436），四十岁

十二月十六日，兵部尚书王骥陷于狱。⑤

《明史·英宗前纪》：“十二月丁丑（十六日），以边议稽缓，下兵部尚书王骥、侍郎邝埜于狱，寻释之。”⑥

---

① 黄丝才、纪兴：《兰茂年谱》，《云南中医学院学报》，2001年第1期。

② 李孝友、张勇、余嘉华：《云南丛书书目提要·滇南本草》，第100~102页，中华书局，2010年。

③ 请参阅本谱八岁纪事引录。

④ 黄丝才、纪兴：《兰茂年谱》（《云南中医学院学报》，2001年第1期）；苏石《兰茂评传·兰止庵年谱》（第255页，云南人民出版社，1997年）是年亦载二书成。

⑤ 苏石：《兰茂评传·兰止庵年谱》见载而不明出处（第255页，云南人民出版社，1997年）。

⑥《明史》卷10，第1册，第129页，中华书局，1974年。

正统二年丁巳（1437），四十一岁

十月，云南麓川宣慰司思任发起事。

谷应泰《明史纪事本末·麓川之役》："英宗正统二年冬十月，云南麓川宣慰司思任叛，侵南甸州（今云南德宏梁河县）。"①

正统三年戊午（1438），四十二岁

十二月，思任发掠腾冲、南甸，略取孟养（今属缅甸）地，上遣刑部主事杨宁往谕之，不服。

谷应泰《明史纪事本末·麓川之役》："三年冬十二月，思任侵掠腾冲、南甸，略取孟养地，刁宾玉奔永昌，死，无嗣。思任屠腾冲，据潞江，仍自称曰'法'。'法'，滇王号也，中国遂讹为思任发云。事闻，上遣刑部主事杨宁往谕之，不服。"②

按："法"与"发"，以上记载聊备一说。"发"之称并不起于思任发时期。麓川王国为傣族先民建立的古王国，1311年（元武宗至大四年）思汉法始称王。"法""发"，可能为傣语和汉语的一音之转。元代麓川为在金齿地区设置的六路总管府之一，洪武十五年（1382）平云南，十七年思伦发遣使入贡，明王朝册封他为麓川平缅宣慰使司世袭宣慰使。本谱永乐十一年载《明太宗实录》纪事，可为其印证。

正统四年己未（1439），四十三岁

正月，黔国公沐晟与左都督方政、右都督沐昂率师征麓川，讨思任发③。方政力战死。闰二月，沐晟卒。

谷应泰《明史纪事本末·麓川之役》："四年春正月，命镇守云南黔国公沐晟、左都督方政、右都督沐昂率师讨思任发，太监吴诚、曹吉祥监军。兵至金齿，思任发遣其将缅简断江立栅而守，师不得渡。……晟……无渡江意。……贼将缅简数挑战，政怒，造舟六十艘，欲渡江。晟不可，政不胜愤，夜独率其麾下渡击缅简，走之，破贼栅。……共斩三千余级，乘胜深入，逼思任上江。上江，贼重地也。远攻疲甚，求援于晟。晟怒其违即制渡江，不遣。……政渡江追至空泥，知晟不力援己……遂策马

---

① 苏石：《兰茂评传·兰止庵年谱》见载而不明出处（第256页，云南人民出版社，1997年），事见谷应泰《明史纪事本末》卷30，《图书集成三编》，第98册，第905页，台湾新文丰出版公司，1997年。

② 谷应泰：《明末纪事本末》卷30，《图书集成三编》，第98册，第905页，台湾新文丰出版公司，1997年。

③ 苏石：《兰茂评传》见载而不明出处（第256页，云南人民出版社，1997年），详本谱下文谷应泰《明史纪事本末·麓川之役》。

突阵死，军歼焉。晟闻败，适春暮，虑瘴发，遂焚江上积聚，仓卒奔还永昌。至楚雄，上遣使者责状，仍以四万五千人助之。晟惧罪，暴卒。”①

按：《康熙云南府志》：“英宗正统四年闰二月，黔国公沐晟卒。”小注：“晟与方政征麓川。思任我兵败绩，方政力战死。晟回至楚雄，饮药卒。”②“思任我”，“我”当为“发”。

正统五年庚申（1440），四十四岁

同乡后学本悟禅师生。史载其亦有《韵略易通》行世。

赵藩《韵略易通序》：“考《嵩明州志》：本悟，字真空，邵甸秦氏子。初结茅狮子峰，后建为普贤院，复主昆明之妙湛寺，颇持戒律。与沐黔国往还。晚年说偈而逝。”③

袁嘉谷《韵略易通跋》：“滇中流传，赖李君文汉搜获此本，又并序例佚之，而仅题曰‘真空本悟集’。”注：“《嵩明志》：本悟，嵩明人，集《韵略》一书行世，与沐黔宁善。按昆明妙湛寺有本悟塔铭：本悟性情纯和，志愿高迈，生正统庚申，卒隆庆正月十九云云。隆庆下脱干支二字。其生时止庵年四十四，实止庵之乡后学也。”④

按：《云南丛书》有署名兰茂、本悟的两部《韵略易通》，请参阅本谱正统七年纪事。

正统六年辛酉（1441），四十五岁

二月，兵部尚书王骥提督云南等处军务；五月，王骥和蒋贵率兵三十万首征麓川。

诸葛元声《滇史》：六年二月，“以兵部尚书王骥提督云南等处军务，命定西伯蒋贵为征夷将军，太监曹吉祥监军务，率京营、川、湖、两粤兵三十万以征麓川。”⑤

按：正德《云南志》：“六年夏五月，遣平蛮将军定西侯蒋贵、靖远伯王骥征麓川。”⑥与《滇史》月份有出入。

十二月，王骥克麓川。十五日班师，降旨褒谕召还。

---

① 谷应泰：《明史纪事本末》卷30，《图书集成三编》，第98册，第905页，台湾新文丰出版公司，1997年。

② 范承勋等纂修：《康熙云南府志》卷5《沿革》，《中国地方志集成》本《云南府县志辑》，第1册，第104页，凤凰出版社，2009年。

③ 兰茂：《韵略易通》，影印《云南丛书》，第4册，第1720页，中华书局，2009年。

④ 同上书，第1769页。

⑤ 诸葛元声：《滇史》，第309~310页，刘亚朝点校，云南德宏州民族出版社，1994年。

⑥ 周季凤编纂：正德《云南志》卷15《事要》，传抄范氏天一阁藏嘉靖三十二年（1553）刻本。

《明史·英宗前纪》正统六年："十二月，王骥克麓川，思任发走孟养。丁未（十五日），班师。左副总兵李安攻余贼于高黎贡山，败绩。"①

倪蜕《滇云历年传》："十二月，王骥以麓川捷闻，降旨褒谕召还。"②

正统七年壬戌（1442），四十六岁

撰成《韵略易通》《声律发蒙》③。前者以《早梅诗》二十字为摄，尽变古法，以就方音；后者切于幼学，吟诵皆成佳趣。

《明史·艺文一》："兰廷秀，《韵略易通》二卷。"④

黄虞稷《千顷堂书目》："兰廷秀，《韵略易通》二卷。"注："字正庵，正统壬戌序。"⑤

按："正庵"，"正"当为"止"之误。

袁嘉谷《韵略易通跋》："先生此书，据《述古堂书目》，著于正统七年，先生时年四十六。述古堂之记载，原出于牧斋《绛云楼四库搜书》。此书由两淮采进，谢氏著《小学考》时，尚见此书，故注曰'存是'。大江南北风行已广，只以隐居求志，姓名未显。《书目》曰：'止庵，不知何人。'《提要》亦曰：'爵里未详。'"⑥

《四库全书总目》："《韵略易通》二卷，明兰廷秀撰。廷秀，字止庵，正统中人，爵里未详。其书并平声为二十部，三声随而隶之……又并字母为二十摄，以'东风破早梅，向暖一枝开。冰雪无人见，春从天上来'二十字，尽变古法，以就方音。其《凡例》称：'惟以应用便俗字样收入。读经史者，当取正于本文，音释不可泥。'此则固已自言之矣。"⑦

赵藩《韵略易通序》："嵩明李星槎（文汉），送来《韵略易通》刊本二卷，署曰：'本悟禅师集书，见禅师棱法孙通雷梓阅之。'则固兰止庵先生所撰者。惟去其《凡例》，另标鄙俚之语于前后而窜名。别刊署年丁未，殆康熙六年（1667）也。止庵此书，已收四库经部小学类存目。其《提要》云：'……今止庵原刻已佚，赖此本存。'足以证明《提要》之说，髡伧之窜，窃翻有裨于遗佚矣。……意本悟钞录止庵是书，其徒通雷乃窜易名称而刊于清初。《嵩明州志》于本悟、通雷两称著有《韵略易通》，

---

①《明史》卷10，第1册，第132页，中华书局，1974年。

② 倪蜕：《滇云历年传》卷7，影印《云南丛书》，第5册，第2410页，中华书局，2009年。

③ 苏石：《兰茂评传·兰止庵年谱》，第256页，云南人民出版社，1997年；黄丝才、纪兴：《兰茂年谱》，《云南中医学院学报》，2001年第1期。二谱皆未详，事详本谱下文引录。

④《明史》卷96，第8册，第2373页，中华书局，1974年。

⑤ 黄虞稷：《千顷堂书目》卷3，《景印文渊阁四库全书》，第676册，第90页，台湾商务印书馆，1986年。

⑥ 兰茂：《韵略易通》，影印《云南丛书》，第4册，第1769页，中华书局，2009年。

⑦ 永瑢等编纂：《四库全书总目》卷44，《景印文渊阁四库全书》，第1册，第921页，台湾商务印书馆，1986年。

尤疏于考订矣。”①

按：袁、赵所见《韵略易通》，实为本悟所著，但他们当时未见民国二十三年（1934）才收集到的山东吴允中校刻兰茂本（万历本），仅对照四库《提要》所涉体例，即误以为嵩明李文汉送来的《韵略易通》是兰茂著，被本悟抄录后交由其徒通雷改窜易名并自称刊行者，故改署李文汉所送本为嵩明兰茂止庵著，收入《云南丛书》初编，《丛书集成续编》所收亦为此本。民国二十三年收集到吴刻兰茂本后，辑刻《云南丛书》处改署初编《韵略易通》为本悟整理，将兰茂本编入《云南丛书》二编，未刻。又按：四库馆臣在《总目》中论及兰茂《韵略易通》甚多，兹录二例备览：

1.《四库全书总目》：《青郊杂著》一卷、《文韵考衷六声会编》十二卷。“明桑绍良撰。绍良，字遂叔，零陵人。是编前列《青郊杂著》一卷，……观其尊兰廷秀《韵略易通》，而诋徐铉兄弟为《说文》之蟊贼，韩道昭父子为《集韵》之虫蠹，既是非颠倒，轻肆讥弹，又称《广韵》每声分五十余部，《唐韵》约为三十，则于韵书沿革，尚未详考矣。”②

2.《四库全书总目》：《重订马氏等音外集》一卷、内集一卷。“此本为康熙戊子（1708）宣城梅建所刊，内自称盘什马氏自援建序，惟称得自沾益州明经张圣功，亦不知自援何许人。今考其书引梅膺祚《字汇》，则当在明末。又自称籍本秦而生于滇，则云南人得自沾益，盖其乡里也。又称所学得自江右杨夫子、嘉兴李夫子，不著名字，则莫知为谁矣。……其删并字母，即兰廷秀《韵略易通》括以《早梅诗》之说也。”③

孙人龙《声律发蒙叙》：“先生文甚伙，奈明末屡经兵燹，残缺不全，传写多讹。惟《发蒙》一书，切于幼学。吟诵之下，恍觉景物山川，皆成佳趣；庙堂经济，如在目前。学者童而习之，便不至白首茫然也。夫地以人名，人以地限，纵有博学奇才，湮没无从表见者，不可胜道。先生之《发蒙》，虽云小技，即一斑以窥全豹，而先生生平，亦借此略见其大概矣。”④

按：孙人龙，浙江乌程人。曾为翰林院编修。乾隆六年（1741）任云南提学。⑤

---

① 兰茂：《韵略易通》，影印《云南丛书》，第4册，第1720页，中华书局，2009年。

② 永瑢等编纂：《四库全书总目》卷44，《景印文渊阁四库全书》，第1册，第929页，台湾商务印书馆，1986年。

③ 同上书，第930页。

④ 兰茂：《声律发蒙》，影印《云南丛书》，第20册，第10497页，中华书局，2009年。

⑤ 靖道谟等编纂：雍正《云南通志》卷18上，《景印文渊阁四库全书》，第569册，第574页，台湾商务印书馆，1986年。

正月廿七日，王骥击败思任发，平麓川[①]，班师还朝。

《明英宗实录》：春正月己丑（廿七日），王骥平麓川，思任发父子窜身草野。[②]

倪蜕《滇云历年传》：“七年春，王骥班师还京。”[③]

按：正德《云南志》载：“七年秋七月，麓川平。”[④]疑误。

五月，论平麓川功，蒋贵、王骥皆获进封。八月，王骥复总督云南军务。

《明史·英宗前纪》：“五月壬申（十三日），论平麓川功，进封蒋贵为侯，王骥靖远伯。”“八月壬寅（十五日），复命王骥总督云南军务。”[⑤]

十月，蒋贵、王骥再至云南，征麓川、缅甸。

《康熙云南府志》：“七年十月，蒋贵、王骥再至云南。”[⑥]

谷应泰《明史纪事本末·麓川之役》：“七年冬十月，复命定西侯蒋贵、靖远伯王骥征麓川、缅甸。先是，思任发既败走缅，大军还，复出为寇。上谓骥曰：‘卿为朕再行。’遂起兵如前，复命骥等往讨之。”[⑦]

正统八年癸亥（1443），四十七岁

春二月，王骥军至永昌（今云南保山），遣谕缅甸送思任发至军前。

谷应泰《明史纪事本末·麓川之役》：“八年春二月，定西侯蒋贵、靖远伯王骥军至金齿（永昌别称），遣谕缅甸送思任发军前。缅人佯诺，不遣。骥曰：‘缅甸党贼，不可不讨也！’乃至腾冲，分为五营……”[⑧]

王骥受命复征麓川。

正德《云南志》：“八年秋，定西侯蒋贵、靖远伯王骥复征麓川。”[⑨]

《明史·英宗前纪》：“夏五月己巳（十五日），复命平蛮将军蒋贵、王骥帅师

---

① 苏石：《兰茂评传·兰止庵年谱》载事而未载史实出处（第256页，云南人民出版社，1997年）。
② 《明英宗实录》卷88，第1773~1776页，台湾“中央研究院”历史语言研究所，1962年。
③ 倪蜕：《滇云历年传》卷7，影印《云南丛书》，第5册，第2410页，中华书局，2009年。
④ 周季凤编纂：正德《云南志》卷15《事要》，传抄范氏天一阁藏嘉靖三十二年（1553）刻本。
⑤ 《明史》卷10，第1册，第133页，中华书局，1974年。
⑥ 范承勋等纂修：《康熙云南府志》卷5《沿革》，《中国地方志集成》本《云南府县志辑》，第1册，第104页，凤凰出版社，2009年。
⑦ 谷应泰：《明史纪事本末》卷30，《丛书集成三编》，第98册，第906页，台湾新文丰出版公司，1997年。
⑧ 同上。
⑨ 周季凤编纂：正德《云南志》卷15《事要》，传抄范氏天一阁藏嘉靖三十二年（1553）刻本。

征麓川思任发子思机发。”①

诸葛元声《滇史》：八年，“朝以思任未获，终为边患，于是再遣王骥率师以征麓川。”②

按：“八年秋”与“夏五月”，正德志、英宗纪时间有差。又，苏石《兰芷庵年谱》：“六月，明英宗复命第一次征麓川的原班人马五万，再‘发卒转响五十万’，又征麓川。”③不详何据。又，“转响”疑为“转饷”。

正统九年甲子（1444），四十八岁

高凉（今广东高州）龙得辉任嵩明知州。

苏石《兰芷庵年谱》：“龙得辉任嵩盟知州。龙德辉，‘高凉人，正统九年任’（康熙《嵩明州志·官师志·秩官》）。”④

二月二十六日，王骥击败思机发，奉召还朝。

《明史·英宗前纪》：“二月丙午（二十六日），王骥击走思机发，俘其孥以献。召骥还。”⑤

秋七月，缅人匣函思任发首级，献于军前。

正德《云南志》：“九年秋七月，缅人获思任发。函其首，献于军。”⑥

正统十年乙丑（1445），四十九岁

作《正统乙丑，予年四十九，用李太白紫极宫感秋诗韵》。

诗云：“昔人当此年，仕路几往复。吾宁虚以欹，胜彼满而覆。万事莫问天，思之已烂熟。”⑦

王骥砻石划金沙江为界，与思任（发）之幼子思洪（一名思禄）誓。

诸葛元声《滇史》：“骥……约思洪得部勒诸夷，居孟养故地。骥乃砻石划金沙

---

①《明史》卷10，第1册，第133页，中华书局，1974年。

② 诸葛元声：《滇史》，第311页，刘亚朝点校，云南德宏州民族出版社，1994年。

③ 苏石：《兰茂评传》，第256页，云南人民出版社，1997年。

④ 同上书，第257页。按：其所引见王瑛修康熙五十九年（1720）刻本，云南省图书馆抄藏。

⑤《明史》卷10，第1册，第134页，中华书局，1974年。

⑥ 周季凤编纂：正德《云南志》卷15《事要》，传抄范氏天一阁藏嘉靖三十二年（1553）刻本。

⑦ 兰茂：《兰隐君集》，李文汉辑《杨林两隐君集》，影印《云南丛书》，第47册，第24902页，中华书局，2009年。苏石《兰茂评传·兰止庵年谱》引录诗题而无出版信息（第257页，云南人民出版社，1997年）。按：李白诗全题为《浔阳紫极宫感秋作》，诗云：“四十九年非，一往不可复。……陶令归去来，田家酒应熟。”（《李白集校注》，第24卷，第1400页，瞿蜕园，朱金城校注，上海古籍出版社，1980年。）

江为界，与洪誓云：‘石烂江枯，尔乃得渡。’洪惧，听命。”①

冬，麓川设城防。

正德《云南志》：“十年冬，城腾卫。”②

正统十二年丁卯（1447），五十一岁

填《鹧鸪天·饯嵩明太守龙公》《满庭芳·贺龙太守朝京旗帐》二词。③

按：龙公、龙太守，即正统九年（1444）任嵩明太守的龙德辉（请参阅本谱是年纪事）。明代地方职官每三年一次上计，而后按业绩决定升黜或调职，故一般任期为三年。《满庭芳·贺龙太守朝京旗帐》词题“朝京”，词云“饯公万里朝天”，“指日名魁上考，天颜喜，更有离迁”，正可印证。苏石《兰止庵年谱》把这二首词置于景泰元年（1450）④，误。

作“浮生过半百”旧韵百字。⑤

正统十三年戊辰（1448），五十二岁

三月，王骥再次出兵十余万征麓川。

正德《云南志》：“十三年，靖远伯王骥帅师会诸道兵，伐麓川。”⑥

《明英宗实录》：三月壬寅（十七日），上“命兵部尚书、靖远伯王骥总督军务……征剿思机发，降敕谕王骥曰：‘贼子思机发逋于孟养，朝廷累遣敕招谕，冀其改悔。奈尚负固恃险，虽遣人请罪，心实不服。顷，总兵官沐斌率兵至金沙江招之，托疾不与见。孟养头目又党恶，不执来献，厥罪惟均。今命卿等统率官军，以行天讨。……卿以文武重臣，夙著劳绩，兹一切军机重务，将士赏罚激厉，俱从便宜行事，卿其秉诚效智，以副倚注之重。’……癸卯（十八日）……赐从征麓川官军钞，有差。”⑦

诸葛元声《滇史》：十三年“春，复命骥总督军务，都督宫聚充总兵官……以夷

---

① 诸葛元声：《滇史》，第313页，刘亚朝点校，德宏州民族出版社，1994年。

② 周季凤编纂：正德《云南志》卷15《事要》，传抄范氏天一阁藏嘉靖三十二年（1553）刻本。

③ 兰茂：《兰隐君集》，李文汉辑《杨林两隐君集》，影印《云南丛书》，第47册，第24908页，中华书局，2009年。

④ 苏石：《兰茂评传》，第158页，云南人民出版社，1997年。

⑤ 黄丝才、纪兴：《兰茂年谱》系之于49岁（《云南中医学院学报》，2001年第1期），据其诗“过半百”，则当系于50岁之后。

⑥ 周季凤编纂：正德《云南志》卷15《事要》，传抄范氏天一阁藏嘉靖三十二年（1553）刻本。

⑦《明英宗实录》卷164，第3182~3183页，台湾“中央研究院”历史语言研究所，1962年。

汉兵十三万征麓川，讨任（法）二子。”注：“思机、思卜。”①

《明史·王骥传》：“十三年春，复命骥总督军务，宫聚为平蛮将军，帅师十五万人往。”②

《明史·英宗前纪》：“三月戊子（初三日），诏责孟养宣慰司献思机发。壬寅（十七日）……王骥仍总督军务，都督同知宫聚为平蛮将军，充总兵官，帅师讨思机发。”③

《康熙云南府志》：“十三年，王骥复征云南。”小注：“思（伦）［任］子思机、思尚，复据孟养以叛。”④

献策助王骥征麓川，授以方略：“若要麓川破，船往山上过。”遂成功。

李澄中《兰先生祠堂记》：“少有大志，不就，乃潜心理道，淹通经史。凡黄冠缁流、医方卜筮、星历风角之书，靡不穷究其奥，乡里称‘小圣’。其后王尚书骥征麓川，先生授以方略，遂成功。‘若要麓川破，船往山上过’，居人至今犹传其语。”⑤

李澄中，字渭清，又字渔村。山东诸城人。康熙己未（1679），以拔贡试鸿博，中选，授翰林院检讨。康熙二十九年（1690），为云南乡试主考。初至滇，先告示：“‘文非滇真雅正者’，不录。滇士文气之衰，澄中实起之。此归，行箧萧然，孝竹、松子石而外，滇行日记、诗数册而已。”⑥

康熙《嵩明州志》本传：“正统时，大司马王骥征麓川，咨其方略，遂底于平。”⑦

《大清一统志》（九）：“尚书王骥征麓川，茂佐以方略，遂成功。”⑧

按：一、此役之胜有别载，兹举二例备览：（一）诸葛元声《滇史》：“师至金齿，造浮梁千数百丈，以渡兵运饷。贼亦立栅拒战，悉破之。贼又敛众于鬼哭山，张轨等亲冒矢石，斩获无算。……大军逾孟养，至孟那、阿瓦等处而还。孟养在金沙江西，去麓川又千余里，渐近西海矣。诸夷蛮皆震怖相谓：‘自古汉人无渡金沙江者，大军

---

① 诸葛元声：《滇史》，第 313 页，刘亚朝点校，德宏州民族出版社，1994 年。

②《明史》卷 171，第 15 册，第 4558 页，中华书局，1974 年。

③《明史》卷 10，第 1 册，第 137 页，中华书局，1974 年。

④ 范承勋等纂修：《康熙云南府志》卷 5《沿革》，《中国地方志集成》本《云南府县志辑》，第 1 册，第 104 页，凤凰出版社，2009 年。

⑤ 李澄中：《兰先生祠堂记》，李文汉辑《杨林两隐君集》卷 3《附录》，影印《云南丛书》，第 47 册，第 24919 页，中华书局，2009 年。

⑥《新纂云南通志》卷 180 本传，第 8 册，第 41 页，云南人民出版社，2007 年。

⑦ 王煛修：《嵩明州志》卷 7《隐逸》，云南省图书馆据康熙五十九年（1720）刻本抄藏。

⑧ 和珅等撰：《大清一统志》卷 369《云南府》，《景印文渊阁四库全书》，第 482 册，第 560 页，台湾商务印书馆，1986 年。

至此，真天威也！’……沐璘为都督，曾至其地，有诗云：‘蛇首楼船十丈长，船头铙鼓乐笙簧。篙师百橹齐摇去，阿瓦城池水似汤。’”[①]（二）苏石《兰芷庵年谱》：“终，王骥与思陆发勒石缔约，碑曰：‘石烂江枯，尔乃得渡’（参见马曜主编《云南简史》，第149页）。”[②]此年谱所引简史，与《滇史》年代有差，详本谱正统十年纪事。二、《明英宗实录》把具体战事载于明年班师后王骥等奏章中（参阅本谱明年纪事）。三、兰茂今存书目《安边策条》，或为此时期著述。

正统十四年己巳（1449），五十三岁

二月十八日，上赐敕奖谕，命王骥等班师回京。王骥等上奏陈述战况。朝廷设南甸、干崖、陇川三宣抚司。

《明英宗实录》二月己巳（十八日）：总督云南军务兵部尚书、靖远伯王骥等奏：“‘……自腾冲整肃师旅，由干崖造舟，至南牙山舍舟陆行，抵沙坝，复造舟至金沙江达岭并哈罕二渡口。贼子思机发于西岸埋栅拒守。……官军渡江登岸……贼子又于鬼哭山顶筑一大寨，两峰之上筑二寨副之。三寨之后，又筑七小寨，绵亘百余里。每寨排栅二层，拴大木石于栅上。臣等分兵夹攻，先破左寨，木石如雷，铳箭如雨。须臾，南风大作，促薪纵火，烈焰烛天。将士乘势奋勇，蛮贼喊叫逃命。一时各寨俱破，斩杀及坠崖死者，不可胜数。惟贼子思机发、思卜发遁去。……上赐敕奖谕，命（王）骥、（宫）聚、（张）轨、（田）礼回京……”[③]

诸葛元声《滇史》：“王骥三征麓川……班师。麓川既平，而以其地分授土夷有功者，为南甸、干崖（今属德宏盈江）、陇川三宣抚司。”[④]

《明史·英宗前纪》：二月“己巳，王骥破思机发于金沙江，又破之鬼哭山，班师。”[⑤]

明代宗朱祁钰景泰五年甲戌（1454），五十八岁

撰成神仙道化剧《性天风月通玄记》。[⑥]

---

① 诸葛元声：《滇史》，第313页，刘亚朝点校，德宏州民族出版社，1994年。
② 苏石：《兰茂评传·兰止庵年谱》，第257页，云南人民出版社，1997年。
③《明英宗实录》卷175，第3372~3374页，台湾“中央研究院”历史语言研究所，1962年。
④ 诸葛元声：《滇史》，第314页，刘亚朝点校，德宏州民族出版社，1994年。
⑤《明史》卷10，第1册，第138页，中华书局，1974年。
⑥ 苏石：《兰茂评传·兰止庵年谱》，第258页，云南人民出版社，1997年。

按：该剧于1982年编入《古本戏曲丛刊五集》[①]。这是云南戏剧史上第一部戏曲作品，兰茂则为云南第一位文人戏曲家。杨慎的《宴清都洞天玄记》杂剧据此改编。此剧以康熙本影印，收入《古本戏曲丛刊五集》第五集第一函第一册，署名“大明隐士兰先生讳茂著”。这部云南最早、兰茂唯一的戏曲作品有幸入编，实乃云南戏曲史上的大事。下面我们节录《古本戏曲丛刊五集》的《前言》和《序》，可见《性天风月通玄记》，被列为“内容很精彩”的“传世之作”。

《古本戏曲丛刊五集前言》：1982年至今，“经过两年多的工作，《古本戏曲丛刊五集》终于和读者见面了。五集共收传奇八十五种，附二种，主要是清代顺治、康熙、雍正三朝的作品。由于新资料的发现，补收了明代传奇八种，明清之‘苏州派’作家的作品八种。所补明代传奇如《性天风月通玄记》《断发记》《凌云记》《葛衣记》等，都是珍贵的传本。……”[②]

吴晓铃《古本戏曲丛刊五集序》：“五集的编辑过程是十分困难和痛楚的。现在即将行世，希望能够完成得顺利而迅速，希望六集以降更加顺利而迅速，主客观条件总应该越来越好嘛！所能告慰于读者的是，五集的内容很精彩，有成都李氏珍藏的清乾隆间钞本、明初云南杨林隐君兰茂的《性天风月通玄记》传奇，杨慎的《宴清都洞天玄记》杂剧便是据此改编的。有日本神田一郎博士特许覆印的省内外孤本、传为明代李开先所撰的《断发记》传奇，神田博士于去年逝去，不及见五集的问世，我们为他祈祷冥福。有梅畹华（兰芳）祖父巧龄前辈所藏的大量的明代顾大典所撰的《葛衣记》传奇，也是未见传世之作，承今藏者文化部中国艺术研究院戏曲研究所特许借印。有香港大学罗忼烈教授所藏的明代韩上桂所撰的《凌云记》传奇，这是近年才挖掘出来的久晦复显的戏作。还收入了十二种明清之交和法国巴黎的国家图书馆的藏品而成，可算得是蔚为大观了。”[③]

《性天风月通玄记》共有十八出，从目录可见其思想主旨及情节大略：[④]

开场：师徒传道，通玄记引；第一出，副末外场；第二出，感叹归隐；第三出，春兰训女；第四出，城南游玩；第五出，买紫议婚；第六出，降伏六贼；第七出，偕

---

① 兰茂：《性天风月通玄记》，中国社会科学院文学研究所《古本戏曲丛刊》编辑委员会编《古本戏曲丛刊五集》，上海古籍出版社，1986年。

② 中国社会科学院文学研究所《古本戏曲丛刊》编辑委员会编：《古本戏曲丛刊五集·前言》，上海古籍出版社，1986年。

③ 吴晓铃：《古本戏曲丛刊五集·序》，上海古籍出版社，1986年。

④ 兰茂：《洞天风月通玄记》，《古本戏曲丛刊五集》，上海古籍出版社，1986年。

紫喻道；第八出，黄婆议亲；第九出，六贼劝世；第十出，问答玄机；第十一出，复向求婚；第十二出，回亲不允；第十三出，风月起兵；第十四出，兴兵擒虎；第十五出，号令一卒；第十六出，收伏白虎；第十七出，沽酒得道；第十八出，仙翁点化。

明英宗朱祁镇天顺元年丁丑（1457），六十一岁

撰成哲理诗《玄壶集》百章。

《玄壶集自序》："天地万物，有自然之理。三教经典、百家载籍，皆圣贤垂宪之言。万事善恶，皆由人心之所生，静中观之，了了在目，不待求之于外也。因作小诗百章，章四句，句六言，续以四言二句以澄其义。名之曰'玄壶诗'，尚望巨眼相与可否云。"《跋》："诗六言百章，青松白石间语，云朋霞友之芹曝也，膏粱纨绮之士，固无取焉。欲味此味，须是有工夫始得。要知何许是有工夫处，遥天鸟倦云归后，大地风清月白时。"①

黄丝才、纪兴《兰茂年谱》："撰《玄壶集》，共 97 首，文前有'自序'，文后有'跋'。"②

按：苏石《兰茂评传》亦作此说③。但"共 97 首"，不详所据。

天顺三年己卯（1459），六十三岁

杨林增修关王庙。

《杨林关庙碑记》："天顺己卯，官僚暨信士人等，增修而复新之。"④

明宪宗朱见深成化二年丙戌（1466），七十岁

作《成化丙戌年，予年七十岁近体诗十首》。

诗云："济时心在惜无才，七十年程已到来。对酒纵成终日醉，感时良为昔人哀。"（其二）"自喜痴年到七旬，不曾富贵不曾贫。闲消白昼书千卷，坐对青山酒一尊。无想情怀终日笑，有花庭院四时春。客来问着平生学，只此传家示子孙。"（其六）⑤

---

① 陈荣昌编辑：《滇诗拾遗》卷 1，影印《云南丛书》，第 40 册，第 21029、21034 页，中华书局，2009 年。

② 黄丝才、纪兴：《兰茂年谱》载事而未明其所据，《云南中医学院学报》，2001 年第 1 期。

③ 苏石：《兰茂评传》，第 145 页，云南人民出版社，1997 年。

④ 兰茂：《兰隐君集》，李文汉辑《杨林两隐君集》，影印《云南丛书》，第 47 册，第 24909 页，中华书局，2009 年。

⑤ 同上书，第 24905 页。

成化四年戊子（1468），七十二岁

杨林关王庙增修竣工，撰《杨林关庙碑记》。

记曰："成化戊子，有会众人等，见祠有地泉一穴，乃共发虔心，再建中山门一座，造大刀立之于右，谓之曰'掇刀泉'。祠左有丽生石，好事者以铭记见属。愚义不得辞，乃谂于众曰：'人皆知公之为神，封号如此，而未明其所谓者多矣！窃尝考诸传记而有感焉。'……天下后世，为将帅之臣祠而享之，固其宜矣。读史者不此之察，遽以自矜，寡谋见机，而略其大节至义，非知公者。余因所请，特表而出之，复为之铭。"①

成化五年己丑（1469），七十三岁

五月初一日，作《乐志赋》，明其隐居待时之志。

自注："成化己丑，仲夏初吉，缑山七十三翁和光道人，书于止庵之吟室。"赋曰："惟人心之所之兮，宜取适于和宁。苟劳劳而失养兮，若有负于平生。"②

按：汉代刘向《列仙传·王子乔》云："王子乔者，周灵王太子晋也。好吹笙，作凤凰鸣。游伊洛之间，道士浮丘公，接以上嵩高山。三十余年后，求之于山上，见桓良曰：'告我家，七月七日，待我于缑氏山巅。'至时，果乘白鹤驻山头，望之不得到，举手谢时人。数日而去。"③后为修道成仙典故。唐代李白《凤笙篇》云："绿云紫气向函关，访道应寻缑氏山。"④兰茂此处以缑山称，当含二义：一明其原籍河南，二明其淡泊之志。

《滇诗拾遗》："此赋见先生之隐，非巢许之逃世，乃伊吕之待时也。得此以著其志，岂非大幸！"⑤

《新纂云南通志·兰茂贾维孝传》："昆明陈荣昌曰：'若夫止庵之为人，则见于《乐志》一赋，挟持甚大，而出处不苟。盖莘、渭、南阳一流人物，非夫石隐者所能同也。'剑川赵藩曰：'止庵之理学，在康节、白沙之间；东亩之风雅，亦魏野、林逋之亚。'合此二语，足为定评矣。"⑥

---

① 兰茂：《兰隐君集》，李文汉辑《杨林两隐君集》，影印《云南丛书》，第47册，第24909~24910页，中华书局，2009年。

② 同上书，第24908页。苏石《兰茂评传·兰止庵年谱》引录全文，但未纪日月和版本信息（第265页，云南人民出版社，1949年）。

③ 刘向：《列仙传·王子乔》卷上，《景印文渊阁四库全书》，第1058册，第495页，台湾商务印书馆，1986年。

④ 瞿蜕园、朱金城：《李白集校注》卷5，第359页，上海古籍出版社，1980年。

⑤ 陈荣昌辑：《滇诗拾遗》卷1，影印《云南丛书》，第40册，第21029页，中华书局，2009年。

⑥《新纂云南通志》卷189，第8册，第206页，云南人民出版社，2007年。

贾东亩，兰茂同乡后贤、隐逸诗人贾惟孝之号。贾惟孝深为杨慎推重，把他和兰茂并题为“杨林两隐君”。嘉靖时期在世，亦崇祀嵩明乡贤祠。《新纂云南通志·兰茂贾维孝传》：“贾惟孝，字若曾，号东亩，与兰茂同里。杨慎推重之，屡赠诗，有云：‘兰叟和光卧白云，贾生东亩挹清芬。何人为续嵇康传，题作杨林两隐君。’后人并称兰、贾为两隐君，本此。所著有《剩语闲吟稿》。卒，祀嵩明乡贤祠。”①

成化六年庚寅（1470），七十四岁

卒于乡，崇祀乡贤。

苏石《兰止庵年谱》：“兰茂卒于七十四岁。”②

正德《云南志》本传：“年七十四而卒”。③

《民国嵩明县志》本传：“七十四，卒于家。崇祀嵩明州乡贤。”④

按：兰茂享年，有七十四岁、八十岁两说。兰茂作品有年月可查者，止于其七十三岁时所作《乐志赋》⑤。兰茂作品有纪年者虽然极少，但云南最早的方志正德《云南志》所载，可作为依据来判断兰茂终年岁数，故本谱从此说。然而，《嵩明州志》载兰茂卒年八十岁，曾在兰茂故里寻访其遗迹和传闻的李澄中《兰先生祠堂记》、李坤辑《滇诗拾遗补》所载本传，亦言之凿凿。是故，兰茂行年八十，可备一说，兹录于下：

李澄中《兰先生祠堂记》：“年八十，卒于家。有司以状闻，特允乡贤从祀。”⑥

康熙《嵩明州志》本传：“年八十卒，崇祀乡贤。”⑦

《滇诗拾遗补》小传：“洪武三十年丁丑生，成化十二年丙申卒，年八十。崇祀

①《新纂云南通志》卷189，第8册，第205页，云南人民出版社，2007年。

②苏石并引正德《云南志》和《民国嵩明县志》记载而不明版本（《兰茂评传》，第266页，云南人民出版社，1997年）。

③周季凤编纂：正德《云南志》卷21《列传七》，传抄范氏天一阁藏嘉靖三十二年（1553）刻本。

④李昌泰等纂修：《民国嵩明县志》卷26，《中国地方志集成》本《云南府县志辑》，第16册，第251页，凤凰出版社，2009年。

⑤兰茂：《兰隐君集》，李文汉辑《杨林两隐君集》，影印《云南丛书》，第47册，第24908页，中华书局，2009年。

⑥李澄中：《兰先生祠堂记》，李文汉辑《杨林两隐君集》卷3，影印《云南丛书》，第47册，第24919页，中华书局，2009年。

⑦王耎修：《嵩明州志》卷7《隐逸》，云南省图书馆据康熙五十九年（1720）刻本抄藏。

嵩明州乡贤祠。”[①]。

辞世后，人们敬仰其品格和业绩，以各种赞语和方式纪念之。

《新纂云南通志·兰茂贾维孝传》：“总督范承勳称其学‘内圣外王’。侍读李澄中典云南试，为修祠墓，撰《兰先生祠堂记》，称为‘百世师’。乾隆辛酉（乾隆六年，1741），学使孙人龙撰《声律发蒙序》，称之为‘天民’。又谓：使其出而有为，当与刘诚意、宋景濂后先继美云。”[②]

黄丝才、纪兴《兰茂年谱》：“辞世 6 年后，乡人在墓南后侧建造兰公祠。逝后 78 年，谪贬云南的四川状元杨升庵专程至杨林访索兰诗，仅获数十首，遗憾而归。《滇南本草》成书后一直在民间传抄长达 451 年，终于在兰茂故去 417 年之后，由其门人管群芳的第八代孙辈管暄、管浚兄弟出资，请昆明务本堂刊刻印成 5 卷 4 册《滇南草本》《医门揽要》问世。”[③]

按：黄丝才、纪兴《兰茂年谱》以兰茂卒于 79 岁（按虚岁即 80），其谱所谓“辞世 6 年后”，“故去 417 年之后”按此纪。

（孙秋克）

---

① 李坤辑：《滇诗拾遗补》卷 1《兰茂传》，《丛书集成续编》，上海书店，1994 年，第 21179 页。李坤（1867~1916），字厚安，一字栎生，又号南园，昆明人。经正书院高才生，光绪十九年（1893）举乡荐，二十九年（1903）成进士，选庶常，授翰林院编修。曾任昆明师范、政法学校国文教员，参与辑刻《云南丛书》工作（李孝友、张勇、余嘉华：《云南丛书书目提要·齐风说》，第 14 页，中华书局，2010 年）。《新纂云南通志》卷 189 本传所载同，第 8 册，第 205 页，云南人民出版社，2007 年。

②《新纂云南通志》卷 189，第 8 册，第 205 页，云南人民出版社，2007 年。

③ 黄丝才、纪兴：《兰茂年谱》，《云南中医学院学报》，2001 年第 1 期。

杨一清年谱（1454~1530）

综论

在云南明代文学史上，有两位具有全国性影响，并有师生之谊的文学家：祖籍安宁的杨一清和谪戍永昌（今保山）的杨慎。但杨慎数百年来蜚声文学史，杨一清则显得相对沉寂。在漫长的仕宦生涯中，杨一清出将入相，政绩显著，他在文坛上的实际地位，亦不应被忽略。以师道论，当时的青年才俊如吕柟、王守仁、崔铣、李梦阳、何景明、康海、杨慎、乔宇、张璇、马理、陆深、邵宝等，均出于杨一清和李东阳门下，英杰不可悉数。状元杨慎曾到镇江谒见座师杨一清，阅其藏书，叩以疑义，杨一清皆能成诵，杨慎大惊，从此愈加发奋治学①。前七子领袖李梦阳，将其师杨一清和李东阳并举，清代文学史家、文学批评家朱彝尊就此发表感慨："献吉送昌谷诗云：'吾师崛起杨与李，力挽元化回千钧。'初意杨非李敌，不过为师同耳。及观《石淙集》，实有高出李者，乃知文士以千秋自命，类不轻许人也。"②云南近代著名学者赵藩把杨一清、李东阳并称为"两雄"③，一个在政治、学识和文学上没有卓越成就的高官，不可能产生如此巨大的影响，亦可见杨一清被文学史忽视的时间，其实并不久远。可惜这个遗憾，至今犹未得到应有的弥补。

一

杨一清的祖籍是云南安宁，他出生在化州（今广东化县），其父杨景时任化州同知，致仕后携其寓居巴陵（今湖南岳阳）。父病故，杨一清奉其遗命卜葬京口，从此

①《明史》卷192《杨慎传》，第17册，第5083页，中华书局，1974年。

②朱彝尊：《静志居诗话》卷8《杨一清》，第219~220页，人民文学出版社，1990年。同页又说："弘、正间诗道旁落，其可识曲而听真者，李文正、杨文襄也。"

③赵藩：《仿元遗山论诗绝句论滇诗六十首·大学士杨文襄公一清》："将相功名一代中，诗歌卓有杜陵风。后先七子休腾踔，合与茶陵角两雄。"（《向湖村舍诗二集》卷3，影印《云南丛书》，第50册，第26252页，中华书局，2009年）

占籍南直隶镇江府丹徒县（今属江苏）。所以，杨一清自号“三南居士”（滇南、湖南、江南）。杨氏世居安宁，“力穑起家”，“家世号贤人之族”①。虽然杨一清不曾在云南长期生活，但他使用得最多的号是石淙。此号来自其祖籍，故李东阳撰《石淙赋》，特地阐明“石淙”的含义②。成化二十一年（1458），杨一清蒙皇恩回云南祭扫祖茔，其《谨奏为乞恩祭扫事》③和《石淙诗稿·省墓类》，诚挚地表达了对故里的拳拳深情。没有无本之木、无源之水，不忘本源，长怀故里，是杨一清的高尚品质之一。杨一清自幼异常聪颖，他十二岁举神童，十五岁中举，十九岁成进士，其后功业卓著，建树累累。诗人自谓“平生勋业半酬边，老去仍都将相权。自有胸中兵十万，不劳门下客三千”④。杨慎所作《为大学士杨文襄公故里题碑》，以“四朝元老，三边总戎，出将入相，文德武功”⑤十六字，精确地概括了其师的平生功业。但这样的概括，虽然表现了杨一清辉煌的人生，却没有反映他一生仕途的坎坷。杨一清在第三次致仕后，对自己履职官场的经历，曾做过数字总结：“六十年来三致仕，四千里外七还乡。”⑥出将入相，建功立业，漫长仕途的起落和是非，固有复杂的个人、时代和朝政因素，但终其一生，杨一清出塞安边、身为四朝元老，为国为民所做的贡献是不容置疑的。可叹一代名臣和文豪，终因被诬陷而郁郁病逝。

作为政治家，杨一清的主要仕宦经历和功绩可概括如下：三次总戎三边，逾时三十余年；历官提学副使、太常寺少卿、户部和吏部尚书，两次入阁参机务、做首辅。杨一清的政治思想和重要贡献是多方面的：作为提学，他力祛宿弊，肃清学政，重建书院，亲自教督，培养了许多后来名满天下的英才；他三次亲历边关整治边患，修马政、筑边墙、

---

① 刘文征撰，古永继校点：天启《滇志》卷18《艺文志》载明武宗正德五年、九年封赠杨一清曾祖父母、祖父母诰命（第596~597页，云南教育出版社，1991年）。

② 李东阳：《石淙赋序》：“邃庵杨先生应宁，先世在云南，其地曰石淙，及游寓巴陵，卜筑京口，皆以名其所居。其入而仕于朝，出而官于外，撰述题识，亦以空名系之文字之间，示不忘也。”（刘文征撰，古永继校点天启《滇志》卷18《艺文志》，第599页，云南教育出版社，1991年）李东阳《怀麓堂集》卷61所载《石淙赋》无序（《景印文渊阁四库全书》，第1250册，第629页，台湾商务印书馆，1986年）。

③ 杨一清：《谨奏为乞恩祭扫事》，刘文征撰，古永继校点天启《滇志》卷18《艺文志》，第598页，云南教育出版社，1991年。

④ 杨一清：《石淙诗稿》卷7《行台类·送总制秦公四首》，《四库全书存目丛书》，集部第40册，第438页，齐鲁书社，1997年。

⑤ 袁嘉谷：《滇绎·杨文襄轶事三十六则》，李春龙、刘景毛辑校《正续云南备征志精选点校》，第714页，云南民族出版社，2000年。

⑥ 杨一清：《致仕出城途次口占》，《石淙诗稿》卷19《玉堂后类》，《四库全书存目丛书》，集部第40册，第622页，齐鲁书社，1997年。

平反叛、选人才，有效地巩固了边防；他为张永出谋划策诛刘谨，并努力让被其构陷者复职，匡扶了明王朝社稷江山；他支持议“大礼”，为嘉靖初年的政治稳定立下了功劳；他敢于批评规谏君主，慎于官员任免考选，为国家各种事件的妥善处理建言献策，为安抚天下和百姓做出了贡献；他主张为官不避辛劳，为政宽严相济，同僚同心协谋，以称朝廷托付，为官员做出了为官的榜样。入仕六十年，在漫长的仕宦生涯中，他写下了大量为治边、为时世、为朝政而上的奏疏。仅从《关中奏议》《制府杂录》《西征日录》《宸翰录》《密谕录》《阁谕录》《吏部献纳稿》等名称，我们就可以看到明代中叶国家政治、边防军事与杨一清个人之间有广泛而密切的联系。除了政治意义，这些文章在艺术上亦有其文学价值：它们或“所指尽皆中窍要”①；或“叙事则详雅典则”“摛词则明白疏鬯”“明体实用”②；或“有古横槊雅歌之风”③；或“雍容怡愉……至今诵之，犹可想见当时之盛”④。

如果说杨一清的文章以奏疏为主体，主要是其作为政治家为时为事而发的言论，那么他的诗歌，则属于较为纯粹的文学创作，但奏疏与诗歌联系紧密，甚至不妨说，后者以前者为缘起。诗以言志，诗以道情，与杨一清的政治生活轨迹相呼应，他和同时代的其他朝廷重臣一样，诗歌中也有庙堂之作，然而最能体现其日常情志者，是诗史、山水诗、抒情诗和题画诗，体裁则包括古体和近体。另一方面，《石淙诗稿》及杨一清的多种奏疏集，本身就是按照他政治生活的各个不同阶段来归类的，如其诗歌：回原籍省墓诗归于《省墓类》，任提学副使诗归于《西巡类》，被逮诏狱诗归于《自讼类》，身处庙堂诗归于《玉堂》前后类，三次总制三边诗归于《行台类》《制府类》《督府类》，致仕镇江诗归于《归田》前后类。因此，仔细稽考其生平事迹和作品的创作时代，在文学、政治以及政治与文学相交融的三条线上，杨一清的文学创作与其当时所处政治现实、人生际遇的密切关系，就会自然而然地显现出来。

杨一清的诗史类作品大多作于边塞，这类诗歌无论古体或近体，皆可谓以写实为诗史，杨一清本人亦作如是观。他对李梦阳说：“近作《督府稿》，益疏卤不足观，然道故实，备诗史，他日或有取焉”⑤可见其以诗为史的主要目的，为实、为史而不为文。

①《杨一清集》附录二《四库全书·关中奏议提要》，第1118页，唐景昆、谢玉杰点校，中华书局，2001年。
②《杨一清集》附录二杨博《关中奏议全集序》，第1125页，唐景昆、谢玉杰点校，中华书局，2001年。
③《杨一清集》附录二唐鹏《书督府稿后》，第1132页，唐景昆、谢玉杰点校，中华书局，2001年。
④《杨一清集》附录二徐缙《恭题宸翰录后》，第1133页，唐景昆、谢玉杰点校，中华书局，2001年。
⑤ 杨一清：《与李献吉宪副》，《石淙诗稿》卷17《督府类》卷2《柬札类》，《四库全书存目丛书》，集部第40册，第587页，齐鲁书社，1997年。

正如李梦阳评其《花马池大阅》云："自负自矜，卒践其言。伟然乔岳，屹然长城。"[①]《河西书事》这首诗，被康海称为"当时之史"[②]。在评点《岔口遭虏变，越三日过其地，作诗纪之》时康海言："前岁吐鲁番之祸，百倍于此，谁复纪哉？"[③]待民以宽，治边以严（请参阅本谱正德六年纪事），亲践其地，以诗记史，正因为杨一清的治边思想和边塞诗的创作目的都很明确，故诗人很少无谓地抒发闲情逸致，而经常表现其军旅戎马生涯中的诸多感慨，及其对边塞实事的种种忧思。如组诗《甘凉道中书事感怀杂诗一十七首》，全面反映了边关的若干弊病[④]；《闻河套有警》，表现了对民力持续供给边关的深切担忧[⑤]；《录民谣十三首》则以凝重的笔墨，广泛地写出边塞贫富不均、官欺民劳的不良现象，读来真是"篇篇具实，字字洒泪"[⑥]！在任三边总督时，杨一清曾遭遇过政治倾轧：《自讼类》记载了因刘瑾诬陷其冒领边饷，被逮诏狱的经历，暴露出封建政治的黑暗[⑦]；《闻新政》则以副题"谨贼伏诛"，为这场政治浩劫画上了句号[⑧]。无论其边塞诗是为国、为民还是为己而作，都承载了不可缺少的时代政治史实。

比起近体诗，杨一清的山水类诗歌，更喜欢以格律自由的歌行体，在描摹山水的同时，抒发其豪放性情。这类诗大多集胸中丘壑、壮丽景观为一体，意气潇洒，纵横开阖。《界亭道中》《水晶宫客》均属此类[⑨]。歌行体相对自由的形式，固然更便于诗人挥洒笔墨，但杨一清山水诗的气韵沉雄、意气飞扬，实为其胸襟气度的自然流露。无论是壮年时期的江山闲步之作，如《奉陪少宰石楼李公游焦山，徐兴得长句兼送别》[⑩]，还

---

① 杨一清:《石淙诗稿》卷7《行台类》,《四库全书存目丛书》,集部第40册,第439页,齐鲁书社,1997年。
② 杨一清:《石淙诗稿》卷4《西巡类》,《四库全书存目丛书》,集部第40册,第409页,齐鲁书社,1997年。
③ 同上。
④ 杨一清:《甘凉道中书事感怀杂诗一十七首》,《石淙诗稿》卷4《西巡类》,集部第40册,第407~408页,齐鲁书社,1994年。
⑤ 杨一清:《闻河套有警》:"粟刍山积君休羡,民力年来已不胜。"(《石淙诗稿》卷7《行台类》,第438页)。
⑥ 杨一清:《石淙诗稿》卷4《西巡类》康海批语,《四库全书存目丛书》,集部第40册,第409~410页,齐鲁书社,1997年。
⑦ 杨一清:《石淙诗稿》卷9《自讼类》,《四库全书存目丛书》,集部第40册,第458~460页,齐鲁书社,1997年。
⑧ 杨一清:《石淙诗稿》卷10《制府类》,《四库全书存目丛书》,集部第40册,第474页,齐鲁书社,1997年。
⑨ 杨一清:《石淙诗稿》卷2《省墓类》,《四库全书存目丛书》,集部第40册,第384~385、387页,齐鲁书社,1997年。
⑩ 杨一清:《石淙诗稿》卷8《归田前类》,《四库全书存目丛书》,集部第40册,第452~453页,齐鲁书社,1997年。

是七十二岁高龄时所作边塞行吟，如《开府行》等[①]，其诗歌风格都是一以贯之的。

以《底柱行》为代表，杨一清的抒情类诗歌多性情之作和个性表现。《底柱行》以沉着奔放的笔调，歌咏长江滔滔滚滚，吐纳千流万派的气势，并塑造了上帝赐砥柱为堤防，使“中流无声屹相向，狂澜过之不敢狂”[②]的雄姿——其实这正是诗人身为朝廷重臣自我形象的写照。另一方面，对国家、故乡、亲人、友人的深情，时而阔大，时而细腻地渗透在《石淙诗稿》中。如诗人还原籍云南安宁时所作《谒咸阳王庙》《谒黔宁王庙》《谒王忠文祠》《登碧鸡山》《抵家杂述》[③]等，或抒发忠义之气，或表达对故乡的感恩之心和深厚亲情，无一不打动人心。“关山路尽九千里，水木心悬三十年。”[④]这深溶于游子血脉中的乡梓之情，直到晚年，在诗人心中都未曾淡化[⑤]。杨一清对其定居地镇江的感情亦如此，他写下了许多吟咏金、焦、北固三山胜景的诗篇。更为可贵的是，诗人一生不忘故里，更心系社稷，他吟道：“自分此身先许国，不须回驭学王阳。”[⑥]先国后家的博大襟怀，使故乡和国家，在杨一清心中显得非常和谐统一：“关山尽处频回首，恋阙怀乡两意同。”[⑦]诗人的胸襟气度是如此开朗宏阔，让人们看到，他不仅是国家杰出的政治家、军事家，也是故乡永远不变的赤子，诗坛上独树一帜的诗人。

既是诗人，也是艺术家，杨一清对画作的鉴赏，表现了其精深的艺术造诣。如其代表作《题沈石田山水赠高铁溪贰守》，赞扬画家“胸中倘有万丘壑，气运泼泼随风生”，又道“按图索骏竟何事，如舍其骨求其形”[⑧]，表现了诗人对神韵为上、离形得似艺术理想的追求。在归田类中，题画诗尤多。杨一清虽无画作传世，然而题画诗显然是《石淙诗稿》中的一个大类，可见诗人即使不擅丹青，对中国诗画的艺术境界，也有相当

① 杨一清：《石淙诗稿》卷17《督府类》卷1，《四库全书存目丛书》，集部第40册，第562页，齐鲁书社，1997年。

② 杨一清：《石淙诗钞》卷1，影印《云南丛书》，第20册，第10513页，中华书局，2009年。《石淙诗稿》无此诗。

③ 杨一清：《石淙诗稿》卷2《省墓类》，《四库全书存目丛书》，集部第40册，第383~384页，齐鲁书社，1997年。

④ 杨一清：《抵家杂述》三首其一，《石淙诗稿》卷2《省墓类》，《四库全书存目丛书》，集部第40册，第383页，齐鲁书社，1997年。

⑤ 杨一清：《毛给事用成守制归云南，过镇江话旧，得三首，兼以送别》，《石淙诗稿》卷13《归田后类》，《四库全书存目丛书》，集部第40册，第516页，齐鲁书社，1997年。

⑥ 杨一清：《虞关道中》，《石淙诗稿》卷4《西巡类》，《四库全书存目丛书》，集部第40册，第396页，齐鲁书社，1997年。

⑦ 杨一清：《甘州书事》，《石淙诗稿》卷4《西巡类》，《四库全书存目丛书》，集部第40册，第408页，齐鲁书社，1997年。

⑧ 杨一清：《石淙诗稿》卷2《省墓类》，《四库全书存目丛书》，集部第40册，第386页，齐鲁书社，1997年。

深刻的把握。

杨一清只有两套散曲作品：一题为《散套》，一题为《南北双调合套·闲情》。前一套看似书春闺怨情，伤感鸳梦成空，实则可能蕴藏了作者对其政治生涯的担忧；后一套则在归田的闲适逍遥中，流露了仕途的惊心动魄，表现了颂圣感恩之情[①]——我们或许可以认为，这是朝廷重臣杨一清心态的隐形反映。

除了创作诗、曲并品画，杨一清还擅长博弈，给人以棋艺精深的深刻印象[②]，同时他擅长书法，所书《车驾幸第录》真迹尚存，云南近代著名学者袁嘉谷说："余选镌滇贤遗墨，以此为冠。"[③]

二

在文学思想上，杨一清与当时茶陵派领袖李东阳、前七子领袖李梦阳的关系，以及他们之间文学观的共性提醒我们，观其文学理论和创作实践，杨一清在明代中叶的文学论争中，占有重要的地位。随着明代文学的发展，宋濂、刘基、高启等由元入明的诗人淡出诗坛，永、宣之世文坛相对沉寂，而成、弘间馆阁重臣、一代文学宗师李东阳崛起，形成了盛极一时、活动时间持续数十年之久的茶陵派，为明诗的发展开拓了道路。李东阳推崇汉魏乐府，"或因人命题，或缘事立义"，"内取达意，外求合律"[④]，大行以乐府体咏史之风——这一理论的积极面，是影响了李梦阳向汉魏乐府诗学习的诗学观。李东阳也盛赞盛唐诗，如说"近代之诗，李杜为极"[⑤]，但他同时亦"出入宋、元，溯流唐代"[⑥]，反对模拟，提倡创新，认为"诗贵不经人道语"[⑦]，并批评当时为诗者，两汉之体已不复讲，言"必为唐"，"必为宋"[⑧]——这一理论的积极面，

---

① 谢伯阳编：《全明散曲》，第442~445页，齐鲁书社，1994年。

② 请参阅本谱五十五岁、六十五岁、六十八岁载杨一清与范原博三次对弈事。

③ 袁嘉谷：《滇绎》，李春龙、刘景毛辑校《正续云南备征志精选点校》，第716~717页，云南民族出版社，2000年。

④ 李东阳：《拟古乐府引》，《李东阳集》，第1卷，周寅宾点校，第1~2页，岳麓书社，1985年。《景印文渊阁四库全书》本《怀麓堂集》无此文。

⑤ 李东阳：《怀麓堂集》卷63《春雨堂稿序》，《景印文渊阁四库全书》，第1250册，第653页，台湾商务印书馆，1986年。

⑥《明史》卷285《文苑传序》，第24册，第7307页，中华书局，1974年。

⑦ 李东阳：《怀麓堂诗话》，《景印文渊阁四库全书》，第1482册，第439页，台湾商务印书馆，1986年。

⑧ 李东阳：《怀麓堂集》卷28《镜川先生诗集序》，《景印文渊阁四库全书》，第1250册，第299页，台湾商务印书馆，1986年。

则是抑制了李梦阳崇古尊唐的局限性。作为挚友，杨一清与李东阳在文学上相互批评，不避指摘疵垢[①]，他们的文学主张有其一致性。杨一清《怀麓堂集原序》指出："文盛于今日，其弊亦随之"。"乐恣肆者，失之驳而不醇；好摹拟者，伤于局而不畅"，又有"习瘦辞硬语"以为古，"以艰深文浅近者"，"文之弊一至是，可慨也"！他认为文学应当有所表现，即如李东阳的诗文那样"深厚浑雄"，语言平易"而法度森严，思味隽永，尽脱凡近而古意独存"；既"天趣溢发"，随意开合，而又"不逾典则"[②]。在给李梦阳的书信中，杨一清也以对其诗文的评价，直接表达了对李梦阳文学观的赞同："舟中取《崆峒集》阅之，真若捕龙蛇、搏虎豹，争与之角而不敢暇焉者，不图先秦古文，复见今日，乃知近之学古文者之无所得也。文而若此，何病于学古哉！乐府歌辞，直超两汉，上得风人之意，六朝而下，弗论也。"[③]《石淙诗稿》实践了杨一清的上述文学主张，李梦阳则通过评点这部诗集而将其阐明之，而他本人的文学主张，亦在评点中表露无遗。由此可见，杨一清与李梦阳的诗学观，是相当合拍的。

杨一清是李梦阳的老师，李梦阳点评《石淙诗稿》，为杨一清所请。他把李梦阳看作仅次于李东阳的批评者，不仅赋予了他对自己作品的批评权，并请他校定、作序，而且对他的批评心悦诚服[④]。杨一清还称赞李梦阳道："斯文衣钵终归子，前辈风流直到今。"[⑤]

---

① 杨一清：《怀麓堂集原序》："予辱先生知与四十年，多所规益。每有撰述，辄为指摘疵垢，不少隐。"（李东阳：《怀麓堂集》卷首，《景印文渊阁四库全书》，第1250册，第3页，台湾商务印书馆，1986年）李东阳则对杨一清的诗歌有点评，如《送林御用谪姚州》涯翁批云："送谪官诗慷慨激烈，读之可想见其人矣。"《送张兼素谪师宗》涯翁批云："此四首尤胜。锋颖如此，岂独当于文字场中避路耶？"（杨一清：《石淙诗稿》卷1《凤池类》，《四库全书存目丛书》，集部第40册，第376页，齐鲁书社，1997年）《赴任途中有述》其一涯翁批曰："学政清厉，先于此诗见之。"《游焦山》涯翁曰："古今焦山诗，恐无能过此。"（《石淙诗稿》卷3《禫后类》，《四库全书存目丛书》，集部第40册，第390页，齐鲁书社，1997年）

② 李东阳：《怀麓堂集》，《景印文渊阁四库全书》，第1250册，第2~3页，台湾商务印书馆，1986年。

③ 杨一清：《再与献吉宪副》，《石淙诗稿》卷17《督府类》卷2《柬札类》，《四库全书存目丛书》，集部第40册，第587页，齐鲁书社，1997年。

④ 杨一清：《与李献吉》："拙稿……俟教于名家巨公。自西涯之后，非吾献吉，莫可托此。昨承面诺，希乘暇披阅，存其可者，而去其不可者。有当君意处，批教数语。边城得此，如濯濯清风于溽暑中，为快何如！删去一半，待别录成帙，乃求大作序诸首。得因是以传姓名，此生大幸。幸不见吝。"（《石淙诗稿·督府类》卷2《柬札类》，《四库全书存目丛书》，集部第40册，第577页，齐鲁书社，1997年）《与李献吉宪副》："得所评笺《制府》小稿，叹服高见。……同声之应，窃敢谓西涯后莫可当是任者……近作《督府稿》……亦烦细校而去留之，以慰至望。"（同上书，第587页）《与李献吉宪副》："舍人康兰来，承附还拙稿四册，评跋甚当。凡所指斥，皆所尝致疑者。献吉，须溪笔也，当笺杜诗乃称，鄙作何中以烦郢斤？然西涯不可作，非献吉似无可托者。得教，大喜过望。敬服！敬服！顾其中见恕尚多，心知德爱，亦正不须避忌。……必如是，乃见吾人情致，自异尘俗。"（同上书，第588页）

⑤ 杨一清：《读李进士梦阳诗文喜而有作》，《石淙诗稿》卷4《西巡类》，《四库全书存目丛书》，集部第40册，第411页，齐鲁书社，1997年。

李梦阳则说："宣德文体多浑沦，伟哉东里（杨士奇）廊庙珍。我师崛起杨（一清）与李（东阳），力挽一发回千钧。"[①] 在李梦阳的心目中，两位老师的文学地位，是难分轩轾的。杨一清、李东阳、李梦阳在当时文坛上的关系是如此紧密，以至于我们可以说，在文学思想和诗歌创作上，杨一清介乎茶陵派和前七子之间。我们还不难看出，继茶陵派而起，活跃在弘治、正德间的前七子领袖李梦阳，对二师的文学理论，都有所继承和发展。关于李梦阳和李东阳文学理论的关系，上文已说过，下面我们简析他和杨一清在这方面的情况。李梦阳第一次提出他的文学复古主张，是在弘治十八年（1505）写的《与徐氏论文书》中[②]。他强调重视民谣，谓"诗者，天地自然之音也"，"今真诗乃在民间"，并批评当时人以"韵言"谓之诗，弊在"出于情寡而工于词多"[③]，诗歌应当"以我之情，述今之事"[④]，面向当代现实，为进步的政治主张服务。在《章园饯会诗引》中，李梦阳认为唐诗胜过六朝[⑤]；在《潜虬山人记》中，李梦阳以唐诗否定宋诗[⑥]，但对学习宋人，又有适当的肯定[⑦]。对于怎样向古人学习，李梦阳提出了独守尺寸之"法"[⑧]。通过李梦阳对《石淙诗稿》的评点，我们正好验证杨、李师生在批评和创作理论上的契合。如果没有这个契合点，则其批评未必能让作者心悦诚服。

对《石淙诗稿》，李梦阳曾做过一个总评价。他认为诸稿风格，各称其事。就其所以然，皆因诗人内蕴深厚，气势充沛，故其诗挥洒自如，略无滞碍。工于辞藻者畏其内外浑然，

---

① 李梦阳：《徐子将适湖湘，余实恋恋难别，走笔长句，述一代文人之盛，兼寓祝望焉耳》，《空同集》卷20，《景印文渊阁四库全书》，第1262册，第152页，台湾商务印书馆，1986年。

② 李梦阳：《与徐氏论文书》："三代而下，汉魏最近古"（《空同集》卷62，《景印文渊阁四库全书》，第1262册，第564页，台湾商务印书馆，1986年）。

③ 李梦阳：《诗集自序》，黄宗羲编《明文海》卷262，《景印文渊阁四库全书》，第1456册，第67页，台湾商务印书馆，1986年。

④ 李梦阳：《驳何氏论文书》，《空同集》卷62，《景印文渊阁四库全书》，第1262册，第566页，台湾商务印书馆，1986年。

⑤ 李梦阳：《章园饯会诗引》，《空同集》卷56，《景印文渊阁四库全书》，第1262册，第515~516页，台湾商务印书馆，1986年。

⑥ 李梦阳：《潜虬山人记》，《空同集》卷48，《景印文渊阁四库全书》，第1262册，第446页，台湾商务印书馆，1986年。

⑦ 李梦阳评点《石淙诗稿》：《药栏漫兴》："八首似放翁。"（杨一清：《石淙诗稿》卷11《吏部类》，《四库全书存目丛书》，集部第40册，第477页，齐鲁书社，1997年）《与孙廷贤话别三首》："宋诗之高者。"（《石淙诗稿》卷14《归田后类》，第521页）《题画送谢梅岐归闽》："三首前一首唐也，后二首宋调耳。"（《石淙诗稿》卷14《归田后类》，第526页）

⑧ 李梦阳：《再与何氏书》："古人之作，其法虽多端，大抵前疏者后必密，半阔者半必细，一实者必一虚，叠景者意必二。此予之所谓法圆规而方矩者也。"（《空同集》卷62，《景印文渊阁四库全书》，第1262册，第567页，台湾商务印书馆，1986年）

使气任性者让其雄奇高远，看重意绪者叹服其抒情巧妙。虽“唐宋调杂，今古格混”，但千虑一失，瑕不掩瑜，无愧一代名笔。[①] 下面把《石淙诗稿》散见的李梦阳评语，做一个简要的概括。李梦阳认为，《石淙诗稿》最突出的优点，表现在以下三个方面：其一，文如其人。作为忠君报国、忧国忧民的朝廷重臣，杨一清的诗歌激荡着堂堂正气，充满了崇高格调，这来自诗人的心胸，是其诗魂，因而不存在任何伪饰。“胸中有忠义，凡作忠义，诗便佳，便如眼见之。”[②] 所谓“堂堂”“大作”“格高”[③] 等评语，皆指此类。其二，情多句佳。性情决定诗歌艺术品位的高低，“诗本性情，情多自佳”[④]。“凡情多，则句自佳”[⑤]。杨一清多好诗，即因诗人性情，现于其中。其三，真切自然。无论是“大作”还是小诗，矫情做作都不可取。杨一清的好诗，令人“读诗即如躬历”其境[⑥]。他的题画梅诗，能令人感到与画“同神”[⑦]；“尘海雪山，骥尾龙颜”，诗人也能“信手拈来”，故“更觉情切”[⑧]。还值得注意，李梦阳对《石淙诗稿》虽不吝赞美之辞，但对其缺点，也直言不讳[⑨]。

李梦阳对《石淙诗稿》的评点，显然是李氏诗歌理论的具体运用，它与其文学理

---

① 李梦阳：《奉邃庵先生书》其七，《空同集》卷63，《景印文渊阁四库全书》，第1262册，第578页，台湾商务印书馆，1986年。原文见本谱七十一岁纪事。

② 杨一清：《谒睢阳协忠庙》，《石淙诗稿》卷6《容台类》，《四库全书存目丛书》，集部第40册，第421页，齐鲁书社，1997年。

③ 见李梦阳评点《石淙诗稿》：《送林御用谪姚州》：“高气格，堂堂。”（《石淙诗稿》卷1《凤池类》，《四库全书存目丛书》，集部第40册，第376页，齐鲁书社，1997年）《沈石田三吴山水卷》：“亦以格高。”（《石淙诗稿》卷8《归田前类》，第446页）《一清既被命巡抚，仍不妨马政》：“堂堂正气。”（《石淙诗稿》卷7《行台类》，第437页）《送刘举人伦》：“此下九首，皆堂堂之作。”（《石淙诗稿》卷8《归田前类》，第444~445页）《酷暑行》（六月十八日）：“大作。”《送陶公甫之南昌训导》：“堂堂正气。”（同上书，第447页）

④ 杨一清：《新兴道中遇乡友金调元，得西涯先生所寄书，喜而有作》，《石淙诗稿》卷2《省墓类》，《四库全书存目丛书》，集部第40册，第383页，齐鲁书社，1997年。

⑤ 杨一清：《扫墓》，《石淙诗稿》卷5《北行类》，《四库全书存目丛书》，集部第40册，齐鲁书社，1997年，第417页。

⑥ 杨一清：《瑞昌道中》，《石淙诗稿》卷2《省墓类》，《四库全书存目丛书》，集部第40册，第381页，齐鲁书社，1997年。

⑦ 杨一清：《钱宗玉所藏王元章墨梅》：“微云堕空成点缀，清风近人疑动摇。”梦阳曰：“二句与梅同神。”（杨一清：《石淙诗稿》卷8《归田前类》，《四库全书存目丛书》，集部第40册，第443页，齐鲁书社，1997年。）

⑧ 杨一清：《再出关用原韵》，《石淙诗稿》卷10《制府类》，《四库全书存目丛书》，集部第40册，第476页，齐鲁书社，1997年。

⑨ 李梦阳评点《石淙诗稿》：《五月初二日拜征命，有赦小过、用贤才之谕，感而有作》“欠警拔”（《石淙诗稿》卷10《制府类》，《四库全书存目丛书》，集部第40册，第472页，齐鲁书社，1997年）；《边城》“非不工，然短于太近”（《石淙诗稿》卷4《西巡类》，第400页）；《雪意》“太直”（同上书，第402页）。

论的对应，要之有四个方面：（一）以我之情，述今之事。这本是李梦阳复古理论突破局限的亮点，亦是杨一清诗歌的突出特点，即李梦阳评语所谓“时事入诗，妥之又妥”[①]。个人情怀如此，国家大事亦如是。如点评《宁夏书事》：“西夏之弊，正坐撤堠废（比）［屯］耳，人不之知，安能道之也。”[②]（二）古体近汉魏则佳，近体近子美则好——以汉魏、盛唐为评价标准，在评点中颇为突出。如说《界亭道中》：“长篇才气，横压今古。然铺叙之词工，而形容之妙寡；顿挫虽力，而辟合未至。方之古人，盖有间焉。”[③]这表现了李梦阳对汉魏风格的高要求。《红白葵》评点则具体说：“古调、古句、古意，唐以上之作。”[④]盛唐诗的最高标准自然是杜甫，如说：《题沈石田山水赠高铁溪贰守》“如子美口中出……长篇之最”[⑤]；《事平志感》“气格皆杜，诗之史也”[⑥]；《再入夏城》为“《洗兵马》之流亚也”[⑦]。“杜格”之类评语，在李梦阳的评价中数量不少。（三）诗何尝无理，但要化于理。这主要针对宋诗而论。如《送张文渊谪官鹤庆》一诗，李梦阳曰：“此等作非无义理，然自是诗家。”[⑧]这是“宋人主理，作理语……诗何尝无理，若专作理语，何不作文而诗为耶”[⑨]观点的表现。（四）诗有法度。“格律严森”“典则”“联整”“的对”，诸如此类的评语甚多[⑩]，不再列举。批评与作品的实际，对应

---

① 杨一清：《送王詹事守溪先生归省》，《石淙诗稿》卷6《容台类》，《四库全书存目丛书》，集部第40册，第423页，齐鲁书社，1997年。

② 杨一清：《石淙诗稿》卷10《制府类》，《四库全书存目丛书》，集部第40册，第473页，齐鲁书社，1997年。

③ 杨一清：《石淙诗稿》卷2《省墓类》，《四库全书存目丛书》，集部第40册，第385页，齐鲁书社，1997年。

④ 杨一清：《石淙诗稿》卷17《督府类》，《四库全书存目丛书》，集部第40册，第561页，齐鲁书社，1997年。

⑤ 杨一清：《石淙诗稿》卷2《省墓类》，《四库全书存目丛书》，集部第40册，第386页，齐鲁书社，1997年。

⑥ 杨一清：《石淙诗稿》卷10《制府类》，《四库全书存目丛书》，集部第40册，第473页，齐鲁书社，1997年。

⑦ 同上书，第474页。

⑧ 杨一清：《石淙诗稿》卷3《禫后类》，《四库全书存目丛书》，集部第40册，第389页，齐鲁书社，1997年。又如《席上用韵赠何生》，梦阳曰：“诗何尝无理”，但“不涉头巾者，化于理者也”（《石淙诗稿》卷13《归田后稿》，第507页）。

⑨ 李梦阳：《缶音序》，《空同集》卷52，《景印文渊阁四库全书》，第1262册，第477页，台湾商务印书馆，1986年。

⑩ 李梦阳认为：《西巡类》“诸诗虽无奇拔，亦鲜疵病，格律严森，去古未远，如程不识之用兵”（杨一清：《石淙诗稿》卷4《西巡类》，《四库全书存目丛书》，集部第40册，第396页，齐鲁书社，1997年）。《甘凉道中书事感怀杂诗一十七首》“典则铺叙，大类子美”（《石淙诗稿》卷4《西巡类》，第408页）。《进表发陕城》“以下诸律，体严而调板”（《石淙诗稿》卷5《北行类》，第415页）。《送宋生介同教太平》“联整”（《石淙诗稿》卷6《容台类》，第424页）。《送总制秦公四首》其三“‘中丞’‘尚父’，的对”（《石淙诗稿》卷7《行台类》，第437页）。

如此紧密，这或为李梦阳评点获得杨一清首肯的原因。

最后，由于一生中有太多的时光，用于朝政和三边督务，或受自己和李东阳、李梦阳诗学观的影响，杨一清有一部分诗作，对汉魏、唐宋诗有明显的袭用。李梦阳在评点中不时有某诗为盛、中、晚唐调的字样，其实从杨一清的同一首诗，即可看到这种情况，如《自述二首》其一："曾草封章达九天，一官尸素恐妨贤。由来心事本如此，只是当时已惘然。白首放歌无旧侣，青山相对有新篇。沧浪濯罢归来晚，一棹西风万树蝉。"① 这首诗明显翻用盛、中、晚唐诗语，第一联出于韩愈《左迁至蓝关示侄孙湘》，第二联出于李商隐《锦瑟》，第三联出于杜甫《闻官军收河南河北》。又如《题画送谢梅岐归闽》三首，李梦阳评点云："前一首唐也，后二首宋调耳。"② 虽然有这样的缺点，但李梦阳以复古论为批评标准，再以"唐宋调杂，仿古格混"③ 为憾事，难免陷入拘泥和偏颇，抹杀了在复古风气盛行时，诗人正努力打破流风。对杨一清的这种努力，很难、也无须用一家一派的诗学观去衡量。参阅清代昆明教谕乐恒对杨一清诗的评价，我们或许可以看到另一个侧面："五古冲雅恬适，居然五柳家风；馀则雄浑博大，直趋老杜门庭。间有推阐太尽，类宋人者，而非书写性格。本天地自然之间，以合于温柔敦厚之旨，则既不失'三百'之遗，而堪垂不朽矣，又何必唐宋云。"④

三

杨一清一生著作丰富，下面综合古今主要书目和载录并补充之。

（一）明清至今，杨一清诗文的存佚和整理情况如下：

（1）《四库全书总目》云："《石淙稿》十九卷，明杨一清撰。一清有《关中奏题稿》，已著录。考《明史·艺文志》，载一清奏议三十卷，《石淙类稿》四十五卷，诗二十卷。今所传《关中奏题稿》，已与三十卷之数不符，此本有诗无文。首《凤池稿》，次《省墓稿》，次《禫后稿》，次《西巡稿》，次《北行稿》，次《容台稿》，次《行

① 杨一清：《石淙诗稿》卷9《自讼类》，《四库全书存目丛书》，集部第40册，第466页，齐鲁书社，1997年。

② 杨一清：《石淙诗稿》卷15《归田后稿》，《四库全书存目丛书》，集部第40册，第526页，齐鲁书社，1997年。

③ 李梦阳：《空同集》卷63《奉邃庵先生书》（其七），《景印文渊阁四库全书》，第1262册，第578页，台湾商务印书馆，1986年。

④ 乐恒：《石淙诗钞后序》，杨一清《石淙诗钞》，影印《云南丛书》，第20册，第10508页，中华书局，2009年。

台稿》，次《归田稿》，次《自讼稿》，次《制府稿》，次《吏部稿》，次《玉堂稿》，次《归田后稿》，次《督府稿》，次《玉田后稿》。名以类分，止十九卷，与《艺文志》卷目亦不合。唯《督府稿》后别附简札一卷，当为文集中一种，装缉误入于此，史志或并此数之欤。”[①]“与《艺文志》卷目不合”，除了误缉，当有散佚，如杨一清的《东游集》二册，无存[②]。

（2）《四库全书存目丛书》（集部第40册）收录《石淙诗稿》二十卷，齐鲁书社据天津图书馆藏本影印（1997）。杜泽逊《四库存目标注》云：“日本东京内阁文库藏明嘉靖刻本，作《石淙诗稿》十九卷《文稿》十四卷。天津图书馆仅有《石淙诗稿》十九卷，其卷十七后另有《督府稿》第二卷，合之则为二十卷。卷一题‘门生北地李梦阳评点’。……前有庚午（正德五年）自序。又熊桂芳序云：‘逸民号海鹤者，遨游江湖，乃得此本，敬寿诸梓。’卷十八前有嘉靖七年戊子方鹏序云：‘凡公之诗，门生孙思和育析之为数类，统之为《石淙诗稿》，梓行于世久矣。此曰《玉堂后稿》者，盖续刻也。’知系陆续刊版，汇印为此本。钤‘会稽钮氏世学楼图籍’等印。《存目丛书》据以影印。北图、中科院图、南图等均有此十九卷本诗集。上图有清汪文柏跋本，亦仅诗集十九卷。……清嘉庆二十一年云南五华书院刻本，作《石淙诗钞》十五卷。……民国刻《云南丛书》初编内有《石淙诗钞》十五卷附《诸公诗》一卷。又有《杨文襄公文集》一卷，《诗集》一卷，为李根源集《明滇南五名臣遗集》之一。”[③]

关于《云南丛书》本收录杨一清著作的情况，需要对以上说法做补充。民国时期，云南方面曾委托浙江朱希祖，购得嘉靖刻本，藏于云南省图书馆。方树梅说：“当依此复刊，庶无阙憾。”[④]但不知何故，《云南丛书》初编所收《石淙诗钞》十五卷，所据为五华书院清嘉庆二十一年（1816）刊本，卷首有云南弥勒乐恒《后序》、杨一清《自讼稿序》、方鹏《旧序》、石屏杨桂森《后跋》。云南宿耆刊印嘉靖本之愿，最终由《四库全书存目丛书》据天津图书馆藏本影印完成。

（3）《云南丛书》收录杨一清著述多种，按中华书局2009年影印民国编刻本计：第6册收录《关中奏议》十八卷；第14册收录《制府杂录》一卷、《西征日录》一卷、《宸翰录》四卷、《密谕录》七卷、《阁谕录》四卷、《吏部献纳稿》一卷；第20册

---

① 永瑢等编纂：《四库全书总目》卷175《石淙稿提要》，第1561页，中华书局，1965年。

② 杨一清：《再与献吉宪副》：“寄去《自讼稿》《东游集》二册，中或有取焉。幸明以教我。”（《石淙诗稿》卷17《督府类》卷2《柬札类》，《四库全书存目丛书》，集部第40册，第587页，齐鲁书社，1997年）

③ 杜泽逊撰：《四库存目标注》卷52《石淙稿提要》，第2653页，上海古籍出版社，2007年。

④ 方树梅：《杨文襄公年谱》卷下《文襄公著述目录》，《学山楼丛书未刊稿》，云南省图书馆藏。

收录清嘉庆刊本《石淙诗钞》十五卷，此本比明嘉靖本少收诗作三百余首，方树梅《杨文襄公年谱·文襄公著述目录》考之甚详，不赘；第36册《滇南诗略》收录一清部分诗歌，第38册《滇南文略》收录一清部分文章；第40册《滇南五名臣遗集》收录《杨文襄文集》一卷，第47册收录其撰辑《邃庵集》《续集》各一卷。

（4）唐景昆、谢玉杰点校《杨一清集》①。此本汇录了杨一清存世所有文集和后学序跋，大致以成书先后为次序编排点校，为研究者提供了方便。

（二）关于杨一清单篇传记资料的存录：所存除杨一清门人、福建瓯宁谢纯《杨石淙先生行状》外，尚有明代廖道南《殿阁词林记·华盖殿大学士杨一清》、李元阳《少师太保华盖殿大学士吏部尚书杨公墓表》、雷跃龙《石淙杨文襄公传》、胡维霖《杨文襄公一清传》、查继佐《杨一清传》、傅维鳞《杨一清传》，清代张廷玉《明史·杨一清传》等。此外，李东阳有《化州同知杨公传》，记载杨一清之父杨景的事迹。

（三）关于杨一清的综合研究：由于杨一清在文学史上的价值和意义为其功业所掩，故对其这一方面的研究，近年才得到重视，因而成果比较有限。余嘉华教授的论文《杨一清在明代诗坛上的地位》，对其诗歌成就和影响进行评论，具有开拓意义②；廖可斌教授指导、盛林忠撰写的古代文学硕士学位论文《杨一清研究》，将生平、思想等方面的研究与文学研究并存，涉及面较广③。

（四）关于杨一清年谱的编撰，前人所作多散佚，基本情况如下：

（1）明代丹徒陈善虞作过《杨一清年谱》，李根源说："未及传播而逝，方臞仙（树梅）有，无从得两书而互校。"④据朱淳《重辑杨文襄公事略》，谢纯曾编集过系杨一清癸未以前七十年间事迹的年谱，然此谱不详何以未见传世，仅存一篇《杨石淙先生行状》。

（2）明代云南安宁知州、山西山阴孙良学采录谢纯所作年谱，辑成《重辑杨文襄公实录》，未见传世。之后，据说清初安宁朱化孚、朱淳续有所补，编成《重辑杨文襄公事略》，编入《云南丛书》二编。

（3）民国年间，云南晋宁方树梅先生有感于朱氏《重辑杨文襄公事略》"鲜标年月，且事实先后多倒置"，撰《杨文襄公年谱》三卷，云南省图书馆藏其稿本。《云南文史丛刊》改题目为《杨一清年谱》，重发于1990年第2期、第3期、第4期，

---

①《杨一清集》，唐景昆、谢玉杰点校，中华书局，2001年。

②余嘉华：《古滇文化思辨录》，第93~113页，云南教育出版社，1997年。

③盛林忠：《杨一清研究》，浙江大学人文学院硕士学位论文，2008年。

④李根源：《杨文襄公年谱序》，方树梅《杨文襄公年谱》卷上，《学山楼丛书未刊稿》，云南省图书馆藏。

1991年第1期。陈善虞、谢纯所作杨一清年谱未见传世。现所见方树梅《杨文襄公年谱》所采史料，主要按谱主生平编列《明实录》《重辑杨文襄公事略》、嘉靖本《石淙诗稿》所载杨一清事迹。上、中卷编次为年谱，下卷备举杨一清著述目录、后贤赞扬文字，又将不能列入《杨文襄公年谱》者编为《附录》。《杨文襄公年谱》纪事之详略，恰如方先生述其意图所言："明中叶西北边患甚急，公三次总戎三边，修马政、筑边墙，国防赖以巩固；刘瑾谋叛，羽翼已成，明社岌岌乎殆，公为张永画策诛刘谨，明社转危为安。诛瑾事与总戎三边厥功甚伟，故载之特详。"①

方树梅《杨文襄公年谱》每年纪事，多引录文献而少见事迹条文，但对关键处有所总括，如七归镇江、三出塞、三致仕。方先生感慨"公诗在明代已成家，名为勋业所掩"，故按《石淙诗稿》分卷，大致划分其诗歌创作年代。从总体上看，方先生着重载录杨一清的政治事迹和总督三边功业，本谱则在方谱的基础上进一步做如下工作：从综论始，在展现杨一清作为政治家、文学家全貌的同时，着力突出杨一清生平事迹与其文学理论、文学创作、当时文学流派的关系；除史传外，博采同时代交游的别集相印证，力求主干事条概括清楚，陈述稳妥；引录文献原文，注重在呈现谱主全貌中突出其文学创作，并一一注明所据资料包括方谱引录文献的版本信息。总之，尽力弥补《杨文襄公年谱》采用文献和勾勒人物全貌不足的遗憾，庶几不负方公当年作此年谱时，"翼世之景公者，于疏略有以补正之"的殷切期望。

年谱

明代宗朱祁钰景泰五年甲戌（1454），一岁

十二月初六日，出生于官廨。父讳景，时官广东化州同知，平乱有方。

方树梅《杨文襄公年谱》："父景，官广东化州知州。十二月初六日，公生于廨。"②

按：杨景实官化州同知，方谱误为知州。

李东阳《化州同知杨公传》："公姓杨，讳景，字某，云南安宁人也。事母以孝闻。惟性狷介，不妄取。少补州学生，举永乐癸卯（1423）乡贡，卒业国子。拜霸州（今属河北）判官，专领马政。……会遭母丧……服阕，改澧州（今属湖南）。……九载

① 方树梅：《杨文襄公年谱》卷上《叙言》，《学山楼丛书未刊稿》，云南省图书馆藏。
② 方树梅：《杨文襄公年谱》卷上，《学山楼丛书未刊稿》，云南省图书馆藏。

秩满，民请留，部使者六七至，例不得复留，擢化州同知。”①

谢纯《杨石淙先生行状》：“父讳景，中永乐癸卯乡试，初判霸州，改澧州，迁广东化州同知。景泰甲戌（1454）十二月初六日，公生于化州。”②

《滇诗丛录·杨景传》引《安宁县志》：“景，治理有奇才，多阴德。”官化州同知时，会峒夷之乱，平乱有方，都督欧信赠以“守忠”二字。有诗《登虎丘》：“扁舟九月遇溪潯，枫叶翩翩醉远林。偶见袈裟连树色，忽闻兰若叩钟音。琳宫古柏参天碧，鹿苑黄花满砌金。煮茗焚香清话久，不知红日落山深。”③

原籍云南安宁（今昆明下辖市），父杨景致仕，贫而不能归原籍，寄籍湖广巴陵县（今湖南岳阳市）。父病故，亦因贫不能归葬，奉其遗命卜葬南直隶镇江府丹徒县（今属江苏镇江市），时一清姊安家于此，遂依而占籍定居。

《为衰病乞恩休致事》：“臣原籍云南安宁州人。臣父景，任广东化州同知。致仕，贫不能归，寄籍湖广巴陵县。……臣举进士未一年，臣父病故，贫不能归葬，又依臣姊氏，卜葬于直隶镇江府丹徒县地方。”④

按：此疏上于正德元年。

《谨奏为乞恩祭扫事》：“臣原籍云南，云南府安宁州人。臣父景……旅寓湖广巴陵县。……臣举进士未一年，臣父病故。以遗命卜葬于直隶镇江府丹徒县地方，遂占籍焉。窃思万物本乎天，人本乎祖。臣高祖父母、曾祖父母、祖父母三世坟茔俱在安宁州，臣既占籍江南，岁时止得于臣父母坟茔祭扫。云南远在万里，水木本源之念，恒切于衷。”⑤

按：此疏为正德十年二月十二日，杨一清为奏请遣其子绍芳回原籍云南，代为祭扫三世祖茔而上。

李东阳《送杨应宁三首》（其三）：“君本滇阳人，还生岭南地。巴陵非故乡，

---

① 李东阳：《怀麓堂集》卷36，《景印文渊阁四库全书》，第1250册，第384~385页，台湾商务印书馆，1986年。

② 方树梅纂辑：《滇南碑传集》，第1页，李春龙、刘景毛、江燕点校，云南民族出版社，2003年。朱淳《重辑杨文襄公事略》所载同（影印《云南丛书》，第15册，第7609页，中华书局，2009年）。

③ 辑刻《云南丛书》处辑《滇诗丛录》卷2，影印《云南丛书》，第43册，第22484~22485页，中华书局，2009年。

④ 杨一清：《为衰病乞恩休致事》，《杨一清集》，第323页，唐景昆、谢玉杰点校，中华书局，2001年。

⑤ 杨一清：《谨奏为乞恩祭扫事》，刘文征撰，古永继校点天启《滇志》卷18《艺文志》，第598页，云南教育出版社，1991年。

京口（镇江别名）亦何意。莫问东西踪，浮生本如寄。”①

前母刘氏，生母张氏，俱巴陵人。

袁嘉谷《杨文襄轶事三十六则》：“文襄母张氏，前母刘氏，巴陵人。文襄寓巴陵以此。”②

按：杨一清前母、生母事迹，详本谱七岁纪事。

曾祖讳情，曾祖母苏氏；祖父讳福山，祖母苏氏。

《少保杨一清曾祖父母祖父母诰命》：“尔杨情，乃少保兼太子少保一清之曾祖。……尔苏氏，乃少保兼太子太保吏部尚书杨一清之曾祖母。……杨福山，乃太子少保户部尚书一清之祖父。……苏氏，乃太子太保户部尚书杨一清之祖母。”③

伯祖讳祥。有伯父一，叔父二，名讳皆不详。

按：杨一清伯祖墓碑署侄孙一清立石④。又：正德十一年（1516）九月，杨一清遣其子杨绍芳回滇祭扫祖坟告墓文：“维我大伯父、三叔父、婶母苏氏、四叔父、大伯兄、二伯兄、三伯兄，同兹鉴飨。”⑤据此则杨景行二。杨氏世居安宁，繁衍为大族。《少保杨一清曾祖父母祖父母诰命》云：“胜国遗才，滇南旧旅，当圣祖开基之日，为太平乐善之民。力穑起家，心实勤于务本；藏书遗后，志尤切于考盘。德备厥躬，庆延于后……”⑥

又按：杨一清籍贯有云南安宁、广东从化之争。所谓籍贯，指一个人的祖籍，而非出生地或户籍所在地。从化为杨一清的出生地，安宁为其祖籍，故杨一清的籍贯无疑当为安宁。《国朝历科进士题名碑录·明洪武至崇祯各科附》成化壬辰科（1472）载：“杨一清，云南安宁州人，湖广巴陵县民籍。”⑦前者指其祖籍，后者指其春试时户籍所在地及种类，为登科名录的惯例。

字应宁，因原籍云南安宁有石淙渡，故自号石淙，在镇江筑有石淙精舍。

---

① 李东阳：《怀麓堂集》卷36，《景印文渊阁四库全书》，第1250册，第52页，台湾商务印书馆，1986年。雍正《云南通志》谓一清晚号“三南居士”，或从李东阳此诗和《石淙赋》而来。详本谱今年纪事下文。

② 袁嘉谷：《滇绎》，李春龙、刘景毛《正续云南备征志精选点校》，第714页，云南民族出版社，2000年。

③ 刘文征撰，古永继校点：天启《滇志》卷18《艺文志》，第596~597页，云南教育出版社，1991年。

④ 袁嘉谷：《滇绎·杨文襄轶事三十六则》载杨一清正德十一年回云南安宁扫墓之告墓文拓片（李春龙、刘景毛：《正续云南备征志精选点校》，第716页，云南民族出版社，2000年）。

⑤ 杨一清：《少傅兼太子太傅吏部尚书臣杨一清谨奏为乞恩祭扫事》，刘文征撰，古永继校点天启《滇志》卷18《艺文志》，第598页，云南教育出版社，1991年。

⑥ 刘文征撰，古永继校点：天启《滇志》卷18《艺文志》，第596页，云南教育出版社，1991年。

⑦ 李周望：《国朝历科题名碑录初集·明洪武至崇祯各科附》，第1册，第344页，台湾华文书局，1969年。

李东阳《石淙赋序》：杨一清“先世在云南，其地曰石淙，及游寓巴陵，卜筑京口，皆以名其所居。其入而仕于朝，出而官于外，撰述题识，亦以空名系之文字之间，示不忘也。”①

李梦阳《石淙精舍记》：“今天下之学，宗我师杨公，而公亦自安宁石淙渡徙镇江，于是筑精舍丁卯桥，名曰‘石淙精舍’。”②

谢纯《杨石淙先生行状》：“安宁州有石淙渡，公凡撰述题识，皆以‘石淙’系之，故时人称为‘石淙先生’。”③

旧居京师，有室幽静纡曲，用作书斋并教生徒，故又号邃庵。

李梦阳《邃庵辞序》：“石淙夫子旧居京国，有室一区，突静幽纡，左图右史，前授生徒，是之谓庵而称邃焉。愚也窃尝慕之，而未获游也。后夫子提学关辅，愚始得随乡邦士，抠衣讲坐下，然自恨恨于势分。未几，窃科第辄复违去，不得从容左右，如庵中诸子卒业，以立于世，而有私幸，究绪论遵显，则若有自得焉者。虽不敢自谓得其门而入，亦不敢苟焉以自弃。乃作《邃庵辞》，以志愚衷辞。”④

林俊《邃庵说》：“石淙杨公应宁藏修之居，择最深处为之，名曰‘邃庵’。”⑤

邵宝《邃庵诗》：“长安陌上结书屋，庭院沉沉几纡曲。最深者号文密房，如度层云入幽谷。主人峩冠讲且读，上溯虞唐犹未足。手探元化玄更玄，诸生拱侍森如玉。原泉滔滔放四隩，始知大雅歌穆穆。声宏以实理则然，陋彼寻常事边幅。陵莪菁菁时雨沐，不出户庭人望属。乍闻俎豆复军旅，平视边隅如辇毂。隐微知谨公所独，至虚生白能旁烛。苏公漫说风水涣，邵子闲吟地雷复。我曹浅薄徒有目，辱许升堂载瞻肃。行行深入得大观，何处湘南还岳麓。”⑥

晚号三南居士。

李东阳《石淙赋》：杨一清居江南，谓洞庭之波、昆明之漪，“平地仰喷，从天下垂，建长江而直泻，指瀚海而同归”，暗隐“三南”之义，故号“三南”⑦。

雍正《云南通志》：“一清尝自谓生于滇南，长于湖南，老于江南。故晚号三南

---

① 李东阳：《石淙赋序》，刘文征撰，古永继校点天启《滇志》卷18《艺文志》，第599页，云南教育出版社，1991年。

② 李梦阳：《空同集》卷49，《景印文渊阁四库全书》，第1262册，第452页，台湾商务印书馆，1986年。

③ 谢纯：《杨石淙先生行状》，方树梅纂辑《滇南碑传集》，第1页，李春龙、刘景毛、江燕点校，云南民族出版社，2003年。

④ 李梦阳：《空同集》卷61，《景印文渊阁四库全书》，第1262册，第554页，台湾商务印书馆，1986年。

⑤ 林俊：《见素集》卷24，《景印文渊阁四库全书》，第1257册，第264页，台湾商务印书馆，1986年。

⑥ 邵宝：《容春堂集·前集》卷2，《景印文渊阁四库全书》，第1258册，第15页，台湾商务印书馆，1986年。

⑦ 李东阳：《石淙赋》，刘文征撰，古永继校点天启《滇志》卷18《艺文志》，第600页，云南教育出版社，1991年。

居士。”[①]

按：此志谓“一清尝自谓生于滇南”，误。

李根源《杨文襄公年谱序》：“三南居士，为滇、湘、苏三省之光。故罗研生、师荔扉均引为重。”[②]

明英宗朱祁镇天顺四年庚辰（1460），七岁

父杨景以化州同知乞致仕，携家室便道访巴陵刘氏，贫不能归，寓居于此。[③]

李东阳《化州同知杨公传》：杨景“……天顺庚辰，以老乞致仕。道巴陵，贫不能归，因占籍焉。”[④]

谢纯《杨石淙先生行状》：“天顺庚辰，父乞致仕，携公便道访母刘氏，家于巴陵。”[⑤]

按：谢纯《行状》谓杨景携一清“访母刘氏”，此刘氏当为其前岳母。杨景的前妻刘氏原籍巴陵，刘氏卒后，杨景“娶张继刘”，“张”即杨一清生母。张氏生于洪熙元年（1425）五月十五日，卒于弘治元年（1488），行年六十三。刘氏遗一女，即杨一清的同父异母姊。杨景续娶张氏时，刘氏之女病势沉重，张氏亲自护理，遍求良医好药治愈之。刘氏女嫁丹徒胡德延，胡德延原籍云南，其家与杨氏为通家之好。因同巴陵和丹徒有此渊源，故杨景致仕后贫不能归，访前岳母刘氏，寄寓巴陵，卒前遗命杨一清葬己于丹徒，杨一清遂移家并定居焉。后来亲上作亲，在杨一清的前妻段氏丧后，胡德延之妹嫁与为继室。以上事，详本谱天顺八年引《送胡德延姊丈还京口》诗、成化九年纪事、弘治元年引李东阳《封太安人杨母张氏墓志铭》。

过目成诵，读数不忘。已能撰写文章。

李元阳《少师太保华盖殿大学士吏部尚书杨公墓表》：“七岁能属文，聪明绝世，

---

① 靖道谟等编纂：雍正《云南通志》卷21本传，《景印文渊阁四库全书》，第570册，第102~103页，台湾商务印书馆，1986年。

② 方树梅：《杨文襄公年谱》卷上，《学山楼丛书未刊稿》，云南省图书馆藏。

③ 请参阅本谱一岁纪事所引诸文。方树梅《杨文襄公年谱》卷上据朱淳《重辑杨文襄公事略》《滇诗略》纪其事而未列事条（《学山楼丛书未刊稿》，云南省图书馆藏），诸传所载事略同。

④ 李东阳：《怀麓堂集》卷36，《景印文渊阁四库全书》，第1250册，第384~385页，台湾商务印书馆，1986年。

⑤ 谢纯：《杨石淙先生行状》，方树梅纂辑《滇南碑传集》，第1页，李春龙、刘景毛、江燕点校，云南民族出版社，2003年；方树梅《杨文襄公年谱》卷上据《重辑杨文襄公事略》载其事，本谱注版本页码（《学山楼丛书未刊稿》，云南省图书馆藏）。

读书过目成诵。人欲试其心计，戏取市家日历鳞杂米盐之数，令目一过，辄无遗脱。”①

天顺五年辛巳（1461），八岁

擅长作对联。

方树梅《杨文襄公年谱》：“公游缁尘，人以‘三尊古佛，坐狮、坐象、坐莲台’为句，公即应以‘一介书生，攀凤、攀龙、攀桂子’（张合《宙载》）。”②

天顺六年壬午（1462），九岁

李东阳十六岁，顺天府（今北京）乡试中举。

李东阳《京闱同年会诗序》：“天顺壬午，予同举顺天乡试者，百三十有五人。”③

《特进光禄大夫左柱国少师兼太子太师吏部尚书华盖殿大学士赠太师谥文正李公东阳墓志铭》：“壬午，年十六，举顺天乡试。”④

李东阳（1447~1516）⑤，字宾之，号西涯，湖广茶陵（今属湖南株洲）人。英宗天顺八年（1464）进士，授编修。弘治八年（1495）直文渊阁参预机务，累迁太子少保、礼部尚书兼文渊阁大学士。武宗时赠太师，谥文正。李东阳为明代茶陵诗派领袖，在当时文坛影响极大。著有《怀麓堂集》《怀麓堂诗话》。

天顺七年癸未（1463），十岁

李东阳中会试。

《李公东阳墓志铭》：“癸未，中会试。”⑥

李东阳《资政大夫南京礼部尚书致仕赠太子少保童公神道碑铭》：“天顺癸未，公分考礼部，东阳与今太子少保、吏部尚书倪公皆在选。”⑦

---

①李元阳：《少师太保华盖殿大学士吏部尚书杨公墓表》（以下简称《吏部尚书杨公墓表》），方树梅纂辑《滇南碑传集》，第3页，李春龙、刘景毛、江燕点校，云南民族出版社，2003年。方树梅《杨文襄公年谱》卷上引录，本谱注版本页码（《学山楼丛书未刊稿》，云南省图书馆藏）。

②方树梅：《杨文襄公年谱》卷上，《学山楼丛书未刊稿》，云南省图书馆藏。

③李东阳：《怀麓堂集》卷26，《景印文渊阁四库全书》，第1250册，第279页，台湾商务印书馆，1986年。

④杨一清撰，以下简称《李公东阳墓志铭》，《李东阳集》卷3《附录》，第453页，周寅宾点校，岳麓出版社，1984年。

⑤李东阳传见《明史》卷181，第16册，第4820~4825页，中华书局，1974年。

⑥杨一清：《李公东阳墓志铭》，《李东阳集》卷3《附录》，第453页，周寅宾点校，岳麓出版社，1984年。

⑦李东阳：《怀麓堂集》卷78，《景印文渊阁四库全书》，第1250册，第817页，台湾商务印书馆，1986年。

天顺八年甲申（1464），十一岁

李东阳以二甲第一名成进士[①]，选庶吉士。

《李公东阳墓志铭》：“甲申殿试，得二甲第一，入翰林为庶吉士。”[②]

寓巴陵，与胡德延共笔砚[③]，时胡德延二十岁。

《送胡德延姊丈还京口》：“天顺岁甲申，与君同笔砚。时我尚垂髫，君齿当弱冠。君伯贰守公，少起滇南荐。顾我先府君，曰此同乡彦。而我遂通家，心交岂徒面。因之缔姻好，我门奠君雁。我童与计偕，召对金銮殿。”[④]

按：是时杨一清同父异母姊刘氏尚未出嫁，因杨氏与胡氏为云南同乡，有通家之好，故此前两家即有往来。本集中又有《守愚为姊丈德延题》云：“今人志向有如此，前辈仪型定许攀。”[⑤]后来杨一清娶胡德延之妹为继室，故此诗又云：“公女复妻余，亲上亲重见。”

明宪宗朱见深成化元年乙酉（1465），十二岁

以明经童子荐入翰林。

《谨奏为乞恩祭扫事》：“臣一十二岁，以明经童子举于朝廷。”[⑥]

按：杨一清举明经童子的年纪，诸传纷纭或不载，本谱以杨一清自述十二岁为据，别说录以备考。

李元阳《吏部尚书杨公墓表》：“七岁……六经百氏，无所不窥。官制、兵卫、本朝故事，历历详晓，人遂以奇童荐入翰林，为秀才……”[⑦]

朱淳《重辑杨文襄公事略》：“公甫八九岁，颖悟绝伦，经书一览不忘。示以文义，一经指授，即能成章，若生知然者。时岳州同知胡公升屡试，大奇之，荐于胡藩当道，

---

① 李周望：《国朝历科题名碑录初集·明洪武至崇祯各科附》，第1册，第287页，台湾华文书局，1969年。

② 杨一清：《李公东阳墓志铭》，《李东阳集》卷3《附录》，第453页，周寅宾点校，岳麓出版社，1984年。

③ 方树梅：《杨文襄公年谱》卷上，《学山楼丛书未刊稿》，云南省图书馆藏。

④ 杨一清：《石淙诗稿》卷6《容台类》，《四库全书存目丛书》，集部第40册，第425页，齐鲁书社，1997年。

⑤ 同上书，第426页。

⑥ 刘文征撰，古永继校点：天启《滇志》卷18《艺文志》（第598页，云南教育出版社，1991年）。此告墓文拓片存，见袁嘉谷《滇绎》（李春龙、刘景毛辑校：《正续云南备征志精选点校》，第716页，云南民族出版社，2000年）。

⑦ 李元阳：《吏部尚书杨公墓表》，方树梅纂辑《滇南碑传集》，第3页，李春龙、刘景毛、江燕点校，云南民族出版社，2003年。

遂以奇童荐入翰林。”[①]

成化二年丙戌（1466），十三岁

与父杨景、母张氏同赴京师，入翰林受业，宪宗命内阁择师教之，受业于文僖公黎淳。谒见李东阳，东阳令一清见其继母麻太夫人。

《谨奏为乞恩祭扫事》：以明经童子荐朝廷时，“父母偕来京师”。[②]

《诰封一品太夫人麻氏墓志铭》：“太夫人姓麻氏……予友故西涯先生宾之之继母也。成化丙戌，予以童子荐上京师，入翰林肄业，以同乡谒先生海子之西涯。时先生初授官编修，请见公，辱奖与。公令见太夫人，太夫人饮食之。”[③]

雷跃龙《石淙杨文襄公传》：“少颖敏，能属文，有司以奇童荐为翰林秀才，宪庙俾内阁择师教之，与李文正东阳，前后登庶子黎淳门。”[④]

朱淳《重辑杨文襄公事略》：“读中秘书，亲被宪庙命内阁选师教之，受业于黎文僖公。”[⑤]

《明史》本传：“少能文，以奇童荐为翰林秀才。宪宗命内阁择师教之。”[⑥]

黎淳（1423~1492），谥文僖。倪岳《黎文僖公传》：公讳淳，字太朴，姓黎氏，号朴庵，学者称为朴庵先生，世为岳之华容（今属湖南岳阳）人。天顺元年（1457），赐进士及第第一人，拜翰林修撰，官至南京礼部尚书，致仕。善教人，尤好汲引后进。及门之士登甲科、跻显仕者累累。生于永乐二十一年（1423）十月二十九日，卒于弘治五年（1492）四月十又八日，寿七十。[⑦]李东阳《黎文僖公集序》：“东阳昔从文僖黎公先生游，举业之暇，获见所为古文、歌诗诸作。时公方以状元及第，文名满天下，自公卿以下，外暨藩郡，购者踵相接。……公字大朴，别号朴庵，官至南京礼部尚书。

---

① 朱淳：《重辑杨文襄公事略》，影印《云南丛书》，第 15 册，第 7609 页，中华书局，2009 年。

② 刘文征撰，古永继校点：天启《滇志》卷 18《艺文志》，第 598 页，云南教育出版社，1991 年。参阅本谱去年纪事引录：“臣一十二岁，以明经童子举于朝廷。”

③ 杨一清：《诰封一品太夫人麻氏墓志铭》，《杨一清集》，第 1110 页，唐景昆、谢玉杰点校，中华书局，2001 年。

④ 雷跃龙：《石淙杨文襄公传》，方树梅纂辑《滇南碑传集》，第 7 页，李春龙、刘景毛、江燕点校，云南民族出版社，2003 年。

⑤ 朱淳：《重辑杨文襄公事略》，影印《云南丛书》，第 15 册，第 7609 页，中华书局，2009 年。

⑥《明史》卷 198，第 17 册，第 5225 页，中华书局，1974 年。

⑦ 倪岳：《青溪漫稿》卷 24《黎文僖公传》，《景印文渊阁四库全书》，第 1251 册，第 338~340 页，台湾商务印书馆，1986 年。

文僖，其赐谥也。”[①]《明史·黎淳传》：“黎淳，华容人。天顺元年进士第一。官至南京礼部尚书，颇有名誉。”[②]

成化三年丁亥（1467），十四岁

翰林肄业。[③]

成化四年戊子（1468），十五岁

举顺天乡试[④]，以经术为人师。

胡维霖《杨文襄公杨一清传》：“十五，中顺天乡试，已抗颜为人师。”[⑤]

雷跃龙《石淙杨文襄公传》：“十五，登北闱乡试，即以经术为人师。”[⑥]

按：据方树梅《杨文襄公年谱》考证，杨一清中式年纪，《明史》本传、朱淳《重辑杨文襄公事略》俱云十四岁，雷跃龙《石淙杨文襄公传》《安宁州志》俱云十五岁，《云南通志》又载为成化七年之后，而成化三年无乡试，七年亦误，当以戊子为是。[⑦]

成化七年辛卯（1471），十八岁

翰林肄业。[⑧]

方树梅《杨文襄公年谱》：“《滇诗略》云：‘成化辛卯中顺开乡试，遂联捷。’误。”[⑨]

春三月，业师黎淳归湖南省墓，李东阳倡议门下士作诗送行，和诗《送朴庵先生省墓归湖南》。[⑩]

诗自注：“为举人时作。”诗云：“南国垂髫上帝京，一经何幸有师承。春风立

---

① 李东阳：《怀麓堂集》卷64，《景印文渊阁四库全书》，第1250册，第667~668页，台湾商务印书馆，1986年。

②《明史》卷164，第15册，第4460页，中华书局，1974年。

③ 方树梅：《杨文襄公年谱》卷上，《学山楼丛书未刊稿》，云南省图书馆藏。

④ 同上。

⑤ 胡维霖：《胡维霖集·冷齐浸评》，明崇祯刻本。

⑥ 方树梅纂辑：《滇南碑传集》，第7页，李春龙、刘景毛、江燕点校，云南民族出版社，2003年。

⑦ 方树梅：《杨文襄公年谱》卷上，《学山楼丛书未刊稿》，云南省图书馆藏。

⑧ 同上。

⑨ 同上。

⑩ 钱振民：《李东阳年谱》载其事，但时间误为“一四九一年”（第45页，复旦大学出版社，1995年）。

遍庭前草，夜雪吹残帐里灯。仙露几年瞻阆苑，故园三月梦巴陵。明时昼锦人都羡，欲赋阳春恐未能。”①

李东阳《明故资善大夫、南京礼部尚书、致仕进阶荣禄大夫、谥文僖黎公先生行状》：“辛卯，上疏乞归省，赐宝镪为道里费。”②

李东阳《送朴庵先生省墓诗序》：“时门下士仕处散于四方者甚众，惟兵部主事刘大夏，刑部主事尚敬，进士王俨、朱绅，举人杨一清和之。”③

按：方树梅《杨文襄公年谱》载送朴庵先生省墓归湖南事及诗于成化五年（1469），疑误。④

成化八年壬辰（1472），十九岁

成进士，名在三甲第九十三。⑤

按：会试考官为礼部左侍郎兼翰林学士万安、司经局洗马江朝宗⑥。方树梅《杨文襄公年谱》云《明进士题名碑录》（即《国朝历科题名碑录初集》）载“公中九十五名”⑦，误记。

作《登岳阳楼》诗。

原注：“为进士时作。”⑧

九月，王守仁生。⑨

王守仁（1472~1529）⑩，字伯安，别号阳明，余姚（属浙江）人。父华，字德辉，成化十七年（1481）状元，授修撰。守仁弱冠举乡试，弘治十二年中进士，寻授刑部主事，

---

① 杨一清：《石淙诗稿》卷1《凤池类》，《四库全书存目丛书》，集部第40册，第373页，齐鲁书社，1997年。

② 李东阳：《怀麓堂集》43，《文稿》23《哀辞行状》，《景印文渊阁四库全书》，第1250册，第472页，台湾商务印书馆，1986年。

③ 李东阳：《怀麓堂集》卷22《文稿》2，《景印文渊阁四库全书》，第1250册，第230页，台湾商务印书馆，1986年。

④ 方树梅：《杨文襄公年谱》卷上，《学山楼丛书未刊稿》，云南省图书馆藏。

⑤ 李周望：《国朝历科题名碑录初集·明洪武至崇祯各科附》：“云南安宁州人，湖广巴陵县民籍。”第1册，第344页，台湾华文书局，1969年。

⑥《明宪宗实录》卷101，台湾“中央研究院”历史语言研究所，1962年。

⑦ 方树梅：《杨文襄公年谱》卷上，《学山楼丛书未刊稿》本，云南省图书馆藏。

⑧ 杨一清：《石淙诗稿》卷1《凤池类》，《四库全书存目丛书》，集部第40册，第382页，齐鲁书社，1997年。

⑨《杨文襄公年谱》卷上载事而不明所据。见王守仁《王文成全书》卷32《年谱》，《景印文渊阁四库全书》，第1266册，第2页，台湾商务印书馆，1986年。

⑩ 王守仁传见《明史》卷195，第17册，第5159~5169页，中华书局，1974年。

以疾归，起补兵部主事。正德元年（1506）冬，刘瑾逮南京给事中、御史戴铣等二十余人，守仁抗章救，刘瑾怒，廷杖四十，谪为贵州龙场驿丞。刘瑾伏诛后，量移庐陵（属江西）知县。入觐，迁南京刑部主事，吏部尚书杨一清改之验封。屡迁至右佥都御史巡抚南赣，平数十年巨寇，远近惊为神，进右副都御史。世宗即位，急召入朝受封。因先后平贼有功，拜南京兵部尚书，不赴，乞回乡省亲。嘉靖六年，思恩、田州土酋卢苏、王受反，总督姚镆不能平定，乃诏守仁以原官兼左都御史，总督两广兼巡抚。病重，上疏乞告老还乡，推荐勋阳巡抚林富自代。命令尚未下达，守仁竟自归去。行至南安而卒，行年五十七。隆庆初廷臣多颂其功，诏赠新建侯，谥文成。杨一清《石淙诗稿·玉堂类》有《得王阳明诗依韵寄答》《用王阳明韵寄伍时泰廉宪》，《督府类》有尺牍《与王阳明司马》①。

成化九年癸巳（1473），二十岁

父卒，访姊于镇江丹徒县，奉遗命卜葬其地，遂占籍焉。②

李东阳《化州同知杨公传》："子一清举奇童入翰林，登进士第而公卒，家益贫，不能归巴陵，一清乃葬公镇江北。比拜中书舍人，获敕进公阶儒林郎，封公配张氏太安人，时公已卒若干年矣。"③

按：杨一清之父进阶儒林郎，母封太安人，在成化十三年（1477）。详本谱是年纪事。

谢纯《杨石淙先生行状》："癸巳，以外艰解官，访姊氏于丹徒，会公前母段氏继卒，二丧不任远归，乃葬丹徒，因家焉。"④

按：父杨景和杨一清的前妻段氏，皆葬于丹徒，杨一清移家此地后，续娶姊夫胡德延之妹为继室。谢纯谓"公前母段氏"，误。

《光绪丹徒县志》："化州同知赠太子少保户部尚书杨景墓，在城西南大岘山。"注："与其子杨一清墓同在一陇，碑碣、翁仲、坊表尚有，御史李东阳铭。"⑤

按：据县志，杨景赠太子少保、户部尚书，不详年月。

---

① 杨一清：《石淙诗稿》卷14《玉堂类》、卷17《督府类》，《四库全书存目丛书》，集部第40册，第523、573页，齐鲁书社，1997年。

② 请参阅本谱景泰五年纪事所引杨一清《为衰病乞恩休致事》《谨奏为乞恩祭扫事》。

③ 李东阳：《怀麓堂集》卷36，《景印文渊阁四库全书》，第1250册，第384~385页，台湾商务印书馆，1986年。

④ 谢纯：《杨石淙先生行状》，方树梅纂辑《滇南碑传集》，第1页，李春龙、刘景毛、江燕点校，云南民族出版社，2003年。

⑤ 何绍章、冯寿镜、吕耀斗等纂修：《光绪丹徒县志》卷8《陵墓》，《中国地方志集成》本《江苏府县志辑》，第29册，第172页，江苏古籍出版社，1991年。

方树梅《杨文襄公年谱》按："此公第一次归镇江。"①

门人李梦阳生。

按：方树梅将李梦阳、王守仁同列为去年出生，误。②

李梦阳（1473~1530）③，字献吉，庆阳（今属甘肃）人。父正，官周王府教授，徙居开封。其母梦日堕怀而生，故名梦阳。弘治六年陕西乡试第一，次年中进士，授户部主事，迁郎中。十八年应诏，上书凡五千余言，极论朝政得失，末言寿宁侯张鹤龄之罪。张鹤龄摘疏奏辨并诬陷之。帝不得已，系梦阳于锦衣狱，不久释狱夺俸。他日梦阳途遇寿宁侯，怒骂并以马棰击之，打落其二齿，寿宁侯不敢争。"八虎"当道，梦阳被下狱，将杀之，康海向刘瑾说情，乃免。刘瑾诛，起故官，迁江西提学副使。宁王宸濠曾请他撰《阳春书院记》，宸濠反，梦阳被劾党逆逮。大学士杨廷和、尚书林俊力救之，坐前作《书院记》革职，寻卒。李梦阳在文坛以复古自命，倡导文必秦汉，诗必盛唐，与何景明、徐祯卿、边贡、康海、王九思、王廷相并称"七才子"（文学史称"前七子"），又与何景明、徐祯卿、边贡、朱应登、顾璘、陈沂、郑善夫、康海、王九思并称"十才子"。

成化十一年乙未（1475），二十二岁

服阕，授中书舍人，居长安门之右邃庵，故以为名号。弟子日进，交游益广。

按：方树梅《杨文襄公年谱》载，至此始，一清官中书舍人十年，卜居长安门之右。④

李元阳《杨公墓表》："……为中书舍人。结交海内名士，文章日益有名，从学者日众，如丹徒靳贵，同公在内阁，太原乔公宇为冢宰，公以师道自重，二公执弟子礼，终身不衰。公薨，乔公自山西至丹徒，持服奔丧，其师弟之义何如也。"⑤

李东阳《与杨邃庵书》："高第二三辈，南来靳解元者，犹阙面谈。"⑥

胡维霖《杨文襄公一清传》："初授中书舍人，海内名士从学者日众，如丹徒靳贵、

---

① 方树梅：《杨文襄公年谱》卷上，《学山楼丛书未刊稿》，云南省图书馆藏。

② 同上。

③ 李梦阳传见《明史》卷 286，第 24 册，第 7346~7348 页，中华书局，1974 年。

④ 方树梅：《杨文襄公年谱》卷上，《学山楼丛书未刊稿》，云南省图书馆藏。

⑤ 李元阳：《吏部尚书杨公墓表》，方树梅纂辑《滇南碑传集》，第 3 页，李春龙、刘景毛、江燕点校，云南民族出版社，2003 年。方树梅《杨文襄公年谱》卷上引录本谱注版本页码（《学山楼丛书未刊稿》，云南省图书馆藏）。

⑥ 李东阳：《怀麓堂集》，第 34 卷，《景印文渊阁四库全书》，第 1250 册，第 368 页，台湾商务印书馆，1986 年。

太原乔宇，皆执弟子礼，终身不衰。”[①]

雷跃龙《石淙杨文襄公传》：“服除，授中书舍人，职务清简，弟子日益进。凡经公指授者，皆取高第，显名朝廷。”[②]

按：请参阅本谱景泰五年纪事邃庵条、正德六年纪事《邃庵集》条。

靳贵（1464~1520）[③]，字充道，号戒庵，镇江丹徒（今属江苏）人。弘治三年（1490）进士及第，授编修。武宗出阁，命兼司经局校书，转左中允，预修《会典》，迁左谕德兼侍讲。守制满，擢礼部侍郎。刘瑾用事，摘《会典》讹失，补光禄卿，寻复旧职，改吏部侍郎兼学士，迁至礼部尚书。正德九年（1514），兼文渊阁大学士加太子太保、户部尚书、武英殿大学士。在翰林同考会试、主顺天乡试各一次，主考会试及授庶吉士业各二次。历遭丑诋，致仕。卒，赠太傅，谥文僖。

乔宇（1464~1531）[④]，字希大，号白岩，山西乐平人。自幼随父宦游京师，师从杨一清，成进士后复从李东阳游。诗文雄隽，兼通篆籀，性好山水。成化二十年（1484）进士，授礼部主事。弘治初调文选司，三迁而至郎中。为官清正，门无私谒，擢太常少卿。武宗时迁光禄卿，历户部左、右侍郎。刘瑾败，大臣多以党附被劾，唯乔宇无所染，拜南京礼部尚书。宁王宸濠反，平乱有功，加太子太保，复加少保。世宗即位，召为吏部尚书。遇事不可，无不力争，争“大礼”尤切，追论“大礼”议，削去官职。杨一清卒，乔宇渡江吊之。穆宗即位（1567），复官，赠少傅。谥庄简。

友人谢迁中状元，王鏊中探花。门人武功（今属陕西）康海生。[⑤]

《明史·康海传》：“康海，字德涵，武功人。弘治十五年（1502）殿试第一，授修撰。与梦阳辈相倡和，訾议诸先达，忌者颇众。正德初，刘瑾乱政。以海同乡，慕其才，欲招致之，海不肯往。会梦阳下狱，书片纸招海曰：‘对山救我。’对山者，海别号也。海乃谒瑾，瑾大喜，为倒屣迎。海因设诡辞说之，瑾意解，明日释梦阳。逾年，瑾败，海坐党，落职。”[⑥]“前七子”诗派成员之一。

---

① 胡维霖：《胡维霖集·冷齐浸评》，明崇祯刻本。

② 雷跃龙：《石淙杨文襄公传》，方树梅纂辑《滇南碑传集》，第7页，李春龙、刘景毛、江燕点校，云南民族出版社，2003年。

③ 靳贵传见《殿阁词林记》卷2《武英殿大学士靳贵》，《景印文渊阁四库全书》，第452册，第158~159页，台湾商务印书馆，1986年。

④ 乔宇传见《明史》卷194，第17册，第5131~5134页，中华书局，1974年。

⑤《杨文襄公年谱》卷上载其事，但云“王鏊第二名进士”，误。

⑥《明史》卷286，第24册，第7348页，中华书局，1974年。

成化十二年丙申（1476），二十三岁

作《半林为濮用明赋》。

自注："以下俱中书时作。"①

成化十三年丁酉（1477），二十四岁

官中书舍人满三载，考绩优异，贻赠先考杨景化州同知进阶儒林郎，封其母张氏为太安人。

李东阳《贺杨母太安人受封诗序》："巴陵杨君应宁，既以中书舍人满三载，书最于吏部，当貤赠其考化州公，而州佐秩从六品，稍尊中书，虽属禁近，品顾居七，乃以例给化州同知勅，而进公阶儒林郎。其母张氏，从夫阶当封安人，而例以独存，故得称太，盖其号加尊焉。……应宁上世滇南人，今定居京口，而巴陵实故郡，且其所受荐成名之地，故于湖南之士尤亲。湖之仕者，皆往贺太安人，赋诗为寿。而予与应宁尤厚，故为诗而又为诸君序之。"②

按："故为诗"，指李东阳有《杨应宁母安人受封诗》③。

成化十四年戊戌（1478），二十五岁

乔宇今年入门墙。

《乔希大自留都司马拜天官卿，中外士夫以此地属望久矣，而今始如愿，闻者称快。北上戒程，过镇江别余，喜慰之余，感旧惜别，得诗五首，情见乎辞》其一云："君年十五谒门墙，我亦年才二纪强。"④

按：嘉靖六年（1527），乔宇六十四寿，杨一清有诗贺之，其诗题有云：白岩"生天顺甲申（1464），……三月十一日，其初度辰也。"参阅本谱是年纪事。

新都杨廷和成进士。⑤

---

① 杨一清：《石淙诗稿》卷1《凤池类》，《四库全书存目丛书》，集部第40册，第373页，齐鲁书社，1997年。
② 李东阳：《怀麓堂集》卷24，《景印文渊阁四库全书》，第1250册，第256~267页，台湾商务印书馆，1986年。
③ 李东阳：《怀麓堂集》卷13，《景印文渊阁四库全书》，第1250册，第137~138页，台湾商务印书馆，1986年。
④ 杨一清：《石淙诗稿》卷15《归田后类》，《四库全书存目丛书》，集部第40册，第531页，齐鲁书社，1997年。
⑤ 方树梅：《杨文襄公年谱》卷上，《学山楼丛书未刊稿》，云南省图书馆藏。方谱未明所据，可参阅李周望《国朝历科题名碑录初集·明洪武至崇祯各科附》，第1册，第377页，台湾华文书局，1969年。

杨廷和（1459~1529）[①]，字介夫，号石斋，四川新都人，杨一清门人杨慎之父。成化十四年，先其父而成进士，授检讨。弘治时，为皇太子侍读。正德七年，出任首辅。嘉靖三年，因“大礼议”与世宗意不合，罢归故里，后被削职为民，卒于乡。隆庆初复职，追赠太保，谥号文忠。著有《杨文忠公三录》。

成化十七年辛丑（1481），二十八岁

六月廿九日，跋李东阳《湘江送别诗序》。

跋云：“仆往年侨居镇江，馆于佑圣观，观之西曰能仁寺，湛然所住也，因得见此作。爱其高古有议论，读之数过，已而成诵，至今凡九年矣。偶与西涯道及，闻稿已不存，遂录而归之。予方病目，不能作书，此乃口授乔生宇代书者也。辛丑夏六月廿九日，东陵杨一清识。”[②]

成化十九年癸卯（1483），三十岁

九月，陈献章乞归，作《和韵赠陈白沙》诗留别。[③]

诗云：“十年旧梦青山在，一夜离愁白发生。”[④]

陈献章（1428~1500）[⑤]，字公甫，广东新会人，后迁居白沙，世称白沙先生。正统十二年（1447）中举，春试不第，从吴与弼讲学，居半载而归，读书日夜不辍。筑阳春台静坐其中，数年足不出户，复游太学，名震京师。召至京，令就试吏部，屡辞疾不赴，上疏请求归养父母，授翰林院检讨以归。弘治十三年（1500）卒，行年七十三。万历初从祀孔庙，追谥文恭。

门人何景明生。[⑥]

何景明（1483~1521）[⑦]，字仲默，河南信阳人，八岁能作诗文。弘治十五年（1502）成进士，授中书舍人，与李梦阳同倡盛唐诗、秦汉文。正德改元，刘瑾窃柄，上书吏部尚书许进，劝其秉政毋挠，语言极为激烈，而后谢病归。逾年，刘瑾尽免对头，景

---

① 杨廷和传见《明史》卷190，第17册，第5031~5039页，中华书局，1974年。

② 李东阳：《怀麓堂集》卷92，《景印文渊阁四库全书》，第1250册，第986页，台湾商务印书馆，1986年。

③ 方树梅：《杨文襄公年谱》卷上载有陈宪章诗，《学山楼丛书未刊稿》，云南省图书馆藏。

④ 杨一清：《石淙诗稿》卷1《凤池类》，《四库全书存目丛书》，集部第40册，第375页，齐鲁书社，1997年。

⑤ 陈献章传见《明史》卷283，第24册，第7261~7262页，中华书局，1974年。

⑥ 方树梅：《杨文襄公年谱》卷上未明所据，《学山楼丛书未刊稿》，云南省图书馆藏。可参阅刘海涵《何大复先生年谱》，《北京图书馆藏珍本谱丛刊》，第44册，第536页，北京图书馆出版社，1999年。

⑦ 何景明传见《明史》卷286，第24册，第7349~7350页，中华书局，1974年。

明坐罢。刘瑾诛，因李东阳荐而起旧职，直内阁制敕房。李梦阳下狱，景明上书吏部尚书杨一清救之。进吏部员外郎，直制敕如故。不久擢陕西提学副使。其教诸生，专以经术世务，遴选学业突出者于正学书院，亲为说经，不用诸家训诂，士始知有经学。嘉靖初，引疾归，寻卒。在“前七子”中与李梦阳并称。

成化二十年甲辰（1484），三十一岁

五月，全国旱情严重，边关战事未息，作《忧旱》诗。

方树梅《杨文襄公年谱》：“是岁，京畿、山东、湖广、陕西、河南、山西俱大旱，道殣相望。有《忧旱》诗云：‘郊原五月还忧旱，烽火三边未息兵。……十年凤沼追趋地，不尽沾恩报主情。’”①

按：《明宪宗实录》同年有多次因旱灾减免各地赋税的纪录。至此，杨一清为中书舍人满十年。

作诗《贺朱都宪召掌院事》。②

诗云：“裴度破淮终相国，希文半夏始还朝。”③

同年张太仆鸣岐下世，以诗哭之。

诗云：“十年仕隐多离合，一夜悲欢隔死生。……亦知人也浑如寄，不尽交游骨肉情。”④

十月，下刑部员外郎林俊、都督府张黻于狱，寻释之，谪云南。作《送林待用谪姚州》《送张兼素谪师宗》七律各四首送之。⑤

《明宪宗实录》冬十月丁巳（初三日）：“刑部员外郎林俊，以言事降云南姚州判官。”“命下锦衣卫狱，狱具，上曰：‘俊不守本职，分外泛言，杖之三十，降边方州判。”壬申（十八日），“调后军都督府经历张黻，为云南师宗州知州。黻以员

---

① 方树梅：《杨文襄公年谱》卷上，《学山楼丛书未刊稿》，云南省图书馆藏。方谱引录，本谱注版本页码，诗见杨一清《石淙诗稿》卷1《凤池类》，《四库全书存目丛书》，集部第40册，第374页，齐鲁书社，1997年。

② 方树梅：《杨文襄公年谱》卷上，《学山楼丛书未刊稿》，云南省图书馆藏。

③ 杨一清：《石淙诗稿》卷1《凤池类》，《四库全书存目丛书》，集部第40册，第376页，齐鲁书社，1997年。

④ 方树梅：《杨文襄公年谱》卷上引而未明出处（《学山楼丛书未刊》，云南省图书馆藏），诗题为《哭同年张太仆鸣岐》（杨一清：《石淙诗稿》卷1《凤池类》，《四库全书存目丛书》，集部第40册，第376页，齐鲁书社，1997年）。

⑤《杨文襄公年谱》卷上引录诗题而不注版本页码，诗见《石淙诗稿》卷1《凤池类》，《四库全书存目丛书》，集部第40册，第376页，齐鲁书社，1997年。

外郎林俊言事下狱”。[1]

林俊（1452~1527）[2]，字待用，福建莆田人。成化十四年（1478）进士，除刑部主事，进员外郎。性耿直，不随俗浮沉。上疏请斩妖僧继晓，并罪中贵梁芳，帝大怒，下诏狱考讯，府经历张黻救之，二人一同下狱，林俊谪为云南姚州判官，张黻谪云南师宗。林俊复官，改南京，弘治元年（1488）擢云南副使，进按察使，丁母忧归。武宗即位，进右副都御史，再抚江西，适遭父忧，不果。正德四年（1509），起四川巡抚，致仕。世宗即位，起工部尚书，改刑部，时年已七十，乞致仕，诏加太子太保，给驿赐隶廪如制。林俊数争“大礼”，与杨廷和甚合。卒年七十六，后一年《明伦大典》成，追论附和杨廷和“大礼议”，削其官。

《明史·林俊传》附传：“张黻，吉水（属江西）人。成化八年（1472）进士。历知涪州、宿州，介特不避权贵。弘治中，俊蒙显擢，而黻老不用。王恕为之请，特予诰命。”[3]

方树梅《杨文襄公年谱》按：“自戊子至甲辰所作诗曰《凤池类》，载《石淙诗稿》卷一，共诗六十首”[4]。

成化二十一年乙巳（1485），三十二岁

正月初四日，林俊、张黻复职，俱改南京。

《明宪宗实录》春正月丁亥（初四日）：“复云南姚安军民府判官林俊为员外郎，师宗州知州张黻为都督府经历，俱改南京。”[5]

归镇江。因壮年无子，上疏乞归祖籍云南安宁。是年返原籍省墓，过继堂兄之子绍芳为嗣。

《为衰病乞恩休致事》：“臣无子，以云南堂兄之子绍芳为嗣，寄籍丹徒，看守臣父母丘茔。”[6]

按：上文为杨一清追述往事，疏上于正德元年（1506），时年五十三岁。

朱淳《重辑杨文襄公事略》：“公年已壮，未有子。奉母命请于朝，归云南会宗族、

---

[1]《明宪宗实录》卷257，第4338~4339、4347~4348页，台湾“中央研究院”历史语言研究所，1962年。
[2] 林俊传见《明史》卷194，第17册，第5136~5140页，中华书局，1974年。
[3]《明史》卷194，第17册，第5140页，中华书局，1974年。
[4] 方树梅：《杨文襄公年谱》卷上，《学山楼丛书未刊稿》，云南省图书馆藏。
[5]《明宪宗实录》卷260，第4388页，台湾“中央研究院”历史语言研究所，1962年。
[6] 杨一清：《杨一清集》，第323页，唐景昆、谢玉杰点校，中华书局，2001年。

立宗盟，以堂兄续次子绍芳为家嗣。”[①]

李东阳《送杨应宁提学之陕西三首》其二：“君从滇南游，意不在金宝。归装诗篇富，远日江山饱。遗踪念丘墟，旧事怀父老。重为宗祧计，择后良亦早。达能洞大观，孝足慰昭考。之子瑶瑜姿，兼闻嗜文藻。爱之不可见，见彼昆弟好。通家情所关，兹事况不小。愿君自珍惜，远向风霜道。”[②]

方树梅《杨文襄公年谱》按：“此公第二次归镇江。”“公生而隐宫，因无子息，其母太安人命请于朝，归省墓、立宗盟。其为公嗣计者，至深且远。”[③]

秋九月，启程赴滇。过岳阳，作诗《望岳阳》《江上偶吟》《澧阳有感》《夜坐》《登岳阳楼》《夜泊岳阳城下有述》[④]。

《望岳阳》：“岳阳南望是并州，三十年来两度游。同学故人今几在，异乡孤客此登楼。”

按：成化八年，杨一清中进士，作《登岳阳楼》诗，故云“三十年来两度游”。年岁取约数。

《澧阳有感》：“先人遗爱此州多，三十年来始一过。骨肉几时惟我在，江山不改奈人何！”

《夜泊岳阳城下有述》：“十年作宦身如系，一日看山兴不廉。”

按：杨一清当为首次到澧阳（今属湖南），三十年为约数；其父或与此地有关，故云“先人遗爱”。成化十一年，杨一清授中书舍人，时年二十二岁，至今恰十年。

西上黔南路，作诗《夜泊夹沟驿》。

自注：“时九月八日。”诗云：“高树苍苍带暝烟，佳期刚在菊花前。荒城夜泊时闻角，浅水秋来不受船。别恨只凭诗当酒，归心真以日为年。京江西上黔南路，万里云山若个边。”[⑤]

入滇，作纪行诗九首。

方树梅《杨文襄公年谱》：《谒咸阳王庙》《谒黔宁王庙》《谒王忠文祠》（以上三诗在昆明作）；《李氏远眺楼》《登碧鸡山》《抵家杂述三首》《游法华寺和韵》

---

① 朱淳《重辑杨文襄公事略》，方树梅《杨文襄公年谱》卷上引录而不注版本页码（《学山楼丛书未刊稿》，云南省图书馆藏），文见影印《云南丛书》第15册，第7609页，中华书局，2009年。

② 李东阳：《怀麓堂集》卷6，《景印文渊阁四库全书》，第1250册，第55~56页，台湾商务印书馆，1986年。

③ 方树梅：《杨文襄公年谱》卷上，《学山楼丛书未刊稿》，云南省图书馆藏。参阅本谱正德十二年纪事。

④ 杨一清：《石淙诗稿》卷2《省墓类》，《四库全书存目丛书》，集部第40册，第382页，齐鲁书社，1997年。

⑤ 同上书，第380页。

（以上六诗在安宁作，外有《温泉记》，不备录）。[①]

按：《石淙诗稿》卷二《谒咸阳王庙》自注："以下俱在云南作。"[②]《石淙诗钞》卷一"以下"后多"七首"二字，无《李氏远眺楼》《登碧鸡山》。《抵家杂述》三首其一："落日长松扫故阡，圣恩真已到黄泉。关山路尽九千里，水木心悬三十年。絜酒几人劳远奠，穹碑七尽看新镌。可怜郁郁佳城地，吾父游魂独渺然。"[③] 杨一清之高祖父母、曾祖父母、祖父母三世坟茔，俱在云南安宁，唯父杨景卜葬丹徒，故谓"游魂"。

成化二十二年丙午（1486），三十三岁

省墓毕，或于腊月还镇江。

方树梅《杨文襄公年谱》按："来滇省墓，在乙巳秋起程，《省墓类》中诗《夜泊夹沟驿》一首，目下注'时九月八日'。然则到滇约在乙巳岁将尽，或丙午春初。又《归途》一首有句云：'已觉中星三度易，载看明月九回圆。'在滇约九月，北归抵镇江约在丁未春，故有'中星三度'之句。省墓往还所作诗曰《省墓类》，《石淙诗稿》卷二，共诗八十首。"[④]

成化二十三年丁未（1487），三十四岁

三月廿二日，升山西提学佥事。[⑤]

《明宪宗实录》三月壬戌（廿二日）：升中书舍人杨一清山西提学佥事。[⑥]

朱淳《重辑杨文襄公事略》："出为山西提学佥事，力祛宿弊，学政肃清。"[⑦]

按：方树梅《杨文襄公年谱》云："公赴任途中有《自述二首》。"[⑧] 疑误。此诗

---

① 方树梅：《杨文襄公年谱》卷上，《学山楼丛书未刊稿》，云南省图书馆藏。

② 杨一清：《石淙诗稿》卷 2《省墓类》，《四库全书存目丛书》，集部第 40 册，第 383~384 页，齐鲁书社，1997 年；《石淙诗钞》卷 1，影印《云南丛书》，第 20 册，第 10519~10520 页，中华书局，2009 年。

③ 杨一清：《石淙诗稿》卷 2《省墓类》，《四库全书存目丛书》，集部第 40 册，第 383 页，齐鲁书社，1997 年。

④ 方树梅：《杨文襄公年谱》卷上，《学山楼丛书未刊稿》，云南省图书馆藏。

⑤ 同上。

⑥《明宪宗实录》卷 288，第 4872 页，台湾"中央研究院"历史语言研究所，1962 年。《杨文襄公年谱》卷上引录，本谱注版本页码。

⑦ 朱淳：《重辑杨文襄公事略》，影印《云南丛书》，第 15 册，第 7609 页，中华书局，2009 年。

⑧ 方树梅：《杨文襄公年谱》卷上，《学山楼丛书未刊稿》，云南省图书馆藏。

载于卷九《自讼类》[①]，为正德三年（1508）刘瑾诬杨一清冒破边费，四月被逮下诏狱，获释后八月于京返镇江途中所作。详本谱是年纪事。

张文渊因事谪守云南鹤庆，有诗《送张文渊谪官鹤庆》。

《送张文渊谪官鹤庆》自注："文渊在谏垣有风采，历官顺天府丞、太仆卿，谪守鹤庆。"诗云："双旌南去路茫茫，风采犹能系庙堂。一代谏书唐李绛，十年京兆汉王章。只今边徼无豺虎，自古中原有凤皇。倾盏未终仍解袂，不胜离思满江乡。"[②]

方树梅《杨文襄公年谱》："张文渊由谏垣历官顺天府丞、太仆卿，因事谪守鹤庆，公以诗送之，有'一代谏书唐李绛，十年京兆汉王章'句，其风采可见（公诗见《禫后类》）。"[③]

明孝宗朱祐樘弘治元年戊申（1488），三十五岁

五月十五日，母张太安人卒[④]于山西官邸，行年六十三。作《五月十五日逢先母忌辰，写哀一首》[⑤]。李东阳为张太安人撰墓志铭。

李东阳《封太安人杨母张氏墓志铭》："东阳与杨应宁为知己二十年，获拜其母太安人数矣。应宁为按察司佥事提学山西，太安人卒于官邸。应宁书来征铭，曰：'杨一清俟此以葬。'因属其门人、礼部主事乔宇为状，翰林庶吉士阎价华，继刻石京师寓而归。先公之丧，应宁方以书吊我慰我，今遽有是托，予复恶能无情哉！……太安人姓张氏，大父为湖广九溪卫安福所（今属湖南张家界）百户，世居澧州（今属湖南常德）。太安人为处士女，少闲内则。应宁先公娶张继刘，皆早世。念尝为澧州判官，闻太安人家范甚习，乃继聘焉。及归，刘安人遗女甫晬，病几死。亲提抱，同卧起，求良医善药而愈之。公自厉为清白吏，佐以勤俭。及同知化州，从居十年，服饰皆嫁时物，处同辈金绮炫赫中，晏如也。州有剧寇，城且陷，僚属家皆襁儿女为走计。太安人遣人觇公，方乘城治战具，曰：'无忧也。'治家事如常时。诸家恒视以为重，卒无他变。公本云南人，既谢官占籍巴陵，太安人脱簪珥、易布粟以为日。应宁应奇童荐，奉公及太安人上京师，及承诏读书翰林，举进士，公始弃养。后拜官中书舍人，三载考最，例得给公敕命，进阶儒林郎，太安人封六品号，从夫贵也。应宁满九载待

① 杨一清：《石淙诗稿》卷9《自讼类》，《四库全书存目丛书》，集部第40册，第466页，齐鲁书社，1997年。
② 杨一清：《石淙诗稿》卷3《禫后类》，《四库全书存目丛书》，集部第40册，第389页，齐鲁书社，1997年。
③ 方树梅：《杨文襄公年谱》卷上，《学山楼丛书未刊稿》，云南省图书馆藏。
④ 同上。
⑤ 杨一清：《石淙诗稿》卷4《西巡类》，《四库全书存目丛书》，集部第40册，第399页，齐鲁书社，1997年。

次，疏乞归云南省祖墓，留太安人居镇江。既修祠，合族还，始置田、买屋宇为常业，太安人实指画之。应宁得山西命，重劳起居，欲乞终养，太安人不许，许就养。至则体不通，应宁不敢数出巡，太安人辙使行。至平阳，得病报，驰还司，太安人遂不起。是为弘治戊申五月二十五日，寿六十有三。”①

按：据上文所引杨一清祭母诗，李东阳所记五月二十五日误。方树梅《杨文襄公年谱》亦载为十五日，并按：“此公第三次归镇江”。②

丁忧居镇江。程敏政或于是年过镇江相会，作诗《留别杨应宁佥宪》。

诗自注：“时以忧居镇江。”诗云：“杨君我良友，一别经几秋。不图今日来，相见古润州。颜色甚憔悴，知子非穷愁。无奈寸草心，更抱苍生忧。蔀斋共蔬食，为子一日留。”③

程敏政（？～约1499）④，字克勤，休宁县人（今属安徽黄山市）。十岁以神童荐，成化二年进士及第，授编修。两次因故致仕。历官至礼部右侍郎。

十一月初六日，门人杨慎生。⑤

杨慎（1488~1559）⑥，字用修，四川新都人，少师杨廷和之子。正德六年（1511）状元，授翰林修撰。世宗嗣位，起充经筵讲官。嘉靖三年，偕同列三十六人上疏议“大礼”，帝怒，切责停俸。逾月，又偕廷臣伏左顺门力谏，帝震怒，命执首事者八人下诏狱。慎及检讨王元正等撼门痛哭，声彻殿庭，帝益怒，悉下诏狱廷杖之，复被谪戍云南永昌卫（今保山）。嘉靖三十八年七月卒，行年七十二。著作等身，共著书四百余种，存世二百余种。

弘治二年己酉（1489），三十六岁

因母张太安夫人之丧，守制居镇江。

门人靳贵乡试中解元。⑦

---

① 李东阳：《怀麓堂集》卷49，《景印文渊阁四库全书》，第1250册，第529页，台湾商务印书馆，1986年。

② 方树梅：《杨文襄公年谱》卷上，《学山楼丛书未刊稿》，云南省图书馆藏。

③ 程敏政：《篁墩集》卷83，明正德二年（1507）刻本。

④ 程敏政传见《明史》卷286，第24册，第7343~7344页，中华书局，1974年。

⑤ 方树梅：《杨文襄公年谱》卷上载而不明所据（《学山楼丛书未刊稿》，云南省图书馆藏），可参阅王文才著《杨慎学谱》（第13页，上海古籍出版社，1988年）。

⑥ 杨慎传见《明史》卷192，第17册，第5081~5083页，中华书局，1974年。

⑦ 何绍章、冯寿镜、吕耀斗等纂修：《光绪丹徒县志》卷22《科目》，《中国地方志集成》本《江苏府县志辑》，第425页，江苏古籍出版社，1991年。

弘治三年庚戌（1490），三十七岁

丁母忧期满，除服。

门人靳贵以第三人登进士第。①

按：靳贵中探花，为杨一清门下高足第一个在殿试中获得高名次者。

弘治四年辛亥（1491），三十八岁

四月初三日，改陕西按察司佥事、提督学校。

《明孝宗实录》四月戊申（初三日）："复除广东布政司左参政刘宪于贵州山西按察司佥事，杨一清于陕西提督学校，俱以丁忧服阕也。"②

唐龙《正学书院续记》："宏治初，石淙杨一清以佥事督学政于斯。"③

雷跃龙《石淙杨文襄公传》："丁母忧归，服除，改督陕西学政，寻迁副使。"④

朱淳《重辑杨文襄公事略》："丁母张夫人忧，服阕，改陕西提学，升副使。"⑤

《明史》本传："迁山西按察佥事，以副使督学陕西。"⑥

按：杨一清今年服阕，改陕西按察司佥事、提督学校。弘治七年，升按察司副使、提学副使。也即上引《为衰病乞恩休致事》《正学书院续记》《石淙杨文襄公传》《重辑杨文襄公事略》所言，其在陕西先任佥事提调学校，后升副使，时隔佥事任期三年。杨一清《为衰病乞恩休致事》云："臣……历升山西、陕西按察司佥事、副使……"⑦《明孝宗实录》弘治七年十二月初三日明确记载："升陕西按察司佥事杨一清为本司副使，仍提调学校。"⑧《明史》未载杨一清今年改陕西按察司佥事提调学校而直称副使，方谱则引《陕西通志》，自今年起至弘治七年，皆载杨一清为提学副使⑨，误。

---

① 方树梅：《杨文襄公年谱》卷上载而不明所据（《学山楼丛书未刊稿》，云南省图书馆藏），可参阅李周望《国朝历科题名碑录初集·明洪武至崇祯各科附》之弘治三年（1490）进士题名碑录，第1册，第433页，台湾华文书局，1969年。

②《明孝宗实录》卷50，第999页，台湾"中央研究院"历史语言研究所，1962年。方树梅《杨文襄公年谱》卷上引录，本谱注版本页码（《学山楼丛书未刊稿》，云南省图书馆藏）。

③ 见本谱弘治九年（1496）纪事。

④ 雷跃龙：《石淙杨文襄公传》，方树梅纂辑《滇南碑传集》，第7页，李春龙、刘景毛、江燕点校，云南民族出版社，2003年。

⑤ 朱淳：《重辑杨文襄公事略》，影印《云南丛书》，第15册，第7609页，中华书局，2009年。

⑥《明史》卷198，第17册，第5225页，中华书局，1974年。

⑦ 参阅本谱正德元年纪事。

⑧ 参阅本谱弘治七年纪事。

⑨ 方树梅：《杨文襄公年谱》卷上，《学山楼丛书未刊稿》，云南省图书馆藏。

作诗《闻陕西命下有述》二首。

其一："心忆旧事浑欲忘，眼看心事恐多违。"其二："关西贤俊多如林，斯文贵任非所任。……星斗在天明月午，莺花过眼青春深。"[①]

五月，赴京师拜陕西提学佥事任命。离京时诸从游者于朝天官西堂张宴饯行，李东阳在座。

钱福《饯邃庵先生督学陕西序》："弘治辛亥夏五月，邃庵先生既至京，拜陕西提学之命以行，诸所从游于先生者，方庆重得所依，而益惧其去已也，乃相率选胜张燕于朝天官之西堂，坐先生于其中，而以先生之同志友学士西厓李公为之配。于时，少长咸集，遐迩毕至。有为翰林修撰、为御史、为进士者各二人，为编修、给事中、员外郎、右寺副、行人者各一人，为部主事者各三人。合诸藩所荐士卒业太学者，及积学家居者十七人，其为数凡三十有一。"[②]

李东阳作《送杨应宁提学之陕西三首》，诸从游有送别诗数首。

李东阳诗其一云："君来几日前，屈指算君程。君行几日前，使我梦先惊。问君孰为来，问君孰为行。仓皇六载间，展转万事并。欲语不得尽，欲别难为情。"[③]

按：邵宝《次杨邃庵先生留别二首》自注："时先生提学陕西。"[④]钱福有《送邃庵先生提学陕西三首》[⑤]、顾清有《送杨邃庵提学陕西》[⑥]。

赴任陕西提学佥事，作《赴任途中有述》诗三首。

诗云："江左朝天棹未开，玺书还向日边来。"（其一）"文章案牍皆常事，愿得真儒荐帝庭。"（其二）"文明合在殷周上，圣辙当寻孔孟馀。同志几人须奋策，吾言虽大却非虚。"（其三）[⑦]

《禫后类》自注："此下皆山西忧制归江南，服除后应酬之作，至赴任陕西途间止。"[⑧]方树梅《杨文襄公年谱》引此注，并计共有诗四十三首[⑨]。

---

① 杨一清：《石淙诗稿》卷3《禫后类》，《四库全书存目丛书》，集部第40册，第391~392页，齐鲁书社，1997年。

② 钱福：《钱太史鹤滩稿》卷3，明万历三十六年（1608）沈思梅居刻本。

③ 李东阳：《怀麓堂集》卷6，《景印文渊阁四库全书》，第1250册，第55页，台湾商务印书馆，1986年。

④ 邵宝：《容春堂集·前集》卷7，《景印文渊阁四库全书》，第1258册，第69页，台湾商务印书馆，1986年。

⑤ 钱福：《钱太史鹤滩稿》卷1，明万历三十六年（1608）沈思梅居刻本。

⑥ 顾清：《东江家藏集》卷7，《景印文渊阁四库全书》，第1261册，第345页，台湾商务印书馆，1986年。

⑦ 杨一清：《石淙诗稿》卷3《禫后类》，《四库全书存目丛书》，集部第40册，第390页，齐鲁书社，1997年。

⑧ 同上书，第389页。

⑨ 方树梅：《杨文襄公年谱》卷上，《学山楼丛书未刊稿》，云南省图书馆藏。

弘治五年壬子（1492），三十九岁

作诗《望月》。

诗云："四千余里江云远，三十九回秦月圆。"[①]

四月十八日，业师华容黎淳卒，行年七十。作《哭朴庵宗伯黎先生》诗四首。[②]

诗云："极知灯火门墙谊，不尽师生父子情。少小有缘劳接引，疏顽何计答生成。"（其三）[③]

七月初七日，自汧阳至宝鸡，有诗《自汧阳往宝鸡，风雨大作，溪涨不可度，阻村舍中两昼夜。至宝鸡，闻南关为水所冲，民多压溺者，作长句以纪之》。

诗云："七月七日趋宝鸡，出门先涉汧阳溪。"[④]

门人泰和罗钦顺中江西乡试解元。[⑤]

弘治六年癸丑（1493），四十岁

门人罗钦顺、李梦阳中进士[⑥]。

按：罗钦顺殿试中第三名，为杨一清门生中继靳贵之后的第二个探花。该科李东阳为主考官，故为罗、李二人座师。罗钦顺（1465~1547）[⑦]，字允升，泰和（今属江西）人，进士及第后授编修。迁南京国子监司业，与祭酒章懋以实行教士。不久奉亲归，因乞终养。忤刘瑾，夺其职为民。刘瑾诛，复官迁南京太常少卿，再迁南京吏部右侍郎，入为吏部左侍郎。世宗即位，命摄尚书事。"大礼议"起，请慎行"大礼"以全圣孝，不报。迁南京吏部尚书，省亲乞归，改礼部尚书，遇丁忧，未及拜。再起礼部尚书，辞，复改吏部尚书；下诏敦促，再辞，许致仕。时张璁、桂萼以议礼骤贵，秉政树党，屏逐正人，钦顺耻与同列，故屡诏不起，里居二十余年，足不入城市，潜心格物致知之学。著《困知记》，自号整庵。年八十三卒，赠太子太保，谥文庄。

---

①杨一清：《石淙诗稿》卷4《西巡类》，《四库全书存目丛书》，集部第40册，第400页，齐鲁书社，1997年。

②方树梅：《杨文襄公年谱》卷上，《学山楼丛书未刊稿》，云南省图书馆藏。

③杨一清：《石淙诗稿》卷5《北行类》，《四库全书存目丛书》，集部第40册，第416~417页，齐鲁书社，1997年。

④杨一清：《石淙诗稿》卷4《西巡类》，《四库全书存目丛书》，集部第40册，第400页，齐鲁书社，1997年。

⑤方树梅：《杨文襄公年谱》卷上载事而不明所据（《学山楼丛书未刊稿》，云南省图书馆藏），事见谢旻等监修《江西通志》（二），《景印文渊阁四库全书》，第514册，第749页。

⑥《杨文襄公年谱》卷上载事而不明所据，可参阅李周望《国朝历科题名碑录初集·明洪武至崇祯各科附》，第1册，第449~450页，台湾华文书局，1969年。

⑦罗钦顺传见《明史》卷282，第24册，第7236~7238页，中华书局，1974年。

弘治七年甲寅（1494），四十一岁

十二月初三日，升陕西按察司副使、提学副使。

《明孝宗实录》十二月戊午（初三日）："升陕西按察司佥事杨一清为本司副使，仍提调学校，以巡按监察御史荐也。"①

按：参阅本谱弘治四年纪事。

弘治八年乙卯（1495），四十二岁

是年陕西大旱，夏麦秋谷，两无收获。十月，作《祈雪华山文》。②

自注："弘治八年冬十月"。③

弘治九年丙辰（1496），四十三岁

重建正学书院，作诗《正学书院落成有作》④。选俊杰于书院亲自教督，其后名满天下的李梦阳，状元康海、吕柟，名士马理、张璇辈，皆出其中。

李东阳《重建正学书院记》："正学书院，为道学而作也。院在陕之西安……入国朝百余年，遗址为兵民所据，而坊名尚存。弘治丙辰，杨君一清始倡之。"⑤

唐龙《正学书院续记》："宏治初，石淙杨一清以佥事督学政于斯，深惟会城衣冠萃止，典刑式昭，乃议建置正学书院，于中教授生徒工艺，并程规绪用，缉郡邑弟子员。心怿神怡，洋洋鼓笥；忠荩汇升，俊良咸奋；贲饰川岳，羽仪天朝；如云之章，如风之翔。三十余年，未之有改也。"⑥

王世贞《嘉靖以来首辅传》本传："一清乃益自振励，创正学书院，选英俊其中而躬自教督之。所识拔李梦阳，以文学名天下，而状元康海、吕柟与名士马理、张璇辈，皆与焉。"⑦

---

①《明孝宗实录》卷95，第1738页，台湾"中央研究院"历史语言研究所，1962年。

② 方树梅：《杨文襄公年谱》卷上，《学山楼丛书未刊稿》，云南省图书馆藏。

③ 沈青崖等编纂：《陕西通志》卷94，《景印文渊阁四库全书》，第556册，第519页，台湾商务印书馆，1986年。

④ 杨一清：《石淙诗稿》卷4《西巡类》，《四库全书存目丛书》，集部第40册，第412页，齐鲁书社，1997年。

⑤ 李东阳：《怀麓堂集》卷65，《景印文渊阁四库全书》，第1250册，第682页，台湾商务印书馆，1986年。

⑥ 唐龙：《渔石集》卷1，明嘉靖刻本。

⑦ 王世贞：《嘉靖以来首辅传》卷1，《景印文渊阁四库全书》，第452册，第433页，台湾商务印书馆，1986年。

吕柟[①]，字仲木，别号泾野，学者称泾野先生，陕西高陵（今属西安）人。正德三年（1508）登进士第一，授修撰。以南京礼部右侍郎致仕。冯从吾《泾野吕先生》："年十七八，……督学邃庵杨公、虎谷王公拔入正学书院，与群俊茂游。"[②]

马理[③]，字伯循，陕西三原人。杨一清督学政，见马理与吕柟、康海文，大奇之。曰："康生之文章，马生、吕生之经学，皆天下士也。"登乡荐，入国学，与吕柟及林虑（今河南安阳）马卿，榆次（今属山西晋中）寇天叙，安阳崔铣、张士隆，同县秦伟，"日切劘于学，名震都下"。正德九年（1514）成进士。杨一清为吏部尚书时，擢马理为稽勋主事，调文选司。嘉靖初，起稽勋员外郎，伏阙争"大礼"，下诏狱，再予杖夺俸，以南京光禄卿致仕。嘉靖三十四年（1555），卒于陕西地震。

作《读李进士梦阳诗文，喜而有作》。

诗云："细读诗文三百首，寂寥清庙有遗音。斯文衣钵终归子，前辈风流直到今。剑气横秋霜月冷，珠光浮海夜涛深。聪明我已非前日，此志因君未陆沉。"[④]

弘治十年丁巳（1497），四十四岁

九月一日，撰《后山诗注跋》。[⑤]

按：杨一清《后山诗注跋》，落款为"弘治十年丁巳秋九月朔，石淙杨一清识"。[⑥]

弘治十一年戊午（1498），四十五岁

在陕已七年。十二月初二日，升太常寺少卿、提督四夷馆。

《明孝宗实录》十二月癸巳（初二日）："升陕西提学副使杨一清为太常寺少卿、提督四夷馆。"[⑦]

作《闻拜太常之命感而有作》《临潼留别西安三学诸生》等诗。

《闻拜太常之命感而有作》："手提文印已多年，谁为吹嘘到帝前。"[⑧]

---

① 吕柟传见《明史》卷282，第24册，第7243页，中华书局，1974年。
② 冯从吾：《少墟集》卷20，《景印文渊阁四库全书》，第1293册，第357页，台湾商务印书馆，1986年。
③ 马理传见《明史》卷282，第24册，第7249~7250页，中华书局，1974年。
④ 杨一清：《石淙诗稿》卷4《西巡类》，《四库全书存目丛书》，集部第40册，第411页，齐鲁书社，1997年。
⑤ 方树梅：《杨文襄公年谱》卷上，《学山楼丛书未刊稿》，云南省图书馆藏。
⑥ 陈师道撰：《后山诗注补笺》，任渊注，冒广生补笺，冒怀辛整理，第602~603页，中华书局，1995年。
⑦《明孝宗实录》卷145，第2526页，台湾"中央研究院"历史语言研究所，1962年。方树梅《杨文襄公年谱》卷上引用，本谱注页码信息（《学山楼丛书未刊稿》，云南省图书馆藏）。
⑧ 杨一清：《石淙诗稿》卷4《西巡类》，《四库全书存目丛书》，集部第40册，第414页，齐鲁书社，1997年。

《临潼留别西安三学诸生》："与子周旋岁七更，临歧相送不胜情。"①

撰《巡抚陕西都察院题名记》。②

按：《明史》本传云，"在陕八年，以其暇究边事甚悉。入为太常寺少卿……"③据上引杨一清诗有"岁七更"语，在陕当为七年。

方树梅《杨文襄公年谱》按："自入陕以后至是岁所作诗曰《西巡类》，《石淙诗稿》卷四共诗二百零六首。"④

弘治十二年己未（1499），四十六岁

离陕上京师赴新任，作诗《进表发陕城》《历平阳至太原，望太行有感》《真定赠冯汝阳太史》《望京师》《陛见赐酒馔有作》《过中书旧直》等。是年所作诗编集为《北行类》。⑤王守仁登进士第⑥，名在二甲第六。

方树梅《杨文襄公年谱》按："是岁所作诗曰《北行类》，《石淙诗稿》卷五共诗六十七首。"⑦

弘治十三年庚申（1500），四十七岁

六月十五日，监察御史胡希颜陈边务六事，其中有举将才一条荐文臣知兵者，杨一清与焉。

《明孝宗实录》六月丁酉（十五日）："监察御史胡希颜陈边务六事，一举将才，谓太常寺少卿杨一清、太仆寺少卿王质、陕西佥事陈珍，皆文臣之知兵者；延安卫指挥时源、榆林卫指挥姜汉、绥德卫指挥朱铠、庆阳卫指挥魏镇，皆武臣之材勇者。乞命于大同等处杀贼，候有功一体升擢。"⑧

---

① 杨一清：《石淙诗稿》卷4《西巡类》，《四库全书存目丛书》，集部第40册，第414页，齐鲁书社，1997年。

② 方树梅：《杨文襄公年谱》卷上，《学山楼丛书未刊稿》，云南省图书馆藏。

③《明史》卷198，第17册，第5225页，中华书局，1974年。

④ 方树梅：《杨文襄公年谱》卷上，《学山楼丛书未刊稿》，云南省图书馆藏。

⑤ 杨一清：《石淙诗稿》卷5《北巡类》，《四库全书存目丛书》，集部第40册，第415~420页，齐鲁书社，1997年。

⑥ 方树梅：《杨文襄公年谱》卷上载其事而未明所据（《学山楼丛书未刊稿》，云南省图书馆藏），可参阅李周望《国朝历科题名碑录初集·明洪武至崇祯各科附》，第1册，第481页，台湾华文书局，1969年。

⑦ 方树梅：《杨文襄公年谱》卷上，《学山楼丛书未刊稿》，云南省图书馆藏。

⑧《明孝宗实录》卷163，第2952页，中华书局，1974年。

八月，以李东阳嫁女[①]**，作诗《用李徵伯舟中韵奉柬乃翁西涯先生》抚慰之。**

诗云："骨肉情多欲话难，近违还作远游看。"[②]

陈献章卒，行年七十三（生于宣德三年戊申）。[③]

方树梅《杨文襄公年谱》按："是岁所作诗曰《容台类》，《石淙诗稿》卷六共诗一百一十四首。"[④]

弘治十四年辛酉（1501），四十八岁

官太常寺少卿，晋南京太常寺卿。[⑤]

《明孝宗实录》二月辛丑（廿二日）："升提督四夷馆太常寺少卿杨一清为南京太常寺卿。"[⑥]

春三月十四日，与门下士七人游西山，作《游西山》诗八首。[⑦]

《游西山诗引》："弘治辛酉春三月壬戌（十四日），予游西山，李兆先征伯，实治具以从。同从行者：开郡马宗范成宪，广阳刘钊德几、何春启东，肥乡郭郛于蕃，太原乔宗本大，淮阴杨磐国安。凡七人，皆门下士也。"[⑧]

按：开郡，不详。广阳，今属河北廊坊；肥乡，今属河北邯郸；淮阴，今属江苏淮安。

送姊丈胡德延还京口，有诗。[⑨]

按：诗题为《送胡德延姊丈还京口》[⑩]。参阅本谱天顺八年纪事。

方树梅《杨文襄公年谱》按："在南京太常卿时所作诗为《容台类》，《石淙诗稿》卷六共诗十九首。"[⑪] 天津图书馆本卷六《容台类》有诗 130 首，卷尾又另题《容台南类》，自注："南京太常卿时作。"[⑫]

---

① 钱振民：《李东阳年谱》，第 160 页，复旦大学出版社，1995 年。
② 杨一清：《石淙诗稿》卷 6《容台类》，《四库全书存目丛书》，集部第 40 册，第 427 页，齐鲁书社，1997 年。
③ 方树梅：《杨文襄公年谱》卷上，《学山楼丛书未刊稿》，云南省图书馆藏。
④ 方树梅：《杨文襄公年谱》卷上载事而不明日期。
⑤ 方树梅：《杨文襄公年谱》卷上，《学山楼丛书未刊稿》，云南省图书馆藏。
⑥《明孝宗实录》卷 171，第 3117 页，台湾"中央研究院"历史语言研究所，1962 年。
⑦ 方树梅：《杨文襄公年谱》卷上，《学山楼丛书未刊稿》，云南省图书馆藏。
⑧ 杨一清：《石淙诗稿》卷 6《容台类》，《四库全书存目丛书》，集部第 40 册，第 431 页，齐鲁书社，1997 年。
⑨ 方树梅：《杨文襄公年谱》卷上，《学山楼丛书未刊稿》，云南省图书馆藏。
⑩ 杨一清：《石淙诗稿》卷 6《容台类》，《四库全书存目丛书》，集部第 40 册，第 425~426 页，齐鲁书社，1997 年。
⑪ 方树梅：《杨文襄公年谱》卷上，《学山楼丛书未刊稿》，云南省图书馆藏。
⑫ 杨一清：《石淙诗稿》卷 6《容台类》，《四库全书存目丛书》，集部第 40 册，第 433 页，齐鲁书社，1997 年。

弘治十五年壬戌（1502），四十九岁

十二月廿三日，升都察院右副都御史，督理陕西马政。

《明孝宗实录》十二月辛酉（廿三日）：“升南京太常寺卿杨一清，为都察院右副都御史，督理陕西马政。赐之敕曰：‘陕西设立寺监衙门，职专牧马。’”①

李元阳《吏部尚书杨公墓表》：“弘治十五年，刘忠宣言马政废坏，升副都御史，督马，召诣阙，面授敕行。”②

《五礼通考》：“十五年冬，尚书刘大夏荐南京太常卿杨一清为副都御史，督理陕西马政。”③

撰《体国堂记》。④

与林俊相约，二人当中后逝者，为对方作墓志铭。⑤

按：参阅本谱嘉靖六年纪事。

门人康海中状元，何景明名在三甲。

李周望《国朝历科题名碑录初集》：弘治十五年（壬戌科）第一甲第一名，康海；第三甲第一百七十三名，何景明。⑥

弘治十六年癸亥（1503），五十岁

五月十六日，拟委任为都御史，处置陕西茶马。世宗谕旨各衙门官员，俱不许干预阻挠杨一清行事。

《明孝宗实录》五月辛巳（十六日）：“南京太常寺卿杨一清为都御史，处置陕西茶马，盖欲委任而责成之也。……兵部覆议：请将巡茶御史暂取回京，一应马政，悉令本官参酌行之。上曰：‘杨一清既职专马政，各衙门官员，俱不许干预阻挠。……’”⑦

---

①《明孝宗实录》卷194，第3579页，台湾“中央研究院”历史语言研究所，1962年。

②李元阳：《吏部尚书杨公墓表》，方树梅纂辑《滇南碑传集》，第3页，李春龙、刘景毛、江燕点校，云南民族出版社，2003年。

③秦蕙田：《五礼通考》卷245，《景印文渊阁四库全书》，第141册，第727页，台湾商务印书馆，1986年。

④方树梅：《杨文襄公年谱》卷上录其全文而不明出处（《学山楼丛书未刊稿》，云南省图书馆藏），该文见杨继国、胡迅雷主编《宁夏历代艺文集》，宁夏人民出版社，2011年。

⑤杨一清为林俊撰《墓志铭》，林俊《见素集·附录下》，《景印文渊阁四库全书》，第1257册，第585页，台湾商务印书馆，1986年。

⑥李周望：《国朝历科题名碑录初集·明洪武至崇祯各科附》，第1册，第497、511页，台湾华文书局，1969年。

⑦《明孝宗实录》卷199，第3689~3690页，台湾“中央研究院”历史语言研究所，1962年。方树梅《杨文襄公年谱》卷上引录，本谱注版本页码（《学山楼丛书未刊稿》，云南省图书馆藏）。

八月，以左副都御史奉敕督理陕西马政。[①]

《行台小稿引》：“一清自癸亥，以左副都御史奉敕陕西督理马政。”[②]

按：《明实录》此时期所载，时而以“都御史”称之而无“左副”字样。

《入关》诗自注：“弘治癸亥八月，奉命督理陕西马政。”诗云：“手提文印七年还，五载乘轺又入关。”[③]

按：弘治十一年，杨一清由陕西按察司副使、提学副使，升太常寺少卿、提督四夷馆，今又奉命入关督理陕西马政，故云“七年”“五载”。

礼部尚书吴宽有诗《题西戎献马图赠杨应宁都宪督理陕西马政》《应宁示赠行诸作题其后》赠之，之后又有诗《寒夜怀杨应宁》。[④]

吴宽（1435~1504）[⑤]，字原博，号匏庵，长洲（今苏州）人。明宪宗成化八年（1472）会试、廷试第一，入翰林，授修撰。进礼部尚书。有文名，工书法，专典诰敕，预修《明宪宗实录》。

作《望西岳》《祭西岳华山文》。[⑥]

十二月廿八日，上《为修举马政事》《为黜罢不职官员以修马政事》《为起送别用官员事》等疏[⑦]**，建议黜罢不称职官员，以整顿马政。**

《明孝宗实录》十二月辛酉（廿八日）：“命陕西苑马寺卿李克恭及灵武监监正李谦等，俱冠带闲住，以督理马政都御史杨一清言克恭等贪纵废弛故也。”[⑧]

李元阳《吏部尚书杨公墓表》：“明年（按指今年），拜理茶马盐马。陕西人素喜公，公官益高，才益展布。条上茶盐监牧事宜，及易置马吏，奏请辄允，牧事有成。益开水草善地，城堡庐舍，河湟凉固间云锦成群。”[⑨]

按：杨一清督理陕西马政奏疏，载《关中奏议》卷一、卷二《马政类》，《杨一清集》共录21篇[⑩]。《关中奏议》收入《云南丛书》初编。

---

①《杨文襄公年谱》卷上，该处引文错《入关》为《出关》。

②杨一清：《石淙诗稿》卷7《行台类》，《四库全书存目丛书》，集部第40册，第435页，齐鲁书社，1997年。

③杨一清：《石淙诗稿》卷17《督府类·附录旧作四首》，《四库全书存目丛书》，集部第40册，第558页，齐鲁书社，1997年。

④吴宽：《匏翁家藏集》卷29、30，明正德刻本。

⑤吴宽传见《明史》卷184，第16册，第4883~4885页，中华书局，1974年。

⑥杨一清：《石淙诗稿》卷17《督府类》，《四库全书存目丛书》，集部第40册，第558页，齐鲁书社，1997年。

⑦《杨一清集》卷1《马政类》，唐景昆、谢玉杰点校，中华书局，2001年。

⑧《明孝宗实录》卷206，第3838页，台湾“中央研究院”历史语言研究所，1962年。

⑨李元阳：《吏部尚书杨公墓表》，方树梅纂辑《滇南碑传集》，第3页，李春龙、刘景毛、江燕点校，云南民族出版社，2003年。

⑩《杨一清集》卷1、卷2《马政类》，唐景昆、谢玉杰点校，中华书局，2001年。

弘治十七年甲子（1504），五十一岁

以左副都御史督理陕西马政，多所修举。

方树梅《杨文襄公年谱》：正月乙亥（十三日），言增种马、增牧军二事；二月辛丑（初九日），奏创筑长乐、广宁等十四营城堡，增修开城、黑水等十八营城堡，用以养马、聚卒，并建衙以寓官。①

冬十二月，北部蒙古大举入花马池，诏经略防御，兼理陕西巡抚。受敕次日，督诸军赴边，有诗《弘治甲子冬十二月，北虏大举入寇，有诏臣一清经略防御，兼理巡抚。受敕之明日，督诸军赴边》②。

《行台小稿引》：“……甲子，再受敕兼理巡茶。是年冬，北虏大举入寇，孝宗皇帝采本兵议，经略巡抚边务。”③

按：“经略”，掌管一路或数路军、政事务，职位高于总督，明代有重要军事任务时特设，清代相沿。

方树梅《杨文襄公年谱》：“北虏大举入寇，有诏臣一清经略防御，兼理巡抚。受敕之明日，督理诸军赴边诗云：‘拜罢纶音使启行，边头豺虎正纵横。非才敢道宽西顾（敕词云：‘使朝廷无西顾之忧，斯尔之能’），仗节安能避北征。将士几人称善战，关山何地是长城？主忧臣辱心应苦，愧有涓埃答盛平。’”④

李元阳《吏部尚书杨公墓表》：“十七年，虏入花马池塞……”⑤

杨一清理茶马盐马奏疏，编集为《关中奏议》卷三《茶马类》，《杨一清集》共载5篇⑥。

弘治十八年乙丑（1505），五十二岁

正月初三日，北部蒙古小王子（达延汗）大举入宁夏，围灵州，远近危疑。

《明孝宗实录》正月己丑（初三日）：“虏三万骑围灵州，其别骑复入自花马池，掠韦州及环县等处。”⑦

---

①方树梅：《杨文襄公年谱》卷上引录，本谱注版本页码、归纳事条（《学山楼丛书未刊稿》，云南省图书馆藏），见《明孝宗实录》卷207，第3847~3848页；卷208，第3862页。归纳事条。

②杨一清：《石淙诗稿》卷7《行台类》，《四库全书存目丛书》，集部第40册，第437页，齐鲁书社，1997年。

③同上书，第435页。

④方树梅：《杨文襄公年谱》卷上，《学山楼丛书未刊稿》，云南省图书馆藏。诗题和出处，见本谱本事条。

⑤李元阳：《吏部尚书杨公墓表》，方树梅纂辑《滇南碑传集》，第3页，李春龙、刘景毛、江燕点校，云南民族出版社，2003年，《杨文襄公年谱》卷上载其事。

⑥《杨一清集》，《关中奏议》卷3《茶马类》，唐景昆、谢玉杰点校，中华书局，2001年。

⑦《明孝宗实录》卷220，第4143页，台湾“中央研究院”历史语言研究所，1962年。

朱淳《重辑杨文襄公事略》："虏数万入宁夏，乘胜直抵固原，远近危疑。"①

《明史·孝宗本纪》："十八年春正月己丑，小王子诸部围灵州，入花马池，遂掠韦州、环县。"②

始拜敕兼陕西巡抚，经略防御。

《自讼稿序》："我孝宗皇帝从本兵之议，命臣兼巡抚陕西地方，经略防御。乙丑春正月，臣始拜敕，即驰至固原，以便宜处置战守。"③

李元阳《吏部尚书杨公墓表》："十八年，敕公经略边务，兼巡抚陕西御虏。"④

按：李元阳所言"敕"，其事在去年，今年当为杨一清自云之"臣始拜敕"。

二月，乞解巡抚，不允所辞。作诗《臣一清上章乞解巡抚，不允，且有"才望素著"之褒，感而赋此》《一清既被命巡抚，仍不妨马政》⑤诗纪之。

《明孝宗实录》二月己巳（十三日）："陕西督理马政都察院左副都御史杨一清辞免巡抚新命，止如旧专理马政。上曰：'杨一清才望素著，简命已定，不允所辞。'"⑥

春三月，作诗《曹生谦侍坐，命书五韵赋之》。

诗云："万里一身贞许国，五更孤枕忽思家。"⑦

三月丙申（十一日），上疏言陕西边境防务事：监苑须籍军兵捍御；固原东西均有虏患，须挑选游兵并委令都指挥，以防东路，专守西路。⑧

安阳崔铣、诸城翟銮、昆明毛玉成进士。⑨

崔铣（1478~1541）⑩，字子锺，河南安阳人。弘治十八年进士，选庶吉士，授编修，预修《孝宗实录》。因忤刘瑾，出为南京吏部主事。刘瑾败，召复故官，充经筵讲官，

---

① 朱淳：《重辑杨文襄公事略》，影印《云南丛书》，第15册，第7609页，中华书局，2009年。

②《明史》卷15，第2册，第196页，中华书局，1974年。

③ 杨一清：《石淙诗稿》卷9《自讼类》，《四库全书存目丛书》，集部第40册，第453页，齐鲁书社，1997年。

④ 李元阳：《吏部尚书杨公墓表》，方树梅纂辑《滇南碑传集》，第3页，李春龙、刘景毛、江燕点校，云南民族出版社，2003年。

⑤ 方树梅：《杨文襄公年谱》卷上引录而不注版本页码（《学山楼丛书未刊稿》，云南省图书馆藏）。诗见杨一清《石淙诗稿》卷7《行台类》，《四库全书丛目存书》，集部第40册，第435、437页，齐鲁书社，1997年。

⑥《明孝宗实录》卷221，第4168~4169页，台湾"中央研究院"历史语言研究所，1962年。方树梅《杨文襄公年谱》卷上引录而误载为"正月戊辰（十二日）"，《学山楼丛书未刊稿》，云南省图书馆藏。

⑦ 杨一清：《石淙诗稿》卷7《行台类》，《四库全书存目丛书》，集部第40册，第438页，齐鲁书社，1997年。

⑧《杨文襄公年谱》卷上引录而不注版本页码，事见《明武宗实录》卷222，第4188页，台湾"中央研究院"历史语言研究所，1962年。

⑨ 方树梅：《杨文襄公年谱》卷上，《学山楼丛书未刊稿》，云南省图书馆藏。

⑩ 崔铣传见《明史》卷282，第24册，第7255页，中华书局，1974年。

进侍读。称病归，建后渠书屋，读书讲学其中。世宗即位，擢南京国子监祭酒，“大礼议”久不决，上疏求去，且劾张璁、桂萼等，致仕。被荐起复，以病复致仕。卒，赠礼部尚书，谥文敏。

翟銮（1478~1547）[①]，字仲鸣，青州诸城（今属山东）人。弘治十八年进士，改庶吉士。正德初，授编修。嘉靖六年春，廷推阁臣，推及之，杨一清以銮望轻，请用吴一鹏、罗钦顺，上不许，命翟銮以吏部左侍郎兼学士入直文渊阁。杨一清、桂萼、张孚敬先后罢，翟銮留独秉政两月，又改兵部尚书兼右都御史，加少保、武英殿大学士，进少傅谨身殿。嘉靖二十六年卒于家，行年七十。谥文懿。

毛玉（？~1524）[②]，原字国珍，改用成，云南右卫（在今昆明主城）军家子，其先良乡（今属北京）人。弘治十八年进士。正德五年（1510），由行人擢南京吏科给事中，历官至左给事中。因追随杨慎伏阙争“大礼”而下狱，受杖卒[③]。后赠光禄少卿。

四月，李梦阳因劾寿宁侯逮诏狱。

梦阳《述愤》诗十七首自注：“弘治乙丑年四月，坐劾寿宁侯，逮诏狱。”[④]

冬十月十九日，以守备固原署都指挥佥事陈善，充陕西固原等处游击将军。

《明武宗实录》冬十月庚午（十九日）：以守备固原署都指挥佥事陈善，充陕西固原等处游击将军。先是，宁夏守臣请复设将官，统领陕西游兵，外以策应花马池，内以保障固（原）、靖（虏）。兵部移文陕西巡抚、都御史杨一清议处。一清言：宁夏花马池、兴武营、清水营直抵高桥等处，乃套贼入寇之门户。而其钞掠之利，则在于环庆、固原、安会、静宁、隆德诸处，以监牧马匹在焉。且土汉杂处，易于生变，一失保障，则腹心受害，根本动摇。游击之设，往来防遏，所以攘外而安内也，宜复设便。因荐陈善可用，遂用之。[⑤]

冬十一月，前往宁夏花马池等处阅视边兵。

按：事载《为衰病乞恩休致事》[⑥]。是疏既言“臣年五十三岁”，复言“去冬十一月间，前往宁夏花马池等处阅视边兵”，故系于今年。

作诗《花马池大阅》。

---

① 翟銮传见《明史》卷193，第17册，第5111~5112页，中华书局，1974年。
② 毛玉传见《明史》卷192，第17册，第5096~5097页，中华书局，1974年。
③ 请参阅本谱嘉靖三年纪事。
④ 李梦阳：《空同集》卷9，《景印文渊阁四库全书》，第1262册，第62~64页，台湾商务印书馆，1986年。
⑤《明武宗实录》卷6，第194~195页，台湾“中央研究院”历史语言研究所，1962年。
⑥《杨一清集》卷9《总制类》，第322页，唐景昆、谢玉杰点校，中华书局，2001年。

诗云："窃禄清朝四十年，不才何意宠恩偏。关西旧握斯文印，阃外新专大将权。"[1]

按：杨一清十二岁举神童入京（参阅本谱是年纪事），故此处言"窃禄清朝四十年"。任巡抚期间奏议存于《关中奏议》，《杨一清集》共载36篇[2]。

明武宗朱厚照正德元年丙寅（1506），五十三岁

春正月廿三日，诏命总制陕西、延绥、宁夏、甘肃等处边务，兼督马政[3]。因其上疏言宜命大臣为总制，以统摄三边军务，兵部会官集议，遂荐之。

《明武宗实录》春正月癸卯（廿三日）："命巡抚陕西左副都御史杨一清总制陕西、延绥、宁夏、甘肃等处边务，兼督马政。一清言：'宁夏花马池、兴武营直抵高桥三百余里，为虏贼入边门户。近因警报，尝议调延绥游兵、土兵，至此分布防御，而无一人至者。盖以事关各镇，不相统摄，彼此抵牾故也。宜命大臣为总制，无事则常驻庆阳，有警则往环县、韦州诸处居中调度。如虏众出套，亟行经略花马池一带边务，庶有备无患，全陕可安。'兵部会官集议，遂以一清荐，乃有是命。"[4]

朱淳《重辑杨文襄公事略》："正德改元，朝廷以边患方炽，兵权太分，命公总制全陕三边军马，仍兼督马政。"[5]

方树梅《杨文襄公年谱》按："此公首次总制三边。"[6]

数上疏言边务事。

《杨文襄公年谱》：（巡抚陕西都御史杨一清）正月己酉（廿九日），奏陕西境内灾伤，预备救荒事宜。二月己巳（十九日），言宜敕南北直隶及各按察司管屯官，兼稽考各卫所军需等官；庚午（廿一日），以北虏深入静宁诸边境，不能防遏，上疏乞罢，诏以不必引咎求退。九月戊戌（廿二日），言防边策四：修浚边堑，以固边防；增设卫所，以壮边兵；经理宁夏，以安内附；整饬韦州，以遏外侵……[7]

---

① 杨一清：《石淙诗稿》卷7《行台类》，《四库全书存目丛书》，集部第40册，第439页，齐鲁书社，1997年。

②《杨一清集》卷4、卷5、卷6《巡抚类》，唐景昆、谢玉杰点校，中华书局，2001年。

③ 方树梅：《杨文襄公年谱》卷上，《学山楼丛书未刊稿》，云南省图书馆藏。

④《明武宗实录》卷9，第284页，台湾"中央研究院"历史语言研究所，1962年。

⑤ 朱淳：《重辑杨文襄公事略》，影印《云南丛书》，第15册，第7609页，中华书局，2009年。

⑥ 方树梅：《杨文襄公年谱》卷上，《学山楼丛书未刊稿》，云南省图书馆藏。

⑦ 方树梅《杨文襄公年谱》卷上引录《明武宗实录》，本谱注版本页码、归纳事条（《学山楼丛书未刊稿》，云南省图书馆藏）。事载《明武宗实录》：卷9，第297~298页；卷10，第320页（方谱误二月为正月，误庚午日为四月）；卷17，第522~523页（台湾"中央研究院"历史语言研究所，1962年）。

按：《杨一清集》共有11篇奏疏。[①]

二月，徐祯卿受命赴湖湘编纂外史，李梦阳作诗《徐子将适湖湘，余实恋恋难别，走笔长句述一代文人之盛，兼寓祝望焉耳》送之，诗中并举其师杨一清和李东阳。

诗云："宣德文体多浑沦，伟哉东里廊庙珍。我师崛起杨与李，力挽一发回千钧。……都门二月芳草发，御沟杨柳垂条新。徐郎绾髅将远适，使我旦夕生悲辛。"[②]

七月初六日，由陕西总制、左副都御史加升为右都御史，以重其任。

《明武宗实录》七月癸未（初六日）："升陕西总制、左副都御史杨一清为右都御史。时言者以一清总制，其衔不宜与巡抚官相等，请加升以重其任，故有是命。"[③]

按：张德信《明代职官年表》：十二月十一日，迁右都[④]。与《明武宗实录》所载月份有差。

《行台小稿引》："越二年丙寅，今上皇帝以陕西虏患方盈，三边权无专制，罔充成功，召廷臣议举堪任总制大臣，一清乃复误被登简，进右都御史。"[⑤]

按："越二年"，指甲子年至今，参阅本谱弘治十七年纪事。

《偶述》诗自注："予以成化丙戌被荐入朝，至正德丙寅，凡四十一年矣。"[⑥]

上疏《为衰病乞恩休致事》。

《为衰病乞恩休致事》："臣年五十三岁，由成化八年进士任中书舍人，历升山西、陕西按察司佥事、副使，太常寺少卿、南京太常寺卿。弘治十五年十二月内，钦升都察院左副都御史，督理陕西马政，寻兼巡抚陕西地方。正德元年正月内，荷蒙皇上简，命总制陕西等处边务，续蒙圣恩，升本院右都御史。……未老而衰，百疾并见，若非急求休致，实恐不得生还乡里。"[⑦]

送康海还京，作《送状元德涵还京》诗。

诗云："病起君恩未敢忘，群仙天上待含香。平生志本非温饱，远道心犹系庙廊。归去驷车还旧里，年来世爵更新堂（自注：康氏之先，有世爵堂，文帝宸翰额也）。

---

① 《杨一清集》卷9《总制类》，唐景昆、谢玉杰点校，中华书局，2001年。
② 李梦阳：《空同集》卷20，《景印文渊阁四库全书》，第1262册，第152页，台湾商务印书馆，1986年。
③ 《明武宗实录》卷15，第454页，台湾"中央研究院"历史语言研究所，1962年。
④ 张德信：《明代职官年表·镇守总兵官年表》，第3025页，黄山书社，2009年。
⑤ 杨一清：《石淙诗稿》卷7《行台类》，《四库全书存目丛书》，集部第40册，第435页，齐鲁书社，1997年。
⑥ 同上书，第438页。
⑦ 《杨一清集》卷9《总制类》，第322页，唐景昆、谢玉杰点校，中华书局，2001年。

状元忠孝男儿事，不独文章要擅场。”[①]

按：杨一清首次总制三边所上奏疏，编入《关中奏议》卷七至卷九《总制类》，《杨一清集》共载 27 篇。

十二月廿一日，王守仁被谪贵州龙场驿。

《明武宗实录》十二月乙丑（廿一日）：“降兵部主事王守仁为贵州龙场驿驿丞。时南京科道戴铣等以谏忤旨，方命锦衣卫官校拿解。未至，守仁俱奏救之，下镇抚司考讯。狱俱，命于午门前杖三十，仍降远方杂职。”[②]

正德二年丁卯（1507），五十四岁

游崆峒山，有诗并序纪之。

《游崆峒山》诗序：“余往年提学陕西，凡六过平凉，望崆峒之胜，而未之能游也。既迁太常以去，颇自悔。弘治癸亥（1503），奉命来总马政，行营在平凉，私心自喜，若以有天假之者。越四年，始克一游焉。赋诗，得三首。”[③]

按：崆峒山，在今甘肃平凉。方树梅《杨文襄公年谱》于弘治十八年（1505）载杨一清作此诗[④]，误。

二月，李梦阳放归乡里，有《发京师》诗二首。

自注：“正德二年春二月，与职方王子同放归田里。”[⑤]

三月，总制陕西、延绥、宁夏、甘凉边务，因遭刘瑾忌恨，以疾上疏请还镇江；五月，钦准病还，上《为谢恩事》疏，作《出关》诗。

《行台小稿引》：“……丁卯春，谢病南还。”[⑥]

《自讼稿序》：“丁卯春，（虏）渡河北遁。属臣有疾，得请归江南。”[⑦]

《为谢恩事》：“奉圣旨：‘卿尽心为国，多效勤劳，方切委任，而乃累陈有疾，恳求休致，特兹俞允，给驿回去。病痊之日，有司说起用。吏部知道。钦此钦遵。’

---

① 杨一清：《石淙诗稿》卷 7《行台类》，《四库全书存目丛书》，集部第 40 册，第 439 页，齐鲁书社，1997 年。

②《明武宗实录》卷 20，第 582 页，台湾“中央研究院”历史语言研究所，1962 年。

③ 杨一清：《石淙诗稿》卷 7《行台类》，《四库全书存目丛书》，集部第 40 册，第 440 页，齐鲁书社，1997 年。

④ 方树梅：《杨文襄公年谱》卷上，《学山楼丛书未刊稿》，云南省图书馆藏。

⑤ 李梦阳：《空同集》卷 9，《景印文渊阁四库全书》，第 1262 册，第 64~65 页，台湾商务印书馆，1986 年。

⑥ 杨一清：《石淙诗稿》卷 7《行台类》，《四库全书存目丛书》，集部第 40 册，第 435 页，齐鲁书社，1997 年。请参阅本谱去年纪事。

⑦《杨一清集》附录一，第 1102 页，唐景昆、谢玉杰点校，中华书局，2001 年。

备咨到臣。”[①]

《出关》诗自注：“正德丁卯五月，准谢病还江南。”[②]按：《云南丛书》本《石淙诗钞》此注后有“用入关韵”四字。[③]

按：《明武宗实录》三月己未（十六日）：“杨一清以疾乞退，许之。令驰驿归，病痊之日，有司以闻，仍召用。”[④]所载许还时间，与其部分自纪相差两个月，或为钦许杨一清上疏之日与实际归期之间隔。

李元阳《吏部尚书杨公墓表》：正德二年，“公言：‘臣即兼巡抚，已不能专力马政，今冒总制，事益废阁，乞仍遣巡茶御史兼马政。’瑾恶公，公遂去位。兵部疏言边防甚急，修边防虏，舍杨一清无可代者。不报。”[⑤]

方树梅《杨文襄公年谱》按：“此公第四次归镇江。”[⑥]

归镇江后，六月初七日，就三边防务事项再上疏。

《明武宗实录》六月戊寅（初七日）：“陕西等处总制都御史杨一清奏：花马池一带墙壕墩台，已于今年二月兴工修筑。但臣近以养病归，各镇巡抚官与其谋者，又以迁去，恐此后人务苟简，事难经久。又虑成功之后，不能设法防守。欲责成新任各巡抚并镇守官，如初拟乘时修理，务期成功；遇冬，仍分兵慎守，以绝虏患。”[⑦]

在镇江旧南江门外三里许之丁卯桥，筑石淙精舍。

按：石淙精舍，请参阅本谱一岁纪事。[⑧]

六月十八日，作《酷暑行》。

按：日期为杨一清此诗题下自注[⑨]。

---

①《杨一清集》卷9《总制类》，第323页，唐景昆、谢玉杰点校，中华书局，2001年。

② 杨一清：《石淙诗稿》卷17《督府类》，《四库全书存目丛书》，集部第40册，第558页，齐鲁书社，1997年。

③ 杨一清：《石淙诗钞》卷4，影印《云南丛书》，第20册，第10560页，中华书局，2009年。

④《明武宗实录》卷24，第657页，台湾“中央研究院”历史语言研究所，1962年。

⑤ 李元阳：《吏部尚书杨公墓表》，方树梅纂辑《滇南碑传集》，第5页，李春龙、刘景毛、江燕点校，云南民族出版社，2003年。

⑥ 方树梅：《杨文襄公年谱》卷上，《学山楼丛书未刊稿》，云南省图书馆藏。

⑦《明武宗实录》卷27，第704页，台湾“中央研究院”历史语言研究所，1962年。《杨文襄公年谱》卷上引录此条史实而无事条，本谱注版本页码。

⑧ 本谱一岁年以一清号石淙纪事，《杨文襄公年谱》卷上则今年引录李梦阳《石淙精舍记》、李东阳《石淙赋》、崔铣《石淙对》载其事。

⑨ 杨一清：《石淙诗稿》卷8《归田前类》，《四库全书存目丛书》，集部第40册，第447页，齐鲁书社，1997年。

冬十月初一日，编《行台小稿》，收集在陕西四年之边务奏疏。

《行台小稿引》："自弘治癸亥（1503），以左副都御史奉敕来陕西督理马政。明年甲子，再受敕兼理巡茶。是年冬，……命兼巡抚，经略边务。越二年丙寅（1506），……进右都御史。明年丁卯春，谢病南还。在陕西首尾凡四阅岁，……一方政务所关，似不可□。汇录之，得三十八通，别为一卷，总题曰《行台小稿》，藏于家。正德丁卯冬十月朔，石淙病夫杨一清识。"①

按：天津图书馆藏本有诗66首。是卷第一页边注"原缺第二至四叶"，所云"汇录之，得三十八通"，则当为奏疏而非诗，《行台小稿》未见，不详所指。今存杨一清正德元年第一次出任三边总督奏疏，共27篇②。

门人边汝成自京师归，来访并盘桓数日。

有诗《十月十八日，边汝成归自京师，晓过予。予衰病，久废笔砚，空谷足音，不觉自喜，呼酒赋诗，用写怀抱》《邃庵汝成夜话》《汝成谒先茔志感》《汝成过丁卯桥石淙精舍有作次韵》《汝成偕诸友游焦山》《席上漫兴》③，又有《出西郊山行》《口占漫谈》等同游诗纪之，并有诗《予忧病之余，聪明不逮，偶因汝成触我高兴，强揩痛眼，伸纸疾书，丑恶可厌。同心之言，或者不在字画间，亦窃附古人赠处之义云耳》④。

与宁惟臣话旧，作《宁惟臣话旧有作》诗，追叙门下英才。

诗跋："惟臣初与乔希大诸生游予门，同游者皆一时名士。后先登进士第者四十余人，得省元者三人，得会元、状元、探花者各一人。三十年来，升沉得丧不皆齐，皆能慎自树立。"⑤

方树梅《杨文襄公年谱》按："公自壬戌至丁卯前半年所作诗曰《行台类》，《石淙诗稿》卷七（此卷有残缺）现有四十四首。"⑥

---

①杨一清：《石淙诗稿》卷7《行台类》，《四库全书存目丛书》，集部第40册，第435~436页，齐鲁书社，1997年。

②《杨一清集》卷7~9《总制类》，唐景昆、谢玉杰点校，中华书局，2001年。

③方树梅《杨文襄公年谱》卷上引录诗题而，本谱注版本页码（《学山楼丛书未刊稿》，云南省图书馆藏），诗见杨一清《石淙诗稿》卷8《归田前类》，《四库全书存目丛书》，集部第40册，第449~450页，齐鲁书社，1997年。

④杨一清：《石淙诗稿》卷8《归田前类》，《四库全书存目丛书》，集部第40册，第449~450页，齐鲁书社，1997年。

⑤同上书，第450页。

⑥方树梅：《杨文襄公年谱》卷上，《学山楼丛书未刊稿》，云南省图书馆藏。

正德三年戊辰（1508），五十五岁

门人吕柟中状元，授修撰。[①]

四月初十日，被刘谨诬奏冒破边费，诏以逮系鞫问。

《明武宗实录》夏四月丁丑（初十日）：“给事中安奎、监察御史张彧奏：查盘陕西边储，亏折数多，并劾节年督粮，右参政李思明、安惟学，右参议张勋，佥事贾时，指挥同知王钦，固原兵备副使高崇熙、胡经，巡抚陕西右副都御史孙需、张泰、曹元，左副都御史杨一清，右佥都御史刘宪，各情罪不一。户部议覆，多迁官去任。及见提等项，会一清等亦各奏辩。诏以思明专理，惟学经接管，一清总制，俱难辞责，各逮系鞫问。”[②]

《自讼稿序》：“会朝廷分遣部使稽核边储，使者奉法凛凛，寸牒龠黍，搜剔无遗，钩距文致，唯恐弗甚焉。维黍在廪，维刍在场，岁月既久，浥腐耗蠹，有所不免。于是，自委吏而上至于抚巡，无弗得罪者。诏狱所逮，无虚日月，而臣亦坐是被逮，诣京师。”[③]

《明史》本传：“（刘）瑾诬一清冒破边费，逮下锦衣狱。”[④]

四月二十三日至扬州，作《正德戊辰四月二十三日，被逮诏狱，至扬州有作》诗。

诗云：“才薄官高负荷难，罪甘缧绁絷南冠。饱经世路危何害，细检平生死亦安。行子共怜双鬓白，老天应鉴寸心丹。向来忧病躯全瘦，犹自微吟勉进餐。”[⑤]

五月十一日入京师，蒙旨羁候，有《入京师时，已得旨羁候在外，病中言怀》绝句十首。

诗其一云：“赫赫章条诏狱时，白头乡井已无期。天恩近许宽缧绁，痛定翻成数日悲。”[⑥]

大学士李东阳、王鏊力救，诏狱得解。

《明史》本传：被逮下锦衣狱，“大学士李东阳、王鏊力救得解。”[⑦]

按：《明史》本传载刘瑾诬杨一清冒破边费，下锦衣卫狱事，章宗瀛考证《明实录》

---

①《明史》卷 282《吕柟传》，第 24 册，第 7243 页，中华书局，1974 年。

②《明武宗实录》卷 37，第 880 页，台湾“中央研究院”历史语言研究所，1962 年。

③ 杨一清：《石淙诗稿》卷 9《自讼类》，《四库全书存目丛书》，集部第 40 册，第 453~457 页，齐鲁书社，1997 年。参阅本谱正德五年纪事。

④《明史》卷 198，第 17 册，第 5227 页，中华书局，1974 年。

⑤ 杨一清：《石淙诗稿》卷 9《自讼类》，《四库全书存目丛书》，集部第 40 册，第 458 页，齐鲁书社，1997 年。方树梅《杨文襄公年谱》卷上载此诗，本谱注版本页码（《学山楼丛书未刊稿》，云南省图书馆藏）。

⑥ 同上书，第 459 页。

⑦《明史》卷 198，《景印文渊阁四库全书》，第 17 册，第 5227 页，台湾商务印书馆，1986 年。

正德二年载：六月，罢修边垣，输其费于京师；十月，逮问各边巡抚都御史。一清之下狱，当在是时[①]。方树梅《杨文襄公年谱》载此事，时为夏六月[②]。据《自讼稿序》及诗，疑皆误。杨一清被逮在四月，解狱在五月，六月得旨致仕。又，《明史》载杨一清被逮为刘谨所诬，与《明实录》所载“给事中安奎、监察御史张彧奏”异，存疑。

李梦阳五月系诏狱，作《离愤》五首；闻杨一清诏狱得解，作《在狱闻余师杨公诬逮获释，踊跃成咏十韵》[③]。

李梦阳《离愤》诗序：“正德戊辰五月，阉瑾知劾章出我手，矫旨诏狱。”[④]

李梦阳《在狱闻余师杨公诬逮获释，踊跃成咏十韵》：“六苑中丞府，三边大将旗。”[⑤]

六月初九日致仕，作志感诗二首。

《六月初九日得旨致仕志感二首》其一：“病来真得谢尘羁，又听天书降紫泥。罪大已拼身似叶，恩深还许带横犀。”[⑥]

八月初九日还镇江，作《自述二首》《六言二首》。自四月二十三日就系，至八月初九日还镇江，历时凡一百零六日。

《自述二首》其二：“谁放昏花阿堵中，向来歧路错西东。万峰明月随孤榻，千里长河过几鸿。老去悲秋犹做客，愁来衰病早成翁。翻思朝省沾恩日，欲报消埃未有功。”[⑦]

《六言二首》其一：“去日祝融行地，来时少昊司天，不知几番花落，但见三回月圆。”[⑧]

《自讼稿序》：“戊辰夏四月二十三日，锦衣使者至镇江。臣既就系，次日渡江，舟行至徐州，使者虑闸座阻隔，遂舍舟由陆至德州。又虑途淖行缓，复登舟。五月十一日，由河西务车行就狱。蒙恩悯臣病，令羁候于外。十二日，出僦民居以俟命。是后，凡三上疏，不报。六月初九日，始得旨致仕。以病未愈，不能入朝，具疏谢辞。十三日，出城，时暑气方炽，假宿城东姚氏居，凡十日，至张家湾，宿杭氏庄园。又十余日，

---

① 《明史》卷198《考证》，《景印文渊阁四库全书》，第300册，第267页，台湾商务印书馆，1986年。
② 方树梅：《杨文襄公年谱》卷上，《学山楼丛书未刊稿》，云南省图书馆藏。
③ 同上。
④ 李梦阳：《空同集》卷9《景印文渊阁四库全书》，第1262册，第65页，台湾商务印书馆，1986年。
⑤ 李梦阳：《空同集》卷28《景印文渊阁四库全书》，第1262册，第238页，台湾商务印书馆，1986年。
⑥ 杨一清：《石淙诗稿》卷9《自讼类》，《四库全书存目丛书》，集部第40册，第460页，齐鲁书社，1997年。
⑦ 同上书，第466页。
⑧ 同上书，第468页。

七月七日，发舟潞河。八月初九日，还镇江。”[①]

《自讼稿跋》：“自被逮至还家，凡一百六日。”[②]

致仕居镇江。有《雪景长句禁体》《眭拱贞所藏沈石田山水二题》《与眭拱贞手谈，张宗义限韵》《送刘举人伦》《游茅山杂作》等游山玩水、会友、题画诗，与范原博首次对弈三峰，作诗《与范原博手谈》。[③]

按：方树梅纪手谈于去年[④]，误。请参阅本谱正德十六年（1521）纪事。

两游孙山而未见石壁之胜。[⑤]

方树梅《杨文襄公年谱》按：“此公第一次致仕，第五次归镇江。”“公丁卯后半年至戊辰间所作诗曰《归田前类》，《石淙诗稿》卷八共诗九十六首。”[⑥]

正德四年己巳（1509），五十六岁

五月十五日，《明孝宗实录》成，李东阳进少傅兼太子太傅。

《明武宗实录》五月丙午（十五日）：“以纂修孝宗敬皇帝《实录》成，加李东阳……正一品俸，进少傅兼太子太傅。”[⑦]

方树梅《杨文襄公年谱》按：“戊辰、己巳所作诗曰《自讼类》，《石淙诗稿》卷九共一百三十二首。”[⑧]

正德五年庚午（1510），五十七岁

夏四月，作《自讼稿跋》。

《自讼稿跋》：“裒集所作，得诗一百一十九首，因名之曰《自讼稿》，俾儿曹藏之。后二年庚午夏四月，石淙病叟杨一清志。”[⑨]

---

① 杨一清：《石淙诗稿》卷9《自讼类》，《四库全书存目丛书》，集部第40册，第453~457页，齐鲁书社，1997年。请参阅本谱正德五年纪事。

②《杨一清集》附录一，第1104页，唐景昆、谢玉杰点校，中华书局，2001年。

③ 杨一清：《石淙诗稿》卷8《归田前类》，《四库全书存目丛书》，集部第40册，第442、444、446~447、449页，齐鲁书社，1997年。

④ 方树梅：《杨文襄公年谱》卷上，《学山楼丛书未刊稿》，云南省图书馆藏。

⑤ 请参阅本谱六十六岁纪事。

⑥ 方树梅：《杨文襄公年谱》卷上，《学山楼丛书未刊稿》，云南省图书馆藏。

⑦《明武宗实录》卷50，第1148页，台湾“中央研究院”历史语言研究所，1962年。

⑧ 方树梅：《杨文襄公年谱》卷上，《学山楼丛书未刊稿》，云南省图书馆藏。

⑨《杨一清集》附录一，第1104页，唐景昆、谢玉杰点校，中华书局，2001年。

按：熊桂（世芳）作《奉题自讼稿后》。①

初五日，庆府安化王寘鐇及指挥何锦等反。二十一日，起总制陕西、延绥、宁夏、甘凉军务。廿五日，命御用监太监张永监军。

《明武宗实录》夏四月庚寅（初五日）："庆府安化王寘鐇及指挥何锦、周昂、丁广反。"丙午（廿一日）："命右都御史杨一清总制陕西、延绥、宁夏、甘凉各路军务。"②庚戌（廿五日）："命御用监太监张永总宁夏等处军务，御马监太监陆訚管理神枪。……游击将军仇钺袭寘鐇，执之，逆党遂平。……寘鐇自起兵至是，十有八日而败。"③

《明史·武宗本纪》："夏四月庚寅，安化王寘鐇反，杀巡抚都御史安惟学、总兵官姜汉。丙午，起右都御史杨一清总制宁夏、延绥、甘、凉军务。"④

《明史》本传："安化王寘鐇反。诏起一清总制军务，与总兵官神英西讨，中官张永监其军。未至，一清故部将仇钺已捕执之。一清驰至镇，宣布德意。"⑤

五月起，仍总制陕西军务。

《再入关》自注："正德庚午五月起，仍总制陕西军务。"⑥

方树梅《杨文襄公年谱》按："此公第二次总制三边。"⑦

初二日拜征命入关，作诗《五月初二日拜征命，有赦小过、用贤才之谕，感而有作》《再入关用前韵》。⑧

初四日受敕，初七日作诗《初四日拜总制陕西之敕，越二日，雨中渡江》。⑨

初十日，宁夏寘鐇之乱平。

《明武宗实录》五月甲子（初十日）："总兵官曹雄奏：寘鐇已擒，宁夏平。"⑩

---

① 杨一清：《石淙诗稿》卷9《自讼类》，《四库全书存目丛书》，集部第40册，第457~458页，齐鲁书社，1997年。

②《明武宗实录》卷62，第1351、1366~1367页，台湾"中央研究院"历史语言研究所，1962年。

③ 同上书，第1375~1376页。方树梅《杨文襄公年谱》卷上引录，本谱注版本页码（《学山楼丛书未刊稿》，云南省图书馆藏）。

④《明史》卷16，第2册，第203页，中华书局，1974年。

⑤《明史》卷198，第17册，第5227页，中华书局，1974年。

⑥ 杨一清：《石淙诗稿》卷17《督府类》，《四库全书存目丛书》，集部第40册，第558页，中华书局，1974年。

⑦ 方树梅：《杨文襄公年谱》卷上，《学山楼丛书未刊稿》，云南省图书馆藏。

⑧ 杨一清：《石淙诗稿》卷10《制府类》，《四库全书存目丛书》，集部第40册，第472页，中华书局，1974年。

⑨ 同上。

⑩《明武宗实录》卷63，第1382页，台湾"中央研究院"历史语言研究所，1962年。方树梅《杨文襄公年谱》卷上引录，本谱注版本页码（《学山楼丛书未刊稿》，云南省图书馆藏）。

二十八日再拜敕，作诗《五月二十八日，拜提督军务敕书及白金文绮之敕，时闻元恶何锦等已就擒，斩》《喜赠镇西总戎》①。

寘鐇之乱平后，因宁夏既为寘鐇之乱所残，又兼雨灾，八月初十日，上疏请蠲宁夏税一半。

《明武宗实录》八月癸巳（初十日）：“总制军务右都御史杨一清奏：‘宁夏为反贼所残，重以淫雨，民不能堪，请蠲税一半。’从之。”②

为张永筹划诛刘谨事。

《明世宗实录》嘉靖九年九月甲寅（廿八日）附杨一清传：“张永之奏诛刘谨也，谋出一清，故以永入阁，为言者所抵。”③

朱淳《重辑杨文襄公事略》：“众但知瑾之诛为张永所发，不知永先受算于公，以遂成之耳。”④

《明史》本传：“张永旋亦至，一清与结纳，相得甚欢。知永与瑾有隙，乘间扼腕言曰：‘赖公力定反侧。然此易除也，如国家内患何。’永曰：‘何谓也？’一清遂促席画掌作‘瑾’字。永难之曰：‘是家晨夕上前，枝附根据，耳目广矣。’一清慷慨曰：‘公亦上信臣，讨贼不付他人而付公，意可知。今功成奏捷，请间论军事，因发瑾奸，极陈海内愁怨，惧变起心腹。上英武，必听公诛瑾。瑾诛，公益柄用，悉矫前弊，收天下心。吕强、张承业暨公，千载三人耳。’永曰：‘脱不济，奈何？’一清曰：‘言出于公必济。万一不信，公顿首据地泣，请死上前，剖心以明不妄，上必为公动。苟得请，即行事，毋须臾缓。’于是永勃然起曰：‘嗟乎，老奴何惜余年不以报主哉！’竟如一清策诛瑾。永以是德一清，左右之，得召还，拜户部尚书。论功，加太子少保，赐金币。寻改吏部。”⑤

按：诛刘瑾事，方树梅《杨文襄公年谱》引《通鉴辑览》、朱淳《事略》、《明史纪事本末》载之甚详，以为此乃杨一清之大功，可参阅⑥。诛刘瑾后，杨一清“得召还，拜户部尚书。论功，加太子少保，赐金币。寻改吏部”等事，则详本谱下文纪事。又，

① 杨一清：《石淙诗稿》卷10《制府类》，《四库全书存目丛书》，集部第40册，第473页，齐鲁书社，1997年。

②《明武宗实录》卷66，第1437页，台湾“中央研究院”历史语言研究所，1962年。方树梅《杨文襄公年谱》卷上引录，本谱注版本页码（《学山楼丛书未刊稿》，云南省图书馆藏）。

③《明世宗实录》卷117，第2779页，台湾“中央研究院”历史语言研究所，1962年。方树梅《杨文襄公年谱》卷上引录，本谱注版本页码（《学山楼丛书未刊稿》，云南省图书馆藏）。

④ 朱淳：《重辑杨文襄公事略》，影印《云南丛书》，第15册，第7610页，中华书局，2009年。

⑤《明史》卷198，第17册，第5227~5228页，中华书局，1974年。

⑥ 方树梅：《杨文襄公年谱》卷上，《学山楼丛书未刊稿》，云南省图书馆藏。

杨一清为张永出策诛刘瑾事，有不同见解，兹辨析以备考。黄云眉《明史考证·杨一清》云：《西征日录》无一语及于诛刘瑾事，《制府杂录》则云与张永交谈，张永语及地方事，则怒斥刘瑾，“予默不敢应”“但戒张永存形迹，而亦不及诛瑾之策，岂为让功于永，不欲自著耶”？且《明史》本传、王世贞所作杨一清传、严绳孙《明史拟稿》，均未言及于杨一清划策诛瑾事[①]。此见有所不及。杨一清为张永出策诛刘瑾，据本谱上文所引《明史》本传载，他自己当时已明言计策，但过后不居功、不言之，可见其品格。“予默不敢应”，“但戒张永存形迹”，至多不过是迫于当时形势，密其事而已。杨一清《平西夏颂》（见本谱下文引）言及诛刘瑾事，与《明史》本传所载相吻合，可为其出谋划策内证。

八月廿五日，刘瑾伏诛。作《闻新政》诗，又作《史记事稿》，李东阳赞其“法史能兼”，遂付史馆。

《闻新政》原注：“瑾贼伏诛。”[②]

《明武宗实录》八月戊申（廿五日）：“刘瑾伏诛。瑾，陕西兴平人。本姓淡，幼自宫，投中官刘姓者得进，因冒其姓。鸷悍阴狡，有口辩，常慕王振之为人。在孝庙时，愤郁不得志，每切齿文臣。”[③]

法式善《明李文正公年谱》：“……作《史记事稿》。东阳及大学士杨一清各作一篇，意俱不惬，曰：‘此等文章，须史笔兼律笔，乃为得体。今但有史学耳，不可传后。’乃命各部属撰上。东阳独取公作，云：‘此法史能兼。’遂以付史馆。”[④]

廿八日，升户部尚书。

《明武宗实录》八月辛亥（廿八日）：“升总制陕西等处军务都察院右都御史杨一清为户部尚书。”[⑤]

九月三日，加太子少保。

《明武宗实录》九月丙辰（初三日）：加“都御史杨一清太子少保……”[⑥]

---

① 黄云眉：《明史考证·杨一清》，第1596~1597页，中华书局，1986年。
② 杨一清：《石淙诗稿》卷10《制府类》，《四库全书存目丛书》，集部第40册，第474页，齐鲁书社，1997年。
③《明武宗实录》卷66，第1456页，台湾“中央研究院”历史语言研究所，1962年。
④ 法式善：《明李文正公年谱》卷3，《北京图书馆藏珍本谱丛刊》，第41册，第420~421页，北京图书馆出版社，1999年。
⑤《明武宗实录》卷66，第1462页，台湾“中央研究院”历史语言研究所，1962年。
⑥《明武宗实录》卷67，第1469~1470页，台湾“中央研究院”历史语言研究所，1962年。

李元阳《吏部尚书杨公墓表》："瑾诛，召公入户部尚书，寻加太子太保。"①

按：张德信《明代职官年表·部院大臣京师》：九月三日，加太子太保。② 此载有误，杨一清加太保为明年十二月。

秋，作《平西夏颂》。

颂曰："正德五年庚午夏四月，宁夏贼臣何锦、周昂、丁广，挟宗室寘鐇以叛，戕杀镇巡重臣，传伪檄召调各路兵马，伪铸印章，拜封其党，僭称大将军都统总管名秩，且以诛贼瑾为名，刻期将渡河，关中震动。皇帝下群臣议，以寘鐇大逆不道，罪在不赦，乃祗告宗庙，削其属籍，命泾阳伯臣英，率京营兵三万讨之。帝若曰：'御用监太监张永，宜往总督予师；致仕右都御史杨一清，宜起提督戎务以赏罚。用命不用命，以便宜从事。'……臣一清在江南闻命，兼程而往。……六月，至灵州。……西夏大定，关中以安。八月，臣永归京师，臣一清仍留，节制陕西诸军事。臣永献俘于阙，皇帝慰劳再三。先是，寘鐇檄数瑾贼过恶，守臣上之，瑾辄匿之。至是，臣永进曰：'致寇者，瑾也。流毒宇内，不诛之，无以谢神人。'因疏其大罪十有七事，帝览之，震怒，下瑾狱，遂籍其家，具得其阴谋不轨状。狱成，瑾暨其党皆伏诛。大奸既除，国是始定，凡所纷更一切苛察病民之政，尽厘革之，旧章以渐修复。中外欣然，想望太平……"③

上疏乞休致，作《闻征命》诗。

自注："时已入疏，乞归休致。"④

十月，赴京途中再具疏乞归，有诗《再出关》《途中再具疏乞归》。

《再出关》自注："正德庚午十月，敕取驰驿赴京。"⑤

《途中再具疏乞归》："心欲奋飞身苦病，壮思经济老多违。"⑥

按：第二次总制三边所上奏疏为《关中奏议》卷十《后总制类》，《杨一清集》共载28篇，此外有《西征日录》一卷，为从京口赴任三边总制之日记；《制府杂录》

① 李元阳：《吏部尚书杨公墓表》，方树梅纂辑《滇南碑传集》，第5页，李春龙、刘景毛、江燕点校，云南民族出版社，2003年。

② 张德信：《明代职官年表·部院大臣京师》，第545页，黄山书社，2009年。

③ 黄宗羲编纂：《明文海》卷122，《景印文渊阁四库全书》，第1454册，第348页，台湾商务印书馆，1986年。

④ 杨一清：《石淙诗稿》卷10《制府类》，《四库全书存目丛书》，集部第40册，第474页，齐鲁书社，1997年。

⑤ 杨一清：《石淙诗稿》卷17《督府类》，《四库全书存目丛书》，集部第40册，第558页，齐鲁书社，1997年。

⑥ 杨一清：《石淙诗稿》卷10《制府类》，《四库全书存目丛书》，集部第40册，第476页，齐鲁书社，1997年。

一卷，则为此任之随笔札记[①]。

方树梅《杨文襄公年谱》按："安化王寘鐇反宁夏，公起废西征，总制军务。其被召以来，道里月日闻见之概，自是年五月初一日，在镇江得吏部公文起，至十二月二十五日，到户部尚书任上，具于《西征日录》中。其余事语之宜疏记，不能区别日月者，公复成《制府杂录》以著之。二书已收刻《云南丛书》二编，丹徒陈庆年皆有跋。"[②]

十一月二十五日，赐玉带于左顺门，带甚宽[③]。是日到任，始治部事[④]。

按：近代云南学者袁嘉谷道："金山有东坡玉带，千古佳话；焦山有文襄玉带，与之齐名。梁章钜抚苏，因文襄玉带久失，访而得之，复还焦山，梁有诗纪之，和者甚众，详载《焦山志》。玉带甚宽，玉共三十，其形不一，今犹存，余亲见之。考《西征日录》，正德五年十一月二十五日，御赐玉带于左顺门，当即此带。"[⑤]嘉靖六年十一月，世宗亦有赐杨一清一品衣金玉带（详本谱是年纪事），袁嘉谷所见玉带，未必定为武宗所赐，故其言"当即此带"。

方树梅《杨文襄公年谱》按："是岁所作诗曰《制府类》，《石淙诗稿》卷十共诗二十九首。"[⑥]

十二月二十六日，诰命特加祖父母恩禄。

按：赠其祖父杨福山为资政大夫太子少保户部尚书，特加赠其祖母苏氏为夫人。[⑦]

正德六年辛未（1511），五十八岁

正月初一日，改吏部尚书，仍兼太子少保。匡正国是，上策平定多处盗乱。

《明武宗实录》春正月甲寅（初一日）："改户部尚书杨一清为吏部尚书，太子少保如旧。"[⑧]

李元阳《吏部尚书杨公墓表》："六年，改吏部尚书。时中原盗起，公上平贼十一策，

---

①《杨一清集》，唐景昆、谢玉杰点校，中华书局，2001年。
② 方树梅：《杨文襄公年谱》卷上，《学山楼丛书未刊稿》，云南省图书馆藏。
③ 同上。
④《杨一清集·西征日录》，第718页，唐景昆，谢玉杰点校，中华书局，2001年。
⑤ 袁嘉谷：《滇绎》，李春龙、刘景毛辑校《正续云南备征志精选点校》，第715页，云南民族出版社，2000年。
⑥ 方树梅：《杨文襄公年谱》卷上，《学山楼丛书未刊稿》，云南省图书馆藏。
⑦ 刘文征撰，古永继校点：天启《滇志》卷18《艺文志》，第597页，云南教育出版社，1991年。
⑧《明武宗实录》卷71，第1563页，台湾"中央研究院"历史语言研究所，1962年。方树梅《杨文襄公年谱》卷上引录，本谱注版本页码（《学山楼丛书未刊稿》，云南省图书馆藏）。

贼果平。”[①]

按：方树梅《杨文襄公年谱》引朱淳《事略》，言其改吏部尚书，“黜邪佑正，起废拔幽，国是复定”。又上策、荐人平江南、山东、中原盗乱。[②]

三月初四日廷试，受命与李东阳、杨廷和等充读卷官。杨廷和因其子杨慎与试，请回避，不允。

《明武宗实录》三月甲午（初四日）：“以廷试天下举人，命少师兼太子太师吏部尚书华盖殿大学士李东阳，少傅兼太子太傅吏部尚书谨身殿大学士杨廷和，少傅兼太子太傅吏部尚书武英殿大学士刘忠，少保兼太子太保吏部尚书武英殿大学士梁储，吏部右侍郎兼翰林院学士靳贵，翰林院侍读学士蒋冕，翰林院侍讲学士毛澄，太子少保吏部尚书杨一清，户部左侍郎陈勖，太子少保、兵部尚书王敞，刑部尚书何鉴，工部尚书李燧，都察院右副都御史王晰，通政使司掌司事左通政罗钦忠，大理寺卿张纶充读卷官。廷和以子慎预试，请回避，不允。”[③]

三月戊辰（十八日），赐杨慎等三百五十人进士及第，出身有差。[④]

简绍芳《文宪杨先生升庵年谱》：“升庵年二十四，夏五月殿试策进士邹守益、杨慎等三百五十人，问‘创业以武，守成以文’，先生援引经史，敷对宏博。读卷官李东阳、杨一清称曰：‘海涵地负，大放厥词。’共庆朝廷得人。赐状元及第，授官翰林修撰。”[⑤]

三月己卯（廿九日），授第一甲进士杨慎为翰林院修撰。[⑥]

六月九日，李东阳六十五岁寿辰，作《奉寿涯翁乡先生诗》贺之。[⑦]

诗引云：“先生今年六十有五，六月九日，其初度辰也。……情见乎辞。”[⑧]

七月丙辰（八日），陈陕西边务八事，见其待民以宽，治边以严的思想。

---

① 李元阳：《吏部尚书杨公墓表》，方树梅纂辑《滇南碑传集》，第5页，李春龙、刘景毛、江燕点校，云南民族出版社，2003年。

② 方树梅：《杨文襄公年谱》卷上，《学山楼丛书未刊稿》，云南省图书馆藏。

③《明武宗实录》卷73，第1609~1610页，台湾“中央研究院”历史语言研究所，1962年。

④ 同上书，第1614页。

⑤ 简绍芳：《文宪杨先生升庵年谱》，《北京图书馆藏珍本谱丛刊》，第45册，第502页，北京图书馆出版社，1999年。

⑥《明武宗实录》卷73，第1626页，台湾“中央研究院”历史语言研究所，1962年。

⑦ 钱振民：《李东阳年谱》，第242页，复旦大学出版社，1995年。

⑧ 杨一清：《石淙诗稿》卷11《吏部类》，《四库全书存目丛书》，集部第40册，第478页，齐鲁书社，1997年。

按此“八事”为：清查投托官军以逃避征调者，奖励守法边臣；杜绝各官占据湖滩之弊；发寘镭家人充军役；停免宁夏运送岁贡红花；宁夏喉襟灵州，宜练兵理狱以安抚土民；庆阳、安边二花草场，宜给土人弃地使其报效杀贼；汉中西乡东南盐场、关西南大池坝宜添设县治，抚流民以安反侧，通江巴县东乡等处宜招募逃移并茶徒、矿徒，以实戎伍；正德五年以前拖欠沿边粮草，宜核实监追。“疏入，上嘉纳之。……户兵二部议覆，多从一清言，且推行于边镇，惟红花贡如旧。”①

十月，王守仁升文选清吏司员外郎。

王守仁《王文成全书·年谱》：“升文选清吏司员外郎”。“先是，升南都甘泉，与黄绾言于冢宰杨一清，改留吏部”②。

十一月，两次上疏求休致，不允。

《明武宗实录》载：十一月庚戌（十四日）、癸亥（十七日），两次上疏求休致，不允③。

十一月三十日，大学士李东阳辞赐宴礼部，获准。

《明武宗实录》十一月丙子（三十日）：“大学士李东阳以赐宴礼部辞……上曰：‘朕以卿寿俊，元臣一品九年，朝廷盛事，乃循旧典赐宴礼部。而卿屡以修省为言，重违雅志，特允所辞。’”④

十二月十七日，加少保兼太子太保、升掌詹事府事，仍荫一子袭锦衣卫职。

《明武宗实录》十二月癸巳（十七日）：“加吏部尚书杨一清少保兼太子太保，升掌詹事府事……仍荫一子为锦衣卫世袭正千户。”⑤

十二月十八日，上疏辞荫其子，不允。

《明武宗实录》十二月甲午（十八日）：上疏辞荫其子杨绍芳为锦衣千户，不允⑥。

礼部尚书费宏、门人翰林院修撰吕杜为《邃庵集》作序，门人马汝扬付梓。

---

①《明武宗实录》卷77，第1686~1687页，台湾“中央研究院”历史语言研究所，1962年。方树梅《杨文襄公年谱》卷上引录全文，本谱注版本页码（《学山楼丛书未刊稿》，云南省图书馆藏）。

② 王守仁：《王文成全书》卷32《年谱》，《景印文渊阁四库全书》，第1266册，第12~13页，台湾商务印书馆，1986年。

③《明武宗实录》卷81，第1749、1754页，台湾“中央研究院”历史语言研究所，1962年。

④ 同上书，第1764~1765页。

⑤《明武宗实录》卷82，第1781页，台湾“中央研究院”历史语言研究所，1962年。方树梅《杨文襄公年谱》卷上引录，本谱注版本页码（《学山楼丛书未刊稿》，云南省图书馆藏）。

⑥《明武宗实录》卷82，第1783页，台湾“中央研究院”历史语言研究所，1962年。

《云南丛书书目提要》："此书为一清任中书舍人时，卜居于长安右门之外，名其藏修之所曰'邃庵'，并以为集名。李西涯倡为之《解》，继而为《铭》、为《说》、为《记》、为《跋》、为《赋》、为《辞》，为近体《诗》者，凡若干篇。杨一清出典学政，去庵且二纪，海内能言之士，慕庵之名，而形于著作者犹未已，一清辑而成卷，正德六年（1511），礼部尚书湖东费宏《序》其前，一清门人翰林院修撰高陵吕杜《序》其后。又杨一清作太宰时，一时名公巨卿复为《辞》、为《答问》、为《颂》、为《诗》者又若干人，一清辑为《续集》，陕西按察使司副史维扬朱登《序》其后，一清门人马汝扬为之付梓。"①

正德七年壬申（1512），五十九岁

正月廿日，改荫其子杨绍芳为中书舍人。

《明武宗实录》春正月丙寅（廿日）："改荫少保兼太子太保、吏部尚书杨一清子绍芳为中书舍人。先是，以一清有宁夏功，荫绍芳为锦衣卫千户，一清疏辞，改尚宝司丞。复辞，乃有是命。"②

春，与李东阳有红梅唱和诗多首。诗题为《西涯宅上赏红梅杂诗》《闻有赏客在座，病目不能径造，而不能不艳慕之，再用前韵一首，以发诸公之兴，非实有所觖望也，谅之》《答崔世兴郎中兼柬涯翁先生》。③

五月十五日，收藏朱子与包道文手帖文。

方树梅《杨文襄公年谱》："夏五月望日，全州蒋冕有《跋》，公藏朱子与包道文手帖文（《湘皋集》卷十四）。"④

七月十七日，引疾乞休，不允。

《明武宗实录》秋七月戊子（十七日）："吏部尚书杨一清引疾乞休，言：'吏部六卿之首责任重大，若徒驱难强之力以蹈，不知止之，戒妨贤偾事，如天下公议何？'上曰：'卿忠诚体国，铨衡重任，方切委托，岂可引疾求退！其悉心事事，勿复辞。'"⑤

① 李孝友、张勇、余嘉华编：《云南丛书书目提要》，第 290 页，中华书局，2010 年。

②《明武宗实录》卷 83，第 1801 页，台湾"中央研究院"历史语言研究所，1962 年。方树梅《杨文襄公年谱》卷上引录，本谱注版本页码（《学山楼丛书未刊稿》，云南省图书馆藏）。

③ 钱振民：《李东阳年谱》，第 247~248 页，复旦大学出版社，1995 年，未注版本信息。诗见杨一清《石淙诗稿》卷 11《吏部类》，《四库全书存目丛书》，集部第 40 册，第 480~481 页，齐鲁书社，1997 年。

④ 方树梅：《杨文襄公年谱》卷上，《学山楼丛书未刊稿》，云南省图书馆藏。

⑤《明武宗实录》卷 90，第 1927 页，台湾"中央研究院"历史语言研究所，1962 年。

十二月廿七日，李东阳致仕。

《明武宗实录》十二月丁卯（廿七日）：“少师兼太子太师、吏部尚书、华盖殿大学士李东阳致仕。”①

正德八年癸酉（1513），六十岁

春，以《耆英图》向李东阳索题长句，得请后，其乘兴为之②并书答之，一清有诗应答。

《得东山翁书，病不能答，口占四绝句寄意》：“万里东山一札来，病馀双眼为君开。”（其一）“传来一札自涯翁，二老仪刑两地同。他日《耆英图》绘里，可容倦翼附云鸿。”（其四）③

五月廿四日，以久病乞休，上温旨慰留，起送其子杨绍芳来京侍养。

《明武宗实录》五月辛卯（廿四日）：“吏部尚书杨一清以久病乞休，且言：‘嗣男绍芳，远在江南，孱然病躯，孑处京邸。’上温旨慰留之，仍令有司起送其子来京侍养。”④

正德九年甲戌（1514），六十一岁

三月初十日，充殿试读卷官。⑤

门人马理登进士第⑥。杨一清擢其为稽勋主事，调文选司，马理请告归⑦。

七月廿三日，以病乞致仕，上慰留之。

《明武宗实录》七月甲申（廿三日）：“少保兼太子太保、吏部尚书杨一清固陈病笃，

---

①《明武宗实录》卷95，第2012~2013页，台湾“中央研究院”历史语言研究所，1962年。

②钱振民：《李东阳年谱》，第258页，复旦大学出版社，1995年。钱谱此事条下载李东阳《怀麓堂诗续编稿》卷一有长句《邃庵先生以杜古狂惧男所作〈耆英图〉钜轴索题长句，予以休致未遂，每一构思，辄太息而止。得请后，乘兴为之，率尔而就，还此宿逋，如释重负矣。邃庵其为我和之》。

③杨一清：《石淙诗稿》卷11《吏部类》，《四库全书存目丛书》，集部第40册，第486页，齐鲁书社，1997年。

④《明武宗实录》卷100，第2086页，台湾“中央研究院”历史语言研究所，1962年。方树梅《杨文襄公年谱》卷上引录，本谱注版本页码（《学山楼丛书未刊稿》，云南省图书馆藏）。

⑤《明武宗实录》卷110，第2251页，台湾“中央研究院”历史语言研究所，1962年。《杨文襄公年谱》卷上引录，本谱注版本页码。

⑥《杨文襄公年谱》卷上载事而未明所据。马理中二甲第二名，可参阅李周望《国朝历科题名碑录初集·明洪武至崇祯各科附》，第1册，第565页，台湾华文书局，1969年。

⑦《明史》卷282《马理传》，第24册，第7249页，中华书局，1974年。

乞致仕，上慰留之。”[①]

乾清宫灾，上书直言朝弊后引疾乞归，上慰留之。

《明史》本传：“乾清宫灾，诏求直言。杨一清上书言视朝太迟，享祀太慢，西内创梵宇，禁中宿边兵，畿内皇店之害，江南织造之扰。因引疾乞归，帝慰留之。”[②]

八月十六日夜，至李东阳府赏月，有诗唱和，又有诗纪东阳馈赠胡桃，诸老唱和奉谢之事。[③]

按：杨一清诗题为《八月十六日涯翁宅上赏月二首》《八月十六日夜赏月，用涯翁原韵并限韵句首一字席上作》《再用韵并所限首字一首呈涯翁》《涯翁惠家园胡桃，石厚诸老有诗次韵奉谢》。[④]

冬，乔宇南归，与李东阳赋会别联句七律八首、五言长句一首送之[⑤]**。集有诗《涯翁约过，相与联句，为希大赠。属予选事方冗，不得赴，因各起句，令吏人递相传续，共得八首，并得五言长句一首，通录赠之》**[⑥]**。**

按：同卷还有相关诗《闻涯翁宅上诸客用前韵赏月诗韵赠希大，并贺生子依韵二首》《久不会希大，闻在涯翁宅夜与诸客联句，再用前韵一首》《夜候涯翁联句不至，闻在圣公宅别有诗为希大赠行。星堂旧侣，独不得参侧其间，拨闷一首》[⑦]等。

十二月六日生辰，李东阳赋长句并以《崆峒图》寿之[⑧]**。**

连得诰命二通。

天启《滇志》：十二日，特赠其曾祖父杨情为光禄大夫柱国少保兼太子太保吏部尚书，特赠其曾祖母苏氏为一品夫人诰命。二十六日，特加其祖父杨福山赠为资政大

---

①《明武宗实录》卷114，第2318页，台湾“中央研究院”历史语言研究所，1962年。

②《明史》卷198，第17册，第5228页，中华书局，1974年。方树梅《杨文襄公年谱》卷上据朱淳《重辑杨文襄公事略》载其事，本谱注版本信息（《学山楼丛书未刊稿》，云南省图书馆藏），文见影印《云南丛书》第15册，第7610页，中华书局，2009年。

③钱振民：《李东阳年谱》，第269页，复旦大学出版社，1995年。钱谱此事条下载李东阳《怀麓堂诗续集》卷3有诗《十六夜次邃庵韵二首》、卷四有馈胡桃诗。

④杨一清：《石淙诗稿》卷11《吏部类》，《四库全书存目丛书》，集部第40册，第488页，齐鲁书社，1997年。

⑤钱振民：《李东阳年谱》，第271页，复旦大学出版社，1995年。

⑥杨一清：《石淙诗稿》卷11《吏部类》，《四库全书存目丛书》，集部第40册，第490页，齐鲁书社，1997年。

⑦同上书，第489页。

⑧钱振民：《李东阳年谱》，第272页，复旦大学出版社，1995年。是谱云：李东阳《怀麓堂诗续稿》卷四有长句《崆峒图寿邃庵先生，仍作耆英会韵》。

夫太子少保户部尚书，加赠其祖母苏氏为夫人诰命。[①]

按：据方树梅《杨文襄公年谱》载，今年一清还得到另一诰命："二月十二日，上有公暨继室胡氏诰命，已刻碑二。"[②]"案公辛未至甲戌所作诗曰《吏部类》，《石淙诗稿》卷十一共诗一百七十三首。"[③]

正德十年乙亥（1515），六十二岁

二月十二日，为嗣子杨绍芳回原籍云南安宁，代为祭扫三世祖茔事，上疏《谨奏为乞恩祭扫事》。

《谨奏为乞恩祭扫事》："仰惟圣朝以孝治天下，凡京官离家十年者，例许省察。顾臣滥盈重任，公事方殷，义不敢及其私。臣男中书舍人杨绍芳职务颇闲，堪以代臣。"圣旨："杨绍芳准回原籍祭扫，着驰驿去。事毕，上紧前来供职。该部知道。钦此。"[④]

三月壬申（十五日），杨廷和丁忧离朝。[⑤]

闰四月初四日，命兼武英殿大学士入阁供事。

《明武宗实录》闰四月辛酉（初四日）：以吏部尚书兼武英殿大学士，命入阁供事。[⑥]

癸亥（初六日）、丙寅（初九日），两次辞入阁新命，不允。[⑦]

八月三日，遣祭文庙。有诗《乙亥仲秋八月三日，遣祭文庙，归与客享胙，醉后和联句韵》《答曹汝学御史》[⑧]。

按：正德六年二月至十年正月，杨一清任吏部尚书期间奏疏，编集为《吏部献纳稿》，不分卷，收入《云南丛书》二编[⑨]。

---

① 刘文征撰，古永继校点：天启《滇志》卷18《艺文志》，第596~597页，云南教育出版社，1991年。

② 方树梅：《杨文襄公年谱》卷上，《学山楼丛书未刊稿》，云南省图书馆藏。

③ 同上。

④ 刘文征撰，古永继校点：天启《滇志》卷18《艺文志》，第596页，云南教育出版社，1991年。此本"堪以代臣"后有"将士"二字，疑误。余嘉华点校者无此二字（《安宁市文史资料选辑》，第8辑，第152页，安宁市委文史资料委员会，1997年）。

⑤《明武宗实录》卷122，第2454~2455页，台湾"中央研究院"历史语言研究所，1962年。

⑥《明武宗实录》卷124，第2482页，台湾"中央研究院"历史语言研究所，1962年。方树梅《杨文襄公年谱》卷上引录，本谱注版本页码（《学山楼丛书未刊稿》，云南省图书馆藏）。

⑦《明武宗实录》卷124，第2485、2488页，台湾"中央研究院"历史语言研究所，1962年。方树梅《杨文襄公年谱》卷上引录，本谱注版本页码、归纳事条（《学山楼丛书未刊稿》，云南省图书馆藏）。

⑧ 杨一清：《石淙诗稿》卷12《玉堂类》，《四库全书存目丛书》，集部第40册，第496页，齐鲁书社，1997年。

⑨ 杨一清：《吏部献纳稿》，影印《云南丛书》，第14册，中华书局，2009年。

八月十三夜，过李东阳东园赏月，有唱和诗《八月十三日，过涯翁东园赏月，席上和去年联句韵》。[①]

是年寿日，李东阳填《风入松》词二阕祝之。[②]

正德十一年丙子（1516），六十三岁

春，崔杰席上赏灯，有诗唱和[③]，诗题为《崔世兴宅赏料丝灯二首》，又有《赏灯席上限韵答诸客》[④]。

《崔世兴宅赏料丝灯二首》自注："前二日，予邀世兴赏此灯。"

馈送李东阳襄陵酒，其谢之以诗，邀以同饮。[⑤]

李东阳七十寿，作诗《寿少师涯翁先生七十》。

诗云："天上麒麟自风骨，水中龙马见精神。"[⑥]

秋七月一日，为李东阳《怀麓堂稿》作序。

序云："今少师致仕西涯李先生，以扶舆间气，挺生于重熙累洽之朝。弱冠入翰林，已负文学重名，金梓所刻，卷帙所录，几遍海内。大夫、士得其片言，以为至宝；后进之士，凡及门经指授，辄有时名。……且文至今日而盛，而弊亦随之，故联篇累帙，盈天壤间，皆是物也。其能追古名家，超然自立于世者，盖亦不数数见已。自馀作者，各挟所长，非无足取，汇而阅之：乐恣肆者，失之驳而不醇；好摹拟者，伤于局而不畅。近或习为瘦辞硬语，使人不复可句，以是为古，所谓以艰深文浅近者。文之弊一至是，可慨也！先生高才绝识，独步一世而充之以学问，故其诗文深厚浑雄，不为倔奇可骇之辞而法度森严，思味隽永，尽脱凡近而古意独存；每吮毫伸纸，天趣溢发，操纵开合，随意所如而不逾典则。彼旬锻月炼以求工者，力追之而不可及也。……予辱先生知与

① 钱振民:《李东阳年谱》，第276页，复旦大学出版社，1995年。杨一清诗见《石淙诗稿》卷12《玉堂类》，《四库全书存目丛书》，集部第40册，第497页，齐鲁书社，1997年。钱谱云，李东阳《怀麓堂诗续稿》卷6有《十三夜，邃翁见过，叠前岁韵》诗三首。

② 钱振民：《李东阳年谱》，第278页，复旦大学出版社，1995年。

③ 同上书，第280页。钱谱云："《怀麓堂诗续稿》卷八有《崔甥席上赏缭丝灯，次邃庵先生韵二首》诗。案，一清诗已无考。"

④ 二诗同见杨一清《石淙诗稿》卷12《玉堂类》，《四库全书存目丛书》，集部第40册，第500页，齐鲁书社，1997年。

⑤ 钱振民：《李东阳年谱》，第280页，复旦大学出版社，1995年。钱谱云《怀麓堂诗续稿》卷八有《襄陵酒柬邃庵》。

⑥ 杨一清：《石淙诗稿》卷12《玉堂类》，《四库全书存目丛书》，集部第40册，第505页，齐鲁书社，1997年。

四十年，多所规益，每有撰述，辄为指摘疵垢，不少隐。顾庸惰不立，少而学焉，老而未能测其溪径，况望窥其室堂哉！然平生企向之怀，得托姓名于不朽，以为幸。……正德丙子秋七月朔，光禄大夫、柱国、少傅兼太子太傅、吏部尚书、武英殿大学士、知制诰兼经筵官、石淙杨一清序。”①

七月己亥（二十日），致仕大学士李东阳卒，行年七十②，为其撰《李公东阳墓志铭》③。

八月初四日，乞休致，不许。

《明武宗实录》八月癸丑（初四日）：一清引疾乞休，不许。④

八月甲子（十五日），再乞致仕，许之。⑤

九月，致仕归镇江。

《焦山唱和诗序引》：“予……丙子秋八月，始奉允命休致。九月抵家……”⑥

按：杨一清自言“自正德庚午（1510）”起，至丙子年“秋八月”而“七阅寒暑”，故系其事于今年。方树梅《杨文襄公年谱》将今年九月归镇江及明年重阳后二日之游，并纪于明年⑦，疑误。

作诗《致仕志感二首》《席上用韵赠何生》，感慨自举神童入京，迄今已历五十一年。

《致仕志感二首》其一：“连章乞得老身回，雨棹风帆日夜催。”其二：“犹记垂髫膺荐日，流光五十一回春。”⑧

《席上用韵赠何生》：“三千里外初停棹，四十年前此卜居。”⑨

方树梅《杨文襄公年谱》按：“此公二次致仕，六次归镇江。”“乙亥（1515）、

---

① 李东阳：《怀麓堂集》，《景印文渊阁四库全书》，第1250册，第2~3页，台湾商务印书馆，1986年。

②《明武宗实录》卷139，第2744页，台湾“中央研究院”历史语言研究所，1962年。方树梅《杨文襄公年谱》卷上载其事而无具体日期、版本页码（《学山楼丛书未刊稿》，云南省图书馆藏）。

③《李东阳集》，卷3《文后稿·附录》，第452页，周寅宾点校，岳麓出版社，1984年。

④《明武宗实录》卷140，第2755页，台湾“中央研究院”历史语言研究所，1962年。方树梅《杨文襄公年谱》卷上引录，本谱注版本页码（《学山楼丛书未刊稿》，云南省图书馆藏）。

⑤《明武宗实录》卷140，第2762页，台湾“中央研究院”历史语言研究所，1962年。《杨文襄公年谱》卷上引录，本谱注版本页码（《学山楼丛书未刊稿》本，云南省图书馆藏）。

⑥ 杨一清：《石淙诗稿》卷13《归田后类》，《四库全书存目丛书》，集部第40册，第510页，齐鲁书社，1997年。

⑦ 方树梅：《杨文襄公年谱》卷上，《学山楼丛书未刊稿》，云南省图书馆藏。

⑧ 杨一清：《石淙诗稿》卷13《归田后类》，《四库全书存目丛书》，集部第40册，第506页，齐鲁书社，1997年。

⑨ 同上书，第507页。

丙子（1516）所作诗曰《玉堂类》，《石淙诗稿》卷十二共诗一百五十首。”[1]

撰告墓文，遣子绍芳代己回云南祭扫祖坟。

按：据天启《滇志》，告墓文撰于九月初六日，为遣其子杨绍芳代回云南安宁祭扫祖坟而作。[2]

正德十二年丁丑（1517），六十四岁

春，在镇江与同年共饮并即席赋诗，感慨四十五年间，壬辰同年如晨星寥落。

《同年世讲席上作》诗序：“壬辰（1472）同年今在朝右都御史东皋王公廷宷，太子太保、工部尚书鹤山李公时器洎予，凡三人。鹤山举故事为松竹梅之会，以齿为序。是日，并年家子都给事中金华潘君仲鲁、礼部主事太仓姜君孟宾、给事中东安许君稚仁、右府都事南昌周君彦实，而鹤山之子主事述之，则往来侍宴。诸君以次奉觞，吾三人酒饮随量，然皆尽欢极醉而罢。席上吾口占一律，再和一章，用纪一时之兴。四十五年，晨星落落，俯仰今昔，为之慨然。”[3]

第三次在镇江度除夕，作《除夕偶吟》《醉后再得一首》。[4]

《除夕偶吟》：“因思二十年前事，刚得三回在故乡。”自注：“予自弘治辛亥（1491）至今二十六年，此夕在镇江仅三年耳，将来未可限量也。”

《醉后再得一首》：“六十年来忽已翁，儿童犹自笑山公。感今忆昔三生外，送旧迎新一夜中。”

毛玉（用成）守制归滇，过镇江话旧，作诗《毛给事用成守制归云南，过镇江话旧，得三首，兼以送别》[5]。

其一：“旧游自觉眼中稀，老去真看万事非。二十余年才一叙，八千里外又言归。心同返哺慈乌恨，身逐随阳旅雁飞。留取向来经国念，此生忠孝莫相违。”[6]其三：“碧鸡山下弹棋日，铁瓮城边载酒时。黑发相逢吾已老，清才如此世方推。风尘滚滚多新态，

---

① 方树梅：《杨文襄公年谱》卷上，《学山楼丛书未刊稿》，云南省图书馆藏。

② 刘文征撰，古永继校点：天启《滇志》卷18《艺文志》，第598页，云南教育出版社，1991年。

③ 杨一清：《石淙诗稿》卷12《玉堂类》，《四库全书存目丛书》，集部第40册，第501~502页，齐鲁书社，1997年。方树梅《杨文襄公年谱》卷上引录，本谱注版本页码（《学山楼丛书未刊稿》，云南省图书馆藏）。

④ 杨一清：《石淙诗稿》卷13《归田后类》，《四库全书存目丛书》，集部第40册，第506页，齐鲁书社，1997年。方树梅《杨文襄公年谱》卷上引第一首（《学山楼丛书未刊稿》，云南省图书馆藏）。

⑤《杨文襄公年谱》卷上载其事及诗三首。

⑥ 杨一清：《石淙诗稿》卷13《归田后类》，《四库全书存目丛书》，集部第40册，第516页，齐鲁书社，1997年。

水木悠悠系远思。便欲从君还未得，倦揩双眼一题诗。”①

按：杨一清成化二十一年（1485）归原籍云南安宁省墓时，或与毛玉相会于碧鸡山下，时杨一清三十二岁，故言“黑发相逢吾已老”。本卷还有《赠毛用成给事》：“两京司谏属时名，曾有昌言补盛平。直遣荆公屈明道，肯为韩子论阳城。王程不尽淹留兴，友道从探赠别情。却忆碧鸡山下路，一尊还为故人倾。”②

毛玉以在滇建书院事请教，为书院取名“养正”，并有绝句四首赠乡人勉之。

诗题为《古者，自王宫国都以至闾巷，莫不有学。今庠序遍天下，而乡学之制，多忽而不讲。蒙养弗端，有以也；才不古若，实基于此。吾滇南毛给事用成家居时，慨然有志风化，尝市城中地建书院，延请明师，以教乡人子弟而躬督劝之，甚盛举也。过镇江，以质于予。予谓书院古有之，而今不数数见。用成之意，盖欲端本澄源，以为成德达才之地，此可与知者道耳。为名之曰“养正”，且赋四绝句遗乡之人，俾知所趋向》。③

毛玉以林俊所题扇相示，为之作《京江之会，用成出林素翁所题扇相示，予拙于书，不能书扇，用韵识意，并书此卷》。④

与毛玉小酌，作诗《六月七日天热，与用成小酌逸老园水竹居》《赋短句为毛琢庵赠》。⑤

重九后二日，与诸友游焦山。上吸江亭、望金山作诗，众人次第和之。越二日，从游者沙汝南汇录成《焦山唱和诗》一卷，作诗引而识诸卷首。

《焦山唱和诗引》：“予自正德庚午起废西征，旋被召命，窃禄于朝七阅寒暑矣。金、焦、北固之胜，寤寐不能忘，频年引退，不得遂。丙子秋八月，始奉允命休致。九月抵家，则为病所缠绕，杜门谢客，就药饵诗酒。游观之乐，心虽悬悬，而力有所不能也。越一年丁丑秋，重九后二日，天日晴霁，予体力稍康，清兴浩发不自制，乃携三五童子，坐肩舆，扶掖登焦山。赵宪副叔鸣、唐客部云卿陪行。已而眭育庵拱贞、朱友古德彰、

① 杨一清:《石淙诗稿》卷13《归田后类》,《四库全书存目丛书》, 集部第40册, 第516页, 齐鲁书社, 1997年。

② 杨一清：《石淙诗稿》卷15《归田后类》，《四库全书存目丛书》，集部第40册，第543页，齐鲁书社，1997年。方树梅《杨文襄公年谱》卷上成化二十一年纪事提及之（《学山楼丛书未刊稿》，云南省图书馆藏）。

③ 杨一清:《石淙诗稿》卷13《归田后类》,《四库全书存目丛书》, 集部第40册, 第516~517页, 齐鲁书社, 1997年。方树梅《杨文襄公年谱》卷上载其事而未注出处（《学山楼丛书未刊稿》，云南省图书馆藏）。

④ 杨一清：《石淙诗稿》卷15《归田后类》，《四库全书存目丛书》，集部第40册，第543页，齐鲁书社，1997年。

⑤ 同上。

张湖田宗义、刘鸥汀希载、河东沙汝南，闻而往从之。上吸江亭，予偶发感旧之叹，不觉成句，云卿请续成诗。望金山，再得一诗，众次第属和。抵暮，小酌江浜，月明如昼，联句得二首，众复和之。予亦不能以默夜憩水晶庵，余兴相与句续，众亦有和者。次日，兴复不浅，而予病又作，匆匆而归。越二日，汝南收原稿汇录之，凡若干篇。阅吾诗，恍如醉梦中语，而诸君吟讽玩赏，各极其趣，虽体裁音节，言人人殊，要之畅舒性情，模写风物，不作雕镂叱咤语，均为治世之音也。希载请曰：'先生失之数年而得之一旦，庸可弃乎？'予曰：'诺！'乃属希载录为一卷，而识其端。"[①]

中秋，与诸同乡故旧夜游金、焦二山，作诗《中秋日，与诸乡旧由金山乘月放舟而下，酌酒高歌，情性甚浓，抵焦山，漏下三鼓矣。诸客皆有诗，予亦赋得一首》。[②]

李东阳门生何子元（孟春）擢云南巡抚，将赴任，过镇江夜访话旧，作诗追送之。

诗题为《何子元以太朴卿擢都察院右副都御史巡抚云南，将赴任，道镇江，夜过予丁卯桥庄话旧，未几即别去。予与子元大父提学公、父郎中称为乡曲，通还往，子元又出予友西涯先生门下，斯文道义之好，雅矣。云南，予桑梓地，巡抚得名儒，惠泽所被可量乎！赋诗三章追送之，公暇相忆，其为和之》。[③]

正德十三年戊寅（1518），六十五岁

四月二十七日，游孙山之北石壁。作《石壁诗》并序、《石壁再赋一绝》《孙山余尝两游，而石壁之胜，今方见之，故诗中云耳闻马次甫、孙思和、郑中伯游金山，寄柬一首》《再叠韵》。[④]

《石壁诗》诗序："孙山之北，有石壁焉，高十余丈，长可五十丈，巉岩奇古。孙思和请余观之，为赋一章。属善工镌之壁间，未必不为将来故事也。正德戊寅四月二十七日。"

---

① 杨一清：《石淙诗稿》卷13《归田后类》，《四库全书存目丛书》，集部第40册，第510页，齐鲁书社，1997年。

② 同上书，第517页。

③ 同上书，第518页。方树梅《杨文襄公年谱》卷上载此语而无名目（《学山楼丛书未刊稿》，云南省图书馆藏）。

④ 杨一清：《石淙诗稿》卷13《归田后类》，《四库全书存目丛书》，集部第40册，第514~515页，齐鲁书社，1997年。

《石壁再赋一绝》：“苍崖百丈自天成，下有幽人此避名。怪得攀缘今缘路，向来吾已谢尘缨。”

《孙山余尝两游……》：“一别兹山今十载，幽期空向梦中论。孤根只许江龙识，绝顶真疑海月吞。解道水云还有马，再题涛橹岂无孙。郑虔相伴成三绝，留取风情石上存。”“梦阳曰：‘马、郑、孙，时人入诗，惟子□能之。’”

与范原博第二次“会奕于三峰”。①

按：参阅本谱正德十六年纪事。此会所作诗，本集无存。

正德十四年己卯（1519），六十六岁

宁王朱宸濠反于江西，秋七月，王守仁奉旨兼巡抚其地，募兵征讨之。②

在镇江调度防御，城内外数十万人安居，“江南第一城”赖以保障。

明武宗赐《御制诗十二章·保障城池》：“宸濠反叛苦生灵，意急心忙岂暂停。财赋之地赖保障，获守江南第一城。”③

朱淳《重辑杨文襄公事略》：“正德己卯秋，江西有宸濠之变。公以镇江为江南首郡，此地备御有策，则三吴无虞；脱或无御，要害一失，则吴越迎刃而溃矣。故公看城设险，出粟赈军，复留巡按御史叶忠，调取金山、镇海二卫官兵备御为外护，又设中军营为内应。故城之内外，不啻数十万人，恃以无恐而宁居焉。”④

八月丁亥（廿六日），王守仁平宸濠捷奏已至，武宗仍决定南下亲征。⑤

武宗南巡至扬州，王守仁欲趋行在，杨一清坚决劝阻其行。

王守仁《王文成全书·年谱》：“十一月返江西，先生称病，欲坚卧不出。闻武宗南巡已至维扬，群奸在侧，人情汹汹。不得已，从京口将径趋行在，大学士杨一清固止之。会奉旨兼巡抚江西，遂从湖口还。”⑥

---

① 方树梅：《杨文襄公年谱》卷上，《学山楼丛书未刊稿》，云南省图书馆藏。

②《明武宗实录》卷176，第3415页，台湾“中央研究院”历史语言研究所，1962年。

③ 方树梅：《杨文襄公年谱》卷上引录（《学山楼丛书未刊稿》，云南省图书馆藏）。可参阅本谱正德十五年纪事。

④ 朱淳：《重辑杨文襄公事略》，影印《云南丛书》，第15册，第7611页，中华书局，2009年。

⑤《明武宗实录》卷177，第3467页，台湾“中央研究院”历史语言研究所，1962年。

⑥ 王守仁：《王文成全书》卷33《年谱》，《景印文渊阁四库全书》，第1266册，第43页，台湾商务印书馆，1986年。

正德十五年庚辰（1520），六十七岁

闰八月，武宗亲征朱宸濠凯旋，驻跸金陵，渡江至镇江，五次幸杨一清府第，问及文献并制御诗赐之。武宗赐诗及一清应制诗，编为《车驾幸第录》二卷，佚。上又幸大学士靳贵第，临其柩而嗟悼之，命所从番僧为之诵经荐福。

《明武宗实录》闰八月癸卯（十八日）："上自瓜洲济江登金山，遂至镇江，幸致仕大学士杨一清第。明日复幸焉，入于书室，命一清检诸书进。御问：'《文献通考》是好书？'一清对曰：'有事实，有议论，诚如圣谕。'问：'几册？'对曰：'六十册。'问：'世间书更有多于此者否？'对曰：'《册府元龟》更多，凡二百二册。'俱取以进。又明日，饮于一清第。乐作，上分题制诗十章赐一清，命一清亦为之。一清为诗进呈，上览毕，为易数字。是日，一清厚有所献，上大悦。及驾还，凡五幸焉。又幸大学士靳贵第，时贵已卒，殡于堂，上临其柩嗟悼之，命所从番僧为之诵经荐福，贵家亦有所献云。"①

顾元庆《夷白斋诗话》："宸濠谋逆，武宗亲征，既得凯旋，驻跸金陵，复渡江幸杨一清第。赐绝句十二首，公又有应制律诗四首、应制贺圣武诗绝句十二首，编为二卷，名《车驾幸第录》。公《自叙》谓：'虞廷赓歌之后，古帝王有以诗章宠臣下者，不过一篇数言而止，未有联章累牍，若是其盛者。至于屈万乘之尊，在位者或有之，然亦鲜矣；若罢政归休者为尤鲜，或有之，岂有至再至三如今日者乎！'"②

按：蒋一葵《尧山堂外纪》所载，比《夷白斋诗话》缺"或有之，岂有至再至三如今日者乎"一句③。方树梅《杨文襄公年谱·杨文襄公著述目录》谓："《车驾幸第录》未见，武宗幸公第赠诗十二章及公撰《柳老人记》尚存，其他所记不详。"④钱谦益纂集《列朝诗集·乾集》存武宗《赐大学士杨一清诗》四首（《致仕还乡》《銮舆幸第》《拦门劝酒》《上马留题》），并镇江府同知严时泰《车驾驻润州，幸少傅杨公私第，欢燕累日恭述》六首⑤。方树梅《杨文襄公年谱》今年纪事全录武宗赠诗十二首，兹录全目如下：《神童出身》《总制三边》《平定宁夏》《内阁学士》《致仕还乡》《保障城池》《出粟安民》《銮舆幸第》《宴终彻乐》《拦门劝酒》《出第进钟》《上马留题》。从诗题可见，御制诗主要赞美杨一清功业，兼表临幸府第之乐。如《神童出

---

①《明武宗实录》卷190，第3598页，台湾"中央研究院"历史语言研究所，1962年。

② 顾元庆：《夷白斋诗话》，《顾氏四十家小说》，明刻本。

③ 蒋一葵：《尧山堂外纪》卷90，明刻本。

④ 方树梅：《杨文襄公年谱》卷上，《学山楼丛书未刊稿》，云南省图书馆藏。

⑤ 钱谦益：《列朝诗集·乾集》（上）第4页，三联书店，1989年。

身》云："一纪之年先拔萃，当为太宰建奇功。"《平定宁夏》云："赤胆忠心报帝王，平安一镇苍生奉。"又：杨一清有《谢武宗京口幸私第表略》，王鏊有四绝咏其事[①]。《保障城池》见本谱正德十四年纪事。

武宗欲幸南直隶其他地区和浙江，从容讽止之。

朱淳《重辑杨文襄公事略》："武宗南征……时左右有导上幸江浙者，公从容婉谏，遂不果行。"[②]

《明史》本传："帝南征，幸一清第，乐饮两昼夜，赋诗赓和以十数。一清从容讽止，帝遂不为江、浙行。"[③]

送驾后，作《化鹏老人逸事记》，叙述武宗巡镇江趣事。

方树梅《杨文襄公年谱》："武宗南巡至镇江，先入柳老人家，后幸公私第，驻跸十余日。公有《车驾幸第录》，其书已佚。惟柳氏有谱，载公作《化鹏老人逸事记》……"其记云：一清得柳老人传语，"飞驰往候，果圣驾也"。武宗在杨府"驻跸十余日，欲往南都谒孝陵，恳随行，不许。送驾后便道过柳氏宅，召老人而问之"，答曰：武宗先以军官装束入其家，曰："'镇江有杨麻子名一清者乎？若在家，可代我召来。'对曰：'一清是杨相公名，想在府中，当即去请。'"柳老人名鲲，字化鹏。是记落款日期为"正德十五年庚辰十月十日"。[④]

十二月己丑（初五日），宸濠伏诛；甲午（初十日），武宗还京师，告捷于郊庙社稷。[⑤]

正德十六年辛巳（1521），六十八岁

作《经济文衡》序。

《四库全书总目·经济文衡》："不著编辑者名氏，初刻于正德辛巳，有杨一清序。"[⑥]

重登三峰，与范原博第三次对弈，有诗纪之，叙三会年代。

诗题为《正德戊辰，予在三峰与四明范原博手谈，有"兹山古洞天，斯人今国手"长句一章，词林士大夫多和之。后十一年戊寅，再与原博会奕于此，诗云"洞天还旧迹，

---

① 方树梅：《杨文襄公年谱》卷上，《学山楼丛书未刊稿》，云南省图书馆藏。

② 朱淳：《重辑杨文襄公事略》，影印《云南丛书》，第15册，第7611~7612页，中华书局，2009年。

③《明史》卷198，第17册，第5229页，中华书局，1974年。

④ 方树梅：《杨文襄公年谱》卷上，《学山楼丛书未刊稿》，云南省图书馆藏。

⑤《明史》卷16《武宗本纪》，第2册，第212页，中华书局，1974年。

⑥ 永瑢等编纂：《四库全书总目》卷92，第784页，中华书局，1965年。

国手又重来”。今阅三年，重登三峰，原博复偕行。老病，不能和前长诗，赋短句识之》。①

按：正德戊辰，1508 年；戊寅，1518 年。“短句”，见下文方谱引录，不赘。

方树梅《杨文襄公年谱》：“重登三峰，范原博复行，赋短句识之云：‘洞天逢国手，又是第三回。泉喜游人醉（原注：山有喜客泉），山迎宰相来。一枰聊适意，万事莫深猜。日夕岩姿好，凭高首重回。’公与范原博手谈，三见之于诗，其善奕可知。”②

七月初三日，进士张璁上疏，支持世宗继统并隆尊礼之孝。

《明世宗实录》七月壬子（初三日）：进士张璁上疏，支持世宗继统而非继嗣，并不废尊亲，尊其生父为考，并别立圣考庙于京师，使其得隆尊礼之孝，且使母以子贵，尊以父同则。世宗得张璁奏而喜曰：“此论一出，吾父子必终可完也！亟下所司议闻。”③

九月丙子（十六日），世宗命内阁详“大议礼”称号。④

十二月戊子（初十日），遣行人存问原任大学士王鏊、杨一清，赐之敕。⑤

何景明卒，行年三十九。⑥

明世宗朱厚熜嘉靖元年壬午（1522），六十九岁

改元嘉靖，世宗遣官赍敕至镇江存问，作《老朽误蒙敕使存问，有念旧尊贤之谕，志感一首》。

诗云：“老归林下已华颠，又见新皇御极年。特敕远颁劳问旧，误恩非分愧尊贤。”⑦

朱淳《重辑杨文襄公事略》：“今上即位，论荐起公者，凡二十余疏。上在藩邸亦素闻公，诏待缺起用，特先遣官赍勅存问。”⑧

三月十九日，为席书荐起经略西北。

《明世宗实录》三月丙寅（十九日）：“巡按湖广右副都御史席书，荐致仕大学

① 杨一清：《石淙诗稿》卷 14《归田后类》，《四库全书存目丛书》，集部第 40 册，第 536 页，齐鲁书社，1997 年。

② 方树梅：《杨文襄公年谱》卷上，《学山楼丛书未刊稿》，云南省图书馆藏。

③《明世宗实录》卷 4，第 162~165 页，台湾“中央研究院”历史语言研究所，1962 年。

④《明世宗实录》卷 6，第 261 页，台湾“中央研究院”历史语言研究所，1962 年。

⑤《明世宗实录》卷 9，第 326 页，台湾“中央研究院”历史语言研究所，1962 年。

⑥ 方树梅：《杨文襄公年谱》卷上载事而不明所据（《学山楼丛书未刊稿》，云南省图书馆藏），可参阅刘海涵《何大复先生年谱》，《北京图书馆藏珍本谱丛刊》，第 44 册，第 558 页，北京图书馆出版社，1999 年。

⑦ 杨一清：《石淙诗稿》卷 15《归田后类》，《四库全书存目丛书》，集部第 40 册，第 535 页，齐鲁书社，1997 年。

⑧ 朱淳：《重辑杨文襄公事略》，影印《云南丛书》，第 15 册，第 7612 页，中华书局，2009 年。

士杨一清，可使经略西北边。得旨：待缺起用，不必烦以边事。”①

“大礼议”起，支持进士张璁上疏，并劝席书早赴诏，以定大议。

《明世宗实录》嘉靖九年九月甲寅（廿八日）附杨一清传：“嘉靖初‘大礼议’，一清见张璁《大礼或问》而是之。于是，张、桂力加荐引。”②

李元阳《吏部尚书杨公墓表》：“嘉靖初，遣使存问。大礼议起，公见永嘉疏曰：‘张生此论，圣人复起，不能易也！’。张、桂向用，力荐公。”③

《明史》本传：“初，‘大礼’议起，一清方家居，见张璁疏，寓书门人乔宇曰：‘张生此议，圣人复起，不能易也。’又劝席书早赴召，以定大议。”④

五月廿八日，遣侄谢存问之恩，上优诏褒答。

《明世宗实录》五月癸酉（廿八日）：“遣侄杨元谢遣官存问之恩，上优诏褒答，仍给与诰命，荫杨元为中书舍人”。⑤

急雨猛厉，洪水翻江，作诗《七月二十五日纪异》。

诗云：“死者灭没随洪涛，生者攀援系高树。廪无贵粟灶无烟，村鸡不鸣犬不吠。我时扶病坐复兴，达旦彷徨不能寐。……洪范庶征须省念，此变无乃臣工致。人可胜天理则然，为代民谣聊纪异。”⑥

八月己丑（十六日），上疏辞免荫子。上以成命已下，不允所辞。⑦

与郡守滕侯约游秋江，醉歌并分韵赋诗，书为长卷，尚存。

诗题为《郡守滕侯为秋江之约，醉歌荻岸中，放舟至焦山，登佳处亭，乘月而返。众客谓胜游不可无纪，偶侍者信口有“天开图画长江里”之语，余遂请以此七字分韵赋诗，

---

①《明世宗实录》卷12，第439页，台湾“中央研究院”历史语言研究所，1962年。方树梅《杨文襄公年谱》卷中引录，本谱注版本页码（《学山楼丛书未刊稿》，云南省图书馆藏）。

②《明世宗实录》卷117，第2779页，台湾“中央研究院”历史语言研究所，1962年。方树梅《杨文襄公年谱》卷中引录，本谱注版本页码（《学山楼丛书未刊稿》，云南省图书馆藏）。

③ 方树梅纂辑：《滇南碑传集》，第5页，李春龙、刘景毛、江燕点校，云南民族出版社，2003年。

④《明史》卷198，第17册，第5230页，中华书局，1974年。

⑤《明世宗实录》卷14，第487页，台湾“中央研究院”历史语言研究所，1962年。方树梅《杨文襄公年谱》卷中引录，本谱注版本页码（《学山楼丛书未刊稿》，云南省图书馆藏）。

⑥ 杨一清：《石淙诗稿》卷15《归田后类》，《四库全书存目丛书》，集部第40册，第539页，齐鲁书社，1997年。

⑦《明世宗实录》卷17，第525页，台湾“中央研究院”历史语言研究所，1962年。方树梅《杨文襄公年谱》卷中以引录此条为事条，本谱注版本、页码（《学山楼丛书未刊稿》，云南省图书馆藏）。

余得“天”字二首》。[①]

方树梅《杨文襄公年谱》：“时同游者：南京鸿胪卿刘克柔、致仕参议居德享、参戎陆京汉、浙江宪副许补之、四明范生洪、广陵张生倜、滕危言暨余八人。刘乾得‘开’字，居竹居子得‘图’字，有七律二首，书为长卷。”其后方先生考同游者并证其书卷之来龙去脉甚详，言此长卷民国初为张大千携来滇。[②]

按：郡守滕侯名谧，字危言。杨一清致仕居镇江时，与其多有交往。袁嘉谷《滇绎》载杨一清与其五札，内容大略如下：一札言《车驾幸第录》将刻完，其曾许诺为作诗；二札谢其因自己的孙子加官而道贺；三札问病并送其池莲十五枝为药；四札谢其率属官至宅拜贺某盛事；五札谢其外出归来馈赠土特产。滕氏将其札装裱成册，道光六年重阳，东莱翟云升题书于后，“此册滇图书馆有印本文襄真迹，余选镌滇贤遗墨，以此为冠”。[③]

九月初八日，黎贯请召用杨一清总制三边。

《明世宗实录》九月辛亥（初八日）：“陕西道监察御史黎贯以三边有警，请召用致仕武英殿大学士杨一清，付以总制之权往经略其地，刑科给事中管律亦以为言。具下所司知之。”[④]

九月十六日、二十一日至二十七日，与朋辈携游宜兴山水，有诗《游沈山》《丹阳孙生育，请余自七峰游沈山，循麓而西至经山，有寺，寺前有古杏一株，盖数百年物也。口占此诗，留之山中，用纪一时之兴云》《重游紫府观》。[⑤]

方树梅《杨文襄公年谱》：“公谢政归，闻宜兴有张公洞、善权洞，奇观相甲乙。秋九月既望，偕陆生翀访旧至丹阳之七峰，归自沈山。至经山，宿紫府观。至新丰镇，广陵张生朋适至，同乘舟由练湖过常州至宜兴。自二十一日沿途游至二十七日，往返凡七日。谓奇观尽得，生平胜游，无逾于此。有记详言之。”[⑥]

十月初六日，黎贯、管律各进言起用总制三边，侍郎李钺改甘肃经略。兵

---

① 杨一清：《石淙诗稿》卷15《归田后类》，《四库全书存目丛书》，集部第40册，第540页，齐鲁书社，1997年。

② 方树梅：《杨文襄公年谱》卷中，《学山楼丛书未刊稿》，云南省图书馆藏。

③ 袁嘉谷：《滇绎》，李春龙、刘景毛辑校《正续云南备征志精选点校》，第716~717页，云南民族出版社，2000年。

④《明世宗实录》卷18，第547页，台湾“中央研究院”历史语言研究所，1962年。

⑤ 杨一清：《石淙诗稿》卷15《归田后类》，《四库全书存目丛书》，集部第40册，第541页，齐鲁书社，1997年。

⑥ 方树梅：《杨文襄公年谱》卷中，《学山楼丛书未刊稿》，云南省图书馆藏。

部议以为李钺可观后效，一清起用，俟会廷臣别议以闻，诏从部议。

《明世宗实录》十月戊寅（初六日）："陕西道御史黎贯、刑科给事中管律，各言致仕大学士杨一清久任三边，威名素著，乞特起用，径赴陕西总制，而以侍郎李钺改甘肃经略。兵部议：钺奉命初至固原，征调设备，未为不周。顷，虏众大举，人心摇动，而钺督兵鏖战，克当虏锋，似难议调。大学士杨一清远在江南，闲居日久，一旦起用，未免辞奏稽延，而钺闻改命，势必灰心解体。乞仍戒钺竭忠督理，冀图后效，而一清起用，俟会廷臣别议以闻。诏从部议。既而钺自劾乞休，上温旨勉留之。"①

嘉靖二年癸未（1523），七十岁

元宵佳节，在镇江府第夜宴观灯，王鏊受邀赴宴。

王鏊有诗《癸未春，予送女至京口，至之明日为上元节。是夜，宴邃庵杨少傅第。少傅悬灯于山，灿烂奇甚》。②

四月初一日，撰《颜鲁公集序》。③

闰四月初八日，杨绍芳固辞驰驿归养，不允。

《明世宗实录》闰四月戊申（初八日）："中书舍人杨绍芳，以先任大学士杨一清之子，奉旨许其驰驿归养，而给事中李学曾言其恩礼太过。绍芳内不自安，再疏固辞。上曰：'朝廷优礼旧臣，不以去位异施。成命已下，所辞不允。'"④

七月廿二日，林俊致仕。

《明世宗实录》七月庚寅（廿二日）：刑部尚书林俊请老，上特从所请，给驿以归，仍加太子太保。⑤

按：林俊此前有书《答邃庵》云："每及归，诸老辄相阻。……八月九日当官三月满，当力请骸骨，卯桥夜话当数夕。"⑥

秋八月，为王守仁之父王华（德辉）撰《海日先生墓志铭》。

铭云："嘉靖壬午春二月十二日终于正寝，得年七十有七。明年秋八月某日，葬公郡东天柱峰之南之原，具书戒使者诣镇江，请予铭公墓。予曩官外制官太常，接公

① 《明世宗实录》卷19，第560页，台湾"中央研究院"历史语言研究所，1962年。
② 王鏊：《震泽集》卷8，《景印文渊阁四库全书》，第1256册，第232页，台湾商务印书馆，1986年。
③ 方树梅：《杨文襄公年谱》卷中，《学山楼丛书未刊稿》，云南省图书馆藏。
④ 《明世宗实录》卷26，第738页，台湾"中央研究院"历史语言研究所，1962年。
⑤ 《明世宗实录》卷29，第789页，台湾"中央研究院"历史语言研究所，1962年。
⑥ 林俊：《见素集》卷23，《景印文渊阁四库全书》，第1257册，第262页，台湾商务印书馆，1986年。

班行不鄙，谓予以知言见待。予迁南京太常，辱赠以文；公校文南畿，道旧故甚洽。正德丁卯，取嫉权奸，归致仕，予亦避谗构谢病归，杜门不接宾客。公直造内室，慰语久之。”①

九月，林俊致仕过镇江，留之三日而别②。作《见素林公九月十日访予石淙精舍，看菊有诗，次韵答之》《送素翁致政归云庄二首》《送素翁用京师留别韵二首》《次京师公卿赠素翁韵二首》等诗③。

《哭林见素先生三首》其二自注：“嘉靖癸未之秋，见素得告致仕。过镇江，宿三日。予送之丹阳道中，日暮而别。”④。

冬月初六日寿旦，众高足赋诗预祝。

林俊《寿大老邃庵杨公序》：“岁之冬六日，少傅兼太子太傅、吏部尚书、武英殿大学士邃庵杨公七十寿之旦。公高弟子白岩乔公、蓉溪金公、桂岩边公偕诸耆旧，各赋诗豫致祝……”⑤

邵宝有诗《寿少傅邃翁先生七十》。⑥

嘉靖三年甲申（1524），七十一岁

正月，“大礼议”起。五月，门人吕柟下锦衣卫狱。七月，门人何孟春、杨慎、马理等二百二十余人入朝禁跪地请愿，上令拷讯。丰熙等八人充戍，马理等一百三十四人下锦衣卫狱并受廷杖，毛玉等十六人杖死。“大礼”狱已处分，杨慎等七人复伏阙哭谏，上大怒，诏锦衣卫廷杖七人并处置之，杨慎被削籍为民，谪戍云南永昌卫（今保山）。

《明史·世宗本纪》：正月丙戌（廿一日），南京刑部主事桂萼，请改称孝宗皇伯考，下廷臣议。二月丙午（十一日），杨廷和致仕。夏四月辛酉（廿七日），编修邹守益请罢兴献帝称考立庙，下锦衣卫狱。五月乙丑（初一日），修撰吕柟言“大礼”未正，

---

① 王守仁：《王文成全书》卷37，《景印文渊阁四库全书》，第1266册，第145~149页，台湾商务印书馆，1986年。

② 方树梅：《杨文襄公年谱》卷中，《学山楼丛书未刊稿》，云南省图书馆藏。

③ 杨一清：《石淙诗稿》卷16《归田后类》，《四库全书存目丛书》，集部第40册，第544~545页，齐鲁书社，1997年。

④ 杨一清：《石淙诗稿》卷18《玉堂后类》，《四库全书存目丛书》，集部第40册，第601页，齐鲁书社，1997年。

⑤ 林俊：《见素集·续集》卷7，《景印文渊阁四库全书》，第1266册，第516页，台湾商务印书馆，1986年。

⑥ 邵宝：《容春堂集·续集》卷3，《景印文渊阁四库全书》，第1258册，第440页，台湾商务印书馆，1986年。

下锦衣卫狱。六月，鸿胪少卿胡侍言、张璁等议礼之失，俱下狱。秋七月戊寅（十五日），廷臣伏阙固争，下员外郎马理等一百三十四人锦衣卫狱。癸未（廿日），杖马理等于廷，死者十有六人。①

《明世宗实录》七月癸未（廿日）：“锦衣卫以在系官上请并待罪者，凡二百二十余人。上责之曰：‘何孟春辈擅入朝禁，聚朋哭喊，假以忠爱为由，实为欺党私朕，中年任意妄为。’乃令拷讯。豊等八人充戍，其余四品以上，姑于午门前宣谕停俸，五品以下各杖之。是时诸臣被掠系死者：编修王思、王相，给事中裴绍宗、毛玉，御史胡琼、张曰韬，郎中胡琏、杨淮，员外郎申良，主事余祯藏、应魁、许瑜、张灿、殷承叙、安玺，司务李可登等十有六人。”七月辛卯（廿八日），“‘大礼’狱已处分，上怒犹未已。有言当戊寅朝罢，群臣业已散去，乃修撰杨慎、检讨王元正，给事中刘霁、安盘、张汉卿、张原，御史王时柯等七人寔纠之，伏阙哭。上大怒，诏锦衣卫曰：‘杨慎辈倡率叫哭，期慢召上，震惊阙廷，大肆逆，其各杖于廷。’于是原状死，慎、元正、济（按“济”当为“霁”）充戍，盘、汉卿、时柯俱削籍为民。”②

九月丙寅（初四日），“始定大礼称”③。屡为谪戍者求情，并论救马录之死。

朱淳《重辑杨文襄公事略》：“在‘大礼’，则屡求原谪戍之臣；在大狱，则独论救马录之死。”④

《明史·马录传》：“马录，字君卿，信阳（今属河南）人。正德三年（1508）进士。授固安知县。居官廉明，征为御史，按江南诸府。”嘉靖五年（1526）按山西，查李福达案并弹劾武定侯郭勋，被坐罪下狱，乃戍广西南丹卫，遇赦不宥。帝意犹未慊，语杨一清等曰：‘与其佼及后世，不若诛止其身，从《舜典》‘罚弗及嗣’之意。’一清曰：“祖宗制律具有成法，录罪不中死律。若法外用刑，吏将缘作奸，人无所措手足矣。帝不得已，从之。……竟卒于戍所。”⑤

九月十九日，王木疏荐杨一清，王守仁赞同，章下所司。

《明世宗实录》九月辛巳（十九日）：“御史王木以大臣相继罢去，乃疏荐大学士杨一清。尚书王守仁言：‘今欲兴道致治，非二臣不可。’章下所司。”⑥

---

①《明史》卷17，第2册，第218~219页，中华书局，1974年。

②《明世宗实录》卷41，第1080、1084~1085页，台湾“中央研究院”历史语言研究所，1962年。

③《明世宗实录》卷43，第1111页，台湾“中央研究院”历史语言研究所，1962年。

④朱淳：《重辑杨文襄公事略》，影印《云南丛书》，第15册，第7615~7616页，中华书局，2009年。

⑤《明史》卷206，第18册，第5427~5430页，中华书局，1974年。

⑥《明世宗实录》卷43，第1124页，台湾“中央研究院”历史语言研究所，1962年。

十二月廿八日起复，改兵部尚书兼左都御史，第三次总制陕西三边军务。故相行边至此始。

《明世宗实录》十二月戊午：“兵部尚书金献民等以贼平班师。上命陕西三边设提督军务大臣一员，该部议推才优望重者往。于是吏部言：‘致仕少傅、大学士杨一清，兵部尚书彭泽，南京兵部尚书王守仁俱任。’上命一清以原官改兵部尚书兼都察院左都御史，提督陕西三边军务。”①

《明史·世宗本纪》十二月：“戊午（廿八日），起致仕大学士杨一清为兵部尚书，总制陕西三边军务。”②

《明史》本传：“嘉靖三年十二月戊午诏一清以少傅、太子太傅改兵部尚书、左都御史，总制陕西三边军务。故相行边，自一清始。温诏褒美，比之郭子仪。一清至是三为总制，部曲皆踊跃喜。”③

方树梅《杨文襄公年谱》按：“此公第三次总制三边。公自丁丑至甲申所作诗曰《归田后类》，《石淙诗稿》卷十三、十四、十五，共诗四百九十首。”④

按：天津图书馆本卷十六亦为《归田后类》，载诗 95 首，赋 1 篇。

作散套《南北双调合套·闲情》。

北曲《沽美酒》：“日和月错迭如转丸，曲指数俺归田有六七年，一任山花开落云舒卷。幸当今主圣臣贤，鉴成法，永无愆。喜天下文修武偃，缵列祖裕后光前。呀！要驱驰争奈势力不全，况是鸟飞知倦。”南曲《尾声》：“历侍三朝多荣显，归去星霜今已换，愿祝皇图亿万年。”⑤

按：此套曲前几支写归田之乐、回顾仕途之险，以上所引为最后两支。杨一清第二次归镇江，在正德十一年（1516），至今年起复第三次总制三边止，致仕已七年。他在仕途上已侍奉过宪宗、孝宗、武宗三朝皇帝，这时又将侍奉第四朝皇帝孝宗。其事迹与散套相吻合，故系于此。

李梦阳致书云，杨一清诗集十册，校定其九，唯遗《自讼稿》，并作九册总评。

李梦阳《奉邃庵先生书》其七：“公逾七袠，愚过半百，会不信宿，复此违隔，

---

①《明世宗实录》卷 46，第 1193 页，台湾“中央研究院”历史语言研究所，1962 年。

②《明史》卷 17，第 2 册，第 219 页，中华书局，1974 年。

③《明史》卷 198，第 17 册，第 5229 页，中华书局，1974 年。方树梅《杨文襄公年谱》卷中据《通鉴辑览》提及“故相行边”事（《学山楼丛书未刊稿》，云南省图书馆藏）。

④ 方树梅：《杨文襄公年谱》卷中，《学山楼丛书未刊稿》，云南省图书馆藏。

⑤ 谢伯阳编：《全明散曲》，第 445 页，齐鲁书社，1994 年。

人非木石，谁堪此怀也！大作十册，校定者九，遗者《自讼稿》耳。愚尝静绎潜究，推求旨绪：西巡诸作，矜持严整，大而未化；立朝之作，廊庙冠冕，俊拔典则；边塞之作，忠诚奋扬，规画概见；归田之作，幽眇流行，情涣意层，变化百出矣。揆厥原本，蓄厚决沛，蕴深光渊，故触之则发，驱之则伏，写之无逸景，用之无梗事，铺之无留情。遂使工辞者，畏其浑沦；负气者，让其雄高；攻意者，服其巧妙。虽唐宋调杂，今古格混，瑜瑕靡掩，轨步罔一，然所谓千虑一失者也。一代名笔，后必有知子云者。”①

嘉靖四年乙酉（1525），七十二岁

正月，钦奉总督三边敕谕。②

二十四日，因病上疏辞免督师西征，既而使者持任命诸物至，强起作诗志感。③

诗题为《嘉靖四年正月二十四日，臣一清抱疴林下，不意谬以廷臣论荐，承恩命起督师西征。自度衰病，不能负荷，上疏辞免。既而使者赍敕符、旗牌、关防及钦赏白金、文绮俱至，强起奉迎，作诗志感》。④

《与致仕乔白岩太宰》：“新正二十四日，知有提督陕西军务之命，因念曩官京师，因目疾、痰疾、足疾为患，沥诚恳请，章数十上，乃奉俞旨休致。今年七十二，精力日惫，岂能复供任使？已两具疏辞免而温旨督迫，人臣之分，似不当复避。兵部又以河套、甘肃事情节提奉旨，督催前去节制调遣。势不容缓，只得扶病而行，到边徐图去就。……俟虏患稍宁，即上乞骸之疏，非今冬，则不出明春耳。”⑤

按：此信杂收于《石淙诗稿·督府类》。

二月丙申（初七日），朝廷“复遣官驰促杨一清赴边，因闻虏将大举南牧也”。⑥

十一日，以衰病辞督边之命，不允。

《明世宗实录》二月庚子（十一日）：“致仕大学士杨一清自陈衰病，辞督边之命。上报曰：‘卿累朝耆俊，闻望素隆，投间有年，屡经论荐，特起卿付以全陕，岂

① 李梦阳：《空同集》卷63，《景印文渊阁四库全书》，第1262册，第578页，台湾商务印书馆，1986年。
② 朱淳：《重辑杨文襄公事略》，影印《云南丛书》，第15册，第7612页，中华书局，2009年。
③ 方树梅：《杨文襄公年谱》卷中，《学山楼丛书未刊稿》，云南省图书馆藏。
④ 杨一清：《石淙诗稿》卷17《督府类》，《四库全书存目丛书》，集部第40册，第557页，齐鲁书社，1997年。
⑤ 同上书，第577~578页。
⑥《明世宗实录》卷48，第1221页，台湾“中央研究院”历史语言研究所，1962年。方树梅《杨文襄公年谱》卷中引录，本谱注版本页码（《学山楼丛书未刊稿》，云南省图书馆藏）。

可引老辞避？况虏方在套，边患可虞，卿尝以体国自许，宜兼程前往，督率文武将吏，攘外安内，纾朕西顾之忧。勿再辞。’”①

三月初三日，复具疏辞命，上不允所辞，温旨褒答，谕兵部遣官促令亟往。作诗《乞免不允，温旨褒答，有“卿素以体国自许，谅不在赵充国、马援之下”之谕。强起，力疾趣装，再赋一首》。②

《明世宗实录》三月壬戌（初三日）：“杨一清复具疏辞职，上以一清才猷练达，精力尚健，优诏褒美，不允所辞。仍谕兵部遣官，促令亟往提督东官厅军务。”③

强起赴边，有《先是阴雨浃旬，启行之日始晴，风色尚猛。比登舟，风顿止，江波镜平，喜赋二绝句》④《三入关用旧韵》⑤《四月二十一日发陕城，阻雨，越二日乃行。病目甚苦风沙，雨后浮尘尽洗。时方忧旱，众情胥快，口占一诗纪喜》⑥等诗。

李东阳门人持何子元（孟春）麻太夫人状，请为志墓。

方树梅《杨文襄公年谱》：“春三月，公再起督师。李东阳门人，持南京工部侍郎何子元麻太夫人状，请为志墓。公匆匆起行至陕西，间关戎马间，不及从事，越数月，始为之。公云：‘念予二家非常交，文难拘常格。’”⑦

六月，在固原后堂赏蜀葵，有诗数首纪之。

《六月赏蜀葵，赠吕道夫宪长，语意盖为道夫而发也》：“抗炎朱夏未全痴，自保丹心似老葵。谁道看花非我事，也曾看向未开时。”⑧

《官署赏葵杂诗引》：“西征历边城，自春阻夏，未尝见花。固原后堂，有葵丛生，初亦不知其美，数日后花始放，久之益盛，五色交错，辉映庭几，烂然锦绣之林也。

---

①《明世宗实录》卷48，第1223页，台湾“中央研究院”历史语言研究所，1962年。方树梅《杨文襄公年谱》卷中引录此条文字，本谱注版本页码信息（《学山楼丛书未刊稿》，云南省图书馆藏）。

②杨一清：《石淙诗稿》卷17《督府类》，《四库全书存目丛书》，集部第40册，第557页，齐鲁书社，1997年。

③《明世宗实录》卷49，第1233页，台湾“中央研究院”历史语言研究所，1962年。方树梅《杨文襄公年谱》卷中引录，本谱注版本页码（《学山楼丛书未刊稿》，云南省图书馆藏）。

④杨一清：《石淙诗稿》卷17《督府类》，《四库全书存目丛书》，集部第40册，第557页，齐鲁书社，1997年。

⑤同上书，第558页。

⑥同上书，第559页。

⑦方树梅：《杨文襄公年谱》卷中，《学山楼丛书未刊稿》，云南省图书馆藏。

⑧杨一清：《石淙诗稿》卷17《督府类》，《四库全书存目丛书》，集部第40册，第560页，齐鲁书社，1997年。

案牍戎马之余，辄一造赏，口占成句，家史记而录之，得十二章。独念江南赏花故人无一在侧，为可恨耳。”①

七月十四日，进言添设参将一员驻扎固原，分管环庆、靖虏、兰州等地，兵部采纳之。

《明世宗实录》七月辛未（十四日）：“总督三边兵部尚书杨一清言：‘固原、环庆、靖虏、兰州，俱系防关重地，而固原尤为冲要。且土汉杂处，易于生变，内有监牧马匹，又贼所窥伺。宜添设参将一员驻扎固原，分管前项地方。’兵部覆从之。”②

作《与江南诸亲旧书》，言极力振边务，待虏患稍宁，方乞还。

书云：“入关中已四阅月，江南消息，茫不与闻。边务废驰已极，若破屋，然床床皆漏，虽极力修补，不知能振起二三分否？……俟虏患稍宁，乞骸之疏，当在明春耳。”③

按：上引书信杂收于《石淙诗稿·督府类》。杨一清于三月赴边，“入关中已四阅月”，是为七月。

八月十八日，敌数百骑从庄浪（今属甘肃平凉）渡黄河，破之。自是定花马池，边营墙外数百里无复敌踪，作《破虏谣》十章并序纪之。

《破虏谣》序云：“嘉靖四年八月十八日，大虏在庄浪以数百骑浮渡黄河，入靖虏地方。河外贼联营扎立，意在探我道路，窥我虚实，将与套贼合谋入寇。靖虏将官出兵御之，斩其先锋一人，报至固原，督府发兵追剿。贼见兵至，伏山谷间两日夜，人马饥乏，乃鼓噪而出。我兵追之，不敢逆战，经宁夏界上，虏居人丁畜由盐池为沟，中空以出，将遁归套中。督府先是已布置诸军于各路暗伏，盖防套贼入境。不虞寇自内出，檄宁夏诸军合兵追剿，贼迎战数十合，多所斩获。贼既不得逞，乃委其所掠，并所用马器以遁至边墙，边将遏之，不得出，斩首数级，贼无计，率其轻骑复奔腹里，将由旧路以渡。我兵追及，迎战败走，又斩首数级。驱至河，争浮渡，河涨，胥陷没焉。尚有六骑达西岸，去。贼僵死涧谷，堕崖堑以死者多，马匹死伤，枕籍道路。诸军既罢散，犹有十骑奔至边墙，弃其马匹械器，缘墙而出。盖自是花马池定，边墙补数百里，

① 杨一清：《石淙诗稿》卷17《督府类》，《四库全书存目丛书》，集部第40册，第560~561页，齐鲁书社，1997年。

②《明世宗实录》卷53，第1318页，台湾“中央研究院”历史语言研究所，1962年。方树梅《杨文襄公年谱》卷中引录，本谱注版本页码（《学山楼丛书未刊稿》，云南省图书馆藏）。

③ 杨一清：《石淙诗稿》卷17《督府类》，《四库全书存目丛书》，集部第40册，第580页，齐鲁书社，1997年。

无复贼踪矣。诸将恐其报复，未敢掣兵，然此田中之禽，占利搏执，非贪功好杀者比，死当无咎。乃采边人之语，为《破虏谣》，凡十章。”①

《明世宗实录》八月戊子朔（初一日）：“先是，西海虏正德初为小王子仇杀，率其余党假息西宁，春夏逐水草驻牧，收冬踏河冰掠洮泯。时总督杨一清调请兵剿之，会一清召还，议遂寝。后贼益众，颇为边患。至是，一清复提督三边，请得相机以便益从事。兵部上其议，上可之，令一清先具胜方略，审计以闻，要在万全，毋轻启衅。”②

在固原撰《敕赐义民华腾霄墓志铭》。

方树梅《杨文襄公年谱》：“撰《敕赐义民华腾霄墓志铭》云：今年春二月，予起废西征，延奉率诸弟持状诣予，请撰其父志铭，予以戒行伊迩辞。阅五月，予驻节固原，延奉遣其仆持书谒督府，请曰：‘先父卜以今冬九月二十八日，附葬邑椿桂山祖茔东偏，不得公志铭，不孝之罪，无所赎矣！’呜呼，是尚可负哉！”③

按：方谱载其事于去年，疑误。杨一清铭文谓其人“卒于嘉靖甲申十一月二十二日”（去年），其子请铭谓“先父以今冬九月二十八日，附葬……”，此“今冬”为其父卒后之明年（即今年）。又：杨一清起复总督三边，在去年十二月。今年正月，钦奉总督三边敕谕；二月，朝廷复遣官驰促其赴边；二月、三月一清上疏辞免，皆不允辞，乃起行。历时五个月，在驻节固原后，方得暇而不辞为撰铭文，故此墓志铭，当撰于今年八月。

九月十五、十六日夜，在边关与客赏月，作诗《中秋偶吟》《中秋值雨，遂阻赏月之兴。闷赋一诗，欲以明日为期，不知天意肯从否》《十六夜，月明如昼，果副昨宵之愿。呼酒与客同赏，喜赋一章》。④

重九日无菊可赏，独自酌酒赏葵，作诗《九月无菊，阶下葵花数株，妍丽如昨。酌酒赏之，得三绝句》。

其一：“边城风日此重阳，又负黄花一度黄。阶下老葵如我意，尚留佳色殿秋光。”⑤

---

① 杨一清：《石淙诗稿》卷17《督府类》，《四库全书存目丛书》，集部第40册，第565页，齐鲁书社，1997年。

②《明世宗实录》卷54，第1327页，台湾“中央研究院”历史语言研究所，1962年。

③ 方树梅：《杨文襄公年谱》卷中，《学山楼丛书未刊稿》，云南省图书馆藏。按墓志铭见杨一清《石淙诗稿》卷17《督府类》，第562~563页，齐鲁书社，1997年。

④ 杨一清：《石淙诗稿》卷17《督府类》，《四库全书存目丛书》，集部第40册，第563页，齐鲁书社，1997年。

⑤ 同上书，第564页。

获胜，与巡抚陕西右副都御史王藎犒赏诸将官，作诗《九月二十四日，诸将官破贼，献馘军门。予与巡抚王都宪，共举犒赏之典，用曹黄门所寄诗韵一首》①。

按："都宪"，都察院都御史（或副都御史、佥都御史）别称，明代巡抚例加都察院副都御史或佥都御史衔。此王都宪当为王藎。弘治九年（1496）进士，名列二甲第二十三，题名碑录载："锦衣卫籍，莱州府潍县（今山东潍坊市）人。"②《明世宗实录》嘉靖三年八月乙巳（十三日）载："改巡抚河南右副都御史王藎巡抚陕西。"③嘉靖四年二月庚子（十一日）载："陕西巡抚王藎以大虏将入套，请积茭粟以待。"④十月癸丑（廿八日）载："陕西乾州盗樊绅、张合等，以妖术聚众为乱，官军讨平之。诏录其功，敕赐提督杨一清、巡抚王藎、镇守太监晏宏等，各银弊有差。"⑤嘉靖六年三月初一日载："巡按陕西右副都御史王藎三年秩满。"三月辛巳（初四日）载："巡抚陕西右副都御史王藎以疾乞归。"⑥杨一清《关中奏议》载嘉靖四年至五年所上奏议，有称"巡抚陕西地方都察院右副都御史王藎"的文字⑦。《石淙诗稿》卷十七《督府类》有《柬王巡抚都宪》二篇，前篇言剿贼事，后篇言："今日有所费，而所得俸禄，足以过酬，岂敢于分外别有所受。"⑧

十月初一日，兰溪唐龙为《吏部献纳稿》作序。

序曰："夫献纳有三：曰道、曰位、曰时已矣。……其见于《献纳》者，则规视朝以匡阏政，劝经筵以缉圣学，理直臣以奖台谏，原细过以全国体，绳僭赏以抑近习，疏方略以戢内盗，陈边务以消外虞，尤皇皇如也。……夫先生之道，人臣之节也，位又古上卿焉。忌者嫉其忠，谗者嫉其直，言之谐者固多，不谐者，亦数数然，是固时而已矣。……嘉靖乙酉孟冬初吉，兰溪唐龙撰。"⑨

---

① 杨一清：《石淙诗稿》卷17《督府类》，《四库全书存目丛书》，集部第40册，第564页，齐鲁书社，1997年。

② 李周望：《国朝历科题名碑录初集·明洪武至崇祯各科附》，第1册，第466页，台湾华文书局，1969年。

③《明世宗实录》卷42，第1095页，台湾"中央研究院"历史语言研究所，1962年。

④《明世宗实录》卷48，第1123页，台湾"中央研究院"历史语言研究所，1962年。

⑤《明世宗实录》卷56，第1372页，台湾"中央研究院"历史语言研究所，1962年。

⑥《明世宗实录》卷74，第1655~1656页，台湾"中央研究院"历史语言研究所，1962年。

⑦《杨一清集》卷11至卷17，唐景昆、谢玉杰点校，中华书局，2001年。

⑧ 杨一清：《石淙诗稿》卷17《督府类》，《四库全书存目丛书》，集部第40册，第580~581页，齐鲁书社，1997年。

⑨《杨一清集》附录二，第1129~1130页，唐景昆、谢玉杰点校，中华书局，2001年。

按：兰溪，今浙江金华所辖县级市。

初六日，启程巡边，作《开府行》《巡边偶吟》。

《开府行》："圣皇求旧恩旨褒，君臣之义安所处。不然七十二衰叟，且任绝塞风沙劳。"①

《巡边偶吟》："二十年来三建节"，自注："两总制、一提督"；"六千里外五筹边"，自注："初受命经略，为巡抚并总制、提督"。②

邠州邮亭壁间有佚名诗一首，有人告知而"戏和一首"。

《邠州邮亭壁间有诗一首，不知何人作，其诗曰："太宰西征秉将权，三秦豪杰满军前。行筵颐指金貂客，尽是当年旧执鞭。"或以告予，戏和一首》："阃外三持上将权，五旬之后六旬前。七旬之外重来此，潦倒空先祖逖鞭。"③

按：邠州，今属陕西彬县。

十一月二十六日，御史吉棠荐召还内阁，诏许之。朝中多人以为不可，世宗或切责而贯之，或降级调用。

《明世宗实录》十一月辛巳（二十六日）："初，御史吉棠以内阁大学士费宏与席书有隙，因荐提督三边杨一清宜召还内阁，以调护圣躬，消融朋比。诏许之。"右给事中章桥、给事中郑一鹏俱上疏言不可，章俱下所司。已而兵部郎中杨仪复言不可，"上以仪妄言轻率，切责而贯之"。之后御史侯秩亦上疏谏止，"上曰：'朝廷召用辅臣，自有酌处。侯秩狂妄挠渎，必有朋使之人，颠倒诬荐，故乱成命。姑降二级，调远方用。'寻补四川富顺县县丞。"④

朱淳《重辑杨文襄公事略》："乙酉十一月，上轸念公贤劳于外，又御史郑洛书等交章论荐，于是召入内阁办事。"⑤

《明史·宰辅年表二》："十一月召"。⑥

十二月丁酉（十三日），起致仕尚书王宪提督陕西三边军务，时科道诸臣

---

① 杨一清：《石淙诗稿》卷17《督府类》，《四库全书存目丛书》，集部第40册，第562页，齐鲁书社，1997年。

② 同上书，第564页。

③ 同上书，第567页。

④《明世宗实录》卷57，第1385~1386页，台湾"中央研究院"历史语言研究所，1962年。

⑤ 朱淳：《重辑杨文襄公事略》，影印《云南丛书》，第15册，第7612~7613页，中华书局，2009年。

⑥《明史》卷110，第11册，第3352页，中华书局，1974年。

杨言等，咸请留杨一清于三边，御史马录请舍而用彭泽，上皆不听。[①]

王宪（？~1537）[②]，字维纲，山东兖州府东平州人。弘治三年（1490）进士，历知阜平、滑二县，召拜御史。正德初，擢大理寺丞，迁右佥都御史，进右副都御史，巡抚辽东，历郧阳、大同。因应州御寇功，荫锦衣世百户，迁户部右侍郎，改抚陕西。入为兵部右侍郎，复以功荫锦衣。武宗南征，命率户、兵、工三部郎中各一人督理军储。驾旋，以中旨代王琼为兵部尚书。世宗即位，劾罢。嘉靖四年起为三边总制，加太子太保，复荫一子。改南京兵部尚书，入为左都御史，复罢归。未几，召为兵部尚书。居数年，引年归。卒，赠少保，谥康毅。

《大礼集议》成，颁示天下。[③]

闰十二月丁卯（十三日），上疏辞召还内阁命，不允辞。

疏云："伏愿念秘阁要地，不宜付之匪人，仍令休致，以全晚节。"上曰："宜即来供职，不允辞。"[④]

归途有《三出关用旧韵》《中牟公馆与献吉提学话旧，用前所寄诗韵二首》《渡江》等诗纪事抒怀。

《三出关用旧韵》："四十年来数往还，君臣大义苦相关。"

《中牟公馆与献吉提学话旧，用前所寄诗韵二首》："远从西峤趣南装，忽得君诗抵夜光。"

《渡江》："去岁偶因西事起，驰驱惟恃寸心丹。恩纶却讶征还早，老病真愁赴召难"。[⑤]

方树梅《杨文襄公年谱》按："是岁所作诗曰《督府类》，《石淙诗稿》卷十七共诗一百一十五首附四首，又文九篇；卷之二《柬扎类》五十一篇，与内阁诸先生暨王阳明、李献吉、吴东湖、张补之、朱豸史、席文同、胡永清、湛原明、边廷实、金蓉溪、周子庚、乔白岩、秦风山、彭继物、崔世兴、席元山、康德涵、崔岱屏、胡永

---

①《明世宗实录》卷58，第1388页，台湾"中央研究院"历史语言研究所，1962年。方树梅《杨文襄公年谱》卷中引录纪事，本谱注版本页码、归纳事条（《学山楼丛书未刊稿》，云南省图书馆藏）。

②王宪传见《明史》卷199，第17册，第5257~5258页，中华书局，1974年。

③《明史》卷17《世宗本纪》，第2册，第220页，中华书局，1974年。

④《明世宗实录》卷59，第1399~1400页，台湾"中央研究院"历史语言研究所，1962年。方树梅《杨文襄公年谱》卷中引录，本谱注版本页码（《学山楼丛书未刊稿》，云南省图书馆藏）。

⑤杨一清：《石淙诗稿》卷17《督府类》，《四库全书存目丛书》，集部第40册，第572页，齐鲁书社，1997年。

清诸公之札也。”[①]

按：杨一清第三次总制三边时所作，编集为《督府稿》二卷，今存本诗文混杂。《杨一清集·督府稿》只收柬札类，共有书柬53通；杨一清第三次总制三边后所上奏疏，编集为《关中奏议》卷十一至卷十八《提督类》，《杨一清集》上卷共载109篇[②]。

嘉靖五年丙戌（1526），七十三岁

正月廿日，复辞内阁新命并乞休，不允辞。

《明世宗实录》正月癸卯（廿日）：“提督军务少傅兼太子太傅、兵部尚书杨一清，复辞免内阁新命，又以被劾乞休。上优诏趣令赴召，不允辞。”[③]

门生金城（兰州别称）段炅作《督府稿序》。[④]

按：《督府稿序》作于二月甲子（十一日），杂录于《石淙诗稿》卷十七。

二月，三上疏乞休，上优诏慰留，促令赴召。[⑤]

春三月，门生京口唐鹏为《督府稿》作跋。[⑥]

按：此跋题为《书督府稿后》，杂收于《石淙诗稿》卷十七。

云南太和（今属大理）李元阳举进士，选庶吉士，自此游于杨一清门下二年。[⑦]

五月十八日，敕复吏部尚书、武英殿大学士加少师，仍兼太子太傅，促令赴召入阁办事。

《明世宗实录》五月庚子（十八日）：敕复吏部尚书、武英殿大学士加少师，仍兼太子太傅，与费宏同内阁办事。复上疏引疾固辞，上仍优诏答褒，不允所辞，趣令赴召。[⑧]

---

① 方树梅：《杨文襄公年谱》卷中，《学山楼丛书未刊稿》，云南省图书馆藏。

②《杨一清集》，唐景昆、谢玉杰点校，中华书局，2001年。

③《明世宗实录》卷60，第1415页，台湾“中央研究院”历史语言研究所，1962年。方树梅《杨文襄公年谱》卷中引录，本谱注注版本页码（《学山楼丛书未刊稿》，云南省图书馆藏）。

④ 杨一清：《石淙诗稿》卷17《督府类》，《四库全书存目丛书》，集部第40册，第554~555页，齐鲁书社，1997年。

⑤《明世宗实录》卷61，第1437~1438页，台湾“中央研究院”历史语言研究所。方树梅《杨文襄公年谱》卷中引录，本谱注版本页码（《学山楼丛书未刊稿》，云南省图书馆藏）。

⑥ 杨一清：《石淙诗稿》卷17《督府类》，《四库全书存目丛书》，集部第40册，第556页，齐鲁书社，1997年。

⑦ 李元阳：《吏部尚书杨公墓》，方树梅纂辑《滇南碑传集》，第6页，李春龙、刘景毛，江燕点校，云南民族出版社，2003年。

⑧《明世宗实录》卷64，第1480页，台湾“中央研究院”历史语言研究所，1962年。方树梅《杨文襄公年谱》卷中引录，本谱注版本页码（《学山楼丛书未刊稿》，云南省图书馆藏）。

《明史·世宗本纪》：“夏五月庚子，杨一清复入阁。”[①]

作诗《一清初入朝，蒙恩加少师兼太子太傅，江南故旧有以诗寄贺，次韵自述一首》。

诗云：“五十五年通禁籍，直从弱冠到衰迟。四朝身际今仁圣，一品官兼古傅师。”[②]

按：杨一清十九岁成进士，丁忧服阕后二十二岁授中书舍人，至今五十五年。

启行至张家湾，犹欲辞免入阁之召，而不敢固违圣意，遂以时务之至切、至要五事上疏。

朱淳《重辑杨文襄公事略》：“公即具三疏，恳乞休致。三疏皆奉温旨褒答，不允恳辞，公乃启行。五月，至张家湾，犹欲辞免，惟上意眷笃，不敢固违，遂以时之至切、至要五事以进：一曰圣学，二曰圣政，三曰听言，四曰宥过，五曰和衷。”[③]

《明史》本传：时张璁在内阁“多所更建”，一清与其意见不符，屡遭“阴诋”。“一清又因灾变请戒饬百官和衷，复乞宥议礼诸臣罪，璁益憾。桂萼入内阁，亦不相能。一清屡求去……”[④]

章宗瀛考证：“一清于嘉靖五年疏陈五事：一曰圣学，二曰圣政，三曰听言，四曰宥过，五曰和衷，见《明实录》[⑤]。《传》所言戒百官和衷，宥议礼诸臣，当指此。但云因灾变而言，与《实录》互异，谨附考。”[⑥]

六月初二、十二日两上疏，上皆有复。

《明世宗实录》六月癸丑（初二日）：一清再上疏，上命安心辅政，不必引嫌深辩。癸亥（十二日）又上疏，虑差官织造事，上曰：已有旨，令织造官安静行事，勿扰地方。[⑦]

十三日，世宗御谨身殿左平台，赐御制五言古诗一首，谕“用心供职”。

世宗赐谕：“召大学士杨一清复入内阁办事，赐五言古诗一章慰谕之。”诗后杨一清自纪：“嘉靖五年六月十三日，朝罢，宣内阁诸臣至谨身殿左平台。上先召大学

---

①《明史》卷17，第2册，第220页，中华书局，1974年。

②杨一清：《石淙诗稿》卷18《玉堂后类》，《四库全书存目丛书》，集部第40册，第590页，齐鲁书社，1997年。

③朱淳：《重辑杨文襄公事略》，影印《云南丛书》，第15册，第7612~7613页，中华书局，2009年。

④《明史》卷198，第17册，第5230页，中华书局，1974年。

⑤杨一清所言五事，见载于《明世宗实录》卷64，第1482~1483页，台湾“中央研究院”历史语言研究所，1962年。

⑥《明史》卷198《考证》，《景印文渊阁四库全书》，第300册，第267页，台湾商务印书馆，1986年。

⑦《明世宗实录》卷65，第1487~1488、1494~1495页，台湾“中央研究院”历史语言研究所，1962年。方树梅《杨文襄公年谱》卷中引录，本谱注版本页码（《学山楼丛书未刊稿》，云南省图书馆藏）。

士费宏等三人至前，各手赐诗一首，宣谕：‘卿等前日恭和朕制诗章，朕亦偶成一诗以赐卿等，其用心辅导。’臣宏等致词谢，命赐酒馔出。乃召臣一清至前，手赐五言古诗一章，宣谕：‘卿去年提督边方，劳勩昭著，特兹召还。朕作一诗以赐卿，卿其用心供职。’……次日，上表谢恩。”①

按：杨一清载世宗此诗有二十四句②，而余继登辑《皇明典故纪闻》载诗有十二句③，为间取世宗所赐五言古诗而成。

《明世宗实录》六月甲子（十三日）：“上御平台，召大学士费宏、杨一清、石珤、贾咏入见。宏、珤、咏先入，上谕之曰：‘卿等昨和朕诗，朕亦为卿等各作一诗相勖，其用心辅导。’乃以诗手授宏等。一清继至，上谕之曰：‘卿昨岁督边，殊有劳勩，兹特召还资辅理。朕为一诗赐卿，卿其勉之。’宏等皆顿首谢。”④

六月十四日上谢表，并作《恭和御制五言古诗韵》《赋诗志感》《次湖东先生韵一首》。

《恭贺御制五言古诗韵表》：“六月十四日，臣一清谨上表恭和御制五言古诗韵（臣杨一清谨题）。六月十三日，伏蒙皇上召至平台，手授五言古诗一首赐臣。臣顿首捧归，道路欢传，缙绅交庆，咸谓百年旷兴，今始见之。”⑤

按：此表录于《恭和御制五言古诗韵》诗前，《石淙诗稿》亦如此⑥。

《赋诗志感》：“晓承宣诏和平台，亲捧褒章出阁来。”⑦

《次湖东先生韵一首》：“御座深严历九门，天威咫尺降谦尊。万年仁圣时方泰，千古赓歌道故存。殿外薰风真解愠，暑中甘雨共沾恩。老馀一寸丹心在，敢负高乾与后坤。”⑧

七月初二日，因皇考实录修完，上赐七言诗一首嘉之。

---

①《杨一清集·宸翰录》卷1，第784~785页，唐景昆、谢玉杰点校，中华书局，2001年。

②同上书，第784~785页。

③余继登辑：《皇明典故纪闻》卷17，《四库全书存目丛书》，史部第52册，第760页，齐鲁书社，1997年。

④《明世宗实录》卷65，第1495页，台湾“中央研究院”历史语言研究所，1962年。方树梅《杨文襄公年谱》卷中引录，本谱注版本页码（《学山楼丛书未刊稿》，云南省图书馆藏）。

⑤《杨一清集·宸翰录》卷1，第786~787页，唐景昆、谢玉杰点校，中华书局，2001年。

⑥杨一清：《石淙诗稿》卷18《玉堂后类》，《四库全书存目丛书》，集部第40册，第591页，齐鲁书社，1997年。

⑦《杨一清集·宸翰录》卷1，第788页，唐景昆、谢玉杰点校，中华书局，2001年。杨一清：《石淙诗稿》卷18《玉堂后类》，《四库全书存目丛书》，集部第40册，第591~592页，齐鲁书社，1997年。

⑧《杨一清集·宸翰录》卷1，第789页，唐景昆、谢玉杰点校，中华书局，2001年。

《御制七言诗》：“七月初二日，命司礼监官赍御札到阁宣谕：‘皇考实录修完，朕心欢庆。卿等忠劳独多。朕以诗各一章用慰其功，卿等其承之。’‘实录成，念总裁官、大学士杨一清体国忠勤，嘉之。忠臣清职最难供……纂修摅悃副予衷。……嘉靖五年六月二十五日’”[①]

加兼太子太师、谨身殿大学士，上疏辞赏。

《明世宗实录》七月癸未（初二日）：“以《皇考恭穆献皇帝实录》成……进华盖殿大学士杨一清加兼太子太师、谨身殿大学士，石珤、贾咏少保，馀官各如故。……一清自以初从边镇来，本不与纂修事，再疏辞赏。”[②]

按：此事朱淳《重辑杨文襄公事略》载为五月三十日[③]，与《实录》异。

大学士费宏已致仕，疏荐致仕大学士谢迁，上降敕遣官起用。提督三边都御史王宽破虏报捷，言一清经画有素，上敕吏、兵二部，特加一清进左柱国兼华盖殿大学士，散官尚书仍旧，着二俸兼支，还荫一子锦衣卫百户，与世袭如敕奉行。上疏恳辞，不允；复疏辞，蒙谕赐诗慰之；复固辞加俸，不允辞。[④]

夏至，门生胡缵宗作《石淙先生西巡稿序》。

序云：“邃庵，今柱国相公。始以宪臣督视学校，再以御史中丞综理茶马，再以御史大夫总制三边，凡三莅关中焉。关中固道化之源也，然非巨人硕儒力起而倡之，载浚载决，孰放其流于万里之外哉！……嘉靖五年至日，门生天水胡缵宗百拜序。”[⑤]

胡缵宗（1480~1560）：“陕西泰安人，正德三年（1508）进士。由检讨出为嘉定（今属上海）判官。历山东巡抚，改河南。”[⑥]

七月十五日，兰溪唐龙作《督府奏议序》。

《督府奏议序》：“督府者何？乃三边绎骚，军旅荐兴，诏起太傅邃庵先生提督其事也。奏议者何？先生所为诸疏，以攘戢乎外而毕其经营者也。……嘉靖五年孟秋望日，兰溪后学渔石唐龙书。”[⑦]

---

①《杨一清集·宸翰录》卷1，第789页，唐景昆、谢玉杰点校，中华书局，2001年。

②《明世宗实录》卷66，第1509~1510页，台湾“中央研究院”历史语言研究所，1962年。方树梅《杨文襄公年谱》卷中引录，本谱注版本页码（《学山楼丛书未刊稿》，云南省图书馆藏）。

③ 朱淳：《重辑杨文襄公事略》，影印《云南丛书》，第15册，第7613页，中华书局，2009年。

④ 同上书，第7613~7614页。方树梅《杨文襄公年谱》卷中引录以上事而未明出处、归纳事条（《学山楼丛书未刊稿》本，云南省图书馆藏）。

⑤ 杨一清：《石淙诗稿》卷4《西巡类》，《四库全书存目丛书》，集部第40册，第395页，齐鲁书社，1997年。

⑥ 胡缵宗传见《明史》卷202，第18册，第5333页，中华书局，1974年。

⑦《杨一清集》附录二，第1128~1129页，唐景昆、谢玉杰点校，中华书局，2001年。

方树梅《杨文襄公年谱》按："自丙戌至己丑所作诗曰《玉堂后类》，《石淙诗稿》卷十八、十九，共诗一百八十八首、赋一首。"[①]

嘉靖六年丁亥（1527），七十四岁

正月十六日，以所拟元宵诗呈御览，上为改之，上疏谢恩。

《明世宗实录》正月甲午（十六日）："上政暇喜为诗文，大学士杨一清以所拟元宵诗呈览，内有'爱看冰轮清似镜'之句，上以为类中秋诗，改云'爱看金莲明似月'。一清疏谢，以为曲尽情景，不问可知其为宵元作矣，圣资超悟，殆非臣下所能及也。"[②]

按：《石淙诗稿》有《元宵应制七言律诗十首》[③]，查无世宗所改句。

正月庚子（廿二日），诏开馆自修《大礼全书》，命为总裁官。二月辛亥（四日），兵部议复所言谪调官员事；庚午（廿三日），上疏言内阁参与机务，贵在得人，而首相尤重。[④]

春三月十六日，翰林院侍读学士徐缙撰《恭题宸翰录后》。[⑤]

门生乔宇六十四岁生辰，作诗《白岩以少保、吏部尚书致仕归乐平。其生天顺甲申，至嘉靖丁亥，寿六十有四矣，三月十一日，其初度辰也。予既不得从贺宾之列，为赋近体二章寄寿之》[⑥]。

按：天顺甲申，1464年；嘉靖丁亥，1527年。

四月六日，林俊卒于家。其子林达，出兵部侍郎郑岳所撰事状，乞为撰墓志铭[⑦]。作诗《哭林见素先生三首》[⑧]。

《墓志铭》："卒是年四月六日也。讣闻于朝，缙绅交相悼惜……因忆弘治壬戌（1502），与公同官留都，尝谓予曰：'我二人后死者，当为铭志，言无食。'予谨识之。

---

① 方树梅：《杨文襄公年谱》卷中，《学山楼丛书未刊稿》，云南省图书馆藏。

②《明世宗实录》卷72，第1632页，台湾"中央研究院"历史语言研究所，1962年。方树梅《杨文襄公年谱》卷中引录，本谱注版本页码（《学山楼丛书未刊稿》，云南省图书馆藏）。

③ 杨一清：《石淙诗稿》卷19《玉堂后类》，《四库全书存目丛书》，集部第40册，第613~615页，齐鲁书社，1997年。

④《明世宗实录》卷72，第1636~1637页；卷73，第1643、1649页，台湾"中央研究院"历史语言研究所，1962年。方树梅《杨文襄公年谱》卷中引录，本谱注版本页码、归纳事条（《学山楼丛书未刊稿》本，云南省图书馆藏）。

⑤《杨一清集》附录二，第1133~1134页，唐景昆、谢玉杰点校，中华书局，2001年。

⑥ 杨一清：《石淙诗稿》卷18《玉堂后类》，《四库全书存目丛书》，集部第40册，第595页，齐鲁书社，1997年。

⑦ 方树梅：《杨文襄公年谱》卷中，《学山楼丛书未刊稿》，云南省图书馆藏。

⑧ 杨一清：《石淙诗稿》卷18《玉堂后类》，《四库全书存目丛书》，集部第40册，第601页，齐鲁书社，1997年。请参阅本谱嘉靖二年纪事。

呜呼，孰知果践斯言于二十六年之后哉！”①

林俊《三南记》：“公厚予几五十年，常曰‘知己惟西涯，已乃见素’。呜呼！予敢当公之辱哉！”②

五月，涉《大学衍义》进讲事。

《明世宗实录》五月乙酉（九日）：一清等言：“日以《大学衍义》进讲，甚为有益。”上曰：“宜五日一进。”一清等复请于经筵讲官内，与日讲官各分为两班，每逢三、八日，各轮一人进讲。上曰：“一清免侍班，贾咏等日轮一员，若有召论，不在此例。至于春秋之时，不必以三、八日，可于该朝两宫之日。”辛卯（十五日），上问辅臣《大学衍义》中论汉明帝《三雍解》“明堂”事，一清答之。③

六月初八日，上命重刻《大学衍义》，又御制五言古诗一章并序，杨一清等依韵恭和。上命将御制并杨一清等诗章编集为一册，题名《翊学诗》。

按：御制《听经筵官讲〈大学衍义〉》五言古诗并序、杨一清《恭和听经筵官讲〈大学衍义〉诗疏》，均见《宸翰录》。④

《明世宗实录》六月癸丑（初八日）：“上以《大学衍义》写刻不精，欲将经文并题语大书，诸儒并真德秀所注细书，令司礼监刊印，并欲述序一篇，以申重刊之意。大学士杨一清等因请御制序文，冠诸卷首，用彰帝王之学，以垂来世。阅日，上以《听经筵官讲〈大学衍义〉》五言古诗一章，并序一首，写示内阁，一清等依韵恭和以进。上览毕，赐玺书谕答，有忠诚恳到之褒，及勉以协恭辅导。因命以御制并一清等诗章，集成一册，题其名曰《翊学诗》云。”⑤

《四库全书总目》：“《翊学诗》一卷。案此集乃嘉靖七年五月，经筵官进《大学衍义》，世宗因制五言古诗一章并《序》，以赐阁臣大学士。杨一清、贾咏、翟銮等奉表谢，并和以进。既而谢迁、张璁相继入阁，亦令和进。命集为一册，以《翊学》为名，《明史·艺文志》著录作一卷，与此本同。”⑥

---

① 林俊：《见素集·附录下》杨一清《墓志铭》，《景印文渊阁四库全书》，第1257册，第585页，台湾商务印书馆，1986年。

② 林俊：《见素集·续集》卷9，《景印文渊阁四库全书》，第1257册，第535页，台湾商务印书馆，1986年。

③《明世宗实录》卷76，第1695~1699页，台湾“中央研究院”历史语言研究所，1962年。方树梅《杨文襄公年谱》卷中引录，本谱注版本页码（《学山楼丛书未刊稿》，云南省图书馆藏）。

④《杨一清集·宸翰录》卷4，第817~820页，唐景昆、谢玉杰点校，中华书局，2001年。

⑤《明世宗实录》卷77，第1716~1717页，台湾“中央研究院”历史语言研究所，1962年。方树梅《杨文襄公年谱》卷中引录，本谱注版本页码、归纳事条（《学山楼丛书未刊稿》，云南省图书馆藏）。

⑥ 永瑢等编纂：《四库全书总目》卷192，第1747页，中华书局，1965年。

按："嘉靖七年五月"，当为《翊学诗》集成之时。

六月癸亥（十八日）、甲戌（廿九日），上以阅《武城篇》、灾异修省事谕一清，一清答之；七月癸卯（廿八日），一清进言延绥游击将军加赏事，上从之。[①]

七月初七日，得赐"五经""四书"各一部。

《明世宗实录》七月壬午（初七日）："赐大学士杨一清、贾咏，吏部左侍郎翟銮、礼部右侍郎桂萼、兵部左侍郎张璁，各'五经''四书'一部。"[②]

八月甲寅（初九日），加左柱国兼华盖殿大学士，馀官如故，兼支二俸，荫一子锦衣卫百户世袭。固辞，不许。[③]

十月十五日，敕谕"耆德忠正""绳愆纠违"银图书二枚。

《宸翰录》：帝下《赐银章敕》，勅谕银图书二枚：一为"耆德忠正"，凡有谋学政事者，则印封；一为"绳愆纠违"，关于上德及政事之缺者，则印封。上表奏谢。[④]

王世贞《赐印记》："世宗朝，与赐者杨一清、张孚敬、桂萼、李时、费宏、夏言、顾鼎臣、翟銮、方献夫、严嵩、郭勋、仇鸾。杨曰'耆德忠正'，又'绳愆纠违'。"[⑤]

朱淳《重辑杨文襄公事略》：六年十月，敕谕内阁辅臣一清："今以银图书二枚，凡有谋学政事问于卿者，以'耆德忠正'印封；若朝廷有差，忠言未纳用，舍倒置诸凡利于小民，关于朕德及政事之缺者，以'绳愆纠违'印封。"[⑥]

冬十一月丙子（初二日），康海撰《奉寿邃庵先生诗序》。

序云："今年冬十二月十又七日，实惟先生初度之辰，而先生之寿，至是盖七十又四矣……嘉靖六年丁亥冬十有一月丙子序。"[⑦]

初三日，世宗赐一品衣金玉带，上疏谢。

《明世宗实录》十一月丁丑（初三日）：上亲制显陵碑文成，酬劳大学士杨一清、张璁、翟銮等用心辅导。赐杨一清蟒衣、麒麟衣各三袭，玉带一；张璁麒麟服、玉带

---

①《明世宗实录》卷77，第1720~1721页、第1727~1728页；卷78，第1745~1746页，台湾"中央研究院"历史语言研究所，1962年。方树梅《杨文襄公年谱》卷中引录，本谱注版本页码（《学山楼丛书未刊稿》，云南省图书馆藏）。

②《明世宗实录》卷78，第1733~1734页，台湾"中央研究院"历史语言研究所，1962年。

③《明世宗实录》卷79，第1755页，台湾"中央研究院"历史语言研究所，1962年。方树梅《杨文襄公年谱》卷中引录，本谱注版本页码、归纳事条（《学山楼丛书未刊稿》，云南省图书馆藏）。

④《杨一清集·宸翰录》，第781页，唐景昆、谢玉杰点校，中华书局，2001年。

⑤ 王世贞：《弇州史料后集》卷52，明万历四十二年（1614）刻本。

⑥ 朱淳：《重辑杨文襄公事略》，影印《云南丛书》，第15册，第7614页，中华书局，2009年。

⑦ 康海：《对山集》卷4，《景印文渊阁四库全书》，第1266册，第372~373页，台湾商务印书馆，1986年。

如一清；翟銮云鹤衣三，金花带一。一清等各疏谢。①

《世宗宝训》："上亲制显陵碑文成，以大学士杨一清、张璁、翟銮藻润有劳，召见文华殿，各赐一品衣金玉带。一清等疏谢。"②

连上三章，为石珤等力辩锦衣官之中伤。

雷礼《国朝列卿纪》："丁亥，锦衣官有构飞语讦辅臣者，并中伤之，遂逮下廷鞫。台谏皆白珤无他，大学士杨一清三上章，为珤等力辩之。"③

石珤（1464~1528），字邦彦，直隶真定府藁城县（今河北藁城市）人。谒杨一清，以文为贽，一清甚奇之。成化二十三年（1487）进士，选庶吉士；弘治二年（1489），授翰林院检讨。"李文正每曰：'诸后进可托以柄斯文者，其石氏季方乎！'"④

十一月初三日，上亲制《显陵碑文》成，召见并恩赐衣带。

《明世宗实录》十一月丁丑（初三日）：上亲制《显陵碑文》成，召见并赐蟒衣、麒麟衣各三袭，玉带一。⑤

嘉靖七年戊子（1528），七十五岁

除夕，世宗作五言律一首以示阁臣，群臣和之而成《辅臣赞和诗集》一卷。正月初四日，世宗序之；初六日，从上命作后序。

《恭和圣制除夕赐臣一清五言律一首》："帝有阳春调，臣非白雪才。"⑥

《四库全书总目·辅臣赞和诗集》："此集乃嘉靖六年除夕，世宗作五言律诗一首以示阁臣，于是大学士杨一清、谢迁、张璁、翟銮等并和韵录进。帝汇书成帙，御制序冠其端，且命杨一清为之后序。世宗序题七年正月四日，杨一清后序则正月六日所上也。"⑦

正月己卯（初六日），请量加张璁、桂萼一品散官，使之与兵部尚书李承勋相等；丙申（廿三日），言甘肃御戎之策，报可；丁酉（廿四日），言京营

---

①《明世宗实录》卷82，第1831~1832页，台湾"中央研究院"历史语言研究所，1962年。

②《明实录》附录《世宗宝训》卷4，第278页，台湾"中央研究院"历史语言研究所，1962年。

③ 雷礼：《国朝列卿纪》卷12，明万历年间徐鉴刻本。

④ 同上。

⑤《明世宗实录》卷82，第1831~1832页，台湾"中央研究院"历史语言研究所，1962年。

⑥ 杨一清：《石淙诗稿》卷18《玉堂后类》，《四库全书存目丛书》，集部第40册，第602页，齐鲁书社，1997年。

⑦ 永瑢等编纂：《四库全书总目》卷192，第1747页，中华书局，1965年。

将领管理事。[①]

二月初五日，免常朝日讲侍班。经筵日如有小疾，亦免。

《明世宗实录》二月丁未（初五日）："上御经筵，以大学士杨一清侍班咳嗽，命今后凡遇日讲，免入侍。经筵日如小疾，亦免。若有召问，不在此例。"[②]

二月己未（十七日），户部条上所题屯政事宜；三月壬申（初一日），进言建议修筑宁夏花马池及灵州一带边墙，上深纳其言，命兵部右侍郎王廷相兼都察院右佥都御史，提督延宁边防。谕以一清所奏，务有实效。[③]

六月初一日，《明伦大典》成，恭上《进明伦大典表》[④]**，加正一品俸，荫一子为尚宝司司丞。**

《明世宗实录》六月辛丑朔："《明伦大典》书成，进呈。上亲制序文，命宣付史馆，刊布天下，加恩纂述效劳诸臣。少师兼太子太师、吏部尚书、华盖殿大学士杨一清加正一品俸，荫一子为尚宝司司丞。"[⑤]

奉诏作《明伦大典后序》，列于诸臣所作序之先。

《明伦大典后序》："《明伦大典》成，皇上既亲制宸翰序其端，且诏内阁诸臣曰：'卿等宜各序其后，以彰君臣同德之义。'臣等顿首受命。臣一清猥以官序列诸臣先，谨拜手稽首而献言。"[⑥]

两次以病乞休，上皆慰留之。

按：事载《明世宗实录》七月丙申（廿七日）[⑦]、八月甲子（廿五日）[⑧]。

七月丙申（廿七日），以病乞休，不允；八月甲子（廿五日），历陈被人

---

①《明世宗实录》卷84，第1892、1903~1906、1907页，台湾"中央研究院"历史语言研究所，1962年。方树梅《杨文襄公年谱》卷中引录，本谱注版本页码、归纳事条（《学山楼丛书未刊稿》，云南省图书馆藏）。

②《明世宗实录》卷85，第1919页，台湾"中央研究院"历史语言研究所，1962年。此年所载事，可参阅《杨文襄公年谱》卷中纪事。

③《明世宗实录》卷85，第1933~1935页；卷86，第1939~1940页，台湾"中央研究院"历史语言研究所，1962年。方树梅《杨文襄公年谱》卷中引录，本谱注版本页码、归纳事条（《学山楼丛书未刊稿》，云南省图书馆藏）。

④《杨一清集》附录一，第1114页，唐景昆、谢玉杰点校，中华书局，2001年。

⑤《明世宗实录》卷89，第2005页，台湾"中央研究院"历史语言研究所，1962年。方树梅《杨文襄公年谱》卷中引录，本谱注版本页码（《学山楼丛书未刊稿》，云南省图书馆藏）。

⑥《杨一清集》附录一，第1115页，唐景昆、谢玉杰点校，中华书局，2001年。

⑦《明世宗实录》卷90，第2075页，台湾"中央研究院"历史语言研究所，1962年。

⑧《明世宗实录》卷91，第2098页，台湾"中央研究院"历史语言研究所，1962年。

指斥诬害之意，上复之，一清且谢且请，上固留之；九月丙戌（十七日），上以诸军计潞城贼久无功，欲罢兵以俟自定，廷臣持议不一，桂萼主抚，张璁主剿，一清赞同张璁言，上皆纳之。①

十月初十日，敬一亭落成，得上赏赐，有和韵诗《敕建敬一亭落成，馆阁诸臣大飨于翰林院之后堂，罗峰先生席上有诗，和韵一首》《敬一亭成，恭和御制答少傅诗韵二首》②。

《明世宗实录》十月戊申（初十日）：敬一亭成，工部奏列与事官员以闻。上命赐一清等三人衣一袭、银五十两、彩币四表里。③

十七日，改其子杨绍芳为尚宝司司丞。

《明世宗实录》十月乙卯（十七日）：先以《明伦大典》书成，赐荫一清子为尚宝司丞。时一清子绍芳已荫中书舍人，上命改绍芳为尚宝司司丞，而别荫一子为中书舍人。④

按：杨一清有一子杨绍芳（过继其堂兄子为嗣），此言“别荫一子”，不详所指。

闰十月十六日，门生方鹏作《玉堂后类序》。

按：此序落款为“赐进士出身、右春坊右庶子兼翰林院修撰、乡晚生”⑤。方鹏时已致仕居家。

十一月，作诗《十一月朔日，恭贺长至令节，因忆自成化丙戌入朝，至是六十有三年矣，虽出入中外，而拜庆则同。是日，当天子颁朔之期，亦稀遇也。共得鄙作二首》。

诗云：“忆从髫岁谒明光，六十三年拜履长。万国衣冠随蹈舞，四朝鸳鹭接班行。”（其一）⑥

按：成化丙戌为公元 1466 年，参阅本谱是年纪事。杨一清自十二岁举神童入京，迄今已六十三年。

---

①《明世宗实录》卷 90，第 2075 页；卷 91，第 2098~2103 页；卷 92，第 2123~2124 页，台湾“中央研究院”历史语言研究所，1962 年。方树梅《杨文襄公年谱》卷中引录，本谱注版本页码、归纳事条（《学山楼丛书未刊稿》，云南省图书馆藏），其月朔有缺误者，本谱已校订。

② 杨一清：《石淙诗稿》卷 18《玉堂后类》，《四库全书存目丛书》，集部第 40 册，第 608 页，齐鲁书社，1997 年。

③《明世宗实录》卷 93，第 2143~2144 页，台湾“中央研究院”历史语言研究所，1962 年。

④ 同上书，第 2163~2164 页。

⑤ 杨一清：《石淙诗稿》卷 18《玉堂后类》，《四库全书存目丛书》，集部第 40 册，第 589 页，齐鲁书社，1997 年。

⑥ 同上书，第 611 页。

王守仁卒，行年五十七。①

嘉靖八年己丑（1529），七十六岁

作《新春自述二首》。

其一："嘉靖四年今八年，病翁一出久妨贤。"其二："七十六年衰病叟，四千余里未归身。"②

三月丁未（十二日）廷试，充读卷官。③

按：杨一清此次充读卷官，与大学士张璁、桂萼等同列。

甲子（廿九日），上疏言改自成祖始，进士选取庶吉士之制，上允拟行。④

四月戊辰（初三日），乞赐敕命官开馆纂修《大明会典》，以成盛典，上纳之。⑤

己巳（初四日），奉旨考选庶吉士，以唐顺之、陈束、任翰三人为冠，事终废。

《明世宗实录》四月己巳（初四日）："大学士杨一清等奉旨考选庶吉士，以唐顺之、陈束、任翰三人廷试策为上所批奖，即以为冠。"⑥

《明史·选举志》二："嘉靖八年己丑，帝亲阅廷试卷，手批一甲罗洪先、杨名、欧阳德，二甲唐顺之、陈束、任瀚六人对策，各加评奖。大学士杨一清等遂选顺之、束、瀚及胡经等共二十人为庶吉士，疏其名上，请命官教习。忽降谕云：'吉士之选，祖宗旧制诚善。迩来大臣徇私选取，市恩立党，于国无益，自今不必选留。唐顺之等一切除授，吏、礼二部及翰林院会议以闻。'尚书方献夫等遂阿旨谓顺之等不必留，并限翰林之额，侍读、侍讲、修撰各三员，编修、检讨各六员，着为令。盖顺之等出张璁、霍韬门，而心以大礼之议为非，不肯趋附，璁心恶之。璁又方欲中一清，故以立党之说进，

① 王守仁：《王文成全书》卷34附录《年谱》，《景印文渊阁四库全书》，第1266册，第92页，台湾商务印书馆，1986年。

② 杨一清：《石淙诗稿》卷19《玉堂后类》，《四库全书存目丛书》，集部第40册，第612页，齐鲁书社，1997年。

③《明世宗实录》卷99，第2339~2340页，台湾"中央研究院"历史语言研究所，1962年。方树梅《杨文襄公年谱》卷中引录，本谱注版本页码（《学山楼丛书未刊稿》，云南省图书馆藏）。

④《明世宗实录》卷99，第2356页，台湾"中央研究院"历史语言研究所，1962年。方树梅《杨文襄公年谱》卷中引录，本谱注版本页码、归纳事条（《学山楼丛书未刊稿》，云南省图书馆藏）。

⑤《明世宗实录》卷100，第2361页，台湾"中央研究院"历史语言研究所，1962年。《杨文襄公年谱》卷中引录，本谱注版本页码、归纳事条（《学山楼丛书未刊稿》，云南省图书馆藏）。

⑥《明世宗实录》卷100，第2365页，台湾"中央研究院"历史语言研究所，1962年。方树梅《杨文襄公年谱》卷中引录，本谱注版本页码、归纳事条（《学山楼丛书未刊稿》，云南省图书馆藏）。

而故事由此废。迨十一年壬辰，已罢馆选，至九月复举行之。”[①]

唐顺之（1507~1560），字应德，一字义修，号荆川，武进（今属江苏常州）人。嘉靖八年会试第一。中进士后引疾归。嘉靖十二年（1533）秋，诏选改编修。历官至右佥都御史、淮扬巡抚[②]。“顺之学问渊源，留心经济，自天文、地理、乐律、兵法以至勾股、壬奇之术，无不精研。深欲以功名见于世，虽晚年再出当御倭之任，不能大有所树立，其究也仍以文章传。然考索既深，议论俱有根底，终非井田、封建之游谈。其文章法度，俱见《文编》一书。所录上自秦汉以来，而大抵从唐宋门庭沿溯以入。故于秦汉之文，不似李梦阳之割剥字句，描摹面貌；于唐宋之文，亦不似茅坤之比拟间架，掉弄机锋。在有明中叶，屹然为一大宗。”[③]

构楼五楹以陈列所历四朝皇帝赏赐。廿一日，乞世宗赐以楼名，得赐名“宝翰”。

《明世宗实录》四月丙戌（廿一日）：“大学士杨一清言：‘臣自登仕以来，历事我宪宗、孝宗、武宗，屡被褒封、诰敕，奖励玺书，颁赐书籍。今又蒙我皇上赐书、赐诗、赐敕谕褒答、赐御制诸箴，天葩焕发，奎章陆离。臣廛居荒陋，不足以奉玉音，谨于居室之东，择地构楼五楹，将以奉藏宸翰，以彰历朝恩遇，遗来世光荣。伏乞赐以楼名，用垂永久。’上嘉其慎敬历朝敕旨，兼重经史，至意赐名为‘宝翰’，命工部制扁悬安。”[④]

作诗《臣一清构楼于江南私第，崇奉先朝列圣、今上皇帝所赐诰赐、玺书、谕答、宸翰及节颁经籍。制书事闻上，上赐名“宝翰”，且命工部造额给予。臣既入谢，志感有诗，得三首》[⑤]。

六月戊子（廿五日），上疏陈疾，乞致仕，上慰留之。[⑥]

七月初六日，复上疏乞致仕，上慰留之。

《明世宗实录》七月己亥（初六日）：大学士杨一清复上疏言：年七十有六，过大夫致仕之期久矣，有“三宜退”。上慰留，并免其外班行礼。[⑦]

廿六日，又上疏求去，上谕勿辞。

---

①《明史》卷70，第6册，第1706~1707页，中华书局，1974年。

②《明史》卷205，第18册，第5422~5424页，中华书局，1974年。

③永瑢等编纂：《四库全书总目》卷172《荆川集提要》，第1505~1506页，中华书局，1965年。

④《明世宗实录》卷100，第2377~2378页，台湾“中央研究院”历史语言研究所，1962年。

⑤杨一清：《石淙诗稿》卷19《玉堂后类》，《四库全书存目丛书》，集部第40册，第616页，齐鲁书社，1997年。

⑥《明世宗实录》卷102，第2414页，台湾“中央研究院”历史语言研究所，1962年。方树梅《杨文襄公年谱》卷中引录，本谱注版本页码、归纳事条（《学山楼丛书未刊稿》，云南省图书馆藏）。

⑦《明世宗实录》卷103，第2423~2424页，台湾“中央研究院”历史语言研究所，1962年。本月甲午朔，《杨文襄公年谱》卷中引录而误记为甲申朔，故若按公元纪，则此日误为16日。

《明世宗实录》七月己未（廿六日）：兵科给事中孙应奎上疏言：杨一清难独任，张璁伤于自恃，桂萼作威福云云。已而一清又上疏求去，璁、萼亦各自陈，上谕勿辞。①

八月十三日，工科给事中陆粲劾张璁、桂萼，张、桂罢。

《明世宗实录》八月丙子（十三日）：上览奏批云："不敢私张璁，仍以本职令回家，深加省改，以图后用；桂萼革去散官及学士职衔，以尚书致仕。"②

《明史·世宗本纪》："八月丙子，张璁、桂萼罢。"③

廿三日，詹事府詹事霍韬受张璁指使，劾杨一清奸赃罪状。一清请辞，上以其赞议"大礼"，忠诚昭著，不允辞。

《明世宗实录》八月丙戌（廿三日）载霍韬言："（杨一清）奸赃罪状，则难以尽言。如纳张永之馈，而为之引荐；受萧敬之馈，而为其家人求校尉。此犹可言，更有数罪云云。"一清请辞，上以"尔昔赞议'大礼'，忠诚昭著"，不允辞。④

九月癸巳（初一日），上召张璁复入阁。⑤

初二日，再乞归，不允。刘希简请戒谕霍韬而获罪，史道请谕勉一清则合上意。

《明世宗实录》九月甲午（初二日）：一清再上疏乞归，不允。乙未（初三日），工科给事中刘希简言霍韬劾杨一清事，云："上有虚心求谏之诚，韬乃启之以猜疑"，愿戒谕韬，毋得鼓扇私说。疏入，上怒，命锦衣卫逮送镇抚司问。辛丑（九日），光禄卿史道言：杨一清累疏请归而留之，张璁回籍而召之使复来，伏谕勉二臣务忘私奉公，委身殉国。上览而嘉之。⑥

癸丑（廿一日）上疏，伏望上"俯垂矜贷，削职放还"。世宗特听致仕，仍赐驰驿以归。⑦

《明史·世宗本纪》："癸丑，杨一清罢。"⑧

---

①《明世宗实录》卷103，第2419~2421页，台湾"中央研究院"历史语言研究所，1962年。

②《明世宗实录》卷104，第2445页，台湾"中央研究院"历史语言研究所，1962年。

③《明史》卷17，第2册，第223页，中华书局，1974年。

④《明世宗实录》卷104，第2460~2463页，台湾"中央研究院"历史语言研究所，1962年。方树梅《杨文襄公年谱》卷中引录，本谱注版本页码（《学山楼丛书未刊稿》，云南省图书馆藏）。

⑤《明史》卷17《世宗本纪》，第2册，第223页，中华书局，1974年。

⑥《明世宗实录》卷105，第2472、2474、2481页，台湾"中央研究院"历史语言研究所，1962年。方树梅《杨文襄公年谱》卷中引录，本谱注版本页码（《学山楼丛书未刊稿》，云南省图书馆藏）。

⑦《明世宗实录》卷105，第2492页台湾"中央研究院"历史语言研究所，1962年。方树梅《杨文襄公年谱》卷中引录，本谱注版本页码（《学山楼丛书未刊稿》，云南省图书馆藏）。

⑧《明史》卷17，第2册，第223页，中华书局，1974年。

《明史》本传："帝果允致仕，驰驿归，仍赐金币。"①

作《致仕出城途中口占》诗。

诗云："六十年来三致仕，四千里外七还乡。"原注："予自中书谒告南归，历官中外，至是，凡七归镇江云。"②

十月初三日，大学士翟銮上疏，申辩霍韬劾一清关涉于己，并乞休致。

《明世宗实录》十月乙丑（初三日）载翟銮言："詹事霍韬劾大学士杨一清不法事情，内开太监张永馈送金银，闻杨一清等皆受之。'等'之一字，虽未知所指名，但臣备员内阁，与杨一清同官，闻之岂敢自安！乞容休致，终始保全。"上慰留之。③

李梦阳卒，行年五十七。④

按：嘉靖时杨一清第二次入内阁供职期间奏疏，编集为《宸翰录》四卷、《阁谕录》四卷、《密谕录》七卷。⑤

方树梅《杨文襄公年谱》按："此公三致仕，第七次归镇江。"又按："自丙戌至己丑所作诗曰《玉堂后类》，《石淙诗稿》卷十八、十九，共诗一百八十八首、赋一篇（见方谱嘉靖六年纪事）。"⑥

嘉靖九年庚寅（1530），七十七岁

遭张璁等构陷，四月初七日，削职闲住。

《明世宗实录》四月丙寅（初七日）：削少师兼太子太师、吏部尚书、华盖殿大学士职，闲住。⑦

《明史》本传："璁等构朱继宗狱，坐杨一清受张永弟容金钱，为永志墓，又与容世锦衣指挥，遂落职闲住。"⑧

---

①《明史》卷198，第17册，第5231页，中华书局，1974年。

② 杨一清：《石淙诗稿》卷19《玉堂后类》，《四库全书存目丛书》，集部第40册，第622页，齐鲁书社，1997年。方树梅《杨文襄公年谱》卷中引录，本谱注版本页码（《学山楼丛书未刊稿》，云南省图书馆藏）。

③《明世宗实录》卷106，第2500页，台湾"中央研究院"历史语言研究所，1962年。

④ 方树梅：《杨文襄公年谱》卷中，《学山楼丛书未刊稿》，云南省图书馆藏。

⑤《杨一清集》，唐景昆、谢玉杰点校，中华书局，2001年。这三卷奏疏被编入影印《云南丛书》第14册，中华书局，2009年。

⑥ 方树梅：《杨文襄公年谱》卷中，《学山楼丛书未刊稿》，云南省图书馆藏。

⑦《明世宗实录》卷112，第2651页，台湾"中央研究院"历史语言研究所，1962年。

⑧《明史》卷198，第17册，第5231页，中华书局，1974年。

按：此事见上引《明世宗实录》同条下文纪事[①]，《明史》简载之。朱继宗，张璁家人。

九月廿八日，卒于镇江。墓在镇江城西大砚山卢家湾左约百余丈冈峦上。

《明世宗实录》九月甲寅（廿八日）："原任少师兼太子太师、吏部尚书、华盖殿大学士杨一清卒。"（按：《实录》此条下为杨一清传）[②]

方树梅《杨文襄公年谱》按："公卒八月十四夜四鼓，《事略》、谢纯《行状》同，并指出时刻。《实录》云九月丁亥朔，甲寅日卒。甲寅为二十八日，相差十四日，未知系得闻其耗之日否？至《通鉴辑览》云夏四月，则大误矣。""文襄墓，在镇江城西大砚山卢家湾左约百余丈冈峦上。左为文襄公父景墓，大池凿照。案山下坊圮，狮二、戎装翁仲二、羊二、虎二、马二、冠笏翁仲二，龟趺二碑佚。墓碣新建，高七尺，厚八寸，文曰：'明敕授儒林郎化州同知，赠光禄大夫、柱国、少傅兼太子太傅、吏部尚书、武英殿大学士，迁润始祖时享杨公敕封安人、诰封一品夫人、一世继祖妣张太夫人合墓。民国九年庚申二月，十五世孙濂、瀛、治，十六世孙文梁、文栋、彭和、春华、少泉，十七世孙瑞芝、瑞兰敬立。'右距十余丈为文襄墓，坊半圮，无字，狮二，武装翁仲二，仆地未损。羊二，一仆一立；虎二，一仆一立；马二，均仆；冠笏翁仲二，立一仆一。碑六，右三完好，一弘治十八年二月二十四日，左副都御史杨一清暨继室胡氏诰命碑，二正德五年二月二十六日户部尚书杨一清暨继室胡氏诰命碑。夫人胡氏，即公姊夫德延女弟，公有诗云：'公女复余妻，亲上亲重见'者也。左三碑佚，龟趺存，墓碣题曰：'明诰封特进光禄大夫、右柱国、少师兼太子太师、文华殿大学士赠太保、谥文襄、讳杨一清杨公，诰封一品夫人元配段夫人，诰封一品夫人继配胡夫人合墓。'立碑年月、人名与时享公墓同（李根源《镇扬游记》）。"[③]

《明史》本传："一清大恨曰：'老矣，乃为孺子所卖！'疽发背死。遗疏言身被污蔑，死且不瞑，帝令释赃罪不问，后数年复故官。久之，赠太保，谥文襄。"[④]

《江南通志》："墓在府西大岘山。"[⑤]

光绪《丹徒县志》："少师大学士谥文襄杨一清墓，在岘山下（注：一名小九华山）。

---

①《明世宗实录》卷112，第2651~2652页，台湾"中央研究院"历史语言研究所，1962年。

②《明世宗实录》卷117，第2778页，台湾"中央研究院"历史语言研究所，1962年。方树梅《杨文襄公年谱》卷中引录，本谱注版本页码（《学山楼丛书未刊稿》，云南省图书馆藏）。

③ 方树梅：《杨文襄公年谱》卷中，《学山楼丛书未刊稿》，云南省图书馆藏。

④《明史》卷198本传，第17册，第5231页，中华书局，1974年。

⑤ 黄之隽等编纂：《江南通志》卷39《舆地志》，《景印文渊阁四库全书》，第508册，第284页，台湾商务印书馆，1986年。

诰赠一品夫人段氏、诰封一品夫人胡氏祔。”①

按：杨慎在云南安宁撰《为大学士杨文襄公故里题碑》：“四朝元老，三边总戎，出将入相，文德武功。”② 原安宁东廓有亭，碑立于亭中，碑上有“大学士杨文襄公故里”九字。

嘉靖十二年癸巳（1533），逝后三年

十月癸酉（初四日），诏复官。③

嘉靖二十七年戊申（1548），逝后十八年

六月甲辰朔，赠太保，谥文襄。④

嘉靖二十九年庚戌（1550），逝后二十年

三月十五日，后学杨博、韩邦奇、刘仑作《关中奏议全集序》。⑤

十一月戊午（廿九日），荫故大学士杨一清之孙守伯为中书舍人。⑥

嘉靖三十二年癸丑（1553），逝后二十三年

三月壬辰（十六日），荫故大学士杨一清曾孙祖植为国子生。⑦

嘉靖三十四年乙卯（1555），逝后二十五年

九月辛亥（十九日），补荫孙完为中书舍人，以完父绍芳用他恩改任。⑧

（孙秋克）

---

① 何绍章、冯寿镜、吕耀斗等纂修：《光绪丹徒县志》卷8《陵墓》，《中国地方志集成》本《江苏府县志辑》，第29册，第173页，江苏古籍出版社，1991年。

② 袁嘉谷：《滇绎》，李春龙、刘景毛辑校《正续云南备征志精选点校》，第714页，云南民族出版社，2000年。

③《明世宗实录》卷155，第3500页，台湾“中央研究院”历史语言研究所，1962年。

④《明世宗实录》卷337，第6151页，台湾“中央研究院”历史语言研究所，1962年。

⑤《杨一清集》附录二，第1125~1126、1128页，唐景昆、谢玉杰点校，中华书局，2001年。

⑥《明世宗实录》卷367，第6572~6573页，台湾“中央研究院”历史语言研究所，1962年。

⑦《明世宗实录》卷395，第6951页，台湾“中央研究院”历史语言研究所，1962年。

⑧《明世宗实录》卷426，第7377页，台湾“中央研究院”历史语言研究所，1962年。请参阅本谱嘉靖七年纪事。

杨士云年谱（1477~1554）

综论

杨士云，云南大理喜洲人，白族。字从龙，别号弘山，又号九龙真人。正德十二年（1517）进士，授翰林院庶吉士，官至户科给事中。因见世风浇漓，官场黑暗，遂辞官归隐，终老乡野。

杨士云一生著述颇丰，李元阳《户科给事中弘山先生墓表》记载，他曾“分录《春秋》正文以证胡传之误，又订《尚书》蔡传之得失，著有《黑水集证》一卷、《郡大纪》一卷”①，现存《杨弘山先生存稿》十二卷，有诗词上千首，文章70余篇，包括咏史、天文历志、律吕、序跋记议、碑铭墓表祭文等，诗歌有五言、七言，体裁含古诗、绝句和律诗等，其研究之广和著述之丰，令人称羡。

杨士云读书治学之所，名为“七尺书楼”，自号“乾乾斋”。在今喜洲镇四方街大界巷，楼上至今还有不少名人儒士所题对联和匾额，如“仙郎高议留青锁，学士新诗满碧山”（杨慎）；“遵经笔下羞班马，寻乐年来学孔颜”（杨名飏）；“锁闼赤心留谏草，江湖白发见弘山”（杨宝山）；“静极通达”（李元阳）；“清德淳行”（赵汝廉）；“一代宗风”（周煌）。这些对联和匾额，昭示了杨士云出众之德行与名望。

杨士云归隐期间，与当地诸多学者和名士皆有密切交往。如杨慎谪居云南时，多次优游并寓居大理，与杨士云数次偕同出游、饮酒作诗。此外，李元阳、赵汝廉、杨南金、杨佩、樊相、张云鹏等，均与杨士云有密切往来，留下了不少酬唱诗文，有些已经失传。同时，不少任职于大理的官吏，如姜龙、王惟贤等，亦与杨士云交情深厚，有诗文往来。这些文人间的活动，为繁荣云南文化做出了积极贡献。

杨士云一生居官时间不长，在政治上未及有所建树，其生平的大部分时间都隐居乡野，生活看似颇为平凡，但其人高情远致，终身励志勤学，至老不辍。他一生满怀

---

* 本谱作为本课题阶段性研究成果，发表于《昆明学院学报》，2014年第1期。

① 李元阳：《户科给事中弘山先生墓表》，杨士云撰《杨弘山先生存稿》卷首，《丛书集成续编》，第143册，第14页，台湾新文丰出版公司，1989年。

肩负圣道的热情，虽然清醒地意识到其用世理想为黑暗现实所不容，而自己无力扭转乾坤，却不一味感时伤事，颓废消沉，而是以高迈的情怀、决意归隐的姿态，毅然背负起挽救世道人心的责任，“明道以正学，正学以扶世”[①]。一方面，他力图通过道德主体的自觉操持，实现自身的圣贤品格；另一方面，虽绝意仕途，却始终关心社稷民生，不仅创作了大量诗歌，表达赤子之心和儒者情怀，而且在自己的能力范围内积极行动，始终践行着“厚人伦、美教化、移风俗”的儒者使命。在杨士云居住的喜洲镇，“仁厚之风风诸乡邑，里中咸知愧耻。每行事辄曰：‘恐涉不义而为弘山所知。’虽无赖恶少，经先生处凛凛儆束。”[②]可见，杨士云的高洁品行，在当地确实堪为表率。云南知名学者赵藩深深感慨道：“呜呼！世衰道丧，士风扫地，盱衡苍洱间，徒见山高而水深，有踵先生之芳躅而兴者乎？”[③]

杨士云的诗歌，虽少荡气回肠之力、大开大阖之势，以及对生命的深沉体悟与感慨，但因诗人终身钻研白沙心学，深受性理之学影响，故诗中折射出的智慧灵光，令人感受到其胸襟高迈不羁，情怀洒脱超然，品格耿直清介。上述特点与诗人空灵毓秀、清新自然的诗句相得益彰，流露出心学精髓之浸润陶冶所带来的诗歌宽广博大的圣贤气象，读来回味无穷。正如李东所评：“其诗言畅而意美，其文词正而理备。先生高洁，清风冰雪同其皎；涵谷蕴藉，渊海同其深；践履精纯，圭璋同其粹。盖创道义之途，入性命之域者也。”[④]

关于杨士云及其创作，学术界的专题研究并不多，只是散见于地域文学史和文化研究的相关著述中，一般作为当地的知名学者之一被提及或简要概括，其内容基本是概述其生平，并选取其数篇诗文作为代表进行分析。张文勋先生《白族文学史》[⑤]，是笔者至今所见对杨士云相关研究着墨最多的，其次是余嘉华先生的《古滇文化思辨录》[⑥]。前者对杨士云生平进行介绍并归纳了其文学思想，对其诗歌题材进行分类并对特点进行探讨，高度肯定了他贫贱自持、刚正清廉、崇尚气节的人品；后者也基本从

① 杨德藁：《杨弘山先生存稿序》，《杨弘山先生存稿》卷首，《丛书集成续编》，第143册，第3页，台湾新文丰出版公司，1989年。

② 同上书，第4页。

③ 赵藩：《重刊弘山先生存稿序》，《杨弘山先生存稿》卷首，《丛书集成续编》，第143册，第3页，台湾新文丰出版公司，1989年。

④ 李东：《弘山先生文集序》，《杨弘山先生存稿》卷首，《丛书集成续编》，第143册，第17页，台湾新文丰出版公司，1989年。

⑤ 张文勋主编：《白族文学史》，第368~374页，云南人民出版社，1983年。

⑥ 余嘉华撰：《古滇文化思辨录》，第179~184页，云南教育出版社，1997年。

相似的角度，肯定了杨士云文学创作的学术价值。在李正清《大理喜洲文化史考》[①]、蓝华增《云南诗歌史略》[②]、李缵绪《白族文学史略》[③]等著作中，杨士云仅作为大理众多学者之一被提及、介绍。赵寅松主编《情系大理·历代白族作家丛书·前言》[④]，用较多的笔墨，对杨士云的生平事迹、文学创作特点，做了概述和评价。孙秋克先生的《明代云南文学研究》[⑤]，从以杨慎为中心的“杨门诸子”文学团体的角度，对杨士云的生平和创作做了简要评述。另有笔者的硕士论文《杨士云诗歌中的心学思想探讨》，对杨士云诗歌进行过分析论述。杨士云年谱，迄今尚未有人编写。

年谱

明宪宗朱见深成化十三年丁酉（1477），一岁

六月十日出生。

李元阳《户科给事中弘山先生墓表》：“生于成化丁酉六月十日。”[⑥]

按：杨士云祖上本姓董，唐朝时期由金陵入滇，卜居喜洲。史载祖董成公为南诏布燮（清平官），至元明分为三大支系：大理布燮董智、大理布燮董庆、邓川同知董宝。杨士云在《旧谱序一》中自称“士云出邓川公裔也”[⑦]，可知士云先祖即董宝，为元代邓川州同知。杨士云祖父为董铉，其父为董玹。父年幼时因姑母嘉其聪敏可爱，抱为养子，遂改姓杨[⑧]。其母亲阳氏，与父同村。

成化二十二年丙午（1486），十岁

杨南金中举。

① 李正清撰：《大理喜洲文化史考》，第596~599页，云南民族出版社，1989年。
② 蓝华增编：《云南诗歌史略》，第59~61页，云南人民出版社，1988年。
③ 李缵绪主编：《白族文学史略》，第236~240页，中国民间文学出版社，1984年。
④ 赵寅松主编：《情系大理·历代白族作家丛书》前言，民族出版社，2006年。
⑤ 孙秋克著：《明代云南文学研究》，第126~144页，云南人民出版社，2010年。
⑥ 杨士云撰：《杨弘山先生存稿》，《丛书集成续编》，第143册，第12页，台湾新文丰出版公司，1989年。
⑦ 大理白族自治州白族文化研究所编：《大理丛书·族谱卷》，第5卷，第2704页，云南民族出版社，2004年。
⑧ 按一些史料记载，杨士云被祖姑母抱为养子，改姓杨。但按《大理史城董氏族谱》（第2726页）记载：“玹，铉次子，号朴庵，出后母舅杨氏，以子士云任兵科给事中，赠如其官。”李元阳《户科给事中弘山先生墓表》载：“考之幼也，祖姑母董氏爱其颖敏，遂抱为己子。祖铉弗难也，许之，因姓杨氏。”由此可知应是自杨士云父亲始改姓杨。

《西南少数民族人物志》：“杨南金，字本重，号两依先生，云南邓川县人。于成化丙午中举人，弘治己未科中进士。”[①]

杨南金[②]，字用章，号两依先生。邓川人，大理白族名士，著有《禅乡集》。与杨士云、杨慎、李元阳等交游。邓川有“杨南金坊”（明嘉靖二十八年立）纪念其生平事迹。

明孝宗朱佑樘弘治元年戊申（1488），十二岁

杨慎出生[③]。

按：杨慎于明世宗嘉靖三年（1524），因“大礼议”被谪戍云南永昌卫（今保山市），与杨士云等多有交往。

弘治四年庚戌（1490），十四岁

考中秀才。

《喜洲志·杨士云传》：“年仅十四岁，考取秀才案首。”[④]“杨士云家贫，幼时曾在私塾读书三年，后从学于宏圭山学社董公。宏圭山距喜洲十里，杨士云每日上学回家都顺路砍柴以助家用，但未阻求学之志，他始终自奋砥砺，刻苦求学。”[⑤]

弘治六年壬子（1492），十六岁

饱读诗书，备齐应举课业。

《喜洲志·杨士云传》：“十六岁时，已将应举业课备齐，深得宗师赞许。”[⑥]

弘治九年乙卯（1495），十九岁

张云鹏中举。

《明故四川按察司佥事张公墓碑铭》：“公少颖沉静，起邓川诸生，领弘治乙卯乡荐，登壬戌进士第。……处分后事，衣冠坐不起，年六十一。”[⑦]

---

① 巴胡母木主编：《西南少数民族人物志》，第2辑，第291页，四川民族出版社，1990年。

②《杨南金坊记》记载：“杨南金，字用章。”但在张文勋先生主编的《白族文学史》及《西南少数民族人物志》等著作中，杨南金字“本重。”本书以碑刻作为参考，故从杨南金字“用章”《新纂云南通志》卷9《明贤传》有传（第8册，第377页，云南人民出版社，2007年）。

③ 王文才撰：《杨慎学谱》，第13页，上海古籍出版社，1988年。

④ 杨宪典编：《喜洲志》，第58页，大理白族自治州南诏史学会内部资料，1988年。

⑤ 同上。

⑥ 同上。

⑦ 段金录、张锡禄辑：《大理历代名碑》，第335页，云南民族出版社，2000年。

张云鹏（1467~1527）[①]，字天翼，喜洲上洪坪人。弘治壬戌进士，官至大理寺左评事，著有《啾鸣集》，杨士云曾为其作跋[②]。与杨士云、李元阳、杨南金等相交甚厚，卒后杨士云、杨南金和李元阳为其撰写碑铭。

赵汝廉出生。

赵汝廉（1495~1569）[③]，字敦夫，号雪屏。大理人，嘉靖壬辰进士，官至都察院副都御史。与杨士云、李元阳、杨慎等有密切交往。

李元阳《正奉大夫正治清南京都察院右副都御史雪屏赵公墓碑》："公讳汝廉，字敦夫……妣段式，以弘治乙卯正月三十日生公。"[④]

弘治十年丁巳（1497），二十一岁

李元阳出生。

李元阳生平事迹，请参阅本书《李元阳年谱》。

按：杨慎戍滇期间，李元阳、杨慎、杨士云等诗文唱和，来往密切。杨士云有《和李中溪约游鸡足山韵》[⑤]《中溪惠绒帽》[⑥]《中溪惠百味丸兼酒》[⑦]《梅兰叠韵奉酬李中溪》[⑧]《和中溪宿观音岩》[⑨]等多首与李元阳有关的诗，杨士云故后，李元阳为其撰写墓表，二人交情十分深厚。

弘治十一年戊午（1498），二十二岁

与同乡杨宗尧同赴云贵乡试，留下"让解桥"佳话。

按：《喜洲志》记载，杨士云与杨宗尧赴云贵乡试，于路上相遇。二人均被乡里视为解元之才。杨士云相信杨宗尧学力宏富，定能中乡试第一，自己尚年幼，来日方长，不应与年长的杨宗尧争夺，于是慨然返回，让杨宗尧独自赴考。"乡人为纪念此事，建坡头村凸桥为'让解桥'，明进士艾自修撰文刻碑桥右，以励后学。昆明翰林顾视

---

①《新纂云南通志》有传，第8册，第242页，云南人民出版社，2007年。

②杨士云撰：《杨弘山先生存稿》，《丛书集成续编》，第143册，第196页，台湾新文丰出版公司，1989年。

③《新纂云南通志》有传，第8册，第227页，云南人民出版社，2007年。

④施利卓主编：《李元阳集·散文卷》，第442页，云南大学出版社，2008年。

⑤赵寅松主编：《历代白族作家丛书·杨士云卷》，第143页，云南民族出版社，2006年。

⑥同上书，第141页。

⑦同上书，第142页。

⑧同上书，第138页。

⑨同上书，第139页。

高亲题‘让解桥’三字，刻碑志之，今遗址尚存。”[①]

杨宗尧乡试第一。

杨宗尧（1475~1521）[②]，字从道，别号中行子。大理喜洲白塔坪人。博学宏识，以正直孝廉称。弘治十一年（1498）举人，正德十六年（1521）进士。

董难出生。

李元阳《董君凤伯墓志铭》：“君生以弘治戊午。”[③]

董难（1498~1566）[④]，字西羽，别号凤伯山人。大理喜洲人，布衣诗人。与杨慎、李元阳、杨士云等有交往，深为杨慎赏识。“成都修撰升庵公谪居永昌，往来苍洱间。每考索群书，必曰：‘董生，董生！’寓荡山写韵楼，汇辑转注古音，亦惟董生侍笔砚。……故修撰涉历游览必以董生相随。”[⑤]

弘治十二年己未（1499），二十三岁

杨南金中进士。

《杨南金坊记》：“以《诗经》中成化丙午乡试，弘治丙辰正榜，丁父忧，己未举进士。”[⑥]

弘治十四年辛酉（1501），二十五岁

云贵乡试中解元。

李元阳《户科给事中弘山先生墓表》：“弘治辛酉，以《诗经》荐云贵乡试第一[⑦]。”

弘治十五年壬戌（1502），二十六岁

进京会试落选，至国子监游学。结识陈白沙[⑧]门人曾确，始研究性理之学，

---

① 杨宪典编：《喜洲志》，第58~59页，大理白族自治州南诏史学会内部资料，1988年。

②《新纂云南通志》第8册第242页（云南人民出版社，2007年）及《喜洲志》第63页有传。

③ 赵寅松主编：《历代白族作家丛书·李元阳卷》，第161页，云南民族出版社，2006年。

④ 袁文揆、袁文典编：《滇南诗略》卷5，影印《云南丛书》，第36册，第18490页，中华书局，2009年。

⑤ 李元阳：《董君凤伯墓志铭》，《历代白族作家丛书·李元阳卷》，第161页，云南民族出版社，2006年。

⑥ 段金录、张锡禄辑：《大理历代名碑》，第345页，云南民族出版社，2000年。

⑦ 杨士云撰：《杨弘山先生存稿》，《丛书集成续编》，第143册，第13页，台湾新文丰出版公司，1989年。

⑧ 陈白沙，本名陈献章（1428~1500），字公甫，号石斋。广东新会白沙里人，故人称白沙先生。他开创白沙心学，自成一派。白沙心学的出现，开明代心学之先河，对湛若水、王阳明均产生了一定影响，在明代心学史上有举足轻重的地位。《文渊阁四库全书》本《陈白沙集·附录》有其行状。

此后终身不辍。

李元阳《户科给事中弘山先生墓表》："上春官失意，乃游太学，同舍生曾确为白沙门人，述其师之说。一言孚契，深悔旧业之非，因研究性理，清修慎独。……虽屡蹶场屋，终不变其学以徇时好。"①

张云鹏中进士。

《明故四川按察司佥事张公墓碑铭》："公……登壬戌进士第。"②

明武宗朱厚照正德七年辛未（1511），三十五岁

杨南金辞官回乡。

《杨南金坊记》："辛未引疾致仕，耕居一十二年。"③

正德九年甲戌（1514），三十八岁

进京会试再度落选，结识好友周世衡。丁丑年会试，二人又相约一同进京。

《寿萱堂记》："甲戌，予获友周世衡于京师，偕南归。予抱郁郁，世衡旷如也。丁丑，偕北上。予滥预馆中，世衡游太学。"④

正德十二年丁丑（1517），四十一岁

登舒芬榜进士，授翰林院庶吉士。

李元阳《户科给事中弘山先生墓表》："正德丁丑，登舒芬榜进士，以文望改翰林院庶吉士。"⑤

正德十四年己卯（1519），四十三岁

授工科给事中。奉命往湖北、贵州查盘粮积。公务毕，返乡省亲。适逢其父病故，丁忧。服阕辞官，闭门读书。

李元阳《户科给事中弘山先生墓表》："己卯冬，授工科给事中，奉诏查盘湖贵粮储。……会丁外艰，哀毁骨立，舆疾复命。……服除之后，亲识劝驾，……决意不出，

---

① 杨士云撰：《杨弘山先生存稿》，《丛书集成续编》，第143册，第14页，台湾新文丰出版公司，1989年。
② 段金录、张锡禄辑：《大理历代名碑》，第335页，云南民族出版社，2000年。
③ 同上书，第345页。
④ 杨士云撰：《杨弘山先生存稿》，《丛书集成续编》，第143册，第198页，台湾新文丰出版公司，1989年。
⑤ 同上书，第13页。

坐卧一小楼，左右图史。”①

正德十五年庚辰（1520），四十四岁

因鹤庆府南供河被豪强垄断，当地上千农户苦于农田灌溉，太守王甫知情后秉公处理，解除当地水患，奉请作《鹤庆府南供河记》。

《鹤庆府南供河记》：“正德庚辰……追帖削册，咸伏其辜，民欢呼相谓曰……纪事于石，请予记。”②

正德十六年辛巳（1521），四十五岁

杨宗尧、杨佩中进士。

《大理府卫州县历科进士题名记》：“正德辛巳科：杨宗尧，太和县人，观户部政；杨佩，大理卫人，历官评事、佥事、副使、参政、按察使。”③

杨佩（生卒年不详）④，号琢庵，喜洲人。正德十六年进士。官至参政、按察使。《喜洲志》：“杨佩，喜洲寺下村白族人，累官至衡州、高州知府，以慈惠称。衡州大旱，步祷跪拜，三日不辍，后有大雨，民感其德”⑤。杨佩与杨士云有密切交往，在《杨弘山先生存稿》中，“琢庵”的名字直接出现在题目中就达十余篇，如《琢庵邀赏莲池》⑥《闰月对菊与琢庵叠韵》⑦《杨琢庵席上》⑧《访琢庵》⑨《奉和琢庵见招赏芍药韵》⑩等，可见他们之间交游非常密切。

十一月十七日，杨宗尧去世。

《喜洲志》：“命下，而公已不起，是年十一月十七日也，距生于成化乙未，享年四十有七春。”⑪

---

① 杨士云撰：《杨弘山先生存稿》，《丛书集成续编》，第143册，第13页，台湾新文丰出版公司，1989年。
② 同上书，第202页。
③ 大理市文化丛书编辑委员会编：《大理市古碑存文录》，第363页，台湾新文丰出版公司，1989年；民族出版社，1995年。
④《新纂云南通志·宦绩传》有传，第9册，第244页，云南人民出版社，2007年。
⑤ 杨宪典编：《喜洲志》，第68页，大理白族自治州南诏史学会内部资料，1988年。
⑥ 赵寅松主编：《历代白族作家丛书·杨士云卷》，第109页，云南民族出版社，2006年。
⑦ 同上书，第117页。
⑧ 同上书，第121页。
⑨ 同上书，第163页。
⑩ 同上书，第100页。
⑪ 杨宪典：《喜洲志》，第65页，大理白族自治州南诏史学会内部资料，1988年。

明世宗朱厚熜嘉靖元年壬午（1522），四十六岁。

姜龙（时川）至大理赴任，与杨士云结识。

《宁边茂绩诗序》："皇上入绍大统，登进英贤，时川姜公既复仪部郎，遂至吾滇，兵备宪副。"①

《南郭兴造记》："嘉靖壬午，时川姜公以仪部郎中为按察使，奉玺书饬戎兹土"。②

《云南史料选编》："壬午，升礼部郎中姜龙为云南按察使司副使。"③

《名宦传》："姜龙，字梦宾，太仓（今属江苏）人，正德三年进士，历礼部郎中。……迁云南副使，备兵澜沧、姚安。在滇四年，番、汉大治。邓川州立有'三正人祠'，祀袁州郭绅、莆田林俊及龙。"④

按：杨士云作品中有不少和姜时川酬答的诗歌，如《登苍山次时川韵》⑤《崇圣寺次时川韵》⑥《采兰为时川先生作》⑦，他也曾为姜时川诗集《宁边茂绩诗》作序⑧。此外姜时川修建大理城南郭和北门关，皆由杨士云作记。李元阳《户科给事中弘山先生墓表》载："闭户读书，一坐十年，吏于土者欲一见而不可得。先生之居，去城二舍，兵宪姜公每造其庐，信宿而后去。"⑨一般的官吏要见杨士云非常不易，而姜时川可以"每造其庐"，且以"信宿"待之，足以说明两人的交情之深厚。

杨南金再度被起用，离乡赴任。

《杨南金坊记》："嘉靖壬午再起用，升湖广佥事。"⑩

因永昌司更名为永昌府，作《大理郡名议》，认为"大理"是伪号、僭号，建议更名或取消。

《大理郡名议》："永昌，东汉郡名也，国初为府……夷名也。嘉靖壬午，抚按连章合疏，革司复府，仍汉旧名也。……然则大理僭号，历宋迤今，因而不可革夫？"⑪

---

① 杨士云撰：《杨弘山先生存稿》，《丛书集成续编》，第143册，第191页，台湾新文丰出版公司，1989年。
② 同上书，第198页。
③ 周宗岳、秦光玉等纂：《云南史料选编》，第346页，云南人民出版社，2007年。
④《新纂云南通志》，第8册，第26页，云南人民出版社，2007年。
⑤ 赵寅松主编：《历代白族作家丛书·杨士云卷》，第12页，云南民族出版社，2006年。
⑥ 同上书，第14页。
⑦ 同上书，第66页。
⑧ 杨士云撰：《杨弘山先生存稿》，《丛书集成续编》，第143册，第191页，台湾新文丰出版公司，1989年。
⑨ 同上书，第14页。
⑩ 段金录、张锡禄辑：《大理历代名碑》，第345页，云南民族出版社，2000年。
⑪ 赵寅松主编：《历代白族作家丛书·杨士云卷》，第267页，云南大学出版社，2006年。

赵汝廉中云贵乡试第一。

李元阳《正奉大夫正治清南京都察院右副都御史雪屏赵公墓碑》：“嘉靖改元，壬午，中云贵乡试《易》魁。”①

作《忠诚祠记》。

记云：“嘉靖元年冬十一月……二守陈君魁嘱某记。”②

嘉靖二年癸未（1523），四十七岁

作《新建楚雄府龙冈书院记》。该书院落成并传书，邀请杨士云好友樊相至该书院任教谕。

《新建楚雄府龙冈书院记》：“嘉靖癸未，祝子以户部中郎来知郡事……既祠之，以为书院。……镇南州守何思司教年缉分教，樊相以是举，有传书来征。”③

樊相，字汝弼，号沙坪。邓川沙坪人。曾任教谕，博学能诗，著有《沙坪草堂集》，已失传。与杨士云交往密切，在《杨弘山先生存稿》中，有十余篇与樊相的唱和酬答诗，如《次樊沙坪招饮韵》④《题樊沙坪园居》⑤《再酬樊沙坪》⑥《次樊沙坪韵》⑦等，但具体交往细节已不可考。

杨南金再度辞官回乡。

《杨南金坊记》：“癸未升江西参议，先奏乞致仕……是年冬准致仕。”⑧

嘉靖三年甲申（1524），四十八岁

六月，作《大理府学尊经阁记》。

记云：“……乃嘱邑令朱俨，建阁于堂之冬。自甲申春正月，迄夏六月告成。……士云方为吾道庆幸，奚可固陋辞，遂记之，尚永观于后祀。”⑨

杨慎因“大礼议”事件被谪戍云南。

---

①施利卓主编：《李元阳集·散文卷》，第442页，云南大学出版社，2008年。
②杨士云撰：《杨弘山先生存稿》，《丛书集成续编》，第143册，第205页，台湾新文丰出版公司，1989年。
③同上书，第203页。
④赵寅松主编：《历代白族作家丛书·杨士云卷》，第146页，云南民族出版社，2006年。
⑤同上书，第178页。
⑥同上书，第192页。
⑦同上书，第193页。
⑧段金录、张锡禄辑：《大理历代名碑》，第345页，云南民族出版社，2000年。
⑨赵寅松主编：《历代白族作家丛书·杨士云卷》，第271页，云南民族出版社，2006年。

王文才《杨慎学谱》："嘉靖三年，甲申，杨慎三十七岁，谪戍永昌。"[①]

嘉靖四年乙酉（1525），四十九岁

正月，杨慎抵达谪戍地云南。

王文才《杨慎学谱》："嘉靖四年，乙酉，杨慎四十八岁，至滇。"

按：该页附简绍芳《杨慎年谱》："乙酉正月至云南。"[②]

大理重修久已毁坏废弃的南郭驿馆、牌坊及关门，奉请作《南郭兴造记》。同年，北门关复建，作《复建北门关记》。

《南郭兴造记》："岁久浸废，馆为亩已，门为衢已，坊为址已。……嘉靖壬午（1522），时川姜公以仪部郎中为按察使。乙酉冬，下令废馆南天神祠……十一月己未三旬成事。"[③]

《复建北门关记》："兵宪姜公莅治于兹……既楼南关门，复楼北关门。……作之岁与南楼同时，以冬季月之令也。"[④]

作《莆见素林公先生祠集序》[⑤]。

序云："嘉靖丙戌，守郡葛君志贞至曰：……今祠祀及公在赵所咏为集，以传且示。……遂书为序。"[⑥]

嘉靖六年丁亥（1527），五十一岁

作《鹤庆府西龙潭水利碑记》。

记云："丙戌（1526）夏，旱，祈雨……冬至，告旅鸠工，畚土伐石……以十一月辛巳始事，正月戊寅告成。"[⑦]

张云鹏去世。

《明故四川按察司佥事张公墓碑铭》："嘉靖丁亥十一月丙申，四川按察司佥事

---

① 王文才：《杨慎学谱》，第 63 页，上海古籍出版社，1988 年。

② 同上书，第 65 页。

③ 杨士云撰：《杨弘山先生存稿》，《丛书集成续编》，第 143 册，第 198 页，台湾新文丰出版公司，1989 年。

④ 同上书，第 200 页。

⑤ 此为咏林俊祠所辑的诗集而作的序。林俊，字待用，号见素，福建莆田人。成化十四年进士，弘治元年擢云南副使，在滇四年，颇有政绩，民多思之。《明史》卷 194 有传。为纪念林俊、郭绅和姜龙，邓川立有"三正人祠"。

⑥ 杨士云撰：《杨弘山先生存稿》，《丛书集成续编》，第 143 册，第 184 页，台湾新文丰出版公司，1989 年。

⑦ 同上书，第 203 页。

张公卒于官。……又明年己丑六月甲申，乃碑。”①

作《太平桥记》。

记云：“嘉靖丁亥，千户赵辅谋于众曰……始以是年正月丙寅，告成于五月丙戌。”②

嘉靖六年戊子（1528），五十二岁

作《东平振旅诗序》。

序云：“嘉靖丁亥冬十一月，寻甸告变……戊子春正月，武定继变……遂合围省下，势甚炽。……兹振旅而旋乡……以九歌之义，俾予序之。”③

按：因丁亥（1527）十一月及戊子（1528）春，云南寻甸和武定相继叛乱，叶榆（云南大理别称）副使率兵平定了叛乱，民间纷纷赋诗颂之，集为《东平振旅诗》，杨士云奉请作《东平振旅诗序》。

为《大理董氏族谱续编》作序。

《大理史城董氏族谱·旧谱序一》落款：“嘉靖六年，岁次丁亥，宝祖六世孙总系十七世士云谨序。”④

嘉靖八年己丑（1529），五十三岁

母殁，悲恸欲绝。

李元阳《户科给事中弘山先生墓表》：“嘉靖己丑，太孺人寝疾。先生衣不解带，目不交睫。比殁，悲恸垂绝。”⑤

与李元阳、杨南金合为张云鹏撰写碑铭，杨士云撰文，李元阳书丹，杨南金篆额。⑥

嘉靖九年庚寅（1530），五十四岁

大理新建会讲堂落成，为士子讲学之用，请作《新建会讲堂记》。

《新建会讲堂记》：“嘉靖九年冬，巴蜀刘公鹤年来守金沧……闳门列垣，翼学

① 施利卓主编：《李元阳集·散文卷》，第335页，云南大学出版社，2008年。
② 杨士云撰：《杨弘山先生存稿》，《丛书集成续编》，第143册，第201页，台湾新文丰出版公司，1989年。
③ 同上书，第187页。
④ 大理白族自治州白族文化研究所编：《大理丛书·族谱卷》，第5卷，第2704页，云南民族出版社，2004年。
⑤ 杨士云撰：《杨弘山先生存稿》，《丛书集成续编》，第143册，第13页，台湾新文丰出版公司，1989年。
⑥ 段金录、张锡禄辑：《大理历代名碑》，第335页，云南民族出版社，2000年。

而起。贰守陈君魁具事，嘱某为记。”[1]

按：杨士云在记中提出了“学贵于讲，讲资于会”的思想，阐明自己对讲学的极力拥护和提倡。他认为“讲为论、为谋、为究、为解。夫论必稽之众，谋必询之同，究必精之极，解必说之详。论之众，必博学已；谋之同，必审问已；究之极，必慎思已；解之详，必明辩已；讲之事毕已，几以明吾善已也。”

嘉靖十一年壬辰（1532），五十六岁

为杨慎作《书转注古音略后序》。

后序落款云：“嘉靖壬辰孟冬丁酉，太和杨士云书。”[2]

赵汝廉中进士。

《大理府卫州县历科进士题名记》：“嘉靖壬辰科：赵汝廉，太和县（今属大理）人，历官翰林庶吉士、吏部郎中、尚宝太仆太常卿、通政使、都察院副都御史。”[3]

李元阳《正奉大夫正治清南京都察院右副都御史雪屏赵公墓碑》：“嘉靖改元，壬午，中云贵乡试《易》魁，壬辰，中林大钦榜进士。”[4]

嘉靖十二年癸巳（1533），五十七岁。

杨慎再游大理，与杨士云等有诗文唱和。

按：杨慎将返回安宁寓所时，与大理诸人依依惜别，作诗《将还滇云留别叶榆诸君子》：“云带萦苍岑，岑楼摇别旆。月珥抱玄津，津梁动离会。陟岑联骑游，临津泛鹢舟。欢赏日复夕，淹留春忽秋。秋风下庭绿，秋露垂檐玉。萧条蜻蛚吟，惆怅昆鸡曲。曲奏钟仪琴，吟为庄舄音。永言愧桃玖，同声企兰金。”[5]杨士云和诗《奉和升庵先生留别韵一首》：“飞楼构遥岑，遥岑久留旆。腾驾珥双珥，双珥欣重会。逍遥蓬岛游，容与莲叶舟。皎皎河汉夕，冷冷风露秋。澄潭千丈绿，漉岛万群玉。君山老龙吟，咸池洞庭曲。写入瑶华琴，调出清商音。感兹投白璧，颐言铸黄金。”[6]

简绍芳《杨文宪升庵先生年谱》：“十二年癸巳除夕离大理，有《将还滇云留别

---

① 赵寅松主编：《历代白族作家丛书·杨士云卷》，第 275 页，云南民族出版社，2006 年。
② 王文才、张锡厚编：《升庵著述序跋》，第 10 页，云南人民出版社，1985 年。
③ 大理市文化丛书编辑委员会编：《大理市古碑存文录》，第 363 页，云南民族出版社，1995 年。
④ 施利卓主编：《李元阳集·散文卷》，第 442 页，云南大学出版社，2008 年。
⑤ 诗引自秦栋编注《杨慎戍滇诗集》，第 20 页，云南民族出版社，2012 年。
⑥ 赵寅松主编：《历代白族作家丛书·杨士云卷》，第 122 页，云南民族出版社，2006 年。

叶榆诸子》诗。”[①]

王文才《杨慎学谱》：“嘉靖十二年，癸巳，杨慎返永昌寓大理。”本页附简绍芳《杨慎年谱》：“癸巳，西游大理诸处。”[②]

嘉靖十五年丙申（1536），六十岁

秋，杨慎至喜洲访杨士云，二人有诗唱和。

《升庵先生至榆》：“卧病青山旧，龙钟白发新。相逢一笑后，又别几回春。烟树闻红翠，晴江见绿苹。泠然仙驭至，喜得挹轻尘。”[③]

杨慎《答杨从龙给事》：“仙居深紫府，旅望渺苍波。五夜劳魂梦，三年阻啸歌。云心陶令远，秋兴杜陵多。鱼浦南风便，龙关一羽过”。[④]

按：随后二杨同游点苍山，寓居感通寺“写韵楼”。悠游时杨慎分别作了六言《感通四首》、七绝《梦中作宫词》。

王文才《杨慎学谱》转引简绍芳《升庵年谱》：“丙申至喜洲，访给事杨弘山士云”。[⑤]

简绍芳《杨文宪升庵先生年谱》：“十五年丙申，寓点苍山写韵楼，……秋七月，梦中作宫词一首。”[⑥]

嘉靖十六年丁酉（1537），六十一岁

受人举荐，勉强赴任，补兵科给事中，寻转户科给事中。

李元阳《户科给事中弘山先生墓表》：“嘉靖丁酉，吏部荐起光禄卿马公理及先生等若干人，……不得已就道，至京补兵科给事中，寻转户科左给事中。”[⑦]

嘉靖十八年己亥（1539），六十三岁

朝廷上赠杨父为征仕郎兵科给事中，封其母杨氏为孺人。是年杨士云尚未辞官。

---

① 简绍芳：《杨文宪升庵先生年谱》，《北京图书馆藏珍本年谱丛刊》，第 45 卷，第 518 页，北京图书馆古籍出版编辑组编，北京图书馆出版社，1997 年。

② 王文才：《杨慎学谱》，第 84 页，上海古籍出版社，1988 年。

③ 赵寅松主编：《历代白族作家丛书·杨士云卷》，第 129 页，云南民族出版社，2006 年。

④ 诗选自秦栋编注《杨慎戍滇诗集》，第 123 页，云南民族出版社，2012 年。

⑤ 王文才：《杨慎学谱》，第 88 页，上海古籍出版社，1988 年。

⑥ 简绍芳：《杨文宪升庵先生年谱》，《北京图书馆藏珍本年谱丛刊》，第 45 卷，第 520 页，北京图书馆古籍出版编辑组编，北京图书馆出版社，1997 年。

⑦ 杨士云撰：《杨弘山先生存稿》，《丛书集成续编》，第 143 册，第 15 页，台湾新文丰出版公司，1989 年。

《附赠士云之父为征仕郎兵科给事中并士云母杨氏为孺人敕》（明嘉靖年宏圭山勤封碑）："迩复今任，尤见老成练达，谟谋宏远……兹以大享覃恩，特授耳阶征仕郎，锡之敕命……朕有显陟，以观厥成。"落款："嘉靖十八年三月十九日。"①

嘉靖二十一年壬寅（1542），六十六岁

与李元阳受大理知府蔡绍科聘，修撰《大理府志》，定稿后杨慎作序。

李元阳《大理府志》序："嘉靖壬寅以后，太守黄严蔡君绍科召阳与给谏弘山杨君士云同修。"②

嘉靖二十三年甲辰（1544），六十八岁

壬寅年，云南按察佥事、分巡金沧王惟贤受命至大理巡察，考察军实、屯田、水利、防御、贮积后著《南巡纪略》，杨士云为其题词，李元阳作序。

《题南巡纪略》："比宪佥卓峰王公来视，启椷则《南巡纪略》也。阅之，终篇则按部兴革之大者也，于乎慎之。"③

李元阳《南巡纪略》序："嘉靖壬寅，中江卓峰王公以佥臬分视列郡。……甲辰八月，公将以报政去我郡……愚乃为之序。"④

王惟贤⑤，字士官，号卓峰。四川中江人。进士。嘉靖间任云南按察佥事、分巡金沧佥事，颇有政绩。

嘉靖二十四年乙巳（1545），六十九岁

杨慎徙居大理，经喜洲时与杨士云相会，诗酒唱和。

王文才《杨慎学谱》引程封《升庵年谱》："二月徙居大理，九月还戍所。"附简绍芳《杨慎年谱》："乙巳二月徙居大理。"⑥

---

① 大理白族自治州白族文化研究所编：《大理丛书·族谱卷》，第5卷，第2846页，云南民族出版社，2004年。

② 施利卓主编：《李元阳集·散文卷》，第220页，云南大学出版社，2008年。

③ 杨士云撰：《杨弘山先生存稿》，《丛书集成续编》，第143册，第196~197页，台湾新文丰出版公司，1989年。

④ 施利卓主编：《李元阳集·散文卷》，第195页，云南大学出版社，2008年。

⑤《新纂云南通志》，《名宦传》有传第8册，第26页，云南人民出版社，2007年。

⑥ 王文才：《杨慎学谱》，第99页，上海古籍出版社，1988年。

简绍芳《杨文宪升庵先生年谱》："二月至大理，与及门董西羽、杨弘山有倡和诗。"①

按：杨慎有《雨中漫兴柬弘山、中溪、洱皋》四首②，杨士云有《奉和升庵先生雨中漫兴》和诗三首："清毡半湿角巾斜，寒粟生肌战齿牙。四野天低云一色，点苍五月雪飞花。"（其一）"墙头榴火湿生烟，遮莫寒威到酒边。一夜芭蕉檐外响，更筹数尽不成眠。"（其二）"雨中骑马上华台，夏月羊裘更觉凉。底书为囊谈入夜，醉归尤听雨浪浪"（其三）。③

与好友魏江村、周龙津、樊相、杨琢庵等频频邀约相会，期间诗文唱和尤多，集为《春游唱和诗》，士云作《春游倡和诗序》。

《春游倡和诗序》："嘉靖乙巳闰正月乙酉，魏江村氏首会于北郭之园；丁亥，周龙津氏寻会于南郭之亭；庚申，樊沙坪氏会于水滨之墅；二月乙未洎壬寅，杨弘山氏、杨琢庵氏亦咸会于里社。会凡五，诗凡若干，倡若干、和若干。三月癸亥，龙津氏遂不起矣。呜呼！……"④

按：在杨士云诗集中，杨琢庵与樊沙坪仅在诗歌题目中就出现十余次，魏江村与周龙津也多次出现，皆为次韵、叠韵、酬答等，还有些题目中并未出现人名，但亦互为酬唱，对象是谁，已不可知，可见他们的交往非常密切。具体交往的细节已不可考，樊相等的人具体资料，目前亦未见载。

嘉靖二十五年丙午（1546），七十岁

杨慎、李元阳、董难等至洱源游览，途经喜洲，再次探访杨士云，有诗文唱和。

王文才《杨慎学谱》："嘉靖二十五年丙午，杨慎五十九岁，寓居大理。"该页附简绍芳《杨慎年谱》："丙午徙居大理，与门生董难寻罢谷山，经喜淦，会弘山诸公倡和。九月还戍所。"⑤

杨慎《寄杨弘山都谏》："螭头早挂进贤冠，迹远东墀玉笋班。倦意已还飞鸟外，归心元在急流间。仙郎高议留青琐，学士新诗满碧山。十九峰前同醉处，梦中琼树几

① 简绍芳：《杨文宪升庵先生年谱》，《北京图书馆藏珍本年谱丛刊》，第45卷，第525页，北京图书馆古籍出版编辑组编，北京图书馆出版社，1997年。

② 诗选自秦栋编注《杨慎戍滇诗集》，第295页，云南民族出版社，2012年。

③ 赵寅松主编：《历代白族作家丛书·杨士云卷》，第124页，云南民族出版社，2006年。

④ 杨士云撰：《杨弘山先生存稿》，《丛书集成续编》，第143册，第194页，台湾新文丰出版公司，1989年。

⑤ 王文才：《杨慎学谱》，第100页，上海古籍出版社，1988年。

回攀。”①

《奉和次韵升庵太史枉赠》：“会伏青蒲地上冠，久虚华盖殿东班。直从贾董敷陈后，未数王杨伯仲间。征诏几时天北极，高名千古博南山。九龙池畔相思梦，寸碧游岑几度攀。”②

秋，杨慎即将离大理，送行诸人均赋诗留别，得三十二韵。此为大理诗坛盛事，杨士云亦有诗。

《叠韵呈升庵先生》：“花事看犹在，莺声听转新。相逢疑是梦，何处可留春。翠障吟红药，沧州采白苹。千年空见月，几度渴生尘。”③

李元阳《送升庵先生还螳川客寓诗序》：“嘉靖丙午，访山水于点苍、叶榆之间，是岁仲秋……维时菊黄江碧，骊驹在途，送者人赋一诗，以点苍之境约为三十二韵。坐有诵唐人诗《客路青山外》，分二十四字，各为韵。”④

嘉靖二十六年丁未（1547），七十一岁

冬，与李元阳、杨慎合作《鹤庆军民府城碑》。

按：大理鹤庆府城垣建造竣工，刻碑纪念，《鹤庆军民府城碑》由李元阳撰文，杨士云书丹，杨慎篆额，立于鹤庆南门外小石桥旁，这是三位名家弥足珍贵的一次合作，惜石碑今已不存。

《鹤庆军民府城碑》：“赐进士及第荆州府事前翰林院庶吉士监察御史大理李元阳仁甫撰文、赐进士出身征仕郎户科左给事中前翰林院庶吉士太和杨士云从龙书丹、博南山人成都杨慎用修篆额。……嘉靖二十六年十二月吉旦立。”⑤

嘉靖二十八年己酉（1549），七十三岁

作《大姚县新建儒学记》。

记云：“嘉靖己酉，皇上御极二十有八年……吾党盍共绎思，敬述为记。”⑥

---

① 诗选自秦栋编注《杨慎戍滇诗集》，第 209 页，云南民族出版社，2012 年。
② 杨士云撰：《杨弘山先生存稿》，《丛书集成续编》，第 143 册，第 139 页，台湾新文丰出版公司，1989 年。
③ 赵寅松主编：《历代白族作家丛书 · 杨士云卷》，第 130 页，云南民族出版社，2006 年。
④ 赵寅松主编：《历代白族作家丛书 · 李元阳卷》，第 96 页，云南民族出版社，2006 年。
⑤ 段金录、张锡禄辑：《大理历代名碑》，第 341 页，云南民族出版社，2000 年。
⑥ 杨士云撰：《杨弘山先生存稿》，《丛书集成续编》，第 143 册，第 205 页，台湾新文丰出版公司，1989 年。

嘉靖三十一年壬子（1552），七十六岁

赵汝廉辞官归里。

李元阳《正奉大夫正治清南京都察院右副都御史雪屏赵公墓碑》：“公归里，既二载。甲寅，以原职致仕。”①

按：据上引文，可知赵汝廉于是年归里。其间他和杨士云多有交往。

嘉靖三十三年甲寅（1554），七十八岁

九月八日去世，享年七十八岁。十二月二十四日，葬于大理弘圭山祖茔。

李元阳《户科给事中弘山先生墓表》：“以嘉靖甲寅秋九月八日卒，年七十有八。是冬十二月二十四日，葬于弘圭山先茔之次。”②“子男二，准、模，模早逝。女一，适周吾为。孙四人，女孙三人。”③

（董雪莲）

① 施利卓主编：《李元阳集·散文卷》，第442页，云南大学出版社，2008年。
② 杨士云撰：《杨弘山先生存稿》，《丛书集成续编》，第143册，第13页，台湾新文丰出版公司，1989年。
③ 同上书，第14页。

张含年谱（1480~1566）

综论

张含，字愈光，号禺山、月坞、半谷。云南永昌（今保山）人，著名文学家。有《张愈光诗文选》（八卷）、《张禺山戊己吟》（五卷）、《禺山七言律选》等作品传世。

张含出生于官宦世家，先世居江宁（今属江苏南京）。《保山碑刻·张志淳墓志铭》记载：张含的高祖张杰，在洪武十八年（1385）因坐诖误罪，带其子张宗谪戍永昌，成为明代永昌地区的第一批移民。[①] 张宗生子七人，第六子为张昺。张昺生子张志淳。张志淳生子张含、张合。[②] 张志淳（1458~1538），成化二十年（1484）进士，历官吏部主事、员外郎、郎中、太常少卿、提督四夷馆、南京户部右侍郎，正德六年（1511），因被刘瑾案牵连而致仕。张志淳著有《谥法》《南园集》《西铭通》《南园漫录》《永昌二芳记》诸书。次子张合（1507~1553），十六岁举云贵乡试第一名，嘉靖十一年（1532）进士，累升至湖广按察司副使。张合著有《贲所文集》《诗集》，又有《稻con漫笔八语》《游宦杂抄》《贲所日记》诸稿藏于家，有《宙载》行于世。张含的叔父张致信，弘治八年（1495）获云贵乡试第一名。张含的五世孙张辰亦有文章传世，裔孙张纬，乾隆二十一年（1756）举人。

张含中举后七试不第，返乡以诗文创作终其一生。他的人生有四个较为明显的阶段性表现：少时意气风发，壮岁科场失意，隐居后大展才华，晚年刊印作品冀传世。

少年时期的张含有良好的家世，受到很好的教育。父张志淳在张含出生之年（1480）中举，在张含五岁时（1484）中进士，此后仕途宦达，一岁九迁，直至南京户部右侍郎。少年张含在其父庇荫下，过着富贵优游的生活，并受到良好的教育。他好古文，曾拜当时著名文学家李梦阳为师，并因长辈的缘故结识杨慎，二人成为一对诗文唱和、

---

① 张志淳的高祖张杰徙边时间，据张志淳为祖父张宗墓所撰《山阡表》：“公讳宗，字胜宗，别号乐逸翁。洪武己酉生江宁县朱门乡，年十七，随父谪此，寿享七十，以正统戊午卒。”参见保山市文化广电新闻出版局编《保山碑刻》，第101页，云南美术出版社，2008年；同书李时《张志淳墓志铭》，第110页。

② 李时：《张志淳墓志铭》，保山市文化广电新闻出版局编《保山碑刻》，第110页，云南美术出版社，2008年。

互帮互学的好友。张含的诗歌《结交行》《结交歌》回忆往昔生活。论及自己“壮年奔走黄金台，结交老苍多上才”，[①]涉及的交往对象自首辅、吏部尚书、户部尚书、兵部尚书、知府、都御史、詹事府录事等人物，达五十八人之多，并且绝大多数是显贵，或政治上的实干家，或文章上的才子，多数在《明史》有传，少数无传有载，无载者寥寥无几。他在诗歌《述城谣》中回忆：“我生幸值升平世，况乃家传由甲第。”[②]《西园纵饮》说：“醉中忽想少年事，红烛青楼无限情。”[③]《效鲍体数诗》说：“一身滞文史，稚习自童蒙。二十游京师，挟艺动王公。三都重词赋，感慨慕前雄。四海问姓名，翰墨初流通。五侯共花酒，长袖列歌钟……”[④]

张含的失意应该从其父张志淳致仕算起。正德六年（1511），五十五岁的张志淳因坐刘瑾党落职，携二子返回永昌。张含的老师李梦阳《送张含还金齿》诗云：“百忧强自排，感之辄复积。亦知别心苦，所奈欢爱客。迢迢西南夷，叹子此行役。出云怀旧山，倦鸟厉归翮。”[⑤]《送张含》诗又言：“明发车南指，滇城更复南。秋惊洞庭叶，雪压贵州岚。念汝此行远，求官今尚淹。保昌山坞侧，好结望京庵。”[⑥]与他常有交往的弘治九年（1496）进士、工部左侍郎顾璘在《送张含还永昌二首》中说：“去国虚春事，还山恋日华。鸿飞入烟雾，龙卧傍泥沙。文许诸儒列，家怜万里赊。同临嘶马地，愁思极天涯。”“汉道于今盛，君才过古人。少陵无近习，灵运有前身。”[⑦]对张含充满了赞誉与同情。张含中举后，参加了七次进士考试，最后一次在嘉靖二十二年（1543），其诗《龙树歌寄汤右卿》曰：“癸卯年中复北上，直性刚肠颇疏放。路逢猛虎啮贤豪，遂使骅骝气凋丧。”[⑧]多次科考不第，年逾六旬的他绝意仕进，在诗歌《山居》中说道：“不须苦笑辛夤逊，举世何人绝宦情。”[⑨]内心的惆怅一望可知。

政治上未获得崭露头角的机会，让张含有更多的精力进行诗文创作。特别是他的少年学友杨慎，因议大礼得罪皇帝，在嘉靖三年（1524）贬戍云南。二人通过结社唱和、

① 李根源辑，陆卫先、杨文虎校注：《永昌府文征》，第289页，云南美术出版社，2001年。
② 同上书，第361页。
③ 同上书，第363页。
④ 同上书，第322页。
⑤ 李梦阳：《空同集》卷12，《景印文渊阁四库全书》，第1262册，第84页，台湾商务印书馆，1986年。
⑥ 李梦阳：《空同集》卷26，《景印文渊阁四库全书》，第1262册，第213页，台湾商务印书馆，1986年。
⑦ 顾璘撰：《顾华玉集·息园存稿诗》卷9，《景印文渊阁四库全书》，第1263册，第410~411页，台湾商务印书馆，1986年。
⑧ 李根源辑，陆卫先、杨文虎校注：《永昌府文征》，第312页，云南美术出版社，2001年。
⑨ 同上书，第367页。

书信往来、诗词争胜等形式，创作了为数甚多的诗文，使少年时期就获得一定诗名的张含[①]，更加受到云南乃至全国文士的关注。杨慎在《重寄张愈光》诗中说："海客张公鬓已苍，豪游曾结少年场。古文金碧盘龙虎，丽句琼瑶琢凤凰。"[②]认为他"少日声名追杜甫，暮途羁绊脱庄周。"[③]《赠张愈光诗》中又认为他"文采既彪炳，与世亦殊音"[④]。长辈、师友的奖掖提拔，大大推动了张含的诗文创作，今天我们看到的张含诗歌，据《永昌府文征》收录有850余首，分别在《张愈光诗选》和《张禺山戊己吟》中，但这并不是张含诗歌的全部，从他"读书历千卷，作诗将万首"[⑤]，"百千多事三更梦，六十余年万首诗"[⑥]的言说中可知，现存张含诗，是经过挑选评定、去粗取精的结果，仅只是作者一生创作的十分之一而已。这些作品使他的声名日趋广远，他自己也颇为得意地说，自己"弘德年中海内游，雕虫词赋动皇州"[⑦]。《元旦二首》又说："秋鳌野情何事扰，乾坤虚誉有诗传。"[⑧]

张含对云南文学发展做出的贡献，不仅在诗歌创作上，还表现在他开设书局，刊印优秀的诗文集子，开办学校等方面。张含曾编印过《唐绝精选》《李太白诗选》，并邀请杨慎为其文友木公《雪山诗选》作序，又为老师李梦阳编选《空同诗选》。国家图书馆今存张含百花书舍明嘉靖二十二年（1543）刊刻的《空同诗选》和"张氏家塾明嘉靖二十四年"刊刻的《李诗选》十卷（张含辑，杨慎批点）。张含、杨慎二人书信中讨论的问题，常涉及文学传播内容，如杨慎在《千里面谭跋》中对张含说："前此曾书诗一卷呈上，以代千里面谭。来谕欲付之雕梓，愧愧，然亦是奇事。今继此书一卷，乃走所集《词林振秀》之百一，世所罕传者，请并赏鉴。吾兄《龙池春游》诗艳而讽……请并刻之。"[⑨]张含也曾说道："升庵前有《面谭》之帙之寄，编为上卷；今复有此寄，编为下卷以锲焉。禺山张含识。"[⑩]从这段文字中可以发现，张含致力于文学传播，有

① 杨慎的叔父（杨廷仪）及白岩乔公（乔宇）曾有"愈光他日必为海内诗人"的说法。见《永昌府文征》，第398页。
② 杨慎：《升庵集》卷31，《景印文渊阁四库全书》，第1270册，第226页，台湾商务印书馆，1986年。
③ 同上。
④ 杨慎：《升庵集》卷17，《景印文渊阁四库全书》，第1270册，第142页，台湾商务印书馆，1986年。
⑤ 李根源辑，陆卫先、杨文虎校注：《永昌府文征》，第377页，云南美术出版社，2001年。
⑥ 同上书，第333页。
⑦ 同上书，第327页。
⑧ 同上书，第387页。
⑨ 王文才、张锡厚编：《升庵著述序跋》，第198页，云南人民出版社，1985年。
⑩ 同上书，第361页。

意保留优秀作品。可以说，没做成官的张含，却在诗词创作和推动云南文化的发展上，做出了更多的贡献。

张含在嘉靖二十七年（1548）六十九岁时，将自己的作品进行刊印。请杨慎为自己批选出作品凡八卷，名曰《张愈光诗文选》，并作序。《张禺山戊己吟》创作于嘉靖二十七年（1548）和嘉靖二十八年（1549），是张含六十九岁至七十岁创作的作品。近八十岁时，杨慎又为他选编了《禺山七言律》，曾屿作序。作品行世后受到许多褒扬，李元阳《用韵答张愈光》说他“孝皇盛日张公子，白马青袍下洛阳……怀抱向人萧索尽，暮年词赋独专场。”[①]《滇略》说他“所为诗豪宕悲壮，用修亟称之。”[②]王士祯《香祖笔记》说自己“尤喜集中《颍川侯祠》一篇，足称诗史，至结句云‘阴风古树无穷恨，长为英雄吊九泉’，可以泣鬼神矣。”[③]任瀚《禺山文叙》言：“张愈光声华籍籍在海内四十年，今老矣，犹穷奇极诡，傲睨一世。”[④]

张含的影响在云南当地要更为明显一些，百年之后，尚有后学追忆。如清朝尹艺写《明诗台》诗说：“七龄说史好丰神，鬓白张公亦感春。地道西南谁作者？天叫风雅启斯人。新都以外无知己，子美云遥此后身。只道高台栖海客，高台今日又沉沦。”[⑤]虽把升庵少年说史故事，误记在张含身上（民国时期文人王灿作《张禺山先生传》[⑥]，也犯了同样错误），但张公声名之高，可见一斑。

对张含的学行、影响，清人许贺来《张禺山先生诗选序》如是评价：“文宗弓左，不屑为唐、宋以后人语。诗追汉、魏，以接《骚》《雅》。而沉雄苍郁，尤得杜工部神髓。……非但诗骨逼杜，一种眷怀君父、笃念友朋、爱国忧民之隐衷，直与浣花叟同。其忠愤，李中溪以为前身是少陵，非阿好也。……仅一新都太史远谪金齿，歌吟赠答，引为同心。数百年后，从残篇遗响中景其高致、想见其生平，庶几志和、靖节之风流。”[⑦]

笔者在2008年曾以简谱形式在《保山师专学报》上发表《张含年谱》[⑧]，但未及将事条的史料依据标出。2012年罗勇、王丽娟发表的《明朝云南永昌张氏家族年谱初

---

① 李根源辑，陆卫先、杨文虎校注：《永昌府文征》，第401页，云南美术出版社，2001年。
② 谢肇淛：《滇略》卷8，《景印文渊阁四库全书》，第494册，第206页，台湾商务印书馆，1986年。
③ 王士祯：《香祖笔记》卷5，《景印文渊阁四库全书》，第870册，第448页，台湾商务印书馆，1986年。
④ 黄宗羲编：《明文海》卷245，《景印文渊阁四库全书》，第1455册，第721页，台湾商务印书馆，1986年。
⑤ 李根源辑，陆卫先、杨文虎校注：《永昌府文征》，第1260页，云南美术出版社，2001年。
⑥ 同上书，第4136页。
⑦ 同上书，第2375页。
⑧ 姜晓霞：《张含年谱》，《保山师专学报》，2008年第1期。

编》[①]，涉及了多条本人没有发现的张含事迹，对本年谱的修订提供了帮助。2012 年孙丽丽《张含年谱新编》[②]，在生卒年的考订上与本人年谱有一年之差，也没注明诸多事条编订的缘由和根据。本年谱在以上旧谱的基础上进行补充、修订和完善，引录旧谱则予以注明，并为每一条目提出确切可靠的依据。

年谱

明宪宗朱见深成化十六年庚子（1480），一岁

五月十二日出生。[③]

杨慎《寿禺山张愈光序》："禺山先生，张子愈光，生于成化庚子，兹嘉靖庚戌，盖七袠有一矣。"[④]

《升庵贶诗专信遐畀贱辰饾饤长言因纾酬谢》："六十六年沧海客，仲夏十二日生辰。"[⑤]

字愈光，号禺山；又号月坞、半谷。

葛万里《别号录》："半（谷），张含愈光，月坞。举人。靖滇。"[⑥]

《〈张氏集〉自叙》："夫张氏也者，何人也？永昌遁野之荒民也，名含，愈光字。别号曰板松山人者，所以厌尘务而慕仙迹，因以游神于静外者也；曰碧马间第一山主人，曰白龙山人，曰霞村野人，曰半谷幽人者，所以卜居于野，用以广情固志，以乐山水之间者也；曰月坞痴人、曰明台真逸、曰铁楼道人、曰雪溪散人、曰潏艇钓翁、曰三桥野老、曰九池放客者，所以般游于家，得以杜门绝交，抱愚守迷，以终懒慢之余龄者也。"[⑦]

陆深《月坞记》："金齿张愈光修古学，而未有合于今也。自蒙以痴人之号，将即月坞之胜而益修焉。以告于国子先生陆深曰：'含居大保山中，筑坞读书，尽山之胜。……独于有月为最胜。山西峙，凡西之山咸拱揖可俯，故于得月为最先。……'又曰：

① 罗勇、王丽娟：《明朝云南永昌张氏家族年谱初编》，《西南古籍研究（2011 年）》，第 301~322 页，云南大学出版社，2012 年。

② 孙丽丽：《张含年谱新编》，《保山学院学报》，2012 年第 6 期。

③ 姜晓霞：《张含年谱》，《保山师专学报》，2008 年第 1 期。

④ 杨慎：《升庵遗集》卷 22，道光甲辰（1844）影明本重刊，古桂山房版。

⑤ 李根源辑，陆卫先、杨文虎校注：《永昌府文征》，第 318 页，云南美术出版社，2001 年。

⑥ 葛万里：《别号录》卷 9，《景印文渊阁四库全书》，第 1034 册，第 209 页，台湾商务印书馆，1986 年。

⑦ 李根源辑，陆卫先、杨文虎校注：《永昌府文征》，第 2266 页，云南美术出版社，2001 年。

‘家君督含以进士业，非古也，弗敢废命，则兹山之月之境荒哉！斯非痴乎？’……深览而异焉，语之坐，告之曰：‘……吾子耽月坞之山水，几于滞静而未弘矣；薄科举之委锁，几于骛远而未约矣；任气质以疾疢，几于过动而违时矣。’……愿书为记。”①

按：从上文观之，张含号的由来应与山林之趣、隐士角色有关。

先世本江宁（今属江苏南京）望族，高祖张杰，洪武十八年（1385）以诖误罪谪戍永昌（今云南保山）。曾祖张宗，祖父张禺，父张志淳。张含为长子，母为正室沈善正；弟张合，母为副室狄印真。

李时《张志淳墓志铭》：“先世本江宁右族，曾大父杰以诖误罪谪戍云南之永昌，遂偕其子宗家焉。宗有七子，其六讳禺，以公贵。累赠奉政大夫、吏部考功司郎中。配韦氏，累赠宜人，是生公。……南园，公别号也，配沈氏，累封淑人。副室狄氏，先卒，赠安人。子二女四。长含，正德丁卯举人。洎女适指挥白勋、舍人李沂者，皆沈出。次即合，登嘉靖壬辰进士，历迁吏部考功主事。洎女适监生陆采、举人郑文粲者，皆狄出。”②

张志淳撰书张宗墓《山阡表》：“公讳宗，字胜宗，别号乐逸翁。洪武己酉生江宁县朱门乡，年十七，随父谪此，寿享七十，以正统戊午卒。……公有子七人，先君第六子也。志淳、志宁皆出先君，含与合皆出志淳，志淳与合又同以第一人举。则所谓郡望者，不其谅呼。”③

父张志淳，字进之，号南园。乡式第一、进士。始为吏部文选司主事，仕至南京户部右侍郎。

《永昌府文征》：“张志淳，字进之，号南园，保山铁楼街人。成化庚子乡荐第一，甲辰进士。”④

《别号录》：“南（园），张志淳，进之，户侍，半谷父。”⑤

《滇略》：“张志淳，字进之，永昌人。天性聪哲，六艺咸通，登成化甲辰进士，为选部郎，用贤拔滞，门无私谒。历官户部侍郎，谢病归。功业风节，为时崇尚。晚岁著书自娱，有《南园集》《西铭通》《南园漫录》《续录》行世。”⑥

---

①陆深：《俨山集》卷53，《景印文渊阁四库全书》，第1268册，第330~331页，台湾商务印书馆，1986年。
②李时：《张志淳墓志铭》，保山市文化广电新闻出版局编《保山碑刻》，第110~112页，云南美术出版社，2008年。
③张志淳：《山阡表》，保山市文化广电新闻出版局编《保山碑刻》，第101页，云南美术出版社，2008年。
④李根源辑，陆卫先、杨文虎校注：《永昌府文征》，第85页，云南美术出版社，2001年。
⑤葛万里：《别号录》卷6，《景印文渊阁四库全书》，第1034册，第186页，台湾商务印书馆，1986年。
⑥谢肇淛：《滇略》卷6，《景印文渊阁四库全书》，第494册，第165页，台湾商务印书馆，1986年。

《明一统志》卷八十七：“本朝张志淳，其先江宁人，洪武中迁金齿司。志淳登成化甲辰进士，由吏部文选司主事起家，仕至南京户部右侍郎。学行两全，名实并懋。卒赐葬祭，乡贤祠祀之。”①

成化二十年甲辰（1484），五岁

父张志淳中进士②，名列二甲第四。

《明清进士题名碑录索引》：“成化二十年（1484）甲辰科，张志淳，金齿司，第二甲第四名。”③

雍正《云南通志》：“甲辰科李旻榜。张志淳，金齿卫人，侍郎。”④

雍正《云南通志》：张志淳“字进之，金齿司人，成化甲辰进士。弘治间任吏部文选主事，历升选郎。用贤拔滞，门无请谒。与天台黄元昭齐名。正德初，擢太常少卿，提督四译（夷）馆，惩入馆子弟空名之弊，一变旧习，时论多之。晋南户部右侍郎，寻致仕归。晚年以图书自娱，所著有《南园集》《四铭通》《南园漫录》《续录》《永昌二芳记》诸书。年八十一卒。”⑤

李时《张志淳墓志铭》：“公讳志淳，字进之，姓张氏。……少即颖异，及长，补司学弟子员。成化庚子，举云南乡试第一。甲辰试礼部高第，及廷试第二甲第四人，声称藉甚。……庚戌（1490），谒选吏部。时尚书三原王端毅公恕雅知公，特授文选主事。……戊午（1498），三载考绩，进阶承德郎。庚申（1500），擢稽勋署员外郎。辛酉（1501）再考，实授进阶奉直大夫。……壬戌（1502），调考功。甲子（1504），升稽勋署郎中，旋调考功。是岁，以考绩往督察院。……乙丑（1505），调文选。……正德丁卯（1507），擢太常少卿、提督四夷馆⑥。戊辰（1508），进卿。……己巳（1509），擢南京工部右侍郎。庚午（1510），改南京户部。”⑦

---

① 李贤等撰：《明一统志》卷87，《景印文渊阁四库全书》，第473册，第841页，台湾商务印书馆，1986年。

② 姜晓霞：《张含年谱》，《保山师专学报》，2008年第1期。

③ 朱宝炯、谢沛霖：《明清进士题名碑录索引》，第2476页，上海古籍出版社，1980年。

④ 靖道谟等编纂：雍正《云南通志》卷20上，《景印文渊阁四库全书》，第570册，第5页，台湾商务印书馆，1986年。

⑤ 靖道谟等编纂：雍正《云南通志》卷21之一，《景印文渊阁四库全书》，第570册，第121页，台湾商务印书馆，1986年。

⑥ 即上述四译馆。

⑦ 李时：《张志淳墓志铭》，保山市文化广电新闻出版局编《保山碑刻》，第110~112页，云南美术出版社，2008年。据文意标点稍作调整。稽勋署，“署”或当作“司”。

成化二十三年丁未（1487），八岁

祖母韦氏去世，父回乡守丧。

罗勇、王丽娟《明朝云南永昌张氏家族年谱初编》："十月廿八日，张志淳母亲韦氏卒。"①

孙丽丽《张含年谱新编》："10 月 28 日，张含祖母、志淳生母丁韦宜人去世，父亲志淳守丧。"②

李时《张志淳墓志铭》："丁未（1487），丁韦宜人忧。弘治己酉（1489），服阕。"③

按："丁韦宜人忧"之"丁"字意为"丁忧"，孙丽丽理解有误，应去掉"丁"字。

明孝宗朱佑樘弘治三年庚戌（1490），十一岁

父服丧期满，谒选吏部。

孙丽丽《张含年谱新编》："含父志淳谒选吏部，时尚书三原王端毅公恕雅知公，特授文选主事。"④

李时《张志淳墓志铭》："庚戌（1490），谒选吏部。"⑤

弘治四年辛亥（1491），十二岁

祖父张昺去世，父亲回乡守丧。

罗勇、王丽娟《明朝云南永昌张氏家族年谱初编》："六月十四日，张昺以病卒。"⑥

孙丽丽《张含年谱新编》："含祖父张昺逝，父志淳自都中归，启韦宜人攒合葬焉。"⑦

李时《张志淳墓志铭》："辛亥（1491），闻考功君丧，匍匐归。"⑧

---

① 罗勇、王丽娟：《明朝云南永昌张氏家族年谱初编》，《西南古籍研究（2011 年）》，第 305 页，云南大学出版社，2012 年。

② 孙丽丽：《张含年谱新编》，《保山学院学报》，2012 年第 6 期。

③ 李时：《张志淳墓志铭》，保山市文化广电新闻出版局编《保山碑刻》，第 110 页，云南美术出版社，2008 年。

④ 孙丽丽：《张含年谱新编》，《保山学院学报》，2012 年第 6 期。

⑤ 李时：《张志淳墓志铭》，保山市文化广电新闻出版局编《保山碑刻》，第 110 页，云南美术出版社，2008 年。

⑥ 罗勇、王丽娟：《明朝云南永昌张氏家族年谱初编》，《西南古籍研究（2011 年）》，第 306 页，云南大学出版社，2012 年。

⑦ 孙丽丽：《张含年谱新编》，《保山学院学报》，2012 年第 6 期。

⑧ 李时：《张志淳墓志铭》，保山市文化广电新闻出版局编《保山碑刻》，第 110 页，云南美术出版社，2001 年。

弘治七年甲寅（1494），十五岁

父守丧期满。

罗勇、王丽娟《明朝云南永昌张氏家族年谱初编》："张志淳服阕。"①

孙丽丽《张含年谱新编》："父志淳守丧期满除服。"②

李时《张志淳墓志铭》："启韦宜人攒合葬焉。劳费悉以身任，诸昆弟罔及也。甲寅（1494）服阕。"③

弘治九年丙辰（1496），十七岁

父返京师，此后十余年政绩显著，屡升迁；母留乡，管理家务八年。张含因而两地生活。

罗勇、王丽娟《明朝云南永昌张氏家族年谱初编》："张志淳以吏部主事起复……时嫡沈淑人以子女婚嫁，留永昌。"④

孙丽丽《张含年谱新编》："含父张志淳安顿完丧事，复除验封，以吏部主事还朝起复，志淳留正室沈氏于永昌统家，带张含一同赴京。"⑤

张潮《张志淳元配沈氏墓志铭》："弘治丙辰（1496），公复除验封，淑人统家，□不果，行至云会，纳副室以来，是为狄安人。淑人居家凡八年，婚嫁子女，检制仆婢，筹度出纳，□如也。"⑥

弘治十一年戊午（1498），十九岁

与杨慎订交。⑦

刘文征天启《滇志·人物志》张志淳："公与新都杨文忠公素厚善，一日小饮文忠寓所。文忠之弟左司马廷仪及一二大僚烛下分韵，以石榴为题。有一公得"张"字，

---

① 罗勇、王丽娟：《明朝云南永昌张氏家族年谱初编》，《西南古籍研究（2011年）》，第306页，云南大学出版社，2012年。

② 孙丽丽：《张含年谱新编》，《保山学院学报》，2012年第6期。

③ 李时：《张志淳墓志铭》，保山市文化广电新闻出版局编《保山碑刻》，第110页，云南美术出版社，2008年。

④ 罗勇、王丽娟：《明朝云南永昌张氏家族年谱初编》，《西南古籍研究（2011年）》，第307页，云南大学出版社，2012年。

⑤ 孙丽丽：《张含年谱新编》，《保山学院学报》，2012年第6期。

⑥ 张潮：《张志淳元配沈氏墓志铭》，保山市文化广电新闻出版局编《保山碑刻》，第114页，云南美术出版社，2008年。

⑦ 姜晓霞：《张含年谱》，《保山师专学报》，2008年第1期。

难之，一公以曲子名为戏。偶司马座下有童子若耳语者，问之，曰：‘若言无伤。石榴本张骞事也。’一座皆惊。文忠曰：‘此儿好看古书。’因询公，曰：‘亦有一子，旦日引来见。’次日与俱来，两人年相若，且臭味同也。是为文忠公长子慎、公之子含，终生为金石之交。慎半生永昌，与含剑盖合，盖天定乎！”[①]此事《永昌府文征》亦有记载。[②]

杨慎《南园先生集序》云：“先太师公与文字相与莫逆，某忝为通家子，公特异目焉，曰：‘吾儿含好古文、歌诗，可使为友。’而通家之情爱甚早、甚深、甚久矣。”[③]

简绍芳《明修撰杨升庵先生年谱》：“（弘治）十二年己未，公十二岁……考公集云南园张公、白崖乔公、柴墟储公过家君小饮，较象棋，命赋诗……”[④]

按：据上文“十二年己未，公十二岁”推测，此事约发生于1499年，但1499年正月杨慎继母卒，二月祖母卒，杨慎随父回蜀守制，十四岁才随父返京。据王文才《杨慎学谱》校订为1498年张杨订交[⑤]，此事应发生在1498年。

弘治十六年癸亥（1503），二十四岁

杨慎十六岁，作诗《招张愈光》，此为目前存世最早的张杨二人酬唱之作。[⑥]

杨慎《招张愈光》序曰：“癸亥岁，时十六，附此。”诗云：“容易年光斗柄东，萧条客舍酒樽空。雪消已减乘舟兴，寒重翻添闭户功。古道尘埃多去马，故人书信少来鸿。新丰逆旅知无伴，何惜西斋一笑同。”[⑦]

弘治十七年甲子（1504），二十五岁

父张志淳已为吏部考功郎中，命张含与母沈善正进京随侍。

罗勇、王丽娟《明朝云南永昌张氏家族年谱初编》：“沈善正与张含自永昌入京，狄印真待沈善正如南园公。”[⑧]

---

① 刘文征撰，古永继校点：天启《滇志》卷14，第475页，云南教育出版社，1991年。

② 李根源辑，陆卫先、杨文虎校注：《永昌府文征》，第3304页，云南美术出版社，2001年。

③ 杨慎：《升庵遗集》卷23，道光甲辰（1844）影明本重刊，古桂山房版。

④ 简绍芳：《明修撰杨升庵先生年谱》，北京图书馆编《北京图书馆珍藏本年谱丛刊》，第45册，第543~544页，北京图书馆出版社，1999年。

⑤ 王文才：《杨慎学谱》，第17~19页，上海古籍出版社，1988年。

⑥ 姜晓霞：《张含年谱》，《保山师专学报》，2008年第1期。

⑦ 杨慎：《升庵集》卷28，《景印文渊阁四库全书》，第1270册，第209页，台湾商务印书馆，1986年。

⑧ 罗勇、王丽娟：《明朝云南永昌张氏家族年谱初编》，《西南古籍研究（2011年）》，第308页，云南大学出版社，2012年。

孙丽丽《张含年谱新编》："张含奉母亲之命，随侍（其父张志淳）入京，沈氏亦自永昌入都中。张志淳升稽勋署郎中……寻以诏，实授进阶奉政大夫，调考功，已为考功郎中矣，是岁，志淳以考绩往督察院。"①

张潮《张志淳元配沈氏墓志铭》："弘治甲子（1504），命子含随侍之京，公已为考功郎中矣。"②

李时《张志淳侧室狄印真墓志铭》："甲子，沈淑人至自永昌，孺人事之如南园公，即又当沈淑人意。"③

明武宗朱厚照正德元年丙寅（1506），二十七岁

在京与杨慎、蓝田、冯驯、石天柱、夏邦谟、刘景宇、程启充等为丽泽会，有倡和诗。④

简绍芳《明修撰杨升庵先生年谱》："正德元年丙寅（1506），升庵年十九……与同乡士冯驯、石天柱、夏邦谟、刘景宇、程启充为丽泽会，即墨蓝田、永昌张含结社倡和。"⑤

按：张含嘉靖十八年己亥（1539）作《结交行》，1540年作《结交歌》，记录了自己结交的五十八位显于弘治、正德、嘉靖间的名士，除杨慎外，以上诸人也在张含诗中出现。

《结交行爵里姓名记》："夏邦谟，字舜俞，号松泉，涪州人。正德戊辰进士（1508），督察院右副督御史。"⑥

《四川通志·人物志》："（夏邦谟）官部曹，与杨慎结社唱酬。嘉靖中云南左参政，仕至太子少保吏部尚书。"⑦

《结交行爵里姓名记》："蓝田，字玉甫，号北泉，即墨人。嘉靖癸未进士，河

---

① 孙丽丽：《张含年谱新编》，《保山学院学报》，2012年第6期。

② 张潮：《张志淳元配沈氏墓志铭》，保山市文化广电新闻出版局编《保山碑刻》，第114页，云南美术出版社，2008年。

③ 李时：《张志淳侧室狄印真墓志铭》，保山市文化广电新闻出版局编《保山碑刻》，第117页，云南美术出版社，2008年。

④ 姜晓霞：《张含年谱》，《保山师专学报》，2008年第1期。

⑤ 简绍芳：《明修撰杨升庵先生年谱》，北京图书馆编《北京图书馆珍藏本年谱丛刊》，第45册，第548页，北京图书馆出版社，1999年。

⑥ 李根源辑，陆卫先、杨文虎校注：《永昌府文征》，第291页，云南美术出版社，2001年。

⑦ 王文才：《杨慎学谱》，第26~27页，上海古籍出版社，1988年。

南道监察御史。”①

《明史·叶应骢传》：“蓝田，即墨人。争‘大礼’被杖。张璁掌都察院，落职归。”②

《张禺山戊己吟》附载《丙寅除夕简杨用修》《除夕次用修韵》，应为当时结社之作。

《丙寅除夕简杨用修》：“征途易老百年身，底事光阴改换频。……独把一杯饯残岁，尽情灯火伴愁人。”③

《除夕次用修韵》：“新岁重赓往岁诗，壮心寥落忆南陲。东风消息谁先得，客子光阴我自知。芳草已回迎步处，梅花又满断肠枝。明朝莫负城西约，踏遍郊原问酒旗。”④

杨慎批语：“慎未冠时，与月坞张兄为诗。丙寅除夕，张兄以二诗见示，今四十五年矣。追忆先太师最爱之语，先司马叔父及白岩乔公曰：‘愈光他日必为海内诗人。’今张兄白首，诗篇为海内传诵，欣然信乎先太师之知人，于四十年前矣。因话世讲，遂书其后。通家弟杨慎书。”⑤

正德二年丁卯（1507），二十八岁

弟张合出生于京邸，字懋观，号贲所。

乔世宁《副使张公合墓志铭》：“（张合）归即病，病无何即卒，盖嘉靖三十二年也。距生正德元年，寿仅四十八岁”。⑥

《云南通志》：“（张合）字懋观，金齿司人，志淳子。十六中嘉靖壬午解元，登壬辰进士。任刑部主事，历湖广副使，以疾归。性嗜学，手不释卷；善书画，权贵造请辄却之。居乡不谈公府事，时欲清查夷田，人心汹汹，乃为书五千言达之当事，事遂寝。所著有《贲所文集》。”⑦

按：《墓志铭》和《云南通志》均记载了张合嘉靖壬午（1522）十六岁中解元事，又据本谱正德十年纪事，父亲张志淳谈及张合1515年9岁，据此逆推，他应于正德二

---

① 李根源辑，陆卫先、杨文虎校注：《永昌府文征》，第291页，云南美术出版社，2001年。

②《明史》卷206，第19册，第5445页，中华书局，1974年。

③ 李根源辑，陆卫先、杨文虎校注：《永昌府文征》，第397页，云南美术出版社，2001年。

④ 同上书，第398页。

⑤ 同上。

⑥ 乔世宁：《副使张公合墓志铭》，焦竑辑《国朝献征录》卷88，《续修四库全书》，第530册，第47页，上海古籍出版社，2002年。

⑦ 靖道谟等编纂：雍正《云南通志》卷21之一，《景印文渊阁四库全书》，第570册，第121~122页，台湾商务印书馆，1986年。

年出生，方能与后文的诸多记事相对应。

客京，作怀归诗，十月返乡应乡试，中举。[①]

按：张含客京，曾作怀归诗（见《升庵梦吟含丁卯客京怀归诗》），多年后（1552）有《旧诗新梦成奇事》序曰：“《升庵梦吟含丁卯客京怀归诗》，晨起，遂闻前星之诏消息。书来见示，此非奇兆神契乎？口占长句寄赠。”[②]

《寄廖太史鸣吾》：“去年十月辰丁卯，我在都城万里归……”[③]

《云南通志》：“（张含）正德丁卯举人，不乐仕进，游梁宋间，为李梦阳所知，深加称赏。及归，与杨慎友善，学者称禺山先生，著有诗文行世。”[④]

《四库全书总目》：“《禺山文集》一卷，诗集四卷（江苏巡抚采进本），明张含撰。含字愈光，永昌卫人。正德丁卯举人。其学出于李梦阳，又与杨慎最契，故诗文皆慎所评定。慎《序》有曰：‘张子自少不喜为时文举子语，见宋人厌弃之，犹腻也。’”[⑤]

杨慎在四川中举。

简绍芳《明修撰杨升庵先生年谱》：“（正德）二年丁卯，公二十岁，应四川乡试……是秋，果擢《易》魁”。[⑥]

正德三年戊辰（1508），二十九岁

作诗《寄廖太史鸣吾》。

《寄廖太史鸣吾》：“去年十月辰丁卯，我在都城万里归。饯列群儒真忝窃，壶倾萧寺亦光辉。庙堂词赋谁新体，湖海文章有布衣。岁暮碧天聊怅望，玉堂朝罢五云飞。”[⑦]

按：据“去年”二字，该诗当作于丁卯年的第二年，即1508年。

父张志淳自太常寺卿擢南京工部右侍郎。

张潮《张志淳元配沈氏墓志铭》：“正德戊辰（1508），公自太常寺卿擢南京工

---

① 姜晓霞：《张含年谱》，《保山师专学报》，2008年第1期。

② 李根源辑，陆卫先、杨文虎校注：《永昌府文征》，第388页，云南美术出版社，2001年。

③ 同上书，第295页。

④ 靖道谟等编纂：雍正《云南通志》卷21之一，《景印文渊阁四库全书》，第570册，第121页，台湾商务印书馆，1986年。

⑤ 永瑢等编纂：《四库全书总目》卷176，第1571页，中华书局，1965年。

⑥ 简绍芳：《明修撰杨升庵先生年谱》，北京图书馆编《北京图书馆珍藏本年谱丛刊》，第45册，第549页，北京图书馆出版社，1999年。

⑦ 李根源辑，陆卫先、杨文虎校注：《永昌府文征》，第295页，云南美术出版社，2001年。

部右侍郎，淑人欣然为治装”。[1]

正德五年庚午（1510），三十一岁

父张志淳改南京户部右侍郎，不久坐刘瑾党，被勒令致仕返乡，狄印真从归。[2]

李时《张志淳墓志铭》：“庚午（1510），改南京户部，俄命公致仕，盖有由焉。南户部故事：部堂致仕归，则司属奉治廨羡金为道里费。公辞曰：‘吾不可以投老而易节。’闻者叹服。”[3]

张志淳《花押》：“正德己巳，予在南京户部，见各监所出长单，太监、少监、监丞，一监不下二十余员，皆是印押。凡解纳钱粮，必于原额三五倍至十余倍，方获长单。不然不得完。本部咨行都察院，各行巡按御史拘追。”[4]

李时《张志淳侧室狄印真墓志铭》：“正德庚午，南园公以南京户部右侍郎致仕家居，孺人从归。”[5]

凌迪知《钦定续文献通考》：“张志淳《南园漫录》十卷。志淳自号南园野人。云南籍江宁人，成化进士。官至户部侍郎，坐刘瑾党，勒致仕。”[6]

《弇山堂别集》：“南京户部右侍郎……张志淳，云南永昌卫籍，应天江宁人。由进士五年任右，六年致仕。”[7]

《千顷堂书目》卷二十：“成化甲辰科，张志淳……南京户部右侍郎。”[8]

到武昌游历，曾过龙关津。[9]

---

①张潮：《张志淳元配沈氏墓志铭》，保山市文化广电新闻出版局编《保山碑刻》，第114页，云南美术出版社，2008年。

②姜晓霞：《张含年谱》误载此事于正德六年，《保山师专学报》，2008年第1期。

③李时：《张志淳墓志铭》，保山市文化广电新闻出版局编《保山碑刻》，第112页，云南美术出版社，2008年。据文意标点稍做调整。

④张志淳撰，云南省文史研究所编：《南园漫录校注》，第335页，云南民族出版社，1999年。对原校注标点有所调整。

⑤李时：《张志淳侧室狄印真墓志铭》，保山市文化广电新闻出版局编《保山碑刻》，第117页，云南美术出版社，2008年。

⑥嵇璜、曹仁虎等撰：《钦定续文献通考》，《景印文渊阁四库全书》，第630册，第377页，台湾商务印书馆，1986年。

⑦王世贞撰：《弇山堂别集》卷177，《景印文渊阁四库全书》，第409册，第719页，台湾商务印书馆，1986年。

⑧黄虞稷撰：《千顷堂书目》卷20，《景印文渊阁四库全书》，第676册，第516页，台湾商务印书馆，1986年。

⑨姜晓霞：《张含年谱》，《保山师专学报》，2008年第1期。

《梦武昌》："白云悠悠黄鹤楼，黑雾漫漫鹦鹉洲。忆昨登楼复采洲，武皇年中庚午秋。昔日红颜今白头，岁月冉冉江水流。……生前富贵死即休，死后之名焉足求。"①

按：此诗为明年在乡中作。

《山城难居，重忆故乡兼怀升庵》："九隆传七叶，族系百余春。伤心望故国，钟阜莽龙鳞。正德岁庚午，曾涉龙关津。一涉不复再，东望徒酸辛。……故人投荒久，垂钓滇水滨。赐环（还）杳消息，磨楯劳形神。仰天迸双泪，衷怀难细陈。居家与为客，具是异乡人。"②

按："正德岁庚午，曾涉龙关津"一句若为实指，该地名有两个可能。一是据史为乐主编《中国历史地名大词典》："龙关，俗名东关。今四川屏山县东二里望龙山。"③二是据《云南省志·地名志》："市区下关，南诏王皮罗阁建龙尾城，因倚苍山斜阳峰麓，山势逆回如游龙之掉尾，故名。亦称龙尾关、龙关、河尾关、下关。"④张含所指应为后者。

叔父张志宁中举。

《滇志·永昌府·科目·举人》："庚午科，金齿司，张志宁"。⑤

正德六年辛未（1511），三十二岁

杨慎中状元。

《明史》："杨慎，字用修，新都人。少师廷和子也。年二十四，举正德六年殿试第一，授翰林修撰。"⑥

简绍芳《杨文宪升庵先生年谱》："（正德）六年辛未，升庵年二十四……夏五月，殿试策进士……先生援引经史，敷对宏博，读卷官李东阳、杨一清称之曰：'海涵地负，大放厥词。'共庆朝廷得人，赐状元及第，授官翰林修撰。"⑦

父张志淳致仕返乡后，以阅读典籍自娱。

---

① 李根源辑，陆卫先、杨文虎校注：《永昌府文征》，第 337 页，云南美术出版社，2001 年。

② 同上书，第 354 页。

③ 史为乐主编：《中国历史地名大词典》，第 626 页，中国社会科学出版社，2005 年。

④ 云南省地方志编纂委员会总编，云南省水利水电厅编：《云南省志》卷 63《地名志》，第 70 页，云南人民出版社，1997 年。

⑤ 刘文征撰、古永继校点：天启《滇志》卷 9《学校志》第六之二，第 312 页，云南教育出版社，1991 年。

⑥《明史》卷 192，第 17 册，第 5081 页，中华书局，1974 年。

⑦ 简绍芳：《杨文宪升庵先生年谱》，北京图书馆编《北京图书馆珍藏本年谱丛刊》，第 45 册，第 502~503 页，北京图书馆出版社，1999 年。

《钦定续文献通考》："张志淳《南园漫录》十卷。志淳自号南园野人，云南籍江宁人，成化进士，官至户部侍郎，坐刘瑾党，勒致仕。"①

李时《张志淳墓志铭》："辛未（1511），抵永昌，稍葺考公君之遗业，晏然以典籍自娱。"②

《御定佩文斋书画谱》："张志淳，字进之，江宁人。正德中为南京户部侍郎，书画咸精，造名家。"③

凌迪知《万姓统谱》："张含……父志淳，为南都户侍。父子发解云南。"④

按：同张志淳一起返乡之子，应为次子张合。

赶考落第返乡，作《梦武昌》忆去年所游胜景。

按：诗见本谱正德五年条。

正德七年壬申（1512），三十三岁

父张志淳作《谥法》。⑤

《千顷堂书目》："张志淳《谥法》二卷。古《谥法》、苏洵修定《谥法》一卷，本朝《谥法》一卷，正德壬申序。"⑥

正德十年乙亥（1515），三十六岁

父张志淳作《南园漫录》，据书末《题后》，该书刻于嘉靖五年（1526）。⑦

张志淳《南园漫录序》："予闲居四年，唯铅椠是事。去年冬，病久，凡书之宏深旁魄者，皆不能事事，则取杂说如《容斋随笔》者数十家以消日。……大明正德十年岁在乙亥春正月九日，永昌南园张志淳书。"⑧

---

① 嵇璜、曹仁虎等撰：《钦定续文献通考》卷177，《景印文渊阁四库全书》，第630册，第377页，台湾商务印书馆，1986年。

② 李时：《张志淳墓志铭》，保山市文化广电新闻出版局编《保山碑刻》，第112页，云南美术出版社，2008年。

③ 孙岳颁等撰：《御定佩文斋书画谱》卷56，《景印文渊阁四库全书》，第821册，第415页，台湾商务印书馆，1986年。

④ 凌迪知：《万姓统谱》卷40，《景印文渊阁四库全书》，第956册，第616页，台湾商务印书馆，1986年。

⑤ 姜晓霞：《张含年谱》，《保山师专学报》，2008年第1期。

⑥ 黄虞稷撰：《千顷堂书目》卷9，《景印文渊阁四库全书》，第676册，第238页，台湾商务印书馆，1986年。

⑦ 姜晓霞：《张含年谱》，《保山师专学报》，2008年第1期。

⑧ 张志淳撰，云南省文史研究所编：《南园漫录校注》，第18页，云南民族出版社，1999年。

张志淳《题南园漫录后》："往草此以付幼子合，合时方九龄。"①

正德十二年丁丑（1517），三十八岁

入京应试，与杨慎等友人议论朝政，指责武宗不顾西北边患而嬉游淫乐。②

杨慎《无题》序："丁丑岁，同何仲默、张愈光、陶良伯作，追录于此。"诗云："石头城畔莫愁家，十五纤腰学浣纱。堂下石榴堪系马，门前杨柳可藏鸦。景阳妆罢金星出，子夜歌残璧月斜。肯信紫台玄朔夜，玉颜朱泪泣琵琶。"③此诗《永昌府文征》亦存。④

按：杨慎于1516年入翰林，1517年谏武宗不顾西北边患嬉游淫乐，不被理睬，以养疾乞归。作此诗应在杨慎进谏之前不久，时在京都。

结交的诸多文友先后中进士，对其触动较大，此时张含极想以科举入仕途。

《结交行》："……正德年中复入京，廖张陈顾好声名。周文薛李风流甚，慷慨雄谈四座惊。诸兄得意云霄上，贱子疏庸愧结盟。……"⑤

按：张含正德年间入京事当在今年，与其进京应进士试有关。《结交行》论及诸人，除陈沂今年中进士，其他人虽先后成进士或未取得科名，但多在此时得志。廖道南，正德辛巳（1521）进士；张治，正德辛巳（1521）进士；顾璘，弘治丙辰（1496）进士；周廷用，正德辛未（1511）进士；文徵明，翰林院待诏；薛蕙，正德甲戌（1514）进士；李枝，空同长子，嘉靖癸未（1523）进士。

正德十三年戊寅（1518），三十九岁

朝中有人欲荐父张志淳再入朝为官，被其谢绝。

罗勇、王丽娟《明朝云南永昌张氏家族年谱初编》："有欲荐张志淳于朝者，张志淳曰：'吾岂愿复仕哉，幸暴吾志足矣'。"⑥

李时《张志淳墓志铭》："戊寅（1518），有欲荐公于朝者。公曰：'吾岂愿复仕哉，幸暴吾志足矣'。退休几三十年，以孝友惇睦处其家与其族姻。闾里婚姻死丧，力不赡者，

---

① 张志淳撰，云南省文史研究所编：《南园漫录校注》，第398页，云南民族出版社，1999年。

② 姜晓霞：《张含年谱》，《保山师专学报》，2008年第1期。

③ 杨慎：《升庵集》卷30，《景印文渊阁四库全书》，第1270册，第221页，台湾商务印书馆，1986年。

④ 李根源辑，陆卫先、杨文虎校注：《永昌府文征》，第271页，云南美术出版社，2001年。

⑤ 同上书，第289页。

⑥ 罗勇、王丽娟：《明朝云南永昌张氏家族年谱初编》，《西南古籍研究（2011年）》，第310页，云南大学出版社，2012年。

多赖以济。”[1]

正德十四年己卯（1519），四十岁

仲春，作《春园诗》，其父张志淳见，病间次韵，得一百二十首，今存二十七首。

罗勇、王丽娟《明朝云南永昌张氏家族年谱初编》：“仲春二十六日，张志淳病，见长子张含《春园诗》，写诗歌百二十首。”[2]

孙丽丽《张含年谱新编》：“仲春，张含作《春园诗》四十首，其父张志淳见，病间次得一百二十首，均是抒写晚年生活与心绪的诗，今仅存二十七首。”[3]

张志淳《春园诗》序：“南国老翁见长男含《春园诗》，病间次得百二十首，时正德己卯仲春二十六日也（今仅存二十七首）。”[4]

入京应试，其时弟张合十三岁，作《万里别》赠兄，右为画，左为文，文用篆隶诸体书写，张含带到京中，诸名士见之称赞不已。

乔世宁《副使张公合墓志铭》：“年十三时，兄含贡如京师，公赋《万里别》赠之。右图左书，书兼篆隶，分行诸体。诸名公见者，皆嘉叹称传焉”。[5]

明世宗朱厚熜嘉靖元年壬午（1522），四十三岁

张合十六岁，中解元。[6]

《云南通志》：“张合……十六中嘉靖壬午解元。”[7]

李时《张志淳侧室狄印真墓志铭》：“生二女暨子合。合有异质，南园公爱之。每夜诵书史，孺人度南园公督视将倦，继至为挑灯。寒则加服焉。合晨兴或晏，则于窗外呼促之，其善教子若此。嘉靖壬午，合举云贵乡试第一。”[8]

---

① 李时：《张志淳墓志铭》，保山市文化广电新闻出版局编《保山碑刻》，第112页，云南美术出版社，2008年。

② 罗勇、王丽娟：《明朝云南永昌张氏家族年谱初编》，第311页，《西南古籍研究（2011年）》，云南大学出版社，2012年。

③ 孙丽丽：《张含年谱新编》，《保山学院学报》，2012年第6期。

④ 李根源辑，陆卫先、杨文虎校注：《永昌府文征》，第266页，云南美术出版社，2001年。

⑤ 乔世宁：《副使张公合墓志铭》，焦竑辑《国朝献征录》卷88，《续修四库全书》，第530册，第47页，上海古籍出版社，2002年。

⑥ 姜晓霞：《张含年谱》，《保山师专学报》，2008年第1期。

⑦ 靖道谟等编纂：雍正《云南通志》卷21之一，《景印文渊阁四库全书》，第570册，第121页，台湾商务印书馆，1986年。

⑧ 李时：《张志淳侧室狄印真墓志铭》，保山市文化广电新闻出版局编《保山碑刻》，第117页，云南美术出版社，2008年。

嘉靖二年癸未（1523），四十四岁

携弟入京，自己或应春试而落第。

顾璘《赠张含还金齿》："上国遥携爱弟来，人传二陆总奇才。承家文学岂易得，失意天门仍暂回。马色飞云开万里，剑光冲岳照三台。堪怜南去风流远，咏尽寒斋蜡炬灰。"①

按：张含之弟张合去年中解元，次年春入京应试，张含携弟入京，一方面给幼弟引荐前辈，另一方面自己或在此年复应试。

张合《履影诗》前言："嘉靖癸未，予由贵州历荆襄至京师。及丙戌，由闸河入南都，过大江，涉洞庭而南归。"②

张合留于京师，婚何氏。

李时《张志淳侧室狄印真墓志铭》："癸未，（张合）试礼部不第，留京师，婚于何氏。"③

嘉靖三年甲申（1524），四十五岁

杨慎因上书议"大礼"，坐罪，谪戍永昌。④

《明史》杨慎传："嘉靖三年，帝纳桂萼、张璁言，召为翰林学士。慎偕同列三十六人上言：'臣等与萼辈学术不同，议论亦异。臣等所执者，程颐、朱熹之说也；萼等所执者，冷褒、段犹之余也。今陛下既超擢萼辈，不以臣等言为是，臣等不能与同列，愿赐罢斥。'帝怒，切责，停俸有差。逾月，又偕学士丰熙等疏谏，不得命，偕廷臣伏左顺门力谏。帝震怒，命执首事八人下诏狱，于是慎及检讨王元正等撼门大哭，声彻殿庭。帝益怒，悉下诏狱，廷杖之。阅十日，有言前此朝罢，群臣已散，慎、元正及给事中刘济、安磐、张汉卿、张原，御史王时柯实纠众伏哭。乃再杖七人于廷，慎、元正、济并谪戍，余削籍。慎得云南永昌卫。"⑤

简绍芳《杨文宪升庵先生年谱》："（嘉靖）三年甲申，修撰年三十七。春二月，

---

① 顾璘：《顾华玉集·息园存稿诗》卷12，《景印文渊阁四库全书》，第1263册，第430页，台湾商务印书馆，1986年。

② 李根源辑，陆卫先、杨文虎校注：《永昌府文征》，第268页，云南美术出版社，2001年。

③ 李时：《张志淳侧室狄印真墓志铭》，保山市文化广电新闻出版局编《保山碑刻》，第117页，云南美术出版社，2008年。

④ 姜晓霞：《张含年谱》，《保山师专学报》，2008年第1期。

⑤《明史》卷192，第17册，第5082页，中华书局，1974年。

罢大学士杨廷和，廷和首议大礼……杨慎曰：'国家养士一百五十年，仗节死义正在今日……'撼奉天门三日……廷杖杨慎及检讨王元正……越十日，复廷杖慎等七人，慎毙而复苏，谪戍云南永昌卫。"①

作诗《得岩翁冢宰书寄答》。

《得岩翁冢宰书寄答》："忆昨都城癸未年，诞逢嵩岳与华筵。星光欲动尚书履，日影曾过学士甎。整顿乾坤肝胆在，逍遥林壑梦魂牵。风前泪应青猿落，云外书凭白雁传。"②

嘉靖四年乙酉（1525），四十六岁

杨慎正月至昆明，二月至永昌，拜见父执张志淳，三月得友人之助，移居安宁遥岑楼。③

杨慎《南园先生集序》："嘉靖甲申，某以罪谪戍永昌，得拜先生堂下，谈议娓娓，教诫谆谆，所益弘多。"④

杨慎《祭在轩胡公文》："乙酉之春，余谪滇云。君来温泉，实始识君。清标玉立，雅韵兰芬……"⑤

丰家骅《杨慎评传》："杨慎在严时泰、张含等人的帮助下，三月移居安宁遥岑楼。"⑥

嘉靖五年丙戌（1526），四十七岁

夫人卢氏卒，享年四十二岁。

罗勇、王丽娟《明朝云南永昌张氏家族年谱初编》："二月，张含夫人卢氏卒，享年甫四十有二。"⑦

杨士云《张家妇墓碑》："（卢氏）卒嘉靖丙戌二月壬午也，年甫四十有二"。⑧

---

① 简绍芳：《杨文宪升庵先生年谱》，北京图书馆编《北京图书馆珍藏本年谱丛刊》，第45册，第509~511页，北京图书馆出版社，1999年。

② 李根源辑，陆卫先、杨文虎校注：《永昌府文征》，第296页，云南美术出版社，2001年。

③ 姜晓霞：《张含年谱》，《保山师专学报》，2008年第1期。

④ 杨慎：《升庵遗集》卷23，道光甲辰（1844）影明本重刊，古桂山房版。

⑤ 杨慎：《升庵集》卷9，《景印文渊阁四库全书》，第1270册，第93页，台湾商务印书馆，1986年。

⑥ 丰家骅：《杨慎评传》，第76页，南京大学出版社，1998年。

⑦ 罗勇、王丽娟：《明朝云南永昌张氏家族年谱初编》，《西南古籍研究（2011年）》，第312页，云南大学出版社，2012年。

⑧ 杨士云：《张家妇墓碑》，师范纂《滇系》卷81，第21页，光绪丁亥1887年云南通志局本。

父张志淳《南园漫录》刊刻。[①]

张志淳《题南园漫录后》："嘉靖五年，岁在丙戌，春二月念有一日，南园老人张志淳进之甫再书，时年六十九。"[②]

张合从京师归永昌。[③]

张合《履影诗》诗序："嘉靖癸未，予由贵州历荆襄至京师。及丙戌，由闸河入南都，过大江，涉洞庭而南归。凡往来于道者将一载，所见者皆可叹、可愕、可惊、可悲，予虑乎见存，而久则忘也。……"诗中有"去年仲夏到扬州"句[④]。

李时《张志淳侧室狄印真墓志铭》："丙戌，即又试礼部，又不第。合乃携室归永昌"。[⑤]

云南籍文人李元阳中进士[⑥]，授翰林院庶吉士。

李选《侍御中溪李公行状》："嘉靖壬午，中云南乡试第二。丙戌，成进士，初授翰林院庶吉士"。[⑦]

嘉靖六年丁亥（1527），四十八岁

朝廷遣官至滇采办珠宝玉石，从永昌到孟密采办，处延三千余里，往者多难生还，百姓称为"石祸"。张含作《宝石谣》，杨慎作《宝井谣》[⑧]反映民生疾苦。[⑨]

《宝石谣》："成化年间宝石重，私家暗买官家用。只在京师给帑银，不牵南夷作琛贡，林家宝石海内闻，雄商大贾集如云。敕谕林家避科道，恐有弹章早囊到。自从嘉靖丁亥岁，采买官临永昌卫。朝廷公道给官银，地方多事民憔悴。民憔悴，付奈何？驿路官亭豺虎多。钦取旗开山岳摇，鬻男贩妇民悲号。到今一十四回内，涕泪无声肝胆碎。

① 姜晓霞：《张含年谱》，《保山师专学报》，2008 年第 1 期。
② 张志淳撰，云南省文史研究所编：《南园漫录校注》，第 398 页，云南民族出版社，1999 年。
③ 姜晓霞：《张含年谱》，《保山师专学报》，2008 年第 1 期。
④ 李根源辑，陆卫先、杨文虎校注：《永昌府文征》，第 268 页，云南美术出版社，2001 年。
⑤ 李时：《张志淳侧室狄印真墓志铭》，保山市文化广电新闻出版局编《保山碑刻》，第 117 页，云南美术出版社，2008 年。
⑥ 姜晓霞：《张含年谱》，《保山师专学报》，2008 年第 1 期。
⑦ 李选：《侍御中溪李公行状》，见李元阳《中溪家传汇稿》，《丛书集成续编》，第 115 册，第 633 页，上海书店，1994 年。
⑧ 李根源辑，陆卫先、杨文虎校注：《永昌府文征》，第 270 页，云南美术出版社，2001 年。
⑨ 姜晓霞：《张含年谱》，《保山师专学报》，2008 年第 1 期。

成化年，嘉靖年，天王明圣三皇肩。独怜绝域边民苦，满眼逃亡屋倒悬。屋倒悬，不足惜，只为饥寒多盗贼。山川城郭尽荒凉，纷纷象马窥封疆。窥封疆，撼边域，经年月日无颜色。杞人忧天天不听，浊醪大醉明诗亭。”①

嘉靖八年己丑（1529），五十岁

六月，杨慎父病逝，其夫妇回川治丧。十二月，杨慎返戍所，妻黄峨留新都主持家政。

简绍芳《杨文宪升庵先生年谱》：“（嘉靖）八年己丑，修撰年四十二。夏六月，前大学士杨廷和卒。秋八月，修撰在戍所闻讣，涕泣述情……十有二月，修撰还戍滇，黄安人留蜀。”②

张合试礼部，又不第。

李时《张志淳侧室狄印真墓志铭》：“己丑，合试礼部又不第。孺人弗愠也。”③

嘉靖九年庚寅（1530），五十一岁

己丑、庚寅间，父张志淳为群小所诬，张含受其牵连，在永昌以“莫须有”被逮，赖母沈氏弭变御辱，得以保全。

张潮《张志淳元配沈善正墓志铭》：“嘉靖己丑、庚寅，公以尝赞罢镇复郡之议，为群小所诬，构子含以非罪在缧绁。淑人弭变御辱，中外倚之。”④

其师李梦阳去世，作诗《哭吾师空同先生五言律四首》。

孙丽丽《张含年谱新编》：“张含的老师李梦阳去世，张含听闻，悲痛不已，作诗《哭吾师空同先生五言律四首》。”⑤

《哭吾师空同先生五言律四首》其四：“吾师仙逝后，吾技亦迍邅。名并乾坤久，诗同雅颂传。风云悲九野，日月暗三川。松柏龙骧路，何年拜墓前。”⑥

---

① 李根源辑，陆卫先、杨文虎校注：《永昌府文征》，第 307 页，云南美术出版社，2001 年。

② 简绍芳：《杨文宪升庵先生年谱》，北京图书馆编《北京图书馆珍藏本年谱丛刊》，第 45 册，第 515~516 页，北京图书馆出版社，1999 年。

③ 李时：《张志淳侧室狄印真墓志铭》，保山市文化广电新闻出版局编《保山碑刻》，第 117 页，云南美术出版社，2008 年。

④ 张潮：《张志淳元配沈氏墓志铭》，保山市文化广电新闻出版局编《保山碑刻》，第 114 页，云南美术出版社，2008 年。

⑤ 孙丽丽：《张含年谱新编》，《保山学院学报》，2012 年第 6 期。

⑥ 李根源辑，陆卫先、杨文虎校注：《永昌府文征》，第 293 页，云南美术出版社，2001 年。

按：李梦阳是明代七子派著名文人，其卒年清楚，孙丽丽虽未说明缘由，但将张含诗系于此年，有一定道理。

嘉靖十年辛卯（1531），五十二岁

被困滞于省城，体会人情冷暖、世态炎凉。

《结交行》："回思辛卯年间事，业破家亡不可支。宵人蟠结酷吏横，可堪家世近朱题。自从学易离忧患，旧时交友具星散。牵率万里赴神都，偃蹇六年栖省岸。一水牵愁愁杀人，滔滔不返随江汉。近时交友岂无情，当面相看若弟兄。一言一事不相合，背面纷纷驱五兵。翻嗤陈雷笑管鲍，只重黄金不重道。不交肝胆交黄金，刖足机关助谈笑。以兹惊醒结交情，闭门习静何所营。"①

《纪风篇答辞钩》："含尝离毁困滞省岸，岁辛卯、壬辰、癸巳，固尝见有位者之竞贪而贵随矣。贪以崇随，随以厚风，风以鼓物，独一二君子不邪？岁甲午、乙未、丙申以还，昔风驮忿而扑，乃子蒋子则倡今风而辞钩，比琼海西洲子唐子却先大夫丝灯之赠为一揆，先大夫及含俱尝为言以答子唐子，今不敢不绳子唐子以答子蒋子，以著二子之同迈乎？"②

嘉靖十一年壬辰（1532），五十三岁

张合中进士③，授户部山西司主事。

《明清进士题名碑录索引》张合："嘉靖十一年（1532）壬辰科第二甲第六名。"④

《云南通志》："张合……登壬辰进士。"⑤

乔世宁《副使张公合墓志铭》："（张合）后十年，而举壬辰进士，授户部山西司主事。"⑥

秋，张合生子养心。

李时《张志淳侧室狄印真墓志铭》："壬辰，合举进士，书报孺人。是年秋，又

① 李根源辑，陆卫先、杨文虎校注：《永昌府文征》，第289页，云南美术出版社，2001年。

② 同上书，第2264页。

③ 姜晓霞：《张含年谱》，《保山师专学报》，2008年第1期。

④ 朱宝炯、谢沛霖：《明清进士题名碑录索引》，第2517页，上海古籍出版社，1980年。

⑤ 靖道谟等编纂：雍正《云南通志》卷21之一，《景印文渊阁四库全书》，第570册，第121页，台湾商务印书馆，1986年。

⑥ 乔世宁：《副使张公合墓志铭》，焦竑辑《国朝献征录》，《续修四库全书》，第530册，第47页，上海古籍出版社，2002年。

生子养心，则又书报孺人。”[①]

嘉靖十二年癸巳（1533），五十四岁

杨慎四十六岁，前往永昌，张含相迎相送于霁虹桥，返回大理后，寓写韵楼。四月，张含到写韵楼看望。[②]

简绍芳《杨文宪升庵先生年谱》：“（嘉靖）十二年癸巳，修撰年四十六。居永昌高峣……夏，张禺山来永昌，馆于霁虹桥。先生与之游大理点苍诸山，共题名刻诗崖壁别去。”[③]

王文才《杨慎学谱》：“桥在澜沧江博南山下，属永平县，古兰津桥，详《云南山川志》。”[④]

按：杨慎作诗《兰津渡》[⑤]。张含和七律《兰津渡》一首[⑥]，诗刻渡口岩壁，至今犹存。杨慎有《光尊寺别张愈光》：“万里炎荒万里身，销魂何事别离频？光尊寺里桃应笑，回首东风九度春。”[⑦]张含有《写韵楼歌》：“……孟夏滔滔癸巳年，叶榆良睹欣重晤。”[⑧]

狄印真去世，张含丁忧。

乔世宁《副使张公含墓志铭》：“癸巳，以狄安人忧去。丙申服除，改吏部稽勋司。久之，调考功司”。[⑨]

李时《张志淳侧室狄印真墓志铭》：“始，孺人以季女婺也，颇过郁悼。又以合久违，时系思焉。至是癸巳六月二十八日，疾遂不起。合南奔讴，嘉靖丙申正月四日，窆之于永昌城南黄竹坡”。[⑩]

---

① 李时：《张志淳侧室狄印真墓志铭》，保山市文化广电新闻出版局编《保山碑刻》，第 117 页，云南美术出版社，2008 年。

② 姜晓霞：《张含年谱》，《保山师专学报》，2008 年第 1 期。

③ 简绍芳：《杨文宪升庵先生年谱》，北京图书馆编《北京图书馆珍藏本年谱丛刊》，第 45 册，第 518 页，北京图书馆出版社，1999 年。

④ 王文才：《杨慎学谱》，第 84 页，上海古籍出版社，1988 年。

⑤ 杨慎：《升庵集》卷 30，《景印文渊阁四库全书》，第 1270 册，第 217 页，台湾商务印书馆，1986 年。

⑥ 李根源辑，陆卫先、杨文虎校注：《永昌府文征》，第 301 页，云南美术出版社，2001 年。

⑦ 杨慎：《升庵集》卷 34，《景印文渊阁四库全书》，第 1270 册，第 241 页，台湾商务印书馆，1986 年。

⑧ 李根源辑，陆卫先、杨文虎校注：《永昌府文征》，第 286 页，云南美术出版社，2001 年。

⑨ 乔世宁：《副使张公合墓志铭》，焦竑辑《国朝献征录》，《续修四库全书》，第 530 册，第 47 页，上海古籍出版社，2002 年。

⑩ 李时：《张志淳侧室狄印真墓志铭》，保山市文化广电新闻出版局编《保山碑刻》，第 117 页，云南美术出版社，2008 年。

嘉靖十三年甲午（1534），五十五岁

作《滞留南荒岁月驰》赠杨慎。

《滞留南荒岁月驰》小序："升庵时在临安。"[①]

按：此年王廷表奉父命往安宁迎杨慎至阿迷。王颖斌闻杨慎被谪戍于滇，在坊内建造状元馆，预备供其居住。杨慎到后，与王廷表一同读书、著述，在阿迷住了一个多月。故系此诗于此。[②]

嘉靖十四年乙未（1535），五十六岁

六月，寄诗祝贺杨慎生子同仁。[③]

《元郎歌》："博南山人仙之谪，曾侍玉皇香案侧。……十年戎旅忘还家，赐环雨露无消息。……年将半百形影单，蓬蒿寂寞子云宅。……去年得妾临句（应为"勾"）东，娥媌婉丽谐琴瑟。……今年仙子下瑶衢，兆应纤毫欻仙迹。"[④]

与杨慎通过书信形式进行文学交流。杨慎《古文韵语》刊印，为其作序。[⑤]

杨慎《古文韵语题辞》："嘉靖乙未星回节月杨慎用修题辞首刻。"[⑥]

《古文韵语后序》："近读升庵先生所辑《古文韵语》，使怀古之情滋深。其曰凑勺会涓，谦也。予则曰：海之支流必咸，玉之弃屑必润，好古者一诣焉，奚翅窥文林一斑邪？汶阜陈君德润，见而珍之，损俸金以梓行，予用是乐为序之。嘉靖乙未六月二日永昌张含序。"[⑦]

另《古文韵语》后序："……予见而珍之，雪山子请假录以命梓人，于是乎传。"[⑧]

诗作集为《乙未鸣》，弟张合为之作弁。[⑨]

张合《弁〈乙未鸣〉》："……禺山伯兄，早厌时业，诗以杜志，至今秩踰乎三，然后言式肖几，而史亦蒸蒸。其趁云选出所鸣于乙未者以示合，合谓其鸣之言、之式固一，

---

① 李根源辑，陆卫先、杨文虎校注：《永昌府文征》，第 344 页，云南美术出版社，2001 年。
② 请参阅本书《王廷表年谱》同年纪事。
③ 姜晓霞：《张含年谱》，《保山师专学报》，2008 年第 1 期。
④ 李根源辑，陆卫先、杨文虎校注：《永昌府文征》，第 285 页，云南美术出版社，2001 年。
⑤ 姜晓霞：《张含年谱》，《保山师专学报》，2008 年第 1 期。
⑥ 王文才、张锡厚编：《升庵著述序跋》，第 180 页，云南人民出版社，1985 年。
⑦ 同上书，第 181 页。
⑧ 李根源辑，陆卫先、杨文虎校注：《永昌府文征》，第 2259 页，云南美术出版社，2001 年。
⑨ 姜晓霞：《张含年谱》，《保山师专学报》，2008 年第 1 期。

而于兄近时所造，其可以为史也，则有大者在焉。”①

嘉靖十五年丙申（1536），五十七岁

再次北上应试，有《艰征集》。②

《结交行》：“……丙申冬仲复北上，万里艰征访卢谅。五岳山人古道交，操觚染翰容疏放。汤子同弹绿玉琴，白云片片冷知音。”③

按：其诗《访任少海》所纪，应为此年事。《访任少海》：“曾于北斗瞻明价，今见南方挺上才。龙起岷峨通五岳，剑冲霄汉触三台。云飞蜀水空牵梦，花发京春共举杯。倒屣风流王粲后，筑金谁复郭生台。”④任瀚，字少海，号五岳。南充人。嘉靖己丑（1529）进士。左春坊左司直兼翰林院检讨。⑤与张含相知，为张含文集作序。

嘉靖十六年丁酉（1537），五十八岁

从京师返，自夏历秋，寓会城。与杨慎相聚于滇池畔，为崇阳公选稿，作《禹碑跋》。⑥

《〈白泉先生集〉后序》：“嘉靖丁酉，含返自京师，谒崇阳公于滇台。自夏历秋，数侍公侧，公乃尽出平昔所撰著者，含选是委，于是《崇阳公选稿》成焉。”⑦

《己亥秋月寄升庵八首》之四：“滇海离筵晚共舟，别来山月两经秋。挥毫不必题朱凤，垂钓还须近白鸥。老去烟霞常扰扰，眼中江汉自悠悠。频年为客空弹铗，落日怀乡漫倚楼。”⑧

按：诗作于己亥（1539），言及两年前与杨慎在滇池荡舟事，可见张含当时在昆明。

《禹碑跋》：“于乎禹功神矣，禹文亦神矣。万世永赖惟禹功，四海永敷惟禹文。万世赖其功，故百灵护其文矣。……一尔皇帝立元，嘉靖之十有六载。仁洽虞夏，文贯姚姒，滇蒙小子，迩如皇畿，得观岣嵝刻集，咸不能识其全。既归滇，覩蜀都太史

---

① 李根源辑，陆卫先、杨文虎校注：《永昌府文征》，第2279页，云南美术出版社，2001年。
② 姜晓霞：《张含年谱》，《保山师专学报》，2008年第1期。
③ 李根源辑，陆卫先、杨文虎校注：《永昌府文征》，第290页，云南美术出版社，2001年。
④ 同上书，第299页。
⑤ 同上书，第291页。
⑥ 姜晓霞：《张含年谱》，《保山师专学报》，2008年第1期。现改旧谱“自夏历秋寓于滇”之“滇”为会城，改“昆明池”为“滇池”。
⑦ 李根源辑，陆卫先、杨文虎校注：《永昌府文征》，第2265页，云南美术出版社，2001年。
⑧ 同上书，第301页。

慎释文字，为之影句，为之音。含惊且喜曰：‘何文苑艺林举昧焉，而杨子独识之乎！’”①

辑丙申、丁酉年间自滇入京诗，为《艰征集》一卷，杨慎为撰序。

杨慎《〈艰征集〉序》：“昔卢子谅、傅长虞成制《艰征赋》，予读而慨之，伤二子之不遇也。乃兹禺山张子，固今之子谅、长虞也，才调既同，困踬过之。丙申岁冬，北上纪行，取二子赋名名其诗集。予读之而重慨焉。”②

作《画狻解》一文。

《画狻解》：“丁酉岁玄月，驷见，霄霜爰始。禺山外史寓滇，见《武举录》……”③

嘉靖十七年戊戌（1538），五十九岁

作诗《龙编乱》。④

按：《永昌府文征》有张含《龙编乱》⑤，被誉为史诗，校注本认为是嘉靖十七年征安南莫登庸事，详见严从简《殊域周咨录》。此诗应是当时作。

父张志淳寿终，年八十一岁。⑥

《云南通志》卷二十一之一：“张志淳……年八十一卒。”⑦

李时《张志淳墓志铭》：“嘉靖戊戌五月二十八日，致仕南京户部右侍郎张公卒。”⑧

按：张志淳《题南园漫录后》署，嘉靖五年（1526），其六十九岁⑨。据此及上引二条，可推知他卒年八十一。

嘉靖十八年己亥（1539），六十岁

作《结交行》，总结此前交游海内名人状况，并六言三十首、七言律八首寄与升庵，杨慎为之作《跋张愈光结交行》。⑩

---

① 靖道谟等编纂：雍正《云南通志》卷29之十二，《景印文渊阁四库全书》，第570册，第642页，台湾商务印书馆，1986年。

② 李根源辑，陆卫先、杨文虎校注：《永昌府文征》，第2284页，云南美术出版社，2001年。

③ 同上书，第2261页。

④ 姜晓霞：《张含年谱》，《保山师专学报》，2008年第1期。

⑤ 李根源辑，陆卫先、杨文虎校注：《永昌府文征》，第288页，云南美术出版社，2001年。

⑥ 姜晓霞：《张含年谱》，《保山师专学报》，2008年第1期。

⑦ 靖道谟等编纂：雍正《云南通志》卷21之一，《景印文渊阁四库全书》，第570册，第121页，台湾商务印书馆，1986年。

⑧ 李时：《张志淳墓志铭》，保山市文化广电新闻出版局编《保山碑刻》，第110页，云南美术出版社，2008年。

⑨ 张志淳撰，云南省文史研究所编：《南园漫录校注》，第398页，云南民族出版社，1999年。

⑩ 姜晓霞：《张含年谱》，《保山师专学报》，2008年第1期。

《结交行》："壮岁奔走黄金台，结交老苍多上才。成都杨子最年少，马迁相如早同调。梁园空同吾老师，文宗海内夸神妙。词坛吾友有崔何，白昼文星长照耀。……"[①]此诗记载了海内文人雅士四十三人。

杨慎《跋张愈光结交行》："禺山张子愈光，发益短，才益长，齿日衰，诗日盛。近作结交行，凡七百八十八字，纪海内交游名士，著升沉，感今昔，盖高允同征杜子美《八哀》之遗意也。又作六言三十首，七言律八首，寄予小子……"[②]

按：另本《跋张愈光结交行》文末："嘉靖已亥八月十五日，杨慎书于三玄亭。"[③]七言律八首应为《己亥秋月寄升庵诗八首》，其中较为有名的是第六首："金马秋风十载余，芙蓉深巷闭门居。登楼莫作依刘赋，奉使曾传谕蜀书。卧病可怜天一柱，独醒无奈楚三闾。北来消息风尘动，白首沧江学钓鱼。"[④]诗被《明诗综》卷四十二收录。

嘉靖十九年庚子（1540），六十一岁

继《结交行》后，又作《结交歌》。[⑤]

《结交歌》："去年一作结交行，今年再作结交歌。疏狂足迹半天下，倾盖相逢知己多。……逝水滔滔感岁年，泥涂踪迹今华颠。萍簪故事总成梦，江阁停云一惘然。"[⑥]

与唐琦等为杨慎著作做刊印工作，有《墨池琐录后序》。[⑦]

《墨池琐录后序》："嘉靖庚子冬十一月禺同山人张含序。"[⑧]

许勉仁《刻墨池琐录引》文末："嘉靖庚子冬十月三日玉林山人成都许勉仁书。"[⑨]

唐锜《升庵长短句序》文末："嘉靖庚子仲冬长至日晋宁池南唐锜。"[⑩]

十二月十八日，母沈善正去世。

张合《义勇武安王神签碑记》："嘉靖庚子十二月十八日，先妣封淑人沈氏，继

---

① 李根源辑，陆卫先、杨文虎校注：《永昌府文征》，第389页，云南民族出版社，2001年。
② 杨慎：《升庵集》卷10，《景印文渊阁四库全书》，第1270册，第100~101页，台湾商务印书馆，1986年。
③ 李根源辑，陆卫先、杨文虎校注：《永昌府文征》，第292页，云南美术出版社，2001年。
④ 同上书，第301页。
⑤ 姜晓霞：《张含年谱》，《保山师专学报》，2008年第1期。
⑥ 李根源辑，陆卫先、杨文虎校注：《永昌府文征》，第328页，云南美术出版社，2001年。
⑦ 姜晓霞：《张含年谱》，《保山师专学报》，2008年第1期。
⑧ 王文才、张锡厚编：《升庵著述序跋》，第93页，云南人民出版社，1985年。
⑨ 同上书，第93页。
⑩ 同上书，第145页。

先考南京户部右侍郎张公而逝……”①

张潮《张志淳元配沈氏墓志铭》：“嘉靖庚子十二月十八日，张淑人沈氏卒。”②

嘉靖二十年辛丑（1541），六十二岁

父张志淳卒时赐祭葬，弟吏部考功主事张合与张含之子张梧，向朝廷申请给予其家族一定恤典。十二月十日，朝廷恩准张氏荫张梧为国子生。第二年五月，又赐沈善正开圹之典。

张合《义勇武安王神签碑记》：“（沈善正卒）合以迩见近北侍郎公，应阴叙其后，淑人应被赐祭开圹之典，遂以语长侄梧。梧谓兹事非事之恒者，当决之神，而后叔命是听。嘉靖辛丑正月朔日，梧齐沐诣义勇武安王庙求签，以卜工事之成否，乃获二龙捧圣之签。乃持曰于父，含及合皆曰是吉征也，合爰为援此草疏，遂择吉以行。是行也，盖有不谋于亲戚，不告于朋友者矣，去十月而无闻。嘉靖壬寅正月朔，含命卜求签于王，以下二示之成否，乃获富贵自如之签。……至三月四日，而赐阴侄梧报至，盖被恩命于嘉靖辛丑十二月十日也。至五月八日，而赐祭淑人及开圹之报至，盖被恩命于嘉靖壬寅二月二十日也。”③

张潮《张志淳元配沈善正墓志铭》：“嘉靖壬寅正月三日偕公合葬城南恩庆山。山本名‘黄竹’，因其产也。继更‘孝友’，致其望也。至是，乃定名‘恩庆’焉。则以存荷国恩，家之庆可知也。”④

嘉靖二十一年壬寅（1542），六十三岁

为崇阳公《白泉先生集》作二序，作品于此年刊印。⑤

《〈白泉先生集〉后序》：“嘉靖丁酉，含返自京师，谒崇阳公于滇台。自夏历秋，数侍公侧，公乃尽出平昔所撰著者，含选是委，于是《崇阳公选稿》成焉。从而序之曰：……

---

① 张合：《义勇武安王神签碑记》，中国人民政治协商会议保山市隆阳区委员会编，徐鸿芹点校《隆阳碑铭石刻》，第 153 页，云南美术出版社，2005 年。

② 张潮：《张志淳元配沈氏墓志铭》，保山市文化广电新闻出版局编《保山碑刻》，第 113 页，云南美术出版社，2008 年。

③ 张合：《义勇武安王神签碑记》，中国人民政治协商会议保山市隆阳区委员会编，徐鸿芹点校《隆阳碑铭石刻》，第 153 页，云南美术出版社，2005 年。

④ 张潮：《张志淳元配沈氏墓志铭》，保山市文化广电新闻出版局编《保山碑刻》，第 114 页，云南美术出版社，2008 年。

⑤ 姜晓霞：《张含年谱》，《保山师专学报》，2008 年第 1 期。

又出在滇所著者，含选是委，于是《崇阳公滇稿》成焉。又从而序之曰：……乃嘉靖壬寅，鹤田先生复订稿，稿为《白泉先生集》梓于滇，谓含昔辱选委，俾损益二序，托名其间。嗟夫！序述乎事，事因乎时，时往而不可挽，则序存而不可易矣。爰属二为一以为复，君子目其序而问其时焉，则含之序，今之梓，皆可考而知也。”①

作诗《周南留滞一归家》。②

《周南留滞一归家》序：“壬寅岁除东皋（刘大谟）中丞、狷斋（谢瑜）侍御用少陵除夕韵，庚联长句忆升庵共二首，予读而爱之，叠韵一首。”③

嘉靖二十二年癸卯（1543），六十四岁

进京赶考，败兴而归，病寓昆明。

《龙树歌寄汤右卿》：“癸卯年中复北上，直性刚肠颇疏放。路逢猛虎啮贤豪，遂使骅骝气凋丧。归来采薄更渔矶，莫遣风尘化素衣。”④

《庐舍》：“忆辰岁癸卯，贡亟诣藩镇。世途阻且碍，桑梓当来旋。”⑤

《忆昨游纾近抱》：“癸卯岁寓昆明城，贤豪蹭蹬虎豹鸣。……荒原草树日日长，蛮徼瘴疠年年生。”⑥

杨慎子宁仁出生，杨慎当年十二月由蜀还滇接受祝贺，与张含在昆明相见。

杨慎《答重庆太守刘嵩阳书》：“走之仰止足下久矣，所传闻于永昌张愈光者尤悉。癸卯之秋，愈光北上，走则暂归，约同谒执事于渝，此彦会也。张以病，不果行，走以献岁甲之亀，路贯贵治，竟逢其违。”⑦

《癸卯连然离别处》二首序：“癸卯冬于连然与升庵为别，倏十年矣（1543~1552）。”⑧

作《禺山癸卯诗》，共计58首诗，成都杨慎、大理李元阳为其撰序。李元阳对张含放弃科考，回永昌潜心作诗文有高度评价，另有胡廷禄为其书跋。

李元阳《禺山癸卯诗序》：“《癸卯诗》者，禺山张子作也。是岁，禺山子将谒天官除拜。未入京而返，遗书其友李子曰：‘仕以行至也，未必得志；诗以言志，而志卒。

① 李根源辑，陆卫先、杨文虎校注：《永昌府文征》，第2265页，云南美术出版社，2001年。
② 姜晓霞：《张含年谱》，《保山师专学报》，2008年第1期。
③ 李根源辑，陆卫先、杨文虎校注：《永昌府文征》，第312页，云南美术出版社，2001年。
④ 同上书，第312~313页。
⑤ 同上书，第372页。
⑥ 李根源辑，陆卫先、杨文虎校注：《永昌府文征》，第364页，云南美术出版社，2001年。
⑦ 杨慎《升庵集》卷6，《景印文渊阁四库全书》，第1270册，第73页，台湾商务印书馆，1986年。
⑧ 李根源辑，陆卫先、杨文虎校注：《永昌府文征》，第394页，云南美术出版社，2001年。

信且吾与其荣而喧也，孰若寂而乐。吾归太保山，升明诗台，唱咏啸歌，毕吾志矣。岁稿，子其序之。’李子闻张子之返其庐也，欣欣而喜曰……人见张子返其庐，吾见张子登于岸。”①

胡廷禄《〈禺山癸卯诗〉跋》：“永昌禺山子作继前能，名在九牧，犹病思老学，忘喧寂以孤骞。盖由初服本奇亶乎神胄，陆海所向，赖风牧为之后先，则其经纬六漠，出入万象，日且不足，知时之过、老之至哉！盖尝窃比之矣，不能也。……明年春，以懋观少宰比，强兄与俱，及滇，病六十余日。愈，复谢吾徒，还永昌唉，亦蹇矣。于是谋梓其所汇《癸卯诗》，续旧梓以达同心，而亦升庵太史选且序，谓录其我跋云。……昨禺山发永昌，乃亦黯然销魂，为‘风尘蹭蹬麒麟老’之句，夫孰不高其尚也，能禺山也哉？此殆窥水于其澜耳。若皆泥此以读禺山，又高叟也。”②

为其师李梦阳诗歌做编选、刊印工作，作《空同诗选序》。

今国家图书馆藏《空同诗选》刻本之刊印方为“张含百花书舍，明嘉靖二十二年（1543）”。③

《空同诗选序》：“吾师空同先生诗，凡乐府古杂律排绝句，总二千一百四十九首。吾友升庵杨子选焉，总得一百三十六首。……嘉靖癸卯仲夏望，门人永昌张含撰。”④

嘉靖二十三年甲辰（1544），六十五岁

返永昌后杜门绝迹，从此不涉仕途。⑤

《宣辞代行祖篇》：“……吾自岁癸卯习静逃声，躬渔薄樵，无公府之迹，绝金石之交，况刚直之性，事古之学，动与时违，老不晓事，恶知今之世也众所谓求仕之道也？”⑥

《蹴球咏怀长句呈升庵》诗后注：“予年值古稀，自甲辰到今，杜门无公府之迹，绝交疏故友之书，发愿终其身不游里闬之路，不过姻娅之家，独有出郭登山，寻蝥经丘事耳。”⑦

---

① 李元阳《中溪家传汇稿》，《丛书集成续编》，第 115 册，上海书店，1994 年，第 795 页。
② 李根源辑，陆卫先、杨文虎校注：《永昌府文征》，第 2291 页，云南美术出版社，2001 年。
③ 姜晓霞：《张含年谱》，《保山师专学报》，2008 年第 1 期。
④ 王文才、张锡厚编：《升庵著述序跋》，第 273~274 页，云南人民出版社，1985 年。
⑤ 姜晓霞：《张含年谱》，《保山师专学报》，2008 年第 1 期。
⑥ 李根源辑，陆卫先、杨文虎校注：《永昌府文征》，第 2276 页，云南美术出版社，2001 年。
⑦ 同上书，第 348 页。

《述城谣》：“川上丈人狂独叟，养拙藏名谢宾友；足迹何曾公府留，谁识微躯牛马走。有时自抱荆人玉，更把古书窗下读。”①

《敛迹》：“敛迹藏名绝宾友，独喜烟霞通户牖。”②

作诗《纪时寄升庵》③。

《纪时寄升庵》：“甲辰冬季廿四日，明台独坐神茫然。数声迸雷撼城郭，一双初燕翻云烟。江梅山茶各相放，人事天时俱可怜。半拟春来数纵酒，囊中积得作碑钱”。“心事无端欲语谁，暮云春树总堪悲。逍遥避世陶潜酒，寂寞穷愁杜甫诗。月下梦魂过鸟道，雨中楼阁看龙池。盟坛故友多仙逝，相望浑无见面期。”④

嘉靖二十四年乙巳（1545），六十六岁

作诗《升庵贶诗专信遐畀贱辰饾饤长言因纾酬谢》。⑤

诗云：“……白鹤翩翻烟霞远，赤锦辉煌朱玉新。词锋屈铁动江海，墨华迸彩盘龙鳞。君平身世两相弃，赖有高谊悬苍冥。”⑥

按：诗中有“六十六年沧海客，仲夏十二日生辰”句，故将此诗系于此年。

作《李诗选》，刻于明诗亭，请杨慎题辞其端。⑦

杨慎《李诗选题辞》：“……吾友禺山张子愈光，自童习至白纷，与走共为诗者，尝谓余曰：李杜齐名，杜公全集外，节抄选本，凡数十家，而李何独无之。乃取公集中脍炙人口者，一百六十余首，刻之明诗亭中，属慎题辞其端云。嘉靖乙巳孟秋朔日，成都杨慎书。”⑧

将癸卯至乙巳诗辑为《遁野荒音》，杨慎为序。⑨

杨慎《〈遁野荒音〉序》：“吾友张子愈光，既所如不合于进，则喟然叹曰：‘圣有返蹥与之辙，贤有回浩然之舟，予其往何之？’即旋辔而西焉，以遁野荒民自号。谓所游曰：‘鸿冥之飞，弋无篡矣。予归也，月有坞，霞有村，山有白龙，水有潏艇，

---

① 李根源辑，陆卫先、杨文虎校注：《永昌府文征》，第 361 页，云南美术出版社，2001 年。
② 同上书，第 362 页。
③ 姜晓霞：《张含年谱》，《保山师专学报》，2008 年第 1 期。
④ 李根源辑，陆卫先、杨文虎校注：《永昌府文征》，第 314 页，云南美术出版社，2001 年。
⑤ 姜晓霞：《张含年谱》，《保山师专学报》，2008 年第 1 期。
⑥ 李根源辑，陆卫先、杨文虎校注：《永昌府文征》，第 318 页，云南美术出版社，2001 年。
⑦ 姜晓霞：《张含年谱》，《保山师专学报》，2008 年第 1 期。
⑧ 王文才、张锡厚编：《升庵著述序跋》，第 265 页，云南人民出版社，1985 年。
⑨ 姜晓霞：《张含年谱》，《保山师专学报》，2008 年第 1 期。

啸有铁楼，放有雪溪，台有明诗。诗也者，吾肺腑也，疢以代针砭，寂以代弦歌。’……癸卯之冬，卧病于滇，止诗有禁矣。归而无以适也，若防川而溃□，命之曰益多。自癸卯至乙巳，又得三百余篇，每以轻邮便驲遭以示余，标其目曰《遁野荒音》。……遂书以为《遁野荒音》序。”[①]

1533年所作《兰津渡》诗，于今年九月被时任保山知县的孙衣制石，镌刻在今保山隆阳区水寨乡兰津古渡霁虹桥西岸崖壁上。

《保山碑刻·张含题书〈兰津渡〉诗》嘉靖乙巳九月保山知县孙衣制石字由禺山外史张含题并书，幅高69cm，宽208 cm，由右至左，直书阴刻16行，计80字。书体疏朗大方，具有多方面的研究和鉴赏价值。[②]

四月十八日，张含为好友木公的《玉湖游录》作序[③]。

嘉靖二十五年丙午（1546），六十七岁

受永昌守童蒙正等地方官员邀请，作《修龙川江桥记》《济美堂记》。[④]

《修龙川江桥记》：“嘉靖二十五年六月十有二日，永昌守过禺山外史庐征辞，以龙川江桥记讯含害辞，辞不敏？”

《申美序》：“嘉靖岁聿丙午，月见孟秋，乃禺山外史含修撰阐义以纪济美之堂，为保山令南明子衣而发也。曰：‘厥堂展矣，大矣。沛哉！邃哉！天其笃孙氏乎哉！天其笃孙氏乎哉！’洎仲秋，南明子之子应鳌总角拔于乡，乃发解得第一。”[⑤]

作《九日忆用修兼述怀》诗，告知杨慎明诗台坍塌一事。[⑥]

《九日忆用修兼述怀》：“远树阻隔停云馆，淫雨崩攲明诗台。”旁注：此月三日明诗台圮。[⑦]

按: 张含《漫成》诗有“诗台复起山霞护，杖屦徐行藓径赊”句，旁注: 台丙午秋崩危，戊申春筑完。[⑧] 可以推知《九日忆用修兼述怀》诗作于今年。

---

① 李根源辑，陆卫先、杨文虎校注：《永昌府文征》，第2285页，云南美术出版社，2001年。
② 保山市文化广电新闻出版局编:《保山碑刻·张含题书兰津渡诗》，第167页，云南美术出版社，2008年。
③ 张含：《玉湖游录序》，见本书《木公年谱》嘉靖乙巳（1545）纪事。
④ 姜晓霞：《张含年谱》。是谱未注其诗版本信息，诗见《永昌府文征》，第2272~2274页。
⑤ 李根源辑，陆卫先、杨文虎校注：《永昌府文征》，第2275页，云南美术出版社，2001年。
⑥ 姜晓霞：《张含年谱》，《保山师专学报》，2008年第1期。
⑦ 李根源辑，陆卫先、杨文虎校注：《永昌府文征》，第331页，云南美术出版社，2001年。
⑧ 同上书，第347页。

嘉靖二十六年丁未（1547），六十八岁

作《夏云先生诔》《征最序》，并有诗寄往寓居昆明高峣的杨慎处，为其贺寿。[①]

《夏云先生诔》："嘉靖二十六年丁未三月二十四日，太和吴举人懋致状于白龙山人，厥辞维绳曰：'先君子得年六十有一，丙午八月越四日以疾终，维外史公害言以贶其所繇也。'呜呼！……"[②]

《征最序》："于戏！夫最之为言也，要其极而言之、等而上之之谓也。滕越守节斋刘公恒，乃岁丁未，其冢子秉仁登进士榜第，乃永昌郡博长贰云溪杨公思震、几山金公汤、保山少公平桥卢公国器、卫千户侯龙田张君轩征文于禺山外史含，以多节斋大夫洎进士君。"[③]

《四十年前郭隗台》诗序："仲冬六日，升庵生世之辰也，特作长句专信往贺，时闻公寓高峣庄所。"[④]

嘉靖二十七年戊申（1548），六十九岁

春，重筑明诗台成。作诗《浩叹口占寄升庵》（并序），又整理杨慎谪边二十五年来与自己的诗书往还。杨慎将张含嘉靖三年甲申（1524）至嘉靖二十七年戊申（1548）的诗文，批选为《张愈光诗文选》并为之序。[⑤]

按：戊申以后作品集于《张禺山戊己吟》中。

《浩叹口占寄升庵》诗序："升庵甲申之冬来戍于滇，尽戊申春尚无还信。予偶检荒笥，见公初至，过兰津渡诗，不胜浩叹。口占一诗，用纾怆怀。因重检旧稿，凡所寄公诗，长篇短韵，不啻千首。虽格律卑谫，音体衰薄，亦似难乎其为辞矣。然亦以公之大节倾动愚衷，而居夷之久，感触鄙情也。大率世俗之例，在贱而望贵，叙交而献，谄十恒八九。予稚而戆戾，与世相左，凡于吐词寄赠，在穷困节义之交，颇有万言不竭之短才，于通达周旋□□□之友，即有片言即穷之拙性。今老矣，愈不晓事，不能改张更调，以逐世步，何耶？"诗云："二十五年为逐客，归轮何日得东驱。……"[⑥]

---

①姜晓霞：《张含年谱》，《保山师专学报》，2008年第1期。

②李根源辑，陆卫先、杨文虎校注：《永昌府文征》，第2274页，云南美术出版社，2001年。

③同上。

④同上书，第356页。

⑤姜晓霞：《张含年谱》，《保山师专学报》，2008年第1期。

⑥李根源辑，陆卫先、杨文虎校注：《永昌府文征》，第346页，云南美术出版社，2001年。

杨慎《张愈光诗文选序》："吾友永昌张子愈光，生有异质，颖秀出群，未丱而能诗，有惊人句。及长益肆力于古，博极群书，条入叶贯，雄辨邃古，神搜霆击。上猎汉魏，下汲李杜，寝歌途咢，鞠明究曛，弗工弗庸，弗似弗止。兹其愈光之诗乎！句必《弓》《左》，字必科籀，万卷之富，聚若囊括。一经之士不能独诂，兹其愈光之文乎！慎与张子自少为诗文友，观规矩而染丹青者，五十余年矣。张子诗日益工，文日益奇，余殆瞠乎其后者。张子不鄙弃余，乃属选其自少至老之作，的然必传者，凡八卷，总名曰《张愈光诗文选》。呜呼！愈光于斯艺，可谓极平生之心力矣！惟其不试于用，而专门于兹，故能必其传。而稽古之效，于是不诬矣。愈光之少，始为古诗古文，有不知而嗤且骇者，自信益深。中而惊且诧，晚而信以服。噫嘻，古言之难合若此，况行古道于今，其嗤且骇当奚状乎！愈光之为人，工于求古，昧于适俗，方试场屋，名动京师，雅受知于父执白崖乔公，欲其速仕，令从铨选，立跻清要，公不肯就。归居久之，逝将北上，所如不合，浩然回舟，以遁野荒民自号，足迹不入公府。……诗文始集分《小言》《贵精》《荒音》《霭遒》凡十余种，且各有当代文人为之序，俱附之集之𧺝。嘉靖戊申仲冬之望，蜀都杨慎书。"①

《〈禺山诗〉自叙》："……新都太史杨子知含之竭力于诗也，乃即含嘉靖甲申（1524）后所为诗而择之，且赐名以为集，贶辞以为序，而《张子小言》《乙未鸣》《吟遂卷》《艰征集》由此其成也。与含同志者为刊于吴门，雕于申台，刻于叶榆，镂于隆昌，盖亦获就正于文宿，献丑于艺魁矣。岁庚子，杨子复谓：'诸集之析而未萃，近作之增而未续。'乃为之差择焉。而去其瑕，乃为之批点焉；而表其瑜，乃为之跋辞焉。……如其传不止于滇焉，则含也，杨之蝇已，杨也，含之骥已。含其允藉附于杨子也已。"②

按：据以上两条推测，《张愈光诗文集》收录其甲申至戊申年间的作品。

作《叙寿赠仰斋学宪》。

《叙寿赠仰斋学宪》："嘉靖戊申秋八月二十二日，提滇学宪仰斋胡公其寿之辰也，昆明学谕周君奕过禺山外史庐，征言以祝公之辰。"③

作诗《云树微茫叹索居》，感慨蹉跎岁月的人生失意；作《宝井煌煌》，流露出关心民瘼的热忱。④

---

① 王文才、张锡厚编：《升庵著述序跋》，第 279~280 页，云南人民出版社，1985 年。

② 李根源辑，陆卫先、杨文虎校注：《永昌府文征》，第 2266 页，云南美术出版社，2001 年。

③ 同上书，第 2268 页。

④ 姜晓霞：《张含年谱》，《保山师专学报》，2008 年第 1 期。

《云树微茫叹索居》自注："得汤右卿于戊申冬捐官消息，援笔拭泪写长句五首。"其一："云树微茫叹索居，二年江水绝双鱼。只疑附雁无边使，岂料骑鲸托计书。玄发夜台应念子，白头尘世独怜予。临风宛若音容在，目断云天万里余。"①

《宝井煌煌》自注："戊申冬，采买宝石第十七次，四言三十二句。"诗云："宝井煌煌，远在丹徼。钦哉圣明，仰我宪庙。贸于京畿，帑银半耗。天语叮咛，避防科道。恐致直言，抗疏讽诮。今我圣皇，至德克肖。征收者强，势埒虎豹。一十七迴，旌旄光耀。巧索百端，厥术神妙。迩夷遭时，堙井夷灶。血泪点珠，疮痍弗疗。贩妇鬻男，呼痛苍昊。遐蛮之王，越疆横暴。……"②

按：《漫成》诗中有句"诗台复起山霞护"，杨慎批点："台丙午秋崩危，戌申春筑完。"③其中，"戌申"当为"戊申"之误。

嘉靖二十八年己酉（1549），七十岁

杨慎居高峣，为张含戊申、己巳间所作诗题词。④

《张禺山戊己吟卷题辞》："禺山张兄，海内诗翁，既称大家，实师正宗。……月缀邮筒，旬来驿籀，投我木桃，怀君薤臼……嘉靖二十八岁叶己酉、成都杨慎题辞卷首。"⑤

为杨慎《南中续集》作《升庵〈南中续集〉序》。

王廷表《南中续集序》文末："太史升庵杨子用修未第时，已有诗名名海内，至其迁谪南中，益老亦工，入玄入妙，其杜陵夔州之作乎？……嘉靖己酉冬十一月钝庵王廷表序"。⑥

张含《升庵南中续集序》："此升庵杨太史所著《南中续集》也，亦升庵手书，所畀工人梓迹也。公……甲申援经议礼于庭，与时贵不合，谪戍滇会。是故节义之名，垂诸青史；词章之制，流于丹徼。此《南中集》之所以为名也。若其诗上窥风雅，中邻汉魏，下埒沈宋，英英独照，爽爽入神，知者览之自见矣，奚容喙哉！奚容

① 李根源辑，陆卫先、杨文虎校注：《永昌府文征》，第 382 页，云南美术出版社，2001 年。
② 同上书，第 357~358 页。
③ 同上书，第 347 页。
④ 姜晓霞：《张含年谱》，《保山师专学报》，2008 年第 1 期。
⑤ 王文才、张锡厚编：《升庵著述序跋》，第 283 页，云南人民出版社，1985 年。
⑥ 同上书，第 130 页。

嗦哉！”①

按：王廷表与张含均为杨慎《南中续集》作序，唯王廷表注明写作时间，张含之序或写于此年前后。

作诗《吾庐》。

《吾庐》：“万千往事空成梦，七十衰年爱读书”。②

丽江土司木公（恕卿）五十六岁，杨慎从木公《雪山始音》《隐园春兴》《庚子稿》《万松吟》《玉湖游录》《仙楼琼华》六种诗集中精选出一百一十四首，编为《雪山诗选》并为之作序，集中保留了李元阳、张含、张合等人的评点。

杨慎《雪山诗选序》落款：“是岁嘉靖己酉六月廿四日，成都杨慎书于高峣之一萍轩。”③

嘉靖二十九年庚戌（1550），七十一岁

作诗《半谷稻篠三亩居》，言其弟张合，从贵州迁任湖广按察司副使。

《半谷稻篠三亩居》诗序：“半谷山居咏怀，忽得吾弟懋观升湖广按察副使志喜。”诗曰：“半谷稻篠三亩居，仙人楼阁近吾庐。”④

嘉靖三十年辛亥（1551），七十二岁

闲居乡里。新岁，赋《辛亥元旦长句》。

诗云：“今岁首旦物色好，梨萼桃蕊欲生香。独怜兵甲虏尘黑，无那烽火瘴烟黄。爱弟乘骢楚塞阔，长儿跨马燕山长。年逾古稀颇强健，后饮屠苏犹自狂。”⑤

春，得长子梧去年十一月廿日寄自京师的家书，作诗《春雨关河北雁来》。

诗序：“是月廿九日，得长男梧去岁仲冬之廿寄来家书，知梧寓京师平安，且知虏尘不竞，雨中口占志喜。”诗曰：“春雨关河北雁来，成蹊桃李烂成堆。岂忧楚塞云常蔽，独喜天骄势已摧。书抵万金还价重，烛从连夜有花开。铁楼醉倚纾怀抱，满

---

① 王文才、张锡厚编：《升庵著述序跋》，第130~131页，云南人民出版社，1985年。
② 李根源辑，陆卫先、杨文虎校注：《永昌府文征》，第389页，云南美术出版社，2001年。
③ 王文才、张锡厚编：《升庵著述序跋》，第284页，云南人民出版社，1985年。是序请参阅本书《木公年谱》同年纪事。
④ 李根源辑，陆卫先、杨文虎校注：《永昌府文征》，第379页，云南美术出版社，2001年。
⑤ 同上书，第382页。

眼儿孙亦快哉。”[①]

为杨慎作《陶情乐府序》。

按：简绍芳《陶情乐府序》：“嘉靖三十年春，新喻西宕简绍芳书。”[②]同题还有张含作品一篇，约作于同时。

怀念杨慎，作诗《河桥吟寄升庵》。

诗云：“河桥一分袂，荏苒八经年。酒酬沧江月，帆开滇海船。……高峣岁月任蹉跎，车不旋，将奈何？”[③]

按：该作品所载《戊已吟》，是作者嘉靖二十七年（1548）至隆庆三年（1569）的作品，他与杨慎前一次见面在嘉靖二十二年（1543）冬，从内容推测，此作品大约作于今年。王文才《杨慎学谱》云，张含“自甲辰科下第还永昌后，至嘉靖壬子（1551），中间（与杨慎）皆不复见。”[④]

十一月六日，有诗寄杨慎祝寿。

《辛亥十一月六日寄寿升庵》：“博南山人人之仙，赤麟朱凤来摇天。……龙驹现瑞海屋近，赤斧山图齐大年。”[⑤]

嘉靖三十一年壬子（1552），七十三岁

作诗《元旦二首》《重怀升庵长句三首》。

《元旦二首》之一：“浮生七十又三年，一度逢春一惘然。秋壑野情何事扰，乾坤虚誉有诗传。桐江已遂严陵钓，酒肆须同李白眠。吾道丧吾还丧偶，机鸥相傍转相怜。”[⑥]

《重怀升庵长句三首》其一：“故国迢遥不得去，并州踪迹转相亲。蜀城云树空牵梦，滇海烟花别是春。”其二：“金石雄樅霄汉浮，词华名响薄曹刘。只缘蜀阁牵归雁，无那滇船近狎鸥。”其三：“枕上关河通蝶梦，江边烟雨击渔船。云辉文藻随龙变，海挟诗筒促雁传。白首交盟须不冷，生前相见定无缘。”[⑦]

为杨慎《诗话补遗》作序。

---

① 李根源辑，陆卫先、杨文虎校注：《永昌府文征》，第 382 页，云南美术出版社，2001 年。

② 王文才、张锡厚编：《升庵著述序跋》，云南人民出版社，1985 年，第 149~150 页。

③ 李根源辑，陆卫先、杨文虎校注：《永昌府文征》，第 378 页，云南人民出版社，2001 年，《戊已吟》卷二。

④ 王文才：《杨慎学谱》，第 98 页，上海古籍出版社，1988 年。

⑤ 李根源辑，陆卫先、杨文虎校注：《永昌府文征》，第 385 页，云南美术出版社，2001 年。

⑥ 同上书，第 387 页。

⑦ 同上书，第 389 页。

《诗话补遗序》："吾友太史公升庵杨子，今之马迁也，腹笥五车，言泉七略，诗其余事。又出其绪，缀为《诗话》若干卷，有《续集》、有《别录》、有《补遗》，皆诗评也。……嘉靖壬子十一月七日永昌禺山张含序。"①

在昆明，与杨慎最后一次聚会。②

《莲池夕泛偕张禺山胡在轩唐池南》："浔阳标三隐，蜀都咏四贤。玄迹俱游圣，雕章岂羡仙。萍簪饮此盍，葭玉更堪联。澄湖拟同泛，云会可虚捐。……南皮与北渚，肯使昔人传。"诗末："壬子岁作，追录于此。"③

与杨慎书信交往频繁。秋，杨慎以执行军务为由返川，寓居泸州数年。

《得升庵东归消息三首》其一："八月烟云绕客居，可因江水厌南徐。山人习静孤村远，才子投荒百战余。……东归兴比西征切，杨柳芙蓉隔岸疏。"其二："东归消息几回闻，日望龙关只见云。八代文惊韩吏部，四家诗总鲍参军。巴江学字流无尽，滇岭缘云路始分。赤简一封通白雁，青山千里共红曛。"其三："春雨秋风叹别离，东辕西驾欲何之。……节旄落尽龙堆冷，已越苏卿去国期。"④

《旧诗新梦成奇事》序："升庵梦吟含丁卯客京怀归诗，晨起遂闻前星之诏消息书来见示，此非奇兆神契乎？口占长句寄赠。"诗曰："旧诗新梦成奇事，庭树生光灵鹊栖。环召五云笼玉鹤，前星双阙照金鸡。苏卿归国胡羝散，韩愈还朝雪马嘶。彩鹢有期游锦水，彤驺何日发朱提。"⑤

《癸卯连然离别处》二首序："癸卯冬于连然与升庵为别，倏十年矣。壬子秋尽，升庵勾当还蜀，无一书寄去，亦无一书寄来，……怅然赋此长句二首"。⑥

按：《杨慎评传》认为朝廷没有准许杨慎返乡，杨只好托名戎役，是为'勾当。'⑦杨慎此年请托朝中朋友帮忙，期望以子替役，返回四川老家度过余生。其中详细，张含作为杨慎之友是十分清楚的。不少谈及此事的书信应写于此年。

---

① 王文才、张锡厚编：《升庵著述序跋》，第172页，云南人民出版社，1985年。

② 姜晓霞：《张含年谱》，《保山师专学报》，2008年第1期。

③ 杨慎：《升庵遗集》卷9，道光甲辰（1844）影明本重刊，古桂山房版。

④ 李根源辑，陆卫先、杨文虎校注：《永昌府文征》，第304~305页，云南美术出版社，2001年。

⑤ 同上书，第388页。

⑥ 同上书，第394页。

⑦ 丰家骅：《杨慎评传》，第140页，南京大学出版社，1998年。

嘉靖三十二年癸丑（1553），七十四岁

作诗《癸卯连然离别处》二首。

诗曰："癸卯连然离别处，马蹄霜雪路何如。只知离别逢霜雪，岂料年年赋索居。岭云关月频迷梦，蜀雁滇鱼不寄书。暮倚铁楼秋气动，树头斜雨入窗虚。""留滞朱提万里外，得游锦里半年余。马度题桥归路雪，纱笼僧壁旧时书。只为停云牵蜀梦，还须返筏钓滇鱼。碧鸡馆舍相见否，浮生踪迹应何如。"①

作诗《三载天涯不寄书》四首赠吴懋。

《三载天涯不寄书》诗序："吴高河癸丑仲春献赋泽宫下第，孟秋归家，初冬有书见寄，仲冬羽便援笔写长句四首寄答"。②

张合在湖广副使任上罢归，归即病，乃卒，年仅四十八岁。

乔世宁《副使张公合墓志铭》："（张合）归即病，病无何即卒，盖嘉靖三十二年也。距生正德元年，寿仅四十八岁"。③

九月初十，丽江木公卒。

张含《雪山大夫墓表》："（木公）嘉靖癸丑疾终正寝，享年甫耳顺"。④

《雪山大夫墓表》文后："公作此文后，木氏谢以重资。适新建一楼，索名于升庵，升庵题之曰'铗楼'，盖以夷金为戏也。公默然不语。他日，访升庵斋，故无额，公诘之，升庵亦以为言。公题曰'独居'，既搁笔大笑。曰：'东门之役，今始报之矣。'前辈之雅谑如此，并记之。"⑤

按：张、杨二人此次见面情况无载，此事应为民间传说。

嘉靖三十三年甲寅（1554），七十五岁

作诗《甲寅立春》。⑥

《甲寅立春》："海上新春归旧年，寂寞情怀愁绪牵。……两京梅发非所忆，疮痍雕题应可怜。"⑦

---

① 李根源辑，陆卫先、杨文虎校注：《永昌府文征》，第 394 页，云南美术出版社，2001 年。

② 同上书，第 395 页。

③ 乔世宁：《副使张公合墓志铭》，焦竑辑《国朝献征录》卷 88，《续修四库全书》，第 530 册，第 47 页，上海古籍出版社，2002 年。

④ 张含：《雪山大夫墓表》，《滇系》第 27 册艺文之十一，第 18 页，光绪丁亥（1887）云南通志局本。

⑤ 同上。

⑥ 姜晓霞：《张含年谱》，《保山师专学报》，2008 年第 1 期。

⑦ 李根源辑，陆卫先、杨文虎校注：《永昌府文征》，第 396 页，云南美术出版社，2001 年。

嘉靖三十五年丙辰（1556），七十七岁

与远在四川的杨慎、曾屿等文友文字往来。[①]

杨慎《绝句衍义序》："谢叠山注章涧泉所选《唐诗百绝》，敷衍明畅，多得作者之意，艺苑珍之。顷者禺山张子谓予曰：'唐人绝句之佳者，良不翅是，为之例也则可，曰尽则未可也'。属予续取百首注之，久未暇。丙辰之夏，连雨避门，因取各家全集，及洪氏所集，随阅得百首，因笺而衍之。……因以印可于禺山云。嘉靖丙辰夏五之望、升庵杨慎书。"[②]

曾屿《序升庵选禺山七言律》："……若禺山者，七言从律而能工者也。平生志概不羁，礼闱既落，不复谒选，贲于林丘。于兹八十矣。吟弄不止七言律，而七言律独工，亦盛气之煦，元声之发也乎！……嘉靖丙辰春日岷野曾屿序。"[③]

按：曾屿此年作《序升庵选禺山七言律》云："若禺山者……于兹八十矣。……嘉靖丙辰春日岷野曾屿序。"据此推测，张含应生于1477年，今年八十岁。但考杨慎与张含之交情甚于曾屿，故张含出生日未采此说，权当其概说。

嘉靖三十八年己未（1559），八十岁

杨慎作诗《题五老图遥寿张禺山八十》为之祝寿。

诗云："遐算谁论魏罗结，著书君似范长生。九龄天锡言非梦，五老星飞兆久成。元韵松风时静听，仙禽花露日频倾。永昌不数睢阳社，一鹤南飞寄此情。"[④]

杨慎七十二岁，被当局押返云南，六月构疾，作诗与中溪（李元阳）、半谷（张含）、唐锜（池南）诀别。七月六日，杨慎卒。[⑤]

杨慎《病中永诀李张唐三公》："魑魅御客八千里，羲皇上人四十年。怨诽不学离骚侣，正葩仍为风雅仙。知我罪我《春秋》笔，今吾故吾《逍遥》篇。中溪半谷池南叟，此意非公谁与传。"[⑥]

① 姜晓霞：《张含年谱》，《保山师专学报》，2008年第1期。
② 王文才、张锡厚编：《升庵著述序跋》，第204页，云南人民出版社，1985年。
③ 同上书，第281页。
④ 李根源辑，陆卫先、杨文虎校注：《永昌府文征》，第281页，云南美术出版社，2001年。
⑤ 姜晓霞：《张含年谱》，《保山师专学报》，2008年第1期。
⑥ 李根源辑，陆卫先、杨文虎校注：《永昌府文征》，第281页，云南美术出版社，2001年。

嘉靖三十九年庚申（1560），八十一岁

《禺山律选》刻印，原南京刑部郎中华云为序。该诗为杨慎评选，此时斯人已逝。①

华云《禺山七言律选序》：“予闻二张名久矣，盖南纪之英哲，而滇中之机云也。往与贲所君同官京师，欲就问其兄禺山君行藏，会迁去不果。览空同子《月坞对》，知其非真痴也，盖以是避俗耳。今律诗一帙，乃升庵子评选，而缨泉先生所校，以授予，将刻以传。……嘉靖庚申夏仲南京刑部郎中致仕锡山补庵居士华云书。”②

嘉靖四十五年丙寅（1566），八十七岁

辞世。临终之际，仍有诗歌创作。③

张今傅《补刻〈禺山诗文选〉题后》：“尝闻先大人云：‘禺山祖弱冠时，谓宋人之文必不传，忻然慕古效古，穷奇极工，直逼汉、唐诸作者，匪独学力，盖性生使然也。享年八十有七，每岁为一集，而升逝时，尚有“霜殿龙蟠海月生，忽闻夜半有钟声。寒山寺里声相应，万古人留万古情。”然后搁笔始终。’由此观之，盖夙世大贤，非寻常可学而至也。诗刻充栋，久已放失，惟兹集仅存，亦多残缺，今傅不能丕扬前烈，乃有美而任其不完，度非为人后者之所敢安也。爰以柄廪饩补梓，庶不使阅者有遗佚之叹，而且示纬辰珍藏之，以无坠家声云。”④

王灿《张禺山先生传》：“……年八十七卒，每一岁为一集，升庵为之评定，即今腾冲李根源所重刊之《张禺山诗文选》是也。”⑤

（姜晓霞）

① 姜晓霞：《张含年谱》，《保山师专学报》，2008 年第 1 期。
② 王文才、张锡厚编：《升庵著述序跋》，第 282 页，云南人民出版社，1985 年。
③ 姜晓霞：《张含年谱》，《保山师专学报》，2008 年第 1 期。
④ 李根源辑，陆卫先、杨文虎校注：《永昌府文征》，第 2344 页，云南美术出版社，2001 年。
⑤ 同上书，第 4137 页。

王廷表年谱（1490~1554）

综论

王廷表，字民望，号钝庵，阿迷（今云南开远）人，明代云南文学家，杨门六学士之一。其父王颖斌，字兼济，曾三任四川儒官，在四川新都县学训导任上与杨慎有师生之谊①。

王廷表自幼好学，秉性聪颖，酷爱诗文，少年时曾随其父在四川求学。正德五年（1510）中举，正德九年（1514）中进士，授浙江台州府推官，掌管案件审理工作。他在任上平反冤狱、为官清廉，受到百姓称赞。嘉靖年间升任员外郎、郎中等职，后晋升为四川按察司佥事，因弹劾总兵贿赂朝中高官事冒犯权要，横遭诬陷，被“勒令致仕”②。

不到四十岁的王廷表，返乡后与家人度过了悠闲快乐的后半生。他修建了桃川、乐耘两座别墅，为父母养老送终；他帮助教育弟弟王廷贵，使其考取贡生并做了官；作为有一定影响力的乡绅，他带领大家筑石坝、通河道、治理桃川，使河流通船，并解决了当地的缺水问题③。里居的三十余年，他“凡有益于乡者必昌言之”④：作《阿迷州迁学记》，倡导地方士子向学；写《双桥碑记》，褒扬杨景秀慷慨出资建桥的善举；作《三名宦赞》，赞扬为百姓做事的好官。这些文字，为地方营造风清俗正的社会风气贡献了力量。此外，读书治学成为王廷表晚年的乐趣，他曾对朋友说“至乐在诗书，

---

* 本谱作为本课题阶段性研究成果，发表于《昆明学院学报》，2014 年第 1 期。

① 杨慎：《庠师逸翁王公墓表》，方树梅纂辑，李春龙、刘景毛、江燕点校《滇南碑传集》，第 149 页，云南民族出版社，2003 年。

② 杨慎：《王钝庵墓碣铭》，王廷表《桃川剩集》（以下相同著作皆同此版本）卷 2，《丛书集成续编》，第 105 册，第 136 页，上海书店，1994 年。

③ 同上。

④ 靖道谟等编纂：雍正《云南通志》卷 21，《景印文渊阁四库全书》，第 570 册，第 135 页，台湾商务印书馆，1986 年。

至要在教子”[①]。这位崇尚儒家思想的士子，对儒家经典多有研究，书斋壁上高挂着《荀子》“其为人也多暇日，其出人也不远矣”[②]的条幅。他谈经不主一家，参考汉人注疏、宋人议论，纂成数十百卷卓有见地的文章。杨慎认为其《皇统》《钝庵读史》最有新见。不幸诸多著述经明代沙普之变和咸丰丙辰之厄，如今仅存《桃川剩集》二卷。

和王廷表交往的有同榜举人董云汉、同官戴鳖、陈以相等，他们相互间有少量的交游诗留存，而与其文学交往更多的杨慎，于四川新都相识，均曾做过对方长辈的门生。之后，因杨慎贬谪云南，王廷表致仕回乡，二人交往、唱和较多。如王廷表在嘉靖十三年（1534）奉父命前往安宁，迎接杨慎前往阿迷。他们边走边游，饱览了云南晋宁、江川、澄江、通海、建水等地胜景，并结识了叶瑞、董云汉等地方名流。缪尔纾《梅花唱和百首叙》记载，其师王颖斌专门为杨慎建造了状元馆让其居住，杨慎也为老师营建了恩荣坊[③]。王廷表先后到杨慎住所安宁或高峣水庄探望他，次数达六次之多。

王廷表留世的诗歌不算多，与杨慎唱和的内容却不少，他通过诗歌这一形式吟咏情性，有迎接的欢欣、同游的迷醉，也有送别的深情，这从《杨用修至集乐耘别墅》《同用修水泉有怀》《游观音寺时用修欲返安宁》等诗歌中可略见一斑。王廷表的作品有较浓厚的民歌气息：把山峰比作玉石，把花朵比作千娇百媚的人儿[④]，把岩洞比作仙府[⑤]，把温泉比作火龙宫[⑥]，把家乡比作瀛洲仙岛[⑦]，客人到访则是海客凌波[⑧]，充满了登岭放歌、人游画中的浪漫。《游龙潭》诗“挥毕夜寒桥畔石，放歌声震岭头松，欲招灵囿观春旭，便率天吴驾海龙”[⑨]的气魄，亦可见作者风采。这些诗句爽朗明快、色彩感强，使用的动词很有力度，增添了作品的动态感和生活气息。不知道是因为滇南的气候太有热度，还是滇南的人民太有生活味，王廷表的诗歌是这样，甚至与他一

① 杨慎：《王钝庵墓碣铭》，《桃川剩集》卷2，《丛书集成续编》，第105册，第136页，上海书店，1994年。

② 同上。

③ 王文才、张锡厚编：《升庵著述序跋》，第137页，云南人民出版社，1985年。

④《桃川剩集·游乌充山》有“高撑远映三峰玉，百媚丛开二月花”句，见《丛书集成续编》，第105册，第135页，上海书店，1994年。

⑤《桃川剩集·南硐》有“黄精岭剧寒千里，瑶草春横月半宵。舆马不堪归浊世，五更清梦入层宵”句，见《丛书集成续编》，第105册，第135页，上海书店，1994年。

⑥《桃川剩集·温泉》有“山国风淙沸井洪，杵天云窟火龙宫”句，见《丛书集成续编》，第105册，第135页，上海书店，1994年。

⑦《桃川剩集·杨用修至集乐耘别墅》有“抚景不须悲节序，佩壶还拟到瀛洲”句，见《丛书集成续编》，第105册，第135页，上海书店，1994年。

⑧《桃川剩集·同用修水泉有怀》有“雨滴桥高风满河，槅楸龙卧客凌波，远天何处飞黄鹄，一径丛花照绿萝”句，见《丛书集成续编》，第105册，第135页，上海书店，1994年。

⑨ 王廷表：《桃川剩集·游龙潭》，《丛书集成续编》，第105册，第135页，上海书店，1994年。

起进入这片土地的杨升庵，也专门写了民歌味很浓的作品，如《夏水谣临安作》："阶檐下雨载帽，龙女嫁天公笑。日反烧水淹灶，岩洞青鼍上树叫。"①民族风情、地域因素在王廷表身上产生了明显的影响。杨升庵说："公起南服，文焰熇熇。蒙精藒萃，实天所栽"②。他认为，受滇南风土的熏陶，王廷表的诗歌文辞响亮，熇爆有声，词采华茂，受天地灵气之滋养。同郡后人万嵩认为他的作品"简古朴质，时用奇字"③，评点亦恰当妥帖。王廷表与杨慎二人在阿迷时朝夕相处，曾一日以梅花为题，留下了《梅花唱和百首》，虽不能说短时间内完成的如此多的作品，全部都是上乘，但其中不乏佳制。《居易录》记载："杨升庵先生在滇有张半谷含辈从游，时谓杨门六学士，以比黄、秦、晁、张诸人。"④王廷表就是其中之一，后又有吴懋被加入，并称七子。"升庵谓七子文藻，皆在滇南，一时盛事是也"。⑤

王廷表一生笃于忠孝节义和友谊，文章独抒见解，诗歌流丽明快，道德文章闻名海内。后学观其文、想其人，总是十分倾慕。作为对明代云南文学具有一定影响力的文士，地方文学史研究也有所涉及⑥，但是，这些研究比较简略，篇幅一般在两千字以下，还有深入开掘的余地⑦，属于王廷表的专题性研究和年谱也还没有见到，期望此次以年谱方式进行的王廷表生平研究，可以引起学术界对他的更多关注。

年谱

明孝宗朱佑樘弘治三年庚戌（1490），一岁

三月五日出生。其祖先从宋朝起就居住在通海秀山。明朝洪武年间，高祖

① 杨慎：《升庵集》卷37，《景印文渊阁四库全书》，第1270册，第256页，台湾商务印书馆，1986年。临安，今云南建水。

② 杨慎：《王钝庵墓碣铭》，《桃川剩集》卷2，《丛书集成续编》，第105册，第137页，上海书店，1994年。

③ 万嵩：《桃川剩集跋》，《桃川剩集》卷2，《丛书集成续编》，第105册，第139页，上海书店，1994年。

④ 王士祯：《居易录》卷25，《景印文渊阁四库全书》，第869册，第623页，台湾商务印书馆，1986年。

⑤ 同上书，第623~624页。

⑥ 如：陈力的论文《云南古代诗歌概述》（《云南民族学院学报》，1989年第1期）；张福三主编的《云南地方文学史·古代卷》（云南人民出版社，1997年）；孙秋克的专著《明代云南文学研究》（云南人民出版社，2010年）等代表性成果，均关注到了他的生活和创作，对他"杨门六学士"之一的角色地位、作品存世情况、诗歌风格等均有概括，使他成为嘉靖云南诗坛繁荣不可或缺的一个方面。

⑦ "杨门六学士"中有文集流传于后世的是张含、杨士云、李元阳、王廷表四人，前三位均有专题论文或硕博论文对之进行研究，王廷表则未被关注；明代云南本土各民族作家的生平研究，较被关注的有张含、兰茂、李元阳、苍雪、担当等人，王廷表则还无人做过年谱。

榜（一说名楞）与阿迷人李氏成婚，安家于阿迷。王榜生王善，王善生王宣，王宣生王颖斌（1464~1541），王颖斌生王廷表。

杨慎《王钝庵墓碣铭》："公讳廷表，姓王氏。其上世自宋居通海，远祖讳道，蝉嫣实繁。洪武初，高祖榜媾婚阿迷，遂家焉。榜生善，善生宣，宣生封刑部主事逸翁颖斌，公父也……其生弘治庚戌（1490）三月五日。"①

名廷表，字民望，号钝庵。祖父在其出生时有异梦，因取"印"为小名。

万友正《桃川剩集序》："廷表，字民望，号钝庵。阿迷州人。幼警悟，有奇童称。"②

杨慎《王钝庵墓碣铭》："公生，祖感异梦，因命小字曰印。"③

戴鱀、陈以相出生。

戴鱀《送王民望赍诏还云南》序："王君民望，奉诏归滇，行甚迫，昨仅成鄙律一章，又浅陋不足发情。晚归，闻朱寅长有四绝之作。默坐灯下，因念吾司同官，如陈君以相及吾二人，皆同生庚戌，而幸俱具。庆其尊翁及家君又皆尝为儒官，诸僚咸谓吾三人为异姓兄弟。以故，相得甚欢。④

弘治十六年癸亥（1503），十四岁

父被任命为四川新都县学训导，随父到四川。授业于杨慎之叔龙崖先生杨廷宣。

杨慎《庠师逸翁王公墓表》："癸亥，授四川新都学训导，立师范，课后进，昕夕岁时如一日，先祖少师留耕公极推重焉。提学岭南苏伯诚、安成刘文焕二公，皆甚许可。历三邑庠师，皆在蜀，慎及弟职方郎惇，皆先生讲下士也。"⑤

杨慎《王钝庵墓碣铭》："幼而警悟，读书过目成诵。随父官新都，受业于吾叔龙崖先生廷宣，而慎与弟惇得缔交焉。"⑥

---

① 杨慎：《王钝庵墓碣铭》，《桃川剩集》卷2，《丛书集成续编》，第105册，第136~137页，上海书店，1994年。

② 万友正：《桃川剩集序》，《桃川剩集》卷1，《丛书集成续编》，第105册，第127页，上海书店，1994年。

③ 杨慎：《王钝庵墓碣铭》，《桃川剩集》卷2，《丛书集成续编》，第105册，第136页，上海书店，1994年。

④ 戴鱀：《戴中丞遗集》卷1，《四库全书存目丛书》，集部第74册，第19页，齐鲁书社，1997年。

⑤ 杨慎：《庠师逸翁王公墓表》，方树梅纂辑，李春龙、刘景毛、江燕点校《滇南碑传集》，第149页，云南民族出版社，2003年。

⑥ 杨慎：《王钝庵墓碣铭》，《桃川剩集》卷2，《丛书集成续编》，第105册，第136页，上海书店，1994年。

明武宗朱厚照正德二年丁卯（1507），十八岁

随父在新都读书，与时年二十岁的杨慎相识。

杨慎《庠师逸翁王公墓表》："慎自正德丁卯入县学，为逸翁先生弟子员，其后先生再教蓬溪，三迁青神，慎叨一第，谢病家居，音使时数数也。"①

按：杨慎、杨惇兄弟与王廷表，应此时相识。

杨慎中举。

简绍芳《明修撰杨升庵先生年谱》："丁卯，应四川乡试，督学南峰刘公丙面试奇之，曰：'吾不能如欧阳，乃得子如苏轼。'是秋，果擢《易》魁。"②

正德五年庚午（1510），二十一岁

从四川新都返回云南参加乡试，中举。

雍正《云南通志》："庚午科中式五十五名（内贵州二十一名）：……王廷表，阿迷人，进士。"③

考试中认为试题"鸡既鸣矣"古人传注有失诗意，在论文中另立新说，监试官称奇不已，但未敢置于头名。

杨慎《王钝庵墓碣铭》："正德庚午，归滇应试，以'鸡既鸣矣'首章刺题，公疑传注失《诗》意，乃立新说，谓：'鸡鸣朝盈，君当出矣，不可诿非鸡鸣，乃蝇声也。'其说甚奇，监试急取之，以房经，不置首选。"④

正德九年甲戌（1514），二十五岁

中进士。

朱宝炯、谢沛霖《明清进士提名碑录》："正德九年甲戌科（第一甲）唐皋……（第三甲）王廷表……"⑤

---

① 杨慎：《庠师逸翁王公墓表》，方树梅纂辑，李春龙、刘景毛、江燕点校《滇南碑传集》，第149页，云南民族出版社，2003年。

② 简绍芳：《明修撰杨升庵先生年谱》，北京图书馆编《北京图书馆珍藏本年谱丛刊》，第45册，第549页，北京图书馆出版社，1999年。

③ 靖道谟等编纂：雍正《云南通志》卷20，《景印文渊阁四库全书》，第570册，第30页，台湾商务印书馆，1986年。

④ 杨慎：《王钝庵墓碣铭》，《桃川剩集》卷2，《丛书集成续编》，第105册，第136页，上海书店，1994年。

⑤ 朱宝炯、谢沛霖：《明清进士题名碑录索引》，第2503页，上海古籍出版社，1980年。

拜为台州推官。平反冤狱，百姓称为青天。

万友正《桃川剩集序》："甲戌，成进士，出台州推官。平反明恕，闾阎有青天之号。"①

在台州任上，辅助督学宪副刘瑞、属守顾璘重修台州庙学。

林俊《台州重修庙学记》："戊辰，火台之郡学，凡康定之创建，累朝之营葺墟而尽。岿然存者，尊经、崇贤二阁尔矣。复始有作，守王侯应奎、李侯光翰，连以病去。督学宪副刘君瑞以谋台省，而协以属守顾侯璘承焉，佐周效王宸、王廷表相焉。酌羡经费，具物酬庸以有兹。毕功……扩往规之制，以固来患之防。"②

任台州府推官期间，作诗歌《游天台山》③《琼台》④。

正德十年乙亥（1515），二十六岁

父丁忧返家。服阕，亲友劝其再出仕，以子贵而足，决定不再做官。

杨慎《庠师逸翁王公墓表》："乙亥，丁内艰归，服阕，亲友劝驾，先生曰：'吾子已贵，仕心久灰。'遂不赴都。"⑤

明世宗朱厚熜嘉靖元年壬午（1522），三十三岁

因年限授刑部主事，在任上提监禁断手取梏，人皆称其仁。

杨慎《王钝庵墓碣铭》："征入，以年限受刑部主事，提监禁断手取梏，至今称其仁。"⑥

父被封为承德郎刑部河南司主事，母李氏被封为安人。

杨慎《庠师逸翁王公墓表》："壬午，表以推恩，封承德郎刑部河南司主事配李氏，封安人。"⑦

获推恩返家。同事戴鷟作诗一古一律送别，表达对王廷表和陈元方归乡的羡慕之情及自己独不得归乡的遗憾。回到乡里，荣耀一时，旋即升任员外郎、

---

① 万友正：《桃川剩集序》，《桃川剩集》卷1，《丛书集成续编》，第105册，第127页，上海书店，1994年。

② 林俊：《台州重修庙学记》，《见素集》卷12，《景印文渊阁四库全书》，第1257册，第137页，台湾商务印书馆，1986年。

③ 王廷表：《桃川剩集》，《丛书集成续编》，第105册，第135页，上海书店，1994年。

④ 同上。

⑤ 杨慎：《庠师逸翁王公墓表》，方树梅纂辑，李春龙、刘景毛、江燕点校《滇南碑传集》，第149页，云南民族出版社，2003年。

⑥ 杨慎：《王钝庵墓碣铭》，《桃川剩集》卷2，《丛书集成续编》，第105册，第136页，上海书店，1994年。

⑦ 杨慎：《庠师逸翁王公墓表》，方树梅辑，李春龙、刘景毛、江燕点校《滇南碑传集》，第149页，云南民族出版社，2003年。

郎中。

杨慎《王钝庵墓碣铭》："嘉靖改元，获驰封恩，奉诏旋家，里闬荣之。旋升员外，历郎中，擢四川按察司佥事。"①

万友正《桃川剩集序》："嘉靖初元，升员外，历郎中，擢四川按察佥事。"②

戴鱀《送王民望赍诏还云南》："序曰：'今以相与君，皆得将使命便道归省，而走㠭者行事，独不克谐，盖于是重有感焉。因又为古体一首，以道区区，然以厕于朱君之后，则殊有愧焉耳。'诗曰：'西曹倚玉三秋强，同调更有陈元方。从来气味最相似，共夸庭训皆儒庠。蓬麻自觉多丽泽，忽焉弃我如遗忘。陈君早持使节去，蜀江酿酒归称觞。君今奉诏下滇海，锦衣白日生春光。……十年归来献亲寿，君恩浩荡惊遐乡。……"③

戴鱀《送王民望赍诏还滇南》："手将丹诏下青霄，昼绣宁辞万里遥。爱日喜看翻舞袖，使星还讶照题桥。秋深湘水离愁阔，云冷燕台骏足骄。明发公余相忆处，黄花惆怅对空寥。"④

按：王廷表、陈以相、戴鱀三人同生于弘治三年（1490），父辈又皆儒官，生长环境相似，相处甚欢，同僚称他们为异性兄弟。诗歌写作时间，应是今年王廷表回乡时。

作《泮池纪略》。

《泮池纪略》："郡学建于宣德丙午，历岁既多，今惟有殿庑门堂而已。登华舆而坐铃阁者多矣，皆学之出也，莫不忘之寥寥，百余年有或个之置乎？嘉靖壬午，府推江侯莅郡视学，感焉，周览详询，欲大继修。先易地凿泮池，寻成，请表记。"⑤

嘉靖二年癸未（1523），三十四岁

癸未，以四川按察司佥事致仕归⑥。

按：《世宗实录》载："嘉靖四年九月丁巳丙子日（1525 年 9 月 20 日），升刑部

---

① 杨慎：《王钝庵墓碣铭》，《桃川剩集》卷 2，《丛书集成续编》，第 105 册，第 136 页，上海书店，1994 年。
② 万友正：《桃川剩集序》，《桃川剩集》卷 1，《丛书集成续编》，第 105 册，第 127 页，上海书店，1994 年。
③ 戴鱀：《戴中丞遗集》卷 1，《四库全书存目丛书》，集部第 74 册，第 19~20 页，齐鲁书社，1997 年。
④ 戴鱀：《戴中丞遗集》卷 2，《四库全书存目丛书》，集部第 74 册，第 35 页，齐鲁书社，1997 年。
⑤ 王廷表：《桃川剩集》，《丛书集成续编》，第 105 册，第 139 页，齐鲁书社，1997 年。
⑥ 杨慎：《庠师逸翁王公墓表》，方树梅纂辑，李春龙、刘景毛、江燕点校《滇南碑传集》，第 149 页，云南民族出版社，2003 年。

陕西司郎中王廷表为四川按察司佥事”。[①] 此与上引杨慎载有异，存疑。

嘉靖四年乙酉（1525），三十六岁

九月二十日，升任四川按察司佥事。

按：事见本年谱嘉靖癸未（1523）条。又：杨慎为王廷表及其父王颖斌所写墓志记载，王廷表于嘉靖二年癸未年（1523）致仕返乡。杨慎与王家交往密切，在四川新都就结识了，杨慎充军云南后，王廷表前后六次前往探访，两人关系更是密切。但交游时间主要集中在嘉靖甲午年（1534）以后，也许杨慎记载有误。

以四川按察司佥事罢归，自此里居三十余年。在家读书、治学、作诗；尽孝悌、教子、造福乡里。

丁丙辑《善本书室藏书志》：“以任秋官时，勘总兵种勋赂中贵事，众衔之，勒致仕归。而父母兄弟俱存，治桃川、景云别业，娱亲、课弟。阿迷水少，浚使通川。”[②]

雍正《云南通志》：“累官刑部郎中，命勘宁夏台浤之狱，不避权贵，改四川佥事，罢归。里居三十余年，性行惇笃，凡有益于乡者，必昌言之。与杨慎倡和最多。有《钝庵读史》及删后诗集行世。”[③]

按：据万友正《桃川剩集序》[④] 和杨慎《王钝庵墓碣铭》[⑤]，王廷表是因仗义执言，弹劾总兵贿赂朝中贵人事冒犯权要，横遭怀恨，而被“勒令致仕”的。他返家后不涉公门，在家敦行孝养：帮教其弟王廷贵读书，至其成名；营建桃川、乐耘二别业，为父养老；带领乡民疏通河流，引水入阿迷，令河可行舟，并解决了当地水少的问题。王廷表三十年来致力于读书、注书、著述和教子。他参考汉人注疏、宋儒议论，纂书数百卷。有《皇统》《钝庵读史》《删后诗》等著述，海内名流多有称许。尤其是他的《皇统》《钝庵读史》，被杨慎认为最有新意。之后，御史大夫刘渠、御史赵炳然都再次推荐其入朝为官，他都拒绝了。诗歌《自蜀归偕内外昆弟集桃川》[⑥] 应该写于此年秋季。诗曰：“桂树花开亲伴稀，南天风冷雁鸿飞。歌临竹坞衿元发，醉向江桥洗苎衣。执手看云山欲暮，

---

① 《明世宗实录》卷55，第1346页，台湾“中央研究院”历史语言研究所，1962年。

② 丁丙辑：《善本书室藏书志》卷37，《续修四库全书》，第927册，第617页，上海古籍出版社，2002年。

③ 靖道谟等编纂：雍正《云南通志》卷21之二，《景印文渊阁四库全书》，第570册，第135页，台湾商务印书馆，1986年。

④ 万友正：《桃川剩集序》，《桃川剩集》卷1，《丛书集成续编》，第105册，第127页，上海书店，1994年。

⑤ 杨慎：《王钝庵墓碣铭》，《桃川剩集》卷2，《丛书集成续编》，第105册，第137页，上海书店，1994年。

⑥ 王廷表：《桃川剩集》，《丛书集成续编》，第105册，第135页，上海书店，1994年。

穿林嘶马客初归。欢娱有会便开口，懊恼相将易落晖。”

嘉靖六年丁亥（1527），三十八岁

作《送杨生庐墓还叙》。

叙云：“杨生世春者，少孤，母段育之。嘉靖三年十月，母死，庐诸墓。今年冬三载，归。曩家君逸翁敕封秋官尚书郎，每日吾受天子宠命，罔所报，称俗尚顽殄，盍淬礰以勖诸人”。[①]

嘉靖十一年壬辰（1532），四十三岁

弟王廷贵被选为贡生。

杨慎《庠师逸翁王公墓表》：“壬辰，次子廷贵得选贡，彩服趋庭。”[②]

嘉靖十三年甲午（1534），四十五岁

父王颖斌闻弟子杨慎戍滇，在坊内建状元馆。是年，以书招慎往阿迷，廷表迎而馆之。杨慎拜先生于庭，举觞为先生寿，居月余而归安宁。

杨慎《庠师逸翁王公墓表》：“慎得罪戍滇，先生闻之，且泣且喜，泣慎之罹患而喜其来觌也。未几，先生以书召往，慎随廷表宪使君行至阿迷，拜先生于庭，颜色饮食，不减在吾邑时，则举觞为先生寿，盖坐春风，又一月而归安宁。”[③]

简绍芳《明修撰杨升庵先生年谱》：“甲午，阿迷州佥事王公廷表迎往馆之。”[④]

《杨用修至集乐耘别墅》：“北林鸟甸雨初收，结轸摇旌莽窅游。贮月冷池藏绘鲫，乡风晴竹挂长虬。村回远地禾千亩，门外良宵客一楼。抚景不须悲节序，佩壶还拟到瀛洲”。[⑤]

按：王颖斌曾作《状元馆记》[⑥]，记载了杨慎的家世、成长经历及建造状元馆的缘

---

① 王廷表：《桃川剩集》，《丛书集成续编》，第105册，第130页，上海书店，1994年。

② 杨慎：《庠师逸翁王公墓表》，方树梅纂辑，李春龙、刘景毛、江燕点校《滇南碑传集》，第149页，云南民族出版社，2003年。

③ 同上。

④ 简绍芳：《明修撰杨升庵先生年谱》，北京图书馆编《北京图书馆珍藏本年谱丛刊》，第45册，第586页，北京图书馆出版社，1999年。

⑤ 王廷表：《桃川剩集》，《丛书集成续编》，第105册，第135页，上海书店，1994年。

⑥ 简绍芳编次，程封改辑，孙锜补订：《杨文宪公年谱》，北京图书馆编《北京图书馆珍藏本年谱丛刊》，第45册，第495~496页，北京图书馆出版社，1999年。

起。据李根源《梅花唱和序》、缪尔纾《梅花唱和百首叙》[①]，杨慎和王廷表在阿迷朝夕相处期间，曾一日赌成梅花诗各一百首存世，此事应发生在此时。

婿刘楷中举。

《文林郎刑科都给事中刘公墓志铭》："甲午，楷中乡试……生于成化十一年十一月十三日，距卒享年七十有三。濮孺人有贤行，先公卒，继娶张氏、吴氏，亦先卒。子男二，长即楷，先娶吴氏、万氏，继娶表长女。"[②]

嘉靖十四年乙未（1535），四十六岁

和杨慎、叶瑞等人同游建水，有诗歌唱和。

杨慎《孟春与叶桐冈迎王钝庵于郊即事》："正月勾东春已深，迟客登楼延赏心。……绿樽共喜日日醉，华发那畏星星侵。"[③]

按：王廷表《游观音寺时用修欲返安宁》约作于此时："太平风物在南州，鹤舞春郊与客游。……佳境正当频结社，明朝何处更凝眸。"[④]

叶瑞，字应期，号桐冈，云南临安（今建水）人，嘉靖癸未（1523）进士，官户部主事，著述有《河洛解》《律吕书》。[⑤]

杨慎在临安结识澄江董云汉，到澄江、江川、通海等地游玩。

杨慎《自江川之澄江，赠王钝庵廷表，并柬董西泉云汉三首》。其一："通海江川湖水清，与君连日镜中行。孤山一点冲烟小，何羡霞标挂赤城。"其二："澄江色似碧醍醐，万顷烟波际绿芜。只少楼台相掩映，天然图画胜西湖。"其三："海螯江蟹四时供，水蓼山花月月红。自是人生不行乐，莼鲈何必羡江东。"[⑥]

董云汉，字倬庵[⑦]（一说西泉），河阳（今云南澄江）人。正德丁卯（1507）中举。与杨门六子中的张含是同年[⑧]，后来又于正德甲戌（1514）与王廷表同科中进士[⑨]，先

① 王文才、张锡厚编：《升庵著述序跋》，第135~137页，云南人民出版社，1985年。
② 王廷表：《桃川剩集》，《丛书集成续编》，第105册，第132页，上海书店，1994年。
③ 杨慎：《升庵集》卷30，《景印文渊阁四库全书》，第1270册，第222页，台湾商务印书馆，1986年。
④ 王廷表：《桃川剩集》，《丛书集成续编》，第105册，第136页，上海书店，1994年。
⑤ 叶瑞生平简介见云南通志馆编，李春龙、江燕点校：《新纂云南通志》卷71，第4册，第268页，云南人民出版社，2007年。
⑥ 杨慎：《升庵集》卷36，《景印文渊阁四库全书》，第1270册，第252页，台湾商务印书馆，1986年。
⑦ 靖道谟等编纂：雍正《云南通志》卷21，《景印文渊阁四库全书》，第570册，第136页，台湾商务印书馆，1986年。
⑧ 靖道谟等编纂：雍正《云南通志》卷20，《景印文渊阁四库全书》，第570册，第30页，台湾商务印书馆，1986年。
⑨ 朱宝炯、谢沛霖：《明清进士题名碑录索引》，第2503页，上海古籍出版社，1980年。

后做过推官和按察司佥事。致仕归乡。[1]

三月一日，在临安诸天寺为杨慎《古音余》作后序。

《古音余后序》："升庵先生作《转注古音略》，凡二千二百余字，复令董生西羽考阅得千余字，为《古音余》，并梓传之。……升庵之二书，又兼许黄吴郭而扩清构会之。五书在字学中犹五纬也，余可废也。先生博洽之学，比踪前烈，则子云其人也；若董生者，亦有侯芭之志者欤！嘉靖乙未春三月一日钝庵王廷表书于临安之诸天寺"。[2]

嘉靖十六年丁酉（1537），四十八岁

正月，为杨慎《丹铅余录》作《刻丹铅余录序》，是文介绍杨慎著述书目有《古音略》《滇程记》《典载记》等二十三部。

《刻丹铅余录序》："表访升庵子于连然，获《丹铅余录》读之未竟也。寻升庵子持以过表，订《卷耳》《东山》诗……升庵子嗜学不倦，多所著作，若《四诗表传》《风雅逸篇》《选诗外编》《拾遗》《附录》《古今诗选》《皇明诗抄》《古音略》《古音余》《纂韵索隐》《奇字韵》《墨池锁录》《古文韵语》《赤牍清裁》《填词选格》《古隽》《韵藻》《隶骈》《金石古文》《水经碑目考》《禅藻集》《滇载记》《滇程记》，表皆先得之。富蕴健笔，继往觉来，方睢睢乎未艾也。表幼与升庵子共学，今幸与游。教益滋至，欲往从之，非其脚也，备而论之，实未易也，然亦可观之。嘉靖丁酉正月十五日钝庵王廷表书。"[3]

嘉靖十八年己亥（1539），五十岁

秋七月，为杨慎作《古音复字题辞》。

《古音复字题辞》："升庵杨子取转注字著《古音略》五卷，博矣其为书也。今复取古复字为此卷，表读之叹曰：'安安休休，君与臣也；烝烝夔夔，父子亲也；关关嘻嘻，夫妇伦也；怡怡戚戚，兄弟恩也；切切偲偲，友谊敦也。天也，非人也'。《尔雅》释训始诸明，明而萌，萌乃无文焉尔。……故曰医方万品，必选对治；法宝千般，

---

① 靖道谟等编纂：雍正《云南通志》卷 21，《景印文渊阁四库全书》，第 570 册，第 136 页，台湾商务印书馆，1986 年。

② 王文才、张锡厚编：《升庵著述序跋》，云南人民出版社，1985 年，第 21 页。

③ 同上书，第 68~69 页。

先求如意。雌黄艺苑者，无谓此不备，如欲其备，则是幡儿觚师，对类迭字而已，奚其贵哉！嘉靖乙亥（应为“已亥”之误）秋七月朔王廷表书。”[1]

嘉靖二十年辛丑（1541），五十二岁

十二月二十四日，父逝，年七十八。

杨慎《庠师逸翁王公墓表》：“辛丑，讣闻，报先生以十二月二十四日逝矣……得年七十有八，可谓遐龄。”[2]

嘉靖二十一年壬寅（1542），五十三岁

十二月初九，父葬于北山祖坟，前翰林院修撰杨慎为其做表。

杨慎《庠师逸翁王公墓表》：“葬以卒之次年十二月初九日，葬在北山祖茔。门人前翰林院修撰新都杨慎为之表。”[3]

嘉靖二十二年癸卯（1543），五十四岁

正月十五日，在临安作《升庵长短句跋》，以杨慎词为当朝第一，以《六州歌头》为《升庵长短句》第一。

《升庵长短句跋》：“宋人无诗而有词。论比兴则月下秦淮海，花前晏小山，较筋节则妥帖坡老，排奡稼轩，所以擅场绝代也。至元人曲盛而词又亡，本朝诸公于声律不到心，故于词曲未数数然也。高季迪之《扣弦》，刘伯温之《写情》，号为琤琤矣。吾友升庵杨子，乃至音神解，奇藻天发，率意口占，警绝莫及。尝语表曰：李冠张安国《六州歌头》，声调雄远，哀而不伤，于长短句中，殊为雅丽，恨少有继者。乃援笔为《吊诸葛》词，其妥帖排奡，可并苏辛而轨张李矣。表尝评杨子词为本朝第一，而《六州歌头》，在《升庵长短句》中第一。杨子笑曰：‘子岂欲为稼轩之岳珂乎’？因跋兹集，并附其语。嘉靖癸亥春正月望临安王廷表。”[4]

---

① 王文才、张锡厚编：《升庵著述序跋》，第25~26页，云南人民出版社，1985年。

② 杨慎：《庠师逸翁王公墓表》，方树梅纂辑，李春龙、刘景毛、江燕点校《滇南碑传集》，第149~150页，云南民族出版社，2003年。

③ 同上书，第150页。

④ 王文才、张锡厚编：《升庵著述序跋》，第147页，云南人民出版社，1985年。

嘉靖二十六年丁未（1547），五十八岁

冬季，从阿迷到昆明高峣水庄看望杨慎，在杨慎处见到同年进士朱良矩所刊《经义模范》，为之作序。

《经义模范原序》："丁未冬，表访太史杨升庵，得《经义模范》一帙，乃同年朱良矩所刻也。退观之义，凡十六篇，《易义》二篇为姚孝宁，余篇则蜀先贤广安张才叔、中江吴师孟、简州张孝祥也。夫经义盛于宋。张才叔《自靖人自献于先王》之义，吕东莱取之入《文鉴》，与古文并传，朱文公每醉后口诵之，至与诸葛武侯《出师》二表同科。我成祖文皇帝命儒臣纂集《尚书大全》，以其义入注，经义之盛，无逾此篇，选者以此特轧卷首，有见哉。其余十五篇皆称是，盖出于胸臆之妙，非口耳剿说，如今之套括也。临安大邦伯左绵东崖胡公，属表序而重梓之，非惟表蜀之先贤，抑惠我滇后学之盛心乎！敬序以复于公云。嘉靖丁未十二月立春日，钝庵王廷表序"。[①]

杨慎作《赠王民望钝庵》诗。

杨慎《赠王民望》："序曰：钝庵王民望自临安千里来访予，信宿而别。期与池南唐子、午衢段子会于晋宁，为盘龙、海宝之游。值予阻疾，不果行，作此以寄，且订后期。"[②]

按：谈到约会，杨慎因病受阻，没有去成，但可以看出，王廷表与他们均有交游。

唐锜，字文荐，号池南，晋宁人，"杨门六子"之一。他嘉靖壬午（1522）中举，与李元阳、赵汝廉、贾文元及张含的弟弟张合是同年。嘉靖丙戌（1526），又与李元阳同中进士。做过河南按察司佥事，为官严明果决，不避权势，以忤权要罢归。[③]嘉靖二十七年（1548），杨慎晋宁之游成行，"与侍御池南唐公锜游海宝、蟠龙、生佛诸山陀"。[④]写下了《登海宝寺望侍御唐池南锜别业因赠》[⑤]《琵琶短引》（唐池南席上作）[⑥]、《为唐池南题秋江远眺图》等诗[⑦]。

杨慎生日后，在腊月出游阿迷与王廷表相会。途径临安遇叶瑞，作《曲江驿》[⑧]诗。

---

① 王廷表：《序经义模范》，《景印文渊阁四库全书》，第1377册，第80页，台湾商务印书馆，1986年。

② 杨慎：《升庵集》卷19，《景印文渊阁四库全书》，第1270册，第159~160页，台湾商务印书馆，1986年。

③ 靖道谟等编纂：雍正《云南通志》卷21，《景印文渊阁四库全书》，第570册，第134页，台湾商务印书馆，1986年。

④ 简绍芳：《明修撰杨升庵先生年谱》，北京图书馆编《北京图书馆珍藏本年谱丛刊》，第45册，第601页，北京图书馆出版社，1999年。

⑤ 杨慎：《升庵集》卷31，《景印文渊阁四库全书》，第1270册，第226页，台湾商务印书馆，1986年。

⑥ 杨慎：《升庵集》卷23，《景印文渊阁四库全书》，第1270册，第182页，台湾商务印书馆，1986年。

⑦ 杨慎：《升庵集》卷24，《景印文渊阁四库全书》，第1270册，第185页，台湾商务印书馆，1986年。

⑧ 杨慎：《升庵遗集》，道光甲辰（1844）影明本重刊，古桂山房版。

按：据王文才《杨慎学谱》，杨慎曾写过《丁未季冬会王钝庵兼柬桐冈》[①]。

嘉靖二十七年戊申（1548），五十九岁

为旧时朋友兼姻亲刘洙作《文林郎刑科都给事中刘公墓志铭》。

《文林郎刑科都给事中刘公墓志铭》："丁未，命楷北会试，楷辞之不得。四月十八日感疾，五月初六日愈，诸戚谓无恙……至夜子时卒。……楷归，卜以嘉靖戊申年八月二十日，葬于南坛坡辰山之原，持状请志。表与公旧厚，复缔姻，聚散之感，怅怅于怀，何可辞。"[②]

按：刘洙逝于嘉靖二十六年（1547）。

嘉靖二十八年己酉（1549），六十岁

冬十一月，为杨慎作《南中续集序》。

《南中续集序》："太史升庵杨子未第时，已有诗名名海内，至其迁谪南中，益老益工，入玄入妙，其杜陵夔州之作乎？盖其穷方舆山川之奇秀以为景，取古今载籍之菁华以为材，不行万里路，不读万卷书，匪惟不可及，亦不能知也。杨子于书，无所不读，至其于诗则自汉魏六朝以及盛唐诸家，长篇短章，无不口诵，更不检本，不可及者，其在是乎！其为诗，或马上口占，酒边率尔，多不存稿，其手书自存者，必可传可知矣。表也自少从太史后，不敢与韦迢郭受并，而忝若朱老阮生比矣，幸附姓名，敢忘序说。嘉靖己酉冬十一月钝庵王廷表序"。[③]

嘉靖二十九年庚戌（1550），六十一岁

作《迪功郎襄阳丞伍公墓志铭》。

《迪功郎襄阳丞伍公墓志铭》："公生于成化二十一年九月二十六日，享六十有四，音典营新墓于北陇，卜来岁二月初九日，□持状请志。表与公联戚缔，处惬恰，一旦失之，每晤于梦寐，志之宁不怅怅耶。"[④]

---

① 王文才：《杨慎学谱》，第 102 页，上海古籍出版社，1988 年。
② 王廷表：《桃川剩集》，《丛书集成续编》，第 105 册，第 131~132 页，上海书店，1994 年。
③ 王文才、张锡厚编：《升庵著述序跋》，第 130 页，云南人民出版社，1985 年。
④ 王廷表：《桃川剩集》，《丛书集成续编》，第 105 册，第 131 页，上海书店，1994 年。

嘉靖三十一年壬子（1552），六十三岁

江川兵宪蒋过修复关索庙，张扬忠勇之士，王廷表为之作《关将军庙碑记》。

《关将军庙碑记》："江川巡岭有将军关索庙，塌甚。嘉靖壬子年，兵宪虹泉蒋公过，慨曰：'功禁不戢有功之祠，以报戢也。若此，其何以振之……'"①

嘉靖三十二年癸丑（1553），六十四岁

作《游南明洞天赋》②。

按：该作品在《桃川剩集》中又称为《万象洞赋》③，内容几乎一致。

作《代巡黄公兵宪蒋公招游万象洞》诗。④

诗云："……村亭酒薽犹无匮，客路风光亦有情。……青刍白饭欣相慰，宪节遥临本不轻"。

嘉靖三十三年甲寅（1554），六十五岁

五月十二日病逝。杨慎受其子王天锡、其弟王廷贵之请，为之作墓志铭。其铭对二人之交往做了概括。

杨慎《王钝庵墓碣铭》："嘉靖甲寅（1554）五月十二日，以疾终于家……得年六十有五。配伍氏，封安人。男一：天锡，阿迷学官弟子。女二：长归举人刘楷，次归知县包万殊。孙男二：道大、业大。卜以乙卯年十二月十八日葬于北山，从祖兆也。公生平以忠孝节义自持，笃于友谊。慎谪于滇，居安宁，形影相吊，公相慰者，凡六往返迎慎，于阿建状元馆居慎者数月。逸翁吾师，公吾异性兄弟，海内恩义无比，而于公之卒也，不克临哭悲悼，曷任公子天锡来求墓铭。公弟廷贵，时判泸州，复泣以请。慎曷敢辞，乃收泪和墨而铭之"。⑤

（姜晓霞　谢蔚）

① 王廷表：《桃川剩集》，《丛书集成续编》，第105册，第132页，上海书店，1994年。
② 何镗辑：《古今游名山记》卷16，《续修四库全书》，第736册，第719页，上海古籍出版社，2002年。
③ 王廷表：《桃川剩集》，《丛书集成续编》，第105册，第134页，上海书店，1994年。
④ 同上书，第136页。
⑤ 杨慎：《王钝庵墓碣铭》，《桃川剩集》卷2，《丛书集成续编》，第105册，第137页，上海书店，1994年。

木公年谱（1494~1553）

综论

丽江纳西族土司木氏的文治武功，早已传扬于外界，其中木公不但长于征战守土，亦以文学成就著称。嘉靖三年因“大礼议”被谪戍云南的明代著名学者、文学家杨慎，不仅为木公始撰《木氏宦谱》作序，还为之编选了《雪山诗选》并加以点评，又多次邀木公与其唱和。万历三十七年（1609）任云南布政司右参议的冯时可，在《木氏六公传》[①]中对木公一生所取得的成就，做了长篇评价，他尤为重视木公的文化贡献，并特意指出，其诗风与当时中原盛行的复古风气大不相同：诗集数种，风格或飘逸，或雄壮，“今中原士大夫‘四始’相高，树旗伐鼓，互相标帜，然不免蹈袭象人土鼓，其亦何当”；其诗“以情为母，以境为辅”，“慷慨淋漓，神来天至”；其于地方文化有所创举，“丽未始有谱牒，公作家乘；丽好野祀，公作庙祀其先”[②]。明末高僧德清（憨山）通过冯时可的记载，首次从书面认识了丽江木氏六公[③]，他特别倾心于木公的诗歌艺术，赞其“雅歌声诗，翩翩有凌云气”[④]。从以上记载可见，木氏远出云南本土的声名，与木公汉语文学创作所产生的影响，有莫大关系。后来木氏土司如木青、木增踵武相承，扩大了木氏家族的文学影响。

---

* 本谱作为课题阶段性成果，发表于《昆明学院学报》，2014 年第 1 期；论文《丽江木公与杨慎的文字交往及其诗集的刻印收藏》，发表于《2013 年明代文学国际学术研讨会论文集》，凤凰出版社，2015 年。

① 冯时可：《木氏六公传》，全称《明丽江知府木氏雪山、端峰、文岩、玉龙、松鹤、生白六公传》。此传原载于晚明冯时可《武陵稿》，大陆已无传本（黄仁生：《日本现藏稀见元明文集考证与提要》，第 212~213 页，岳麓书社，2004 年）。《木氏六公传》原有崇祯时期重刻单行本，佚，现有《云南史料丛刊》第 19 辑和木光编《木府风云录》录之。

② 冯时可：《木氏六公传》木光编《木府风云录》，第 38 页，云南民族出版社，2000 年。

③ 释德清：《憨山老人梦游集》卷 12《丽江木氏六公奉佛记》说，自己由冯时可《武陵稿》中的《木氏六公传》，而知丽江六公之名（《续修四库全书》，集部第 1377 册，第 561~562 页，上海古籍出版社，2002 年）。释德清，晚号憨山老人，与云栖袾宏、紫柏真可、蜀益智旭合称“明季四大高僧”，有《憨山老人梦游集》传世。

④ 释德清：《憨山老人梦游集》：“其先在国初以忠顺发家，武功最著，至雪山公，遂以文名。雅歌声诗，翩翩有凌云气，杨用修太史大为称赏。”（卷 12，《续修四库全书》，集部第 1377 册，第 561 页，上海古籍出版社，2002 年）

木公的汉语文化造诣及其汉语诗歌艺术成就，自有其家学渊源，就连《明史》对此都要大书一笔[①]。木府中的图书馆（万卷楼），藏有宋明各种善本数以万计，群书锓版，大要具备[②]。明末清初江南文士陈瑚的《为毛潜在隐居乞言小传》印证了这一说法，“至滇南官长，万里遣币以购毛氏书，一时载籍之盛，近古未有也。”[③]毛潜在即明末江南著名的出版家和藏书家、汲古阁主毛晋，“滇南官长”即丽江第十三代土司木增[④]。丽江木氏与内地文化的交流，其实远远早于上述记载。木公袭职前曾隐居于玉龙雪山南麓十年，苦研王维、孟浩然、高适、岑参等盛唐诗人之诗。万卷楼建成于嘉靖九年（1530），木公时任丽江土司。据版本学家黄裳《西南访书记》考证，现存木氏家集 11 种，就绝大部分刻本（其中木公的占 7 种）来看，可以毫无疑问地断言，出自嘉靖时期苏州地区最纯熟的写样、雕版工人之手[⑤]。万卷楼建成和木公诗集的初刻时间都在嘉靖时期，绝不会是毫无意义的巧合[⑥]。

除外来文豪杨慎外，木公与当时云南本土的著名文士多有交游：永昌（今保山）学者和诗人张志淳、张含父子为之作过多种序、跋，木公与张含的交谊尤深，他们不仅有玉湖同游之乐，还有异地唱和之欢。白族诗人李元阳为木公的诗集作序，亦与其唱和，其文《默游园记》记载了他致仕还乡后，木公馈送礼物装点其园林之事[⑦]。木公晚年与张含、左文臣并称“三山”[⑧]。从一个作家的交游层次，亦可估量其文学创作的成就和影响。

我们在看到木公汉语诗歌创作成就的同时，还必须注意另一种倾向，即自明王朝平定云南以来，缘于汉文化向边疆地区的强势推进，人们多习惯于以汉语文学成就为

---

① 《明史》卷 314《云南土司》二：“云南诸土官知诗书，好礼守义，以丽江木氏为首云。”（中华书局，1974 年，第 27 册，第 8100 页）成化丁未（1487）进士、江西敖毓元《木候本安（木泰）袭职序》：“走尝暇阅《皇明一统志》，见今土姓，衣缨世阅家，方舆中滇为最，滇之中，木为乔。木……文诸礼乐，识者多。”（木光：《木府风云录》，第 133 页，云南民族出版社，2000 年）

② 《新纂云南通志》卷 52，第 3 册，第 653 页，云南人民出版社，2007 年。

③ 陈瑚：《确庵文稿》卷 16，《四库禁毁书丛刊》，第 184 册，第 394 页，北京出版社，2000 年。

④ 郑伟章《毛晋代丽江木增刻书略述》记载：木增不但远涉江南，广为搜求汉籍以丰富万卷楼的藏书，还敦请毛晋刻书，汲古阁就曾应其所请镌刻《华严忏仪》。据毛晋为木增《释庄义序》所作序言，他代刻的还有木公的《雪山诗选》（重刻本）、木增的《云薖淡墨》和《释庄义》，《芝山云薖集》可能也为汲古阁所刻（《文献》，2009 年第 4 期）。

⑤ 木仕华主编:《丽江木氏土司与滇川藏交角区域历史文化研讨会论文集》，第 225~226 页，中国藏学出版社，2001 年。

⑥ 也有学者对木氏存世刻本的年代持不同看法，详本谱嘉靖二年纪事。

⑦ 李元阳：《李中溪全集》卷 7，影印《云南丛书》，第 21 册，第 11268 页，中华书局，2009 年。

⑧ 详本谱嘉靖二十三年纪事。

标准，去评价少数民族作家的文学创作。如杨慎《雪山诗选》的选评和其他文人对木氏诗歌的评点，审美眼光和批评语汇大多如此，钱谦益更道木公诗歌“皆中土诗句也”①。这就难免忽略了在特定文化背景下，少数民族作家创作风格的特殊性。但从《列朝诗集》所选木公的13首诗歌来看，我们可以感到钱氏论诗与选诗的标准，实际上存在矛盾。如其所选《杜鹃词》《春居玉山院》《华马国》《饮春会》《春游即事》《席间即事》《采莲词》（二首）② 等诗，无论是题材还是语言、意象、风格，都鲜明地表现了纳西文化和民族风情，这类作品的数量，占到了钱氏所选木公诗的半数以上。近年来已有学者看到，在少数民族文人汉语文学创作个性的形成中，其本民族文化传统，具有不可忽略的影响③。关注这个方面，或许我们能够对少数民族作家的汉语文学成就，做出更为客观公允的评价。

虽然丽江木氏长期积累的汉文化典籍，在清代曾历经三次浩劫④，但木公著作存世仍然比较完整。史乘有其始修的《木氏宦谱·文谱》⑤，诗集计有《隐园春兴》（不分卷），《雪山始音》（二卷）、《雪山庚子稿》（不分卷）、《万松吟卷》（一卷）、《玉湖游录》（不分卷）、《仙楼琼华》（不分卷），杨慎所编《雪山诗选》（三卷）。《雪山诗选》为木公六部诗集的选本，《云南丛书》收编，卷前有赵藩钤印及其推荐重刊语。全国性及云南地方总集选录木公诗者，有明末清初钱谦益编纂的《历朝诗集》（丙集）选13首、清代朱彝尊编纂的《明诗综》（卷九十三）选5首、张豫章等编纂的《御选宋金元明四朝诗·御选明诗》（卷九十八、一百八）选5首、袁文典和袁文揆编纂的《滇南诗略》（卷五）选46首、袁嘉谷主编的《滇诗丛录》（卷二）选30首、赵联元编

---

① 钱谦益：《列朝诗集小传》丙集下，第356页，古典文学出版社，1957年。

② 兹录《饮春会》：“官家春会与民同，土酿鹅竿节节通。一匝芦笙吹未断，蹋歌起舞月明中。”《春游即事》：“金狨缓拽红罽腻，叱拨频嘶绿巷深。嚼柳穿花还未遍，夕阳又抹树头金。”《席间即事》：“春宴英蕤载满头，玉船横举较诗筹。双鬟拨尽《鞶婆曲》，复听蛮童唱石榴。”（钱谦益：《列朝诗集》丙集，第387页，三联书店影印本，1989年）

③ 例如丁立平认为，木氏以追求“怡神”“逸趣”于自然为特点的文艺美学观及其艺术实践，虽然明显地可以看出其接受了汉文化的影响，但“作为一种文学创作的势头，一种作家文化的势头，从东巴文化即已开始，潜移默化地影响着后代的纳西文人。”（《木氏“怡神”“逸趣”于自然的文艺观》，木仕华主编《丽江木氏土司与滇川藏交角区域历史文化研讨会论文集》，第259~261页，中国藏学出版社，2001年）木里《木氏土司与纳西文化——关于对木氏土司文化认识之两个误区辩》，亦强调了木氏土司在积极传承、保护并扶持纳西族文化的基础上，以开放的态度吸收汉文化和各民族先进文化的表现（《丽江木氏土司与滇川藏交角区域历史文化研讨会论文集》，第293~298页）。

④ 木光编：《木府风云录·木府经历的三次浩劫》，第208页，云南民族出版社，2000年。

⑤《木氏宦谱》存世有文谱本（或称甲本）和图谱本（或称乙本），详本谱正德十一年纪事。

辑的《丽郡诗征》（卷一）选 57 首。《丽郡诗征》木公小传后还载有杨慎、张含、李元阳等诸家集评，出自各家为木公诗集所作的序、跋、点评，可观木公诗歌艺术之大略。

丽江木氏土司的传记最早而全者，是木公始修《木氏宦谱·文谱》和木汉修《木氏宦谱·图谱》[①]，二谱可谓木氏土司传记的双璧。虽然《文谱》各传纪事简略，并且袭职以前事多空白，间或带有传奇色彩，但袭职后的事迹眉目清楚，大体连续不断，文字简洁明了。《图谱》则有与其相异之处，正有助于参详木氏世系情况。再者二谱一详于文，一彰于像，两两相配而成珍贵谱牒。由于我们以往多把丽江木氏作为一个作家群来考察，故对其中影响较大的作家之个体研究，显得很不充分。综合考察固然是必要的，近年也确有质量较高的成果问世[②]，但若以编写年谱这一最为基础的个案研究方式，弥补《木氏宦谱》传略之欠缺，或许能够令人更为深刻而全面地看到，在明代特殊的社会历史背景下，木氏家族和个人，在滇西北致力于汉语文化的学习和传播，并用汉语进行诗歌创作、谱牒撰写，对推动民族融合和文化交流具有深远的意义。为此，首编《木公年谱》。

年谱

明孝宗朱祐樘弘治七年甲寅（1494），一岁

生于七月初十日。

《木氏宦谱·文谱》知府阿秋阿公传："翁生于弘治柒年甲寅柒月初十丙申日卯时。"[③]

本名阿秋阿公，官讳公，字恕卿，号雪山、万松[④]，又号六雪[⑤]。

---

①《木氏宦谱》（文谱和图谱），云南美术出版社，2001 年。关于《木氏宦谱》的编撰和作者之争，参阅本谱正德十一年纪事。

② 如《丽江文史资料》第 8 辑（丽江县政协文史资料委员会，1989 年）、木光编《木府风云录》（云南民族出版社，2000 年）、木仕华主编《丽江木氏土司与滇川藏交角区域历史文化研讨会论文集》等书籍中的资料辑录和单篇论文，从历史、为政、藏书、刻书、文学创作、山川名胜、民情风俗等方面，反映了木氏数代土司为推动汉文化、文学传播和民族文化、文学融合所做的努力，蔡晓玲的《木氏土司文学论纲》（木仕华主编：《丽江木氏土司与滇川藏交角区域历史文化研讨会论文集》，第 270~275 页，中国藏学出版社，2001 年），则考察了木氏作家群现象。

③ 木公等：《木氏宦谱·文谱》，第 36 页，云南美术出版社，2001 年。

④ 同上书，第 34 页。

⑤ 木公：《万松吟卷》，第 4 页，明嘉靖刻本，约 1543 年，云南省图书馆藏。

按：钱谦益《列朝诗集小传·丽江木知府》云："木公，字公恕。"① 误。方国瑜《〈木氏宦谱〉（甲）概说》云："谦益见天启重刻《雪山诗选》而录其诗，《诗选》有杨慎《序》，称木公恕卿，致误为字公恕也。"② 由于钱氏之误，不仅《千顷堂书目》（卷二十八）、《御选明诗》（姓名爵里三）、《明诗综》（卷九十三）载其名公恕，字恕卿，就连雍正《云南通志》和《滇诗丛录》本传，也载其字公恕。

《万松吟卷·雪山》自注："予有六雪之号，故题之。"③

按：《雪山》以下五首诗依次为《雪湖》《雪林》《雪崖》《雪松》《雪楼》④，以合"六雪"之数；诗集《玉湖游录》，署名"六雪主人"。

木氏谱系早期口头传说神话色彩浓郁，自元以来历代纪事翔实，年月分明。

《自述》："汉唐宋元世，宦历岂须夸。腰系黄金重，诚心报国家。"⑤

《雪山庚子稿跋》："洪武恩赐'诚心报国'金带……。"⑥

按：据《木氏宦谱·文谱》载，木氏始祖叶古年之前有十一代，传六世后至秋阳，自秋阳起而止于木锺，凡三十七代；自阿琮阿良起，木氏经胡→烈→甲三代，四传而至阿得，阿得洪武十五年（1382）率众归明，经征南将军、颍川侯傅友德等奏闻太祖，钦赐木姓，拟授职并置丽江府；自洪武十六年（1383）授木得土知府，迄雍正初年改土归流止，计木氏土知府世系为：木得→初→土→森→嵚→泰→定→公→高→东→旺→青→增→懿→柚→尧→兴→锺，共十八世⑦。据《木氏宦谱·图谱》记载，自"爷爷"起，传至木德（木锺之后）凡二十五代，历土知府共十九世⑧。据木公《建木氏勋祠自记》，"祖叶古年以上十一代，虽有俗老口传名讳而无谱牒，不敢据信。自汉、唐、宋、元迄今明朝，其间为昭、为公、为侯、为节度使、为宣慰使司、为茶罕章、为宣抚司、为参政、为知府，皆出自国家优典。……非无本也"。⑨

父阿牙阿秋，官讳木定，字静之。有子七人，木公为长子。正妻阿室香（官

---

① 钱谦益：《列朝诗集小传》（丙集下），第389页，古典文学出版社，1957年。
② 木光编：《木府风云录》，第4页，云南民族出版社，2000年。
③ 木公：《万松吟卷》，第4页，明嘉靖刻本，约1543年，云南省图书馆藏。
④ 同上书，第4~5页。
⑤ 木公：《雪山庚子稿》，国家图书馆藏民国年间抄校本。
⑥ 同上。
⑦ 木公等：《木氏宦谱·文谱》，云南美术出版社，2001年。
⑧ 木汉：《木氏宦谱·图谱》，云南美术出版社，2001年。
⑨ 管学宣、万咸燕纂修：《丽江府志略》，林超民等编《西南稀见方志文献》，第25卷，第288~289页，兰州大学出版社，2003年。

名高氏延寿妙香），北胜州高知州女，生子三；继妻阿室井（官名高氏延寿赠），生子四。

《木氏宦谱·文谱》阿牙阿秋传：“泰之谪长，继父职……正妻阿室香，官名高氏延寿妙香，系北胜州高知州女，诰封恭人。生三子：公、山、琮。继妻阿室井，官名高氏延寿赠，生四子：木、苴、戟、从。长男阿公，继父职。次男阿山，三男阿琮，四男阿木，五男阿苴，六男阿戟，七男阿从。”[①]

弘治九年丙辰（1496），三岁

北胜州发生民乱，因土同知高氏久不得袭位之故。

诸葛元声《滇史》：“云南府知府董复致仕，还会稽。复，成化时为御史，历巡北直隶、福建，执法不避权要，直声大起。及守云南，地杂夷僰，赋役蠹弊，公首治厘革，民甚便之。……北胜州夷哄，公勘处曰：‘土同知高某久不得袭耳。’议令袭职，又增设兵备以控辖之，一州遂安。”[②]

按：董复，传见《浙江通志》卷一百六十九。字德初，浙江会稽（今绍兴）人，成化乙未（1475）进士。拜御史。出知云南府（大致相当于今昆明市）。北胜州治所，在今云南永胜。北胜土司为丽江木氏姻亲，木公之母阿室香，即北胜州高知州之女。

弘治十二年己未（1499），六岁

祖父木泰得胜忠甸，立大年玉瓦寨、香各瓦寨。

《木氏宦谱·文谱》知府阿习阿牙传：“得胜忠甸[③]，建立大年玉瓦寨（尼旺宗）、香各瓦寨（独克宗）。”[④]

按：此二寨后称日月双城，玉瓦寨为日光城，香各瓦寨为月光城。

弘治十三年庚申（1500），七岁

读书千百言，过目成诵。

李元阳《雪山庚子稿序》：“丽守雪山氏幼而隽朗，蚤解声偶。虽无所师承，而

---

① 木公等：《木氏宦谱·文谱》，第 34 页，云南美术出版社，2001 年。
② 诸葛元声：《滇史》，第 326 页，刘亚朝点校，德宏州民族出版社，1994 年。
③ 即中甸，有大中甸和小中甸之分。明代称忠甸，现更名为香格里拉，是云南省迪庆藏族自治州首府。
④ 木公等：《木氏宦谱·文谱》，第 30 页，云南美术出版社，2001 年。

冥契独奋，有过人者。”[①]

张含《雪山大夫传》：“读书千百言，过目成诵。洎长，不资师友讲习，而奥典赜义，罔弗洞悟。人皆称之曰：‘此天才也！此天才也！’”[②]

冯时可《木氏六公传》：（木公）“天骨疏朗，神宇高峙。读书千百言，过目成诵，不假师资，玄言奥义，罔弗洞悟。”[③]

按：《木氏宦谱·文谱》自元代阿良起，载录人物事迹皆从其袭职开始，此前为空白。但对麦琮的记载，虽有神话成分，却有迹可循。如说他“生七岁，不学而识文字。及长，旁通百蛮各家诸书，以为神通之说，且制本方文字。”[④] 以上所引诸家对木公的记载，明显可见麦琮传记的影响。李元阳、张含皆与木公交游，木公和张含知交尤深，故二人序、传所载，当非无稽之谈，再参之以麦琮传，印证木氏土司历来重视汉文文化，故将木公读书事，系于今年。

李元阳（1497~1580）[⑤]，字仁甫，号中溪，白族。所著《李中溪全集》卷三有《和雪山》[⑥]《九日寄雪山世守》[⑦]《丽侯寄诗并鹿髓奉谢》[⑧] 等诗。

张含（1480~1567）[⑨]，字愈光，号禺山、半谷。所著《张愈光诗文选》中有《忆旧游怀木雪山太守》[⑩]，木公《雪山始音》中亦有诗《遁痴堂题寄张愈光》五首[⑪]、《玉湖游录》中有《醉和禺山便寄集韵》六首[⑫]、《忆禺翁昔游玉湖有感一绝》[⑬]。张含与杨慎为世谊，他在弱冠之年和12岁的杨慎订交[⑭]，《永昌府文征》中王灿《张禺山先生传》

---

① 木公：《雪山庚子稿》，国家图书馆藏民国年间抄本。影印《云南丛书·李中溪全集》阙此文。

② 管学宣、万咸燕纂修：《丽江府志略》，林超民等编《西南稀见方志文献》，第25卷，第353页，兰州大学出版社，2003年。

③ 木光编：《木府风云录》，第38页，云南民族出版社，2000年。

④ 木公等：《木氏宦谱·文谱》，第9页，云南美术出版社，2001年。

⑤ 传见影印《云南丛书》本《李中溪全集》，《景印文渊阁四库全书》；雍正《云南通志》卷21、《明诗综》卷42，生平事迹见本书《李元阳年谱》。

⑥ 李元阳：《李中溪全集》卷3，影印《云南丛书》，第21册，第11150页，中华书局，2009年。

⑦ 同上书，第11151页。

⑧ 同上书，第11163页。

⑨ 张含传见《景印文渊阁四库全书》，雍正《云南通志》卷21、《明诗综》卷45、《永昌府文征·列传》，生平事迹见本书《张含年谱》。

⑩ 张含：《忆旧游怀木雪山太守》，《张愈光诗文选》卷6，影印《云南丛书》，第21册，第11013页，中华书局，2009年。

⑪ 木公：《雪山始音》，第24~26页，明嘉靖刻本，约1523年，云南省图书馆藏。

⑫ 木公：《玉湖游录》，第8~9页，明嘉靖刻本，约1545年，云南省图书馆藏。

⑬ 同上书，第8页。

⑭ 王文才：《杨慎学谱》，第18页，上海古籍出版社，1988年。

亦载其事[1]。

冯时可[2]，生卒年不详。字敏卿，号元成，松江华亭（今属上海）人，隆庆辛未科（1571）进士，万历三十七年（1609）任云南布政使司右参议，官至湖广布政使司参政，以文名。有《雨航杂录》《武陵稿》等集传世。

弘治十五年壬戌（1502），九岁

十一月二十一日，祖父木泰宾天。[3]

按：木泰生于景泰六年（1455），行年四十七。

弘治十六年癸亥（1503），十岁

父木定袭土知府。

《木氏宦谱·文谱》知府阿牙阿秋传："知府阿牙阿秋，弘治十六年"保勘袭职"。[4]

弘治十七年甲子（1504），十一岁

五月十三日，父木定奉吏部文凭上任。

《木氏宦谱·文谱》知府阿牙阿秋传：奉丑字1107号文凭，于"五月十三日上任"。[5]

弘治十八年乙丑（1505），十二岁

卓然出众，童牙不为儿戏。

张含《雪山大夫传》："大夫夙负奇气，越禀儒性，童牙不为儿戏。"[6]

按：《后汉书·崔骃传》："唐且华颠以悟秦，甘罗童牙而报赵。"李贤注："童牙，谓幼小也。"[7]《史记·樗里子甘茂列传》可为李贤注印证："甘罗年十二，事秦相文信侯吕不韦。"[8]参阅史载及注，将木公"童牙"事系于是年。

---

① 李根源辑，陆卫先、杨文虎校注：《永昌府文征·列传》，第4150~4151页，云南美术出版社，2001年。

② 冯时可传见《明史》卷209（附于其父《冯恩传》后），第18册，第5522页，中华书局，1974年。

③ 木公等：《木氏宦谱·文谱》，第31页，云南美术出版社，2001年。

④ 同上。

⑤ 同上。

⑥ 管学宣、万咸燕纂修：《丽江府志略》，林超民等编《西南稀见方志文献》，第25卷，第353页，兰州大学出版社，2003年。

⑦ 班固：《后汉书》卷82《崔骃传》，第1718页，中华书局，1965年。

⑧ 司马迁：《史记》卷71《樗里子甘茂列传》，第2319页，中华书局，1982年。

明武宗朱厚照正德三年戊辰（1508），十五岁

父木定得胜你那、从仲寨[①]、天龙寨[②]。

按：《木氏宦谱》所载木氏征战的地名，多源于纳西语和藏语音译，且由于历史地理观念和名称的变迁，有的已不可考，有的或囿于笔者孤陋寡闻而未知，故本谱对阙者姑且存疑，待考。潘发生《〈木氏宦谱〉部分疑难地名考释》[③]《丽江木氏土司向康藏扩充势力始末》《你那、罗裒考源》[④]等文章，对木氏征战扩张势力范围的古今地名做了对照，作者认为，我们不能把明代区域划分标准与今天的划分标准混为一谈，从《木氏宦谱》的记载看，可以把你那的范围界定在今滇西北澜沧江流域，把今迪庆范围的金沙江流域称为照可，把金沙江以东今香格里拉县区域称为中甸，把四川木里水洛河流域称为鼠罗。你那的地域范围曾到达今西藏的芒康县。[⑤]有文献把成化四年（1468）始，丽江木氏土司与土蕃争夺临西（维西）的战争，称之为进军"你那"[⑥]，现今学者多把你那直接标注为"维西"（今属云南迪庆）或"维西一带"，后者应更为合理。本谱标注木氏征战的古今地名，参阅潘发生以上三文和《云南省中甸县地名志》[⑦]《云南省德钦县地名志》[⑧]《宁蒗彝族自治县志》[⑨]《中甸县志》[⑩]《德钦县志》[⑪]等方志，由于当时聚居的各民族语言的复杂性，有的地名迄今未有确证，故不能一一注出今名，只能按《木氏宦谱》所载称之。

正德四年己巳（1509），十六岁

父木定得胜你那、阿得酋等处。[⑫]

---

① 今迪庆藏族自治州德钦县燕门乡茨中村。

② 木公等：《木氏宦谱·文谱》知府阿牙阿秋传，第32页，云南美术出版社，2001年。

③ 潘发生：《〈木氏宦谱〉部分疑难地名考释》，《思想战线》，1998年第12期。

④ 潘发生：《丽江木氏土司向康藏扩充势力始末》《你那、罗裒考源》，木仕华主编《丽江木氏土司与滇川藏交角区域历史文化研讨会论文集》，中国藏学出版社，2001年。

⑤ 同上书，第219页。

⑥《维西傈僳族自治县志》，云南省维西傈僳族自治县县志编纂委员会编纂，第52页，云南人民出版社，1999年。

⑦ 中甸县人民政府：《云南省中甸县地名志》，1984年编印内刊。

⑧ 德钦县人民政府：《云南省德钦县地名志》，1987年编印内刊。

⑨ 云南省宁蒗彝族自治县志编纂委员会编纂：《宁蒗彝族自治县志》，云南民族出版社，1993年。

⑩ 云南省中甸县地方志编纂委员会编纂：《中甸县志》，云南人民出版社，1997年。

⑪ 德钦县志编纂委员会编纂：《德钦县志》，云南民族出版社，1997年。

⑫ 木公等：《木氏宦谱·文谱》知府阿牙阿秋传，第32页，云南美术出版社，2001年。阿德酋，今德钦县城的古称。

正德五年庚午（1510），十七岁

父木定差人赴京进贡请诰。钦赐诰命一道，授中宪大夫，世袭知府，正、继妻皆封恭人。陶目以下归服。

《木氏宦谱·文谱》知府阿牙阿秋传：“自备马匹方物，差人赴京进贡请诰。钦蒙给锡智字玖百捌号诰命一道，授中宪大夫，世袭知府职事。正妻高室香追封为恭人，继妻高氏赠授封为恭人。本年得胜，陶目以下归服。”①

正德七年壬申（1512），十九岁

父木定得胜，并索立、大香甸归服。②

隐居五亩园，不久更号万松。

冯时可《木氏六公传》：“好为诗。初未莅政，隐于五亩园，居玉龙山南十里。……居尝手王、孟、高、岑诸编，枕藉弗去，曰：‘天壤间有乐于此者耶？……’已而更号万松。”③

按：王、孟、高、岑即盛唐诗人王维、孟浩然、高适、岑参。公编成于嘉靖元年（1522）的诗集《隐园春兴》，多次提及居此十年。公于嘉靖六年（1527）三十四岁时，结束隐居生活而袭土知府职④，其居五亩园，当始于今年。

正德八年癸酉（1513），二十岁

父木定得胜那古牙烈瓦寨、鼠罗、鲁弥寨。⑤

正德九年甲戌（1514），二十一岁

父木定得胜伴罗瓦失瓦寨。⑥

鹤庆、丽江大疫，死者不可胜计。⑦

---

① 木公等：《木氏宦谱·文谱》，第 32~33 页，云南美术出版社，2001 年。

② 木公等：《木氏宦谱·文谱》知府阿牙阿秋传，第 33 页，云南美术出版社，2001 年。

③ 木光编：《木府风云录》，第 38 页，云南民族出版社，2000 年。

④ 木公等：《木氏宦谱·文谱》，第 34 页，云南美术出版社，2001 年。

⑤ 木公等：《木氏宦谱·文谱》知府阿牙阿秋传，第 33 页，云南美术出版社，2001 年。鼠罗在今四川省凉山彝族自治州木里藏族自治县水洛河一带，鲁弥不详。

⑥ 木公等：《木氏宦谱·文谱》知府阿牙阿秋传，第 33 页，云南美术出版社，2001 年。

⑦ 倪蜕：《滇云历年传》卷 7，影印《云南丛书》，第 5 册，第 2435 页，中华书局，2009 年。

正德十年乙亥（1515），二十二岁

父木定得胜节落、梅夫瓦寨，光失伴甸投降。[①]

正月二十二日，长子阿目（官讳木高）出生。

《木氏宦谱·文谱》知府阿公阿目传："翁生正德十年乙亥正月二十二庚辰日辰时。"[②]

正德十一年丙子（1516），二十三岁

父木定得胜忠甸干那瓦寨，征进立由刀才并得胜。

《木氏宦谱·文谱》知府阿牙阿秋传："得胜忠甸干那瓦寨[③]，又征进立由刀才，得胜。"[④]

在五亩园编成《木氏宦谱·文谱》。

方国瑜《〈木氏宦谱〉（甲）概说》："'张《序》谓：'木公所为《木氏宦谱》'，杨《序》谓：'木公修其姓氏谱牒'，又冯时可撰《丽江木氏六公传》曰：'丽未始有谱牒，木公作家乘'。谢圣纶《滇志略》卷十四、谢肇淛《滇略》卷九曰：'丽江于诸土酋中，传世最远，自唐贞观以来，谱系历历可考。'所谓谱系，即此本也。可知《木氏宦谱》始作正德年间，出木公手，自后时有增益，止于清初。"[⑤]又说此谱为自元代至清初，约500年丽江统治家族之谱系，其势力范围包括滇西北及西康所属若干地区，在此区域之编年史，多可资证。其所载与史籍多有异同，往往《木氏宦谱》可信。[⑥]

冬十二月，张志淳为《木氏宦谱·文谱》作序。

序曰："木生公，今丽江世守木君之家嗣也。与鹤庆高生友，两人者相得甚欢，盖高亦世官者之介弟也。其为欢偕，欲刊落故习，称述文义，有砥行饬躬，变而之道之懿焉。吾初未知也，盖得之杨君用章[⑦]。用章者，两为御史，非其道，辄复去，吾雅

① 木公等：《木氏宦谱·文谱》知府阿牙阿秋传，第33页，云南美术出版社，2001年。

② 木公等：《木氏宦谱·文谱》，第39页，云南美术出版社，2001年。

③ 那瓦寨，今香格里拉大中甸吉迪乡给诺村。

④ 木公等：《木氏宦谱·文谱》，第33页，云南美术出版社，2001年。

⑤ 木光：《木府风云录》，第3页，云南民族出版社，2000年。

⑥ 同上书，第3~4页。

⑦ 杨南金，字本重，号用章，又号两依，邓川人，弘治己未（1499）进士，授江西泰和县令。擢御史，以不屈于权奸淫威拂衣而归。嘉靖中起湖广（今湖南、湖北）佥事，寻乞归。历官至江西参政。传见侯允钦纂修《邓川州志》卷12《人物志·乡贤》（《中国方志丛书》，第144号，第133页，台湾成文出版社，1968年）。

愧服之。其为人慎许可甚，独于高生有揄扬焉。吾既接高生而信，又因高生之信，而悉得木生之贤，其益信也。已及读其所为《木氏宦谱》……谓生为贤，其信也已。”[①]序署“时正德十一年，岁次丙子，冬十有二月之五日。”[②]

冯时可《木氏六公传》：“（公）与永昌张司徒南园及其子外史愈光、藩伯愈符、大理侍御李仁夫、秋官贾体仁为文字。用修虽未倾盖，而诗简往来无数。尝称其缘情绮靡，怡怅切情，骎骎垂拱之杰，开元之英，诚知言也。”[③]

张志淳（1457~1538），字进之，号南园野人。成化二十年（1484）进士。历任吏部文选司郎中、太常寺卿、南京户部右侍郎，因病致仕。致仕后著书自娱，行年八十一。有《南园漫录》《永昌二芳记》等著作。

按：由《木氏宦谱》张序可见，张志淳认识木公虽缘于鹤庆高生，但他推重木公，实因“读其所为《木氏宦谱》”。丽江木氏历代传承的宗谱，现存手抄本文谱和图谱两种（亦称为甲谱和乙谱）：《文谱》题为《玉龙山灵脚阳伯那木氏贤子孙大族宦谱》，有正德十一年张志淳《木氏宦谱序》，明鲁王孙朱桂林永历二年（1648）《木氏宦谱重叙》（按落款又作“谨跋”），永历三年（1649）梁之杰订撰。《图谱》题为《木氏宦谱图像世系考》（鸡足山悉檀寺本），亦称《木氏宦谱》，有嘉靖二十四年（1545）杨慎《木氏宦谱序》和道光二十年（1840）丽江知府陈钊堂题“木氏归命，永世之图”八字，道光二十一年（1841）陈钊堂《木氏宦谱后序》。这两种谱本之不同处主要有：在形式上，文谱有文字而无画像，详于传记，《图谱》则有画像而略于文字，文字和画像各占一页，注“右录大概备载，其余细事，另有宗谱（按即《文谱》）”[④]；在木氏起源上，文谱所载散见于《东巴经》，多为神话传说，《图谱》则起于“爷爷”，称“原西域蒙古人”[⑤]；在世系上，二谱自阿良至木锺相同，但文谱止于此，《图谱》则在木锺之后有木德。《图谱》撰人为谁？亦有不同的看法：其一，方国瑜《〈木氏宦谱图像世系考〉概说》“疑修此谱在德之后。其子秀以乾隆四十一年袭职，至嘉庆二十一年卒。秀子睿袭职，道光十四年卒。睿子汉袭职，咸丰八年卒，要在是时也。”[⑥]虽存疑，但方国瑜大致认为《图谱》为木汉所作。木光《〈木氏宦谱〉考证》亦认定“乙

① 木公等：《木氏宦谱·文谱》，第1~3页，云南美术出版社，2001年。
② 同上书，第14页。
③ 木光编：《木府风云录》，第38页，云南民族出版社，2000年。
④ 木汉：《木氏宦谱·图谱》，第99页，云南美术出版社，2001年。
⑤ 同上。
⑥ 木光编：《木府风云录》，第22页，云南民族出版社，2000年。

谱（按即《图谱》）系在道光年间……木汉制作”[①]。其二，木宽《〈木氏宦谱〉出自谁手》认为，“为报答元朝蒙古人的恩德，木公、木高父子在木公正德年间始编《木氏宦谱》文谱的基础上，编写了后来传世的《木氏宦谱》图本是完全可能的”，后由“木增、木懿父子续修”[②]。本谱姑从图谱著者为木汉说。

杨慎《木氏宦谱序》：“雪山植学掞藻，蜚英士林，于是修其姓氏谱碟。永昌少司徒南园张君序之，邮以示慎，属继序其后。观其世，自唐初至元，皆胙土命氏，千余年未尝中微。圣朝赐姓，同古封建，其宗法相传，不置妾媵，嫡子世继者二十七叶，尤自古世家所无也。况其沉烽卧鼓，使中国不复知有西夷之患，其盛宜哉！”[③]落款日期：“嘉靖贰拾肆年，岁在乙巳，孟冬拾月陆日。”[④]

按：杨慎因“大礼议”，于嘉靖三年（1524）被谪戍云南永昌（今保山）卫，于次年到达。他作此序时，在滇已历二十载。《明史》本传载：“明世记诵之博，著作之富，推慎第一。”[⑤]杨慎被谪戍云南后，滇云文士多从游，云南嘉靖文坛因而兴盛，名最显者时称“杨门六学士”。其中与木公有交往的张含、李元阳皆在列。后来杨慎与木公亦多文字交往。杨慎序《木氏宦谱》，是应父执张志淳之嘱，而其序之出现，却与张序前后相隔二十九年。或失而复得，在《木氏宦谱·图谱》付梓之际才被发现，故刊于此。也有学者认为，此序并非杨慎原手书[⑥]。

正德十二年丁丑（1517），二十四岁

父木定得胜你那各娘[⑦]、剌红瓦寨，鼠罗长安寨。[⑧]

正德十四年己卯（1519），二十六岁

父木定征进你那阿陶村等处并得胜。

---

① 木光编：《木府风云录》，第 210 页，云南民族出版社，2000 年。

② 木仕华主编：《丽江木氏土司与滇川藏交角区域历史文化研讨会论文集》，第 164、166 页，中国藏学出版社，2001 年。

③ 木汉：《木氏宦谱·图谱》，第 93 页，云南美术出版社，2001 年。

④ 同上书，第 94 页。

⑤《明史》卷 192，第 17 册，第 5083 页，中华书局，1974 年。

⑥ 张永康：《抄本〈木氏宦谱〉浅识（代序）》，木公等《木氏宦谱》卷首。

⑦ 木公等：《木氏宦谱·文谱》知府阿牙阿秋传，第 33 页，云南美术出版社，2001 年。你那各娘，今德钦县云岭乡果念村。

⑧ 木公等：《木氏宦谱·文谱》知府阿牙阿秋传，第 33 页，云南美术出版社，2001 年。

《木氏宦谱·文谱》知府阿牙阿秋传：“征进你那阿陶村[①]等处，得胜。”[②]

正德十五年庚辰（1520），二十七岁

父木定得胜于忠甸亏甸、干普瓦寨。

《木氏宦谱·文谱》知府阿牙阿秋传：“得胜忠甸亏甸、干普瓦寨。”[③]

正德十六年辛巳（1521），二十八岁

父木定得胜于永宁。

《木氏宦谱·文谱》知府阿牙阿秋传：“得胜永宁[④]麻瓦寨、鼠罗香各瓦寨。”[⑤]

秋，巡视谋统（今大理鹤庆）。诗集《雪山始音》有《辛巳岁书怀》《游谋统》《步秋野》《刈麦》《问民》等诗纪事抒情[⑥]。

《辛巳岁书怀》：“黄昏野哭闻征战，白屋书声起叹忧。极目长安万余里，何时吹尽乱云浮。”[⑦]

明世宗朱厚熜嘉靖元年壬午（1522），二十九岁

父木定得胜永宁并建立新寨。

《木氏宦谱·文谱》知府阿牙阿秋传：“得胜，建立鼠罗瓦托处可瓦寨，立永宁木俸瓦寨。”[⑧]

诗集《隐园春兴》编成，署“雪山野人著”。[⑨]

按：不知缘何，书前有题为《隐园春兴班》的两页，亦不知为谁而作[⑩]。是集有五言律诗百首，百首诗在总题下蝉联而出，每首均以“心”字为收束。如第二首云：“处

---

① 你那阿陶村，今德钦城北面的阿东村。

② 木公等：《木氏宦谱·文谱》，第 33 页，云南美术出版社，2001 年。

③ 同上。干普瓦，今香格里拉格咱区翁上村和普上村。

④ 永宁在明代永乐四年（1406）置府，领香罗、革甸、瓦鲁之、喇次和四个长官司。治所在今云南丽江宁蒗彝族自治县北部永宁乡。

⑤ 木公等：《木氏宦谱·文谱》，第 33 页，云南美术出版社，2001 年。

⑥ 木公：《雪山始音》卷上第 7、10、11 页，卷下第 44、49 页，明嘉靖刻本，约 1523 年，云南省图书馆藏。

⑦ 同上书，卷上第 7 页。

⑧ 木公等：《木氏宦谱·文谱》，第 33 页，云南美术出版社，2001 年。

⑨ 木公：《隐园春兴》，明嘉靖刻本，约 1527 年，云南省图书馆藏。

⑩ 同上书，卷首。

世过三十，真无愧怍心。”[①]“过三十”，当为年岁接近。末首收束全集道：“兴馀初搁笔，已满百篇心。”是集屡屡提到“十年”，如第1首云：“十稔隐玄林，孤亭对雪岑。”[②]第97首云：“手种十年林，高枝出过岑。”[③]可知是集为公隐居十年时编。

春三月廿一日，于南圃草亭作《隐园春兴序》。

序曰：“野人旧居玉龙山南之十里，宅前有五亩园。园中植桃李百根，为丹霞坞；种竹万竿，为翠雪亭。……夫求其志者，隐也。是以雪山隐于园而兴于春，因作《隐园春兴》一百章，笔之于卷，以俟同志者览焉。嘉靖元年春三月廿之一日，雪山野人书于南圃草亭。”[④]

嘉靖二年癸未（1523），三十岁

父木定得胜永宁麻瓦寨。[⑤]

诗集《雪山始音》编成，署“丽阳木公恕卿著”。十月十二日，张志淳为之作序。

张志淳《雪山始音序》：“雪山者，丽之望也；始音者，丽初无诗，而今创有之也。嘉靖二年，岁在癸未，冬十月望前三日，南园老人张志淳书。”[⑥]

按：《隐园春兴》虽编成于先，但木公于嘉靖六年才为其作《跋》[⑦]，则是集当刻成于其时而后于《雪山始音》，故张志淳特点出其集名为“始”。据此《序》，木公编录是集时，与张志淳有过四次书信往还，又曾寄诗二次，一为古体数篇，二为近体200余篇。《雪山始音》编为二卷：上卷收七律55首，五律46首；下卷收五绝54首（其中《水亭》有目无诗），七绝46首。是集之名，清代朱彝尊《明诗综》（卷九十三）、黄虞稷《千顷堂书目》（卷二十八）著录。

又按：《雪山始音》中有《遁痴堂题寄张愈光》五首，其三云：“登临每读南园卷，起坐频吟月坞诗。”[⑧]其五云：“千里神交意契深，云泥异域苦难寻。”[⑨]“月坞”为张含别号，《永昌府文征》中有“附月坞少年二诗”，题为《丙寅除夕简杨用修》《除

---

① 木公：《隐园春兴》，第3页，明嘉靖刻本，约1527年，云南省图书馆藏。
② 同上。
③ 同上书，第21页。
④ 同上书，第1~2页。
⑤ 木公等：《木氏宦谱·文谱》知府阿牙阿秋传，第33页，云南美术出版社，2001年。
⑥ 木公：《雪山始音》卷上，第3~4页，明嘉靖刻本，约1523年，云南省图书馆藏。
⑦ 木公：《隐园春兴》，第21~22页，明嘉靖刻本，约1527年，云南省图书馆藏。
⑧ 木公：《雪山始音》卷上，第15页，明嘉靖刻本，约1523年，云南省图书馆藏。
⑨ 同上书，第16页。

夕次用修韵》，后有杨慎批语："慎未冠时，与月坞张兄为诗。丙寅除夕，张兄以此二首见示，今四十五年矣。"[①]《雪山始音》中有《次春园》组诗三首，描绘保山张氏春园的景色，其一有"大保山下月坞园，那能赤脚候青门"句[②]。此诗《雪山诗选》题为《春园诗次张月坞韵》[③]，选二首。《万松吟卷》亦有《和月坞扇寄升庵韵》十首[④]。

再按：《雪山始音》中有许多叹老悲衰的内容，不似三十岁的青壮年所作。如："老夫更有山居兴，短褐青巾引杖长"（《夏日留饮三松水亭》）[⑤]；"萧然老我无佳慰，鸡黍近来谁共期"（《寄友人莫静夫》）[⑥]；"雪山老去奈矜居，梦绕云城音信疏"（《复寄滇友邹本愚》）[⑦]；"无端冗俗撩人甚，老境那能得少欢"（《草堂戏呈胡鹤野》三首其三）[⑧]；"老别伤悲羽檄飞，废诗辍饮惊乱归"（《兵旋怀友人》）[⑨]。即使这些诗句中的"老"，尚可用古人心态或戏言来解释，诗集中仍不乏明确表现老境的诗句，如："老爱峰堂静，白头何用梳"（《峰堂纪兴》）[⑩]；"一年眼多患，半百耳枯聋"（《草亭释闷》其三）[⑪]；"青云有约不相另，白首寻盟还自悉"（《夏日登北雪楼寄胡鹤野》）[⑫]。木公或在三十岁后至半百期间，即嘉靖二十二年（1543）前后，尚陆续在原刻本上增补诗作，今存本为嘉靖二年本之增补重刻。方国瑜《木氏六公传概说》云："闻故老言：木氏自木公至木增所作诗文集十余种，及其他撰述，先后至苏州汲古阁毛晋家精刻，版片运归，藏于万卷楼。咸、同兵燹，楼毁，图籍与版片荡然无存。故木氏刻书，流传至今者甚少也。"[⑬]据毛晋为木增《释庄义序》所作序言，他代刻过的还有木增送来的木公《雪山诗选》[⑭]，可见这是嘉靖本之后的一个重刻本。李一氓《明

① 王文才：《杨慎学谱》，第 324 页，上海古籍出版社，1988 年。
② 木公：《雪山始音》卷上，第 1 页，明嘉靖刻本，约 1543 年，云南省图书馆藏。
③ 木公：《雪山诗选》，影印《云南丛书》，第 47 册，第 24987 页，中华书局，2009 年。
④ 木公：《万松吟卷》，第 1~4 页，明嘉靖刻本，约 1543 年，云南省图书馆藏。
⑤ 木公：《雪山始音》卷上，第 23~24 页，明嘉靖刻本，约 1523 年，云南省图书馆藏。
⑥ 同上书，第 14~15 页。
⑦ 同上书，第 27~28 页。
⑧ 同上。
⑨ 同上书，第 16 页。
⑩ 同上书，第 22 页。
⑪ 同上书，第 28 页。
⑫ 同上书，第 16~17 页。
⑬ 木光编：《木府风云录》，第 37 页，云南民族出版社，2000 年。
⑭ 郑伟章：《毛晋代丽江木增刻书略述》，《文献》，2009 年第 4 期。

崇祯本〈雪山始音〉、〈玉湖游录〉、〈芝山云薖集〉、〈啸月函诗选〉》云：1959年收得木公《玉湖游录》，又《雪山始音》两卷，后者有张志淳、顾锡畴、萧士玮三序。张序署嘉靖二年（1523），萧序、顾序未著岁月。萧序中谓“今方伯生白公能传其家学”（按：方伯谓其时正任丽江知府，生白公即木增）。顾序称：“岁癸未（崇祯十六年，1643），生白公以其所为诗，并致雪山公之遗文，而乞言于余。”他又说，两书皆木增重锓版，故虽有嘉靖序文而实崇祯刻本，有谓为天启刻本者，非。“明代刻书，以徽州刻、建阳刻为大宗，其次则南京、苏州、眉州刻在宋代有名，在明代已不振。今《雪山始音》与《玉湖游录》皆滇刻本，极为罕见矣。”[①]毛晋、方国瑜、李一氓之说，或可为《雪山始音》以原刻本增补为重刻本之印证，木增应据木公手批增补本重刻，故今存本有诗人晚年的抒情内容[②]。若问后来所作之诗，木公为何不编入后成的诗集，而要增补于《雪山始音》？对此或可这样解释：木公的另外几部诗集都是专题性的，《雪山始音》则不仅重在其“始”，且不受题名的限制，故便于收录即兴抒情作品。

嘉靖四年乙酉（1525），三十二岁

父木定救护邻封永宁，并大胜于各方。

《木氏宦谱·文谱》知府阿牙阿秋传：“攻破你那陶索寨，得胜鼠罗也音寨、木胜寨，当年又救护邻封永宁。镇院会题记录，奖花牌表里。又本年得胜你那欠保五村、刺加失村以下。”[③]

嘉靖五年丙戌（1526），三十三岁

父木定得胜你那必鲁各寨、盐井那胜寨。

《木氏宦谱·文谱》知府阿牙阿秋传：“得胜照可罗那村以上，立西以下。本年又得胜你那必鲁各寨，盐井那胜寨。”[④]

---

① 木仕华主编:《丽江木氏土司与滇川藏交角区域历史文化研讨会论文集》，第222~223页，中国藏学出版社，2001年。

② 如果上说成立，则云南省图书馆今存《雪山始音》是否为嘉靖本，或成疑问。但疑而未决，故本谱仍从云南省图书馆现所注版本，以其为嘉靖刻本。

③ 木公等：《木氏宦谱·文谱》，第33页，云南美术出版社，2001年。你那欠保五村，今德钦县佛山乡江坡五村。刺加失村，今德钦县佛山乡乡政府驻地，原名拉水村。

④ 木公等：《木氏宦谱·文谱》，第33页，云南美术出版社，2001年。你那必鲁各寨，今德钦县佛山乡以北必永贡村；盐井那胜寨，今西藏芒康县盐井镇。

八月初二日，父木定宾天。

《木氏宦谱·文谱》知府阿牙阿秋传：“于嘉靖五年丙戌八月初二日宾天。”①

嘉靖六年丁亥（1527），三十四岁

结束读书、作诗生涯，保勘袭土知府职。②

冯时可《木氏六公传》：“既工时，又长干局。神和形检，机敏性察，竞绿不用，宽严具适。率众鼓士，有勇知方，数将兵却大敌，世庙嘉之……”③

张含《雪山大夫传》：“洎顾藩翰控拓之任，而雄冠万夫，雅凌前哲。杈都会世禄者，莫与之俪焉，迈乎其翘矣！……是故，著其忠孝之行，人无间言，奉公忧国，则闵子骞、祭弟孙其人也；著其御守之绩，树勋金榜，垂声铁柱，则汉伏波、蜀丞相其人也；著其威武之扬，西贼之胆寒，胸中之甲兵，则韩安阳、范文正其人也；其诗学之工，泣鬼神，惊风雨，振风雅，薄汉魏，则李翰林、杜拾遗其人也。祀先则祠宇旷邃而神安，俎豆精洁而时备；正家则壶仪由礼而不专，矩范崇严，辞而有度；慎守封疆而磐石巩固，精操戎旅而带砺雄威。若其莅政临民，睹萌逆谖，鉴定法严，雄断靡滞。彼翘明斗智者，其术莫骋；诡辩坠言者，其蒙靡将。是故边隅窃犯，而土酋之众，弗克如其境；恺悌成俗，而编齐之谣，卒以阐其风。大夫尝自有言曰：‘吾之才也，无大过人者；独吾之性也，则大异乎人焉。吾好俭而恶奢也，好抑而恶矜也，好功而恶伐也。古语有之，留有余不尽之功，以还造物；留有余不尽之财，以还百姓；留有余不尽之福，以还子孙。兹言也，吾拳拳服膺，而罔时日忘也。’於戏！俭而不奢，检身治家之要也；抑而不矜，修身葆德之枢也；功而不伐，保身处贵之机也。为正之道，莫大于是！莫大于是！是故，声光烛照，誉美高悬，乃嘉靖圣天子亲洒宸翰，以‘辑宁边境’字赐之。木氏奕世之盛，益滋以大。大夫酷于吟咏，挥毫篇玮，信口句神……”④

按：木公袭职后，其势力纵深北进到今东旺地界，并在今小中甸坝建年各年恼寨，即“木天王宫”⑤。

---

① 木公等：《木氏宦谱·文谱》，第 33 页，云南美术出版社，2001 年。

② 同上书，第 34 页。

③ 木光编：《木府风云录》，第 38 页，云南民族出版社，2000 年。

④ 管学宣、万咸燕纂修：《丽江府志略·艺文传》，林超民等编《西南稀见方志文献》，第 25 卷，第 353~356 页，兰州大学出版社，2003 年。

⑤ 杨世光：《木氏与忠甸》，木仕华主编《丽江木氏土司与滇川藏交角区域历史文化研讨会论文集》，第 102 页，中国藏学出版社，2001 年。

得胜并立新寨。

《木氏宦谱·文谱》阿秋阿公传："本年再得胜，立你那必鲁各寨、盐井那胜寨。得胜陶索西原寨、欠甸寨。"①

武定土官凤朝文、寻甸安铨作乱。

张志淳《新建寻甸府城记》："嘉靖丁亥（1527），安氏裔孙铨作乱入之，遂劘嵩明，钹杨林，龈木密，膊马龙，构武定。凤朝文直逼云南，爇西门市舍，云南大震。"②

春正月，重录《隐园春兴》并为之作《跋》。

《隐园春兴跋》："先父莅政，愚闲处于家，朝饮暮作而已，于今日则不然也。何哉？愚乃承天子之命，继守斯土，惟勤心锐意，以图尽共理分忧之职，日思之恐不及焉！幽隐之趣，敢复为乎？虽然，政事日为，而《隐园春兴》亦不可泯也。因命杨生务之，重录成卷，以览有居于家者，则知先隐而后仕之意云耳。嘉靖六年春正月，知丽江府事木公再书"。③

按：木公于嘉靖元年编成诗集《隐园春兴》，其后作自序。据《跋》，是集当刻成于今年。

嘉靖七年戊子（1528），三十五岁

春，创建木氏勋祠以祀其先，作《建木氏勋祠自记》。

记曰："本源有由，而无文以纪之，恐泯沦不显。因求永昌张司徒翁先序宦谱，后记勋祠，以传悠远。翁之文章为海内三昧。其土木砖石，采绘之类，乃大理巧工杨得和氏成之。若诗篆匾额，皆公所制也。"④

张志淳《丽江木氏勋祠碑记》："嘉靖七年春，丽江嗣知府公，创建勋祠以祀其先，则来征言。"⑤

凤朝文、安铨举兵合犯会城昆明，奉命出兵三千讨之。

《木氏宦谱·文谱》知府阿牙阿秋传："安（铨）、凤（朝文）作叛柒年，内犯围省，调府兵，次有功赏。蒙总兵官、征南将军、太师、黔国沐敏靖公绍勋纪录奏闻。"⑥

---

① 木公等：《木氏宦谱·文谱》，第 34 页，云南美术出版社，2001 年。
② 靖道谟等编纂：雍正《云南通志》，第 29 卷，《景印文渊阁四库全书》，第 570 册，第 478 页，台湾商务印书馆，1986 年。
③ 木公：《隐园春兴》，第 21~22 页，明嘉靖刻本，约 1527 年，云南省图书馆藏。
④ 木光编：《木府风云录》，第 73 页，云南民族出版社，2000 年。
⑤ 同上书，第 135 页。
⑥ 木公等：《木氏宦谱·文谱》，第 34 页，云南美术出版社，2001 年。

《明史》："嘉靖七年，土舍凤朝文作乱。杀同知以下官吏，劫州印，举兵与寻甸贼安铨合犯云南府，抚臣以闻。时安铨未平，朝文复起，滇中大扰。"①

《明世宗实录》三月癸巳（廿二日）："云南武定军民府土舍凤朝文作乱……上命……务调四镇土汉官军讨之。"②

《明世宗实录》六月丁卯（廿七日）：安、凤败于会城。凤朝文为官兵追及，裂其尸而死，安铨被擒获。乱始平。③

张志淳《新建寻甸府城记》："戊子三月，征兵四集，始歼之（按指安铨、凤朝文）。"④

崔铣《通议大夫都察院右副都御史马公行状》："公谪鹤庆知府……土官凤朝文及安铨叛。或指公间道可逸，公厉色曰：'丈夫不死国而死家者何！'丽江土官木公之妻，朝文之女兄，众畏其兵悍，视其顺逆为从违。公约会兵竟上，谕之曰：'汝兵诚精，然赖累朝恩命而然。汝叛朝廷，兵不能叛汝邪？汝受厚恩而忘之，兵受汝恩与汝之受朝廷者，厚薄不待较，一旦反噬，何难！丽江人欲得汝之处者何限，顾畏朝廷威镇之。且朝文不有其君与其兄，何有于戚？即事成容，能处汝下乎？君乃北面事内行邪？'木公感泣，出兵三千，往援会城。滇人曰：'丽江兵故难调也，由是二酋失助瓦解矣。'"⑤

按："马公"为马卿，崔铣《马公行状》载此事于"戊子正月，晋云南布政司参政"⑥前，疑误。《明世宗实录》亦载"戊子正月癸巳（廿日），升云南鹤庆军民府知府马卿为本布政司左参政"⑦。印证平定安、凤之乱诸记载，则其约木公会兵境上以谕之，木公感泣而出兵援会城云云，时间当在今年。马卿，字敬臣，河南林县人。弘治乙丑（1505）进士，选庶吉士，授给事中，出为大名知府。嘉靖初，历浙江布政使，因裁抑中官吴勋，谪为云南鹤庆知府，政绩甚著。历官右副都御史、总督漕运兼抚凤阳。卒于官。

嘉靖八年己丑（1529），三十六岁

三月，得胜立永宁大海寨、海螺寨。

---

①《明史》卷314，第27册，第8094页，中华书局，1974年。

②《明世宗实录》卷86，第1953页，台湾"中央研究院"历史语言研究所，1962年。

③《明世宗实录》卷89，第2044~2045页，台湾"中央研究院"历史语言研究所，1962年。

④ 靖道谟等编纂：雍正《云南通志》卷29，《景印文渊阁四库全书》，第570册，第478页，台湾商务印书馆，1986年。

⑤ 崔铣：《崔氏洹词》卷4《附录》，《四库全书存目丛书》，第56册，第502页，齐鲁书社，1997年。

⑥ 同上。

⑦《明世宗实录》卷84，第1900页，台湾"中央研究院"历史语言研究所，1962年。

《木氏宦谱·文谱》知府阿牙阿秋传：“得胜，建立永宁大海寨，又立海螺寨。”①

《雪山始音·兵旋永宁》：“三月暮春春日长，兵横永水震遐荒。干戈满地惊愁眼，雨雪连阴识异乡。远戍不须烽火起，边疆即此羽书藏。于今四海钦五化，汗马毋劳再战场。”②

嘉靖九年庚寅（1530），三十七岁

四月，承准吏部文凭上任丽江知府。得胜照可当何卷那已下，加光丁已下。

《木氏宦谱·文谱》知府阿牙阿秋传：“前因兵部尚书伍文定并三台扎付，承准吏部丑字壹千伍拾陆号文凭，本年四月上任。本年得胜照可当何卷那已下，加光丁已下。”③

又得胜忠甸年各羊恼寨。

《木氏宦谱·图谱》：“得胜忠甸年各羊恼寨。”④

在木府建成万卷楼，藏宋明各种善本以数万计。

按：楼中所藏，“凡宋明各善本以数万计，群书锓版，亦能备其大要”⑤。

嘉靖十年辛卯（1531），三十八岁

得胜鼠罗光世寨，立琮天胜寨、小砦。

《木氏宦谱·文谱》知府阿秋阿公传：“立当琮天胜寨，又立小砦，本年又得胜鼠罗光世寨。”⑥

嘉靖十三年甲午（1534），四十一岁

差人赴京进贡、请诰。

《木氏宦谱·文谱》知府阿秋阿公传：“自备马匹方物，差人赴京进贡、请诰。”⑦

长子木高题诗并刻于丽江白沙摩崖。

诗云：“木氏渊源越汉来，先王百代祖为魁。金江不断流千古，雪岳尊宗接上台。

---

① 木公等：《木氏宦谱·文谱》，第35页，云南美术出版社，2001年。大海寨，今宁蒗县泸沽湖村。

② 木公：《雪山始音》卷上，第23页，明嘉靖刻本，约1523年，云南省图书馆藏。

③ 木公等：《木氏宦谱·文谱》，第35页，云南美术出版社，2001年。加光丁，今德钦县羊拉乡驻地甲功村。

④ 木汉：《木氏宦谱·图谱》，第125页，云南美术出版社，2001年。年各羊恼寨，今香格里拉小中甸联合乡境内木天王宫。

⑤《新纂云南通志》卷52，第3册，第653页，云南人民出版社，2007年。

⑥ 木公等：《木氏宦谱·文谱》，第35页，云南美术出版社，2001年。

⑦ 同上。

官拜五朝扶圣主，世居三甸守规恢。扫苔梵墨分明见，七岁能文非等才。”落款：“嘉靖十三年龙集甲午，春三月十二日，三十八代仍孙应袭木高薰沐谨述。”[①]

按：木公在白沙摩崖亦有诗刻，参阅本谱嘉靖十五年纪事。

张含或于今秋来丽江，与公携游玉湖。

按：公编成于嘉靖二年的《雪山始音》中，有《遁痴堂题寄张愈光》五首，其五云“千里神交意契深”[②]，可知当时二人尚未见面。编成于嘉靖二十二年的《万松吟卷》有诗《怀寄禺山外史》，诗云：“十年风月江湖钓，歧路苍茫不见书。”[③]可见二人书信往来多年。张含亦有诗《忆旧游怀木雪山太守》，诗云：“忆昨同船泛玉湖，夜筵歌酒属狂人。摩霄野树凝霜露，叠浪遥山蹙画图。雪照铁桥秋气动，月笼沙浦雁声呼。防边兵甲驱龙剑，奕世关河控虎符。”[④]其诗所载情事，与木公编成于嘉靖二十三年的《玉湖游录》中《醉和禺山便寄集韵》六首、《忆禺翁昔游玉湖有感一绝》[⑤]相吻合。后一首云：“十年曾此共君乐，今日忆君何自愁。新制一双青雀舫，花时同载可能不？”[⑥]由以上诗，可推知张含或于今年秋，与木公同游玉湖。

嘉靖十四年乙未（1535），四十二岁

得胜忠甸年各年恼以下加光、佉巴。

《木氏宦谱·文谱》知府阿秋阿公传：“得胜忠甸年各年恼以下加光、佉巴。”[⑦]

重修北岳庙。春吉旦，作《重修北岳庙记》。

《重修北岳庙记》：“夫北岳即玉龙也，玉龙即雪山也。……今嘉靖乙未年，公感神而殊服，乃命工重修祠宇，焕然一新，此公之一诚之所致也。”[⑧]

以兵助永宁土司阿和夺材寨。是年七月，黔国公会同督官勘处，始平定。

《明世宗实录》七月己卯（廿日）：“云南永宁府王土舍阿和，与四川盐井卫土官千户剌马仁攘夺材寨。丽江府土官知府木公者，阿和亲也，以兵助之。相仇杀者数年，

① 木仕华：《明代丽江木氏土司有关汉文史料综述》，《云南文史资料》，1995年第2期。
② 木公：《雪山始音》卷下，第26页，明嘉靖刻本，约1523年，云南省图书馆藏。
③ 木公：《万松吟卷》，第31页，明嘉靖刻本，约1543年，云南省图书馆藏。
④ 张含：《张愈光诗文选》卷6，影印《云南丛书》，第21册，第11013页，中华书局，2009年。
⑤ 木公：《玉湖游录》，第8~9页，明嘉靖刻本，约1545年，云南省图书馆藏。
⑥ 同上书，第8页。
⑦ 木公等：《木氏宦谱·文谱》，第35页，云南美术出版社，2001年。加光、佉巴，今香格里拉小中甸的加公村和曲古村。
⑧ 木光编：《木府风云录》，第74页，云南民族出版社，2000年。

屡经会勘，未决。至是，镇守总兵官、黔国公沐绍勋，同两省巡抚胡训、潘鉴，巡按董珊、邹尧臣，各督官勘处，始定地方。”①

嘉靖十五年丙申（1536），四十三岁

孟春十五日，作《西园述事》诗。诗刻于丽江白沙摩崖。

诗云：“西园北畔石溪连，四顾林峦霭暮烟。千古不磨岩上字，一时因写醉中篇。风摇凤尾猗猗竹，水接仙源活活泉。百代子孙文义合，天成妙语述其间。”落款：“大明嘉靖十五年龙集丙申，孟春十有五，孝孙三十七代木公薰沐谨述”。②

按：“岩”，一写作“崖”。诗载于嘉靖十九年编成的《雪山庚子稿》，题为《西园述事》。自注：“先祖麦宗生七岁，不学而识文字。及长，傍通吐蕃、白蛮诸家之书，至今崖畔尚存大字。”③按，“麦宗”，亦作“麦琮”。

得胜，立多个新寨。

《木氏宦谱·文谱》知府阿秋阿公传：“得胜，立你那天柱寨。本年又得胜立鼠罗铁柱寨、香押寨、平处天保寨、金柱寨、里托等处。”④

钦蒙授职诰命、钦赐御笔，给授赏赐，正妻、继妻俱封恭人。

《木氏宦谱·文谱》知府阿秋阿公传：“十五年，奉钦蒙给义字贰百柒拾捌号诰命一道，授中宪大夫，世袭知府，钦赐玉音‘辑宁边境’四字，给赏彩缎表里、宝钞等项。正妻凤氏睦追封为恭人，继妻凤氏韶封为恭人。”⑤

按：《文谱》将此条误录入嘉靖十三年纪事之后。

作诗《嘉靖恩赐“辑宁边境”四字》。

诗曰：“‘辑宁边境’自天来，跪捧黄章向北开。金画滚龙蟠御字，玉音玺篆焕云雷。”⑥

嘉靖十六年丁酉（1537），四十四岁

得胜忠甸高胜寨。

---

①《明世宗实录》卷177，第3818页，台湾“中央研究院”历史语言研究所，1962年。
② 木仕华：《明代丽江木氏土司有关汉文史料综述》，《云南文史资料》，1995年第2期。
③ 木公：《雪山庚子稿》，国家图书馆藏民国年间抄校本。
④ 木公等：《木氏宦谱·文谱》，第35~36页，云南美术出版社，2001年。你那天柱寨，今西藏芒康县盐井镇。
⑤ 木公等：《木氏宦谱·文谱》，第35页，云南美术出版社，2001年。
⑥ 木公：《雪山诗选》，影印《云南丛书》，第47册，第24992页，中华书局，2009年。

《木氏宦谱·文谱》知府阿秋阿公传："得胜忠甸高胜寨。"①

嘉靖十九年庚子（1540），四十七岁

安南（今越南）叛乱，有助平乱，得赏。

《木氏宦谱·文谱》知府阿秋阿公传："安南叛乱，坐调府兵，集选待征。蒙兵部尚书毛□题称本职，分定哨道，至期举事者也。命赏白金十两，制成爵盏一枚，传世宝之。"②

按:《木氏宦谱》原文兵部尚书"毛"字后为空白，查此人当为毛伯温（1482~1545），《明史》卷一百九十八有传，可为《木氏宦谱》所载印证。伯温字汝厉，江西吉水人，正德三年（1508）进士。嘉靖十九年秋，承命平定安南，宣谕天子恩威，兵不血刃而纳其图籍。回报京师，世宗大喜，诏改安南国为安南都统使司，毛伯温论功加太子太保。

《雪山庚子稿》初编成，收各体诗206首。

按：杨慎编辑《雪山诗选》选此集诗共20首。

喜克敌，作五绝诗《御临西》。

自注："嘉靖十九年秋，虏塞寇临西县。提兵远御，喜而克之。"③

嘉靖二十年辛丑（1541），四十八岁

择选丽郡兵征交，恩赐白银拾两。

《万松吟卷·述怀》："权镇铁桥垂法远，兵威铜柱赐恩多。"自注："嘉靖二十年，为大庆事择选丽兵征交，恩赐白银拾两，故云。"④

李元阳因丁外艰致仕，回乡隐居，重整默游园。公送石鼎、石磬及西洋鹤二只，为其装点园林。

李元阳《默游园记》："吾李氏世居苍洱之间，城中文化坊石马井巷，乃居第也。阳以嘉靖五年丙戌（1526）叨一第，改翰林庶吉士。戊子（1528），丁内艰回里，邻人以隙地来售，辟以为园。自庆祖祢积德，荫我后人，得有今日，何其幸也！既而为县令，为郎署，为御史，为郡守。比归，则园中竹树花卉，蓊郁蕃茂，芳香艳丽，十

---

① 木公等：《木氏宦谱·文谱》，第36页，云南美术出版社，2001年。

② 同上。

③ 木公：《雪山庚子稿》，国家图书馆藏民国年间线装抄校本。

④ 木公：《万松吟卷》，第6~7页，明嘉靖刻本，约1543年，云南省图书馆藏。

倍于初。心满意足，更无他愿。如鸟归巢，不知林深；如蛙得坎，不知海阔。少日家传内典千余轴，收贮不失。在闽中刻《十三经注疏》《杜氏通典》及纂得群书三千余卷，在江南买得曹御史古琴一张，文待诏赠宋贡砚一枚，丽江木雪山送石鼎、石磬及西洋鹤二只。中溪叟既得息躬于家，凡所有内典、群集、琴鹤与不才身，俱为园中物矣！”①

嘉靖二十一年壬寅（1542），四十九岁

初夏，《雪山庚子稿》完全编定，有诗《寄朝霞樊举人》明其事。

是诗自注：“朝霞，寺名。”诗云：“壬寅历尽春光尽，庚子诗成谚语多。”②

《题雪山》：“北郡无双岳，南滇第一峰。四时光皎洁，万古势龙蓰。绝顶星河转，危巅日月通。寒威千里望，玉立雪山崇。”③

《春居玉山院》七律二首：“山堂腊后邀宾赏，满座俳谐悦我心。”（其一）“玉岳崚嶒映雪堂，年年有约赏春光。飞红舞翠秋千院，击鼓鸣钲蹴鞠场。迟日醉听群鸟踌，暖风时送百花香。好山好地堪为乐，莫厌尊前累尽觞。”（其二）④

按：玉山书院，本为木公所建避暑山庄，在丽江玉龙雪山下今玉湖村之玉湖畔。其子木高改称雪山书院。书院今仍存，改名为玉龙书院。木高之孙木旺号玉龙，不知书院名是否改于其时。现书院正堂中，只挂有木旺之孙木增画像。

本集中《观竞秋千》《引诸友游北园》《诗酒遣怀》《玉湖边》《秋夕诸友重会北岗书院小酌》《西园述事》《重登迎仙楼》《和月坞春游榆城韵》《雪山院中自寿》等诗，均为实地佳会而作⑤。

嘉靖二十二年癸卯（1543），五十岁

十月十五日，李元阳为《雪山庚子稿》作序。

序云：“嘉靖癸卯夏，丽守雪山氏以其所为诗若干首，题曰《庚子集》，介杨、梁两生征余序之。余固辞不可，乃缀数语以质诗指。夫诗以微言通事理，其致温柔敦厚，其实忠孝敬义。由‘三百’迄于唐，其指一也。昔人谓：‘三代前不可一日无诗，三代以后言治者不及诗，无异其靡有治也。’於乎，知言哉！国家以经义科士，诗道

---

① 李元阳：《李中溪全集》卷7，影印《云南丛书》，第21册，第11268页，中华书局，2009年。
② 木公：《万松吟卷》，第23页，明嘉靖刻本，约1543年，云南省图书馆藏。
③ 木公：《雪山庚子稿》，国家图书馆藏民国年间线装抄校本。
④ 以上诗歌均见木公《雪山庚子稿》，国家图书馆藏民国年间线装抄校本。
⑤ 以上诗歌均见《雪山庚子稿》。

鲜业。成化末，海内和豫学士辈出，一洗凡陋，直追古作，斌斌盛矣。文人学子，家相凌竞，而谣而论，无间遐迩。虽意匠各殊，然同文之候，将不存兹乎？丽守雪山氏……尝缉诗质之少司徒南园公，公异之，题其编曰《雪山始音》，且为序之。今复二十年，而好诗不倦，以嬉以游，一寓诸诗，吮笔伸纸，注墨辄就。人劝之易一二字，曰：'弗暇也。吾道吾志，怡吾神耳矣！'尝手王、孟、高、岑诸编，枕籍弗去，自谓天壤之间，无一足以易其乐者。……夫诗者，天地自然之声也，根其性而发于情。今雪山知怡神矣，于诗乎何有？"①

按："杨、梁两生"即杨务之、梁中皋，二人为木公与士大夫交往的文学专使。云南省图书馆原藏有《雪山庚子稿》嘉靖刻本，今笔者多次查阅而无果。国家图书馆藏本封面署《庚子诗集》，为民国间线装抄本，无页码、无抄校者署名。内署"三十一年十月二十五日，以半日校于白马潭旅次"。卷首有李元阳《庚子诗集序》，落款为"乡人太和李元阳，书于竹里馆，时嘉靖癸卯（1543）阳月之望"。扉页题为《雪山庚子稿》，署丽江木公著、永昌张含批点（实无），集后有张含跋。

张含为《雪山庚子稿》作跋。

跋云："集中七言律朗润清越，布骤自然；五言律森蔚纷缛，音调有节；七言绝壮峻璀玮，间发奇句；五言绝独平稳耳，不追七言多矣。然梗柟杞梓，夫岂细材？丹崖翠巘，时有爽气，均可以言诗也已。於乎！以守郡世臣之贵而有才如此，是又可尚也。若此丰韵，固滇之世臣所绝无，非杰步千载者乎？"②

按：张含《跋》未具年月，当与李元阳《序》同时或时隔不远，姑系于此。

秋，《万松吟卷》编成，有诗113首。十月，杨慎为之作《序》。

杨慎《万松吟卷序》："雪山世守丽江，以文藻自振，声驰士林。其所为诗，缘情绮靡，怡怅切情，多摹拟垂拱之杰，先天之英云。……其秀句佳联，坌出层呈……皆为作者深致，可以入高似孙之句图，敖陶孙之诗佾矣！雪山金紫代荣，方岳重镇，沉烽静柝，燕寝清香，官常民誉，既已为多矣，而词华之丽又若此，必传无疑也。疑之伦而匹诸古高骈之伊州，盍嘉运之辽西，其弗专美于唐乎！虽索居未面，停云阻心，而情往似赠，兴来如答。当益富篇什，增明昏眵，是所企也已。嘉靖癸卯十月六日，博南山人杨慎。"③

冯时可《木氏六公传》："环堂皆植以松，日哦其间。所得佳句，录成一帙，命曰《万

---

① 木公：《雪山庚子稿》，国家图书馆藏民国年间线装抄校本。
② 同上。
③ 木公：《万松吟卷》，第1~4页，明嘉靖刻本，约1543年，云南省图书馆藏。

松吟》。”[①]

《万松吟卷跋》：“万松，乃予之重号也。予居玉山，环堂皆松也。日读书之暇，或盘桓而吟咏其间，但所得之句，命曰《万松吟》。况植物有寿而有秩者，松也，所以取其义而录之。”落款：“嘉靖癸卯年秋孟月，恕卿雪山甫书于青松白雪楼中。”[②]

张含《万松堂记》：“雪山大夫以万松名堂，告说于禺山外史。外史曰：‘大夫奚松之贵也？’曰：‘性真而其体固，立身永年之道也。’曰：‘大夫何万之取也？’曰：‘植茂袤远，多不可知，故举盈数焉。’曰：‘奚以名堂也？’曰：‘郡多山，山多松，环堂皆松，夫是以名于堂也。’”[③]

按：《万松吟卷》，可视为《隐园春兴》的续集。诗非一时之作，故开篇七律《万松吟》曰：“新篇累就心何乐，旧校重删兴愈深。”[④]将公《隐园春兴自序》《万松吟卷跋》与张含《万松堂记》、冯时可《木氏六公传》对读，可知万松堂前身即五亩园（隐园），为诗人袭世职前隐居之所。冯时可还明确记载了木公在此园更号为万松（参阅本谱嘉靖元年纪事）。又，张含《万松堂记》道“堂在雪山之下”，叙木氏勋业则曰：“乃国初圣祖以‘诚心报国’带赐之，乃嘉靖圣天子以‘辑宁边境’字赐之。”[⑤]据此可知“五亩园”更名为“万松堂”，必于木公袭世职后，亦即《万松吟卷》编辑时。张含此记末尾蚀脱43字，写作具体年份难以稽考，姑系于此。是集中除《和月坞扇寄升庵韵》十首外，还有《怀寄禺山外史》一首[⑥]。清代朱彝尊《明诗综》卷九十三、黄虞稷《千顷堂书目》卷二十八有载《万松吟卷》名目。

嘉靖二十三年甲辰（1544），五十一岁

时居玉山书院。冬十一月十五日，诗集《玉湖游录》编成，为之作跋。

《玉湖游录跋》：“玉湖，即玉龙之水众合而成之也。湖面一里许，楼阁隐映于万松之间，乃玉山书院也。予若居于院，游饮于湖，醉中每获之句，集曰《玉湖游录》。湖之景不书者，览其作则见其湖景于目矣。”日期为“嘉靖甲辰岁冬十一月望日”，

---

① 木光编：《木府风云录》，第38页，云南民族出版社，2000年。

② 木公：《万松吟卷》，第37页，明嘉靖刻本，约1543年，云南省图书馆藏。

③ 张含：《张愈光诗文选》卷7，影印《云南丛书》，第21册，第11029页，中华书局，2009年。

④ 木公：《万松吟卷》，第6页，明嘉靖刻本，约1543年，云南省图书馆藏。

⑤ 张含：《张愈光诗文选》卷7，影印《云南丛书》，第21册，第11030页，中华书局，2009年。

⑥ 木公：《万松吟卷》，第30页，明嘉靖刻本，约1543年，云南省图书馆藏。

署名“六雪主人”[①]。

按：此集有李元阳批点（详本谱明年纪事），诗凡70首，其中有《忆禺翁昔游玉湖有感一绝》[②]《醉和禺山便寄集韵六首》[③]。

晚居雪山之麓，与永昌张禺山（含），蒙化左黄山并称“三山。”

朱桂林《木氏宦谱重叙》：“公晚居雪山之麓，淹质贯典籍，与永昌禺山张、蒙化黄山左，时并称‘三山’。而太史杨用修辈，尤其文字莫逆者也。”[④]

《永昌府文征》：“与永昌张禺山、蒙化左黄山相唱和，时有‘三山’之誉。”[⑤]

按：“蒙化黄山左”，即左文臣[⑥]，生卒年不详，字黄山，蒙化（今大理巍山）土知府。性至孝，善小楷，喜晋书，通音律，善抚彝民。随征元江，卒。左文臣与木公查无交游记载。

嘉靖二十四年乙巳（1545），五十二岁

胜香水胜新寨、天保寨。

《木氏宦谱·文谱》知府阿秋阿公传：“胜香水[⑦]胜新寨、天保寨。”[⑧]

大理贾文元或作《玉湖游录序》。

序曰：“夫伊、瀍细而经传，滹沱巨而典阙，山水之系人文尚矣！然唯得山水之状者能述，得山水之情者能作。登临感触，啸咏赋形，至誉拳石为岱、华，侈勺水为沧溟。……故郎官名于太白，蓬池著于萧生，盖得山水之情于形状之外，悠悠乎将灏气以俱，而莫知其所穷，此古人所为大游观而重自得也。若夫地以文显，景以人胜，固有不期然而然者矣。玉湖去吾居五百余里，愚弗能游也。其守雪山氏缉学好文，自联其湖上所为诗若干首，寄愚序之。愚手读再过，萦青缭白，蓄黛停膏，飏飏焉，若坐我碧波青霭之际，与鸥鹭下上矣。安知不有好事者从，更步武之，俾玉湖之名与郎官、

① 木公：《玉湖游录》，第18页，明嘉靖刻本，约1545年，云南省图书馆藏。参阅本谱嘉靖十九年纪事。
② 同上书，第8页。
③ 同上书，第8~9页。
④ 木公等：《木氏宦谱·文谱》，第82页，云南美术出版社，2001年。
⑤ 李根源辑，陆卫先、杨文虎校注：《永昌府文征·列传》，第85页，云南美术出版社，2001年。
⑥ 左黄山诗和传，见袁文典、袁文揆辑：《滇南诗略》，第5卷，影印《云南丛书》，第36册，第18495页，中华书局，2009年。
⑦ 指今永宁河、卧罗河与小金河流域一带。
⑧ 木公等：《木氏宦谱·文谱》，第36页，云南美术出版社，2001年。

莲池并驰艺圃也。嘉靖乙巳仲春，赐进士刑部主事大理洱皋贾文元书。”[①]

按：《李中溪全集》卷五有《玉湖游录序》，与云南省图书馆藏嘉靖刻本《玉湖游录》贾文元序，为同一篇文章，仅有少量文字差异，且无落款[②]。《玉湖游录》既为李元阳批点，其为之撰序，当为题中之议，《中溪家传汇稿》亦无妄收之理。而贾序落款有日期并头衔，杨慎《雪山诗选序》亦云“秋官洱皋贾君体仁序其《玉湖游》诸什”（详本谱嘉靖二十八年纪事），故若错简，不知当做何解释，存疑。

张含作《玉湖游录序》。

序曰：“乃今览木子之作，沨沨乎充，洋洋乎溢，若有得之四唐之风音矣。是故，即其高犹登岳然，诗之崛也；测其深犹涉海然，诗之渊也；阅其华犹钦宝然，诗之奇也。……昔者，吾师空同先生尝语含曰：‘今作者孰弗曰“宋无诗”？夫诗非色弗神，宋人遗兹耳，故曰“无诗”。’……乃今子木子之作，沨沨乎充，洋洋乎溢，固得乎唐之风音，而亦有识乎神之所由然耳。是作也，其可传乎！其可传乎！若其湖之所胜，子之所游，于作见之，焉用序。”[③]落款日期为“嘉靖乙巳孟夏十有八日”。

杨慎作《木氏宦谱序》。

按：详本谱正德十一年纪事。

嘉靖二十五年丙午（1546），五十三岁

《迎仙楼稿》编成。五月廿二日，杨慎为之作序，并改集名为《仙楼琼华》。

杨慎《仙楼琼华序》：“世守雪山使君丙午岁诗什，题以《迎仙楼稿》，本其地名也。月坞张翁易题为《琼华篇》，赏其音英也。乃因中皋梁子问于博南山人曰：‘二名其奚从？’予乃合而题之为《仙楼琼华》，复为序引之。……班孟坚有言：‘神仙者，所以全性命之真，而游求于外者也。聊以荡意平心，大化之域而无怵惕于胸中。然而或者专以是为务，则怪迂之文，弥益以多，非圣人之所以教也。昭哉其见之，旨哉其言之，其谁知之？使君知之。予所为不辞为之序之。嘉靖丙午五月廿二日，博南逸史成都杨慎书。”[④]

按：是集署“丽江木公著，太史杨升庵批点”，有诗98首。集中有《书迎仙楼》[⑤]《饮

---

① 木公：《玉湖游录》，第1~2页，明嘉靖刻本，约1545年，云南省图书馆藏。

② 李元阳：《李中溪全集》卷5，影印《云南丛书》，第21册，第11200页，中华书局，2009年。

③ 木公：《玉湖游录》，第2~3页，明嘉靖刻本，约1545年，云南省图书馆藏。

④ 木公：《仙楼琼华》，第1页，明嘉靖刻本，约1546年，云南省图书馆藏。

⑤ 同上。

中使滇者回，得升老草诗四幅，以韵和之》[①]《升老简来，命作高峣十二景诗，续书于后》[②]《升翁远寄太白古木竹石画，刻雪景一幅并诗一律，依韵献酬》[③]《拜和升庵寄来贱辰诗及楷寿大字》[④]《是日重和禺山遣寄寿诗韵》[⑤]等诗。《仙楼琼华》为木公最后一部诗集，《木氏六公传》云：（公）“晚节削稿不为诗，曰：‘吾承天子命，继守斯土，殚心锐意，夙夜匪懈，期分一人猷念，犹恐未及，敢复摛藻雕龙务哉！’”[⑥]

嘉靖二十六年丁未（1547），五十四岁

得胜香水胜保寨。[⑦]

嘉靖二十七年戊申（1548），五十五岁

得胜二寨。长子木高出征进犯之吐蕃，大胜，作《大功大胜克捷记》。

《木氏宦谱·文谱》知府阿秋阿公传：“得胜你那天高寨、长胜寨。命长男阿目领兵，得胜毛佉各、矿粗当、来鲁古以下。”[⑧]

木高《大功大胜克捷记》：“戊申年，因吐蕃出掠临西县毛佉各，严君令长子木高，领率勇兵殄贼。本年八月九日，到利干毛、日不那影，杀退贼兵二十余万，获贼首级二千八百余颗，如破竹然，驱兵抵至矿粗，方还师。备达三堂上司，赏赐金牌、金花、彩缎、牛酒劳讫。我严君赏赐木坚大胜庄、阿喜大胜庄，金壹千两、银壹万两，罗缎、纱、细绢等样拾对，金爵壹只，金果盒一对，‘诚心报国’金牌项圈壹副，金花壹对，金带壹束，金鞍辔白马全壹副。”[⑨]

按：嘉靖四十年（1561），木高在丽江立石鼓刻此文，遗迹存于今号称“长江第一湾”之处。

---

① 木公：《仙楼琼华》，第1~2页，明嘉靖刻本，约1546年，云南省图书馆藏。

②《仙楼琼华》第13页有目无诗，诗见木公《雪山诗选》（影印《云南丛书》，第47册，第24998页，中华书局，2009年）。

③ 木公：《仙楼琼华》，第3~4页，明嘉靖刻本，约1546年，云南省图书馆藏。

④ 同上书，第17~18页。

⑤ 同上书，第18页。

⑥ 木光编：《木府风云录》，第38页，云南民族出版社，2000年。

⑦ 木公等：《木氏宦谱·文谱》知府阿秋阿公传，第36页，云南美术出版社，2001年。

⑧ 同上。胜毛佉各，在今西藏自治区芒康县，南与云南德钦接壤；矿粗当，今西藏自治区左贡县，东与芒康，南与云南德钦接壤。

⑨ 木光编：《木府风云录》，第78页，云南民族出版社，2000年。

嘉靖二十八年己酉（1549），五十六岁

再命长子木高出兵击进犯之吐蕃，得胜忠甸干陶各、伴巴以下。

《木氏宦谱·文谱》知府阿秋阿公传："命长男阿目领兵，得胜忠甸干陶各、伴巴以下。"[①]

木高《大功大胜克捷记》："己酉年八月内，达贼吐蕃又掠巨津州地方照可巴托界，又令高再领雄兵，抵至巴托寨，遂破贼兵。获贼首级千余颗，水死者无数，引兵克至千光朵等处，安静地方，抚字人民，然后还师。再备达上司，如前赏赐，严君亦如赏赐犒劳讫。"[②]

按：该段两次提及的"又"，参阅本谱嘉靖二十七年纪事。

六月，杨慎选木公诗集六种，编成《雪山诗选》，并为之作序。

杨慎《雪山诗选序》："雪山于诗，自少性能而嗜之笃，故篇什与为多焉。永昌司徒南园张公序其《雪山始音》，称其诗有似杜者，射的行归，已不迷其始发。南园张公嗣人外史禺山愈光、藩伯贲所愈符兄弟，皆与雪山为文字交。序其《隐园春兴》及《庚子稿》，禺山则称其朗润清越，间发奇句；贲所兼称其筚圭鹨藿，有心隐之逸焉；侍御中溪李君仁甫，复称其得诗人句法，乐府音节；秋官洱皋贾君体仁序其《玉湖游》诸什，谓得山水之情于形状之外。地以文显，景以人胜，当与郎官蓬池，并传艺圃。予亦因中皋梁子霄，正缄其《万松吟卷》及《仙华琼楼》序之，已传攻梓矣。夫雪山世守边圉，独稽古嗜学，于轻裘缓带之余，刻烛击钵于燕寝清香之暇，非其特出之姿，尚友之贤，何以继缘情绮靡于古昔，而获美誉鞶帨于士林哉！中皋子又属予合前数集，汇选其尤，将锲之玉湖精舍以传。予感雪山之神交于千里，跫音于空谷，乃因南园诸公之批评，选十一于千百：于《雪山始音》得廿四首，《隐园春兴》选十四首，《庚子稿》得廿二首，《万松吟卷》得二十首，《玉湖游录》得十一首，《仙楼琼华》得廿三首，总之梓一百十有四首。是足以传矣，岂在多乎？"落款："是岁嘉靖己酉六月廿四日，成都杨慎书于高峣之一萍轩。"[③]

按：是集有《序》并南园张志淳、升庵杨慎、月坞张含、李中溪元阳批点。《云南丛书》收入，卷前有赵藩钤印及其推荐重刊入《云南丛书》语："此含六种，选定为三卷，

---

① 木公等：《木氏宦谱·文谱》，第 36 页，云南美术出版社，2001 年。忠甸干陶各，在今香格里拉格咱乡纳格拉村；伴巴，今香格里拉东旺区崩巴村。

② 木公编：《木府风云录》，第 78 页，云南民族出版社，2000 年。巨津，今云南丽江玉龙县巨甸镇；巴托，为今四川巴塘、理塘、稻城、乡城、得荣五县。

③ 木公：《雪山诗选》，影印《云南丛书》，第 47 册，第 24983 页，中华书局，2009 年。

可以重刊。”

赍所，即张含之弟张合（1506~？）[①]。字懋观，号赍所。嘉靖十一年（1532）进士。授刑部主事，历湖广按察司副使，以病致仕。著有《赍所文集》《宙载》。

嘉靖三十年辛亥（1551），五十八岁

长子木高因侍父孝行感人，直指上报其事，敕建“历传忠孝”坊。

《丽江府志略》木高传：“袭土知府父鳏居，高体志承欢，色养并至笃。疾，割股以进，夷民为之感泣。明嘉靖三十年，直指上其事，敕建坊曰‘历传忠孝’。今尚存。”[②]

按：木公正妻为凤氏睦，继妻为凤氏韶，其丧妻、鳏居、续弦再鳏居时间无考。观《玉湖游录》，诗中多孤居独游、醉宿舟亭等语，嘉靖十五年又诰封正、继二妻为恭人，则继妻凤氏韶或逝于嘉靖二十三年前。

嘉靖三十二年癸丑（1553），六十岁

得胜，立忠甸天生寨。[③]

按：至此，木氏土司全面占领忠甸。

九月初十日，宾天。

《木氏宦谱·文谱》知府阿秋阿公传：“于嘉靖叁拾贰年癸丑玖月初拾日宾天。”[④]

张含《雪山大夫传》：“乃嘉靖癸丑，疾终正寝，享年甫耳顺。”[⑤]

正妻凤氏睦诰封恭人。[⑥]

按：《木氏宦谱·文谱》木公传后附载：凤氏睦为阿室蒙的官名，其为武定府凤知府之女。生一子，名阿目，长男。阿目官讳木高，字守贵，号端峰，又号九江。授亚中大夫，袭父职。木公继妻阿室于，官名凤氏韶。生二子：价、退。[⑦]《木氏宦谱·图谱》

---

① 张合传见《新纂云南通志》卷190，第8册，第220页，云南人民出版社，2007年。

② 管学宣、万咸燕纂修：《丽江府志略·人物略》，林超民等编《西南稀见方志文献》，第25卷，第219页，兰州大学出版社，2003年。

③ 木公等：《木氏宦谱·文谱》知府阿秋阿公传，第36页，云南美术出版社，2001年。天生寨，今香格里拉东旺区新联乡满布江仲（姜宗）村。

④ 木公等：《木氏宦谱·文谱》知府阿秋阿公传，第36页，云南美术出版社，2001年。

⑤ 管学宣、万咸燕纂修：《丽江府志略·艺文传》，第25卷，林超民等编《西南稀见方志文献》，第356页，兰州大学出版社，2003年。

⑥ 木公等：《木氏宦谱·文谱》，第36页，云南美术出版社，2001年。

⑦ 同上书，第37页。

谓木高有弟二、妹三。次弟木升（阿价）“性生豪雄，天年修短”；三弟木兴（阿退）“敦朴谨恪，可传可法”。长妹木贞，嫁姚安府同高齐斗；次妹木节，嫁北胜州府同高德；三妹木从，嫁兰州知州罗启明。[①]

嘉靖三十三年甲寅（1554），逝后次年

保勘木高袭丽江知府世职。

《木氏宦谱·文谱》知府阿公阿目传：“保勘公长男木高袭职。”[②]

嘉靖三十四年乙卯（1555），逝后二年

四月十八日，诏长男木高袭知府职。

《明世宗实录》：四月壬午（十八日）：“诏云南丽江军民府故土官知府木公男高袭职。”[③]

《木氏宦谱·文谱》知府阿公阿目传：“阿目正式袭丽江军民府土知府[④]。”

嘉靖四十年辛酉（1561），逝后八年

追赠亚中大夫并正妻凤氏睦淑人。

《木氏宦谱·文谱》知府阿公阿目传：“以子追赠，给诰命一道，授封亚中大夫，正妻凤氏睦追赠为淑人[⑤]。”

（孙秋克）

---

① 木汉：《木氏宦谱·图谱》，第75页，云南美术出版社，2001年。

② 同上书，第37页。

③《明世宗实录》卷421，第7299页，台湾“中央研究院”历史语言研究所，1962年。

④ 木公等：《木氏宦谱·文谱》，第37页，云南美术出版社，2001年。

⑤ 同上。

李元阳年谱（1497~1580）

综论

李元阳，字仁甫，号中溪，云南太和（今属大理）人，因世居大理点苍山十八溪中，又有“十八溪”之号。二十九岁（1526）中进士，位列三甲，入选翰林院庶吉士，后依次为分宜知县、江阴知县、户部主事、江西道监察御史、荆州知府。为官期间颇有政绩，百姓称颂。

李元阳被任命为分宜知县期间，主持了当地（1528）的秋闱。担当江阴知县期间，恰逢靖江海寇劫掠，他“演水操，建城楼，严兵卫，贼乃遁去，民赖以安。”① 他有诉讼上“善决疑义”② 的本领，也被百姓们视为“神明”③。嘉靖十五年（1536），他以御史身份巡按福建，察访官吏的贪污罪状，上疏弹劾，福建的吏治为之一清。嘉靖十六年（1537），他被任命为丁酉科主考，选拔了大批人才，“识者评为天下第一”④。在皇帝面前他敢于犯颜进谏，“人称为真御史”⑤。担任荆州知府时，他捐俸、修堤、治水、弹劾藩府不法者的种种业绩，为人们所称颂。更有甚者，李元阳于六百应试诸生中，识拔了年仅十六岁的张居正，让后人佩服，称之为“知人”⑥。

嘉靖二十年（1541），四十五岁的李元阳因父去世，回乡守孝，从此不涉官场，直至八十四岁去世。李元阳的后半生，将主要精力放在了读书、优游山水、与文人僧侣交往唱和、捐资兴建寺观庙宇、从事儒学理论研究及救患乡里、教授学生等事情上。

研究李元阳的生平，我们可以看到，他是一个生活中好读书，喜登城览胜，政治上颇有识见，“善决疑义，发奸擿伏不避强”，性情上“薄自奉、厚施予”，乡里凡

---

① 李选：《侍御中溪李公行状》，李元阳《中溪家传汇稿》，《丛书集成续编》，第 115 册，第 633 页，上海书店，1994 年。

② 同上。

③ 同上。

④ 同上。

⑤ 同上。

⑥ 同上书，第 634 页。

有所建造，都不遗余力的“奇男子”[①]。

应该说，李元阳是明代中叶一个实际从事政治兼事儒学研究、文学创作的云南名人，在云南地区产生了很大的影响，尤其在大理，至今为人称颂。其《中溪家传汇稿》共十卷（诗四卷，文六卷），民国年间腾冲李根源重刊，又称为《李中溪全集》。这是研究李元阳生平、行实的重要材料，也是研究李元阳诗文特色的重要依据。正如赵藩《重刊中溪汇稿序》所言：“综先生平生，学识趣尚、出处交游，就集中诗文求之，十可得其八九，有本有文，足式后学无俟。”[②]李选《侍御中溪李公行状》评价他作诗文“初不经意，援笔辄就，世以白香山、苏东坡拟之”。[③]这样一个一生以“施与为事，尽散所馈”的著名士人，死后却“未遑刻集，以故，集久未传”。[④]其作品由后人谋划、出资，方才问世；其学行、影响，令后人无限钦佩。

李元阳《中溪家传汇稿》共存诗844首，古近体皆有（五言律162首，五言排律45首，五言古诗123首，七律238首，七绝162首，七古114首），内容较多地集中在朋友间的赠答、山水景物的描绘、触物感怀之类，其中也有少量感叹实事和咏史之作。其诗出语率真自然，大多通达明快，大体分为山水诗作、赠答唱和、感叹现实等几个方面。

李元阳的诗，很大一部分是他与文人墨客同游山水，借山水抒发心曲之作。他为官时就喜欢登山览胜，归隐后更把游山水，记山水，寓情于山水发挥到极致。他用极大的篇幅，为我们展示了以大理为主，兼及大理周边地区的美丽风光，在将这个风花雪月、绚丽如画的美丽古城介绍给中原的同时，用一种诗意的语言展示出恬淡、适意的生活美，让人读起来怡然陶醉，增添了这个多民族寄居城市的无穷魅力。这些作品让我们感受到诗人恣意山水，尤重性情，心存至真，在观赏山水中开拓生命价值的倾向。胡僖《中溪家传汇稿后序》论及李元阳与山水亲密交往，行文与游历之间互为推助的关系：“今读所为诗歌，半属山水幽趣，非亲至其境者不能。其他序、记、志、铭诸作，议论感慨，一自胸中流出，且起伏顿挫，波澜层叠。殆十八溪之所以为文，而谓非得溪山之助不可也。故观于先生汇稿，而苍洱之大观备是矣。”[⑤]

用诗歌表达对朋友的真情厚意，是李元阳诗歌的又一方面。他是一个率直、重情

---

① 李选：《侍御中溪李公行状》，李元阳《中溪家传汇稿》，《丛书集成续编》，第115册，第634页，上海书店，1994年。

② 赵藩：《重刊中溪汇稿序》，李元阳《中溪家传汇稿》，《丛书集成续编》，第115册，第631页，上海书店，1994年。

③ 李选：《侍御中溪李公行状》，李元阳《中溪家传汇稿》，《丛书集成续编》，第115册，第634页，上海书店，1994年。

④ 刘维：《刻中溪李先生集序》，李元阳《中溪家传汇稿》，《丛书集成续编》，第115册，第631页，上海书店，1994年。

⑤ 胡僖：《中溪家传汇稿后序》，李元阳《中溪家传汇稿》，《丛书集成续编》，第115册，第916页，上海书店，1994年。

的人，对于志趣不投者无意敷衍，曾作诗《滇池诸缙绅邀饮，会幕府张筵见促，愚意不喜膻荤，并辞不赴，是日遂行，作诗寄谢》。对于情投意合者，他又关怀互助，十分重情，至死不渝。和他交往较多的中原文人有杨慎、王畿、罗洪先、唐顺之、罗汝芳、李贽、张居正、任瀚、熊过、文徵明，云南文人有杨士云、张含、朱光霁、木公、赵汝濂。相互间的赠答唱和之作很多，从中可见李元阳真挚、重情的特点。以他同杨慎的交往为例：二人嘉靖九年（1530）结识于大理，一见如故，同游苍山、石宝山，所至处题诗唱和，抵足长谈。之后相互间文字交流不断，杨慎的《升庵集》中有写给李元阳的诗歌九首，为其文作序一篇。李元阳《中溪家传汇稿》中有写给杨慎的诗歌16首，为其文作序两篇，祝寿诗序一篇，信一封。同游时的作品亦很多，如《石宝山寺同升庵赋》《寻山至浪穹同杨修撰》《闻升庵杨太史复还滇戍》《和杨太史咏兴教寺海棠》二首、《同升庵太史、梁氏游西庄得丝字》。杨慎逝后，李元阳还写有追思的作品，如《哭杨修撰升庵》《过升庵杨太史高峣旧居》《兴教寺海棠感旧》。

李元阳一生以施与为事，将自己家产的很大一部分，用于家乡寺观庙宇的修建。因为当地认为“郡本邪龙地，需建寺龛弹压”[①]，所以，当地凡所建造，李元阳都不遗余力。他也写下了一些感慨民生疾苦的作品，如《登城感实事》直言不讳地批判繁重的徭役，导致百姓无法从事农桑，衣食无着，生活痛苦；《书轩言怀》以较强的写实叙事笔法，叙述了三位农妇的家庭，因为官府事务稍有差池，导致家中男子被缉拿拷打，一死两伤，上门求助的事情。作者寓深情于诗笔，批判现实的严肃态度一目了然。

李元阳在政治、哲学、历史学、地理学、文学等多个领域都有建树：理学方面，承继陆王心学，又能独抒见解，著有《心性图说》；史学方面，为后世留下了少有的传世方志《云南通志》《大理府志》；地理学方面，所著《黑水辨》被后世许多典籍引用；诗文作品，大都是心性的自然流露。李元阳并非肆力于诗，也没做到自立门派，但他博学多才，对前代诗人创作技法多有借鉴，不专属哪家哪派，显现了自我个性，其山水诗尤其值得关注。作者在诗中所表现的山水风情、褒扬的率意任情的生活方式及倡导的互助友爱之风，也是后世发展人文文化的一笔财富。

李元阳生平编年研究成果、新编作品集有：王艳萍《李元阳年谱》[②]、施利卓总编

---

① 李选：《侍御中溪李公行状》，李元阳《中溪家传汇稿》，《丛书集成续编》，第115册，第634页，上海书店，1994年。

② 王艳萍：《李元阳年谱》，《西南古籍研究（2001年）》，第309~313页，云南大学出版社，2002年。

校《李元阳集》及其后所附年谱（施立卓编次）[①]。这些研究成果对本年谱的编写有较大的参考价值，但王谱多未论及编订的缘由和根据，施谱只将李元阳生平资料和部分有确切年份的作品，列述在相应的年份下，前者只有事条，后者只有文献，不能充分反映李元阳研究的成果。本谱在以上两部年谱的基础上，进行补充、修订，特别注意加强对作品的系年，并为每一条目提出确切可靠的依据。

年谱

明孝宗朱佑樘弘治十年丁巳（1497），一岁

九月二十八日出生。

王艳萍《李元阳年谱》："1497，丁巳，明弘治十年，于九月二十八日生。"[②]

施立卓《李元阳年谱》："1497，弘治十年丁巳，生。"[③]

《大明李文肃公墓志铭》："公生于弘治丁巳九月二十八日戌时……"[④]

字仁甫，号中溪，太和人（今属大理）。作为家中长子，其身寄托了父母诸多期望。据说因其母董氏怀孕时，三次梦龙负日，飞入自己怀中，所以为他起名为"元阳"。

李选《侍御中溪李公行状》："先生讳元阳，字仁甫，世居点苍山十八溪之中，因号中溪。……太孺人梦龙负日入怀者三，乃生先生，遂以是命名。"[⑤]

葛万里《别号录》："中溪李元阳仁甫，太守，靖滇。"[⑥]

始祖李顺，原为浙江钱塘人，元朝时为大理路主事，安家太和。至李元阳出生的弘治时期，已传至九世。李元阳之父名玄，号蓬谷。母董氏，赠太孺人。大弟名元春，辽府引礼官；二弟名元期，先为郡学生员，后出家当道士；三弟名元和。

李选《侍御中溪李公行状》："其先浙之钱塘人。祖讳顺者，仕元，为大理路主

① 施利卓总编校：《李元阳集》，第608~613页，云南大学出版社，2008年。

② 王艳萍：《李元阳年谱》，《西南古籍研究（2001年）》，第309页，云南大学出版社，2002年。

③ 施立卓编次：《李元阳年谱》，施利卓总编校《李元阳集》，第608页，云南大学出版社，2008年。

④ 张树芳等主编：《大理丛书·金石篇》，第841~842页，云南民族出版社，2010年。施立卓编次：《李元阳年谱》引而未注出版信息（施利卓总编校《李元阳集》，第608页，云南大学出版社，2008年）。

⑤ 李选：《侍御中溪李公行状》，李元阳《中溪家传汇稿》，《丛书集成续编》，第115册，第633页，上海书店，1994年。

⑥ 葛万里：《别号录》卷3，《景印文渊阁四库全书》，第1034册，第155页，台湾商务印书馆，1986年。

事，爱恋山水，遂家焉。顺生福，福生通，通生连，连生山，山生寿，寿生让，让生玄，即先生父也，号蓬谷，以先生贵，封监察御史。妣董氏，赠太孺人。”①

李元阳《明清都大士李君墓志铭》（代做）：“公讳元期，字信甫，号垠溪，居士。世为太和人，父封监察御史，讳玄。母董氏，赠太孺人。长兄元阳，登嘉靖丙戌榜进士，江西道监察御史，翰林院知荆州府。仲兄元春，辽府引礼官。弟元和。”②

弘治十四年辛酉（1501），五岁

十二月二十日，弟元期出生。

王艳萍《李元阳年谱》：“明弘治十四年，十二月二十日弟元期生。”③

李元阳《明清都大士李君墓志铭》（代作）：“公（元期）以弘治辛酉年十二月二十日未时生。”④

杨士云中云南乡试第一。

王艳萍《李元阳年谱》：“杨士云中举（解元）。”⑤

《户科左给事中杨弘山先生士云墓表》：“先生少年力学，工于文辞，督学使小试，大奇之。弘治辛酉，以《诗经》荐云贵乡试第一”。⑥

明武宗朱厚照正德六年辛未（1511），十五岁

杨慎中状元。⑦

正德十二年丁丑（1517），二十一岁

补郡学弟子员。

王艳萍《李元阳年谱》：“明正德十二年，弱冠之年，补为郡学生员。”⑧

---

① 李选：《侍御中溪李公行状》，《中溪家传汇稿》，《丛书集成续编》，第115册，第633页，上海书店，1994年。

② 李元阳：《中溪家传汇稿》，《丛书集成续编》，第115册，第899~900页，上海书店，1994年。王艳萍《李元阳年谱》引而未注出版信息（《西南古籍研究（2001年）》，第309页，云南大学出版社，2002年）。

③ 王艳萍：《李元阳年谱》，《西南古籍研究（2001年）》，第309页，云南大学出版社，2002年。

④ 李元阳：《中溪家传汇稿》，《丛书集成续编》，第115册，第899~900页，上海书店，1994年。

⑤ 王艳萍：《李元阳年谱》，《西南古籍研究（2001年）》，第309页，云南大学出版社，2002年。

⑥ 李元阳：《中溪家传汇稿》，《丛书集成续编》，第115册，第882页，上海书店，1994年。

⑦ 此条见本书《张含年谱》正德六年辛未（1522）纪事。

⑧ 王艳萍：《李元阳年谱》，《西南古籍研究（2001）》，第310页，云南大学出版社，2002年。

李选《侍御中溪李公行状》："弱冠，梦异人授锦三丈许，令吞之。寻补郡学弟子员。"①

杨士云中进士，改翰林院庶吉士。

王艳萍《李元阳年谱》："此年，杨士云中进士。"②

《户科左给事中杨弘山先生士云墓表》："正德丁丑，登舒芬榜进士，以文望改翰林院庶吉士。由是，名动公卿。"③

八月二十八日，吴懋出生。

李元阳《知州吴君懋墓志铭》："君姓吴氏，名懋，字德懋。高河，其别号也。其先山东宁阳县人，有讳骥者，国初戍大理，遂为大理人。高大父讳信，曾大父讳瑀。大父讳大经，封文林郎。父讳尧献，以正德丙子举人，历垫江通山知县，有诗名。母熊安人，丁丑年八月二十八日生吴氏。自封君而上，世以忠厚孚于乡。及君考中式，人以为忠厚之报。"④

正德十五年庚辰（1520），二十四岁

游清碧溪。

王艳萍《李元阳年谱》："明正德十五年，游清碧溪。"⑤

李元阳《游清碧溪三潭记》："溪在点苍山马龙溪之南，正德庚辰，予尝游焉。"⑥

正德十六年辛巳（1521），二十五岁

秋七月，张璁上奏为世宗本生父母立庙。十月，嘉靖帝为生身父母上帝、后号。

王艳萍《李元阳年谱》："秋七月，张璁奏立庙。十月，上帝、后号。"⑦

《明史·世宗一》："秋七月壬子，进士张璁言，继统不继嗣，请尊崇所生，立兴献王庙于京师。初，礼臣议考孝宗，改称兴献王皇叔父，援宋程颐议濮王礼以进，

---

① 李选：《侍御中溪李公行状》，李元阳《中溪家传汇稿》，《丛书集成续编》，第115册，第633页，上海书店，1994年。

② 王艳萍：《李元阳年谱》，《西南古籍研究（2001年）》，第310页，云南大学出版社，2002年。

③ 李元阳：《中溪家传汇稿》，《丛书集成续编》，第115册，第882页，上海书店，1994年。

④ 焦竑辑：《国朝献征录》卷94，《续修四库全书》，第530册，第350~351页，上海古籍出版社，2002年。

⑤ 王艳萍：《李元阳年谱》，《西南古籍研究（2001年）》，第310页，云南大学出版社，2002年。

⑥ 李元阳：《中溪家传汇稿》，《丛书集成续编》，第115册，第855页，上海书店，1994年。施立卓编次《李元阳年谱》引而未注出版信息（施利卓总编校《李元阳集》，第608页，云南大学出版社，2008年）。

⑦ 王艳萍：《李元阳年谱》，《西南古籍研究（2001年）》，第309页，云南大学出版社，2002年。

不允。至是，下璁奏，命廷臣集议。杨廷和等抗疏力争，皆不听。……冬十月己卯朔，追尊父兴献王为兴献帝，祖母宪宗贵妃邵氏为皇太后，母妃为兴献后。”①

明世宗朱厚熜嘉靖元年壬午（1522），二十六岁

中云贵乡试第二名。赵汝濂、贾文元同科中举。

王艳萍《李元阳年谱》：“明嘉靖元年，中云贵乡试第二名，成为举人。此年赵汝濂、贾文元也中举。”②

李选《侍御中溪李公行状》：“嘉靖壬午，中云贵乡试第二。”③

《云南通志》：“嘉靖壬午科，中式五十五名（内贵州二十一名）…… 李元阳，大理人，进士。赵汝濂，大理人，进士。……贾文元，大理人，进士。”④

《正奉大夫正治卿南京都察院右副都御史雪屏赵公墓志铭》：“公讳汝濂，字敦夫，姓赵氏。其先南京上元人也，永牙公于元末游滇，得地于太和之龙尾关，因居焉。……嘉靖改元，壬午中云贵乡试易魁。”⑤

《承德郎刑部主事贾公墓志铭》：“始余为童子时，择所与游得五人，而贾公与焉。公方弱冠，已殷殷有博雅名。其学邃于诗，其文长于举子业，其为人意度介直而温克也。嘉靖改元，壬午，余与同荐于乡。”⑥

嘉靖三年甲申（1524），二十八岁

客寓京师，十月十四日至二十一日，与三河县张钦游盘山舞剑台，作《游盘山舞剑台记》。

《游盘山舞剑台记》：“予之少也，有四方之志。闻渔阳盘山之上，李靖舞剑台在焉，思欲一至其地而未能。既举后，客寓京师，为嘉靖甲申，有三河县张钦者见访，谈孙吴术语，次因问盘山道路，对甚悉，遂携之行。”⑦

---

①《明史》卷 17，第 2 册，第 216 页，中华书局，1974 年。

② 王艳萍：《李元阳年谱》，《西南古籍研究（2011 年）》，第 310 页，云南大学出版社，2002 年。

③ 李选：《侍御中溪李公行状》，李元阳《中溪家传汇稿》，《丛书集成续编》，第 115 册，第 633 页，上海书店，1994 年。施立卓编次：《李元阳年谱》，施利卓总编校《李元阳集》，第 608 页，云南大学出版社，2008 年。

④ 靖道谟等编纂：雍正《云南通志》卷 20 中，《景印文渊阁四库全书》，第 570 册，第 32~33 页，台湾商务印书馆，1986 年。

⑤ 李元阳：《中溪家传汇稿》，《丛书集成续编》，第 115 册，第 885~886 页，上海书店，1994 年。

⑥ 同上书，第 889 页。

⑦ 同上书，第 854 页。施立卓编次《李元阳年谱》，施利卓总编校《李元阳集》，第 608 页，云南大学出版社，2008 年。

按：文章详述了李元阳等人的游程，应为十月十四至二十一日间事。

杨慎为争“大礼”，谪戍云南永昌卫。

按：事见本书《张含年谱》嘉靖三年甲申（1524）纪事。

嘉靖四年乙酉（1525），二十九岁

张居正出生。

朱东润《张居正大传》：“张居正1525年生于荆州江陵，故里在今太岳路北之张家台。”①

嘉靖五年丙戌（1526），三十岁

中进士，选翰林院庶吉士，入翰林院学习。

王艳萍《李元阳年谱》：“明嘉靖五年，中三甲进士，授翰林院庶吉士。跟从杨一清学习。”②

施立卓《李元阳年谱》：“丙戌，29岁。《墓志》：‘丙戌会试第十四名，选庶吉士，名动京师，为十才子之冠……’《默游园记》：‘阳以嘉靖五年丙戌叨一第，改翰林庶吉士’。”③

《云南通志》：“丙戌科龚用卿榜。李元阳，太和人，御史知府。”④

朱保炯、谢沛霖《明清进士提名碑录索引》：“嘉靖五年丙戌科（1526）……第三甲二百八名……李元阳。”⑤

李选《侍御中溪李公行状》：“丙戌成进士，初授翰林院庶吉士。”⑥

抄录宫廷秘藏本杜佑《通典》。

王艳萍《李元阳年谱》：“读中秘书，手抄杜佑《通典》。”⑦

李元阳《初刻杜氏通典序》：“嘉靖丙戌，元阳获读中秘书，手录一编箧之。游行四方，

---

① 朱东润：《张居正大传》，第6页，湖南人民出版社，2013年。

② 王艳萍：《李元阳年谱》，《西南古籍研究（2001年）》，第310页，云南大学出版社，2002年。

③ 施立卓编次：《李元阳年谱》，施利卓总编校《李元阳集》，第608页，云南大学出版社，2008年。

④ 靖道谟等编纂：雍正《云南通志》卷20上，《景印文渊阁四库全书》，第570册，第7页，台湾商务印书馆，1986年。

⑤ 朱宝炯、谢沛霖：《明清进士题名碑录索引》，第2513页，上海古籍出版社，1980年。

⑥ 李选：《侍御中溪李公行状》，李元阳《中溪家传汇稿》，《丛书集成续编》，第115册，第633页，上海书店，1994年。

⑦ 王艳萍：《李元阳年谱》，《西南古籍研究（2001年）》，第310页，云南大学出版社，2002年。

盖无一日离吾目下。”①

作《春雨》《鸣鸠拂其羽》《戴胜降于桑》。

王艳萍《李元阳年谱》：“写《春雨》《鸣鸠拂其羽》《戴胜降于桑》。”②

《春雨》（廷试）：“韶华九十半晴阴，万物焉知造化心。漫浥轻尘清九陌，更添绿肥到千林。燕飞还歇知泥重，莺语相交入柳深。起傍岩廊怜草色，落花含湿点衣襟。”③

按：此诗题注“廷试”，故应作于嘉靖丙戌年三月十五日，作者参加殿试结束后。

《鸣鸠拂其羽》（阁试）：“迟日晴岚万井同，拙鸠曝雨巧梳风。有时啼过垂杨陌，人在东菑春雨中。”④

《戴胜降于桑》（阁试）：“烟锁桑田接绿芜，飞飞戴胜自相呼。时人指点江山丽，我爱《豳风》七月图。”⑤

按：诗题注“阁试”二字，即为殿试前所加的一场考试，因试场在秘阁，故称阁试。诗可系于今年，时间为清明时节。

嘉靖六年丁亥（1527），三十一岁

冬十月初四日，张璁被任文渊阁大学士。十一月初三日，张璁奏请庶吉士散馆。李元阳出补江西分宜知县。

王艳萍《李元阳年谱》：“冬十月戊申，张璁任学士。诸翰林耻与其为伍，不与并列。张璁怀恨在心。十一月，在张璁的提议下，翰林院庶吉士散馆，李元阳被任命为江西分宜知县。”⑥

《明世宗实录》十月戊申（初四日）：“……命兵部左侍郎兼翰林院学士张璁，为礼部尚书文渊阁大学士，入内阁办事。”⑦

《明世宗实录》十一月丁丑（初三日）：“……上谕内阁：庶吉士不须教养，并除遣之。……张璁独奏言：……皇上既以此辈不堪教养，早为除遣，是欲退之矣。……吏部奏：除陆粲工科给事中，王宣福建道御史，王嘉宾、邝忭华、察林云同俱户部主事，

---

① 李元阳：《中溪家传汇稿》，《丛书集成续编》，第115册，第802页，上海书店，1994年。
② 王艳萍：《李元阳年谱》，《西南古籍研究（2001年）》，第310页，云南大学出版社，2002年。
③ 李元阳：《中溪家传汇稿》，《丛书集成续编》，第115册，第710页，上海书店，1994年。
④ 同上书，第721页。
⑤ 同上。
⑥ 王艳萍：《李元阳年谱》，《西南古籍研究（2001年）》，第310页，云南大学出版社，2002年。
⑦《明世宗实录》卷81，第1792~1793页，台湾“中央研究院”历史语言研究所，1962年。

张鏊礼部主事，屠应埈、袁袠、赵时春俱刑部主事，郭秉聪、张渠工部主事，余棐大理寺评事，江以朝、杨恂俱南京大理寺评事，李元阳、王格、张铎、连矿俱知县。”①

李选《侍御中溪李公行状》：“丙戌成进士……寻以议礼忤权臣，出补分宜。”②

《春明梦馀录》（附记）：“馆选散授，不拘内外。如：永乐乙未沈旸，知县；戊戌莫珪、孔友谅，知县；宣德癸丑傅纲，知县；正德甲戌王邦瑞，知州；嘉靖丙戌李元阳、王格、张铎、连矿，知县；己丑孙光辉，推官；杨佑、安如山，知州。其为行人评事者，不可胜计。”③

陆粲《与李仁甫书》：“自丁亥岁暮言别，迄今三载，不复闻问，悬悬之怀，知彼此同之也。仆以疏戆获戾清朝，期月之间，再下制狱，犹蒙异恩，得全要领，虽沉沦异域，固没齿之幸矣！惟昔与兄辈周旋玉署，行则联袂，止则同席，以为燕燕之乐，当终始相保，而不几时，云散四方，邈焉隔绝，俛仰今昔，伤如之何？比得子潜书，知子忱物故，敷言勒停，景仁削籍，同馆之厄，并于一朝，念之，未尝不涕泗交颐也！”④

作《史馆赴月试柬同馆诸君子》。

王艳萍《李元阳年谱》：“写《史馆赴月试柬同馆诸君子》。”⑤

《史馆赴月试柬同馆诸君子》：“束带趋东阁，瀼瀼月露清。才分双阙曙，天汉东南横。广陌纷联辔，倚玉追群英。得砚夸铜雀，候吏欣前擎。相逐默无语，互之心所营。分题自华盖，柔翰能无争。落笺迟骤雨，握汗如提兵。投卷中秘堂，阁吏随糊名。品题轮学士，好胜摇心旌。妍媸一以判，衷情含辱荣。予意在旷达，古道将谁明。区区末技间，奚足为屯亨。寄言众君子，秉持天地精。荣华一瞬疾，无宁负此生。”⑥

李贽出生。

王艳萍《李元阳年谱》：“此年李贽生。”⑦

李贽《卓吾论略》（滇中作）：“居士生大明嘉靖丁亥之岁，时维阳月，得全数焉。”⑧

---

①《明世宗实录》卷82，第1830~1831页，台湾“中央研究院”历史语言研究所，1962年。

② 李选：《侍御中溪李公行状》，李元阳《中溪家传汇稿》，《丛书集成续编》，第115册，第633页，上海书店，1994年。

③ 孙承泽撰：《春明梦馀录》卷32，《景印文渊阁四库全书》，第868册，第424页，台湾商务印书馆，1986年。

④ 陆粲：《陆子余集》卷6，《景印文渊阁四库全书》，第1274册，第659页，台湾商务印书馆，1986年。

⑤ 王艳萍：《李元阳年谱》，《西南古籍研究（2001年）》，第310页，云南大学出版社，2002年。

⑥ 李元阳：《中溪家传汇稿》，《丛书集成续编》，第115册，第681页，上海书店，1994年。

⑦ 王艳萍：《李元阳年谱》，《西南古籍研究（2001年）》，第310页，云南大学出版社，2002年。

⑧ 厦门大学历史系编：《李贽研究参考资料第一辑》，第2页，福建人民出版社，1975年。

嘉靖七年戊子（1528），三十二岁

主持江西秋闱。事毕，母丧，返乡守孝。修默游园。

王艳萍《李元阳年谱》：“明嘉靖七年，主持秋闱。母丧回乡守制。筑默游园。”①

李选《侍御中溪李公行状》：“分江西秋闱。事竣，丁内艰。”②

李元阳《默游园记》：“吾李氏，世居苍洱之间，城中文化坊石马井巷，乃居第也。阳以嘉靖五年丙戌叨一第，改翰林庶吉士。戊子，丁内艰，回里。邻人以隙地来售，辟以为园。自庆祖祢，积德荫我后人，得有今日。”③

嘉靖八年己丑（1529），三十三岁

罗洪先、唐顺之、唐时英中进士。

王艳萍《李元阳年谱》：“此年罗洪先、唐顺之、唐时英中进士。”④

《明清进士题名碑录索引》：“嘉靖八年（1529）己丑科，罗洪先，第一甲第一名。……唐顺之，第二甲第一名。……唐时英，第三甲第一百九十二名。”⑤

嘉靖九年庚寅（1530），三十四岁

与杨慎在大理相识。二人同游点苍山，寓感通寺。杨慎在此作《转注古音》。

王艳萍《李元阳年谱》：“明嘉靖九年，与杨慎相识。两人游石宝山，宿兴教寺。游点苍山，寓感通寺。”⑥

杨慎《游点苍山记》：“自余为戮人，所历道途，万有余里。齐鲁楚越之间，号称名山水者，无不游已。乃泛洞庭，逾衡庐，出夜郎，道碧鸡而西也。其余山水，盖饫闻而厌见矣。及至叶榆之境，一望点苍，不觉神爽飞越……嘉靖庚寅，约同中溪李公，为点苍之游。二月辛酉，自龙尾关窥天生桥，夜宿珠海寺，俟龙关晓月。两山千仞，中虚一峡，如排闼然，落月中悬，其时天在地底。中溪与予，各赋一诗，诗成而月犹不移，真奇观也。下山，乘舟至海门阁小饮。……癸亥，北循山坡，至金相寺废址，有唐碑，

---

① 王艳萍：《李元阳年谱》，《西南古籍研究（2001年）》，第310页，云南大学出版社，2002年。

② 李选：《侍御中溪李公行状》，李元阳《中溪家传汇稿》，《丛书集成续编》，第115册，第633页，上海书店，1994年。

③ 李元阳：《中溪家传汇稿》，《丛书集成续编》，第115册，第835页，上海书店，1994年。

④ 王艳萍：《李元阳年谱》，《西南古籍研究（2001年）》，第310页，云南大学出版社，2002年。

⑤ 朱宝炯、谢沛霖：《明清进士题名碑录索引》，第2514~2516页，上海古籍出版社，1980年。

⑥ 王艳萍：《李元阳年谱》，《西南古籍研究（2001年）》，第310页，云南大学出版社，2002年。

为高僧讲经处。盘山脚而西，至松萝崖，石洞幽胜，相与酌酒赋诗。暮投感通寺楼，篝灯夜坐，闻寺僧诵等字。中溪曰：‘六书中转注，实非“考”“老”，而宋人妄拟，后世学者，遂沿而不改。此不可无述，愿公任之。’予遂操笔，书转注之例约千余字，汇为一编。中溪题其额曰‘写韵楼’。寓此凡二旬日而后去。兹寺有高皇诗十八章，镌碑山门院，凡三十六，今存者，仅半耳。”①

太守杨仲琼招李元阳与杨慎登浩然阁，李元阳写《浩然阁记》。

王艳萍《李元阳年谱》：“明嘉靖九年……登浩然阁。”②

《浩然阁记》：“嘉靖九年庚寅，太守洪雅杨公仲琼，始于水上建此高阁，题曰‘浩然’。落成之日，招成都谪史杨修撰慎与阳同来……”③

嘉靖十年辛卯（1531），三十五岁

暮春，杨慎约同游大理剑川石宝山，经浪穹，过邓川，宿兴教寺。

李元阳《游石宝山记》：“石宝山，在剑川西南深山中。嘉靖辛卯暮春，成都杨修撰约予同游。初抵邓川，杨少参两依翁招浴温泉，饮于其家，投赠三日。丙辰，经浪穹……就公馆宿焉。四日丁巳，过邓川……日西至山顶。遥见层层叠叠如板屋、如栈阁者，石宝岩也。箐底有钟鼓洞……寺门在望，近不可即。二僧来迎，挽手而上，历览洞壑。一步一坐，且骇且讶，升阶谒佛殿。折北升石梯，至观音堂。又折北，磴险扪萝而上。山顶有圣泉……予二人各饮泉一盏，殊觉爽健。遂由故道下至僧丈，举酒相劳，各赋诗，尽醉而宿。……”④

与杨慎合作《中山联句》。杨慎作《兴教寺海棠》，李元阳作《中山》《石宝山寺同升庵赋》《和杨太史咏兴教寺海棠二首》《寻山至浪穹同杨修撰》《石宝山别升庵得黄字》等诗。

《中山联句》：“龛壁存龙树（升庵），扃岩即雁堂。石鳞风动甲（中溪），苔鬣水浮香。兴发追随尽（升庵），冥搜步履长。何由跨笙鹤（中溪），历历经重

---

① 何镗辑：《古今游名山记》卷16，《续修四库全书》，第736册，第778~779页，上海古籍出版社，2002年。施立卓编次《李元阳年谱》引部分内容而未注出版信息（施利卓总编校：《李元阳集》，第608页，云南大学出版社，2008年）。

② 王艳萍：《李元阳年谱》，《西南古籍研究（2001年）》，第310页，云南大学出版社，2002年。

③ 李元阳：《中溪家传汇稿》，《丛书集成续编》，第115册，第831页，上海书店，1994年。施立卓编次《李元阳年谱》，施利卓总编校《李元阳集》，第608页，云南大学出版社，2008年。

④ 李元阳：《中溪家传汇稿》，《丛书集成续编》，第115册，第857页，上海书店，1994年。

冈（升庵）。”[①]

《和杨太史咏兴教寺海棠》诗二首：“意浓姿淡浣新红，山馆相逢二月中。区别要君重著意，山榴踯躅漫成丛。”“国色名花委路傍，今年花似去年芳。莫言空谷知音绝，也有题诗玉署郎。”[②]

《寻山至浪穹同杨修撰》：“休向萍踪叹飘泊，殊方风俗等闲谙。”[③]

《石宝山别升庵得黄字》：“寻山二月下江乡，寒重江门柳未黄。迁史壮游怀禹穴，匡衡奏草在明光。声名霄汉曾知姓，邂逅天涯一举觞。遑道独行畏魑魅，可堪同病别韦郎。”[④]

服丧期满，补江阴（今属江苏）知县。

王艳萍《李元阳年谱》：“明嘉靖十年，服孝期满，出任江阴知县。”[⑤]

李选《侍御中溪李公行状》：“服阕，补江阴。会靖江海寇劫掠，先生演水操，建城楼，严兵卫，贼乃遁去，民赖以安”。[⑥]

与溪田翁马理有书信交流。

《答溪田翁尊师马老先生》：“岁辛卯夏四月，奉诗章之贶，如坠自天。伏读数十过，召工装池中堂以悬，如见我师颜色。”[⑦]

马理（1474~1555），字伯循。号溪田，陕西三原人。正德九年（1514）进士，官至考功郎中、光禄卿。后退隐从教。

嘉靖十一年壬辰（1532），三十六岁

任江阴知县。重修延陵书院，设季子牌位以祭祀，作《季子祠》诗。

王艳萍《李元阳年谱》：“明嘉靖十一年，任江阴知县。重修延陵书院。崇祀季子。在公署设铜壶滴漏。重修医学。重修府馆。写《季子祠》。”[⑧]

《江南通志·学校志》：“延陵书院，一在府城双桂坊季子祠西……一在江阴县

---

① 李元阳：《中溪家传汇稿》，《丛书集成续编》，第 115 册，第 653 页，上海书店，1994 年。
② 同上书，第 729 页。
③ 同上书，第 696 页。
④ 同上书，第 697 页。
⑤ 王艳萍：《李元阳年谱》，《西南古籍研究（2001 年）》，第 310 页，云南大学出版社，2002 年。
⑥ 李选：《侍御中溪李公行状》，李元阳《中溪家传汇稿》，丛书集成续编》，第 115 册，第 633 页，上海书店，1994 年。施立卓编次《李元阳年谱》引而未注出版信息（施利卓总编校：《李元阳集》，第 608~609 页，云南大学出版社，2008 年）。
⑦ 李元阳：《中溪家传汇稿》，《丛书集成续编》，第 115 册，第 903 页，上海书店，1994 年。
⑧ 王艳萍：《李元阳年谱》，《西南古籍研究（2001 年）》，第 310 页，云南大学出版社，2002 年。

顺化坊，旧为公馆。明成化间知县谢廷桂建，嘉靖间知县李元阳重修，设季子位以祀之，聚学者肄业其中，今废。”①

《季子祠》：“何事春申国，能存季子坟。孤峦蒙弱木，虚阁入流云。天地徐君剑，江山鲁圣文。千年吾酹酒，藉草坐斜曛。”②

贾文元、赵汝濂中进士。

王艳萍《李元阳年谱》：“此年贾文元、赵汝濂中进士。”③

《明清进士题名碑录索引》：“嘉靖十一年(1532)壬辰科第三甲二百三十三名：……贾文元……赵汝濂……。”④

李元阳《承德郎刑部主事贾公墓志铭》：“余叨第，先公而仕，然知公之不坠学也。壬辰，公登林大钦榜进士。”⑤

李元阳《正奉大夫正治卿南京都察院右副都御史雪屏赵公墓志铭》：“壬辰，中林大钦榜进士。”⑥

嘉靖十二年癸巳（1533），三十七岁

任江阴知县，增建城楼八座，演水操、拒海寇。

王艳萍《李元阳年谱》：“复修城楼八座，演水操、拒海寇。”⑦

《江阴县城池考》：“正德元年，知县刘纮修朝宗、天庆二门。六年，知县王鉼裒民力畚土筑之，周九里三十步，高一丈五尺，门皆有楼，东、南、北各置水关。次年，流贼渡江，冦城下居，民赖以保障。十二年，推官王钧置扉木架城上，覆以瓦。嘉靖十二年，知县李元阳增建城楼八座，各当空阙，瞭望相属。”⑧

李元阳檄府为蔡烈（号鹤峰）建书院，辞而不受。

李清馥《遗佚蔡鹤峰先生烈》：“嘉靖癸巳，以遗佚应荐，力辞，母老不赴。御

---

① 黄之隽等编纂:《江南通志》卷90,《景印文渊阁四库全书》,第509册,第525~526页,台湾商务印书馆,1986年。

② 李元阳：《中溪家传汇稿》，《丛书集成续编》，第115册，第643页，上海书店，1994年。

③ 王艳萍：《李元阳年谱》，《西南古籍研究（2001年）》，第310页，云南大学出版社，2002年。

④ 朱宝炯、谢沛霖：《明清进士题名碑录索引》，第2517~2519页，上海古籍出版社，1980年。

⑤ 李元阳：《中溪家传汇稿》，《丛书集成续编》，第115册，第889页，上海书店，1994年。

⑥ 同上书，第886页。

⑦ 王艳萍：《李元阳年谱》，《西南古籍研究（2001年）》，第310页，云南大学出版社，2002年。

⑧ 郑若曾撰:《江南经略》卷5下,《景印文渊阁四库全书》,第728册,第335页,台湾商务印书馆,1986年。

史李元阳檄府为建书院，又辞，不受。忽所居之山，如雷鸣者三日，而烈卒。”[①]

《明史》：“蔡烈，字文继，龙溪人。父昊，琼州知府。烈弱冠为诸生，受知于清及莆田陈茂烈。隐居鹤鸣山之白云洞，不复应试。嘉靖十二年诏举遗佚，知府陆金以烈应，以母老辞。巡按李元阳檄郡邑建书院，亦固辞。忽山鸣三日，烈遂卒。”[②]

嘉靖十三年甲午（1534），三十八岁

结束江阴知县任，迁升任户部主事。

王艳萍《李元阳年谱》：“明嘉靖十三年，升任户部主事。”[③]

《明故赐进士通议大夫知荆州府诏进资治尹前翰林庶吉士监察御史李文肃公墓志》：“丁内艰，服阕，补江阴。在任二年，修废举阙，御灾捍患，小民自以为得慈父。”[④]

李选《侍御中溪李公行状》：“去（江阴）之日，流涕遮道者百余里。为立生祠，勒碑述善政百余事。先生既迁户部主事，时选宫僚，大学士夏公招之，不赴。”[⑤]

与熊过、任瀚、唐顺之等人拜谒明皇陵，往观长城。与熊过游京郊银山铁壁。

王艳萍《李元阳年谱》：“与熊过、任瀚、唐顺之等人参觐皇陵。与熊过游京郊银山铁壁。”[⑥]

李元阳《游银山铁壁记》：“嘉靖甲午夏，谒陵，同熊南沙、任少海、唐荆川、王湛泉。既竣事，约往观长城。……马上作《银山铁壁歌》。夜投昌平公署，不食而卧，觉甚安适。……明日，荆川、少海携酒来相劳。顷之，湛泉亦至。因为言山水之情状，诸君颇以不游为恨。”[⑦]

按：此文亦录于《古今游名山记》（卷一），题名为《游银山铁壁谩谈》[⑧]，内容

---

① 李清馥撰：《闽中理学渊源考》卷59，《景印文渊阁四库全书》，第460册，第601页，台湾商务印书馆，1986年。

②《明史》卷192，第24册，第7236页，中华书局，1974年。

③ 王艳萍：《李元阳年谱》，《西南古籍研究（2001年）》，第310页，云南大学出版社，2002年。

④ 赵寅松主编：《白族文化研究·2001》，第442页，民族出版社，2002年。

⑤ 李选：《侍御中溪李公行状》，李元阳《中溪家传汇稿》，《丛书集成续编》，第115册，第633页，上海书店，1994年。

⑥ 王艳萍：《李元阳年谱》，《西南古籍研究（2001年）》，第310页，云南大学出版社，2002年。

⑦ 李元阳：《中溪家传汇稿》，《丛书集成续编》，第115册，第852页，上海书店，1994年。施立卓编次《李元阳年谱》引部分内容而未注出版信息（施利卓总编校：《李元阳集》，第609页，云南大学出版社，2008年）。

⑧ 何镗辑：《古今游名山记》卷1，《续修四库全书》，第736册，第478页，上海古籍出版社，2002年。

大体一致。

作《同熊武选南沙游银山铁壁》《铁壁寺登中峰顶同熊南沙》《游铁壁》《都门吉祥寺温汤芳洁，秋日同任少海、唐荆川、熊南沙会浴，顷之，赵大州亦至，遂宿翠峰上人方丈》《巨虎石诵经台诸胜》。

王艳萍《李元阳年谱》："写《同熊武选南沙游银山铁壁》《都门吉祥寺温汤芳洁秋日同任少海唐荆川熊南沙会浴顷之赵大州亦至遂宿翠峰上人方丈》《铁壁寺登中峰顶同熊南沙》《游铁壁》。"①

《同熊武选南沙游银山铁壁》："银山无草树，铁壁有岩阿。昔时邓隐峰，超腾解世罗。好奇熊武选，共我上坡陀。……所经多险巇，信宿问婆娑。道场久寂寞，空有万僧锅。夜宿八角堂，老杉聆无糜。晨从高顶迈，穿竹亦扪萝。力倦寻棋局，衔杯藉短莎。……熊君神宇定，疾步上嵯峨。我亦往从之，层巅起浩歌……"②

《铁壁寺登中峰顶同熊南沙》："晓登铁壁寺，疑入赤城霞。万象围高掌，三天欲散花。……"③

《游铁壁》："一径绿云下涧滨，殊原绝谷断行人。……才离谷口多世氛，那有红颜为君驻。"④

《都门吉祥寺温汤芳洁，秋日同任少海、唐荆川、熊南沙会浴，顷之，赵大州亦至，遂宿翠峰上人方丈》："濯缨濯足付沧浪，此日温兰气转芳。啜茗七杯谁记数，振衣千仞亦寻常。高僧在座休行酒，词客挥毫似倒囊。始信上方诸品净，一轮明月立回廊。"⑤

《巨虎石诵经台诸胜》："晓起骑行几二十里，路人乃云：'赤独子去密云已旬日矣！'众相顾色阻，南沙谓予曰：'银山铁壁，去此不远。盍往游焉？'遂折北而去，诸君相尾问程……迟回不进。南沙与予恐为所阻，遂策马亟驰，行六十里。……明日，荆川、少海携酒来相劳。顷之，湛泉亦至。因为言山水之情状，诸君颇以不游为恨。荆川名顺之，编修，武进人。湛泉名与龄，验封郎，山西人。少海名瀚，考功郎，顺庆人。南沙名过，职方郎，富顺人。予则名元阳，字仁甫，号中溪，大理人，为御史。"⑥

---

① 王艳萍：《李元阳年谱》，《西南古籍研究（2001年）》第310页，云南大学出版社，2002年。

② 李元阳：《中溪家传汇稿》，《丛书集成续编》，第115册，第674页，上海书店，1994年。

③ 同上书，第661页。

④ 同上书，第738页。

⑤ 同上书，第719页。

⑥ 孙承泽撰：《春明梦馀录》卷68，《景印文渊阁四库全书》，第869册，第267~268页，台湾商务印书馆，1986年。

嘉靖十四年乙未（1535），三十九岁

十一月十四日，改授都察院江西道监察御史。

王艳萍《李元阳年谱》：“十一月，改任江西道监察御史。”①

《明世宗实录》嘉靖十四年十一月辛未（十四日）：“改授主事桑高、胡守忠、李元阳、连矿、邢址、叶泰、毛复、何备、金清、张明、程烈、王汝楫、陶圭、于廷寅、唐时英，评事冯天驭，俱监察御史。”②

作《大明奉直大夫知四川潼川州事张公墓表》。

施立卓《李元阳年谱》：“是年，为大理人张凤羽作《大明奉直大夫知四川潼川州事张公墓表》。”③

《大明奉直大夫知四川潼川州事张公墓表》：“大夫生于成化某年，葬中峰之阡。配朱氏，懿德淑行，无忝内助。子男三人：长治道，郡庠生。次治德，以庠生例听典膳，皆朱出。季治策，侧室余氏出。女一，适庠生王尚贤，先卒。治道曰：‘我先世淮安山阳人，讳兴者。洪武初，从征滇，始徙大理。’兴生胜，胜生裕，裕生玺，是为节斋先生。大夫名凤羽，字拱辰，自号玉山先生。嘉靖乙未三月朔日，刻中溪李子之文。”④

嘉靖十五年丙申（1536），四十岁

以御史巡按福建。纠劾贪黩官吏，廓清福建吏治。校刻《杜氏通典》，作《出京留别任少海李伯华二吏部》。

王艳萍《李元阳年谱》：“明嘉靖十五年，以御史巡按福建。查访官吏的贪污罪状，上疏弹劾，福建吏治为之一清。荐举耆逸林富、马明衡。校刻《通典》。写《出京留别任少海李伯华二吏部》。”⑤

《初刻杜氏通典序》：“丙申，以御史按闽，乃谋于福州守胡君有恒。聚诸生十有四人，于学宫校梓以传。夫科举之业，将以明体达用，以佐天下，乃业者，不尚本实，而务夸侈。于是广汇标之书，盛行于天下。士有诵所不当诵，习所不必习者，博而寡要，

---

① 王艳萍：《李元阳年谱》，《西南古籍研究（2001年）》，第310页，云南大学出版社，2002年。

②《明世宗实录》卷181，第3868页，台湾“中央研究院”历史语言研究所，1962年。

③ 施立卓编次：《李元阳年谱》，施利卓总编校《李元阳集》，第609页，云南大学出版社，2008年。

④ 李元阳：《中溪家传汇稿》，《丛书集成续编》，第115册，第885页，上海书店，1994年。

⑤ 王艳萍：《李元阳年谱》，《西南古籍研究（2001年）》，第310页，云南大学出版社，2002年。

耗其心力，而于当世之务，往往正墙面而立吁，可哀也。”①

施立卓《李元阳年谱》：“刻《杜氏通典》，作《福建乡试录后序》。”②

李选《侍御中溪李公行状》：“巡按八闽，大学士饯之，手出官名纳公袖，谓宜荐剡也。比至，廉知贪黩状，疏劾之。所至风靡，一省廓清。”③

《出京留别任少海李伯华二吏部》：“把袂出春明，驾言适闽粤。与子同心言，别离易惊骨。丽日坐岩廊，清时供袍笏。后遇未可期，昨游已超忽。冰霜结肺肝，岁月视毛发。风烟二子旋，单车我当发。今夜何处眠，邮亭待明月。”④

嘉靖十六年丁酉（1537），四十一岁

充任福建乡试丁酉科主考，遴选大量优秀人才。作《福建乡试录后序》。

王艳萍《李元阳年谱》：“明嘉靖十六年，为丁酉科主考，选拔大批人才……。写《福建乡试录后序》。”⑤

李选《侍御中溪李公行状》：“监临丁酉场屋，得人最盛。试录尽出其手，识者评为天下第一。”⑥

按：李元阳《福建乡试录后序》，存于《中溪家传汇稿》卷五⑦。

父母俱受诰封。父李玄封文林郎、江西道监察御史，母董氏封孺人。

王艳萍《李元阳年谱》：“此年，二月初六，李元阳父母受到皇帝诰封。父亲李玄封为文林郎江西道监察御史，母亲董氏封为孺人。”⑧

《诰封李元阳之父碑》（碑原存点苍山兰峰麓，现已毁。据大理图书馆存 1944 年拓片录文。碑高 174cm，宽 83cm。文 10 行，满行 27 字。直行，楷书）：“奉天承运，皇帝敕曰：易曰：干父用誉，承以德也。然则忠孝之传，有自来欤。尔义官李玄，乃

① 李元阳：《中溪家传汇稿》，《丛书集成续编》，第 115 册，第 802 页，上海书店，1994 年。施立卓编次《李元阳年谱》引部分内容而未注出版信息（施利卓总编校：《李元阳集》，第 609 页，云南大学出版社，2008 年）。

② 施立卓编次：《李元阳年谱》，第 608 页，云南大学出版社，2008 年。

③ 李选：《侍御中溪李公行状》，李元阳《中溪家传汇稿》，《丛书集成续编》，第 115 册，第 633 页，上海书店，1994 年。

④ 李元阳：《中溪家传汇稿》，《丛书集成续编》，第 115 册，第 669 页，上海书店，1994 年。

⑤ 王艳萍：《李元阳年谱》，《西南古籍研究（2001 年）》，第 310 页，云南大学出版社，2002 年。

⑥ 李选：《侍御中溪李公行状》，李元阳《中溪家传汇稿》，《丛书集成续编》，第 115 册，第 633 页，上海书店，1994 年。

⑦ 李元阳：《中溪家传汇稿》，《丛书集成续编》，第 115 册，第 762 页，上海书店，1994 年。

⑧ 王艳萍：《李元阳年谱》，《西南古籍研究（2001 年）》，第 310 页，云南大学出版社，2002 年。

江西道监察御史元阳之父，孝友俭勤，本其成性，忠信愿悫，足以廉顽。维兹直道之民，安于家食之吉，施及令子，效劳王家，缘恩褒嘉，亦惟旧典。兹特封为文林郎江西道监察御史。服兹殊渥，茂介寿祺。诏命。嘉靖十六年二月初六日之宝。”①

《诰封李元阳之母碑》（碑原存点苍山兰峰麓，现已毁。据大理图书馆存1944年拓片录文。碑高176cm，宽80cm。文9行，满行26字。直行，楷书）：“奉天承运，皇帝敕曰：鲁颂有言：鲁侯燕喜，令妻寿母。夫颂德者，必本所自。则我国家，以子贵母，盖古道也。尔董氏，乃江西道监察御史李元阳之母，克秉巽德，能济乾刚，爱而知劳，遂成令子。妇仪母则，朕所宠嘉。兹特赠为孺人，魂而有知，享斯嘉宠。敕命。嘉靖十六年二月初六日之宝。”②

以御史巡按福建，在福建进行赋役制度改革。

《闽书·版籍志》：“正德十五年（1520），沈御史灼议，将通县费用分正、杂二纲，以丁四粮六科派。……嘉靖十六年（1521），李御史元阳知其多费，再议征银储库，用度各有定则，但额外费多，支应不给，仍令里长贴办，称为‘班次’。”③

《龙溪县志·赋役·役发沿革始末考》：“明御史沈灼、简宵聂、李元阳先后变通，而弊终不可绝。……每年徭役有常，而每甲丁粮无定，民苦不均。御史李元阳定为十段法，凡一县之数，酌什分之一。今年盈，则以之补捐明年之不足；缩，则益取诸今年之有余。民甚便之。”④

泉州大饥，主持赈灾，使百姓得到实惠。

《金门志》卷九：“许福，字尧锡，号西浦；后浦（属台湾金门）人。父重华，字良绚；慷慨好义；客至多舍其家。尝以非罪罹狱，为上诗当道，得免。领嘉庆戊子（1528）乡荐第六名，乙未（1535）成进士，乞归终养。值俞大猷为所官，过从甚洽。泉州大饥，巡按李元阳延福与黄伟及大猷分主赈事，民收实惠。”⑤

《金门志》卷十：“嘉靖十六年，泉大饥，巡按李元阳请主赈事。”⑥

---

① 大理市文化丛书编辑文员会编：《大理古碑存文录》，第286页，云南民族出版社，1996年。
② 同上书，第287页。
③ 何乔远编纂，厦门大学历史系古籍整理研究室《闽书》校点组、厦门大学古籍整理研究所《闽书》校点组校点：《闽书》卷39，第963页，福建人民出版社，1994年。
④ 吴宜燮修，黄惠、李田寿纂：《龙溪县志》卷5，《中国方志丛书·第九十号》，第54~55页，台湾成文出版社，1967年。
⑤ 林焜熿撰：《金门志》，《台湾文献丛刊》，第216页，台湾大通书局，1984年。
⑥ 同上书，第237页。

嘉靖十七年戊戌（1538），四十二岁

三月初八，同安甘露降，奏进荐于太庙。

《明世宗实录》三月辛巳（初八日）：“巡按福建都御史李元阳进甘露九罂，诏留宫中，礼官请荐庙称贺。上曰：‘宝露之降，实拜天庥，朕躬谢于玄极宝殿。’荐宗庙，奉两宫，颁赐大臣，百官表贺已之。”①

五月，游武夷山，登大王峰，游鼓山、皖山；到广西，游龙虎山。

《登武夷大王峰记》：“嘉靖戊戌夏五月，汪东麓、张东沙、江午坡送予至武夷。自二曲之玉女峰下，泛舟历九曲溪。再舆再舟，往返竟日，历览既遍……”②

《游鼓山记》：“嘉靖戊戌夏，林尚书小泉翁，招余游鼓山。出福州城，天色鲜霁。东行十余里，阴霭渐至，松路萧爽，石色幽映。过龙桥，至鼓山寺。饭罢，易竹舆登山。”③

《游皖山记》：“皖山在潜山县西，汉以为南岳，其麓有祀坛。嘉靖戊戌夏，于匡庐山前，与陈内翰后冈言别，渡江漫游。遥见三峰插天，遂问路至其麓。五里，宿三祖寺。平旦，谒殿礼塔，适微雨。”④

《游龙虎山》：“余嘉靖丙申使闽，戊戌五月，得代出疆。张大参东沙、江提学午坡、汪内翰东麓出为佥宪，送至武夷山，登大王峰，游竟而别。余至广信，拟为龙虎山之游。方问讫，陆方伯铨将往广西，闻此，欣然遂与俱。”⑤

作《金鸡洞香炉记》《登大王峰》《宿三祖寺文浍僧院》《山谷寺别邑博诸生》《望皖山》《皖山寺即事》《武夷山一线天答白洛原祠部同江午坡赋》《登鼓山望琉球诸国，同小泉尚书郎林公赋》《南康使院望匡庐山，信宿不忍去，池荷正开，亦足把玩，梁海石、蒋枳田二君子携酒枉顾，得荷字》《宿五祖山寺，同石莲峰侍御》《登台》《九江逢陈后冈内翰》。

徐𤊹《金鸡洞香炉》：“武夷金鸡洞旧志云：‘嘉靖甲午，飞来铁香炉，可三百斤。戊戌，御史李元阳作记，谓洞中见新置一物，如香奁状，丹朱炫耀，约方六七尺。侍

---

①《明世宗实录》卷210，第4335页，台湾“中央研究院”历史语言研究所，1962年。

② 李元阳：《中溪家传汇稿》，《丛书集成续编》，第115册，第859页，上海书店，1994年。施立卓编次《李元阳年谱》引部分内容而未注出版信息（施利卓总编校：《李元阳集》，第609页，云南大学出版社，2008年）。

③ 李元阳：《中溪家传汇稿》，《丛书集成续编》，第115册，第858页，上海书店，1994年。施立卓编次《李元阳年谱》引部分内容而未注出版信息（施利卓总编校：《李元阳集》，第609页，云南大学出版社，2008年）。

④ 李元阳：《中溪家传汇稿》，《丛书集成续编》，第115册，第854页，上海书店，1994年。施立卓编次《李元阳年谱》引部分内容而未注出版信息（施利卓总编校：《李元阳集》，第609页，云南大学出版社，2008年）。

⑤ 李元阳：《中溪家传汇稿》，《丛书集成续编》，第115册，第851页，上海书店，1994年。施立卓编次《李元阳年谱》引部分内容而未注出版信息（施利卓总编校：《李元阳集》，第609页，云南大学出版社，2008年）。

御先一日望洞中无有，次日乃有。见洞在二十仞之上，下临不测，何一宿之顷，能致之速耶！’据此二说，则洞中飞来者先为香炉，后飞者不知何物也。”①

《登大王峰》（在武夷）：“神仙多窟宅，尽在大王峰。万丈梯青壁，千年俨玉容。岩花寒捻谂，石发碧茸茸。还应有笙鹤，夜到武溪松。”②

《宿三祖寺文浍僧院》（皖山之寺）：“祇役不遑居，林栖中伏时。……风尘聊税驾，禅寂有深资。”③

《山谷寺别邑博诸生》“避暑珠林宿，长歌赋薄游。雷声中伏雨，月色满庭秋。……弭节久行役，逢人未浣愁。青衿谊何笃，白马句难酬。好事无今古，题诗满石牛。”④

按：诗旁注有“寺在皖山石牛洞上”一语，故将此诗系于此年。

《望皖山》：“灵秀故称岳，棱层作镇雄。撑天一柱直，挂壁片霞红。全楚带间尽，灵芝岩际丛。……访眺良无已，于焉系玉骢。”⑤

《皖山寺即事》：“分萝才过马，出树再休台。横岭城闉隔，浮江岛屿来。玉毫自神物，时谷欲风雷。秋宇何寥廓，终惭作赋才。”⑥

《武夷山一线天答白洛原祠部同江午坡赋》：“玉女峰头弄白云，洞箫一曲不堪闻。青溪行尽未逢客，芳草宁知苦忆君。”⑦

《登鼓山望琉球诸海国，同小泉尚书郎林公赋》：“穿破浮云才到顶，苍沉溟渤何时流。气吞海外八千国，谁信书生龙额侯。”⑧

《南康使院望匡庐山，信宿不忍去，池荷正开，亦足把玩，梁海石、蒋枳田二君子携酒枉顾，得荷字》：“池上桥亭拂芰荷，松新竹嫩弄晴波。午窗坐歇匡庐雨，风槛行吟独漉歌。无畏简书常局蹐，暂辞入吏足婆娑。南康山水风流牧，击筑吹笳许重过。”⑨

《宿五祖山寺，同石莲峰侍御》：“衣钵知名寺，钟鬵施善堂。……庑下看庐岳，杯前辨九江。”⑩

---

① 徐㶿撰：《徐氏笔精》卷8，《景印文渊阁四库全书》，第856册，第585页，台湾商务印书馆，1986年。
② 李元阳：《中溪家传汇稿》，《丛书集成续编》，第115册，第643页，上海书店，1994年。
③ 同上书，第654页。
④ 同上书，第662页。
⑤ 同上。
⑥ 同上书，第646页。
⑦ 同上书，第702页。
⑧ 同上书，第726页。
⑨ 同上书，第708页。
⑩ 同上书，第654页。

《登台》（玉田县）："抱病读残庾信赋，感时还上少陵台。……登阴顿觉沧洲远，却为西风立一回。"①

《九江逢陈后冈内翰》："持节异方旋，蒹葭属楚天。讵期洛下伴，相见九江船。客鬓悲流景，韶光叹逝川。应须各努力，轶驾求前贤。"②。

按：李元阳《游皖山记》有"嘉靖戊戌夏，于匡庐山前与陈内翰后冈言别，渡江漫游"之语，故此诗可系于今年。

九月二十四日，劾原任右参政胡宗明，当罢。上命查宗明历年考语，俱最，特令照旧调用。

《明世宗实录》九月甲午（二十四日）："福建巡按御史李元阳，劾原任右参政胡宗明，当罢。初，宗明以不及议调吏部，谓御史再谕宜褫职。上命查宗明历年考语，俱最，特令照旧调用。"③

十二月，章圣太后崩。

《明史·世宗本纪》："十七年春……十二月癸卯，章圣皇太后崩。"④

嘉靖十八年己亥（1539），四十三岁

二月，皇帝驾幸承天，上书劝阻未果，扈从出行。途经北岳、中岳。途中上书弹劾大学士夏言，皆不报。

王艳萍《李元阳年谱》："二月，皇帝驾幸承天，为扈从。途经北岳、中岳。"⑤

李选《侍御中溪李公行状》："上议幸承天，上疏乞止。上怒，欲杖之。是夜，台臣悚惧不能寐，先生独鼾睡达旦，人称为真御史。后扈从出都，闻大学士所选宫僚，皆江南富人，即于行在疏劾之。至承天，复疏，皆不报。"⑥

作《扈从幸安陆》《大驾过钧州祀中岳，有赐辅臣诗》《大驾至承天，与任忠斋翰同赋》。

王艳萍《李元阳年谱》："写《扈从幸安陆》《大驾过钧州祀中岳有赐辅臣诗》《大

① 李元阳：《中溪家传汇稿》，《丛书集成续编》，第115册，第701页，上海书店，1994年。

② 同上书，第654页。

③《明世宗实录》卷216，第4434页，台湾"中央研究院"历史语言研究所，1962年。

④《明史》卷17，第2册，第228页，中华书局，1974年。

⑤ 王艳萍：《李元阳年谱》，《西南古籍研究（2001年）》，第311页，云南大学出版社，2002年。

⑥ 李选：《侍御中溪李公行状》，李元阳《中溪家传汇稿》，《丛书集成续编》，第115册，第633页，上海书店，1994年。施立卓编次《李元阳年谱》引部分内容而未注出版信息（施利卓总编校：《李元阳集》，第609页，云南大学出版社，2008年）。

驾至承天与任忠斋翰同赋》。”①

《扈从幸安陆》：“天声幸安陆，候辇欲曈昽。渊鼓催寅旦，凝笳遍晓风。千官陪警跸，五气拥行宫。睿藻垂通孝，皇情俨慎终。幔城朝湿露，县乐夜吟虫。旂指鹦洲外，龙游楚水东。省方时赐玺，礼岳午坛嵩。宗伯严仪注，元勋戒羽戎。诸侯朝隧至，万国拜旒同。日代今逾岁，宵衣尚匪躬。……典应存大狩，车莫载非熊。侨堕飞黄骏，沟余折臂翁。室残人不住，驾过县为空。尹被阉官缚，家因丁壮穷。兰台有封事，早晚达重瞳。”②

《大驾过钧州祀中岳，有赐辅臣诗》：“万骑纵铮竞海涛，苍然松岳望中高。午坛奠璧移龙辇，昼漏呈符肃豹韬。谩道横汾夸镬鼎，孰优鸣跸和挥毫。灵祇效信应多谷，满路天风属御袍。”③

《大驾至承天，与任忠斋翰同赋》：“千官护驾拥旂常，紫盖黄旗入帝乡。郢树千重行殿碧，汉江三绕旧宫长。气和雪观销鸩鹊，云矗春台隐凤凰。惟有握兰词客贵，舜衣垂处奏长杨。”④

改任荆州知府。捐俸禄打数十眼井，又作石池饮马，解决人畜用水问题。修缮毁坏的荆州古大堤，治理水患。

王艳萍《李元阳年谱》：“担任荆州知府。捐俸禄打数十眼井，又作石池饮马，解决人畜用水问题。修筑倒塌大堤，治理水患。弹劾藩府。”⑤

李选《侍御中溪李公行状》：“议先生外补，会荆州知府缺，乃奏曰：‘荆州要地，御史李元阳堪任。’遂授之。荆襄之间，四百余里无井泉。先生至，即捐俸穿井数十，又作石池以饮马。荆地滨于大江，古堤既圮，七州县皆为薮泽。巡抚顾璘发银八万两，责之司水利者，久无成绩。先生毅然为之，甫期而堤成，荆人名其堤与井为‘李公’云。”⑥

嘉靖十九年庚子（1540），四十四岁

任荆州知府，识拔张居正。

李选《侍御中溪李公行状》：“尝试诸生，得太岳张居正卷，大器之，拔为六百人之冠。

---

① 王艳萍：《李元阳年谱》，《西南古籍研究（2001年）》，第311页，云南大学出版社，2002年。

② 李元阳：《中溪家传汇稿》，《丛书集成续编》，第115册，第655页，上海书店，1994年。

③ 同上书，第696页。

④ 同上。

⑤ 王艳萍：《李元阳年谱》，《西南古籍研究（2001年）》，第311页，云南大学出版社，2002年。

⑥ 李选：《侍御中溪李公行状》，李元阳《中溪家传汇稿》，《丛书集成续编》，第115册，第633~634页，上海书店，1994年。

时太岳年方十三岁，后果然，皆以先生为知人。”①

按：张居正，嘉靖四年（1525）生于荆州江陵，嘉靖十五年（1536），十二岁报考生员，其机敏伶俐深得荆州知府李士翱怜爱。十三岁（1537）参加乡试，写出好文章，只因湖广（今湖南、湖北）巡抚顾璘有意让其多磨炼几年，才未中举。考张居正中举时间，应为嘉靖十九年（1540），十六岁。《张太岳集》中有给李元阳的书信，将其称为“尊师”。录取他的当为知府李元阳。

从兄李锐逝，作《贞靖先生李公墓志》。婿吴懋中举。

《明故文林郎荣县知县贞靖先生李公墓志》：“……公生以成化甲午二月二十九日酉日丁，卒以嘉靖庚子三月初六月酉时。寿望七衮矣，以是年十二月初三日卜葬郡城南五里驼峰之麓，其从弟、知府、前翰林庶吉士、监察御史元阳，在荆州抆泪为之志。”②

《云南通志》：“庚子科中式四十名（附四川中式一名）……吴懋，大理人，通判。”③

李元阳《知州吴君懋墓志铭》：“嘉靖庚子，君亦中式，闾里相劝曰：‘盍效吴家君？’弱冠能为古文辞，藻思逸发，前辈以陆机目之，兼工篆、籀（籒）、行草。成都杨升庵修撰谪居，与君甚善，征君作写韵楼等赋，自以为不及君。”④

嘉靖二十年辛丑（1541），四十五岁

再游清碧溪。作《塔坪书所遇》。

王艳萍《李元阳年谱》：“明嘉靖二十年，再游清碧溪。在隐仙溪造两间房子。写《塔坪书所遇》。”⑤

《游清碧溪三潭记》：“嘉靖辛丑，郡守杨公邛崃、祠部许公玉林，招予复至溪上。”⑥

《塔坪书所遇》：“嘉靖辛丑秋，故交三五聚。置酒最高台，招予及初度。饮酣各解襟，散倚长松树。予从塔背行，忽值双童孺。年可十二三，向予称夙慕。一人前执壶，一人持盏哺。意气如老人，颇不拘礼数。歌吟五七言，如偈又如赋。不解所说

---

① 李选：《侍御中溪李公行状》，李元阳《中溪家传汇稿》，《丛书集成续编》，第115册，第634页，上海书店，1994年。

② 张树芳等主编：《大理丛书·金石篇》，第660~661页，云南民族出版社，2010年。

③ 靖道谟等编纂：雍正《云南通志》卷20中，《景印文渊阁四库全书》，第570册，第36页，台湾商务印书馆，1986年。

④ 焦竑辑：《国朝献征录》卷94，《续修四库全书》，第530册，第350~351页，上海古籍出版社，2002年。

⑤ 王艳萍：《李元阳年谱》，《西南古籍研究（2001年）》，第309页，云南大学出版社，2002年。

⑥ 李元阳：《中溪家传汇稿》，《丛书集成续编》，第115册，第855~856页，上海书店，1994年。施立卓编次《李元阳年谱》第609~610页引而未注出版信息（施利卓总编校：《李元阳集》，第609~610页，云南大学出版社，2008年）。

何，两袖翻云雾。飞舞下重台，宛若双鸾翥。捷疾不可追，一往无回顾。渺渺秋原中，目极莽迴互。怅望无处寻，恍若梦中遇。”①

父逝，回乡守孝，从此不再出仕。捐地重修大理感通寺二殿和崇圣寺。《归里》《怀庚楼》约作于此时。

李选《侍御中溪李公行状》：“先生以外艰去任，因遂里居不出。”②

《重修感通禅寺记》：“……嘉靖辛卯，蓬谷先君御史公悯之，召僧复业，始建斋堂三栋。辛丑，不肖归里，乃续先君之志，赠常住田百十余亩，重修二殿，创造钟鼓二楼，改建大云庵，又选取鸡足传衣僧海慧字印光者主之。慧童真出家，遍览《大藏》，大建法幢，为诸山名德所推。地因人胜，教以时显，盖于法天有光而成，眉波之坠绪几绝而复续。四方闻风兴起，薰其德而持五戒者，几千人矣。”③

《崇圣寺略记》：“大理城之北，寺曰崇圣者，自始迄今，历千五百年，梵宇悉颓，法席中断。大明嘉靖辛丑，予始修复，乃有大干、碧潭、无台三老禅，来主法席。”④

按：李元阳辛丑归家，是因为丁外艰，故将其父去世时间约定于此。又《山水卜筑记》曰：“嘉靖辛丑，余时归里已一年，遂入点苍溪山选胜卜居。”⑤时间与《重修感通禅寺记》所载有出入，此处存疑。

《归里》：“故庐依井巷，廿载方来归。……生苦缘多欲，吾今悟昨非。”⑥

《怀庾楼》：“怀庾楼头江月白，章华台上楚云折。浩荡长风万里来，荆南太守璇霄客。自从章甫裹头颅，拜揖人称礼法疏。心咽苍生贫彻骨，随人依样画葫芦。一腔郁气空悄悄，走上江楼看浩淼。”⑦

按：诗后注：“读此知公以仙客自期许，为荆州守时已然，其后退处山中，则慕道尤笃。”故将此诗系于此年。

---

① 李元阳：《中溪家传汇稿》，《丛书集成续编》，第115册，第668页，上海书店，1994年。

② 李选：《侍御中溪李公行状》，李元阳《中溪家传汇稿》，《丛书集成续编》，第115册，第634页，上海书店，1994年。

③ 李元阳：《中溪家传汇稿》，《丛书集成续编》，第115册，第864页，上海书店，1994年。

④ 同上书，第868页。施立卓编次《李元阳年谱》引部分内容而未注出版信息（施利卓总编校《李元阳集》，第610页，云南大学出版社，2008年）。王艳萍《李元阳年谱》认为此事发生在1542年，疑误。

⑤ 李元阳：《中溪家传汇稿》，《丛书集成续编》，第115册，第844页，上海书店，1994年。

⑥ 同上书，第648页。

⑦ 同上书，第745页。

嘉靖二十一年壬寅（1542），四十六岁

与杨士云共同编修《大理府志》。在茫涌溪构屋五间。

王艳萍《李元阳年谱》："与杨士云编纂《大理府志》。修葺崇圣寺。在茫涌溪构屋五间。"①

李元阳《大理府志序》："大理旧志，庞蔓不可读。嘉靖壬寅以后，太守黄严蔡君绍科，召阳与给舍弘山杨君士云同修。时则成都修撰杨君慎谪居永昌，相与往来而订。而据诸史传，而以常璩、李景山诸所为《华阳南中志》参之，亦既成帙。凤翔（下阙）君鸾继守，始梓行焉。今已二十年，下阙近事无纪，而于凡例纲目亦多出入。"②

李元阳《山水卜筑记》："嘉靖辛丑，余时归里已一年，遂入点苍溪山选胜卜居。初闻隐仙溪有茂原膴土宜蔬，因结屋二重，为终焉计。经营之始，郡太守洪雅杨公仲琼、祠部谪通守成都许公勉仁，不远三十里，登峻坡，下深谷，访余于原上。时尚未有屋，汲涧煮茗，藉草露酌，尽欢而去。……人言茫涌溪上有地曰悉达场，古人修道之所，三面石壁。延庚挹辛，遂往寻焉。余弟元春、元期、元和，偕杨君玄谷湜、韩君园宸、苏君北溟鹏程，策马以游。……月出东方，湖波含金，恍然不在尘世矣。众欣然以喜，谓诛茅无出此矣，皆愿相从，无所欺也。乃回家，办钱召工，伐木作屋五间，设木榻，置陶器。盖逾年而后落成。"③

嘉靖二十二年癸卯（1543），四十七岁

十月，为木公诗作《雪山庚子稿》作序。

王艳萍《李元阳年谱》："为木公《雪山庚子稿》写序言。"④

《雪山庚子稿序》："嘉靖癸卯夏，丽守雪山氏以其所为诗若干首，题曰'庚子集'，介杨、梁两生征余序之。余固辞不可，乃缀数语，以质诗旨。……太和李元阳书于竹里馆时嘉靖癸卯阳月之望。"⑤

诗友张含最后一次入京科考，失意而回，写《禺山癸卯诗》，表达从此隐居，以诗文终了一生之想，李元阳为其写《禺山癸卯诗序》。

---

① 王艳萍：《李元阳年谱》，《西南古籍研究（2001年）》，第311页，云南大学出版社，2002年。

②《嘉靖大理府志》，第1页，大理白族自治州文化局翻印，1983年。施立卓编次《李元阳年谱》引部分内容而未注出版信息（施利卓总编校《李元阳集》，第610页，云南大学出版社，2008年）。

③ 李元阳：《中溪家传汇稿》，《丛书集成续编》，第115册，第844页，上海书店，1994年。

④ 王艳萍：《李元阳年谱》，《西南古籍研究（2001年）》，第311页，云南大学出版社，2002年。

⑤ 丽江县政协文史资料委员会编：《丽江文史资料》，第8辑，第20~21页，1989年。

按：《禺山癸卯诗序》见本书《张含年谱》嘉靖二十二年（1543 年）纪事。

嘉靖二十三年甲辰（1544），四十八岁

四月，应宾川州何邦宪请，作《南薰桥记》。

施立卓《李元阳年谱》："应宾川州龙津何邦宪请，作《南薰桥记》。"①

《南薰桥记》："嘉靖二十三年正月甲子，宾川州知州安庄朱君作桥于城之南门。越三月朔，桥成。明日丙午，州之宾僚生儒，合酎于桥，祝爵于侯。维时，凯风景明，其为士者歌熏风之诗，且曰：其以'南薰'名桥。侯之惠和，其永于吾土乎！乃持龙津何邦宪书，征灵鹫山李逸民为之记。"②

八月，作《南巡纪略序》，赞赏四川中江人王惟贤南巡之功。

《南巡纪略序》："……嘉靖壬寅（1542），中江卓峰王公，以签臬分视列郡。初入大理，辄进父老而问之，又进乡之大夫而问之……事事为区画，大者上闻，小者独断，期年而谋周，再年而政立，三年而化行。属之吏民始而疑，中而信，终而翕然随以颂。……甲辰八月，公将以报政去我郡。……因请予公，出诸簿牒而梓之。愚乃为之序。"③

十二月初一，宾川州秀峰书院落成，作《秀峰书院记》。

施立卓《李元阳年谱》："十二月，宾川州秀峰书院落成，作《秀峰书院记》。"④

《秀峰书院记》："……甲辰八月，乃复作书院；十二月乙丑，书院成。……学之师生歌'思乐之诗'，以问记于愚……"⑤

嘉靖二十四年乙巳（1545），四十九岁

作《大观堂修造记》。

《大观堂修造记》："大观堂枕鹫峰襟洱水，在大理郡城西里许，郡守龟崖蔡公所作。堂前有古塔十六级，周昭王时物也。塔前有祠，台宪中江王公即王舍寺之遗址创庙，以祀孔明者也。祠左有关将军庙，贰守蜀泸王公作，以翼祠者也。祠北有苍山书院，南有射圃，前人作以肄士者也。蔡公莅郡三年，为嘉靖乙巳，惠流民和，吏牍

① 施立卓编次：《李元阳年谱》，施利卓总编校《李元阳集》，第 610 页，云南大学出版社，2008 年。
② 李元阳：《中溪家传汇稿》，《丛书集成续编》，第 115 册，第 842 页，上海书店，1994 年。
③ 同上书，第 765 页。
④ 施立卓编次：《李元阳年谱》，施利卓总编校《李元阳集》，第 610 页，云南大学出版社，2008 年。
⑤ 李元阳：《中溪家传汇稿》，《丛书集成续编》，第 115 册，第 825 页，上海书店，1994 年。

有暇，乃偕客步自山麓，求孔明之祠而拜焉，历书院而休焉。于时，田父野老偕来观听。公指古塔问曰：‘是奚为者也’？父老曰：‘吾郡，古泽国也。……今千有余年，塔圮什七，而水患荐至。今峨崀塔桥数村皆以圮坏，小塔而至覆没，其迹可验也。尚幸大塔独存，城隍赖以无恙。然兹塔有铜盖木骨，尝毁于盗，及今不葺，来者可忧。’公悯然……明日，遂捕盗而还其盖，伐木而补其骨。……会台宪安公来谒侯祠，督学吴公来视书院，升兹堂则碧波在几，步其背则白云在檐。公乃题曰‘大观之堂’，言据高瞩遐，万象呈露也。吴公命笔作书，揭之梁眉凹。郡之士民大喜过望，乃征予记之。”①

作《学田记》。

施立卓《李元阳年谱》：“大理府知府于邓川州建学田一百五十六亩，以赈贫困生员，应请书《学田记》。”②

《学田记》：“嘉靖乙巳，天台鹤田蔡公云程，以仪藻风望，副外台来董学政。校艺考德，克明厥绩，贫士告匮，惠不啬己。比至大理，有司以湮田告。公曰：‘此非所谓惠而不费者乎？’遂檄郡守黄岩蔡公绍科廉而籍之，果得田百五十六亩于邓川州。”③

嘉靖二十五年丙午（1546），五十岁

与杨慎访山水于点苍、叶榆之间。作《送升庵先生还蝗川客寓诗序》《蝗川别杨升庵修撰》。

《送升庵先生还蝗川客寓诗序》：“成都太史升庵杨先生，谪居博南二十四年，为嘉靖丙午，访山水于点苍、叶榆之间。……榆之士人，无问识不识，咸载酒从先生游。当其意有所欣，拈笔伸纸，藻思逸发，亹亹数千言。……是岁仲秋，先生既穷叶榆之源，探黑水之奥，窥罢谷，历鸟吊，以究桑、郦二子叙说《水经》之故，而叹其不诬。九月之吉，言旋蝗川而居焉。维时，菊黄江碧，骊驹在途，送者人赋一诗。以点苍之境约为三十二韵。坐有诵唐人诗‘客路青山外’，分二十四字各为韵，以中溪李子序之。”④

《蝗川别杨升庵修撰》：“游子三十时，对帝明光语。英声狭五陵，藻思驰千古。走马碧鸡关，复向长安去。心惊太华钟，眼暗昆明雨。”⑤

---

① 李元阳：《中溪家传汇稿》，《丛书集成续编》，第 115 册，第 831~832 页，上海书店，1994 年。

② 施立卓编次：《李元阳年谱》，施利卓总编校《李元阳集》，第 610 页，云南大学出版社，2008 年。

③ 李元阳：《中溪家传汇稿》，《丛书集成续编》，第 115 册，第 821 页，上海书店，1994 年。

④ 同上书，第 782 页。施立卓编次《李元阳年谱》引部分内容而未注出版信息（施利卓总编校《李元阳集》，第 610 页，云南大学出版社，2008 年）。

⑤ 李元阳：《中溪家传汇稿》，《丛书集成续编》，第 115 册，第 666 页，上海书店，1994 年。

与婿吴懋游鸡足山，赠僧人圆惺田地和银两修建鸡足山放光寺。作《鸡足山别王屋山人序》《寿霞山蔡翁八十序》《丙午端阳前二日大雨雪》。

王艳萍《李元阳年谱》："嘉靖二十五年，与女婿吴懋游鸡足山，与僧人圆惺创建鸡足山放光寺。写《鸡足山别王屋山人序》……《寿霞山蔡翁八十序》……《丙午端阳前二日大雨雪》。"①

李元阳《游鸡足山记》："嘉靖丙午，余与婿吴阶州懋来游，从大顶下瞰见之因，谋于山僧圆惺，以田金与之。阅十年，落成。"②

《鸡足山别王屋山人序》："余曩叨使役，其于天下名胜之地，不远数百里，皆往观焉。顾于诸山有至有不至。自罢官以来，万虑消歇，独耿耿为怀，以不见为阙者，唯王屋一山耳。家居七年，始得游鸡足，同游者二十二人。……比至，则王屋山人邢君，以赞山川，来从吾游也。"③

按：文中但《游鸡足山记》明确提出"嘉靖丙午"来游，"家居七年，始得游鸡足"句存疑，李元阳 1541 年致仕归乡，至今六年，故将此文系于今年。

《寿霞山蔡翁八十序》："天台霞山蔡公，以河南右方伯乞归之二十年，是为嘉靖丙午。是年公八秩矣，六月二十八日为初度辰。"④

《丙午端阳前二日大雨雪》："何事朱炎节，翻成白雪天。……樵人悲失路，耕者罢耘田。大块变气候，乖律亏时年。一食再日算，十家九罄历。谁将黄竹词，陈向君王前。"⑤

为杨升庵作《刻檀弓丛训序》。

施立卓《李元阳年谱》："丙午……应吴鹏请为杨升庵《檀弓丛训》作序。"⑥

《刻檀弓丛训序》："《檀弓》在六经中，古今拟其文辞，疏其意义者，无虑数十家。然其说有谷稗，又皆散见于传集。嘉靖间，成都升庵杨公慎流寓滇南，始聚其说，掎摭利病，摘为一篇，题曰《丛训》。或旁注行间，或揭标简首，大都为考古文者设。

---

① 王艳萍：《李元阳年谱》，《西南古籍研究（2001 年）》，第 311 页，云南大学出版社，2002 年。

② 李元阳：《中溪家传汇稿》，《丛书集成续编》，第 115 册，第 847 页，上海书店，1994 年。施立卓编次《李元阳年谱》引部分内容而未注出版信息（施利卓总编校：《李元阳集》，第 610 页，云南大学出版社，2008 年）。

③ 李元阳：《中溪家传汇稿》，《丛书集成续编》，第 115 册，第 809~810 页，上海书店，1994 年。施立卓编次《李元阳年谱》引部分内容而未注出版信息（施利卓总编校：《李元阳集》，第 610 页，云南大学出版社，2008 年）。

④ 李元阳：《中溪家传汇稿》，《丛书集成续编》，第 115 册，第 775 页，上海书店，1994 年。

⑤ 同上书，第 655 页。

⑥ 施立卓编次：《李元阳年谱》，施利卓总编校《李元阳集》，第 610 页，云南大学出版社，2008 年。

欲观者不假丹铅，手才披而知作者之妙。岁丙午，秀水默泉吴公鹏，提滇学且三年。一日，手是编进诸生而诲之曰：‘汝知为文乎？文由外滋学问，习熟则能推类为文也。以艰深文浅近，以诘曲号简古，律以《檀弓》，皆务华叶而忘根实，未见大体也。’于是，诸生受而梓之，请余序之。”①

嘉靖二十六年丁未（1547），五十一岁

游鸡足山袈裟寺。出资买地修建大理文昌宫。

王艳萍《李元阳年谱》：“明嘉靖二十六年，游鸡足山袈裟寺。创建文昌宫。”②

《袈裟院记》：“嘉靖二十六年，余游鸡足。将至老袈裟院三里，有老僧执炉远迎。……及入殿参礼，见空碑仆地。曰：‘先师欲请公作文，日复一日，因循数年。先师去世，众徒望门逡巡，遂至今日。’言毕跪泣。……乃援笔为书其本末于石。”③

《大理文昌宫记》：“……嘉靖丁未，余买常氏故宅，除屋洁其地，创建文昌宫，与一方人士供奉之。”④

作《寿升庵先生六十序》。

《寿升庵先生六十序》：“成都太史升庵杨先生寓螳川，今年寿登六秩。仲冬之朔，为初度之辰。从游弟子某辈将称觞焉，欲余作文以为寿。余曰：‘先生以文章魁天下，以文章教后学，请以文喻。夫文者，理义之发越也。理义无形，因文而见理义也。然则真我无形，因身而后见有我也。谓文以显理，可也；谓文即理，不可也；谓身以显我，可也；谓身即我，不可也。文学之寿以劫计，劫坏则变，而理义不随劫而变也’。”⑤

作《鹤庆军民府城碑》。

《鹤庆军民府城碑》文末：“嘉靖二十六年十二月吉旦立。”⑥

---

① 李元阳：《中溪家传汇稿》，《丛书集成续编》，第115册，第767~768页，上海书店，1994年。

② 王艳萍：《李元阳年谱》，《西南古籍研究（2001年）》，第311页，云南大学出版社，2002年。

③ 李元阳：《中溪家传汇稿》，《丛书集成续编》，第115册，第871页，上海书店，1994年。施立卓编次《李元阳年谱》引部分内容而未注出版信息（施利卓总编校：《李元阳集》，第610页，云南大学出版社，2008年）。

④ 李元阳：《中溪家传汇稿》，《丛书集成续编》，第115册，第870页，上海书店，1994年。施立卓编次《李元阳年谱》引部分内容而未注出版信息（施利卓总编校：《李元阳集》，第610页，云南大学出版社，2008年）。

⑤ 李元阳：《中溪家传汇稿》，《丛书集成续编》，第115册，第776页，上海书店，1994年。王艳萍《李元阳年谱》认为此事发生在1549年，应误（第311页）。

⑥ 张树芳等主编：《大理丛书·金石篇》，第672~674页，云南民族出版社，2010年。

嘉靖二十七年戊申（1548），五十二岁

作《赵州甘雨祠记》。

王艳萍《李元阳年谱》："明嘉靖二十七年，写《赵州甘雨祠记》。"①

《赵州甘雨祠记》："尧峰潘侯守赵州之三年，为岁丁未，旱暵方千里，其邻郡之长、接邑之令，咸躬亲祈祷……竟亦无雨。侯曰：'阴阳失节，咎在长吏。民之无辜，罹此荼毒。'言已泣下，徒跣从事。父老前曰：'距州治若而里，有古潭……祷可得雨。'侯如言而往，路见一蛇，迎侯而前。众崩拜曰：'龙见，龙见！'侯……祝曰：'若真龙者，当受食，入吾罂。'蛇则舔食入罂。父老曰：'今当大雨，愿侯疾驱。'行未数里，一众沾湿，是夕，大雨如注。……嘉靖二十七年戊申九月。"②

嘉靖二十八年己酉（1549），五十三岁

作《己酉夏台宪郝赵孟三公枉驾家园》。

王艳萍《李元阳年谱》："明嘉靖二十八年，写《己酉夏台宪郝赵孟三公枉驾家园》。"③

《己酉夏台宪郝赵孟三公枉驾家园》："半亩家园给笋蒸，扣关何敢谢亲朋。佛书蕊笈盈青案，客带金围挂碧藤。窗里岩泉秋瀑布，檐头岫寺夜悬灯。山僧尺牍昨相问，七品《楞迦》熟未曾。"④

嘉靖二十九年庚戌（1550），五十四岁

闰六月，开始修缮崇圣寺三塔之中塔，即千寻塔，重新制作该塔木骨，工程费时百日。

王艳萍《李元阳年谱》："明嘉靖二十九年，自六月六日起，补甃崇圣寺三塔之千寻塔，复作木骨，百日竣工。"⑤

《重修三塔碑记》："大理郡城之北有崇圣寺，旧号'千厦'，创自唐贞观间。寺前三浮屠，高侵云表，世传开元癸丑，南诏所建，阅四十八年功成。大明正德甲戌，

---

① 王艳萍：《李元阳年谱》，《西南古籍研究（2001年）》，第311页，云南大学出版社，2002年。
② 张树芳等主编：《大理丛书·金石篇》，第677~679页，云南民族出版社，2010年。
③ 王艳萍：《李元阳年谱》，《西南古籍研究（2001年）》，第311页，云南大学出版社，2002年。
④ 李元阳：《中溪家传汇稿》，《丛书集成续编》，第115册，第710页，上海书店，1994年。
⑤ 王艳萍：《李元阳年谱》，《西南古籍研究（2001年）》，第311页，云南大学出版社，2002年。

地大震，城堞屋庐为摧，独三塔无恙，然已罅拆如破竹。嗣是风雨飘摇，日益剥泐。嘉靖庚戌闰六月六日，余乃补甃中塔，复作木骨，凡百日竣工。”①

在金腾兵备副使郭春震的倡导下，捐地建桂香院，作《桂香院记》。

《桂香院记》：“……嘉靖庚戌，菊坛郭公以金腾饬戎副宪分司再至，首浚城隍，辟驰道，省冗戍之费，苏屯卒之窘。期月之间，废坠具举，乃命文武僚属，选地作休暇之所。余家尝园于文昌祠之南，爰有卉木源泉，愿以为献。于时，郡太守毕公凤翔分符未至，则有安庄胡君崧以云南府通守来视郡篆。乃导泉为池，临池为台，白石岩坛，玉栏界道，别为曲水，以仿兰亭故事。顷之，毕公亦至，润其所既有，增其所未具，顿使光景焕然，令人一见而胜之。……华不至靡，费不及奢。白露经始，阳月告成。不出郭而无尘氛，不寻壑而有野色。”②

嘉靖三十年辛亥（1551），五十五岁

贾文元去世，享年六十。撰《承德郎刑部主事贾公墓志铭》。

王艳萍《李元阳年谱》：“明嘉靖三十年，写《承德郎刑部主事贾公墓志铭》。”③

《承德郎刑部主事贾公墓志铭》：“岁辛亥十月七日卒，距其生弘治壬子（1492）四月二十七日，享年六秩。余与公林邱同居者，又十年矣。入出周旋，月无虚日，又安忍铭公墓哉？忍不铭公墓哉？”④

嘉靖三十一年壬子（1552），五十六岁

李贽中举。

《泉州府志》：“嘉靖壬子，领乡解。”⑤

嘉靖三十二年癸丑（1553），五十七岁

与同乡苏鹏程等人共同修缮崇圣寺三塔之左右二塔，撰《重修三塔碑记》。

---

① 李光荣、杨政业主编，大理白族自治州王陵调查课题组编：《古籍中的大理》，第 318 页，云南民族出版社，2003 年。

② 李元阳：《中溪家传汇稿》，《丛书集成续编》，第 833~834 页，上海书店，1994 年。

③ 王艳萍：《李元阳年谱》，《西南古籍研究（2001 年）》，第 311 页，云南大学出版社，2002 年。

④ 李元阳：《中溪家传汇稿》，《丛书集成续编》，第 115 册，第 889 页，上海书店，1994 年。

⑤《泉州府志》，《文苑传》（府志卷 54），转引自铃木虎雄：《李卓吾年谱》，厦门大学历史系编《李贽研究参考资料》（第一辑），第 95~96 页，福建人民出版社，1975 年。

王艳萍《李元阳年谱》："修崇圣寺三塔之左右二塔，并有修塔题记。写《送赵学贤参蜀政序》《重修三塔碑记》。"①

《重修三塔碑记》："……又三年癸丑，始克重葺左右二塔，秋初经始，首尾历五月。其助资者则前同邑苏鹏程，韩斗，淇钰，余弟元春、元期、元和。时嘉靖三十二年十一月甲子。赐进士知荆州府前翰林庶吉士郡人李元阳。"②

撰《赵州重建廨宇记》《送元冈马大夫之任序》《送赵学贤参蜀政序》。

《赵州重建廨宇记》："……廨成四载，既宁以吉，岁在癸丑，例当考满。宾僚进贺，咸谓是邦之建二百年于兹，更守长殆且百人，升厅而吁，下堂而忘。匪大夫之公之才，曷克及此？然工役兴造，在大夫为他政之末。姑访金石以纪一节，遂相与来告。阳让不获，乃刻兹珉。大夫名大武，别号坤泉。"③

《送元冈马大夫之任序》："嘉靖三十二年，重庆元冈马大夫，以兵部郎中出守，得大理。大理其山点苍，书载史臣崔佐时与云南王会盟处也。其水西洱，郦道元《水经》载叶榆河者是已。是即图所得之郡也。余为元冈喜甚。"④

《送赵学宪参蜀政序》："嘉靖三十二年春，以云南提学副使赵公升四川右参政。客有谒余者曰：'赵公负一代词章之望，学术儒雅，渊源六艺。观其为人，盖长于文者，用之于学校，诚当其才……'曰：'不然。文也者，随时而发，随寓而形，不必皆词章也。'"⑤

罗汝芳中进士。

朱保炯、谢沛霖《明清进士提名碑录索引》："嘉靖三十二年癸丑科（1553）……第三甲六十六名……罗汝芳。"⑥

嘉靖三十三年甲寅（1554），五十八岁

与赵雪屏、杨史城三人游点苍山之石门山。

《游石门山记》："石门山在点苍山之背。嘉靖甲寅春首，予约雪屏赵中丞、史城杨江津，遵洱河，历天桥，出宿漾濞村舍。翌午，至金牛屯饭。"⑦

① 王艳萍：《李元阳年谱》，《西南古籍研究（2001年）》，第311页，云南大学出版社，2002年。
② 李光荣、杨政业主编，大理白族自治州王陵调查课题组编：《古籍中的大理》，第318页，云南民族出版社，2003年。
③ 李元阳：《中溪家传汇稿》，《丛书集成续编》，第115册，第820页，上海书店，1994年。
④ 同上书，第799~800页。
⑤ 同上书，第805页。
⑥ 朱宝炯、谢沛霖：《明清进士题名碑录索引》，第2513页，上海古籍出版社，1980年。
⑦ 李元阳：《中溪家传汇稿》，《丛书集成续编》，第115册，第860页，上海书店，1994年。

撰《送刘楚雄之平乐府贰守序》。

《送刘楚雄之平乐府贰守序》："余始仕，则闻铜仁有三烈刘氏。居常，恒自思维，苟不先溘朝露，会识其子若孙，以慰吾怀。比吾里居，距楚雄五百里而遥，则数闻其令刘公之贤，人盖拟其为古之循吏云。……岁甲寅，天子念牧守之重，选于州县，以名实著于上考者升倅郡。得君晋阶三级，升广右平乐府贰守……余曰：'嘻，异哉！夫天下之为郡百十，乃君独还之旧游，则君之迁秩，将非天乎？'"①

杨士云去世，年七十八。

王艳萍《李元阳年谱》："杨士云死，为之写墓表。"②

《户部左给事中弘山先生墓表》："点苍五台峰之麓有隐君子，曰弘山先生，以嘉靖甲寅秋九月八日卒，年七十有八。是冬十二月二十四日，葬于弘圭山先茔之次。"③

嘉靖三十四年乙卯（1555），五十九岁

八月十四日，与赵雪屏游大理珠海寺。次日，二人出资作倡，重修之。

《珠海寺记》："嘉靖三十四年，阳偕雪屏公泛舟河尾，居人杨钟、卞璋指曰：'此珠海寺也。'因具言其故。余二人遂舍舟策杖而往观焉。……时八月望前一日也。须臾月上，一轮皎洁，侵在水中。余曰：'此所谓珠海者，非耶？'公亦抚掌快适，命童子暖酒更酌。明日，村老辈壶馈来饷，翕然愿相与修复。因令钟、璋董工，余二人出资作倡。门堂寮庑，焕然毕具。前作一楼，曰'水月方丈'云。"④

撰《广通县弥陀院记》《青华洞诗刻序》《宾川平盗记》。

王艳萍《李元阳年谱》："写《广通县弥陀院记》《青华洞诗刻序》《宾川平盗记》。"⑤

《广通县弥陀院记》："广通县西三里许，为仙羊山，其地可田可池。僧正玉者尝游其地，于一树下跏趺坐，忽历寒暑。县人觉其累月不出，有胡某者偕好事六七辈，因往侦之，见其兀焉不变，一钵生尘矣。遂高其行，即其地为之葺宇。来者益众，人各舍田有差。玉素师遵净土法门，因肖弥陀像，以名其院。经始于嘉靖丙午，落成于己酉。其徒惟戒过点苍山谒余，道其师之履历及院之颠末，征予一言以为记。余嘉惟戒之志，又知其师之贤，欲造其院而未能也，遂为之书石。……余既不及效工，请以

---

① 李元阳：《中溪家传汇稿》，《丛书集成续编》，第115册，第785~786页，上海书店，1994年。
② 王艳萍：《李元阳年谱》，《西南古籍研究（2001年）》，第311页，云南大学出版社，2002年。
③ 李元阳：《中溪家传汇稿》，《丛书集成续编》，第115册，第882页，上海书店，1994年。
④ 同上书，第868页。
⑤ 王艳萍：《李元阳年谱》，《西南古籍研究（2001年）》，第311~312页，云南大学出版社，2002年。

文字效信。时嘉靖三十四年冬十一月也。”①

《青华洞诗刻序》：“……滇之青华洞，含岈奇诡，深窈莫测。昔人麋粮以入，殆十余里，炬灭而返，自后无有穷其际者。以其在大理郡云南县大路之侧，故冠盖时至焉。既历年，所题咏遂富。嘉靖乙卯，侍御怀庆次山刘公观风过之，佳使轺之有缘也，为四韵诗以志其胜。因刮苔剔藓于岩石中，得本朝人诗若干首。公本起家史馆，笃尚人文，爰命通守王君朴慎刻诸梓，以广其传。”②

《宾川平盗记》：“……皇帝宅位三十有三载，悯滇云之多故，悼边民之未乂。擢大中丞丰城二水孙公世佑，俾其秉钺开府，董治西南；以侍御怀庆次山刘公泾，俾其持斧独裁，观察风纪。……时则方伯江陵陈锭、叙南郝维岳、章丘李冕，廉宪汉州周满，大参长乐林恕、蒲田陈光华，宪副秀水范之箴、德化万衣、考城董汉儒、宝应张旦，少参阆中崔官、山阴张辐，学宪桂林徐养正，佥宪郴阳欧礼、全州蒋贲、长洲皇甫汸、临安鲍龙，都阃普安刘彩、辰州贺凤、云南潘雄，后先相继，并预运筹，咸谓宜拔盗本，不可循习。于是，命吏驱兵，深入其阻。……雷腾电掣，大宣国威，盗乃自缚，角崩稽首，不崇朝而反侧底定。……期月而已，盗化为良，……夜户或至不闭。……明年夏，里居儒绅，集而言曰：‘赖诸公德业馀休，与我以安枕，愿建碑歌颂，以垂后祀。’……嘉靖三十四年岁在乙卯夏六月之望立石。”③

门生大理府何文极中举。

王艳萍《李元阳年谱》：“此年门生何文极中举。”④

刘文征《滇志》：“举人……乙卯科，大理府何文极进士。”⑤

按：据穆药《大明李文肃公墓志简介》考证：“现存李元阳诗文《中溪家传汇稿》十卷，是其子李傅、李䅿辑录，其门生李东、何文极校正，在李元阳去世之年（1580），由巡按云南监察御史江陵刘维、云南按察佥事、分巡金沧兰溪胡僖共同出资刻板，太和知县孔宗海、董理督印。经过三四百年，屡经兵燹，刊板久毁，传本亦稀。大理周霞收有抄本，昆明陈荣昌要了来，交给腾冲李根源，1913才由李根源刊刻行世，编入《云南丛书》内，改名《李中溪全集》。”⑥可见，李东、何文极等人自认是李元阳的学生。

① 李元阳：《中溪家传汇稿》，《丛书集成续编》，第115册，第862页，上海书店，1994年。
② 同上书，第767页。
③ 张树芳等主编：《大理丛书·金石篇》，第710~712页，云南民族出版社，2010年。
④ 王艳萍：《李元阳年谱》，《西南古籍研究（2001年）》，第312页，云南大学出版社，2002年。
⑤ 刘文征撰，古永继校点：天启《滇志》，第299页，云南教育出版社，1991年。
⑥ 赵寅松主编：《白族文化研究2001》，第443~444页，民族出版社，2002年。

嘉靖三十五年丙辰（1556），六十岁

鸡足山放光寺落成，弟元春、元期、元和各铸铜佛像供奉。《游鸡足山记》约撰于此时。

王艳萍《李元阳年谱》："鸡足山放光寺落成，三兄弟各铸铜佛像供奉。"①

《游鸡足山记》："嘉靖丙午……阅十年乃落成。余弟元春、元期、元和，各铸一铜像奉安焉，惺有信力，勤俭种植之利，足以垂远矣……"②

同郡守马公元冈、二守任公积斋游清碧溪。

《游清碧溪三潭记》："……丙辰，又同郡守马公元冈、贰守任公积斋，深穷其源。"③

作《送宾川州守萧省庵序》。

施立卓《李元阳年谱》："丙辰。作《送宾川州守萧省庵序》。"④

《送宾川州守萧省庵序》："嘉靖三十二年，萧侯始以楚雄节推迁知州事。……忽三年，议者曰：'侯其治身者乎？'侯嘻嘻若罔闻。忽一日，奉治状诣上大夫曰：'牧不敏，乃今知所以治此州矣！'……遂下令一如侯请，以某董某事，以某董某兵，以某兵扼其吭，以某兵捣某巢，首尾巨细，曲尽机宜。……于是，土田日辟，户口日增，赋敛子来，讼狱不兴，兵戎有程，贮积斯盈。今日之宾川，非复昔日之宾川矣。……以侯不求速化之心而佐理大郡，永州之人必有阴受侯之大赐者矣。久任之法虽不行于今，而侯不求速化之心，固古人久任之遗意也。余不逢久任之法，良用慨息，而得见不求速化之人，大有可喜者。故因诸乡士之请，特书以为赠。"⑤

嘉靖三十六年丁巳（1557），六十一岁

徙建大理宗岳庙。

王艳萍《李元阳年谱》："明嘉靖三十六年，建宗岳庙。"⑥

按：《徙建宗岳庙记》（碑存大理市大理石厂［宗岳庙旧址］。额正中刻"徙建宗岳庙记"5字。高158cm，宽58cm，厚10cm。直行楷书。文19行，行6~14字。）：

---

① 王艳萍：《李元阳年谱》，《西南古籍研究（2001年）》，第312页，云南大学出版社，2002年。

② 李元阳：《中溪家传汇稿》，《丛书集成续编》，第115册，第847页，上海书店，1994年。

③《中溪家传汇稿》，第855~856页。施立卓编次《李元阳年谱》引而未注出版信息（施利卓总编校《李元阳集》，第611页，云南大学出版社，2008年）。

④ 施立卓编次：《李元阳年谱》，施利卓总编校《李元阳集》，第611页，云南大学出版社，2008年。

⑤ 李元阳：《中溪家传汇稿》，《丛书集成续编》，第115册，第796页，上海书店，1994年。

⑥ 王艳萍：《李元阳年谱》，《西南古籍研究（2001年）》，第312页，云南大学出版社，2002年。

“……阳于是命弟元春、元期、元和分执其役。缙绅各出金有差，里巷好义者亦稍稍趋事，取土木金石，征工僦功。以岁丁巳经始，为殿、为寝，为门堂，为翼室，为廊庑，为坊扁，肖貌题颜，具如法制，其囗侐而恤，其气肃而森，其势巍而炳。”①

作《赠王通守序》《南山寓意画卷记》。

施立卓《李元阳年谱》：“丁巳。春，作《赠王通守序》，深刻地剖析廉吏的本质特征。……作《南山寓意画卷记》。”②

《赠王通守序》：“清平小溪王君通守大理，质性夐朗，操履清介。近代所谓廉吏，君实足以当之。……嘉靖丁巳春，迁君提举，百姓涕洟，欲予一言以白其廉于世。因述其事如此，以对百姓云。”③

《南山寓意画卷记》：“……嘉靖丁巳，治斋冯侯以之示余，曰：‘此吾翁南山先生于邻水县斋合装成卷，二十年仕隐行坐，常不离目，题曰南山寓意，其为我记之。’余因留玩逾时，粗标其大略，书于卷末以还之。”④

作《赠鹤庆何太守序》。

《赠鹤庆何太守序》：“……丁巳之岁，五陇何公以郎署出守是邦。始至其境，则闻咨嗟悲叹之声，惊心触目，乃仰而叹曰：“悠悠昊天，谁为此咎？”于是约躬节用，一以抚循为心。凡利有可兴，弊有可革，旬日之内，力为罢行。……自是，善良之人，始有生气在天壤间。……由此言之，民俗之美恶，系于吏习之臧否。其风至神，其效至速，如此是宜。”⑤

嘉靖三十七年戊午（1558），六十二岁

闰七月十四日，弟元期死，时年五十八岁，为之铭。

《明清都大士李君墓志铭》（代作）：“以嘉靖戊午年闰七月十四日未时卒，享年五十八岁。……嘉靖壬戌十一月二十五日乙巳午时，葬于三塔寺南庚山艮，向兄元阳铭其圹曰：‘生不枯其神，殁乃返其真。’”⑥

撰《金光明最胜王经序》《送东川张宪副序》《明诏赐寿官楚峰周公唐孺

① 大理市文化丛书编辑文员会编：《大理古碑存文录》，第352~354页，云南民族出版社，1996年。
② 施立卓编次：《李元阳年谱》，施利卓总编校《李元阳集》，第611页，云南大学出版社，2008年。
③ 李元阳：《中溪家传汇稿》，《丛书集成续编》，第115册，第771页，上海书店，1994年。
④ 同上书，第836页。
⑤ 同上书，第769页。
⑥ 同上书，第900页。

人合葬墓志铭》。

王艳萍《李元阳年谱》：“明嘉靖三十七年，写《金光明最胜王经序》《送东川张宪副序》《明诏赐寿官楚峰周公唐孺人合葬墓志铭》。”①

《金光明最胜王经序》：“大藏内《金光明经》凡三本，北凉法师昙无谶译者，凡十八品，为四卷，名《金光明》。……觉林弟子李元阳熏沐操觚，谨述旧闻，列之首简。嘉靖戊午端阳之吉。”②

《送东川张宪副序》：“副宪东川张先生三任藩臬，皆出滇西。滇西之人，被服惠泽，而颂公之廉者千万人，若出一口。……嘉靖丁巳，先生乞致其政，将归休山阴。请于御史大夫，请于台察，咸以边陲多故，须此老成雅望之人，勉留益固。……不图先生上疏恳乞，主上嘉其恬退，遽尔东归。维岁戊午秋七月吉，路出吾郡之龙尾关。父老知攀留之无从也，相向咨嗟泣下。其为士者各为诗歌，相与追送于郡南三十里之清风桥，举酒载酌。”③

《明诏赐寿官楚峰周公唐孺人合葬墓志铭》：“公生于正统戊辰六月十四日，卒于嘉靖乙卯闰十一月廿五日，享年八十有八。公归窆有年，而孺人始卒，时以嘉靖戊午正月四日，葬于城南三台山之原，从公兆也。”④

唐时英致仕，返乡。

王艳萍《李元阳年谱》：“唐时英致仕。”⑤

《明副都御史子才唐公墓表》：“……公退之暇，稍延儒士野老，谈元讲道。言官论其倦，好负其劳，许留京用，而公归矣。戊午夏，至家。衣布茹淡，散发不栉，恬如也。”⑥

嘉靖三十八年己未（1559），六十三岁

杨慎返滇，六月作《病中永诀李张唐三公》，七月六日卒。

王艳萍《李元阳年谱》：“明嘉靖三十八年六月，杨慎作《病中永诀李张唐三公》，

---

① 王艳萍：《李元阳年谱》，《西南古籍研究（2001年）》，第312页，云南大学出版社，2002年。
② 李元阳：《中溪家传汇稿》，《丛书集成续编》，第115册，第780~781页，上海书店，1994年。
③ 同上书，第785页。
④ 同上书，第895页。
⑤ 王艳萍：《李元阳年谱》，《西南古籍研究（2001年）》，第312页，云南大学出版社，2002年。
⑥ 李元阳：《中溪家传汇稿》，《丛书集成续编》，第115册，第900页，上海书店，1994年。

七月六日卒。写《哭杨修撰升庵》。”[①]

简绍芳《明修撰杨升庵先生年谱》：“按公是年还戍所，六月构疾。六月二十日永昌卧病，有诗又感怀。诗曰：‘七十余生已白头，明明律例许归休。归休已作巴江叟，重到翻为滇海囚。迁谪本非明主意，网罗巧中细人谋。故园先陇痴儿女，泉下伤心也泪流！’又《病中诀李张唐三公诗》云：‘魑魅御客八千里，羲皇上人四十年。怨诽不学离骚侣，正葩仍为风雅仙。知我罪我《春秋》笔，今吾故吾《逍遥》篇。中溪（李元阳）半谷（张含）池南（唐锜）叟，此意非公谁与传。’公七月六日卒。……”[②]

按：杨慎《病中永诀李张唐三公》诗见于《升庵集》[③]，题后注：“己未六月”，又见于《永昌府文征》[④]。

作《升庵〈七十行戍稿〉序》《闻升庵杨太史复还滇戍》《哭杨修撰升庵》。

《升庵〈七十行戍稿〉序》：“嘉靖三十八年冬，升庵先生由泸至滇，涉路三千，历日四十，澆淅夜衣，成诗百余首，题曰《七十行戍稿》，寄某命序之。”[⑤]

《闻升庵杨太史复还滇戍》：“闻说衰年又入滇，惊悲此夜不成眠。避人谏草翻为累，绝代文章谁复怜。坡老蹉跎终内召，相如著述自筹边。莫将荣悴尤身世，此道由来合问天。”[⑥]

《哭杨修撰升庵》：“螳川在何处，恸哭傍沧洲。欲寄千行泪，兰津不北流。相去千余里，讣至一星周。……天边文曜坠，地下不能留。文章推一代，未足羡公优。博洽驱今古，犹云有匹俦。独持三礼议，斧钺不回头。聚讼多弹驳，孤臣有隐忧。贤相称公父，群邪罢黜秋。一声当众怒，帝德正垂旒。讵图忠贾祸，父去子随收。……忽焉衰暮逼，归梦属仙游。故园无一信，旅榇有孤舟。妻儿占梦寐，道路隔松楸。……妒才攒冷眼，事往尚御筹。坎坷一生内，无才亦少尤。点苍山上月，千古恨悠悠。”[⑦]

撰《大理府名宦祠记》《姚安职盗公馆壁记》《户部左给事中弘山先生墓表》。

---

① 王艳萍：《李元阳年谱》，《西南古籍研究（2001年）》，第312页，云南大学出版社，2002年。

② 简绍芳：《明修撰杨升庵先生年谱》，北京图书馆编《北京图书馆珍藏本年谱丛刊》，第45册，第609~610页，北京图书馆出版社，1999年。

③ 杨慎：《升庵集》卷30，《景印文渊阁四库全书》，第1270册，第217页，台湾商务印书馆，1986年。

④ 李根源辑，陆卫先、杨文虎校注：《永昌府文征》，第281页，云南美术出版社，2001年。

⑤ 李元阳：《中溪家传汇稿》，《丛书集成续编》，第115册，第778页，上海书店，1994年。施立卓编次《李元阳年谱》引部分内容而未注出版信息（施利卓总编校：《李元阳集》，第611页，云南大学出版社，2008年）。

⑥ 李元阳：《中溪家传汇稿》，《丛书集成续编》，第115册，第700页，上海书店，1994年。

⑦ 同上书，第667~668页。

《大理府名宦祠记》：“大理旧有祠在明伦堂之背，春秋有司展祀，然位置隘陋，仪文亦沦。嘉靖己未，内江高公镛以御史左迁，寻补府贰。下车之日，求祠而拜焉。一见恻然，顾诸生曰：‘是尚可以为典礼乎？’乃谋于太守贵阳周公鲁，改祠于夫子宫墙之侧，与乡贤并建。”①

《姚安职盗公馆壁记》：“先是，嘉靖己未，滇西盗发于姚楚，甲而兵者五百余人。百里之内，居民骚然，以死伤告急者百余家，失业流徙者，不可胜计。于是，饬戎宪副山阴沈公桥奉命适至，戴星而趋，与姚安太守揭阳侯日赞合谋，意在剿薙。……自议兵以来，钜公硕僚，谋猷非一人，裁定非一手。其名具在方册，然于兹文不能一一书者，诚以公馆无具瞻之崇壁。记非歌颂之侈，书之则嫌于渎。是故，略述兹役之本末，以为职盗者告云。”②

《户部左给事中弘山先生墓表》：“（杨士云去世）越五年，先生之子准率诸孙来谒，曰：‘吾考之葬，门人杨鹤龄既为志于玄堂，而未有以表诸封隧，惧久人无得而称焉，敢惟子也请。’”③

嘉靖三十九年庚申（1560），六十四岁

刻《法华经》，撰《重刻法华要解序》《建圣峰寺常住碑记》《崇圣寺重器可宝者记》《洱海兴造记》《大理府学新作泮池记》。

王艳萍《李元阳年谱》：“明嘉靖三十九年，刻《法华经》。写《建圣峰寺常住碑记》《崇圣寺重器可宝者记》《洱海兴造记》。”④

施立卓《李元阳年谱》：“作《重刻法华要解序》《大理府学新作泮池记》《建圣峰寺常住碑记》《崇圣寺重器可宝者记》。”⑤

《重刻法华要解序》：“……愚谓此经此解，玄机道妙，直指无遗。天地之间惟此一道，初无儒、释、老庄之分也。故刻梨贮之三塔，与有鼻孔者共之。时嘉靖庚申之一日也。”⑥

《建圣峰寺常住碑记》：“嘉靖辛丑岁，静月禅师建精蓝于鸡足山罗汉岩下，掘

---

① 李元阳：《中溪家传汇稿》，《丛书集成续编》，第115册，第818页，上海书店，1994年。
② 同上书，第829~830页。
③ 同上书，第882页。
④ 王艳萍：《李元阳年谱》，《西南古籍研究（2001年）》，第312页，云南大学出版社，2002年。
⑤ 施立卓编次：《李元阳年谱》，施利卓总编校《李元阳集》，第611页，云南大学出版社，2008年。
⑥ 李元阳：《中溪家传汇稿》，《丛书集成续编》，第115册，第780页，上海书店，1994年。

地得断碑曰‘明歌之坪’。籀文剥落，字画仅存。其略曰：佛大弟子迦叶波领佛衣入定之日，八明王歌颂之，即其地也。师因名其寺曰‘圣峰’。殿阁廊庑、方丈香积，皆师躬治。又镕铸塑造圣像若干躯，剃度若干人。丙辰，师垂化时，遗嘱其上座弟子道裕字天心者，令住持山门。师既化三年，天心修举废坠，克弘前业，圣峰遂为一山之钜丽。居者日益众，善信施田者，月至而岁有加焉。静月无字，号平生，不重衣，不重食，又不食盐，醢人号之曰‘山斋师’云。岁庚申，天心制碑石征余记。余记其颠末，乃以施田。姓善氏勒之碑阴。”①

《崇圣寺重器可宝者记》：“崇圣为寺，其来久远，不可溯诘。盖自周阿育王封其第三子于苍洱之国，是时已建伽蓝，崇圣是也。……寺之重器有五：一曰‘三塔’，二曰‘鸿钟’，三曰‘雨铜观音像’，四曰‘证道歌’‘佛都匾’，五曰‘三圣金像’。……夫有此山水而无此伽蓝，有此伽蓝而无此重器，不名全胜。乃今俱得而观之，自谓深幸，故镌之贞珉，冀后来具正赏者，共宝惜焉！时嘉靖庚申冬日。”②

《洱海兴造记》：“嘉靖三十九年秋，会稽沈公以云南提刑按察副使饬兵澜沧道。既至，问民疾苦与致盗之因。叹曰：‘盗起于饥，农病于涸。’遂周行原隰，相度水泉，则见水政废坏，蓄泄无伦，膏腴之壤，鞠为灌莽。乃檄吏召工，复陂塘十有二，所筑堤坝千有余丈，浚沟渠三十余里，作石椎、石闸。……首尾四月，厥功告成……吾大理为属郡，距台署二百里而近。于时，吾土不及饯送，方用咨嗟。其文武属吏、耆老众口同词，咸愿志公之迹，使永无忘。里居赵中丞汝濂、参议高嶎诸君谓阳宜秉笔。阳沐公之知，其何敢违？……姑书其治洱海者，以泄士民之思云。公名桥，别号南山。”③

《大理府学新作泮池记》：“嘉靖庚申，郡丞高公既于文庙之侧建名宦、乡贤二祠，乃眷而顾，则泮池隘涸，焦沙聚之，其水不潴。出棂星门，循除有渠，滮滮东注，驶疾如弦，乃集众谋曰：‘为下必因川泽沉兹渠以为泮，顾不可乎？’……于是，咨于太守贵阳周公，度地相宜，图维久远。”④

嘉靖四十年辛酉（1561），六十五岁

撰《徙建宗岳庙记》。

---

① 李元阳：《中溪家传汇稿》，《丛书集成续编》，第115册，第865页，上海书店，1994年。
② 张树芳等主编：《大理丛书·金石篇》，第751~752页，云南民族出版社，2010年。
③ 李元阳：《中溪家传汇稿》，《丛书集成续编》，第115册，第842~843页，上海书店，1994年。
④ 同上书，第822页。

王艳萍《李元阳年谱》：“明嘉靖四十年，写《徙建宗岳庙记》。”①

《徙建宗岳庙记》：“……镌碑庙门，永世其传。嘉靖四十年岁次辛酉正月之吉。赐进士知荆州府前翰林庶吉士江西道监察御史郡人李元阳仁甫撰。庠生秦世贤书。”②

按此：施立卓年谱认为写于1560年，应误。

嘉靖四十一年壬戌（1562），六十六岁

春，与弟元和、女婿张斗、友杨和泛舟西洱，过邓川鸟吊山，复至剑川石宝山。作《游石宝山记》《登石宝山》。在兴教寺凭吊杨升庵，作《兴教寺海棠感旧》。

王艳萍《李元阳年谱》：“明嘉靖四十一年，春天，与兄弟元和、女婿张斗、朋友杨和泛舟西洱河，过邓川鸟吊山，重游剑川石宝山。在狮子关有题记。写《游石宝山记》《登石宝山》。”③

《游石宝山记》：“壬戌孟春，予携弟元和、姊丈张斗、友人杨和，泛舟西洱，逾象岭，观鹤林寺，历鸟吊山，遂乘兴复至石宝。……折南而上，有玉女井方尺，清洌可饮。又里许，乃至旧游之地。追忆升庵、垠溪未尝见此，今已下世，凄怆挥涕。因赋一诗，书之壁间，以寄吾思焉。”④

按：上文云“姊丈张斗”，但其人是李元阳的女婿，在《李文肃公墓志铭》中有提及。故此处应为“子”之误字。

《登石宝山》：“剑海西来石宝山，凌风千仞猿猱攀。岩唇往往构飞阁，石窟层层可闭关。恍疑片云天上落，五丁把住留人间。霜痕雨溜石色古，璆琳琅玕何足数。老藤穿石掛虚空，欲堕不堕寒人股”。⑤

按：《游石宝山记》中有“追忆升庵、垠溪未尝见此，今已下世，凄怆挥涕。因赋一诗，书之壁间，以寄吾思焉”之语，此诗仍在石钟山第七号石刻，故将其系于今年。

《兴教寺海棠感旧》：“太史成都杨谪仙，昔游同赋海棠篇。今日重来花树老，回首春风三十年。三十年中人事改，升庵垠溪皆不在。纵然拈笔更题诗，山水萧条失

---

① 王艳萍：《李元阳年谱》，《西南古籍研究（2001年）》，第312页，云南大学出版社，2002年。

② 大理市文化丛书编辑文员会编：《大理古碑存文录》，第352~354页，云南民族出版社，1996年。

③ 李元阳：《中溪家传汇稿》，《丛书集成续编》，第115册，第312页，上海书店，1994年。

④ 同上书，第858页。施立卓编次《李元阳年谱》引部分内容而未注出版信息（施利卓总编校：《李元阳集》，第611页，云南大学出版社，2008年）。

⑤ 李元阳：《中溪家传汇稿》，《丛书集成续编》，第115册，第747页，上海书店，1994年。

光彩。”①

嘉靖四十二年癸亥（1563），六十七岁

在壬寅年志稿的基础上“重加编辑”，成十卷《大理府志》。

王艳萍《李元阳年谱》：“此年嘉靖《大理府志》成。”②

《大理府志序》：“壬戌，攸县江君应昂来为郡丞，谓图籍有阙郡之大务，遂重加编辑。阳以承命有宿，义不容辞，会台院檄纂《通志》，令所部各以《志》送官。于是召集生儒，开局从事，乃别为例作至凡十卷……阳也材力浅薄，曷堪兹役。然尝观海内诸君子所为《志》，互有得失，故窃取而师之。然自宋室以末，土壤中断，不属舆图，遂使文献幽沉，一伦莫复。今所稽载，实据前闻，其诸涉误、近疑，皆所不录。孔子曰：‘多闻阙疑，慎言其余。’罪我者其以是夫。嘉靖四十二年郡人李元阳书。”③

崇圣寺修缮告一段落。

吴鹏《重修崇圣寺记》：“五百年来，颓圮殆尽。郡人李内翰中溪氏率子弟罄家资，竭力兴复。盖自嘉靖壬寅经始，至今癸亥乃得讫工，凡三阁、七楼、九殿、百厦，其位置之向背，基础之崇卑，片瓦寸木，皆出李公之擘画。”④

作《八腊庙记》《源泉书院记》《觉真庵记》。

施立卓《李元阳年谱》：“作《八腊庙记》《源泉书院记》。游点苍山斜阳峰麓觉真庵作《觉真庵记》。”⑤

《八腊庙记》：“《记》曰：‘腊祭，古礼也。岁夕大举万物而享之，曰腊。’今两河、山、陕皆有庙，吾南中独无。长沙一洲江侯，佐大理郡之三年，为岁癸亥。维时政通人和，乃行郭课农，农人以田鼠告侯。侯恻然曰：‘祭腊可举也。’遂建庙于北郭浮屠之原。原上故有分巡佥宪建德叶公应麟种松千株，原下故有莲池二区。择地攸宜，于兹建庙焉。郡之缙绅谓余宜记之。”⑥

《源泉书院记》：“……经始于癸亥首夏，落成于是岁中秋。名其堂曰‘六经’，门曰‘崇敬’。内外书舍三十楹，楹各为号以别之，合而题曰‘源泉书院’。以流泉在门，

---

① 李元阳：《中溪家传汇稿》，《丛书集成续编》，第115册，第746页，上海书店，1994年。
② 王艳萍：《李元阳年谱》，《西南古籍研究（2001年）》，第312页，云南大学出版社，2002年。
③ 李元阳：《嘉靖大理府志》，第1~2页，大理白族自治州文化局翻印，1983年。
④ 刘文征撰，古永继校点：《滇志》，第710页，云南教育出版社，1991年。
⑤ 施立卓编次：《李元阳年谱》，施利卓总编校《李元阳集》，第611页，云南大学出版社，2008年。
⑥ 李元阳：《中溪家传汇稿》，《丛书集成续编》，第115册，第865~866页，上海书店，1994年。

是用取名云尔。”①

《觉真庵记》：“御史大夫雪屏赵公既致其事，优游田里，与乡之父老谈桑麻，数雨阳，披青霭坐，自适其适，相忘于尔汝之际。回视仕途之日，有不胜其猜嫌、忌讳、触忤、侦伺之烦者。为是庵于龙尾关之西、万松之麓，名其堂曰‘觉真’，言乃觉今之真，而昔之否也。……其友中溪居士李元阳闻而赏之，述其本末为《觉真庵记》。时嘉靖癸亥冬也。公名汝濂，雪屏其号也。庵置田十有余亩，以食庵之僧云。”②

作《游九顶山记》《苍洱图说》《苍洱图诗序》《敕封文林郎南京广东道监察御史邵公墓志铭》，诗《九顶寺次壁间皇甫百泉韵二首》。

《游九顶山记》：“余约雪屏赵中丞，以初春出游鸡足。余初夜宿赵之飞来寺，明日，中丞遂从赵州东山迤逦而行。……暮止梁王山。际晓，登九顶寺，崖壁结构，如蜂房鹊巢。及登之，则皆宏敞钜丽，下临幽绝。篝灯对酒，各成一诗。夜卧，闻路石下壑，有声如炮。启窗则曙色晴岚，掩映松杉，可喜可愕之事，不中枚数。乃援梯升古佛洞燃灯阁，僧澄碧者，进面羹，食而甘之。碧曰：‘构阁铸像，为力甚劳。惧后人不守，又买田四亩在山下，计十六丘。乞惠片石勒之。’余曰：‘诺！’余既游鸡足，明年为嘉靖癸亥，碧始来访，因书其故以贻之。”③

《苍洱图说》：“水东摩崖题云：‘此水可当兵十万，昔人空有客三千。’是为奥区奇甸，世称乐土，其谁曰不然。顾僻在西陲，非宦游莫至。大理通守罗南周君梓摹传（图），冀四方有赏心者咸得见焉，以郡人中溪李元阳为之说。岁嘉靖癸亥夏四月也。”④

按：嘉靖《大理府志·地理·胜览》《苍洱图说》有“以郡人中溪李元阳为之说。岁嘉靖癸亥夏四月也”，故将此文系于此，但在万历《云南通志》中，李元阳却将《苍洱图说》署名为杨士云作。存疑。

《苍洱图诗序》：“三山见湖彭公，以台宪分巡金沧之明年，为嘉靖癸亥春二月，奉表入贺。大理之缙绅其里居者，绘苍洱图形之咏歌以为赠。”⑤

《敕封文林郎南京广东道监察御史邵公墓志铭》：“公卒之冬，宪副君将奉葬事，

---

① 李元阳：《中溪家传汇稿》，《丛书集成续编》，第 115 册，第 827 页，上海书店，1994 年。
② 同上书，第 866~867 页。
③ 何镗辑：《古今游名山记》卷 16，《续修四库全书》，第 736 册，第 791 页，上海古籍出版社，2002 年。
④ 李元阳：《嘉靖大理府志》，第 100~101 页，大理白族自治州文化局翻印，1983 年。施立卓编次《李元阳年谱》引部分内容而未注出版信息（施利卓总编校《李元阳集》，第 611 页，云南大学出版社，2008 年）。
⑤ 李元阳：《中溪家传汇稿》，《丛书集成续编》，第 115 册，第 766 页，上海书店，1994 年。

预持四川宪副定泉君所为状，驰使征阳以铭，阳不能辞。按状，公讳节，字信夫，对山其别号也。……公生于弘治戊申，卒于嘉靖癸亥，享年七十有六。史孺人及二弟，皆先公卒……”①

《九顶寺次壁间皇甫百泉韵二首》其一：“香梵从空落，飞楼第几层。九莲起初地，万籁浑真乘。绝壁斜悬屋，幽岩始见僧。松涛夜还寂，洞里坐篝灯。”②

嘉靖四十三年甲子（1564），六十八岁

吴懋去世，为之作墓志铭。吴懋为“杨门七子”之一，李元阳之婿。

《知州吴君懋墓志铭》：“嘉靖甲子十二月四日，顺庆府通判升阶州知州高河吴君，卒于顺庆官舍。贫不能归，自抚按藩臬而下，皆悼惜之。赙之，又遣官护之。郡士民执绋十余里，民有愿畀舆长送至家者。”③

杨慎《病中永诀李张唐三公》诗后记：“吴高河懋，尝以杨弘山士云、王钝庵廷表、胡在轩廷禄、张半谷含、李中溪元阳、唐池南锜为‘杨门六学士’，以拟苏门秦、黄、晁、张、廖略云。余曰：‘得非于子而七乎？七子文藻，皆在滇云一时盛事，余固不敢当也。然余之遭妒中害而卒不得还者，竟以此不欲言其人姓名，如柳子厚传河间云。噫！’”④

《明故赐进士通议大夫知荆州府诏进资治尹前翰林庶吉士监察御史李文肃公墓志》（志盖高 49cm，宽 54cm，朱笔篆刻“大明李文肃公墓志”。志文计 23 行，行 25 字，直行楷书，共 555 字。未题撰人姓名。）：“公（李元阳）配陈氏，封孺人；次林氏，生孟仲二女；次何氏，生子粲早夭；次吴氏、宋氏，生季女。孟适知州吴懋；以从子中书舍人傅、生员樉为嗣。生孙三人，曾孙二人。粲妇杨氏守节，方请表，遗女适生员高廷仪。”⑤

按：《大理丛书·金石篇》存《大明李文肃公墓志铭》，内容可以与上文互补：“公配陈氏，封（下阙）仲、二女；次何氏生子粲，早夭。次吴氏、宋氏，生季（下阙）仲适游击将军张斗，季适生元赵松，以从子中（下阙）为嗣。生孙三人，曾孙二人。粲妇杨氏守节，方请（下阙）……”⑥

---

① 李元阳：《中溪家传汇稿》，《丛书集成续编》，第 115 册，第 888~889 页，上海书店，1994 年。
② 同上书，第 646 页。
③ 焦竑辑：《国朝献征录》卷 94，《续修四库全书》，第 530 册，第 350 页，上海古籍出版社，2002 年。
④ 杨慎：《升庵集》卷 30，《景印文渊阁四库全书》，第 1270 册，第 217 页，台湾商务印书馆，1986 年。
⑤ 赵寅松主编：《白族文化研究 2001》，第 443 页，民族出版社，2002 年。
⑥ 张树芳等主编：《大理丛书·金石篇》，第 751~752 页，云南民族出版社，2010 年。

修治鸡足山龙华寺。校《刻篆法提纲》，并作《刻篆法提纲序》。

《刻篆法提纲序》：“……永宁万松罗先生好古笃学，酷嗜笔精，因裒集六书，发明其义，转注一论，足祛千载之惑矣。居常教弟子，必令先诵许氏《说文》，然后学篆法。又惧其惮难不入，乃据《玉篇》部类之字母，注属意义，作《篆法提纲》一书以示之。俾学者一披，偏旁点画之文，即豁然有以解其意，下笔作篆，不假缅想，其有功于书学不浅矣。先生之子顺庵公，嘉靖甲子来守大理，手此遗编属某校之，且曰：‘将镌之梓，以布于乡校焉。’”①

作《白崖土城记》《送提举愧庵李君之武定贰守序》《剑川州重修儒学先师庙记》《重新建立普贤寺记》。

施立卓《李元阳年谱》：“作《送提举愧庵李君之武定贰守序》《白崖土城记》。”②

《白崖土城记》：“白崖甸为大理府分治之地，以通守董之。嘉靖元年，始建署置官。吏部奉制，下檄曰‘督捕盗贼、控驭土官’云。然自设官以来，居人残于寇盗，曾无宁岁，每以筑垣为请。历四十余年，通守凡十易，竟无一人承为己任者。嘉靖甲子，麻阳张君通守大理，职当其任……民乃乐于趋事。……是岁，三百里之内，寇盗莫敢近，民用歌谣。时郡守定川顺庵罗公楝喜得良倅，而里居缙绅谓君有功于民，不可无述，属邑太和令雅州刘君璧征言于逸史李元阳记之。君名表，字子敬，别号认所云。”③

《送提举愧庵李君之武定贰守序》：“五井在黔之西陲，国朝建提举司，领盐课四。山川奥阻，其人犷悍，以侮吏奸讼为能。自建设以来，吏于其土者不以软败，则以贿黜，鲜有能久其任至四三年者。……嘉靖三十四年夏，清平李君以广西古田知县，迁秩提举五井。……由是盐课常盈，九年之内有如一日。……五井之人，率其子弟就师投学者接踵而至，善良之风，渐闻于外，知以好讼为耻矣。……君在任既九年，岁甲子，方图考绩。会铨部以武定大乱之后，守者难其人。天子悯边郡之黎元，擢君武定府同知。名虽佐贰，权则守长也。君将行，其属吏某某与父老商民，不远三百里，介士而告余……愿惠一言以为行李荣。余家距五井三百里而近，数闻李君之贤，遂不辞而道其实如此。”④

《剑川州重修儒学先师庙记》：“……嘉靖壬戌，今守越侯民牧，始来谒庙学。顾瞻屋宇，徘徊太息……明年，学宪薛公，檄有司修提调之职，侯即命钩考簿书，征

---

① 李元阳：《中溪家传汇稿》，《丛书集成续编》，第115册，第764页，上海书店，1994年。
② 施立卓编次：《李元阳年谱》，施利卓总编校《李元阳集》，第611页，云南大学出版社，2008年。
③ 李元阳：《中溪家传汇稿》，《丛书集成续编》，第115册，第843~844页，上海书店，1994年。
④ 同上书，第794~795页。

理膳夫射器之积馀，得银若干，复捐一岁之俸，以给匠石。教官郭君承恩亦并志壹虑，出资以相之，州之耆民慕义而来者，各出钱米有差，资以召匠市材，揆日庀事。……以癸亥夏经始，明年夏告成。邦侯之功，斯为大矣。愿有述焉，以诏来者。阳乃为之言……"①

《重新建立普贤寺记》（碑原存大理普贤寺，现已毁。据大理图书馆存 1944 年拓片录文。碑高 52cm，宽 90cm。文 34 行，行字不等。直行，楷书）："普贤寺乃大理之方胜，□□□□人，杨明□众善人等请僧如顺重建寺院。……约费千金有余，俱备成□□，乃胜境，均赖檀越之力，劫满行完，共成佛果。皇明嘉靖四十三年上元之吉。进士翰林院庶吉士监察御史李元阳撰。"②

嘉靖四十四年乙丑（1565），六十九岁

与弟元和、婿张斗游花甸，作《万壑风题名碑》《花甸行》。

王艳萍《李元阳年谱》："嘉靖四十四年，与兄弟元和、女婿张斗游花甸，写《万壑风题名碑》《花甸行》。"③

《游花甸记》："花甸在点苍山西北深溪中，距郡城七十里。予怀兹甸尚矣！人事积阻，衮衮岁华。一日，杨子寿过余，道花甸之胜。予因考野史，益得其详，复杨子寿曰：'君但先往。'即日，治暑雨之具。庚申，肩舆出郭……吾弟元和辈尾马而来。日欲晡，投山下圣元寺炊，则杨参军春江已载酒寺楼。遂相与啸歌月下，联榻而宿……有怀雪屏赵中丞、云川高少参、阳川高太仆、舍侄宁远李恒颜同约，不果来。向之分遣者，亦各陈说，所见无奇胜……。饭罢，别子寿，马上作《花甸行》记之。"④

按：《游花甸记》写作时间未注明，其上下文与《壑风题名碑》及诗歌《花甸行》内容有诸多一致处，故将此事系于此。

《万壑风题名碑》（碑已不存。据大理市大理图书馆藏 1944 年拓片录文。高 107cm，宽 85cm。直行行书。文 8 行，行 8 字）："嘉靖乙丑首夏，翰林庶吉士李元阳，偕弟元和，婿指挥张斗，约同锦衣杨珂来游花甸。道人杨鹤龄、杨志仁，千户杨东和，

① 李元阳：《中溪家传汇稿》，《丛书集成续编》，第 115 册，第 822~823 页，上海书店，1994 年。
② 大理市文化丛书编辑文员会编：《大理古碑存文录》，第 357~358 页，云南民族出版社，1996 年。
③ 王艳萍：《李元阳年谱》，《西南古籍研究（2001 年）》，第 312 页，云南大学出版社，2002 年。
④ 李元阳：《中溪家传汇稿》，《丛书集成续编》，第 115 册，第 856~857 页，上海书店，1994 年。

先结茅相待。从游则崔世瞻、陈鎏、张文明、王守阳。世侄知县李恒颜有约不果来。”[①]

《花甸行》（是日诸人于此醮山）：“苍山有花甸，高在白云陲。长怀秣吾马，十年恒叹咨。……兴亡千载君休问，月下相从礼玉宸。”[②]

嘉靖四十五年丙寅（1566），七十岁

正月五日，董难去世，作《董君凤伯墓志铭》。

《董君凤伯墓志铭》：“君生以弘治戊午，卒丙寅正月五日，墓在圣应峰荡山之原。配段氏，侧室杨氏，子男四人，夭者不书。今乞铭者学舒，邑庠生，段出。幼子春芳，杨出。吾乡布衣而好学者不数人，君著书十余种，若《古音馀》《奇字韵》行于世，均其最也。君与余交非一日矣，今乃作隔世人。呜呼！何忍铭之，其何忍不铭之？”[③]

诗友张含去世，年八十七。《挽张月坞诗人》约作于此时。

杨慎《寿禺山张愈光序》：“禺山先生张子愈光，生于成化庚子，兹嘉靖庚戌，盖七袠有一矣。”[④]

张今傅《补刻〈禺山诗文选〉题后》：尝闻先大人云：“禺山……享年八十有七，每岁为一集，而升逝时，尚有‘霜殿龙蟠海月生，忽闻夜半有钟声。寒山寺里声相应，万古人留万古情。’然后搁笔始终。”[⑤]

按：据上文，张含生于成化庚子（1480），享年八十有七，其辞世之年应为丙寅（1566）。

《挽张月坞诗人》：“诗名当日动长安，落笔如虹四座看。文漏科场终拂袖，交论卿相不弹冠。可怜传世留词赋，何用题旌说品官。莫道风流回首尽，诸郎才艺蔚桓桓。”[⑥]

祭杨士云之妻杨氏。

高尌撰，赵汝濂篆额，李元阳书《敕封孺人杨母杨氏墓志铭》：“……大明嘉靖四十五年岁丙寅十二月丁亥朔二日戊子。乡晚生右副都御史赵汝濂、太仆寺丞王嘉麟、知县杨元吉、翰林院庶吉士李元阳、监察御史高尌、太仆寺丞高岐、参议赵周、训导赵宗濂、通判杨汝听、锦衣杨珂、主事杨柟，谨以刚鬣柔毛之仪，致祭于敕封太孺人

---

① 大理市文化丛书编辑文员会编：《大理古碑存文录》，第359页，云南民族出版社，1996年。施立卓编次《李元阳年谱》引部分内容而未注出版信息（施利卓总编校：《李元阳集》，第612页，云南大学出版社，2008年）。

② 李元阳：《中溪家传汇稿》，《丛书集成续编》，第115册，第755页，上海书店，1994年。

③ 同上书，第899页。

④ 杨慎：《升庵遗集》卷22，道光甲辰（1844）影明本重刊，古桂山房版。

⑤ 李根源辑，陆卫先、杨文虎校注：《永昌府文征》，第2344页，云南美术出版社，2001年。

⑥ 李元阳：《中溪家传汇稿》，《丛书集成续编》，第115册，第704页，上海书店，1994年。

九衮杨母之灵曰……”①

作《游名山记序》《台宪魏村杨公平武定诸夷序》《贺浣石邢君序》《与林尚书退斋二书》之一。

《游名山记序》：“《游名山记》九十余篇，括苍宾岩何公自纪其宦辙所历之山水，与其喜愕快畅之情、邂逅交游之事，咸著之篇中，以志不忘者也。嘉靖丙寅杪冬，公按部至点苍山下。一日，手是编视阳，且曰：‘子其序之’。阳既卒业，乃掩卷而叹……”②

《台宪魏村杨公平武定诸夷序》：“嘉靖四十五年，逆贼凤继祖阴结诸酋，以武定叛。大司马吕公奉行天讨。维时，材臣奋厉并兴，宪副彭城魏村杨公，以饬戎澜沧提兵从事。”③

《贺浣石邢君序》：“……丙寅岁，金沙之战，浪穹县令邢君实主军饷。惟时渠酋已遁，莫可踪迹。东驰西骛，营垒不停，才驻遽行，炊烟几绝。卒能使士无饥色、马有刍豆者，邢君之功也。”④

《与林尚书退斋二书》之一：“昔在三十年前，承莫逆之爱。比兄镇湖湘，伏蒙特使访阳于六千里外，嗣是不相闻者又二十年矣！近闻倭寇之变延及公里，挥泪久之。寻闻移居邵武消息，悲喜交心。……阳里居二十五年，日惟往来山林泉石中，与衲僧谈性，羽流谈养生。……衰年闭户，诵咏《黄庭》，览阅《圆觉》，闭目内视，日夜不啻。太和元气充满腔子，不知天壤之间，复有何乐可以加此！兄今在邵武，不用更营生业，宜用此道。书至夕，即作安乐窝以居。若迟一日即少一日，可惜，可惜！更望数字，见复以慰岑寂。万里一书，不胜珍重。”⑤

明穆宗朱载垕隆庆元年丁卯（1567），七十一岁

张居正入阁。

《明史·穆宗本纪》二月乙未：“……礼部侍郎张居正为吏部左侍郎兼东阁大学士，预机务。”⑥

《明史·张居正传》：“阶代嵩首辅，倾心委居正。世宗崩，阶草遗诏，引与共谋。寻迁礼部右侍郎兼翰林院学士。月余，与裕邸故讲官陈以勤俱入阁，而居正为吏部左

---

① 张树芳等主编：《大理丛书·金石篇》，第784~788页，云南民族出版社，2010年。
② 李元阳：《中溪家传汇稿》，《丛书集成续编》，第115册，第763页，上海书店，1994年。
③ 同上书，第769~770页。
④ 同上书，第771页。
⑤ 同上书，第904页。
⑥《明史》卷19，第2册，第254页，中华书局，1974年。

侍郎兼东阁大学士。寻充《世宗实录》总裁，进礼部尚书兼武英殿大学士，加少保兼太子太保，去学士五品仅岁余。时徐阶以宿老居首辅，与李春芳皆折节礼士。居正最后入，独引相体，倨见九卿，无所延纳。间出一语辄中肯，人以是严惮之，重于他相。”①

门生李选中举。

《云南通志》：“丁卯科中式四十名……李选，大理人，进士。”②

往观重光寺、药师寺，与父老于山麓“相与坐谈”。

《重修感通禅寺记》：“……隆庆丁卯，印光铸铜像高九尺，寺号重光。又修药师寺于山麓，以贮道粮。予时往观，父老十数辈，皓首苍颜，谒余相与坐谈。”③

作《天生桥石表记》《赵氏族谱跋略》《隆庆丁卯四月五日，州佐袁君正阳记梦中事，以诗见贻，因次其语奉酬以志仙贶云》。

施立卓《李元阳年谱》：“丁卯。作《天生桥石表记》。”④

《天生桥石表记》：“隆庆改元，侍御粤南刘公既按大理，渡榆河，见澎湃之势出于两山之间，悬崖相函，才通一人，名‘天生桥’。下临不测之堑，令人毛发欲竖。公叹曰：‘奇哉！东控大理，西控永昌。承平无事，则为骚人墨客喜愕之区；脱有小警，则万夫莫窥之险也。’顾从吏曰：‘其识之’。于是，植石为棹楔之状，以表其奇。盖欲来者知其为两郡之厄塞而不忘也。于时，监司伍公咸善其举，郡太守毛侯谓阳曰：‘盍记之？’。”⑤

《赵氏族谱跋略》：“余避暑绿阴轩，正对雪飞觞，闲以散步。适大中丞雪屏赵公，命孚劲、思尹二青衿谒余，袖出一卷，乃家藏谱也，期余草跋于后，以竟其终。……敬书此，付二生持去。隆庆元年重阳前两日。监察御史前翰林院庶吉士中溪山人眷生李元阳仁甫甫拜手书。”⑥

《隆庆丁卯四月五日，州佐袁君正阳记梦中事，以诗见贻，因次其语奉酬以志仙贶云》：“君作游仙梦，梦与我仙游。……寄诗到我再拜受，是年丁卯夏初头。……君今口授即仙授，我虽不敏敢忘修？……题诗寄谢语有尽，翘首云霄肃斗牛。”⑦

---

①《明史》卷213，第19册，第5644页，中华书局，1974年。

②靖道谟等编纂：雍正《云南通志》卷20中，《景印文渊阁四库全书》，第570册，第42页，台湾商务印书馆，1986年。

③李元阳：《中溪家传汇稿》，《丛书集成续编》，第115册，第865页，上海书店，1994年。

④施立卓编次：《李元阳年谱》，施利卓总编校《李元阳集》，第612页，云南大学出版社，2008年。

⑤李元阳：《中溪家传汇稿》，《丛书集成续编》，第115册，第840页，上海书店，1994年。

⑥杨世钰、赵寅松主编：《大理丛书·族谱篇》卷4，第2096页，云南民族出版社，2009年。

⑦李元阳：《中溪家传汇稿》，《丛书集成续编》，第115册，第750页，上海书店，1994年。

隆庆二年戊辰（1568），七十二岁

与赵汝濂游九顶寺，作《游九顶寺记》《九顶寺同雪屏赵中丞》。

王艳萍《李元阳年谱》："明隆庆二年，春天与赵汝濂游九顶寺。"①

《游九顶寺记》："九顶山在云南县西北二十五里，其山有九顶，故名。世传唐代村人于九顶上，闻空中天乐，累日不休，乃相与斩荆芟翳，始见岩有九洞。一洞有石佛像五躯，因建寺焉。朝代几更，古瓦犹在。潼川僧明寂游访至此，嘉其奇绝，重为修复。隆庆二年春，予与赵中丞雪屏来游……"②

按：《古今游名山记》亦记此文，题名为《九顶寺记》③，文字稍有出入。

《九顶寺同雪屏赵中丞》："九峰天外涌青莲，曲栈危梯日月边。……台省当年成一梦，莫辞岩壑醉华颠。"④

售房买地，建玄真观（又称升真观），经三年落成。作《点苍山玄真观碑》《升真观》（有序）、《西山玄真观落成》诗。

王艳萍《李元阳年谱》："玄真观落成。写《西山玄真观落成》《升真观》。"⑤

施立卓《李元阳年谱》："戊辰。作《点苍山玄真观碑》。"⑥

《点苍山玄真观碑》："……大理庙在城中，与人居杂处，喧嚣浊秽，神所不歆，庙亦随坠，境内火灾，殆无虚岁。父老谓：'真武圣神，于卦为坎，于行为水，于色为玄。禳灾祛旱，扶阳抑阴，莫如复庙；择地之胜，莫如中峰。'太和令刘君璧曰：'镇山有楼观，如人有冠冕，此固堪舆家之说，往往有验，非欺也。'阳惟其言，选地得李良氏之松原。……嘉靖四十五年经始，隆庆二年落成，仍其旧额曰玄真观……"⑦

《升真观》序："城中元真观久隳，香火无托。隆庆间，予售田得价五百，拟构于点苍中峰之香岩。役者惮难，乃下迁今地，题曰'升真观'，落成有述。"诗曰："朝登点苍瞰洱河，东方日出横金波。十九峰莲尽迴抱，始知灵秀中峰多。……汉柱唐盟不可问，但闻六诏如飞蛾。豪华歇尽形势在，惟有仙人迹不磨。……拟将一榻卧空阔，侵晨拄杖遥经过。尘埃已远沆瀣近，一一草石亲摩挲。纵然不得混茫意，也胜带索朝

① 王艳萍：《李元阳年谱》，《西南古籍研究（2001年）》，第312页，云南大学出版社，2002年。
② 李元阳：《中溪家传汇稿》，《丛书集成续编》，第115册，第853~854页，上海书店，1994年。
③ 何镗辑：《古今游名山记》卷16，《续修四库全书》，第736册，第791页，上海古籍出版社，2002年。
④ 李元阳：《中溪家传汇稿》，《丛书集成续编》，第115册，第701页，上海书店，1994年。
⑤ 王艳萍：《李元阳年谱》，《西南古籍研究（2001年）》，第312页，云南大学出版社，2002年。
⑥ 施立卓编次：《李元阳年谱》，施利卓总编校《李元阳集》，第612页，云南大学出版社，2008年。
⑦ 李元阳：《中溪家传汇稿》，《丛书集成续编》，第115册，第871~872页，上海书店，1994年。

行歌。”[①]

《西山玄真观落成》：“奉真构仙宇，绝巘除荆榛。……欲尾崌峧翁，汗漫游无垠。”[②]

作《明志书院记》《知新初稿序》《太玄宫铭》《与林尚书退斋二书》之二、《送邻郡太守万峰周公还潼川序》。

施立卓《李元阳年谱》：“作《〈知新初稿〉序》《明志书院记》《太玄宫铭》。”[③]

《明志书院记》：“……蒙郡旧有书院，轫于胡悴文光，历岁既久，倾圮殆尽。长沙吴君来为郡帅，期月之内，政行惠流。悯书院之黍离，慨功德之未祀，乃谋诸师生父老，闻于台院、司省，出己俸以倡人。一时，世守左君、乡缙绅及好义者，亦各以私钱助费，具木陶甓，聚食召工。拓书院之隙地以建侯祠，因建祠之余材以补书院。……隆庆戊辰，公迁秩而去。师生谒余点苍山下，以院记见属。余家距蒙二百里而近，盖稔闻吴公之政之教，其何可辞？”[④]

《知新初稿序》：“魏村杨公，平日作诗多不存稿，随作随弃。居常自诵其所为律诗，谓人曰：‘此皆吾在师旅日，备尝艰险之所为者。句虽不工，然痛定思痛，往来于怀，有不能忘者。’隆庆戊辰，公督学南中，路出榆海。顺州守刘君璧时视县篆，请录之，因锓于梓，且问序于某。”[⑤]

《太玄宫铭》：“鹤庆太玄宫，在府治东一里许。郡守潼川万峰周侯成其始，邻邦瑞峰木侯成其终。……斯役也，经始于隆庆改元，落成于明年戊辰，首尾垂二载，雷不为厉。……乃命士人杨纬、董儒持张郡博东山时宜书来，征阳为记。”[⑥]

《与林尚书退斋二书》之二：“初夏，得手翰于杭州张都阃寄，又得杨廷评华冈所寄。老景僻地得此，喜悦浣慰不可比量。昨岁，承曾分守心泉公，持公书俯顾，时已奉答，相劝省览矣。恭惟翁道德行谊，感动朝野，此岂一日之积哉？阳昔叨陪省署，知公必为圣贤。阳今年七十二，尚在凡夫之地。然此心耿耿十二时中，惟睡眠不能尽却。除睡眠之外，所存所为无非此事。”[⑦]

《送邻郡太守万峰周公还潼川序》：“……潼川万峰周公，以卓荦之才，芳洁之操，

---

① 李元阳：《中溪家传汇稿》，《丛书集成续编》，第115册，第750~751页，上海书店，1994年。
② 同上书，第673页。
③ 施立卓编次：《李元阳年谱》，施利卓总编校《李元阳集》，第612页，云南大学出版社，2008年。
④ 李元阳：《中溪家传汇稿》，《丛书集成续编》，第115册，第826页，上海书店，1994年。
⑤ 同上书，第778页。
⑥ 刘文征撰，古永继校点：天启《滇志》，第855~856页，云南教育出版社，1991年。
⑦ 李元阳：《中溪家传汇稿》，《丛书集成续编》，第115册，第904页，上海书店，1994年。

历官所至，以异等著闻。嘉靖四十五年，自临江郡丞擢守鹤庆。三月而民信，期年而政成。……盖自有郡以来，更守长数十人，其得民之深，未有如公者也。隆庆二年春，以谗口报罢。公固安于义命，略无几微见于颜面，而举国之人相顾失气，汹汹之声彻于遐迩，谓：‘彼苍憯憯胡为？使我至于此极也！’攀舆而号，遮道而泣者千万人。”①

隆庆三年己巳（1569），七十三岁

赵汝廉七十五岁，去世。诗歌《挽雪屏赵中丞》约写于此时。

《正奉大夫、正治卿、南京都察院右副都御史、雪屏赵公墓志铭》：“甲寅，吏部咨听调官员，如有疾自甘休致者，听具奏，以原职致仕。公如例乞休，奉旨准，以右副都御史致仕。隆庆改元，例进正奉大夫，正治卿。己巳三月十一日丑时卒于家，时年七十有五。”②

《挽雪屏赵中丞》：“七十五年人世居，中丞风节孰能如。哀荣谩说皇家祭，忠告真堪太史书。十考清阶天畔转，一时奸党笔头锄。平生心事寒潭月，神爽瑞应上玉虚。”③

作《己巳七月，赵南涪通守与从子君正，邀余同云川高侍御、阳川高太仆泛湖阻风，登浩然阁，尽醉而返》《苍洱联清图序》《送广南太守平轩王公辞官归养序》《书霞皋阮君墓》。

王艳萍《李元阳年谱》：“明隆庆三年，写《己巳七月，赵南涪通守与从子君正，邀余同云川高侍御、阳川高太仆泛湖阻风，登浩然阁尽醉而返》。”④

《己巳七月，赵南涪通守与从子君正，邀余同云川高侍御、阳川高太仆泛湖阻风，登浩然阁，尽醉而返》：“湖上相招拟泛舟，少停车骑坐江楼。……白头聚散还今日，却话髫年此钓游。”⑤

《苍洱联清图序》：“南中碧鸡、金马之外，有名山水曰苍洱。苍山则层峦叠嶂，四时积雪皎然，屏列十九，雄峙府城之西；洱水则蓄黛拖蓝，波涛千顷，有如月生五日，萦回府城之东。府名大理，即汉云南郡地也。隆庆三年冬，且改岁，蜀内江见嵩刘公，以监察御史代狩南中，按部至止，叹曰：‘美哉！山水郡也。山河四塞，天设之险，控制诸夷，允惟居重。’…… 因抚景而乐之，匾其额曰‘苍洱联清’，言山水并美也。

① 李元阳：《中溪家传汇稿》，《丛书集成续编》，第115册，第787页，上海书店，1994年。
② 同上书，第886页。
③ 同上书，第705页。
④ 王艳萍：《李元阳年谱》，《西南古籍研究（2001年）》，第312页，云南大学出版社，2002年。
⑤ 李元阳：《中溪家传汇稿》，《丛书集成续编》，第115册，第707页，上海书店，1994年。

某时衰，白寄食僧舍，公察而知之。旋车之日，再至其处，扣柴关而见访焉。”①

《送广南太守平轩王公辞官归养序》：“隆庆乙巳（应为“己巳”之误）冬，番禺王公，以广南太守兼视吾大理篆。明春正月，得代且行，会部使至，遂请归养。部使虽再三勉留，然公之去志已决，浩乎其不可回矣。于是，大理之缙绅耆老，送公于郭外。”②

《书霞皋阮君墓》：“君讳某，字某，自号霞皋。其先朱氏，直隶江宁人。有文辇者宦游南中，占籍太和。既而姓阮氏，莫详其由……君生于正德某年月日，卒于隆庆戊辰二月十五日，享年五十有一。娶王氏，子三人：长尚宾，仲尚贤，季尚友。孙二人：长琳，次珍。尚宾将以己巳年五月某日，葬君于苍山玉局峰麓，以给事中李君选所为状，乞书墓版，余不能辞，因状而叙之如此。”③

隆庆四年庚午（1570），七十四岁

朱光霁去世。

《奉直大夫方茅朱公李宜人合葬墓志銘》：“……公为人慷慨，有大节，寡交游，惟同郡雷御史觉轩、永昌张禺山含、成都杨修撰升庵、大理赵中丞雪屏及余数人，乃其所厚善也。里居岁久，渝、绵人如任冶山少参、孙丰泉太守，皆致礼造庐，慕其旧德。巡抚刘公扁其门曰‘耆英’。历官十余年，归橐萧然，家徒壁立，予分田数十亩，始能卒岁。然日诵陶诗以自娱乐，不知贫之切骨，老之将至也。……公生以弘治壬子十二月十三日丑时，卒以隆庆庚午十月五日子时。”④

作《金华书院记》《黔国公母贺太夫人行状》。

施立卓《李元阳年谱》：“庚午。作《金华书院记》。”⑤

《金华书院记》：“剑川为鹤庆属州，其山有曰‘金华’者，溪壑幽绝，林木蒨深。昔人于其地作金华书院，顾规制弗称，号舍鲜少，上雨旁风，垂成随废。隆庆己巳，成都胥侯以乡进士来守是邦，期月之间，政成惠洽。于是作兴士类，惟惧弗周，爰偕诸生，诣书院而造焉。……集徒役于讼庭，倡捐钱以倖人，旬日之内，士民乐趋。经始于庚午之春，告成于是岁之夏，首尾阅五月。官不知疲，民不知劳。……于是诸生十许辈

① 李元阳：《中溪家传汇稿》，《丛书集成续编》，第115册，第766~767页，上海书店，1994年。
② 同上书，第783页。
③ 同上书，第896页。
④ 同上书，第896~897页。
⑤ 施立卓编次：《李元阳年谱》，施利卓总编校《李元阳集》，第612页，云南大学出版社，2008年。

不远三百里，访予于苍山之下，述侯之事与言而问记焉。”①

《黔国公母贺太夫人行状》：“黔国太夫人贺氏，滇省呈贡县贺长者讳钟之长女。母徐氏，于弘治丁巳八月八日生太夫人。贺夫妇并积德，为乡评所重，乡人以长者称之。……隆庆四年八月十九日，太夫人卒，享年七十四岁。今黔国公昌祚具疏以闻，皇上悼之，赐祭配葬南京祖茔，盖与朱太夫人茔域相次焉。”②

隆庆五年辛未（1571），七十五岁

作《寂光开山定堂禅师塔铭》《寂光寺碑》。

王艳萍《李元阳年谱》：“明隆庆五年，写《寂光开山定堂禅师塔铭》《寂光寺碑》。”③

《寂光开山定堂禅师塔铭》：“师讳本帖，号定堂，俗姓杨氏，世为云南杨林人。年二十，偶听人唱雪山偈，遂感悟浮生，嫁妻出家，从瑶玲山白斋耆宿剃落。久而理信自开，不学而能习诵。……其在大理，在曲靖，与济轩唐中丞友善，与余及雪屏赵中丞友善。二公与余，各留师住。师竟不肯住，乃返嵩明清水塘，结弥陀庵以居。隆庆四年十二月十四日坐化，其徒作荼毗，收舍利，厝于庵侧。大理缙绅，与诸山名德，令兴丛等迎骨入鸡足山建塔，以七月中元葬于寂光寺之右焉。师正德丁丑年生，享年五十四，僧腊三十五。……余与师相与最久，受益良多。衰老不能躬吊，谨叙师履历，付兴丛辈镌之，以铭于塔，垂告后来云。隆庆辛未仲夏月。”④

《寂光寺碑》：“寂光寺在鸡足山，禅师本帖之所建也。……落成之日，黔国云楼上公饬僧祝厘，示禁樵采。郡丞御史灵湫高公书扁曰‘寂光寺’。……嘉靖三十七年，帖公以道行峻拔，为道俗所归，闵兹废坠，乃谋于太和致仕驿宰北溟苏君鹏程、云南县居士杨舟，二人惠然各捐己资，恢复故寺，视旧有加焉。……北溟子新进士苏湖为吾家婿，北上之日，以寺碑见嘱。因为之操觚以识兴废本末，为后人告云。隆庆辛未仲夏之吉，赐进士进阶通议大夫赞治尹、前知荆州府事、监察御史、翰林庶吉士、太和中溪山人李元阳仁甫书。”⑤

女婿苏湖、门生李选、李东中进士。

---

① 李元阳：《中溪家传汇稿》，《丛书集成续编》，第115册，第824页，上海书店，1994年。
② 同上书，第902~903页。
③ 王艳萍：《李元阳年谱》，《西南古籍研究（2001年）》，第312页，云南大学出版社，2002年。
④ 赵藩、李根源：《鸡足山志补》卷4，《中国西南文献丛书》第一辑《西南稀见方志文献》，第50册，第299~300页，兰州大学出版社，2003年。
⑤ 张树芳等主编：《大理丛书·金石篇》，第793~794页，云南民族出版社，2010年。

王艳萍《李元阳年谱》：“此年门生李选、罗星、阮尚宾、李东中进士。”①

朱保炯、谢沛霖《明清进士提名碑录索引》：“隆庆五年辛未科（1571）……第三甲十二名李选……第三甲四十名苏湖……第三甲七十一名李东。”②

隆庆六年壬申（1572），七十六岁

游昆明圆通寺等地并题诗。《圆通寺崖壁》《泛湖登侯家楼同寅所严中丞》《高峣泛舟》等诗约作于此时。

《圆通寺崖壁》：“铁壁蜷然拥绀宫，曲栏迴磴穿玲珑。何年蜕下苍龙骨，至今鳞甲生秋风。”③

《泛湖登侯家楼同寅所严中丞》：“碧鸡山下泛兰舟，棹入荷花绾并头。……七十六龄犹远涉，老狂何事不知休。”④

《高峣泛舟》：“不到昆明三十年，重来今日已皤然。……碧鸡岩畔堪题字，欲把滇歌取次镌。”⑤

到昆明，在滇池遇故交唐时英，受托金帛及绒纻袈裟二箱，为之做功德于鸡足、点苍山。在鸡足山建铜瓦殿一院、大悲阁一所；在滇西要道定西岭前开大路、云南驿前建桥堤。余钱及袈裟遍施僧众。

《巡抚陕西右副都御史济轩唐公时英墓志铭》：“凡作佛事之处，莫不行施。隆庆壬申，余遘公于滇池。公谓余曰：‘鸡足、点苍，吾乡之名山也，夙昔梦寐。今老矣，不能往矣，愿为我作一二功德。’乃以金帛及绒纻袈裟二箱见托。余固辞不得，因于鸡足大顶，重建铜瓦殿一院，猢孙梯上，特建大悲阁一所，定西岭开大路，云南驿前作桥堤。余钱以之饭僧，袈裟遍施大众。圆满之日，修斋以忏。”⑥

赵汝濂去世后三年，应其家人请，为之作墓志铭。

施立卓《李元阳年谱》：“己巳年，赵雪屏去世；壬申，‘儿子持公年谱秘余铭公墓’作《右副都御史雪屏赵公墓志铭》。”⑦

---

① 王艳萍：《李元阳年谱》，《西南古籍研究（2001年）》，第312页，云南大学出版社，2002年。

② 朱宝炯、谢沛霖：《明清进士题名碑录索引》，第2554~2555页，上海古籍出版社，1980年。

③ 李元阳：《中溪家传汇稿》，《丛书集成续编》，第115册，第728页，上海书店，1994年。

④ 同上书，第703页。

⑤ 同上。

⑥ 焦竑辑：《国朝献征录》卷62，《续修四库全书》，第528册，第399页，上海古籍出版社，2002年。

⑦ 施立卓编次：《李元阳年谱》，施利卓总编校《李元阳集》，第612页，云南大学出版社，2008年。

李元阳《正奉大夫、正治卿、南京都察院右副都御史、雪屏赵公墓志铭》："隆庆壬申孟春，公之二子将以闰二月十六日，葬公于祖茔之南，乞余铭公墓。余与公同领壬午乡荐，公长子又为余婿，里居无日不相闻，知公盖莫余若也。余何敢辞？遂志其履历而系之以铭。"①

作《重修大理府儒学置学田记》《书升洲杨君墓版》《送台宪侣梅陈公入贺序》《明湖洲杨翁偕配寿藏表》《隆庆壬申薛文清公从祀孔庙》《奉直大夫方茅朱公李宜人合葬墓志铭》。

施立卓《李元阳年谱》："作《书升洲杨君墓版》《送台宪侣梅陈公入贺序》《重修大理府儒学置学田记》。"②

《重修大理府儒学置学田记》："…… 隆庆壬申，分巡长乐陈公应春、太守永新史公翊，惠加百姓，志在作人。二公临学稽阅，则见栋未倾而腐，柱未摧而蛀，堂则寝且为墟，庙则棂而不泮。……于是相与咨诹筹度，得当而行。……又于归田之外，捐俸而置者又若干。命县官主其租入，以赡贫士婚葬，俾得肆其力于学而无内顾之忧。于是师生胥庆，退而请记于阳，将勒之贞珉，以志不忘……"③

按：《滇志》题为《大理府儒学田记》④，《中溪家传汇稿》题为《重修两学文庙增置学田记》⑤，内容大致相同。

《书升洲杨君墓版》（碑原存喜洲弘圭山，现已毁。据大理图书馆存1944年拓片录文。高76cm，宽43cm。文18行，满行31字。直行，楷书）："赐进士前翰林院庶吉士福建监察御史知荆州府事中溪李元阳撰。杨生澍其父升洲状请于余曰：澍游先生之门已非一日，见先生娄铭德人义士，卿大夫，澍父虽早官，然片言解行有几古人，顾赐一语书于墓版，以光重泉。余虽与升洲无平生，然数一见杨生文艺，知其父有家教尚矣，且为之操解。……以嘉靖壬戌除夕卒，距生弘治戊午，享年六十四岁。葬于弘圭先茔之南，与配杨氏合葬焉。…… 隆庆六年正月吉辰。男杨澍、济，孙明忠、明选、明义，等立。"⑥

《送台宪侣梅陈公入贺序》："……台宪侣梅陈公，行能高洁，智虑弘远，分巡金沧，

---

① 李元阳：《中溪家传汇稿》，《丛书集成续编》，第115册，第887~888页，上海书店，1994年。
② 施立卓编次：《李元阳年谱》，施利卓总编校《李元阳集》，第612页，云南大学出版社，2008年。
③ 张培爵修，周宗麟纂：《大理县志稿》卷29，《中国方志丛书·华南地方·第255号》，第1493~1497页，台湾成文出版社有限公司印行，1974年。
④ 刘文征撰，古永继校点：天启《滇志》卷20，云南教育出版社，1991年，第679~680页。
⑤ 李元阳：《中溪家传汇稿》，《丛书集成续编》，第115册，第820~821页，上海书店，1994年。
⑥ 大理市文化丛书编辑文员会编：《大理古碑存文录》，第370~371页，云南民族出版社，1996年。

且再期矣。……岁壬申，天子登极，臬司以公捧表入贺。大理为公驻军之地，郡之缙绅，饯公于长亭。”①

《明溯洲杨翁偕配寿藏表》：“溯洲翁年八十四，营寿藏。予曰：‘此徐元节、吴直夫意也，当表之。’按，翁名模，字廷范，号溯洲。……隆庆六年九月朔。”②

《隆庆壬申薛文清公从祀孔庙》：“髫岁薛夫子，身器如琉璃。夫何血气生，而抱天人仪。……品题今二哲，须待鲁宣尼。”③

《奉直大夫方茅朱公李宜人合葬墓志铭》：“……葬以隆庆壬申正月壬午。配以李氏，荆南李龙洲御史女也，大著内德。先逝，语具公所为墓志，今与公合葬云。”④

应命编撰新《云南通志》。

施立卓《李元阳年谱》：“大司马邹应龙来滇，倡议编纂《云南通志》，由李元阳主编。”⑤

李元阳《云南通志序》：“……正德间，前辈括图经为《云南志》，尚多阙略。隆庆六年，大司马关西兰谷邹公，开府南中，首询阙事。维时，方伯长乐狮冈陈君、学宪长乐一水陈君，以《通志》对。公曰：‘一方图籍岂宜久阙？’遂命有司，以六十年来诸所损益，约四十余条，遍布列郡，俾核实以报。藩臬诸大夫谓阳齿居乡右，或识往事，因属笔焉。”⑥

明神宗朱翊钧万历元年癸酉（1573），七十七岁

为平定姚安铁索箐、宾川赤石崖一带匪患，明大军置军营以镇，作《洱海兵备道铁锁箐军营听壁记》《铁锁川平贼记》《守备陈君善职序》。

施立卓《李元阳年谱》：“癸酉。作《洱海兵备道铁锁箐军营听壁记》《铁锁川平贼记》。”⑦

《洱海兵备道铁锁箐军营听壁记》：“……万历元年，兵部侍郎关西兰谷邹公、洱海兵备副使成都凤麓汤公相与谋曰：‘蕞尔小丑，乃敢喙咥螳奋？堂堂天朝，忍使苍生被其虐毒？我等受国重寄职司，谓何乃与此贼俱生？宁不羞当世、辱朝廷之甚乎？’

---

① 李元阳：《中溪家传汇稿》，《丛书集成续编》，第115册，第786页，上海书店，1994年。
② 张树芳等主编：《大理丛书·金石篇》，第795~797页，云南民族出版社，2010年。
③ 李元阳：《中溪家传汇稿》，《丛书集成续编》，第115册，第669页，上海书店，1994年。
④ 同上书，第896页。
⑤ 施立卓编次：《李元阳年谱》，施利卓总编校《李元阳集》，云南大学出版社，2008年，第612页。
⑥ 李元阳：《中溪家传汇稿》，《丛书集成续编》，第115册，第803页，上海书店，1994年。
⑦ 施立卓编次：《李元阳年谱》，施利卓总编校《李元阳集》，第612页，云南大学出版社，2008年。

于是具糗整旅，不竢终日，出其不意，深入其阻。邹公拊其背，汤公扼其吭，一鼓而擒其魁，一火而荡其穴。首尾二旬日，奏凯班师。”①

《铁锁川平贼记》：“……嘉靖以来，两度兴师；隆庆末年，一番致讨。皆如探猛虎于谙谷，狎巨蛇于深潭，毕竟无成而止。万历元载，大司马广陵兰谷邹公……身为六师之先，深入其阻。……俄而雾卷云收，冰离叶散，百年积寇，一旦削平。公虽不自以为功，民则不能忘其德，是用砻磨山石标记：岁时天挺，哲人福我邦域，固愿传之不朽，与天地同其悠久云。”②

《守备陈君善职序》：“姚安之铁索箐，宾川之赤石崖，其间夷贼部落二十余处，长枪劲弩，流劫村屯。二百年来，为盗益炽，杀人孔道之上，不避旌麾。虏士庶之家，迫临城郭，蔓延四出，莫之敢撄。万历改元之冬，兵部侍郎兼副都御史关西邹公、兵备副使新都汤公，出其不意，提兵深入，捣其巢穴，斩首以千计，贼党悉平，因奏置军营以镇之。选可以治者，得大理卫指挥陈君化鹏，升以都指挥，体统行事，领汉土官军哨勇兵夫七百余人，驻守其地，起建营盘。……二旬日内，声应气求，箐谷变为闾阎，悲泣变为歌讴。鸡犬相闻，市肆渐集。忽闻命下，以君改备腾越（今属云南腾冲）。一时，吏士皆失所望，哽咽莫不失声。吾郡缙绅恐后来者不知今日创作之难，欲余铺叙其事，作序以为赠。”③

作《标楞寺田记》《送歧山李君教授清平记》《送方伯左使狮冈陈公述职序》《重修感通禅寺记》《送史太守述职序》《大理改建府治记》。

施立卓《李元阳年谱》：“癸酉。作《送歧山李君教授清平记》《送方伯左使狮冈陈公述职序》《重修感通禅寺记》《标楞寺田记》。”④

《标楞寺田记》：“寺在大理城北二百里，为浪穹县界，唐南诏时外八坛场之一也。前代置常住田十八双三亩。国朝洪武初，大理僧无极谒高皇帝于金陵，进山茶一株、白马一匹。初至殿前，马嘶花开。帝异之，宠赉甚厚，授无极大理府僧纲司都纲，赐敕赐诗遣归。随命布政使张纨亲至大理，问劳无极；凡寺田俱照前代版图给各寺，以资焚修祝厘。正德间，标楞之田为豪右所侵夺。今存者三十六丘，香火田八丘，已非原额矣。岁输秋粮五石三斗六升，夏税一石三斗四升，则自唐至今未变也。土人不

① 李元阳：《中溪家传汇稿》，《丛书集成续编》，第115册，第828页，上海书店，1994年。
② 同上书，第829页。
③ 同上书，第793~794页。
④ 施立卓编次：《李元阳年谱》，施利卓总编校《李元阳集》，第612页，云南大学出版社，2008年。

知宪典，往往逐僧夺田。嘉靖间，贤守令相继究复，仅能有存。其乡之大夫士恐其久而湮也，请余记之，因书其始末以告之。……万历元年夏五月端阳日。”①

《送岐山李君教授清平记》：“……李君于清平，赖有乡先生主之于内，其为弟子者，耳目习熟已非一日。吾知其教，当无异于古所云矣。予日望之，是为赠。万历元年上元之吉。”②

《送方伯左使狮冈陈公述职序》：“自阳识狮冈陈公，而后知天下真有以古道为己任者。……阳四十年前，识公于场屋，其文高古尔雅，而试官不识也，置之。……及为宪使，为藩参，以至左使，四秩皆出南中。……上即位，万历初年为岁癸酉，公当述职入觐，其僚右使桂公，参藩林公、张公、卜公，以阳于公有一日之旧，知公为深，以书来命为饯语。阳不敢辞，因述宿昔所见闻，与尝所感叹者，序其事以赠之。”③

李元阳《重修感通禅寺记》文末有：“时万历九年元日也。”此时李元阳已去世。施利卓编校《李元阳集·散文卷》据《荡山志略》改为“万历元年”④。故可将此文写作时间系于此年。

《送史太守述职序》：“……我大夫见屏史公，其安心于久任者乎？其深为世道计者乎？公之守大理也，初在隆庆间，既尝述职矣，则宜逾年而得迁也，而不迁。今万历改元，又尝述职。……既而百姓德之，监司誉之，两台荐之，其迁可必也，而未见其喜也。……维时，郡之僚佐及里居之缙绅……惟愿公秉钧当轴……”⑤

《大理改建府治记》：“隆庆己巳，内江见嵩刘公翾以监察御史巡按云南。按部所经，思存大体，谓：‘兹郡居南中之要处，据夷夏之大防。气得中和，土号沃衍，而府堂垂坠，廨宇嚣湫。必欲革彼因循，盍亦图维久远。’……于是，诹日兴工……庚午始事，壬申卒功。”⑥

按：刘文征《滇志》亦有收录，题名为《迁建大理府治记》，文末内容稍有出入，有“癸酉六月，太守述职且行，以记见属……阳不文，然不能辞，乃载笔列述其事，以见崇显制度之意焉”⑦句，故将此文附于此年。施立卓认为该文作于1572年，应误。

---

① 张树芳等主编：《大理丛书·金石篇》，第810~811页，云南民族出版社，2010年。
② 李元阳：《中溪家传汇稿》，《丛书集成续编》，第115册，第795页，上海书店，1994年。
③ 同上书，第805页。
④ 施利卓总编校：《李元阳集·散文卷》，第95页，云南大学出版社，2008年。
⑤ 李元阳：《中溪家传汇稿》，《丛书集成续编》，第115册，第807页，上海书店，1994年。
⑥ 同上书，第819页。
⑦ 刘文征撰，古永继校点：天启《滇志》，第670页，云南教育出版社，1991年。

万历二年甲戌（1574），七十八岁

作《林太夫人寿序》《邹公塘记》。《平夷寇碑》约写于此年。

王艳萍《李元阳年谱》："明万历二年，写《林太夫人寿序》《邹公塘记》。"①

《林太夫人寿序》："福建晋江林母太夫人陈氏，前比部郎中六川公之配，今四川廉访使象川公之母也。万历甲戌，寿登八秩，十二月二十二日为初度之辰。时廉访公在滇，去家八千里，简命在荷，莫由省觐，有不胜其陟屺望云之情。大理受业之门人苏进士湖、徐举人震十数辈，图维遥祝，以缓公之思。会太守晋江蔡公莅郡，于太夫人为戚属，遂述德履之详，率诸门人问辞于某，以为祝。某昔叨游八闽，廉访公以文章知己，于今四十年矣。公家世德之概，匪直闻之，亦亲见之。廉访公再任藩臬，皆出我南中，高风惠政，蔚乎在人。推本其所自出，凡南中之人，莫不愿祝，矧吾曹乎？"②

《邹公塘记》："万历元年冬，兵部侍郎巡抚云南都御史关西兰谷邹公，平定铁索川、赤石崖诸夷寇，暂驻宾川州。行且凯旋，轻裘缓带，与监司陟降山原，以观形势。州西二十里，见土地腴美，而不加□（应为耒）耟，问其人，则曰：'无水。'……于是下其事于州，州守胡君崧，受命惟寅。召公计度，堤塔俱兴。……引大王庙龙泉合诸渠流，并注其中，而塘遂成。水之所溉，官屯军民田至千亩而赢。……军民众欢声如雷。无水而有水，失田而得田，斥卤之地，行且变为沃壤矣。……经始于万历二年春二月，是年十二月乃告成。州人呼其塘曰'邹公塘'，而作祠三楹于塘之上。……州守率父老请阳作文以记之。……公名应龙，字云卿，长安人。嘉靖丙辰进士。尝为御史，请诛佞臣，盖有直声于天下云。"③

《平夷寇碑》："万历元年，巡抚云南兵部侍郎兼都御史关西兰谷邹公，奉皇帝命剿除夷寇。……十月辛未，公单骑遂行，道不辟人，邮驿之吏不知为公所过。……十一月壬午，公躬擐甲胄，杩纛岭巅，斩贼魁于旗下。……冬十二月丁卯，贼既平矣，尚存余粮，资我版筑。乃设戍守，乃作城垣，乃建署宇，乃成杠梁。二百年枭獍之域，一变而为耕耨之场矣。春二月丁未，公复单骑东行，直捣獛蝲之界，驻阿迷州。……不五旬日，而五百里内，夷寇尽净矣。"④

---

① 王艳萍：《李元阳年谱》，《西南古籍研究（2001年）》，第313页，云南大学出版社，2002年。
② 李元阳：《中溪家传汇稿》，《丛书集成续编》，第115册，第777页，上海书店，1994年。
③ 周钺纂修：《雍正宾川州志》，第91~92页，大理白族自治州文化局，1984年。
④ 李元阳：《中溪家传汇稿》，《丛书集成续编》，第115册，第875~876页，上海书店，1994年。

万历三年乙亥（1575），七十九岁

嘉靖丁未（1547），中和山日月有祥光现于天表，受托为之记。作《马龙州中和山现瑞记》《赠州守南江胡侯奖劝序》《楚雄青龙桥记》。

施立卓《李元阳年谱》："乙亥。作《赠州守南江胡侯奖劝序》《马龙州中和山现瑞记》《楚雄青龙桥记》。"①

《马龙州中和山现瑞记》："金马、碧鸡之东有山曰中和，其秀挺拔，特徘徊融结之势，盖欲拟楚之太和山。大略相似，而其名为'中和'，不知何自始。嘉靖丁未岁，月日有祥光见于天表……时则有嵩明州吏目赵昂以催征至其地，与指挥金镗目睹其异……二人遂具状投总府抚台，乞与核实。委官至日，光瑞复见，众益骇愕。于是，两府出财，命昂督建玄真观。四方闻者，亦皆捐资，而观宇遂成。……万历三年，昂之子诸生应鹏，不远千里来征予记。阳时亦于大理点苍山建玄真之观，机感相通，遂为之作记，而以'现瑞'表之云。"②

《赠州守南江胡侯奖劝序》："余曩过会垣，值胡侯为昆明令。相见之顷，见其朴质谨厚，私心知为循良也。然繁剧之地，恐非所宜。退而闻诸父老称其节爱，上官称其干济，乃叹其有周才焉。……万历乙亥秋，按院郭公独持风裁，不轻许可，州邑守令为公所与者不数人，而侯遇焉。学之师生、乡之缙绅，不远二百里，介两生谒余于苍山草堂，乞一言为侯赠。"③

《楚雄青龙桥记》："万历三年冬十有一月长至日，提刑分巡毕公于楚雄东门外，平川河新作青龙桥成，其人士以状来属予记。……若夫虹桥……积材如山，鸠工如蚁，多历岁月，而后有成，乌可以弗书乎？"④

为罗汝芳撰《会语序》。作《云南省城昆明县地藏寺记》《镇蝗医王寺记》《送州守刘侯望海公之任序》。

王艳萍《李元阳年谱》："明万历三年，为罗汝芳写《会语序》。写《云南省城昆明县地藏寺记》《镇蝗医王寺记》《送州守刘侯望海公之任序》。"⑤

《会语序》："盱江近溪先生，倡明道学于海内，四方想望风采有年矣。万历乙亥，奉天子命，理屯政于我滇。一时负笈抠趋者，不远千里。先生乃日分六时，以四治官

---

① 施立卓编次：《李元阳年谱》，施利卓总编校《李元阳集》，第612页，云南大学出版社，2008年。
② 李元阳：《中溪家传汇稿》，《丛书集成续编》，第115册，第861~862页，上海书店，1994年。
③ 同上书，第768页。
④ 同上书，第841~842页。
⑤ 王艳萍：《李元阳年谱》，《西南古籍研究（2001年）》，第313页，云南大学出版社，2002年。

事，以二讲学。诸生录其说梓为二帙：其在五华书院说者，名为《五华会语》；其在双玉精舍说者，名为《双玉会语》。从吾游二三子以帖视余，余既卒业，乃叹曰：‘圣人之精蕴在是矣！’”①

《云南省城昆明县地藏寺记》：“省城西南大水曰滇池。池东十里有水眼，不知昉于何代。后易名地藏寺，寺有水孔如井，古以砖塔盖之。国朝成化间，寺圮，年年水大入城，民间复修寺塔，水患乃息。嘉靖末年，塔寺尽废，水患复作。抚台一日召父老问故……委陆、庞二太守督建正殿。竣工……乃作石塔、作天王殿廊庑。隆庆六年，又告于知县事胡君崧，取侵园归寺，乃作接引殿、金刚门，然后寺制始备。盖积十年而功乃成。……万历三年春，寂戒不远千里，谒予点苍山中，求记其事。……遂书以为记。”②

《镇蝗医王寺记》：“白崖在大理东百里，连冈峻岭之麓，土田膴美。有大水曰里社江蜿蜒其间，以资灌溉，稼穑之利数倍邻壤，丰年则千里赖其利。然地多蝗祟，苗秀方盈之际，螟蝥一出，生意顿萎，刈获登场，十损六七。农人失望，米价遂腾。……唐贞观间，有僧教民建塔以厌之，蝗乃不生。历数百年，号为乐土。然受者不知其因，作者不传其故，风雨剥落，塔庙尽圮。……万历甲戌，居人朱楠捐舍家赀，重建塔庙。至乙亥秋，一川之内，蝗净如洗，芃芃穰穰，遂至大有，万井之农，莫不欢欣。守长表其门，生儒颂其事，二三子谒余于苍霞之舍，征言刻石，以告将来。”③

《送州守刘侯望海公之任序》：“万历三年冬，铨部以吾郡节推望海刘侯，擢知广右之上石西州。……侯行之日，乡之缙绅祖荐郭门之外，征余言以为赠。予惧言难者之误人，故申以才与气之说焉。侯甚高明，必有以辨此矣。”④

万历四年丙子（1576），八十岁

三月二十五日，唐时英去世。作《明副都御史子才唐公墓表》。

《明副都御史子才唐公墓表》：“……万历乙亥春，命子熙载具棺椁衣衾，择葬地，乃为祭椁文，有‘丙三二十五’之语，不知其所谓也。明年三月二十二日，公不食，但饮水。子孙泣劝，不听。二十五日逝。”⑤

---

① 李元阳：《中溪家传汇稿》，《丛书集成续编》，第115册，第764~765页，上海书店，1994年。
② 同上书，第869页。
③ 同上书，第863页。
④ 同上书，第793页。
⑤ 同上书，第901页。

按：该文在《国朝献征录》中亦存，内容稍丰富[①]。

万历《云南通志》完稿。

王艳萍《李元阳年谱》："此年万历《云南通志》杀青。"[②]

施立卓《李元阳年谱》："《云南通志》杀青。"[③]

方国瑜《明修九种云南史志概说》："惟沿革、大事考载万历二年（1574）八月征莽甸事，且《艺文志》载方良曙《重浚海口记》称：'万历改元之明年养斋郭公按滇，其秋余承乏左辖。又明年乙亥正月近溪罗公以屯田宪副巡昆阳。工竣实三月哉生明也。'《通志·职官》题名有巡按郭廷梧，左布政方良曙，按察副使罗汝芳，由此可知，《通志》杀青之岁在万历三年（1575）三月以后，惟距三月不久，《通志》题名巡抚尚无王凝，天启《滇志》卷一'万历三年王凝巡抚云南'，《明神宗实录》：万历三年三月丁亥，以太常寺卿王凝巡抚云南，又十二月癸巳，升云南按察使顾言为本省右布政，《通志》题名按察使最后一人为顾言，而右布政尚无顾言，则《通志》编在王凝到任之前，顾言尚未任新职也。"[④]

作《送太守莫公入觐序》《再送郡守莫公述职序》《明敕封文林郎史城杨公墓志铭》《送太守丹崖莫公序》《生日礼灵峰止宿碧霞方丈》《永济桥碑记》《送太仆少卿洛浦田公序》《与元老张先生》。

施立卓《李元阳年谱》："作《送太守莫公入觐序》《再送郡守莫公述职序》。"[⑤]

《送太守莫公入觐序》："……万历四年，太守海康莫公例当述职。自贰倅以下，莫不引领，竢公一言以为擘画之地。而公晏然无一语及之，至于累月不闻动止。秋初，祖道且发。"[⑥]

《再送郡守莫公述职序》："……夫万历丙子秋七月，万国述职，公当入述觐。州邑之长吏征予一言为公赠，遂为之操觚。"[⑦]

《明敕封文林郎史城杨公墓志铭》（碑已不存。据大理市大理图书馆藏1944年拓片录文。高78cm，宽43cm。直行楷书。文22行，行24~55字）："公讳元吉，字履祥，

① 焦竑辑：《国朝献征录》卷62，《续修四库全书》，第530册，第398~400页，上海古籍出版社，2002年。
② 王艳萍：《李元阳年谱》，《西南古籍研究（2001年）》，第313页，云南大学出版社，2002年。
③ 施立卓编次：《李元阳年谱》，施利卓总编校《李元阳集》，第612页，云南大学出版社，2008年。
④ 方国瑜：《明修九种云南史志概说》，中国地方史志协会《中国地方史志论丛》，第429~430页，中华书局，1984年。
⑤ 施立卓编次：《李元阳年谱》，施利卓总编校《李元阳集》，第612页，云南大学出版社，2008年。
⑥ 李元阳：《中溪家传汇稿》，《丛书集成续编》，第115册，第801页，上海书店，1994年。
⑦ 同上书，第797页。

号史城。……以成化癸丑十二月十日生，万历乙亥八月二十二日卒，享年八十三岁。……子男一人，名珂，由举人任南京锦衣经历。……锦衣君以丙子年七月初五日葬公于飞凤山麓，秉来泣拜曰：先人辱交于先生，使不得先生铭，无以信后。知不可辞，遂按来状作志，而为之铭。……八十老人同邑中溪元阳仁甫撰。万历四年，岁次丙子七月初五日。奉祀孝男锦衣经历杨珂率孙九章、九玄、九泉、九光等熏沐立石。"①

《送太守丹崖莫公序》："既公以万历三年至……公乃清囹圄，解冤滥，疏滞案，省刑，薄赋；知矿课之为后忧，定中正之法，使不伤民。是岁，和气以臻，禾稼大熟。明年七月，公以例当入觐。老幼惶惶无措，遮道咨嗟。有识者晓之曰：'公之复来有期，勿惧也。'因道其故，人心乃慰。诸人谓予，宜为文以昭告之，并迹其事如此云。"②

《生日礼灵峰止宿碧霞方丈》："不得长斋绣佛前，云林随处学逃禅。浮生今日八十岁，虚誉当时尺五天。富贵无端成梦觉，烟霞有分望神仙。坐聆地籁不交睫，漫说僧房一夜眠。"③

《永济桥碑记》："蒙化甸头永济桥，府通判成都泮江薛君之所建也。……自有郡以来，孰究孰思？薛君莅任既两期月，政成化行。万历初元春，乃以桥事谋于乡大夫晴湖张君，遂兴兹役。委仓使梁儒林督发山木，五材既具，首尾十月而竣工。……薛君毅然任为己事，捐俸廪，首倡义举，一时士民莫不感动，效工施材有差，而太学生童瑜、李昆其著者也。呜呼！非有感人之素而能然乎？余居斯壤，闻行旅欢声，因买石识其岁月。……薛君名希州。……中溪居士八十老人李元阳书。"④

《送太仆少卿洛浦田公序》："……余弱冠自见三原王端毅公巡抚云南，行李止于三肩。彼时貂珰之辈为之吐舌，人谓赵公之后，仅见于此矣。隆庆以来，临洺田公按部云南，为御史，为监司，往返滇蜀之路，行李亦止三肩。万里梯航，十易寒暑，曾不少变。……万历丙子春，公晋秩陕右太仆。将行，吾郡缙绅，谓公以无欲为政，湖山千里之内，被沐休泽者何限？廉吏之名垂于无穷，谓余宜为文以赠。"⑤

《与元老张先生》："阳菲劣，侧闻老先生眷睐笃至。见滇人必问，逢滇宦必嘱。婿湖入京知我翁欲闻鄙迹，故敢奉书。阳荷庇荫，齿叨八十。睹我翁太平德业之盛，区区余生，诚为多幸。耆老言，成化、弘治以来，长沙涯翁称贤宰相，百年复见今日。

① 大理市文化丛书编辑文员会编：《大理古碑存文录》，第382~384页，云南民族出版社，1996年。
② 李元阳：《中溪家传汇稿》，《丛书集成续编》，第115册，第792页，上海书店，1994年。
③ 同上书，第715页。
④ 张树芳等主编：《大理丛书·金石篇》，第808~809页，云南民族出版社，2010年。
⑤ 李元阳：《中溪家传汇稿》，《丛书集成续编》，第115册，第788页，上海书店，1994年。

然涯翁当其易，我翁当其难，周公之功，我翁有焉。深山穷谷之中，圣君贤相之颂，洋洋盈耳。阳垂尽之年，遭际盛胜，喜乐无量，顿觉食饮气力日有所增。涵濡德化尚当有日，不知造物大数何如也。瞻望三台，临缄悚息。”①

万历五年丁丑（1577），八十一岁

李贽任姚安知府，前往大理拜访李元阳。李元阳作诗《卓吾李太守自姚安命驾见访，因赠》《感通寺送卓吾太守回任，自姚安见访，往复千余里》。

王艳萍《李元阳年谱》：“明万历五年，李贽任姚安知府，前来拜访。……写《卓吾李太守自姚安命驾见访因赠》。”②

李贽《耿楚倥传》：“丁丑入滇，道经团风，遂舍舟登岸，直抵黄安，见楚倥，并睹天台，便有弃官留住之意。楚倥见余萧然，劝余复入，余乃留吾女并吾婿庄纯夫于黄安，而因与约曰：‘待吾三年满，收拾得正四品禄俸归来为居食计，即与先生同登斯岸矣’。”③

《卓吾李太守自姚安命驾见访，因赠》：“姚安太守古贤豪，倚剑青冥道独高。僧话不嫌参吏牍，俸钱常喜赎民劳。八风空影摇山岳，半夜歌声出海涛。我欲从君问真谛，梅花霜月正萧骚。”④

《感通寺送卓吾太守回任，自姚安见访，往复千余里》：“巨卿鸡黍后，交道寒如冰。乾坤千里驾，今古几人曾。岂知李夫子，浩气云与腾。……不远姚楚途，干旄历峻嶒。七绎夕投宿，霜雪正凌兢。……薄暮叩我阁，把袂欣瞻承。不意蓬蒿中，乃下垂云鹏。秉烛忽达旦，良游来众朋。诘期访山阿，窈窕相扶扔。……联榻逢徐孺，同舟愧李膺。今夜应无寐，清谈演大乘。”⑤

作《让公庵记》《芝泉庵记》《大理造舆梁碑》《鹤庆府提名记》《建昌教授东山张公墓志铭》《丁丑闰八月中秋，锦江寺用阳川高太仆韵》《建漾濞守备署记》《彩云桥记》。

王艳萍《李元阳年谱》：“写《让公庵记》《芝泉庵记》《大理造舆梁碑》《建

---

① 李元阳：《中溪家传汇稿》，《丛书集成续编》，第115册，第908~909页，上海书店，1994年。
② 王艳萍：《李元阳年谱》，《西南古籍研究（2001年）》，第313页，云南大学出版社，2002年。
③ 铃木虎雄：《李卓吾年谱》，第105页，厦门大学历史系编《李贽研究参考资料》（第一辑），福建人民出版社，1975年。
④ 李元阳：《中溪家传汇稿》，《丛书集成续编》，第115册，第710页，上海书店，1994年。
⑤ 同上书，第676页。

昌教授东山张公墓志铭》《丁丑闰八月中秋锦江寺用阳川高太仆韵》。”①

施立卓《李元阳年谱》：“作《鹤庆府提名记》。”②

《让公庵记》（碑存三塔寺文管所。高100cm，宽50cm，厚19cm。文12行，行30字。直行，楷书）：“让公庵在三塔崇圣寺，为诸院之一。其曰让公不知何所指。……吾友竹渠杨举人作舟发心出俗，顾结善缘，遂葺让公之庐，不靳家货之费。……感今怀旧，故作斯文。万历五年岁在丁丑秋八月朔。知荆州府前翰林庶吉士北台监察御史郡人八十一叟中溪居士李元阳书。”③

《芝泉庵记》：“芝泉庵在鸡足山大顶西北，距顶八里而远，僧寂受之所建也。初择地开基，忽生芝草一朵，层蕊叠瓣，色态迥异，因于此卓锡焉。然汲水箐谷，为力甚艰。忽闻地中有声潺潺，因掘之得泉。……善信闻者，四远来集，或施财，或施田，或施地，或施瓦木，丝累寸积，遂成一刹。首尾经营，盖自隆庆改元至万历丁丑，阅十年矣。受来谒余，为记。”④

《大理造舆梁碑》：“万历四年六月十一日之夜，震雷大雨，涧溪暴涨，桥梁皆圮，孔道阻阂，官民汹汹，茫然无措。是年冬，白岳王公以给事中论劾不避枢要，出佥云南宪事，分巡金沧。初入大理境，则见断桥绝路，崩石纵横，跰蹄怵涩，行旅揭厉，恻然弗安，深用图维。敷政三月，远迩向风。于是，计度二桥……公乃谋及郡丞黄公大载，以五年正月分俸召公，官属响应，庶民子来……落成之日，郡人逸史前翰林庶吉士李某为词以记之。”⑤

《鹤庆府提名记》：“万历五年，慈溪冯公来守是邦，以简御繁，以恬御剧，思与百姓相安于休养生息之域。暇日有所慨于其怀，叹曰：‘后事不忘，前事之师’。乃以前人名氏书刻于石，俾予为记。”⑥

《建昌教授东山张公墓志铭》：“……余与公山斋同宿，园馆同居，善则相勉，过则相规。今春得公书，欲来相访，余方悬榻以待，久而不至。无何，而公讣至矣。呜呼，痛哉！……公以弘治某年月日生，万历丁丑五月二十八日卒，享年七十有六。所著有《灌

---

① 王艳萍：《李元阳年谱》，《西南古籍研究（2001年）》，第313页，云南大学出版社，2002年。
② 施立卓编次：《李元阳年谱》，施利卓总编校《李元阳集》，第612页，云南大学出版社，2008年。
③ 大理市文化丛书编辑文员会编：《大理古碑存文录》，第385页，云南民族出版社，1996年。
④ 李元阳：《中溪家传汇稿》，《丛书集成续编》，第115册，第862页，上海书店，1994年。
⑤ 同上书，第872~873页。
⑥ 同上书，第820页。

园子》《东山语录》《东山诗草》《诗教》等集行于世。”[①]

《丁丑闰八月中秋，锦江寺用阳川高太仆韵》：“一年两度遇中秋，薄采萍花荐胜游。捣药长空听玉兔，投簪半世属沧洲。……”[②]

《建漾濞守备署记》：“万历二年秋，都指挥守备澜沧李侯腾霄，奉檄驻扎三郡交牙之处，以便控制。地曰‘漾濞’，以二水而得名也。西带永昌，南临蒙化，东连大理，盖厄塞地也。……今守备金沧且三年矣，沉静有守，不急功，不邀名，翛然如书生。至于仓卒应变，往往有风力，出人意表。余故不辞而为之记，且以整暇之说告之，所以美其成功，而劝其未至云。”[③]

《彩云桥记》：“……万历丁丑，分巡蕲水王公有见其然，捐俸首倡，选吏董造，期在必成。时有耆民杨舟者，慕义向风，辇石易木，计图可久，愿出私力以代公劳。会兵宪无锡华公、分守马平罗公、郡守海康莫公，路出其地，乐赞厥成。从吏召徕，如营身务。于是匠石四集，庶民子来参。石如跨虹，酾水为三道桥，长十丈，墩高丈五，去危就安，易险为夷。暮春鸠工，仲夏竣事。诸生数辈，谒余问记。”[④]

何文极中进士。

《大理府卫州县历科进士提名记》：“万历丁丑科：何文极，太和县人，历官。”[⑤]

万历六年戊寅（1578），八十二岁

作《瑞云观记》《游天台观诗碑》《答默泉吴尚书》《分守道鹤庆公署记》《与徐方伯》《送肃政白岳王迁江西参藩序》《迎郡尊丹崖先生考满复任序》。

王艳萍《李元阳年谱》：“明万历六年，写《瑞云观记》《游天台观诗碑》《答默泉吴尚书》《访寂空上人诗碑》。”[⑥]

施立卓《李元阳年谱》：“作《分守道鹤庆公署记》。”[⑦]

《瑞云观记》：“赵州凤仪山麓，有观曰‘瑞云’，北距州治约二里许。初，羽人梅全玉欲作一殿以安玄帝，谋于乡衮和峰邹参政。许之，目为出赀畚锸之役。……

① 李元阳：《中溪家传汇稿》，《丛书集成续编》，第115册，第892~893页，上海书店，1994年。

② 同上书，第713页。

③ 李元阳：《中溪家传汇稿》，《丛书集成续编》，第115册，第830~831页，上海书店，1994年。

④ 同上书，第841页。施立卓《李元阳年谱》认为该文写于1576年，应误（施利卓总编校：《李元阳集》，第612页，云南大学出版社，2008年）。

⑤ 大理市文化丛书编辑文员会编：《大理古碑存文录》，第336页，云南民族出版社，1996年。

⑥ 王艳萍：《李元阳年谱》，《西南古籍研究（2001年）》，第313页，云南大学出版社，2002年。

⑦ 施立卓编次：《李元阳年谱》，施利卓总编校《李元阳集》，第613页，云南大学出版社，2008年。

嘉靖四十五年十二月初五日，日之仄矣。忽有白云屯于其处……其云移时不散，全玉向空叩祷之，乃绘图募劝，拟建云阁以妥玉帝，而远近闻者，莫不景从。……以隆庆二年经始，明年落成。虽不能尽如云构之奇，而飞革有象，略有得于天式之仿佛矣。”①

按：《大理古碑存文录》之《瑞云观记》，内容与《中溪家传汇稿》所录大体一致，但有增添和少量文字出入，增添者如文前有：“赐进士阶赞治尹忠宪大夫知荆州府前翰林院庶吉士监察御史郡人八十二叟李元阳撰文。赐进士北台江西道监察御史李东篆额。乡进士赵州知州前南几国子监监丞贵阳沈奎灿书丹”字样。文末有“万历六年岁在戊寅上九日。住持道士梅全玉□□□杜真宝，石匠杨廷相等同立”字样。出入较大者是“以隆庆二年经始，明年落成”，记为“以隆庆二年经始，四年落成”②。据上下文，将其系于此年。该书是文又载：碑原存瑞云观，今已毁，据凤仪文化站存拓片录文。碑高 136cm，宽 70cm。文 20 行，行 40 字，直行楷书。

《游天台观诗碑》（碑立于大理市点苍山龙泉峰，现已不存。据大理市大理图书馆藏 1944 年拓片录文。高 150cm，宽 77cm。直行楷书。文 10 行，行 13~39 字）：“……嘉靖乙丑春作□□□□□之客六人，至万历戊寅秋日高太使邀致，招余同礼科李给谏选复来游谈，顿兴作役之感，因命磨石书前作以识岁月。从游高可观，可晋也。八十二叟中溪李元阳。”③

《答默泉吴尚书》：“舍婿回，得闻清胜起居，慰悦无量；兼承惠书，珍贶拜领，不胜感激。……仆今八十二岁，不自度德，以为神仙可学，而至闭关内视，颇觉进益。”④

《分守道鹤庆公署记》：“……布政司参议大夫马平罗公，蚤植戎功，夙称威望。是年之夏，奉命来董。时则署宇久虚，仪型不称；政事之堂，卑陋迫隘；膳食之宇，下湿嚣湫。先是两院许其改作，郡守因以请锾，拓地迁居，增新斥旧，高其闬闳，秩其阶序。……于戊寅三月之望经始，八月之望落成，首尾五阅月，农贾拱手张目视具而已。太守慈溪冯君以书来乞辞，阳让不获，乃刻于兹石。”⑤

《与徐方伯》：“别后，每怀逸韵冲襟，无由具候。风辰月夕，万里驰神。昨岁，得教翰及手书长诗。今日，舍婿回，又蒙题扇。见怀之作，为惠实多，喜悦无量。我翁方履仕之际，百务交前，乃纪念故人，形之歌咏。此情此德，何日能忘？恭审正位

① 李元阳：《中溪家传汇稿》，《丛书集成续编》，第 115 册，第 866 页，上海书店，1994 年。
② 大理市文化丛书编辑文员会编：《大理古碑存文录》，第 386~387 页，云南民族出版社，1996 年。
③ 同上书，第 387~388 页。
④ 李元阳：《中溪家传汇稿》，《丛书集成续编》，第 115 册，第 905 页，上海书店，1994 年。
⑤ 同上书，第 838~839 页。

藩尊，逼近台座，行且秉钧，仁覆天下矣。滇南其翁之并州故乡乎？不能无深望焉。犬马之齿八十有二，不近笔砚，愧无报琼，但有感戢耳。便人谨状，奉谢。”①

《送肃政白岳王迁江西参藩序》：“……万历戊寅，天子思直臣久劳于外，量迁公江西参议，行且柄用。郡太守莫公天赋等喜其荣迁，而嗟其去此而莫留也。因为阳诵公之行事，以宣其怀。阳不文，谨述其语，以为祖帐赠云。”②

《迎郡尊丹崖先生考满复任序》：“公以万历乙亥莅吾郡，今三年矣。其抚吾民也，若慈母之于赤子。……公考绩回任，其僚属、缙绅、父老、儿童，迎公于郭门之外，欢声洋洋。谓予逸史不可无纪，遂述公之行道以为赠。”③

万历七年己卯（1579），八十三岁

崇圣寺修缮完成，工程为李元阳与其兄弟，从嘉靖辛丑（1541）开始。工程庞大，李元阳尽出家财，大弟元春前后捐出上亿粮食，二弟元期、三弟元和奔走先后。李元阳为工程总负责，其二弟元期出力最多。建设期间李元期把家搬到寺中，以监督工程并主持寺中佛像浇铸工作，直到1558年去世，前后达十七年之久。

《明故赐进士通议大夫知荆州府诏进资治尹前翰林庶吉士监察御史李文肃公墓志》：“三塔寺六百余间，皆公依旧址以崇建，经四十余年，遂为天下名寺，造经藏以实之。公尝游处其中，因卜葬于寺后，且公之第三人皆兆于此也。”④

按：李元阳《崇圣寺略记》有“大明嘉靖辛丑，予始修复”⑤之说，经“四十年”完成，则崇圣寺修缮工作大概于此年完成。

李元阳《明清都大士李君墓志铭》（代作）：“公（李元期）以弘治辛酉年十二月二十日未时生，以嘉靖戊午闰七月十四日未时卒，享年五十八岁。蚤岁为郡学生员，治《诗经》有名。既而……易青衿、服黄冠为道士。……尝侍兄御史公重建三塔寺瑞鹤观，公遂移家居观之山房，鸠工经营，终始十七年，曾无倦色。又货铜于澜沧，铸弥陀、观音、势至三像，中尊丈三尺，旁各盈丈，盖三年而后安座云。”⑥

---

① 李元阳：《中溪家传汇稿》，《丛书集成续编》，第115册，第908页，上海书店，1994年。
② 同上书，第811页。
③ 同上书，第812页。
④ 赵寅松主编：《白族文化研究2001》，第443页，民族出版社，2002年。
⑤ 李元阳：《中溪家传汇稿》，《丛书集成续编》，第115册，第868~869页，上海书店，1994年。
⑥ 同上书，第899页。

为《李母墓志》题纂。

王艳萍《李元阳年谱》："写《李母墓志》。"[①]

《李母墓志》（碑原存喜洲，现已毁。据大理图书馆存1944年拓片录文。碑高130cm，宽66cm。文20行，满行46字。直行，楷书）："赐进士中宪大夫知荆州府事前翰林院庶吉士监察御史邑人中溪李元阳篆。敕阶文林郎前乡进士知蜀江津县事八十三翁邑人史城杨元吉撰。"[②]

作《地藏院碑记》《寿国堂记》《姚安太守卓吾先生善政序》《访寂空上人诗碑》。

王艳萍《李元阳年谱》："写《地藏院碑记》。"[③]

施立卓《李元阳年谱》："作《地藏院碑记》。"[④]

方国瑜《云南史料丛刊》："万历七年八月立《地藏院碑记》题：'郡人八十三翁中溪李元阳书'。……惟大理文化馆有《地藏院碑记》，署衔'赐进士赞治尹正议大夫知荆州府，前翰林院庶吉士，大扈从监察御史'，可参补墓碑上截题字。"[⑤]

《寿国堂记》："万历间，宜城毅庵王公以副都御史巡抚云南，以道为治，以德化民，器量弘深，规模广大，忘己济物，抚化翼世。……万历己卯，我公既赴内召，大理、永昌、鹤庆、蒙化数郡之父老，距省会千里，不得攀公之舆，留公之靴，乃相与辇石伐木，构堂于点苍山下，以无忘我公之德，名曰'寿国'，谓公之所为，能寿国脉也。一时，吏于其土者，莫不感动。自监司守长而下，各分俸以助其役。不日而堂成，以记问于逸史李元阳。"[⑥]

《姚安太守卓吾先生善政序》："先生自幼有出俗之韵，超然不染世尘，每欲遨游五岳，以毕其志，然势有不得自由者，俯首一官，崎岖数载。今天子加意穷民，选首长以临郡国，于是，先生以郎署出守姚安。……姚安守罗君某，以僚属事先生有年，深识先生之心，不远千里介段生锦，征某一言，以纪先生之政，虽未瞻履绚，然私心甚慕之，遂不辞而为之序。"[⑦]

《访寂空上人诗碑》：（碑原存大理市。据云南省图书馆所藏拓片录文。高

---

① 王艳萍：《李元阳年谱》，《西南古籍研究（2001年）》，第313页，云南大学出版社，2002年。

② 大理市文化丛书编辑文员会编：《大理古碑存文录》，第388页，云南民族出版社，1996年。王艳萍认为《李母墓志》为李元阳所写，应误。

③ 王艳萍：《李元阳年谱》，《西南古籍研究（2001年）》，第313页，云南大学出版社，2002年。

④ 施立卓编次：《李元阳年谱》，施利卓总编校《李元阳集》，第613页，云南大学出版社，2008年。

⑤ 方国瑜编辑：《云南史料丛刊》，第6卷，第518页，云南大学出版社，2000年。

⑥ 李元阳：《中溪家传汇稿》，《丛书集成续编》，第115册，第836~837页，上海书店，1994年。

⑦ 同上书，第811~812页。

50cm，宽 50cm。直行，行书）“独访高僧古道场，沿溪寻塔入苍茫。静中预觉客来日，松下先炊从者粮。庵外长河天镜碧，山前渐雨麦川黄。短檐共坐怜空旷，暂借蒲团卧石床。己卯五月十日溪叟元阳。”①

万历八年庚辰（1580），八十四岁

江陵刘氏之六世孙刘维巡按云南，造访李元阳，李元阳作《府县报功祠记》，褒扬刘氏家族业绩。刘维祖辈刘俊、刘杰兄弟都曾在云南为官，一杀身成仁，一整饬云南，功勋卓著。

施立卓《李元阳年谱》：“庚辰。作《府县报功祠记》。”②

《府县报功祠记》：“大理太和报功祠者，江陵刘氏二公之祀也。二公同胞兄弟：伯氏讳俊，字子奇，兵部尚书，赠太子少傅，谥愍节；仲氏讳杰，字子伟，云南布政司左参议。永乐四年，国家有事交趾，尚书公奉简命与勋臣辈自云南蒙自发兵以入。既戡定其地，五年复叛。尚书公仍专阃外之寄，一时同事之臣颇怀观望，公独奋身而前，不虞有伏，为贼所得。贼勒公一揖，公骂贼，竟不屈，遂遇害。……永乐十二年，公弟子伟，以给事中奉命整饬云南戎务。事竣归报，上嘉其能，迁前职，仍守金沧，驻扎大理。公悲兄之烈，惕厉有加。取‘进思尽忠’之义，扁其退食之斋曰‘进思’。一时人士，自杨太守节仲以上，各作记叙以导扬之，镌碑磨石，不一而足。在任垂二十年，军机民瘼，日常在念。去任……父老于进思斋后构祠以祀之。正德九年，地震之变，城颓屋仆，前祠亦圮。凋丧之余，未暇修葺……万历八年，公之六世孙名维，巡按云南，器度宏深，风规峻整。……乃寻旧址，绎往迹，出断碑于土壤，征遗事于郡乘，革旧贯之喧嚣，就山麓之爽垲，移材于废宇，征佣于闲民。二旬日内，祠工告成，遂奉愍节公之主与参议公之主，合而祀之。……有司因置田若干亩，召僧焚香膏以妥其神。又谓阳齿宿年迈，多识遐远，宜记之。”③

作《翠屏草堂记》《明世宰舍义官字君偕配墓志铭》《北极寺记》。

王艳萍《李元阳年谱》：“写《翠屏草堂记》《明世宰舍义官字君偕配墓志铭》《北极寺记》。”④

---

① 张树芳等主编：《大理丛书·金石篇》，第 831~832 页，云南民族出版社，2010 年。

② 施立卓编次《李元阳年谱》，施利卓总编校《李元阳集》，第 613 页，云南大学出版社，2008 年。

③ 李元阳：《中溪家传汇稿》，《丛书集成续编》，第 115 册，第 838 页，上海书店，1994 年。

④ 王艳萍：《李元阳年谱》，《西南古籍研究（2001 年）》，第 313 页，云南大学出版社，2002 年。

施立卓《李元阳年谱》:“作《翠屏草堂记》。先后为箐杆场巡检司字家作《北极寺记》和《明世宰舍义官字君偕配墓志铭》……”①

《翠屏草堂记》:“中溪叟今年八十有四,耳目四体未至衰颓。宅边有默游园,风雨冱寒,颇堪游息。……或有客无客,听泉坐石,必日落而起,或乘月乃归。归至草堂,……目冥境寂,天地之情,了然玄会,乃知死不相干矣。”②

《明世宰舍义官字君偕配墓志铭》(碑原立于大理市凤仪镇。高97cm,宽45cm。直行楷书。文18行,行9~45字):“太和八十四翁中溪李元阳撰文。……君生于弘治甲子四月初三日,迄今于七十有七,……自谓岁庚辰月闰在已百岁之居,不可不治。图日击□,乃薨。其婿杨□持状来征予铭,且日:君配孺人杨药师井,土舍杨永忠次女,端凝幽淑,相君有方,先君而卒,兹合其墓而冢之。……万历八年闰四月吉旦。”③

《北极寺记》:“箐杆场在邓川州治西二百里。其人带刀挟弓弩,虽知耕农,而射猎犷悍之习,其来已久,未易变也。有字君文才者,独耻其俗……谋于耆老曰:‘化俗莫如释门,吾欲建一庵。延数僧,置大乘经若干部,以我老身执洗钵焚香之役。乡人见之者,其必有感动其心,而不□其习者矣。’……古有北极寺,故址宛然,遂因旧贯而造屋焉。屋成,仍其名曰‘北极’。……经始于万历四年,历三载而后落成。……时两依少参杨公之子名三恕者,为予道其颠末,因志之。万历庚辰季春之吉。”④

十月二十日去世,李元阳墓在大理府西北三塔寺右(一说后)。

王艳萍《李元阳年谱》:“明万历八年,十月二十日去世。”⑤

施立卓《李元阳年谱》:“《墓志》云:‘公卒于万历庚辰十月二十日寅时,享年八十四岁’。”⑥

李选《侍御中溪李公行状》:“万历八年,中溪李先生年八十有四,十月二十日卒于家。其嗣君中书舍人傅方视草内阁,选时承乏刑科。中舍君以选游先生门下,属为状,义不敢辞。”⑦

《明故赐进士通议大夫知荆州府诏进资治尹前翰林庶吉士监察御史李文肃公墓

---

① 施立卓编次:《李元阳年谱》,施利卓总编校《李元阳集》,第613页,云南大学出版社,2008年。
② 李元阳:《中溪家传汇稿》,《丛书集成续编》,第115册,第833页,上海书店,1994年。
③ 大理市文化丛书编辑文员会编:《大理古碑存文录》,第398~399页,云南民族出版社,1996年。
④ 张树芳等主编:《大理丛书·金石篇》,第837~838页,云南民族出版社,2010年。
⑤ 王艳萍:《李元阳年谱》,《西南古籍研究(2001年)》,第313页,云南大学出版社,2002年。
⑥ 施立卓编次:《李元阳年谱》,施利卓编校《李元阳集》,第613页,云南大学出版社,2008年。
⑦ 李选:《侍御中溪李公行状》,李元阳《中溪家传汇稿》,《丛书集成续编》,第115册,第633页,上海书店,1994年。

志》："公尝游处其（三塔寺）中，因卜葬于寺后，且公之第三人皆兆于此也。……卒于万历庚辰十月二十日寅时，享年八十四岁。配陈氏，封孺人；次林氏，生孟仲二女；次何氏，生子粲早夭；次吴氏、宋氏，生季女。孟适知州吴懋；以从子中书舍人傅、生员粳为嗣。生孙三人，曾孙二人。粲妇杨氏守节，方请表；遗女适生员高廷仪。若夫公之道德功业文章，则有内阁大学士之《墓志铭》、太史氏之《墓表》及《李公善政记》《去思碑》《文集》存焉，兹不能备也。"①

《云南通志》："翰林李元阳墓，在府西北三塔寺右。"②

（姜晓霞）

① 赵寅松主编：《白族文化研究 2001》，第 443 页，民族出版社，2002 年。施立卓编次《李元阳年谱》引部分内容而未注出版信息（施利卓总编校：《李元阳集》，第 613 页，云南大学出版社，2008 年）。

② 靖道谟等编纂：雍正《云南通志》卷 26《塚墓·大理府》，《景印文渊阁四库全书》，第 570 册，第 279 页，台湾商务印书馆，1986 年。

唐尧官年谱（1541~1610）

综论

唐尧官出身于云南晋宁望族，先世为浙江淳安人，自洪武初年，其先祖唐循仲代父谪戍滇屯以来，明清两代唐氏家族皆以科举、文学名世。唐尧官是嘉靖四十年（1561）云南乡试解元，其父唐金、其子唐懋德都是举人，其孙唐泰荐明经，后来出家为僧，法名普荷、通荷，号担当，以诗、书、画三绝著称。在亲戚方面，唐尧官的伯祖唐佐是举人，从伯唐锜是嘉靖五年（1526）进士。杨慎戍滇时，唐锜从其游，为杨门六学士之一[①]。民国缪季安《晋宁诗文征序》说："晋宁之于滇，则文化之熟也最早。自汉以来，即代有传人，而峥嵘葳蕤，盖自有明一代始。"[②]晋宁文化的这一状况，与整个云南汉文化的发展相一致，而唐氏家族，无疑是其中杰出的代表。

三应春试落第后，唐尧官隐居不仕，成为明代云南著名的诗人，可惜其《五龙山人集》[③]未能以全帙传世。此集初刻时曾有记载云："复得山人甲集古诗文若干首，择其尤佳者续刻之。庶见非处士纯盗虚声，且以见晋宁唐姓以文学世其家，其祖宗之贻谋者远矣。"[④]一般说来，在中国文化传统中，做处士往往并非文人的初衷，而总是在现实世界中失意后的选择。唐尧官《别驾陶公传》[⑤]的记叙，清楚地印证了这一点。他在这篇传记中写昆明文士陶庚（字子明），九上春官皆不第，以谒选授职。陶庚为官奉公守正，利民惠政甚多，因不愿遑遑受制于上官、不屑恋恋于薄俸而归乡里，复以

---

* 本谱作为本课题阶段性成果，发表于《昆明学院学报》，2015 年第 2 期。

① "杨门六学士"，指杨慎谪滇后从其游者六人：杨士云、王廷表、胡廷禄、张含、李元阳、唐锜。加入吴懋，则称"杨门七子"。此说见杨慎《病中永诀李张唐三公》诗后注（《升庵集》卷 30，《景印文渊阁四库全书》，第 1270 册，第 217 页，台湾商务印书馆，1986 年）。

② 方树梅辑：《晋宁诗文征》，影印《云南丛书》，第 50 册，第 26623 页，中华书局，2009 年。

③ 五龙山在晋宁城南五里，此集当因此得名。请参阅本谱万历二十七年（1599）纪事。

④ 朱庆椿、陈金堂纂修：《道光晋宁州志》卷 11《补遗志・唐尧官小传》，《中国地方志集成》本《云南府县志辑》，第 7 册，第 159~161 页，凤凰出版社，2009 年。

⑤ 袁文揆、张登瀛辑：《滇南文略》卷 33，影印《云南丛书》，第 38 册，第 19562 页，中华书局，2009 年。

世风浇薄，三十年来闭门谢客，足迹不入城市，姓名不通公府，优游山水，忘怀世事，著《星予集》。唐尧官虽中解元，此后亦春试屡落第，最终隐居乡里，而陶庚忍受了多次落榜的失意，最终谒选为官。两相比较，唐尧官从未涉足官场就隐居，可见他避世的意志，更为坚定彻底。唐尧官的文学成就，显然成于隐居之后，其孙担当和尚，则在因现实的不得志而遁入空门后，诗书画声名更著，硕果大成——正所谓立功不成则立言。由此看来，“晋宁唐姓以文学世其家”，或为其先人谙于科举仕宦之道，虑或有所不虞，退而处之的深谋远虑。唐尧官之父、之子均以举人入仕，但在文学上成就不大。其从伯唐锜则科举、为官、为文三者皆显，但此为唐氏家族仅有。

唐尧官在绝意仕进时，在盘龙寺宣称“何当谢尘鞅，于此奉金仙”①，其《山茶花赋》的篇末诗，以奇崛的立意咏云南名花：“移栽上林不可得，留与西南壮颜色。”②这实际上是其自我形象的写照，于超然中透过几许不甘。作为隐逸诗人，唐尧官热爱故乡晋宁，他在《晋宁州风土记》③中把这种情怀表露无遗。由此可见，对故乡的吟咏与寄托平生情怀，抒发世事感慨，批判现实弊端结合，成为唐尧官诗歌的鲜明特点，并非偶然。如《怀杨太史用〈春兴〉韵》，与其赋山茶花可谓同调，却多了对杨慎不幸遭遇的同情和对黑暗政治的愤慨④，表现出更为深刻的现实内涵。

唐尧官的文学观带有明显的复古色彩。其为诗虽古、律体皆擅，但最能表现其复古观的，无疑是古体诗。唐尧官的复古理论明显受到杨慎的影响，并和杨慎一样，心中的范本主要是六朝和初唐诗。隆庆五年（1571），唐尧官编成了《选诗补遗》，其《小引》对他的这一复古观和复古内容做了说明⑤。这个选集全为古乐府和歌行体，时代从先秦始而止于隋代。杨慎所辑《选诗》《选诗外编》《选诗拾遗》，曾是唐尧官每次出行，必定要携带的三部诗集，他视自己所编为“补遗”，明确地表现了追随杨慎的文学复古倾向。

唐尧官的诗歌创作，正是其复古理论的艺术实践：其诗歌中既有六朝古诗的现实色彩和古朴苍劲风格，同时也挟带着初唐诗风的流丽轻灵，而有别于一般隐逸诗人的淡泊超然。更为重要的是，从中我们不难看到，诗人秉持复古精神，亦不乏创造性。

---

① 唐尧官：《盘龙寺》，方树梅辑《晋宁诗文征·诗征》，影印《云南丛书》，第50册，第26633页，中华书局，2009年。

② 方树梅辑：《晋宁诗文征·文征》，影印《云南丛书》，第50册，第26744页，中华书局，2009年。

③ 袁文揆、张登瀛辑：《滇南文略》卷31，影印《云南丛书》，第38册，第19831页，中华书局，2009年。

④ 方树梅辑：《晋宁诗文征·诗征》，影印《云南丛书》，第50册，第26633页，中华书局，2009年。

⑤ 唐尧官辑：《选诗补遗》，影印《云南丛书》，第35册，第18345页，中华书局，2009年。

对唐尧官诗中表现复古倾向的某些部分，或许可以称为边塞诗。在这类诗中，我们既可感受征战边关的豪迈情怀，又可体验思妇的愁怨哀思，以及诗人对现实不良政治的揭露和批判。如《结客少年行》描写了一个少年侠客英武的形象，堪比曹植的《白马篇》①，诗中斗士的昂扬刚健和思妇的哀婉坚强，即令在入律的形式中，也能被诗人表现得动人心弦。《梅花落》笔致轻灵，《子夜四时歌》妙用比兴，《乌栖曲》掩抑多姿，《芳树》含蓄婉转，无不体现了诗人在复古中所流露的独特创造性②。然而复古的情怀，并不能压抑诗人感慨时事。著名的《从军行》四首③对拓地开边，兵祸连结的激愤和关注民瘼的呼声，可说是现实主义精神的集中表现。汉魏以来乐府歌行的这一重要原质，表明诗人激活了复古这一方式，却并非处处泥古不化。至于初唐体，诗人不仅有《新城篇赠刘太守效初唐体》④明言其仿作，还有其他隐约可见初唐声韵的作品。但盛唐诗歌的影响，毕竟不是后世诗人轻易可以拒绝的，所以在唐尧官的诗歌中，我们也不难看到盛唐气象的遗韵。当然唐尧官的乐府诗也有失败之作，如《白纻辞》五首，拟古的痕迹过于浓重，《子夜歌》《子夜四时歌》则明显可见对南朝吴歌和李白的模仿，《燕歌行》则抹不去曹丕同题名篇的影子⑤。但我们指出唐尧官的诗歌有模拟过于明显的缺点，并不等于说他只是一个从模拟出发而终止于模拟的诗人⑥。担当在《橛庵草・读先祖〈五龙山人集〉有感》中，对祖父唐尧官及其诗歌的复古特色，做了一个深中肯綮的总结。在自己借题发挥的感慨中，他把唐尧官诗中有许多乐府的原因，归之于其复古之道；把唐尧官诗歌风格的特点，概括为古道新声⑦。这无疑为明代云南诗坛在杨慎影响下所产生的、有别于中原诗风的复古倾向，提供了一个独特的考察角度。

在诗歌之外，唐尧官的散文也别具一格，其文体包括序、记、传、志、论而以记叙文为主。与其诗歌的复古倾向不同，唐尧官的散文大多来自现实生活：或描写山水

---

① 曹植：《曹子建集》卷5，《续修四库全书》，第1303册，第600页，上海古籍出版社，2002年。

② 袁文揆、张登瀛辑：《滇南诗略》卷12，影印《云南丛书》，第36册，第18581~18583页，中华书局，2009年。

③ 同上书，第18583~18584页。

④ 唐尧官：《新城篇赠刘太守效初唐体》，方树梅辑《晋宁诗文征・诗征》，影印《云南丛书》，第50册，第26633页，中华书局，2009年。

⑤ 袁文揆、张登瀛辑：《滇南诗略》卷12，影印《云南丛书》，第36册，第18582、18583页，中华书局，2009年。

⑥ 袁文典、袁文揆辑《滇南诗略续刻》卷2点评唐尧官诗云："《子夜》诸歌，情致缠绵，谐不涉俚，深入兴体，置诸六朝诸人集中，几无以辨。"清嘉庆七年（1802）肆雅堂刊本。

⑦ 方树梅：《担当年谱》，余嘉华、杨开达校点《担当诗文全集》，第164页，云南人民出版社、云南美术出版社，2003年。

之乐，如《海穰楼记》《游海宝山记》[①]；或叙写对家人的深情，如《永思楼记》[②]《亡妻刘氏墓志铭》[③]；或表现对友人的情谊，如《送郡太守李公还梁山序》[④]《贡士徐君墓志铭》[⑤]；或刻画人物的形象，如《别驾陶公传》[⑥]。由于科场不利，唐尧官在中年时期表现出对修建庙宇的关注。例如，万历十三年（1585）冬，四十五岁的唐尧官要入京师备考春试，行前他出资修建关帝庙门，并为此写下了《晋宁州重建关帝庙碑记》[⑦]，此外还有几篇同类文章。以他存世散文的数量看，这确乎引人注意。从总体看，唐尧官的散文不论哪一类，大都文风清新，语言朴实，很少有陈腐气息，留存作品虽少，却不乏精品，以上列举者均是。

唐尧官自订的《五龙山人集》三十三卷已佚，其孙担当和尚曾合刻家中其上三代人的作品，题名《绍箕堂集》，亦未见传世。归结云南地方诗文总集而去其重复，唐尧官存诗近百首，赋5篇，文23篇，可谓原有百千，存不及一。其诗《滇南诗略》卷八载4首、卷十二载58首，《晋宁诗征》卷一载35首，《滇诗拾遗》卷六载8首附赋4篇，《滇诗拾遗补》卷二载1首（有目无诗）。赋现存5篇：《思友赋》《盘龙山赋》《山茶花赋》《孔雀赋》《当炉赋》。《道光晋宁州志》卷十二《艺文志》载4篇，《滇南文略》卷四十一载4篇，《晋宁文征》卷二载3篇，《滇诗拾遗补》卷十六载1篇。文章则《滇诗拾遗补》卷二十一载序5篇，卷六十三载传志4篇，卷八十载记6篇；《晋宁文征》卷三（上）载序8篇，卷五传志类载3篇，卷六（上）载记8篇；《滇南文略》卷十四载论说1篇，卷二十八载记1篇，卷三十一载记1篇，卷三十三载传1篇。《陶公别驾传》文后有一段话："子明（陶庚）别驾著有《星予稿》十卷，而所存惟举乡

---

① 唐尧官：《海穰楼记》《游海宝山记》，《滇文丛录》卷80，影印《云南丛书》，第42册，第22270~22271页，中华书局，2009年。

② 唐尧官：《永思楼记》，袁文揆、张登瀛辑《滇南文略》卷28，影印《云南丛书》，第38册，第19760页，中华书局，2009年。

③ 唐尧官：《亡妻刘氏墓志铭》，《滇文丛录》卷63，影印《云南丛书》，第42册，第22099页，中华书局，2009年。

④ 唐尧官：《送郡太守李公还梁山序》，《晋宁诗文征·文征》，影印《云南丛书》，第50册，第26751~26752页，中华书局，2009年。

⑤ 唐尧官：《贡士徐君墓志铭》，《滇文丛录》卷63，影印《云南丛书》，第42册，第22099页，中华书局，2009年。

⑥ 唐尧官：《别驾陶公传》，《滇南文略》卷33，影印《云南丛书》，第42册，第19862页，中华书局，2009年。

⑦ 唐尧官：《晋宁州重建关帝庙碑记》，《滇文丛录》卷80，影印《云南丛书》，第42册，第22271页，中华书局，2009年。

饮时《自嘲》一诗；即《五龙山人集》以十千分编卷次，今所见者亦仅甲之一帙。无怪乎滇南文献之不足征也。”[①] 随着时世的迁移，这类憾事是无法弥补了，但愿我们珍惜现存的并为今所用。

此前无人撰写唐尧官年谱，因其别集失传，更增加了撰写的难度。方树梅当年撰《担当年谱》时，尚有《浙滇唐氏族谱》可据，如今却无处寻觅。本谱尽可能网罗现存文献，努力成之。

年谱

明世宗朱厚熜嘉靖二十年辛丑（1541），一岁

三月二十二日[②]，出生于云南府晋宁州（今昆明市晋宁区）。名尧官，字廷俊，号五龙山人。先世为浙江淳安人，明初徙滇，戍屯晋宁。父唐金，字子南，号池屿，嘉靖戊子（1528）举人，官至邵武（属福建）同知。

《唐尧官小传》：“唐尧官，字廷俊。按《五麓山人》[③] 甲集载，先世浙之淳安人。自五世祖循仲戍滇，屯晋宁，传至祖佑，号雪轩。生二子：长锜，号池南。嘉靖丙戌（1526）进士，即‘杨门七子’之一（按详本谱综论注释①）也。次金，号池屿。嘉靖戊子（1528）举人。历官辰州（今属湖南）、永宁（属贵州）同知，即山人之父也。山人叙池屿公行状甚悉：居乡，有隐德；在官，多善政。”[④]

担当《自述》：“我祖质肃公，曾为宋名臣。垂老乞骸归，家于浙之湄。题标友恭里，历代产哲人。明初徙滇晋，祖训儒术真。”[⑤]

按：唐氏世系，方树梅《担当年谱》据《浙滇唐氏族谱》载之甚详：唐氏始祖唐胜长为浙江淳安人，明洪武初谪戍云南晋宁，未行而卒。其子唐循仲，按例父卒代戍，

---

① 袁文揆、张登瀛辑：《滇南文略》卷 33，影印《云南丛书》，第 38 册，第 19863 页，中华书局，2009 年。陶公名庚，字子明，别号星予居士。先世为金陵人，以四世祖移戍滇云而占籍昆明（《滇南文略》卷 33，第 19862 页）。

② 方树梅：《担当年谱》，余嘉华、杨开达校点《担当诗文全集》，第 498 页，云南人民出版社、云南美术出版社，2003 年。

③《五麓山人》，又名《五龙山人集》。

④ 朱庆椿、陈金堂纂修：《道光晋宁州志》卷 11《补遗志》，《中国地方志集成》本《云南府县志辑》，第 7 册，第 159~161 页，凤凰出版社，2009 年。袁文典、袁文揆辑《滇南诗略》卷 12《唐尧官传》当据此（影印《云南丛书》，第 36 册，第 18581 页，中华书局，2009 年）。

⑤ 担当：《自述》，陈荣昌辑《滇诗拾遗》卷 5，影印《云南丛书》，第 40 册，第 21139 页，中华书局，2009 年。

后世乃居晋宁，是为唐尧官之二世祖[①]。上引《唐尧官小传》以循仲为五世祖，又以唐锜为唐佑子，《担当年谱》则以唐锜为担当之四世叔祖，疑误。唐锜实为唐佑之弟唐佐之子，唐金的从兄（详下文《康熙晋宁州志·唐金传》），唐尧官的从伯，担当的四世伯祖。《担当年谱》载唐佐号羽斋，字朝相[②]，而王九思《明晋宁唐氏二贤墓道之碑》载唐佐字良弼，吕柟《明翼斋先生唐君暨配朱氏孺人墓表》载唐佐别号翼斋[③]。

《道光晋宁州志》："晋宁接昆明于咫尺，近滇水之波澜。远望登高，六诏之河山四塞；截长补短，百里之水陆交冲。本西南之奥区，为省垣之屏卫。志形势，玉案亘前，昆池拥后，盘龙峙左，望鹤翔右。州东南山势，由盘龙诸山回合叠抱。州城面南为案，南方天马、笔架诸峰插自天外，海北太华五峦连珠后拥，时或云蒸霞蔚，神物蜿蜒，足称胜概。屏卫省会，控引临、元，东连澄、广，西连楚、永，实通省孔道。"[④]

唐氏在晋宁以科举、文学名家，地方志多载其家族科举、入仕、文学、乡隐事迹。

《康熙晋宁州志》：唐锜，嘉靖丙戌科（1526）□用乡榜，仕至湖广道御史[⑤]；《道光晋宁州志》：嘉靖五年丙戌科龚用卿榜，官湖广道御史、河南按察司佥事[⑥]。

《康熙晋宁州志》：唐锜，壬午（1522）；唐金，戊子（1528），见甲榜，邵武府同知；唐尧官，辛酉解元。[⑦]

《道光晋宁州志》：嘉靖元年壬午科，唐锜中式第二十名（按：嘉靖五年丙戌科进士）。嘉靖七年（1528）戊子科，唐金中式第二十一名。嘉靖四十年（1561）辛酉科，唐尧官中式第一名。万历十九年（1591）辛卯科，唐懋德中式第三十五名，官陕西临

---

① 方树梅：《担当年谱》，余嘉华、杨开达校点《担当诗文全集》，第490~493页，云南人民出版社、云南美术出版社，2003年。

② 同上书，第491页。

③ 王九思：《明晋宁唐氏二贤墓道之碑》、吕柟《明翼斋先生唐君暨配朱氏孺人墓表》，见方树梅辑《晋宁文征》卷8，影印《云南丛书》，第50册，第26811~26812页，中华书局，2009年。

④ 朱庆椿：重修《道光晋宁州志》卷3《地理志》，《中国地方志集成》本《云南府县志辑》，第6册，第251~252页，凤凰出版社，2009年。

⑤ 杜绍先纂修：《康熙晋宁州志》卷3《科目·进士题名》，《中国地方志集成》本《云南府县志辑》，第6册，第83页，凤凰出版社，2009年。

⑥ 朱庆椿、陈金堂纂修：《道光晋宁州志》卷9《选举志·进士》，《中国地方志集成》本《云南府县志辑》，第7册，第674页，凤凰出版社，2009年。

⑦ 杜绍先纂修：《康熙晋宁州志》卷3《科目·进士题名》，《中国地方志集成》本《云南府县志辑》，第6册，第87页，凤凰出版社，2009年。

洮府同知，尧官子。①

《康熙晋宁州志·唐金传》："唐金，字子南……从兄锜，嘉靖丙戌进士。历任监察御史，河南按察司佥事。初为定远令，定远人德之，有生祠。及为御史、为佥事，俱有声绩。金领嘉靖戊子乡荐，赋性淳朴，持己端方。初任辰州、淮安（今属江苏）二府通判，升永宁州知州，邵武府同知致仕。历官四省，并著清操。居乡，敦睦赈贫助葬，绝口不言人过，不履公门。初在楚国，俱祀名宦，万历十七年（1589）祀乡贤。"②

《道光晋宁州志·唐金传》："致仕居乡，敦睦宗族，让产分金，赈贫助葬。……闽、楚两省，俱祀名宦"。③

《道光晋宁州志·唐尧官小传》："山人不乐仕进，以著述自娱。今世远年湮，仅于郡乘先搜得池南诗一首，山人诗四首。既而复得山人甲集古诗文若干首，择其尤佳者续刻之。"④

《道光晋宁州志·唐尧官传》："子懋德，贵封陕西临洮同知。已拜命，仍以儒服终。懋德亦著有《十海诗集》。"⑤

徐弘祖《徐霞客游记》：唐大来"曾祖金，嘉靖戊子乡荐，任邵武同知，从祀名宦。祖尧官，嘉靖辛酉（1561）解元。父懋德，辛卯（1591）乡荐，临洮同知。皆有集，唐君合刻之，名《绍箕堂集》。李本宁先生为作《序》，甚佳。大来言历数先世，皆一仕一隐，数传不更，故其祖虽发解，竟不仕而年甚长。今大来虽未发解，而诗翰为滇南一人，真不忝厥祖也。"⑥

母舒氏、棠氏在堂，尧官出于棠氏。

按：舒氏、棠氏孰为嫡、庶，不详。据唐尧官《亡妻刘氏墓志铭》所载，似舒氏为嫡，

---

① 朱庆椿、陈金堂纂修：《道光晋宁州志》卷9《选举志·举人》，《中国地方志集成》本《云南府县志辑》，第7册，第686、687、690、692页，凤凰出版社，2009年。

② 杜绍先纂修：《康熙晋宁州志》卷4《乡贤·唐金传》，《中国地方志集成》本《云南府县志辑》，第6册，第127页，凤凰出版社，2009年。

③ 朱庆椿、陈金堂纂修：《道光晋宁州志》卷10《人物志·乡贤》，同卷《人物志·宦迹》有《唐锜传》（《中国地方志集成》本《云南府县志辑》，第7册，第2、3、8页，凤凰出版社，2009年）。

④ 朱庆椿、陈金堂纂修：《道光晋宁州志》卷11《补遗志》，《中国地方志集成》本《云南府县志辑》，第7册，第159~161页，凤凰出版社，2009年。袁文典、袁文揆辑《滇南诗略》卷12《唐尧官传》当据此（影印《云南丛书》，第36册，第18581页中华书局，2009年）。

⑤ 朱庆椿、陈金堂纂修：《道光晋宁州志》卷10《人物志·文学》，《中国地方志集成》本《云南府县志辑》，第7册，第38页，凤凰出版社，2009年。

⑥ 徐弘祖：《徐霞客游记·滇游日记四》崇祯十一年，第764页，上海古籍出版社，1987年。

棠氏为庶。舒氏卒后，棠氏继为正室[①]。

正月十二日，民部郎刘公之女刘京（顺静）出生于京师。

《亡妻刘氏墓志铭》：“刘故顺天大兴人，为元总兵祥后民部。……公宦京时，娶王氏王缇骑族，家玉河桥。妻生于京，因名京，又名顺静。……与余同生辛丑，妻乃正月十二日……。铭曰：‘其生也齿同，其归也志同，其天数也修短之不同。’”[②]

按：刘京为唐尧官元配，上段引文中的“刘”和“公”，均称其岳父。

嘉靖二十七年戊申（1548），八岁

杨慎从临安（今建水）到晋宁，与唐锜同游海宝山、盘龙寺诸胜地。[③]

按：杨慎有晋宁唐池南（锜）“从余为诗”之语[④]，又有赠唐锜诗二首：《为唐池南题秋江远眺图》《登海宝寺望侍御唐池南别业因赠》[⑤]。后一首当为此时作。

友徐昉生。

按：唐尧官《贡士徐君墓志铭》载，徐昉壬辰年（1592）七月十一日下葬，距其生于己酉年（1549）四月二十七日，行年四十四（按虚岁计），故系其生年于此。参阅本年谱万历二十年纪事。

嘉靖三十四年乙卯（1555），十五岁

父唐金任贵州永宁知州，随在任所。

《贵州通志》：“永宁州知州唐金，晋宁人。”[⑥]

《道光晋宁州志》本传：“任永宁州，建城恤驿，俱有善政。”[⑦]

---

① 唐尧官：《亡妻刘氏墓志铭》，《滇文丛录》卷 63，影印《云南丛书》，第 42 册，第 22099~22100 页，中华书局，2009 年。请参阅本年谱二十、二十二、三十五岁纪事。

② 唐尧官：《亡妻刘氏墓志铭》，《滇文丛录》卷 63，影印《云南丛书》，第 42 册，第 22099 页，中华书局，2009 年。顺天大兴，今北京。

③ 简绍芳：《杨文宪升庵先生年谱》，《北京图书馆藏珍本谱丛刊》，第 45 册，第 527 页，北京图书馆出版社，1999 年。

④ 杨慎：《升庵集》卷 60《应真》，《景印文渊阁四库全书》，第 1270 册，第 584 页，台湾商务印书馆，1986 年。

⑤ 杨慎：《升庵集》卷 24、31，《景印文渊阁四库全书》，第 1270 册，第 185、226 页，台湾商务印书馆，1986 年。

⑥ 靖道谟等编纂：《贵州通志》卷 17《秩官》，《景印文渊阁四库全书》，第 571 册，第 452 页，台湾商务印书馆，1986 年。

⑦ 朱庆椿、陈金堂纂修：《道光晋宁州志》卷 10《人物志 · 乡贤》，《中国地方志集成》本《云南府县志辑》，第 7 册，第 3 页，凤凰出版社，2009 年。

按：不详唐金此任具体年月，据方志和《亡妻刘氏墓志铭》明年纪事，姑系于此。

嘉靖三十七年戊午（1558），十八岁

父唐金在永宁知州任上，因事过滇，携入会城昆明。民部郎刘公造访，见尧官而赞其非同寻常，试才艺而奇之，以其女刘京许配，唐氏遂下聘。

《亡妻刘氏墓志铭》："先朝议公守永宁，因议协济银过滇，携官入会城。一日，民部郎虚湖刘公访造，见官曰：'此非恒儿比，可妻也。'因试以艺，奇之，乃许以第四女，遂委禽焉。朝议公返贵筑，旋擢贰邵武。"①

父唐金迁福建邵武府同知，随父入闽。

《福建通志》：嘉靖间任邵武府同知唐金，晋宁人。②

《道光晋宁州志》："三年，疏荐迁邵武府同知，即摄守事。"③

按：据上引《亡妻刘氏墓志铭》"朝议公返贵筑，旋擢贰邵武"，则唐尧官订婚刘氏和其父迁福建，二事当相隔不久；"三年"，当指唐金任贵州永宁知州期满后。故将二事系于今年。

嘉靖三十九年庚申（1560），二十岁

父唐金从福建绍武致仕归滇，随归，与蒙城（今属安徽亳州）知县刘公相见。

《蒙城知县刘公暨孺人合葬墓志铭》："余从先朝议公闽归，犹及一睹。……未几，卒。卒三十二年而赵孺人卒。"④

按：赵孺人卒时为1592年（见本谱当年纪事），可知唐金致仕归滇，唐尧官与蒙城知县刘公相见为今年。

与刘京成婚，刘京侍奉公婆日益恭谨孝顺，长辈无不欢喜。

《亡妻刘氏墓志铭》："五年，假给由归。成婚，盖年二十云。……自归于余，

---

① 唐尧官：《亡妻刘氏墓志铭》，《滇文丛录》卷63，影印《云南丛书》，第42册，第22099页，中华书局，2009年。

② 谢道承等编纂：《福建通志》卷25《职官六》，《景印文渊阁四库全书》，第528册，第295页，台湾商务印书馆，1986年。

③ 朱庆椿、陈金堂纂修：《道光晋宁州志》卷10《人物志·乡贤》，《中国地方志集成》本《云南府县志辑》，第7册，第3页，凤凰出版社，2009年。

④ 唐尧官：《蒙城知县刘公暨孺人合葬墓志铭》，辑刻《云南丛书》处辑《滇文丛录》卷63，影印《云南丛书》，第42册，第22098页，中华书局，2009年。

朝议公及母舒氏、棠氏极爱之，而妻蒸蒸孝谨，奉旨承颜事之，靡不得其欢者。”①

按：唐金约于嘉靖三十四年任永宁州知州，嘉靖三十七年迁邵武同知，致仕至今五年，见本谱上二年纪事。舒氏未生育，视刘氏如己出。参阅本谱嘉靖四十一年纪事。

初见未来儿女亲家袁次公。

《袁次公墓表》：“当嘉靖末，里中才子则称袁次公云。方公翔奋时，余适闽，犹未之觌也。洎归而余私觇之，益叹人言不诬矣。嗣子昌国，余婿也，乃持其状诣余曰：‘先大夫瘗骨玉案山祖阡，窾铭久矣，而墓尚未表，翁其亡意乎？’因涕泣而为之请。按状，袁系出浙之桐庐，因国初徙戍滇而籍晋宁。祖赞，仕为文学掌故。父体乾，有隐操，生丈夫子五，公其次也，名葵，字尚志。……年十四，补郡博士弟子。戊午（1558）……随与计偕，公毕试即趣南雍，结纳尽东南豪俊士，因过桐庐。淬学三年，志决一第，乃弗第，复归里中。……乙丑（1565），乞教职，得谕蜀之峨眉。以内艰，复补元城，旋擢任县尹。……三年最，受诰，遂晋夔州府丞……亡何，公病目，治一年未愈，遂告疾归。三年卒，年方四十六尔。……忆公醳纹时余在子舍，奉先朝议公命缔为婚姻，亡论室迩接眉宇，即诗筒往来，日无间。迨今孑居皤首，能亡感乎！……盖公殁十六年，而余为之表其墓，俾世世有考焉。”②

按：袁次公为唐尧官女婿袁昌国之父，尧官在为其所撰墓表中，追叙了其生平及自己与他交往之事。嘉靖末年，袁次公在乡里有才子之称，甚为尧官敬重。

嘉靖四十年辛酉（1561），二十一岁

乡试中解元，当地为建解元坊。

雍正《云南通志》：辛酉科中式四十名，“首名唐尧官，晋宁人，金之子。”③

《康熙晋宁州志》：“解元坊在州治东，为举人唐尧官建。”④

按：《康熙云南府志》载晋宁有十八坊，包括唐尧官解元坊，并言“以上各坊，

---

① 唐尧官：《亡妻刘氏墓志铭》，《滇文丛录》卷63，影印《云南丛书》，第42册，第22099页，中华书局，2009年。

② 唐尧官：《袁次公墓表》，辑刻《云南丛书》处辑《滇文丛录》卷63，影印《云南丛书》，第42册，第22100页，中华书局，2009年。

③ 靖道谟等编纂：雍正《云南通志》卷20中《选举》，《景印文渊阁四库全书》，第570册，第41页，台湾商务印书馆，1986年。

④ 杜绍先纂修：《康熙晋宁州志》卷2《宫室坊表》，《中国地方志集成》本《云南府县志辑》，第6册，第53页，凤凰出版社，2009年。

今俱毁”[①]。

长女出生。

《亡妻刘氏墓志铭》：“辛酉，生长女。”[②]

嘉靖四十一年壬戌（1562），二十二岁

上京应春试，途中嫡母舒氏卒，在曲靖被追回，为之守制。其妻刘氏因悲痛而几至不能支撑，尧官尽心安慰，悲情始得纾解。

《亡妻刘氏墓志铭》：“余首乡荐，方偕计，亡何，舒宜人卒。朝议公令人追至曲靖。回，守制。舒宜人亡出，视子妇不啻己出。妻哀毁骨立，几不能支。余委曲慰之，始苏。”[③]

按：此为尧官首应春试。

嘉靖四十三年甲子（1564），二十四岁

次女出生。

《亡妻刘氏墓志铭》：“甲子，生二女。”[④]

嘉靖四十五年丙寅（1566），二十六岁

长子懋德出生。

《亡妻刘氏墓志铭》：“丙寅，生子懋德。”[⑤]

明穆宗朱载垕隆庆元年丁卯（1567），二十七岁

六月，至昆明云津探望岳父，单骑回，在小板桥遇洪水，险丧生，因路人相救而得生还。刘氏既惊愕又感动，由衷答谢施救者，自此对其馈遗不绝。

《亡妻刘氏墓志铭》：“丁卯六月，余过云津，受民部公单骑，回到小板桥，积雨潦暴发，坠马，几没顶。赖行道人救之，始活。妻闻之，且愕且感，乃脱簪珥以谢救者，

① 范承勋纂修：《康熙云南府志》卷4《建设志》，《中国地方志集成》本《云南府县志辑》，第1册，第92页，凤凰出版社，2009年。

② 唐尧官：《亡妻刘氏墓志铭》，《滇文丛录》卷63，影印《云南丛书》，第42册，第22099页，中华书局，2009年。

③ 同上。

④ 同上。

⑤ 同上。

自是馈遗不绝。”①

隆庆三年己巳（1569），二十九岁

三女出生。

《亡妻刘氏墓志铭》：“己巳，生三女。”②

隆庆五年辛未（1571），三十一岁

每出行，必带杨慎所辑《选诗》《外编》《拾遗》。觉其编尚有遗而非完帙。是年十一月十五日，择诸集中脍炙人口者，辑成《选诗补遗》二卷，以便观览。

《选诗补遗·小引》：“《诗》三百篇后，惟梁昭明太子《文选》所辑者足继其响，世共珍之矣。升庵杨太史氏复辑《选诗》所遗者为《外编》、为《拾遗》，与《选诗》并传云。余每出必携三集偕行，第载在《古文苑》、乐府诸集者，尚有遗焉，非完帙也。乃暇日复择诸集中之脍炙人口者，录为《补遗》二卷，用便观览云尔。若夫总选集成，代次人汇，则又有待也。隆庆五年十一月望日，五龙山人唐尧官。”③

按：《升庵集》有《选诗外编序》《选诗拾遗序》④，未署编成年月，当辑于其谪戍云南前期。《中国古籍善本书目》载有《选诗》三卷、《外编》三卷、《拾遗》两卷，均署杨慎辑⑤。

明神宗朱翊钧万历三年乙亥（1575），三十五岁

生母棠宜人卒。棠宜人病中，妻刘氏尽力侍候，祈愿以身代之。宜人卒后，刘氏过度悲伤，生二子洪德时，尚不胜思念之情，大病已现兆头。

《亡妻刘氏墓志铭》：“乙亥，棠宜人卒。盖棠自生官后，三十余年亡一疾，偶中寒热，闭结不通，即延医治之，遂不起。而适当就馆，时棠宜人仅官一子，而又亡女，视妇如女，亡论钟爱，即口不食而食之，身不衣而衣之，与朝议公超绝寻常翁姑之外。

---

① 唐尧官：《亡妻刘氏墓志铭》，《滇文丛录》卷63，影印《云南丛书》，第42册，第22099页，中华书局，2009年。

② 同上。

③ 唐尧官：《选诗补遗小引》，影印《云南丛书》，第35册，第18345页，中华书局，2009年。

④ 杨慎：《选诗外编序》《选诗拾遗序》，《升庵集》卷2，《景印文渊阁四库全书》，第1270册，第22、23页，台湾商务印书馆，1986年。

⑤ 中国古籍善本书目委员会：《中国古籍善本书目》，第88卷，集部（中册），第117页，上海古籍出版社，1998年。

故其病也，腋持卧侍汤药，吁天而愿以身代。及丧而哭踊独至，减饘粥，脱形象。生二子洪德，即床蓐间犹不胜思慕，而病兆矣然。”[①]

万历五年丁丑（1577），三十七岁

妻刘氏操劳过度，又因次子洪德夭折而悲痛无尽，患病，身体逐渐羸弱。

《亡妻刘氏墓志铭》：“朝议公既老，鳏居，而家一柄总于妻。晨夕经营，不亡劳瘁。余幸此内助力，得研精于书史，独奈何不预为分劳计也！亡何，洪德甫三岁，以痘殇，则益悲痛不置而病嗽，夜热不止，身渐弱。”[②]

万历七年己卯（1579），三十九岁

寓京预备明年春试。十二月十一日，元配刘氏卒，旋即父唐金卒。两讣至，仓促奔归。

《亡妻刘氏墓志铭》：“己卯，复当偕计。官既以朝议齿逾耋，而妻复病，不肯行。妻曰：‘翁即老健，饭若丁壮人，而余病赖药饵扶之，颇自耐。女终身呻佔，望一第，失此不第，亡第期矣，亟行！’便乃又以朝议公迫之行，遂登程。十二月十一日，妻卒。朝议公见群子女呱呱泣，又中无主，遂哀伤郁郁，匕箸顿损，旋亦卒。官寓京，棘试甫完，两讣至，恨不即死，以从地下。所厚威甫王文时时过我，宽解之。又自惟孤子前后亡所托，徒跣奔归。……距卒年仅三十九岁。嗣是继刘氏者宋氏，虽贞淑不减刘氏，而余心终不能一日忘刘也！”[③]

按：一、关于唐尧官今年赴京的目的。明年为春试年，唐尧官于今年岁末赴京，当拟备考。据《亡妻刘氏墓志铭》，刘氏和唐金之卒，其时相隔不久，故“两讣至”而尧官归，归时“棘试甫完”。二、关于唐金的生卒年。生年不详，卒年见载而不明行年。《亡妻刘氏墓志铭》云，其父在刘氏卒后“旋亦卒”，而自己在京“棘试甫完，两讣至”；《永思楼记》云其母棠氏卒后又五年，其父卒[④]。万历十七年其父唐金祀乡贤，

① 唐尧官：《亡妻刘氏墓志铭》，辑刻《云南丛书》处辑《滇文丛录》卷63，影印《云南丛书》，第42册，第22100页，中华书局，2009年。

② 同上，第22100页。

③ 同上。

④ 唐尧官：《永思楼记》，袁文揆、张登瀛辑《滇南诗略》卷28，影印《云南丛书》，第36册，第19760页，中华书局，2009年。

知州李枚《晋宁州乡贤记》云“公殁，今十年”①（参阅本谱万历九年、十七年纪事）。三、关于唐金的墓地。《道光晋宁州志》：“邵武府同知唐金墓，在州南五里铺同坪山。”②四、关于唐尧官的子女。《亡妻刘氏墓志铭》：“子一，即懋德；女三，长适郭维城，次适叶世孝，次聘袁昌国。子、婿并庠生。”刘氏生子二，洪德早夭，故云“子一”。尧官前妻、继妻共有子四：懋德、洪德、新德、进德。尧官有继妻二：宋氏、阎氏③。后二子为继妻生育，但不详出于宋氏还是阎氏。

万历八年庚辰（1580），四十岁

复入京应春试，遇南山祝君，听闻德兴县令孙公之名，不久其任晋宁知州。

《赠郡太守孙公序》：“先是，公任德兴（今属江西），庚辰，偕计吏京师。遘南山祝君，曰：‘偏桥（今贵州施秉县）、滇，迩乎？’余曰：‘奚问也，偏桥楚属贵邻，去滇尚远，然是滇往来孔道，奚问也。’祝君曰：‘邑令尹孙公，偏桥人。父母我土者至矣，余识之。’亡何，晋宁守缺，私忖之，倘德兴公来，不天幸耶！不日，报至，守为公，果天幸矣！”④

按：唐尧官去、今两年入京，皆为春试。去年拟备考而因“两讣至”奔归，当于后事处理毕，复入京应试，未第。“南山祝君”，不详。

万历九年辛巳（1581），四十一岁

四月初八日，葬元配刘氏于同坪山十里铺耿营村之右。

《亡妻刘氏墓志铭》：“以万历辛巳年四月初八日，葬于十里铺耿营之右，盖地为朝议公所夙相者……”⑤

---

① 李枚：《晋宁州乡贤记》，杜绍先纂修《康熙晋宁州志》卷5《诗文》，《中国地方志集成》本《云南府县志辑》，第6册，第160~161页，凤凰出版社，2009年。“官望”，朱庆椿、陈金堂纂修《道光晋宁州志》卷12《艺文志》作“宦望”，《中国地方志集成》本《云南府县志辑》，第6册，第340页，凤凰出版社，2009年。

② 朱庆椿、陈金堂纂修：《道光晋宁州志》卷3，《中国地方志集成》本《云南府县志辑》，第6册，第308页，凤凰出版社，2009年。

③ 方树梅：《担当年谱》卷首，余嘉华、杨开达校点《担当诗文全集》，第492页，云南人民出版社、云南美术出版社，2003年。

④ 唐尧官：《赠郡太守孙公序》，朱庆椿重修《道光晋宁州志》卷12《艺文志・序》，《中国地方志集成》本《云南府县志辑》，第7册，第403页，凤凰出版社，2009年。

⑤ 唐尧官：《亡妻刘氏墓志铭》，《滇文丛录》卷63，影印《云南丛书》，第42册，第22100页，中华书局，2009年。

《永思楼记》："盖大父之节穸同坪山也，维堪舆家之所指授，然亦其自卜地尔。越四十年，先宜人卒，先大夫命窆于右而虚厥左，曰：'迟余其归兹哉！曷忍离吾亲而别为之兆也。'又五年，先大夫卒，奉治命亦窆于此，而山下隟地前后，有楼六楹，乃先大夫所建，每春秋上冢庖羞藏息处也。岁久且敝，官因撤其故而易之新，益轩然爽垲，可坐、可眺云。一日，儿懋请楼名，余命以'永思'……"①

《道光晋宁州志》："同坪山，在五里铺村前，上建先农神祠。""耿家营，在城南七里，居山。"②

按：晋宁唐氏坟茔在城南同坪山，为唐尧官祖父唐佑所卜。唐佑、唐金、唐尧官墓皆在此。唐金在山下建楼六楹，数年后，尧官题楼名为"永思"，并作《永思楼记》。十里铺、五里铺、耿营村，皆在同坪山范围内。

万历十一年癸未（1583），四十三岁

七月，作《亡妻刘氏墓志铭》。

《亡妻刘氏墓志铭》："《志》成于癸未之七月。"③

万历十三年乙酉（1585），四十五岁

冬，赴京师应明年春试。行前，出赀修晋宁关帝庙门以寄托心愿，嘱省祭苏毓秀为之代治。

《晋宁州重建关帝庙碑记》："晋宁北城外故有关帝庙，湫隘颓陁，不足以奉威灵而严对越。官每过睹，频仰徘徊，辄愀然图更新，而恨力之不逮是也。乙酉冬，偕计之京师，则以它或可次第举，而庙门圮甚，尤其亟亟者。乃出赀，属苏省祭毓秀为之代治。"④

按：此为尧官三应春试。"省祭"，《明史·选举志一》："监生拨历，初以入

---

① 唐尧官：《永思楼记》，袁文揆、张登瀛辑《滇南文略》卷28，影印《云南丛书》，第38册，第19760页，中华书局，2009年。

② 朱庆椿、陈金堂纂修：《道光晋宁州志》卷3《地理志·山川》，《中国地方志集成》本《云南府县志辑》，第6册，第261、271页，凤凰出版社，2009年。

③ 唐尧官：《亡妻刘氏墓志铭》，《滇文丛录》卷63，影印《云南丛书》，第42册，第22100页，中华书局，2009年。

④ 唐尧官：《晋宁州重建关帝庙碑记》，《滇文丛录》卷80，影印《云南丛书》，第22271页，中华书局，2009年。又见杜绍先纂修《康熙晋宁州志》卷5《诗文》，题为《晋宁州重建关侯庙记》（《中国地方志集成》本《云南府县志辑》，第6册，第181~184页，凤凰出版社，2009年）。

监年月为先后，丁忧、省祭，有在家延留七八年者，比至入监，即得取拨。”[1]在此“丁忧”和“省祭”同列，又说“有在家延留七八年者”，可见省祭和丁忧一样，可在家居住一定年限。“省祭”当是“省亲祭祖”之简称，专用于监生在家延留者之称。以此名目，国子监监生可不用在监读书，以省祭积七八年资历，而后再入监寻找选拔做官的机会。故说某人“省祭”，表明其以监生的身份，延留在家。

万历十四年丙戌（1586），四十六岁

春试落第，由京师归，此后隐居乡里，不再应试。复议重修关帝庙，请之郡太守李公，仍托付省祭苏毓秀，九月始动工。

《晋宁州重建关帝庙碑记》：“比归里，望之嵬然而一新者，门邪。因与苏君评曰：‘外虽稍饬，而中之居帝者不称……’一日，请之郡太守李公，公曰：‘庙不称，余习之稔矣，即会城庙，何如此者？迩中丞台檄修之，而奈何郡仍旧贯也。子果然有意乎？余当畀之以村而董其事者。’仍以付之苏毓秀，遂诹吉兴工，始于丙戌九月，至丁亥六月而工峻。……李公名枚，蜀梁山人。刺郡甫二年，礼贤爱民，兴利除害，而复以其间笃意事神，丐灵贶以绥一方。公功之在晋宁，永世不谖矣！它日传名宦者，当自有述。兹于其命记也，故谩及之如此。”[2]

按：李公守郡年数，尧官此记曰“刺郡甫二年”。而《道光晋宁州志》载：“李枚，四川梁山县（今重庆梁平）人，选贡，万历年任知州[3]。”据其《晋宁州乡贤记》，万历十七年尚在任，时已守郡四年，则当为万历十三年上任。参阅本谱万历十七年纪事。

十月，兴建张仙祠。

按：参阅本谱明年纪事。

万历十五年丁亥（1587），四十七岁

重修晋宁关帝庙竣工。

按：详本谱万历十四年引《晋宁州重建关帝庙碑记》纪事。

---

①《明史》卷69，第6册，第1683页，中华书局，1974年。“拨历”：明制，把国子监监生分拨到各政府部门，充历事生进行实习。“取拨”：选拔授职。

② 唐尧官：《晋宁州重建关帝庙》，《滇文丛录》卷80，影印《云南丛书》，第42册，第22271~22272页，中华书局，2009年。

③ 朱庆椿、陈金堂纂修：《道光晋宁州志》卷8《秩官志・知州》，《中国地方志集成》本《云南府县志辑》，第7册，第592页，凤凰出版社，2009年。

得郡守李枚之助，起新建盘龙寺接引佛殿事，事始于夏五月。

《盘龙寺新建接引佛殿碑记》："去郡城五里，有山秀嵦而穹起，曰盘龙，含溪怀谷，幽邃窅窱，盖西南一大灵境云。自元僧崇照创造梵宇，后益拓之，煌煌乎盛也。接引佛殿故在四天王殿前，制甚庳隘郁攸，其灾若是乎指象示人矣。郡人赵国泰感西方接引南无阿弥陀佛铸铜象之众，谓'徒象耳，奈何亡殿以居之也'！泰亦稍稍储材谋建而力薄难任，露立且三年所，乃延僧道成募化，欲竖之右侧，方丈因过我计之。不佞审曲面势，患右山太高，今殿复右，则龙虎弗称，堪舆家之所虑也。即左，则又逼深箐，穿洝之谓，何谁可以一力成、一时就哉！因请裁于郡太守李公。公曰：'殿之必左，谅矣！顾有宿念焉，即培筑奚有哉！吾且为之鸠徒，吾且为之虑材，岂以不给而吝于理。'……始万历丁亥夏五，迄己丑，甫二年而告成。"①

六月，张仙祠建成，作《张仙祠碑记》。

记曰："郡太守李公既成关帝庙……复召不佞官谓之曰：'幸子相厥成，而余严事关帝之心稍慰。第馀材尚多……子议其可构建者'。不佞因请曰：'郡诸神宇，无论其正与淫，甚具。即关庙右地平衍，今且以莳蔬没之，敢为郡百姓徼福于公祠张仙，俾祈嗣者日奔走焉，而庶几得之，不甚大惠乎！'公曰：'……予其赞子成之。'乃苏省祭毓秀奉公命，以丙戌十月敦工而首事，逾八月而告成。公复命不佞官记之。"②

万历十七年己丑（1589），四十九岁

郡守李枚采学校乡耆公议，以唐金祀乡贤。其《晋宁州乡贤记》载，唐金之官望乡评，十年不没于口碑。

《康熙晋宁州志》："唐金……万历十七年祀乡贤。"③

李枚《晋宁州乡贤记》："不佞守郡四年，复闻有唐公者。荐嘉靖戊子，历官邵武府贰守，进阶朝议大夫。官望乡评，公殁今十年，焯焯在人口不置。不佞因采学校

① 唐尧官：《盘龙寺新建接引佛殿碑记》，辑刻《云南丛书》处辑《滇文丛录》卷80，影印《云南丛书》，第42册，第22272页，中华书局，2009年。

② 唐尧官：《张仙祠碑记》，朱庆椿重修《道光晋宁州志》卷12《艺文志·碑志》，《中国地方志集成》本《云南府县志辑》，第7册，第217~221页，凤凰出版社，2009年。

③ 杜绍先纂修：《康熙晋宁州志》卷4《乡贤·唐金传》，《中国地方志集成》本《云南府县志辑》，第6册，第127页，凤凰出版社，2009年。

乡耆公议，请祠之。”①

徐昉以次贡入京师，北行时为其饯行，并出赀完襄其祖母葬事。徐昉时时书谢之。

《贡士徐君墓志铭》：“尽江南而徐者，大率皆偃王后也。国初有讳得名者，自长洲移戍云南中卫右所，家晋宁。得名生仲卿，仲卿生子信，子信生文义，文义生景明，景明生嵩，嵩生三子行、卫、衡。行始用儒术，起为浪穹县司训。卫生可，学诸生，配蔡氏，生四子昕、昉、曜、旦。昉即君，字东华，自幼颖敏劬学，有大志。年十四，补郡弟子员，直指新乡刘公试诸生，大奇之。曰：‘是儿岂真天上石麟种耶？取青紫如拾地介尔！’嗣是，每试必列高等，而督学铜梁张公、长乐陈公、金溪聂公，尤以国器许之。远近耳君名者，谓旦夕且显禺，而君亦自负于一第奚有。己丑，以次贡入京师，仅携弟曜及羸仆一人耳。所友大理幕张伯舜喜其来，延教其子道埏，馆谷之。亡何，曜卒，仆又卒。万里孤危，旅中忉怛特甚。非久，大母费亦卒于家。方君北首时，不佞饯之。因问：‘橐中装办否？’君曰：‘不幸父母早亡，仅一大母在，今且耄矣，装亡敢烦公！敢为大母徼惠而存亡目之，昉之愿也。’至是，不佞出訾以完襄事，而君亦时时书谢予。”②

新建盘龙寺接引佛殿竣工。

详本谱万历十五年引《盘龙寺新建接引佛殿碑记》纪事。

万历十九年辛卯（1591），五十一岁

二月，徐昉应顺天府乡试③，不第。

《贡士徐君墓志铭》：“辛卯，弟旦自家来，君留应顺天乡试，亟期第，不第。时有在滇与君并负声者，一旦报捷南宫，而君犹然故吾。”④

子唐懋德中举。

---

① 李枚：《晋宁州乡贤记》，杜绍先纂修《康熙晋宁州志》卷5《诗文》，《中国地方志集成》本《云南府县志辑》，第6册，第160~161页，凤凰出版社，2009年。

② 唐尧官：《贡士徐君墓志铭》，《滇文丛录》卷63，影印《云南丛书》，第42册，第22099页，中华书局，2009年。

③ 顺天府乡试，在京师内城贡院举行。

④ 唐尧官：《贡士徐君墓志铭》，《滇文丛录》卷63，影印《云南丛书》，第42册，第22099页，中华书局，2009年。

雍正《云南通志》：万历辛卯科中式四十五名，“唐懋德，晋宁人，尧官子，同知。”①

方树梅《担当年谱》：“懋德，字世修，号十海。治《易》。中万历癸卯科举人。官陕西临洮同知。著有《十海诗集》。妣郭氏，子泰。”

按：方树梅载“辛卯科”为“癸卯科”，误。

秋，澄守魏公相约游海宝山，夜宿毗卢殿。

《游海宝山记》：“余起至毗卢殿，凭栏稍休，因忆澄守魏公辛卯秋约游海宝，信宿此，或趺坐谈禅，或搦管联句。今（指万历二十六年）山川如故，而公归棹洞庭业七年，所何胜怀人之感！”②

万历二十年壬辰（1592），五十二岁

徐昉病逝于京师，行年四十四，其次弟徐旦扶梓归晋宁，唐尧官为之作《贡士徐君墓志铭》。子唐懋德赴京应春试。

《贡士徐君墓志铭》：“弟死、仆死、大母死，所望者一第耳，而复偃蹇如是，则益抑郁无聊，而形容稍焦瘁矣。然以铨选在今年三月，未远耳。不佞子懋德偕计，因寄声慰君，君见德，亦相慰劳。二月十七日，令旦携具馈德，旦未归，君是夜作于张伯舜家中，伯舜棺而敛之。旦泣告司舆，因得驿驰，偕道埏扶梓归。卜以壬辰年七月十一日，葬于大幕山祖茔之次。距生己酉年四月二十七日，年则四十四耳。……不佞犬马齿少长于君，夙称知己。诸徒从游者持状丐铭，因收泪志其大都如此，恨不得起君九泉而一问之也！……铭曰：‘生于滇而卒于燕……魂兮归来，天可诘哉！’”③

十二月十六日，作《蒙城知县刘公暨孺人合葬墓志铭》。

文云：“公先葬于玉案山之原，其子孟麟卜。今壬辰十二月既望，以孺人祔，乃持状而丐余铭，以图不朽。夫余安能以不朽为二尊人藉乎？然孟麟余友也，而二尊人行谊，又足诏久远，因志而铭之。按状，刘公世世晋宁人。……嘉靖甲午（1534）荐云南，明年中乙榜，选蜀雅州（今四川雅安）学正。居二年，士风丕变，以外计奔归。辛丑（1541）赴春官，补合州（今重庆合川市）。……甲辰（1544）谒主爵，得补直隶蒙城。……丁未（1547）入计，遂以闲住归。……辛酉（1561）当比士期，日坐斋头勖孟麟循业，亟望脱颖去。乃三月初三日偶疾逝，距生宏治甲子（1504年）八月初十日，

① 靖道谟等编纂：雍正《云南通志》卷20中，《景印文渊阁四库全书》，第570册，第48页，台湾商务印书馆，1986年。请参阅本谱嘉靖二十年纪事引《康熙晋宁州志·选举志》。

② 唐尧官：《游海宝山记》，《滇文丛录》卷80，影印《云南丛书》，第42册，第22271页，中华书局，2009年。

③ 唐尧官：《贡士徐君墓志铭》，《滇文丛录》卷63，影印《云南丛书》，第42册，第22099页，中华书局，2009年。

年才五十八尔。……赵孺人者，同郡赵九畴之季女也，生正德丁卯（1507）七月十八日。……盖八十六岁，以老疾终，时万历壬辰五月六日也。”[①]

万历二十一年癸巳（1593），五十三岁

三月十二日，其孙唐泰（字大来）出生[②]。

万历二十五年丁酉（1597），五十七岁

亲课其孙唐泰以古诗歌。[③]

担当《自述》：“……本支世相衍，世膺美丝纶。迨余忝无似，性僻喜素修。尚论慕隐沦，欲为执鞭谋。勉黾事纸笔，横襟在千秋。”[④]

担当《橛庵草·读先祖〈五龙山人集〉有感》：“古道敦素质，新声变其常。时代不可为，达人空彷徨。我祖昔高尚，笃志词赋场。何李起衰后，所守惟旧章。编为《五龙吟》，声谐凤鸾凰。云霄有遗响，振古何泱泱？岂知明季终，操觚者如狂。楚声乱大雅，时穷诗云亡。运会去莫挽，难以薄力匡。不见商周器，瓦具亦生香。不见箕颖窝，衡泌亦可藏。那知水与木，源本自绵长。昌后贻厥谋，永为华国光。绳武余不替，王风自优扬。”[⑤]

按：自唐泰五岁始，唐尧官即亲课诗歌，直到其13岁补博士弟子员。唐泰（法名担当）出家后，之所以成为明代云南影响甚大的诗人，缘于家学渊源[⑥]，其诗风和文学复古观，皆受祖父影响。上引两首诗，明确地说到这一点。

万历二十六年戊戌（1598），五十八岁

表侄徐子升自会城来，约作海宝之游。二月二十五日，偕子新德、进德并游之。作《游海宝山记》。

---

① 唐尧官：《蒙城知县刘公暨孺人合葬墓志铭》，《滇文丛录》卷63，影印《云南丛书》，第22098页，中华书局，2009年。

② 方树梅：《担当年谱》，余嘉华、杨开达校点《担当诗文全集》，第494页，云南人民出版社，云南美术出版社，2003年。

③ 同上。

④ 担当：《自述》，陈荣昌辑《滇诗拾遗》卷5，影印《云南丛书》，第40册，第21139页，中华书局，2009年。

⑤ 担当：《橛庵草·读先祖〈五龙山人集〉有感》，《担当诗文全集》，第164页，云南美术出版社，2003年。

⑥ 唐尧官的《选诗补遗》及《小引》，明确地表达了他的复古观（参阅本谱隆庆五年纪事），后来被其孙担当和尚发扬之。

记云："晋城东枕大幕，西带昆池，南五峰远峙松□，而群峰攒列迤逦来，如戟，如剑，如髻，如笱，不可指数。独北稍空，惟海宝峰崒然濒海而镉水口，堪舆家谓郡五星得位。然海宝峰在平原崛起而最秀，有寺其上，余每岁尝一再游。有雪游者，有月游者，不概记。戊戌春，因戚友召饮，痰发，不惟游屐有妨，且值春分，花事误矣。表侄徐子升自省来，约余宝海之游，遂订期，偕表侄与之子新德、进德，以二月二十五日黎明，出海金门，折而东过草村，又折而北……"①

按：本年春分为二月十七日。又，唐尧官妻继刘氏者有宋氏、阎氏（参阅本谱万历七年纪事），新德、进德为谁所出及出生年月，均不详（参阅本谱万历七年纪事）。

忆当年携游海宝之澄守魏公，已归湖广洞庭（今属湖南）七年。

其人其事，详本谱万历十九年纪事。

万历二十七年己亥（1599），五十九岁

主讲于晋宁梅谷书院，一时名士，多出其门。

《新纂云南通志·文苑传一》："主讲梅谷书院，以诗、古文词倡导后进。一时名士，多出其门。"②

《道光晋宁州志》："梅谷书院，在城南五里五龙山。明隆庆间郡人王守约建，久废。"③

万历三十年壬寅（1602），六十二岁

因缅甸攻蛮莫战事，有感于腾冲、永昌（今保山）边患连结，心忧民瘼，作《从军行》四首。

《从军行》其一："从军无远近，借问何所之。相公伏钺起，乃事西南夷。朝发腾冲城，暮宿至干崖。缅地邈千里，平沙浩无涯。瘴烟六月起，飞鸟不敢窥。有无旄头兆，羽檄空尔驰。天子躬元默，汉武宁所师。有道守四夷，拓地亦何为！嗟哉远征人，

---

① 唐尧官：《游海宝山记》，辑刻《云南丛书》处辑《滇文丛录》卷80，影印《云南丛书》，第42册，第22270~22271页，中华书局，2009年。

②《新纂云南通志》卷232，第9册，第308页，云南人民出版社，2007年。

③ 朱庆椿、陈金堂纂修：《道光晋宁州志》卷6《学校志·书院》，《中国地方志集成》本《云南府县志辑》，第6册，第529页，凤凰出版社，2009年。

徒使妻子离。”[①]

按：唐尧官存世诗，仅此一组，可考创作年代。

《滇南诗略·从军行》李培恒识：“滇中自明正统间征麓川后至万历间，缅酋莽瑞体父子，每为腾、永边患。朝廷用兵非得已，而将帅如刘邓，外举不得人，外寇未平，边氓之困已极。作者故慨乎其言之。”[②]

诸葛元声《滇史》：“正月，阿瓦雍罕以采井之隙积怨思正，遂拥众十万来攻蛮莫（今属缅甸），而罕褡以木邦兵从之；正又弃地奔干崖，入腾越（今属腾冲），临濠跳跃，如攻城然，缅兵又尾其后。于是道参协谋诛之，消诸夷之愤以安边民。时从者尚一二万人……正促梯升象，有庸标刺仆地，二人前割其首，三人宣上意，众莫敢动。既戮思正，安置其亲属，赡之省城；散其部落，复还蛮莫，而以正族舍蛮棍、头目庶敖共安束之。瓦酋闻思正已死，亦不敢深入，惟令多罕协棍、敖伪食蛮莫而已。”[③]

按：《滇史》同页万历三十一年载：“雍罕，缅酋最强狡者也。”

《明史》：“蛮莫安抚司（按辖境约为今缅甸八莫附近地区），万历十三年析孟密地置。东北距布政司三十一程。”[④]

《新纂云南通志·大事记》：“缅攻蛮莫，思正奔腾越，伏诛。”[⑤]

万历三十三年乙巳（1605），六十五岁

孙唐泰补博士弟子员，子唐懋德北上应选，携唐泰同往[⑥]。

万历三十五年丁未（1607），六十七岁

子懋德仕南郡丞（今湖北荆州），以唐尧官赋一卷，请李维桢为序，后因其移官临洮而不通消息。

李维桢《脩园集序》：“滇人唐廷俊，举乡书第一。数上春官，不录，遂弃去，独研精古辞赋之业。其子孝廉世修仕南郡丞，以父所著赋一卷俾予序。已，从南郡移

① 唐尧官：《从军行》，袁文典、袁文揆辑《滇南诗略》卷12，影印《云南丛书》，第36册，第18583~18584页，中华书局，2009年。

② 袁文揆、张登瀛辑：《滇南诗略》卷128，影印《云南丛书》，第36册，第18584页，中华书局，2009年。

③ 诸葛元声：《滇史》卷14，第399页，刘亚朝校点，云南德宏民族出版社，1994年。

④《明史》卷46《地理志七》，第4册，第1195页，中华书局，1974年。

⑤《新纂云南通志》卷5，第1册，第109页，云南人民出版社，2007年。

⑥ 方树梅：《担当年谱》，余嘉华、杨开达校点《担当诗文全集》，第498页，云南人民出版社，云南美术出版社，2003年。

临洮，绝不相闻。”①

按：所言唐尧官赋一卷今未见，只存赋五篇：《思友赋》《盘龙山赋》《山茶花赋》《孔雀赋》《当炉赋》②。李维桢后为唐大来（担当）作《翛园集序》，其序云，至天启五年③，“余以事入郡中，有郡丞子大来明经过余旅舍，谬以余一日长，执门弟子礼，出其囊《翛园集》诗视予……”④

李维桢（1547~1626）⑤，字本宁，湖广京山人（今属湖北）。隆庆二年（1568）进士，选庶吉士，授编修。万历三年任陕西右参议，迁提学副使，历官河南、江西、四川参政，进浙江按察使。行年八十。有《大泌山房集》《史通评释》等著作传世。

万历三十六年戊申（1608），六十八岁

子唐懋德移官临洮同知。

按：请参阅本谱去年和方树梅《担当年谱》今年纪事。

因其子懋德贵，诰封奉政大夫。

《康熙晋宁州志》：“诰封奉政大夫，以子懋德贵。”⑥

按：封年无考，姑据州志系于此。

万历三十八年庚戌（1610），七十岁

六月十三日，卒。

方树梅《担当年谱》：“六月十三日，祖尧官卒。嘉靖辛丑三月二十二日生，年

---

① 李维桢：《翛园集序》，方树梅辑《晋宁诗文征·文征》卷7上，影印《云南丛书》，第50册，第26791页，中华书局，2009年。

② 朱庆椿、陈金堂纂修《道光晋宁州志》载4篇（卷12，《中国地方志集成》本《云南府县志辑》，第6册，凤凰出版社，2009年），方树梅辑《晋宁诗文征·文征》载3篇（卷2，影印《云南丛书》，第50册，中华书局，2009年），袁文揆、张登瀛辑《滇南文略》载4篇（卷41，影印《云南丛书》，第38册），《滇文丛录》载1篇（卷16，影印《云南丛书》，第42册）。

③ 方树梅：《担当年谱》，余嘉华、杨开达点校《担当诗文全集》，第503页，云南人民出版社、云南美术出版社，2003年。

④ 方树梅辑：《晋宁诗文征·文征》卷7上，影印《云南丛书》，第50册，第26744页，中华书局，2009年。

⑤ 李维桢传见《明史》卷288，第24册，第7395~7397页，中华书局，1974年。

⑥ 杜绍先纂修：《康熙晋宁州志》九《选举志·封典》，《中国地方志集成》本《云南府县志辑》，第6册，第770页，凤凰出版社，2009年。

七十。”[①]

按：《晋宁县志》本传：“万历三十八年六月十三日卒，终年 69 岁，葬于城南五里同坪山祖茔。”[②] 所谓“终年 69 岁”，虚岁即 70。古人纪年以虚岁，故出生即算一岁而非零岁，若出生年纪为零岁，则次年则应纪为二岁。显然是书编者以公历纪其初度为零岁，次年纪一岁，故此卒年当按虚岁加一岁。

《道光晋宁州志》：“解元唐尧官墓，在州南同坪山。”[③]

（孙秋克）

---

① 方树梅：《担当年谱》，余嘉华、杨开达点校《担当诗文全集》，第 498 页，云南人民出版社、云南美术出版社，2003 年。

② 晋宁县地方志编纂委员会编：《晋宁县志》本传，第 892 页，云南人民出版社，2003 年。

③ 朱庆椿、陈金堂纂修：《道光晋宁州志》卷 3《地理志》，《中国地方志集成》本《云南府县志辑》，第 7 册，第 309 页，凤凰出版社，2009 年。

王元翰年谱（1565~1633）

综论

王元翰，字伯举，号聚州，先世居凤阳（今属安徽），明初落籍云南宁州（今华宁县）。他既是明代万历时期著名的言官，也是云南文学史上成就甚高的诗人，其科举之路并不顺利，入仕也绝非坦途。万历十六年（1588），王元翰中举即遭父丧，丁忧除服后累赴会试不第，直到万历二十九年（1601）才中进士，选庶吉士。按明制，庶吉士处馆三年，但因皇帝谕旨迟迟不下，王元翰等八位量授科道的庶吉士，散馆就职时间被无端推迟了半年。幸而王元翰初授吏科给事中，旋即迁工科右给事中，在王朝谏垣供职近四年。万历三十七年（1609）二月，王元翰被云南道御史郑继芳构陷贪污，他极力辩白而无结果，于是愤而挂冠辞朝，暂栖于河南辉县百泉之上。究其实，此事缘于朝中党争激烈，而王元翰已被视为东林党同道。辞朝后，王元翰选择离京城较近的地方停留，揣其初衷，是期待有机会回朝续谏议之职，不料在此期间，他竟然接连受到两个降职处分，断绝了重返谏垣的希望。万历三十九年（1611）岁末，王元翰从河南启程返滇，沿途游览山水名胜，并东下拜访东林党领袖，于万历四十一年（1613）归滇，此后乡居长达十五年。天启三年，王元翰初被荐起，复又受阻，次年再次起复，却在离滇赴任途中得到闲住之报，因贫无资财归滇，遂漂泊南都（南京）十年，最后在贫困中卒于异乡，由朋友捐资，营葬于江宁（今属南京）太白乡吉山西南。

作为万历时期著名的言官，王元翰襟怀坦荡，正道直行。观其一生，从他被选为庶吉士之日起，直到言官生涯终结，历时不过八年，在谏垣不到四年，政治生命是何其短暂！然而，处于党争激烈的神宗王朝后期，王元翰刚直不阿，铁骨铮铮，屡上奏疏直陈朝政弊病，条奏凡数万言，参劾不避权贵，敢发人之所不敢言，堪称谏垣楷模。在不到四年的时间中，王元翰写下30篇奏疏，以犀利的文风，剀切的内容，深刻反映

---

* 本课题阶段性研究成果发表如下：《从王元翰诗四首探其与东林党之关系》（《阅江学刊》，2013年第6期）、《王元翰与公安派诗人交游考》（《思想战线》，2014年第1期）、《王元翰年谱新编》（林超民主编：《西南古籍研究》，云南大学出版社，2015年）。本谱以上述阶段性成果为基础编订。

了当时的时事政治，是其政治生涯的浓缩，谏臣风骨的写照。王元翰尺牍的不少内容，亦可作为其奏疏的补充。

作为云南文学史上重要的诗人，王元翰诗风独特，趣韵清胜。在朝为言官时，他没有多少精力顾及诗歌创作，但在远离庙堂，身处江湖的25年间，作为其生命内在律动的表现，其创作热情勃发为近300首诗歌。王元翰与公安派诗人的交往，则不仅是其言官生涯，亦是其文学创作活动中引人注目之事。他与袁宏道、袁中道兄弟交谊匪浅，与公安派后期重要诗人曾退如、雷何思不仅是年友，亦是诗友。自万历二十九年（1601）中进士，至万历四十一年（1613）袁中道为其《南岳草》作序，王元翰与公安派诗人之间的交往历时一纪，时虽短而情尤长，实为文坛佳话。

王元翰一生热爱大自然，自谓“生有山水之嗜”[①]。弃官后他初爱辉县百泉之美而留居其上，之后遍游河南、山东、陕西、吴越、湖广、西蜀、黔中山水。由于为官时作风清廉，又乐于救济他人，故王元翰常处于贫困之境。所以，他挂冠后游览名山胜水，并非轻裘肥马，尽享诗酒风流，而是虽历尽艰辛，却意兴盎然。袁中道的《南岳草序》，真实地表现了这一情况。他说：“伯举持数肩行李过吾荆郢……游履所至，尝典衣乞贷，以济其山水之欲。”[②]袁中道不仅以“清胜之韵”赞美王元翰之气质，还以其人论其诗：“伯举直肠傲骨，诚心质行，而其趣韵复如此。”翰林院检讨姚希孟为王元翰撰《山海记序》，对他的山水诗尤为称道：“王伯举先生以直道忤时，弃金门之步而费草鞋钱，脚板几遍天下。……其攀跻之勇，搜讨之详，与夫诗篇之灏瀚，品题之精核，胜情彩笔，相为辉映。”[③]我们不妨进一步说，“诗言志”——王元翰的诗风，正是其人格操守的表现。另一方面，和公安派袁氏兄弟的交往，使王元翰之诗与公安派有相通之处，可谓无模拟之习，有清新之态，随心而发，应手而出，既不失骚人深致，又兼谏臣风骨，以性灵之光，成其独特风采。其歌行体风格疏放，词气超迈；近体意趣深远，简劲清朗。

王元翰著作现存三种：一、万历刻本《未焚草》二卷，收有万历三十四年（1606）至三十七年（1609）的奏议30篇，尺牍5篇（实存2篇）。二、清嘉庆五年（1800）王文焕刻印的《凝翠集》，收于民国《云南丛书》初编。是集共五卷，依次编排疏草、尺牍、墓志铭及传记、诗集、文集。三、《王谏议全集》（国家图书馆藏），收入《四

---

① 王元翰：《凝翠集·文集·南岳草自序》，影印《云南丛书》，第21册，第11497页，中华书局，2009年。
② 王元翰：《凝翠集》卷首，影印《云南丛书》，第21册，第11497页，中华书局，2009年。
③ 同上书，第11359页。

库未收书辑刊》第5辑（第25册），此集与《凝翠集》编次稍异[①]。较之《未焚草》，《凝翠集》所收奏议30篇，结尾部分或多或少皆有缺漏，且未署上疏日期。据《南岳草自序》和袁中道《南岳草序》所言，王元翰曾有过诗集《南岳草》；据姚希孟《山海记序》所言，王元翰曾有过散文集《山海记》。惜乎二集皆佚，有部分作品存于《凝翠集》。民国《云南丛书》之《滇南诗略》卷九，选王元翰诗31首；《滇诗丛录》卷八，选王元翰诗1首。

王元翰生平史料现存情况：《明世宗实录》《明熹宗实录》《崇祯长编》有其在朝为言官的记载；单篇传记主要有《明史·王元翰传》，明代刘宗周《明故征仕郎原任工科右给事中聚洲王公墓志铭》（以下简称《聚洲王公墓志铭》）、范凤翼《明工科右给事中聚洲王公行状》（以下简称《聚洲王公行状》）、倪元璐《王谏议传》、明末清初钱谦益《故明工科右给事中聚洲王公墓表》（以下简称《聚洲王公墓表》），有关东林党的史料和云南方志、诗文集中有其小传；家族史料现存清代乾隆六十年（1795）王凤鸣纂辑的《宁阳王氏族谱》、道光九年（1829）王藩纂辑的《宁州王氏家族世谱》，其中包括王氏家族世系、支系表[②]（均为张士儒点校）。

以王元翰在朝中担任谏官时的政治影响，及其在明代云南文学史上的地位，本应有比较详尽的年谱，全面载录其生平事迹和著述情况，但现有张士儒先生编次《王元翰年谱》[③]，由于所用史料面偏狭窄，且缺少事条统属，多罗列现存王元翰传记资料，仅粗陈谱主某方面行状，而未开掘其政治、文学交游和文学创作情况。再者，因编载其生平事迹不尽翔实，故未能充分展示言官和诗人王元翰的平生风貌，另外，张谱未注明所据史料版本信息，纪年未按古代习用之虚岁，故谱主年岁与本谱参差一年，且自王元翰中举后，张谱与本谱纪事和纪年之详略、史料取舍范围之宽窄、见事着眼点之侧重，都大不相同。但张士儒整理点校王元翰族谱、世谱并初编其年谱功不可没，为本谱之编撰提供了一定的基础。

本谱力求广泛呈现历史文献和王元翰现存奏疏、书信和文学作品中所涉其生平行实，吸收了多种以往王元翰研究中所未涉及的史籍，如天津图书馆藏孤本秘籍《未焚草》、与王元翰同朝并有关的大员之疏稿、传记，王元翰交游的诗文别集，并着重考察了此

---

① 王元翰：《王谏议全集》重刊小序落款："嘉庆五年（1800）五月谷旦，五世孙王文焕谨识"（《四库未收书辑刊》第5辑第25册，第2页，北京出版社，2000年）。下文王凤鸣撰《宁阳王氏族谱·王氏宗支谱序》落款："乾隆乙卯（1795）年夏四月上浣之吉，十二世孙凤鸣歧瑞敬撰"（张士儒点校，邵茂森主编：《华宁县文史资料》，第3辑，第101页，华宁县文史资料委员会，1990年），二者之间时差仅5年，与相隔三世的一般年代距离论，难以解释，存疑。

② 邵茂森主编：《华宁县文史资料》第3辑，华宁县文史资料委员会，1990年。

③ 张士儒：《王元翰年谱》，《华宁县文史资料》第3辑，华宁县文史资料委员会，1990年。

前无人探究，如今却应当解决的诸多问题，如王元翰为庶吉士时期及其进入谏垣的情况、被迫辞朝后两次起复却被阻隔的深层原因、与东林党人的关系、与公安派领袖和其他诗人的交往、漫游山水和漂泊异乡的大体行踪、上奏疏和诗歌创作的基本情况，等等。总之，稽考现存各种相关史料、作品，参阅旧谱而新编《王元翰年谱》，目的在于尽可能全面而切实地展现谱主平生面貌，有所不足，则待今后补缺。

年谱

明世宗朱厚熜嘉靖四十四年乙丑（1565），一岁①

九月初九日午时出生。名元翰，字伯举，号卫宇，别号聚洲、遗缘居士②。

王鸣凤《宁阳王氏族谱·新纂辑王氏宗支谱》："公生于嘉靖四十四年乙丑九月初九日午时。"③

先世居凤阳（今属安徽）。明太祖朱元璋时，一世祖王珊因军功授武略将军，遂落籍于滇，子孙散处各地，其支系居临安府（今建水）宁州（今华宁）者，王元翰属焉。五世祖尚纲有子三：宾、重、寀；寀有二子：元配黄氏生元翰，继室曹氏生其弟元鼎。

王鸣凤《宁阳王氏族谱·新纂辑王氏宗支谱》："王氏先世居凤阳，传为钟楼王氏。明太祖朱元璋时，其一世祖讳珊者从征六诏有功，授武略将军，世袭于滇，遂家焉。王珊数传而至五世祖，讳尚纲，字崇俭，自号红岩主人，配偶张氏。尚纲志在林泉，喜读书，家境并非富裕而多附食其家者。尝经营红岩山中，种菜种竹，隐居乐道，四十余年足迹不到城市。有子三：宾、重、寀。寀字君锡，别号寅斋，庠生，躯干伟硕，少时任义卓荦，有大志，声雄庠序。间为文，莽荡疏落，更习韬钤。生平刚直，无所避忌，人皆殚之，竟以忤时不偶。后赠征仕郎、工科右给事中，行年七十七。寀之元配黄氏生元翰，继配张氏无所出，再继曹氏生元鼎。王氏子孙在滇散处各地，居于临安府之

① 张士儒：《王元翰年谱》所载谱主年龄，因未按古人虚岁惯例纪之，故谱主年纪与本谱相差一岁；张谱编载人物生平事迹，多不作事条归纳，且引录史料有时不做完整的原文引录，并一概不注版本信息。本谱引用张谱所载事则注明之，引用史料若与其内容、文字相同，或对其所引须做辨析说明，均同时注明张谱页码和文献信息。

② 王元翰：《未焚草自叙》，《天津图书馆孤本秘籍丛书》，史部第2册，第316页，中华全国图书馆文献缩微复制中心，1999年。

③ 王鸣凤撰，张士儒点校：《宁阳王氏族谱·新纂辑王氏宗支谱》，邵茂森主编《华宁县文史资料》，第3辑，第112页，华宁县文史资料委员会，1990年。

宁州者，即王元翰所属支系。”[①]

按：王元翰一世祖王珊从征六诏事，当在洪武十四年（1381），时朱元璋敕令颍川侯傅友德、永昌侯蓝玉、西平侯沐英统领大军征滇，洪武十五年平云南。

外祖父黄澄，“颇饶于赀”；有舅父二：正芳、联芳。[②]

明神宗朱翊钧万历元年癸酉（1573），九岁

在乡间有圣童之誉，目光炯炯，才气不凡，自小敦尚伦义。

范凤翼《聚洲王公行状》：“双目炯炯，有圣童之誉。”[③]

倪元璐《王谏议传》：“生而嶷伟，目光炯然如严电。为人磥砢著节，敦尚伦义，自童时已然。”[④]

“范凤翼，字异羽，通州（今属北京）人。万历戊戌（1598）进士。除户部主事，监南新、济阳二仓，酌放军粮，清核所积米计六十万，得免浥烂。改吏部考功，汰墨吏，进名臣顾宪臣、高攀龙等。为时所忌，归。”[⑤]

倪元璐（1593~1644）[⑥]，字玉汝，浙江上虞（今属绍兴）人。明天启二年（1622）进士，历官至户部尚书。李自成入京师，自缢殉节，卒年五十二。赠少保、吏部尚书，谥文正。著有《倪文贞集》。

生母黄孺人逝，嗣后侍奉二继母，如其所生。

范凤翼《聚洲王公行状》：“九岁，黄孺人捐巾，继张孺人，再继曹孺人。谏议庄事两母，如其所生。”[⑦]

倪元璐《王谏议传》：“九岁丧母，事后二母如母。”[⑧]

---

① 王鸣凤撰，张士儒校点:《宁阳王氏族谱·新纂辑王氏宗支谱》（邵茂森主编:《华宁县文史资料》，第3辑，第108~111页，华宁县文史资料委员会，1990年）。“六诏”，洱海地区众多少数民族部落经过相互兼并，最后形成的蒙嶲诏、越析诏、浪穹诏、邆赕诏、施浪诏、蒙舍诏等六大部落之统称。其中蒙舍诏因位于诸诏之南，故又称“南诏”。

② 张士儒《王元翰年谱》引录而未注版本信息（邵茂森主编：《华宁县文史资料》，第3辑，第129页，华宁县文史资料委员会，1990年），文见王元翰《凝翠集·文集·修黄家桥记》，影印《云南丛书》，第21册，第11501页，中华书局，2009年。

③ 王元翰：《凝翠集·墓志铭》，影印《云南丛书》，第21册，第11443页，中华书局，2009年。

④ 同上书，第11437页。

⑤ 黄之隽等编纂：《江南通志》卷145《人物志》本传，《景印文渊阁四库全书》，第511册，第248页，台湾商务印书馆，1986年。

⑥ 倪元璐传见《明史》卷265，第22册，第6835~6841页，中华书局，1974年。

⑦ 王元翰：《凝翠集·墓志铭》，影印《云南丛书》，第21册，第11443页，中华书局，2009年。

⑧ 同上书，第11437页。

万历六年戊寅（1578），十四岁

补诸生，已有文名，志存高远，毅然以天下为己任。

范凤翼《聚洲王公行状》：“年十四，补弟子员。虽发未覆额，然见局促老生龌龊章句，便窃笑之。或感时不平，每至发上冠指，如先文正。为诸生，已毅然以天下为己任矣！”①

刘宗周《聚洲王公墓志铭》：“年十四，补诸生，时虽童子，已俨然耻为凡儿。”②

倪元璐《王谏议传》：“年十四，为文奇播。或告之‘鸿文无范，是为恣。’谏议意不屑，曰：‘吾气至才出，皆范也！老生行墨，何能为？’或闻时政过举，辄绕床行彻旦，既而戟手长啸曰：‘秉成无人’。其父兄闻者，皆异之。”③

万历十六年戊子（1588），二十四岁

结束为期十年的生员生涯，乡试中第十一名举人。

按：雍正《云南通志》：“戊子科，云南中式共45名。”④

范凤翼《聚洲王公行状》：“年廿四，中万历戊子乡试。”⑤

倪元璐《王谏议传》：“弱冠，举其乡第十一人。”⑥

父逝，丁忧。

刘宗周《聚洲王公墓志铭》：“万历戊子举于乡，即丁赠公忧。当赠公病，公吁天请代，刲股以进，人称其孝。”⑦

---

① 王元翰：《凝翠集·墓志铭》，影印《云南丛书》，第21册，第11443页，中华书局，2009年。张仕儒《王元翰年谱》引录而未注版本信息（邵茂森主编：《华宁县文史资料》，第3辑，第129页，华宁县文史资料委员会，1990年），“先文正”，引为“范文正（仲淹）”。

② 王元翰：《凝翠集·墓志铭》，影印《云南丛书》，第21册，第11431页，中华书局，2009年。张仕儒《王元翰年谱》引录而未注版本信息（邵茂森主编：《华宁县文史资料》，第3辑，第129页，华宁县文史资料委员会，1990年），且引录有误。“诸生”，一般为明清两代对县学生员的称谓；“补”相当于现在的免试入学。刘宗周传，见本谱万历二十九年。

③ 王元翰：《凝翠集·墓志铭》，影印《云南丛书》，第21册，第11437页，中华书局，2009年。由于张仕儒《王元翰年谱》未按虚岁纪谱主年龄，年事与史料不符，故其载此事时云“虚岁”（邵茂森主编：《华宁县文史资料》，第3辑，第129~130页，华宁县文史资料委员会，1990年）。

④ 靖道谟等编纂：雍正《云南通志》卷20，《景印文渊阁四库全书》，第570册，第47页，台湾商务印书馆，1986年。

⑤ 王元翰：《凝翠集·墓志铭》，影印《云南丛书》，第21册，第11443页，中华书局，2009年。

⑥ 同上书，第11437页。二十为弱冠，倪元璐或指其大略岁数。张仕儒《王元翰年谱》引录而未注版本信息（邵茂森主编：《华宁县文史资料》，第3辑，第130页，中华书局，2009年）。

⑦ 王元翰：《凝翠集·墓志铭》，影印《云南丛书》，第21册，第11431页，中华书局，2009年。张仕儒《王元翰年谱》引录而未注版本信息（邵茂森主编：《华宁县文史资料》，第3辑，第130页，华宁县文史资料委员会，1990年）。

按：赠公者，即元翰之父王宷，刘宗周《聚洲王公墓志铭》载：“尚纲生宷，即赠公也。”①

万历十八年庚寅（1590），二十六岁

守孝期间，用心研读经学名理。除服后文风大变，自成一格。

范凤翼《聚洲王公行状》：“服阕，精心名理，其为文摇筋露髓，不复一切蹊径。”②

万历二十年壬辰（1592），二十八岁

赴春试，不第。

倪元璐《王谏议传》：“累上公车，不第。”③

按：由是年起，元翰当三赴春试而落第。

袁宏道二十五岁，中进士，不仕而归故里。④

按：元翰与袁宏道及其他公安派诗人的交往，见本谱万历二十九年至四十一年纪事，详见拙文《王元翰与公安派诗人交游考》⑤。

袁宏道（1568~1610），字中郎，号石公，又号六休，湖广公安（今湖北荆州）人。做过吴县（今属江苏苏州）令，历官至稽勋郎中。著有《袁中郎全集》。宏道与其兄宗道（1560~1600）、其弟中道（1570~1626）并有文名，世称“三袁”。又因他们是公安人，世称“公安派”。公安派主张“独抒性灵，不拘格套”，以此推动文学革新，矫正七子派模拟复古之风。“三袁”中以袁宏道的文学成就最高，也最负盛誉，其次为中道。宗道有《白苏斋集》，中道有《珂雪斋集》行世。⑥

万历二十三年乙未（1595），三十一岁

袁宏道谒选，得吴县令。⑦

陶珽得容城（今属河北保定）教谕职。有诗《送陶不退之容城学》《南郊雨中别不退》

---

① 王元翰：《凝翠集·墓志铭》，影印《云南丛书》，第21册，第11431页，中华书局，2009年。

② 同上书，第11443页。

③ 同上书，第11437页。

④ 袁中道：《珂雪斋集》卷18《吏部验封司郎中中郎先生行状》（以下简称《中郎先生行状》），第756页，上海古籍出版社，1989年。

⑤《王元翰与公安派诗人交游考》，《思想战线》，2014年第1期（本课题阶段性成果）。

⑥ 袁氏兄弟传并见《明史》卷288《袁宏道传》，锺惺、谭元春传附之，第24册，第7397~7398页，中华书局，1974年。

⑦ 袁中道：《珂雪斋集》卷18《吏部验封司郎中中郎先生行状》，第756页，上海古籍出版社，1989年。

《中伏晚坐怀不退》①。

陶珽（生卒年不详）②，字紫阆，号不退，又号稚圭、天台居士，云南姚安人。李贽为姚安太守时，曾入其门下。万历三十八年（1610）进士，初授四川司主事，终官武昌兵备道。袁宏道有诗《陶不退以容城谕丁内艰归滇中，至敝邑殇其令子，遂痤焉，于其行也，以诗送之》二首。诗云："腮毛换去三停白，柏叶归来十度红"（其一）；"十年尘土敝衣裳，瞥见昆池旧景光。"（其二）③据笺校者考，此诗为万历三十三年（1605）作于公安。据此则陶珽上任容城教谕，当在今年。

万历二十五年丁酉（1597），三十三岁

袁宏道七次具牍求解吴县令，今年终于得解。④

万历二十六年戊戌（1598），三十四岁

赴会试，又不第，求署湖广竹溪（今属湖北十堰）教谕。

在任上深研时艺和佛教经典。秋凉夜寒，一日忽听盆鱼跳触荷叶声，恍然有悟，由此诗文大进。

《与野愚僧书》："戊戌不第后，愤闷填胸，觅一骥负时艺，一骥负教典，边读书，边诵典，边作文，边提话，而二六中常嘿嘿放不下处。一日，秋凉夜寒，盆内金鱼，跳触荷叶，猎猎有声。忽焉猛醒，此身如纵鸟出笼，病热得汗，轻快无比。旋向大士礼拜，如天地安插不住，日月笼罩不着，千七百则公案，万松、天童辈，俱瞒不过。自后为诗文，觉不同人。"⑤

按："野愚"，王元翰有时写作"也愚"，为鸡足山寂光寺"广"字辈高僧，法号广慧。⑥

刘宗周《聚洲王公墓志铭》："戊戌，署竹溪教谕。始，公读书竹溪署中，独究心内典。

① 王元翰：《凝翠集·诗集》，影印《云南丛书》，第21册，第11447~11448页，中华书局，2009年。
② 陶珽传见《新纂云南通志》卷194，第8册，第264~265页，云南人民出版社，2007年。
③《袁宏道集笺校》卷53，第1073页，钱伯城笺校，上海古籍出版社，2008年。
④ 袁中道：《珂雪斋集》卷18《中郎先生行状》，第758页，上海古籍出版社，2008年。
⑤ 王元翰：《凝翠集·尺牍》，影印《云南丛书》，第21册，第11423页，中华书局，2009年。张仕儒《王元翰年谱》引录而未注版本信息（邵茂森主编：《华宁县文史资料》第3辑，第130页，华宁县文史资料委员会，1990年）。
⑥ 孙启祚：《鸡足山寂光寺开山传衣法嗣纪略碑》，张树芳、赵润琴、田怀清主编《大理丛书·金石篇》卷2，第925页，云南民族出版社，2010年。

久之，听盆鱼触荷声，恍然有悟。嗣是，读书不复滞章句。”[①]

倪元璐《王谏议传》：“贫甚，求署教楚之竹溪。复博览专研，夜闻鱼触荷声，有悟，由此诗文大进。”[②]

按：所谓“教典”“内典”，指佛教经典；所谓“公案”，指禅宗用以开启信徒智慧的历代高僧语录。王元翰受到佛教思维方式的启发，由自然之道而了悟作文之道，从此文思大进，不再拘泥于章句之学。

万历二十九年辛丑（1601），三十七岁

以竹溪教谕赴春试，成进士。

按：王元翰中三甲第六十八名[③]。首辅王锡爵之子、著名画家王时敏之父王衡（1561~1609）与元翰同科，中一甲第二名，元翰的好友曾退如中一甲第三名，刘宗周、雷思霈、刘静之与元翰同在三甲。

曾退如（1560~1611）[④]，名可前，号长石，今湖北石首人。公安派后期重要诗人。雷思霈，字何思，夷陵（今湖北宜昌）人。公安派诗人。约生于嘉靖四十三年（1564）。著有《雷检讨诗集》《百衲阁文集》《荆州方舆书》。

刘静之（约1574~1612）[⑤]，名永澄，宝应县（今属江苏扬州）人。与元翰为同科进士，补顺天儒学教授，北方学者称其为淮南夫子。官国子监学正，乞归省亲。万历四十年（1612），起职方主事，未上而卒，行年三十七。永澄为文通达谨严，有《练江集》七卷传于世。《明儒学案》卷六十有《职方刘静之先生永澄》。

刘宗周（1578~1645）[⑥]，字起东，号念台，山阴人（今浙江绍兴）。万历二十九年（1601）进士。天启元年起仪制主事，四年起右通政，被魏忠贤削其籍。崇祯年间召为顺天府尹，迁授工部左侍郎、吏部缺左侍郎，擢左都御史。罢官家居，明亡，于弘光元年（1645）

① 王元翰：《凝翠集·墓志铭》，影印《云南丛书》，第21册，第11433页，中华书局，2009年。张仕儒《王元翰年谱》引录而不注版本信息（邵茂森主编：《华宁县文史资料》，第3辑，第130页，华宁县文史资料委员会，1990年）。

② 王元翰：《凝翠集·墓志铭》，影印《云南丛书》，第21册，第11437页，中华书局，2009年。

③ 李周望：《国朝历科题名碑录初集·明洪武至崇祯各科附》，第2册，第1095页，台湾华文书局，1969年。

④ 曾退如、雷思霈传见夏力恕等编纂《湖广通志》卷49，《景印文渊阁四库全书》，第533册，第80页，台湾商务印书馆，1986年。

⑤ 刘静之传见黄宗羲《明儒学案》卷58《东林学案·职方刘静之先生永澄》，《景印文渊阁四库全书》，第457册，第1055~1057页，台湾商务印书馆，1986年。

⑥ 刘宗周传见《明史》卷255，第22册，第6573~6590页，中华书局，1974年。

闰六月绝食死，行年六十八。理学家，世称蕺山先生，有《刘蕺山集》等著作传世。

按：1645 年为闰五月，此载“闰六月”，误。

七月初九日，选为庶吉士。

《明神宗实录》七月甲辰（初九日）：“选进士项鼎铉、王升、李胤昌、钱象坤、许獬、王元翰、王基洪、袁懋谦、龚三益、曾六德、雷思霈、公鼐、眭石、吕邦耀、郑以伟、薛三省、陈宗器、蔡毅中、戴章甫、宋焘、文在兹、冯奕垣二十二人为翰林院庶吉士。阁臣言鼎铉廷试、馆选二卷笔迹不同，不准，改授。”①

按：庶吉士一般要处馆三年，三年后在下次会试前进行考核，称“散馆”。成绩优异者授编修或检讨，正式留于翰林院，其他人则被派往六部任主事、御史，亦有派到各地任地方官者。

得首辅沈一贯青睐而不领其私人情面，为最终不能留翰林院埋下隐患。

范凤翼《聚洲王公行状》：“辛丑，成进士，选庶吉士，读书中秘。座师冯琢庵（琦）先生谓之曰：‘子知华选之自乎？四明相（沈一贯）实器子，谓子笔舌互用，腕有鬼工，以苏玉局（苏轼）相期，子勉之矣！’公正色曰：‘知己之恩，同于再生，生何敢忘！然而人臣无私交，使相君而开诚布公，生请北面精谨以事之。不然者，庇私门而忘国恤，负相君莫大焉。千古不愧师门，唯罗彝正之于李南阳耳！’语稍稍泄于外，识者已知其不留矣。”②

倪元璐《王谏议传》：“辛丑，成进士，应庶常选。时宰（沈一贯）见其文，奇之，以为眉山（苏轼）复出，拔置第五。或以告谏议曰：‘相公知君甚矣，何以报相君？’谏议正容对曰：‘他人不敢知，苟出相君，某知报德矣！罗彝正之于李南阳，非报耶？’时宰稍稍闻之。”③

九月廿四日，沈鲤、朱赓兼东阁大学士，直文渊阁。

蒋平阶《东林始末》：九月戊午（廿四日），“礼部尚书兼翰林院学士沈鲤、朱赓兼东阁大学士，直文渊阁。时廷推九人，上已点朱国祥、冯琦，而沈一贯密揭二臣

---

①《明神宗实录》卷 361，第 6740 页，台湾“中央研究院”历史语言研究所，1962 年。

② 王元翰：《凝翠集·墓志铭》，影印《云南丛书》，第 21 册，第 11443 页，中华书局，2009 年。张士儒《王元翰年谱》引录而未注版本信息（邵茂森主编：《华宁县文史资料》，第 3 辑，第 131 页，华宁县文史资料委员会，1990 年）。苏轼曾任玉局观提举，故人称“苏玉局”；张仕儒《王元翰年谱》所引“知己之恩，同于再生，生何敢忘”一句，《云南丛书》本作“知己之恩同于在三生何敢忘”，殊不可解，从改。

③ 王元翰：《凝翠集·尺牍》，影印《云南丛书》，第 21 册，第 11437 页，中华书局，2009 年。张士儒《王元翰年谱》引录而未注版本信息（邵茂森主编：《华宁县文史资料》，第 3 辑，第 131 页，华宁县文史资料委员会，1990 年）。

年未及艾，曷少需之，先爰立老成者。赓得入。鲤先任礼部，与申时行左，请告，上不许。吏科都给事中陈与郊因疏劾鲤，鲤求去益力。上私语曰：‘沈尚书不晓我意。’遂有是命。”[①]

万历三十一年癸卯（1603），三十九岁

在翰林院为庶吉士。

九月廿日，铨注翰林编修、简讨并量授科道。

《明神宗实录》九月癸酉（廿日）：铨注翰林编修简讨十四员：李胤昌、眭石、蔡毅中、周如盘、蒋孟育、许獬、刘一爆、薛三省、公鼐、孟时芳、王升、张光裕、郑以伟、雷思霈；量授科道八员：王元翰、吕邦耀、曾六德、袁懋谦、宋焘、王基洪、陈宗契、冯奕垣。[②]

十一月初二日，辅臣题催散馆并授元翰等职，不报。

《明神宗实录》十一月甲寅（初二日）：辅臣题催散馆，除授科道王元翰等八人。请赐批发，不报。[③]

按：李胤昌等十四名编修简讨为皇上钦准，已到任供事，而王元翰等量授科道八名需请俞旨，此时候命未下[④]。

女儿出生，名字不详。

按：元翰万历三十七年辞朝后所写《报邓壶丘直指》道“独女痞毙”[⑤]，《报史武麟侍御书》曰“七龄弱女”[⑥]，故以虚岁系其出生于今年。

万历三十二年甲辰（1604），四十岁

本当散馆而候命未下，仍在翰林院为庶吉士。

沈一贯二月初八日上《催散馆科道揭帖》：“今李胤昌等已蒙允用，而王元翰等不免向隅。同值明时，荣瘁殊状，乞一加体亮而俯允之。”[⑦]

---

① 蒋平阶：《东林始末》，第 29 页，神州国光社，1947 年。张士儒《王元翰年谱》引用而不注版本信息（邵茂森主编：《华宁县文史资料》，第 3 辑，第 131 页，华宁县文史资料委员会，1990 年）。

②《明神宗实录》卷 388，第 7310 页，台湾“中央研究院”历史语言研究所，1962 年。

③《明神宗实录》卷 390，第 7331 页，台湾“中央研究院”历史语言研究所，1962 年。

④ 详本谱明年纪事之沈一贯《敬事草》卷 15《催散馆科道揭帖》，明刻本。

⑤ 王元翰：《凝翠集·尺牍》，影印《云南丛书》，第 21 册，第 11419 页，中华书局，2009 年。

⑥ 同上书，第 11419 页。

⑦ 沈一贯：《敬事草》卷 15，明刻本。

《明神宗实录》三月戊午（初八日）：大学士沈一贯等题请散馆，拟授科道王元翰等八名。蚤赐允发，留中。[1]

《明神宗实录》十一月壬午（初六日）：大学士沈一贯等，揭催考定科道吴道行、沈凤翔、汪若霖、朱一桂、陈嘉训、乔允升、候考、熊鸣夏、周曰庠、萧淳散馆。王元翰、吕邦耀、曾六德、袁懋谦、宋焘、王基洪、陈宗契、冯奕垣俱该吏部。"屡题，未蒙俞旨。"[2]

按：沈一贯四月初二日上《催补科道揭帖》，十一月初六日又上《回圣谕揭帖》，帖曰："又，万历三十一年九月二十日，臣等奉命，将辛丑科庶吉士考试散馆。除留授翰林院官外，有王元翰、吕邦耀、曾六德、袁懋谦，拟为给事；宋焘、王基洪、陈宗契、冯奕垣，拟为御史。该吏部具题，亦未蒙俞旨。……辛丑庶吉士作养三年，及奉散馆之命，亦已年半。此皆昔时随请随俞者，而今迟延至此。"[3]

春，翰林院编修曾退如乞归供养其父，京中同年在双寺为其饯行，作《退如馆兄请急还石首，诸兄于双寺通宵赋别》。

诗云："长安春色半招提，执手留君意转迷。"[4]

《湖广通志》本传："（退如）积学笃行，寒暑无间……甲辰分考，所取多知名士。以父年高，请假家居三年。父强之出，勉赴阙，未几即归。……父丧，以哀毁卒。"[5]

万历三十三年乙巳（1605），四十一岁

十二月，授吏科给事中。[6]

《未焚草自叙》："岁乙巳杪，得从诸兄后，持笔侍天子。于是乎移批鳞犯颜之戆，为覆窟剪翼之力，如食者病呕，必欲尽吐之而后已。"[7]

《明神宗实录》十二月庚戌（初十日）："授散馆庶吉士王元翰、曾六德、袁懋

---

①《明神宗实录》卷394，第7423页，台湾"中央研究院"历史语言研究所，1962年。

②《明神宗实录》卷403，第7533页，台湾"中央研究院"历史语言研究所，1962年。

③ 沈一贯：《敬事草》卷16，明刻本。

④ 王元翰：《凝翠集·诗集》，影印《云南丛书》，第21册，第11448页，中华书局，2009年。

⑤ 夏力恕等编纂：《湖广通志》卷49本传，《景印文渊阁四库全书》，第533册，第80页，台湾商务印书馆，1986年。

⑥ 此事张士儒《王元翰年谱》据《明史》本传载入明年，疑误（邵茂森主编：《华宁县文史资料》，第3辑，第133页，华宁县文史资料委员会，1990年）。

⑦ 王元翰：《未焚草自叙》，《天津图书馆孤本秘籍丛书》，史部第2册，第314页，中华全国图书馆文献缩微复制中心，1999年。张士儒《王元翰年谱》引录而不注版本信息（邵茂森主编：《华宁县文史资料》，第3辑，第132~133页，华宁县文史资料委员会，1990年）。

谦各给事中。元翰吏科，六德礼科，懋谦兵科。”[1]

按：《明史·王元翰传》：“三十四年改吏科给事中。”[2]当为今年十二月。

陶珽于容城任上丁忧回滇，至公安探望袁宏道。[3]

万历三十四年丙午（1606），四十二岁

正月初十日，上《欣逢主德更新之会，直陈天下受病之由疏》，此疏“曾三易草而不果上”。[4]

是疏所言者五：责法令之行、专会推之权、慎名器之重、广赐圜之诏、严奏辩之妄。结曰：臣“虽不识时务，亦不敢摭拾浮辞。如一得可采，伏望皇上检发施行，或于士风吏治，不无少补矣。”

二月壬子（十三日），循转工科右给事中。[5]

《报梅郡丞书》：“候补三年，滥竽吏散，寻又循转工右。”[6]

按：刘宗周《聚洲王公墓志铭》：“虽读书中秘，辄感慨天下事，不屑随世以就功名，因改吏科给事中。七阅月，转工科右。”[7]此记载疑有误，元翰任吏科给事中其实仅两月，即迁工科右给事中。《报刘静之年兄书》：“叨补迄今，七阅月矣，曾抗上三、四疏。”此“七阅月”非任吏科给事中的时间，而是指从去年末散馆至次年七月这段时间，故又言：“叨补迄今，七阅月矣，曾抗上三、四疏。”[8]此“三、四”言数量之多而非确数。

二月十九日，上《辅臣支吾求去援引乱真疏》。[9]

---

①《明神宗实录》卷416，第7825页，台湾“中央研究院”历史语言研究所，1962年。

②《明史》卷236，第20册，第6150页，中华书局，1974年。

③ 详本谱万历二十三年纪事。

④ 王元翰：《未焚草》上卷，《天津图书馆孤本秘籍丛书》，史部第2册，第318~321页，中华全国图书馆文献缩微复制中心，1999年。王元翰现存奏疏30篇，收录于《未焚草》和《凝翠集》。《凝翠集》所载每疏篇末文字均有缺漏（包括上疏日期），张士儒《王元翰年谱》据其所载提及10篇，亦因多数不明上疏日期而编年不确切。本谱以《未焚草》为据，将30篇奏疏全部编年系之，对张谱已引录者注明页码，必要时则加以辨析。

⑤《明神宗实录》卷418，第7899页，台湾“中央研究院”历史语言研究所，1962年。

⑥ 王元翰：《凝翠集·尺牍》，影印《云南丛书》，第21册，第11408页，中华书局，2009年。张士儒《王元翰年谱》引录而不注版本信息（邵茂森主编：《华宁县文史资料》，第3辑，第134页，华宁县文史资料委员会，1990年）。

⑦ 王元翰：《凝翠集·墓志铭》，影印《云南丛书》，第21册，第11431页，中华书局，2009年。

⑧ 同上书，第11407页。张士儒《王元翰年谱》引录而不疑，未注版本信息（邵茂森主编：《华宁县文史资料》，第3辑，第133页，华宁县文史资料委员会，1990年）。

⑨ 王元翰：《未焚草》上卷，《天津图书馆孤本秘籍丛书》，史部第2册，第321~323页，中华全国图书馆文献缩微复制中心，1999年。张士儒《王元翰年谱》提及而不明上疏日期、不注版本信息（邵茂森主编：《华宁县文史资料》，第3辑，第133页，华宁县文史资料委员会，1990年）。

按：此疏针对首辅沈一贯上疏求去之事，指出此举“摭辩之巧，用意之深”，实为自己开脱罪责，足以颠倒贤否，混淆视听。其人既已屡疏乞休，却四次宣谕颁诏而不出，皇上当允其休致。

二月二十一日，沈一贯上疏求去。

按：沈一贯《老病馀生万无留理疏》说“昨见给事中王元翰论臣之疏”，落款日期为二月二十一日[①]。

四月初一日，上言为吏部杨时乔等辩解。

《明神宗实录》四月己亥（初一日）：户部主事田一井上疏，历诋吏部杨时乔、兵部尚书萧大亨、户部尚书赵世卿，谓之大奸。王元翰与翁宪祥等上言为之辩解，田一井因降一级，调外任。[②]

七月庚子（初三日），抚臣周嘉谟、按臣邓渼上疏参劾沐昌祚。[③]沐昌祚派员入京，贿赂元翰斡旋，拒之，并作《报沐总镇书》。

是疏言镇守总兵黔宁王沐昌祚横征暴敛，以致劫夺蜂起，昆阳、南安（今双柏）、易门、宁州（今华宁）、嶍峨（今峨山）等数十处大盗公行，惨于夷虏，无非其庄户。沐昌祚特为派员携信件、财物到京贿赂元翰为己斡旋，元翰复信拒绝之，并云：“其以为忠而不之罪也，唯命；其以为狂而掷之也，亦唯命。”[④]

七月十六日，罢沈一贯、沈鲤。

《明神宗实录》癸未（十六日）：“罢少傅兼太子太傅、吏部尚书、建极殿大学士沈一贯及太子太保、吏部尚书、文华殿大学士沈鲤。”[⑤]

八月二十二日，上《为政本虚人廷推难缓疏》。[⑥]

此疏就一日之中罢沈一贯、沈鲤二相之事，引辅臣朱赓揭帖云：“请廷推至再至三，毋亦谓独力难胜，众举为当。……社稷安危，在此一举。”

---

① 沈一贯：《敬事草》卷 19，明刻本。

②《明神宗实录》卷 420，第 7945~7946 页，台湾“中央研究院”历史语言研究所，1962 年。

③《明神宗实录》卷 485，第 9138 页，台湾“中央研究院”历史语言研究所，1962 年。张士儒《王元翰年谱》引录而不注版本信息，且错上疏日期为三月己卯（邵茂森主编：《华宁县文史资料》，第 3 辑，第 133 页，华宁县文史资料委员会，1990 年）。

④ 王元翰：《凝翠集·尺牍·报沐总镇书》，影印《云南丛书》，第 21 册，第 11408 页，中华书局，2009 年。张士儒《王元翰年谱》引录而不注版本信息（邵茂森主编：《华宁县文史资料》，第 3 辑，第 134 页，华宁县文史资料委员会，1990 年）。

⑤《明神宗实录》卷 423，第 7996 页，台湾“中央研究院”历史语言研究所，1962 年。

⑥ 王元翰：《未焚草》上卷，《天津图书馆孤本秘籍丛书》，史部第 2 册，第 324~327 页，中华全国图书馆文献缩微复制中心，1999 年。

十二月十二日，上《时事日敝天听转高疏》。[①]

是疏言时事可痛哭者八事：朱赓办阁三年，尚未睹天颜一面，可痛哭者一；六卿半空悬缺，数年不补，可痛哭者二；南北各省官员，来朝积年累月，不沾一命，可痛哭者三；有用之才，为圣明之弃，可痛哭者四；九边缺饷，至八十余万，处处告急，京师兵饷充足，而其中能战者，数百而已，可痛哭者五；台谏封事，一切留中，可痛哭者六；榷税之使遍天下，致灾异迭见，可痛哭者七；郊庙绝迹，朝学生尘，可痛哭者八。不报。

按：《明神宗实录》万历三十四年十二月丁酉（初三日）："工科给事中王元翰，言时事可痛哭者八事。"[②]《实录》与《未焚草》所署日期参差，当以作者所署为是。

作诗《省中独坐》，表现对皇帝疏政、留中态度的不满。

诗云："圣主垂衣无少阙，侍臣封事每中留。"[③]

秋，袁宏道偕其弟中道，入都补礼部主事。

袁中道《中郎先生行状》："丙午，乃偕中道入都，补仪曹主事。曹务清简，萧然无事，偕诸客文酒赏适。"[④]

万历三十五年丁未（1607），四十三岁

二月十二日，上《为铨衡选举宜公两省，独遗非体疏》。[⑤]

二月庚戌（十七日），吏部左侍郎杨时乔上疏，议复册库及文献管理设员事，王元翰对此表示赞同。

按：杨时乔疏言国初以来历朝典章、疏揭、册籍、文案、卷宗管理，不知何时废弛，致"各司火房，出入无禁，百弊丛生，变化支吾，难以究诘"[⑥]。建议在司臣中，设管库主事一员，专管册库，设文选、考功主事各二员，验封更设一员，王元翰表示赞同。云：

---

① 王元翰：《未焚草》上卷，《天津图书馆孤本秘籍丛书》，史部第 2 册，第 327~332 页，中华全国图书馆文献缩微复制中心，1999 年。张士儒《王元翰年谱》提及内容而不明上疏年月、不注版本信息（邵茂森主编：《华宁县文史资料》，第 3 辑，第 133 页，华宁县文史资料委员会，1990 年）。

②《明神宗实录》卷 428，第 8062 页，台湾"中央研究院"历史语言研究所，1962 年。

③ 王元翰：《凝翠集·诗集》，影印《云南丛书》，第 21 册，第 11449 页，中华书局，2009 年。

④ 袁中道：《珂雪斋集》卷 18，第 759 页，上海古籍出版社，1989 年。"仪曹"设于三国曹魏，掌吉凶之礼。废于唐代。后世用以称礼部郎官。

⑤ 王元翰：《未焚草》上卷，《天津图书馆孤本秘籍丛书》，史部第 2 册，第 333~334 页，中华全国图书馆文献缩微复制中心，1999 年。

⑥《明神宗实录》卷 430，第 8125 页，台湾"中央研究院"历史语言研究所，1962 年。

“云南吏部，在成弘间则有张志淳为文选，至户部侍郎；在嘉靖间则有赵汝濂为考功，至副都御史，有张合为稽勋郎中；在正德间则有杨一清为冢宰，出入将相，身都宰辅；皇上初年则有严清为冢宰，清品重望，著于士林。欲修故典，以饬吏治，故时乔议复册库，亦致意于文献焉。”[①] 上已列《铨衡选举宜公，两省独遗非体疏》题及日期，谓：铨司用人，当公平无遗，“内外齐收，遐迩兼举，曾不以一方一隅见遗”。云贵虽僻处西南，“岂无精明恪慎之士，堪佐铨叙，而不负天子之任使者哉”！并为建二策：“一欲一次举两广，一次举云贵，使其更番而有定序，彼之不得入此，犹此之不得搀彼也；一闻验封一司，员缺可补，欲于两广之外，更为云贵添设司官一员。”王元翰建议，在四司中为云贵添设一员，此议未果，“自此验封得加员，而云贵间用议卒不决”[②]。此事详载于《明神宗实录》卷四百三十九[③]。

清明，陪同皇帝祭祀，有诗《九陵陪祀》。袁宏道时任吏部主事，万历三十二年乞归的曾退如则遵父命回京，袁宏道、曾退如、刘元定亦陪祀[④]。

诗云：“清明春色满皇州，恭代宸旒毖祀修。”[⑤]

三月二十四日，上《根本重地痛苦剥肤疏》。[⑥]

是疏痛陈内务府总理杨致中，责其纵容宦官以铺垫为名，大量向商人迫取银两之事。称“年来办纳钱粮，苦于铺垫”，致“京师数万金之家，一挂四司铺户之籍，无不荡产罄资。投河经渎之惨，挈家载道之状，酸鼻刺心，孰非铺垫二字流毒哉”！

三月二十五日，上《云南会试举人杨提等一本为辟便道以利万世事疏》。[⑦]

三月二十六日，上《为稽积弊以裨实用事疏》。[⑧]

四月初六日，上《枚卜万难再缓，推举务得至当疏》。[⑨]

---

①《明神宗实录》卷 430，第 8126~8127 页，台湾“中央研究院”历史语言研究所，1962 年。

② 王元翰：《未焚草》上卷，《天津图书馆孤本秘籍丛书》，史部第 2 册，第 333~334 页，中华全国图书馆文献缩微复制中心，1999 年。

③《明神宗实录》卷 439，第 8325~8327 页，台湾“中央研究院”历史语言研究所，1962 年。

④《袁宏道集笺校》卷 49《墨畦》，第 1427 页，钱伯城笺校，上海古籍出版社，2008 年。

⑤ 王元翰：《凝翠集·诗集》，影印《云南丛书》，第 21 册，第 11447 页，中华书局，2009 年。

⑥ 王元翰：《未焚草》上卷，《天津图书馆孤本秘籍丛书》，史部第 2 册，第 334~335 页，中华全国图书馆文献缩微复制中心，1999 年。张士儒《王元翰年谱》提及而不明上疏日月、不注版本（邵茂森主编：《华宁县文史资料》，第 3 辑，第 135 页，华宁县文史资料委员会，1990 年）。

⑦ 王元翰：《未焚草》上卷，《天津图书馆孤本秘籍丛书》，史部第 2 册，第 336~337 页，中华全国图书馆文献缩微复制中心，1999 年。

⑧ 同上书，第 337~340 页。

⑨ 同上书，第 340~342 页。

是疏言会推之流弊，觉“势不得不详慎于会推之始”。《明神宗实录》亦有载①。

四月初十日，上《庙堂清议宜明部臣持论无别疏》。②

五月十八日，上《政本重地不宜恕纳匪人疏》。③

按：是疏讥弹李廷机，反对用其为宰辅。《明神宗实录》载王元翰与兵科左给事中胡忻、刑科右给事中曹于汴、福建道御史陈宗契，各疏论李廷机，不报④。

六月初四日，上《圣躬静摄日久，天下伏机可虑疏》。⑤

是疏要言神宗即位既久，多年不朝见大臣，不理朝政，遂成隔天下于万里之势，致朝政生出七大弊端：“大僚任其缺，而不即补；榷税任其毒，而不即罢；台省任其不可支吾，而不即考选；章疏任其置之高阁，而不即报答；废弃任其沦落，而不即拔置；边事任其恣相破滥，而不即禁核；纪法分义任其颓荡凌乱，而不即整顿饬刷。”疏中切望皇上视朝理事，不报。

上谕李廷机、叶向高入直文渊阁，又谕朱赓召王锡爵。

蒋平阶《东林始末》：上谕以礼部左侍郎李廷机、南京礼部右侍郎叶向高为礼部尚书兼东阁大学士入直文渊阁，又谕朱赓召旧辅王锡爵。⑥

七月初七日，上《巡视事疏》。⑦

七月十六日，上《防奸大典一旦决裂疏》。⑧

是疏言黄汝良、全天叙不宜推，又言清议一脉，事关紧要，但“今庙堂之上，动与清议为水火”，“言路结舌，群小汇征”。此疏《明神宗实录》亦载⑨，又载是日兵科左给事中胡忻疏论杨时乔，胡忻所论黄汝良、全天叙，大抵如元翰所言。

---

①《明神宗实录》卷432，第8160页，台湾“中央研究院”历史语言研究所，1962年。

② 王元翰：《未焚草》上卷，《天津图书馆孤本秘籍丛书》，史部第2册，第344~345页，中华全国图书馆文献缩微复制中心，1999年。

③ 同上书，第344~345页。张士儒《王元翰年谱》提及而不明上疏日月、不注版本信息（邵茂森主编：《华宁县文史资料》，第3辑，第135页，华宁县文史资料委员会，1990年）。

④《明神宗实录》卷433，第8195页，台湾“中央研究院”历史语言研究所，1962年。

⑤ 王元翰：《未焚草》上卷，《天津图书馆孤本秘籍丛书》，史部第2册，第346~348页，中华全国图书馆文献缩微复制中心，1999年。

⑥ 蒋平阶：《东林始末》，第32页，神州国光社，1947年。张士儒《王元翰年谱》引录而不明版本信息（邵茂森主编：《华宁县文史资料》，第3辑，第135页，华宁县文史资料委员会，1990年）。

⑦ 王元翰：《未焚草》下卷，《天津图书馆孤本秘籍丛书》，史部第2册，第348~349页，中华全国图书馆文献缩微复制中心，1999年。

⑧ 同上书，第349~351页。

⑨《明神宗实录》卷435，第8229页，台湾“中央研究院”历史语言研究所，1962年。

七月二十八日，上《圣泽诞被困商偶遗疏》。[①]

八月己卯（十九日），大学士朱赓、李廷机以蔺州（属四川）、镇雄（属云南）事久未结，复上疏。元翰言此疏不宜发抄，后故有发抄之禁。

是疏谈“万世用兵驭夷之道”，“而给事中王元翰以辅臣之揭，只宜告于密，勿不可以播远迩，请勿发抄。于是又有发抄之禁，并禁诸讪君沽直、乱政市名、疑辞谩语、排挤良善者，以为皆不可传。而禁发抄之议自此始。”[②]

十一月，南京工科给事中金士衡上《言路宜通，恳乞亟宽时禁以昭大公疏》。[③]

疏言：“窃惟言者，国家之血脉，章疏之传，固血脉之所藉以流行者也。善政理者，务疏通，不务壅蔽。至于壅蔽日甚，而其害有不可胜言者矣。顷，该科臣王元翰疏陈军国秘密，不宜抄传示弱等事，已奉旨严禁，永为遵守矣。”

十月初二日，上《县令为民被逮疏》。[④]

十月二十二日，上《两省司官奉旨设久未题复疏》。[⑤]

十二月初五日，上《公同佥商纷纷营免可骇疏》。[⑥]

按：据《明神宗实录》载，“巡视厂库给事中王元翰等，以佥商营免太多请停，不报。其后工部侍郎刘元霖，亦以优免诸商覆审为请，俱不报。”[⑦] 佥商即商役。鉴于商役已成大害，不断有官员要求对此加以改革。如万历三十四年（1606），有工科给事中胡忻上疏[⑧]；万历三十六年，有工科给事中何士晋上疏[⑨]。

秋，作《和曾退如馆兄苦雨》。[⑩]

按：袁宏道亦有《苦雨吟和曾退如》《秋日苦雨和曾退如太史》四首[⑪]。

---

① 王元翰：《未焚草》下卷，《天津图书馆孤本秘籍丛书》，史部第 2 册，第 351~352 页，中华全国图书馆文献缩微复制中心，1999 年。

②《明神宗实录》卷 437，第 8274~8277 页，台湾“中央研究院”历史语言研究所，1962 年。

③ 金士衡：《言路宜通恳乞亟宽时禁以昭大公疏》，吴亮《万历疏钞》卷 10《言路类》，万历三十七年刻本。

④ 王元翰：《未焚草》下卷，《天津图书馆孤本秘籍丛书》，史部第 2 册，第 353~354 页，中华全国图书馆文献缩微复制中心，1999 年。张士儒《王元翰年谱》提及而不明上疏日月、不注版本信息（邵茂森主编《华宁县文史资料》，第 3 辑，第 135 页，华宁县文史资料委员会，1990 年）。

⑤ 王元翰：《未焚草》上卷，《天津图书馆孤本秘籍丛书》，史部第 2 册，第 354~355 页，中华全国图书馆文献缩微复制中心，1999 年。

⑥ 同上书，第 356~357 页。

⑦《明神宗实录》卷 441，第 8274~8277 页，台湾“中央研究院”历史语言研究所，1962 年。

⑧ 胡忻：《欲焚草》卷 1《条议铺商疏》，康熙四十二年（1703）胡恒升刻本。

⑨ 何士晋：《工部厂库须知》卷 2《厂库议约》，万历林如楚刻本。

⑩ 王元翰：《凝翠集·诗集》，影印《云南丛书》，第 21 册，第 11448 页，中华书局，2009 年。

⑪《袁宏道集笺校》卷 46，第 1345~1347 页，钱伯城笺校，上海古籍出版社，2008 年。

万历三十六年戊申（1608），四十四岁

因滇中武定阿克之乱，四月十三日上《滇患孔殷维桑虑切疏》。[①]

是疏大略言二事：一言阿克一旦猖獗，则生灵戮惨，不可胜言。招乱之由，则以滇中贿赂公行，踏茸成政，其中为害最烈者，莫如贡金、榷税两者。是以室室空虚，人人思乱，虐政不除，滇之为滇，未可知也。二言待事定之后，亟宜疏辟道路，使入滇之道中由黔，东由粤，西由蜀，水由江，四途并进，百脉贯穿，使诸酋不剿而自失其负固之势，滇则可长保无事，黔亦得安然无恙。

《明神宗实录》四月己卯（廿三日）："兵部言：臣惟滇南之事，以得贼复印为第一义。乃昨接云南抚镇报捷咨揭，斩获有差，而阿克、郑举，尚未有定踪。获印七颗，而武定府印，尚未有着落，种种皆可深疑。人谓贼党已经过江外，所杀获者，恐非前日真正之贼。又，科臣王元翰，论参将张名世河下交阯之役，屠民抵贼，今得无犹踵故智，即当日而今日可疑，即一人而诸人可疑，安可任其叙报，而不为勘也！上曰：'贼首未擒，府印未复，戕戮甚惨，师老无功，乃犹屡报捷音，岂无掩杀避罪之弊！且张名世报功独多，尤属可疑。着巡按御史，一一从公勘来；其抚镇二臣，姑着戴罪杀贼，必以获酋复印，方可自赎。'"[②]

五月庚寅（初五日），吏部据王元翰等上疏，复铨政七事。

按："七事"谓一议选法，一议例推，一议改教，一议保升，一议加恩，一议趋避，一议纳级。"盖据科臣翁宪祥、曹于汴、汪若霖、吕邦耀、王元翰，道臣王基洪、乔允升、萧淳条陈也。"[③]

六月初五日，上《滇民不堪苛政疏》。[④]

是疏就"武定之变，由百姓苦于有司之剥削"，建议神宗罢榷税，以解滇民之苦。又揭露自兴矿税以来，民之膏血被搜括而致民怨积、乱败纷至的现实。

---

① 王元翰：《未焚草》下卷，《天津图书馆孤本秘籍丛书》，史部第2册，第357~359页，中华全国图书馆文献缩微复制中心，1999年。张士儒《王元翰年谱》提及而不明上疏日月、不注版本信息（邵茂森主编：《华宁县文史资料》，第3辑，第136页，华宁县文史资料委员会，1990年）。

②《明神宗实录》卷445，第8452页，台湾"中央研究院"历史语言研究所，1962年。张士儒《王元翰年谱》引录而不注版本信息（邵茂森主编：《华宁县文史资料》，第3辑，第136页，华宁县文史资料委员会，1990年）。

③《明神宗实录》卷446，第8462页，台湾"中央研究院"历史语言研究所，1962年。

④ 王元翰：《未焚草》下卷，《天津图书馆孤本秘籍丛书》，史部第2册，第360~361页，中华全国图书馆文献缩微复制中心，1999年。张士儒《王元翰年谱》提及而不明上疏日月、不注版本信息（邵茂森主编：《华宁县文史资料》，第3辑，第136页，华宁县文史资料委员会，1990年），但于1606年纪事据《神宗实录》卷419，说此疏揭露了矿税于民之灾难，及其所招致的后果（同上书，第134页）。

六月初十日，上《陋恶抚臣生事误国疏》。[①]

是疏劾辽东巡抚赵楫、贵州巡抚郭子章：赵楫因朝鲜议立未定，欲取而郡县之，妄意开疆，启属国携贰之志；子章于土舍安尧臣越据镇雄，不耆之以国法，坚意割地，贻西南深远之忧。是故楫可逮，子章可斩。

按：《明神宗实录》六月乙丑（初十日）载，此疏“不报”[②]。

六月二十四日，上《恶珰抗旨毒商疏》。[③]

是疏言此事再不报，“恐辇毂之民，终无见天之期，人人自危，根本摇动”[④]。

六月二十八日，上《天下望治甚殷，铨宰得人最急疏》。[⑤]

是疏劾兵部尚书萧大亨、南京兵部尚书孙矿，俱不堪预推吏部。

按：《明神宗实录》七月乙酉朔（初一日）载其事[⑥]。七月己丑（初五日）又载：“兵部尚书萧大亨，以科臣王元翰论列，乞罢，不允。”[⑦]

七月十五日，上《灾异重大，加派不前，乞停三殿工程疏》。[⑧]

九月初十日，上《再陈厂库未尽事宜疏》。[⑨]

《明神宗实录》九月丙申（十二日）：“巡视厂库工科右给事中王元翰，条上关系利病四款：一议减铜价，二议报铺商，三议收例银，四议补匠役。”[⑩]

九月二十八日，上《天心谴告甚切，人事挽回宜早疏》。[⑪]

是疏言：近年夷变、水变、地变、天变，请亟罢辅臣朱赓、枢臣萧大亨、宪臣詹

---

① 王元翰：《未焚草》下卷，《天津图书馆孤本秘籍丛书》，史部第2册，第362~363页，中华全国图书馆文献缩微复制中心，1999年。张士儒《王元翰年谱》提及而不注版本信息（邵茂森主编：《华宁县文史资料》，第3辑，第137页，华宁县文史资料委员会，1990年），且误“生事”为“坐事”。

②《明神宗实录》卷447，第8473页，台湾“中央研究院”历史语言研究所，1962年。

③ 王元翰：《未焚草》下卷，《天津图书馆孤本秘籍丛书》，史部第2册，第364~365页，中华全国图书馆文献缩微复制中心，1999年。

④ 同上书，第365页。

⑤ 同上书，第365~367页。张士儒《王元翰年谱》提及而无上疏日期、版本（邵茂森主编：《华宁县文史资料》，第3辑，第138页，华宁县文史资料委员会，1990年）。

⑥《明神宗实录》卷448，第8483页，台湾“中央研究院”历史语言研究所，1962年。

⑦ 同上书，第8485页。

⑧ 王元翰：《未焚草》下卷，《天津图书馆孤本秘籍丛书》，史部第2册，第367~369页，中华全国图书馆文献缩微复制中心，1999年。

⑨ 同上书，第369~371页。

⑩《明神宗实录》卷450，第8515页，台湾“中央研究院”历史语言研究所，1962年。

⑪ 王元翰：《未焚草》下卷，《天津图书馆孤本秘籍丛书》，史部第2册，第372~375页，中华全国图书馆文献缩微复制中心，1999年。

沂，并严谕计臣赵世卿。又谓更有极虑二大变不在此天鸣、地震、洪水、夷狄之内，而在得官如命，笑骂由人，孜孜富贵，衰老愈浓，不知止足，不知廉耻者，大小臣工之变也；一人言之弗听，举国言之弗听，天下人言之弗听，甚至天告地诉亦悍然弗听者，近日上意之变也。有上意之变，斯臣工之变因之，故佥谓挽圣意与臣工之变难，挽天地、洪水、夷狄之变易。再言陛下三十年作养之人才，一半扫除于时行、锡爵之手，一半禁锢于一贯、朱赓之手。如邹元标、顾宪成、赵南星、钱一本、高攀龙、逯中立、薛敷教等，皆抱经邦济世之才，补衮救时之略，使之徜徉山水，国家不得藉其用，不亦大可惜哉！

按：《明神宗实录》载此疏亦“不报”[①]。

十月，有《上朱阁师书》。[②]

按：此书主要向朱赓辩解由于廷推冢宰事，引发南北两司之争，并斥责“谓今天下不太平，尽言官生事之罪”说为“何说”。

十一月初七日，上《巨奸涂面丧心比私害国疏》。[③]

是疏揭发旧辅王锡爵陷害中正，助纣为虐；沈一贯父子为争家私而反目，朱赓以不法手段敛财等恶行。希望皇上早日处理。

《明神宗实录》十一月庚寅（初七日）：“工科右给事中王元翰言：吏科给事中喻安性、四川道御史管橘，败群跃冶，丛秽忍垢，望即赐罢斥，以为言官不知耻之戒。不报。元翰再疏，逐款驳论旧辅臣王锡爵暗揭肆毒，因言：‘诸臣何德于王家，屏沈鲤不加一矢；何仇于一贯，赓与廷机刺无完肤。惟望皇上大奋乾断。’亦不报。”[④]

十一月初八日，上《言路重地不宜自蠲廉耻疏》。[⑤]

是疏极言“寡廉鲜耻，不过士大夫之罪，而其弊能使覆国亡家”[⑥]。

十一月廿九日，首辅朱赓卒。

蒋平阶《东林始末》：“十一月壬子，朱赓卒于官。……赓卒，廷机当首揆，言

---

①《明神宗实录》卷 450，第 8526 页，台湾“中央研究院”历史语言研究所，1962 年。

② 王元翰：《凝翠集·尺牍》，影印《云南丛书》，第 21 册，第 11412 页，中华书局，2009 年。

③ 王元翰：《未焚草》下卷，《天津图书馆孤本秘籍丛书》，史部第 2 册，第 376~379 页，中华全国图书馆文献缩微复制中心，1999 年。张士儒《王元翰年谱》提及而不明上疏日月，不注版本信息（邵茂森主编：《华宁县文史资料》，第 3 辑，第 137 页，华宁县文史资料委员会，1990 年）。

④《明神宗实录》卷 452，第 8540 页，台湾“中央研究院”历史语言研究所，1962 年。

⑤ 王元翰：《未焚草》下卷，《天津图书馆孤本秘籍丛书》，史部第 2 册，第 380~382 页，中华全国图书馆文献缩微复制中心，1999 年。

⑥ 同上书，第 380 页。

路益攻之。廷机决计不出，叶向高独相，而攻廷机者未已也，遂移居演象所之真武庙。乞放，凡五年，至万历四十年始得请，寒暑闭门，无履迹。”①

十二月初三日，上《豪珰倚势踞厂横噬剥商疏》。②

是疏鞭挞掌厂内官王道横噬剥商之恶，言：“见面索钱，而上草又复索之；上草索钱，而堆垛又复索之。铺垫之外，复有铺垫；磕头之外，更有磕头。少或未满其欲，则异刑怪罚，备加其商。是以逼其破家即立破，逼其舍命即立舍。掌场十四五年来，坑杀多少民命，盗卖多少官草。戕民误国，罪难缕数！”③

按：此事《明神宗实录》载于明年，万历三十七年正月辛丑（十九日）载：“工科给事中王元翰等，共劾奏内官王道横噬剥商。道先以掌厂为科臣吕邦耀所劾，越二年，不奉处分。于是道掌厂者，十四五年，异刑怪罚，勒索无厌草商之苦。疏复，不报。”④。

万历三十七年己酉（1609），四十五岁

除夕、元旦均有诗作。

《已酉除夕》云：“犬马徒增齿，林泉亦妬名。异乡愁不寐，灯火看花赪。”⑤正月初一日又作七律《元旦》⑥。

二月初二日，上《奸辅挑衅误国疏》，言建州女真族事。⑦

《明神宗实录》二月壬戌（初十日）：“建夷之谩词无礼也，工科给事中王元翰，请令辽抚按移谕奴酋裁减近例，仿祖宗时朝贡止许三百余人，一切赏赉，如旧照给。是时，建州海西诸夷一闯入关，至于千五百人。”⑧

二月十四日，云南道御史郑继芳劾奏王元翰贪污不法。王元翰奏辩、诸臣合词申救而不得明断。此案关涉是时朝中激烈党争，王元翰被视为东林党人⑨。

---

① 蒋平阶：《东林始末》，神州国光社，第34页，1947年。张士儒《王元翰年谱》提及而不注版本信息（第137页）。

② 王元翰：《未焚草》下卷，《天津图书馆孤本秘籍丛书》，史部第2册，第380~382页，中华全国图书馆文献缩微复制中心，1999年。

③ 同上书，第382页。

④《明神宗实录》卷454，第8572页，台湾“中央研究院”历史语言研究所，1962年。

⑤ 王元翰：《凝翠集・诗集》，影印《云南丛书》，第21册，第11455页，中华书局，2009年。

⑥ 同上。

⑦ 王元翰：《未焚草》下卷，《天津图书馆孤本秘籍丛书》，史部第2册，第383~384页，中华全国图书馆文献缩微复制中心，1999年。

⑧《明神宗实录》卷455，第8584页，台湾“中央研究院”历史语言研究所，1962年。

⑨ 关于王元翰与朝中党争的关系，详见孙秋克本课题阶段性研究成果《从王元翰诗四首探其与东林党之关系》，《阅江学刊》，2013年第6期。

《报史武麟侍御》（二）：“仆若乘势括财，言清行浊，则头可断而心不服也；因乏嗣，买二妾一婢，则诚有之，若谋人子女，钗行十二，则头可断而心不服也。”①

《明神宗实录》二月丙寅（十四日）：“云南道御史郑继芳，劾奏工科给事中王元翰贪婪不法，盗库金、编商、豁商、赃私至累数十万。元翰奏辩，谓继芳北鄙小贼，为王锡爵、申时行吐气。于是刘文炳、王绍徽等十余疏并攻之，一时称快。而南京给事中金士衡等、御史刘兰等，乃合词为之申救。虽朋党相比，而是非较然不可淆也。”②

《明神宗实录》：王元翰奏辩称，因万历三十六年（1608）十一月庚寅（初七日），曾上疏参奏吏科给事中喻安性、四川道御史管橘，望皇帝立即赐罢，不报。再疏，逐款驳论旧辅臣王锡爵暗揭肆毒，“惟望皇上大奋乾断”，亦不报③。故郑继芳参劾自己，实“为王锡爵、申时行吐气”④。

刘宗周《聚洲王公墓志铭》：“王绍徽尤恨公切骨，遂捏公厂库赃及暮夜之赃至八九十万，嗾御史郑继芳发之，百足竞起。”⑤

《明史·王元翰传》：“元翰居谏垣四年，力持清议。摩主阙，拄贵近，世服其敢言。然锐意搏击，毛举鹰鸷，举朝咸畏其口。吏科都给事中陈治则与元翰不相能，御史郑继芳，其门人也，遂劾元翰盗库金，克商人赀，奸赃数十万。”⑥

沈德符《王聚洲给事》：王元翰“素负才名，慷慨论事，物情甚向之”，诸臣“救疏皆保其清操”，并赞元翰之为言官，远胜于东汉刚正不阿，为政清廉的谏官杨震，断定元翰绝不可能“囊金如山”。元翰被郑继芳参劾，诸臣上疏代为辨之，郑继芳被驳得体无完肤，同堂甚至有与其绝交者，乃至其入朝进署，均无人答理。⑦

蒋平阶《东林始末》：给事中王绍徽与翰林院编修汤宾尹交好，汤宾尹营求入阁之心甚急，王绍徽遂求元翰“即一札扬汤君”，被元翰当面拒绝，王绍徽遂怀恨在心，故教唆郑继芳参劾王元翰。⑧

---

① 王元翰：《凝翠集·尺牍》，影印《云南丛书》，第 21 册，第 11424 页，中华书局，2009 年。张士儒《王元翰年谱》引录而未明出版信息（邵茂森主编：《华宁县文史资料》，第 3 辑，第 139 页，华宁县文史资料委员会，1990 年）。

②《明神宗实录》卷 455，第 8585 页，台湾“中央研究院”历史语言研究所，1962 年。

③ 同上书，第 8540 页。

④《明神宗实录》卷 455，第 8585 页，台湾“中央研究院”历史语言研究所，1962 年。

⑤ 王元翰：《凝翠集·墓志铭》，影印《云南丛书》，第 21 册，第 11432 页，中华书局，2009 年。

⑥《明史》卷 236，第 20 册，第 6152 页，中华书局，1974 年。

⑦ 沈德符：《万历野获编》卷 19，第 502~503 页，中华书局，1959 年。

⑧ 蒋平阶：《东林始末》，第 34 页，神州国光社，1947 年。

《明史·孙丕扬传》：“先是，南北言官群击李三才、王元翰，连及里居顾宪成，谓之东林党。而祭酒汤宾尹谕德顾天埈各收召朋徒，干预时政，谓之宣党、昆党；以宾尹宣城人，天埈昆山人也。御史徐兆魁、乔应甲、刘国缙、郑继芳、刘光复、房壮丽，给事中王绍徽、朱一桂、姚宗文、徐绍吉、周永春辈，则力排东林，与宾尹、天埈声势相倚，大臣多畏避之。”①

《明史·叶向高传》：“向高在相位，务调剂群情，辑和异同。然其时党论已大起，御史郑继芳力攻给事中王元翰，左右两人者相角。向高请尽下诸疏，敕部院评曲直，罪其论议颠倒者一二人，以警其余。帝不报。诸臣既无所见得失，益树党相攻。”②

李棪《东林党籍考》载“王元翰列传第二百十三”。③

三月初八日，愤然拜疏辞朝。暴白行李于正阳门棋盘街，携家眷罄身出都门，有同僚相送。作诗《时春暮矣，梁许二年兄追送，宿瓦庙遇大风》《同梁青六侍御游山数日，又送至光州，始别》《霁寰兄追送五十里同赋志别》④。嗣后，南北两京诸臣上疏为其讼冤。

《明神宗实录》三月己丑（初八日）：“工科给事中王元翰拜疏去。”⑤

《德邻篇自序》：“已酉春，予遭言未阅月，辄拜疏出青门。无几何，南北诸君，交章引手。或特疏，或单疏，或酬疏，或索疏，或数人而一疏，或一人而数疏。章且满公车焉，此亦从来被言者之异数矣。”⑥

按：《德邻篇》为元翰后来编集的南北诸臣论救疏，佚，编成和作自序日期不详⑦。其序所言“异数”之出现，恰可反证其任言官以来，忠于职守的正义言行，获得了南北直隶大多数朝臣的一致肯定，除那些排除异己者外，无人怀疑其贪污。

刘宗周《聚洲王公墓志铭》：“公抗疏辨且骂，赖神庙心知公，皆弗问。公益愤愤，度无以自白，乃集五城司坊官役若干人于正阳门，出其行李十余抬，家属肩舆五乘，

---

①《明史》卷224，第19册，第5903页，中华书局，1974年。

②《明史》卷240，第20册，第6235页，中华书局，1974年。

③ 李棪：《东林党籍考》，第105页，人民出版社，1957年。

④ 王元翰：《凝翠集·诗集》，影印《云南丛书》，第21册，第11451~11452页，中华书局，2009年。此事张士儒《王元翰年谱》载而不注所据作品及版本信息（邵茂森主编：《华宁县文史资料》，第3辑，第139页，华宁县文史资料委员会，1990年）。

⑤《明神宗实录》卷456，第8600页，台湾“中央研究院”历史语言研究所，1962年。

⑥ 王元翰：《凝翠集·文集》，影印《云南丛书》，第21册，第11496页，中华书局，2009年。

⑦ 张士儒《王元翰年谱》载序成于万历四十年（邵茂森主编：《华宁县文史资料》，第3辑，华宁县文史资料委员会，1990年），存疑。

众白之，而公则向阙叩头恸哭，曰：‘臣无能簪笔事陛下矣！’遂挂冠出都门。于是，南北台省，交章讼公冤……”①

《崇祯长编》崇祯二年三月己未（初三日），载王元翰上疏追叙：“彼时，臣犹不敢苟且去国，将行李数目，招呼把总刘渠，并五城坊官同眼点视，暴白于正阳门棋盘街，携家眷罄身出都，拜阙辞行至张家湾。越数日，把总将行李送至船上，此京城万耳万目，共见共闻。”②

春，袁宏道升吏部考功司员外郎。

按：袁宏道为此作《初授司功副郎》。③

袁宏道连上《请点右侍郎疏》《摘发巨奸疏》《查参擅去诸臣疏》《录遗佚疏》，进言整肃吏治。

按：万历三十七年一月，宏道上《请点右侍郎疏》《摘发巨奸疏》，二月上《查参擅去诸臣疏》，又上《录遗佚疏》（不详月份）④。《查参擅去诸臣疏》指摘朝政弊端，从中可见其政治态度：“先是工科都给事中孙善继擅离职守，臣等具疏参劾。已而科臣刘道隆继之，词臣顾天峻、李腾芳又继之。今科臣王元翰又陛辞出城矣。该臣看得诸臣被论，情罪自有浅深。匿瑕与藏污不同，一眚与败检殊科。臣等未奉俞旨，不敢深求。……惟其情通，故法行矣。今被弹诸臣消阻一室，七尺俨然，谁无面孔……方今自言路而铨政，自卿贰而抚按，无一事非权宜，无一事非变局，可惊可骇，何止一端。”⑤

出京后行至卫源，天气炎热，独女丧命，因过于哀痛而致病，暂居于百泉之上⑥。作诗《渡溱洧》《自卫城径走百泉》⑦。

《报史武麟侍御》：“闻敝乡荒警，故暂栖迟百泉上，且半世以来，止一七龄弱女，近复天毙。”⑧

---

① 王元翰：《凝翠集·墓志铭》，影印《云南丛书》，第 21 册，第 11432 页，中华书局，2009 年。
②《明实录》附录汪楫《崇祯长编》卷 19，第 1103 页，台湾“中央研究院”历史语言研究所，1962 年。
③ 袁宏道：《初授司功副郎》，《袁宏道集笺校》卷 47，第 1398 页，钱伯城笺校，上海古籍出版社，2008 年。
④ 袁宏道以上诸疏，皆见于《袁宏道集笺校》卷 53，钱伯城笺校，上海古籍出版社，2008 年。
⑤ 袁宏道：《查参擅去诸臣疏》，《袁宏道集笺校》卷 53，第 1507~1508 页，钱伯城笺校，上海古籍出版社，2008 年。
⑥ 此事张士儒《王元翰年谱》载而不注所据资料及版本信息（邵茂森主编：《华宁县文史资料》，第 3 辑，第 139 页，华宁县文史资料委员会，1990 年）。
⑦ 王元翰：《凝翠集·诗集》，影印《云南丛书》，第 21 册，第 11453 页，中华书局，2009 年。
⑧ 王元翰：《凝翠集·尺牍》，影印《云南丛书》，第 21 册，第 11419 页，中华书局，2009 年。

《报邓壶丘直指书》：“有敝宅数间，石田数亩。”[①]

《流寓泉上，粗成别业，此后踪迹莫定，赋此纪之》：“尺素故人看渐断”；“自持白法甘空寂。”[②]

按：卫源即河南汲县。百泉在河南辉县西北约五里处苏门山中，晋代孙登、宋代邵雍、元代姚枢曾隐居于此。“敝乡荒警”，指云南武定之乱未靖。万历三十七年四月，“云南巡抚周嘉谟以滇事未宁，武定增兵一千，元谋、寻甸等处共增兵一千五百，省城两营共增兵一千，饷无所出。异时两广借滇中银五万，钦州之变，见在讨贼，业题请免解乞，以滇岁贡金五千两，费司帑银三万余两者，蠲豁数年，俟事平乃复。不报。”[③]

四月十三日，吏科纠弹擅去诸臣，神宗下旨，王元翰等从宽降三级使用。

《明神宗实录》四月甲子（十三日）：“处分诸臣擅去者，上曰：‘人臣进退，自当候旨，这被论各官，不遵君上，纷纷径去，是何法纪？孙善继擅自狂肆于文华门，进本首先倡率，着革职为民。刘道隆、顾天埈、李腾芳、王元翰相继效尤，姑从宽降三级用。’”[④]

蒋平阶《东林始末》：“夏四月，吏科纠擅去诸臣。初，工科给事中孙善继拜疏竟去，刘道隆继之，王元翰、顾天峻、李腾芳、陈治则各先后去，命削善继籍，道隆等各降秩。时南北科道互攻讦，至不可问。”[⑤]

六月乙丑（十六日），降职为刑部简较。[⑥]

刘宗周《墓志铭》：“遂挂冠出都门，于是南北台省，交章讼公冤，而铨曹竟以擅离职守，降公刑部简较。”[⑦]

《明史·王元翰传》：“吏部坐擅离职守，谪刑部检校。”[⑧]

按：“简较”，《明史》皆书为“检校”。《职官》载刑部检校为正九品[⑨]。

---

① 王元翰：《凝翠集·尺牍》，影印《云南丛书》，第 21 册，第 11419 页，中华书局，2009 年。

② 王元翰：《凝翠集·诗集》，影印《云南丛书》，第 21 册，第 11456 页，中华书局，2009 年。

③《明神宗实录》卷 457，第 8630 页，台湾“中央研究院”历史语言研究所，1962 年。

④ 同上书，第 8619 页。

⑤ 蒋平阶：《东林始末》，第 34 页，神州国光社，1947 年。张士儒《王元翰年谱》引录而不注版本信息（邵茂森主编：《华宁县文史资料》，第 3 辑，第 139 页，华宁县文史资料委员会，1990 年）。

⑥《明神宗实录》卷 459，第 8662 页，台湾“中央研究院”历史语言研究所，1962 年。

⑦ 王元翰：《凝翠集》，影印《云南丛书》，第 21 册，第 11432 页，中华书局，2009 年。

⑧《明史》卷 236，第 20 册，第 6152 页，中华书局，1974 年。

⑨《明史》卷 72，第 6 册，第 1755 页，中华书局，1974 年。

弟王元鼎万里来迎。[①]

《寄汪霁寰省丈》：“六月间，家弟自万里来迎。”[②]

《与鼎弟泛百泉》其二：“涌珠日沸鲛人泪，鼓枻新裁渔父冠。留连若为烟波丽，飘泊谁怜兄弟难。”[③]

是秋远游，历时四个月，岁末方归百泉，生活日益艰难。

《报史武麟侍御》(二)：“居辉几半载，狂兴勃勃道中条，渡潼关，登华顶，摄嵩高，留少室，历北邙，四阅月而后得返，俚诗错落毫楮。始而赁屋，近则典破屋一区，以蔽风雨；当瘠田数亩，以供饘粥。小车一辆，行李数肩，则辉人耳目，无不怜之。敝乡因弟舍官，走书索债，不一而足，至有逢其怒，以较锱铢者。”[④]

按：此次游踪，详今年以下事条。又中条位于山西省西南部，因居太行山及华山之间，故名。北邙，在今河南洛阳市北。

袁宏道奉命主持陕西乡试，九月考功事峻，遍游华、嵩[⑤]，去程有诗《望苏门山是日大风沙》。

诗云：“我望苏门山，正值大块噫。万窍尽传声，浊响非天籁。此地旱三月，禾黍如蕉艾。天乔各偃蹇，青山了无态。我欲见先生，长啸孤云外。庶几治病龙，千里听澎湃。”[⑥]

按：此时元翰卜居百泉之上，宏道此诗中的“先生”或即指他，故遇大风沙则忧其耕种之苦。但因赶赴主试，来不及寻访而只能远望之，故拟留待回程看望。如宏道此行之于华山，来程只能望而归程才攀登。《华嵩游草》卷一《经太华》自注：“时以典试道华阴，不及登山，遂有此作。”[⑦]回程则有《登华》六首[⑧]。

九月，行太行道，作诗《望太行作，时王九陵同行》；九日逢生辰，作诗《九日寓太行济源邑，余生辰也，不见菊花，感赋》。

---

① 此事张士儒《王元翰年谱》载而不注所据资料及版本信息（邵茂森主编：《华宁县文史资料》，第3辑，第140页，华宁县文史资料委员会，1990年）。

② 王元翰：《凝翠集·尺牍》，影印《云南丛书》，第21册，第11420页，中华书局，2009年。

③ 王元翰：《凝翠集·诗集》，影印《云南丛书》，第21册，第11456页，中华书局，2009年。

④ 王元翰：《凝翠集·尺牍》，影印《云南丛书》，第21册，第11419页，中华书局，2009年。张士儒《王元翰年谱》引录而不明版本信息（邵茂森主编：《华宁县文史资料》，第3辑，第140页，华宁县文史资料委员会，1990年）。

⑤ 袁中道：《珂雪斋集》卷18《中郎先生行状》，第761页，上海古籍出版社，1989年。

⑥《袁宏道集笺校》卷50，第1443页，钱伯城笺校，上海古籍出版社，2008年。

⑦ 同上书，第1147页。

⑧ 同上书，第1450页。

《望太行作，时王九陵同行》：“朝别临淇川，驱车太行阪。秋浅馀热毒，策蹇频宛转。”①

《九日寓太行济源邑，余生辰也，不见菊花，感赋》：“四十余年鬓色苍，深山萧瑟简丹方。”②

渡潼关，作诗《函谷关怀古》。③游华山，作诗《登华岳》。④

闻袁宏道主试秦中，回程经华山，迎而与其相遇，有诗《陕州途中闻袁六休主秦试回，由华山观砥柱，喜其久别相遭》。

诗云：“途穷知己至，秋尽敝裘寒。……闻君留太华，我亦上青柯。”⑤

袁中道《中郎先生行状》：“遍游秦中诸胜，历中岳嵩山，登华山绝顶而还。”⑥按：太华，指华山；青柯，华山上有青柯坪。

在陕西道上与袁宏道相见后，复游中州各地。作诗《洛阳怀古》《游少林》《登嵩山怀汪霁寰》⑦《睢阳谒张许祠》⑧等诗。

十月，袁宏道过辉县而游百泉，时值王元翰远游未归，访而不遇。有诗《登苏门山泛舟百泉》《再泛百泉》，散文《游苏门山百泉记》。⑨

按：这是袁宏道第一次游百泉，探访元翰而其远游未归，错过了相见的机会。宏道此行日记，可与元翰行踪相印证：九月“辛卯（13日），宿华阴。壬辰（14日），饮云台观，夜宿青柯坪。”“癸巳（15日），宿太华之巅。”十月“壬戌（14日），次辉县，晚登苏门山听泉。”“癸亥（15日）……泛舟百泉。”⑩

按：此次元翰由秋至冬，远游历时四个月，岁末，方归泉上。

雷何思主闽试。⑪

---

①王元翰：《凝翠集·诗集》，影印《云南丛书》，第21册，第11453页，中华书局，2009年。

②同上。

③同上书，第11454页。

④同上。

⑤同上。

⑥袁中道：《珂雪斋集》卷18，第761页，上海古籍出版社，1989年。

⑦王元翰：《凝翠集·诗集》，影印《云南丛书》，第21册，第11454页，中华书局，2009年。

⑧同上书，第11457页。

⑨《袁宏道集笺校》卷50，钱伯城笺校，第1463、1465、1483页，上海古籍出版社，2008年。

⑩袁宏道：《场屋后记》，《袁宏道集》卷52，第1494~1495、1498~1499页，钱伯城笺校，上海古籍出版社，2008年。

⑪夏力恕等编纂：《湖广通志》卷49本传，《景印文渊阁四库全书》，第533册，第80页，台湾商务印书馆，1986年。

万历三十八年庚戌（1610），四十六岁

袁宏道第二次过辉县，访元翰，仍不遇。

按：今年袁宏道留京暂受部衔，以候选取，考功事峻，遂给假南归。二月二十四日与中道一同出京，迂道再游百泉，并遍览襄中之胜[①]，第二次访元翰，可惜仍不遇。宏道回公安后寄元翰《与王给事》书云："两过共城（辉县），皆值翁兄远出。百泉、九山之胜，虽一再收，而三湖、白鹿，终落梦想间，未卜何日得遂此游也。近辉有黄花山……初意欲偕翁兄同往，既不值，遂兴尽。……九山之巅三弟有题字，百泉弟有诗，然皆去岁作，新诗尚未成，容续致之。"[②]笺校者言未考"王给事"为何许人，"待再考"。袁宏道此行还有诗《庚戌春日同李子髯、弟小修、儿子彭年再至百泉》《辉县九山寺和彭年韵》[③]。《与王给事》所说"两过共城"，第一次为去年主试陕中，回程过辉县泛百泉时，第二次即今年。袁中道记其游百泉观感云："竹篠丛生，亭台间大有幽意。已泛舟，水面可百余亩，逐处皆泉，如珠串上溅，不可纪极，澄澈见底。万年苔及菰蒲生其上，泉水荡漾，嫩绿深碧，秀治可爱，时露石，如绿雾。近水下，泉上沸愈多……此地偏据湖山之胜，枕藉泉声，真所谓'流水声中过一生'也。"[④]

闰三月十五日，袁宏道和中道始还家。[⑤]

雷何思任会试分考，所得士如锺惺、邹之麟辈，皆一时名流。[⑥]

按：王元翰有《忆何思兄》："风雪度卢沟，萧萧别后愁。相思宜远望，频上仲宣楼。"[⑦]锺惺有《告雷何思先生文》："记去岁六月，与先生卢沟别去。"[⑧]二作皆言卢沟送别，前诗当为元翰回忆相送事，不详何时；后文为锺惺次年回忆春试事。

初夏，雷何思请假告归乡里，顺道来泉上访元翰，告诉元翰其辞朝后余波。

《寄汪霁寰省丈》："何思兄来泉上相访，具道大可异事，言：'凡与弟契厚者，

---

① 袁中道：《珂雪斋集》卷18《中郎先生行状》，第756页，上海古籍出版社，1989年。

②《袁宏道集笺校》卷55，第1625页，钱伯城笺校，上海古籍出版社，2008年。张士儒《王元翰年谱》引录"两过"至"此游也"一段而不注版本信息（邵茂森主编：《华宁县文史资料》，第3辑，第140页，华宁县文史资料委员会，1990年）。

③ 袁宏道：《袁宏道集笺校》卷55《未编稿》之三，第1590页，钱伯城笺校，上海古籍出版社，2008年。

④ 袁中道：《珂雪斋集》之《游居柿录》卷4，第1188~1189页，上海古籍出版社，1989年。

⑤ 同上书，第1195页。

⑥ 夏力恕等编纂：《湖广通志》卷49本传，《景印文渊阁四库全书》，第533册，第88页，台湾商务印书馆，1986年。

⑦ 王元翰：《凝翠集·诗集》，影印《云南丛书》，第21册，第11448页，中华书局，2009年。

⑧ 锺惺：《隐秀轩集》卷34，第548页，上海古籍出版社，1992年。

皆蒙寄顿之诮。’真可笑也！”①

与雷何思共游西郊，有诗《初夏日雨霁，与何思馆兄走西郊》。②

十月，雷何思离去，作诗《送何思馆兄》二首别之。③

诗云：“劳歌一曲泪沾衣，把酒相看万事违。眼底如君能有几，又随征雁向南飞。”（其一）“十月霜寒蓟北天，搀抢近报楚风烟。此行若遇梅花发，折寄平安汉水边。”（其二）

与文震孟订交，有诗《文文起殿撰触奸回籍，赋此以赠》。

诗云：“交谊廿年应未薄，救时真不负科名。”④

按：此诗作于崇祯三年（1630），则元翰与文震孟订交当在今年，但于何地订交，则无考。

文震孟（1574~1636）⑤，字文起，吴县人。文徵明之曾孙。生于万历二年（1574）。弱冠举于乡，十赴会试而不第，至天启二年中状元，授翰林院修撰，因忤魏忠贤而告归。崇祯元年（1628）起复，之后因连劾魏党被斥而避归。崇祯八年（1635），擢为礼部左侍郎兼东阁大学士入阁预事，复因与温体仁不洽而被劾落职。崇祯九年（1636）卒，南明福王追谥文肃。擅长书画，著述甚丰，著有《姑苏名贤小记》《文肃公日记》等。

袁宏道遍游百泉、襄中胜景后返乡，因水患而由公安移家沙市，九月初六日卒于此。⑥

秋末，得知雷何思病，有诗《寄讯何思兄》。

诗云：“秋杪传君侍板舆，近来消息益生疏。”可见已知其病。又云：“鹤泽耽吟龙自老，鹿门⑦卜筑竟何如？”观其诗，二人曾相约卜居鹿门，故以此慰之。

按：王、何二人相约事，参阅本谱万历三十九年纪事。

十月，山游回百泉，思归滇云，有诗《山游回诣泉上》。

诗云：“十月小春候，山亭冷落馀。昆池殊不恶，何日赋归欤！”⑧

---

① 王元翰：《凝翠集·尺牍》，影印《云南丛书》，第21册，第11420页，中华书局，2009年。
② 王元翰：《凝翠集·诗集》，影印《云南丛书》，第21册，第11447页，中华书局，2009年。
③ 同上书，第11448页。
④ 同上书，第11480页。
⑤《明史》卷251《文震孟传》，第21册，第6495页，中华书局，1974年。
⑥ 袁中道：《珂雪斋集》卷18《中郎先生行状》，第763页，上海古籍出版社，1989年。
⑦ 鹿门，在今湖北襄阳市东南。
⑧ 王元翰：《凝翠集·诗集》，影印《云南丛书》，第21册，第11455页，中华书局，2009年。

按：《寄汪霁寰省丈书》《报高景逸先生书》[①]亦言及此事。去年所作《报史武陵侍御》则言："拟明冬后春渡长江，收揽南徐，溯流入滇，展先人之陇墓毕，旋即返车，鼓櫂出没五湖烟水中，买一片青山，送此余生足矣！嗟河清难俟，寒灰不燃，山水癖寐，亦不复作长安之梦矣！"[②]

冬，弃辉县而南下，启归滇之程。

张士儒《王元翰年谱》："冬，尽室南下。"[③]

刘宗周《聚洲王公墓志铭》："携其家侨寓苏门，言者复谓辉县腴田，半入其手，乃去辉南下。"[④]

启行时旧日僚友相送，有诗《如野、趋徵、中山、复泉诸公追送郊外》。

诗云："皂帽幼安思卜筑，暂时东去惜离群。"[⑤]

按：由刘宗周所记，可见元翰之离辉县，为去年朝中构陷其案余波，参阅本谱明年辛亥大计之事。印证其纪程诗，元翰此次游历，出发时间为今年初冬，路线则可能从辉县出发，经开封、郑州、漯河、上蔡、汝南、新息，由新息出河南，入山东，次年沿长江入湖广，最后由贵州归滇南（详下文至四十九岁纪事）。

在河南境内沿途游历名胜古迹，有多首纪行诗。

按：元翰在河南境内沿途诗作，或可印证其出发季节和踪迹：《早发》云"白草粘天湿，寒花待日熏"，可见时为初冬；《汴梁怀古》《再游大梁》《新郑遇朱武库年兄叙乡中事》《郾城武穆祠》《宿西平阅志，有议封请见并晋冶铁铸剑迹》（郾城、西平，今属漯河），可见其路线；《上蔡道中》云"杏开犹忍冻，溪涨忽生涛"，可见时已入春。[⑥]

万历三十九年辛亥（1611），四十七岁

春，仍行于河南境内，有《过新息赠彭侍御，彭负气节，时久家食》《仲春廿九夜晤霁寰》《答马梁园并送南游》等诗纪行。

---

① 王元翰：《凝翠集·尺牍》，影印《云南丛书》，第21册，第11420页，中华书局，2009年。

② 同上书，第11419页。

③ 张士儒《王元翰年谱》（邵茂森编《华宁县文史资料》，第3辑，第140页，华宁县文史资料委员会，1990年）提及《寄汪霁寰省丈》《报高景逸先生》，见王元翰《凝翠集》，影印《云南丛书》，第21册，第11420页，中华书局，2009年。

④ 王元翰：《凝翠集·墓志铭》，影印《云南丛书》，第21册，第11433页，中华书局，2009年。

⑤ 王元翰：《凝翠集·尺牍》，影印《云南丛书》，第21册，第11451页，中华书局，2009年。

⑥ 王元翰：《凝翠集·诗集》，影印《云南丛书》，第21册，第11450~11452、11455页，中华书局，2009年。

按：《过新息赠彭侍御，彭负气节，时久家食》云："偶随春雁渡江皋，千里风尘惜我曹。"《答马梁园并送南游》云："龙德悲君隐，出关千里游。莺花三月暮，烟雨一扁舟。"又有《仲春廿九夜晤霁寰》，至《书朱仙镇岳武穆庙壁》《途中怀百泉》，则可见暮春时节其将出河南。[①]

夏入山东，登泰山。有诗《用韵寄别王茂才》[②]《望蒙山怀公孝舆年兄》[③]寄情、《孔林》《上泰山》[④]纪行。

《用韵寄别王茂才》："客邸年光已透秋，书来寒压百门流。朝廷有道休存舌，泉石无机好到头。曾向嵩高从子晋，莫辞濠上访庄周。江南尽可消愁病，何日相携汗漫游。"

《望蒙山怀公孝舆年兄》："五岳方游岱，三年独忆君。"

按："嵩高"指河南嵩山。子晋为神话传说人物王子乔之字，他曾在嵩山修炼。"濠"指濠水，在今安徽省境内。"濠上"为濠梁之上，指代庄子，语出《庄子·秋水》。元翰今年启程返乡，长安梦断，寄情山水，故其诗言及此。

在泰山与同年和旧日同僚相会，作诗《岱山与宋侍御绎田年兄抵足言别，得足字》《泰山宋年家子万里相访，诗以送之，兼简公周庭年兄》《伏日同闪贺诸公避暑碧峰寺》纪之。[⑤]

《岱山与宋侍御绎田年兄抵足言别，得足字》："今上侧席时，同升中秘读。……挂冠刺扁舟，访君泰山麓。"

是岁京察大计，以"浮躁"之名而再贬，自此一意纵情山水，并南下访东林党人，留滞岁余，始自吴归滇。

范凤翼《聚洲王公行状》："辛亥内计，冢宰孙公丕扬雅知公，犹薄处以塞群小之怒，则当时之贝锦可知矣。公自是一意纵情山水，泛东海看海市蜃楼，登太极顶，遍历嵩少，穷百泉诸奇胜，渡江住金、焦上，与端文顾公、忠宪高公等诸大君子，探讨性命之学，留滞岁余。"[⑥]

倪元璐《王谏议传》："于是东泛沧海，西登太华，南渡金、焦，谒端文顾公忠宪、

---

① 王元翰：《凝翠集·诗集》，影印《云南丛书》，第21册，第11450~11451、11455页，中华书局，2009年。
② 同上书，第11456页。
③ 同上书，第11452页。
④ 同上书，第11452页。
⑤ 同上书，第11456页。
⑥ 王元翰：《凝翠集·墓志铭》，影印《云南丛书》，第21册，第11445页，中华书局，2009年。

高公等君子，于东林低回讲席。岁余，始自吴归滇。”①

刘宗周《聚州王公墓志铭》：“辛亥大计，遂列公浮躁。曹铨竟以擅离职守，降公刑部简较。”②

《明史·王元翰传》：“孙丕扬主京察，斥治则、国缙等，亦以浮躁坐元翰，再贬湖广按察知事。”③

按：万历三十七年辞朝后京察，吏部已以擅离职守罪，贬王元翰为刑部简较，而其并未受命。两年后大计，元翰并不在位却又遭贬，可见晚明朝中政局混乱之一斑。万历辛亥京察，实为东林党与其他党派的又一次正面斗争。王元翰之再次被贬，仍与此有关。

至江南，年友刘静之迎候之，与元翰放舟访顾泾阳、高景逸，并诣东林讲席，与泾阳、景逸、本孺、启新、玄台诸君子谈《易》④，作诗《同刘静之放舟访梁溪顾泾阳、高景逸诸君子》《同静之兄诣东林讲席，与泾阳、景逸、本孺、启新、玄台诸君子谈〈易〉并读邸报有赋》，并有书信《报顾泾阳先生》《报高景逸先生》纪之。

刘宗周《聚洲王公墓志铭》：“所至，士大夫皆匿影引避，若将浼者，独年友刘静之逆诸河浒而劳，曰：‘知子有今日，久矣！’因相与渡江，谒顾端文公诸君子，定交、讲性命之学，意爽然自失也。”⑤

倪元璐《王谏议传》：“于东林低回讲席。”⑥

《报顾泾阳先生》：“昨入梁溪，得接见颜色，进之教之，又呼为小友。”⑦

《报高景逸先生》：“钦仰台下有年矣……不敢悻悻归者，正为东林君子神交，不如接面为愉快耳。”⑧

---

① 王元翰：《凝翠集·墓志铭》，影印《云南丛书》，第21册，第11439页，中华书局，2009年。“金焦”为金山与焦山的合称，两山都在今江苏镇江。

② 王元翰：《凝翠集》，影印《云南丛书》，第21册，第11432页，中华书局，2009年。张士儒《王元翰年谱》引录而不注版本信息（邵茂森主编：《华宁县文史资料》，第3辑，第140页，华宁县文史资料委员会，1990年）。

③《明史》卷236，第20册，第6152页，中华书局，1974年。

④ 请参阅本谱去年纪事所引刘宗周《聚洲王公墓志铭》。此事张士儒《王元翰年谱》有载而不明所据版本信息（邵茂森编《华宁县文史资料》，第3辑，第140~141页，华宁县文史资料委员会，1990年）。

⑤ 王元翰：《凝翠集·诗集》，影印《云南丛书》，第21册，第11433页，中华书局，2009年。

⑥ 同上书，第11439页。

⑦ 王元翰：《凝翠集·尺牍》，影印《云南丛书》，第21册，第11421页，中华书局，2009年。

⑧ 同上书，第11420页。

《同刘静之放舟访梁溪顾泾阳、高景逸诸君子》：“双帆南下指维扬，草色如烟醉夕阳。黄鸟不来砭俗耳，绿杨空系断人肠。救时更有如公辈，孤节何妨委道旁。世事看来堪痛哭，莫辞千里问行藏。”[①]

《同静之兄诣东林讲席，与泾阳、景逸、本孺、启新、玄台诸君子谈〈易〉并读邸报有赋》：“竹下生熏风，偶然凉月至。风月既交辉，群贤亦相萃。……世事纷多岐，吾道自未坠。明夷贵艰贞，燥湿各从类。所以偏伯手，不洒新亭泪。”[②]

按：泾阳为顾宪成之号，景逸为高攀龙之名，本孺为刘元珍之号，启新为钱一本别号，玄台为薛敷教之号，诸人时在东林书院讲学。顾宪成自万历三十二年（1604）修复东林书院后，遂与高攀龙等在此讲学，与高攀龙并称“顾高”，又同顾允成、高攀龙、安希范、刘元珍、钱一本、薛敷教、叶茂才共称“东林八君子”[③]。

顾泾阳（1550~1612）[④]，名宪成，字叔时，别号泾阳先生，无锡（今属江苏）人。“东林八君子”之首。万历八年（1580）进士，授户部主事。历迁至吏部员外郎、文选郎中。万历二十二年（1594），以廷推阁臣忤旨，削籍归里，与弟顾允成倡修东林书院，大会四方之士，讲学于其中。著有《顾端文遗书》等。

高攀龙（1562~1626）[⑤]，号景逸，无锡人。万历十七年（1589）进士。官至左都御史。被魏忠贤迫害，投水死，谥忠宪。著有《周易易简》《二程节录》。

五月十三日，在镇江汇集为谏官时期所上疏稿，编成《未焚草》二卷并作《自叙》。

按：《未焚草自叙》落款：“万历辛亥长至后一日，遗缘居士王元翰书于浮玉山房”[⑥]。金山原名浮玉，因裴头陀江际获金，唐贞元间李骑上奏改之。《未焚草》所收疏稿，上起万历三十四年正月初十日的《欣逢主德更新直陈天下受病疏》，下讫万历三十七年二月初二日的《奸辅挑衅误国疏》。

---

① 王元翰：《凝翠集·诗集》，影印《云南丛书》，第21册，第11457页，中华书局，2009年。

② 同上。

③《明史》卷231《叶茂才传》，第21册，第6053页，中华书局，1974年。

④ 顾泾阳传见《明史》卷231，第21册，第6053页，中华书局，1974年。又见《明儒学案》卷58《东林学案·端文顾宪成先生泾阳》，《景印文渊阁四库全书》，第457册，第984~1002页，台湾商务印书馆，1986年。

⑤ 高攀龙传见黄宗羲《明儒学案》卷58《东林学案·忠宪高景逸先生攀龙》，《景印文渊阁四库全书》，第457册，第1002~1028页，台湾商务印书馆，1986年。

⑥ 王元翰：《未焚草》下卷，《天津图书馆孤本秘籍丛书》，史部第2册，第316页，中华全国图书馆文献缩微复制中心，1999年。张士儒《王元翰年谱》误载入万历四十年（邵茂森主编：《华宁县文史资料》，第3辑，第141页，华宁县文史资料委员会，1990年）。

八月初七日，袁中道由沙市移其兄袁宏道灵柩入乡。[①]

仲秋，游滁州醉翁亭。有纪行诗《醉翁亭》《闻乌衣镇聂遡原有仙术，走访之。及至，逝数日矣，因望琅琊诸峰怅然有赋》[②]。

九月初一日，雷何思卒于夷陵。

锺惺《告雷何思先生文》："岁万历三十九年秋九月一日，夷陵雷太史何思先生卒于里第。其门人锺惺有使蜀之役，取道夷陵谒先生，则是月之三日也。"[③]

诣安陆（今属湖北）哭奠雷何思。

《诣陆州哭雷何思馆兄》："我昔遭谗去国年，君来洒泪百门泉。……鹿门卜筑成虚约，目断襄江啼杜鹃。"[④]

按：未详元翰何时、何以赴安陆哭奠雷何思？以其行迹，姑系于此。

冬，曾退如卒于石首，赴其地哭之，作诗《走石首哭曾长石馆兄》。

诗云："三年消息总浮沉，此日交情死别深。"[⑤]

按："三年"，约指万历三十五年，曾退如应父命复赴京师，未几即归之后至是年。

万历四十年壬子（1612），四十八岁

仲春，丁元荐为撰《奏疏稿序》。[⑥]

丁元荐（1563~1628）[⑦]，字长孺，长兴（今属浙江湖州）人。万历丙戌（1586）进士，请告归。家居八年，始谒选为中书舍人。尝从顾宪成游，被浙党参劾为东林党人。丁元荐性格刚直，两度因不容于党争而罢去。天启四年（1624）起刑部检校，官至尚宝司少卿。"通籍四十年，前后服官不满一载"。有《尊拙堂文集》等著作传世。

年兄刘静之卒，作《哭刘静之年兄》二首。

诗云："栋折山颓吾道孤，馀生为尔欲捐躯。凌霜劲骨年来瘦，忧国掌心血尽枯。"（其一）"病里伤心别更愁，忽成异路断相求。……知我深恩今鲍子，安贫峻节昔黔娄。"

---

① 袁中道：《珂雪斋集》卷24《寄王章甫》，第1007页，上海古籍出版社，1989年。

② 王元翰：《凝翠集·诗集》，影印《云南丛书》，第21册，第11457页，中华书局，2009年。乌衣镇在滁州。

③ 锺惺：《隐秀轩集》卷34，第547页，上海古籍出版社，1992年。

④ 王元翰：《凝翠集·诗集》，影印《云南丛书》，第21册，第11458页，中华书局，2009年。

⑤ 同上书，第11459页。

⑥ 张士儒《王元翰年谱》，载事而不明所据资料及版本信息（邵茂森主编：《华宁县文史资料》，第3辑，第141页，华宁县文史资料委员会，1990年），文见《凝翠集》卷首，第11357~11358页。

⑦ 丁元荐传见《明史》卷236，第20册，第6156~6157页，中华书局，1974年。

（其二）[①]

东林党领袖顾宪成逝于无锡，作诗《哭顾泾阳先生》二首。

诗云："绝学传千圣，微言翼六经。不难身在隐，还耻独为醒。里巷罢歌市，朝廷失典刑。忆公不可见，仰首望天星。"（其一）"道重斯文在，身亡正气消。空言持国是，启事鉴官僚。灵爽归天阙，忠魂绕圣朝。要离休近冢，季札自同调。"（其二）[②]

秋，泛洞庭、浮清湘，盘桓于衡山十五日。

《南岳草自序》："予生有山水之嗜，醉心于七十二峰久矣。悬冠之后，遂得浪游。乃偕一二方外友，渡长江、泛洞庭、浮清湘而盘桓于岳者，十有五日。得诗数十首，皆据其所历，而书其所见。余非能诗者也，域中五岳，予游其四，惟北恒未着脚焉。昔人谓：'五岳游四，甚愧之。'则予之谓也。好游如予，终不令北恒笑我矣，而余非能诗者也。"[③]

《下山宿僧舍》云："我行衡山中，得如十日约。"[④]

登临衡山最高峰，有诗《紫盖峰》《登祝融峰顶》[⑤]、组诗《山中杂咏》[⑥]等纪之。

按：《紫盖峰》自注："每天晴，见白鹤一飞翔峰上"。祝融峰为衡岳最高峰。又：游衡山诗编为《南岳草》，佚。所幸《凝翠集·诗集》有多首此行纪游诗，除以上所举，相关的还有《登君山次孙道甫中丞韵》《自君山泛洞庭回华容》《游华容东山憩刘忠宣公草堂》《泛湘江》《过长沙》《望衡岳》《望衡阳回雁峰》《谒胡文定公书院》《半山亭》《秋仲，同王九华、刘继塘泛洞庭》[⑦]等。华容，今属湖南岳阳。

万历四十一年癸丑（1613），四十九岁

《南岳草》编成，有诗《长安友人书至》纪之。

诗云："书来长至后，人卧少微边。……南岳新成草，凭谁寄几篇。"[⑧]

按："少微"为官星，"边"指在野，南岳即衡山。王元翰游山十日，以《南岳草》

① 王元翰：《凝翠集·诗集》，影印《云南丛书》，第21册，第11461页，中华书局，2009年。
② 同上书，第11461~11462页。
③ 同上书，第11497页。
④ 同上书，第11460页。
⑤ 同上。
⑥ 同上书，第11459页。
⑦ 同上书，第11459~11460页。
⑧ 同上书，第11463页。

纪其胜。惜其集不存，仅留袁中道序、元翰自序以及部分游衡岳诗作，略可窥其行于踪。

在武昌晤段幻然，作诗《段幻然长科邀饮黄鹤楼》。

诗云："把盏高楼坐夕晖，江天一碧鸟声微。汉阳树密晴犹见，鹦鹉洲沉久不飞。望里山川浑欲散，吟边烟雨忽成围。墙东避世真怜子，才落风尘便息机。"①

按：《凝翠集》尚有纪行诗《汉江观钓者》《楚中送友人还滇》② 等。

袁中道于三月初八日出发游太和等地，而后有"玄岳之游"，夏晤王元翰于襄阳仲宣楼下。夏末，为元翰撰《南岳草序》③。元翰有诗《仲宣楼与官别驾言别》纪襄阳行。

袁中道《南岳草序》："今年夏，晤王伯举于仲宣楼④下。"落款："癸丑季夏社弟袁中道撰。"⑤

按：太和，位于今湖北鄂州南面。中道于三月三十日过襄阳观音阁，登水边亭；四月九日登玄岳（武当山），十五日下山，沿旧路返回，再至襄阳（樊城），住北城关庙，登昭明文选楼⑥，游观音阁；五月初四日抵沙市金粟园，金粟园时为中道居家处⑦。查中道此行纪游，漏记与元翰晤面事，而《南岳草序》又未见载于《珂雪斋集》。二人相会于仲宣楼下，或在中道登武当山之后。此前中道记云"欲登山，以倦甚暂止"⑧。

《仲宣楼与官别驾言别》："楼上阴云散女陴，城边衰柳拂行卮。登高况是思乡客，赋别何堪落木时。从菊未开游子远，寒砧欲起候虫知。夜深银汉章天北，矫首长安重所思。"⑨

按：这次相会，既是元翰与中道的第一次会面，亦是元翰与公安派诗人有据可查的最后一次交集。中道《南岳草序》自叹其"好游"之性、"清胜之韵"，皆不及元翰，

---

① 王元翰：《凝翠集·诗集》，影印《云南丛书》，第 21 册，第 11458 页，中华书局，2009 年。

② 同上书，第 11458、11462 页。

③ 袁中道为元翰撰《南岳草序》（见《凝翠集》卷首，第 11360 页），张士儒《王元翰年谱》有载其事而不注所据资料及版本信息（邵茂森主编：《华宁县文史资料》，第 3 辑，第 141 页，华宁县文史资料委员会，1990 年）。

④ 仲宣楼，位于今湖北襄阳城东南角。

⑤ 王元翰：《凝翠集》卷首，影印《云南丛书》，第 21 册，第 11360 页，中华书局，2009 年。

⑥ 昭明文选楼即昭明台，位于古襄阳城中。

⑦ 袁中道：《珂雪斋集》之《游居柿录》卷 8，第 1288~1294 页，上海古籍出版社，1989 年。

⑧ 同上书，第 1292 页。

⑨ 王元翰：《凝翠集·诗集》，影印《云南丛书》，第 21 册，第 11459 页，中华书局，2009 年。今年袁中道守制居家，此诗所言"别驾"当为作陪者，未详何人。

并描绘道“伯举持数肩行李，过吾荆郢……夫以朱陵[1]之胜，近在楚国，予屡欲住，终以冗不果，而伯举于秋涛方壮之时，涉洞庭之危波，直造祝融、回雁之上，所之为诗以纪之。”又评论其诗道“模写烟云，几与七十二峰争奇较丽，则伯举之于山水，予直当北面而师之，又不当以雁行请也。伯举直肠傲骨，诚心质行，而其趣韵复如此”。[2]

由荆郢重入武陵，秋启归滇之程，作《学钓鱼》《舟中即事》[3]《宿辰州》《武陵泛舟》[4]纪之。

《学钓鱼》：“游罢名山兴有余，松舟冲浪赋归欤。一秋载道那看菊，此日停桡学钓鱼。”《舟中即事》：“天末凉风动，归途苦正长。”

归滇途中，有诗《贵岭》《山菊》《寄史莲勺侍御》《途中偶成》纪沿途心情。

《贵岭》：“巇崄年来总不惊，千山秋色送行程。……归家剩有双蓬鬓，又被繁霜点数茎。”《山菊》：“秋风空有摧残力，客路谁怜隐逸才。”《寄史莲勺侍御》：“香案曾同侍玉皇，归来万里类投荒。”[5]《途中偶成》：“忆昔抽毫侍至尊，晨昏草奏达天阍。归来白堕欹蓬鬓，落得青山对酒樽。移竹自开成蒋径，种瓜何必傍都门。水禽田父间相答，人世升沉总不论。”[6]

冬，在朗江之滨与北上的包见捷相遇。

《祭包少宰文》：“癸丑之冬，公北上，吾南还，适遇于朗江之滨。”[7]

包见捷（1558~1621）[8]，字汝钝，云南临安卫（今建水）人。万历十七年进士，改庶吉士，授户科给事中，屡迁都给事中。万历间累迁太仆少卿，以右佥都御史巡抚江西。光宗即位，召拜吏部右侍郎，次年卒于官。

归故里宁州，开始长达十五年的乡居岁月。

范凤翼《聚洲王公行状》：“癸丑，始归滇中，守先人丘垅，闭门却扫而已。普囚杰鸷，

① 南岳衡山有朱陵宫，此代指衡山。

② 王元翰：《凝翠集》卷首，影印《云南丛书》，第21册，第11360页，中华书局，2009年。

③ 王元翰：《凝翠集·诗集》，影印《云南丛书》，第21册，第11461页，中华书局，2009年。

④ 同上书，第11463页。

⑤ 同上。

⑥ 同上书，第11455页。

⑦ 王元翰：《凝翠集·文集》，影印《云南丛书》，第21册，第11517页，中华书局，2009年。张士儒《王元翰年谱》引录而不明版本信息（邵茂森主编：《华宁县文史资料》，第3辑，第141页，华宁县文史资料委员会，1990年）。

⑧ 包见捷传见《明史》卷237，第20册，第6169~6170页，中华书局，1974年。

中藏不轨，每每干士大夫以脂润，公数却其馈遗。或他酋重文墨者，多致珍贶丐诗文，皆不应。所居不园亭、不声乐，终年栖一草堂间。兴至则出游，时出没金碧、昆池，间或一登鸡足……”①

万历四十二年甲寅（1614），五十岁

归乡后，在抚仙湖畔②筑水明楼和湖烟草阁居之。

《山中咏怀》：“卜落三亩地，筑向抚仙湄。”③

耕耘农田之余，漫游滇云山水，足迹远及苍洱④。

伤悲岁月蹉跎，无所建树，作诗《书怀》。

诗云：“蹉跎嗟岁月，书剑两无成。中酒宜千日，狂歌过半生。”⑤

万历四十四年丙辰（1616），五十二岁

辞朝已七年，作诗《山中咏怀》。

诗云：“伊予辞琐闼，忽忽七周期。”⑥

袁中道中进士，时年四十七岁。⑦

万历四十六年戊午（1618），五十四岁

八月，为外祖父黄澄及舅父正芳、联芳所修黄家桥，撰《修黄家桥记》，立石。同年，为母撰《敕赠黄孺人神道碑》，于新庄道旁立石；为曾祖母杨氏撰《明待赠曾祖母杨氏之墓》，于世家村大坟立石。⑧

《修黄家桥记》：“自戊午六月十日兴工，至八月望日工竣。”⑨

---

① 王元翰：《凝翠集·墓志铭》，影印《云南丛书》，第21册，第11445页，中华书局，2009年。

② 抚仙湖为深水湖泊，位于云南澄江、江川、华宁三县之间。

③ 王元翰：《凝翠集·诗集》，影印《云南丛书》，第21册，第11465页，中华书局，2009年。

④ 详本谱天启四年纪事。

⑤ 王元翰：《凝翠集·诗集》，影印《云南丛书》，第21册，第11447页，中华书局，2009年。

⑥ 同上书，第11465页。

⑦《明史》卷288，《袁宏道传》附传，第24册，第7398页，中华书局，1974年。

⑧ 张士儒：《王元翰年谱》，邵茂森主编《华宁县文史资料》，第3辑，第141页，华宁县文史资料委员会，1990年。

⑨ 王元翰：《凝翠集·诗集》，影印《云南丛书》，第21册，第11501页，中华书局，2009年。

明熹宗朱由校天启元年辛酉（1621），五十七岁

仲春，“奢安”之乱祸及云南，捐谷募兵，以助防护会城昆明。

天启《滇志》：“九月，四川永宁土酋奢崇明、奢寅，贵州土舍安邦彦相继逆叛，两省各移白便宜，发兵赴救。十月，巡抚沈敬炌调阖省土兵于曲靖，以按察副使黄似华监纪，并援黔、蜀。”①

按：“奢安”合流，乱及贵、川、云、广四省，一直延续到崇祯三年（1630）才得以平息，前后历时九年。《崇祯长编》二年三月己未（初三日）载元翰上疏追叙其事：“天启初年，臣乡因贵州安贼不靖，土贼萌动，会城告警，抚按悬格募兵，臣督耕湖数年所积稻千余石，散募兵五百防护会城，为士民倡，抚臣沈敬炌具疏题讫。”②

按：沈儆炌，《崇祯长编》误“儆”为“敬”。

三月丙寅（廿四日），起吏部郎中赵南星为太常寺添注少卿。③

夏，召包见捷任吏部右侍郎，其辞家赴部时，王元翰送至昆明。④

《祭包少宰文》：“辛酉之夏，公辞家赴部，予送之湖关未已也，公竟拉之于昆池之上。每晤必至晡，每晡必达曙，歌呜膝促，其中若有不释然者，而其言若有不尽云者。……吾与公生同里，选同馆，官同垣。公以建言被谪，吾以多言遭放，虽先后不值，而声寔相望。”⑤

九月己未（廿六日），升太常寺少卿赵南星为左通政。⑥

天启二年壬戌（1622），五十八岁

三月癸卯（初七日），升通政使司左通政赵南星为太常寺卿。⑦

文震孟殿试第一，授修撰。冬十月，上《勤政讲学疏》，被魏忠贤摘其疏中语坐罪回籍。

---

① 刘文征撰，古永继校点：天启《滇志》卷1《地理志》，第46页，云南教育出版社，1991年。

②《明实录》附录汪楫《崇祯长编》卷19，第1103页，台湾“中央研究院”历史语言研究所，1962年。

③《明熹宗实录》卷8，第402页，台湾“中央研究院”历史语言研究所，1962年。

④ 此事张士儒《王元翰年谱》有载而未注版本信息（邵茂森主编：《华宁县文史资料》，第3辑，第141页，华宁县文史资料委员会，1990年）。

⑤ 王元翰：《凝翠集·文集》，影印《云南丛书》，第21册，第11516~11517页，中华书局，2009年。此事张士儒《王元翰年谱》引录而未注出版信息（邵茂森主编：《华宁县文史资料》，第3辑，第141页，华宁县文史资料委员会，1990年）。

⑥《明熹宗实录》卷14，第722页，台湾“中央研究院”历史语言研究所，1962年。

⑦《明熹宗实录》卷20，第1003页，台湾“中央研究院”历史语言研究所，1962年。张士儒《王元翰年谱》据蒋平阶《东林始末》载为春正月（邵茂森主编：《华宁县文史资料》，第3辑，第141页，华宁县文史资料委员会，1990年）。

按：魏忠贤摘其疏中“傀儡登场”语，谓比帝于偶人，不杀无以示天下，帝颔之。魏忠贤传旨廷杖震孟八十，内批俱降职调外。言官交章论救，不纳。震孟亦不赴调而归。[①]此为文震孟第一次因忤权奸而回籍。

十一月壬寅（初十日），升工部协理右侍郎赵南星为都察院左都御史、太仆寺卿。[②]

冬，率两弟取道盘江至迷阳[③]，游冰泉，暮抵南硐。作《南硐游记》[④]和《冬日游冰泉》诗[⑤]。

按：杨若来、伍繇眉、杨文彦诸君暨仰山、坤来，恩宠、恩诏诸弟侄俱至。

有出滇营干之意，因“奢安”之乱而未能成行。

《与赵凡夫隐君》：“不虞蜀酋发难，牵拽滇、黔，土夷蠢动。去岁春仲，会城几几瓦裂。今虽稍戢，犹作鸷鸟之伏，而朝京周行，尚属梗塞。以故几番束装上筑江南，竟以中止，不免进退维谷。”[⑥]

天启三年癸亥（1623），五十九岁

滇境内外土酋祸乱连接，所幸各郡得以保全，会城昆明无恙。

《明熹宗实录》三月壬子（廿二日）：“巡抚云南右副都御史沈儆炌言：水蔺通谋，结连同叛……东川、乌撒暨沾益叛酋纠合，寻武猓夷攻滇，一时烽起。……至于滇中，臣调兵先期预备……各郡幸得保全，会城赖以无恙。……俱经题报。”[⑦]

十月癸酉（十六日），上视朝，升左都御史赵南星为吏部尚书[⑧]。赵南星奖拔淹滞，起王元翰为湖广按察司知事[⑨]。

范凤翼《聚洲王公行状》：“岁癸亥，赵忠毅公（南星）秉铨政，奖拔淹滞，起

---

①《明史》卷251，第21册，第6495~6496页，中华书局，1974年。
②《明熹宗实录》卷28，第1402页，台湾“中央研究院”历史语言研究所，1962年。
③ 迷阳，今云南开远。张士儒《王元翰年谱》载其事而不注版本信息（邵茂森主编：《华宁县文史资料》，第3辑，第141页，华宁县文史资料委员会，1990年）。
④ 王元翰：《凝翠集·文集》，影印《云南丛书》，第21册，第11507页，中华书局，2009年。
⑤ 王元翰：《凝翠集·诗集》，影印《云南丛书》，第21册，第11470~11471页，中华书局，2009年。
⑥ 王元翰：《凝翠集·尺牍》，影印《云南丛书》，第21册，第11424页，中华书局，2009年。
⑦《明熹宗实录》卷32，第1663~1664页，台湾“中央研究院”历史语言研究所，1962年。
⑧《明熹宗实录》卷39，第2014页，台湾“中央研究院”历史语言研究所，1962年。
⑨ 本年赵南星事及起拔元翰事，张士儒《王元翰年谱》有载而无版本信息（邵茂森主编：《华宁县文史资料》，第3辑，第142页，华宁县文史资料委员会，1990年）。

元翰湖广按察司知事。”①

刘宗周《聚洲王公墓志铭》：王元翰“去国十五年而熹庙御极，赵忠毅公（南星）出为吏部尚书矣，乃起公湖广按察知事。”②

天启四年甲子（1624），六十岁

作诗《二毛》，感慨自己头发已花白，年至花甲而忽有际遇。

诗云：“揽镜灰心感二毛，行年花甲忽周遭。”③

按：指去年赵南星举荐其为湖广按察司知事，然其事终未成。

作《岳石帆少司马书来，赋以答之，并喜其抱病新愈》。

诗云：“昨过烟雨未相值，两地心旌感二毛。”④

作书与友人谈昔年捐谷募兵，援救会城往事。

《与夏比部》：“不佞还山以来，不园池，不声伎，举族税粮，不盈廿石。十五年余督耕湖上，积谷八百石，往岁尽散募兵，以援会城之急，而寒酸不异措大。”⑤

三月，杨维斗七十岁，作《寿扬维斗别驾七袠序》为其上寿。

序云：“今上天启四年春三月廿三日，维斗公满七袠矣。……余不佞交公几二十年矣……”⑥

杨维斗（1595~1647）⑦，名廷枢，无锡人。嘉靖（1556）丙辰进士。乙酉（1645）国变，避居光福山中，不问世事。复社诸生称其维斗先生，与姚希孟为友⑧。

袁中道卒。至此，公安“三袁”皆作古。

钱谦益《列朝诗集小传·袁仪制中道》：“历官郎中，旋复乞休，以疾卒，年五十有四。”⑨

---

① 王元翰：《凝翠集·墓志铭》，影印《云南丛书》，第 21 册，第 11445 页，中华书局，2009 年。

② 同上书，第 11432~11433 页。

③ 王元翰：《凝翠集·诗集》，影印《云南丛书》，第 21 册，第 11479 页，中华书局，2009 年。

④ 同上书，第 11480 页。

⑤ 王元翰：《凝翠集·尺牍》，影印《云南丛书》，第 21 册，第 11425 页，中华书局，2009 年。

⑥ 王元翰：《凝翠集·文集》，影印《云南丛书》，第 21 册，第 11494~11495 页，中华书局，2009 年。

⑦ 陈鼎撰：《东林列传》卷 12《杨廷枢传》，《景印文渊阁四库全书》，第 458 册，第 327 页，台湾商务印书馆，1986 年。

⑧ 姚希孟生平，参阅本谱崇祯元年纪事。

⑨ 钱谦益：《列朝诗集小传》，第 568~569 页，上海古典文学出版社，1957 年。

《明史·袁宏道传附传》："天启四年进南京吏部郎中，卒于官。"[①]

或游鸡足山，书传衣寺坊联。[②]

《徐霞客游记》："传衣寺……坊联曰：'花为传心开锦绣，松知护法作虬龙。'为王元翰聚洲笔。"[③]

除在抚仙湖畔耕耘、纵情山水外，尚漫游滇西，所到皆作诗纪行。

按：诗如《九鼎山》（在今祥云县）、《鸡山杂咏》《望苍山》《三塔寺》《苍山寄胡慕东省丈》《山游回广霞以诗见讯，用韵答之》《天宝战亡士卒塚》《赠也愚僧》《秋日同鹫峰上人访兴善寺滇衲》（以上诗所写景物在大理）等[④]。创作具体年月难以确考，姑系于此。

起复，得工部主事任命[⑤]**，筹划赴任之事，作诗《拟取道会川》。**

刘宗周《聚洲王公墓志铭》："甲子，晋元翰工部主事。"[⑥]

钱谦益《聚洲王公墓表》："天启初，赵忠毅（南星）起，元翰谪籍稍迁至工部虞衡司主事。"[⑦]

《与闵中丞》（一）："近托庇，叨起一官。"[⑧]

《山中闻报自嘲》："当日悬冠去马曹，归来蓑笠稳烟涛。救时贵介精三语，垂老趋跄有二毛。圣主新恩搜隐逸，狂奴故态秪粗豪。自怜幻梦徒生翼，敢望相知一赠刀。"[⑨]

《拟取道会川》："已恋山阴道，翻为蜀路愁。……扪舌今还在，张髯谊不偷。"[⑩]

---

①《明史》卷288，第24册，第7398页，中华书局，1974年。

② 张士儒《王元翰年谱》云因年月无考，故缺（邵茂森主编：《华宁县文史资料》，第3辑，第142页，华宁县文史资料委员会，1990年），本谱姑系于此。

③ 徐弘祖：《徐霞客游记》卷7（上）《滇游日记六》，第847页，上海古籍出版社，1987年。

④ 王元翰：《凝翠集·诗集》，影印《云南丛书》，第21册，第11464~11465、11471、11481页，中华书局，2009年。

⑤ 此事张士儒《王元翰年谱》载而不明版本信息（邵茂森主编：《华宁县文史资料》，第3辑，第142页，华宁县文史资料委员会，1990年）。

⑥ 王元翰：《凝翠集·墓志铭》，影印《云南丛书》，第21册，第11433页，中华书局，2009年。

⑦ 同上书，第11435页。钱谦益《牧斋初学集》卷66题为《故工科右给事中临安王君墓表》（《续修四库全书》，第269~270页，上海古籍出版社，2002年）。

⑧ 王元翰：《凝翠集·尺牍》，影印《云南丛书》，第21册，第11426页，中华书局，2009年。

⑨ 王元翰：《凝翠集·文集》，影印《云南丛书》，第21册，第11472页，中华书局，2009年。

⑩ 王元翰：《凝翠集·诗集》，影印《云南丛书》，第21册，第11472页，中华书局，2009年。会川，今属四川会理，明代置卫，清代废。

天启五年乙丑（1625），六十一岁

二月离滇，沿途作《途中杜鹃花盛开》《登胜功寺清虚阁》《途中对妻孥作》《途中书见》《渡泸水》《晒经石》[①]等诗纪行。

四月入蜀，有《峨眉游记》载其行迹。[②]

《峨眉游记》：四月朔、二日抵嘉定[③]，五日入峨眉县，六日出县南郊，与陆怀溪、孔自成、独子王开游峨眉山，游仅五六日[④]。

按：元翰之子见载于族谱、世谱者有王开、王闻，但后者有疑，参见王凤鸣《宁阳王氏族谱·新纂辑王氏宗支谱》[⑤]。元翰《柬高景逸总宪》曰："豚儿粗知应门，亦独子也。"[⑥]《哭亡儿》其一云："九泉遇尔兄，相携无相违。"其二云："人子死亦常，独尔遗予老。……未离襁褓中，那谙冥泉道。"[⑦]据诗意，元翰曾丧二子，不详何时。元翰《报邓壶丘直指》《报史武麟侍御》，均言及其离京师后独女夭折，以及因乏子嗣而纳妾婢事[⑧]。又，不知王开出生于何时，从《峨眉游记》"订游期，而开儿在傍，口不言，眉宇有跃跃色。余知是子游兴倍乃翁，虽稚弱不任劳……"[⑨]等语看，是时年尚幼，当为归滇后所生。

作《登嘉定州凌云寺》《大峨石》《歌凤台》《又题歌凤台》《山顶放歌》《光相寺台观云睹光歌》《谒普贤大士》《双飞桥》《慈圣庵古白水寺勅建》《宿卧云庵》《望峨》《到峨》《登峨》《辞峨》[⑩]等诗，纪在蜀游踪。

按：入嘉定前至丰都，作诗《再登平都山阁》。诗自注："山有王、阴二仙迹，

---

① 王元翰：《凝翠集·补遗》，影印《云南丛书》，第21册，第11472~11473页，中华书局，2009年。

② 王元翰：《凝翠集·尺牍·与文文起殿撰》，影印《云南丛书》，第21册，第11427页，中华书局，2009年。此行入蜀、抵江陵闻闲住、到武昌、在江南游京焦二山事，张士儒《王元翰年谱》据《凝翠集》尺牍、《峨眉游记》简载而不注所据资料信息（邵茂森主编：《华宁县文史资料》，第3辑，第142~143页，华宁县文史资料委员会，1990年），本谱有疑处，见下文辨析。

③ 此嘉定在今乐山市，明代为直隶四川布政司嘉定州。

④ 王元翰：《凝翠集·文集》，影印《云南丛书》，第21册，第11508~11512页，中华书局，2009年。

⑤ 王凤鸣撰，张士儒点校：《宁阳王氏族谱·新纂辑王氏宗支谱》，《华宁县文史资料》，第3辑，第108页。

⑥ 王元翰：《凝翠集·尺牍》，影印《云南丛书》，第21册，第11428页，中华书局，2009年。

⑦ 王元翰：《凝翠集·文集》，影印《云南丛书》，第21册，第11468页，中华书局，2009年。

⑧ 王元翰：《凝翠集·尺牍》，影印《云南丛书》，第21册，第11418~11419页，中华书局，2009年。

⑨ 王元翰：《凝翠集·文集》，影印《云南丛书》，第21册，第11508页，中华书局，2009年。

⑩ 王元翰：《凝翠集·诗集》，影印《云南丛书》，第21册，第11473页，中华书局，2009年。王元翰：《凝翠集·补遗》，影印《云南丛书》，第21册，第11482~11483页，中华书局，2009年。

贵客至，白鹿先鸣。”诗云：“三十年来两度游，依然城郭枕丹丘。”[①] 前游不可考。丰都，今属重庆。

由嘉定放舟，穿三峡，下荆楚，五月始抵江陵（荆州别称），闻东林党闲住之报[②]。

《普陀游记》：“往余在峨眉放光台上，见东南一派，气郁勃而起。问之，有海上僧应曰：‘此南海水色，星河澄霁，故其气上蒸于天耳。’余此心飘飘，又在普陀之洋矣。明日下山，由嘉定放舟，穿三峡，下荆楚。”[③]

《长江行》：“四月乘船下蜀江，桃花水后浪如扬。乃瞻灎滪一拳石，劈峡乘风看箭掷。十二巫峰数未终，云雨模糊坐相失。夷陵芜却尔雅台，次宗不在空徘徊。迢迢烟树生荆渚，王粲楼边千万户。中郎长眠唤不醒，榷关使者狠于虎。”[④]

《与文文起殿撰》：“弟自二月离滇，四月入蜀，取径会川（今属四川会理），迂折千五百里。顾觅兵役，虽幸脱瘴毒贼氛，而薄产荡破殆尽。五月望，始抵江陵，又闻东林党闲住之报，重舍舟，遂挂帆南下……”[⑤]

《与闵中丞》（二）：“别后，以五月初抵江陵，闻闲住旨，以东林党故也。”[⑥]

按：崇祯二年（1629）三月己未（初三日），元翰上疏追忆：“天启五年，冢臣赵南星知臣冤苦，起臣工部尚书。”又言寻被张讷参为东林党而削夺[⑦]。《与闵中丞书》纪“抵江陵”时间为“五月初”，而与文文起书纪为“五月望”，相差十来日。

途经武昌，作《再登黄鹤楼》诗。

诗云：“独酌层楼重所思，重游依旧傍秋期。长江恨饮祢衡赋，大别清分崔灏诗。黄鹤几时回缥缈，苍生无术起疮痍。神仙元是英雄辈，吹笛何如一救时。”[⑧]

沿途得郭明龙病、卒消息，有诗《过江夏问郭明龙宗伯病》《挽郭明龙宗伯》。

《过江夏问郭明龙宗伯病》：“只今圣主思耆旧，一为苍生起积屙。”[⑨]

---

① 王元翰：《凝翠集·诗集》，影印《云南丛书》，第21册，第11474页，中华书局，2009年。平都山在四川丰都县东北隅，为道教名山。

② 关于王元翰与东林党的关系，请参阅本谱万历三十七年记事。

③ 王元翰：《凝翠集·文集》，影印《云南丛书》，第21册，第11512页，中华书局，2009年。

④ 王元翰：《凝翠集·诗集》，影印《云南丛书》，第21册，第11476页，中华书局，2009年。

⑤ 王元翰：《凝翠集·尺牍》，影印《云南丛书》，第21册，第11427页，中华书局，2009年。

⑥ 同上书，第11426页。

⑦《明实录》附录汪楫《崇祯长编》卷19，第1103~1104页，台湾“中央研究院”历史语言研究所，1962年。

⑧ 王元翰：《凝翠集·诗集》，影印《云南丛书》，第21册，第11474页，中华书局，2009年。

⑨ 王元翰：《凝翠集·文集》，影印《云南丛书》，第21册，第11458页，中华书局，2009年，江夏，今属湖北武汉。

《挽郭明龙宗伯》："黄鹤楼边云惨暗，何人不为痛苍生。"[1]

过南京，中秋抵镇江，游金山、焦山，作诗《宿焦山次杨文襄公韵》。

《长江行》："上书不遂远臣意，放逐还蒙圣主恩。臣意君恩何以报，挂帆复理金陵棹。盘鲜懒食武昌鱼，愧取江州栗星道。凤凰台畔六朝空，隐隐金焦见雾中。……一别轻轻十五年，眼前好友当凋瘁。江干大火适西流，枫落波寒节序秋。"[2]

《普陀游记》："秋半，始抵金、焦间。"[3]

按：张士儒《王元翰年谱》载"七月，游长江金、焦二山"[4]，而《普陀游记》纪时为"秋半"，从之。

《宿焦山次杨文襄公韵》："曾经两度谒焦生，卧听江涛梦亦清。洞口云归迷竹色，海门潮落度钟声。僧留野鹤新为伴，我爱沙鸥晚结盟。醉后一瓢祠下水，肯将无事易浮名。"[5]

杨一清《游焦山》："洞口孤云面面生，百年身世坐来清。一般月色金山寺，十里烟光铁瓮城。江阁雨余秋水阔，海门风定暮潮平。青衫潦倒虚名在，耻向沙鸥问旧盟。"[6]

重阳抵真州，病留半载余，生计无着落。作诗《真州病中初度》[7]《真州病中闻雁》[8]。

《报段幻然掌科》："弟住真州半载余，同调中唯晤大蒙黄石。"[9]

《真州病中初度》："净生六十近相逢，踪迹西南与北东。"[10]

按："初度"，元翰生日为九月初九日，"六十"为约数。

《与文文起殿撰》："至真州而秋且半。进退维谷，诚不知所自为计也。"[11]

《长江行》："桂玉炊燃腹不果，解维椓杙栖真州。真州居停可罗雀，儿女僮仆甘寂寞。"[12]

---

① 王元翰：《凝翠集·诗集》，影印《云南丛书》，第21册，第11462页，中华书局，2009年。
② 同上书，第11476页。
③ 王元翰：《凝翠集·文集》，影印《云南丛书》，第21册，第11512页，中华书局，2009年。
④ 张士儒：《王元翰年谱》，邵茂森主编《华宁县文史资料》，第3辑，第142页，华宁县文史资料委员会，1990年。
⑤ 王元翰：《凝翠集·诗集》，影印《云南丛书》，第21册，第11457页，中华书局，2009年。
⑥ 杨一清：《石淙诗稿》卷3《禫后类》，《四库全书存目丛书》，第40册，第390页，齐鲁书社，1997年。
⑦ 王元翰：《凝翠集·诗集》，影印《云南丛书》，第21册，第11475页，中华书局，2009年。真州又名仪真，今属江苏扬州。
⑧ 同上书，第11428页。
⑨ 同上书，第11474页。
⑩ 同上书，第11475页。
⑪ 王元翰：《凝翠集·文集》，影印《云南丛书》，第21册，第11427页，中华书局，2009年。
⑫ 王元翰：《凝翠集·诗集》，影印《云南丛书》，第21册，第11476页，中华书局，2009年。

十二月初一日，黔国公沐昌祚卒。

《明熹宗实录》十二月辛巳朔："征南将军黔国公沐昌祚卒。自隆庆三年（1569）嗣爵，领镇五十六年，命其孙启元代镇。"[①]

天启六年丙寅（1626），六十二岁

四月初至五月，与友人相约同行，有普陀、宁波、上虞、山阴之游[②]。

按：《普陀游记》[③]及纪行诸诗载：四月初，郭少伯宪使携滇僧九峰道人、还阳和尚至。十八日同至定海，因风浪而停留数日后，共五六人同舟去普陀，度旃檀岭到潮音洞，探梅福庵，登普陀绝顶，由振海寺而下，过太子塔。《凝翠集·诗集》有《谒普陀观音大士》《梅福庵》《赠象王石住静僧》《潮音洞》《谒观音大士》《茶山晴望》[④]等诗纪行。辞山时舟逼白花庵下，访昱光和尚不遇，留诗以别[⑤]，回至定海后，同郭少伯、九峰道人、还阳和尚游越中，登招宝山（在浙江宁波），谒曹娥庙并拜禹陵，望兰亭（在浙江绍兴），有诗《曹娥庙》《禹陵》《山阴道与郭佥宪赋》[⑥]。廿三日还杭州。《普陀游记》记叙的日期疑有误刻或脱漏。四月十八日到定海后，因等候适合出海的时间而停留，此后所叙日期顺序为：十四日到普陀，当晚宿于普陀方丈，十五日天明后游山，十八日辞山后游越中，廿三日旋湖（当指西湖）上，最后感叹海上风波虽险恶，而"吾辈费不二十余日安然往回"。显然从"十四日"起应为五月。若说是四月，则与后面的叙述不相吻合。如果从四月十八日到定海，五月十四日到普陀，"廿三日"还湖上，其中包括游越中其它地方的时间，则与"费不二十余日"大致吻合。

春夏期间，在杭州多次游览西湖，有《再游西湖》《泛月至湖心亭》《夏暮游藕花居》《自西湖回过嘉禾烟雨楼怀李刺史》《闪广山病愈有西湖之行，拟中秋日至诗以送之》《西湖咏怀兼简陶不退宪副》《赠盘陀石无边老衲》《盘陀石》《湖上与僧谈出世法感友谢世》《断桥晚步望孤山有作》《湖心亭观龙

---

① 《明熹宗实录》卷49，第2481页，台湾"中央研究院"历史语言研究所，1962年。

② 正月游西湖、后游普陀、吴越事，张士儒《王元翰年谱》据《凝翠集》简载其事而不注所据资料信息（张士儒：《王元翰年谱》，邵茂森主编《华宁县文史资料》，第3辑，第143页，华宁县文史资料委员会，1990年）。

③ 王元翰：《凝翠集·文集》，影印《云南丛书》，第21册，第11512~11514页，中华书局，2009年。

④ 王元翰：《凝翠集·诗集》，影印《云南丛书》，第21册，第11476~11486页，中华书局，2009年。

⑤ 王元翰：《凝翠集·诗集·白花庵访昱光上人不遇》，影印《云南丛书》，第21册，第11477页，中华书局，2009年。

⑥ 王元翰：《凝翠集·诗集》，影印《云南丛书》，第21册，第11477页，中华书局，2009年。

舟竞渡》《赠法相寺西生僧能诗喜谈时务》[1]等纪游诗。

夏至前，到淮南追奠同年刘静之，其已逝去十四年。

《追祭刘静之年兄文》：“呜呼！静之厌人间世，计一十四稔于兹矣……素车白马，絮酒炙鸡，此心已矢之八千里外，十余年前。今血已化碧，木已成拱，始得一哭，奠于荒烟野草之中，则此心之不容昧耳。”[2]

《与文文起殿撰》：“长至（夏至）前，走淮南追奠刘静之年兄，见台丈撰状祭章，真是一字一泪……”[3]

《柬高景逸总宪》：“长至前，过淮南追奠静之兄，盖素车白马之盟，十五年后，始得践之。”[4]

《长江行》：“此时却念刘静之，奔走淮南溯流澌。荒草孤坟尽一恸，素车白马践吾私。吁嗟静之向以死，静之不死不至此。”[5]

按：刘静之卒于万历四十年（1612），见本谱该年纪事。

秋冬，浪游吴越间[6]，有诗《丙寅秋冬，浪游吴越间，钱尔俭招诣历阳，赋此以赠》《次韵答刘念台年兄》。

前诗云：“宦邸为家频陟屺，客边作主慰飞蓬。”[7]

后诗云：“秋动湖头怅断鸿，来无握手别匆匆。酿成新法皆吾党，谢却浮名是彼佣。”[8]

冬日，再至淮南追奠刘静之，有诗《冬日淮南追奠刘静之年兄舟中即事》四首。

其一云：“自怜飘泊者，生死重交情。”其二云：“维扬佳丽地，独往转凄其。”其三云：“莫是西洲路，徘徊重一阻。”[9]

在江南筹划生计，仍无着落。

---

① 王元翰：《凝翠集·诗集》，影印《云南丛书》，第21册，第11476~11477、11480页；《凝翠集·补遗》，第11484页，中华书局，2009年。

② 王元翰：《凝翠集·文集》，影印《云南丛书》，第21册，第11515页，中华书局，2009年。

③ 王元翰：《凝翠集·尺牍》，影印《云南丛书》，第21册，第11427页，中华书局，2009年。

④ 王元翰：《凝翠集·诗集》，影印《云南丛书》，第21册，第11427页，中华书局，2009年。

⑤ 同上书，第11476页。

⑥ 张士儒《王元翰年谱》有载而不注所据诗题和版本信息（邵茂森主编：《华宁县文史资料》，第3辑，第143页，华宁县文史资料委员会，1990年）。

⑦ 王元翰：《凝翠集·诗集》，影印《云南丛书》，第21册，第11478页，中华书局，2009年。历阳即和县，位于今安徽省与江苏省交界处。

⑧ 王元翰：《凝翠集·诗集》，影印《云南丛书》，第21册，第11478页，中华书局，2009年。

⑨ 王元翰：《凝翠集·墓志铭》，影印《云南丛书》，第21册，第11475~11476页，中华书局，2009年。

《报董玄宰宗伯》："栖泊西湖，向亲识者措藉资斧，问道旋滇。……弟年逾耳顺，性命一着，茫无下落。平日讲谈，都成虚幻，自今以往，百念灰烬。"①

《报钱牧斋宫詹》："昨岁至武昌，晤叚幻老，始知台家食有年。时局至此，匪独天意，实繇人事焉。……吴中山水虽佳，无处容逋客着脚。惟相念如炽而已。"②

《上朱平涵相公》："翰樵鲁下士，误入阁下药笼中，往者叨补一官，实托嘘枯大力。自去春离滇，妄意入春明得觐台光，不虞又以东党闲住，爰扳舟南下，秋杪，始抵真州。一步不敢出，一人不敢会，唯与妻孥相向，腹几不果。即不肖亦不自知，罹天罚之至此耳！……侧闻阁下先几睿照，切切为此抚膺，无奈其局之不可破也。……阁下未竟旋转之功，遽高急勇之节，虽绿野可乐，而苍生奈何！故铨注流品，不能不归于吕圣功之夹袋；剂量艰危，不得不望于姚元之之救时。……"③

按："往者叨补一官"，或指天启初年因捐谷募兵，其弟元鼎得补监生、州同知一事（详本谱其年纪事）。今年朱国桢（平涵）官拜礼部尚书兼东阁大学士，寻改文渊阁大学士。元翰此书当为谋求生计之意，谢前事不过是借口而已。

天启七年丁卯（1627），六十三岁

既不能归滇，亦不能留江南，寄寓于历阳（今属安徽马鞍山，和县别称）。

按：不详寄寓历阳是否为钱尔俭所招，去年有诗《丙寅秋冬，浪游吴越间，钱尔俭招诣历阳，赋此以赠》。钱尔俭，生平不详。

初春，游鸡笼山④，作诗《春游鸡笼山遇雨》《圆通庵访九会大师谈〈楞严〉并订后期》。

《春游鸡笼山遇雨》："江北何山高，鸡笼峻如削。"⑤

《圆通庵访九会大师谈〈楞严〉并订后期》："蜀国山川千万重，何年飞锡入鸡笼。足音喜我蛩然至，禅榻凭云倏尔封。"⑥

约于今年仲春卜居南京，有诗《仲春同陈玉函风雨走燕子矶》。

诗云："长江如练矶如削，倚槛看矶更望江。矶撼江声帆片片，江浮矶色鸟双双。

---

① 王元翰：《凝翠集·尺牍》，影印《云南丛书》，第21册，第11429页，中华书局，2009年。
② 同上。
③ 王元翰：《凝翠集·诗集》，影印《云南丛书》，第21册，第11427页，中华书局，2009年。
④ 鸡笼山旧名亭山，亦作历山，坐落在今安徽和县西北。
⑤ 王元翰：《凝翠集·诗集》，影印《云南丛书》，第21册，中华书局，2009年，第11478页。
⑥ 同上书，第11479页。

潮携月到景偏绝，人在春分兴未降。喜有同心探奇者，一樽风雨共寒缸。”①

与苍雪有交往，作诗《滇苍雪上人住金陵雨花台，又住吴门中峰庵》。②

诗云：“问师何日返山居，来往难同鸟迹虚。台畔天花春落后，峰头祇树月升初。二楞转法传心印，万里宁亲寄雁书。文解莫疑归别趣，诗篇元不碍真如。”③

因王永光阻挠，起官之事再落空。

范凤翼《聚洲王公行状》：“丁卯，今皇帝御极，伸冤理枉。给事中宋公鸣梧上疏理公冤，列名吏部访册，而王永光者入为冢宰，则又魏（忠贤）、崔（呈秀）遗孽传授心法者也，阴谋密计，巧为阻挠。公至，自上疏，亦格，不得用。前后荐公者，总宪曹公于汴、少司马刘公宗周等，皆为永光所扼，不得达。”④

倪元璐《王谏议传》：“岁丁卯，今上御极，忠贤伏诛，其党论如法，凡被珰锢者，悉得湔祓，还其故官。于是，京兆尹刘公宗周、吏科给事中宋公鸣梧等讼谏议冤，章下所司。时吏部尚书王永光，故珰包孽，尤畏恶谏议，力扼之……”⑤

明思宗朱由检崇祯元年戊辰（1628），六十四岁

夏四月甲午（初三日），恢复被逆珰削夺的尚书周嘉谟等九十二人职位，补给诰命品望，年力可用者仍令酌起，元翰与焉。⑥ 实未得起职。

中秋，姚希孟为撰《山海记序》。⑦

序云：“王伯举先生以直道忤时，弃金门之步而费草鞋钱，脚板几遍天下。近复到蜀之大光明山与南海之补怛雒迦，而以其游记寄余。其攀跻之勇，搜讨之详，与夫诗篇之灏瀚，品题之精核，胜情彩笔，相为辉映。岂独点染名山，亦可庄严佛事，较之杜光庭能举洞天佛地之名，而杳然若不关涉者，何啻耳食与腹果之辨！戊辰中秋，友弟姚希孟书。”⑧

---

① 王元翰：《凝翠集·诗集》，影印《云南丛书》，第21册，第11478页，中华书局，2009年。

② 请参阅本书《苍雪年谱》同年纪事。

③ 王元翰：《凝翠集·诗集》，影印《云南丛书》，第21册，第11479页，中华书局，2009年。

④ 王元翰：《凝翠集·墓志铭》，影印《云南丛书》，第21册，第11445~11446页，中华书局，2009年。此条和上一条史料，张士儒《王元翰年谱》有载而不注版本信息（邵茂森主编：《华宁县文史资料》，第3辑，第143页，华宁县文史资料委员会，1990年）。

⑤ 王元翰：《凝翠集·墓志铭》，影印《云南丛书》，第21册，第11440页，中华书局，2009年。

⑥《明实录》附录汪楫《崇祯长编》卷8，第402~403页，台湾“中央研究院”历史语言研究所，1962年。

⑦ 张士儒：《王元翰年谱》有载而不注所据资料及版本信息（邵茂森主编：《华宁县文史资料》，第3辑，第144页，华宁县文史资料委员会，1990年）。

⑧ 王元翰：《凝翠集·诗集》卷首，影印《云南丛书》，第21册，第11359页，中华书局，2009年。

按：洛迦山是观音菩萨修行的地方，合称“普陀洛迦山”，即普陀山，又称补怛洛迦山。佛经所指补陀落迦山，乃印度的补怛洛伽山，而中国的普陀山与西藏的布达拉宫等处，皆延伸引用补陀落迦山这个名称。

姚希孟（1579~1636）①，字孟长，吴县人。与其舅父文震孟同学，并负时名。万历四十七年（1619）进士，改庶吉士。入翰林，甥舅并持清议，声望益重，不久请假归。天启四年（1624）冬还朝，时党祸大作，希孟郁郁不得志，次年以母丧乞归，刚出都即被劾为缪昌期死党，遂削籍。崇祯元年起为左赞善，迁詹事后复贬为少詹事，掌南京翰林院，不久以疾归，两年后卒于家。有《文远集》等著作传世。

崇祯二年己巳（1629），六十五岁

三月己未（初三日），上疏申言万历三十七年被构陷事，希望再被起用。

按：是疏显然为求职而上，先言自己任吏科给事中以来“发奸指佞，不顾身家，章疏固多，树敌亦众”，“遂不免降处”，而自己离朝时携家眷罄身出都，实已自白于天下。又言回到云南则“食贫守淡，一字不入公门，一人不走长安”。天启初年昆明告警，自己募兵五百，倡导士民护城；天启五年起复为工部主事，因被逆珰参为东林党而削夺。疏中又以神宗朝立国之本最大、熹宗朝魏忠贤事最恶为例，赞扬今圣继统中兴，励精图治，不兴党祸，明鉴邪正两途，而自己虽然身在远方，却“为国心热，疾恶肠刚，向与顾宪成、邹元标、钱一本、高攀龙、于孔兼、刘永澄、岳元声、毕茂康、范凤（翼）辈师友砥砺，声言应求”。但“久锢山林二十余年”，希望以馀生“供犬马之报”，而“近日科臣宋鸣梧才一提名，圣明在上，访册在前，亦当再见天日”。②

五月乙酉（初一日），吏部拟起用王元翰，再被王永光阻挠，遂寄寓南都（南京）。③

《明史》本传：“庄烈帝即位，复官。将召用，为尚书王永光所尼。元翰乃流寓南都，十年不归。卒，遂葬焉。”④

李棪《王元翰列传》：“崇祯二年，起南京户部主事，为尚书王永光所尼，乃流寓南都，十年不归。卒，遂葬焉。”⑤

---

①《明史》卷 216 有传，第 19 册，第 5718~5719 页，中华书局，1974 年。
②《明实录》附录汪楫《崇祯长编》卷 19，第 1105 页，台湾“中央研究院”历史语言研究所，1962 年。
③《明实录》附录汪楫《崇祯长编》卷 22，第 1343 页，台湾“中央研究院”历史语言研究所，1962 年。
④《明史》卷 236，第 20 册，第 6152 页，中华书局，1974 年。
⑤ 李棪：《东林党籍考》（第二百十三），第 105 页，人民出版社，1957 年。

端阳，在仪征（真州）得蔡五岳书。①

崇祯三年庚午（1630），六十六岁

寄寓南京。作诗《文文起殿撰触奸回籍赋此以赠》。

诗云："交谊廿年应未薄，救时真不误功名。"②。

按：据《明史·文震孟传》，是年春，魏忠贤遗党王永光辈乘机报复定逆案者，文震孟抗疏纠之，而王永光此时正得皇帝宠幸，不报。五月，震孟复上疏，提到"考选则摈中书舍人陈士奇、潘有功"。王永光密结太监王永祚，谓陈士奇出于姚希孟门下，而震孟为希孟舅父，帝心疑之。震孟既忤权臣，又为皇帝所疑，于是回籍归隐③。之所以定此诗于今年，有上引《文文起殿撰触奸回籍赋此以赠》为内证。诗云："抗疏两朝争纸贵"，这是文震孟第二次因杵权奸回籍。其第一次杵魏忠贤在天启二年，而其崇祯八年第三次杵温体仁时元翰已卒，则定王元翰此诗作于今年，方吻合于天启、崇祯两朝，而不可能是崇祯八年事。

崇祯四年辛未（1631），六十七岁

四月十日，得段幻然书，复书《报段幻然掌科》，诉说自己生活的艰难之状。

书言："弟去家五年，归既无资，处又无费。"④

按："去家五年"，指天启五年（1625）离滇迄今。

崇祯六年癸酉（1633），六十九岁

七月二十日巳时，病卒于南都（南京）客舍⑤。范凤翼、黄正宾、闪继迪等措资为其殡殓。

王鸣凤《宁阳王氏族谱·新纂辑王氏宗支谱》："卒于崇祯六年（1633）癸酉七月

---

① 张士儒：《王元翰年谱》有载而不注所据资料及版本信息：（邵茂森主编：《华宁县文史资料》，第3辑，第144页，华宁县文史资料委员会，1990年），文见王元翰《报蔡五岳方伯书》，《凝翠集·尺牍》，影印《云南丛书》，第21册，第11426页，中华书局，2009年。

② 王元翰：《凝翠集·诗集》，影印《云南丛书》，第21册，第11480页，中华书局，2009年。

③《明史》卷251，第21册，第6497页，中华书局，1974年。

④ 王元翰：《凝翠集·尺牍》，影印《云南丛书》，第21册，第11430页，中华书局，2009年。

⑤ 此事张士儒《王元翰年谱》有载而不注所据资料及版本信息（邵茂森主编：《华宁县文史资料》，第3辑，第144页，华宁县文史资料委员会，1990年）。

二十日巳时。”[①]

钱谦益《聚洲王公墓表》：“崇祯癸酉七月，死于南都之客舍，年六十有九。”[②]

范凤翼《聚洲王公行状》：“囊无余赀，敝书数箧而已。”[③]“卒之日，殓衾不备，买棺无资。不佞实与黄公正宾、闪公继迪等经纪其事。……得寿六十有九。配赵氏，封孺人，无出。侧陆氏，生子即开，以明经进士授太学学博。沉毅亢爽，以忠孝自矢，是必能光大其宗。谏议可谓有子。”[④]

崇祯十年丁丑（1637），逝后四年

八月二十六日，葬于江宁（今属南京）太白乡吉山。

王鸣凤《宁阳王氏族谱·新纂辑王氏宗支谱》：“葬于崇祯十年（1637）丁丑八月二十六日寅时。”[⑤]

钱谦益《聚洲王公墓表》：“崇祯丁丑八月，葬公于江宁县太白乡吉山西南。”[⑥]

按：张士儒《王元翰年谱》引宜兴陈于廷《明工科右给事中临安王君墓表》载葬于十月。[⑦]

崇祯十二年己卯（1639），逝后六年

夏五月吉旦（初一日），刘宗周撰《明故征仕郎原任工科右给事中墓志铭》。[⑧]

崇祯十三年庚辰（1640），逝后七年

钱谦益撰《明故工科右给事中聚洲王公墓表》。[⑨]

钱谦益《聚洲王公墓表》：“（葬）后四年庚辰，虞山钱谦益为文以表之，使馋

---

① 王鸣凤撰，张士儒点校：《宁阳王氏族谱·新纂辑王氏宗支谱》，《华宁县文史资料》，第3辑，第112页。

② 王元翰：《凝翠集》，影印《云南丛书》，第21册，第11435页，中华书局，2009年。

③ 王元翰：《凝翠集·墓志铭》，影印《云南丛书》，第21册，第11442页，中华书局，2009年。

④ 同上书，第11446页。

⑤ 王鸣凤撰，张士儒点校：《宁阳王氏族谱·新纂辑王氏宗支谱》，邵茂森主编《华宁县文史资料》，第3辑，第112页，华宁县文史资料委员会，1990年。

⑥ 王元翰：《凝翠集·墓志铭》，影印《云南丛书》，第21册，第11436页，中华书局，2009年。

⑦ 张士儒：《王元翰年谱》，《华宁县文史资料》，第3辑，第144页，华宁县文史资料委员会，1990年。

⑧ 王元翰：《凝翠集·墓志铭》，影印《云南丛书》，第21册，第11431~11436页，中华书局，2009年。

⑨ 同上书，第11435~11436页。张士儒《王元翰年谱》有载而不注所据资料版本信息（邵茂森主编：《华宁县文史资料》，第3辑，第145页，华宁县文史资料委员会，1990年）。

诸墓上。”①

崇祯十五年壬午（1642），逝后九年

侧室张氏侄、解元张履观为王元翰遗像题像赞（原像由王氏后裔江川温泉庄科村之王天德、王天汉、王天才昆仲，于1990年3月送给华宁县政协文史委员会收藏）。②

（孙秋克）

① 王元翰：《凝翠集·墓志铭》，影印《云南丛书》，第21册，第11436页，中华书局，2009年。

② 张士儒：《王元翰年谱》，邵茂森主编《华宁县文史资料》，第3辑，第145页，华宁县文史资料委员会，1990年。

王锡衮行实录存（?~1647）

综论

在中国文学史料和诗文总集中，借人以存史或借史以存人，是两种常见的情况。检点明代云南文学史，如果仅从作品的数量看，王锡衮或许算不上文学家——因为他不但没有专集留存，即使将现存典籍搜罗殆尽，其散见的诗文也寥寥无几，在这寥寥无几的遗存中，还有断简残篇。然而，数量从来都不是判断文学家地位的唯一标准，其作品是否承载了个人风骨和时代精神，也是文学史考量文学家的重要参数，此之谓借人以存史。舍此，我们将难以追踪并走近在明末这个政权鼎革、变乱频仍的时代，中国传统人文标尺的高度，是如何体现在每一个具体人物身上，并由此凝聚为一个民族、一个群体之精神的。实际上王锡衮不仅著述所存无多，就连他的生年，我们至今也不能够得知，虽然从《明实录》《明史》到云南地方志，对他的事迹都有所记载。但这并不能够影响我们将其视为有代表性的文学家，并为他作一个有编年而没有年龄的行实录存。

和当时许多生活在云南的汉族一样，王锡衮的家族也是在明初移民入滇的。王氏原籍陕西华阴，其始祖王仲宽，在明太祖朱元璋洪武十四年（1381），跟随出征云南的三大名将（蓝玉、傅友德、沐英）入滇，而后以军功授屯田，就此占籍当地，成为云南人。王仲宽是傅友德的部属，平云南后以军功授右卫冠带总旗，以军籍屯田于云南禄丰。禄丰地处滇中，是一片神奇的土地：它是恐龙的故乡，还有盐都黑井、琅井，境内田间阡陌纵横，河上数桥飞架，自然条件优越，人文底蕴深厚。“人杰地灵”一词，虽然经常流于套话，用在这里却是恰当的。禄丰的山水养育了王锡衮，他的事迹被人们涂上传奇色彩，在故乡流传至今。昆明文人郭之建写过一篇《王少宰游仙梦记》，记叙了县试前王锡衮梦到二仙，为其“洗俗肠，涤凡虑”，从此“每试辄为冠军，掇魏科，居显宦，声望表著于海内”[1]的传奇故事。仙人为他洗涤心肠的这个池子，后来

---

[1] 郭之建：《王少宰游仙梦记》，李根源辑《明滇南五名臣遗集·王忠节传》，影印《云南丛书》，第40册，第21351~21352页，中华书局，2009年。

被人们叫作洗心池[①]。传说自然不足为据，却足见被传说者在故乡人心目中的地位。

后人之所以景仰王锡衮，不仅缘于他在明朝中进士、选庶吉士、入翰林院、做南京祭酒、为礼部和吏部侍郎，在南明被征召为礼部尚书兼东阁大学士等出人头地的风光，更因为他在易代之际所表现的风骨和气节。明亡时已丁忧乡居的王锡衮，先后被南明隆武帝和永历帝征召入朝，他把这视为报效君国的机会，在滇中招募子弟兵，欲赴行在效力，然而不幸被起兵作乱的土司沙定洲，囚禁于省城贡院而未能奉诏。永历元年（1647）孙可望入滇，沙定洲在闻风逃窜之前，将王锡衮杀害。当沙定洲的爪牙冲进贡院致公堂时，王锡衮面不改色，正襟危坐，怒骂叛逆者，死得非常壮烈。袁嘉谷以"仪型一代"[②]赞扬其气节，永历朝以"一代纯儒，千秋劲气"[③]褒奖之，并谥文毅、忠节。

如果说文学创作是作家个人及其所处时代生活的表现，那么这种表现必然带有个人的局限性。也即是说，无论是穷苦之言还是欢娱之辞，都以作家个人生活所涉及的天地为先，而后才是他在个人境遇中所感受到的时代生活。只有这样，才能解释为何同一个时代的作品，其风貌既有相同的一面，亦有不同的精神和风格。如载于朱彝尊所辑《明诗综》里的《圣驾临雍恭纪》，是王锡衮台阁侍臣生涯的唯一自纪，具有一般台阁作品的雍容平和风格。但当大明王朝覆亡，南明小朝廷风雨飘摇之际，作者决意捐躯为国，自誓起兵，急欲奔赴君难、国难，却被囚禁在风节亭中，"一筹莫展，万千苦恼，日日逼来"[④]的时刻，情感的波澜就情不自禁地奔涌笔端，发而为《风节亭记》并诗这样气壮山河的篇章了。《风节亭记》并诗是充满男儿血性的文字，其报效君国的激情，简洁有力的措词，至今读来仍令人觉得荡气回肠。"捐躯赴国难，视死忽如归"[⑤]——一千六百多年前曹植《白马篇》中那个意气风发的少年，在这个作品中，似乎幻化为奔驰在滇云大地上的英雄。王锡衮存世的作品虽然不多，《风节亭记》并诗却恰是中华民族优秀传统精神的集中表现。

王锡衮平日的文章，多为应人求索的碑记和墓志铭。以他科举制艺的水准和翰林院臣的笔墨，要把这类文章写得中规中矩并不难，难的是在其中闪现出性灵之光。如《启

① 杨仰修抄本《禄丰县志条目》，《中国方志丛书》，第141页，台湾成文出版社有限公司，1975年。

② 袁嘉谷：《滇绎》，李春龙、刘景毛《正续云南备征志精选点校》，第722页，云南民族出版社，2000年。

③ 佚名：《王氏家谱·王锡衮传》，李根源辑《明滇南五名臣遗集·王忠节传》，影印《云南丛书》，第40册，第21351页，中华书局，2009年。

④ 王锡衮：《风节亭恭记》，李根源辑《明滇南五名臣遗集·王忠节传》，影印《云南丛书》，第40册，第21348页，中华书局，2009年。

⑤ 曹植：《曹子建集》卷5《白马篇》，《续修四库全书》，第1303册，第600页，上海古籍出版社，2002年。

明桥碑记》（按：以下所引诗文见下段脚注）不失为写景文中的好作品，《恭肃严公墓志铭》则是记叙文中的上乘之作，作者在严谨的结构中或娓娓叙述，或谐趣横生，人物形象跃然纸上。不同于其台阁诗风的平庸，王锡衮的古风《渡盘江铁桥》风格恣纵豪放，情韵铿锵有力，在云南明清诗人的同题诗中独具一格。可见，作为文学家的王锡衮，擅长以不同的笔墨，表现不同的生活和情境。

王锡衮的诗文遗存不多，《云南丛书》本《滇南五名臣遗集·王忠节传》中有《知我府君行述》一文、《王忠节公文集》和《王忠节公诗集》各一卷，此外散见者有文章《明清莲山主创寺禅师义印之墓志》《恭肃严公墓志铭》《启明桥碑记》等①，诗《圣驾临雍恭纪二首》《渡盘江铁桥》②等。王锡衮第十世孙王武科编《王文毅公集》载文12篇，诗7首。

王锡衮生平事迹见于史籍和方志者，据《王文毅公集》，计有：《明史》（卷二百七十九）、《道光云南通志稿》《滇南碑传集》《新纂云南通志》《云南历代名人事略》《滇南五名臣遗集》《滇绎》《滇系》《南疆逸史》《禄丰县志》《小腆纪年》等11种，又有零星文献记载30种③，并《禄丰王氏族谱》④。王先生收罗的史料虽为迄今较全者，但实际上这些史传所载，可谓大同小异，未能提供更多的史实。袁嘉谷说："史载公官事甚简，滇志尤阙。"⑤信其然矣。笔者在2010年编撰的《王锡衮创作行实系年》，对王锡衮的生平事迹进行了较为系统的整理，但限于当时的阅读条件和认识水准，史料发掘不足而纪年、纪事粗疏，创作与生平的关联尚欠紧密，引录史料很少注明应有的完整版本信息⑥。今进一步综览相关文献并深入考辨，尽可能翔实地编撰其行实录存，希望对王锡衮研究有所裨益。

---

① 杨仰修抄本：民国《禄丰县志条目》（《中国方志丛书》，第124页，台湾成文出版社有限公司，1975年）、范承勋等纂修《康熙云南府志》（《中国地方志集成》本《云南府县志辑》，第1册，第511页，凤凰出版社，2009年）。

② 朱彝尊：《明诗综》卷71（《景印文渊阁四库全书》，第1460册，第614页，台湾商务印书馆，1986年）、靖道谟等编纂《贵州通志》卷44（《景印文渊阁四库全书》，第572册，第515页，台湾商务印书馆，1986年）。

③ 王武科编：《王文毅公集》，第23~54页，云南大学出版社，1993年。

④ 王武科编：《禄丰王氏族谱》，楚雄方志办公室，1987年。

⑤ 李春龙、刘景毛：《正续云南备征志精选点校》，第722页，云南民族出版社，2000年。

⑥ 孙秋克：《明代云南文学研究》，云南人民出版社，2010年。

行实录存

生年不详。

王锡衮，字龙藻，号昆华、仲山、念昔，别号素斋。世居禄丰县（今属楚雄）大北厂。

何太和《明大学士王文毅公事纪略》："王锡衮，字龙藻，号昆华，一号仲山，又号念昔，别号素斋。世居禄丰县城北大北厂，先代及公茔墓在城西莲花山。"[①]

按：关于王氏墓地，请参阅本年谱永历元年纪事。

祖籍陕西华阴，先祖王仲宽，以军功授右卫冠带总旗，屯田禄丰，子孙遂占籍于此。

《知我府君行述》："吾家世为陕之华阴人，始祖仲宽，以良家子从颍川侯（按傅友德）克滇，功授右卫冠带总旗，屯田禄丰，子孙遂家焉。"[②]

《明史·兵二》："天下既定，度要害地，系一郡者设所，连郡者设卫。大率五千六百人为卫，千一百二十人为千户所，百十有二人为百户所。所设总旗二，小旗十，大小联比以成军。""洪武二十六年定天下都司卫所"。[③]

按：冠带，指授给官职，冠即官帽，带即腰带；总旗，下层军官。明代地方军队设都指挥使司、卫、所三级。每卫设指挥使一人，卫所下设五个千户所，千户所下设十个百户所，百户所下设总旗二，总旗各领小旗五。

父生于嘉靖丙寅（1566）岁二月二十日，名劝士，字宏举，号知我。弟兄五人，行四。自幼聪颖，为人孝悌，嗜读书，著述甚富。

《知我府君行述》："始祖……几传至高祖用常公，恢旧业而族愈滋。先大父柏楼公缵承厥志，益拓前修，以嘉靖丙寅岁二月二十日生先君。先君讳劝士，字宏举，号知我。聪颖天植，过目成诵，犹嗜学甘贫，青灯鱼目，危坐一小楼，达旦不寐，故未壮而发须皤然。早年游泮，负笈百里外，从葆案朱先生游，历试滇闱不遇，遂传《易》里中。所著有《经书解易》《学箕传》《天外奇集》《养俭手抄》八册并裒次《览翠楼集》。

---

① 何太和：《明大学士王文毅公事纪略》（以下简称《王文毅公事纪略》），李根源辑《明滇南五名臣遗集·王忠节传》，影印《云南丛书》，第40册，第21347页，中华书局，2009年。何大和，禄丰人，嘉庆癸酉（1813）进士。

② 王锡衮：《知我府君行述》，李根源辑《明滇南五名臣遗集·王忠节传》，影印《云南丛书》，第40册，第21352页，中华书局，2009年。

③《明史》卷90，第8册，第2193、2196页，中华书局，1974年。

《览翠》者，先大父柏楼公所作也。……先君弟兄凡五人，先君行四，式相敬好，笃于古谊，以娱先祖。先祖真率坦夷，喜怒不介于色，先君奉之，必得其欢心，以故先祖妣张孺人年八十时，常抚不孝孤曰：‘尔父自束发来，只知读书一路……’”“（先君）持论侃侃不阿，接物平易中具饶严毅，乡人士爱之、畏之。”①

母杨氏，邑廪生杨有恒之女。生子三：锡衮、锡玉、锡钺。有二女，所适俱习儒业。②

《知我府君行述》：母杨氏，“邑廪生杨有恒之女。生子三：长不孝锡衮，娶儒官潘荫女；次锡玉尚幼，聘易门县王可立女；锡钺，聘廪生宋学祁女。女二：长适广通县木为楠男木起凤；次适汤用中男汤至惠。俱儒业。”③

传至锡衮，无子，有二女。

《知我府君行述》：“不孝生女二：长许聘廪生束玉男束世鉴；次尚未字。”④

过继堂侄咨翼为长子。

佚名《王氏家谱·王咨翼传》：“系云南右卫军藉禄丰县学生，即大学士王锡衮之堂侄。年甫十岁，大学士抚为长子。……康熙十一年壬子闰七月十八日金疮举发，病故。”⑤

王氏落籍禄丰，世代繁衍，见载者凡六世。⑥

《知我府君行述》：始祖仲宽→高祖用常→祖父柏楼－配张孺人→父劝士（宏举）－配杨氏→长子锡衮－配潘氏；次子锡玉－聘王氏；幼子锡钺－聘宋氏；长女－适木起凤；次女－配汤至惠→长男咨翼（堂侄过继）；长女－配束世鉴；次女（尚未字）。⑦

明神宗朱翊钧万历四十二年甲寅（1614）

父力请建县学，创修文庙，择地西麓而建之，改变了县学附安宁的状况。

郭之建《王少宰游仙梦记》：“先是，禄邑学附安宁，少宰尊翁食安宁廪饩，携

---

① 王锡衮：《知我府君行述》，李根源辑《明滇南五名臣遗集·王忠节传》，影印《云南丛书》，第40册，第21352页，中华书局，2009年。

② 同上。

③ 同上。

④ 同上。

⑤ 佚名：《王氏家谱·王咨翼传》，李根源辑《明滇南五名臣遗集·王忠节传》，影印《云南丛书》，第40册，第21351页，中华书局，2009年。

⑥ 王锡衮：《知我府君行述》，李根源辑《明滇南五名臣遗集·王忠节传》，影印《云南丛书》，第40册，第21352~21353页，中华书局，2009年。

⑦ 同上。

先生应童子试，欺先生远方幼学，推先生于署旁钱麻（坑）[坑]中。少宰尊翁气不屈，于万历壬子（1612）力请建学，创修文庙，择其地于西麓焉。”①

按：“钱麻”当为“荨麻”，多年生草本植物。或音同而误写。

《康熙云南府志》：文庙“在县治东，明初学宫未备，附安宁州。隆庆元年，乡饮宾王昱具呈抚按捐资，倡建于县治北，即文明书院也。万历戊申（1608）毁于兵，甲寅（1614），学道黄廷宾、守道汪克用、知县向兆麟，偕邑绅王劝士，创建于西山之麓。……乙酉（1645），土酋焚毁。”②“文明书院，在禄丰县北，明隆庆间合学公建，今废。”③

民国《禄丰县志条目》载：“县属明以前无书院，明中叶隆庆间，始就城北金山之巅，建桂香阁崇祀文帝，配以两厢，设义学。清初因之，名桂香书院。”④

按：禄丰建县学、修文庙年代两出，姑取府志系于今年；地点亦有在县治西麓和城北二说，当在西麓。

万历四十三年乙卯（1615）

乡试中举。⑤

佚名《王氏家谱·王锡衮传》：“系云南右卫军籍，禄丰县学生。中万历四十三年乙卯科举人。”⑥

何大和《王文毅公事纪略》：“公自幼英敏笃学，读书邑东山古林书院，寒暑不倦。中万历四十三年乙卯科举人。”⑦

---

① 郭之建：《王少宰游仙梦记》，李根源辑《明滇南五名臣遗集·王忠节传》，影印《云南丛书》，第40册，第21351页，中华书局。

② 范承勋等纂修：《康熙云南府志》卷9《学校一·文庙》，《中国地方志集成》本《云南府县志辑》，第1册，第234页，凤凰出版社，2009年。

③ 范承勋等纂修、《康熙云南府志》，《中国地方志集成》本《云南府县志辑》，第1册，第511页，凤凰出版社，2009年。

④ 杨仰修抄民国《禄丰县志条目》，《中国方志丛书》，第107页，台湾成文出版社有限公司，1975年。

⑤ 孙秋克：《王锡衮创作行实系年》，《明代云南文学研究》，第238页，云南人民出版社，2010年。

⑥ 佚名：《王氏家谱·王锡衮传》，李根源辑《明滇南五名臣遗集·王忠节传》，影印《云南丛书》，第40册，第21350~21351页，中华书局，2009年。

⑦ 何大和：《王文毅公事纪略》，李根源辑《明滇南五名臣遗集·王忠节传》，影印《云南丛书》，第40册，第21347页，中华书局，2009年。其事又见《新纂云南通志》卷16《历代贡举征辟表·续表》，第2册，第352页，云南人民出版社，2007年。

按：王锡衮中举的时间，其传记和康熙《云南通志》[①]皆载为万历四十三年，雍正《云南通志》则载为天启元年[②]，其间相隔六年，共两科。本谱据多数史料系于今年。明代禄丰有书院一所，即文明书院，清初改名桂香书院（详本谱去年纪事）。古林书院，不详。

明熹宗朱由校天启二年壬戌（1622）

离禄丰进京师赴会试，途中作古风《渡盘江铁桥》。

诗云："盘江始自武浔泬，犇流万里势滐滐。两岸雄关插碧天，一线羊肠山巀嵲。浪触云流倒泻来，逆望澎湃无时辍。几载舟人登棹艰，风急沿泝心胆裂。天生英杰拯民溺，独创慈航志已决。对此江神誓此身，一片精诚鬼神彻。飞梯何须藉鳌背，金绳直嵌山之侧。横空贯索插云蹊，补天绝地真奇绝。曾闻罗浮道士作浮桥，风雨薄蚀虞飘折。又闻飞阁用石盐，百年那得坚如铁。嗟哉我公，为禹之功，臣奚止云商家之舟楫。只今南北去住无望洋，直令万禩怀明德。"[③]

按：明代出云南、贵州道为一途，王锡衮平生三次往返于京、滇之间，未详此诗作于何时，姑系于其初出云南时。

中三甲第三百二十九名进士；六月廿三日，选庶吉士[④]。父就剑川训蒙。

李周望《国朝历科题名碑录初集》：明天启二年（壬戌科），赐同进士出身第三甲三百二十九名。"王锡衮，云南右卫军籍，陕西华阴县人。"[⑤]

《明熹宗实录》六月戊子（廿三日）："上视朝……选庶吉士三十六人：蒋德璟、郑鄤、李明睿、倪元璐、杨玉珂、倪嘉善、黄道周、张士范、朱之俊、张四知、杨行恕、黄锦、齐心孝、刘必达、方逢年、陈盟、郑之玄、王锡衮、许士柔、刘先春、李绍贤、陈维新、文安之、陈具庆、王铎、李若琳、孙之獬、陈演、王鸣玉、梁元柱、谢德溥、杜三策、屈可伸、王启元、徐时泰、南居仁。"[⑥]

---

① 康熙《云南通志》第 17 卷下《选举·举人》，日本京都大学藏，康熙二十九年刊本。

② 靖道谟等编纂：雍正《云南通志》卷 20 中，《景印文渊阁四库全书》，第 570 册，第 54 页，台湾商务印书馆，1986 年。

③ 靖道谟等编纂：《贵州通志》卷 44，《景印文渊阁四库全书》，第 572 册，第 515 页，台湾商务印书馆，1986 年。

④ 孙秋克：《王锡衮创作行实系年》（《明代云南文学研究》，第 238 页，云南人民出版社，2010 年）。载事而未明名次、日期。

⑤ 李周望：《国朝历科题名碑录初集·明洪武至崇祯各科附》，第 2 册，第 1227 页，台湾华文书局，1969 年。

⑥《明熹宗实录》卷 23，第 1147~1148 页，台湾"中央研究院"历史语言研究所，1962 年。

《知我府君行述》："及瓜，不孝孤偶博一第。改馆职，乡亲友咸劝止之。先君曰：'官无崇卑，行义一也，奈何以儿一第遽止！'遂俯就剑川训。终以万里游子，天涯落寞，恋不忍别。"①

十月初五日，父丧，于京师泣作《知我府君行述》。陈情丁忧，钦赐驰驿，扶梓卜葬于祖茔。

《知我府君行述》："虽遘病，而枕中书犹不释手，于十月初五日卯时，竟见背矣。呜呼！痛哉！痛哉！……先君之来，为不孝来；先君之留，亦为不孝留。坐致栖迟帝乡，一夕千古，许大愿力，毫发未偿，则不孝孤固天地间一大罪人也。时奉素辆返故丘，卜葬于祖茔西山之麓。圣恩浩荡，仅撮遗行二三，乞名公一言，以阐幽光，以征先德，锡衮等死且不朽。寓京都承恩寺不孝男锡衮，泣血顿首谨状。"②

佚名《王氏家谱·王锡衮传》："初选庶常，丁父忧，陈情终制，钦赐驰驿，扶梓归葬。"③

天启三年癸亥（1623）

在禄丰乡里为父守孝。新建飞凤石桥三硿。

《启明桥碑记》："吾邑在滇池右，合武定、罗次，达于沅而入于交，隘悍驰迅，不减两津。凡为桥者三：曰'星宿'，西环邑治者也，邑令向君成之；曰'飞凤'，东环邑后南达金沙者也，予奉先大夫命，合乡人成之；曰'启明'，则东扼邑前，南联省会者也，方伯木君成之。"④

佚名《王氏家谱·王锡衮传》："守制在里，悯民病涉，新建飞凤石桥三硿。"⑤

《新纂云南通志》："飞虹桥，俗名罗次桥，在城北门外里许，通黑、琅井大路。明天启间，邑绅王锡衮建石桥三硐。"⑥

按：此桥为三孔石墩木桥，后来被洪水冲塌，王锡衮之子王咨翼续修完工，取名

---

① 王锡衮：《知我府君行述》，李根源辑《明滇南五名臣遗集·王忠节传》，影印《云南丛书》，第40册，第21353页，中华书局，2009年。

② 同上书，第21353页。

③ 佚名：《王氏家谱·王锡衮传》，李根源辑《明滇南五名臣遗集·王忠节传》，影印《云南丛书》，第40册，第21350页，中华书局，2009年。

④ 辑刻《云南丛书》处辑《滇文丛录》卷82，影印《云南丛书》，第42册，第22287页，中华书局，2009年。

⑤ 佚名：《王氏家谱·王锡衮传》，李根源辑《明滇南五名臣遗集·王忠节传》，影印《云南丛书》，第40册，第21350页，中华书局，2009年。

⑥《新纂云南通志》卷36《地理考十六》，第3册，第324页，云南人民出版社，2007年。

丰裕桥。桥在今县城北，南北向横跨罗次河。原名飞虹桥、飞凤桥、利济桥，当地百姓称之为罗次河桥，古时为境内黑井、琅井、元永井、阿陋四井运盐至省会要梁。[①]佚名《王氏家谱·王咨翼传》："王咨翼……重建飞凤石桥，鼎建古林书院。"[②]

书尖石寺"古石禅林"四字及其他匾额、对联。

李根源记："至尖石寺，得公所书'古石禅林'四字（款署'天启癸卯昆华王锡衮书'）及'堆霞石'三字、'临风怀谢'四字。又'古石凌空，撑起半天日月；慈云结盖，沾来大地山河''两行聚就千头石，半壁生成一朵云'两联，皆松木镌刻，年久朽坏，仅存痕迹耳。按尖石寺在城东三十里，文毅公读书其中，原建有楼，已圮，今仅遗石台故址及洗心池焉。其台高十二尺，何太和重修一亭于其上，题额曰'王文毅公读书古迹'，联曰'人奋地俱灵，谁谓穷乡僻壤中，做不出天民国士；楼倾台始建，须知远瞩高瞻处，仍维思孝子忠臣。'"[③]

按：李根源记款署"天启癸卯昆华王锡衮书"，但天启间无此干支而有癸亥，或为误刻，故系于此。

天启五年乙丑（1625）

服阕，补授翰林院检讨，寻迁编修。

佚名《王氏家谱·王锡衮传》："服阕，补授检讨，寻迁编撰。"[④]

按：本传此条未明年代，此以守制惯例推算。又：明代翰林院设检讨和编修官职（检讨为从七品，编修为正七品），此处"编撰"疑为"编修"之误。

冬十一月廿一日，撰《明清莲山主创寺禅师义印之墓志》。

该墓志云："乙丑（1625）仲冬二十一日，青莲上人不复上说法，诸徒者将奉遗履疑定山岭边。成矣，丐余友向余索志。"款署："仲秋廿一日，邑人王锡衮拜手撰。"[⑤]

按："仲秋"当为"仲冬"之误。

---

① 李学智著：《桥连阡陌：峻岭阡陌间的禄丰桥文化》，第90~92页，云南民族出版社，2006年。

② 佚名：《王氏家谱·王咨翼传》，李根源辑《明滇南五名臣遗集·王忠节传》，影印《云南丛书》，第40册，第21351页，中华书局，2009年。

③ 李根源辑：《明滇南五名臣遗集·王忠节传》，影印《云南丛书》，第40册，第21349~21350页，中华书局，2009年。

④ 佚名：《王氏家谱·王锡衮传》，李根源辑《明滇南五名臣遗集·王忠节传》，影印《云南丛书》，第40册，第21350页，中华书局，2009年。

⑤ 杨仰修抄本：《禄丰县志条目》，《中国方志丛书》，第124、131页，台湾成文出版社有限公司，1975年。

天启六年丙寅（1626）

奉太子诏回滇行善举，完命后返京，升侍读。①

佚名《王氏家谱·王锡衮传》："赍皇太子诏回滇，周贫掩骨，义助婚丧等，复命，升侍读。"②

天启七年丁卯（1627）

书石云庵"别有天"等匾额、对联。

李根源记："咸丰三年（1853年）……又至石云庵，得'别有天'三字，土主庙得'威灵显赫'四字，宝泉山得'宝泉山'三字，城南三里之关帝庙得'真英雄'三字，款署'天启丁亥邑人王锡衮书'。大北厂公之祖祠得门联一副：'不负君不负亲不负师，肃肃千秋祀典；有是功有是德有是言，绵绵百代书香。'又得残碑数段，苔藓驳蚀，字迹模糊。剔视，存'翰林院侍读裔孙王锡衮谨'十一字，馀则漫漶莫辨。凡公所书大小各体，字画刚劲，无愧一代名臣。瞻仰之余，肃然敬起。既而斜日西下，蔓草荒烟，触目增感，循途归寓，日已瞑矣。夜间和壁人孝廉过访，谈及城北八十里有青莲寺，寺后为西荫和尚汪藏海墓，其墓志公所撰书，城东六十里罗次县属之斜峰寺，系公所建，碑记尚存，并出公手书册页三篇，家谱一册见饷，内载公传云……"③

按：天启间干支无丁亥而有丁卯，为天启七年，故系于此。李根源记"丁亥"或为刻误。

明思宗朱由检崇祯元年戊辰（1628）

官詹事府少詹事。④

佚名《明季忠烈录·王锡衮传》："崇祯元年，官至少詹事。"⑤

---

① 孙秋克：《王锡衮创作行实系年》，《明代云南文学研究》，第238页，云南人民出版社，2010年。

② 佚名：《王氏家谱·王锡衮传》，李根源辑《明滇南五名臣遗集·王忠节传》，影印《云南丛书》，第40册，第21350页，中华书局，2009年。侍读为翰林院官职（正六品）。

③ 李根源辑：《明滇南五名臣遗集·王忠节传》，影印《云南丛书》，第40册，第21349~21350页，中华书局，2009年。

④ 孙秋克：《王锡衮创作行实系年》，《明代云南文学研究》，第239页，云南人民出版社，2010年。明代詹事府设詹事（正三品）及少詹事（正四品），为正副长官。明初詹事府专管太子训导诸务，中晚明则成为翰林升转之阶，名实逐渐不符。

⑤ 佚名：《王氏家谱·王锡衮传》，李根源辑《明滇南五名臣遗集·王忠节传》，影印《云南丛书》，第40册，第21347页，中华书局，2009年。

《明史》本传："崇祯中，累官少詹事。"[①]

二月十日，充经筵展书官。[②]

《崇祯长编》崇祯元年二月壬寅（十日）："以太师英国公张惟贤、大学士施凤来为知经筵官，大学士张瑞图、李国、来宗道、杨景辰为同知经筵官、礼部尚书侍郎等官。温体仁、王祚远、何如宠、吴宗达、黄士俊、成基命、曾楚卿、萧命官、姜逢元、叶灿、孔贞运、陈具庆、张士范、徐时泰、倪元璐、李若琳为讲读官，编修江鼎镇、谢德溥、张四知、倪嘉善、黄锦、王锡衮、张维机、王建极为展书官。"[③]

妻潘氏丧（曾封淑人），长子咨翼例荫太守，力辞不受。

佚名《王氏家谱·王咨翼传》："崇祯戊辰，主潘淑人哀。例荫太守。力辞不受，愿就制科。"[④]

按：淑人，三品职官命妇封诰。不详潘氏何时封淑人。

崇祯二年己巳（1629）

冬十一月，督师袁崇焕下狱，上疏为其白冤。帝怒，王锡衮险遭贬谪，幸遇宽免。[⑤]

佚名《明季忠烈录·王锡衮传》："二年冬十一月，大清兵入塞，陷遵化，下督师袁崇焕狱，锡衮抗章为崇焕白冤，有'蓟辽督师，非崇焕莫胜'等语。疏上，帝怒，几遭遣，继幸宽免。"[⑥]

按：此传所载袁崇焕下狱时间疑误，故取别载：

《明史·庄烈帝本纪》：崇祯二年"十二月辛亥朔，再召袁崇焕于平台，下锦衣卫狱。"[⑦]

---

①《明史》卷279，第23册，第7150页，中华书局，1974年。

② 经筵是汉唐以来为帝王特设的御前讲席，形成于宋代，元、明、清三代沿袭。明代经筵讲席制度化，每旬一大讲，每日一小讲。每月一旬的经筵为朝廷大典，一般由勋臣一人知经筵事，内阁学士或知或同知经筵事，六部尚书等官侍班，另有展书、侍仪、供事、赞礼等人员。日讲则较经筵大为简略，只用讲读官内阁学士侍班，不用侍仪等官。

③《明实录》附录汪楫《崇祯长编》卷6，第273页，台湾"中央研究院"历史语言研究所，1962年。

④ 佚名:《王氏家谱·王咨翼传》，李根源辑《明滇南五名臣遗集·王忠节传》，影印《云南丛书》，第40册，第21351页，中华书局，2009年。

⑤ 孙秋克：《王锡衮创作行实系年》，《明代云南文学研究》，第239页，云南人民出版社，2010年。

⑥ 佚名:《王氏家谱·王锡衮》，李根源辑《明滇南五名臣遗集·王忠节传》，影印《云南丛书》，第40册，第21350页，中华书局，2009年。

⑦《明史》卷23，第2册，第311页，中华书局，1974年。

《崇祯实录》："十二月辛亥朔……召袁崇焕、祖大寿、满桂、黑云龙于平台，崇焕方遣副总兵张洪谟等蹑，闻召议饷，乃入见。上问以杀毛文龙，今反逗留，何也？不能对，命下锦衣狱。"①

阿迷州土司普名声反。②

《康熙云南府志》："三年冬，阿迷州土酋普名声反。"③

崇祯四年辛未（1631）

春，任会试同考官，取卞应聘等名士。

佚名《王氏家谱·王锡衮传》："崇祯四年，同考会试官，取卞应聘等，俱名士。"④

按：是年进士榜吴伟业为榜眼，卞应聘中三甲第六十七名。鲁曾煜等编纂《广东通志》载：卞应聘，字莲生，丹徒人，崇祯五年以进士任新会知县。其性廉正，到任后整顿政风，严禁僚属衙役赌博，风教肃然；力办积案，判决严明，使四境安宁，深得百姓爱戴。猝死于任，百姓为之罢市，并在县左为其立祠，按时祭祀。⑤

七月十七日，上疏就阿迷州土司反叛事进言，章下所司酌议。

《崇祯长编》：七月己丑（十七日），"日讲官王锡衮，以滇南普酋猖獗，其发端挑衅虽罪在抚臣，而蹂残兆姓，实患切封疆。疏恳酌发兵饷以终剿事，并乞稍假宽政，俾抚臣得从容展布，以赎前愆。章下所司酌议。"⑥

崇祯五年壬申（1632）

正月十三日，升南都国子监司业。司职期间，著《经书解义》《溪适草》等诗文集十卷。

佚名《王氏家谱·王锡衮传》："及晋南少司成，博极群书，手不释卷。著有《经

---

① 汪楫：《崇祯实录》卷2，《明实录》附录，第72页，台湾"中央研究院"历史语言研究所，1962年。

② 阿迷，今云南省红河州开远市。

③ 范承勋等纂修：《康熙云南府志》卷5，《中国地方志集成》本《云南府县志辑》，第1册，第107页，凤凰出版社，2009年。

④ 佚名：《王氏家谱·王锡衮》，李根源辑《明滇南五名臣遗集·王忠节传》，影印《云南丛书》，第40册，第21350页，中华书局，2009年。

⑤ 鲁曾煜等编纂：《广东通志》卷40《名宦志》，《景印文渊阁四库全书》，第563册，第766页，台湾商务印书馆，1986年。

⑥ 汪楫：《崇祯长编》卷48，《明实录》附录，第2856~2857页，台湾"中央研究院"历史语言研究所，1962年。

书解义》及《溪适草》等诗文集十卷。”[①]

《崇祯长编》：正月辛亥（十三日），“升黄锦、王锡衮同为国子监司业，锦独加服俸一级。”[②]

按：司业、少司成，国子监官员，名二实一。在历史上，国子监曾被称为司成馆，故后世称国子监祭酒为大司成，称司业为少司成。此职在明代为正六品。

崇祯七年甲戌（1634）

任司经局洗马[③]，晋左右宫谕；公卿会推，枚卜一次。

佚名《王氏家谱·王锡衮传》：“以洗马掌司经局，随晋左右宫谕，公卿会推，枚卜一次。”[④]

按：洗马、明代司经局：前者为官职，后者为衙署，皆隶属太子官署詹事府。洗马为其长官（从五品），掌管太子宫中图书典籍以备进览；左右宫谕，不详何职，疑为左右谕德（詹事府官职，从五品）。会推：朝官共同推荐选任官员；枚卜：在明代专指选大臣为大学士，入内阁主事。《明史·杨涟传》：“国家最重无如枚卜。忠贤一手握定，力阻首推之孙慎行、盛以弘，更为他辞以锢其出。岂真欲门生宰相乎？”[⑤]

七月，清军复入塞。上疏数千言，道历年边事之失策，力荐卢象昇专理边事。[⑥]

佚名《明季忠烈录·王锡衮传》：“七月，大清兵复入塞，京师震动，廷命大小臣工言事。锡衮上疏，言历年边事之失策，胥由任将之不得其人，得其人而任用不专之故。侃侃数千言，力请以卢象昇专任边事。”

按：崇祯八年七月，卢象昇总理直隶、河南、山东、湖广、四川军务[⑦]。此职为卢象昇首任，与总督或分或并[⑧]。

---

① 佚名：《王氏家谱·王锡衮传》，李根源辑《明滇南五名臣遗集·王忠节传》，影印《云南丛书》，第40册，第21350页，中华书局，2009年。

② 汪楫：《崇祯长编》卷55，《明实录》附录，第3199页，台湾“中央研究院”历史语言研究所，1962年。国子监，明代官署最高学府，长官一般设祭酒（从四品）、司业（正六品）各一人。

③ 孙秋克：《王锡衮创作行实系年》，《明代云南文学研究》，第239页，云南人民出版社，2010年。

④ 佚名：《王氏家谱·王锡衮传》，李根源辑《明滇南五名臣遗集·王忠节传》，影印《云南丛书》，第40册，第21350页，中华书局，2009年。

⑤《明史》卷244，第21册，第6325页，中华书局，1974年。

⑥ 孙秋克：《王锡衮创作行实系年》，《明代云南文学研究》，第239页，云南人民出版社，2010年。

⑦《明史》卷23《庄烈帝一》，第2册，第318页，中华书局，1974年。

⑧《明史》卷73《志》第49《职官二》，第6册，第1775页，中华书局，1974年。

十月，作《谷贻汇序》。

按：该序落款为“崇祯甲戌孟冬”。①

崇祯九年丙子（1636）

任南都（南京）乡试主考官，录取张旷等，有录人得当之称。②

佚名《王氏家谱·王锡衮传》：“七月，奉命典试南都，录取张旷等，号称得人。”③

崇祯十年丁丑（1637）

任钦差，册封桂王中子为永兴王。十二月廿一日，任南京国子监祭酒。公卿会推，枚卜一次。同兵部尚书范景文纠弹阁部杨嗣昌，一时权要，为之敛迹④。

佚名《王氏家谱·王锡衮传》：“十年丁丑四月，钦差册封桂王中子为永兴王，随拜南大司成（南京国子监祭酒）⑤，公卿会推，枚卜一次。乃同大司马范景文，纠弹阁部杨嗣昌，一时权要，为之敛迹。”⑥

《明史·杨嗣昌传》：“九年秋，兵部尚书张凤翼卒，帝顾廷臣无可任者，即家起嗣昌。三疏辞，不许。明年三月抵京，召对。……至明年……六月改礼部尚书兼东阁大学士，入参机务，仍掌兵部事。嗣昌既以夺情入政府，又夺情起陈新甲总督，于是楷、兰友及少詹事黄道周抗疏诋斥，修撰刘同昇、编修赵士春继之。帝怒，并镌三级，留翰林。刑部主事张若麒上疏丑诋道周，遂镌道周六级，并同昇、士春皆谪外。已而南京御史成勇、兵部尚书范景文等言之，亦获谴。嗣昌自是益不理于人口。”⑦

按：王锡衮纠弹杨嗣昌之事，《明史》本传、范景文传皆不载，杨嗣昌传则未提及王锡衮，录以备考。

---

① 王锡衮：《王忠节文集》，李根源辑《明滇南五名臣遗集》，影印《云南丛书》，第40册，第21355页，中华书局，2009年。

② 孙秋克：《王锡衮创作行实系年》，《明代云南文学研究》，第239页，云南人民出版社，2010年。

③ 佚名：《王氏家谱·王锡衮传》，李根源辑《明滇南五名臣遗集·王忠节传》，影印《云南丛书》，第40册，第21350页，中华书局，2009年。

④ 孙秋克：《王锡衮创作行实系年》，《明代云南文学研究》，第239页，云南人民出版社，2010年。

⑤ 按：张德信《明代职官年表》之《殿阁大学士年表》：“崇祯十年十二月廿一日，任南京国子监祭酒。”第387页，黄山出版社，2009年。

⑥ 佚名：《王氏家谱·王锡衮传》，李根源辑《明滇南五名臣遗集·王忠节传》，影印《云南丛书》，第40册，第21350页，中华书局，2009年。《王氏家谱》本传载“大司马”为兵部尚书别称。

⑦《明史》卷252《杨嗣昌传》，第21册，第6510~6513页，中华书局，1974年。孙秋克《王锡衮创作行实系年》引录而未注版本信息（《明代云南文学研究》，第239~240页，云南人民出版社，2010年）。

崇祯十二年己卯（1639）

升詹事府正詹事。[①]

佚名《王氏家谱·王锡衮传》："十二年己卯，升詹事府正詹。"[②]

雍正《云南通志》本传："累官詹事府正詹。"[③]

崇祯十三年庚辰（1640）

擢礼部右侍郎。[④]

《明史》本传："十三年，擢礼部右侍郎。"[⑤]

佚名《王氏家谱·王锡衮传》："十三年庚辰，迁少宗伯（按礼部侍郎别称），掌翰林院事教习馆员、纂修《玉牒》《实录》总裁。经筵日讲，每以勤圣学，戒奢逸，亲仁贤，远邪佞为劝。著有《晋呈御览讲章》三卷，帝嘉纳焉。"[⑥]

按：明代礼部设左右侍郎，正三品。

教习庶吉士。

孙承泽《春明梦馀录》："庚辰殿试日，上御舆张盖下丹墀，遍观诸进士对策及十六日呈进。十七日，上忽召四十人对文华殿，遂拔顺天通州魏藻德第一，鄞县葛世振、静海高尔俨俱一甲，而复拔赵玉森、姚宗衡、刘瑄、孙一脉、严似祖为简讨，命蒋德璟、王锡衮教习之。"[⑦]

《崇祯实录》三月："戊戌（十七日），赐贡士魏藻德以下三百人进士及第，出身有差。先是，召贡士三十余人于文华殿，上问'内外交讧，何以报仇雪耻'？通州魏藻德进，对曰：'以臣所见，不离明问，使大小诸臣皆知所耻，则才能自生，功业自建。'娓娓数百言，更自叙戊寅守城功。上心识之，故遂首拔。辛亥（三十日），进士姚宗衡

---

① 孙秋克：《王锡衮创作行实系年》，《明代云南文学研究》，第240页，云南人民出版社，2010年。

② 佚名：《王氏家谱·王锡衮传》，李根源辑《明滇南五名臣遗集·王忠节传》，影印《云南丛书》，第40册，第21350页，中华书局，2009年。

③ 靖道谟等编纂：雍正《云南通志》卷21之一，《景印文渊阁四库全书》，第570册，第108页，台湾商务印书馆，1986年。

④ 孙秋克：《王锡衮创作行实系年》，《明代云南文学研究》，第240页，云南人民出版社，2010年。

⑤《明史》卷279，第23册，第7150页，中华书局，1974年。

⑥ 佚名：《王氏家谱·王锡衮传》，李根源辑《明滇南五名臣遗集·王忠节传》，影印《云南丛书》，第40册，第21350页，中华书局，2009年。

⑦ 孙承泽：《春明梦馀录》卷7《策士》，《景印文渊阁四库全书》，第868册，第89页，台湾商务印书馆，1986年。孙秋克《王锡衮创作行实系年》引录而未注出版信息（《明代云南文学研究》，第240页，云南人民出版社，2010年）。

等四人授检讨，黄云师等五人授给事中，冯垣登等五人授监察御史，颜浑等二人授吏部主事，张朝延等七人授兵部主事——皆召对称旨，特授是官，前此未有也。”①

《明史》：“魏藻德，顺天通州人。崇祯十三年举进士。既殿试，帝思得异才，复召四十八人于文华殿，问‘今日内外交讧，何以报仇雪耻’。藻德即以‘知耻’对，又自叙十一年守通州功。帝善之，擢置第一，授修撰。”②

十一月七日，教习庶吉士礼部右侍郎迁兼侍读学士。③

崇祯十四年辛巳（1641）

四月二十五日，崇祯帝召于中极殿。

孙承泽《春明梦馀录》：“崇祯辛巳四月二十五日辰时，上召成国公朱纯臣，恭顺侯吴惟英，新乐侯刘文炳，驸马都尉万炜、巩永固，宣平伯卫时春，礼部尚书林欲楫，侍郎王锡衮、蒋德璟来中极殿。”④

五月初一日，应丽江土司木增之请，作《启明桥碑记》。

按：参阅本谱天启三年纪事。

《滇文丛录·启明桥碑记》：启明桥为“方伯木君成之”，“兹桥又与飞凤、星宿之脉相通，则兰盘之所势合而七邑斗绝，若在襟带。前代不宾合，悉归书轨矣。适木君丐予记，获亲履桥而坚致修广，不烦募助，鸠工庀材，视前人创造为尤难。”⑤

按：另本同文则云“启明桥者，方伯木君成之，而直指杨景明公通其家三而记以垂金石。会木君四方暇属笔者，且有十三纪。今年庚辰仲夏朔日，木君以书丐予《启明记》，予□□□桥坚檄修持……崇祯十四年辛巳仲夏吉，赐进士出身通议大夫⑥、礼部左侍郎兼翰林侍读学士、掌院事詹事府掌府玉牒总裁管理诰勒纂修、经筵□郎宫卿侍生王锡衮顿首拜。”⑦以上两段记载，《滇文丛录·启明桥碑记》无落款，另版可补；另版所缺三个字，则《滇文丛录》本“获亲履”可补。但这两段出处不同的文字，记

---

①汪楫：《崇祯实录》卷13，《明实录》附录，第375~376页，台湾“中央研究院”历史语言研究所，1962年。
②《明史》卷25，第21册，第6548页，中华书局，1974年。
③张德信：《明代职官年表·部院侍郎年表（京师）》，第975页，黄山出版社，2009年。侍读学士设于翰林院，官职为从五品。
④孙承泽：《春明梦馀录》卷70，《景印文渊阁四库全书》，第868册，第301页，台湾商务印书馆，1986年。
⑤辑刻《云南丛书》处辑《滇文丛录》卷82，影印《云南丛书》，第42册，第22287页，中华书局，2009年。
⑥通议大夫：散官名。明代文官正三品初授嘉议大夫，升授通议大夫，加授正议大夫。
⑦李学智：《桥连阡陌：峻岭阡陌间的禄丰桥文化》，第98~99页，云南民族出版社，2006年。禄丰启明桥，1621年丽江第十三世土知府木增捐资修建。

载亦多有不同。再说以王锡衮的行迹，今年不可能在乡，上篇言“适木君丐予记”，而另本言“木君以书丐予《启明记》”，两相对阅，“亲履桥”者，当为木增而非锡衮。另本为碑刻，不知何故，与《滇文丛录》本所载文字不同，存疑。

八月十七日，奉遣祭夕月坛；十八日，随驾临辟雍。作《圣驾临雍恭纪》二首[①]**，《明诗综》录之。**

其一：“乍挹方诸水，来湘泮水芹。金枢澹华月，玉露展萧辰。俎豆三千士，都俞十九人。公庭看万舞，未许羽衣陈。”其二：“朴学皋谟古，昌言圣主聆。硬黄摹猎碣，淡墨捧名经。胄子齐欢洽，真儒足典型。自今隆祀典，长照简编青。”[②]

按：这两首诗未录入《云南丛书》本《明滇南五名臣遗集·王忠节公诗集》。

朱彝尊《明诗综》引其《静志居诗话》：“崇祯十四年八月，太学当释奠思陵，有诏再临辟雍，于是罢遣阁臣及分献官。时能虎山真人张应京适在都，疏请入监观礼。尚书蒋公德璟暨王公咸持不可，驳回。十七日，王公奉遣祭夕月坛，二鼓，始诣国子监。十八日卯初刻，驾自长安左门出，由崇文街至成贤街，入庙门。两公导帝升阶坐御幄，内官持金瓶、金瓯、金炉者六人。天渐明，行释奠礼毕，幸彝伦堂祭酒。南居仁讲书《皋陶谟》，自‘天叙有典’至‘敬哉’，有土司业罗大任讲《易咸卦》。寻命赐茶，文班自衍圣公及阁部共一十九人，武班三十八人，分东西坐。帝命礼臣将《进士题名碑》并石鼓，悉摹拓进呈。又谕阁臣周、程、张、邵、朱六子，不当概置先儒之列，乃定议改称先贤云。是举也，蒋公纪之特详，今节录以证王公之作。”[③]

按：清代王植撰《皇极经世书解》云：“《宋史·道学传》首列周、程、张、邵、朱六子，百世同称大儒。”[④]

以左侍郎掌礼部事。请祀吴与弼等于学宫，不允；复抗疏请罢厂，亦不允。

佚名《明季忠烈录·王锡衮传》：“十三年……明年秋，尚书林欲楫出视孝陵，锡衮以左侍郎掌部事，请祀吴与弼、罗伦、章懋、吕枏、蔡清、陈真晟、王良、罗洪先、邹守益、罗钦顺、顾宪成于学宫，不允。复抗疏请罢厂，亦不允。”[⑤]

《明史》本传：“……锡衮以左侍郎掌部事。帝禁内臣干预外政，敕礼官稽先朝典制以闻。

---

① 孙秋克：《王锡衮创作行实系年》，《明代云南文学研究》，第 242 页，云南人民出版社，2010 年。

② 朱彝尊：《明诗综》卷 71，《景印文渊阁四库全书》，第 1460 册，第 614 页，台湾商务印书馆，1986 年。

③ 同上。

④ 王植：《皇极经世书解书意》，《景印文渊阁四库全书》，第 805 册，第 248 页，台湾商务印书馆，1986 年。

⑤ 佚名：《明季忠烈录·王锡衮传》，李根源辑《明滇南五名臣遗集》，影印《云南丛书》，第 40 册，第 21350 页，中华书局，2009 年。

锡衮等备列诸监局职掌，而不及东厂。提督内臣王德化言：‘东厂之设，始永乐十八年，《国朝典汇》可据。礼官覆议不及，请解臣职，停厂不设。’锡衮等言：‘《典汇》虽载此条，但系下文笺注。臣等以正史无文，故不敢妄引。’帝不听。锡衮复抗疏，请罢厂，亦不允。”①

劾奏立止天师入庙，疏传天下，公认此为不朽正论。

佚名《王氏家谱·王锡衮传》：“十四年辛巳八月，怀宗释奠先师，有真人府天师自请随驾幸学，公劾奏立止，天师竟不得入庙，疏传天下，佥服为不朽正论。”②

崇祯十五年壬午（1642）

正月初五日，充任崇祯帝祈谷礼上香导引官。③

秦蕙田《五礼通考·祈谷》：“壬午正月初五日，上常服诣太庙，以亲诣南郊视牲，预告于太祖及列祖神御前。仍钦遣礼部左侍郎王锡衮、右侍郎蒋德璟、詹事黄景昉，充上香导引官。”④

正月十九日，崇祯帝躬耕藉田。

《崇祯实录》春正月己丑（十九日）：“上躬耕籍田。”⑤

二月，崇祯帝再耕耤田。锡衮上疏言数事：量除加征，严核蠹饷；召还陈子壮等官员；乞免黄道周永戍；宜倍增南畿、浙江解额；举人数科不第，即令服官。又上言请斥逐真人张应京。上从之。⑥

《明史》本传：“二月，帝再耕耤田。锡衮因言频岁旱蝗，三饷⑦迭派，请量除加征，严核蠹饷，俾农夫乐生。又以时方急才，请召还故侍郎陈子壮、顾锡畴，故祭酒倪元璐、文安之，且乞免黄道周永戍。给事中沈允培请增天下解额，锡衮因言南畿、浙江人文更盛，宜倍增。又言举人不第，有三十年不谒选者，宜定制，数科不售，即令服官。从之。”⑧

---

①《明史》卷279，第23册，第7150页，中华书局，1974年。

②佚名：《王氏家谱·王锡衮传》，李根源辑《明滇南五名臣遗集·王忠节传》，影印《云南丛书》，第40册，第21350页，中华书局，2009年。

③孙秋克：《王锡衮创作行实系年》，《明代云南文学研究》，第242页，云南人民出版社，2010年。

④秦蕙田：《五礼通考》卷21，《景印文渊阁四库全书》，第135册，第571~572页，台湾商务印书馆，1986年。《王锡衮创作行实系年》引录未注明版本信息（《明代云南文学研究》，第242页，云南人民出版社，2010年）。

⑤汪楫：《崇祯实录》卷15，《明实录》附录，第423页，台湾“中央研究院”历史语言研究所，1962年。按：“籍田”，“籍”“藉”“耤”通用。

⑥孙秋克：《王锡衮创作行实系年》误载耕耤田事入十四年（《明代云南文学研究》，第240页，云南人民出版社，2010年）。

⑦三饷：明末加派的辽饷、剿饷和练饷三项赋税之合称。

⑧《明史》卷279，第23册，第7150~7151页，中华书局，1974年。

按：给事中沈允培请增天下解额，锡衮上言说，南畿、浙江人文更盛，宜倍增解额及举人，数科不中，即令服官。建议当为崇祯帝采纳。明代科举的谒选，主要是选贡。据《明史·选举一》，弘治中南京祭酒章懋上疏建议选贡，明孝宗令下部议行之，是为选贡之始。嘉靖二十七年（1548）起，祭酒程文德奏请岁贡入监，礼部复请从举人中选入国子监。于是举人、选贡、岁贡三者迭为盛衰。万历中，工科郭如心奏请停止选贡，神宗以为然，至崇祯时期复行之。[①] 王锡衮的建议被崇祯帝采纳，当为举人谒选复行于崇祯之实。

五月会推阁臣，被纳入推选名单。

《明史·李日宣传》："十五年五月会推阁臣，日宣等以蒋德璟、黄景昉、姜曰广、王锡衮、倪元璐、杨汝成、杨观光、李绍贤、郑三俊、刘宗周、吴甡、惠世杨、王道直名上。帝令再推数人，而副都御史房可壮、工部右侍郎宋玫、大理寺卿张三谟与焉。"[②]

举荐马士英为凤阳总督。[③]

《明史·马士英传》："十五年六月，凤阳总督高斗光以失五城逮治。礼部侍郎王锡衮荐士英才，延儒从中主之，遂起兵部右侍郎兼右佥都御史，总督庐、凤等处军务。"[④]

《御批历代通鉴辑览》："张献忠陷庐州，起马士英总督庐、凤军务"条："初，汴围急，督师丁启睿及左良玉往援献忠，乘间陷亳州，入英、霍，至是复纠别贼陷舒城，据之（按原注：教谕杨廷璧与在籍编修胡守恒协力严守，至三昼夜，城陷被执，骂贼死。廷璧，字荆璞，江都人。守恒，字见可）。连陷庐州（按原注：通判赵兴其、经历程元绶、指挥赵之璞皆力战死。兴基，太和人）、含山、巢、庐江、无为、六安诸州县。南京大震，诏逮凤阳总督高斗光，起马士英代之。士英初巡抚宣府，取公帑馈朝贵，坐遣戍。至是，礼部侍郎王锡衮（按原注：禄丰人）荐其知兵，周延儒力赞之，遂自戍所起用。"[⑤]

按：赵兴其，"其"为"基"之误。庐州、含山、巢（巢湖）、庐江、无为、六安诸县皆属南直隶，含山今属马鞍山管辖，巢湖、庐江今属合肥管辖，无为今属芜湖管辖，六安今属安徽省辖市。

---

①《明史》卷69，第6册，第1681页，中华书局，1974年。

②《明史》卷254，第21册，第6566~6567页，中华书局，1974年。

③ 孙秋克：《王锡衮创作行实系年》，《明代云南文学研究》，第240页，云南人民出版社，2010年。

④《明史》卷382，第26册，第7938页，中华书局，1974年。孙秋克《王锡衮创作行实系年》引录而未注版本信息（《明代云南文学研究》，第240页，云南人民出版社，2010年）。

⑤ 傅恒等编纂：《御批历代通鉴辑览》卷115，《景印文渊阁四库全书》，第339册，第687页，台湾商务印书馆，1986年。

六月十九日，与会推诸臣应召中左门。

李逊之《崇祯朝野纪》崇祯十五年六月十九日："上召会推诸臣吏尚李日宣，礼尚林欲楫，左都王道直，礼侍王锡衮、蒋德璟，左副都房可壮，掌詹李绍贤，兵侍吴甡，刑侍惠世扬、徐石麟，工侍宋玫，詹事黄景昉、邱瑜，通政使沈惟炳，大理卿张三谟，谕德杨观光，共十六人来中左门。……房、宋、张三人奏对不称旨，上遂传令各回衙门，遂俱出。是夜，传旨命德璟、景昉、甡三人入阁，而以滥推多人责吏部回话。"①

李日宣因会推之事获罪，革职下狱②，而后定案戍边。

《明史·七卿年表二》崇祯十五年："日宣，六月下狱充军。"③

《明史·李日宣传》："大僚不获推者，为流言入内，且创二十四气之说，帝深惑之。逾月，召日宣及与推诸臣入中左门，偕辅臣赐食。已，出御中极殿，令诸臣奏对。玫陈九边形势甚辩。帝恶其干进，叱之，乃命德璟、景昉、甡入阁，而以狥情滥举责日宣等回奏。奏上，帝怒不解，复御中左门，太子及定、永二王侍。帝召日宣，声甚厉。次召吏科都给事中章正宸、河南道御史张煊，及玫、可壮、三谟，诘其妄举。日宣奏辩。帝曰：'汝尝言秉公执法，今何事不私？'正宸奏：'日宣多游移，臣等常劾之，然推举事，实无所徇。'日宣复为玫等三人解。帝命锦衣官提下日宣等六人，并褫冠带就执。时帝怒甚，侍臣皆股栗失色。德璟、景昉、甡叩头辞新命，因言：'臣等并在会推中。若诸臣有罪，臣等岂能安。'大学士周延儒等亦乞优容。帝皆不许，遂下刑部。廷臣交章申救，不纳。帝疑其未就狱，责刑部臣克期三人定谳。侍郎惠世扬、徐石麒拟予轻比，帝大怒，革世扬职，镌石麒二秩，郎中以下罪有差。御史王汉言：'枚卜一案，日宣等无私。陛下怀疑，重其罪，刑官莫知所执。'不听。狱上，日宣、正宸、煊戍边，玫、可壮、三谟削籍。久之，赦还，卒。"④

按：关于会推事，佚名《王氏家谱·王锡衮传》有别载："十六年癸未，大冢宰李日暄（宣）、部院科道等衙门三次会推，枚卜第一，因权奸植党树私，从而中阻，敕命复推，竟尔遗名，朝野失望。幸帝聪明睿智，烛奸如神，而谕公曰：'尔王锡衮，万里孤踪，独无党援，特命尔吏部左侍郎，清理铨政，任用务须得人，倘有奸宄，许尔不时密奏。'秩满，加正二品服俸，赐三代诰命，荫一子入监读书，诰封通议大夫。

---

① 李逊之：《崇祯朝野纪》，台湾银行经济研究室辑《台湾文献丛刊》，第250种，第147~148页，台湾银行，1968年。

② 孙秋克：《王锡衮创作行实系年》误载其事于十四年(《明代云南文学研究》，第241页，云南人民出版社，2010年)。

③《明史》卷112，第11册，第3501页，中华书局，1974年。

④《明史》卷254，第21册，第6567页，中华书局，1974年。

时有阁臣李建泰奉命督师，帝亲饯于正阳门外，密询建泰曰：‘廷臣之中，畴可任为心膂？’建泰曰：‘廷臣有王锡衮者，向同臣典试南畿，习知其为人忠纯谨饬，识力过人，惟是臣足当重任。’帝深然之。”①此记载存疑：其一，会推事发生于今年而非崇祯十六年，李日宣因此而得罪革职，此后再未任职；其二，王锡衮今年五月初作《启明桥碑文》，落款已署通议大夫，似无十六年才诰封之理。

秋七月十六日，因谏崇祯帝事佛，加官俸一级。

《崇祯实录》秋七月甲申（十六日），“吏部左侍郎王锡衮谏上事佛，言甚婉切，上纳之，加服俸一级。”②

佚名《明季忠烈录·王锡衮传》：“帝纳真人张应京言，加尊天、地、水三官为大帝，应京又请谕中外一体，尊奉庆贺。锡衮言：‘三官号不经，且尔来游惰奸民，多窜入白莲、无为诸教，所在充塞，若许庆贺，害不可胜言。’并请斥逐应京，用清辇毂，不纳。”③

李逊之《崇祯朝野纪》崇祯十五年三月：“上以寇氛未靖，民罹锋刃，建斋南城，每子刻同中宫往诵佛。移时，然后还内。礼科姜采疏言：‘宗社之安危，非佛氏之祸福也。以九重之尊，对西竺之繁文，臣不敢以为可。且正德年之往事，皇上岂不见及此耶？’御史廖惟义疏请驱真人、羽士各还原籍，侍郎王锡衮请遣真人张应京归，皆不听。先是召应京入都，即传礼部宴；侍郎奏：‘会典宴法王在大慈恩寺，则宴真人宜在宫观。’上迟回，久之，始报可。旋召应京至会极门，赐赉甚渥，比洪熙时所赐逾数十倍。诸司无敢执奏者。已，加王锡衮服俸一级，嘉其讽上事佛，寓规于爱也。”④

按：此事以上三书所载月分、事迹不尽相同，录以备览。

改吏部左侍郎，掌部事。因上疏谏止崇祯帝终身蔬食之念，进秋秩一等。不久，解除部务，直讲经筵。⑤

《明史》本传：“欲楫还朝，锡衮调吏部尚书。李日宣下狱，遂掌部事。帝性纯孝，尝以秋夜感念圣母孝纯太后，遂欲终身蔬食。锡衮疏谏，帝嘉其寓爱于规，进秩一等。

① 佚名：《王氏家谱·王锡衮传》，李根源辑《明滇南五名臣遗集·王忠节传》，影印《云南丛书》，第40册，第21350页，中华书局，2009年。

② 汪楫：《崇祯实录》卷15，《明实录》附录，第440页，台湾“中央研究院”历史语言研究所，1962年。

③ 佚名：《明季忠烈录·王锡衮传》，李根源辑《明滇南五名臣遗集·王忠节传》，影印《云南丛书》，第40册，第21347页，中华书局，2009年。

④ 李逊之：《崇祯朝野纪》，台湾银行经济研究室辑《台湾文献丛刊》，第250种，第146~147页，台湾银行，1968年。

⑤ 孙秋克：《王锡衮创作行实系年》误载入十四年，且误言调任吏部尚书（《明代云南文学研究》，第241页，云南人民出版社，2010年）。

寻解部务，直讲筵。”[①]

佚名《明季忠烈录·王锡衮传》：“欲楫还朝，锡衮调吏部尚书。李日宣下狱，遂掌部事。”[②]

《明史·七卿年表二》崇祯十五年：“欲楫八月加太子太保。”[③]

雍正《云南通志·王锡衮传》：“累官……吏部左侍郎。”[④]

孙承泽《春明梦馀录》：“崇祯十五年闰十一月二十九日，上常朝毕，有旨传内阁五府六部、九卿科道等官及起居记注官，来中左门召对，赐各官茶饼。午刻，上出御门，各官行叩头礼毕，上谕：九卿科道公议督抚去留处分，限五日内，如何不见回奏。各官皆出班俯伏，吏部左侍郎王锡衮奏……所以稽延。上曰：‘时事甚亟，如何可迟，今日就于直房公同确议。’”[⑤]

按：李日宣下狱事见上文，林欲楫于崇祯十一年十二月任礼部尚书，今年八月在礼部尚书任上加太子太保，十六年致仕。李日宣下狱后，郑三俊八月任吏部尚书至十六年五月，其后李遇知接任[⑥]。诸传载王锡衮任吏部尚书，但他实际上任吏部侍郎掌部事，并非位居尚书。《明史》本传谓“解部务”，指不再以侍郎掌部事。

崇祯十六年癸未（1643）

在吏部侍郎任上。丁母忧，归禄丰[⑦]。

佚名《王氏家谱·王锡衮传》：“三月，丁母忧，钦赐驰驿归葬。”[⑧]

《明史》本传：“十六年忧归。”[⑨]

---

①《明史》卷279，第23册，第7151页，中华书局，1974年。

②李根源辑：《明滇南五名臣遗集》，影印《云南丛书》，第40册，第21347页，中华书局，2009年。

③《明史》卷112，第11册，第3501页，中华书局，1974年。

④靖道谟等编纂：雍正《云南通志》，《景印文渊阁四库全书》，第570册，第108页，台湾商务印书馆，1986年。

⑤孙承泽：《春明梦馀录》卷48，《景印文渊阁四库全书》，第869册，第39页，台湾商务印书馆，1986年。

⑥《明史》卷112《七卿年表二》，第11册，第3501页，中华书局，1974年。

⑦孙秋克：《王锡衮创作行实系年》，《明代云南文学研究》，第243页，云南人民出版社，2010年。

⑧佚名：《王氏家谱·王锡衮传》，李根源辑《明滇南五名臣遗集·王忠节传》，影印《云南丛书》，第40册，第21347页，中华书局，2009年。

⑨《明史》卷279，第23册，第7151页，中华书局，1974年。

崇祯十七年、清世祖福临顺治元年甲申（1644）

丁忧在乡。值明清鼎革之际，变乱丛生。

《明史·庄烈帝二》：三月，李自成攻破京师。十九日，崇祯帝崩于万寿山，明亡。四月，清军破山海关。①

徐鼒《小腆纪年附考》：四月末，李自成称帝京师，旋即撤出。五月初，摄政睿亲王，多尔衮入京。②

南明福王朱由崧在南京即位。③

南明安宗朱由崧弘光元年、南明绍宗朱聿键隆武元年、清世祖福临顺治二年乙酉（1645）

朱由崧改元宏光，五月亡朝。闰六月，唐王立，改元隆武。

徐鼒《小腆纪年附考》：五月十五日，豫亲王多铎入南京，弘光政权亡。④

钱秉镫《所知录·隆武纪元》：闰六月初七日，唐王立于福州，七月初一日改元隆武。⑤

按：1645 年为闰五月，此载“闰六月”，误。

云南土司沙定州作乱，破会城，沐天波逃出昆明。

《康熙云南府志》：十二月，云南土司沙定洲起事，入昆明、破大理，沐天波遁离昆明。⑥

隆武帝召拜礼部尚书兼东阁大学士，到昆明招募滇中子弟兵，欲赴福州勤王。⑦

《康熙云南府志》：顺治二年“十月，故詹事府正詹王锡衮起兵禄丰。”原注：“锡衮家居日久，隆武起为大学士，于是自禄丰自省招集兵马，期赴闽中入卫。”⑧

倪蜕《云南事略》：顺治二年“十月，故詹事府正詹王锡衮起兵禄丰。是年，福

---

①《明史》卷 24，第 2 册第 334~335 页，中华书局，1974 年。
② 徐鼒：《小腆纪年附考》卷 5，第 156 页，中华书局，1957 年。
③ 同上书，第 171 页。
④ 徐鼒：《小腆纪年附考》卷 10，第 366 页，中华书局，1957 年。
⑤ 钱秉镫：《所知录》卷上《隆武纪元》，第 230 页，上海古籍出版社，1987 年。
⑥ 范承勋等纂修：《康熙云南府志》卷 5，《中国地方志集成》本《云南府县志辑》，第 1 册，第 108 页，凤凰出版社，2009 年。可参阅冯甦《滇考》下卷《沙定洲陷云南》，第 356~357 页，云南民族出版社，2002 年。
⑦ 孙秋克：《王锡衮创作行实系年》，《明代云南文学研究》，第 243 页，云南人民出版社，2010 年。
⑧ 范承勋等纂修：《康熙云南府志》卷 5，《中国地方志集成》本《云南府县志辑》，第 1 册，第 108 页，凤凰出版社，2009 年。

王于江南称弘光元年，故云南亦称之，旋亡。而唐王继称隆武于福建，时锡衮居家日久，唐王遥起为大学士，且使招集兵马赴闽中，故锡衮自禄丰至省募兵。”①

长子咨翼中乡试副榜第一，准选贡，任大理通判。

佚名《王氏家谱·王咨翼传》：“乙酉岁，中副车第一。准选贡，任大理通判，后升霑益州知州。京堂考察，两迤清官第一，诰封奉直大夫。士沐其德，民歌其恩，廉洁仁慈，至今犹脍炙人口。”②

南明绍宗朱聿键隆武二年、清顺治三年丙戌（1646）

南明时局变乱甚剧。隆武帝崩，桂王称帝于肇庆。

钱秉镫《所知录·隆武纪元》：隆武帝崩于福州。③

王夫之《永历实录·大行皇帝纪》：十月，丁魁楚、瞿式耜等奉桂王朱由榔监国于肇庆。未几，桂王称帝，明年改元永历。④

夏，在禄丰营葬母亲。

《风节亭恭记》：“今夏初结土石，私计可以随时毕初志矣。”⑤

隆武帝颛赐敕晋东阁大学士，礼、兵二部尚书，总督云、贵、湖、川、广五省军务，特召入直。出家财召募义勇三千余人赴行在。

隆武二年敕谕：“皇帝敕谕辅臣王锡衮：国家休明之日，固资启沃大臣；时势迫促之期，尤赖保卫上宰。朕以不德，嗣位大宝，四方日蹙，集先虫蓼。王先生绣口锦心，冰肠铁骨，处则为安石之泰山，出则为傅岩之霖雨，久虚禭保之席，足当更老之荣。祈念高祖之封疆，先皇之重遇，早莅经筵，并调方略，此日之周召，贤于去汉之二疏矣！废食以待，劝驾无迟。敕晋东阁大学士，礼、兵二部尚书，督师云、贵、湖、川、广五省军务，便宜行事，特召入直。”⑥

---

① 倪蜕：《云南事略》，李春龙、刘景毛《正续云南备征志精选点校》，第124~125页，云南民族出版社，2000年。

② 佚名：《王氏家谱·王咨翼传》，李根源辑《明滇南五名臣遗集·王忠节传》，影印《云南丛书》，第40册，第21351页，中华书局，2009年。

③ 钱秉镫：《所知录》卷上《隆武纪元》，第252页，上海古籍出版社，1987年。

④ 王夫之：《永历实录》卷1，第2页，上海古籍出版社，1987年。

⑤ 佚名：《风节亭恭记》，李根源辑《明滇南五名臣遗集·王忠节传》，影印《云南丛书》，第40册，第21348页，中华书局，2009年。

⑥ 李根源辑：《明滇南五名臣遗集·王忠节传》，影印《云南丛书》，第40册，第21348页，中华书局，2009年。

佚名《王氏家谱·王锡衮传》："时流寇蹂躏中原，诏晋东阁大学士、礼部尚书兼兵部右侍郎，总督云、贵、湖、川、广五省军务，号召各土司兵恢剿流寇。公趋召至滇会城，适遇土酋沙定洲叛乱，惧公诛讨，阴谋害之……"①

佚名《明季忠烈录·王锡衮传》："隆武帝立，颛赐敕召拜礼部尚书、东阁大学士。锡衮得敕，召集滇中子弟，得三千余人，赴行在。"②

八月，被沙定洲劫持于途而未能赴召。

《风节亭恭记》："兀坐院署风节亭中，将近四月。"

按：该记作于今年十二月，可知锡衮被沙定洲拘囚于今年八月。

《康熙云南府志》：顺治三年，"沙定洲困王锡衮于贡院"。原注："锡衮驻贡院，定洲以兵围之，自称总府……"③

佚名《明季忠烈录·王锡衮传》：赴行在，"适土酉沙定洲作乱，中途被劫。沙逆欲假之以资号召，不从，遂遇害。"④

温睿临《南疆逸史》："是时可望已据云南矣。沙定洲之乱滇也，督师王锡衮为所囚。锡衮，字昆华，禄丰人也，以尚书家居，隆武加大学士，命之督师，调滇、黔兵入卫，锡衮出家财召募义勇。行有日矣，定洲乱，黔国公奔，锡衮亦西走，为追兵所执。"⑤

十一月，永历帝复召为礼部尚书兼东阁大学士。因被沙定洲拘囚于省城贡院，未能赴召。

《明史》本传："唐王立，拜礼部尚书兼东阁大学士。永明王立，申前命（按指隆武帝拜其为礼部尚书兼东阁大学士事）。皆不至。"⑥

李天根《爝火录》：丙戌（1646）十一月癸卯朔，十八日庚申，"永明王自立于肇庆，称号永历……召王锡衮为礼部尚书兼东阁大学士，不出。"⑦

---

① 佚名:《王氏家谱·王锡衮传》，李根源辑《明滇南五名臣遗集·王忠节传》，影印《云南丛书》，第40册，第21347页，中华书局，2009年。

② 佚名:《明季忠烈录·王锡衮传》，李根源辑《明滇南五名臣遗集·王忠节传》，影印《云南丛书》，第40册，第21347页，中华书局，2009年。

③ 范承勋等纂修：《康熙云南府志》卷5，《中国地方志集成》本《云南府县志辑》，第1册，第109页，凤凰出版社，2009年。

④ 佚名:《明季忠烈录·王锡衮传》，李根源辑《明滇南五名臣遗集·王忠节传》，影印《云南丛书》，第40册，第21347页，中华书局，2009年。

⑤ 温睿临：《南疆逸史》卷20，《列传》第16附王应熊传，第139页，中华书局，1959年。

⑥《明史》卷279，第23册，第7151页，中华书局，1974年。

⑦ 李天根：《爝火录》卷16，台湾银行经济研究室辑《台湾文献丛刊》，第177种，第886页，台湾银行，1963年。

沙定洲劫巡抚吴兆元，胁之诡草锡衮上疏，谬言自己忠勇，请代黔国公镇守云南。疏成而后以稿示之，锡衮大恨，只祈速死。

《明史》本传："土酋沙定洲作乱，执至会城，诡草锡衮疏上永明王，言定洲忠勇，请代黔国公镇云南。疏既行，以稿示之。锡衮大恨，诉上帝祈死。居数日，竟卒。"①

按：倪在田《续明纪事本末·黔滇之乱》："土司禄永命方以兵击定洲，天波已西走，从官周鼎止之，被杀；永明之军溃。定洲踞沐氏邸，执巡抚以下官求世镇；使沐天泽诬其兄反，定洲讨平之。驰执家居大学士王锡衮至，使作奏为之请。"② 倪在田《续明纪事本末·东南殉节》："大学士王锡衮里居，为沙定洲执至云南行省中，使为己乞镇云南如沐氏，先驰疏而后告之。锡衮大恨，上章于帝祈死。数日卒。"③ 谓执王锡衮于"家居""里居"，与募兵勤王，被沙定洲追兵执于中途之说异，又非独家言，备考。

李天根《爝火录》：丁亥（1647）三月壬寅朔，十六日丁巳，"沙定洲执王锡衮至会城，诡草锡衮疏上永明王，言：'定洲忠勇，请代黔国公镇云南。'以稿示之，锡衮大恨，诉上帝祈死。居数日，忧愤卒。"④

按：是书载"诡草"同诸史，但锡衮被沙定洲围困日期有误，诸史传皆载其事在今年。又，史籍有载，"诡草"出于当时巡抚吴兆元之手，《风节亭恭记》亦云："封疆重吏，不惟不能匡焉，而反摇尾听之，滇事真不可言矣。"⑤ 此当指吴兆元苟且之事。一说沙定洲胁迫王锡衮与吴兆元号召各郡，择录史载如下：

雍正《云南通志》："天波遂奔楚雄，定洲因尽得沐氏所有，据省城，劫巡抚吴兆元，为题请代天波镇滇。又至禄丰，执家居詹事王锡衮置贡院，胁之与兆元传檄各州县……"⑥

冯甦《滇考》："定洲因尽得沐氏所有，盘踞省城，劫巡抚吴兆元，又至禄丰，

---

①《明史》卷279，第23册，第7151页，中华书局，1974年。《王锡衮创作行实系年》引录而未注版本信息（《明代云南文学研究》，第243页，云南人民出版社，2010年）。

② 倪在田：《续明纪事本末》卷12，台湾银行经济研究室辑《台湾文献丛刊》，第133种，第296页，台湾银行，1962年。

③ 倪在田：《续明纪事本末》卷16，台湾银行经济研究室辑《台湾文献丛刊》，第133种，第554页，台湾银行，1962年。

④ 李天根：《爝火录》卷16，台湾银行经济研究室辑《台湾文献丛刊》，第177种第917页，台湾银行，1963年。有史籍载"诡草"出于当时巡抚吴兆元之手，《福建通志》卷44有吴兆元传。

⑤ 王锡衮：《风节亭恭记》，李根源辑《明滇南五名臣遗集·王忠节传》，影印《云南丛书》，第40册，第21348页，中华书局，2009年。

⑥ 靖道谟等编纂：雍正《云南通志》卷16下《师旅考》，《景印文渊阁四库全书》，第569册，第520页，台湾商务印书馆，1986年。此志载其事发生时间为顺治二年，误。

执家居大学士王锡衮置贡院，胁之号召各郡。”[①]

吴兆元[②]，福建兴化莆田人。万历四十一年（1613）进士。崇祯十二年（1639）十二月，由云南左布政史迁右副都御史，兼督川贵兵饷；崇祯十三年至十七年，任云南巡抚[③]。明亡后辗转云南。生卒年不详。

按：诸传所谓锡衮大恨，诉上帝祈死，当指其知诡草疏后作《风节亭恭记》，向皇天后土表明心迹。据此记，诡草疏未上。

十二月十日，作《风节亭恭记》并诗[④]，抒发不能赴召之苦恨、遭遇诡草上疏之愤懑。

记曰："臣锡衮兀坐院署风节亭中，将近四月，一筹莫展，万千苦恼，日日逼来……甲申三月之役，恨不获相从地下，只以母氏慈魄，扶归未宁，与先臣通议公捐馆二十余年，赠典屡膺，封署尚阙，山头宿草，一望魂销。今夏初结土石，私计可以随时毕初志矣。适今新皇龙飞海甸，辟网旁招，畀臣以号召恢剿等事。曾不逾日，再晋阁衔，且于滇在事诸臣敕中，谆谆及衮。凛兹大义，胡敢苟安？勉强应命，实欲以报新皇帝者，报我烈皇帝。遭逅多艰，为贼臣伙计困厄会城，进退维谷，日与诸魔鬼作邻，甚至煌煌颛敕，为中贵臣万里恭捧而来者，亦抗阻不容出接，悖逆如此，是尚知有朝廷也哉？封疆重吏，不惟不能匡正，而反摇尾听之，滇事真不可为矣。臣衮，血性具存，义愤常结，惟有捐躯如赴，俟时而行，即闺中诸弱息者流，亦饶有须眉气，如腊月四日之事，大概可想见，臣复何言！惟是，前此中间如委曲出疏，皆一般宵小播弄成篇，属草改窜推敲，虽字句无所不用其极，更有一没天日文字，不识构者是何肺肠，以抚军恐被人揭破而止。犬豕不食其余，是岂臣衮所忍见！有主使者，有佐助者，其人可历而指也，近又迫挟出咨参杨道矣！青天白日之下，魑魅公行，眼见新皇属望盛心，万不能副，恭读御旨云：'朕有堂堂不怕死之身，有是君定有是臣。'臣愿以身任之，以对扬我烈皇帝。时隆武二年十二月十日，臣锡衮稽首谨恭记。"[⑤]

按："如腊月四日之事"，当指沙定洲之乱，沐天波仓猝离昆，其母陈氏、妻焦

---

① 冯甦：《滇考》卷下《沙定洲陷云南》，第357页，云南民族出版社，2002年。

② 吴兆元传见《福建通志》卷44，《景印文渊阁四库全书》，第529册，第522页，台湾商务印书馆，1986年。

③ 张德信：《明代职官年表·巡抚年表》，第2911、2921页（是年卒），黄山出版社，2009年。按：是表误载其卒年。

④ 孙秋克：《王锡衮创作行实系年》，《明代云南文学研究》，第243页，云南人民出版社，2010年。

⑤ 王锡衮：《风节亭恭记》，李根源辑《明滇南五名臣遗集·王忠节传》，影印《云南丛书》，第40册，第21348页，中华书局，2009年。

氏在城北自焚而死之事。倪在田《续明纪事本末·黔滇之乱》弘光元年载："十二月，定洲伪入辞，遽击天波于座；天波仓卒自窦逸，母陈氏、妻焦氏走城北，自焚死。"[①]

《风节亭》诗："兀坐风节亭，万苦日日至。焚香告皇天，堕我烈皇泪。新君飞海甸，畀臣恢剿事。臣衮血性存，封疆惭大吏。闺中弱息流，饶有鬓发眉。臣衮复何言，安能死魑魅。"[②]

按：除《风节亭》诗外，本集尚有《自誓》七绝二首，有阙字，诗中有"贼党无端舞叛戈"，"指日誓天惟报国"（其一），"肯作投戈拜舞人"，"西风血泪向长陵"（其二）[③]等句。

南明昭宗朱由榔永历元年、清顺治四年丁亥（1647）

春，永历帝复疏请入阁为相，因被沙定洲困于会城贡院，仍未能赴命。

瞿共美《东明闻见录》："永历元年（鲁监国二年）春正月：帝幸桂林。……复疏请王锡衮、文安之为相，周堪赓、郭都贤、刘远生为六卿，召给事丁时魁掌礼垣。给事金堡素称清直，终制召还。时草昧之初，惟瞿辅臣导养圣德，修纪纲，挽人心，布威武，抑权阉，起用人望，招徕俊杰为首务，一时朝廷倚以为重。文安之、王锡衮入阁办事，从瞿式耜请也。不书原官，阙疑也。"[④]

倪在田《续明纪事本末》："顺治四年（永历元年）二月，召前礼部尚书文安之、前大学士王锡衮入阁，命周堪赓为户部尚书、郭郁贤为兵部尚书，皆不至。"[⑤]

王汝南《续补明纪编年》永历帝丁亥二月："永历抵桂林。式耜肃殿陛，敕守御；诞告楚、蜀各镇：粤西居山川上游，桂诚可都，疏请道里之可达桂林者。王锡衮、文安之为相，周堪赓、郭都贤、刘远生为六卿。"[⑥]

李天根《爝火录》：丁亥二月壬申朔，初八日己卯："永明王征四川文安之、云

---

① 倪在田：《续明纪事本末》卷12，台湾银行经济研究室辑《台湾文献丛刊》，第133种，第296页，台湾银行，1962年。

② 王锡衮：《风节亭》诗，李根源辑《明滇南五名臣遗集·王忠节传》，影印《云南丛书》，第40册，第21356页，中华书局，2009年。

③ 王锡衮：《自誓》，李根源辑《明滇南五名臣遗集·王忠节传》，影印《云南丛书》，第40册，第21356页，中华书局，2009年。

④ 瞿共美：《东明闻见录》，王云五主编《七百种明季稗史初编》，第387页，台湾商务印书馆，1936年。

⑤ 倪在田：《续明纪事本末》卷14《永历党祸》，台湾银行经济研究室辑《台湾文献丛刊》，第133种，第335页，台湾银行，1962年。

⑥ 王汝南：《续补明纪编年》附录，《台湾文献丛刊》，第114种，第133页，台湾银行，1961年。

南王锡衮入阁。时孙可望等方由川贵入云南，锡衮以道阻不能达，安之亦不至。”①

按：诸传多载事出于二月，唯《东明闻见录》所载为正月。又，王锡衮何以未赴永历之召，其《风节亭恭记》已明确说到因沙定洲所阻（见本谱去年纪事），《爝火录》则说因孙可望入滇道阻之故，不确。

《明史·文安之传》："文安之，夷陵（今属湖北宜昌）人。天启二年进士。改庶吉士，授检讨，除南京司业。崇祯中，就迁祭酒，为薛国观所构，削籍归。久之，言官交荐，未及召而京师陷。福王时，起为詹事。唐王复召拜礼部尚书。安之方转侧兵戈间，皆不赴。永明王以瞿式耜荐，与王锡衮并拜东阁大学士，亦不赴。”②

按：文安之为王锡衮同年进士。

孙可望入云南。沙定洲闻风欲杀锡衮，锡衮宁死不屈，四月十九日，被沙定洲杀害于会城贡院至公堂上（今云南大学内）。③

佚名《王氏家谱·王锡衮传》："（沙定洲）密令叛党张国用、杜其非等，于丁亥四月十九日黎明，夺门抢入贡院，公色不变，正襟危坐，叱众贼曰：'尔等叛逆，欲杀我耶？吾本朝廷大臣，誓不与贼俱生！'遂遇害于至公堂上，大骂不绝而死。"④

《康熙云南府志》顺治四年："丁亥四月，流寇至滇。沙定洲杀王锡衮，以其众遁。"⑤

雍正《云南通志》顺治四年正月："……孙可望等破曲靖及交水，俱屠之。执巡按罗国巘，声言欲捣定洲巢穴，分兵出蛇花口。定洲时自楚雄还省城，闻之大惧，遂杀故詹事王锡衮于贡院，焚南城楼，遁走临安。"⑥

佚名《明季忠烈录·王锡衮传》："临死，留有遗诗一章以见志。大声叫曰：'天其欲终亡我大明宗社也，我死不足惜，其如中原之永于沉沦何！'"⑦

西亭凌雪《南天痕》："沙定洲之乱滇也，督师大学士王锡衮为所囚。……粤中

---

① 李天根：《爝火录》卷16，《台湾文献丛刊》，第177种，第908页，台湾银行，1963年。

②《明史》卷279，第23册，第7144页，中华书局，1974年。

③ 孙秋克：《王锡衮创作行实系年》，《明代云南文学研究》，第244页，云南人民出版社，2010年。

④ 佚名：《王氏家谱·王锡衮传》，李根源辑《明滇南五名臣遗集·王忠节传》，影印《云南丛书》，第40册，第21347页，中华书局，2009年。

⑤ 范承勋等纂修：《康熙云南府志》卷5，《中国地方志集成》本《云南府县志辑》，第1册，第109页，凤凰出版社，2009年。

⑥ 靖道谟等编纂：雍正《云南通志》卷16下《师旅考》，《景印文渊阁四库全书》，第569册，第521页，台湾商务印书馆，1986年。

⑦ 佚名：《明季忠烈录·王锡衮传》，李根源辑《明滇南五名臣遗集·王忠节传》，影印《云南丛书》，第40册，第21347页，中华书局，2009年。

立国，召入辅政；命不得达。及可望兵至，定洲败，将归山峒，遣将杜其飞劫锡衮同行。锡衮复骂曰：我国之大臣，岂从贼往耶？遂遇害。先一日，其同年侦贼将弃城；遣人语之曰：贼将行，恐不利于公，幸潜避之。锡衮曰：去一狼，进一虎，沙与闯均死也，何避为？其时，云南巡抚吴兆元闻可望入城，自缢未绝；可望令人救之，迁于中卫，检囊箧，叹其清节，亦不杀。其后，滇之绅士无不受可望伪命者，锡衮可谓得其死矣。”①

按：关于王锡衮之死，以上所引及本谱顺治二年（1645）所引诸传，皆言因持节不屈，而被沙定洲杀于云南贡院，独计六奇《明季南略·孙可望李定国构隙本末》载，沙定洲杀王锡衮，出于贡生唐泰（担当）的主意，备录于下：

计六奇《明季南略》：沐天波走大理府，沙定洲据云南，请宦大学士王锡衮相见，王不屈。贡生唐泰为沙定洲谋主，劝定州杀王，并杀诸乡绅，云南大乱。②

此事其他史籍未见载，从史料来源看，《明季南略》的著者计六奇曾遍访实查，自谓这条记载得之于时人口述。该文后注：“此云南鹤庆闻图轸所述，虽不雅劲，而叙事颇觉详明。”诸史志、传记不载此事，可能有后人为担当讳的因素，也可能是史家认为口头传闻，不足采信。

锡衮遇害时，长子咨翼只身卫父，右臂折断，死而复苏，营治其父丧葬。

佚名《王氏家谱·王咨翼传》：“先时，佐父事君，其功累建。及大学士趋召遇害，众皆溃散奔走，咨翼独守，无寸刃，只身卫父，折其右臂，死逾半日，久而渐苏。见父已贼害，即欲从死地下，忽有医人自来接骨调治。咨翼亦因殡殓无人，只得迁延忍死，营治丧葬。”③

葬锡衮于禄丰城东十五里之公鸡山上。

李根源记：“宣统庚戌（1910），根源有腾、永边界之行，除日宿禄丰，偕刘生钦丞谒公墓于城东十五里之公鸡山，墓碑破为四段，集而读之，上刻‘明授东阁大学士、礼部尚书、翰林院侍讲兼吏部左侍郎、谥文毅王公锡衮大人之墓’，傍刻‘嗣男咨翼、咨冯、咨明奉祀’，墓联刻‘风节同河山并壮，文名与日月争光’。墓之后山约里许，

---

① 西亭凌雪：《南天痕》卷10《列传》十三附《王应熊传》，台湾银行经济研究室辑《台湾文献丛刊》，第76种，第164页，台湾银行，1960年。

② 计六奇：《明季南略》卷14，第464页，中华书局，1984年。

③ 佚名：《王氏家谱·王咨翼传》，李根源辑《明滇南五名臣遗集·王忠节传》，影印《云南丛书》，第40册，第21351页，中华书局，2009年。

有敕旨钦赐祭葬碑一道。”[①]

按: 李根源记云王锡衮墓傍刻“嗣男咨翼、咨冯、咨明奉祀”，咨翼为堂侄过继为长子，咨冯、咨明，《知我府君行述》述其子嗣并未言及，存疑。何太和《明大学士王文毅公事纪略》载王氏先代及公茔墓，在禄丰城西莲花山[②]，不详何据，备考。

妾尚氏、弟妇俱自缢而死。

雍正《云南通志》：“王锡衮妾尚氏，禄丰人。王锡衮死沙贼之乱，尚氏恐受污，与锡衮弟妇俱自缢死。”[③]

永历三年、顺治六年己丑（1649），逝后二年

长子咨翼陈情礼部，礼部奉旨赠太子傅，谥忠节，复谥文毅[④]，旨称：“一代纯儒，千秋劲气”。

佚名《王氏家谱·王锡衮传》：“子咨翼陈情礼部，具题奉旨：‘辅臣王锡衮，一代纯儒，千秋劲气。奉先朝之敕命，矢志勤王；及创极之敦趋，身先殉国。精诚未泯，节烈宜褒，着察照五典，从优议覆。’礼部覆上，复奉旨：‘辅臣王锡衮趋召遇害，身死纲常，予祭九坛，加祭二坛，还与他谥。其赠荫察，照五典从优议覆。’礼部谥文毅。奉旨依议，因时事迫促，未获奉行。”[⑤]

佚名《明季忠烈录·王锡衮传》：“越二年，其子咨翼陈情礼部，具题奉旨，赠太子少傅，赐葬九坛，谥忠节，荫一子，世袭锦衣千户。”[⑥]

---

① 李根源辑：《明滇南五名臣遗集·王忠节传》，影印《云南丛书》，第40册，第21347页，中华书局，2009年。

② 何太和：《王文毅公纪略》，李根源辑《明滇南五名臣遗集·王忠节传》，影印《云南丛书》，第40册，第21347页，中华书局，2009年。

③ 雍正《云南通志》卷22《列女》，《景印文渊阁四库全书》，第570册，第176页，台湾商务印书馆，1986年。孙秋克《王锡衮创作行实系年》引录而未明版本信息（《明代云南文学研究》，第244页，云南人民出版社，2010年）。

④ 孙秋克：《王锡衮创作行实系年》，《明代云南文学研究》，第245页，云南人民出版社，2010年。

⑤ 佚名:《王氏家谱·王锡衮传》，李根源辑《明滇南五名臣遗集·王忠节传》，影印《云南丛书》，第40册，第21351页，中华书局，2009年。

⑥ 佚名:《明季忠烈录·王锡衮传》，李根源辑《明滇南五名臣遗集·王忠节传》，影印《云南丛书》，第40册，第21347页，中华书局，2009年。

清高宗弘历乾隆四十一年丙申（1776），逝后一百二十九年

谥烈愍。①

《明史》考证附："乾隆四十一年赐谥诸臣，侯伟时、王锡衮、高绩、金简、李如月、任国玺、那嵩、徐极、林责阳、蔡演、张镌、朱东旦、郑允元、胡士瑞、李元开、林锺、周允吉、朱议、任斗墟、易士佳通谥烈愍。"②

按：王锡衮为明季忠烈，按其本意，定不受清廷赐谥。录此，聊以备览。

（孙秋克）

---

① 孙秋克：《王锡衮创作行实系年》，《明代云南文学研究》，第245页，云南人民出版社，2010年。

②《明史》附于卷279考证后，《景印文渊阁四库全书》，第301册，第716页，台湾商务印书馆，1986年。孙克秋《王锡衮创作行实系年》引录而未注版本信息（《明代云南文学研究》，第245页，云南人民出版社，2010年）。

苍雪年谱（1588~1656）

综论

苍雪是华严宗发展史上的弘法高僧，也是明代云南诗史上的著名诗人。然而人们对苍雪双重价值的考量，往往因着眼点的不同而异。如清代王士祯说："师贯穿教典，尤以诗名。"[①] 近人陈垣则说："人之知苍雪者多以诗，鲜知其为华严宗匠，诗特其余事耳。"[②] 这或许说明苍雪在宏扬佛法和诗歌创作两个方面，都达到了非同一般的高度。

苍雪俗姓赵，法名读彻，字见晓，号苍雪、南来。云南呈贡人。童年落发于官渡古镇妙湛寺，几年后师从宾川鸡足山寂光寺水月法师，十九岁离山参访东南高僧，成为华严宗一雨法师的高足，并传承其衣钵，弘扬华严大法于江南，圆寂于句容宝华山宝华寺，塔龛筑于苏州中峰寺后。在当时的法坛上，一雨和巢松有"巢讲雨笔"[③] 之称，到苍雪和同门汰如法师出，天下皆称"巢雨苍汰"。

作为华严宗一代大师，苍雪不仅博通佛法，而且皆擅诗、书、画。他成名于江南，以得道高僧的身份，被邀于各地名寺升坛说法，受到江南各界人士的崇仰。当我们追寻苍雪的足迹，会看到一连串在当时江南乃至全国都有声望的姓名，如钱谦益、吴梅村、陈继儒、毛晋、王时敏等。他们中的每一个，在明清之际文化史上，皆是非常之人。虽说身处方外，苍雪结交友人并不以声名为意，但其交游的名单，毕竟可以见证他的影响究竟有多大。

明末清初的著名学者、诗人、文学史家钱谦益与苍雪相交甚深，苍雪圆寂后，他撰写了记载苍雪生平事迹最重要的传记《中峰苍雪法师塔铭》，并为《南来堂诗集》作序，苍雪诗集对他们交往的记载，亦表现了二人之间的深厚友情。开创了清初诗风的著名诗人吴伟业，其《梅村集》不仅以《赠苍雪》冠首，其中还有多首与苍雪交往的诗歌。苍

---

① 王士祯：《池北偶谈·谈艺三·南来诗》，《清代史料笔记丛刊》，第 308 页，中华书局，1982 年。

② 陈垣：《明季滇黔佛教考》卷 1《苍雪彻》，第 250 页，河北教育出版社，2000 年。

③ 钱谦益：《中峰苍雪法师塔铭》，释读彻撰，王培孙辑注《王氏辑注南来堂诗集》附录二，杨家骆主编《中国学术类编》（以下注释同此本），第 3 页，台湾鼎文书局，1977 年。

雪圆寂后，吴梅村又作诗表达对这位来自滇南的佛学大师的怀念和尊敬[①]。董其昌和苍雪有交谊，与之齐名的文学家、书画家陈继儒亦是苍雪的好友。陈继儒作《苍雪诗稿序》[②]，《南来堂诗集》中亦有多首与之相关的诗歌[③]。著名藏书家和出版家、汲古阁主毛晋与苍雪交情不浅，在苍雪的诗集中，多处可见对其人的关注[④]。苍雪和明末江南著名画家、"四王"之首王时敏过从甚密，在王时敏著名的西田雅集中，苍雪是座上客[⑤]。

自从十九岁孤影筇杖离开云南后，苍雪再也没有回过故乡，圆寂后其塔龛又筑于苏州中峰寺，连遗骸也永远留在异乡。然而无论相隔千里万里，无论离乡年头短长，故乡总在其心头。当时云南名士游于江南者，几乎都和苍雪有所交往，有的因为地缘关系，有的是慕名前去拜访。如时任太仓（今属江苏苏州）学政的同乡诗人文祖尧、著名诗僧担当，都曾在江南与苍雪交游，而宁州（今云南华宁）世袭土知府、诗人禄洪，曾寄诗表达过对他的仰慕之情。苍雪诗歌的创作成就，当时名家评价甚高，赞誉为"诗中第一""僧中第一"[⑥]。多年来修道于深山古寺，行脚于水云之间，幼年出家，青年离乡，晚年遭遇明王朝覆亡之乱——这使苍雪的诗歌，虽然满载对名山胜水的审美感悟，对友人的拳拳深情，但对时世的伤感及对先朝的哀悼，在其诗集中依然清晰可见，俯拾皆是，形成其诗丰富深厚的时代内蕴，而有别于一般僧诗的宁静淡泊，超然世外。如《金陵怀古四首》《焚笔四首》[⑦]《乙酉积雨纪事一百三十字》[⑧]，皆浸透了故国之思、现实之感。

在诗僧中，苍雪的山水诗自成一格。亦可以说，由于特殊的环境和经历，在描山画水中参悟禅机，既是《南来堂诗集》最常见的诗思，亦是苍雪诗歌创作的主要机缘，而这个机缘，正符合中国山水诗兴起于佛教大盛的魏晋南北朝，并逐渐成为诗歌一大流派的发展轨迹。佛教传入中国后，佛寺往往选址在大大小小的名山中，于是禅宗自

---

① 请参阅吴伟业《吴梅村先生编年诗集》卷2，第13页（程穆衡原笺、杨学沆补注，太昆先哲遗书之一，俞世德堂己巳（1929）校印）及本谱相关纪事。

② 释读彻撰，王培孙辑注：《王氏辑注南来堂诗集》附录卷1，第1页，台湾鼎文书局，1977年。

③ 释读彻撰，王培孙辑注：《王氏辑注南来堂诗集》卷3上，第20~21页，台湾鼎文书局，1977年。

④ 释读彻撰，王培孙辑注：《王氏辑注南来堂诗集》卷1，第12页，台湾鼎文书局，1977年。

⑤ 释读彻撰，王培孙辑注：《王氏辑注南来堂诗集》补编卷3上，第15~16页，台湾鼎文书局，1977年。以及本谱相关纪事。

⑥ 吴伟业：《梅村诗话》，王夫之等撰，中华书局上海编辑所编辑《清诗话》，第76页，中华书局，1963年；王士祯：《渔洋诗话》卷上，《清诗话》，第178页。

⑦ 释读彻撰，王培孙辑注：《王氏辑注南来堂诗集》卷3下，第21~22、26页，台湾鼎文书局，1977年。

⑧ 释读彻撰，王培孙辑注：《王氏辑注南来堂诗集》卷1，第16页，台湾鼎文书局，1977年。

心觉悟的传法方式，在人与山水静默对话中，达到了物我、佛我浑然一体的境界。在这样的背景下，不仅诗僧辈出有其必然性，在我国诗歌美学中，更由此升华为诗禅理论的萌生和发展。所谓“诗禅一致，等无差别”[①]“三昧在于无墨处，不须画里觅痴僧”[②]。苍雪“自谓生于此证不二法门”[③]，达到了“贯休齐巳不须称，证到诗禅最上乘”的境界[④]。

缘于深知诗禅相通之理，苍雪尤擅营造诗歌中禅的境界，其山水小品，较为集中地表现了对诗禅一体的追求。和王维《辋川绝句》以无我之境取胜一样，苍雪在山水小品中，把情语、景语完全融为一体，去印证诗人的情怀，因而深得神韵说之倡导者王士祯的欣赏。王士祯不止一次以苍雪诗为例对此进行解说[⑤]，后来又有所增益[⑥]。苍雪的咏物诗亦善于以诗为禅，如《折梅》[⑦]诗以实入虚，略无雕琢，情语句句切题，却无一字落言筌。秦光玉《苍雪法师传》将苍雪和文祖尧比并，又引吴梅村评论云：“于吾呈（贡）历史上有莫大之光荣者，一为介石先生，一为苍雪法师。介石以理学重，尤以节义重；苍雪以佛法显，并以诗学显。不观吴梅村之诗乎：‘神僧大儒却并出，雕题久已渐华风。’又曰：‘支遁经台树陨花，文翁书屋风飘絮。’对于介石、苍雪，可谓推崇之至矣！”[⑧]此论诚可谓深中其人、其学、其诗差异之肯綮。苍雪诗风与他人的区别，终究缘于人生殊途，虽然殊途并不一定同归，但同一时代环境中的不同人生经历，从来都是文学个性产生的独特背景之一。

苍雪诗歌的风格多姿多彩，如《将游黄山留别友人》[⑨]用白描的手法，描写与友人分别前夜的心境，语不惊人而情深意长，描写平实到如在目前，却情韵动人，余音绕梁。

---

① 王士祯：《香祖笔记》卷8，《景印文渊阁四库全书》，第870册，第478页，台湾商务印书馆，1986年。
② 释通荷：《担当遗诗》卷7《题画六首》其三，影印《云南丛书》，第22册，第11796页，中华书局，2009年。
③ 吴伟业：《梅村诗话》载苍雪语，王夫之等撰，中华书局上海编辑所编辑《清诗话》，第76页，中华书局，1963年。
④ 赵藩：《向湖村舍诗二集》卷3《仿元遗山论诗绝句论滇诗六十首·僧读彻》，影印《云南丛书》，第50册，第26252页，中华书局，2009年。
⑤ 王士祯：《香祖笔记》卷2：“七言律联句神韵天然，古人亦不多见，如……释读彻‘一夜花开湖上路，半春家在雪中山’，皆神到不可凑泊。”（《景印文渊阁四库全书》，第870册，第397页，台湾商务印书馆，1986年）。
⑥ 王士祯：《渔洋诗话》卷上：“‘乱流落叶声兼下，听彻寒扉不上关’”……“皆警句”（王夫之等撰，中华书局上海编辑所编辑《清诗话》，第178页，中华书局，1963年）。
⑦ 释读彻撰，王培孙辑注：《王氏辑注南来堂诗集》卷3下，第4页，台湾鼎文书局，1977年。
⑧ 秦光玉：《苍雪法师传》，释读彻撰《南来堂诗集》，影印《云南丛书》，第22册，第11669页，中华书局，2009年。
⑨ 释读彻撰，王培孙辑注：《王氏辑注南来堂诗集》卷2，第5页，台湾鼎文书局，1977年。

又如《同大司马吴公达本月夜泛舟入山，访赵隐君兼探梅光福》[①]紧扣月夜写赏梅访友的情境，笔触虽然相当逼真，意境却极其朦胧，起于问梅，结于设想，全诗韵味无穷。与抒发友情的细腻深长及其山水小品的禅思蕴藉不同，苍雪有一部分山水诗磅礴万物，形象鲜明，气度宏阔，风格雄浑，《题十名山》[②]堪称其代表作。

作为一代诗僧中的佼佼者，苍雪的作品为世人所重，但如今存世者历尽沧桑。简述其流传情况如下：陈乃乾《苍雪大师行年考略》据《宗统编年》所载，认定苍雪在圆寂前就已经编好了自己的诗集，并托付给友人——江南著名出版家汲古阁主毛晋[③]。然而事实上直到清康熙十七年（1678），云间（松江府别名，今属上海）陆汾，才据苍雪门人后辈藏于云南的采抄本，编刻为《苍雪和尚南来堂诗集》[④]。或许毛晋并未出版苍雪托付给他的自编诗集原本，而将其藏于汲古阁？故民国王培孙辑注《苍雪大师南来堂诗集》时，曾“四处搜罗，初得云南陆氏所刻藏本，以为未足，又从常熟（今属江苏苏州）铁琴铜剑楼瞿氏，借汲古阁旧钞本相互校补，益证以苍公当时注来诸贤诗文、传志，疏通证明，为之笺注，穷七载之力，于是南来诗始粲然大备，亲为刊行”[⑤]。王注本按诗体分编，所据即使不是苍雪交托于毛晋的亲编原本，也应是苍雪门人后辈抄本之复抄本。王注本辑得苍雪诗四卷，又补编四卷、附录四卷并“博采方志群集数百种详注之”“以诗注史”[⑥]，是迄今载录苍雪诗作和相关研究资料最为完善的本子，故陈乃乾得以据王注本“依年编次”[⑦]，撰成《苍雪大师行年考略》。要特别提到的是，王注本历经多次重印，其中陈乃乾编撰的《苍雪大师行年考略》亦附其中，《考略》的署名因此而两出：一署陈乃乾撰[⑧]，一署王培孙注[⑨]。前者有陈

① 释读彻撰，王培孙辑注：《王氏辑注南来堂诗集》卷3上，第10~11页，台湾鼎文书局，1977年。

② 释读彻撰，王培孙辑注：《王氏辑注南来堂诗集》卷3上《题十名山》，第1~2页，台湾鼎文书局，1977年。

③ 陈乃乾：《苍雪大师行年考略》，释读彻撰，王培孙辑注《王氏辑注南来堂诗集》，第2页，台湾鼎文书局，1977年。

④《南来堂诗集》附录正脉《笑庵后述》《圆鼎录诗拙语》，第11727~11728页。

⑤ 钱永铭：《重印南来堂诗集后记》，释读彻撰，王培孙辑注《王氏辑注南来堂诗集》卷前，台湾鼎文书局，1977年。“云南陆氏”误，当为“云间”。

⑥ 杨家骆：《重印王氏辑注南来堂诗集积语》，释读彻撰，王培孙辑注《王氏辑注南来堂诗集》，台湾鼎文书局，1977年。

⑦ 陈乃乾：《苍雪大师行年考略》卷首，释读彻撰，王培孙辑注《王氏辑注南来堂诗集》，台湾鼎文书局，1977年。

⑧ 释读彻撰，王培孙辑注：《王氏辑注南来堂诗集》目录，台湾鼎文书局，1977年。

⑨ 王云五主编：《新编中国名人年谱集成》（第5辑），《明苍雪大师赵读彻行年考略》，台湾商务印书馆，1978年。

氏卷前小序为证[①]，故署陈乃乾为撰者，无误；后者虽也载录了陈序，却不知为何误署为“王培孙注”。本谱所涉《苍雪大师行年考略》（以下正文简称《考略》），据实署陈乃乾撰。

《云南丛书》初编收《苍雪和尚南来堂诗集》，此本对康熙年间陆刻本重做分类，并增加了释圆顶《像赞》和秦光玉《苍雪法师传》，无注，实际上已非重刊陆本。《云南丛书》中清代陈荣昌辑《滇诗拾遗》卷五收苍雪诗130首，其小传说“著有《南来堂集》，予得之门人赵永鑫，永鑫得之曹瀛。其集有徐波、钱谦益、陆汾诸序。予既抄副本，又于袁氏《明诗略》外，选其诗一百三十首。”[②]

杨为星先生做过统计，《云南丛书》本收入苍雪诗共376题、623首，而王注本共收入苍雪诗669题、1048首。[③]二本相比，仅数量就相差近一倍，而《云南丛书》本把陆汾原注全部删除，王注本则有所保留，较之亦胜一筹。

苍雪的单篇传记，以钱谦益所撰《中峰苍雪法师塔铭》[④]影响最大。此传虽然简略，却得其人生平大概，因而一向为后来诸传所据。此外尚有小传和事迹，散见于为《南来堂诗集》所作的序、跋、题辞和各种史志中，王培孙辑注本《附录》二卷收录较全。

在陈乃乾《苍雪大师行年考略》的基础上，本年谱据编撰需要，适当删减旧谱并增补所阙，辨析有所抵牾者，同时既兼顾苍雪是著名诗人与佛学大师的双重身份，又相对突出其作为文学家的一面。对《考略》所涉《王氏辑注南来堂诗集》中的诗歌和史料，则补全题目、纪事具体诗篇，并补注卷数和页码。

年谱

明神宗朱翊钧万历十六年戊子（1588），一岁

正月初二日出生。

陈乃乾《考略》：“见集中丁丑岁朝诗及六十酬诸法友诗。”[⑤]

---

① 陈乃乾：《苍雪大师行年考略》序云：“庚辰孟秋，王培孙以所注《南来堂诗》付印，俾予雠校。循颂数过，于苍雪大师之事迹粗知梗概，爰依年编次，写为一卷。其同时法侣、诗友之可考证者附焉。寒家自兵燹以来，箧藏尽散，索居孤岛，瓻借无门。今撰此编，盖不胜疏略之憾云。海宁陈乃乾。”（卷首，释读彻撰，王培孙辑注《王氏辑注南来堂诗集》，台湾鼎文书局，1977年）

② 陈荣昌辑：《滇诗拾遗》，影印《云南丛书》，第40册，第21124页，中华书局，2009年。

③ 杨为星：《〈南来堂诗集〉诗注·前言》，第2页，云南人民出版社，2011年。

④ 释读彻撰，王培孙辑注：《王氏辑注南来堂诗集》附录卷2，台湾鼎文书局，1977年，第3~4页载此文。

⑤ 陈乃乾：《苍雪大师行年考略》，释读彻，王培孙辑注《王氏辑注南来堂诗集》，第2页，台湾鼎文书局，1977年。《考略》多以诗题载事，故本谱直接引用其原文时，对涉及诗题者是否加书名号，视具体情况而定。但对其不全诗题均一一补齐，并注明所引诗歌在王氏辑注本中所处卷、页。

按：《丁丑岁朝》诗序云“余生戊子……”[①]。“六十酬诸法友诗”全题为《丁亥岁初二，值予六十母难日，诸法友各赋诗为祝，约五十余人，不能遍答，总以一诗酬之》[②]。

法名读彻，初字见晓，后更苍雪，别号南来。云南府呈贡县（今昆明市呈贡区）人，俗姓赵氏。父碧潭，都讲僧。母杨氏。[③]

按：苍雪的俗名，史籍无载。他投大理府宾川鸡足山寂光寺，法名读彻，字见晓[④]，号苍雪。在振兴苏州中峰寺后，因其自滇南来，故把建于中峰寺西南方之堂，取名为“南来堂”，又自号南来。钱谦益云：“点苍积雪，照耀东南。”[⑤]其父赵碧潭，中年出家于昆明官渡妙湛寺，为都讲僧，其出家时当携苍雪（详本谱万历二十二年纪事）。都讲，魏晋以后佛家开讲佛经时，有一人唱经，一人解释的传法形式，唱经者被称为都讲僧，解释者被称为法师。

《贤首宗乘》本传：“法师名读彻，字苍雪，别号南来，滇南呈贡县人也。父碧潭，母杨氏。”[⑥]

圆鼎《滇释纪》本传：“读彻苍雪法师，初字见晓，云南呈贡赵氏子。”[⑦]

《光绪呈贡县志》本传：“读彻，初字见晓，复更苍雪，姓赵，呈贡人。”[⑧]

秦光玉《苍雪法师传》：“师讳读彻，初字见晓，后更苍雪，姓赵氏，云南呈贡古城人。父碧潭为都讲僧，母杨氏。”[⑨]

《新纂云南通志》本传：“父碧潭，中年弃家为浮屠。”[⑩]

姊妙德，童年在昆明城南清净寺出家为尼。

陈乃乾《考略》：“《滇释纪》：‘妙德比丘尼，呈贡人，姓赵氏，乃苍雪法师之胞姊也。童年祝发于昆明城南清净寺。履止敦朴，惟戒确守，衣钵之余，分寸不畜，

---

① 释读彻撰，王培孙辑注：《王氏辑注南来堂诗集》补编卷3上，第7页，台湾鼎文书局，1977年。

② 同上书，第27页。

③ 陈乃乾：《苍雪大师行年考略》，释读彻撰，王培孙辑注《王氏辑注南来堂诗集》，第2页，台湾鼎文书局，1977年。

④ 苍雪到鸡足山寂光寺后，法名读彻，字见晓，有与其同出一门、同辈者读体（号见月）可证。详本谱今年纪事下文。

⑤ 钱谦益：《中峰苍雪法师塔铭》，《王氏辑注南来堂诗集》附录卷2，第4页，台湾鼎文书局，1977年。

⑥ 同上书，第1页。

⑦ 圆鼎：《滇释纪》，《王氏辑注南来堂诗集》附录卷2，第1页；影印《云南丛书》，第19册，第10395页，中华书局，2009年。

⑧ 朱若功原本、李明续修、李蔚文等续纂：《光绪呈贡县志》，《中国地方志集成》本《云南府县志辑》，第3册，第69页，凤凰出版社，2009年。

⑨ 秦光玉：《苍雪法师传》，影印《云南丛书·南来堂诗集》，第22册，第11669页，中华书局，2009年。

⑩《新纂云南通志》卷194《列传六》，第8册，第269页，云南人民出版社，2007年。

笃志精修，一无虚日。常领众数十，时谓滇南尼众之善知德也。每为大族所重，世寿七十余，终于本寺。’集中《寄徒三和书》言：‘一姑婆，亦不知近作何状。’指此。”①

同门汰如（明河）一岁。

陈乃乾《考略》按：“师与汰如生年、月、日皆同。集中赠汰公诗同年、月、日长，时辰丁丑，还同拜五旬可证也。近年陈援庵（垣）先生《明季滇黔佛教考》独谓师生万历十五年，不知何据。”②“师与汰如同为一雨上首弟子，时人并称‘苍汰’，一生遭际，无所不同。师尝作六同诗，谓同师门、同行脚、同转法、同住山、同起废、同护法也。”③

《庚辰冬腊月初四日送汰兄入龛》其二：“生同戊子死庚辰，五十余年老病身。”④

《赠高松汰公六首》诗序：“盖谓两人遭际，无所不同也。”题有同师门一、同行脚二、同转法三、同住山四、同起废五、同护法六。⑤

按：“时辰丁丑，还同拜五旬”，参阅本谱崇祯十年纪事。

吴梅村《梅村诗话》：“苍雪师，云南人，与维扬汰如师同年、月、日。相去万里，而法门兄弟，气谊最得。苍住中峰，汰住华山（二山皆在苏州），人以比无著、天亲焉。”⑥

钱谦益《汰如法师塔铭》：“汰如法师明河，号高松道者，扬之通州人，姓陈氏。十余岁，剃度于通州东寺；十九岁，行脚遍参诸方。见一雨而不复舍离，随师住铁山，继师住中峰，既而说法于杭州皋亭、吴之花山（又作华山）、白门（南京别名）之长干寺……”⑦

无名氏《汰如塔铭》：“明河字汰如，通州人，一雨润公之弟子也。雪浪之后为‘巢雨’，‘巢雨’之后为‘苍汰’。四公法门冢谪，如两鼻孔同出一气，但有左右耳。汰如继雨公说法，自号高松道者，示寂于华山。”⑧

---

① 陈乃乾：《苍雪大师行年考略》，第 2 页，释读彻撰，王培孙辑注《王氏辑注南来堂诗集》，第 2 页，台湾鼎文书局，1977 年。所引文见《王氏辑注南来堂诗集》，附录卷 2。

② 陈乃乾：《苍雪大师行年考略》，释读彻撰，王培孙辑注《王氏辑注南来堂诗集》，第 2 页，台湾鼎文书局，1977 年。

③ 同上书，第 5 页。

④ 释读彻撰，王培孙辑注：《王氏辑注南来堂诗集》卷 4，第 8 页，台湾鼎文书局，1977 年。

⑤ 释读彻撰，王培孙辑注：《王氏辑注南来堂诗集》补编卷 3 上，第 7 页，台湾鼎文书局，1977 年。

⑥ 吴梅村：《梅村诗话》，王夫之等撰，中华书局上海编辑所编辑《清诗话》，第 76 页，中华书局，1963 年。

⑦ 钱谦益：《牧斋初学集》二卷 69《塔铭》二，《续修四库全书》，第 1390 册，第 303 页，上海古籍出版社，2002 年。

⑧ 吴伟业：《吴梅村先生编年诗集》卷 2，第 13 页注引，程穆衡原笺、杨学沆补注，太昆先哲遗书之一，俞世德堂己巳（1929）校印。

是年，古心（如磬）四十六岁，雪浪（洪恩）四十四岁，耶溪（志若）、董玄宰（其昌）并三十四岁，陈眉公（继儒）三十一岁，碧空（性湛）二十六岁，一雨（通润）二十四岁，巢松（慧浸）、雪山（慧皋）并二十三岁，若昧（智明）二十岁，文湛持（震孟）十五岁，文彦可（从简）、曹能始（学佺）、锺伯敬（惺）并十五岁，姚现闻（希孟）十岁，钱受之（谦益）七岁，文启美（震亨）、萧伯玉（士玮）并四岁，石林（道源）三岁。①

万历十七年己丑（1589），二岁

董其昌举进士。文祖尧出生。

陈乃乾《考略》："是年华亭董玄宰举进士，呈贡文介石（祖尧）生。"②

陈继儒《太子太保礼部尚书思白董公暨元配诰封一品夫人龚氏合葬行状》："己丑，名在第二，选读中秘书。"③

按：陈继儒所言"名在第二"，"第二"当为"第二甲"。李周望《国朝历科题名碑录初集》万历十七年（己丑科）载，赐进士出身第二甲六十七名，第一名为董其昌④。

《明史·董其昌传》："万历十七年进士，改庶吉士。"⑤

董其昌（1555~1636）⑥，字玄宰，号思白，松江华亭（今属上海）人。万历十七年进士，改庶吉士，授编修，充讲官。因事出为湖广副使，移疾归。起故官，督湖广学政。光宗时召为太常少卿，掌国子司业，天启间擢本寺卿兼侍读学士，擢礼部侍郎，拜南京礼部尚书。崇祯间，诏加太子太保。卒，赠太子太傅。福王时，谥文敏。少负重名，善书画金石，自成一家，名闻外国。

文祖尧（1589~1661），字心传，号介石。其事见本书《文祖尧年谱》。

---

① 陈乃乾：《苍雪大师行年考略》，释读彻撰，王培孙辑注《王氏辑注南来堂诗集》，第 2 页，台湾鼎文书局，1977 年。本谱据与谱主关系，对《考略》所载人员略有删减。

② 陈乃乾：《苍雪大师行年考略》，释读彻撰，王培孙辑注《王氏辑注南来堂诗集》，第 2 页，台湾鼎文书局，1977 年。

③ 陈继儒：《陈眉公先生全集》卷 36《行状》，第 1825 页，原北平图书馆甲库善本丛书，中国国家图书馆编，国家图书馆出版社，2013 年。

④ 李周望：《国朝历科题名碑录初集·明洪武至崇祯各科附》，第 2 册，第 1023 页，台湾华文书局，1969 年。

⑤《明史》卷 288，第 24 册，第 7395 页，中华书局，1974 年。

⑥ 董其昌传见《明史》卷 288，第 24 册，第 7395~7397 页，中华书局，1974 年。

万历十八年庚寅（1590），三岁

耶溪（志若）讲《楞严经》于苏州。徐元叹（波）出生。①

按：据陈乃乾《考略》卷首《传法系统》，耶溪为雪浪弟子，苍雪曾从其习《楞严》。《吴郡名贤图像赞》："徐波，字元叹，吴县（今属江苏苏州）人。诸生，工诗。其古文竟陵锺惺见而惊赏，以为古人复生，缔交甚厚。……按续编卷三《柬落木庵主元叹》题陆汾原注云：'元叹无子，弘光朝曾三辟不就。鼎革后，隐于天池山莲花峰下落木庵。'"②苍雪、吴梅村皆友之。存世有《徐元叹先生残稿》一卷，《丛书集成新编》收入。

万历十九年辛卯（1591），四岁

吴郡（今属江苏苏州）赵灵均（均）生。③

万历二十年壬辰（1592），五岁

碧空得雪浪、印心、葛屺瞻祠部延主金陵天界寺，开阐《华严经义》。耶溪讲《法华经》于杭州灵隐寺。觉浪（道盛）生。④

桐城吴本如（用先）举进士。⑤

李周望《国朝历科题名碑录初集》：明万历二十年（壬辰科），赐同进士出身第三甲二百四十四名，第十九名为吴用先，"（南）直隶安庆府桐城县（今安徽桐城市）民籍，徽州府休宁县（今属安徽黄山市）人。"⑥

《江南通志》："吴用先，字体中，桐城人。万历壬辰进士。由临川令累官都御史巡抚四川。时播州乱，大将刘綎以议饷不进，用先躬率师先之，督綎合战，戮力剿抚，数月荡平，寻谢病。上悯其劳，特赐考绩，予告家居。八年，起少司空，改枢贰总督蓟州（今属天津），建《防御十策》，殚力筹划。会珰祸起，致政归。"⑦

---

① 陈乃乾：《苍雪大师行年考略》，释读彻撰，王培孙辑注《王氏辑注南来堂诗集》，第3页，台湾鼎文书局，1977年。

② 释读彻撰，王培孙辑注：《王氏辑注南来堂诗集》卷3下，第4页，《和元叹黄蔷薇》诗下注，台湾鼎文书局，1977年。

③ 陈乃乾：《苍雪大师行年考略》，释读彻撰，王培孙辑注《王氏辑注南来堂诗集》，第3页，台湾鼎文书局，1977年。赵灵均，生平不详，待考。

④ 陈乃乾：《苍雪大师行年考略》，释读彻撰，王培孙辑注《王氏辑注南来堂诗集》，第3页，台湾鼎文书局，1977年。

⑤ 同上。

⑥ 李周望：《国朝历科题名碑录初集·明洪武至崇祯各科附》，第2册，第1045页，台湾华文书局，1969年。

⑦ 黄之隽等编纂：《江南通志》卷146《人物志·宦绩》，《景印文渊阁四库全书》，第511册，第258页，台湾商务印书馆，1986年。

王时敏出生。

陈乃乾《考略》："太仓王烟客（时敏）生。"[①]

王宝仁《奉常公年谱》："明万历二十年壬辰，公生。公姓王氏，讳时敏，字逊之，号烟客。"又号偶谐道人、懦斋、西田主人、归村老农、西庐老人。[②]

王时敏（1592~1680）[③]，太仓（今属江苏苏州）人，明末清初画家、诗人。万历年间首辅王锡爵之孙、翰林王衡之独生子。崇祯初，官居太常寺卿，时称王奉常。明亡后居家不出。擅长山水画，与王鉴、王翚、王原祁并称"四王"，加上恽寿平、吴历，则合称"清六家"。江南士大夫素有雅集之风，王时敏不时邀请四方名士到西田雅集，苍雪为其座上客。

万历二十一年癸巳（1593），六岁

是年耶溪讲《楞严经》于杭州净慈寺。云南晋宁县（今昆明市晋宁区）唐大来（泰）出生。[④]

陈乃乾《考略》："按大来即担当和尚普荷，其祝发在师圆寂之后一年，故集中皆称其俗名。"[⑤]

按：唐大来生平，详本书《担当年谱》。

万历二十二年甲午（1594），七岁

约在是年，随父出家于昆明官渡古镇妙湛寺。

圆鼎《滇释纪》本传："童年，随父祝发于昆明妙湛寺。"[⑥]

《光绪呈贡县志》本传："童年，随父祝发于昆明之妙湛寺。性聪明。"[⑦]

---

① 陈乃乾：《苍雪大师行年考略》，释读彻撰，王培孙辑注《王氏辑注南来堂诗集》，第3页，台湾鼎文书局，1977年。

② 王宝仁编：《奉常公年谱》卷1，《北京图书馆藏珍本谱丛刊》，第66册，第328页，北京图书馆出版社，1999年。

③ 王时敏传见《清史稿》卷504，第46册，第13900页，中华书局，1977年。

④ 陈乃乾：《苍雪大师行年考略》，释读彻撰，王培孙辑注《王氏辑注南来堂诗集》，第3页，台湾鼎文书局，1977年；方树梅：《担当年谱》，余嘉华、杨开达点校《担当诗文全集》，第494页，云南人民出版社、云南美术出版社，2003年。

⑤ 陈乃乾：《苍雪大师行年考略》，释读彻撰，王培孙辑注《王氏辑注南来堂诗集》，第3页，台湾鼎文书局，1977年。

⑥ 圆鼎：《滇释纪》卷3，影印《云南丛书》，第19册，第10395页，中华书局，2009年。

⑦ 朱若功原本、李明续修、李蔚文等续纂：《光绪呈贡县志》，《中国地方志集成》本《云南府县志辑》，第3册，第69页，凤凰出版社，2009年。

秦光玉《苍雪法师传》："性聪敏，童年随父于昆明妙湛寺。"①

《新纂云南通志》本传："读彻性敏颖，随父祝发于昆明妙湛寺。"②

按：诸传皆云苍雪童年随父出家于昆明妙湛寺，姑系于今年。

万历二十三年乙未（1595），八岁

张德仲生。

陈乃乾《考略》："吴郡张德仲生。按德仲无考，明亡后隐居。集有咏《张德仲躬耕东朱》诗。"③

万历二十四年丙申（1596），九岁

是年，交光直鉴作《楞严正脉》成。④

万历二十五年丁酉（1597），十岁

是年秋，月潭至北京讲《华严》宗旨，旋归南京天界寺。⑤

万历二十六年戊戌（1598），十一岁

投大理府宾川鸡足山寂光寺，侍水月（儒全）法师，管书记，取法名读彻，字见晓。

陈乃乾《考略》："师至鸡足山寂光寺，依水月。"⑥

按：陈乃乾《考略》由今年至十八岁，苍雪事迹均载"师住寂光寺"，本谱从略。

《寄徒三和书》："我虽身在方外，心常照见受业之处，实未能忘汝水月师祖塔建何处？塔铭行关皆曾经有否？众师公骨塔亦在何处？每于祭扫时节，惟有设灵遥拜，痛哭而已。我一生得力受用处，全得汝水月师祖些些子，如人饮水，冷暖自知，向人吐露不得。即此，真是衣钵相承。"⑦

---

① 秦光玉：《苍雪法师传》，影印《云南丛书·南来堂诗集》，第22册，第11669页，中华书局，2009年。

②《新纂云南通志》卷194《列传六》，第8册，第269页，云南人民出版社，2007年。

③ 陈乃乾：《苍雪大师行年考略》，释读彻撰，王培孙辑注《王氏辑注南来堂诗集》，第3页，台湾鼎文书局，1977年。诗见《王氏辑注南来堂诗集》补编卷2，第17~18页。

④ 陈乃乾：《苍雪大师行年考略》，释读彻撰，王培孙辑注《王氏辑注南来堂诗集》，第3页，台湾鼎文书局，1977年。

⑤ 同上。

⑥ 同上。

⑦ 释读彻撰，王培孙辑注：《王氏辑注南来堂诗集·附遗文》，第1页，台湾鼎文书局，1977年。

钱谦益《中峰苍雪法师塔铭》："师幼从鸡足山水月道人为沙弥，管书记。"[①]

《贤首宗乘》本传："师方十一岁，送鸡足山寂光寺，依水月法师为沙弥。"[②]

陈垣《明季滇黔佛教考》："儒全之徒有读彻，世所称苍雪法师……"[③]

《新纂云南通志》水月法师传：法名儒全，字用周，号水月。晋宁人，俗姓杜。万历初礼古林为师，遍历海内宗匠。至峨眉山四会亭，得琉璃三昧，胸中莹彻，因偕宝山德住返滇，入主寂光寺，为本帖谪传法孙。本帖，号定堂，俗姓杨，世为云南杨林人。年二十，从瑶玲山[④]白斋法师出家，后入鸡足山修行，创建寂光寺，为寂光鼻祖。隆庆四年（1570）坐化，塔在寂光寺右。[⑤]

李元阳《寂光寺碑》：寂光寺为本贴禅师重建，其前身花椒庵毁于嘉靖初年。嘉靖三十七年（1558），本帖法师与大理苏鹏程、云南县（今祥云县）杨舟，谋划重建寺庙，由二人捐资恢复，规模大于旧寺，苏鹏程之甥随喜，共襄胜事。[⑥]

按：云洱举人孙启祚撰《鸡足山寂光寺开山传衣法嗣纪略碑》，立碑时间为崇祯九年（1636），碑载寂光寺传承谱系，包括本、兴、儒、广、读、书、学字辈共七代，历代弘法业显者有传。碑记云，本贴、定堂为寂光寺开山鼻祖，法嗣为古林、太空、觉安、发光四人。古林的法嗣为"儒"字辈，以儒全（用周）名最著。儒全的法嗣为"广"字辈，有克心（广能）、悦峰（广怡）、海山（广润）、野愚（广慧）、无念（广正）、明空（广睿）、朗空（广月）、善安（广驯）、性安（广持）、心地（广平）、灵骨（广会）、素芳（广梅）、心宗（广傅）、无量（广寿）、十方（广闻）、觉容（广鉴）、虚明（广融），共17人。"广"字辈的法嗣为"读"字辈，有见晓（读彻）、天泽（读皋）、读贤、读灵等28人。"读"字辈的法嗣为"书"字辈，有书湛、书佑、书记、书畅等44人。"书"字辈的法嗣为"学"字辈，有学蕴、学秘等45人。又，王应霖撰《寂光常住碑记》载，定堂的上首弟子为兴丛（即古林）。[⑦]

---

① 钱谦益：《中峰苍雪法师塔铭》，释读彻撰，王培孙辑注《王氏辑注南来堂诗集》附录卷2，第3页，台湾鼎文书局，1977年。

② 释读彻撰，王培孙辑注：《王氏辑注南来堂诗集》附录卷2，第1页，台湾鼎文书局，1977年。

③ 陈垣：《明季滇黔佛教考》卷1《苍雪彻》，第250页，河北教育出版社，2000年。

④ 瑶玲山，一名秀嵩山，在嵩明州东二十里。

⑤《新纂云南通志》卷106《宗教考六》，第5册，第539页，云南人民出版社，2007年。

⑥ 施利卓总编校：《李元阳集·散文卷》，第396页，云南大学出版社，2008年。此为李元阳隆庆五年（1571）撰。

⑦ 孙启祚：《鸡足山寂光寺开山传衣法嗣纪略碑》，见张树芳、赵润琴、田怀清主编《大理丛书·金石篇》卷2，第987~989页，云南民族出版社，2010年。

毛子晋（晋）生。[①]

毛晋（1599~1659），原名凤苞，字子九，后易名晋，字子晋，南直隶常熟人（今属江苏苏州）。别号潜在、隐湖、戊戌生、汲古阁主人、笃素居士。室名多种，以汲古阁名最著。毛晋出生于常熟昆承湖七星桥（曹家滨）故宅，《苏州府志》载汲古阁建在此[②]。毛晋“好古博览，构汲古阁，藏书数万卷，开雕经史百家及秘本钞传之书，使古今典籍，不致尽散亡销蚀者，晋实有力焉。所著有《明诗纪事》等书。”[③]与苍雪交谊深厚，苍雪有诗《过昆湖访毛子晋》云“七星桥隐隐，望断读书台。”[④]

万历二十七年己亥（1599），十二岁

含光（照渠）生。[⑤]

按：据陈乃乾《考略》卷首《传法系统》[⑥]，含光为汰如弟子，承其法嗣。

万历二十九年辛丑（1601），十四岁

苏州道开（自扃）生。吴县席宁侯生。[⑦]

《贤首宗乘》：“道开，名自扃，吴门周氏子，为汰如入室弟子。卒于清顺治九年（1652），行年五十二。”[⑧]

按：席宁侯其人其事，见本谱顺治十年纪事。

《苏州府志》：“自扃，字道开，号闿庵，吴门周氏子，出家虎丘。师事苍雪彻、汰如河，通贤首、慈恩二宗旨。归，讲《圆觉》于虎丘，讲《涅盘》于华亭，讲《楞伽》于武塘，妙义云委，如瓶泻水，兼通诗画。”[⑨]

---

① 陈乃乾：《苍雪大师行年考略》，释读彻撰，王培孙辑注《王氏辑注南来堂诗集》，第 3 页，台湾鼎文书局，1977 年。

② 曹之：《毛晋身世考略》，《图书与情报》，2001 年第 3 期。

③ 黄之隽等编纂：《江南通志》卷 165《人物志·文苑一》本传，《景印文渊阁四库全书》第 511 册，第 750 页，台湾商务印书馆，1986 年。

④ 释读彻撰，王培孙辑注：《王氏辑注南来堂诗集》卷 2，第 24 页，台湾鼎文书局，1977 年。

⑤ 陈乃乾：《苍雪大师行年考略》，释读彻撰，王培孙辑注《王氏辑注南来堂诗集》，第 3 页，台湾鼎文书局，1977 年。

⑥ 同上书，卷前。

⑦ 同上书，第 4 页。

⑧ 释读彻撰，王培孙辑注：《王氏辑注南来堂诗集》卷 1《砚山为道开题》诗注引，第 5~6 页，台湾鼎文书局，1977 年。

⑨ 李铭皖等修，冯桂芬等纂：《苏州府志》卷 143，清光绪九年刊本。

读体（见月）生。

陈垣《明季滇黔佛教考》："读彻同时者有读体，中兴南山宗巨子也。然数滇僧者多称读彻，而鲜知读体。读体即见月，读彻本字见晓，故可称为滇僧之'二读'，又可称为滇僧之'二见'。"①

读体（1601~1679），字见月，云南楚雄人，俗姓许，明末清初律宗著名高僧。早年入鸡足山，投寂光寺传人亮如法师剃度，法名读体，苍雪称之为师弟。后入宝华山，继三昧寂光律师主持宝华山隆昌寺法席，被尊为律宗千华派二祖，住持三十余年。所著《一梦漫言》载其生平事迹，康熙甲寅（1674）纪事，详述与鸡足山寂光寺渊源，弘一法师注：时"师年七十三岁。"②

按：陈乃乾《考略》载见月出生于明年，存疑。③

万历三十年壬寅（1602），十五岁

是年，耶溪栖息杭州永福寺。智光（德本）生。④

按：据陈乃乾《考略》卷首《传法系统》，智光为苍雪入室弟子⑤。其事参阅本谱苍雪六十九岁纪事。

万历三十一年癸卯（1603），十六岁

是年，达观（真可）被逮于狱，年六十一。⑥

---

① 陈垣：《明季滇黔佛教考》卷1，第251页，河北教育出版社，2000年。

② 释读体：《一梦漫言》卷上康熙甲寅（1674）冬："余滇南楚雄府许氏子。……崇祯四年，余三十岁。……于七月终，有浪穹县大寺主僧妙宗……相约朝鸡足山。……八月十五日到山，宿寂光寺，访问山中明师，闻狮子岩有大力、白云二位老和尚，精修净业，三十年不下山。……礼拜哀乞剃发。力老和尚详诘根由，幸垂慈允，令备衣钵。……大力老和尚破颜微笑，遂起名云书琼。……于九月终，与月峰（按鸡足山僧）离鸡足，奔凤尾。途行半月，乃到落马，宿西山放光寺。……至崇祯五年九月初，有省中亮如老法师赴永昌府，请讲经毕还省，道从此过，宿东山大觉寺。对月峰议云：'……意欲从亮老法师剃发，以便随侍参学，又恐有违鸡足本愿，爽信于善知识，此事云何？'月峰云：'我知亮法师是寂光一脉，曾居寂光方丈三年，汝起法名，亦是寂光宗派。今就此披剃，似离鸡足，若论法派，仍是大力老和尚之孙，不为爽信。还满本愿，事宜速办，勿再疑迟。'余心乃决，即同月峰下放光之西岭，登大觉之东山，礼请法师……师笑云：'……今日有此因缘，汝再来人也，可以绍吾弘法利生，应名读体，号绍如。'"（第1~7页，世界书局，1937年）

③ 陈乃乾：《苍雪大师行年考略》，释读彻撰，王培孙辑注《王氏辑注南来堂诗集》，第4页，台湾鼎文书局，1977年。

④ 同上书，第3页。

⑤ 同上书，卷前。

⑥ 同上书，第4页。

万历三十二年甲辰（1604），十七岁

是年成都庄宜稚（祖谊）举进士。[1]

按：本集有《早春寄答庄使君宜稚两度惠问》《次答庄使君宜稚见寄诗》。[2]

万历三十三年乙巳（1605），十八岁

董玄宰以湖广提学副使致仕。唐大来补弟子员。继起（弘储）生。[3]

万历三十四年丙午（1606），十九岁

离鸡足山出云南，至蜀遇扈芷，偕行达金陵（南京别称），叩《楞严》于耶溪，受十戒于云栖，受满分戒于古心。

陈乃乾《考略》："师出发参方，由滇至蜀，与扈芷（广育）偕行达金陵，受具于古心。"[4]

陈继儒《苍雪诗稿序》："苍雪上人自滇游峨眉，遇扈公，裹包笠，偕来入吴，禅诵吟咏，如天亲、无著两兄弟。尝结制（余）[佘]山中，余与之倡和甚数。"[5]

陈继儒《题扈芷诗》："清隽高迈，品亦类之。"[6]

钱谦益《中峰苍雪法师塔铭》："年十九，慨然远游，孤筇万里，叩印《楞严》于天衣，受十戒于云栖，受满分戒于古心律师。"[7]

《贤首宗乘》本传："年十九，发志参方，屡出，屡为师所制。一日发愤，三日三夜奔至云南省城，乃得脱。自此孤瓢只影，悠悠万里，得达金陵。时当古心开戒于灵谷，师乃进具毗尼焉。行至浙江会稽（今绍兴），习《楞严》于耶溪法师，复至金陵，叩《法

---

① 陈乃乾：《苍雪大师行年考略》，释读彻撰，王培孙辑注《王氏辑注南来堂诗集》，第4页，台湾鼎文书局，1977年。

② 诗见释读彻撰，王培孙辑注：《王氏辑注南来堂诗集》补编卷3上，第27~28、31页（台湾鼎文书局，1977年）。第一首诗王注有其人简介，并云："庄祖谊诗少见，因录二章于此。知其常往来吴门及金陵，而苍雪与有因缘也。"

③ 陈乃乾：《苍雪大师行年考略》，释读彻撰，王培孙辑注《王氏辑注南来堂诗集》，第4页，台湾鼎文书局，1977年。

④ 同上。

⑤ 陈继儒：《苍雪诗稿序》，《苍雪大师行年考略》是年引录（第4页），文见《王氏辑注南来堂诗集》附录卷1，第1页，台湾鼎文书局，1977年。

⑥ 陈继儒：《白石樵真稿》（上）卷18，《丛书集成三编》，第51册，台湾新文丰出版公司，1996年，第242页。

⑦ 钱谦益：《中峰苍雪法师塔铭》，《王氏辑注南来堂诗集》附录卷2，第3页，台湾鼎文书局，1977年。

华》于石头和尚，皆无所得。”①

按：关于苍雪出滇的年纪，有十九岁、二十五岁两说。圆鼎《滇释纪》本传：“年二十五岁，于崇祯间飘然参访，行脚诸方……”②秦光玉《苍雪法师传》：“按圆鼎《滇释纪》作‘年二十五’，然钱虞山《苍雪塔铭》作‘年十九’，钱虞山《塔铭》系本苍公弟子所具行状，较为可信，故从之。”③苍雪《寄徒三和书》：“吾不见汝已三十年矣！记与汝别时，汝方十余岁。今不但吾老，汝即将老，即相见，恐亦不相识也。虽同在世，俨如隔世，自非土木无情，其何堪此。”落款为“崇祯辛巳（1641）五月初十日南来老人笔”④。是书所言在苍雪离开鸡足山之后，按其行迹，当从“年十九”。

扈芷，王培孙注《眉山归隐卷为扈公》引《嘉善县志》：“广育，字扈芷，四川人。游金陵，住摄山、牛首间，属大胜寺落成，邑人士延之卓锡，墙宇高峻。好吟咏，有《偶庵诗》。”⑤

陈继儒（1558~1639）⑥，松江华亭（今属上海）人，明末清初著名文学家、书画家，与董其昌齐名。二十九岁时焚去儒生衣冠，隐居小昆山，决心不再走科举仕途之道。其父亡故后，移居东佘山，在山上筑东佘山居，广植松树，并移栽古梅百株。卒，葬东佘山中。

作诗多首，纪其出滇参方之行。

陈乃乾《考略》：“按集中度黔中铁锁桥、登文殊顶、秣陵关、雨花台、金山寺、自枞阳至桐城、国清寺、西湖、雁宕山、黄山、黄海诸诗，皆此时途中作。”⑦

按：《考略》所引诸诗，题目时有不全，故本谱引用时，视情况或不加书名号，或将题目不全者用小括号括之加入。此处对其所引题目不全者补录之，全者则不再注明。查阅本集，上引诸诗全题列于下：《度黔中铁锁桥，拟装师西游，有举烟招伴而过者》《秣陵关晓发》《雨花台望都门，树色皆含生意》《登金山寺》《自枞阳至桐城，将

---

① 释读彻撰，王培孙辑注：《王氏辑注南来堂诗集》附录卷 2，第 1 页，台湾鼎文书局，1977 年。
② 圆鼎：《滇释纪》，影印《云南丛书》，第 19 册，第 10395 页，中华书局，2009 年。
③ 秦光玉：《苍雪法师传》，影印《云南丛书·南来堂诗集》，第 22 册，第 11669 页，中华书局，2009 年。
④ 释读彻撰，王培孙辑注：《王氏辑注南来堂诗集》附遗文，第 1 页，台湾鼎文书局，1977 年。
⑤ 释读彻撰，王培孙辑注：《王氏辑注南来堂诗集》卷 1，第 9 页，台湾鼎文书局，1977 年。
⑥ 陈继儒传见《明史》卷 298，第 25 册，第 7631~7632 页，中华书局，1974 年。
⑦ 陈乃乾：《苍雪大师行年考略》，释读彻撰，王培孙辑注《王氏辑注南来堂诗集》，第 4 页，台湾鼎文书局，1977 年。诗歌出处见本谱下文注。

登投子山》《暮春西湖四首》[①]，此外还有《天台山》《普陀山》[②]。据诸诗，苍雪此番游历颇广：履贵州、西蜀、浙江，南直隶枞阳、桐城、镇江，终达南京；沿途攀登峨嵋、雁宕、黄山、天台、普陀等名山，寻访国清、金山等名寺。

汰如自通州南游，参叩诸大师法门。[③]

钱谦益《汰如法师塔铭》："年十九，腰包行脚，遍参诸方。"[④]

万历三十五年丁未（1607），二十岁

雪浪法师接众于梁溪（今属江苏无锡）望亭，往参之。

陈乃乾《考略》："雪浪接众于望亭，师往参焉。……《贤首宗乘》雪浪法师传：晚年，接众于望亭草庵。日则运水担薪，普济饥渴；夜则随缘说法，开导昏蒙。二利并举，学者翕集。"[⑤]

钱谦益《中峰苍雪法师塔铭》："闻雪浪晚栖望亭，往参焉。"[⑥]

《贤首宗乘》本传："闻雪浪法师晚栖梁溪望亭，师往参焉。"[⑦]

《过望亭雪浪师翁饭僧处》："负笈曾经暂息肩，开堂难话旧因缘。庵门破尽无人住，野岸重来一泊船。秋晚登坛当此日，水流断路是何年。儿孙恐不知行脚，指点遗踪在目前。"[⑧]

《过访钱虞山北归》："廿载藤溪路不忘，重过溪上认茅堂。东山高卧人依旧，南国同声喜欲狂。天宝衰时空叹息，少陵老去独悲伤。多情只有衔泥燕，犹自寻常绕画梁。"[⑨]

按：苍雪以上二诗，当作于此后多年。因不明具体日期，姑系于此。

---

① 释读彻撰，王培孙辑注：《王氏辑注南来堂诗集》卷 2，第 1~5 页，台湾鼎文书局，1977 年。

② 释读彻撰，王培孙辑注：《王氏辑注南来堂诗集》卷 3 上，第 2~3 页，台湾鼎文书局，1977 年。

③ 陈乃乾：《苍雪大师行年考略》，释读彻撰，王培孙辑注《王氏辑注南来堂诗集》，第 5 页，台湾鼎文书局，1977 年。

④ 钱谦益：《牧斋初学集》卷 69《塔铭》二，《续修四库全书》，第 1390 册，第 303 页，上海古籍出版社，2002 年。

⑤ 陈乃乾：《苍雪大师行年考略》，释读彻撰，王培孙辑注《王氏辑注南来堂诗集》，第 5 页，台湾鼎文书局，1977 年。望亭，在无锡。

⑥ 钱谦益：《中峰苍雪法师塔铭》，释读彻撰，王培孙辑注《王氏辑注南来堂诗集》附录卷 2，第 3 页，台湾鼎文书局，1977 年。

⑦ 释读彻撰，王培孙辑注：《王氏辑注南来堂诗集》附录卷 2，第 2 页，台湾鼎文书局，1977 年。梁溪，无锡别名。

⑧ 释读彻撰，王培孙辑注：《王氏辑注南来堂诗集》卷 3 上，第 18~19 页，台湾鼎文书局，1977 年。

⑨ 释读彻撰，王培孙辑注：《王氏辑注南来堂诗集》卷 3 下，第 11 页，台湾鼎文书局，1977 年。

钱谦益偕好友李长蘅参访雪浪法师。

释德清《雪浪法师恩公中兴法道传》："公生于富室，人皆视为性习软暖，及中年操履，笃于苦行，于江东大市，立舍茶庵。公自担水，日供不倦；门人相从，说法不辍。即弱骨者，日益强矣。居常思结十方粥饭缘。暮年就吴之望亭，开接待院，接纳往来，躬操薪水，执作具，领学人作务。"①

钱谦益《跋雪浪师书黄庭后》："余少习雪浪师，见其御鲜衣，食美食，谭诗顾曲，徙倚竟日，窃疑其失衲子本色。丁未冬，访师于望亭，结茅饭僧，补衣脱粟，萧闲枯淡，了非旧观。"②

钱谦益《华山雪浪大师塔铭》："丁未，偕李长蘅扣师望亭。瞻向之余，心骨清莹，始悔向者知师之浅也。"③

雪浪法师（1544~1608），钱谦益《华山雪浪大师塔铭》纪其平生事迹云："师讳洪恩，姓黄氏，金陵民家子"。年十三，落发为报恩寺小沙弥，受业于极师。"说法三十年……晚年接海众于望亭草庵……端坐而逝，万历戊申十一月十五日也。俗寿六十四，法腊五十一。弟子奉全身还葬于雪浪山。……殁后讲演者，巢松浸、一雨润在三吴，蕴璞愚在都下，若昧智在江西，碧空湛在建业（南京别名），心光敏在淮南。南北法席师匠，皆出师门，信乎中兴之盛也！苍雪法师彻公，润公之法子，阐法吴下者也，追惟祖德，请余为塔上之文，余何敢辞？"④

按：苍雪以一雨法子、雪浪法孙身份，请钱谦益为雪浪法师作塔铭，未知具体日期。

释德清（1545~1623），俗姓蔡，字澄印，晚号憨山老人。全椒（今属安徽滁州）人。有《憨山老人梦游集》传世。钱谦益《华山雪浪大师塔铭》："憨师少师（按指雪浪）一岁，并得度于西林长老，同参极师，比肩握手，如连珠珏玉，见者以为无著、天亲也。"⑤德清与云栖（袾宏）、紫柏（真可）、蜀益（智旭）合称"明季四大高僧"。他因得睹冯时可《武陵稿》中的《木氏六公传》而知云南丽江土司木氏，作《丽江木氏六公奉佛记》（《憨山老人梦游集》卷 12），可参阅本书《木公年谱·综论》。德

---

① 释德清：《憨山老人梦游集》卷 16，《续修四库全书》，第 1377 册，第 635~636 页，上海古籍出版社，2002 年。

② 钱谦益：《牧斋初学集》卷 86《题跋》四，《续修四库全书》，第 1390 册，第 440 页，上海古籍出版社，2002 年。

③ 钱谦益：《牧斋初学集》卷 69《塔铭》二，《续修四库全书》，第 1390 册，第 301 页，上海古籍出版社，2002 年。

④ 同上书，第 299~301 页。

⑤ 同上书，第 300 页。

清亦与苍雪交好，本集有《送朗癯入匡山投礼憨大师》[①]。

钱谦益（1582~1664）[②]，号牧斋，常熟人，万历三十八年（1610）进士，授编修，明末清初著名学者、诗人，与吴梅村、龚鼎孳并称“江左三大家”。明亡后仕清，任礼部侍郎，管秘书院事，并充《明史》馆副总裁。其人学问渊博，人称足以囊括诸家，包罗万有。作为诗人，是影响清初诗风者之一；作为史学家，早年撰有《太祖实录辨证》五卷。钱谦益青年时代即有心向佛，后期更皈依佛门，尤与苍雪交好。

一雨南游武林（今属杭州）、天目。石林受具于古心。[③]

万历三十六年戊申（1608），二十一岁

冬，雪山（慧杲）卒，一雨自武林归，赋诗哭之。十一月十五日，雪浪卒，一雨为位水田庵，附雪山祭焉。[④]

陈乃乾《考略》：“一雨以师友既丧，思欲静居立言，因卜居于海虞秋水庵。”“按师从一雨，不知始于何年，集有《侍二楞师初住藤溪》诗、《侍雨师藤溪休夏》诗、《藤溪平野堂雨师命同联句》诗。藤溪在虞山，当即居秋水庵时作也。”[⑤]

按：《考略》谓“师从一雨，不知始于何年”，此事其实可考，参阅本谱万历三十八年纪事。

《藤溪平野堂雨师命同联句》王注：“《吴趋访古录》：‘藤溪草堂，在虞山秦娥涧之下。’”[⑥]

《侍二楞师初住藤溪》：“茅堂卜筑溪山下，乱竹萧萧满涧藤。入夏绿阴空荡水，隔林黄岛暗窥僧。半枝枯木维摩榻，一盏琉璃古佛灯。我愿常随无法说，师方晏坐草敷成。”[⑦]

《侍雨师藤溪休夏二首》其二：“爱此好丘壑，习成懒性情。……住久僧忘寺，初来客厌城。日中愁乞食，曾向郭门行。”[⑧]

---

① 释读彻撰，王培孙辑注：《王氏辑注南来堂诗集》卷2，第32页，台湾鼎文书局，1977年。
② 钱谦益传见《清史稿》卷484，第44册，第13324页，中华书局，1977年。
③ 陈乃乾：《苍雪大师行年考略》，释读彻撰，王培孙辑注《王氏辑注南来堂诗集》，第5页，台湾鼎文书局，1977年。
④ 同上。
⑤ 同上。
⑥ 释读彻撰，王培孙辑注：《王氏辑注南来堂诗集》卷2，第7~9页，台湾鼎文书局，1977年。
⑦ 释读彻撰，王培孙辑注：《王氏辑注南来堂诗集》卷3下，第8页，台湾鼎文书局，1977年。
⑧ 释读彻撰，王培孙辑注：《王氏辑注南来堂诗集》卷2，第9页，台湾鼎文书局，1977年。

钱谦益《一雨法师塔铭》："师名通润，字一雨，姓郑氏，苏之西洞庭山人。……稍长，辞家入长寿寺，去氏削发，究心大乘经论，旁通义学。宵礼大士，额坟起不休。寺长老源公，从雪浪大师讲《楞严》于无锡，以书招师。……与雪山杲公、巢松浸公，同参于华藏寺。……金陵之花山，京口之焦山，江山高秀，云水孤清，侍浪师往来栖息，历十余夏，相依如形影。憨老闻而叹曰：'好学人吾兄一网打尽矣！'大师迁化，雪公亦没，师友沦亡，灰心埋照，以传灯续命为计，置钵于虞山北秋水庵，将终老焉。……与浸公分路扬镳，大弘雪浪之道，诸方皆曰：'巢师讲，雨师注。'又曰：'巢、雨二法师，雪浪之分身也。'"①

按：据钱谦益此铭和陈乃乾《考略》卷首《传法系统》，雪山为雪浪弟子，与一雨同门。又，雪浪圆寂年、月、日，参阅本谱去年引钱谦益《华山雪浪大师塔铭》纪事。释德清《雪浪法师恩公中兴法道传》："未几，示微疾。一日，告众曰：'汝等善自护持，吾将行矣！'弟子乞师垂示。……言讫，顷即索浴更衣，端坐而逝。……公生于嘉靖乙巳九月九日，入灭于万历丁未某月某日。世寿六十三岁，法腊四十五夏。"②钱谦益、德清所载雪浪法师卒年，先后相差一年，法腊则相差六年。两相比较，钱氏之说更为确切，从之。

从巢松云隐庵讲期，有《巢师云隐讲期水仙居对雨同社分韵》诗。除夕，奋笔呈《壬戌山居除夕》诗，获巢松盛赞。

陈乃乾《考略》："师从巢松听讲《唯识论》，茫无所解，岁除赋诗，一时传诵。集有《巢师云隐讲期水仙居对雨同社分韵》诗。"③陈乃乾《考略》按："集中有《壬戌山居除夕》诗云：'天地满蓬尘，吾庐一扫新。若教无此夜，那得暂闲人。瓦雪融松火，瓶梅破冻冰。自来飘泊惯，不觉寂寥身。'④三、四两句与《贤首宗乘》所引合，惟一为五字，一为七字耳。考壬戌为天启二年，适当巢松圆寂之岁，师亦年三十五矣，诗之不作于是年可知。'壬戌'二字，当是传钞相仍之误，或早岁本有此七言二句，壬戌岁复改入五律欤。""《宝华山志》载读体除夕次苍雪韵五律一首，与此诗仅易数字，

---

① 钱谦益：《一雨法师塔铭》，《牧斋初学集》卷69《塔铭》二，《续修四库全书》，第1390册，第301~302页，上海古籍出版社，2002年。

② 释德清：《憨山老人梦游集》卷16，《续修四库全书》，第1377册，第635~636页，上海古籍出版社，2002年。

③ 陈乃乾：《苍雪大师行年考略》，释读彻撰，王培孙辑注《王氏辑注南来堂诗集》，第5页，台湾鼎文书局，1977年。

④ 释读彻撰，王培孙辑注：《王氏辑注南来堂诗集》卷2，第15页，台湾鼎文书局，1977年。

当是选诗者误读彻为读体，而传抄孳误字句，遂因而小异。考其时，读体在滇，年尚童稚，不得与师酬和也。”① 此二说是。

钱谦益《中峰苍雪法师塔铭》：“（雪）浪殁，巢松浸开讲甘露寺。师年廿余，古貌棱然，敝衣下座。除夕，奋笔呈诗，大众惊异。”②

《贤首宗乘》本传：“雪浪大师没，巢师开讲于吴之云隐，师乃进谒，听演《唯识》，茫无头绪。岁除赋诗有云‘一岁若教无此夜，百年那得暂闲人。’有友巢云拍案叫曰‘吾党今夜，尽可阁笔！’内外喧传。师之诗名，实基于此矣。”③

《巢师云隐讲期水仙居对雨同社分韵》：“仙居渡板桥，梅雨响萧萧。竹湿秋光近，山昏树色饶。燕飞初掠水，鸥梦不离潮。坐对浑无事，农歌慰寂寥。”④

万历三十七年己酉（1609），二十二岁

一雨升天界寺座师，从之听讲。

陈乃乾《考略》：“一雨应匡云（性淳）之请，讲经金陵，休夏于断臂崖。冬，升天界之座师，从之听讲。”⑤

娄东吴骏公（伟业）生。⑥

吴骏公（1609~1672）⑦，名伟业，号梅村，太仓（今属江苏）人。明亡后屏居乡里，保持名节。清顺治十年（1653），不得已而应诏入都，授秘书院侍讲，四年后借病辞官。其诗歌创为“梅村体”，有《梅村集》《秣陵春》等作品，又为明末清初著名画家。

文照（寂觉）生。⑧

按：文照，苍雪上首弟子，钱谦益《中峰苍雪法师塔铭》作“闻照”。⑨

---

① 陈乃乾：《苍雪大师行年考略》，释读彻撰，王培孙辑注《王氏辑注南来堂诗集》，第5页，台湾鼎文书局，1977年。

② 钱谦益：《中峰苍雪法师塔铭》，陈乃乾《苍雪大师行年考略》是年引录（释读彻撰，王培孙辑注《王氏辑注南来堂诗集》第5页），文见《王氏辑注南来堂诗集》附录卷2，第3页，上海古籍出版社，2002年。

③《贤首宗乘》本传，陈乃乾《苍雪大师行年考略》是年引录（释读彻撰，王培孙辑注《王氏辑注南来堂诗集》，第5页，台湾鼎文书局，1977年），文见《王氏辑注南来堂诗集》附录卷2，第2页。

④ 释读彻撰，王培孙辑注：《王氏辑注南来堂诗集》卷2，第7页，台湾鼎文书局，1977年。王注诗下有巢松传，王注引李铭皖等修，冯桂芬等纂《苏州府志》所载，云隐庵在苏州阊门外桐泾桥。

⑤ 陈乃乾：《苍雪大师行年考略》，释读彻撰，王培孙辑注《王氏辑注南来堂诗集》，第6页，台湾鼎文书局，1977年。

⑥ 同上；冯其庸、叶君远《吴梅村年谱》，第1页，江苏古籍出版社，1990年。

⑦ 吴骏公传见《清史稿》卷484，第44册，第13325~13326页，中华书局，1977年。

⑧ 陈乃乾：《苍雪大师行年考略》，释读彻撰，王培孙辑注《王氏辑注南来堂诗集》，第6页，台湾鼎文书局，1977年。

⑨ 钱谦益：《中峰苍雪法师塔铭》，释读彻撰，王培孙辑注《王氏辑注南来堂诗集》附录卷2，第4页，台湾鼎文书局，1977年。

万历三十八年庚戌（1610），二十三岁

在凤山参谒一雨法师，入其门墙，自此经论触目，冰释无滞。

《贤首宗乘》本传："神宗庚戌，参雨师于凤山，乍听《楞》《伽》，犹然故我。十昼夜对卷痴坐，双目逼如赤桃。及听《三自性》章，恍如枷锁堕地，种种憎、爱、忻、怖，莫不帖然。自此经论触目，一皆冰释无滞；行住坐卧，惟觉大快而已。"①

按：凤山，疑为凤凰山之省称。王鏊撰《姑苏志》载：阳山在城西北三十里，花山（华山）去阳山东南五里，侯山在阳山西北十里，其下有沈尤村，其西南出锦峰，南出玉遮，东南则凤现岭，过岭为凤凰山，过东南则为华山。②据《贤首宗乘》此载，系苍雪师从一雨时间为今年。

由春至冬，从一雨讲筵，自此雨师说法，无往而不从之。

陈乃乾《考略》："春，一雨天界寺解制。冬，讲《法华》于鹫峰。师从之听讲，始豁然通悟。此后数年中，一雨讲筵所至，师殆无役不从。"③

巢松主持华山讲席。

陈乃乾《考略》："巢松主华山讲席。集有《春怀华山巢松师》诗，当作于此后数年中。"是条引《贤首宗乘》巢松法师传："此山虽自浪师开讲，麓师演而规模湫溢。师至，扩而新之，山灵面目，顿然改观。"④

《春怀华山巢松师》："注经朝起早，得句夜眠迟。……冰心何处觅，伫望锡飞时。"⑤

钱谦益二十九岁，殿试中探花，授翰林编修。⑥

陈乃乾《考略》："钱受之以第三人及第。"⑦

钱谦益《太原府推官唐君墓志铭》："万历庚戌，进士举南宫者三百人，轩盖填咽，

---

①《贤首宗乘》本传，陈乃乾《苍雪大师行年考略》是年引录（释读彻撰，王培孙辑注《王氏辑注南来堂诗集》第 6 页），文见《王氏辑注南来堂诗集》附录卷 2，第 2 页。

② 王鏊撰：《姑苏志》卷 8，《景印文渊阁四库全书》，第 493 册，第 214~216 页，台湾商务印书馆，1986 年。

③ 陈乃乾：《苍雪大师行年考略》，释读彻撰，王培孙辑注《王氏辑注南来堂诗集》，第 6 页，台湾鼎文书局，1977 年。

④ 同上。

⑤ 释读彻撰，王培孙辑注：《王氏辑注南来堂诗集》卷 2，第 15 页，台湾鼎文书局，1977 年。

⑥ 王云五主编：《新编中国名人年谱集成》第 30 辑，葛万晨编《清钱牧斋先生谦益年谱》，第 2 页，台湾商务印书馆，1881 年。

⑦ 陈乃乾：《苍雪大师行年考略》，释读彻撰，王培孙辑注《王氏辑注南来堂诗集》，第 6 页，台湾鼎文书局，1977 年。

车尘人面，冥蒙合沓。”①

缘中（普经）生。②

按：据陈乃乾《考略》卷首《传法系统》，缘中为苍雪弟子。③

万历三十九年辛亥（1611），二十四岁

春，一雨访巢松于华山；夏，至苕溪（属浙江湖州），居福山禅院；冬，应讲苏州慧庆寺，撰《唯识集解》十卷成。含光礼化城庵，悟宗师，出家。④

自均（本怀）、德风（书传）出生。⑤

按：据陈乃乾《考略》卷首《传法系统》，自均、德风均为苍雪弟子。⑥

万历四十年壬子（1612），二十五岁

春，一雨讲《楞伽经》于苏州云隐庵。⑦

万历四十一年癸丑（1613），二十六岁

春，一雨讲《唯识论》于苏州桃花坞之北。因主者不协，仅及八卷而止。⑧

万历四十二年甲寅（1614），二十七岁

一雨讲《楞严经》于胥江（在苏州境内）余庆庵，而后开讲于金山甘露寺，汰如始谒一雨于金山。⑨

万历四十三年乙卯（1615），二十八岁

吴与则（正己）举于乡，集有《赠吴与则孝廉》诗。十一月，古心卒。⑩

---

① 钱谦益：《牧斋初学集》卷61《墓志铭》，《续修四库全书》，第1390册，第228页，上海古籍出版社，2002年。

② 陈乃乾：《苍雪大师行年考略》，释读彻撰，王培孙辑注《王氏辑注南来堂诗集》，第6页，台湾鼎文书局，1977年。

③ 同上书，卷前。

④ 同上书，第6页。

⑤ 同上。

⑥ 同上。

⑦ 同上。

⑧ 同上。

⑨ 同上。

⑩ 同上书，第7页。

《赠吴与则孝廉》诗王注引《宜兴县志》："吴正己，字舆则，常与文震孟、张纳陛诸君子讲学东林。万历四十三年（1615）举人，为蒙城（今属安徽亳州）教谕，升国子学录，大司成命主讲席圜桥，听者千百人。……按'与'与'舆'二字，未知孰是。"①

是秋，一雨得瑗禅师故庵。

陈乃乾《考略》："秋，一雨自金山南游于考室山中，得瑗禅师故庵，将终老焉。"②

万历四十四年丙辰（1616），二十九岁

一雨自甘露寺解制归铁山，秋，应讲余庆庵。汰如在铁山谒雨师，寻入闽。集有《吴门送别汰公》《送汰公之宣城访汤太史霍林》诗。③

《吴门送别汰公》王注："崇祯《吴县志》引读彻所撰《明河传略》……苍雪与汰如同学齐名，集中倡和诗最多，诗题或称高松。此崇祯志所引汰如传略，出苍雪之手，查为他志所无，而此志已流传绝少，特录存之。"④

《送汰公之宣城访汤太史霍林》王注：汤宾尹，字嘉宾，号霍林，宣城（今属安徽）人。万历甲午（1594）举于乡。乙未，冠南宫，廷对第二，授翰林编修。⑤

万历四十五年丁巳（1617），三十岁

一雨改铁山为二楞庵，自称二楞主人。自此从一雨闭关五载，有《铁山师闭关》《雨后铁山送陆仲安归洞庭西山》诗。

陈乃乾《考略》："历丁巳、戊午、己未、庚申，凡五阅岁，绝影人间。改铁山为二楞庵，自称二楞主人。于是疏《楞伽》《楞严》二经故也。"⑥

钱谦益《一雨法师塔铭》："卜居铁山，为瑗禅师故庵。面太湖，负西迹，眠云卧月，绝影人间者五载。……师自称二楞主人，改铁山为二楞庵，于此疏《严》《伽》二经故。"⑦

---

① 释读彻撰，王培孙辑注：《王氏辑注南来堂诗集》卷1，第14页，台湾鼎文书局，1977年。

② 陈乃乾：《苍雪大师行年考略》，释读彻撰，王培孙辑注《王氏辑注南来堂诗集》，第7页，台湾鼎文书局，1977年。

③ 同上。

④ 释读彻撰，王培孙辑注：《王氏辑注南来堂诗集》卷2，第13~14页，台湾鼎文书局，1977年。

⑤ 释读彻撰，王培孙辑注：《王氏辑注南来堂诗集》卷3上，第9页，台湾鼎文书局，1977年。

⑥ 陈乃乾：《苍雪大师行年考略》，释读彻撰，王培孙辑注《王氏辑注南来堂诗集》，第7页，台湾鼎文书局，1977年。

⑦ 钱谦益：《牧斋初学集》卷69《塔铭》二，《续修四库全书》，第1390册，第302页，上海古籍出版社，2002年。

《铁山师闭关》："路头忘却到于今，此事知师亦素心。不逐秋声过别院，已分人影隔深林。肯将耳目通闻见，自有湖山和法音。莫遣行藏无觅处，江南弟子正相寻。"[①]

《雨后铁山送陆仲安归洞庭西山》："一片晴湖直射窗，看君行色未能降。……重过记得临歧处，流水桃花白石幢。"[②]

汰如自闽归，与雨师、苍雪同居铁山。苍、汰学兼二师之长，时有"巢雨苍汰"之称。[③]

钱谦益《中峰苍雪法师塔铭》："依一雨润于铁山，与汰如河师并为入室弟子。雪浪之后，巢讲雨笔，各擅其长，二师殆兼有之，诸方所谓'巢雨苍汰'者也。"[④]

《贤首宗乘》本传："师与汰公为雨师上首弟子。凡雨师瓶锡所至，挟持左右，纲领大众，若性若相若圆融，具德之学，一皆穷源极奥。昔之称'巢雨'者，此时称'苍汰'矣。"[⑤]

巢松、一雨邀释德清入华山，诸名流居士设供于山路，官员设斋于家。

《憨山老人自序年谱实录》四十五年丁巳："回至吴门，巢松、一雨二法师请入华山，游天池、玄墓、铁山诸胜。寒山赵凡夫、严天池、徐仲容、姚孟长、文文起、徐清之诸居士设供于山路，冯元成、申玄渚二宰官斋于家。"[⑥]

二月朔（初一日），耶溪回永福寺，九日示疾，次日坐化。[⑦]

万历四十六年戊午（1618），三十一岁

与汰如从一雨住铁山，生活清苦而持律精严。

---

① 释读彻撰，王培孙辑注：《王氏辑注南来堂诗集》卷3上，第9页，台湾鼎文书局，1977年。

② 同上。

③ 陈乃乾：《苍雪大师行年考略》，释读彻撰，王培孙辑注《王氏辑注南来堂诗集》，第7页，台湾鼎文书局，1977年。是条下引钱谦益《中峰苍雪法师塔铭》《贤首宗乘》本传。

④ 钱谦益：《中峰苍雪法师塔铭》，释读彻撰，王培孙辑注《王氏辑注南来堂诗集》附录卷2，第3页。陈乃乾《苍雪大师行年考略》是年引录（释读彻撰，王培孙辑注《王氏辑注南来堂诗集》，第7页，台湾鼎文书局，1977年）。

⑤《贤首宗乘》苍雪传，陈乃乾《苍雪大师行年考略》是年引录（释读彻撰，王培孙辑注：《王氏辑注南来堂诗集》第7页，台湾鼎文书局，1977年），文见《王氏辑注南来堂诗集》附录卷2，第2页，台湾鼎文书局，1977年。

⑥ 释德清：《憨山老人梦游集》卷40上（《续修四库全书》，第1378册，第343页，上海古籍出版社，2002年）。按：华山，王鏊撰《姑苏志》卷8："山石峭拔，岩壑深秀，相传山顶有池，生千叶莲……老子《枕中记》云：'吴西界有华山，可以度难。'疑即此也。山半有池，在绝巘，横浸山腹，逾数十丈，故又名天池山。"（《景印文渊阁四库全书》，第493册，第216页，台湾商务印书馆，1986年）此华山又称花山，今江苏有宝华山，在句容，为律宗胜地，亦称华山、花山。

⑦ 陈乃乾：《苍雪大师行年考略》，释读彻撰，王培孙辑注《王氏辑注南来堂诗集》，第8页，台湾鼎文书局，1977年。

陈乃乾《考略》：“师之住铁山也，家风一味淡苦……故庵中无坐食人。一年除夕，师自举一大桑树根生火……河与苍雪侍坐，向火烧芋食，雪大作，屋垂欲压。河、苍雪各赋一诗上寿，坐以待旦，柴门十余日不启。”①

钱谦益《一雨法师塔铭》：“除夕，自斧枯树，罾火煨芋，高足弟子，夹坐赋诗。雪消门启，人径宛然，则发春已十余日矣。日过经二十纸，上首白请少减，师呵之曰‘汝看我瓮中米多少！’其精严孤诣，皆此类也。”②

万历四十七年己未（1619），三十二岁

姚希孟中进士，改庶吉士。

陈乃乾《考略》：“姚现闻成进士。”③

姚希孟（1579~1636）④，字孟长，号现闻，吴县人。万历四十七年中进士，改庶吉士。深得座师韩爌、馆师刘一燝器重。天启初，请假归。四年冬，还朝。朝中党争激烈，不得志，次年以母丧归。崇祯元年起左赞善，历右庶子，为日讲官。后为东林所推，与温体仁不合，以疾归，家居二年，卒。著有《清溪阁全集》《微天集》《循沧集》《松瘿集》等。

万历四十八年庚申（1620），三十三岁

巢松退居水田方丈，一雨继主华山，从之。憨山德清自庐山往曹溪，碧空讲《法华经》于狮子窟，胜慈往依止焉。含光听法于巢松。董玄宰起为太常寺少卿，掌国子监司业。⑤

按：据陈乃乾《考略》卷首《传法系统》，碧空为雪浪弟子。

明熹宗朱由校天启元年辛酉（1621），三十四岁

春，一雨升天界寺讲座；冬，讲《楞伽合辙》于苏州慧庆寺。集有奉和二

① 陈乃乾：《苍雪大师行年考略》，释读彻撰，王培孙辑注《王氏辑注南来堂诗集》，第8页，台湾鼎文书局，1977年。

② 钱谦益：《牧斋初学集》卷69《塔铭》二，《续修四库全书》，第1390册，第302页，上海古籍出版社，2002年。

③ 陈乃乾：《苍雪大师行年考略》，释读彻撰，王培孙辑注《王氏辑注南来堂诗集》，第8页，台湾鼎文书局，1977年。

④ 姚希孟传见《明史》卷216，第19册，第5718~5719页，中华书局，1974年。

⑤ 陈乃乾：《苍雪大师行年考略》，释读彻撰，王培孙辑注《王氏辑注南来堂诗集》，第8页，台湾鼎文书局，1977年。

楞师元旦诗。锺惺结雨花社于南都天界寺，破雪来迎。[①]

《奉和二楞师辛酉元旦》：“四海欢呼舜日升，莫忧酒价问庐陵。新颁丹诰逢元日，稳坐青山到老僧。寒气已分昨夜火，灵光犹续旧年灯。不知春色来多少，细看崖前万岁藤。”[②]

陈乃乾《考略》：“天启元年辛酉，锺祠部为师结雨花社于南都天界寺，破雪来迎。……以二合辙初出（按：一雨著《楞严合辙》十卷，《楞伽合辙》八卷），非亲宣不可，适慧庆、化城二刹请为期，主慧庆故旧会首。是冬，毕《楞伽》。明年壬戌《楞严》，则化城庵也。”[③]

按：本集有诗《续雨花社约三江》：“深竹藏扉白板双，杂花林影竖诗幢。矶横采石潮平岸，月吐峨眉秋半江。一水故人怜远梦，三年旧社冷残缸。重来好句谁知得，叶落萧萧暗打窗。”[④]此诗之前有诗《泊舟采石矶谒太白祠》，王注引《江南通志》：“太白楼，在采石矶，即太白祠。唐元和中，建蛾眉亭，在当涂县北二十里，据牛渚绝壁，前直二梁山，夹江对峙，如蛾眉然，故名。”又引《当涂县志》：“蛾眉亭，在采石山。”再引陆游《江行记》：“采石，一名牛渚，与和州对岸。”后诗既言“矶横采石”“月吐峨眉”，则续雨花社约，当在此地。据“三年旧社”，则苍雪此诗，或作于天启四年甲子（1624）。

《湖广通志》：“锺惺，字伯敬，天门（竟陵别称，今属湖北）人。万历庚戌（1610）进士，授行人。乙卯（1615），典贵州乡试。改工部主事，转南礼部，升郎中，以佥事提学福建，寻丁外艰去。惺体貌清羸，为人严冷，不喜接俗客。万历间，取历代诗，与同邑谭元春选订，名曰《诗归》。爱名山水，所至必极游览。卒年五十二。祀乡贤。”[⑤]著有《隐秀轩集》，与谭元春同创晚明竟陵诗派。

巢松卒，世寿五十六。姚现闻授检讨。[⑥]

---

①陈乃乾：《苍雪大师行年考略》，释读彻撰，王培孙辑注《王氏辑注南来堂诗集》，第8页，台湾鼎文书局，1977年。

②释读彻撰，王培孙辑注：《王氏辑注南来堂诗集》卷3上，第7页，台湾鼎文书局，1977年。

③陈乃乾：《苍雪大师行年考略》，释读彻撰，王培孙辑注《王氏辑注南来堂诗集》，第8~9页，台湾鼎文书局，1977年。化成庵，在浙江舟山。

④释读彻撰，王培孙辑注：《王氏辑注南来堂诗集》卷3下，第23页，台湾鼎文书局，1977年。

⑤夏力恕等编纂：《湖广通志》卷57《人物志》，《景印文渊阁四库全书》，第533册，第309页，台湾商务印书馆，1986年。

⑥陈乃乾：《苍雪大师行年考略》，释读彻撰，王培孙辑注《王氏辑注南来堂诗集》，第8页，台湾鼎文书局，1977年。

天启二年壬戌（1622），三十五岁

从一雨居华山。[①]

除夕，作诗贺岁。

《壬戌山居除夕》："天地满蓬尘，吾庐一扫新。若都无此夜，那得暂闲人。瓦雪融松火，瓶梅破冻冰。自来飘泊惯，不觉寂寥身。"[②]

初夏，因闻成都有"奢酋"之乱，作诗怀蜀中友人道淳、扈芷。

陈乃乾《考略》："灵石（道淳）还蜀，未几坐化。集有《送淳公还蜀》诗、《（初夏）怀蜀友石公，时闻成都有奢酋之警》诗。又，《华山除夕有怀扈芷弟》诗，亦当作于是年。"[③]

按：王注《送淳公还蜀》诗引《内江县志》："道淳号灵石，内江徐氏子。工诗书，归释氏教，游两京讲佛，倾动名流。辛酉西旋，坐化。人称为灵石大师，著有《金刚经解》。"[④]本集有诗《怀苕上友人灵石》[⑤]。《初夏怀蜀友石公，时闻成都有奢酋之警》云："怀人巴水曲，老我楚云西。十载音书断，况今闻鼓鼙。"[⑥]王注又引《通鉴辑览》载天启元年（1621）九月，四川永宁土司奢宗明叛乱，天启三年（1623）五月，四川总督朱燮元克永宁，奢崇明败走龙场。《华山除夕有怀扈芷弟》云"一身雪里逢除夜，两处灯前话岁朝。"[⑦]不详此诗作于何时。

智光（德本）披剃于六合千佛庵。文湛持（震孟）状元及第，授修撰。董玄宰兼翰林院侍读学士，纂修《实录》。[⑧]

李周望《国朝历科题名碑录初集》：明天启二年（壬戌科），赐进士及第第一甲三名，第一名为文震孟"（南）直隶苏州府长州县民籍，吴县人。"[⑨]

文震孟（1574~1636）[⑩]，字文起，别号湛持，文徵明之曾孙。

---

① 陈乃乾：《苍雪大师行年考略》，释读彻撰，王培孙辑注《王氏辑注南来堂诗集》，第 9 页，台湾鼎文书局，1977 年。

② 释读彻撰，王培孙辑注：《王氏辑注南来堂诗集》卷 2，第 17 页，台湾鼎文书局，1977 年。

③ 陈乃乾：《苍雪大师行年考略》，释读彻撰，王培孙辑注《王氏辑注南来堂诗集》，第 9 页，台湾鼎文书局，1977 年。

④ 释读彻撰，王培孙辑注：《王氏辑注南来堂诗集》卷 1，第 5 页，台湾鼎文书局，1977 年。

⑤ 释读彻撰，王培孙辑注：《王氏辑注南来堂诗集》补编卷 2，第 14 页，台湾鼎文书局，1977 年。

⑥ 释读彻撰，王培孙辑注：《王氏辑注南来堂诗集》卷 2，杨家骆主编《中国学术类编》，第 17 页，台湾鼎文书局，1977 年。

⑦ 释读彻撰，王培孙辑注：《王氏辑注南来堂诗集》卷 1，第 5 页，台湾鼎文书局，1977 年。

⑧ 陈乃乾：《苍雪大师行年考略》，释读彻撰，王培孙辑注《王氏辑注南来堂诗集》，第 9 页，台湾鼎文书局，1977 年。

⑨ 李周望：《国朝历科题名碑录初集·明洪武至崇祯各科附》，第 2 册，第 1207 页，台湾华文书局，1969 年。

⑩ 文震孟传见《明史》卷 251，第 21 册，第 6495~6499 页，中华书局，1979 年。

天启三年癸亥（1623），三十六岁

从一雨居华山。巢松葬华山，集有《礼水田师塔》。[①]

《礼水田师塔》："岭云忽化西归影，涧水长流说偈声。迹顺去来无不可，塔留今古尚如生。"[②]

与友人扈芷、匡云休夏陈眉公所隐东佘山中，流连九旬始去。

陈乃乾《考略》："扈芷、匡云与陈眉公休夏山中，流连九旬始去。"事条下引陈继儒《偶庵草小序》："扈芷自西蜀走吴，顾独与董玄宰、章青莲、徐九玉、眉道人为诗友。尝与苍雪、匡云休夏山中，打松子作粥，余为煮蔬蒸菌。留连者九旬，始去。"[③]

三月，吴本如以侍郎总督蓟辽；董玄宰迁少詹事掌南京翰林院，转礼部右侍郎[④]。十月，憨山卒，行年七十八[⑤]。自均投蒲庵慎独律师剃度，缘中礼城西宝月庵自公为师[⑥]。

天启四年甲子（1624），三十七岁

二月，一雨讲《华严》《玄谭》，五月解制，八月移锡中峰，九月十八日坐化，世寿六十，僧腊四十六。汰如继主院事。[⑦]

钱谦益《一雨法师塔铭》："移住花山（在苏州），又移中峰。浃辰，出一纸示众，皆嘱累语，遂以是日示寂，天启四年九月十八日也。世寿六十，僧腊四十六。"[⑧]

王氏立券证舍中峰产业为佛寺。

陈乃乾《考略》："时中峰久为王氏产，至是，仍舍为佛寺，且立券证焉。"下引中峰大殿落成诗自注："山为王文恪公所有，四传而至伯真，君不以为松楸，仍还

---

① 陈乃乾：《苍雪大师行年考略》，释读彻撰，王培孙辑注《王氏辑注南来堂诗集》，第9页，台湾鼎文书局，1977年。

② 释读彻撰，王培孙辑注：《王氏辑注南来堂诗集》卷3上，第22页，台湾鼎文书局，1977年。

③ 陈乃乾：《苍雪大师行年考略》，释读彻撰，王培孙辑注《王氏辑注南来堂诗集》，第9页，台湾鼎文书局，1977年。

④ 同上。《考略》编此条于"十月"后。

⑤ 陈乃乾《苍雪大师行年考略》，第9页，释读彻撰，王培孙辑注《王氏辑注南来堂诗集》。释德清《憨山老人梦游集·憨山老人自序年谱实录下》卷40载：十月初四日，德清在曹溪禅堂圆寂，年七十八（《续修四库全书》，第1378册，第345页，上海古籍出版社，2002年）。

⑥ 陈乃乾：《苍雪大师行年考略》，释读彻撰，王培孙辑注《王氏辑注南来堂诗集》，第9页，台湾鼎文书局，1977年。

⑦ 同上。

⑧ 钱谦益：《牧斋初学集》卷69《塔铭》二，《续修四库全书》，第1390册，第302页，上海古籍出版社，2002年。

佛地。”又引《彭绍升居士传》：“予尝过支硎中峰，寺僧念庭言：‘寺故王氏宅，明天启间，舍为寺以居。苍雪法师立书契，戒子孙不得有所求责，而景文、湛持、孟长三君子，皆署其后为左证。’”①

王鏊（1450~1524）②，字济之，吴人。成化十年乡试、次年会试俱第一。廷试第三，授编修。正德初年晋为文渊阁大学士。卒年五十，赠太傅，谥文恪。天启中，其玄孙王永思逝前留下遗嘱，将中峰寺归还僧界，人们为此额首称庆。

文震孟《重复晋支公中峰禅院记略》：王氏把中峰寺田产施归净域后，由一雨主持院事，在其仙化后，“二三同志，以礼延其高足汰如河公于白下（南京），嗣主院事。”③

按：崇祯二年（1629）正月，苍雪、汰如立《重复晋支公中峰禅院记略》碑于中峰寺。

《江南通志》：“中峰禅院，在支硎山寒泉上。本支公古刹也，不知废于何年。地属王氏，天启中，鏊元孙永思施为讲僧一雨通润静室。”④

移居白门（南京别称）廿四松山居，集有《仪园四咏》诸作。⑤

《贤首宗乘》本传：“天启甲子，师隐居白门廿四松山居，即大司马吴本如供高僧处也。”⑥

《明熹宗实录》三月丙辰（初二日）：“宣大总督、兵部右侍郎兼右佥都御史吴用先，改总督蓟辽、广西。”⑦

按：苍雪自是年起移居白门，至崇祯元年归中峰寺（见本谱是年纪事）。《仪园四咏》分别为《城市山林》《六朝松石》《鹫岭山楼》《雪岭香浮》。⑧

十月，驻锡广陵吴师利（明本）庵罗树园。

---

① 陈乃乾：《苍雪大师行年考略》，释读彻撰，王培孙辑注《王氏辑注南来堂诗集》，第10页，台湾鼎文书局，1977年。中峰大殿落成诗，见本谱崇祯九年纪事。

② 王鏊传见《明史》卷181，第16册，第4825~4827页，中华书局，1974年。

③ 文震孟：《重复晋支公中峰禅院记略》，文见《王氏辑注南来堂诗集》附录卷3，第1页。是书所载《苍雪大师行年考略》是年引录文氏该文。

④ 黄之隽等编纂：《江南通志》卷44，《景印文渊阁四库全书》，第508册，第412页，台湾商务印书馆，1986年。

⑤ 陈乃乾：《苍雪大师行年考略》，释读彻撰，王培孙辑注《王氏辑注南来堂诗集》，第10页，台湾鼎文书局，1977年。

⑥《贤首宗乘》本传，《苍雪大师行年考略》是年引录（第10页），文见《王氏辑注南来堂诗集》附录卷2，第2页，台湾鼎文书局，1977年。

⑦《明熹宗实录》卷40（梁本），第2297页，台湾“中央研究院”历史语言研究所，1962年。

⑧ 释读彻撰，王培孙辑注：《王氏辑注南来堂诗集》卷2，第16~17页，台湾鼎文书局，1977年。王氏注：仪园当在金陵，但以此四咏，遍查金陵古籍皆可征，却不在仪园内，当为苍公在仪园中咏附近古迹。

按：庵罗树园为佛教徒吴师利祖产，其人为商山巨族，富比王侯。陈乃乾《考略》引王注：范凤翼《吴氏园作四首》小序载其冬日过广陵，下榻吴氏园，苍雪先已驻锡于此，时为甲子十月。①《南来堂诗集》有《渡江访师利居士阻风》《再到庵罗树园》②《寓吴师利庵罗树园》③等诗。

有返滇之意，扈芷亦欲还蜀，然均未成行。

陈乃乾《考略》："是年，扈芷欲还蜀，师亦有返滇之意，均未成行。……王培孙注集有《扈芷五十而亡》诗，知扈芷没年五十，盖曾欲返蜀而未成行也。……按集有《次答现闻姚太守见送还滇》诗云：'万里孤游只等闲，天涯历尽路间关。乡书屡到随抛掷，归梦无因自往还。竹坞云深秋色冷，枫桥月落橹声悭。一瓢莫道轻身去，难别吴中不独山。'又有《留别眉公先生》诗云：'买得荒田也种瓜，结庐多半想东畬。鸟鸣得意不离树，客到无言只看花。二十年前曾住脚，九千里外偶还家。茫茫沧海从兹别，何日逢君话岁华。'据此两诗，知师曾作还滇之计。师离滇，在万历三十四年，到此已十八载，故云二十年也。师遇雨师，如子得母，不忍舍离，忽动归兴，当在雨师圆寂之后。时届深秋，故云'竹坞云深''枫桥月落'也。师昔年自蜀至金陵，与扈芷偕行，今则旧侣同归，亦意中事也。永宁土司奢崇明之叛，始天启元年九月，至三年五月而败，余孽未靖，其时音讯阻滞，故江南人犹谓西川道梗也。又集有《寄徒三和书》云'不见汝已三十年。'知师东来以后，迄未返滇也。"④

按：上引二诗在诗集中前后连编，当作于同时。

含光听法于一雨。⑤

吴梅村二十三岁，会试第一、殿试第二，授翰林院编修。⑥

---

① 陈乃乾：《苍雪大师行年考略》，释读彻撰，王培孙辑注《王氏辑注南来堂诗集》，第10页，台湾鼎文书局，1977年。请参阅《王氏辑注南来堂诗集》卷2，第10页。

② 释读彻撰，王培孙辑注：《王氏辑注南来堂诗集》卷2，第10、24页，台湾鼎文书局，1977年。

③ 释读彻撰，王培孙辑注：《王氏辑注南来堂诗集》卷3上，第6页，台湾鼎文书局，1977年。

④ 陈乃乾：《苍雪大师行年考略》，释读彻撰，王培孙辑注《王氏辑注南来堂诗集》，第11页，台湾鼎文书局，1977年。《考略》所引诗、书题目与本集相符。诗见《王氏辑注南来堂诗集》补编卷2，第16页；卷3上，第17页。

⑤ 陈乃乾：《苍雪大师行年考略》，释读彻撰，王培孙辑注《王氏辑注南来堂诗集》，第11页，台湾鼎文书局，1977年。

⑥ 冯其庸、叶君远：《吴梅村年谱》，第42页，江苏古籍出版社，1990年。

天启五年乙丑（1625），三十八岁

唐大来膺岁荐入京应礼部试。[①]

姚现闻分校礼闱，以丁母忧南归。董玄宰迁南京礼部尚书，寻谢政归。[②]

吴用先由蓟辽总督致仕。

《明熹宗实录》三月戊辰（廿日）："云南道御史王大年，疏纠蓟辽总督吴用先……吴用先不堪总督，着冠带闲住。"[③]

按：陈乃乾《考略》载其事于明年四月，疑误 。

与吴用先月夜泛舟，入山访友，有诗《同大司马吴公达本月夜泛舟，入山访赵隐君，兼探梅光福》。[④]

按：此诗当作于吴用先（本如）蓟辽总督致仕后。据王氏此诗注，"达本"为"本如"之误，"本如"为吴公之号。王注引《龙眠风雅》所选吴诗中，有吴本如《吴兴舟中泛月》《登虎丘》《玄墓阁上望太湖》诸诗，证明吴本如曾作吴中游，因而与苍雪因缘际会。此说是。

天启六年丙寅（1626），三十九岁

居南京传法。有诗送唐大来北上应试。

陈乃乾《考略》："师居金陵，集有《（丙寅）金陵千华庵唯识论解制》诗、《（丙寅）白门送唐大来明经北上应试》诗。"[⑤]

按：《考略》中所引诗题目不全者，本谱据情况在书名号中用括号补之，下文同。

《丙寅金陵千华庵唯识论解制》："世观造论本真经，参透禅宗性始灵。我自无心聊为说，人谁有耳不能听。钟残放杵云过牖，香尽开帘月满庭。最是明朝分手处，天涯诸子各飘零。"[⑥]

按：从诗意看，苍雪在金陵开讲，有不少同道听之，听完后才各自东西。这是一雨法师圆寂后，苍雪首次独自开讲。

---

① 方树梅：《担当年谱》，余嘉华、杨开达点校《担当诗文全集》，第503页，云南人民出版社、云南美术出版社，2003年。

② 陈乃乾《苍雪大师行年考略》，释读彻撰，王培孙辑注《王氏辑注南来堂诗集》，第11页，台湾鼎文书局，1977年。

③《明熹宗实录》卷57，第2642页，台湾"中央研究院"历史语言研究所，1962年。

④ 释读彻撰，王培孙辑注：《王氏辑注南来堂诗集》卷3上，第11页，台湾鼎文书局，1977年。

⑤ 陈乃乾:《苍雪大师行年考略》，释读彻撰，王培孙辑注《王氏辑注南来堂诗集》，第11页，台湾鼎文书局，1977年。

⑥ 释读彻撰，王培孙辑注：《王氏辑注南来堂诗集》卷3上，第15页，台湾鼎文书局，1977年。

《丙寅白门送唐大来明经北上应试》："走马长安春雪遍，到时应换敝貂裘。"①

闻唐大来春试失利，作《暮秋怀唐大来，时闻在白下》诗慰之。

诗云："白门芳草绿平铺，到处人犹问大苏。但得衣边孤剑在，不愁囊底一钱无。春风驴背删诗草，明月床头抱酒壶。燕子已归矶上去，芙蓉未老莫愁湖。"②

秋，与唐大来同游虎丘。③

天启七年丁卯（1627），四十岁

居金陵（南京别称）。懋德重建云隐庵，即苍雪昔年听巢松讲《唯识论》处。④

明思宗朱由检崇祯元年戊辰（1628），四十一岁

春，王元翰在南京雨花台作《滇苍雪上人住金陵雨花台，又住吴门中峰庵》诗，是时，苍雪将归中峰寺。

诗云："问师何日返山居，来往难同鸟迹虚。台畔天花春落后，峰头祇树月升初。二楞转法传心印，万里宁亲寄雁书。文解莫疑归别趣，诗篇元不碍真如。"⑤

按：王元翰（1565~1633）生平事迹，见本书《王元翰年谱》。据其诗，苍雪在金陵曾居雨花台。二人之交往，当在一雨圆寂之后，苍雪移居金陵时期，此诗则作于苍雪归中峰寺之前，即今年春天。

唐大来将返滇，作《送唐大来还滇》诗送别。

诗云："小艇难禁五两风，鸡山有路几时通。殷勤为我传乡信，结个茅团在雪中。"⑥

秋日怀唐大来，作诗《同陈百史、方密之分韵，怀滇中唐大来》。

诗云："献策南归去，名山到处登。怀君天下士，老我故乡僧。幸得一人识，不孤千里朋。西风挥泪尽，秋色满金陵。"⑦

陈名夏（1601~1654），字百史，溧阳人（今属江苏常州）。崇祯十六年（1643）

---

① 释读彻撰，王培孙辑注：《王氏辑注南来堂诗集》卷3上，第15页，台湾鼎文书局，1977年。

② 释读彻撰，王培孙辑注：《王氏辑注南来堂诗集》卷3下，第23页，台湾鼎文书局，1977年。

③ 方树梅：《担当年谱》，余嘉华、杨开达点校《担当诗文全集》，第504页，云南人民出版社、云南美术出版社，2003年。

④ 陈乃乾：《苍雪大师行年考略》，释读彻撰，王培孙辑注《王氏辑注南来堂诗集》，第11页，台湾鼎文书局，1977年。

⑤ 王元翰：《凝翠集·诗集》，影印《云南丛书》，第21册，第11479页，中华书局，2009年。

⑥ 释读彻撰，王培孙辑注：《王氏辑注南来堂诗集》卷4，第11页，台湾鼎文书局，1977年。

⑦ 释读彻撰，王培孙辑注：《王氏辑注南来堂诗集》卷2，第23页，台湾鼎文书局，1977年。

探花，授编修，晋修撰，改户、兵二科都给事。甲申十一年，被劾论死。负诗文大家之称，著有《石云居集》三十卷。①

方密之（1611~1671）②，名以智，桐城（今属安徽）人。崇祯十三年（1640）进士，授检讨。复社文人，与与侯方域、冒辟疆、陈贞慧齐名，号称“明末四公子”。明亡后出家为僧，更名弘智，字无可，别号药地。著有《桴山集》《通雅》。

冬，应汰如之请，从南京归中峰寺讲《楞伽经》，作《戊辰冬中峰〈楞伽〉解制》诗。期毕，移锡中峰，继汰如主院事。

陈乃乾《考略》：“冬，讲《楞伽》于中峰。期毕，继汰如主院事。集有《（戊辰冬）中峰〈楞伽〉解制》诗。”③

《戊辰冬中峰〈楞伽〉解制》：“一叩霜钟响应同，却逢八百讲期终。何人直入千峰去，杖子横撩八面风。赤手向来无所有，宝山归后不辞穷。前身我亦支公鹤，今日方开放鹤笼。”④

《赠高松汰公六首》诗序：“高松汰公自白门招余讲《楞伽》于中峰，时以先楞师受山未几，化去，阖郡诸檀延公主之，仅五王祠后数椽而已。期将终，公乃不辞，委之而去，诸檀乃强继之。”⑤

《赠邻寺僧》：“我年四十住中峰，尔亦经年恰与同。愿尔古稀我再见，恐无百岁住山翁。”⑥

《贤首宗乘》本传：“戊辰冬，堂中法鼓忽鸣者三，踪之，寂无人。不数日，汰师在中峰，遣僧使赍书请师说法，师应之。期事将终，汰师以院事御肩为请，师唯唯不决。汰师以常往事密整书契，给以他事别往。师送之回，侍人报云：‘汰师去矣！’师叹曰：‘这条担子，在我肩上耶！’众人欢贺，而师独以为忧。”⑦

---

① 释读彻撰，王培孙辑注：《王氏辑注南来堂诗集》卷1，第7~8页，台湾鼎文书局，1977年。《病听歌为百史》诗下引《溧阳县志》本传。

② 方密之传见《清史稿》卷500，第45册，第13832~13833页，中华书局，1977年。

③ 陈乃乾：《苍雪大师行年考略》，释读彻撰，王培孙辑注《王氏辑注南来堂诗集》，第11页，台湾鼎文书局，1977年。

④ 释读彻撰，王培孙辑注：《王氏辑注南来堂诗集》卷3上，第20页，台湾鼎文书局，1977年。

⑤ 苍雪：《赠高松汰公六首》诗序，陈乃乾《苍雪大师行年考略》是年引录（《王氏辑注南来堂诗集》，第11页）而不明所出卷、页，诗序见《王氏辑注南来堂诗集》补编卷3上，第7页。

⑥ 释读彻撰，王培孙辑注：《王氏辑注南来堂诗集》卷4，第15页，台湾鼎文书局，1977年。此“四十”为约数。

⑦ 陈乃乾：《苍雪大师行年考略》是年引录，文见《王氏辑注南来堂诗集》附录卷2，第2页，台湾鼎文书局，1977年。

请钱谦益为一雨师作塔铭。

钱谦益《一雨法师塔铭》："师没后，河、彻二公，继师之席，弘法吴中，而继师主中峰者，彻公也。实来请铭。"①

十二月初四日，与汰如葬一雨于中峰，作诗《二楞大师久寂，戊辰冬塔基始定，志感次汰兄韵四首》。②

陈乃乾《考略》："崇祯元年戊辰十二月四日，奉全身葬于本山，表之以石。"③

钱谦益《一雨法师塔铭》："崇祯元年葬全身于中峰者，法子明河、读彻也。"④

德风脱白于尧峰山省恒禅师会下，服勤十载。集有《德风掩关于尧峰》诗。⑤

诗云："三年忘出入，一影伴经行。"⑥

崇祯二年己巳（1629），四十二岁

春，应董玄宰、陈眉公之请，在松江郡西白龙潭讲《楞伽经》，有诗纪之。

陈乃乾《考略》："春，董玄宰、陈眉公诸人，请师讲《楞伽》于松江郡西之白龙潭。……集中有自吴门之云间诗、雨中望昆山诗、访陈徵君东佘山居诗、访汪希伯诗、解制志愧诗。"⑦

"解制志愧诗"题为《己巳春，云间董宗伯诸绅以书见招，于郡西白龙潭开演〈楞伽〉。期中，陈征君以畲山茶笋见饷，诸学者以诗报谢。及解制，余入山作别，征君以诗赠行，有"执香聊代去思碑"之句。且云："师濒行，执香前道者数千余人，有追尾至白石山房，不及一见者。从来讲师之盛，所未有也。"记此以志余愧》。诗云："执香前道千余送，聊代碑云去后思。"⑧

---

① 钱谦益：《一雨法师塔铭》，《牧斋初学集》卷69《塔铭》二，《续修四库全书》，第1390册，第302页，上海古籍出版社，2002年。

② 释读彻撰，王培孙辑注：《王氏辑注南来堂诗集》卷3上，第20页，台湾鼎文书局，1977年。

③ 陈乃乾：《苍雪大师行年考略》，释读彻撰，王培孙辑注《王氏辑注南来堂诗集》，第12页，台湾鼎文书局，1977年。

④ 钱谦益：《牧斋初学集》卷69《塔铭》二，《续修四库全书》，第1390册，第302页，上海古籍出版社，2002年。

⑤ 陈乃乾：《苍雪大师行年考略》，释读彻撰，王培孙辑注《王氏辑注南来堂诗集》，第12页，台湾鼎文书局，1977年。

⑥ 释读彻撰，王培孙辑注：《王氏辑注南来堂诗集》补编卷2，第7~8页，台湾鼎文书局，1977年。

⑦ 陈乃乾：《苍雪大师行年考略》，释读彻撰，王培孙辑注《王氏辑注南来堂诗集》，第12页，台湾鼎文书局，1977年。文中提及诗，见本谱下文所引。

⑧ 释读彻撰，王培孙辑注：《王氏辑注南来堂诗集》卷3上，第21页，台湾鼎文书局，1977年。此即上引《考略》中省略号省去的内容，亦其所云"解制志愧"诗。

《自吴门之云间》：“华亭看不远，的的九螺尖。”①

《雨中望昆山不得上，时同诸子赴云间讲席》：“玉峰百里望来悬，恰欲同登值雨天。……游兴正须留未尽，归途偏讨好行船。”。②

按：云间、华亭，均为松江府别称，今属上海。昆山，今江苏省直辖市。

《访陈征君东畬山居四首》王注引《明史·陈继儒传》：“继儒……筑室东畬山，杜门著述，有终焉之志。屡奉诏征用，皆以疾辞。”诗云：“十年梦此山，一日游其间。”（其一）“九峰高处士，五柳古先生。道业山中相，文章海外名。”（其二）③

《泖上应讲因访汪希伯》王注引《扶轮集》：“汪历贤，字希伯，华亭人。”又引《松风余韵》：“征君评其诗曰：‘新’一字，足以概之矣。”④。

秋，偕姚现闻游桂灵岩、泛舟金鸡堰，有诗纪之。又赋诗寄怀闻宗。姚现闻致书范凤翼，从苍雪意，托以关照汰如、闻宗。

陈乃乾《考略》：“秋，偕姚现闻探桂灵岩，泛舟金鸡堰，均有诗。时华山僧闻宗留滞江北，师赋诗寄怀。现闻将复官北行，致书范太蒙（凤翼），以汰如、闻宗为托，从师意也。”“王培孙曰：‘集中《怀听元闻公》诗，编列于同姚太史中秋泛舟后，灵岩探桂前，知为同时所作。盖乘与姚希孟酬对时，作此诗讽之，而以听元事嘱托，而姚即为书致范耳。’”⑤

按：集中偕游诗，题为《中秋前一夜，赴现闻姚太史招，泛金鸡堰》⑥《同姚太史中秋夜泛舟金鸡堰》⑦《怀听元闻公》《同姚太史灵岩探桂》⑧《寄崇川范玺卿大蒙》⑨《次答范玺卿大蒙见问》⑩。

归住中峰已一年。

陈乃乾《考略》：“病中怀徐九玉，有诗。按师《怀听元闻公》诗云‘我病何时

---

① 释读彻撰，王培孙辑注：《王氏辑注南来堂诗集》补编卷 2，第 2~3 页，台湾鼎文书局，1977 年。

② 释读彻撰，王培孙辑注：《王氏辑注南来堂诗集》卷 3 上，第 21 页，台湾鼎文书局，1977 年。

③ 释读彻撰，王培孙辑注：《王氏辑注南来堂诗集》补编卷 2，第 2~3 页，台湾鼎文书局，1977 年。

④ 释读彻撰，王培孙辑注：《王氏辑注南来堂诗集》卷 3 上，第 12 页，台湾鼎文书局，1977 年。“泖”，湖名，在今上海市松江。“泖”，湖名，在今上海市松江。

⑤ 陈乃乾：《苍雪大师行年考略》，释读彻撰，王培孙辑注《王氏辑注南来堂诗集》，第 12 页，台湾鼎文书局，1977 年。

⑥ 释读彻撰，王培孙辑注：《王氏辑注南来堂诗集》补编卷 2，第 22 页，台湾鼎文书局，1977 年。

⑦ 释读彻撰，王培孙辑注：《王氏辑注南来堂诗集》卷 3 上，第 22 页，台湾鼎文书局，1977 年。

⑧ 同上书，第 23 页。

⑨ 释读彻撰，王培孙辑注：《王氏辑注南来堂诗集》补编卷 3 上，第 24 页，台湾鼎文书局，1977 年。

⑩ 释读彻撰，王培孙辑注：《王氏辑注南来堂诗集》卷 3 上，第 18 页，台湾鼎文书局，1977 年。此与上条，“大”“太”通。

还白下’，《（病中）怀九玉》（二首）诗亦有‘卧病一峰寺’之句，又云‘旅泊虽无定，住兹冬夏更’。盖师住中峰一年矣。”①

春，广慧湛公讲《圆觉经》于苏州。文照从湛公剃染，发志参方，冬，结制蒋山。自均礼闻谷，受十戒。②

崇祯三年庚午（1630），四十三岁

中峰寺历十年而终得修复旧观。作《过访友人以中峰建殿因缘》《中峰八咏》诗。

陈乃乾《考略》：“初，一雨洎汰如之主持中峰也，仅五王祠后数椽而已。至是，始次第兴建，规复旧观。集中《过访友人以中峰建殿因缘》诗、《华山得甘泉次高松韵》诗、《华山得绀泉，友人携岕片就试，同汰兄赋》诗。”“《赠高松汰公诗序》：‘及余勉复旧观，大殿次第落成。’”③

《过访友人以中峰建殿因缘》：“玄度风流见后尘，支公敢拟即前身。无端向去萧然意，留得重来未了因。茎草拈将成梵刹，高松种就自何人。鹤亭历历依然在，世说传闻语尚新。”④

《中峰八咏》分别为《中峰院》《支硎山》《古井》《古碣》《寒泉》《石门》《马迹石》《放鹤亭》。⑤

按：修复后，中峰寺有南来堂、宝月堂、覃思室、冬青轩、水明楼、未明楼、放鹤亭、方池诸胜，《中峰八咏》纪修复艰辛和山水胜境。“南来堂”，取苍雪来自滇南之意，苍雪复以此为号，其集题为《南来堂诗集》。陈乃乾《考略》录《中峰八咏》诸自注、《贤首宗乘》本传、潘耒《中峰讲院兴造碑》对修复中峰寺旧观的记叙及景物描绘。所引《贤首宗乘》本传，则载文文起、姚现闻、钱牧斋、吴骏公、王烟客、李灌溪、杨维斗、

---

① 陈乃乾：《苍雪大师行年考略》，释读彻撰，王培孙辑注《王氏辑注南来堂诗集》，第 12 页。《病中怀九玉二首》《怀昕元闻公》，见本集卷 2，第 13 页；卷 3 上，第 23 页。

② 陈乃乾：《苍雪大师行年考略》，释读彻撰，王培孙辑注《王氏辑注南来堂诗集》，第 12 页，台湾鼎文书局，1977 年。

③ 陈乃乾：《苍雪大师行年考略》，释读彻撰，王培孙辑注《王氏辑注南来堂诗集》，第 12 页。《华山得甘泉次高松韵》，见本集卷 2，第 22 页；《华山得甘泉，友人携岕片就试，同汰兄赋》，见本集补编卷 3 上，第 11 页；《赠高松汰公诗序》，见本集补编卷 3 上，第 7 页，台湾鼎文书局，1977 年。

④ 释读彻撰，王培孙辑注：《王氏辑注南来堂诗集》卷 3 上，第 25 页，台湾鼎文书局，1977 年。

⑤ 释读彻撰，王培孙辑注：《王氏辑注南来堂诗集》卷 2，第 20~21 页，台湾鼎文书局，1977 年。

毛子晋等名硕，皆谓苍雪山林经济、佛法司南[①]。

春，宁州世袭土知府禄洪，奉命率兵护卫京师，有诗《寄苍雪法师》。

禄洪《寄苍雪法师》："终夕少微垣气接，有怀遥忆路重重。莲花卷舌栖双树，贝叶题书寄半峰。俗子顿能开蚁劫，征人渐觉入龙钟。何年飞锡云涛谷，负石还将供夜舂。"[②]

禄洪，生卒年不详。字霄宾。世袭宁州（今云南华宁）土知府。崇祯三年（1630）三月，将兵出滇，北上勤王。六月，抵都下，奉命防守密云墙子岭口[③]，七月，阿迷州（今云南开远）土知州普名声兵围宁州。次年，禄洪奏请班师还宁州。城破，禄洪佯逃[④]，其后下落不明。所著《北征集》，董其昌、陈继儒为之序[⑤]。

崇祯四年辛未（1631），四十四岁

吴骏公举会试第一、殿试第二。董玄宰拜礼部尚书，掌詹事府事。[⑥]

《梅村先生年谱》：吴梅村二十三岁，会试第一，殿试一甲第二名，授翰林院编修。[⑦]

秋至虎丘，参与江南名士浣花大社聚会，即席赋《上巳日，陈季采开浣花大社于虎丘，即席送陈古白、林若抚分游两都》诗，并将诗篇寄与禄洪，禄洪为之感怀。

禄洪《秋怀》诗序："余以庚午年春，入卫神京。及辛未夏，苍雪师自南寄至《上巳日，陈季采开浣花大社于虎丘，即席送陈古白、林若抚分游两都》诗。读之神飞，恨不能睹其山水人文，得附诸君子社末也。勉尔效颦，寄用续貂。"诗云："江左名区想至今，遥闻上巳共登临。坐分涧石千人满，引到流觞几曲深。此会长安传社草，并谁声价动词林。风尘我已愁为客，抚剑空成塞上吟。"[⑧]

按：《南来堂诗集》无禄洪所言苍雪诗；"浣花大社"事，不详。

---

① 陈乃乾：《苍雪大师行年考略》，释读彻撰，王培孙辑注《王氏辑注南来堂诗集》，第 13 页，台湾鼎文书局，1977 年。

② 禄洪：《北征集》，影印《云南丛书》，第 22 册，第 11529 页，中华书局，2009 年。

③ 陈继儒：《北征集序》，禄洪《北征集》，影印《云南丛书》，第 11523 页，中华书局，2009 年。

④ 刘献廷：《广阳杂记》卷 2，《续修四库全书》，第 1176 册，第 587~588 页，上海古籍出版社，2002 年。

⑤ 禄洪：《北征集》，影印《云南丛书》，第 22 册，第 11523~11524 页，中华书局，2009 年。

⑥ 陈乃乾：《苍雪大师行年考略》，释读彻撰，王培孙辑注《王氏辑注南来堂诗集》，第 14 页，台湾鼎文书局，1977 年。

⑦ 吴伟业：《梅村家藏稿·梅村先生年谱》卷 1，《续修四库全书》，第 1396 册，第 320 页，上海古籍出版社，2002 年。

⑧ 禄洪：《北征集》，影印《云南丛书》，第 22 册，第 11529 页，中华书局，2009 年。

崇祯五年壬申（1632），四十五岁

校刻一雨著《维摩所说经直疏》三卷。文照参密云于育王；自均从汉月圆具足；见月从亮如披剃于凤尾西山放光寺。[①]

崇祯六年癸酉（1633），四十六岁

夏，久旱得雨，喜而有作《题十名山》诗。[②]

诗序："海内名山，但曰十者，或予所亲游与夫卧游，亦或有寄想送别。盖因人以存其山，因山以存其人，仅得十而已。非专咏其山，他则犹有所未逮也。癸酉夏日，久旱得雨，喜而不胜，遂洗砚书此，纪一时之所到。书罢，只觉溪水潺流，尽作墨花香耳。"[③]

九月初三日，姚现闻偕长子文初及徐元叹过中峰，留宿一滴斋。集有与汰公分赋诗。[④]

按："与汰公分赋诗"，题为《九月初三夜，喜姚现闻、文初、徐元叹过宿中峰，与汰公分赋》。[⑤]

崇祯七年甲戌（1634），四十七岁

瞽医胡白叔（梅），买石建二幢于天池华山。集有《胡白叔竖就石幢于中峰，因入山作礼而去》诗。[⑥]

按：诗题"胡白叔"后有小注"一字清壑"。[⑦]

夏四月初八日，文震亨招集缁素礼佛香草坨，集有诗。[⑧]

诗题为《甲戌四月八日，文起美招集缁素香草坨礼佛》[⑨]。

按：文起美，"起"当作"启"。文震亨（1585~1645），字启美，长洲（今属苏州）人，文徵明之曾孙，文震孟之异母弟。崇祯中，官武英殿中书舍人，以善琴供奉。

---

① 陈乃乾：《苍雪大师行年考略》，释读彻撰，王培孙辑注《王氏辑注南来堂诗集》，第 14 页，台湾鼎文书局，1977 年。

② 同上。

③ 释读彻撰，王培孙辑注：《王氏辑注南来堂诗集》卷 3 上，杨家骆主编《中国学术类编》，第 1~2 页，台湾鼎文书局，1977 年。

④ 陈乃乾：《苍雪大师行年考略》，释读彻撰，王培孙辑注《王氏辑注南来堂诗集》，第 14 页，台湾鼎文书局，1977 年。

⑤ 释读彻撰，王培孙辑注：《王氏辑注南来堂诗集》补编卷 2，第 7 页，台湾鼎文书局，1977 年。

⑥ 陈乃乾：《苍雪大师行年考略》，释读彻撰，王培孙辑注《王氏辑注南来堂诗集》，第 14 页，台湾鼎文书局，1977 年。

⑦ 释读彻撰，王培孙辑注：《王氏辑注南来堂诗集》补编卷 3 上，第 1 页，台湾鼎文书局，1977 年。

⑧ 陈乃乾：《苍雪大师行年考略》，释读彻撰，王培孙辑注《王氏辑注南来堂诗集》，第 14 页，台湾鼎文书局，1977 年。

⑨ 释读彻撰，王培孙辑注：《王氏辑注南来堂诗集》补编卷 3 上，第 3 页，台湾鼎文书局，1977 年。

明亡后殉国。著有《长物志》。[①]

闰中秋日，林若抚云凤、陈季采过访，留宿山中。集有诗。[②]

按：诗题为《甲戌闰中秋，林若抚、陈季采留宿山中》。诗下王培孙注：林若抚，《明诗综》有传，名云凤，长州人。"当'锺谭'焰张之日，守正不回，诗篇极其繁富，惜知者寥寥。"[③]

董玄宰以太子太保致仕。[④]

崇祯八年乙亥（1635），四十八岁

夏六月十七日，作和陈百史（名夏）卿云诗。[⑤]

《乙亥六月十七，和陈百史〈卿云〉》："谁当人物钟灵异，江左才华自昔闻。"[⑥]。

文湛持升少詹事，旋晋礼部侍郎兼东阁大学士，十月罢归。[⑦]

崇祯九年丙子（1636），四十九岁

除夕，有感半百将至，作诗《丙子期中除夕，是年他宗斗诤，几破和合众》。

诗云："问年半百过明朝，百感交并在此宵。话到石人犹下泪，毁来铁骨也应销。香花覆殿传炉后，灯火围廊引磬遥。兄弟天涯难聚首，流泉分付出茶寮。"[⑧]

中峰大殿全部落成，文湛持为题中峰禅院额，集有《中峰大殿落成，呈湛持文相国及诸檀护》诗。[⑨]

按：诗四首，均有自注。第四首自注云："山为王文恪公所有，四传而至伯真君，不以为松楸，仍还佛地，其殿上乃寒寺长老西沉独立所造。"[⑩]

---

① 苍雪《甲戌四月八日，文起美招集缁素香草坨礼佛》诗下，有文震亨生平集传（《王氏辑注南来堂诗集》卷3上，第1~2页，台湾鼎文书局，1977年）。

② 陈乃乾：《苍雪大师行年考略》，释读彻撰，王培孙辑注《王氏辑注南来堂诗集》，第14页，台湾鼎文书局，1977年。

③ 释读彻撰，王培孙辑注：《王氏辑注南来堂诗集》卷3上，第3页，台湾鼎文书局，1977年。

④ 陈乃乾：《苍雪大师行年考略》，释读彻撰，王培孙辑注《王氏辑注南来堂诗集》，第14页，台湾鼎文书局，1977年。

⑤ 同上。

⑥ 释读彻撰，王培孙辑注：《王氏辑注南来堂诗集》补编卷3上，第5页，台湾鼎文书局，1977年。

⑦ 陈乃乾：《苍雪大师行年考略》，释读彻撰，王培孙辑注《王氏辑注南来堂诗集》，第15页，台湾鼎文书局，1977年。

⑧ 释读彻撰，王培孙辑注：《王氏辑注南来堂诗集》补编卷3上，第7页，台湾鼎文书局，1977年。

⑨ 陈乃乾：《苍雪大师行年考略》，释读彻撰，王培孙辑注《王氏辑注南来堂诗集》，第15页，台湾鼎文书局，1977年。

⑩ 释读彻撰，王培孙辑注：《王氏辑注南来堂诗集》卷3下，第2页，台湾鼎文书局，1977年。

径山僧雪峤（圆信）过访，集南来堂分韵赋诗。陈百史归自雁宕，剧谈其胜，为赋诗。[①]

按：本集有诗《径山语风老人过访，集南来堂分韵得花字》。王注按：“《径山志》卷十二《静室类·千指庵》下注云：‘雪峤大师建塔在语风居，则知语风居亦为静室之一。’”[②]又有《陈百史雁宕游归剧谈其胜》云：“登东小鲁窥天下，绝顶方知眼角宽。”[③]

秋，礼请汰如来中峰开讲《华严玄谈》。

陈乃乾《考略》：“秋往皋亭月明庵，礼请汰如来中峰，开讲《华严玄谈》。集有《夜泊皂林》诗、泛舟武林访印公诗、自云栖过西湖杂咏诗、梅花庵诗、云度山堂新建诗、《和云度月夜坐葡萄架下》诗、月明庵礼请汰公诗、《中峰法会和林若抚韵，答汪孺石檀护见寄，并惠斋粮》诗、《丙子期中除夕，是年他宗斗诤，几破和合众》诗、中峰玄谈解制诗。”[④]

按：陈谱是条所引诗题时有不全，兹按王注本集顺序，录所涉诗全题及出处如下：《夜泊皂林》《中峰法会和林若抚韵，答汪孺石檀护见寄，并惠斋粮二首》[⑤]《秋月泛舟武林访印公》[⑥]《梅花庵即吴仲圭自篆碑文梅花和尚墓》《和云度月夜坐葡萄架下》[⑦]《丙子秋，以中峰玄谭讲期，过皋亭月明庵礼请汰公》[⑧]《云度山堂新建喜赠》[⑨]《自云栖过西湖杂咏八首》[⑩]《丙子期中除夕，是年他宗斗诤，几破和合众》[⑪]《中峰谈玄解制，实汰公主席，拟石屋体》[⑫]。

冬，汰如初倡《华严玄谈》一期。

《赠高松汰公六首》诗序：“初倡《华严玄谈》一期，时丙子冬。”[⑬]

---

① 陈乃乾：《苍雪大师行年考略》，释读彻撰，王培孙辑注《王氏辑注南来堂诗集》，第15页，台湾鼎文书局，1977年。
② 释读彻撰，王培孙辑注：《王氏辑注南来堂诗集》补编卷3上，第3页，台湾鼎文书局，1977年。
③ 释读彻撰，王培孙辑注：《王氏辑注南来堂诗集》补编卷3上，第7页，台湾鼎文书局，1977年。
④ 陈乃乾：《苍雪大师行年考略》，释读彻撰，王培孙辑注《王氏辑注南来堂诗集》，第15页，台湾鼎文书局，1977年。《考略》所言本集中诗全题及出处，见本谱下文“按”。
⑤ 释读彻撰，王培孙辑注：《王氏辑注南来堂诗集》卷3上，第11页，台湾鼎文书局，1977年。
⑥ 释读彻撰，王培孙辑注：《王氏辑注南来堂诗集》卷3下，第7页，台湾鼎文书局，1977年。
⑦ 释读彻撰，王培孙辑注：《王氏辑注南来堂诗集》卷3上，第8页，台湾鼎文书局，1977年。
⑧ 释读彻撰，王培孙辑注：《王氏辑注南来堂诗集》卷3下，第7页，台湾鼎文书局，1977年。王注引《杭州府志》：“皋亭山，在浙江杭州东北二十里。”
⑨ 释读彻撰，王培孙辑注：《王氏辑注南来堂诗集》卷3上，第10页，台湾鼎文书局，1977年。
⑩ 释读彻撰，王培孙辑注：《王氏辑注南来堂诗集》卷3下，第7页，台湾鼎文书局，1977年。
⑪ 释读彻撰，王培孙辑注：《王氏辑注南来堂诗集》卷3上，第7页，台湾鼎文书局，1977年。
⑫ 释读彻撰，王培孙辑注：《王氏辑注南来堂诗集》补编卷3上，第7页，台湾鼎文书局，1977年。
⑬ 同上书，第7页。参见本谱万历十六年纪事。

文照还吴，始谒汰如胜慈，主法鸡鸣寺。吴骏公主试湖广。碧空卒。董玄宰卒。姚现闻卒，文湛持哭之恸，未十日，亦卒。①

王时敏任太常寺少卿。②

崇祯十年丁丑（1637），五十岁

元旦，作《丁丑岁朝》诗。是年与汰如同庆五旬，有诗《赠高松汰公六首》并序，汰如和之。

陈乃乾《考略》："赋岁朝诗……与汰如合作百岁寿筵，赋诗称庆，一时号为盛集。"③

《丁丑岁朝》诗序："余生戊子，迄今新正，年俄半百，世历四朝，几经征役下道，幸以山林或免。正惭世既无禅，僧徒滥厕，况复尔来，不无人琴感切，多恐法爱有孤。弥深内恧，莫知所报，故句中并及之。"④

《赠高松汰公六首》诗序："开岁，同庆五袠，喜感交并，赋得七言近体六章以纪之。公随见和，乃分为六同，盖谓两人遭际，无所不同也。"⑤《同行脚二》："同年月日长时辰，丁丑还同拜五旬。"⑥

与汰如订分讲《华严疏钞》之约。

陈乃乾《考略》："与汰如订分讲《华严疏钞》之约，以九会为次第，一岁两期，互为主宾。"⑦"又《南来堂集题辞》：'余谓苍老之于法门，深心誓愿，泐金石而渡河沙者，在与汰师互演大钞，燃杂花千年垂绝之灯。此盖清凉现龙之分身，蜿蜒青冥，百千数变之一耳。'"⑧

按：《贤首宗乘》本传谓"崇祯丁丑正月"，《汰如法师传》谓"崇祯十年春"，

---

① 陈乃乾：《苍雪大师行年考略》，释读彻撰，王培孙辑注《王氏辑注南来堂诗集》，第15页，台湾鼎文书局，1977年。

② 王宝仁编：《奉常公年谱》卷2，《北京图书馆藏珍本谱丛刊》，第66册，第366页，北京图书馆出版社，1999年。

③ 陈乃乾：《苍雪大师行年考略》，释读彻撰，王培孙辑注《王氏辑注南来堂诗集》，第15页，台湾鼎文书局，1977年。

④ 苍雪：《丁丑岁朝》诗序，《苍雪大师行年考略》是年引录（第15页）而不明所出卷、页，见《王氏辑注南来堂诗集》补编卷3上，第7页。

⑤ 释读彻撰，王培孙辑注：《王氏辑注南来堂诗集》补编卷3上，第7页，台湾鼎文书局，1977年。参见本谱万历十六年纪事。

⑥ 同上。

⑦ 陈乃乾：《苍雪大师行年考略》，释读彻撰，王培孙辑注《王氏辑注南来堂诗集》，第15页，台湾鼎文书局，1977年。

⑧ 同上书，第16页。

可印证苍、汰约定讲期的时间。[①]《南来堂集题辞》，钱谦益作。[②]

钱谦益《中峰苍雪法师塔铭》："师谓《华严》一经，经王法海，非精研疏钞，不能涉其津涯，穷其奥窔，遂与河师订分讲之约。河师住华山，师住中峰，一岁两期，践更周遭，东南法席，于斯为盛。"[③]

潘耒《中峰讲院兴造碑》："当明万历、天启间，雪浪法师倡教东南，'巢雨苍汰'辈继之说法，如云如雨，讲席大盛，迄今而不绝如线。……中峰讲寺，创自支公，废兴不一，明季，始还为梵宇。一雨法师肇开讲席，苍雪法师继之，雷轰雨霈，法化大行。吴中讲堂，惟中峰、华山二刹最盛。"[④]

黄子羽（翼圣）洎僧养素，购复吴中昭庆寺，集有《（吴中）昭庆寺重复自养素耆宿》诗。见月从三昧，受戒于丹徒海潮庵，返居扬州石塔寺。文启美北上就选，特授中书舍人。[⑤]

《吴中昭庆寺重复自养素耆宿》："传戒远同湖上寺，开山重见社中人。月明曾照孤僧定，树老皆成古佛身。"[⑥]

崇祯十一年戊寅（1638），五十一岁

汰如、道开校刻《华严教义》章，为撰《华严教义章说》。德风始来从师，亲炙者十有八年。十一月八日，吴中能仁寺浚井，得郑所南《铁函心史》。集中有诗多首。[⑦]

按：《考略》载是年集中诗多首，笔者查录诗题，节录内容并注所出于下。《戊寅除夕》："到来三十夜，已是百年身。一日复一日，昔人非昔人。白云谷口寺，黄土梦中亲。拨尽寒炉火，山钟又报春。"[⑧]黄子羽荐授四川新都县令，有《送黄子羽之

---

① 陈乃乾：《苍雪大师行年考略》，释读彻撰，王培孙辑注《王氏辑注南来堂诗集》，第15页，台湾鼎文书局，1977年。

② 释读彻撰，王培孙辑注：《王氏辑注南来堂诗集》附录，第2页，台湾鼎文书局，1977年。

③ 陈乃乾：《苍雪大师行年考略》，释读彻撰，王培孙辑注《王氏辑注南来堂诗集》，第15页，台湾鼎文书局，1977年。

④ 潘耒：《遂初堂别集》卷1，《续修四库全书》，第1418册，第42页，上海古籍出版社，2002年。

⑤ 陈乃乾：《苍雪大师行年考略》，释读彻撰，王培孙辑注《王氏辑注南来堂诗集》，第15页，台湾鼎文书局，1977年。

⑥ 释读彻撰，王培孙辑注：《王氏辑注南来堂诗集》补编卷3上，第10页，台湾鼎文书局，1977年。

⑦ 陈乃乾：《苍雪大师行年考略》，释读彻撰，王培孙辑注《王氏辑注南来堂诗集》，第16页，台湾鼎文书局，1977年。

⑧ 释读彻撰，王培孙辑注：《王氏辑注南来堂诗集》补编卷2，第7页，台湾鼎文书局，1977年。

任成都》诗[①]；黄子羽之任成都，又有《赠黄明府子羽》诗："蜀道难行似上天，宦游畴昔况烽烟。……江山极目今谁是，甲子犹书廿八年。"[②]。刘晋卿以劾杨嗣昌，谪福建按察司知事，集有《和刘太史晋卿闽游咏荔枝诗》[③]。一门住摄山，集有《送一门至淮上》诗[④]。十一月八日，吴中能仁寺浚井，得郑所南《铁函心史》。能仁寺亦名双峨寺，僧穹玄居之，集有《赠双峨寺穹玄七十》[⑤]。雪松（本瑞）重建青松庵，申敬中（用懋）为之记，集有《再过青松庵，访雪松赐恒公扇头韵》诗[⑥]。

崇祯十二年己卯（1639），五十二岁

元旦有诗，又为汰如作《圆觉蚊饮序》。[⑦]

《己卯元旦》："岁朝今复始，烟海事滔滔。"[⑧]

徐元叹五十，赋五古五十句为赠。秋，徐元叹、黄奉倩、黄子羽过中峰，遇雨宿一滴斋，与汰如、道开、佩子分韵赋诗。[⑨]

诗为《徐元叹五十初度，拙句亦如数赠》《己卯秋，元叹、奉倩、子羽雨宿一滴斋，同汰公、道开、佩子分韵，因忆癸酉秋，现闻姚太史同长公子文初，亦宿此斋》。[⑩]

吴骏公升南京国子监司业。[⑪]

陈眉公卒。[⑫]

陈梦莲《眉公府君年谱》："行年八十二。"[⑬]

王时敏公干后，回归太仓故里。

---

① 释读彻撰，王培孙辑注：《王氏辑注南来堂诗集》卷 3 下，第 15 页，台湾鼎文书局，1977 年。
② 释读彻撰，王培孙辑注：《王氏辑注南来堂诗集》补编卷 3 下，第 18 页，台湾鼎文书局，1977 年。
③ 释读彻撰，王培孙辑注：《王氏辑注南来堂诗集》卷 3 下，第 9~10 页，台湾鼎文书局，1977 年。
④ 释读彻撰，王培孙辑注：《王氏辑注南来堂诗集》补编卷 2，第 12 页，台湾鼎文书局，1977 年。
⑤ 释读彻撰，王培孙辑注：《王氏辑注南来堂诗集》补编卷 3 下，第 2 页，台湾鼎文书局，1977 年。
⑥ 同上书，第 31 页。
⑦ 陈乃乾：《苍雪大师行年考略》，释读彻撰，王培孙辑注《王氏辑注南来堂诗集》本，第 16 页。《圆觉蚊饮》，黄虞稷《千顷堂书目》卷 16 录其题。
⑧ 释读彻撰，王培孙辑注：《王氏辑注南来堂诗集》补编卷 2，第 7 页，台湾鼎文书局，1977 年。
⑨ 陈乃乾：《苍雪大师行年考略》，释读彻撰，王培孙辑注《王氏辑注南来堂诗集》，第 15 页，台湾鼎文书局，1977 年。
⑩ 释读彻撰，王培孙辑注：《王氏辑注南来堂诗集》补编卷 1，第 1 页，补编卷 2，第 9 页，台湾鼎文书局，1977 年。
⑪ 陈乃乾：《苍雪大师行年考略》，释读彻撰，王培孙辑注《王氏辑注南来堂诗集》，第 16 页，台湾鼎文书局，1977 年。
⑫ 同上。
⑬ 陈梦莲：《眉公府君年谱》，《北京图书馆藏珍本谱丛刊》，第 53 册，第 487~488 页，北京图书馆出版社，1999 年。

王宝仁《奉常公年谱》：原拟“暂归”，但“因途中疟痢交作，消瘦骨立，遂不作还朝之想”。①

崇祯十三年庚辰（1640），五十三岁

春，汰如讲《华严疏钞》第一会于华山，集有诗纪之。②

诗为《庚辰春，高松讲大钞于华山，感群鹤绕空，飞鸣欲下，一时播闻，诗以纪之》③《高松河兄，与余矢愿，互为宾主，共转大经疏钞。公始于华山首倡一期，解制同作》④。

陈乃乾《考略》引钱谦益《道开法师塔铭》：“苍、汰二师，约践更讲大疏，实厂劝请汰师至华山，命为监院。”⑤

九月初八日，徐弘祖（霞客）在鸡足山入野和静室，得见寂光寺中苍雪传人，有记。

《徐霞客游记·滇游日记十三》：“入野和静室……野和为克新之徒，尚居寂光，以其徒知空居此。年少而文，为诗虽未工，而志甚切，以其师叔见晓寄诗相示，并己稿请正，且具餐焉。见晓名读彻，一号苍雪，去山二十年，在余乡中峰，为文湛持所推许，诗翰俱清雅。问克新向所居精舍，尚在西一里，而克新亦在寂光。”⑥

陈垣《明季滇黔佛教考》：“尝读徐霞客《滇游日记》六‘己卯正月十九日’条，谓‘克心为用周之徒。’”⑦

按：用周即苍雪之师儒全（水月）。克新，《鸡足寂光寺开山传衣法嗣纪略碑》作克心。据碑铭，克心法名广能，为寂光寺第四代“广”字辈法嗣；苍雪为第五代“读”字辈法嗣⑧。野和既为克心之徒，则当与苍雪同辈，故其徒知空称苍雪（见晓）为师叔。

冬，汰如卒，行年五十三。集有《闻汰公讣音，一夜成四诗哭之》《（庚辰冬）腊月初四日，送汰兄入龛》诗。含光嗣主华山。⑨

---

① 王宝仁编：《奉常公年谱》卷2，《北京图书馆藏珍本谱丛刊》，第66册，第382页，北京图书馆出版社，1999年。

② 陈乃乾：《苍雪大师行年考略》，释读彻撰，王培孙辑注《王氏辑注南来堂诗集》，第16页，台湾鼎文书局，1977年。

③ 释读彻撰，王培孙辑注：《王氏辑注南来堂诗集》补编卷2，第9页，台湾鼎文书局，1977年（诗之下载《贤首宗乘》高松汰如传）。

④ 释读彻撰，王培孙辑注：《王氏辑注南来堂诗集》补编卷3上，第9页，台湾鼎文书局，1977年。

⑤ 陈乃乾：《苍雪大师行年考略》，释读彻撰，王培孙辑注《王氏辑注南来堂诗集》，第16页，台湾鼎文书局，1977年。

⑥ 徐弘祖：《徐霞客游记》，第1114~1115页，上海古籍出版社，1987年。

⑦ 陈垣：《明季滇黔佛教考》，第248页，河北教育出版社，2000年。

⑧ 张树芳、赵润琴、田怀清主编：《大理丛书·金石篇》卷2，第988~989页，云南民族出版社，2010年。参阅本谱万历二十六年纪事。

⑨ 陈乃乾：《苍雪大师行年考略》，释读彻撰，王培孙辑注《王氏辑注南来堂诗集》，第17页，台湾鼎文书局，1977年。

《闻汰公讣音，一夜成四诗哭之》："已怅同眠无复夜，那论为别又经年。"（其一）"灯前话别虚疑影，竹里吟诗不见人。"（其二）"风雨残碑收拾尽，何人为续传高僧。"（其三）"眼前何物堪相对，梦里斯人遇亦难。……腾腾遗稿谁收在，欲卖衣单为尔刊。"（其四）①

《庚辰冬腊月初四日，送汰兄入龛》："生同戊子死庚辰，五十余年老病身。"（其二）"三卷《楞伽》不了经，临行再四语叮咛。"（其四）"披志未终千古怨，法门遗恨不全书。"（其八）②

钱谦益《汰如法师塔铭》："贤首之宗，弘于雪浪，其后为'巢雨'，为'苍汰'，皆于吴中次补说法。瓶锡所至，在花山、中峰。两山云岚交接，梵呗相闻，四公法门冢谪，如两鼻孔同出一气，但有左右耳。'巢雨'仙谢，'苍汰'与余法乳之契益深，而汰复以崇祯十三年十二月四日，顺世而去。于是，苍雪彻公作为行略，而请余铭其塔。……世寿五十三，僧腊三十余夏，遗言建塔于中峰。"③

文照至中峰，入室。

陈乃乾《考略》："文照依师于中峰。《贤首宗乘》文照法师传：'汰如去世，竟入南来之室。'"④

按：文照（1608~1657）原为汰如徒，后入苍雪门。苍雪尝有诗《宇均、文照入山辞岁，道开以足疾未至》⑤。又有诗《文照法友品操端谨，解行清圆，遍参诸方有年，久为吾宗之翘楚。今受老僧嘱咐，应讲法相宗乘于崇川，赋此送之》⑥。

吴骏公晋中允谕德。⑦

崇祯十四年辛巳（1641），五十四岁

春，讲《华严疏钞》第二会于华山。集有《（辛巳春）道开以汰兄遗命，请予续讲〈华严〉第二期，解制，予时落一齿》诗。⑧

---

① 释读彻撰，王培孙辑注：《王氏辑注南来堂诗集》补编卷3上，第13~14页，台湾鼎文书局，1977年。

② 释读彻撰，王培孙辑注：《王氏辑注南来堂诗集》卷4，第8~9页，台湾鼎文书局，1977年。

③ 钱谦益：《牧斋初学集》卷69《塔铭》二，《续修四库全书》，第1390册，第303~304页，上海古籍出版社，2002年。

④ 陈乃乾：《苍雪大师行年考略》，释读彻撰，王培孙辑注《王氏辑注南来堂诗集》，第17页，台湾鼎文书局，1977年。

⑤《苍雪大师行年考略》是年引《贤首宗乘》汰如法师传载其事（第17页），诗见《王氏辑注南来堂诗集》补编卷3上，第21页，可参阅王注（台湾鼎文书局，1977年）。

⑥ 释读彻撰，王培孙辑注：《王氏辑注南来堂诗集》补编卷3下，第10页，台湾鼎文书局，1977年。

⑦ 陈乃乾：《苍雪大师行年考略》，释读彻撰，王培孙辑注《王氏辑注南来堂诗集》，第17页，台湾鼎文书局，1977年。

⑧ 同上。诗见释读彻撰，王培孙辑注《王氏辑注南来堂诗集》卷3下，第13页（台湾鼎文书局，1977年）。

《贤首宗乘》本传："崇祯十三年春，故汰师讲《华严疏钞》第一会华山，不久顺世。师独力担荷第二期，亦于华山。讲第三期于中峰，讲第四期于慧庆，讲第五期于锡山，第六期在中峰。讲《十地品》于第三地，病笃。"①

《贤首宗乘》含光法师传："辛巳春，南来自中峰移锡临讲堂，而首司监寺者，为道开扃。一日，以辑众不协，忽遁去，群喙大哗，始一心推毂于公。时值荐饥，旱蝗为虐，公孑身腰包，入山任其事，捋搽仔肩。自此伊始，一众贴席。"②

丽江土知府木增，遣使寄《华严忏法》嘱校刻。集有纪事诗。③

诗为《辛巳春华山讲期中，滇南丽江木氏太守生白公遣使，以唐一行禅师所集〈华严忏法〉，见委校雠刻行。江南识者，咸谓于两年间，初得教义章，再得贤首传，三得华严忏次第出世，得非吾贤首宗之几断而复续，晦而复显之明验欤。恭赋一诗纪之》。④

王烟客（时敏）五十，集有赠诗。⑤

《赠王奉常烟客五衮》："谁授延生绛雪丹，久无清梦向长安。非关酒薄因辞客，但得山深不愿官。"⑥

五月初十日，作书寄鸡足山寂光寺徒三和。⑦

按：《寄徒三和书》署"崇祯辛巳五月初十日，南来老人笔"。是书说到"前见汝来书，切切以居处衣食之道，不得其所为告"，又说"向者分嘱水月田租，并我自治衣钵田，以世法论之，皆汝承受，不知何故与汝无分？吾不得知"。⑧可知三和为苍雪嫡传弟子。《寂光寺田产碑》有载本帖以来，其寺历代置买田产情况⑨，万历四十年立《寂光常住碑记》载水月圆寂后，其徒广月嘱立常住碑，"常住田租，皆赖善信资财，不遗子及孙，而捐施以奉三宝，皆师德所感也"⑩。

---

① 释读彻撰，王培孙辑注：《王氏辑注南来堂诗集》附录卷 2，第 3 页，台湾鼎文书局，1977 年。

② 陈乃乾：《苍雪大师行年考略》提及，释读彻撰，王培孙辑注《王氏辑注南来堂诗集》，第 17 页，台湾鼎文书局，1977 年。

③ 陈乃乾：《苍雪大师行年考略》，释读彻撰，王培孙辑注《王氏辑注南来堂诗集》，第 17 页，台湾鼎文书局，1977 年。

④ 释读彻撰，王培孙辑注：《王氏辑注南来堂诗集》补编卷 3 上，第 14 页，台湾鼎文书局，1977 年。王注诗下引《云南通志》、陈荣昌辑《滇诗拾遗》《憨山大师梦游集·丽江木六公信佛记》等著作中的木增传。陈乃乾《苍雪大师行年考略》是年引录（《王氏辑注南来堂诗集》，第 17 页，台湾鼎文书局，1977 年）诗序而不明所出卷、页。

⑤ 陈乃乾：《苍雪大师行年考略》，释读彻撰，王培孙辑注《王氏辑注南来堂诗集》，第 17 页，台湾鼎文书局，1977 年。

⑥ 释读彻撰，王培孙辑注：《王氏辑注南来堂诗集》补编卷 3 上，第 15 页，台湾鼎文书局，1977 年。

⑦ 陈乃乾：《苍雪大师行年考略》，释读彻撰，王培孙辑注《王氏辑注南来堂诗集》，第 17 页，台湾鼎文书局，1977 年。

⑧ 释读彻撰，王培孙辑注：《王氏辑注南来堂诗集》附遗文，第 1~2 页，台湾鼎文书局，1977 年。

⑨ 张树芳、赵润琴、田怀清主编：《大理丛书·金石篇》，第 966~968 页，云南民族出版社，2010 年。

⑩ 同上书，第 925 页。

冬，离苏州。作诗《辛巳久寓菩提庵，留别若镜、净目二友》。

其一："溪寒有骨冰三尺，月暗无声雪一林。"[①]

过云隐庵，有诗。

陈乃乾《考略》："云隐庵，昔为巢松、雪山两师受业之地，至是颓废。集有《过巢师云隐废院》诗。"[②]

按：《过巢师云隐废院》王注引《百城烟水》："云隐庵，在桐泾桥幻住南。元延祐甲寅（1314），月潭清禅师建，额为中峰国师所题，清乃其弟子。……万历间，又为贤首巢松浸、雪山杲受业之地。"[③]

崇祯十五年壬午（1642），五十五岁

春，讲《华严疏钞·问明品》第三期[④]于中峰。

按：华山讲坛此时已由汰如法嗣含光主持，自明年起连续十年[⑤]。苍雪则主持中峰讲坛，并在江南各地传法。陈乃乾《考略》是年谓苍雪讲《华严疏钞·问明品》第三期于华山，误[⑥]。

九月，绳武、中怡招游大明寺、平山堂诸胜，集有诗。[⑦]

诗为《壬午重阳，绳武、中怡招游大明寺、平山堂诸胜》[⑧]《壬午重阳，绳武、中怡招游大明寺、平山堂诸胜，已赋七言一律，又得一百字》[⑨]。

按：此二诗前一首为律体，后一首为古体。律诗云："重阳非复昔中秋，二十年前忆旧游"。

毛子晋赴试南闱，集有赋赠诗。[⑩]

---

① 释读彻撰，王培孙辑注：《王氏辑注南来堂诗集》卷3下，第12页，台湾鼎文书局，1977年。若镜，汰如弟子；镜目，菩提庵主。

② 陈乃乾：《苍雪大师行年考略》，释读彻撰，王培孙辑注《王氏辑注南来堂诗集》，第17页，台湾鼎文书局，1977年。

③ 释读彻撰，王培孙辑注：《王氏辑注南来堂诗集》补编卷2，第29页，台湾鼎文书局，1977年。

④ 陈乃乾：《苍雪大师行年考略》，释读彻撰，王培孙辑注《王氏辑注南来堂诗集》，第17页，台湾鼎文书局，1977年。

⑤ 陈乃乾：《苍雪大师行年考略》，释读彻撰，王培孙辑注《王氏辑注南来堂诗集》，第18页，台湾鼎文书局，1977年。

⑥ 同上。

⑦ 同上。

⑧ 释读彻撰，王培孙辑注：《王氏辑注南来堂诗集》补编卷3上，第18页，台湾鼎文书局，1977年。

⑨ 释读彻撰，王培孙辑注：《王氏辑注南来堂诗集》补编卷1，第10页，台湾鼎文书局，1977年。

⑩ 陈乃乾：《苍雪大师行年考略》，释读彻撰，王培孙辑注《王氏辑注南来堂诗集》，第18页，台湾鼎文书局，1977年。

诗题为《赋赠毛子晋壬午赴试南闱》[①]。

岁暮，作杂树林诗百八首。[②]

《杂树林百八首》诗序："曩吾二楞师旧隐铁山，花宫十亩，榜其林曰'杂花'。今中峰在寒泉万木中，人与藉居，其林曰'杂树'，可不宜乎？四时掩映，一意萧疏，无不可怀。适兹壬午，岁聿云暮，风雨凄其，俯仰今昔，得百余绝。曾于楞伽庵说《楞伽经》（一作《楞严》），因足成百八首云。要之，闲言冷语，花笑鸟啼，聊与木（《考略》作"本"）人共之，诗则吾不知也。"[③]

按：诗缘于怀念一雨师旧隐铁山而咏中峰。《云南丛书》本《南来堂诗集》此诗题作《华树林百八首》，诗序纪年代为"□午"，当缺"壬"字[④]。本集又有诗《杂树林二首》云："长成常想种时因，毫末初生各有仁。我已不堪论往事，尔犹如此况于人。鹤飞一去风前影，马骨化为根下尘。"（其一）"手植自从人去后，巢空不见鹤飞回。……晋代只今存一脉，枝枝垂荫讲经台。"（其二）[⑤]据诗意，此二首亦当作于一雨师圆寂后。

文启美劳军苏州，给假归里。[⑥]

崇祯十六年癸未（1643），五十六岁

春，讲《华严疏钞》第四会于苏州慧庆寺。含光讲经华山，自后无岁不讲，凡十年。文照掩关苏州白椎庵。文介石任太仓州学正。陈百史举会试第一，廷试第三，累迁户、兵二科都给事中。吴骏公拜少詹事，甫两月，谢归。[⑦]

清世祖福临顺治元年甲申（1644），五十七岁

春初，访道开于虎溪，留宿，寻往娄东（太仓别名）海印庵讲《法华经》。有虎溪留宿诗、留别道开诗、海印庵讲期解制诗。[⑧]

---

① 释读彻撰，王培孙辑注《王氏辑注南来堂诗集》卷 1，第 18 页，台湾鼎文书局，1977 年。

② 同上。

③ 苍雪：《杂树林百八首》诗序，《苍雪大师行年考略》是年引录（第 18 页）而不注卷、页，诗序见《王氏辑注南来堂诗集》卷 4，第 4~8 页（中华书局，2009 年）。

④ 释读彻撰：《南来堂诗集》卷 4，影印《云南丛书》，第 22 册，第 11716 页，中华书局，2009 年。

⑤ 释读彻撰，王培孙辑注：《王氏辑注南来堂诗集》补编卷 3 上，第 18 页，台湾鼎文书局，1977 年。

⑥ 陈乃乾：《苍雪大师行年考略》，释读彻撰，王培孙辑注《王氏辑注南来堂诗集》，第 18 页，台湾鼎文书局，1977 年。

⑦ 同上。

⑧ 同上。

按：《甲申岁首，雨中寻道开于虎溪上，因而留宿。时道开将再赴云间讲期，余亦寻有娄东之行，各赋诗志别》云："新年十日半阴晴，棹雨寻来溪水平。"[①]《甲申春，娄东海印庵〈法华〉讲期解制》与《海印庵解制赋谢吴太史骏公》前后编列，后一首诗云"护持太史情偏剧，惭愧真僧世未忘"。[②]苍雪是年春莅娄东海印庵讲经，得吴梅村护持并赠诗，故赋此诗答谢之（详本谱下文）。

在太仓讲经期间，吴梅村予以照拂，并作《赠苍雪》诗。

冯其庸、叶君远《吴梅村年谱》："春，苍雪和尚莅太仓讲经，伟业予以照拂，且作诗赠之，苍雪以诗答谢。"[③]

吴梅村《赠苍雪》："中峰古道场，浮图出平楚。通泉绕阶除，疏岩置廊庑。同学有汰公，两山闻法鼓。天亲偕无著，一朝亡其伍。独游东海上，从者如墙堵。迦文开十诵，广舌演四部。设难何衡阳，答疑刘少府。即今四海内，道路多豺虎。师于高座上，瓣香祝君父。欲使菩提树，遍荫诸国土。"[④]

按：《吴梅村先生编年诗集》此诗补注："苍雪至吾州，在汰如亡后"[⑤]是。但《赠苍雪》编入卷二，而程编此卷所括创作时间为乙酉（1645）至丁亥（1647）。证以苍雪自纪诗《海印庵解制赋谢吴太史骏公》，此诗应系于今年。

结识太仓州学正、云南呈贡同乡文祖尧（介石）。

吴梅村《送文学博以苍公招同住中峰寺》原注："先是，苍公讲法于娄之海印庵，先生以同里而异术竖义相论难，知之最深。"[⑥]

朱云子选刻《明诗平论》，苍雪有诗入选，集有《朱云子〈明诗平论〉选及拙作》诗。[⑦]

《朱云子〈明诗（评）［平］〉论选及拙作》："著作观前代，无能胜我明。大

---

① 释读彻撰，王培孙辑注：《王氏辑注南来堂诗集》补编卷 3 上，第 20 页，台湾鼎文书局，1977 年。

② 释读彻撰，王培孙辑注：《王氏辑注南来堂诗集》卷 3 下，第 14~15 页，台湾鼎文书局，1977 年。

③ 冯其庸、叶君远：《吴梅村年谱》，第 135 页，江苏古籍出版社，1990 年。

④ 吴伟业：《吴梅村先生编年诗集》卷 2，程穆衡原笺、杨学沆补注，太昆先哲遗书之一，俞世德堂己巳（1929）校印。

⑤ 吴伟业：《吴梅村先生编年诗集》卷 3，第 13 页，程穆衡原笺、杨学沆补注，太昆先哲遗书之一，俞世德堂己巳（1929）校印。

⑥ 吴伟业：《吴梅村先生编年诗集》卷 5，第 1 页，程穆衡原笺、杨学沆补注，太昆先哲遗书之一，俞世德堂己巳（1929）校印。

⑦ 陈乃乾：《苍雪大师行年考略》，释读彻撰，王培孙辑注《王氏辑注南来堂诗集》，第 18 页，台湾鼎文书局，1977 年。

音归正始，元气自和平。笔手掺斤斧，人文托死生。怪来删定一，三百有僧名。”[①]

王氏注引《苏州府志》朱云子传：朱云子，名隗，苏州人，明末复社文人。《明诗平论》二集二十卷，《自序》署“崇祯甲申，长州朱隗书于支硎山之紫宙斋”。则是书刊行时，值明清易代之际。又云，据其《发凡》，先以二集问世。则一集及三集，均未及刊刻。

按：朱云子编《明诗平论》选录了苍雪诗，故苍雪感而作此诗。本集还有《次答朱云子〈楞严〉阅罢见还》[②]《简朱云子》[③]诗。

三月，李闯王陷京师，集有和《胡清壑七十年逢鼎革》诗。[④]

《胡清壑七十年逢鼎革》：“救世非无术，忧时莫问贫。……何当七十叟，又作乱离民。”[⑤]

按：本集中还有《解嘲病发诗次答胡清壑》诗，王培孙注引《平望志》和《列朝诗集》云：胡梅，字白叔，有《清壑道人诗集》。[⑥]

清顺治二年乙酉（1645），五十八岁

春，讲《华严疏钞》第五会于吴中（今属苏州）昭庆寺，偶过双塔寺山亭，得贤首宗祖画面像，赋诗纪盛。[⑦]

按：《考略》是年所纪上条事，据诗题《乙酉春，演钞期于吴门昭庆寺。偶过双塔寺山亭，于虫蠹朽烂堆中，得睹贤首祖像，顶礼持归。且所演钞板，乃藏之湖上昭庆寺，与今讲席名同。三缘偶合，亦一奇事，恭赋一首，以纪其盛》，故本谱引录其事条文有所省略。[⑧]

文祖尧焚冠弃职，作诗《寄娄东文广文》招之。

诗云：“抛却宫墙饭足窝，寄居萧寺苦头陀。西山久待何来晚，一片青毡占几多。”[⑨]

---

① 释读彻撰，王培孙辑注：《王氏辑注南来堂诗集》卷 2，第 26 页注引，台湾鼎文书局，1977 年。

② 释读彻撰，王培孙辑注：《王氏辑注南来堂诗集》补编卷 3 上，第 12 页，台湾鼎文书局，1977 年。

③ 同上书，第 18 页。

④ 陈乃乾：《苍雪大师行年考略》，释读彻撰，王培孙辑注《王氏辑注南来堂诗集》，第 18 页，台湾鼎文书局，1977 年。

⑤ 释读彻撰，王培孙辑注：《王氏辑注南来堂诗集》补编卷 2，第 16 页，台湾鼎文书局，1977 年。

⑥ 释读彻撰，王培孙辑注：《王氏辑注南来堂诗集》卷 1，第 15 页，台湾鼎文书局，1977 年。

⑦ 陈乃乾：《苍雪大师行年考略》，释读彻撰，王培孙辑注《王氏辑注南来堂诗集》，第 18 页，台湾鼎文书局，1977 年。

⑧ 释读彻撰，王培孙辑注：《王氏辑注南来堂诗集》补编卷 3 上，第 23 页，台湾鼎文书局，1977 年。

⑨ 释读彻撰，王培孙辑注：《王氏辑注南来堂诗集》卷 4，第 13~14 页，台湾鼎文书局，1977 年。西山，指支硎山。

文祖尧往中峰寺与苍雪同住，吴梅村有诗《送文学博以苍公招同住中峰寺》。

诗云："西风驱雁暮云哀，头白冲寒到讲台。……一峰对月茅庵在，二老论心石壁开。"[①]

按：祖尧入住中峰寺，详秦光玉《文介石先生传》、顾士琏《文介石先生思贤庐记》《送介石先生归滇序》[②]。陈乃乾《考略》载于明年[③]，不确；《吴梅村先生编年诗集》将此诗编于诗集壬辰（1652）至次年癸巳间。文祖尧在鼎革次年即今年弃官，至中峰依苍雪住，六月归娄东，居昙阳庵，故吴梅村此诗应作于今年。吴诗原注说，文祖尧"以崇祯癸未（1643）任太仓州学正，越三年乙酉弃官"，与事实吻合。但随后又说："先是，苍公讲法于娄之海印庵，先生以同里而异术竖义相论难，知之最深。及是，遂从苍公住中峰。久之，娄人迎诸山中，即城南精舍中置木榻，命一童子支鼎爨。"[④]"先是""及是"，深究之，则"先是"所言事在去年，《南来堂诗集》有《甲申春，娄东海印庵〈法华〉讲期解制》《海印庵解制赋谢吴太史骏公》[⑤]二诗为证。而"及是"所言事，似当在今年。

文祖尧在中峰，作《登中峰楼》《中峰次苍法师法会元韵》。六月，娄东人士迎其离中峰，居城南昙阳庵中，苍雪作诗《赠广文文介石乡友》。[⑥]

前左通政嘉定侯记原（汸），携幼子避兵入中峰依之，城陷不屈，人称忠义之家。[⑦]

灵白（智祯）重建狮山思忆讲寺，集有《赠灵白法友开忏坛于狮山》诗。[⑧]

按：《赠灵白法友开忏坛于狮山》王注引《百城烟水》："思忆讲寺在狮山……顺治乙酉，灵白祯继住重建。"[⑨]

---

① 吴伟业：《吴梅村先生编年诗集》卷5，第1页，程穆衡原笺、杨学沆补注，太昆先哲遗书之一，俞世德堂己巳（1929）校印第1页。是编注："起壬辰（1652），尽癸巳（1653）秋未赴召以前。"

② 请参阅本书《文祖尧年谱》同年纪事。

③ 陈乃乾：《苍雪大师行年考略》，释读彻撰，王培孙辑注《王氏辑注南来堂诗集》，第19页，台湾鼎文书局，1977年。

④ 吴伟业：《吴梅村先生编年诗集》卷5，第1页，程穆衡原笺、杨学沆补注，太昆先哲遗书之一，俞世德堂己巳校印。请参阅本谱去年纪事。

⑤ 释读彻撰，王培孙辑注：《王氏辑注南来堂诗集》卷3下，台湾鼎文书局，1977年，第14~15页。

⑥ 苍雪：《赠广文文介石乡友》，释读彻撰，王培孙辑注《王氏辑注南来堂诗集》补编卷3下，第18页，台湾鼎文书局，1977年。

⑦ 陈乃乾：《苍雪大师行年考略》引汪琬《侯纪原墓志铭》，释读彻撰，王培孙辑注《王氏辑注南来堂诗集》，第19页，台湾鼎文书局，1977年。

⑧ 陈乃乾：《苍雪大师行年考略》，释读彻撰，王培孙辑注《王氏辑注南来堂诗集》，第19页，台湾鼎文书局，1977年。

⑨ 释读彻撰，王培孙辑注：《王氏辑注南来堂诗集》卷1，第20页，台湾鼎文书局，1977年。

清兵破苏州，避迹喝狮窝。冬，仍归一把茅度岁，有诗纪事。又作《乙酉秋积雨纪事》诗[①]、《次韵吴骏公见寄》《读吴太史〈永和宫词〉》。

《乙酉之变，避迹喝狮窝，临年仍归一把茅度岁》：“老我生逢乖命年，惊魂未定是何天。兵戈无地堪逃避，上下移居当播迁。”[②]

《乙酉积雨纪事一百三十字》：“积雨涨秋江，白浪高于屋。鱼虾入釜游，鸥鹭借（借一作傍）檐宿。何处塔影浮，远水孤帆矗。出畴白弥漫，菜畦时界绿。腐草化为萤，湿穗芽生谷（一作芽谷重生谷）。晚稻扑鼻香，半亦付樵牧。老农望天嗟（嗟一作叹），抱手坐枵腹。人头尽葫芦（尽一作画），柳发剪来秃。烟薪湿（薪湿一作薪火）难炊，灶妇掉头哭。小儿不解事，犹自索糜肉。无由陟高岗，时或散心目。吴其为沼乎，岂复验今日。想见坚眉翁（翁一作横），痛自展书读。”[③]

《次韵吴骏公见寄》：“国破家何在，山深犹未归。不堪加皂帽，宁可着缁衣。”[④]

按：吴梅村所寄苍雪诗不可考。冯其庸、叶君远《吴梅村年谱》系其寄诗事于今年[⑤]，是。

《读吴太史〈永和宫词〉》：“永和词读罢，国史忆江东。”[⑥]

按：冯其庸、叶君远《吴梅村年谱》系其《永和宫词》于今年[⑦]，故将苍雪读后诗同系之。

见月主持宝华山昌隆寺讲席，作《赠华山见月和尚》诗。

诗云：“谁人杰出千华社，四海闻名老范师。”[⑧]

按：从弘一法师撰《宝华山见月律师年谱摭要》弘光元年纪事和见月《自述》[⑨]，陈乃乾《考略》谓是年“闰六月，三昧卒，见月继主定水庵。”[⑩]该庵为宝华山隆昌寺下院。又，1645年为闰五月，《考略》载“闰六月”，误。

---

① 陈乃乾：《苍雪大师行年考略》，释读彻撰，王培孙辑注《王氏辑注南来堂诗集》，第19页，台湾鼎文书局，1977年。

② 释读彻撰，王培孙辑注：《王氏辑注南来堂诗集》补编卷3上，第22页，台湾鼎文书局，1977年。

③ 释读彻撰，王培孙辑注：《王氏辑注南来堂诗集》卷1，第16页，台湾鼎文书局，1977年。

④ 释读彻撰，王培孙辑注：《王氏辑注南来堂诗集》补编卷2，第21~22页，台湾鼎文书局，1977年。

⑤ 冯其庸、叶君远：《吴梅村年谱》，第146页，江苏古籍出版社，1990年。

⑥ 释读彻撰，王培孙辑注：《王氏辑注南来堂诗集》补编卷2，第32页，台湾鼎文书局，1977年。

⑦ 冯其庸、叶君远：《吴梅村年谱》，第152页，江苏古籍出版社，1990年。

⑧ 释读彻撰，王培孙辑注：《王氏辑注南来堂诗集》卷3下，第21页，台湾鼎文书局，1977年。

⑨ 释见月：《一梦漫言》卷下，弘一法师撰《宝华山见月律师年谱摭要》弘光元年纪事（第58页）、同书同卷（第38页）见月自述（世界书局，1937年）。

⑩ 陈乃乾：《苍雪大师行年考略》，释读彻撰，王培孙辑注《王氏辑注南来堂诗集》，第19页，台湾鼎文书局，1977年。

韩芹城南归，隐支硎山麓，易名延祺，结茅庵曰“椮花”。集有《访椮花庵主于仙掌峰下》诗、《和韩芹城冬青轩避暑》诗。徐武子屏居西郊一云寺，集有《赠一云寺埋庵上人》诗。文启美避地阳澄湖，呕血数日卒，年六十一。陈百史避仇北行，清廷授修撰，寻擢吏部侍郎。①

清顺治三年丙戌（1646），五十九岁

度岁，作《元旦次答王彦平》②《新正次答道开入山问讯》《立春晓望，怀娄东吴司成梅村诸公》《早春寄汲古阁主人毛子晋》③等诗。

按：以上诗陈乃乾《考略》纪事提及，诗题均省去“丙戌”二字。

文照掩关三年，白椎庵新殿落成，与徐元叹诸人皆有诗赋赠。④

《白椎庵文照法友掩关三年，新殿落成，同元叹赋赠》：“冢边一夕栖风露，关外三年辟草莱。”⑤

春，王时敏卜居西田；秋，始筑西田居舍。⑥

王时敏《跋谢艮斋劝农诗》自注：“丙戌清和月”。跋文：“西郊十里外，旧有水田二顷，今岁春仲，余偶过之，乐其幽旷，遂诛茅卜居其中。”⑦

吴梅村《归村躬耕记》：“吾友王烟客太常，治西田于归泾之上。归泾者，去城西十有二里。或曰‘先有归姓者居焉’，或曰‘以其沿吴塘而北可归也，故名之’。烟客自号归村老农，筑农庆堂以居。”⑧

得唐大来书信，作诗《王公子升如自滇至吴，得唐大来书问》。

诗云：“秣陵廿载得亲朋，浪子何当远念兴。”⑨

按：苍雪与唐大来约天启六年（1626）相识于南京，详本谱是年纪事。

---

① 陈乃乾：《苍雪大师行年考略》，释读彻撰，王培孙辑注《王氏辑注南来堂诗集》，第19页，台湾鼎文书局，1977年。查《王氏辑注南来堂诗集》，以上诗卷、页依次如下：《访椮花庵主于仙掌峰下》（补编卷3上，第28页）、《和韩芹城冬青轩避暑四首》（补编卷2，第30~31页）、《赠一云寺埋庵上人》（卷1，第20页）。

② 释读彻撰，王培孙辑注：《王氏辑注南来堂诗集》卷3下，第15页，台湾鼎文书局，1977年。

③ 释读彻撰，王培孙辑注：《王氏辑注南来堂诗集》补编卷3上，第23页，台湾鼎文书局，1977年。

④ 陈乃乾：《苍雪大师行年考略》，释读彻撰，王培孙辑注《王氏辑注南来堂诗集》，第20页，台湾鼎文书局，1977年。

⑤ 释读彻撰，王培孙辑注：《王氏辑注南来堂诗集》补编卷3下，第9页，台湾鼎文书局，1977年。

⑥ 王宝仁编：《奉常公年谱》卷3纪其事并引《王巢松年谱》，《北京图书馆藏珍本谱丛刊》，第66册，第394页，北京图书馆出版社，1999年。

⑦ 王时敏：《王奉常书画题跋》卷上，《续修四库全书》，第1065册，第82页，上海古籍出版社，2002年。

⑧ 吴伟业：《梅村家藏稿》卷39，《续修四库全书》，第1396册，第226页，上海古籍出版社，2002年。

⑨ 释读彻撰，王培孙辑注：《王氏辑注南来堂诗集》卷3下，第12页，台湾鼎文书局，1977年。

自均（本怀）从师得法，时年三十六。陈百史以丁忧归里。[①]

按：《考略》又言："文介石自娄避兵，入中峰依师。后娄人迎之，居昙阳观。"此条疑误，参阅本谱和本书《文祖尧年谱》清顺治二年（1645）纪事。

南明昭宗朱由榔永历元年、清顺治四年丁亥（1647），六十岁

六十寿辰，诸法友赋诗庆生，作七律一首总酬之。[②]

总酬诗为《丁亥岁初二，值予六十母难日，诸法友各赋诗为祝，约五十余人，不能遍答，总以一诗酬之》[③]。

按：文祖尧有《寿苍雪法师六十》[④]。王时敏作《跋自画为苍雪法师寿》，自注"丁亥初春。"《跋》曰："'结茅山顶已多年，注就《逍遥》内外篇。狮子座边无剩义，旃檀林下息诸缘。赠来神骏闲荒草，放去胎禽上碧天。恰似南岩正月六，出群消息阿谁传。'石门老人作南岩主定光生辰诗曰：'堪笑年年正月六，出群消息少人知。'今中峰苍大师，以首春三日，法腊一周，即用《题松亭云岫图》，为猊座无量祝，并以资一时嗢噱。"[⑤]

夏四月，王时敏作《首夏西田杂兴，用沈景倩家林诸作韵》十律[⑥]**，苍雪、吴梅村等和之。**

王时敏诗其一："亦爱吾庐剥啄稀，编荆聊且作门扉。泽农愿学全身是，辋筑规模具体微。畦畔旅耕犁列耦，树边野馌坐成围。行田又见暄风至，试着新裁白练衣。"[⑦]

按：苍雪《南来堂诗集》有《次韵王奉常烟客首夏西田杂兴四首》[⑧]，吴梅村亦有《和王太常西田杂兴韵》[⑨]，二人诗韵与王时敏诗同。同时步韵和诗者，还有陆世仪、

---

① 陈乃乾：《苍雪大师行年考略》，释读彻撰，王培孙辑注《王氏辑注南来堂诗集》本，第20页，台湾鼎文书局，1977年。

② 同上。

③ 释读彻撰，王培孙辑注：《王氏辑注南来堂诗集》补编卷3上，第27页，台湾鼎文书局，1977年。

④ 赵藩辑：《呈贡文氏三遗集合钞·明阳山房遗集》，影印《云南丛书》，第22册，第11864页，中华书局，2009年。

⑤ 王时敏：《王奉常书画题跋》卷上，《续修四库全书》，第1065册，第89页，上海古籍出版社，2002年。

⑥ 此十律王时敏《王烟客先生集·西庐诗草》上卷有七首，《西庐诗草》上卷补三首（《清代诗文集汇编》，第7册，第597、601页，上海古籍出版社影印，2010年）。

⑦ 王时敏：《王烟客先生集·西庐诗草》上卷，《清代诗文集汇编》，第7册，第597页，上海古籍出版社影印，2010年。

⑧ 释读彻撰，王培孙辑注：《王氏辑注南来堂诗集》卷3下，第16~17页，台湾鼎文书局，1977年。

⑨ 吴伟业：《吴梅村先生编年诗集》卷2，第12页，程穆衡原笺、杨学沆补注，太昆先哲遗书之一，俞世德堂己巳（1929）校印。

陈瑚、黄翼圣等数人[①]。苍雪又有《寄王奉常烟客》诗："东门种瓜地，莳菊到西田。人老笔椽下，云生砚瓦边。此生馀世外，一往悟生前。笑指空庭树，谁来问画禅。"[②]

秋，王时敏西田农庆堂菊花盛开，邀吴梅村等江南名士西田赏菊，有《农庆堂菊花盛开，王遗民、吴梅村、朱昭芑、黄摄六，内侄李尔公、宾侯同过夜饮》诗[③]。此为首次西田雅集。一个月后，苍雪亦至。

陈乃乾《考略》："秋，至太仓赏菊王烟客之西堂。吴伟业诗序：'丁亥之秋，王烟客招予西田赏菊，逾月，苍雪师亦至。'"[④]

王宝仁《奉常公年谱》："是秋，农庆堂菊花盛开。王遗民瑞国，吴梅村伟业，朱昭芑明镐，黄摄六翼圣，李尔公可卫、宾侯可汧同过夜饮。逾月，苍雪法师亦至。"[⑤]

作诗《丁亥秋，王奉赏烟客西田赏菊，和吴宫詹骏公韵》。[⑥]

其一："东篱寂历抱幽香，误认柴桑是墨庄。霜下染来僧衲素，风前翦去羽衣黄。自甘野逸惟宜冷，未必秋心不向阳。草色也同霜色落，更从何处觅花王。"

其二："传来野圃成家世，漫比芙蓉老更妍。一笑正逢留客醉，满头争欲插画钿。好看傲色严霜后，独耐秋寒晚节全。耻向西风斗红紫，避人终不受人怜。"

按："独耐秋寒晚节全"，吴梅村《王烟客招往西田，同黄二摄六、王大子彦及家舅氏朱昭芑、李尔公、宾侯兄弟赏菊》二律原注，《诗话》苍雪和句有云"独擅秋容晚节全"[⑦]。王时敏以二律答谢吴梅村，诗题为《西田看菊归，梅村以佳什见投，次韵奉和，并用为谢》[⑧]。吴、王此二律赠谢诗，王注本苍雪和诗注有引，可参阅。

偕若镜和尚访吴梅村，且赠以叶染道衣。

---

① 王时敏：《王烟客先生集·西庐怀旧集》目录，《清代诗文集汇编》，第7册，第668页，上海古籍出版社影印，2010年。

② 释读彻撰，王培孙辑注：《王氏辑注南来堂诗集》卷2，第27~28页，台湾鼎文书局，1977年。

③ 王时敏：《王烟客先生集·西庐诗草》上卷，《清代诗文集汇编》，第7册，第598页，上海古籍出版社影印，2010年。

④ 陈乃乾：《苍雪大师行年考略》，释读彻撰，王培孙辑注《王氏辑注南来堂诗集》，第20页，台湾鼎文书局，1977年。参阅本谱明年纪事。

⑤ 王宝仁编：《奉常公年谱》卷3《纪事》，《北京图书馆藏珍本谱丛刊》，第66册，第395页，北京图书馆出版社，1999年。

⑥ 释读彻撰，王培孙辑注：《王氏辑注南来堂诗集》卷3下，第16~17页，台湾鼎文书局，1977年。

⑦《吴梅村先生编年诗集》卷2，第11~12页，程穆衡原笺、杨学沆补注，太昆先哲遗书之一，俞世德堂己巳（1929）校印。此书卷2所括创作年代："起乙酉（1645）五月，至丁亥（1647），游越之作。"

⑧ 王时敏：《王烟客先生集·西庐诗草》上卷，《清代诗文集汇编》，第7册，第602页，上海古籍出版社影印，2010年。

按：吴梅村作诗《赠苍雪若镜两师见访》《谢苍雪赠叶染道衣》答谢之[①]。

陈百史起复吏部侍郎。[②]

南明永历二年、清顺治五年戊子（1648），六十一岁

吴梅村卧病，因不能践去年约定今年西田赏菊旧约，慨然赋《丁亥之秋，王烟客招予西田赏菊，逾月苍雪师亦至。今年予既卧病，同游者多以事阻，追叙旧约，为之慨然，因赋此诗》。苍雪有《次韵答吴太史骏公》复之。

吴梅村诗云："露白霜高九月天，匡床卧疾忆西田。黄鸡紫蟹堪携酒，红树青山好放船。杭稻将登农父喜，茱萸遍插故人怜。旧游多病难重省，记别苍公又一年。"[③]

苍雪诗云："高阁清华忆木天，南山久不到西田。秋光惜别分三径，月色思看从一船。举世不堪皆尽醉，独醒谁更复相怜。春秋著罢须藏稿，甲子书来又六年。"[④]

按：吴梅村诗表明，去年诸名士在西田赏菊时，曾订下来年之约。但今年秋天其卧病在床，而去年一同赏菊者，大半因事不能践约。《南来堂诗集》无今年西田赏菊诗，可见苍雪或亦未能践约。

冯其庸、叶君远《吴梅村年谱》注："《梅村家藏稿》卷五有《丁亥之秋，王烟客招余西田赏菊，踰月苍雪师亦至，今年予既卧病，同游者多以事阻，追叙旧约，为之慨然，因赋此诗》。苍雪至太仓共三次，一次在顺治元年春，一次在顺治九年十二月，再一次即为本年季秋之顷。《赠苍雪若镜两师见访》有'寻秋逢讲树，到海发禅音'之句，与顺治元年及九年苍雪至太仓之时令皆不合，故必作于本年。又，《梅村家藏稿》各卷内大抵以时为序，《谢苍雪赠叶染道衣》紧接在《赠苍雪若镜两师见访》后，似亦作于此时。"[⑤]

按：苍雪还于顺治四年秋到过西田，吴梅村此赠谢诗应作于是年，且诗在《吴梅村先生编年诗集》所括"至丁亥游越之作"年代内。参阅本谱去年纪事。

汰如十周年忌日，骨塔始建成，赋诗志愧。[⑥]

---

① 吴伟业：《吴梅村先生编年诗集》卷 2，第 13 页，程穆衡原笺、杨学沆补注，太昆先哲遗书之一，俞世德堂己巳（1929）校印。又，参阅冯其庸、叶君远《吴梅村年谱》，第 162 页，江苏古籍出版社，1990 年。

② 陈乃乾：《苍雪大师行年考略》，释读彻撰，王培孙辑注《王氏辑注南来堂诗集》，第 20 页，台湾鼎文书局，1977 年。

③ 吴伟业：《吴梅村先生编年诗集》卷 3，第 8 页，程穆衡原笺、杨学沆补注，太昆先哲遗书之一，俞世德堂己巳（1929）校印。卷 3 所括创作年代："起丁亥游越，尽庚寅（1650）。"

④ 释读彻撰，王培孙辑注：《王氏辑注南来堂诗集》补编卷 3 下，第 5 页，台湾鼎文书局，1977 年。

⑤ 冯其庸、叶君远：《吴梅村年谱》，第 171~172 页，江苏古籍出版社，1990 年。

⑥ 陈乃乾：《苍雪大师行年考略》，释读彻撰，王培孙辑注《王氏辑注南来堂诗集》，第 20 页，台湾鼎文书局，1977 年。

按：《考略》此条纪事据诗《戊子十一月初四日，汰兄十周年忌，骨塔始成，诗以志愧，塔在吴中华山，而皋亭月明庵另有别隐》，故本谱引录有所略。诗云：“十年生死愧交情，七尺刚才塔样成。”[①] 汰如逝于崇祯十三年庚辰（1640），见本谱是年纪事。“十周年”，取其整数。

毛晋五十生辰，作《祝毛子晋五十，用香山九老吉公韵倒叶仄声》诗贺之。[②]

作诗《含光五十》。圣恩寺建还元阁成，集有《三宜和尚招灌溪、寅仲还元阁看梅分赋》诗。陈百史擢吏部尚书。林若抚卒。[③]

南明永历三年、清顺治六年己丑（1649），六十二岁

春，吴江东庵诗僧香渡（德渊）卒，有诗悼之。[④]

《己丑春，闻香渡讣音，悼之》：“廿年从未到东庵，此日传来信不堪。”王培孙注引《百城烟水》：东庵，在湖浦。香渡，诗僧，名德渊，字止水，又字香渡。[⑤]

秋至无锡，招集邑中诗人，在忍草庵分韵赋诗，又游览惠山。集有诗纪之。[⑥]

按：陈乃乾《考略》此条下引王注《忍草庵志》《泾皋汇览》《锡山景物略》（山，王注本作“金”）相关记载，谓苍雪至邑北郭蓬莱阁讲《华严疏抄》，遂居是庵中。《考略》是条所提及诗歌，查本集全题如下：《景行昆玉招同秋绍诸居士，社集忍草庵，是夜雨宿中峰，分得鱼字》[⑦]《惠山汲泉》《己丑重九后，诚之、心甫、鸿叟、路然招游惠山，咏泉叠韵》[⑧]《次诚之诸君九日后登石浪轩》[⑨]。

王本《景行昆玉……》注引《梁溪诗钞》：“顾秀才景文，字景行，号瓠园。诸生，端文公曾孙。……著有《瓠园诗稿》《楚游草》行世。”又引《泾皋汇览》：“忍

---

① 释读彻撰，王培孙辑注：《王氏辑注南来堂诗集》补编卷 3 下，第 1~2 页，台湾鼎文书局，1977 年。
② 释读彻撰，王培孙辑注：《王氏辑注南来堂诗集》卷 1，第 16 页，台湾鼎文书局，1977 年。
③ 陈乃乾:《苍雪大师行年考略》，释读彻撰，王培孙辑注《王氏辑注南来堂诗集》，第 20 页，台湾鼎文书局，1977 年。《考略》引诗题而未见卷、页，查《王氏辑注南来堂诗集》，《含光五十》见《王氏辑注南来堂诗集》补编卷 3 下，第 13~14 页；《三宜和尚招灌溪、寅仲还元阁看梅分赋》见同书补编卷 3 下，第 31 页。
④ 陈乃乾：《苍雪大师行年考略》，释读彻撰，王培孙辑注《王氏辑注南来堂诗集》，第 20 页，台湾鼎文书局，1977 年。
⑤ 释读彻撰，王培孙辑注：《王氏辑注南来堂诗集》补编卷 3 下，第 2 页，台湾鼎文书局，1977 年。
⑥ 陈乃乾：《苍雪大师行年考略》，释读彻撰，王培孙辑注《王氏辑注南来堂诗集》，第 20 页，台湾鼎文书局，1977 年。
⑦ 释读彻撰，王培孙辑注：《王氏辑注南来堂诗集》补编卷 3 下，第 2 页，台湾鼎文书局，1977 年。
⑧ 同上书，第 4~5 页。
⑨ 同上书，第 11 页。

草庵僧读彻，喜歌诗，尝集邑中诗人拈题限韵，有‘中原七子非无后，顾氏三龙正始馀’之句。三龙者，谓顾秀才野与景行、廷飏也。顾野字日质，泾凡孙；廷飏名廷文，瓠园之弟。”复引《无锡金匮县志》：“忍草庵，在章家坞上。明万历间，夔州知府顾与沐拓建。”《己丑重九后……》注引《梁溪诗钞》：“吕自咸，字诚之，明诸生，工诗。……黄传祖，字心甫，明诸生。……好竟陵派锺、谭之学，甄综有明一代诗，题名《扶轮》。彭年，字鸿叟，顺治五年恩贡生，累官至西安府同知。……著有《拂莲堂集》十四卷。……蒋尊路，字路然，诸生。……重交游，耽吟咏。”

讲《华严疏抄》第六会于无锡善住庵，以病未竟，赋还山吟二首留别。[①]

按：诗题为《己丑秋，梁溪善住庵大钞第四期，余以病未竟，赋得还山吟二首留别诸护法》。[②]《考略》谓“善住庵”即蓬莱阁，所引《锡山景物略》则云“善住庵”在蓬莱阁右。

过印持（溥闻）金幢庵，有赠诗。

陈乃乾《考略》：“印持购许氏废园，建金幢庵，与法弟湛门分居之。集有《过印持首座金幢庵题赠》诗。”[③]

按：据陈乃乾《考略》卷首《传法系统》，印持为苍雪弟子。

继起过通州，有《灵岩坐雨和继公韵》《次答灵岩继公见过》诗。

陈乃乾《考略》：“继起葬亲过通州，将归天台，兵阻吴中，吴人士延住灵岩之崇报院。集有《灵岩坐雨和继公韵》诗、《次答灵岩继公见过》诗。”[④]

德风筑庵养母，为题庵名曰“慈氏”。

陈乃乾《考略》：“德风买地于桃花坞北，筑庵养母，师为题其庵曰‘慈氏’。”[⑤]

南明永历四年、清顺治七年庚寅（1650），六十三岁

春二月，有苏州灵岩之行，并于玄墓华严阁赏梅，分韵赋诗。

《庚寅春仲，赴灵岩约偕妙湛宜公、张静涵、李灌溪、吴寅仲诸昆季，雨中看梅

---

① 陈乃乾：《苍雪大师行年考略》，释读彻撰，王培孙辑注《王氏辑注南来堂诗集》，第21页，台湾鼎文书局，1977年。

② 释读彻撰，王培孙辑注：《王氏辑注南来堂诗集》补编卷3下，第3页，台湾鼎文书局，1977年。

③ 陈乃乾：《苍雪大师行年考略》，释读彻撰，王培孙辑注《王氏辑注南来堂诗集》，台湾鼎文书局，1977年，第21页。《考略》未注其诗卷、页，诗见《王氏辑注南来堂诗集》补编卷3下，第8页。

④ 陈乃乾：《苍雪大师行年考略》，释读彻撰，王培孙辑注《王氏辑注南来堂诗集》，第21页，台湾鼎文书局，1977年。《考略》未注其诗卷、页，诗见《王氏辑注南来堂诗集》卷3下，第17、19页，《灵岩坐雨和继公韵》，王本“灵岩”下有注“一作石城”。

⑤ 陈乃乾：《苍雪大师行年考略》，释读彻撰，王培孙辑注《王氏辑注南来堂诗集》，第21页，台湾鼎文书局，1977年。

玄墓华严阁，分得知字二首》：“风雨萧萧驴背骑，灞桥何处若为疑。”（其一）“人地难逢聚会时，探梅尤恐失前期。”（其二）①

按：陈乃乾《考略》载此事，时间为“正月”②，据诗题“春仲”，疑误。

冬十月，钱谦益绛云楼失火，有诗慰之。

陈乃乾《考略》：“十月初二日，钱受之绛云楼不戒于火，藏书悉毁，集有寄询诗。”③

按：“寄询诗”为《寄询钱虞山绛云楼火后专意内典》：“不尽奇书探海藏，人间文字可烧无？”王注引钱牧斋《有学集·赖古堂文选序》：“己丑之春，余释南囚归里。尽发本朝藏书，裒集史乘，得数百帙；选次古文，得六十余帙。州次部居，遗蒐阙补，忘食废寝，穷岁月而告成。庚寅孟冬，不戒于火，为新宫三月之哭。知天之不假我以斯文也，息心栖神，皈依内典。世间文字，眇然如尘沙积劫也。”④

道开五十岁，有诗贺之。

陈乃乾《考略》：“道开年五十，自秀水归虎丘，居凫溪新香阜之东小庵。集有《道开五十》诗。”⑤

《道开五十》：“师弟几人看到老，苦寒能复念相依。”⑥

友苍南归金陵，居报恩寺。赠诗有“国破何家问，人馀隔世看”之句。⑦

《赠别友苍》王注：“蜀僧含澈《方外诗选》：‘祖嵩，字友苍，遂宁（今属四川）人。崇祯初游京师，名动公卿。召入大内，赐紫衣金钵后之金陵，居报恩寺。……著有语录、诗集若干卷。’”⑧

南明永历五年、清顺治八年辛卯（1651），六十四岁

九月十八日，一雨圆寂二十七周年忌辰。作供后，携友信步游法螺庵，作

---

① 王培孙注云：张静函为张有誉，又引《南疆绎名》：张有誉，字难誉，江阴（今属江苏）人。天启壬戌（1622）进士，崇祯间擢南京户部右侍郎，兼右佥都御史，加太子太保。鼎革后乡居，行年八十一。复引《隽李诗系》：吴亮中，字寅仲，号易庵。“顺治六年登第九年殿试，成进士。”（《王氏辑注南来堂诗集》补编卷3下，第5~7页，台湾鼎文书局，1977年）。李灌溪，不详。

② 陈乃乾：《苍雪大师行年考略》，释读彻撰，王培孙辑注《王氏辑注南来堂诗集》，第21页，台湾鼎文书局，1977年。

③ 同上。

④ 释读彻撰，王培孙辑注：《王氏辑注南来堂诗集》补编卷3下，第24~25页，台湾鼎文书局，1977年。

⑤ 陈乃乾：《苍雪大师行年考略》，释读彻撰，王培孙辑注《王氏辑注南来堂诗集》，第21页，台湾鼎文书局，1977年。

⑥ 释读彻撰，王培孙辑注：《王氏辑注南来堂诗集》补编卷3下，第14页，台湾鼎文书局，1977年。

⑦ 陈乃乾：《苍雪大师行年考略》，释读彻撰，王培孙辑注《王氏辑注南来堂诗集》，第21页，台湾鼎文书局，1977年。

⑧ 释读彻撰，王培孙辑注：《王氏辑注南来堂诗集》卷1，第11页，台湾鼎文书局，1977年。

诗五首纪之。

陈乃乾《考略》："九月十八日一雨忌辰，师以杯水作供，复至法螺庵与照斯同游，作诗纪事。"①

其诗为绝句五首，题为《辛卯九月十八日，值先楞师忌辰，以杯水作供。悲感之余，时正秋霪初霁，霜叶半酣，携友辈一二人信步寒山道上，不觉已至法螺庵。照斯亦洁治瓶花茗碗，佐以香蔬，展祭楞师。共忆师之见背二十七年于兹矣，抚今慨昔，时不我与，有感于衷，相与哀恸欲绝。饭罢，同至合流庵随喜忏礼，复沿溪深入，得二静室，把茅缚屋，乞食荒村，卓有古之住山家风。少憩，越岭穿林，寻旧路而归，有平生足迹，皆所未到处。犹闻有师姑基者，由天峰一径直上，即记传所载白云端禅师开法天平，有万僧千尼处。惜足力倦极，不能往探，期以异日。至化城前，照斯别去，独友辈随余归喝狮窝，已不知夕阳之在树，掩映丹枫，真似洞口桃花。或不笑人虚度此日，因拈绝记之》。诗云："菊开二十七年花，忌日儿孙记不差。"（其一）"三世年刚甲子周，汰公犹短七春秋。余今六十仍过四，落得寻山玩水游。"（其二）②

越十日，过华山默然洞看菊，留宿弹指阁，作《看菊无东六首》。③

诗序："辛卯九月廿八日，偕法螺庵修公与其徒照斯过华山，同含友往默然洞看菊。久待洞主不至，归已抵暮，修公师弟先别去。予不能行，留宿弹指阁。是夜西风大作，竟不成寐，因同含友作六绝，以记其事云。"④

王注本诗序下按：补编卷三《法螺庵主六十诗》陆汾原注云："'庵主修实，一生专修忏书经。'据此则知修公实名修实，而主是庵。"

九月，王时敏六十寿，赋《奉贺烟翁老居士六秩初度诗十章》祝寿。

陈乃乾《考略》："王烟客六十，赋七律十章为祝。"⑤

《奉贺烟翁老居士六秩初度诗十章》诗序："维兹辛卯季秋，恭逢烟翁居士花甲初周。

---

① 陈乃乾：《苍雪大师行年考略》，释读彻撰，王培孙辑注《王氏辑注南来堂诗集》，第21页，台湾鼎文书局，1977年。

② 释读彻撰，王培孙辑注：《王氏辑注南来堂诗集》补编卷4，第6页，台湾鼎文书局，1977年。《苍雪大师行年考略》是年引录诗序（第21页）而不注卷、页。

③ 陈乃乾：《苍雪大师行年考略》，释读彻撰，王培孙辑注《王氏辑注南来堂诗集》，第22页，台湾鼎文书局，1977年。

④ 苍雪：《看菊无东六首》诗序，《苍雪大师行年考略》是年引录（第22页）而不注卷、页，诗序见《王氏辑注南来堂诗集》卷4，第14页，台湾鼎文书局，1977年。

⑤ 陈乃乾：《苍雪大师行年考略》，释读彻撰，王培孙辑注《王氏辑注南来堂诗集》，台湾鼎文书局，1977年，第22页。是谱不明所载事迹出处和苍雪诗题，只引录诗序。事见王宝仁编《奉常公年谱》卷3，《北京图书馆藏珍本谱丛刊》，第66册，第398页，北京图书馆出版社，1999年。

拟展微辞，用扬上善，念非一德之足称，实乃众美而兼备。况翁与余方外论交，知音契合。岂徒绮语，而妄要虚声；端借笔砚，以共资真性。爰成七言近体十首，犹管窥豹，各得一斑。豹之全体，固不在是，亦或在是，第恐多多益恶，敢云咄咄惊人！惟翁风雅，总持人文水鉴，一笑布鼓，唐突雷门。”①

按：此诗诸本皆无题，其题见清代顾文彬《卞润甫寿烟客册》：“《明画录》云：‘卞文瑜，字润甫，长洲人。善山水，行笔流畅，位置殊有思致。’此写……中惟首幅《树石千年古岩泉百丈流》及末幅《辛卯中秋，写祝烟翁先生六十初度》有题署。与画合装者，为读彻僧诗……诗有小启，题《奉贺烟翁老居士六秩初度诗十章》，忝埘画叶之尾，题为《太常酒》《金谷园》《柴桑径》《摩诘画》。诸律诗格清超，妙在无一点酸馅气。闻苍雪与扈芷、匡云，结夏东畲白石山房，尝打松子为爨，陈仲醇作歌纪之，见《晚香堂集》。今观是册，信不食人间烟火矣。”②

见月五十生辰，作诗《寿见月师弟五十》。

自注：“见师滇南鸡足山，为迦叶入定处。”③

陈百吏拜大学士。④

南明永历六年、清顺治九年壬辰（1652），六十五岁

六月，道开逝，行年五十二。有诗《道开自秀水归，止足凫溪之新香阜。自谓浪走多年，今将为终老计，亡何，疾作。以二诗悼之》⑤**。**

陈乃乾《考略》：“六月，道开疾，邀师坐榻前，手书诀别，掷笔而逝，年五十二。师赋二律悼之。”⑥

《苏州府志》道开传：“顺治壬辰（1652）六月，自檇李归虎丘东小庵，邀苍公坐榻前，手书诀别。曰：‘一事无成，五十二载……’”⑦

---

① 释读彻撰，王培孙辑注：《王氏辑注南来堂诗集》卷3下，第19页，台湾鼎文书局，1977年。因王本所载此诗无题，故是谱所载无题有序。

② 顾文彬：《卞润甫寿烟客册》，《过云楼书画记》卷5《画类》五，清光绪刻本。

③ 释读彻撰，王培孙辑注：《王氏辑注南来堂诗集》卷3下，第22页，台湾鼎文书局，1977年。参阅本谱万历二十八年纪事。

④ 陈乃乾：《苍雪大师行年考略》，释读彻撰，王培孙辑注《王氏辑注南来堂诗集》，第22页，台湾鼎文书局，1977年。

⑤ 释读彻撰，王培孙辑注：《王氏辑注南来堂诗集》补编卷3下，第20页，台湾鼎文书局，1977年。

⑥ 陈乃乾：《苍雪大师行年考略》，释读彻撰，王培孙辑注《王氏辑注南来堂诗集》，第22页，台湾鼎文书局，1977年。

⑦ 李铭皖等修，冯桂芬等纂：《苏州府志》卷143，清光绪九年刊本。

腊月，中峰寺将起大经讲期，往常熟、昆山、太仓等地征旧檀护，有诗纪事。[1]又过草堂访吴梅村，雨中留宿与其谈诗、诵诗、不顾疾病在身。是夜风雪大作，三更时分，诵诗数十篇，视其阶下，夜雪深积二尺。梅村激赏其诗，赞“当为诗中第一，不徒僧中第一”。

诗题为《壬辰冬杪，山中将续起大经讲期。自郡城过海虞，候子晋毛居士，法缘偶合，愿倡初期，约四年告竟。因再过玉峰、娄东访诸旧檀护，王奉常偶偕府中，饭罢，随谒吴梅村太史，雨中留宿》[2]。

吴伟业《梅村诗话》：“苍公年老有废疾，然好谈诗。以壬辰腊月过草堂，谓余曰：‘今世狐禅盛行，一大藏教将坠于地矣。且无论义学，即求一诗人不可复得，乃幸与子遇。我襆被来，不曾携诗卷，当为子诵之。’是夜风雪大作，师语音伧重，撼动四壁，痰动喉间，咯咯有声，已呼茶复话，不为倦。漏下三鼓，得数十篇，视阶下雪深二尺矣。当其得意，轩眉抵掌，慷慨击案。自谓生平于此证入不二法门，禅机诗学，总一参悟。其诗苍深清老，沉着痛快，当为诗中第一，不徒僧中第一也。”[3]

范凤翼七十七岁，有书复苍雪，称因感其“方外知己之爱”而复之。

范凤翼《复苍雪师》：“鄙人今岁七十七矣……因来札及之，具见方外知已之爱，故复尔尔。崇川吴门，秖限一江，而吾与师皆老矣！后期难必言之……”[4]

按：据范氏语，则苍雪有札先致之，然其札佚。

南明永历七年、清顺治十年癸巳（1653），六十六岁

有宝华山之行，在其下院定水庵，遇妙峰大师之孙楚玺，作《癸巳重逢楚玺于定水》诗。

诗云：“一别龙潭二十年，此来相见两皤然。”[5]

按：据此诗，苍雪于二十年前曾到此，时当为天启六年。王培孙是诗注引读体（见月）《一梦漫言》卷下崇祯十一年正月初九日纪事，楚玺为妙峰大师孙。又引《句容

---

① 陈乃乾：《苍雪大师行年考略》，释读彻撰，王培孙辑注《王氏辑注南来堂诗集》，第 22 页，台湾鼎文书局，1977 年。

② 释读彻撰，王培孙辑注：《王氏辑注南来堂诗集》补编卷 3 下，第 18 页，台湾鼎文书局，1977 年。

③ 吴伟业：《梅村诗话》，王夫之等撰，中华书局上海编辑所编辑《清诗话》，第 76 页，中华书局，1963 年。《苍雪大师行年考略》是年引录而不明版本（第 22 页）。

④ 范凤翼：《范勋卿诗文集》文集卷 3，明崇祯刻本。范凤翼传见本书《王元翰年谱》崇祯六年纪事。

⑤ 释读彻撰，王培孙辑注：《王氏辑注南来堂诗集》补编卷 4，第 7~8 页，台湾鼎文书局，1977 年。

县志》，定水庵在句容龙潭镇西蟠龙山。[①]

春期解制，有诗纪之。[②]

诗题为《癸巳春期解制，同社中诸子分赋，得七言近体九首，并谢前办供诸檀护。王言玉居士乔梓自施、劝施，且得席太仆忏礼五十三部。圆满法筵，见闻随喜，莫不赞叹希有，诗以记之》。[③]

按：关于席太仆，王培孙是诗注引《长州县志》本传："席本祯，字宁侯，苏州人，以救灾、助军饷授文华殿中书，寻加太仆寺少卿。"陈乃乾《考略》："席太仆，名本宁，卒于是年七月。"[④]二载一名"本祯"，一名"本宁"，后者疑误。吴梅村《梅村集》卷三十三《太仆寺少卿席宁侯墓志铭》云："本祯，字宁侯，别字香林。""生于万历二十九年十月十三日，卒于顺治十年七月二十二日，年五十有五。"

秋，恒宗禅师九十生辰。有诗《癸巳秋，赠一指窝恒宗老禅伯九秩初度》[⑤]。

王注云："恒宗与通润（一雨）同时，则于苍雪当为前辈。"陈乃乾《考略》云："竺坞一指窝恒宗禅师八十，集有赠诗。"[⑥]疑年岁误记。

南明永历八年、清顺治十一年甲午（1654），六十七岁

正月八日，冯铨疏荐吴梅村等人，以为俱堪擢用。吴梅村约于初春抵京。[⑦]

按：陈乃乾《考略》载吴梅村以总督马国柱疏荐北行事于去年[⑧]。

春，讲《十地品》至第三地，病笃而不辍讲席。集有《〈十地品〉初解制》诗。[⑨]

按：诗全题为《甲午春，〈十地品〉初解制》[⑩]。《考略》"初"作"即"。

---

① 释读彻撰，王培孙辑注：《王氏辑注南来堂诗集》补编卷 4，第 7~8 页，台湾鼎文书局，1977 年。

② 陈乃乾：《苍雪大师行年考略》，释读彻撰，王培孙辑注《王氏辑注南来堂诗集》，第 22 页，台湾鼎文书局，1977 年。

③ 释读彻撰，王培孙辑注《王氏辑注南来堂诗集》补编卷 3 下，第 23 页。《苍雪大师行年考略》是年引录（第 22~23 页）而不注卷、页，并以此为《诗序》。

④ 陈乃乾：《苍雪大师行年考略》，释读彻撰，王培孙辑注《王氏辑注南来堂诗集》，第 23 页，台湾鼎文书局，1977 年。

⑤ 释读彻撰，王培孙辑注：《王氏辑注南来堂诗集》补编卷 3 下，第 26 页，台湾鼎文书局，1977 年。

⑥ 陈乃乾：《苍雪大师行年考略》，释读彻撰，王培孙辑注《王氏辑注南来堂诗集》，第 23 页，台湾鼎文书局，1977 年。

⑦ 冯其庸、叶君远：《吴梅村年谱》，第 276 页，江苏古籍出版社，1990 年。

⑧ 陈乃乾：《苍雪大师行年考略》，释读彻撰，王培孙辑注《王氏辑注南来堂诗集》，第 23 页，台湾鼎文书局，1977 年。

⑨ 同上。参阅本谱五十四岁年纪事所引《贤首宗乘》本传。

⑩ 释读彻撰，王培孙辑注：《王氏辑注南来堂诗集》补编卷 3 下，第 27 页，台湾鼎文书局，1977 年。

夏五月，休夏宝月庵就医，有诗纪事。①

《甲午五月，休夏宝月庵就医》其二："故国知何处，遗宫遍草莱。……海上烽烟靖，几时奏凯回。"②

王注引《苏州府志》："宝月庵在西北隅梵门桥西，创自宋高宗，时名宝志。……明万历初，僧性斋重建。以庵旁要离墓有池清浅，夜月映渠，因改名宝月。崇祯十年，僧普洁、普经重建。"杨为星注引明末清初徐崧、张大纯《百城烟水》："宝月庵，在梵门桥巷西，万历十四年僧性斋重建，崇祯辛巳普洁增建。顺治甲午，普经开讲三载，嗣弥邵继住。"③

继起年五十，以诗为祝并和《披云颂》。

陈乃乾《考略》："继起五十初度，以诗为祝并和《披云颂》。集又有《灵岩掘石得井志喜》诗、《灵岩得泉》诗、《次继公开池得泉》诗。"④

木陈（继起）至青州。陈百史被劾论死。⑤

按：陈百史被劾论死事，可参阅苍雪《病听歌为百史》诗下王注引《溧阳县志》本传。⑥

南明永历九年、清顺治十二年乙未（1655），六十八岁

过苏州深栖庵，作《乙未过深栖庵赠寒松》诗。

《乙未过深栖庵赠寒松》王注本引陆汾原注："庵去齐女门一箭，道渺若旷海，创于胜国，复兴于渭滨上人，四传而至寒松法友。参宗教兼善丹青，真有志士也。"⑦

木陈（继起）自青州归维扬。

陈乃乾《考略》："木陈六十，时自青州归维扬，集有《祝虎岩山翁六衮，时开

---

① 陈乃乾：《苍雪大师行年考略》，释读彻撰，王培孙辑注《王氏辑注南来堂诗集》，第23页，台湾鼎文书局，1977年。

② 释读彻撰，王培孙辑注：《王氏辑注南来堂诗集》补编卷2，第34页，台湾鼎文书局，1977年。

③ 杨为星：《〈南来堂诗集〉诗注》，第314页，云南人民出版社，2011年。

④ 陈乃乾：《苍雪大师行年考略》，释读彻撰，王培孙辑注《王氏辑注南来堂诗集》，第23页，台湾鼎文书局，1977年。查《王氏辑注南来堂诗集》，其提及诗如下：继起五十初度诗，本集未见；《和灵岩慈受和尚披云颂》，见补编卷4第1页（《再和披云颂》《三和披云颂》，见同卷第3页，《四和披云颂》见同卷第4页）；《灵岩掘石得井志喜》《灵岩得泉》，见补编卷2第31页；《次灵岩继公开池得泉》，见补编卷3下第12页。

⑤ 陈乃乾：《苍雪大师行年考略》，释读彻撰，王培孙辑注《王氏辑注南来堂诗集》，第23页，台湾鼎文书局，1977年。

⑥ 释读彻撰，王培孙辑注：《王氏辑注南来堂诗集》卷1，第7~8页，台湾鼎文书局，1977年。

⑦ 释读彻撰，王培孙辑注：《王氏辑注南来堂诗集》补编卷3下，第30页。《苍雪大师行年考略》是年提及此诗。

枯木堂于维扬》诗、《寄讯（虎岩）山翁自东鲁初归维扬》诗、《寄虎岩山翁和尚》诗。”①

含光演《华严大钞》于华山春、秋二会。②

正月二十二日，徐波（元叹）作《南来堂集题辞》。

题辞云：“贤首自雪浪三传，而得六公。雪山未登讲座而诗独胜，今惟南来老人，岿然称鲁灵光。其孙行敏，掇拾遗文，汇成卷轴，碎金残璧，璀璨陆离，举以示余，不无慨叹其门多士，但风力未遒耳。苟能深致其力，列于作者之林，虽以岁数而出一贤，犹比肩也。时乙未正月二十二日，落木老人徐波识。”③

南明永历十年、清顺治十三年丙申（1656），六十九岁

正月，有邓尉之行，与诸友游并分韵赋诗。

陈乃乾《考略》：“正月，偕继起及张静涵、李灌溪登邓尉山，坐华严阁，分韵赋诗。时春雨连作，梅花盛放。”④

按：弘储有诗《丙申正月，偕苍雪坐邓尉华严阁分韵》⑤。邓尉，山名，在苏州西南三十公里，为赏梅胜地。

三月，应见月之请，讲《楞严》于宝华山。因病未竟，作自解诗十章。⑥

《宝华山〈楞严〉讲期未竟，病中自解》诗序：“岁在丙申，暮春，华山见月师弟以《楞严》讲期见召。使命载至，余以老病辞，不获免，勉起以应。至山中，宾主相见，寸步必假人扶，载拜为难堂头，私念能唱一经题下座，则吾愿足矣。讲至二卷末，惟馀一息奄奄而已。堂头固请，命弟子辈代之，如释重担，一放下，更不复振起。虽然，是役也，何必竟，亦何非竟？若语其竟，未及如是我闻，早已信受奉行；语其未竟，即尘说刹说，炽然无间，终无有竟。噫！斯言固自解，即以解嘲。枕上得诗十章，举似诸方具眼，可共发一笑。”⑦

---

①《苍雪大师行年考略》，释读彻撰，王培孙辑注《王氏辑注南来堂诗集》第 23 页。查《王氏辑注南来堂诗集》，其诗依次见卷 3 下，第 20 页；补编卷 3 下，第 10~11、15 页。

②陈乃乾：《苍雪大师行年考略》，释读彻撰，王培孙辑注《王氏辑注南来堂诗集》，第 23 页，台湾鼎文书局，1977 年。

③释读彻撰，王培孙辑注：《王氏辑注南来堂诗集》附录卷 1，第 2 页，台湾鼎文书局，1977 年。

④陈乃乾：《苍雪大师行年考略》，释读彻撰，王培孙辑注《王氏辑注南来堂诗集》，第 23 页，台湾鼎文书局，1977 年。

⑤释读彻撰，王培孙辑注：《王氏辑注南来堂诗集》附录卷 4，第 6 页，台湾鼎文书局，1977 年。

⑥陈乃乾：《苍雪大师行年考略》，释读彻撰，王培孙辑注《王氏辑注南来堂诗集》，末页，台湾鼎文书局，1977 年。

⑦苍雪：《宝华山〈楞严〉讲期未竟，病中自解》诗序，陈乃乾《苍雪大师行年考略》是年引录（末页）而不注卷、页。苍雪诗序见其所撰、王培孙辑注《王氏辑注南来堂诗集》卷 3 下，第 26 页（台湾鼎文书局，1977 年）。

按：这组诗《云南丛书》本《南来堂诗集》题、序、排列次序与王本颇有不同，可参阅。

忆离滇漫游参拜诸方各师事，作《盘江铁桥》诗。

诗云："自（一作目）望黄尘每慨然，故乡卿相我无缘。眼前见画思鸡足，梦里寻家渡铁莲。苗庶尚潜诸葛洞，儒臣不去小西天。料来难得今生见，先过此桥五十年。"①

按：苍雪十九岁离滇漫游，参拜诸方高师，曾过贵州铁锁桥，今重病之下，思忆当年，故言"先过此桥五十年"。

作《辞世偈》。

偈云："我不修福，不生天上。我不造罪，不堕地下。还来人间，生死不怕。有一宝珠，欲求善价。别开铺面，娑婆世界。"②

闰五月廿二日，叠膝坐化。将圆寂，以衣付智光（见《贤首宗乘》），以山茧袍及诗文集属毛子晋（见《宗统编年》）。③

宝华山见月法师护送骨殖，归葬中峰寺。

钱谦益《中峰苍雪法师塔铭》："示寂宝华，实丙申闰五月廿二日，世寿七十。见律师护龛归葬，塔在中峰寺后二百步。嗣法弟子缘中（经）、字均（怀）、德风（传）、玄道（修）、闻照（觉）、智光（本）、印持（闻）等为上首，而闻具状请予铭。余老归空门，与师结契尤笃。……然则师之铭，非余其谁？"④

陈乃乾《考略》："缘中（普经）、自均（本怀）、德风（书传）、玄道（□修）、文照（寂觉）、智光（德本）、印持（溥闻）。"⑤

吴梅村在京师，作《哭苍雪法师》二首。

自注："苍雪示寂在顺治十三年闰五月二十二日。"其一："忆昔穿云到上方，飞泉夹路笋舆忙。孤松半榻霜颠白，清磬一声山叶黄。得道好穷诗正变，观心难遣世兴亡。汰公塔在今同传，无著天亲共影堂。"其二："说法中峰语句真，沧桑阅尽剩闲身。宗风实处都成教，慧业通来不碍尘。白社老应空世相，青山我自哭诗人。纵教落得江

---

① 释读彻撰，王培孙辑注：《王氏辑注南来堂诗集》卷3下，第21页，台湾鼎文书局，1977年。

② 释读彻撰，王培孙辑注：《王氏辑注南来堂诗集》卷1，第21页，台湾鼎文书局，1977年。

③ 陈乃乾：《苍雪大师行年考略》，释读彻撰，王培孙辑注《王氏辑注南来堂诗集》，末页，台湾鼎文书局，1977年。智光即德本。

④ 钱谦益：《中峰苍雪法师塔铭》，释读彻撰，王培孙辑注《王氏辑注南来堂诗集》附录2，第4页，台湾鼎文书局，1977年。

⑤ 陈乃乾：《苍雪大师行年考略》卷首，释读彻撰，王培孙辑注《王氏辑注南来堂诗集》，末页，台湾鼎文书局，1977年。

南梦，万树梅花孰比邻。”[①]

按：钱谦益《中峰苍雪法师塔铭》载“世寿七十”，与他人所载相差一岁。

岁末，吴梅村获假离京。[②]

南明永历十一年 、清顺治十四年丁酉（1657），逝后一年

二月，吴梅村抵家。[③]

南明永历十二年、清顺治十五年戊戌（1658），逝后二年

吴梅村至昙阳观访文祖尧，得读苍雪旧日手迹，感而赋诗。[④]

按：吴梅村此诗为古风，题为《昙阳观访文学博介石，兼读苍雪师旧迹有感》[⑤]。

三月，钱谦益作《南来堂集题辞》。

题辞云：“苍老之孙行敏掇拾其遗文，顶礼悲泣，乞余一言，以流通于世。……余谓苍老……应世酬物，取次点染之文，如龙之片甲，如鸿之一爪，固不足以为有无，而人亦不必比量其工拙也。行敏思表著乃祖绪言，如此笃挚，而落木居士又为评定其什，一顺其意而流通，亦无不可者。……时戊戌季春，虞山俗衲蒙叟钱谦益敬书。”[⑥]

南明永历十四年、清顺治十七年庚子（1660），逝后四年

吴梅村礼苍雪塔，作诗《过中峰礼苍公塔》。

其一：“下马支公塔，经声万壑松。影留吟处石，智出定时钟。尚记山中约，谁传海外逢。平生诗力健，翘足在何峰。”其二：“明月心常湛，寒泉性不枯。鸟啼香积散，花落影堂孤。道在宁来去，名高定有无。凄凉看笔冢，遗墨满江湖。”其三：“慧业谁能继，宗风绝可哀。昔时存马蹄，近代薄诗才。鹿走谭经苑，鸦飞说法台。空悬竹如意，落日讲堂开。”其四：“故国流沙近，黄金窣堵坡。胡僧眉拄地，梵夹口悬河。

---

① 吴伟业：《吴梅村先生编年诗集》卷 7，第 20 页，程穆衡原笺、杨学沆补注，太昆先哲遗书之一，俞世德堂己巳（1929）校印。

② 冯其庸、叶君远：《吴梅村年谱》，第 338 页，江苏古籍出版社，1990 年。

③ 同上书，第 357 页。

④ 同上书，第 368、375 页。

⑤ 吴伟业：《吴梅村先生编年诗集》卷 9，第 1 页，程穆衡原笺、杨学沆补注，太昆先哲遗书之一，俞世德堂己巳（1929）校印。

⑥ 释读彻撰，王培孙辑注：《王氏辑注南来堂诗集》附录卷 1，第 2~3 页，台湾鼎文书局，1977 年。

传法青莲涌，还家白马驮。他年乘愿到，应认旧山河。”[①]

按：据《吴梅村年谱》，苍雪逝后，吴梅村唯有是年八月到过苏州[②]，其过中峰，当在是时。据《吴梅村先生编年诗集》，此诗在卷九，为“丁酉还家后至吴郡之作”[③]。

（孙秋克）

---

① 吴伟业：《吴梅村先生编年诗集》卷 9，第 11 页，程穆衡原笺、杨学沆补注，太昆先哲遗书之一，俞世德堂己巳（1929）校印。

② 冯其庸、叶君远：《吴梅村年谱》，第 357 页，江苏古籍出版社，1990 年。

③ 吴伟业：《吴梅村先生编年诗集》卷 9，第 1 页，程穆衡原笺、杨学沆补注，太昆先哲遗书之一，俞世德堂己巳（1929）校印。

文祖尧年谱（1589~1661）

综论

明清之际的云南文学家与江南结下了不解之缘。作为呈贡同乡、遗民诗人，儒学名师文祖尧和佛学大师苍雪，都曾在江南大地上留下了鲜明的足迹。

文祖尧，字心传，号介石，晚年自号日月外史。“日月者，明也”①，这一名号，表现了诗人对故朝的拳拳深情。文祖尧以拔贡授四川名山县（今属雅安）训导，在任期间其地士风大变，他被选调为太仓州（今属江苏苏州）学正后，太仓人才、理学兴盛，人们争相延其为儒师，世称滇南先生。鼎革之际，文祖尧与当地名流吴梅村（伟业）、陆世仪（桴亭）、陈瑚（确庵）等互相推崇，共同讲学研讨，致力于儒学振兴，教导诸生秉持正义，坚守节操。在太仓的19年间，文祖尧数次谋归故乡而未果，直到1661年才得以启程，吴梅村等以诗文赠行。是年八月，他来到湖广桃源（今属湖南常德），在归舟中闻缅变（永历帝被执），绝食而死，时年73岁。太仓诸生闻死讯，改其旧居昙阳庵为思贤庐祀之，私谥贞道先生。

在漫长的一生中，文祖尧不曾博得高官轩冕，但自有其骄人建树，美名传扬于三吴。作为儒学教官，他以道德高尚，学问渊博，推崇实学，振兴人才，获得了太仓诸生、名流的一致推崇；作为诗人，他以饱含真情，心系天下，胸襟高远，风格独特的诗作，获得了娄东诗派诸多诗人的一致赞扬。在人格、教育、理学、诗歌方面，文祖尧取得的成就光耀江南和云南。谁能说这样的人生不够精彩？

文祖尧与明末清初著名的娄东诗派（又称太仓诗派、梅村诗派）关系不浅，诗派领袖吴梅村看重他，诗派重要诗人陆世仪、陈瑚与之交往密切，陆翼王、黄翼圣、郁法、王抃等与他交好。太仓派诗人与文祖尧交往的基础是意气相投，他们中除少数人入清后曾出仕新朝外，绝大多数在明亡后避地隐居。文祖尧坚执信念，忠于先朝，在精神上与娄东派有一致性。黄翼圣的赠行诗《文介石广文隐居城南僧舍十载，于兹近谋还滇，

---

① 袁嘉谷：《滇绎》，李春龙、刘景毛《正续云南备征志精选点校》，第723页，云南民族出版社，2000年。

口占赠行》（其一），揭示了文祖尧这一精神境界的实质：“自古恩深责亦深，更谁清夜细追寻。官阶最是青毡冷，十载犹悬故主恩。”[①] 当时有许多明王朝的大官僚屈节仕清，而官职不入流的文祖尧，却永葆对故朝的忠诚，这是他与太仓派大多数诗人共鸣的基础，也是其诗歌所表现的主要情怀。

明清鼎革前，文祖尧的诗歌多吟咏仕途之落寞，人生之失意。如作于崇祯十六年（1643）入京调选时的《京邸书愁》[②]《补任偶成》[③]。甲申之变后，诗人痛感山河依旧而时事日非，却依然不改初衷，吟道：“故园飘零事已违，门庭虽是主人非。”（《感时》）[④] “人事忽惊新岁月，梦魂犹认旧山河。”（《丙戌元旦》）[⑤] 在历史的巨大变动中，明亡之痛，极为自然地代替了个人穷愁失意的抒发。《悲歌七首·诗序》揭示了诗人痛苦的渊薮，实为悲世而非悲己。“上以悲烈皇生不逢辰，下以慨当事罔克尽职，自身之流离，不暇计也”。[⑥] 身为一介寒儒，心系天下兴亡，《焚冠》《庚寅除夕》《丁亥元旦》《壬辰元旦》[⑦] 等明亡后的诗作，从不同角度书写出诗人时而感慨愤激，时而沉郁悲凉的心声，强烈地表现了遗民独特的情怀。同时，漂泊异乡的漫长岁月，浸透了诗人的乡愁，在其诗中可谓一触即发，随心而生：“独报莼鲈舆，思归未有年。”（《秋郊夕眺》）[⑧] “愁心煨炉炭，相对欲成灰。”（《辛卯除夕》）[⑨] 诗歌也抒发了漂泊岁月郁积于内心的痛苦：江南风物虽美，难解故土之思；现实使人心欲成灰，乡愁依然萦绕心头。国已亡，家万里，此情何堪？张登瀛以“直可以续《离骚》而近《国风》《小雅》”[⑩] 概括文祖尧的诗歌格调，张履程则赞其诗风“凄清绵渺，寄慨遥深”[⑪]。清代“二张”的评论，表现了传统的审美观。但具有历史感的诗人，通常也是时代的歌手，

---

① 汪学金：《娄东诗派》卷8，清嘉庆九年（1804年）诗志斋刻本。

② 文祖尧：《明阳山房遗集·遗诗》，赵藩辑《呈贡文氏三遗集合钞》，影印《云南丛书》，第22册，第11867页，中华书局，2009年。

③ 同上书，第11865页。

④ 文祖尧：《明阳山房遗集·遗诗·感时》，赵藩辑《呈贡文氏三遗集合钞》，影印《云南丛书》，第22册，第11874页，中华书局，2009年。

⑤ 文祖尧：《明阳山房遗集·遗诗》，赵藩辑《呈贡文氏三遗集合钞》，影印《云南丛书》，第22册，第11867页，中华书局，2009年。

⑥ 同上书，第11865页。

⑦ 同上书，第11866~11868页。

⑧ 同上书，第11865页。

⑨ 同上书，第11865~11866页。

⑩ 张登瀛：《滇南诗略介石先生诗跋语》，赵藩辑《呈贡文氏三遗集合钞》，第11859页，中华书局，2009年。

⑪《新纂云南通志》卷74《艺文考四》，第4册，第323页，云南人民出版社，2007年。

遗民色彩鲜明，气韵才情高远，抒情顿挫有致，用语平易自然，才是文祖尧诗歌的基本艺术特点。

文氏一门不仅气节高尚，亦以科举、文学名家，影响甚为深远。文祖尧是明代云南遗民中的重要作家，他同时也是贡士；其长子俊德是生员，其孙化远是举人，他们同时也是诗人。文祖尧的另外四个孙子亦为贡生或廪生，文氏“自曾、玄以下，皆能以文学世其家”[①]。在《云南丛书》之《文氏三遗集合钞》中，有文祖尧的《明阳山房遗集》和其子文俊德的《醉禅草》、其孙文化远的《晚春堂诗集》，文氏三代诗人的这一合集，从家族文学这一层面，显示了由明入清，云南文学一脉相传，不断发展的面貌。

文祖尧一生的著述，《光绪呈贡县志》本传云：“有《离忧集》《岁会讲义》诸书行世”。[②]赵藩《文介石先生父子遗诗序》说：“先生所著书曰《儒学日程讲义》四十卷、《春秋析疑》二卷、《周易阐微》四卷、《南都纪闻》二卷，俱未梓而佚。惟《明阳山房诗文》六卷、《离忧集》三卷已刊行，乾隆中抽毁违碍书籍，仍付劫烬。今此二卷之存，已历二百余年，得逃于鼠蠹兵火之厄。”[③]这两个记载，均误将《离忧集》当作文祖尧的作品，其实这是太仓陈瑚编辑的一部当时太仓遗民诗歌选集，在入选的 21 名诗人中，文祖尧位列第一（请参阅本谱七十岁纪事）。《新纂云南通志》载文祖尧有《阳明山房遗诗》一卷，是书初为其孙文化远所辑，十一世孙文大章移抄副本，并奉其遗像暨娄东人士赠行的诗文卷子、顾士琏《思贤庐记》、王晟祭文交付云南剑川赵藩，赵藩附录其交游所赠篇什，汇为二卷，并为之序于集前[④]。《呈贡文氏三遗集合钞》本《明阳山房遗集》有遗诗、遗文各一卷，附录载其弟子和交游所作《万里赠行卷》《交游赠挽诗文》。《滇南诗略》录文祖尧诗 44 首，《滇南诗选》录 5 首。以上即文祖尧著述被抽毁后存世的情况。

文祖尧的单篇传记现存相对完整者，是陈瑚辑《离忧集》中的《滇南先生》和置于《文氏三遗集合钞》卷首的秦光玉《文介石先生传》。笔者撰写的《文祖尧创作行实系年》[⑤]，为学界首次对文祖尧的生平事迹进行编年整理，但由于披阅文献有限，

---

① 秦光玉：《文介石先生传》，赵藩辑《呈贡文氏三遗集合钞》，影印《云南丛书》，第 22 册，第 11860 页，中华书局，2009 年。

② 朱若功原本、李明续修、李蔚文等续纂：《光绪呈贡县志》卷 2《乡贤》，《中国地方志集成》本《云南府县志辑》，第 3 册，第 58 页，凤凰出版社，2009 年。

③ 赵藩：《文介石先生父子遗诗序》，赵藩辑《呈贡文氏三遗集合钞》，影印《云南丛书》，第 22 册，第 11858 页，中华书局，2009 年。

④《新纂云南通志》卷 74《艺文考四》，第 4 册，第 323 页，云南人民出版社，2007 年。

⑤ 孙秋克：《明代云南文学研究》，云南人民出版社，2010 年。

是编多见事系事，纪年载事多疏漏，亦有不够稳妥处。编撰本谱，意在以年谱编年纪事这一更为详密的形式，形成占有文献尽可能全面，梳理事迹尽可能翔实，纪事尽可能稳妥可信，文学创作层面更为鲜明的新编，以期对文祖尧的生平和创作、文祖尧与太仓人文的关系、明代云南遗民文学的研究有所推进。

年谱

明神宗朱翊钧万历十七年己丑（1589），一岁

生于云南呈贡县(今昆明市呈贡区)。名祖尧，字心传，号介石，晚号日月外史。宋文信国公后裔，其先籍隶江西吉水。洪武时，远祖文龙随沐英率师入滇，以军功授武威将军职，世居晋宁。成化时六传至曾祖浩，弃武从文，始迁呈贡。祖绣，父国华。三代均为儒官。[①]

按：另说文氏“其先故吴郡（今属江苏苏州）信国公之后”[②]。又，袁嘉谷《滇绎》：“自号日月外史，日月者，明也。”[③]

国华生子二：长绍尧，贡生，官至江西吉安府教授，次祖尧。祖尧生子三：长子名俊德，字士宾，一字秋水，生员；次子名成德，字士彦；季子或名若孙。

秦光玉《文介石先生传》：“长俊德，明季诸生，敦品喜施，乡里善人。流寇之屠呈贡也，其猷戒勿扰文善人家，家以获全。仰承先志，隐居不出，吴三桂招之，力辞以免。著有《馀生随咏》《醉禅草》。”[④]

按：次子成德，字士彦[⑤]。祖尧或有子三人，太仓龚日焜《送介翁老师归滇序》载吴郡黄孝子（名向坚，字端木）去云南寻亲，带回祖尧家书，有“维时先生之子若孙，访孝子询先生起居……孝子服命于先生，如见其子若孙之趋跄慰劳焉”之语（请参阅

---

① 秦光玉：《文介石先生传》，赵藩辑《呈贡文氏三遗集合钞》，影印《云南丛书》，第22册，第11860页，中华书局，2009年。

② 陈瑚辑：《离忧集》卷上《滇南先生》，《丛书集成三编》，第43册，第57页，台湾新文丰出版公司，1996年。

③ 李春龙、刘景毛：《正续云南备征志精选点校》，第723页，云南民族出版社，2000年。

④ 秦光玉：《文介石先生传》，赵藩辑《呈贡文氏三遗集合钞》，影印《云南丛书》，第22册，第11860页，中华书局，2009年。

⑤ 陈瑚辑：《离忧集》卷上《滇南先生》，《丛书集成三编》，第43册，第57页，台湾新文丰出版公司，1996年。

本谱六十五岁纪事）[①]，录以备考。

有孙五人。出于俊德者二：化兴，贡生；化远，举人。出于成德者三：化熙、化孚、化周，皆为廪生。

陆世仪《送文介石先生归滇序》：“先生向有二子三孙，二子向固大成立，诸孙近亦二为诸生，已复得幼孙二人，则先生出门后所举也，年已十四五。家书即十五幼孙所录，字画楚楚有致，娄人士皆传观。于是，一郡之内凡知先生者，莫不为先生引手加额。”[②]

秦光玉《文介石先生传》：“化兴，贡生。化远，举人，官湖南溆浦县，著有《晚春堂诗》八卷。均俊德出。化熙、化孚、化周，廪生，均成德出。自曾、玄以下，皆能以文学世其家，亦足见先生厚德之报云。”[③]

陆世仪（1611~1672），字道威，太仓人。少从刘宗周讲学，归而凿池十亩，筑亭其中，谢绝宾客，自号桴亭。与同里陈瑚、盛敬、江士韶相约为迁善改过之学。同治十一年（1872）从祀文庙。有《陆桴亭先生遗书》传世。[④]

万历三十一年癸卯（1603），十五岁

幼时才智出众，沉默寡言。年少时双目生翳，仍精思达旦，其文超越同辈，令人惊异。

陈瑚《离忧集·滇南先生》：“先生幼岐嶷，寡言笑。年十四五，目眚，不能夜读，乃息火偃卧，精思达旦。不数日，文大进，度越同辈，其师及父母皆惊异之。”[⑤]

---

① 文祖尧：《明阳山房遗集·附万里赠行》，赵藩辑《呈贡文氏三遗集合钞》，影印《云南丛书》，第22册，第11882页，中华书局，2009年。

② 同上书，第11878页。

③ 秦光玉：《文介石先生传》，赵藩辑《呈贡文氏三遗集合钞》，影印《云南丛书》，第22册，第11860页，中华书局，2009年。

④ 黄之隽等编纂：《江南通志》卷163，《景印文渊阁四库全书》，第511册，第696~697页，台湾商务印书馆，1986年。

⑤ 陈瑚辑：《离忧集》卷上《滇南先生》，《丛书集成三编》，第43册，第57页，台湾新文丰出版公司，1996年。

万历三十四年丙午（1606），十八岁

苍雪十九岁，离鸡足山前往江南访师求法。[①]

万历三十六年戊申（1608），二十岁

学业更加出色，享有声誉。

陈瑚《离忧集·滇南先生》："弱冠，学益成，有声。"[②]

万历三十七年乙酉（1609），二十一岁

太仓（今属江苏苏州）吴梅村（伟业）出生。[③]

长子俊德出生。

文俊德《甲寅（1674）自寿》其二："儿孙莫讶头如雪，耳顺于今又四年。"[④]

万历三十九年辛亥（1611），二十三岁

太仓陆世仪出生。[⑤]

万历四十一年癸丑（1613），二十五岁

太仓陈瑚出生。

陈瑚（1613~1675）：字夏言，号确安，门人私谥安道先生。有《确庵文稿》传世。传见王吉武《安道先生小传》[⑥]。

昆山（今属江苏）归庄出生。

归庄（1613~1673），字玄恭，入清后改名祚明，明末清初书画家、文学家，明代散文家归有光的曾孙，与陈瑚等交游。有《归玄恭文钞》《归玄恭遗著》传世。《归

---

① 陈乃乾：《苍雪大师行年考略》，释读彻撰，王培孙辑注《王氏辑注南来堂诗集》，杨家骆主编《中国学术类编》，第 2 页，台湾鼎文书局，1977 年。

② 陈瑚辑：《离忧集》卷上《滇南先生》，《丛书集成三编》，第 43 册，第 57 页，台湾新文丰出版公司，1996 年。

③ 吴伟业：《梅村家藏稿》，顾师轼撰《梅村先生年谱》卷 1，《续修四库全书》，第 1396 册，第 319 页，上海古籍出版社，2002 年。

④ 文俊德：《醉禅草》，赵藩辑《呈贡文氏三遗集合钞》，影印《云南丛书》，第 22 册，第 11893 页，中华书局，2009 年。

⑤ 陆世仪：《桴亭先生集外文·附录》，王保谌《先儒陆子从祀文庙录》，民国十六年刻本。

⑥ 陈瑚：《确庵文稿》，《四库禁毁书丛刊》，第 184 册，第 204 页，北京出版社，2000 年。

玄恭遗著·事略》载其生平事迹①。

明熹宗朱由校天启元年辛酉（1621），三十三岁

屡试皆落榜，入京选贡。出云南，经贵州盘江铁索桥，作《过盘江小葛第三桥》《过葛镜桥有感》。以贡士授四川名山县（今属雅安）训导。

陈瑚《离忧集·滇南先生》："累试，不得志，以贡士授名山训导。"②

秦光玉《文介石先生传》："天启辛酉选贡，任四川名山县训导。"③

《过盘江小葛第三桥》自注："俗名铁索桥。"《过葛镜桥有感》小引："黔水之险，盘江为甚。"④

任名山训导时德行高尚，教学有方，刊《进修日程》颁布诸生，一时风气，为之大变。

《进修日程引》自注："名山任内作。"⑤

陈瑚《离忧集·滇南先生》："名山故边地，士鲜知学，先生日讨古训而申明之。"⑥

《滇南诗略》本传："初任四川名山县训导，刊《进修日程》，以古道训士，士习为之丕变。"⑦

按：《光绪呈贡县志》误载祖尧"以天启辛酉选贡，任江南太仓州学正"，但纪其德行可采："德性冲和，操履严正，事事以圣贤为法，挹其言论丰采，如坐春风，令人自化。"⑧

---

① 归庄：《归玄恭遗著》，《续修四库全书》，第1401册，第574页，上海古籍出版社，2002年。

② 陈瑚辑：《离忧集》卷上《滇南先生》，《丛书集成三编》，第43册，第57页，台湾新文丰出版公司，1996年。

③ 秦光玉：《文介石先生传》，赵藩辑《呈贡文氏三遗集合钞》，第11860页。

④ 文祖尧：《明阳山房遗集·遗诗》，赵藩辑《呈贡文氏三遗集合钞》，影印《云南丛书》，第22册，第11866页，中华书局，2009年。

⑤ 文祖尧：《明阳山房遗集·遗文》，赵藩辑《呈贡文氏三遗集合钞》，影印《云南丛书》，第22册，第11866页，中华书局，2009年。

⑥ 陈瑚辑：《离忧集》卷上《滇南先生》，《丛书集成三编》，第43册，第57页，台湾新文丰出版公司，1996年。

⑦ 袁文典、袁文揆辑：《滇南诗略》卷10，影印《云南丛书》，第36册，第18558页，中华书局，2009年。

⑧ 朱若功原本、李明续修、李蔚文等续纂：《光绪呈贡县志》卷2《乡贤》，《中国地方志集成》本《云南府县志辑》，第3册，第58页，凤凰出版社，2009年。

明思宗朱由检崇祯四年辛未（1631），四十三岁

吴梅村以会试第一、殿试一甲第二名进士及第。①

崇祯六年癸酉（1633），四十五岁

长孙文化兴出生。

文化远《甲戌九月念八日，适家兄六旬，不能称觞致祝，敬述长词，望乡百顿，非但写诚，兼以赎罪也》：“今年兄六十，甲子一周准。”②

按：据此则化兴康熙三十三年（1694）六十周岁，当为今年出生。

崇祯十五年壬午（1642），五十四岁

陈翊举于乡。③

崇祯十六年癸未（1643），五十五岁

长年仕途困顿，以计谐入太学，作《京邸书愁》。补太仓州学正，作《补任偶成》。

吴梅村《文先生六十序》：“滇南文先生以计谐入太学，崇祯十六年，天子命为娄人师。”④

《京邸书愁》：“困守长安迹似萍，壮颜无复旧时形。冯生有铗弹何处，韩子多愁送不灵。客馆萧条头自白，人情翻覆眼谁青。几回欲上江南道，多少艰危把辙停。”⑤

《补任偶成》：“年已逾服政，官仍调广文。峥嵘志不就，慷慨意徒殷。士节知能励，民生愧未分。壮怀无地展，何以报明君。”⑥

---

① 吴伟业：《梅村家藏稿·梅村先生年谱》卷1，《续修四库全书》，第1396册，第320页，上海古籍出版社，2002年。请参阅本书《苍雪年谱》同年纪事。

② 文化远：《晚春堂集》，赵藩辑《呈贡文氏三遗集合钞》，影印《云南丛书》，第22册，第11904页，中华书局，2009年。

③ 陈翊：《确庵文稿》，王吉武《贞道先生小传》，《四库禁毁书丛刊》，第184册，第204页，北京出版社，2000年。

④ 吴伟业：《梅村家藏稿》卷36《文集》，顾师轼撰《梅村先生年谱》卷1，《续修四库全书》，第1396册，第210页，上海古籍出版社，2002年。

⑤ 文祖尧：《明阳山房遗集·遗诗》，赵藩辑《呈贡文氏三遗集合钞》，影印《云南丛书》，第22册，第11867页，中华书局，2009年。

⑥ 同上书，第11865页。

陈瑚《离忧集·滇南先生》："崇祯癸未，迁太仓州学正。"[①]

按：文祖尧于辛酉年（1621）任四川名山县训导，不详其何时离任。"服政"，五十岁的别称。祝允明《大游赋》："贱将五十而服政兮，怃往日之藏修。"[②]"广文"，唐代天宝九年（750）在国子监置广文馆，设博士、助教职，杜甫《醉时歌》云"诸公衮衮登台省，广文先生官独冷。甲第纷纷厌粱肉，广文先生饭不足。"[③]明清时期，"广文"用作学政的别称。

任太仓州学政。敦本尚实，颁示《儒学日程》，对诸生严加督课；捐学俸以修缮文庙、整治祭器；每日令诸生书功过，每月朔望考勤惰，对诸生或奖掖之，或屏退之。太仓人才、理学一时兴起，远近闻其贤名。

《儒学日程引》自注："太仓任内作。"[④]

陈瑚《离忧集·滇南先生》："时纲纪废，师道坏，学宫颓圮，祀典荒芜。师弟子相视，非仇雠则路人。先生至，扫文庙、修尊经阁、整祭器，躬自拮据，不惮劳瘁，其脯贽有无，不问也，娄人士大感动。乃颁诸生《儒学日程》，书善过，月朔集明伦堂考其进退，谆谆以古先圣贤之道相劝勉。一时翕然，以为孙胡复出。"[⑤]

吴梅村《文先生六十序》："娄之人不知师道二十年于兹矣，自先生至，教以君臣父子之礼，尧舜、周公、孔子之道，董其怠情，诫其凌谇，以期于有成。于是，远近称先生乡大夫之贤者。"[⑥]

顾钘《送介石先生还滇序》："吾吴科名、艺文素甲天下，而理学一线，时绝时续。……无何，天之作合，德邻遥集，滇南文夫子以最考优擢，来典教事，莅泮之日，即迪多士。"[⑦]

《光绪呈贡县志》本传："癸未，司铎娄东……娄固吴中文薮，其文行兼优者，

---

① 陈瑚辑：《离忧集》卷上《滇南先生》，《丛书集成三编》，第43册，第57页，台湾新文丰出版公司，1996年。
② 黄宗羲编：《明文海》卷26，《景印文渊阁四库全书》，第1453册，第202页，台湾商务印书馆，1986年。
③ 杜甫：《杜工部集》卷1，钱谦益笺注，《续修四库全书》，第1308册，第49页，上海古籍出版社，2002年。
④ 文祖尧：《儒学日程引》，赵藩辑《呈贡文氏三遗集合钞》本之《明阳山房遗集·遗文》，影印《云南丛书》，第22册，第11877页，中华书局，2009年。
⑤ 陈瑚辑：《离忧集》卷上《滇南先生》，《丛书集成三编》，第43册，第57页，台湾新文丰出版公司，1996年。
⑥ 吴伟业：《梅村家藏稿》卷36《文集》，《续修四库全书》，第1396册，第210页，上海古籍出版社，2002年。
⑦ 文祖尧：《明阳山房遗集·附万里赠行》，赵藩辑《呈贡文氏三遗集合钞》，影印《云南丛书》，第22册，第11880~11881页，中华书局，2009年。

公之教也。”①

秦光玉《文介石先生传》：“及至太仓……以经籍为依归，以伦理为鹄的，俾日记善过，月朔考其进退，躬行以率之。每有辩论，则纲振条晰，发微诣极，冰解的破。一时，娄东人士，奋然兴起，咸谓安定复生。”②

戏题官舍为“饭足窝”，作诗《饭足窝》并书为座右铭，又作五言古诗《饭足窝解嘲》。

《饭足窝》：“广文虽贫仕，素飡实可羞。谁云饭不足，我惧食犹浮。”自注：“癸未冬，余承乏太仓广文，戏题官舍曰‘饭足窝’，因书此于座右。”③

《饭足窝解嘲》：“广文饭不足，斯言何自始？感叹冷局中，季女饥堪比。我名广文斋，反以饭足喜。……忠不足为臣，孝不足为子。见过不足更，闻义不足徙。仕不足达道，学不足穷理。德业方古人，不足与齐轨。事功对时贤，不足与媲美。风教不足培，流俗不足砥。分内无一足，自反欲愧死。白首空茫茫，只足鑽故纸。若将与饭较，饭足已多矣。况予知足心，不仅一饭止。……贫贱自足安，富贵奚足拟。……求足无足时，知足自足尔。……澹泊足生平，足外皆敝屣。身后付儿孙，足不足在彼。……何日额足期，不足至没齿。”④

俊德次子化远出生。

赵藩《晚春堂诗》序：“以诗中出处岁月考之，先生盖生于明崇祯癸未。清康熙五年丙午（1666）举乡荐，时年二十四岁。又六年壬子（1672），曾权湖南溆浦县事，未几解去，返滇。”⑤

按：文化远《壬申元旦》云：“浩叹吾生速，今年五十人。”⑥此诗当作于康熙三十一年（1592）。

---

① 朱若功原本、李明续修、李蔚文等续纂：《光绪呈贡县志》卷2《乡贤》，《中国地方志集成》本《云南府县志辑》，第3册，第58页，凤凰出版社，2009年。

② 秦光玉：《文介石先生传》，赵藩辑《呈贡文氏三遗集合钞》，影印《云南丛书》，第22册，第11860页，中华书局，2009年。

③ 文祖尧：《明阳山房遗集·遗诗》，赵藩辑《呈贡文氏三遗集合钞》，影印《云南丛书》，第22册，第11872页，中华书局，2009年。

④ 同上书，第22册，第11863页。

⑤ 文化远：《晚春堂集》卷首，赵藩辑《呈贡文氏三遗集合钞》，影印《云南丛书》，第22册，第11899页，中华书局，2009年。

⑥ 文化远：《晚春堂集》卷4，赵藩辑《呈贡文氏三遗集合钞》，影印《云南丛书》，第22册，第11925页，中华书局，2009年。

崇祯十七年、南明安宗朱由崧即位、清世祖福临顺治元年甲申（1644），五十六岁

结识正在太仓海印庵说法的苍雪。

吴梅村《送文学博以苍公招同住中峰寺》原注："先是，苍公讲法于娄之海印庵，先生以同里而异术竖义相论难，知之最深。"①

四月，李自成入京，崇祯帝自缢于煤山（今北京景山），明亡。五月，吴三桂引清军入关，福王朱由崧立于南京，是为南明之始。祖尧教导诸生以忠孝大义为先，令听者动容。

顾士琏《送介石先生归滇序》："甲申变作，先生训士，必先之以忠孝大义，听者感动。"②

按：《光绪呈贡县志》本传载："甲申之变，公弃官隐萧寺，日以讲学为事。三吴士大夫，得延致一饭为幸。"③然隐萧寺在明年，讲学在后年，详本谱下文纪事。

南明安宗朱由崧弘光元年、南明绍宗朱聿键隆武元年、清顺治二年乙酉（1645），五十七岁

因国变，弃太仓州学正职，作《焚冠》诗。

诗云："纱帽风霜历几时，庄严当日汉官仪。一朝倒置谁知惜，几处欢弹我自悲。懒挂东都同俗变，化为清气与云随。从兹烈烈冲霄去，涂炭休教得浼之。"④

按：弃官事，参见下文所引秦光玉《文介石先生传》。

作《挽节烈郭孺人》诗。

诗云："仗义思蹈海，古来只两人。鲁连前在赵，不肯帝强嬴。胡铨后在宋，独赧作金臣。彼固天下士，烈行宜铮铮。不谓闺阁里，又见郭细君。大江既失险，神州半陆沉。寸衷甚感愤，偕夫问水滨。海水渊且洁，适契冰雪心。携女同濯魄，勖夫侍老亲。香魂既已渺，艳质复难寻。问伊何为者，良亦有深情。哀此江南地，洁净无尺存。宁葬江鱼腹，不乐鸟兽群。所以既死骨，犹畏浊流侵。烟波浩无际，与之俱杳冥。

① 吴伟业：《吴梅村先生编年诗集》卷5，第1页，程穆衡原笺、杨学沆补注，太昆先哲遗书之一，俞世德堂己巳（1929）校印。请参阅本书《苍雪年谱》同年纪事。

② 文祖尧：《明阳山房遗集·附交游赠挽诗文》，赵藩辑《呈贡文氏三遗集合钞》，影印《云南丛书》，第22册，第11883页，中华书局，2009年。

③ 朱若功原本、李明续修、李蔚文等续纂：《光绪呈贡县志》卷2《乡贤》，《中国地方志集成》本《云南府县志辑》，第3册，第58页，凤凰出版社，2009年。

④ 文祖尧：《明阳山房遗集·遗诗》，赵藩辑《呈贡文氏三遗集合钞》，影印《云南丛书》，第22册，第11867页，中华书局，2009年。

悠悠千古志，茫茫谁与伦！”[①]

按:《滇南诗略》小传云:“甲申国变后，人情汹汹，孺人郭氏，仓卒携女赴水死。”[②]《滇系》卷六《人物》所载同[③]。笔者旧作曾认同此说，今修改如下：祖尧此诗将郭儒人与古代著名义士相比，既云“不谓闺阁里，又见郭细君”，又云郭氏“寸衷甚感愤，偕夫至水滨”，而后携女投水，且投水前“勖夫侍老亲”。观其诗本事，显然是妻女投水，丈夫送之。按常情常理，此事很难理解，但非常时期自有非常之事。本年下文纪苍雪《赠广文文介石乡友》云，祖尧“僮仆十年连性命，妻儿万里隔遐荒”，祖尧《壬辰元旦》诗云“万里家何处，惟馀一仆亲”（详本谱六十四岁纪事），又有吴郡黄孝子去云南寻亲，为祖尧带回家书事（详本谱六十五岁纪事），皆可印证这位郭儒人实与祖尧无关。秦光玉《文介石先生传》载，祖尧“与段孺人合葬于呈贡黄土坡”，其注云“按《文氏宗谱》，先生配系段氏，未赴任，先先生卒，至是合葬焉。《滇系》《滇诗略》谓国变后，孺人郭氏仓卒偕女赴水死者，误”[④]，秦氏所言是。文祖尧此诗之比事、感叹、议论、描写、抒情，都带有旁观意味，当为其在江南的纪实感怀之作。至于《饭足窝解嘲》云“感叹冷局中，季女饥堪比”，其意发挥于杜甫《醉时歌》(二诗见本谱五十五岁纪事)，即此“季女”非祖尧之女，而是泛指青春少女。季女的这一含义，《诗经·小雅·车辖》已有之。

应苍雪之邀而遁迹中峰寺，吴梅村等名士有诗送之。

秦光玉《文介石先生传》：“甲申，国变。乙酉，南都继陷。弃官，从里人释读彻遁迹中峰寺。”[⑤]

苍雪《寄娄东文广文》：“抛却宫墙饭足窝，寄居萧寺苦头陀。西山久待何来晚，一片青毡占几多。”[⑥]

陆世仪《送文介石先生入中峰》：“底事伤心万念隳，漫从兰若寄栖迟。乾坤有限无穷恨，身世须臾不尽悲。千里音书孤枕梦，六时功课一编诗。放舟日暮山风急，

---

① 文祖尧：《明阳山房遗集·遗诗》，赵藩辑《呈贡文氏三遗集合钞》，影印《云南丛书》，第22册，第11862~11863页，中华书局，2009年。

② 袁文典、袁文揆辑：《滇南诗略》卷10，影印《云南丛书》，第36册，第18558页，中华书局，2009年。

③ 师范：《滇系》，影印《云南丛书》，第10册，第4952页，中华书局，2009年。

④ 秦光玉：《文介石先生传》，赵藩辑《呈贡文氏三遗集合钞》，影印《云南丛书》，第22册，第11860页，中华书局，2009年。

⑤ 同上。

⑥ 释读彻撰，王培孙辑注《王氏辑注南来堂诗集》卷4，第12~13页，台湾鼎文书局，1977年。西山，指支硎山。

松柏滩头读楚词。”[①]

吴梅村《送文学博以苍公招同住中峰寺》：“西风驱雁暮云哀，头白冲寒到讲台。莫问间关应路断，偶传消息又兵来。一峰对雪茅庵在，二老论心石壁开。探取梅花枝上信，明年移向故园栽。”[②]

按：观梅村诗，祖尧在国变后一直关心道路通否，曾拟次年归滇。与下文其在中峰寺所作诗相印证，可见其内心欲归乡而路断的痛苦。又，梅村诗此卷所括创作年代为“起壬辰（1652），尽癸巳（1653）秋未赴召以前”，则此诗编入年代疑误，与原注所引陈瑚《贞道先生祠堂记》载文祖尧“乙酉，弃官侨居僧舍”[③]亦不合。

在中峰寺依苍雪，作《登中峰楼》《中峰次苍法师法会元韵》诗。

《登中峰楼》：“举目添乡思，凭栏动客愁。寸心关不住，早共白云浮。”[④]

《中峰次苍法师法会元韵》：“纷纷戎马遍中华，漫说风云及鸟蛇。偶值横流沉苦海，须知救劫有昙花。望洋嗟叹终非岸，回首皈依便是家。曾记给孤留盛事，黄金布地等泥沙。”[⑤]

闰五月，娄东人士迎之还，居昙阳庵，自号日月外史，着僧服，以青乌术为生。作《寓昙阳庵》诗。屡谋归滇，未能成行。

《寓昙阳庵》：“避地移来到上方，洒然脱却是非场。竹篱曲曲喧俱寂，庭树深深暑亦凉。门外风尘虽扰攘，山中日月自舒长。逢人莫道沧桑事，底事从来未易量。”[⑥]

陈瑚《离忧集·滇南先生》：“国变，弃官屏居萧寺，自号日月外史。精于奇门六壬诸书，间以青乌术自给，娄人士愈益敬慕，无少长男女，智贤不肖，皆知滇南先生为今之圣人，得延至一饭为幸，先生亦不固却也。性坦率，与物无忤。”[⑦]

顾士琏《送介石先生归滇序》：“乙酉夏，金陵破，先生不乐仕，遂去官，侨居

---

① 陆世仪：《桴亭先生诗文集·诗集》卷 2，《续修四库全书》，第 1398 册，第 549 页，上海古籍出版社，2002 年。

② 吴伟业：《吴梅村先生编年诗集》卷 5，程穆衡原笺、杨学沆补注，太昆先哲遗书之一，俞世德堂己巳（1929）校印，第 1 页。

③ 陈瑚辑：《确庵文稿》卷 15，《四库禁毁书丛刊》，集部第 184 册，第 387 页，北京出版社，2000 年。

④ 文祖尧：《明阳山房遗集·遗诗》，赵藩辑《呈贡文氏三遗集合钞》，影印《云南丛书》，第 22 册，第 11865 页，中华书局，2009 年。

⑤ 同上书，第 11867 页。

⑥ 同上书，第 11867 页。

⑦ 陈瑚辑：《离忧集》卷上《滇南先生》，《丛书集成三编》，第 43 册，第 57 页，台湾新文丰出版公司，1996 年。

州城之昙阳庵。”[①]《文介石先生思贤庐记》：“滇南先生之寓于昙阳庵也，始于顺治乙酉之闰六月。”[②]

按：1645年闰五月，顾记为闰六月，误。又，笔者旧作以梅村《送文学博以苍公招同住中峰寺》首联所写景，当为秋季，与顾氏所记迎祖尧居昙阳庵节令不合，今仍存疑[③]，且祖尧《寓昙阳庵》亦言“庭树深深暑亦凉”。又：笔者旧作以祖尧居昙阳庵当在明年，故载此诗于明年，误[④]。

苍雪《赠广文文介石乡友》：“暂借昙阳作首阳，嚼来苜蓿菜根香。羞髡白发思亲友，好戴黄冠归故乡。僮仆十年连性命，妻儿万里隔遐荒。也知赋爱生同止，松柏青青耐雪霜。”王培孙诗下注：“按文介石甲（子）、乙（酉）间避兵，与苍雪同住中峰，后娄人迎之居昙阳观。《太仓州志》：‘昙阳观在城西南隅，里人为王锡爵女焘贞建。焘贞于此清修，仙去。’”[⑤]

吴梅村《文先生六十序》：“先是，苍公讲《法华》于娄之海印庵，先生以同里而异术竖义相论难。娄人之知先生与师最深，及是闻之则大喜曰：‘先生去我未远也，若乱定滇道未通者，当请先生还。’先生许诺。久之，迎诸山中。有以私舍设都讲、布函丈请者，先生放杖而笑，自理其须髯曰：‘吾已僧服矣！’乃即城南精蓝中置木榻，命一童子支鼎鬵，尽谢其生徒，杜门不交人事，如是者四年。”[⑥]

秦光玉《文介石先生传》：“已而侨寓昙阳庵……屡谋归，未果行。”[⑦]

南明绍宗朱聿键隆武二年、清顺治三年丙戌（1646），五十八岁

居昙阳庵。与当地名士迭为讲学之会，门人诸生追随听讲，深受欢迎。江浙有操守者争相延聘。岁会讲演，与遗老陆桴亭、盛圣传、陈确庵、江虞九、王石隐、陆翼王最为投合，人皆称滇南先生。

---

① 文祖尧：《明阳山房遗集·附交游赠挽诗文》，赵藩辑《呈贡文氏三遗集合钞》，影印《云南丛书》，第22册，第11883页，中华书局，2009年。

② 同上书，第11887页。

③ 孙秋克：《文祖尧创作行实纪年》，《明代云南文学研究》，第169页，云南人民出版社，2010年。

④ 同上书，第170页。

⑤ 释读彻撰，王培孙辑注：《王氏辑注南来堂诗集》补编卷3下，第18~19页，台湾鼎文书局，1977年。

⑥ 吴伟业：《梅村家藏稿》卷36《文集》14《序》，《续修四库全书》，第1396册，第210页，上海古籍出版社，2002年。

⑦ 秦光玉：《文介石先生传》，赵藩辑《呈贡文氏三遗集合钞》，影印《云南丛书》，第22册，第11860页，中华书局，2009年。

陈瑚《离忧集·滇南先生》:“吾友盛敬、陆世仪、江士韶辈有讲会,先生数过百教之。世仪赞其像曰：先生至人也！其胸襟如元公，其教法如安定，其学问通达如康节，其待人接物浑是和气如明道。古人学圣人者多矣，然每不幸而有门户诋毁，怀忧谗畏讥之心，独‘四先生’者无之，岂非所谓太和在躬，万物自化者与，而况几几乎备有其妙者与！学圣人者，其以先生为规矩焉，可矣！”①

归庄《送张耐庵（哲希）先生之任太仓序》：“尝记十余年前，旧太仓学博士文介石先生虽已解任，犹寓其境内，二三君子迭为讲学之会，每推文博士为都讲，环坐竦听者，尝数十百人。”②

秦光玉《文介石先生传》:“岁会讲演,与陆桴亭、盛圣传、陈确庵、江虞九、王石隐、陆翼王诸遗老最称投分，人皆称为滇南先生。”③

按: 盛宗传,名敬,太仓诸生,博学好古,贯穿经史百家,著述甚富。陆翼王,名元辅,嘉定(今属上海)人,其诗锺谭习气不能染。江虞九,名士韶,号药园,太仓人。王石隐,名育，号庄溪，太仓人。陆世仪（桴亭）、陈瑚、盛敬、江士韶并称“太仓四君子”，时人尊为“四先生”。

在昙阳庵度岁，思故乡，怀先朝，作《丙戌除夕》《丙戌元旦》诗。

《丙戌除夕》：“旅况频惊物候迁，况当除夕更凄然。梅花香懒窗前探，爆竹声愁枕上传。乡思万般兼万里，客心明日又明年。遥知儿女围炉处，望眼潸潸几欲穿。”④

《丙戌元旦》：“老雨严霜一岁过，入春烟景近如何。北溪冻解寒将退，南浦梅舒暖渐多。人事忽惊新岁月，梦魂犹认旧山河。东风莫怨无消息，转眼依然见太和。”⑤

按：《丙戌元旦》，陈瑚辑《离忧集》题为《丙戌新春偶成》。⑥

陈瑚拟邀住尉迟庙，不果。

---

① 陈瑚辑：《离忧集》卷上《滇南先生》，《丛书集成三编》，第 43 册，第 57 页，台湾新文丰出版公司，1996 年。

② 归庄：《归玄恭遗著》，《续修四库全书》，第 1401 册，第 606 页，上海古籍出版社，2002 年。

③ 秦光玉：《文介石先生传》，赵藩辑《呈贡文氏三遗集合钞》，影印《云南丛书》，第 22 册，第 11860 页，中华书局，2009 年。

④ 文祖尧：《明阳山房遗集·遗诗》，赵藩辑《呈贡文氏三遗集合钞》，影印《云南丛书》，第 22 册，第 11868 页，中华书局，2009 年。

⑤ 同上书，第 11867 页。

⑥ 陈瑚辑：《离忧集》卷上《滇南先生》，《丛书集成三编》，第 43 册，第 58 页，台湾新文丰出版公司，1996 年。

陈瑚《拟邀文介石先生住尉迟庙》："寒风猎猎送斜晖，雪满头胪泪满衣。六诏山川归梦远，三湘烽火客程非。吟残丹叶空留恨，读遍青乌未疗饥。我有寒潭依古庙，不妨老此竟忘归。"[①]

按：陈瑚此卷自注"起丙戌，尽己丑（1649）八月"。是诗编于《己丑元夕，送徐次桓之桐江三首》前，故系于今年。尉迟庙，是卷《蔚村八胜诗，同石隐、寒溪、桴亭作》诗序："蔚村，在昆城（昆山）东北三十里地……相传为有唐鄂公尉迟敬德躬耕处，陈顽潭即其故宅址，潭之阳有鄂公祠，土人奉为社，以祈风雨……"[②] 这组诗中有一首题为《尉迟庙》。

会陈瑚于太仓淮云寺。

陈瑚《文介石先生为吾党师帅，十年于兹矣。近黄孝子寻亲归，述滇南有路可达，先生遂有归志。此邦之人，将于谁而问道乎？乃赋诗六首，以尼其行》。诗其四云："时从野寺烹葵话。"自注："丙戌、辛卯（1651），两会淮云。"[③]

南明昭宗朱由榔永历元年、清顺治四年丁亥（1647），五十九岁

在昙阳庵中。作《丁亥元旦》诗。

诗云："境僻几忘新岁月，山深犹见旧衣冠。"[④]

二月二十六日，至陆世仪处讲《易》。[⑤]

陆世仪《二月二十六日，滇南文介石同不隐、圣传、虞九诸友至小斋讲〈易〉》："举世悲胥溺，中流幸有师。发蒙分复姤，安节处明夷。盛德古无敌，太和今在兹。春风周茂叔，觌面莫相疑。"[⑥]

苍雪六十岁，作诗《寿苍雪法师六十》。

诗云："破暗枝灯耀大千，阅世俄经六十年。"[⑦]

作诗《感怀二首用西田韵》，以和王时敏《首夏西田杂兴》。

---

① 陈瑚：《确庵文稿》卷1《顽潭集》，《四库禁毁书丛刊》，第184册，第213页，北京出版社，2000年。
② 同上书，第211~212页。
③ 陈瑚：《确庵文稿》卷2《隐湖集》，《四库禁毁书丛刊》，第184册，第225页，北京出版社，2000年。
④ 文祖尧：《明阳山房遗集·遗诗》，赵藩辑《呈贡文氏三遗集合钞》，影印《云南丛书》，第22册，第11868页，中华书局，2009年。
⑤ 孙秋克：《文祖尧创作行实系年》，《明代云南文学研究》，第170页，云南人民出版社，2010年。
⑥ 陆世仪：《桴亭先生诗文集·诗集》卷2，《续修四库全书》，第1398册，第547页，上海古籍出版社，2002年。
⑦ 文祖尧：《明阳山房遗集·遗诗》，赵藩辑《呈贡文氏三遗集合钞》，影印《云南丛书》，第22册，第11864页，中华书局，2009年。

其一：“盈眸多少新亭泪，日向西风一洒衣。”其二：“目断南云频怅望，不堪重整旧裳衣。”①

按：据《感怀二首用西田韵》诗意，诗必作于鼎革后祖尧居昙阳庵时。王时敏去年春卜筑西田，秋筑居舍，今年夏四月作《首夏西田杂兴》十律，吴梅村、苍雪有诗和之。同时和诗尚有黄翼圣（摄六）《次韵王奉常西田首夏杂兴五首》、陆世仪（桴亭）《王烟翁卜隐西田，首夏为杂诗十首，依韵奉和》等②，文祖尧和诗题目未见载。

王时敏（1592~1680）③，太仓人。字逊之，号烟客，又号偶谐道人、懦斋、西田主人、归村老农、西庐老人。明末清初画家、诗人。万历年间首辅王锡爵之孙、翰林王衡之独子。崇祯初，官居太常寺卿，时称王奉常。明亡后，居家不出。擅长山水画，与王鉴、王翚、王原祁并称“四王”，加上恽寿平、吴历，则合称“清六家”。江南士大夫素有雅集之风，王时敏不时邀请四方名士到西田雅集。

秋，王时敏西田菊花盛开，邀江南名士赴西田雅集。文祖尧有诗《西田赏菊次吴骏公韵二首》。

其一：“寂寥似我头多白，消瘦犹人面减黄。”“谁云草木无遗恨，采采游蜂也识王。”其二：“无声泣露芳心苦，有意凌霜劲节全。”④

按：王时敏于今秋邀客于西田赏菊，吴梅村（骏公）等江南名士与之，苍雪逾月至并有和诗《丁亥秋，王奉赏烟客西田赏菊，和吴宫詹骏公韵》⑤，观其诗意和当时参与者记载，文祖尧未曾亲与西田雅集，或于事后在苍雪处见其和诗，亦和之。

永历二年、顺治五年戊子（1648），六十岁

六十寿辰，弟子请吴梅村为作寿序。梅村赞其“将得乎儒释之合而探其原，于是乎齐得丧、混欣戚，浩浩乎靡所津涯”。

吴梅村《文先生六十序》：“先生年六十，弟子请一言寿于先生。……夫滇南所产，辄多高人绝学。先生以儒者笼络万物，不名一德，今毁服童发而游于世也，将得乎儒

---

① 文祖尧：《明阳山房遗集·遗诗》，赵藩辑《呈贡文氏三遗集合钞》，影印《云南丛书》，第22册，第11868页，中华书局，2009年。

② 王时敏：《王烟客先生集·西庐怀旧集·诗简目次》目录，《清代诗文集汇编》，第7册，第668页，上海古籍出版社影印，2010年。

③ 王时敏传见《清史稿》卷504，第46册，第13900页，中华书局，1977年。

④ 文祖尧：《明阳山房遗集·遗诗》，赵藩辑《呈贡文氏三遗集合钞》，影印《云南丛书》，第22册，第11869页，中华书局，2009年。

⑤ 释读彻撰，王培孙辑注：《王氏辑注南来堂诗集》卷3下，第16~17页，台湾鼎文书局，1977年。

释之合而探其原。于是乎齐得丧、混欣戚，浩浩乎靡所津涯。其为道也，吾又乌足以知之哉！噫嘻！此真先生也！”[①]

与江南名士会《诚恒敬讲义》。

《诚恒敬讲义》：“戊子岁会讲义，诸君今日之会，有桴亭（世仪）先生主盟，又有石隐、圣传、虞九诸先生赞襄。老夫幸际嘉会，深幸圣贤之学，几绝复矣。”[②]

南郭张先生拟于秋凉时，遣舟迎祖尧与陆世仪同往论学，因其病逝而未成行。

陆世仪《挽南郭张先生绝句十首》其七：“谈经相约在秋凉，正拟携书自裹粮。小艇平头竟何处，西风目断倍神伤。”自注：“先生拟于今秋遣舟，迓予与文介石先生同往论学。”诗序云：“南郭先生名满天下，四方贤人君子，出其门者无虑千数，而仪独以同里一小子，俨然与先生分庭抗礼。先生不以为迂狂，更器之、爱之。”[③]

按：南郭张先生身世未详，上引诗在陆集中编入戊子年。

永历三年、顺治六年己丑（1649），六十一岁

在昙阳庵中度岁，作诗《己丑除夕》。

诗云：“孤踪万里外，皤发六十过。”[④]

初夏，至杭州赴同乡懒公之约，作诗《己丑初夏，赴懒公约，从娄水过兰江，往来吴越，棲迟林泉，经五阅月。见山川依旧，时事日非，相对欷歔，不胜今昔之感。懒公因赋诗见赠，勉步元韵奉酬。敢曰赓歌？聊以寄慨云尔》纪之。

诗自注：“公姓杨，名永言，余同乡人。”[⑤]

陆世仪《送懒云师归云南》自注：“师本鹿城令，今寓浙中。”[⑥]

秦光玉《明季滇南遗民录》：“杨永言，初名澜，字岑立，昆明人。明崇祯癸未进士，官昆山知县，严明有治声。国变后，尝应南都诏，荐诸生。顾炎武于朝会清兵南下，

---

① 吴伟业：《梅村家藏稿》卷36《文集》，《续修四库全书》，第1396册，第210页，上海古籍出版社，2002年。

② 文祖尧：《明阳山房遗集·遗诗》，赵藩辑《呈贡文氏三遗集合钞》，影印《云南丛书》，第22册，第11875页，中华书局，2009年。

③ 陆世仪：《桴亭先生诗文集·诗集》卷3，《续修四库全书》，第1398册，第555~556页，上海古籍出版社，2002年。

④ 文祖尧：《明阳山房遗集·遗诗》，赵藩辑《呈贡文氏三遗集合钞》，影印《云南丛书》，第22册，第11865页，中华书局，2009年。

⑤ 同上书，第11869页。

⑥ 陆世仪：《桴亭先生诗文集·诗集》卷4，《续修四库全书》，第1398册，第555~556页，上海古籍出版社，2002年。

永言与炎武及参将陈宏勋，诸生归庄、吴其沆等起兵拒守，事败，入黄浦依吴志葵。志葵败，永言祝发为僧，名懒云。入中峰，旋入金华。晚卒于滇。”①

作《夏日杭州道中喜柳》《再过西湖有感》诗②。

按：笔者旧作将此二诗编入癸未年，误。③

仲秋，陈瑚从蔚村移家隐湖。

陈瑚有诗《己丑秋，将移家隐湖，与石隐、翼王诸子论“六书”之学，和陶斜川诗言别》④《己丑仲秋，移居湖头村之陶家旧庐，毛潜在和陶移居诗见赠，次元韵奉酬》⑤。

永历四年、顺治七年庚寅（1650），六十二岁

在昙阳庵中度岁，作诗《庚寅除夕》《庚寅元旦》。

《庚寅除夕》：“客舍良宵短，今宵更若何。……正苦归途远，那堪去日多。”《庚寅元旦》：“萧萧僧舍客，衲破未知贫。”⑥

至隐湖访陈瑚。

陈瑚《文介石先生为吾党师帅，十年于兹矣，近黄孝子寻亲归，述滇南有路可达，先生遂有归志，此邦之人，将于谁而问道乎？乃赋诗六首，以尼其行》其四云：“曾向湖村踏月过。”自注：“庚寅，先生访予隐湖。”⑦

永历五年、顺治八年辛卯（1651），六十三岁

娄东朱公晓昱为绘独立小像，作《独立小像赞》。

《独立小像赞》落款：“日月外史文介石自题，时年六十有三。”⑧

袁嘉谷《滇绎》：“先生有独立小像，乃娄东朱公晓昱所绘，其裔孙大章藏之。呜呼！

---

① 秦光玉：《明季滇南遗民录》卷上，呈贡秦氏罗山楼刻本，1933年。

② 文祖尧：《明阳山房遗集》，赵藩辑《呈贡文氏三遗集合钞》，影印《云南丛书》，第22册，第11874页，中华书局，2009年。

③ 孙秋克：《文祖尧创作行实系年》，《明代云南文学研究》，第169页，云南人民出版社，2010年。

④ 陈瑚：《确庵文稿》卷1《顽潭集》，《四库禁毁书丛刊》，第184册，第220页，北京出版社，2000年。

⑤ 陈瑚：《确庵文稿》卷2《隐湖集》，《四库禁毁书丛刊》，第184册，第221页，北京出版社，2000年。

⑥ 文祖尧：《明阳山房遗集·遗诗》，赵藩辑《呈贡文氏三遗集合钞》，影印《云南丛书》，第22册，第11865页，中华书局，2009年。

⑦ 陈瑚：《确庵文稿》卷2《隐湖集》，《四库禁毁书丛刊》，第184册，第225页，北京出版社，2000年。

⑧ 文祖尧：《明阳山房遗集·遗诗》，赵藩辑《呈贡文氏三遗集合钞》，影印《云南丛书》，第22册，第11856页，中华书局，2009年。

可以廉顽而立懦也。”[①]

陈瑚、王石隐、王时敏、陆世仪等太仓士人，为独立小像作赞。

王时敏《题文介石先生像》：“铁石肝肠霁月襟，萧萧白发不胜簪。黍离实洒孤臣泪，葵向犹悬万里心。东海春风留振铎，南枝幽怨寄鸣琴。忠规信国诒谋在，搦管常赓正气吟。”[②]

按：《呈贡文氏三遗集合钞 · 明阳山房遗集》卷首，有陈瑚、王石隐所作像赞，无王时敏诗赞，故全文录于兹。陆世仪赞，请参阅本谱五十八岁纪事所载陈瑚《离忧集·滇南先生》。

在昙阳庵中度除夕，作《辛卯除夕》。

诗云：“送腊曾无酒，冲寒独有梅。一年今夜尽，万里几时回。入望云山远，伤情岁月催。愁心煨炉炭，相对欲成灰。”[③]

王时敏六十生辰[④]，亲往西田贺之，作《寿王烟老和西田招隐元韵》。

诗云：“昔尝羡辋川，今更见西田。郭外无多路，人间又一天。桃源新境界，栗里旧山川。从此稻香里，悠然结大年。”自注：“西田有稻香庵。”[⑤]

按：陆元辅有《赠王烟客先生六十招隐西田》，陆世仪有《西田招隐也，大夫有耄而逊于荒者，君子为之览古以志焉》[⑥]，但未见贺寿字、意。陈瑚有《次韵王太常西田招隐诗二首》[⑦]，韵同王时敏《首夏西田杂兴》（王诗见本谱五十九岁纪事），王时敏本集中则未见其招隐诗，可见所谓“招隐”，或即《首夏西田杂兴》十律，和者先后为之。王时敏六十寿辰所作西田诗，题为《西田感兴》，共 30 首[⑧]。观文祖尧和诗

---

① 袁嘉谷：《滇绎》，李春龙、刘景毛《正续云南备征志精选点校》，第 723 页，云南民族出版社，2000 年。

② 王时敏：《王烟客先生集·西庐诗草》上卷，《清代诗文集汇编》，第 7 册，第 600 页，上海古籍出版社影印，2010 年。

③ 文祖尧：《明阳山房遗集 · 遗诗》，赵藩辑《呈贡文氏三遗集合钞》，影印《云南丛书》，第 22 册，第 11865~11866 页，中华书局，2009 年。

④ 王宝仁编：《奉常公年谱》卷 3，《北京图书馆藏珍本谱丛刊》，第 66 册，第 398 页，北京图书馆出版社，1999 年。

⑤ 文祖尧：《明阳山房遗集 · 遗诗》，赵藩辑《呈贡文氏三遗集合钞》，影印《云南丛书》，第 22 册，第 11865 页，中华书局，2009 年。

⑥ 王时敏：《王烟客先生集·西庐怀旧集》，《清代诗文集汇编》，第 7 册，第 668 页，上海古籍出版社影印，2010 年。

⑦ 同上书，第 679 页。

⑧《西庐怀旧集》卷上有诗 23 首，卷上补编则有诗序并诗 7 首，第 668 页。

并注，此诗当为其亲往西田祝寿之作，但诗题未见载于《王烟客先生集·西庐怀旧集》[①]，《奉常公年谱》亦未载今年西田有雅集之事。虽然如此，仍以二陆诗为印证，将文祖尧寿王时敏六十诗系于今年。

十二月，吴郡黄孝子入滇寻取父母双亲，并拟替祖尧探听其家中消息。

按：黄孝子迎亲归，文祖尧得家书事，笔者旧作误载于今年[②]。事详本谱后年纪事。

永历六年、顺治九年壬辰（1652），六十四岁

在昙阳庵中度岁，作《壬辰元旦》。

诗云："几年依古寺，今日又初春。……万里家何处，惟馀一仆亲。"[③]

顺治十年、永历七年癸巳（1653），六十五岁

秋末，吴郡黄孝子从云南迎其二亲归，并带回祖尧家书，始知滇中阖家平安，作《癸巳季秋，闻家信志喜三首》。

其一："数载乡音绝，潸潸望眼穿。忽闻一雁到，宁止万金传。亲友多巢覆，儿孙独瓦全。幸免忧身后，聊堪慰目前。"其二："万里苦间关，十年一信传。"[④]

按：陈瑚《文介石先生为吾党师帅，十年于兹矣。近黄孝子寻亲归，述滇南有路可达，先生遂有归志。此邦之人，将于谁而问道乎？乃赋诗六首，以尼其行》其四"皂帽辽东陈俎豆，黄巾高密化兵戈"句后自注："屠呈贡，阖门无恙。"其五"城郭已移啼鸟换，妻孥犹在故人非"句后自注："呈贡城已毁。""王原至后传消息"句后自注："黄端木滇归，得信。"[⑤]其辑《离忧集·滇南先生》略载此事。

归庄《黄孝子传》：黄孝子名向坚，字端木，号存庵，建文时殉难给事中黄钺后裔。先世为常熟（今属江苏苏州）人，后徙家苏州西郊。其父崇祯癸未（1643）选云南大姚知县，携家人赴任，黄孝子留家。不久两京陷落，闽浙不守，西南复立国，江楚、两粤连年战争，交通断绝，云南书信不通。黄孝子思亲甚切，于辛卯年（1651）十二月出发，独行万里到云南寻亲。云南府乙酉年（1645）遭土司沙定洲之乱，丁亥年（1647）

---

① 王时敏：《西庐怀旧集》目录，《清代诗文集汇编》，第7册，第668页，上海古籍出版社影印，2010年。
② 孙秋克：《文祖尧创作行实系年》，《明代云南文学研究》，第170页，云南人民出版社，2010年。
③ 文祖尧：《明阳山房遗集·遗诗》，赵藩辑《呈贡文氏三遗集合钞》，影印《云南丛书》，第22册，第11866页，中华书局，2009年。
④ 同上。
⑤ 陈瑚：《确庵文稿》卷2《隐湖集》，《四库禁毁书丛刊》，第184册，第225~226页，北京出版社，2000年。

又逢大西兵入境，迤东一带残灭殆尽，惟省城幸免。黄孝子先到昆明，而后抵达姚安府（按大姚为姚安辖县），得见父母。癸巳年（1653）正月，从云南府呈贡县归化出发，六月归吴。历时越三年，共计五百三十余日，行程二万五千里。①

龚日焜《送介翁老师归滇序》："会有黄孝子端木，父含美令大姚，孝子痛父母置身绝域，慨然问途于先生，芒鞋托足，万里寻亲。……归述滇事，悉呈贡被屠状，独先生一门无恙。维时先生之子若孙，访孝子询先生起居，矍铄强饭，如见先生焉。……孝子报命于先生，如见其子若孙之趋跄慰劳焉。顾而乐之，而喜可知也。"②

陆世仪《书黄孝子寻亲纪程后》："予读归元恭（庄）《黄孝子传》，既为之跋其后矣，今读孝子自记寻亲纪程，盖不胜喟然有感焉。……吾娄旧学博文介石先生者，固滇人也，以世变隔绝不得归，今十年矣。孝子至滇，知介石先生所居城且屠，而家独以世积善得，阖门无恙。"③

按：龚日焜，太仓人，字德章。又，赵藩、秦光玉《文氏三遗集序》均谓明季大乱，流寇至呈贡，皆相诫勿扰文善人家，是以文氏一门幸免于难。祖尧之子俊德，在乡里有文善人之称④。

秋过南郊，作诗《癸巳秋过南郊有感》。

诗云："偶过古南郊，掩袂莫能睹。巍巍彼圆丘，濯濯惟荒土。……今昔人情殊，瞻望泪如雨。"⑤

拟与懒公结伴归滇而未成行。

陆世仪《送懒云师归云南》（其二）："秋深风雨夜猿惊，零落孤臣万感生。天目云高连玉案，钱塘月出照昆明。干戈满眼家何处，忠孝繇心愿竟成。况是同行有仁者，双筇安稳问归程。"⑥

按：此诗在陆集中归于癸巳年。第七句诗下陆世仪自注："时师将与文介石先生同归。"然此行未成。

---

① 归庄：《归玄恭遗著》，《续修四库全书》，第1401册，第580～582页，上海古籍出版社，2002年。
② 文祖尧：《明阳山房遗集·附万里赠行》，赵藩辑《呈贡文氏三遗集合钞》，影印《云南丛书》，第22册，第11882页，中华书局，2009年。
③ 陆世仪：《桴亭先生诗文集·文集》卷6，《续修四库全书》，第1398册，第515页，上海古籍出版社，2002年。
④ 文祖尧：《明阳山房遗集》卷首，赵藩辑《呈贡文氏三遗集合钞》，影印《云南丛书》，第22册，第11857～11858页，中华书局，2009年。
⑤ 文祖尧：《明阳山房遗集·遗诗》，赵藩辑《呈贡文氏三遗集合钞》，影印《云南丛书》，第22册，第11862页，中华书局，2009年。
⑥ 陆世仪：《桴亭先生诗文集·诗集》卷4，《续修四库全书》，第1398册，第515页，上海古籍出版社，2002年。

永历八年、顺治十一年甲午（1654），六十六岁

元夕，与陈瑚等同人聚会尉迟庙，讲《蔚村三约》。又登座，为村人讲《孝弟力田为善三约》。

陈瑚《甲午元夕，同人集尉迟庙，文介石先生讲〈蔚村三约〉，限真字韵》："老屋荒江寄此身，鹅黄溪上柳初匀。郑公乡俗惭君子，汉代衣冠见昔人。社散樵渔禽语乱，酒催弦管月华新。武陵尚有桃花路，淳朴山川一夕春。"[①]

陈瑚《离忧集·滇南先生》："于居蔚村，以孝弟、力田、为善三章约其村人。甲午元夕，先生过予，予乞先生登台讲约，团坐而听者三百余人。予尝诒之诗曰：'我有寒潭依古庙，不妨老此竟忘归。'噫！此余志也！先生作诗和易近人，不为峭刻险诡之句，而性情寓焉其题。官舍为饭足窝，曰'谁云饭不足，吾惧食犹浮'，见先生之廉；感怀云'发短眉长齿欲稀，梦魂犹恋旧黄扉'，见先生之义；题陶庵曰'昼长堂静炉烟细，风定帘开馨响徐'，见先生之静；村居初夏曰'酒熟适当邻叟至，径幽频有老僧过'，见先生之和；寓城南精舍曰'逢人不话兴亡事，底事从来未易量'，见先生之慎。然则，先生之风，其亦可以兴矣！"[②]

陆世仪有诗，题为《元夕，村人祈赛鄂公祠，确庵请介石先生登座，为村人讲〈孝弟力田为善三约〉》[③]。

正月十四日，与同人至隐湖赴陈瑚之约。

陆世仪有诗，题为《春正十四日，同滇南文介石、禾中、徐次桓暨石隐、仪臣、圣传、虞九赴确庵约。至西堰，舟不得过，从土人借舟而入》[④]。

按：陆世仪以上二诗在陆集中编入甲午年，汪学金《娄东诗派》所载后一诗题中，多"甲午"二字[⑤]。

陆世仪为《诚恒敬讲义》作跋。

陆世仪《跋滇南文介石先生戊子讲义后》："此滇南先生戊子之讲义也，去此已六年矣，今出以示吾党。无一字一句，不可反之身心；无一字一句，不可勖之同志。则知吾党今日舍'诚恒敬'三字，亦何以哉！不但今日即去此，而百年去此，而千万

---

① 陈瑚：《确庵文稿》卷 2《隐湖集》，《四库禁毁书丛刊》，184 册，第 228 页，北京出版社，2000 年。

② 陈瑚辑：《离忧集》卷上《滇南先生》，《丛书集成三编》，第 43 册，第 57~58 页，台湾新文丰出版公司，1996 年。

③ 陆世仪：《桴亭先生诗文集·诗集》卷 5，《续修四库全书》，第 1398 册，第 582 页，上海古籍出版社，2002 年。

④ 同上。

⑤ 汪学金：《娄东诗派》卷 10，清嘉庆九年（1804）诗志斋刻本。

年，舍‘诚恒敬’三字，亦何以哉！虽然，言之非难，行之为难；传之非难，习之为难。自戊子去此，曾几何时，吾党之能以‘诚恒敬’自勉者，盖亦少矣！然则自今日而往，倘复如戊子之至今日，岂所望于吾党哉！愿与诸同志共勉之。”[①]

苍雪圆寂于句容县宝华山宝华寺。

按：参阅本书《苍雪年谱》同年纪事。

永历十年、顺治十三年丙申（1656），六十八岁

二月初八日，应陆世仪之邀，在静观楼讲学。

陈瑚《白鹿洞规讲义》："今日令师桴亭先生举行岁会，延请滇南文老师主讲，为同志矜式，不佞辈亦得与闻教泽。又要不佞主讲，与高足弟子垂听，未免蛇足了。只是既承令师之命，也不敢固辞，只得略道几句，与诸君子商量。"文后附钱暇记："丙申，仲潜桴亭先生以书延先生讲学于静观楼。娄嘐昆三邑与会者，长幼百有二十人。文介石先生南面，先生桴亭北面。介石讲毕，桴亭以推先生。先生开导如此，暇幸得从先生后具大略，盖一时盛事云。门人钱暇记。"[②]

按：上文"娄嘐昆三邑"，殊不可解，陆世仪丙申年有诗《二月八日，大会诸同学于静观楼，修岁会也，昆、常、嘉三邑之贤皆集会者近百人，习礼谈经，雍雍终日，从来未有之盛也。会中同志各分韵赋诗，予得十一真韵》[③]，据此可知"娄嘐昆"三字为"昆常嘉"之误。

归庄《静观楼讲义序》："吾友陆君道威（桴亭）、陈君言夏，自崇祯末，即与一二同志，讲圣贤之学。遭世大变，不废益勤，每岁一会，会则远近之士咸集。今年二月上丁（按初八日，丁巳），道威请先朝学官、滇南文介石先生主讲，言夏副之，会于郁君仪臣之静观楼，同郡之士至者百有余人，余亦与焉。同谒先圣像，还登讲堂。文先生敷陈讲学大意，谓是成己成物，与人为善之事，非好名之举。言夏发明《白鹿洞规》之旨，而其要归主于为己，以近世之门户朋党为戒，言皆切要。已而其门人辈记当日之语为讲义，道威属余序之。夫世变至今日，而以讲学为事，诚骇世俗之观听。"[④]

王昶《直隶太仓州志》："静观楼，郁法与学正文祖尧及陆世仪、陈瑚讲学处。

---

①陆世仪：《桴亭先生诗文集·文集》卷6，《续修四库全书》，第1398册，第518页，上海古籍出版社，2002年。
②陈瑚：《确庵文稿》卷26《讲义》，《四库禁毁书丛刊》，第184册，第464页，北京出版社，2000年。
③陆世仪：《桴亭先生诗文集·诗集》卷4，《续修四库全书》，第1398册，第518页，上海古籍出版社，2002年。
④归庄：《归玄恭遗著》，《续修四库全书》，第1401册，第587页，上海古籍出版社，2002年。

在太仓卫南，陈瑚有记（按见《确庵文稿》卷十五）。”[①]“郁法，字仪臣，笃志好学，间陆世仪与同志讲程朱之学，然慕之家有楼曰‘静观’，宏敞爽垲，迎州学正云南文祖尧讲学其中。邑中好修士会者常数十人，时又有曹炜、曹鈖、钱墀、夏有光之属。炜字晖吉，从文祖尧、熊开元论学有得，性孝友，与人交，无町畦，诱善规过，人人以为亲。”[②]

十月十一、十二日，与陆世仪等友人舟中饮酒竟醉，不觉时至三更。

陆世仪《初冬十一日，新刘河将谋建闸，鲁冈与州大夫同行，并约予及文介石学博、顾子殷重偕往相度。舟中相对凡二日夜，杯酒忘形，叙谈甚乐，因分韵即事共赋》诗云：“烧烛雄谈惊午夜，忘情快饮罄春醅。”自注：“时守公谈赋役事甚乐，平昔饮不过升，此夕不觉竟醉，已漏下三鼓矣。”[③]

按：此诗在陆集中编于丙申年。

永历十二年、顺治十五年戊戌（1658），七十岁

吴梅村访之于昙阳庵，共读苍雪法师旧作，有感而作歌行一首。[④]

吴梅村《昙阳观访文学博，兼读苍公旧咏有感》：“先生头白发垂耳，博士无官家万里。讲席漂零笠泽云，乡心断绝昆明水。……与君相见砉然笑，石床对语羁愁空。……丈夫行年已七十，天涯戎马知何日。点苍青，洱海白，道路虽开亦无及。”[⑤]

陈瑚编成《离忧集》，是集选娄东同辈二十一位遗民友人诗作。祖尧小传《滇南先生》及其诗九首位居第一，时钱谦益为之作序。今存壬子（1914）夏四月昆山赵诒琛校刻《峭帆楼丛书》本二卷，钱序不存。

陈陆溥《离忧集补序》：“余祖确庵公，生际横流，圣违言湮，以倡明濂、洛、关、闽之传为已任，一时起而和之者，远近毕至，人谓斯世一大昌明运会也。洎乎劫火既然，鸟举云散，肥遁于荒村寂莫之隐，忧心愁悴，崎岖乱离，不复念于当世，然身虽隐而明道之心愈笃。戊子、己丑，闻举讲学会，每月朔必考德课业，同志之士，靡然向风，

---

① 王昶：《直隶太仓州志》卷51《古迹》，清嘉庆七年（1802）刻本。陈瑚《静观楼记》，见《确庵文稿》卷15，《四库禁毁书丛刊》，第184册，第389页，北京出版社，2000年。

② 王昶：《直隶太仓州志》卷27《人物》，清嘉庆七年（1802）刻本。

③ 陆世仪：《桴亭先生诗文集·诗集》卷5，《续修四库全书》，第1398册，第597页，上海古籍出版社，2002年。

④ 孙秋克：《文祖尧创作行实系年》，《明代云南文学研究》，第171页，云南人民出版社，2010年。

⑤ 吴伟业撰，靳荣藩注：《吴诗辑览》卷7上，《续修四库全书》，第1396册，第557页，上海古籍出版社，2002年。

相于往来，吟咏于七十二潭之上，于是有《离忧集》，吾祖诠次诸同人之诗歌而为之传记者也。离忧者何？屈原放逐，忧愁幽思而作《离骚》，太史公以为‘离骚者，犹离忧也’。斯集之命名，其即此意与！……岁在重光大渊献陬月二十二日，蔚村后人陈陆溥乾如补序。”①

缪朝荃《离忧集》跋：“考陈安道之孙横山布衣述安道公年谱，载顺治十五年戊戌（1658），《离忧集》成，公以国变后诸贤怀奇负异，而肥遁不得志者纪之，以诗缀之，以传列为一集，取‘离骚者，离忧也’之意以为名等语。当时虞山钱宗伯曾为之序，今遍检《初学》《有学》两集均无之，故横山为之补序也。校竟并志于此。癸丑（1913）小春月上浣同里后学缪朝荃谨识，时年七十有三。”②

按：陈陆溥，字乾如，陈瑚后裔。安道公，门人私谥陈瑚为安道先生。

永历十三年、顺治十六年己亥（1659），七十一岁

滇黔道通，家书频至报平安，欲寄家书则不能，有感而作《己亥春初寻梅遇雨》。③

诗云：“一枝欲寄江南信，无那行人路不同。”④

毛晋年六十，有诗祝寿。

《寿毛潜在六十》：“充栋图书存宋迹，挥毫锦绣灿奚囊。烟霞近拥星桥近，岁月闲留古阁长。”⑤

按：毛晋，晚明著名藏书家、出版家。星桥，即常熟昆承湖七星桥，毛晋出生于此，其著名的汲古阁亦在此。请参阅本书《苍雪年谱》十一岁纪事。

永历十四年、顺治十七年庚子（1660），七十二岁

得家书，再度谋归滇。⑥吴中有仕宦云南者，闻之皆愿奉行；有久滞不能归滇者，皆辐辏之。

---

① 陈陆溥：《离忧集·补序》，《丛书集成三编》，第43册，第55页，台湾新文丰出版公司，1996年。

② 缪朝荃：《离忧集·跋》，《丛书集成三编》，第43册，第104页，台湾新文丰出版公司，1996年。

③ 孙秋克：《文祖尧创作行实系年》，《明代云南文学研究》，第171页，云南人民出版社，2010年。

④ 文祖尧：《明阳山房遗集·遗诗》，赵藩辑《呈贡文氏三遗集合钞》，影印《云南丛书》，第22册，第11872页，中华书局，2009年。

⑤ 同上。

⑥ 孙秋克：《文祖尧创作行实系年》，《明代云南文学研究》，第171页，云南人民出版社，2010年。

陆世仪《滇南文介石先生得家信，虞九、楚归、圣传有西河之痛，同志置酒静观楼小饮，即席共赋》："人生天地间，弱草集轻尘。聚散固无定，生死亦无因。……介翁滇之南，胡为海东滨。隔绝万里外，身安道弥尊。干戈止复作，骨肉终见存。药园偶楚游，飙忽动兵氛。江波天地阔，自分越与秦。须臾复宁帖，相对共此樽。寒溪饮溪头，父子乐晨昏。读书山寺中，朝夕共论文。……吾侪学道者，欣戚慎勿撄。"①

按：此诗在陆集中编入庚子年。又，据陆世仪《送文介石先生归滇序》云，江南大乱定，文祖尧得家书，知滇中岁饥，"独文家力耕，独得不馁"。吴中有仕宦于滇南者四五人，"闻先生归，皆愿奉先生以行，且具饮食。而一时之人久滞归滇者，闻先生名，亦皆辐辏先生。自此从容幞被，自吴抵滇。"②

永历十五年、顺治十八年辛丑（1661），七十三岁

离太仓还滇。

《光绪呈贡县志》本传："顺治辛丑，还乡……"③

二月廿八日，诸友送之启程。居于太仓前后共十九年，作诗《留别娄东诸友》。

诗云："苦历流离十九年，寸心只恐愧前贤。"④

陆世仪《二月廿八日，集顾殷重宏志堂祖送滇南文介石先生。是日，闻海上圈田信》："是时滇南方戒途，座上相与为骊歌。先生居娄二十载，海上日日春风和。传闻牛斗欃枪见，正值东南光似练。又闻庙算重清野，十万桑田拼割舍。人生至此当奈何，惟有高歌泪盈把。先生去矣天南边，德星又向天南悬。善人所在兵气隐，安得普天率土共受先生廛。"⑤

按：是诗在陆集中编入辛丑年。又，笔者旧作载"至此前后共流寓17年"，误⑥，文祖尧在娄东当为十九年。

江浙士大夫及门人，赠予送行诗文长卷。

---

① 陆世仪：《桴亭先生诗文集·诗集》卷6，《续修四库全书》，第1398册，第614~615页，上海古籍出版社，2002年。

② 文祖尧：《明阳山房遗集·附交游赠挽诗文》，赵藩辑《呈贡文氏三遗集合钞》，影印《云南丛书》，第22册，第11878~11879页，中华书局，2009年。

③ 朱若功原本、李明续修、李蔚文等续纂：《光绪呈贡县志》卷2《乡贤》，《中国地方志集成》本《云南府县志辑》，第3册，第58页，凤凰出版社，2009年。

④ 文祖尧：《明阳山房遗集·遗诗》，赵藩辑《呈贡文氏三遗集合钞》，影印《云南丛书》，第22册，第11867页，中华书局，2009年。

⑤ 陆世仪：《桴亭先生诗文集·诗集》卷7，《续修四库全书》，第1398册，第614~615页，上海古籍出版社，2002年。

⑥ 孙秋克：《文祖尧创作行实系年》，《明代云南文学研究》，第172页，云南人民出版社，2010年。

盛敬（圣传）《送介石先生还滇南序》：“先生以崇祯癸未司铎吾娄，则敬之左右先生，已十有九年矣。中遭丧乱，晦迹昭提，敬亦焚弃笔砚，从先生以隐，先生则赠我短章，赐我嘉册，为我相土，以妥秩祖先。……先生年七十有三，敬五十余二。”①

顾士琏《送介石先生归滇序》：“娄牧数敦礼，不得见，亦不罪之。……先生精青乌术，为予相地，戊子冬葬先母，庚子冬葬先父。明年春，先生适行。……来娄不一载而去官，侨寓荒庵者十六年。……予追随杖履有年。”②

文祖尧第十一世孙文大章《敬附启者远祖》：“归滇之日，江浙士夫及门人如顾斯士、江虞九、吴梅村辈送行诗文长卷，咸丰丁巳之变，在省城遗失一轴、被毁一轴。光绪中叶，在呈贡遗失一轴。”③

按：《云南丛书》本《呈贡文氏三遗集合钞·附录交游赠挽诗文》所载赠诗和赠序者，尚有太仓陶鸿祚（愚古）、顾钘（雅俦）、龚日焜（德章）、龚挺（无竟）、王育（石翁）、唐瑀（仙佛）、郁法（存斋）、郁植（东堂）、曹允斌（孝般）、陆允纯（宗程）、曹有武（祖来）、宋龙、张泳（汉思）、许焜（舜先）、张闻升（耳玄）、嘉定陆元辅（翼王）等人。又，汪学金辑《娄东诗派》录有黄翼圣《文介石广文隐居城南僧舍十载，于兹近谋还滇，口占赠行》二首、王抃《呈文介石先生》、王摅《送文介石先生归滇南》。诗下载作者简历：黄翼圣，字子羽，明崇祯间以荐授新都知县，擢安吉州知州。入清后隐居不仕，有《莲蘖居士集》。王抃，字怿民，王时敏第五子，卒年七十五，有《巢松集》。王摅，字虹友，王时敏第七子，有《芦中集》④。

八月，抵湖广桃源（今属湖南）。病中闻缅变，悲愤绝食，卒于归舟，终年七十三岁⑤。其孙化兴迎灵柩归乡，与段孺人合葬于呈贡黄土坡。

赵藩《文介石先生父子遗诗序》：“八月，至湖南桃源县。病中闻缅变，悲愤不食，卒于舟次，年七十有三。”⑥

---

① 文祖尧：《明阳山房遗集·附录》，赵藩辑《呈贡文氏三遗集合钞》，影印《云南丛书》，第22册，第11879页，中华书局，2009年。盛敬（圣传），“圣”一作“宗”。

② 同上书，第11883页。

③ 文大章：《敬附启者远祖》，《明阳山房遗集·附录》，赵藩辑《呈贡文氏三遗集合钞》，影印《云南丛书》，1914年刻本。

④ 以上载录分别见汪学金辑《娄东诗派》卷8、卷16，清嘉庆九年（1804）诗志斋刻本。

⑤ 孙秋克：《文祖尧创作行实系年》，《明代云南文学研究》，第173页，云南人民出版社，2010年。

⑥ 文祖尧：《明阳山房遗集》，赵藩辑《呈贡文氏三遗集合钞》，影印《云南丛书》，第22册，第11858页，中华书局，2009年。

秦光玉《文介石先生传》："孙化兴迎柩归，与段孺人合葬于呈贡黄土坡。"[1]

按：缅变，即永历十三年（1659）朱由榔逃入缅甸后，永历十五年（1661），缅甸迫于吴三桂大军压境之势而将其交出，永历帝被执回昆明之事。据黄宗羲说，顺治十八年（永历十五年，1661）冬清兵逼缅，缅人执永历帝献于师前，吴三桂挟至云南省城外草萍驿，夜杀之，两宫、世子皆不免[2]。邵廷采则记载次年永历帝缢于滇都（昆明），其子亦被杀[3]。今昆明五华山下犹存"逼死坡"，即永历帝自缢处，并立有石碑。两说相较，邵说是。关于文祖尧之死，尚有死于痢疾一说。顾士琏《文介石先生思贤庐记》曰："会有同乡人施孝廉寄孥于先生，先生受托，复于庵之西偏构椽以居之，赡数年，囊橐为竭，回滇日并挈为伴。至桃源县，孝廉子先患痢，先生染其病而卒。闻孝廉已抵家，而先生之孤棺得回与否，不可知矣。"[4]关于祖尧之孺人，请参阅本谱五十七岁纪事并《挽节烈郭孺人》诗。

清圣祖玄烨康熙元年壬寅（1662），逝后次年

太仓众友生闻祖尧死讯，哭祭于昙阳庵。

陆世仪《闻文介石先生归途卒于湖广之桃源县，遥哭四首》其四："共羡苏卿归塞北（自注：先生在娄十九年），争看疏广返家祠。谁知日月曾无几，为位空庵哭九嶷（自注：娄东诸同学为先生位，会哭于所寓之昙阳观）。"[5]

康熙二年癸卯（1663），逝后三年

门人顾士琏倡议娄东士人，改昙阳庵旧居为思贤庐祀之，私谥贞道先生。

按：笔者旧作纪改昙阳庵为思贤庐及私谥贞道先生事于去年，误[6]。

顾士琏《文介石先生思贤庐记》："自壬寅闻讣，住持僧彻如、惺如，即以西偏

---

① 秦光玉：《文介石先生传》，赵藩辑《呈贡文氏三遗集合钞》，影印《云南丛书》，第22册，第11860页，中华书局，2009年。

② 黄宗曦：《行朝录·永历纪年》，《正续云南备征志精选点校》，李春龙、刘景毛点校，第351页，云南民族出版社，2000年。

③ 邵廷采：《西南纪事·桂王由榔》，《正续云南备征志精选点校》，第363页，李春龙、刘景毛点校，云南民族出版社，2000年。

④ 文祖尧：《明阳山房遗集·附录交游赠挽诗文》，赵藩辑《呈贡文氏三遗集合钞》，影印《云南丛书》，第22册，第11887页，中华书局，2009年。

⑤ 陆世仪：《桴亭先生诗文集·诗集》卷7，《续修四库全书》，第1398册，第630~631页，上海古籍出版社，2002年。

⑥ 孙秋克：《文祖尧创作行实系年》，《明代云南文学研究》，第174页，云南人民出版社，2010年。

三屋为先生影堂，书帛设几，筵于其中。越三年矣，癸卯秋，门人顾士琏等易木主以祀之，私谥曰‘贞道先生’。……入其室则思其人，思其人则论其世，故题之曰‘思贤庐’，并记先生之始终于庵如此。”①

归庄《贞道先生祠堂记》：“辛丑，先生……病殁于桃源县，门人顾士琏闻之，率诸生为位而哭于僧舍之西，遍乡大夫皆吊。癸卯秋，三年心丧毕，士琏哭而告于众曰：‘先生百世之师也，昌明儒学，以《日程》训士，士习丕变。乐天知命，身愈潜而道愈光，其介然有守贞也，德充十躬而物化之道也，宜私谥贞道先生。’皆曰：‘然。’乃榜其室为思贤所。”②

《江南通志》本传：“诸生即寓室为祠，曰‘思贤庐’。”③

太仓州立祠于州学东祀之，亦有合祀者。

《江南通志》：“明学正文祖尧、李学正祠，在州学东祀。”④

郁法《合祀介石文公、蘖庵熊公》：“前朝隐逸在娄东，身后追思拜两公。教比程朱敦正学，文同屈宋抱遗忠。共扶大义矜高节，私谥名贤绍古风。苹藻春秋仰止地，自应百世瓣香同。”⑤

（孙秋克）

---

① 文祖尧：《明阳山房遗集·附录》，赵藩辑《呈贡文氏三遗集合钞》，影印《云南丛书》，第22册，第11872页，中华书局，2009年。

② 归庄：《归玄恭遗著》卷15，《续修四库全书》，第1401册，第387页，上海古籍出版社，2002年。

③ 黄之隽等编纂：《江南通志》卷115，《景印文渊阁四库全书》，第510册，第405页，台湾商务印书馆，1986年。

④ 黄之隽等编纂：《江南通志》卷40，《景印文渊阁四库全书》，第510册，第304页，台湾商务印书馆，1986年。

⑤ 汪学金：《娄东诗派》卷14，清嘉庆九年（1804）诗志斋刻本。

担当年谱（1593~1673）

综论

释家担当，于明神宗万历二十一年（1593）三月十二日出生于云南晋宁，俗姓唐，名泰，字大来，号担当。少亦有志于天下，惜生未逢时。值明清鼎革之际，在眷恋前朝和活在当下的挣扎中弃离尘世，结缘佛门，法名普荷、通荷。身后葬于云南大理感通寺。

担当出身于诗书仕宦之家，曾祖唐金有《池屿诗集》，祖父唐尧官有《五龙山人集》，父亲唐懋德有《十海诗集》[①]。担当曾作五言古诗《读先祖〈五龙山人集〉有感诗》，知其为诗受祖父濡染甚深。担当曾三次出滇游历，开阔视野，结交名士。第一次出游是在万历三十三年（1605），十三岁的担当随父亲唐懋德北上应选，期间南游吴楚，才名外显。第二次出游是入秦省父，时父亲唐懋德任临洮同知。最重要的当属第三次，出滇游历时间长达六七年，结交当时名士，并留有多篇诗作。明熹宗天启五年（1625），担当膺岁荐入京应礼部试，不第。过曲阜孔庙，经泰安泰山，游普陀、虎丘。因返滇道阻，又辗转岭右。期间，担当执贽于曾任南京礼部尚书寻又谢政归家的董其昌（玄宰）门下，修习书画。谒大泌山人李维桢（本宁），执弟子礼。访陈继儒（眉公）于空山。董其昌、李维桢、陈继儒三人为其《翛园集》作序。与苍雪大师游虎丘。明思宗崇祯三年（1630），三十八岁的担当在会稽参谒了显圣寺湛然云门禅师，受戒，取法名通荷。崇祯四年（1631）担当由浙、鄂、湘、黔返归滇省。之后担当游迹主要限于滇省。崇祯十一年（1638）徐霞客由黔入滇，于晋宁访担当，二人以诗文酬唱往来。担当还与丽江土官木增、太和杨晖吉等滇省内外友人交往密切，其存世诗作中多有迎送酬唱之篇什。担当亦曾大力提携后学。

作为文士，担当诗、书、画堪称三绝，人称“云中一鹤”“南中高士”。对其诗

---

① 方树梅：《担当年谱》，余嘉华、杨开达点校《担当诗文全集》，第503页，云南人民出版社、云南美术出版社，2003年。以下所引《担当诗文全集》即此本，不再赘注。

作时人评价甚高。如大浓山人李维桢赞曰："能作开元、大历以前人语，清而不薄，婉而不伤，法古而不袭迹，卑今而不吊诡。"[①]云间眉道人陈继儒称道："灵心遒响，丽藻英词，调激而不叫号，思苦而不呻吟。"[②]华亭董其昌亦有赞语曰："其诗温淳典雅，不必赋帝京而有四杰之藻，不必赋前后出塞而又少陵之法。"[③]

关于担当诗文作品结集、流传的情况。清张庚（1685~1760）《国朝画征续录》（二卷）载曰：（担当）"工诗，有《翛园集》，儒生时所作，《橛庵草》则出世后诗也"。[④]近人晋宁方树梅说："云南丛书馆历次所刊，尚未及一半。余数十年搜访，始得较全。《翛园集》儒生时所作，《橛庵草》出世后诗，康熙初刻本各七卷。《徐霞客游记》附刻三十首，乃儒生时作，亦附如，钞附《翛园集》末。文刻否不得知，零落得十余首（篇）。《拈花颂百韵》《罔措斋联语》师弟子广厦刊。又先后搜得书画拾零二十余则。"[⑤]又，据今人余嘉华等搜访所得，担当诗文作品存于以下文献中：别集有明刻本《翛园集》，清初刻本《橛菴草》，民国重刊、马絜《罔措斋联语》。选录则有收编入《云南丛书》之《担当遗诗》，袁文揆等《滇南诗略》，陈荣昌《滇诗拾遗》，袁嘉谷等《滇诗丛录》，方树梅《晋宁诗文征》等。方志有：清初刻本范承勋《鸡足山志》；稿本高奣映《鸡足山志》；稿本赵藩等《鸡足山志补》；丽江县志办重印本万咸燕《丽江府志略》；薛琳《巍山彝族回族自治县志》。与其有交友往来的文士雅客的作品结集中亦间有担当诗文作品附载，如读彻《南来堂集》；民国刊本陈佐才《明遗老陈翼叔先生诗全集》；钞本何蔚文《浪楂集》；明末刻本本无《风响集》；明末刻本木增《山中逸趣》。另外，徐弘祖《徐霞客游记》和方树梅《担当年谱》（手稿）中也有散篇收录。

余嘉华等人根据以上有关文献载录，在方树梅纂本基础上增补、点校出了《担当诗文全集》，其中包括《翛园集》《橛庵草》《罔措斋联语》《拈花颂百韵》以及有关文论、序跋、传记、年谱等，是迄今最为齐备的担当诗文集。

本年谱在方树梅编撰的《担当年谱》基础上编写，专注于系定担当的文学行实和交游，另参以其他有关材料，对方树梅《担当年谱》的一些条目有所调整和补阙。

---

① 李维桢：《翛园集序》，余嘉华、杨开达点校《担当诗文全集》，第 3 页，云南人民出版社、云南美术出版社，2003 年。

② 陈继儒：《翛园集序》，余嘉华、杨开达点校《担当诗文全集》，第 4 页，云南人民出版社、云南美术出版社，2003 年。

③ 董其昌：《翛园集序》，余嘉华、杨开达点校《担当诗文全集》，第 5 页，云南人民出版社、云南美术出版社，2003 年。

④ 张庚、刘瑗撰，祁晨越点校：《国朝画征录》，第 167 页，浙江人民美术出版社，2011 年。

⑤ 余嘉华、杨开达点校：《担当诗文全集》，第 1 页，云南人民出版社、云南美术出版社，2003 年。

年谱

明神宗朱翊钧万历二十一年癸巳（1593），一岁

担当，俗姓唐，名泰，字大来，号担当。三月十二日生于云南晋宁，母郭宜人[①]。

根据清代吴荣光（1773~1843）所编《历代名人年谱》，是年，京山（今属湖北荆门）李维桢四十七岁，华亭（今属上海）董其昌三十九岁，华亭陈继儒三十六岁，江阴（今属江苏）徐弘祖八岁[②]。

按：方树梅《担当年谱》于此条下言：华亭陈继儒眉公五十五岁[③]，可能有误。呈贡苍雪大师六岁[④]。

万历二十三年乙未（1595），三岁

妹生。[⑤]

万历三十年壬寅（1602），十岁

祖父尧官，以滇西边境连年用兵，有《从军行》四首。[⑥]

三月二十二日，鸡足山僧江南大错和尚生。

按：关于大错和尚生卒年，陈垣有考证[⑦]。方树梅编《担当年谱》将大错和尚生年

---

① 冯甦：《担当禅师塔铭》，见《荡山志略·卷下（甲）》（手写本，前有清康熙三十三年黄元治题序）。

② 李维桢（1547~1626），字本宁，京山（今属湖北荆门）人，书室名曰大泌山房。董其昌（1555~1636），字玄宰，华亭（今属上海）人。陈继儒（1558~1639），字仲醇，号眉公，松江华亭（今属上海）人。徐弘祖（1586~1641），号霞客，江阴（今属江苏省）。以上四人生卒年分别见清代吴荣光（1773~1843）编《历代名人年谱·卷九（明）》，第5册，第28、52页，第31、57页，第32、59页，第41、60页，上海书店出版社，1989年。

③ 方树梅：《担当年谱》，余嘉华、杨开达点校《担当诗文全集》，第495页，云南人民出版社、云南美术出版社，2003年。

④ 苍雪大师（1588~1656），云南呈贡人，俗姓赵，名读彻，初字见晓，后更为苍雪，别号南来。见陈乃乾《苍雪大师行年考略》，杨家骆主编《中国学术类编》，王培孙《王氏辑注南来堂诗集》，台湾鼎文书局，1977年。

⑤ 方树梅：《担当年谱》，余嘉华、杨开达点校《担当诗文全集》，第494页，云南人民出版社、云南美术出版社，2003年。

⑥ 同上书，第495页。此组诗在袁文典、袁文揆辑《滇南诗略》（十一卷）、陈荣昌辑《滇诗拾遗》（六卷）、李坤辑《滇诗拾遗补》（四卷）均未见到，以上三诗集见影印《云南丛书》，中华书局，2009年。

⑦ 钱邦芑（1602~1673），字开少，释号大错，丹徒（今属江苏省镇江市）人。明末贡生，曾官御史，后入滇为僧。关于其生卒年见陈垣著《明季滇黔佛教考·卷5》（上册），第395~397页，河北教育出版社，2000年。

系于明神宗万历二十二年甲午（1594）[①]，可能有误。

万历三十三年乙巳（1605），十三岁

补博士弟子员。[②]

随父懋德北上应选，南游吴楚。在金陵有老姬采花为簪髻。[③]

按：对于此事，担当有五言绝句《余年十三在金陵，湘兰老马姬采花为余簪髻，戏之》，浪穹何蔚文亦有诗《担当有诗题云：年十三在金陵，湘兰老马姬采花为余簪髻，因以二绝柬之》[④]。

万历三十四年丙午（1606），十四岁

存诗自是年始名《翛园集》，原署"滇中唐泰大来著"。[⑤]

是年苍雪法师由滇至蜀。

陈乃乾《苍雪大师行年考略》依据钱谦益《苏州府中峰山苍雪法师塔铭》、陈继儒《苍雪诗稿序》等材料对此考证曰：（是年）"师出发参方，由滇至蜀，与扈芷偕（原文夹注：广育）行。"[⑥]

万历三十五年丁未（1607），十五岁

父懋德仕南郡丞，以祖父尧官所著赋一卷，请李本宁为之序。[⑦]

万历三十六年戊申（1608），十六岁

父懋德由南郡丞迁临洮同知。[⑧]

---

① 方树梅：《担当年谱》，余嘉华、杨开达点校《担当诗文全集》，第494页，云南人民出版社、云南美术出版社，2003年。

② 冯甦：《担当禅师塔铭》，见《荡山志略·卷下（甲）》，手写本，前有清康熙三十三年（1694）黄元治题序。

③ 以上两事条见《担当年谱》，余嘉华、杨开达点校《担当诗文全集》，第497页，云南人民出版社、云南美术出版社，2003年。

④ 以上两首诗见《担当诗文全集》，第105、458页，云南人民出版社、云南美术出版社，2003年。

⑤ 余嘉华、杨开达点校：《担当诗文全集》，第7页，云南人民出版社、云南美术出版社，2003年。

⑥ 释读彻撰、王培孙辑注：《王氏辑注南来堂诗集》，杨家骆主编《中国学术类编》，台湾鼎文书局，1977年。

⑦ 此年条内容见方树梅《担当年谱》，第498页，云南人民出版社、云南美术出版社，2003年。

⑧ 方树梅：《担当年谱》，余嘉华、杨开达点校《担当诗文全集》，第498页，云南人民出版社、云南美术出版社，2003年。

万历三十七年己酉（1609），十七岁

父懋德任临洮同知，入秦省父。[①]

《脩园集》中的乐府诗《陇上歌》和七言律诗《入秦》，当作于是年。[②]

按：陇上，历史上泛指今天陕北、甘肃及其以西。明代有临洮府，府治在今甘肃省临洮东。

万历三十八年庚戌（1610），十八岁

六月十三日，祖父尧官卒，年七十，有《五龙山人集》三十三卷。

按：担当有五言古诗《读先祖〈五龙山人集〉有感》，知为诗受其祖濡染颇深[③]。

万历四十二年甲寅（1614），二十二岁

家居，娶妻黄氏。[④]

按：担当有七言绝句《读外舅黄伯仁先生诗》[⑤]，收于《橛庵草·卷七》，当为其五十岁后作。

万历四十四年丙辰（1616），二十四岁

家居，外甥朱昂生。[⑥]

按：昂初名源，字禹源。明亡后入鸡足山为僧，名把茅和尚。后还俗，更名昂，字子眉，著有《借庵诗草》[⑦]。

---

① 方树梅：《担当年谱》，余嘉华、杨开达点校《担当诗文全集》，第 498 页，云南人民出版社、云南美术出版社，2003 年。

② 以上两首诗见《担当诗文全集》，第 8、82 页，云南人民出版社、云南美术出版社，2003 年。

③ 此年条内容见方树梅《担当年谱》，余嘉华、杨开达点校《担当诗文全集》，云南人民出版社、云南美术出版社，2003 年，第 498~499 页。此诗见《担当诗文全集》，第 164 页。

④ 方树梅：《担当年谱》，余嘉华、杨开达点校《担当诗文全集》，第 494 页，云南人民出版社、云南美术出版社，2003 年。

⑤ 此诗见《担当诗文全集》，第 328 页，云南人民出版社，云南美术出版社，2003 年。

⑥ 方树梅：《担当年谱》，余嘉华、杨开达点校《担当诗文全集》，第 494 页，云南人民出版社、云南美术出版社，2003 年。

⑦ 周骏富辑，张其淦撰，祁正注：《清代传记丛刊·遗逸类·明代千遗民诗咏》卷 10（二编，影印本），台湾明文书局，第 066~719 页。

万历四十六年戊午（1618），二十六岁

赴省城，有《金碧谣》，写夫妇相思之情。①

万历四十七年己未（1619），二十七岁

家居。

有《子夜歌》二十首，自序以畅发其意。②

明熹宗朱由校天启元年辛酉（1621），二十九岁

外舅黄麟趾举岁贡。③

呈贡文祖尧（号介石）任四川名山县训导。④

天启二年壬戌（1622），三十岁

正月初八日，徒斯宁生。⑤

天启四年甲子（1624），三十二岁

七月，朝廷赐丽江土知府木增藏经。敕书有“天启四年七月初六日”语。⑥

天启五年乙丑（1625），三十三岁

膺岁荐入京应礼部试。北上过曲阜，谒孔庙，经泰安，登泰山，有七言古诗《九日谒孔庙观古桧》《泰山》。董其昌选南京礼部尚书，寻谢政归。担当执贽于门下，学书画。谒大泌山人李维桢，执弟子礼。李维桢为《脩园集》作序。有五古一

---

① 方树梅：《担当年谱》，余嘉华、杨开达点校《担当诗文全集》，第 501 页。此诗见《担当诗文全集》，第 29 页，云南人民出版社、云南美术出版社，2003 年。

② 方树梅：《担当年谱》，余嘉华、杨开达点校《担当诗文全集》，第 501 页，云南人民出版社、云南美术出版社，2003 年。此诗见《担当诗文全集》，第 26~29 页。

③ 方树梅：《担当年谱》，余嘉华、杨开达点校《担当诗文全集》，第 501 页，云南人民出版社、云南美术出版社，2003 年。

④ 秦光玉：《文介石先生传》，方树梅纂集，李春龙等点校《滇南碑传集》，第 224 页，云南人民出版社、云南民族出版社，2003 年。

⑤ 方树梅：《担当年谱》，余嘉华、杨开达点校《担当诗文全集》，第 502 页，云南人民出版社、云南没数出版社，2003 年。

⑥ 高奣映著，芮增瑞校注：《鸡足山志》，第 442 页，云南人民出版社，2003 年。

首《赠李本宁先生》。合编曾祖金之《池屿诗集》、祖尧官之《五龙山人集》、父懋德之《十海诗集》为《绍箕堂集》，李本宁为之序。①

按：《翛园集》所收“杂歌辞曲”《石城曲四首》、七言古诗《京师古栴檀佛》、七言律诗《同友人将入燕京西山寻滴水岩》、五言律诗《溧水旅况》、五言绝句《望神京西山》，当作于是年。“京师”，当指明都城北京或南京；“石城”，当指石头城，即南京；“溧水”，当指明代应天府溧水县，即今天南京南部的溧水县；“滴水岩”，今北京西有滴水岩。

天启六年丙寅（1626），三十四岁

在白门（今南京）。

呈贡苍雪大师有《丙寅白门送唐大来明经应试诗》。②

按：六朝时称建康城正南门宣阳门为白门，在今南京市城区南，后人因此作为南京别称。

《翛园集》七言绝句《船过金陵与谢君采先生夜话》③或作于是年。

按：战国时，楚国曾筑金陵城于今天南京市清凉山上，后人用以作为南京别称。

秋与苍雪大师游虎丘，有《同苍雪大师游虎丘》诗。

李维桢卒，年八十。④

天启七年丁卯（1627），三十五岁

仍留白门。

董其昌为序《翛园集》。

游天台、雁荡、普陀，有七言古诗《天台山四首》《雁荡歌》《雁荡瀑布》《普陀山》，另有《送客回滇诗》。⑤

---

① 方树梅：《担当年谱》，余嘉华、杨开达点校《担当诗文全集》，第503页，云南人民出版社、云南美术出版社，2003年。

② 同上书，第504页。此诗见《担当诗文全集》，第455页，云南人民出版社、云南美术出版社，2003年。

③ 余嘉华、杨开达点校：《担当诗文全集》，第113页，云南人民出版社、云南美术出版社，2003年。

④ 方树梅：《担当年谱》，余嘉华、杨开达点校《担当诗文全集》，第504页，云南人民出版社、云南美术出版社，2003年。《同苍雪大师游虎丘》诗见《担当诗文全集》，第46页，李维桢卒年参看本年谱“一岁”年条下注文。

⑤ 方树梅：《担当年谱》，余嘉华、杨开达点校《担当诗文全集》，第504~505页，云南人民出版社、云南美术出版社，2003年。此四首诗见《担当诗文合集》，第47~50页。

明思宗朱由检崇祯元年戊辰（1628），三十六岁

欲由鄂、湘、黔回滇。黔正值安奢之乱，道阻，纡从岭右。

访陈眉公于空山，陈眉公为序《翛园集》。有五律《赠陈眉公先生山居八首》。

同谢武林先生游桂林山水，有五言古诗《游桂林山水同谢武林先生赋》。

途经卧龙冈，有七言古诗《卧龙冈》。①

崇祯二年己巳（1629），三十七岁

游浙江。②

崇祯三年庚午（1630），三十八岁

至会稽，参谒湛然云门禅师于显圣寺。受戒，法名通荷。嗣法而遵正眼。湛然，名圆澄。③

是年有七言律诗《崇祯庚午初春感赋》④，收于《翛园集》。

崇祯四年辛未（1631），三十九岁

由浙、鄂、湘、黔归滇。⑤

崇祯五年壬申（1632），四十岁

家居养母。

有《言志诗十一首（并引）》，“引”中有言曰：“年未四十，已无志于通籍。”⑥

崇祯六年癸酉（1633），四十一岁

巡抚钱士晋额旌“云中一鹤”，典试汪国士额旌“追踪莱逸”。

---

① 方树梅：《担当年谱》，余嘉华、杨开达点校《担当诗文全集》，第505页。此三首诗见《担当诗文全集》，第41、53、59~60页，云南人民出版社、云南美术出版社，2003年。

② 方树梅：《担当年谱》，余嘉华、杨开达点校《担当诗文全集》，第505页，云南人民出版社、云南美术出版社，2003年。

③ 同上。

④ 余嘉华、杨开达点校：《担当诗文全集》，第94页，云南人民出版社、云南美术出版社，2003年。

⑤ 方树梅：《担当年谱》，余嘉华、杨开达点校《担当诗文全集》，第506页，云南人民出版社、云南美术出版社，2003年。

⑥ 同上。该诗（并引）见《担当诗文全集》，第87~90页。

游盘龙寺，有七言律诗《游盘龙寺》。[①]

崇祯七年甲戌（1634），四十二岁

居家养母。

巡按李一鹏额旌“南中高士”。

内弟黄沂水郊有《余久客于外，甲戌始归。中秋日，同宋维新、赵德卿、唐大来、张调之、秦小游、唐瀹觳、陈玉屏、苏海芳及禹甸家弟，集盘龙寺。步月饮桥头，拈韵得声字，成九言诗》。[②]

崇祯八年乙亥（1635），四十三岁

家居养母。

有七言律诗《盘龙寺读莲峰祖师遗偈》。[③]

崇祯九年丙子（1636），四十四岁

母郭宜人弃养，年八十一。

董其昌卒，年八十二。[④]

崇祯十年丁丑（1637），四十五岁

丁母艰，家居持服。[⑤]

崇祯十一年戊寅（1638），四十六岁

八月，徐霞客由黔入滇，先游滇东北。二次入省城后，十月初四日由昆明南坝买舟渡滇池，至安江村，入晋宁访担当，在晋宁二十日。[⑥]

---

① 方树梅：《担当年谱》，余嘉华、杨开达点校《担当诗文全集》，第507页，云南人民出版社、云南美术出版社，2003年。该诗见《担当诗文全集》，第93页。

② 方树梅：《担当年谱》，余嘉华、杨开达点校《担当诗文全集》，第508页，云南人民出版社、云南美术出版社，2003年。此诗亦见同页。

③ 方树梅：《担当年谱》，余嘉华、杨开达点校《担当诗文全集》，第508页，云南人民出版社、云南美术出版社，2003年。该诗见《担当诗文全集》，第83页。

④ 方树梅：《担当年谱》，余嘉华、杨开达点校《担当诗文全集》，第508页，2003年，云南人民出版社、云南美术出版社。董其昌卒年，参看本年谱“一岁”年条下注文。

⑤ 方树梅：《担当年谱》，余嘉华、杨开达点校《担当诗文全集》，第509页，云南人民出版社、云南美术出版社，2003年。

⑥ 同上书，第510页。

按：此间，担当有七古《大游篇赠徐霞客先生》、七绝《留先生小坐》、七绝《先生以诗见贻赋赠》、五绝《与先生月下写怀》、七绝《问先生粤中山水作》、七古《汗漫歌》、五律《送先生滇游外山川》、七绝《与先生夜酌》、七首七绝《天游曲》、七古《赋得笑他区区五岳图》、七律《赠先生》、五绝《送先生游鸡足山》、五绝《自述呈先生》、五古《赠先生》、七绝《答先生》、五古《赋赠徐霞客》、五绝《怀徐霞客先生》、五首五绝《勖先生》、五绝《柬先生》、五绝《别先生》，总三十首，最早附录于《徐霞客游记》[①]。方树梅编于《脩园集》末。

崇祯十二年己卯（1639），四十七岁

侨寓省垣。

徐霞客由鸡足山赴丽江，访木增，得见担当为木增手订《山中逸趣》，并为之作序。[②]

按：徐霞客曾言，应求为丽江木公所辑《云邁淡墨》作序，转日，鸡足僧人拿出《云邁淡墨》给木公，木公亦请其阅校。而序《山中逸趣》事未见到[③]。

陈继儒卒，年八十二岁。[④]

崇祯十三年庚辰（1640），四十八岁

侨寓省垣。

徐霞客在鸡足山修志，三月而成，丽江木太守为饰舆以送归。

秋八月，为振侯盟兄写《前赤壁赋》长卷，署唐泰迟道人。[⑤]

崇祯十四年辛巳（1641），四十九岁

《脩园集》收诗至是年止，共七卷。[⑥]

---

① 徐弘祖著，丁文江编：《徐霞客游记·徐霞客先生年谱》卷 11《滇游日记四》、卷 20（外编），商务印书馆，1986 年。

② 方树梅：《担当年谱》，余嘉华、杨开达点校《担当诗文全集》，第 514 页，云南人民出版社、云南美术出版社，2003 年。

③ 徐弘祖著，丁文江编：《徐霞客游记》卷 14《滇游日记七》，商务印书馆，1986 年。

④ 陈继儒卒年，参看本年谱一岁年条下注文。

⑤ 方树梅：《担当年谱》，余嘉华、杨开达点校《担当诗文全集》，第 514~515 页，云南人民出版社、云南美术出版社，2003 年。

⑥ 同上书，第 515 页。

崇祯十五年壬午（1642），五十岁

三月十二日，有七言律诗《壬午五十生日》。

《橛庵草》署名为“鸡山僧通荷担当”。

出家应在此年。①

按：关于担当出家之年，孙太初亦同意此观点②。另，《国朝书画家笔录·卷四》有担当“甲申后剃发结茅鸡足山”一语③，此语可能将其外甥朱昂“甲申夏出家”之事误系担当④。

崇祯十六年癸未（1643），五十一岁

呈贡文祖尧（介石）晋太仓州学正。⑤

崇祯十七年、清世祖福临顺治元年甲申（1644），五十二岁

有诗《闻时事柬黄孝翼征君》。⑥

南明安宗朱由崧弘光元年、南明绍宗朱聿键隆武元年、清世祖福临顺治二年乙酉（1645），五十三岁

太仓州学正呈贡文祖尧弃官，从苍雪法师，遁迹中峰。⑦

按：参阅本书《文祖尧年谱》同年纪事。

南明绍宗朱聿键隆武二年、清顺治三年丙戌（1646），五十四岁

寓省垣。⑧

---

① 以上两事条见《担当年谱》，余嘉华、杨开达点校《担当诗文全集》，第516~517页，云南人民出版社、云南美术出版社，2003年。

② 孙太初：《关于担当历史的几点订正》，《文物》，1982年第2期。

③ 周骏富辑、窦震辑：《清代传记丛刊·国朝书画家笔录·卷四附方外》（影印本），第82~482页，明文书局印行，年代不详。

④ 秦光玉：《明季滇南遗民录·卷上》（手写本）。

⑤ 秦光玉：《文介石先生传》，方树梅纂集，李春龙等点校《滇南碑传集》，第224页，云南民族出版社，2003年。

⑥ 原文为“师有闻时事，柬黄孝翼征君诗”，见《担当年谱》，《担当诗文全集》，第518页。《担当诗文全集》所收与“黄孝翼征君”有关的诗题有三个，分别见第70、94、117页，但就内容来看，似都与此诗无涉。

⑦ 秦光玉：《文介石先生传》，方树梅纂集，李春龙等点校《滇南碑传集》，第224页，云南民族出版社，2003年。

⑧ 方树梅：《担当年谱》，余嘉华、杨开达点校《担当诗文全集》，第519页，云南人民出版社、云南美术出版社，2003年。

南明昭宗朱由榔永历元年、清顺治四年丁亥（1647），五十五岁

居水目山，从无住禅师染剃，遵戒而不嗣法。[①]

按：担当三十八岁时“至会稽，参谒湛然云门禅师于显圣寺。受戒，名通荷。嗣法而遵正眼”，五十五岁时“从戒师无住，遵戒而不嗣法”。而根据担当《橛庵草》自跋：“后世则湛然云门和尚，偈颂中颇有风雅遗意。余昔公车事竣，参和尚于会稽显圣寺中，觌面相承，授以禅旨。因有母在堂，不能染剃相随，只得回滇以供定省。及母养告终，海内遂多事矣。间关伊阻，不能飞度中原，受衣钵于大老。不得已，就近参求，以终未了之志。前名普荷，从戒师无住，遵戒而不嗣法也；今名通荷，从先师云门，嗣法而遵正眼也。通荷，时年七十六识。”[②] 所以方树梅《年谱》引《续新高僧传》（廿三）云：“从无住祝发后，复参湛然。先后倒置。”[③]

南明永历二年、清顺治五年戊子（1648），五十六岁

在鸡足山。[④]

南明永历三年、清顺治六年己丑（1649），五十七岁

有《毗山对酒和陶诗册》。[⑤]

南明永历四年、清顺治七年庚寅（1650），五十八岁

画《三驼图》，有乐府《关山月》。[⑥]

南明永历五年、清顺治八年辛卯（1651），五十九岁

有《自述诗》，可作自传读。[⑦]

---

① 方树梅：《担当年谱》，余嘉华、杨开达点校《担当诗文全集》，第 520 页，云南人民出版社、云南美术出版社，2003 年。

② 担当：《橛庵草跋》，余嘉华、杨开达点校《担当诗文全集》，第 139 页，云南人民出版社、云南美术出版社，2003 年。

③ 余嘉华、杨开达点校：《担当诗文全集》，第 139、506 页，云南人民出版社、云南美术出版社，2003 年。

④ 方树梅：《担当年谱》，余嘉华、杨开达点校《担当诗文全集》，第 522 页，云南人民出版社、云南美术出版社，2003 年。

⑤ 同上。此诗见于《担当诗文全集》，第 522~533 页。

⑥ 方树梅：《担当年谱》，余嘉华、杨开达点校《担当诗文全集》，第 523 页，云南人民出版社、云南美术出版社，2003 年。此乐府诗见《担当诗文全集》，第 143 页。

⑦ 方树梅：《担当年谱》，余嘉华、杨开达点校《担当诗文全集》，第 524 页，云南人民出版社、云南美术出版社，2003 年。此诗见于《担当诗文全集》，第 524~525 页。

南明永历六年、清顺治九年壬辰（1652），六十岁

在鸡足山，出游剑川石宝山、丽江雪山，作《秋江无尽图》，署名唐泰。[①]

七言古诗《同也溪访其宗人云升，于石宝山居，作画为别并题长篇》、七言律诗《石宝山》《丽江雪山二首》当作于是年。[②]

南明永历七年、清顺治十年癸巳（1653），六十一岁

是年作《在鸡足山忆盘龙寺莲峰祖师遗蜕诗》，又作《行住坐卧四威仪象》卷子，其后有自题语。[③]

南明永历八年、清顺治十一年甲午（1654），六十二岁

在鸡足山，常往来苍洱间。

与太和杨晖吉相契。向晖吉索大来画，为担当未出家所作者，晖吉以诗《担当向予索大来画甚殷，赋以寄阅》应之。

是年冬应法润、安仁二僧之请，为本无大师《风响集》作序。[④]

南明永历九年、清顺治十二年乙未（1655），六十三岁

安徽汪宸初蛟入鸡足山来访，有七言律诗《赠汪宸初》。

游鹤庆，有七言律诗《过鹤阳赠蜀中草圣张公诗》；游浪穹，有七言律诗《浪穹道中》。[⑤]

南明永历十年、清顺治十三年丙申（1656），六十四岁

闰五月二十二日，苍雪叠膝坐化于中峰。将寂，以衣钵付智光，以山茧袍及诗文集属毛子晋。

---

① 方树梅：《担当年谱》，余嘉华、杨开达点校《担当诗文全集》，第 525 页，云南人民出版社、云南美术出版社，2003 年。

② 余嘉华、杨开达点校：《担当诗文全集》，第 166、215、234 页，云南人民出版社、云南美术出版社，2003 年。

③ 方树梅：《担当年谱》，余嘉华、杨开达点校《担当诗文全集》，第 526 页，云南人民出版社、云南美术出版社，2003 年。《在鸡足山忆盘龙寺莲峰祖师遗蜕诗》，《担当诗文全集》，第 213 页。

④ 方树梅：《担当年谱》，余嘉华、杨开达点校《担当诗文全集》，第 527~528 页，云南人民出版社、云南美术出版社，2003 年。《担当向予索大来画甚殷赋以寄阅》，《担当诗文全集》，第 463 页。

⑤ 方树梅：《担当年谱》，余嘉华、杨开达点校《担当诗文全集》，第 528~529 页，云南人民出版社、云南美术出版社，2003 年。此三首诗分别见《担当诗文全集》，第 203、235、237 页。

陈乃乾《苍雪大师行年考略》据《贤首宗乘》和《宗统编年》考证曰："（是年）闰五月二十二日叠膝坐化于中峰。将寂，以衣钵付智光，以山茧袍及诗文集属毛子晋。"①

南明永历十二年、清顺治十五年戊戌（1658），六十六岁

在鸡足山，重修宝莲庵，庵内有罔措斋、息机养静室。作文殊像，为绍初寿。②

南明永历十四年、清顺治十七年庚子（1660），六十八岁

大错和尚在鸡足山修志，有《鸡足山四友记》。③

南明永历十五年、清顺治十八年辛丑（1661），六十九岁

湖南刘维则（孝思）入鸡足山来访，担当有七言律诗《赠湘潭刘维则》。

有七言题画诗四首。④

清圣祖玄烨康熙元年壬寅（1662），七十岁

有诗："春来无日不狂游，笑折名花插满头。一自为僧天放我，而今七十尚风流。"⑤

按：似重提其十三岁在金陵有老姬采花为簪髻一事。

康熙二年癸卯（1663），七十一岁

在鸡足山，常往来苍洱间，

冬日，在榆城（今云南省大理古城）。蒙化陈佐才有《冬日过榆城赏唐梅

---

① 陈乃乾：《苍雪大师行年考略》，杨家骆主编《中国学术类编》，王培孙《王氏辑注南来堂诗集》，台湾鼎文书局，1977年。亦可参见钱谦益《苏州府中峰山苍雪法师塔铭》，见释读彻撰《续修四库全书·南来堂集》（据上海辞书出版社，图书馆藏民国三年刻《云南丛书》影印）。

② 方树梅：《担当年谱》，余嘉华、杨开达点校《担当诗文全集》，第530~531页，云南人民出版社、云南美术出版社，2003年。

③ 同上书，第533页。《鸡足山四友记》见高奣映著，芮增瑞校注《鸡足山志》，第497页，云南人民出版社，2003年。

④ 方树梅：《担当年谱》，余嘉华、杨开达点校《担当诗文全集》，第535页，云南人民出版社、云南美术出版社，2003年。《赠湘潭刘维则》和题画诗四首，分别见《担当诗文全集》，第206、535页。

⑤ 李初梨：《李初梨珍藏书画选》，第26页，重庆出版社，1986年。

并访担当和尚》诗，又有题担当和尚画诗。[①]

康熙三年甲辰（1664），七十二岁

内侄黄梦鲤有怀担当大师诗二首。

按：黄梦鲤，字鱼公，郊之子，崇祯间贡生，能诗[②]。

康熙四年乙巳（1665），七十三岁

门徒广厦编刊担当《罔措斋联语》，担当有自序。作诗《梦拜先大夫墓有感》。[③]

康熙五年丙午（1666），七十四岁

为陈佐才删定诗稿。佐才有《天叫集》《宁瘦居》等，担当称其诗天授。[④]

按：蒙化陈佐才鼎革隐居，后从担当学诗。秦光玉《明季滇南遗民录·卷上》记载，陈佐才"鼎革后遂隐居不仕，发愤向学，喜吟咏，与徐宏泰、张以恒、担当和尚相倡和，语多血性，不事推敲，而自有远韵深情。……著有《宁瘦居》《天叫集》《是何庵》等稿"[⑤]。关于陈佐才的生平事迹，请参阅本书《陈佐才年谱》。

《除夕示友》或作于是年。诗云："回头已无七十三。"[⑥]

康熙六年丁未（1667），七十五岁

自鸡足山移住大理感通寺，有五言古诗《班山》、七言古诗《写韵楼歌》。[⑦]

康熙七年戊申（1668），七十六岁

《橛庵草》收诗当至此岁。

---

① 方树梅：《担当年谱》，余嘉华、杨开达点校《担当诗文全集》，第538页，云南人民出版社、云南美术出版社，2003年。《冬日过榆城赏唐梅并访担当和尚》诗，见《担当诗文全集》，第458页。

② 方树梅：《担当年谱》，余嘉华、杨开达点校《担当诗文全集》，第538页，云南人民出版社、云南美术出版社，2003年。诗两首亦见同页。

③ 方树梅：《担当年谱》，余嘉华、杨开达点校《担当诗文全集》，第539页，云南人民出版社、云南美术出版社，2003年。《梦拜先大夫墓有感》，《担当诗文全集》，第329页。

④ 方树梅：《担当年谱》，余嘉华、杨开达点校《担当诗文全集》，第539页，云南人民出版社、云南美术出版社，2003年。又参见《景印文渊阁四库全书》靖道谟等编纂雍正《云南通志》卷22之二。

⑤ 秦光玉：《明季滇南遗民录》卷上（手写本）。

⑥ 余嘉华、杨开达点校：《担当诗文全集》，第173页，云南人民出版社、云南美术出版社，2003年。

⑦ 方树梅：《担当年谱》，余嘉华、杨开达点校《担当诗文全集》，第540页，云南人民出版社、云南美术出版社，2003年。此两首诗分别见《担当诗文全集》。第158、177页。

按：《橛庵草》自跋有“通荷，是年七十六识”语①。

康熙八年己酉（1669），七十七岁

为陶不退书画卷题语。

按：担当《题陶不退书卷》末有“担当识此。时年七十有七”之语②。

康熙九年庚戌（1670），七十八岁

有七言绝句《寄怀岳宗、六湛二弟》。

按：岳宗名岱，六湛名华，担当叔新德之子③。

康熙十年辛亥（1671），七十九岁

是年夏六月有画一幅，作山峦似倒伏。又有七言绝句《感通寺中写韵楼吊升庵太史》。④

收于《橛庵草》的七言绝句《客中除夕》或作于是年。

按：诗中有诗句“岂止明朝近八旬”⑤。

康熙十一年壬子（1672），八十岁

住班山写韵楼。有自题象赞语。⑥

康熙十二年癸丑（1673），八十一岁

有《拈花颂》百咏并序。

按：《拈花颂百韵序》末有“康熙癸丑中秋月，八十一僧通荷担当自撰”语。⑦

---

① 余嘉华、杨开达点校：《担当诗文全集》，第139页，云南美术出版社，2003年。

② 同上书，第379页。

③ 方树梅：《担当年谱》，余嘉华、杨开达点校《担当诗文全集》，第542~543页，云南人民出版社、云南美术出版社，2003年。此诗见《担当诗文全集》，第327页。

④ 方树梅：《担当年谱》，余嘉华、杨开达点校《担当诗文全集》，第543页，云南人民出版社、云南美术出版社，2003年。此诗见《担当诗文全集》，第343页。

⑤ 余嘉华、杨开达点校：《担当诗文全集》，第311页，云南人民出版社、云南美术出版社，2003年。

⑥ 方树梅：《担当年谱》，余嘉华、杨开达点校《担当诗文全集》，第543页，云南人民出版社、云南美术出版社，2003年。此赞语见《担当诗文全集》，第543~544页。

⑦ 余嘉华、杨开达点校：《担当诗文全集》，第377页，云南人民出版社、云南美术出版社，2003年。

住班山感通寺。孟冬示微疾，十有九日。辰起端座辞众，书偈后寂然而化，卒年八十一，葬于班山。门徒广厦至楚雄府乞知府天台冯甦作塔铭。[1]

关于担当祖上世系，近人方树梅根据清乾隆年间唐治修辑《浙滇唐氏族谱》、康熙《晋宁州志》、乾隆《晋宁州志》《云南通志》等材料，考证云南晋宁唐氏，乃由浙江淳安唐胜长（字宗善）于朱明洪武初年谪戍而来。其族谱如下[2]：

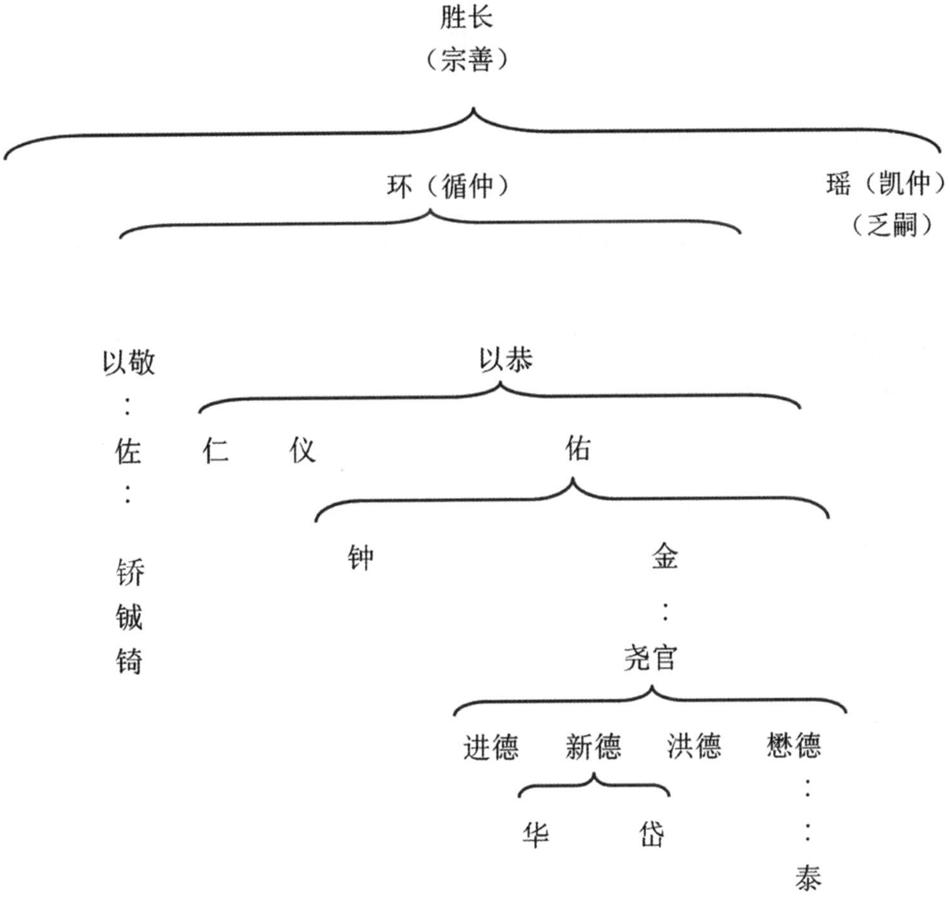

（李艳峰）

---

① 冯甦：《担当禅师塔铭》，《荡山志略（甲）》卷下，手写本，前有清康熙三十三年黄元治题序。

② 方树梅：《担当年谱》，余嘉华、杨开达点校《担当诗文全集》，第 490~493 页，云南人民出版社、云南美术出版社，2003 年。

赵炳龙年谱（1608~1697）

综论

赵炳龙，明末著名白族诗人、词人。字文成、云升。云南剑川向湖村人。《新纂云南通志》记载其“幼有异禀，长而研求经世之学，工诗文、古辞”[①]，云南近代著名学者陈荣昌在《滇诗拾遗》中评价他：“先生之诗，风骚、汉魏、六朝、三唐并涉其藩篱，跻其堂奥，故各体皆佳”。[②]现存《居易轩遗稿》二卷。

赵炳龙一生有浓厚的爱国情怀，诗文多寄寓君国身世之感。生逢乱世，他虽怀抱济世安邦之抱负，却不得施展。其壮年岁月与南明永历朝的浮沉密切相关——追随原云南副使杨畏知，“誓此七尺躯，捐以报明阙”[③]。奈何南明晚期，国势日颓，在清廷的强势围追堵截下，南明内部犹自争权夺利，最终覆灭。报国希望破灭后，赵炳龙回乡隐居，数十年足迹不入城市。然而直至去世，他心中都不曾泯灭对故国的怀念和痛惜之情，写下了很多杜鹃泣血般感人至深的诗篇。

赵炳龙诗喜用骚体，他以屈原忠君爱国、高标自洁的品格为典范，诗中处处流露出对国运的关怀、担忧，感情深沉而强烈奔放，有一咏三叹之致。如《去故都三章》：“去故都兮山水其长，人之云亡，涕泗其滂。……去故都兮雨雪其霏，人之云亡，麟凤其悲。……去故都兮岁月其沉，人之云亡，禾黍行吟。我心之永贞兮，惧愆修而忝亲”[④]。又如《离忧六章闵遇也》：“欲离忧兮，云天之寄兮，白云飘缈而长逝兮，羌予不能御兮。欲离忧兮，灵均之谒兮，湘水泱漭而无楫兮，羌予不能涉兮。”[⑤]这些诗歌都表达了对国运深切的忧虑，以及无可奈何的痛心与悲哀，言辞哀惋，令人动容。康熙年间编撰的《剑川州志·人物传》评价赵炳龙道：“诗多寓君国身世之感，哀怨悱恻，读者凄楚，堪

---

①《新纂云南通志》卷74《艺文考》四，第4册，第324页，云南人民出版社，2007年。

②陈荣昌编：《滇诗拾遗·赵炳龙小传》，《丛书集成续编》，第151册，第459页，台湾新文丰出版公司，1989年。

③赵炳龙：《居易轩遗稿·出塞曲》，《丛书集成续编》，第152册，第428页，台湾新文丰出版公司，1989年。

④赵炳龙：《居易轩遗稿》，《丛书集成续编》，第152册，第427页，台湾新文丰出版公司，1989年。

⑤同上。

称南明诗史。”[①]清代丽江文学家李玉湛也写道：“读先生之诗文，渊源忠孝，取法诗骚，欲言难言之隐，以可解不可解之辞，出之黍离秀麦之悲、香草美人之旨。旷代以来，当与杜子美、元微之相似而哭。”[②]

据相关史料记载，赵炳龙一生著述甚丰，其后人赵联元回忆，赵炳龙曾自编《居易轩集》，其集“凡诗四卷，古今体六百余首；文四卷，论说、记叙、传志、赞铭、奏议、书牍之属，都百余篇”。[③]惜其作品曾在兵祸中两次被毁，“咸丰年间，联元复抄副本，藏城中新居。丙辰，贼人入境，原本毁于火。同治戊辰，邑城陷，副本亦已失去。”后来虽经多方搜集，但只不过“得遗诗103首，文数篇，辑为《居易轩遗诗钞》二卷传世”。[④]《新纂云南通志》记载，赵炳龙还“撰有《楸园杂识》，卷数不悉……炳龙隐于向湖村楸园时所作，多记明季事，足备考当日掌故。惜毁于咸丰兵火矣”。[⑤]《新纂云南通志》又载，赵炳龙曾“撰有《宝岩居词》，是书未刻”[⑥]。可见，现在传世的赵炳龙著作，尚不及原有的十分之一。这对于研究其生平和创作，无疑是巨大的遗憾。

赵炳龙现存的作品，有后人赵联元辑录的《居易轩遗稿》两卷，云南省图书馆藏有抄本和光绪十四年（1888）长沙刻本及《云南丛书》本，同时其影印本也收入台湾新文丰出版公司《丛书集成续编》。此外，《丽郡诗征》录其诗61首，《滇诗拾遗》录48首，《丽郡文征》录其文7篇。现今录其作品最全的，是《历代白族作家丛书·赵炳龙卷》。该卷收录其诗63首，词13首，文7篇[⑦]。

关于赵炳龙，除文集出版外，学术界也有专门针对他生平或创作的研究。陈荣昌在《滇诗拾遗》中收赵炳龙诗歌47首，并写有《赵炳龙小传》，某些诗歌附有按语，可视为研究赵炳龙最早的学者。张文勋先生所编《白族文学史》，简要概述了其生平和创作以及诗歌的思想内容[⑧]；李缵绪《白族文学史略》[⑨]、张福三《云南地方文学史（古

① 罗江文主编：《历代白族作家丛书·赵炳龙卷》，第136页，云南民族出版社，2006年。
② 李玉湛：《居易轩诗文后序》，赵炳龙《居易轩遗稿》卷尾，《丛书集成续编》，第152册，第441页，台湾新文丰出版公司，1989年。
③ 赵联元：《居易轩诗文跋》，赵炳龙《居易轩遗稿》卷尾，《丛书集成续编》，第152册，第442页，台湾新文丰出版公司，1989年。
④ 同上。
⑤《新纂云南通志》卷74“艺文考四”，第4册，第306页，云南人民出版社，2007年。
⑥《新纂云南通志》卷78《艺文志考·滇人著述之书》，第324页，云南人民出版社，2007年。
⑦ 罗江文主编：《历代白族作家丛书·赵炳龙卷》，云南民族出版社，2006年。
⑧ 张文勋主编：《白族文学史》，第383~384页，云南人民出版社，1983年。
⑨ 李缵绪主编：《白族文学史略》，第250~262页，中国民间文学出版社，1984年。

代卷）》[1]，对其诗歌按思想内容进行分类、概述，探讨了其诗歌风格和特点，高度肯定了他的爱国热情。段炳昌《天南风雅》[2]及罗江文主编的《情系大理·历代白族作家丛书》[3]之《赵炳龙卷》，对赵炳龙也进行了深入的考察和研究；孙秋克《明代云南文学研究》[4]一书，从与高应雷交往的角度，对赵炳龙进行了一些考述。论文方面，专门研究赵炳龙的有罗江文教授2005年发表的论文《薄命篇成泪满襟，湘累哀怨楚骚心——谈明代白族诗人赵炳龙的诗歌创作》[5]，云南大学2012届硕士毕业生余知航硕士论文《赵炳龙研究》，原因、杨春林的《赵炳龙：南明诗史有此君》[6]。另有一些相关信息，散见于地域文学史和文化研究著述中，或是作为当地名人被提及和介绍，并非专题研究，在此不一一赘述。《赵炳龙年谱》，此为首次编写。

年谱

明神宗朱翊钧万历三十六年戊申（1608），一岁

出生于云南剑川县向湖村。

《大理白族自治州志》卷九："赵炳龙，剑川向湖村人。"[7]

《新纂云南通志·赵炳龙传》："赵炳龙，剑川人也。"[8]

康熙《剑川州志》卷二："州治在云南省城西北一千五十里，属鹤庆府。"[9]

按：关于赵炳龙的家世，由于尚未找到相关族谱和更为细致的史料，故只能按照有关记载来推断。《新纂云南通志》第八册卷一百八十八"汉至元耆旧传"部分记载元朝有名赵顺者，以大理都元帅府副使入滇，定居剑川城南向湖村。这应是赵炳龙先祖。赵顺有《满江红》词作一首传世，看来，赵氏一族一直有良好的家学渊源。赵顺的后人赵宝，曾担任丽江安抚司同知，在石宝山建过宝岩居，赵炳龙曾著有《宝岩居词》，由此看来，说赵炳龙是赵顺后人，是有依据的。

---

① 张福三撰：《云南地方文学史（古代卷）》，云南人民出版社，1997年。
② 段炳昌撰：《天南风雅》，云南民族出版社，2012年。
③ 罗江文主编：《历代白族作家丛书·赵炳龙传》，云南民族出版社。
④ 孙秋克：《明代云南文学研究》，第151~162页，云南人民出版社，2010年。
⑤《大理学院学报》，2005年第4期。
⑥ 原因、杨春林：《赵炳龙：南明诗史有此君》，《大理文化》，2012年第8期。
⑦ 大理白族自治州地方志编纂委员会编：《大理白族自治州志》卷9，第412页，云南人民出版社，1998年。
⑧《新纂云南通志》卷194，第8册，第265页，云南人民出版社，2007年。
⑨ 王世贵、何基盛等纂：康熙《剑川州志》卷2，第902页，大理州白族自治州文化局印，1986年。

又按：据《剑川州志》记载，赵炳龙出生不久，其母即病逝，其父赵完璧一手抚养他成人。赵完璧[①]，明嘉靖年间增生，“倜傥能文，植品严正。御史李必昂聘入署课子。嘉靖间，丽江豪右来剑川置田，欲行过割，曚昽钱粮，赂完璧银三百两，拒不受，具呈大府，得杜强噬，邑人德之。晚年犹授徒，训迪有方，成就人才甚多。”[②]赵完璧良好的学识修养和刚方正直的品行，对赵炳龙影响极深，为他的成长树立了良好的榜样。赵炳龙人品出众，远近皆知，康熙《剑川州志》记载他“谦恭谨慎，事异母如亲生，人称克孝。广学博文，能为古文辞，最雅驯。晚年琴书物外，不染世氛”。[③]对其品格评价甚高。《剑川民族宗教志》亦载有“事继母极孝顺，与同父异母之弟炳鲲极友爱”[④]的评语。

段晅出生。

《新纂云南通志》：“生万历戊申年。”[⑤]

段晅（1608~1676），字心让，号存蓼，剑川金华人，白族。其父段高选[⑥]，万历四十七年（1619）进士。天启元年，在任重庆巴县知县，时因四川永宁土司奢崇明叛乱，抗节而死，合府上下8口人殉节。段晅从小受父亲影响，也极重名节，康熙《剑川州志》记载其“事庶母至孝，抚弱弟成名。立朝不附权珰，归里不阿吴逆。官至光禄大夫，锦衣卫右军都督。荫子神祖，锦衣卫正千户，康熙三十二年从祀”[⑦]。段晅虽是武将出身，但颇有才学，《新纂云南通志》记其“又工藻翰，而文不加点。能作龙蛇字，笔阵生风”。[⑧]《剑川县志》亦记载，明亡后，段晅弃官归里，“曾数次捐产救荒，周济百姓，并倡修道路和地方水利，造福一方。为剑川一代明贤”[⑨]。

按：赵炳龙与段晅是同乡，应相识较早。赵炳龙文集中有长诗一首《忆昔篇寄段存蓼先生》[⑩]是写给段晅的，诗中饱含感情地回忆了自己的生平，从幼时经历一直到南

---

①《新纂云南通志》卷260，第9册，第411页有传，云南人民出版社，2007年。
②《新纂云南通志》卷260《赵完璧传》，第9册，第411页，云南人民出版社，2007年。
③王世贵、何基盛等纂：康熙《剑川州志》卷14“贤良”，大理州白族自治州文化局印，1986年，第951页。
④剑川县民族宗教事务局编：《剑川县民族宗教志》，第487页，云南人民出版社，2003年。
⑤《新纂云南通志》卷193《徐朝纲、杨以成、段高选（选子晅）传》，第8册，第253页，云南人民出版社，2007年。
⑥王世贵、何基盛等纂：康熙《剑川州志》卷13，第948页，大理州白族自治州文化局印，1986年。
⑦王世贵、何基盛等纂：康熙《剑川州志》卷12《乡贤》，第946页，大理州白族自治州文化局印，1986年。
⑧《新纂云南通志》卷193《徐朝纲、杨以成、段高选（选子晅）传》，第8册，第253页，云南人民出版社，2007年。
⑨云南剑川县志编纂委员会编：《剑川县志》有传，第950页，云南民族出版社，1999年。
⑩赵炳龙：《居易轩遗稿》，《丛书集成续编》，第152册，台湾新文丰出版公司，1989年，第431页。

明覆灭，抒发了自己从奋发欲有所为，到心灰意冷的悲凉心态，可知此诗作于赵炳龙晚年。诗字字情真意切，披肝沥胆，从中能看出二人交情深厚。由于现存资料太少，赵炳龙与段晅具体的交往细节，暂不可考。

万历四十一年癸丑（1613），六岁

在文学方面，表现出过人的禀赋和才华，能作诗词。

《忆昔篇寄段存蓼先生》："往昔六七龄，能学风雅词。笔阵飞鸟隼，言泉起蛟螭。"①

明熹宗朱由校天启元年辛酉（1621），十四岁

段晅父抗节死，段晅为替父报仇参军。

《新纂云南通志》："高选骂不绝口，遂遇害。父汝元、母刘、侧室徐及一子一女闻变，皆自尽。……仆亦被害。晅，字心让，号存蓼，年甫十四，以为君父之仇义不共戴天，出，请缨于监军……与贼战。"②

天启二年壬戌（1622），十五岁

四川叛乱平定，段晅得为父报仇。朝廷赐段晅锦衣卫百户。

《新纂云南通志》："壬戌夏，官军复重庆，斩崇明。……请于朝，赐赠高选尚宝司卿，谥恭节，荫锦衣卫百户。"③

天启三年癸亥（1623），十六岁

在学宫读书。

按：《忆昔篇·寄段存蓼先生》云"十六泮水游"④，可知其十六岁入学为生员。

明思宗朱由检崇祯十三年庚辰（1640），三十三岁

赵炳龙漫游至昆明，与高应雷见面，随后暂居昆明。

《居易轩遗稿》："崇祯庚辰，余游昆明，澹生馆之松华别墅，后复移宝珠寺……

---

① 赵炳龙：《居易轩遗稿》，《丛书集成续编》，第152册，第431页，台湾新文丰出版公司，1989年。

②《新纂云南通志》卷193《徐朝纲、杨以成、段高选（选子晅）传》，第8册，第253页，云南人民出版社，2007年。

③ 同上。

④ 赵炳龙：《居易轩遗稿》，《丛书集成续编》，第152册，第431页，台湾新文丰出版公司，1989年。

朝夕谈艺，与处凡三年。”①

按：赵炳龙与高应雷最为投契，引为知交。他们不仅在诗文上经常交流切磋，而且志趣相投，惺惺相惜，建立了亲如手足的关系。赵炳龙在《高澹生诗钞序》中写道：“澹生昔尝从余问诗，又序余诗……知余与知澹生者，莫不谓两人为诗，有沆瀣之通、淄渑之合。……且夫知不知，亦何足恨？余与澹生，平生相期，不欲以诗求知于人，亦不欲人之仅知以诗。”② 可见，二人确实感情亲厚，并非单纯的诗友之交。在赵炳龙的文集中，出现名字最多的就是高澹生，有很多诗都是写给他的，如《采菊二章寄高澹生》《石兰三章念澹生也》《月下忆别高澹生》《滇水行寄澹生义陵》。而在高应雷的诗集里，也可以看到不少写给赵炳龙的，如《怀滇寄楸园先生》《岑居寄楸园先生》《自励寄楸园先生》《鹤思归吟寄楸园先生》。因此，陈荣昌在《滇诗拾遗》中不禁感慨道：“公诗四卷六百余首，今所存不及十之一，而垂念澹生屡见于篇，其师弟相见之深，于此可见。”③

朝廷赐段晅锦衣卫千户。

《新纂云南通志》：“十三年庚辰，改赠高选大中大夫、光禄寺正卿，晅改荫锦衣卫正千户，掌南镇抚司兼理东司事。”④

崇祯十四年辛巳（1641），三十四岁。

春，何闳中到云南任职，赵炳龙与之结识，何闳中对其深为赏识。

《太常寺卿云南提学何蘧庵先生传》：“辛巳春，以苑马寺卿擢授云南澜沧兵备。……奖籍诱掖，不遗馀力，炳龙受之于最先。”⑤

《提学黄冈何公闳中》：“如天有明月，星辰各森罗，如水有神龙，凡麟随其波。亲上而亲下，气从而类多。鸣阴鹤有子，伐木登泰歌。生平感知心，宝剑勤淬磨。”⑥

按：由上诗，可见赵炳龙表达了愿忠心追随何闳中，报答其知遇之恩的心情。

---

① 赵炳龙：《居易轩遗稿》，《丛书集成续编》，第152册，第431页，台湾新文丰出版公司，1989年。赵、高二人之订交与高应雷生平，请参阅本书《高应雷年谱》，第438页。

② 赵炳龙：《居易轩遗稿》，《丛书集成续编》，第152册，第438~439页，台湾新文丰出版公司，1989年。

③ 陈荣昌编：《居易轩遗稿》，《丛书集成续编》，第118册，第143页，台湾新文丰出版公司，1989年。

④《新纂云南通志》卷193《徐朝刚、杨以成、段高选（选子晅）传》，第8册，第253页，云南人民出版社，2007年。

⑤ 赵炳龙：《居易轩遗稿》，《丛书集成续编》，第152册，第436页，台湾新文丰出版公司，1989年。

⑥ 同上书，第431页。

何闳中[①]，字绹卿，号蘧庵。湖广黄州（今属湖北）人，进士。崇祯十四年（1641）任云南澜沧兵备道。“性简朴，量宽廓，学问渊博，爱民课士。士之秀异者，奖藉诱掖，不遗余力。”[②]孙可望把持永历朝大权后，何闳中知国事无望，弃官归隐大理。

崇祯十五年壬午（1642），三十五岁。

赵炳龙参加乡试中式。

《新纂云南通志·赵炳龙传》：“赵炳龙，崇祯壬午举人。”[③]

《大理白族自治州志》：“赵炳龙，剑川向湖村人。崇祯十五年壬午科举人。”[④]

康熙《剑川州志》：“壬午科赵炳龙，亚魁。”[⑤]

崇祯十六年癸未（1643），三十六岁

入京会试落选，由何闳中举荐至金沧副使杨畏知处任幕僚，聘为司记室。从此追随杨畏知左右，深得器重。

《太常寺卿云南提学何蘧庵先生传》：“炳龙时在杨公幕，盖癸未会试下第后先生所荐也。”[⑥]

杨畏知[⑦]，字介甫，“陕西宝鸡人，崇祯年间官云南副使，分巡金沧道。”[⑧]为人正直有气节。后追随南明永历帝，因忠于南明王朝，被有异心的孙可望杀害。

孙可望[⑨]，明末农民起义军大西军领袖张献忠义子之一。张献忠死后其逐渐独揽大顺军大权，后挟持南明永历帝欲自立，事败后降清。

南明绍宗朱聿键隆武元年，清世祖福临顺治二年乙酉（1645），三十八岁

冬，云南土司沙定洲叛乱。

《明史·杨畏知传》：“乙酉，阿迷土官沙定洲继乱，据云南，黔国公沐天波走

---

①《新纂云南通志》卷179，第8册有传，第33页，云南人民出版社，2007年。

②《新纂云南通志》卷179，第8册，第33页，云南人民出版社，2007年。

③《新纂云南通志》卷194，第8册，第265页，云南人民出版社，2007年。

④大理白族自治州地方志编纂委员会编：《大理白族自治州志》卷9，第412页，云南人民出版社，1998年。

⑤王世贵、何基盛等纂：康熙《剑川州志》卷8《选举》，第934页，大理州白族自治州文化局印，1986年。

⑥赵炳龙：《居易轩遗稿》，《丛书集成续编》，第152册，第436页，台湾新文丰出版公司，1989年。

⑦传见《明史》卷279，第23册，第7159页，中华书局，1974年。

⑧《新纂云南通志》卷186，第8册，第162页，云南人民出版社，2007年。

⑨《明史》卷290《流贼传》之张献忠列传中有其事迹，第24册，第7969页，中华书局，1974年。

楚雄。”[①]

《太常寺卿云南提学何蘧庵先生传》：“隆武乙酉冬，逆贼沙定洲叛，据滇省。”[②]

沐天波[③]，字玉液，祖上沐英于洪武年间封黔宁昭靖王，世代镇守云南。沐天波为昭靖王十一世孙。十二岁时，沐天波因父去世，袭封黔国公。

沙定洲[④]，云南临安府阿迷州土司，原王弄山长官沙源之子。沙源颇有将才，万历年间数次征调有功，官至宣抚使，沙定洲为其仲子。

南明隆武二年、顺治三年丙戌（1646），三十九岁

沙定洲攻打楚雄，参与杨畏知抵御沙定洲之战略谋划，在其中起到重要作用。

《太常寺卿云南提学何蘧庵先生传》：“丙戌春，贼攻楚雄，先生自洱海以兵，会分巡金沧副使介夫杨公，婴城固守。炳龙时在杨公幕，盖癸未会试下第后先生所荐也。两公议机要，皆许炳龙闻；每献刍荛，多被采录。”[⑤]

《新纂云南通志·赵炳龙传》：“沙定洲寇楚雄，金沧道杨畏知用其策击却之。”[⑥]

前明两广总督丁魁楚、广西巡抚瞿士耜等，拥戴桂王朱由榔于广东肇庆称帝，国号永历，以次年为永历元年。

《明史·诸王传》：“（顺治）三年八月，大兵取汀州，执唐王聿键。于是两广总督丁魁楚、广西巡抚瞿式耜、巡按王化澄与旧臣吕大器等共推由榔监国。……十一月，由榔亦自立于肇庆，伪号永历。”[⑦]

南明昭宗朱由榔永历元年、清顺治四年丁亥（1647），四十岁。

三月，张献忠余部大西军在孙可望带领下入云南。四月，沙定洲与孙可望交战败，弃昆明逃往阿迷州。

《明史·杨畏知传》：“明年（顺治四年），孙可望等入云南，定洲还救，大败，遁归阿迷，可望等遂据会城。”[⑧]

①《明史》卷279，第23册，第7159页，中华书局，1974年。

②赵炳龙：《居易轩遗稿》，《丛书集成续编》，第152册，第436页，台湾新文丰出版公司，1989年。

③《新纂云南通志》卷186有传，第8册，第164页，云南人民出版社，2007年。

④《明史》卷313《云南土司传》有传，第27册，第8064页，中华书局，1974年。

⑤赵炳龙：《居易轩遗稿》，《丛书集成续编》，第152册，第436页，台湾新文丰出版公司，1989年。

⑥《新纂云南通志》卷194，第8册，第265页，云南人民出版社，2007年。

⑦《明史》卷120，第12册，第3653页，中华书局，1974年。

⑧《明史》卷279，第23册，第7160页，中华书局，1974年。

孙可望攻楚雄，与杨畏知交战于禄丰，杨畏知败，不降。孙可望重畏知而未加害，与其约定共扶南明。

《明史·杨畏知传》："畏知拒，战败，投水不死，踞而骂。可望下马慰之曰：'闻公名久。吾为讨贼来，公能共事，相与匡扶明室，非有他也。'畏知瞪目视之曰：'给我尔。'可望曰：'不信，当折矢誓。'畏知曰：'果尔，当从我三事：一不得仍用伪西年号，二不得杀人，三不得焚庐舍、淫妇女。'可望皆许诺。乃与至楚雄，略定大理诸郡，使文秀至永昌（今云南保山）迎天波归。迤西八府免屠戮，畏知力也。"①

《太常寺卿云南提学何蘧庵先生传》："丁亥四月十九日也，而可望已破省垣西上，杨公出扼禄丰，战于狮子口，兵败投水，被执。可望重杨公，约共扶王室，折箭为誓。"②

永历二年、顺治五年戊子（1648），四十一岁

十月，孙可望率大西军扫除沙定洲叛乱势力，平定云南。

《明史·云南土司传》："率兵围营，相拒数日，乃出降。遂械定洲及妻万氏数百人回云南，可望遂据滇。"③

高应雷外出漫游④。

永历三年、顺治六年己丑（1649），四十二岁

随杨畏知往广西觐见永历帝。永历封杨畏知为兵部尚书，授赵炳龙为吏部文选司主事，后迁户部员外郎。

《明史·杨畏知传》："己丑，遣畏知及永昌故兵部郎中龚彝赴肇庆进可望表，请王封……遣大理卿赵昱为使，加畏知兵部尚书。"⑤

《明诗纪事》："文成以畏知荐，桂王除吏部文选司主事，迁户部员外郎。"⑥

《太常寺卿云南提学何蘧庵先生传》"己丑，杨公将谒行在，炳龙从。戒途日，先生枉送，举酒嘱杨公及炳龙……。"⑦

---

①《明史》卷279，第23册，第7160页，中华书局，1974年。

②赵炳龙：《居易轩遗稿》，《丛书集成续编》，第152册，第436页，台湾新文丰出版公司，1989年。

③《明史》卷313，第27册，第8066页，中华书局，1974年。

④赵炳龙：《居易轩遗稿》，《丛书集成续编》，第152册，第438~439页，台湾新文丰出版公司，1989年。

⑤《明史》卷279，第23册，第7161页，中华书局，1974年。

⑥陈田：《明诗纪事·辛籤》卷21，周骏富编《明代传记资料丛刊》，第15册，第879页，台湾明文书局，1991年。

⑦赵炳龙：《居易轩遗稿》，《丛书集成续编》，第152册，第436~437页，台湾新文丰出版公司，1989年。

按：赵炳龙某些怀念故乡和妻子的作品，当作于此时。如《痛哭》《从军行》《关山笛》《捣衣曲》《虞美人》《秋波媚》《南乡子》《醉春风》等等，充满了雄心壮志和英雄气概者如《出塞曲》，应该亦作于这个时期，抒发了他意欲在朝廷为国效力、大展拳脚的豪情。

永历四年、顺治七年庚寅（1650），四十三岁。

高应雷漫游到大理，与何闳中诗酒相会[①]。

南明永历五年、顺治八年辛卯（1651），四十四岁

五月，杨畏知因反对孙可望专权，被其杀害，何闳中弃官归隐。赵炳龙仍留孙可望军中，意欲有所作为。

《太常寺卿云南提学何蘧庵先生传》："辛卯，可望以胁封杀杨公。先生闻而痛哭，乃弃官隐于云南县城东。炳龙隐忍，欲有所为……。"[②]

《明史·杨畏知传》："而畏知旋至，痛哭自刎，语多侵可望。遂留为东阁大学士，与吴贞毓同辅政。……可望闻之怒，使人召至贵阳，面责数之。畏知大愤，除头上冠击可望，遂被杀。楚雄人以畏知守城功，为立祠以祀。"[③]

高应雷漫游云南诸郡。[④]

冬，何闳中去世。

《太常寺卿云南提学何蘧庵先生传》："先生于辛卯夏至县，葺庐结社，纵情诗酒……然语及时事，辄哽咽不食。其冬，遽谢宾客，葬西山二稔余也。炳龙乃诣先生墓……"[⑤]

按：高澹生《何蘧庵先生行纪》纪次年事，谓从同门处，知先生于去冬登玉楼作赋矣[⑥]。

永历六年、顺治九年壬辰（1652），四十五岁

二月，孙可望迎永历帝到贵州安隆，随后掌握朝政大权。

---

① 高应雷：《高澹生诗文钞》，《丛书集成续编》，第151册，第456页，台湾新文丰出版公司，1989年。
② 赵炳龙：《居易轩遗稿》，《丛书集成续编》，第152册，第437页，台湾新文丰出版公司，1989年。
③《明史》卷279，第23册，第7163页，中华书局，1974年。
④ 高应雷：《高澹生诗文钞》，《丛书集成续编》，第151册，第456页，台湾新文丰出版公司，1989年。
⑤ 赵炳龙：《居易轩遗稿》，《丛书集成续编》，第152册，第437页，台湾新文丰出版公司，1989年。
⑥ 高应雷：《高澹生诗文钞》，《丛书集成续编》，第151册，第457页，台湾新文丰出版公司，1989年。

《明史·诸王传》："（顺治）九年二月，可望迎由榔入安隆所，改曰安龙府。久之，日益穷促……"①

《明史·吴贞毓传》："可望自云南迁贵阳，议移王自近，挟以作威。""可望遣兵以明年（顺治九年）二月迎王入安隆所，改为安龙府，奉王居之。宫室庳陋，服御粗恶，守护将悖逆无人臣礼，王不堪其忧。"②

在大理。

按：根据史、志及赵炳龙自纪，他在安隆之难（1654），即孙可望杀害18位大臣之后，见国事不可为，才毅然归隐。但这一年相关资料又显示，高应雷曾在大理与他相聚，且高僧担当于此年也到石宝山拜访过他，二人还相互有诗唱和。由此可见，或许是杨畏知被杀之后，赵炳龙曾怀着矛盾心情，暂时离开朝廷回到故里，但此时并未下定决心归隐。但可以肯定的是，这一年他并不在贵州的南明朝廷中。详见如下旁证：

高应雷漫游折返大理，得知何闳中亡故后，做短暂停留，复漫游鸡足山、澜沧江等地，后返回与赵炳龙相聚。高澹生《何蘧庵先生行纪》："壬辰仲春，复招蒋生昱焘、傅生承绪……往就先生教。三月十七日抵洱城……是岁高生应雷复游鸡山渡澜沧……抵鹤庆息簏于剑川楸园，谒云升师，居七月……"③

高僧担当到石宝山造访赵炳龙，并在石宝山题诗留画。担当（1593~1673），俗姓唐，名泰，字大来，法名普荷，又名通荷，号担当。祖籍浙江，生于云南晋宁④。"年十三补博士弟子员，天启中以明经入对大廷。尝受书画于大宗伯董其昌，访陈继儒于云间。继儒曰：'此当世磊落奇男子也！'……明祚亡，悲慨无所寄，乃浩然弃家，参水目山无住和尚，受戒律，往来鸡足、点苍间。犹与蒙化陈翼叔佐才……剑川赵云升炳龙……酬唱甚洽。"⑤《石宝山小记》记载：担当于1652年到石宝山拜访赵炳龙，二人诗酒唱和，担当作诗《石宝山访云升户部》："石宝飞楼倚碧霄，到来人迹也寥寥。雪苗有骨青山瘦，火种无烟赤土焦。入世堑深难得脱，登天路窄不知遥。若从尊者探遗旨，流水茫茫只暗消。"⑥此外，《担当诗文全集》还有诗《同也溪访其宗人于石宝山居，

---

①《明史》卷120，第12册，第3655页，中华书局，1974年。

②《明史》卷279，第23册，第7163~7164页，中华书局，1974年。

③高应雷：《高澹生诗文钞》，《丛书集成续编》，第151册，第457页，台湾新文丰出版公司，1989年。

④《新纂云南通志》卷194，第8册有传，第269页，云南人民出版社，2007年。

⑤同上。

⑥大理白族自治州白族文化研究所编：《大理丛书》系列之《方志篇》卷10，第665页，民族出版社，2007年。

作画为别并题长篇》[①]。虽然在赵炳龙的集子中，未见到与担当唱和的诗作，但可知二人确实在石宝山相会并赋诗。石宝山，在剑川以南五十里外，“层崖峭壁，高数百仞，上有石，平整方一，一亩许者，为高僧修养之所。石上有罗汉足迹，涧底有石钟鼓，击之有声”。[②] 历代有不少文人雅士和高僧大德，都曾前往石宝山赏景并赋诗留题，如明代杨慎和李元阳等，就曾数次游玩石宝山并赋诗，此山为剑川之胜。

永历八年、顺治十一年甲午（1654），四十七岁

孙可望杀害吴贞毓等十八位忠臣，赵炳龙见国事不可为，决意隐居，居向湖村之楸园，修葺一草庐曰“居易”，自号楸园老人。

吴贞毓[③]，字符声，宜兴（今属江苏）人。崇祯十六年进士。事唐王为吏部文选主事，事败，拥立永历，进郎中。从至肇庆，拜户部尚书，后进东阁大学士。因忠于南明朝廷，反对孙可望专权，与其余十七位大臣一起被孙可望杀害，史称“十八先生案”。

《明史·吴贞毓传》：“吉翔掌戎政，天寿督勇卫营，谄事可望，谋禅代。恶贞毓不附己，令其党冷孟銋、吴象元、方祚亨交章弹击。……翊日，国等严刑拷掠，独贞毓以大臣免。……诸人就刑，神色不变，各赋诗大骂而死。其家人合瘗于安龙北关之马场。已而青阳逮至，亦被杀，独官走免。时顺治十一年三月也。居二载，定国竟奉前敕护王入云南。乃赠贞毓少师、太子太师、吏部尚书、中极殿大学士，赐祭，谥文忠，荫子锦衣，世千户，余赠恤有差。已，建庙于马场，勒碑大书‘十八先生成仁处’以旌其忠。”[④]

《太常寺卿云南提学何蘧庵先生传》：“甲午而安隆之难作，阁部台省诸臣死者十八人。炳龙中夜太息，思先生言，亦决意投劾，归剑湖道洱海。”[⑤]

《新纂云南通志》：“慨然投劾，归隐于向湖村之楸园，葺轩曰‘居易’，以弹琴赋诗自娱。”[⑥]

《明诗纪事》：“孙可望杀畏知，文成归隐向湖村之楸园。”[⑦]

作《无同心》三章、《维彼青山四章失群也》。

---

① 余嘉华、杨开达点校：《担当诗文全集》，第166页，云南人民出版社、云南美术出版社，2003年。
② 王世贵、何基盛等纂：康熙《剑川州志》卷2《山川》，第903页，大理州白族自治州文化局印，1986年。
③《明史》卷279，第23册有传，第7162~7165页，中华书局，1974年。
④《明史》卷279，第23册，第7164页，中华书局，1974年。
⑤ 赵炳龙：《居易轩遗稿》，《丛书集成续编》，第152册，第437页，台湾新文丰出版公司，1989年。
⑥《新纂云南通志》卷74《艺文考》四，第4册，第324页，云南人民出版社，2007年。
⑦ 陈田：《明诗纪事·辛籤》卷21，周骏富编《明代传记资料丛刊》，第15册，第879页，台湾明文书局，1991年。

《新纂云南通志》："炳龙作歌曰：'国无同心兮……又歌《失群》四章"[①] 诗中发出了"国无同心兮，放我江潭。居不可卜兮，行歌而自怜。……"[②]"嗟美人之信芳兮，仇予而将去之。[③]"

按：诗以无奈的慨叹，抒发了自己见国事不可为而怀着沉重、不舍而又辛酸无奈，即将离去的心情，其中混杂着对故都的眷恋和深深的忧虑与牵挂。

永历十年、顺治十三年丙申（1656），四十九岁

张献忠大西军重要首领李定国，从孙可望手中救出被挟持的永历帝，并护永历帝至云南。

李定国[④]，陕西人，生年不详。崇祯年间投身农民起义，被张献忠收为养子。张献忠死后，为大西军主要将领。大西军联明抗清后，其对复明事业忠贞不二，带兵转战南北，战功赫赫，最后在抗击清军中壮烈牺牲。

《明史·诸王传》："（永历）闻李定国与可望有隙，遣使密召定国，以兵来迎。……定国至，遂奉由榔由安南卫走云南，居可望署中，封定国晋王。"[⑤]

《明史·吴贞毓传》："诸人就刑，神色不变，各赋诗大骂而死。时顺治十一年三月也。居二载，定国竟奉前敕护王入云南。"[⑥]

赵炳龙作词《虞美人》[⑦]。词牌后注"丙申秋雨夜怀旧。"词中有句："分明记得端溪路，总把芳期误。为谁四首最沉吟，已被雨声滴破隔年心。"

永历十一年、顺治十四年丁酉（1657），五十岁

高应雷乡试中举[⑧]。

孙可望进兵云南，败于李定国。当年十一月降清。

《明史·诸王传》："可望以妻子在滇，未敢动。明年（顺治十四年），由榔送

---

①《新纂云南通志》卷194，第8册，第265页，云南人民出版社，2007年。

② 赵炳龙：《居易轩遗稿》，《丛书集成续编》，第152册，第427页，台湾新文丰出版公司，1989年。

③ 同上。

④《新纂云南通志》卷194，第8册有传，第164页，云南人民出版社，2007年。

⑤《明史》卷120，第12册，第3655页，中华书局，1974年。

⑥《明史》卷279，第23册，第7165页，中华书局，1974年。

⑦ 赵炳龙：《虞美人》，《滇词丛录》卷上，《丛书集成续编》，第162册，第291页，上海书店，1994年。

⑧ 高应雷：《高澹生诗文钞》，《丛书集成续编》，第151册，第456页，台湾新文丰出版公司，1989年。可参阅赵炳龙《居易轩遗稿》，《丛书集成续编》，第152册，第439页。

其妻子还黔，遂举兵与定国战于三岔。可望将白文选单骑奔定国军。可望败，挈妻子赴长沙大军前降。”[①]

永历十二年、顺治十五年戊戌（1658），五十一岁

清军攻云南，永历帝奔永昌（今云南保山）。

《明史·诸王传》：“十五年三月，大兵三路入云南。……李定国连败于安隆，由榔走永昌。”[②]

高应雷随军在湖南辰州抵抗清军，兵败，隐居民间[③]。

《高澹生诗钞序》：“己亥，师溃于辰州，独身跳免。”[④]

高僧大错到石宝山拜访，为其《居易轩诗文钞》作序。

大错[⑤]，原名钱邦芑，字开少，丹徒（今属江苏）人，南明隆武帝时贡生，“上书召对，授监察御史，寻迁巡按四川兼提学，逋行，而闵江陷。”[⑥]随后，他又追随永历朝廷积极抗清，孙可望专权后，欲授其官职，“邦芑不受，退隐余庆县之蒲村，开柳湖于他山下，结屋居之。历两年，可望逼召十有三次，坚拒不为动。恐终不免，遂祝发为僧。……可望怒，遣人械邦芑至贵阳，拘于大兴寺。后可望为李定国所败，邦芑得脱身赴行在，仍授右都御史，掌院事兼巡抚云南。……清兵三路入滇，会城不守，永历西狩入缅，从臣多半道相失，邦芑至腾越（今属云南腾冲）仍僧服，后遂避居鸡足山，号大错”。[⑦]著有《十言堂诗文集》《诗话》《随笔》《古乐府》等上百卷，可惜大多散佚，现仅存《大错和尚遗集》四卷。

按：赵炳龙作品中有词《传言玉女——腊梅·次钱开少韵》[⑧]，用大错和尚俗名，可知在大错出家以前二人即相识。从大错和尚生平经历可知，他也是一个忠肝义胆，崇尚气节之人，因此与赵炳龙志趣相投，惺惺相惜。二人都曾在永历朝廷中任职，应当共过事，但具体细节尚无法考证。《石宝山小记》[⑨]记载，大错于1658年到石宝山

---

①《明史》卷120，第12册，第3655页，中华书局，1974年。
② 同上。
③ 高应雷：《高澹生诗文钞》，《丛书集成续编》，第151册，第456页，台湾新文丰出版公司，1989年。
④ 赵炳龙：《居易轩遗稿》，《丛书集成续编》，第152册，第439页，台湾新文丰出版公司，1989年。
⑤《新纂云南通志》卷261，第9册有传，第503页，云南人民出版社，2007年。
⑥ 同上。
⑦ 同上。
⑧ 罗江文主编：《历代白族作家丛书·赵炳龙卷》，第151页，云南民族出版社，2006年。
⑨ 大理白族自治州白族文化研究所编：《大理丛书》系列之《方志篇》卷10，第664页，民族出版社，2007年。

拜访赵炳龙，并作诗《用李中溪句为引，寄云升户部石宝山居》[①]赠赵炳龙。

赵炳龙作词《玉连环》。《玉连环》词牌下注“戊戌雪夜次韵”。[②]

永历十三年、顺治十六年己亥（1659），五十二岁

云南陷落，永历帝逃往缅甸避难。

《明史·诸王传》：“明年正月三日，大兵入云南，由榔走腾越（今属云南腾冲）。定国败于潞江，又走南甸。……二十六日，抵囊木河，是为缅境。二月，缅以四舟来迎，从官自觅舟，随行者六百四十余人，陆行者自故岷王子而下九百余人，期会于缅甸。”[③]

南明永历十四年、顺治十七年庚子（1660），五十三岁

高应雷寓居义陵（溆浦别称，今属湖南），和赵炳龙有书信往来。[④]

按：高应雷《太常寺卿云南提学何蘧庵先生传》：“昆明高生应雷者，尝从先生问业。顷，自义陵有书来……”[⑤]在赵炳龙文集中有《滇水行寄澹生义陵》一诗，表达了对客居异乡的高应雷之深深牵挂：“于今风景忽长往，念子孤羁梦安放？五更残角黄昏萧，和风并作关山响。”[⑥]由此可知，这一年他们之间尚有联系。

赵炳龙作《满江红》词。《满江红》词牌下注有小字：“庚子立秋前三日。”[⑦]

永历十五年、顺治十八年辛丑（1661），五十四岁

清军逼近缅甸，永历帝被缅王交与清军。

《明史·诸王传》：“十八年……十二月，大兵临缅，白文选自木邦降，定国走景线，缅人以由榔父子送军前。”[⑧]

《清史稿·圣祖本纪一》：“十二月丙午，平西王吴三桂、定西将军爱星阿会报大军入缅，缅人执明永历帝朱由榔以献。明将白文选降。”[⑨]

---

① 大理白族自治州白族文化研究所编：《大理丛书》系列之《方志篇》卷1，第664页0，民族出版社，2007年。
② 赵炳龙：《玉连环》，《滇词丛录》卷上《丛书集成续编》，第162册，第291页，上海书店，1994年。
③《明史》卷120，列传第8，第12册，第3656页，中华书局，1974年。
④ 高应雷：《高澹生诗文钞》，《丛书集成续编》，第151册，第456页，台湾新文丰出版公司，1989年。
⑤ 赵炳龙：《居易轩遗稿》，《丛书集成续编》，第152册，第437页，台湾新文丰出版公司，1989年。
⑥ 同上书，第432页。
⑦ 赵炳龙：《满江红》，《滇词丛录》卷上《丛书集成续编》，第162册，第292页，上海书店，1994年。
⑧《明史》卷120，第12册，第3656页，中华书局，1974年。
⑨《清史稿》卷6，第2册，第167页，中华书局，1977年。

段晅隐居石宝山。

《新纂云南通志》："明亡，乃建佛刹于石宝之巅，自称石宝弟子。顺治辛丑，吴三桂以平西王镇滇，使使请晅，欲官之，晅曰'多有愧于君父'，遂归隐不复出。"①

《剑川县民族宗教志》："顺治辛丑，吴三桂以平西王镇滇，使人请晅，欲官之，晅避不就，建寺石宝山，自称石宝弟子。"②

赵炳龙作《醉春风》词。《醉春风》词牌下注有："辛丑送春感作。"③

清圣祖玄烨康熙元年壬寅（1662），五十五岁

四月，永历帝及其子死于昆明，南明王朝覆灭。

《明史·诸王传》："十八年……十二月，大兵临缅，缅人以由榔父子送军前。明年四月，死于云南。"④

《清史稿·吴三桂传》："四月，三桂执由榔及其子，以弓弦绞杀之。"⑤

作《浣溪沙》词。

词牌下注有小字："壬寅春尽感作。"⑥词中有句："肠断谁与续游丝，划地东风欺梦断，连天芳草费相思。此情只好落红知！"抒发了深深的亡国之恨。

康熙十一年壬子（1672），六十五岁

收到高澹生之弟所邮高澹生诗稿，为其诗文集作序。

《高澹生诗钞序》："昆明高子一生，以其兄澹生诗钞四卷邮至楸园，复述澹生之意，必得一言于简首。余病目收视，令两儿子递诵于侧，兀坐听之。……壬子秋日楸园老人书。"⑦

康熙十二年癸丑（1673），六十六岁

担当圆寂。

---

①《新纂云南通志》卷193《徐朝纲、杨以成、段高选（选子晅）传》，第8册，第253页，云南人民出版社，2007年。
② 剑川县民族宗教事务局编：《剑川县民族宗教志》，第489页，云南民族出版社，2003年。
③ 赵炳龙：《醉春风》，《滇词丛录》卷上《丛书集成续编》，第162册，第292页，上海书店，1994年。
④《明史》卷120《诸王传》，第12册，第3656页，中华书局，1974年。
⑤《清史稿》卷474，第42册，第12841页，中华书局，1977年。
⑥ 赵炳龙：《浣溪沙》，《滇词丛录》卷上，《丛书集成续编》，第162册，第292~293页，上海书店，1994年。
⑦ 赵炳龙：《居易轩遗稿》，《丛书集成续编》，第152册，第438页，台湾新文丰出版公司，1989年。

《新纂云南通志》："清康熙癸丑孟冬，示微疾，十有九日晨起，端坐辞众……泊然而化，距生于万历癸巳三月十二日，是寿八十有一。"①

《大理白族自治州民族宗教志》："康熙十二年（1673）冬，唐泰圆寂大理鸡足山顶峰。"②

吴三桂反清。

《清史稿·圣祖本纪一》："十二月壬子，以姚文然为左都御史。吴三桂反，杀云南巡抚朱国治，贵州提督李本深、巡抚曹申吉俱降贼，总督甘文焜死之。"③

康熙十五年丙辰（1676），六十九岁

段晅去世。

《新纂云南通志》："卒于康熙丙辰。"④

康熙十七年戊午（1678），七十一岁

吴三桂称帝湖广，于举乡试欲笼络人才，派人探访赵炳龙，欲收买到其麾下，赵炳龙避居石宝山。

《清史稿·吴三桂传》："是年吴三桂遂以三月朔称帝，改元昭武，以衡州（今属湖南）为定天府，置百官，大封诸将。……举云、贵、川、湖乡试。"⑤

《新纂云南通志》："吴三桂反，胁以伪命，避石宝山不出，有句云'誓将弃之去，石宝穷厓嵬，纵我出世心，茹君商山芝。'"⑥

按：据《剑川县民族宗教志》记载，赵炳龙隐居石宝山期间，作有《题石宝山联》《题石宝山宝岩居联》（回文）、《题石宝山宝相寺联》《题宝相寺雨花台联》。⑦

康熙二十年辛酉（1681），七十四岁

吴三桂政权覆灭，清军平定云南。

---

①《新纂云南通志》卷194，第8册，第269页，云南人民出版社，2007年。

②大理白族自治州民族事务委员会编：《大理白族自治州民族宗教志》，第364页，云南民族出版社，2009年。

③《清史稿》卷6，第2册，第185页，中华书局，1977年。

④《新纂云南通志》卷193《徐朝刚、杨以成、段高选（选子晅）传》第8册，第253页，云南人民出版社，2007年。

⑤《清史稿》卷474，第42册，第12847页，中华书局，1977年。

⑥《新纂云南通志》卷179，第8册，第265页，云南人民出版社，2007年。

⑦剑川县民族宗教事务局编：《剑川县民族宗教志》，第401页，云南民族出版社，2003年。

《清史稿·吴三桂传》：“二十年春……二月，遂攻云南会城。云南、贵州、四川、湖广诸省悉平。”①

康熙三十六年丁丑（1697），九十岁

去世，享年九十岁。

《剑川州志·人物传》：“卒于康熙三十六年。”②

按：赵炳龙有子二人，其中一名赵符，为诸生，“有子二，亦解诗。”③赵炳龙云：“炳龙既老，病目收视，两子为诵诗于侧，兀坐听之。”④孙女赵尔秀亦精通诗文，《剑川县民族宗教志》记载：“赵尔秀，白族，剑川甸南向湖村人，明诸生赵符女，南明户部员外郎赵炳龙孙女。得祖父教授，能诗，是剑川白族史载之第一位女诗人。”⑤赵藩辑《滇词丛录》录其词两首：《潇湘神》《点绛唇》。

（董雪莲）

---

①《清史稿》卷474，第42册，第12851页，中华书局，1977年。

②王世贵、何基盛等纂：康熙《剑川州志》，第965页，大理州白族自治州文化局印，1986年。

③《新纂云南通志》卷179，第8册，第266页，云南人民出版社，2007年。

④赵炳龙：《居易轩遗稿》，《丛书集成续编》，第152册，第438页，台湾新文丰出版公司，1989年。

⑤剑川县民族宗教事务局编：《剑川县民族宗教志》，第488页，云南民族出版社，2003年。

高应雷年谱（1619~1673？）

综论

和云南同时期的陈佐才一样，高应雷是个生卒年都无记载的遗民诗人。他的足迹虽写在滇云大地上、楚山溆水间，却非历历在目，而是令人颇费推敲。高应雷的籍贯是昆明，不过和云南许多汉族不同的是，高家没有明王朝初年祖上从内地移民的任何记载，现在自然无法考订其原籍。在高应雷生活的年代，南明永历王朝虽然流亡广东、云贵一带，最后以昆明为都，地处偏远，却寄托了大明王朝遗民的家国之梦。直到永历十五年（1661），朱由榔父子被吴三桂从缅甸执归，而滇云已入清朝版图三年，遗民仍奉永历为正统。

作为明代遗民的一员，高应雷一生命运跌宕起伏，早年家境虽然很富裕，但他生于国家多事之秋，长于明末忧患之中，逝于南明覆亡之后，注定了快乐无多。以永历十二年（1658）奉命随军趋辰州[①]为界，他一生大半时光在昆明度过，兵陷辰州后，以遗民的身份漂泊溆浦（今属湖南），忠君爱国之心至死不渝。少年时代的高应雷性情恬淡，喜欢读书交游，但在其师抗清志士何闳中和赵炳龙的影响下，他不仅学识大进，更秉承了师长正气凛然的精神，加之后来他离昆四次漫游，增进了对世事的洞察，对学问的理解，更坚定了报效国家的志向。诚如赵炳龙所言："澹生阅历既久，颇穷山川扼塞，慨时势之日非，愤思得一当以报国。"[②]深厚学养和道德操守，决定了高应雷此后的人生道路，在永历时期中举受职、奉命随军，都是他的报国之举。辰州兵陷后，高应雷流落异乡十余年，以在溆浦舒氏私塾任教的微薄薪酬艰难度日。当时滇黔之间战乱连年，乡关路断，如今我们只能从其诗文中，感受到他满怀亡国思乡之痛，他的最终下落，却遍查史籍而无从落实。

高应雷之师何闳中是抗清志士，永历时期曾任云南提学；剑川著名白族诗人赵炳龙与高应雷的关系，则可谓亦师亦友。赵炳龙在永历朝任吏部文选司主事，迁户部郎，

---

① 辰州，明代设府，治所在今湖南沅陵。

② 赵炳龙：《高澹生诗钞序》，高应雷《高澹生诗文钞》卷首，影印《云南丛书》，第 22 册，第 11578 页，中华书局，2009 年。

随踔安隆。对这两位老师，高应雷终身充满崇敬之心和亲近之情。较之何闳中，高应雷与赵炳龙的年纪相差要少一些，因为诗歌，二人的关系除了师友，更互为知己。他们曾相互为各自的作品集作序，可惜赵序犹存而高序已佚，否则两相印证，可以让我们对他们之间的交谊有更深的了解。赵炳龙《高澹生诗钞序》中最震撼人心的一幕，是他在双目已经失明时，命二子递颂《澹生诗钞》于侧的情景："兀坐听之，阅八日乃毕。绪风吹万，沨月盈耳，如击燕市之筑，如鼓雍门之琴，又如湘累泽畔之行吟，皋羽西台之痛哭。余固悄然以悲，而两儿子亦怦然有动于其隐。"[①] 这是对志同道合者的深刻理解，唯其知己能达；这是对多年友人作品的定评，唯其知音能发。溆浦是二千多年前爱国诗人屈原的流放地，也是其《九章》诗情的重要背景之一，甚至这个地名第一次见之于文学记载，也来自《九章・涉江》[②]。流落在溆浦的山山水水之间，高应雷曾不只一次怀想当年屈原流放的情境，从中汲取精神力量，使其诗歌如《滇人曲》《赋得楚江有游客》《弹愤歌》[③] 等，无不映射着屈骚的幽愤，充满了爱国的激情。

高应雷现存的诗文，大多为鼎革后隐居溆浦期间所作，内容丰富，感情充沛，对故乡和旧友的思忆，是其中最常见的抒情主题。前者凝结为一个个故乡节日的意象和思故乡而不能归的叹息，如《花朝歌》《清明节》《惜巧节歌》[④]《故园秋色十二章怀归也》《华山行》[⑤]；后者则集中于对赵炳龙的怀念和穷且益坚的情怀，如《有所思五章寄楸园先生》[⑥] 等九首诗、《自励寄楸园先生》[⑦]。诗人壮志难酬的悲愤，则喷发于《将进酒》《谪仙歌寄李素元》[⑧] 等诗篇中，其底蕴是对社会现实和民生疾苦的关怀。这也使诗人在前人旧题中，写下了《贫者叹夜》《江上翁》《哀义陵》[⑨] 等纪实之作。高应雷的诗歌中那沉郁与高昂交织的情调，低徊与激情撞击的力量，使其诗不仅在当时令赵炳龙父子动容，就是我们今天读来，也仍觉其心情激荡，神思飞扬。

---

① 赵炳龙：《高澹生诗钞序》，高应雷《高澹生诗文钞》，影印《云南丛书》，第 22 册，中华书局，2009 年，第 11578 页。

② "入溆浦余儃佪兮，迷不知吾所如。"（王夫之《楚辞通释》卷 4，《续修四库全书》，第 1302 册，上海古籍出版社，第 226 页）

③ 高应雷：《高澹生诗文钞・诗钞》，影印《云南丛书》，第 22 册，第 11583~11584、11585~11586 页，中华书局，2009 年。

④ 同上书，第 11587~11588、11588、11590 页。

⑤ 同上书，第 11581、11583 页。

⑥ 同上书，第 11580~11581 页。

⑦ 同上书，第 11585 页。

⑧ 同上书，第 11585~11586、11587 页。

⑨ 同上书，第 11582~11583、11586 页。

高应雷的散文留存不多，但颇见功力。其传记文《何蘧庵先生行记》《同醉记》《瞽师传》[①]等，或以记叙人物生平事迹的行状（如对其师何蘧庵的记载），或以对自己当时心情的抒发（如与知己同醉的叙写），或以充满哲理的人生感悟（如对瞽者求知以博学的感慨），塑造了何蘧庵大义凛然，林仞南、林长人豪宕出尘，瞽者孜孜以求而终达博约的鲜明人物形象。如果高应雷为赵炳龙集所作的序还在，必定可以再增加一幅生动的人物肖像。高应雷的游记虽仅存《再游树橘园记》《游碧潭记》《岩湖潭记》《观止亭记》[②]四篇，但足见其长于写景抒情、语言简练灵动的特点。高应雷的书信仅存《与强子任同年》《寄同社书》[③]两封，读来只觉真情流露，笔致悲惋，尽显作者性情之真而毫无做作之态。书启是高应雷散文中很有特色的一个部分，体制短小而艺术性极强，堪比晚明的名家小品。其内容不外邀游或辞邀，前者如《春游启》《花朝招客启》[④]，后者如《元旦辞召启》《清明辞召启》《除夕辞召启》[⑤]。这类短文或因春天到来而欣喜，或因丧国思乡而哀恸，无一不意象鲜明，如诗如画。

高应雷的诗文得以保存下来，既历尽艰难，又充满幸运。在漂泊溆浦十余年后，他遣其弟高一生归滇侍母，带回了《澹生诗钞》四卷，次年邮寄剑川赵炳龙，请其为序，遗憾赵序犹存而此书下落不明。直到二百多年后，高应雷在溆浦为塾师的舒氏后人舒立濬（文泉），在家中笈云楼发现高应雷遗集一帙，兄弟抄录其中未霉烂蠹损者存之，这就是我们今天还能够读到的《高澹生诗文钞》。光绪十五年（1889），舒立濬至滇遍访高氏后人而不得，直到偶遇赵炳龙的后裔，得到赵炳龙所撰《高澹生诗钞序》，才知高应雷入溆始末。次年，舒立濬将高应雷留在溆浦的遗集送交赵氏后人，在《澹生诗钞》四卷散逸两个多世纪后，滇人才得以重睹残本，并了解高应雷在辰州兵败后的情形。直到民国年间刊印《云南丛书》，这部钞本终于面世，从而留下了云南与湖南文化交流史上的一段佳话。

由于高应雷长期漂泊异乡，记录其心路历程和人生轨迹的作品，又遭岁月侵蚀而霉烂蠹损，其生卒年皆无确切记载，故我们以往对他的生平和创作，仅仅能通过赵炳

---

① 高应雷:《高澹生诗文钞·文钞》，影印《云南丛书》，第22册，第11593~11594、11598、11600~11601页，中华书局，2009年。

② 同上书，第11595、11595~11596、11596~11597页。

③ 同上书，第11598~11599、11599~11600页。

④ 同上书，第11601页。

⑤ 同上书，第11601~11603页。

龙《高澹生诗钞序》、赵藩《高舍人传》[①]及其残留的作品集《高澹生诗文钞》，有一个大致的了解。笔者以往编撰的《高应雷创作行实系年》[②]，对高应雷生平事迹进行了系统整理，但是对其生卒年的考订，在今天看来并不妥当。而且，由于当时研究的出发点与编撰年谱有所不同，加之史料搜寻不足，故多就事系事，纪年、纪事缺漏甚多，所据文献亦仅只随文附注篇目。新撰本年谱，意在补正旧作之不足（对旧作有沿用则予以注明），对高应雷研究有所创新。

年谱

明神宗朱翊钧万历四十七年己未（1619年），一岁[③]

五月廿五日，出生于云南昆明。名应雷，字澹生。

《自寿》诗序："蒲月廿五，先父母劬劳日也。虽年登强仕而风尘孟浪，鬓短身癯，故国繁华，杳焉如梦。赖友生情笃，进履称觞而感自中来，不无孤踪旷岁之惨，因托之吟焉。"诗云："天耶戏人生此尘，悠悠老我四十春。萍踪浪荡湖南水，剑橐萧条塞上身。"[④]

《赋得楚江有游客》四首其一："楚江有游客，四十消鸿心。"[⑤]

《何蘧庵先生行记》："丁酉（1657）岁闱试……明年（1658），雷奉命辰州。……三月兵陷。"[⑥]

按：据上引高应雷诗文，他于1658年奉命入湖广辰州，当年三月兵败后即"萍踪浪荡"于其地。五月，逢四十岁生辰，有感而作《自寿》和《赋得楚江有游客》，故其生年应为今年。

赵藩《高舍人传》："高舍人，名应雷，字澹生。云南昆明人。"[⑦]

---

① 高应雷：《高澹生诗文钞》，影印《云南丛书》，第22册，第11578~11579页，中华书局，2009年。

② 孙秋克：《明代云南文学研究》，云南人民出版社，2010年。

③《高应雷创作行实系年》考订以高应雷生年为1621年（孙秋克：《明代云南文学研究》，第157页），与本谱的推定相差两年，故二者高应雷年岁有所不同，本谱若对《系年》事条有所引用，脚注对此不再另作说明。

④ 高应雷：《高澹生诗文钞·诗钞》，影印《云南丛书》，第22册，第11589页，中华书局，2009年。

⑤ 同上书，第11584页。

⑥ 高应雷：《高澹生诗文钞·文钞》，影印《云南丛书》，第22册，第11595页，中华书局，2009年。孙秋克《高应雷创作行实系年》引用《何蘧庵先生行记》而未注明所据版本信息（《明代云南文学研究》，云南人民出版社，2010年），本谱引用一一注明之，以下引用此文不再重注"文钞"。

⑦ 高应雷：《高澹生诗文钞》，彩印《云南丛书》，第22册，第11579页，中华书局，2009年。

行一，有同胞兄弟三人。[①]

按：仲弟名一生，字不详；季弟名字不详。应雷曾携仲弟一生游溆浦，一生后归昆，季弟则一直在昆。

《再游树橘园记》：“戊戌春，予偕仲弟一生游树橘园。”[②]

《游碧潭记》：“偕仲弟一生。”[③]

《与强子任同年书》：“三舍弟在省，知荷提携，词谢非能尽。”[④]

明熹宗朱由校天启二年壬戌（1622），四岁

何闳中成进士（三甲）[⑤]。

何闳中，高应雷之师，其传略见本谱明年纪事。[⑥]

明思宗朱由检崇祯十三年庚辰（1640），二十二岁

在学生员。相貌颀美，聪敏强记，家境富裕。喜读书交游，擅作文章，在学中享有声誉。从何闳中、赵炳龙游学问诗，学问大进。

赵炳龙《高澹生诗钞序》：“澹生昔尝从余问诗，又序余诗。……澹生少颀美，敏而强记，家饶于赀，以读书结客自喜，为文章瞻捷，有声庠序间。”[⑦]

赵藩《高舍人传》：“从云南提学黄冈何公、楸园（赵炳龙）游，学大进。”[⑧]

赵炳龙（1608~1697），字文成，号云升，又号楸园。云南大理剑川人，白族。崇祯十五年（1642）举人。云南副使分巡金沧道杨畏知聘司记室，又荐授朱由榔为吏部文选司主事，迁户部员外郎。孙可望杀杨畏知后愤而回乡，归隐剑川向湖村楸园，筑

① 赵炳龙：《高澹生诗钞序》，高应雷《高澹生诗文钞》，影印《云南丛书》，第22册，第11579页，中华书局，2009年。

② 高应雷：《高澹生诗文钞·文钞》，影印《云南丛书》，第22册，第11595页，中华书局，2009年。

③ 同上书，第11596页。

④ 同上书，第11599页。

⑤ 李周望：《国朝历科题名碑录初集·明洪武至崇祯各科附》，第2册，第1212页，台湾华文书局，1969年。

⑥ 本谱所引赵炳龙《居易轩遗稿·太常寺卿云南提学何蘧庵先生传》（以下简称《何蘧庵先生传》，影印《云南丛书》，第22册，第11568~11569页，中华书局，2009年）、《高澹生诗文钞·何蘧庵先生行记》（第11593~11595页）。

⑦ 高应雷：《高澹生诗文钞》，影印《云南丛书》，第22册，第11578页，中华书局，2009年。孙秋克《高应雷创作行实系年》引用本记未注明所据版本信息（《明代云南文学研究》，云南人民出版社，2010年）本谱引用则一一注明之。

⑧ 高应雷：《高澹生诗文钞》，影印《云南丛书》，第22册，第11579页，中华书局，2009年。

居易轩，弹琴赋诗，足迹不履城市。吴三桂胁以伪命，避石宝山中。著有《居易轩诗文钞》八卷。[①]现存《居易轩遗稿》二卷，收入《云南丛书》本。

何闳中，号蘧庵。生卒年不详。天启二年（1622）进士，"湖广黄州（今属湖北）府黄冈县民籍"[②]。万历九年（1581）春，以苑马寺卿升云南澜沧兵备。福王弘光元年（1645）冬沙定州乱，黔国公沐天波遁入叶榆（大理别称），督兵佐杨畏知平沙定洲之乱。永历元年（1647）四月兵败，隐于山林。复出，任云南学政、太常寺卿。永历六年（1649），隐于沧洱东城（云南县，今祥云县），建蘧庵书院。不详应雷何时从其学。[③]

赵炳龙来昆，与其朝夕相处，凡三年。[④]

赵炳龙《高澹生诗文钞序》："崇祯庚辰，余游昆明，澹生馆之松华别墅，复移宝珠寺僧寮，朝夕谭艺与处，凡三年。"[⑤]

按：赵炳龙后年中举，故他此次来昆，应为备考乡试。他先前居住的松华别墅，为高应雷安排。他自今年始游学昆明，三年间与高应雷"朝夕谭艺与处"。云："知余与澹生者，莫不谓两人为诗有沆瀣之通，淄渑之合。"[⑥]此非泛泛虚谈。赵、雷为知己之交，应雷从炳龙学诗，炳龙则在会城备考，故二人三年相处之期，应无疑。

崇祯十四年辛巳（1641），二十三岁

何闳中以苑马寺卿升云南澜沧兵备，始识赵炳龙。[⑦]

崇祯十五年壬午（1642），二十四岁

赵炳龙中举。[⑧]

---

① 赵炳龙《居易轩遗稿》卷首《剑川州志》本传（影印《云南丛书》，第22册，第11557页，中华书局，2009年），其生平事迹，参阅本书《赵炳龙年谱》。

② 李周望：《国朝历科题名碑录初集·明洪武至崇祯各科附》，第2册，第1212页，台湾华文书局，1969年。

③ 高应雷：《高澹生诗文钞·何蘧庵先生行记》，影印《云南丛书》，第22册，第11593~11595页，中华书局，2009年。

④ 孙秋克：《高应雷创作行实系年》，《明代云南文学研究》，云南人民出版社，2010年。

⑤ 高应雷：《高澹生诗文钞》，影印《云南丛书》，第22册，第11578页，中华书局，2009年。

⑥ 同上。

⑦ 高应雷：《高澹生诗文钞·何蘧庵先生行记》，影印《云南丛书》，第22册，第11593~11595页，中华书局，2009年。

⑧ 事载赵炳龙《居易轩遗稿》卷首《剑川州志人物传》本传，影印《云南丛书》，第22册，第11557页，中华书局，2009年。

崇祯十六年癸未（1643），二十五岁

赵炳龙会试落第。[①]

崇祯十七年、清世祖福临顺治元年甲申（1644），二十六岁

李自成入京，明思宗朱由检自缢于煤山（今景山）；清世祖福临登基，年号顺治。

南明安宗朱由崧弘光元年、南明绍宗朱聿键隆武元年、清顺治二年乙酉（1645），二十七岁

秋，云南土官吾必奎反，另一土官沙定洲趁机为乱，攻占会城昆明。黔国公沐天波逃遁楚雄，复逃往永昌（今保山）[②]。何蘧庵督兵苍洱，佐杨畏知平乱，荐赵炳龙为记室[③]。

杨畏知（？～1651）[④]，陕西宝鸡人。崇祯中历官云南副使，分巡金（金沙江）、沧（澜沧江）。永历年间为东阁大学士，为孙可望所杀。

南明绍宗朱聿键隆武二年、清顺治三年丙戌（1646），二十八岁

春，沙定州攻楚雄，杨畏知、何蘧庵固守。[⑤]

南明昭宗朱由榔永历元年、清顺治四年丁亥（1647），二十九岁

四月十九日，杨畏知解楚雄之围，平乱策出自何闳中、赵炳龙。

《何蘧庵先生行记》："时故阁部杨公畏知守巡洱海，趋先生会议，大奇其策，遂败沙逆，追至楚雄……而楚雄之围遂解。以年日稽之，则丁亥四月十九日也。"[⑥]

赵炳龙《居易轩遗稿·何蘧庵先生传》："炳龙时在杨公幕……两公议（按指杨畏知、

---

① 赵炳龙：《居易轩遗稿·何蘧庵先生传》，影印《云南丛书》，第22册，第11568页，中华书局，2009年。

② 见高应雷《高澹生诗文钞·何蘧庵先生行记》（影印《云南丛书》，第22册，第11593页，中华书局，2009年），《明史》卷279《杨畏知传》亦载沐天波遁入永昌事（第23册，第7159页，中华书局，1974年）。

③ 赵炳龙：《居易轩遗稿·何蘧庵先生传》："丙戌春，贼攻楚雄，先生自洱海以兵会……炳龙时在杨公幕，盖癸未会试下第后先生所荐也。"（影印《云南丛书》，第2册，第11568页，中华书局，2009年）

④ 杨畏知传见《明史》卷279，第23册，第7159~7162页，中华书局，1974年。

⑤ 赵炳龙：《居易轩遗稿·何蘧庵先生传》，影印《云南丛书》，第22册，第11568页，中华书局，2009年。

⑥ 高应雷：《高澹生诗文钞·何蘧庵先生行记》，影印《云南丛书》，第22册，第11593页，中华书局，2009年。

何闳中）机要，皆许闻，每献刍荛，多被采录。……楚雄之围以解，则丁亥四月十九日也。”[①]

《剑川州志·赵炳龙传》：“沙定州寇楚雄，畏知击却之，用炳龙策为多。”[②]

永历二年、顺治五年戊子（1648），三十岁

何蘧庵以太常寺卿督云南学政，应雷或由此入其门墙。

《何蘧庵先生行记》：“戊子正月，党阳奉正朔，谋倡大义，待沐镇以宾礼，委杨（畏知）部以政权。二公遣使求之，三请乃至……题升云南学政、太常寺卿摄院事。”[③]

按：此事赵炳龙《何蘧庵先生传》载于明年，言因杨畏知至肇庆荐于永历帝而成[④]，或当以其所载为准。

永历三年、顺治六年己丑（1649），三十一岁

赵炳龙随杨畏知受孙可望使，奉表入肇庆请王封。朱由榔以杨畏知荐，授炳龙吏部文选司主事，复以户部郎随跸贵州安隆。[⑤]

按：《明史·杨畏知传》此年后即无纪年，赵炳龙事见于其《何蘧庵先生传》和《剑川州志》本传[⑥]。

永历四年、顺治七年庚寅（1650），三十二岁

孙可望入滇灭沙定州后，对士人施以功名利诱，应雷不愿苟就，十月，与同门蒋昱焘、傅传绪相约裹粮游学苍洱间，足迹遍三迤[⑦]，此为其首次漫游。谒何蘧庵于洱海畔[⑧]。

《何蘧庵先生行记》：“庚寅十月，门人高生应雷、蒋生昱焘、傅生传绪各挟琴箧，

---

① 赵炳龙：《居易轩遗稿·何蘧庵先生传》，影印《云南丛书》，第22册，第11568页，中华书局，2009年。

②《剑川州志·赵炳龙传》，赵炳龙《居易轩遗稿》卷首，影印《云南丛书》，第22册，第11557页，中华书局，2009年。

③ 高应雷：《高澹生诗文钞》，影印《云南丛书》，第22册，第11593页，中华书局，2009年。

④ 赵炳龙：《居易轩遗稿》，影印《云南丛书》，第22册，第11568~11569页，中华书局，2009年。

⑤ 赵炳龙：《居易轩遗稿·何蘧庵先生传》，影印《云南丛书》，第22册，第11568~11569页，中华书局，2009年。

⑥ 同上书，第11568~11569、11557页。

⑦ 三迤，泛指云南。但至清雍正八年（1730）始于云南置迤东道，同年置迤西道，乾隆三十一年（1766）置迤南道，各道设道尹。

⑧ 孙秋克：《高应雷创作行实系年》，《明代云南文学研究》，第158页，云南人民出版社，2010年。

游学苍洱间。涉榆水，访鸡足，由宾川便道趋洱海谒先生，先生各醉以酒。”[①]

赵炳龙《高澹生诗钞序》：“沙贼乱定，归正者方秉权，饰弓旌以饵士，澹生不苟就，裹粮出游，足迹遍三迤。”[②]

赵藩《高舍人传》：“孙可望入滇，灭沙定州，遥附末帝而实持两端，饰弓旌以饵士，舍人不苟就，裹粮出游，足迹遍三迤。”[③]

按：沙贼乱指沙定州陷云南事，乱起乙酉（1645），平定于己丑（1649）。见黄宗羲《行朝录·沙定州之乱》、冯甦《滇考·普吾沙乱滇》[④]。

永历五年、顺治八年辛卯（1651），三十三岁

第二次漫游滇云各地，岁末返昆明。[⑤]

《何蘧庵先生行记》：“辛卯，应雷东游澄江、临安、昆峨、曲靖诸郡邑。岁杪，返嶍、明。”[⑥]

按：临安，今云南建水；昆峨，今云南宁洱；嶍，山名，在今云南峨山县东北；明，昆明。

闰二月二十六日，杨畏知为孙可望所杀。

杨陆荣《三藩纪事本末》：“八年春二月，孙可望遣贺九仪杀大学士严起恒，追杀督师兵部尚书杨鼎和于昆仑关，并杀给事中刘尧珍、吴霖、张载述等，并执阁学杨畏知以归，杀之。”[⑦]

徐鼒《小腆纪年附考》：顺治八年闰二月二十六日：“孙可望杀明东阁大学士杨畏知……楚雄人以其有守城功，立祠以祀焉。”[⑧]

倪在田《续明纪事本末》：“……闰二月，孙可望使贺九仪入南宁，索阻封者；

---

① 高应雷：《高澹生诗文钞》，影印《云南丛书》，第22册，第11594页，中华书局，2009年。榆，大理古称榆城、叶榆。

② 高应雷：《高澹生诗文钞》，影印《云南丛书》，第22册，第11578页，中华书局，2009年。

③ 同上书，第11579页。

④ 李春龙、刘景毛：《正续云南备征志精选点校》，第351~354页，云南民族出版社，2000年。

⑤ 孙秋克：《高应雷创作行实系年》，《明代云南文学研究》，第159页，云南人民出版社，2010年。

⑥ 高应雷：《高澹生诗文钞》，影印《云南丛书》，第22册，第11594页，中华书局，2009年。

⑦ 杨陆荣：《三藩纪事本末》，卷1《三藩僭号》，《丛书集成新编》，第120册，第654页，台湾新文丰出版公司，1985年。

⑧ 徐鼒：《小腆纪年附考》卷17（附考），第660~661页，中华书局，1957年。“楚雄人以其有守城功”，指顺治三年沙定州围攻楚雄，顺治四年杨畏知解其围，见本谱同年纪事。

直入严起恒舟，攘臂呼诟。起恒言：‘朝廷恩赏自有在，今若此，何也’？九仪格杀之，又杀杨鼎和等，人心骇异。可望又杀杨畏知，定国、文秀皆切齿。”①

何蘧庵闻杨畏知死讯而痛哭，夏，弃官归隐于云南县（今大理祥云县）。冬，病逝，葬西山。赵炳龙此时以户部郎随跸。②

作《临高台寄楸园先生》诗，暗寓劝赵炳龙归隐之意。

诗云：“平陵一带伤心碧，高台望尽吴江隔。回首白云天渺茫，不知身是南州客。霸业王图涕泪多，柏梁铜雀空嵯峨。何如归钓江头石，秋雨潇潇衣绿蓑。君不见，秦之陵、赵之邙，芳草满阡青复黄！又不见，范大夫、严先生，一帆一竿留其名。”③

永历六年、顺治九年壬辰（1652），三十四岁

仲春，开始第三次漫游，足迹历滇西北，外出凡十四月。先与同门拟谒何蘧庵，未至而闻其已逝于去年冬。祭何蘧庵墓后复游鸡足山，而后渡澜沧江，入北胜州，缘燕子崖出顺州，抵鹤庆。至楸园谒赵炳龙后，复沿大理而西，历游蒙化、景东、顺宁、永昌四大郡而后返昆。④

《何蘧庵先生行记》：“壬辰仲春，复招蒋生昱焘、傅生承绪，更约张生于闇、任生允怀，往就先生教。三月十七日，抵洱城清海铺，道遇庠生李生秉俊、万生日圣。泣而告曰：‘先生于去冬登玉楼作赋矣！’呜呼！天不欲造就诸士欤，何夺之速也！招其灵而哭之，因讯先生临终情状……于是雷、绪等束刍典爵，同匍伏涟洏于先生之墓。……恨不克筑室居场，诵礼于泰山梁木之侧。然心丧与骨不朽，非但三年之凄怆已也。是岁，高生应雷复游鸡足山，渡澜沧江，入北胜（今丽江永胜），缘燕子崖出顺州（在今永胜西部），抵鹤庆，息篋于剑川楸园，谒云升师。居七月，偕友人严生敦培浴浪穹温泉，遂沿叶榆（大理别称）而西，历游蒙化（今大理巍山）、景东、顺宁（今临沧风庆）、永昌（今保山）四大郡。出外凡十有四月，趋归昆明。”⑤

按：“心丧”，古时有二义：其一，指老师去世，弟子守丧，身无丧服而心存哀悼；其二，泛指无服或释服后的深切悼念，有如守丧。印证应雷此次“恨不克筑室居

---

① 倪在田：《续明纪事本末》卷17，台湾银行经济研究室辑《台湾文献丛刊》，第133种，第568页，台湾银行，1962年。

② 赵炳龙：《居易轩遗稿·何蘧庵先生传》，影印《云南丛书》，第22册，第11569页，中华书局，2009年。

③ 高应雷：《高澹生诗文钞·诗钞》，影印《云南丛书》，第22册，第11582页，中华书局，2009年。

④ 孙秋克：《高应雷创作行实系年》，《明代云南文学研究》，第159页，云南人民出版社，2010年。

⑤ 高应雷：《高澹生诗文钞》，影印《云南丛书》，第22册，第11594~11595页，中华书局，2009年。

场，诵礼于泰山梁木之侧”，“出外凡十有四月，趋归昆明”，则“心丧”当指后一义，故复拜祭何蘧庵墓。应雷又道“息箧于剑川楸园，谒云升师”，并说“居七月”，但据赵炳龙甲午年纪事，这时他随跸贵州，于后年方归隐（详本谱甲午年纪事），应雷此年应不能至楸园谒之。赵炳龙《高澹生诗钞序》载应雷“尝一再至洱海省故提学何蘧庵先生，又视余于向湖村舍，留饮楸园者七月”[①]，却未载日期。后年应雷隐于大理并拜祭何蘧庵墓，却未提到访赵炳龙之事（请参阅本谱后年纪事）。但史载担当今年游大理剑川石宝山[②]，并访赵炳龙事[③]，可见炳龙是年确曾返乡暂住，故应雷去看望。然而在“随跸贵州”且时世极乱时，炳龙即使返乡，时间亦不会长，应雷得“居七月”之久，虽可见师友意相投，但此事一般只能发生于炳龙归隐楸园之后，存疑。

歌挽何蘧庵先生。

《何蘧庵先生行记》：“奠有文，挽有诗，招魂有歌。”[④]

《何蘧庵先生挽歌》：“点苍流云十九峰，洱海洄澜千万重。中有黄冈一竿竹，嶙峋秀骨昂如龙。……山下寒砧夹恨飞，乡关梦杳不须归。”[⑤]

永历七年、顺治十年癸巳（1653），三十五岁

初夏，漫游滇西北后还昆明。

按：应雷于去年二月（仲春）离昆，此次外出凡十四个月，故当于今年初夏返昆。请参阅本谱是年纪事。

永历八年、顺治十一年甲午（1654），三十六岁

议举春闱未果，隐居大理。过洱海拜祭何闳中墓，与同门饮于蘧庵书院，访求先师遗文。[⑥]

《何蘧庵先生行记》：“甲午，议举春闱，未奉题允。雷赧不应命，复隐于榆。

---

① 高应雷：《高澹生诗文钞》，影印《云南丛书》，第22册，第11578页，中华书局，2009年。

② 方树梅：《担当年谱》顺治九年、永历六年条，余嘉华、杨开达点校《担当诗文全集》，第529页，云南人民出版社、云南美术出版社，2003年。

③ 大理白族自治州白族文化研究所编：《大理丛书》系列之《方志篇》卷10《石宝山小记》，第665页，民族出版社，2007年。此事请参阅本书《赵炳龙年谱》同年纪事。

④ 高应雷：《高澹生诗文钞》，影印《云南丛书》，第22册，第11594页，中华书局，2009年。

⑤ 高应雷：《高澹生诗文钞·诗钞》，影印《云南丛书》，第22册，第11587页，中华书局，2009年。

⑥ 孙秋克：《高应雷创作行实系年》，《明代云南文学研究》，第159页，云南人民出版社，2010年。

再过洱海拜先生墓。偕万生日圣、李生秉俊饮先生书院中，索其遗笔。”[①]

孙可望杀大学士吴贞毓等十八人，赵炳龙愤而投劾归乡，道谒何蘧庵墓。

赵炳龙《何蘧庵先生传》：“炳龙方以户部郎随跸，先生驰书招之……炳龙隐忍，欲有所为，未果行。……至甲午而安隆之难作，阁部、台省诸臣死者十八人。炳龙……决意投劾。归剑湖，道洱海，访先生隐居，则已改为招提。诸门人述，先生于辛卯夏至县，茸庐结社，纵情诗酒，然语及时事，则哽咽不食。其冬，遽谢宾客，葬西山，二稔余矣。炳龙乃诣先生墓，奠束刍，为文以告哀，留一宿而去。”[②]

按：《明史》吴贞毓传载，以其为首的“十八先生”遇难，“时顺治十一年三月也”[③]，杨陆荣《三藩纪事本末》亦载“十一年（甲午）三月，孙可望遣郑国、王爱秀至安隆，杀大学士吴贞毓及张镌等十八人”[④]。此与赵炳龙《何蘧庵先生传》所载自己归隐时间吻合[⑤]，而高应雷《何蘧庵先生行记》记载自己前年谒楸园、留七月，今年则无谒见记载（参阅本谱上二年纪事）。

永历十年、顺治十三年丙申（1656），三十八岁

李定国奉永历帝入云南，改昆明为滇都。[⑥]

永历十一年、顺治十四年丁酉（1657），三十九岁

八月，永历帝举云南乡试，以教场为贡院，取王肇兴等五十四人[⑦]，应雷与焉。授中书舍人。

《何蘧庵先生行记》：“丁酉岁闱试，门人领荐者十一人，应雷、允怀、秉俊与焉。”[⑧]

赵炳龙《高澹生诗钞序》：“举永历丁酉乡贡，当世才之，授中书舍人。”[⑨]

---

①高应雷：《高澹生诗文钞》，影印《云南丛书》，第22册，第11595页，中华书局，2009年。

②赵炳龙：《居易轩遗稿》，影印《云南丛书》，第22册，第11569页，中华书局，2009年。

③《明史》卷279，第23册，第7165页，中华书局，1974年。

④杨陆荣：《三藩纪事本末》卷1《三藩僭号》，《丛书集成新编》，第120册，第654页，台湾新文丰出版公司，1985年。

⑤赵炳龙：《居易轩遗稿》，影印《云南丛书》，第22册，第11569页，中华书局，2009年。

⑥范承勋等纂修：《康熙云南府志》卷5《沿革》，《中国地方志集成》本《云南府县志辑》，第1册，第112页，凤凰出版社，2009年。

⑦同上书，第113页。

⑧高应雷：《高澹生诗文钞》，影印《云南丛书》，第22册，第11595页，中华书局，2009年。

⑨同上书，第11578页。

永历十二年、顺治十五年戊戌（1658），四十岁

二月，清兵分三路进取贵州并入云南。应雷奉命随军趋辰州，赵炳龙、强子任送别之。

《何蘧庵先生行记》："丁酉岁闱试……明年，雷奉命辰州……"①

按：辰州今属湖南，明代设府，括沅陵、溆浦、辰溪、泸溪四县。

赵炳龙《月下忆别高澹生》："送君船上时，寸里郁如结。船去翻悔余，胡无一言别。"②

《与强子任同年书》："记与足下别在负庆阁后，无他语，但期异日报国之事。临上马，又饮仆三爵，誓生死无相忘。其夜宿羊（杨）林，酒醒思之，汗泪俱下，以是知所感激，至今心勒其言。"③

三月，洪承畴克复辰州，应雷兵陷。

《何蘧庵先生行记》："三月兵陷。"④

《民国溆浦县志》："十五年三月，清经略洪承畴克复辰州，县遂附属。方牛兵破平后，张献忠遗党孙可望，遣其将卢名臣率黔兵取辰州，改辰沅郡县隶黔省，自称黔王。"⑤

按：赵炳龙《高澹生诗钞序》："从军趋黔楚。己亥（1659），师溃于辰州……"⑥己亥师溃，疑误，从高应雷本人说，兵溃于今年。又，参阅本谱一岁纪事。

与仲弟高一生游树橘园。

《再游树橘园记》："戊戌春，予偕仲弟一生游树橘园，主人向君饮焉。时予未濒于厄，虽行橐冼如，意致固自豪也。"⑦

按：据"再游"，则当有第一次游，未见存文。此文纪游树橘园共两次，则此当为第一次游。第二次游参阅本谱四十二岁纪事。

---

① 高应雷：《高澹生诗文钞》，影印《云南丛书》，第22册，第11595页，中华书局，2009年。
② 赵炳龙：《居易轩遗稿》，影印《云南丛书》，第22册，第11563页，中华书局，2009年。
③ 高应雷：《高澹生诗文钞·文钞》，影印《云南丛书》，第22册，第11599页，中华书局，2009年。
④ 同上书，第11595页。
⑤ 舒立淇纂：《民国溆浦县志》，《中国地方志集成》本《湖南府县志辑》，第63册，第65页，江苏古籍出版社，2002年。
⑥ 高应雷：《高澹生诗文钞》，影印《云南丛书》，第22册，第11578页，中华书局，2009年。
⑦ 同上书，第11595页。

五月生辰，作诗《自寿》并序、《赋得楚江有游客》四首。

按：参阅本谱一岁纪事。

冬十月，清军入贵州，指滇，云南属府告急。李定国率兵出御北师，自扼盘江，命副将王文选守七星关。十二月，蜀中守将降清，兵皆散，吴三桂夺七星关，李定国亦败于盘江，奔回昆明。清兵入滇，李定国奉永历帝出奔迤西。①

《康熙云南府志》："六月，我师取滇，李定国兵败回省。"②

按：《康熙云南府志》纪事与黄宗羲《行朝录·永历纪年》、邵廷采《西南纪事》所载时间有差。盘江，今属贵州贵定；七星关，今属贵州毕节。两地相距二百余公里。

永历十三年、顺治十六年己亥（1659），四十一岁

清军定云南。应雷闻滇变，访同年强子任之生死而无果，满怀忧虑。

《与强子任同年书》："已亥，闻滇变，访足下生死不得，恐家为乱兵所没，无有识者。又恐已随跸去。"③

按："滇变"，指去年清军入云南，永历帝逃往迤西。④

永历十四年、顺治十七年庚子（1660），四十二岁

正月，吴三桂为总管，移镇云南。⑤

流寓溆浦（义陵别称），寓大潭舒氏，授徒于大潭、潭头坡两乡以自给。

《何蘧庵先生行记》："庚子，客义陵。"⑥

赵炳龙《高澹生诗钞序》："……师溃于辰州，独身跳免，乃隐溆浦，授徒以自给。困踬饥疲，渝十数寒暑而不悔。"⑦

---

① 以上史实详见黄宗羲《行朝录·永历纪年》、邵廷采《西南纪事》（李春龙等《正续云南备征志精选点校》，第350、362页，云南民族出版社，2000年）。

② 范承勋等纂修：《康熙云南府志》卷5《沿革》，《中国地方志集成》本《云南府县志辑》，第1册，第114页，凤凰出版社，2009年。

③ 高应雷：《高澹生诗文钞·文钞》，影印《云南丛书》，第22册，第11599页，中华书局，2009年。

④ 范承勋等纂修：《康熙云南府志》卷5《沿革》，《中国地方志集成》之《云南府县志辑》，第114页，凤凰出版社，2009年。

⑤ 倪蜕辑：《云南事略》，李春龙等《正续云南备征志精选点校》，第131页，云南民族出版社，2000年。又见《康熙云南府志》卷5《沿革》，第115页。

⑥ 高应雷：《高澹生诗文钞》，影印《云南丛书》，第22册，第11595页，中华书局，2009年。

⑦ 同上书，第11578页。

舒立濬《书赵云升高澹生两先生遗集合钞后》：“吾叔云槎公曰：‘先生之出处，今不甚详。当鼎革时避乱来溆，授徒于大潭及潭头坡两乡，以自存活。”①

赵藩《高舍人传》：“鼎革后，隐湖南溆浦，寓大潭舒氏，授徒自给。”②

《民国溆浦县志》：“舒立濬，号文泉，廪膳生，竹坳人。以从贵州藩司炳方伯剿办苗匪功保用训导。少嗜学，工书能文，八分书尤见称于时，求者常坌集。能急人困难，遇有事，辄悉心为筹画。故虽负性刚简，而幕游东南十余省，居停无不礼重。喜置书，家藏八万余卷，皆平生游历所得。年八十卒。”③

按：义陵又名溆浦，在今湖南省怀化市东北部沅江中游。西汉置为义陵县，东汉废，唐改置溆浦县至今，今属怀化市。潭头坡，在县治北二十二里，今属溆浦县观音阁乡坪星村。大潭，今溆浦县卢峰乡大潭村。从以上材料看，戊戌三月兵陷后，高应雷在楚湘居无定所，直到今年才在溆浦大潭、潭头坡一带，以做舒氏塾师为生④。舒氏为溆浦望族，高应雷《哀义陵》诗云：“大家二姓邓与舒，太平曾乘驷马车。”⑤

会晤黄州胡君茂，得以报知何蘧庵子嗣其父在滇下落。

《何蘧庵先生行记》：“庚子客义陵，偶于句侯署中，晤黄州胡君茂让者，先生故交也。剪烛梧窗，备谈哀苦，间述先生死，相对而泣。……悲者，以先生之学、之名、之寿而殡于异乡，妻子家人，未详其生；幸者，先生之死，高生能言之胡君，胡必归报其家人。”⑥

赵炳龙《何蘧庵先生传》：“先生之后人不可复问，及门昆明高生应雷者，亦尝从先生问业。顷自义陵以书来，始称先生有嗣子可以承家云。”⑦

按：何蘧庵卒于云南县（今祥云）隐居之所，高应雷等弟子及其友赵炳龙，皆不知其在乡里是否有子嗣，乡里亦不知其下落，至此方明就里。清代王葆心《蕲黄四十八寨纪事》载，曹胤昌，湖北麻城人，他与何闳中并无一面之识，其父为永昌府佐，

---

① 高应雷：《高澹生诗文钞》卷后，影印《云南丛书》，第22册，第11604页，中华书局，2009年。

② 高应雷：《高澹生诗文钞》，影印《云南丛书》，第22册，第11579页，中华书局，2009年。

③ 舒立淇纂：《民国溆浦县志》卷22《列传·文学》，《中国地方志集成》本《湖南府县志辑》，第63册，第316页，江苏古籍出版社，2002年。

④ 高应雷作品赖舒氏后人得以传回云南。事详舒立濬《书赵云升高澹生两先生遗集合钞后》，见高应雷《高澹生诗文钞》，影印《云南丛书》，第22册，第11604~11605页，中华书局，2009年。

⑤ 高应雷：《高澹生诗文钞·诗钞》，影印《云南丛书》，第22册，第11586页，中华书局，2009年。

⑥ 高应雷：《高澹生诗文钞》，影印《云南丛书》，第22册，第11595页，中华书局，2009年。

⑦ 赵炳龙：《居易轩遗稿》，影印《云南丛书》，第22册，第11569页，中华书局，2009年。

卒于官，乃奔父丧于永昌。何闳中客死于滇，挈其柩归，不详何时[①]。

偶住白竹溪，再游树橘园，作游记叙其事。

《再游树橘园记》：“庚子乱后，偶托足于白竹溪。溪之居人，传橘园西去仅十里。兴勃勃欲往，会向君招以赫蹄，意寝豁也。不赧狼狈，辄造饮，经信宿焉。……夫予睽橘园，仅两阅岁耳。”[②]

按：两年前游树橘园，见本谱四十岁纪事。白竹溪，在今溆浦观音阁乡。

闻同年强子任无恙，甚觉宽慰。

《与强子任同年书》：“庚子，闻足下在，大幸！大幸！”[③]

永历十五年、顺治十八年辛丑（1661），四十三岁

吴三桂统兵临缅甸，缅王交出永历帝。[④]

清圣祖玄烨康熙元年壬寅（1662），四十四岁

三月，吴三桂执送永历帝父子回昆明；四月，缢杀之。[⑤]

闻缅变，又闻同年强子任新授学政，作书劝其去官挈妻，归隐田园。

《与强子任同年书》：“壬寅，闻缅变，周麓山归自威楚道。足下新授广文……仆与足下同年共业，其所期许者，至词说唐突，知足下不罪。虽然国家之事，至无如何之时，此身虽觉无益，抑岂不赖有此身哉！文信国孤忠被劫，何难杀身成仁，犹望黄冠出游者，意有在也，足下诚欲爱其身以俟异日。与其隐于吏，孰若隐于廛。隐于廛，孰若隐于野乎！隐于野，孰若隐于山林烟水之间乎！……愿足下亟去官，挈妻儿耕于陆山之麓，与老农圃为婚友，塞通显之路，读忠孝之书，宁没世而名不称其荣于广文。”[⑥]

在义陵已三年。教授生徒，赖薄酬以存活。与弟一生相伴，与同社诸君子铸诗校字，纵情山水，足迹不至城市。

---

① 王葆心：《蕲黄四十八寨纪事》卷3《山寨列传》，台湾银行经济研究室辑《台湾文献丛刊》，第305种，第80~81页，台湾银行，1972年。

② 高应雷：《高澹生诗文钞·文钞》，影印《云南丛书》，第22册，第11595页，中华书局，2009年。

③ 同上书，第11599页。

④ 范承勋等纂修：《康熙云南府志》卷5《沿革》，《中国地方志集成》本《云南府县志辑》，第1册，第116页，凤凰出版社，2009年。

⑤ 同上书，第117页。

⑥ 高应雷：《高澹生诗文钞·文钞》，影印《云南丛书》，第22册，第11599页，中华书局，2009年。

《寄同社书》："今在义陵三年，与俗稍狎，居乡教六七童子，仅可博兄弟口粮。两仆出民家作苦工，日竟一饱。……回忆少年时螺峰访梅，宝珠咏雪风景，犹依依昨日也。"①

游义陵东潭头坡下碧潭，作《游碧潭记》。

记云："去义陵东十里为温湖，上温湖三里为潭头坡，余馆焉。一潭在下，清窈苍澈，虽随雨潮为深浅，而泽屡挹不竭，疑其穴有潜龙焉。自予假馆以来，足不蹑城市，名斥于显贵，惟日与同社诸君子铸诗校字，暇则放眺流峙间。"②

思故乡而归计蹉跎，作《华山行》。

诗云："去年有人来自金碧间，道曾游我青青之华山。华山下头络酒店，卖酒尽是如花颜。今年有人道自华山还，华山亭上之门无僧关。但见怨哀与哀鹤，悬岩万仞凭飞攀。嗟哉华山不复古，华山之下之人喑于虎。……今年归计复蹉跎，江枫任尔凋行色。"③

按：华山，溆浦擂鼓坡主干中华山之简称，其南为应雷隐居授徒之潭头坡。

怀乡思归，作诗、书寄与赵炳龙。

按：《有所思五章寄楸园先生》其一云："我有所思，剑湖之渚。"则诗必寄于赵炳龙避吴三桂胁命，而隐于石宝山之前（参阅本谱五十五岁纪事）。集中尚有《怀滇寄楸园先生》《临高台寄楸园先生》《自励寄楸园先生》《鹤思归吟寄楸园先生》④，当为同时期之作。赵炳龙则有《采菊二章寄高澹生》，诗云"招隐士兮何时归"，可见作于应雷在溆浦时，此外集中尚有《石兰三章忆澹生也》《滇水行寄澹生义陵》⑤。应雷作书寄赵炳龙，参阅本书《赵炳龙年谱》同年纪事。

康熙二年癸卯（1663），四十五岁

义陵之乱十六年后，心犹悲其殆，作《哀义陵》。

诗云："兵荒剥损十六秋，天地之厄古所异。""春王纪历延丁亥，万骑潜来义陵殆。"⑥

---

① 高应雷：《高澹生诗文钞·文钞》，影印《云南丛书》，第22册，第11600页，中华书局，2009年。
② 同上书，第11595~11596页。
③ 高应雷：《高澹生诗文钞·诗钞》，影印《云南丛书》，第22册，第11583页，中华书局，2009年。
④ 同上书，第11580~11581、11582、11584~11585、11589页。
⑤ 赵炳龙：《居易轩遗稿》，影印《云南丛书》，第22册，第11558~11559、11560、11564页，中华书局，2009年。
⑥ 高应雷：《高澹生诗文钞·诗钞》，影印《云南丛书》，第22册，第11586页，中华书局，2009年。

《民国溆浦县志》：（顺治）四年、明桂王永历二年（1647）三月，明镇将王允成溃兵数万，从新化来溆，所过肆行屠戮。是时清兵已克长沙，镇将马进忠、王进才、王允成、向登位等溃兵及湘乡吴学兵，掠邵阳、新化，下至桃源、龙阳（今汉寿），俘劫数百里。而王允成由新化入溆，逾年乃去。[①]

按：据此载，则1647年义陵之乱迄今十六年。

康熙四年乙巳（1665），四十七岁

冬，四游梅城林家冲[②]，与隐士林仞南之叔林长人订交。《入溪访隐》诗或作于此时。

《同醉记》："始余过梅城东坪，凡三过而三饮于其湄。湄之主人告以沿溪而南，有所谓林家冲者，水融而山润，土坟而木蔚，其中盖多隐君子云。造而访之，果得饮于其庐。庐之主人则林生仞南也。……问学业可与共千古者，莫若其叔长人。时长人游寓长沙，未遂颜面。乙巳冬暮，又泊舟饮其处，会长人琴橐返，顾知疏遇。薄饮益悲，因而推惠授餐，卑情下榻。虽余之游兴郁勃，青萍结绿，惭以近地而售，然天涯获订知己，心神若萦，正如惊鸿断猿，息影于葭汀萝壁之间，恋恋不忍去。"[③]

《入溪访隐》："前溪有新竹，后溪竹如簇。出入溪竹中，幽香发兰菊。"[④]

康熙五年丙午（1666），四十八岁

门人舒文伯游桃源归，问其游历，忆八年前别桃源、入辰州事，感慨而赋诗赠之。

诗题为《余别桃源凡八载，烟霞山水之胜，向亦草草得之，而今恍惚不复记矣。顷，门人舒生文伯买舟归，问所游历，因不禁今昔之感。临去，贻之以诗》。[⑤]

按：桃源在今湖南武陵，明代由南路出滇，经贵州而入湖南[⑥]。应雷自出滇入辰州，

---

① 舒立淇纂：《民国溆浦县志》卷4《纪事》，《中国地方志集成》本《湖南府县志辑》，第63册，第64页，江苏古籍出版社，2002年。

② 今湖南省益阳市安化县梅城镇，距离溆浦近百公里。

③ 高应雷：《高澹生诗文钞·文钞》，影印《云南丛书》，第22册，第11598页，中华书局，2009年。

④ 高应雷：《高澹生诗文钞·诗钞》，影印《云南丛书》，第22册，第11584页，中华书局，2009年。

⑤ 同上。

⑥ 章潢《图书编·入滇之路》："尝考自古滇之路有三：楚将庄蹻略巴、黔以西，威定属楚，其所由入，则今之贵州，古之牂牁郡也。"（李春龙、刘景毛点校：《正续云南备征志精选点校》，第30页，云南民族出版社，2000年）

至兵败隐居溆浦，今已八年。

康熙六年丁未（1667），四十九岁

与林仞南相约造访林长人，三人同醉，作《同醉记》追忆相识旧事。

记云："越午岁，春霁，仞南造斋头曰：'先生曩日来宾，谁则为东道主者？今长人隶东道，而我怅阁虚无人焉，主人负宾乎？宾负主人乎？馆有酒蔌，愿一灌薄客，并灌我客而主之者。'遂造饮长人，俱焉饮间之乐。……饮竟醉，既醉而散，既散而获返于室，获寝于榻，皆缉御者之力，而三人酩无知焉。诘旦思之，辗然长笑，盖一饮也，而戏同，而乐同，而醉同形。想所化造物顺之，虽兰亭及时，竹林忘年，千古之所豪，而余与林今日过之矣。惜乎湄之主人导余潦倒之乡，而竟不得与之同醉也。"①

按：应雷与林长人订交于康熙四年乙巳（1665），逢午而为次年丙午，"越午岁"则为今年丁未。请参阅本谱康熙四年纪事。

思归昆明，有赋《故园秋色十二章，怀归也》《是岁谋昆明，方有此赋，兼柬向元素明经》。②

按：应雷去年作《余别桃源凡八载……》诗，结句云："明年同过湖，重结桃花昆。"请参阅本谱去年纪事。

康熙七年戊申（1668），五十岁

与仲弟一生居溆浦，闻父母丧。

《元旦辞友邀往城市观灯启》："十年狂客，频惊羽燧之传；千里棘人，永切风霜之恨。"③

按：至此，应雷流落溆浦已十年（请参阅本谱永历十二年、顺治十五年纪事），自称"棘人"，可知其闻父母丧④。

逢花朝节，作《花朝歌并序》忆故乡昆明。

诗序："滇中风高土暖，每花朝节，则百花齐发。稍后者，惟杜鹃、牡丹。城西郭外为黔国西花园，名卉缤纷，穷宇内之奇丽。北门出郭二十里至马村，其金汁河、

---

① 高应雷：《高澹生诗文钞·文钞》，影印《云南丛书》，第22册，第11598页，中华书局，2009年。

② 高应雷：《高澹生诗文钞·诗钞》，影印《云南丛书》，第22册，第11581、11585页，中华书局，2009年。

③ 高应雷：《高澹生诗文钞·文钞》，影印《云南丛书》，第22册，第11601页，中华书局，2009年。

④《诗经·桧风·素冠》："庶见素冠兮，棘人栾栾兮，劳心慱慱兮。"正义：棘，急也。郑笺：急于哀戚之人。故后人居父母丧时，自称"棘人"（《十三经注疏》本《毛诗正义》，第462页，北京大学出版社，1999年）。

银汁沟二水，委折而赴，阡连遂引，左右皆桃林，或间以樱桃、海棠，锦灿霞铺，苍汉俱红。东南郭二十里间，皆士大夫所构园亭圃业，素馨挽架，茉莉搀篱，匝地香葩，莺蝶亦醉。届期则国中罢市，红翠出游，舞妓歌童，丝管迭韵，碧鸡金马之胜，固不逊曲江锦城也！余十载天涯，动怀曩迹。但恐故国戎马，风景未必长妍。情随事迁，感慨系之矣。空亭把酒，勉赋一歌。”

歌曰：“东风吹醒花神睡，四十五日魂犹醉。昆明池上春融融，乱莺咽尽枝头泪。山晓碧鸡人卖花，玉娥朝起立屏纱。招呼子弟浓妆束，十里香尘斗宝车。纷纷出郭花低笑，笑揭车帘问年少。欲问不问仰看花，炯炯春波意深照。公子翠裘青玉骢，障泥簇簇摇春风。碧桃树下张油幔，两队舞衣花映红。须臾紫陌争来往，丝管入云风递响。舞者唱者醉者哗，花鸟之间乐渊广。此情长记少年豪，风景忽复生牢骚。楚州芳草连陂绿，不见碧山千树桃。羁魂昨夜归南国，梦饮花前花万色。杜宇乍啼风晓寒，醒后一身归不得。欲踏平芜何处春，酒瓢闲桂碧苔新。山亭耐瘦频题竹，羞见赏花先醉人！”①

再拟归滇，作诗《寄别向元素》，然其事未果。

《寄别向元素》：“凛凛十年气，愁看湘水流。去路浑不记，归思正悠悠。缄辞谢故人，嘤鸣何所求。”②

按：“十年”，指入辰州迄今。

康熙十年辛亥（1671），五十三岁

立春日，作《辛亥立春即事》。③

诗云：“四海孤身客，春官又入年。”“暂饱东人席，佣书得几钱。”④

作《与强子任同年书》。书云遣弟一生归滇侍老母，有诗六首书于扇赠之，并谢其提携三弟之恩，谓自己今后行踪，尚未可知。

《与强子任同年书》：“仆近来善病，颇厌粱肉。地方龌龊，无可泻忧，亦无余财问医药。日训童子章句楚音，聒耳甚烦，然舍是无以治生，复益劳碌。今四节则乡思沉痛，兄弟经夕不寐，泣下沾襟。……今尽典衣囊，约得银十六七两，暂遣舍弟归侍老母，仆行踪尚未可知。丁彦充、任说修、傅介石皆有书，不识可在故处。念足下

① 高应雷：《高澹生诗文钞·诗钞》，影印《云南丛书》，第22册，第11587~11588页，中华书局，2009年。
② 同上书，第11585页。
③ 本年作此诗及遣弟一生归滇侍老母事，孙秋克《高应雷创作行实系年》提及（《明代云南文学研究》，第161页，云南人民出版社，2010年）。
④ 高应雷：《高澹生诗文钞·诗钞》，影印《云南丛书》，第22册，第11592页，中华书局，2009年。

诗六首，草舍弟扇头。萧飒秋声，不禁长读。三舍弟在省，知荷提携，非词谢能尽。雷再拜。”①

按：其书于壬寅年间事后说“有间矣”，下文续此一段，又其仲弟一生，一直随在溆浦，今年返昆后，于明年邮寄《澹生诗钞》给赵炳龙，故可知《与强子任同年书》，当作于今年；应雷遣弟返滇侍母事，亦当在今年。所言“念足下诗六首”，不见载于今存本集。

康熙十一年壬子（1672），五十四岁

清明节，有诗《清明节》怀乡并怀仲、季二弟。

诗序：“是日风柔雨细，人集山原，我独无家，躬违拜扫。虽白云恋目而青冢销魂，境绪迷留，神情摇丈夫，赖此心不改以祈。”

诗云：“儿孙无禄不成列，惟仲与季私往还。吁嗟十载瞻云处，雁羽翛翛飞不去。瘴疠林中风木哀，关山梦断天难曙。岸岸桥桥燕子风，红蔫绿晕水寻东。归心郁尽王孙草，消息长悬暮雨中。何时得遇西归匹，溉釜烹鱼戴周日。重向邱陵度缟衣，雪苔告罪儿垂膝。”②

按：其仲弟高一生归于去年，故此诗必作于之后，故系于此。

弟一生以《澹生诗钞》四卷邮致赵炳龙③，赵炳龙为之作序。

赵炳龙《高澹生诗钞序》：“昆明高子一生，以其兄《澹生诗钞》四卷邮致楸园，复述澹生之意，必得一言于简首。余病目收视，令两子递诵于侧，兀坐听之，阅八日，事毕。”落款：“壬子秋日楸园老人书。”④

自慧大师与徒照灯驻锡溆浦⑤。

《自慧大师塔铭》：“师出自杨氏，生蜀之夔州，从沙弥出家受愍。然大师剃度，生平志行，澹无所营……有力者之经济，师且得以方外游傲之。于是问偈云岩，受参拙本，苦心实行，鄙薄浮文。已而卓锡潭州，飘然自远……岁壬子，与其徒照澄，游溆川椰溪。澄，溆人，遂止于溆，期奉师以终身焉。”⑥

① 高应雷：《高澹生诗文钞》，影印《云南丛书》，第22册，第11599页，中华书局，2009年。孙秋克《高应雷创作行实系年》部分引用而未注版本信息（《明代云南文学研究》，第161页，云南人民出版社，2010年）。
② 高应雷：《高澹生诗文钞》，影印《云南丛书》，第22册，第11588页，中华书局，2009年。
③ 孙秋克：《高应雷创作行实系年》，《明代云南文学研究》，第162页，云南人民出版社，2010年。
④ 高应雷：《高澹生诗文钞》，影印《云南丛书》，第22册，第11578页，中华书局，2009年。
⑤ 孙秋克：《高应雷创作行实系年》误“自慧”为“白慧”（《明代云南文学研究》，第162页，云南人民出版社，2010年）。
⑥ 高应雷：《高澹生诗文钞》，影印《云南丛书》，第22册，第11603~11604页，中华书局，2009年。

康熙十二年癸丑（1673），五十五岁

十一月，吴三桂反于滇，亲率师入湖南以谋北上。有诗《滇警》纪之，并明不能归滇之苦。

诗云："名世未当局，战争年复年。鹤喧金马岫，鹰击石羊天。死力空防缅，疑兵误撤川。羽书移贵筑，猩血涌温泉。北上云千骑，西流水万鞭。尘迷江堡树，笳咽野林鹃。巷陌炊烟断，桑麻鬼火联。吹红无晚牧，望客总青年。羽翰难相借，归程瘴岭悬。"①

《康熙云南府志》："十二年癸丑十一月，吴三桂反。……二十三日，吴三桂使吴国贵为前锋，由贵州径寇辰、沅，云贵总督甘文焜死之。吴三桂自云南入犯湖南。"②

《民国溆浦县志》："三桂于十二年十一月叛清，遣马宝寺等出贵州，寇湖南，陷沅州。"③

按：是年康熙拟撤藩，朝廷催移吴三桂藩属入京。十一月，吴三桂反于云南，为期八年的"三藩之乱"开始。

赵炳龙避迹于石宝山中，不奉吴三桂伪命。

《剑川州志·赵炳龙传》："鼎革后，足迹不履城市。吴三桂反，胁以伪命，避石宝山中不出。"④

自慧大师圆寂，为其作塔铭。此后应雷下落不明⑤，溆浦人有其"终老客中"和"归滇"二说。

《自慧大师塔铭》："居一年而师且长逝矣，师临终谓澄曰：'余生为男子，戴覆载恩六十年，今得全体而归，庶几无罪于天地。……既葬，澄将勒铭，请诸雷，雷因笔其说，以应所请。"⑥

按：此铭为高应雷有年代可查行迹的最后记录，其后行踪不明，备溆人所载于下：

舒立濬《书赵云升高澹生两先生遗集合钞后》云，其叔舒云槎闻应雷"竟终老客中，

① 高应雷：《高澹生诗文钞·诗钞》，影印《云南丛书》，第 22 册，第 11591 页，中华书局，2009 年。

② 范承勋等纂修：《康熙云南府志》卷 5《沿革》，《中国方志丛书》本《云南府县志辑》，第 1 册，第 120 页，凤凰出版社，2009 年。

③ 舒立淇纂：《民国溆浦县志》卷 4《沿革》，《中国地方志集成》本《湖南府县志辑》，第 63 册，第 65 页，江苏古籍出版社，2002 年。

④ 赵炳龙：《居易轩遗稿》卷首《剑川州志人物传》本传，影印《云南丛书》，第 22 册，第 11557 页，中华书局，2009 年。

⑤ 孙秋克：《高应雷创作行实系年》，《明代云南文学研究》，第 162 页，云南人民出版社，2010 年。

⑥ 高应雷：《高澹生诗文钞》，影印《云南丛书》，第 22 册，第 11603~11604 页，中华书局，2009 年。

每求其墓而不得。”[①]

赵藩《高舍人传》：寓大潭“垂十余年后，不知所踪。或传卒于溆浦，莫能详也。”[②]

《民国溆浦县志》：“高应雷，字澹生，云南进士。崇祯末，官某省，以谗去职。将归滇，道梗，乃浪游至溆，徜徉山水间，尝讲学于潭头坡。饮酒赋诗，著作甚富，惜多佚失。后仍归滇终。”[③]

按：是志所载“进士”显然有误，“以谗去职”不详，“后仍归滇终”与诸传所述不符。

光绪十五年己丑（1889）

《高澹生诗文钞》付梓。[④]五月一日，溆浦舒立濬为之作跋。

舒立濬《书赵云升高澹生两先生遗集合钞后》载其事，落款：“光绪十五年己丑五月朔日，溆浦后学文泉舒立濬书后。”其文曰：“一日，过笈云楼，袖一帙，首尾霉烂，中间蠹损者各十数番。出以语吾叔云槎公，曰：‘此胜国逸老滇中高澹生先生遗集也……幸其集流传吾乡而无副本，倘或失之，可惜也。异日重修邑乘，其有关于溆者，当录入《艺文》，而志先生于《流寓传》中。”又说舒立濬于光绪十四年（1888）来滇，遍访高应雷后人而不得，偶遇赵炳龙后裔赵介伯，抄得高、赵二人赠答之作数篇及赵炳龙《高澹生诗钞序》[⑤]，它们当来自高应雷仲弟高一生邮致赵炳龙的《澹生诗钞》四卷。光绪十五年（1889），舒立濬又专程来滇，取高应雷遗集付与赵介伯。据赵藩《高舍人传》，舒立濬将高应雷诗文交付，准备与赵炳龙的《居易轩遗集》合刊。然不知何故，未刊二人合钞[⑥]。今存《高澹生诗文钞》四卷，卷首有赵炳龙《高澹生诗钞序》，叙高应雷生平大略及其与之交往始末。此本尚有李坤《序》一篇。云：“舒立濬钞存有古今体诗百余首、杂文十余篇以付剑川赵藩。舍人昔即馆立濬家，而藩即炳龙裔也。今已付梓。”[⑦]现存《高澹生诗文钞》如其数，而赵炳龙文字迭经兵燹，

---

① 高应雷：《高澹生诗文钞》卷首，影印《云南丛书》，第22册，第11604页，中华书局，2009年。

② 高应雷：《高澹生诗文钞》，影印《云南丛书》，第22册，第11579页，中华书局，2009年。

③ 舒立淇纂：《民国溆浦县志》卷22《列传·寓贤》，《中国地方志集成》本《湖南府县志辑》，第63册，第320页，江苏古籍出版社，2002年。

④ 孙秋克：《高应雷创作行实系年》，《明代云南文学研究》，第162页，云南人民出版社，2010年。

⑤ 高应雷：《高澹生诗文钞》，影印《云南丛书》，第22册，第11578页，中华书局，2009年。此条与下条，《高应雷创作行实系年》引录而未注版本信息（《明代云南文学研究》，第162页，云南人民出版社，2010年）。

⑥ 高应雷：《高澹生诗文钞》，影印《云南丛书》，第22册，第11579页，中华书局，2009年。

⑦ 同上书，第11577页。

存者十不及一。

《民国溆浦县志》存高应雷传（详本谱去年纪事），并有《高澹生诗文钞》无载的溆浦写景诗《紫荆山》《同门人游石盘山望卢峰》[①]，与舒立濬《书赵云升高澹生两先生遗集合钞后》所载舒云槎语吻合。

《紫荆山》："云白山气苍，山苍日光紫。上下数千尺，风烟水中起。木蔚浓春阴，石花绣红蕊。茸茸碧台间，游鹿纷如蚁。鹤寝千岁松，狝猿拾松子。乍接梅城天，忽送辰江水。遥望大壑东，恍惚灵岩址。行者惮高回，庸僧潜棲徒。我欲跻其巅，酒榻浮云舣。谛问菩提金，云何结山髓。"

《同门人游石盘山望卢峰》："缅昔挂瓢处，于今生白云。倚天孤阁回，入望万山分。似有闭关衲，曾无招隐君。谢家游屐爽，相挈眺斜曛。"

按：紫荆山，在溆浦县治东六十里，东与新化连界；石盘山，在县治北二十七里白竹溪乡。

（孙秋克）

① 舒立淇纂：《民国溆浦县志》卷32《文征四·诗》，第63册，《中国地方志集成》本《湖南府县志辑》，第435~436页，江苏古籍出版社，2002年。

陈佐才年谱（1623~1692）

综论

陈佐才，字翼叔，云南蒙化（今大理巍山）人，做过末代黔国公沐天波标下裨将，奉命征战滇西、催饷蜀中。在明末乱世，他跃马横刀，以身许国；入清后，他保持遗民气节，隐居于蒙化盟石山。晚年，他在山中凿巨石为棺，刻《自挽诗》于其上。诗云："明末孤臣，死不改节。埋在石中，日炼精魄。雨泣风号，常为吊客。"① 作为南明裨将和遗民诗人，陈佐才以独具一格的诗歌，表现了在特定历史时期，其生存状态和心路历程，诗人的坚强意志及对旧朝的怀念、对新朝的决绝，都具有代表性。

言为心声。明王朝覆亡、故主沐天波殉难，在陈佐才心中留下了难以泯灭的创伤，《失巢鸟》② 中无家可归的孤鸟，暗喻了自己彷徨无依的痛苦。但陈佐才将生死置之度外，作诗不怕触犯禁忌，唯求抒发心声而已："壮士从来有热血，深秋不必送寒衣。"（《边行》）③"不是清操能炼骨，壮心几被北风摧！"（《冬寒》）"往迹寻思相对哭，那知血泪染衣红。"（《遇旧友有感》）④"淋淋滴血完臣节，片片分尸报主恩。"（《阅缅录哭沐黔国》）⑤ 这些诗表现了诗人对明王朝始终如一的赤胆忠心，可谓"以血书者"⑥——与王国维对李煜词的这个评论相似，在《以诗为子》中，陈佐才这样表白其诗学观："寒瘦郊岛，诗为知己。我则不然，诗为儿子。或问其故，精血在此。"⑦ 诗、人合一，陈佐才的真诗，正出自其血性！

---

* 本谱作为本课题阶段性研究成果，发表于《昆明学院学报》，2016 年第 2 期。

① 陈佐才：《重刊明遗老陈翼叔先生诗全集·石棺集》，第 144 页，国家图书馆藏，1946 年。

② 陈佐才：《重刊明遗老陈翼叔先生诗全集·宁瘦居续集》卷 1，陈虞佐辑，第 64 页，国家图书馆藏，1946 年。

③ 陈佐才：《重刊明遗老陈翼叔先生诗全集·宁瘦居草》卷 1，第 1 页，国家图书馆藏，1946 年。

④ 同上书，第 26 页。

⑤ 陈佐才：《重刊明遗老陈翼叔先生诗全集·是何庵集》卷 1，第 95 页，国家图书馆藏，1946 年。

⑥ 王国维：《人间词话》卷上："尼采谓：'一切文学，余爱以血书者。'后主之词，真所谓以血书者也。宋道君皇帝《燕山亭》词亦略似之。"（第 5 页，上海古籍出版社，1998 年）

⑦ 陈佐才：《重刊明遗老陈翼叔先生诗全集·是何庵集》卷 2，第 98 页，国家图书馆藏，1946 年。

陈佐才常用借古喻今或悼念同人的手法，表现对明王朝的强烈感情和忠贞不渝之志，如咏史诗《万人冢》①，实为明末战乱的写照；《过榆关阅吊万人冢诗慨然成韵》②，则表现了诗人英勇无畏的征战精神。沐天波被杀害后，诗人长歌当哭，写了数首挽诗，诗中饱含的亡国之痛，故国之思，远远超出了对沐天波个人的哀悼，而延及天下国家。诗人也为明末志士写下了不少吊诗，如《题死节长沙周太守遗容》③《吊沅江世守那公》④。后一首诗序说："余吊之者，恐史书编不到之意也。"可见，这是有意以诗为史，为亡明忠臣留下纪录。与亡国的痛苦同步，实录百姓在清初的贫困处境，亦为陈佐才诗歌常见的内容：《农夫哭》中"践伤禾麦半成熟，征徭输足无馀粟"⑤的残酷现实，使诗人既看不到秋收的喜悦，也听不到百鸟和鸣；《再游鸡山》因"僻壤不能逃赋税，虚空岂可避干戈"⑥的无情现状，感叹自己的青春早已流逝，百姓痛苦的生存状态，却丝毫没有得到改变。总之，从明末志士的壮烈抵抗，到大清百姓的穷困处境，无一不让诗人心情激荡，使其部分诗歌风格沉郁悲凉。

陈佐才隐居后，除志同道合者外，还结交了许多方士，这对其禅趣诗的形成有所影响。据陈垣统计，这些方士中有名可籍者，有《宁瘦诗集》15 人，《是何庵集》4 人，《天叫集》7 人，《石棺集》10 人⑦。诗人云："相逢老纳休相笑，身未如僧心是僧。"（《遇僧》）⑧隐居山乡，交游方士而衍生的禅寂心境，使陈佐才的诗具有禅趣。但禅寂心境的遗民底蕴，使陈佐才对禅趣艺术境界有另一种追求：气挟风云而充满禅思理趣，不钩章棘句而辞致清新，亦如其评徐方伯诗说："君诗言似浅，君诗意最深。"⑨在他自己的诗歌中，这样的例子俯拾皆是，故张于闇《宁瘦居草跋》引知空老和尚总评说，陈佐才的诗，在诗禅两可间，且"临风弄调，不堆古语，不写时套，无庸腐之气"⑩。

---

① 陈佐才：《重刊明遗老陈翼叔先生诗全集·宁瘦居续集》卷 1，第 72 页，国家图书馆藏，1946 年。
② 陈佐才：《重刊明遗老陈翼叔先生诗全集·是何庵集》卷 1，第 98 页，国家图书馆藏，1946 年。
③ 陈佐才：《重刊明遗老陈翼叔先生诗全集·宁瘦居续集》卷 1，第 69 页，国家图书馆藏，1946 年。
④ 同上书，第 96 页。
⑤ 同上书，第 80~81 页。
⑥ 陈佐才：《重刊明遗老陈翼叔先生诗全集·天叫集》卷 2，第 133 页，国家图书馆藏，1946 年。
⑦ 陈垣先生统计，见《宁瘦诗集》2 卷，《是何庵集》1 卷，《天叫集》2 卷，《石棺集》（陈垣：《明季滇黔佛教考》卷 5《遗民之禅侣》，第 423 页，河北教育出版社，2000 年）。
⑧ 陈佐才：《重刊明遗老陈翼叔先生诗全集·宁瘦居草》卷 2，第 31 页，国家图书馆藏，1946 年。
⑨ 陈佐才：《重刊明遗老陈翼叔先生诗全集·宁瘦居续集》卷 1《读徐方伯诗集》，第 75 页，国家图书馆藏，1946 年。
⑩ 陈佐才：《重刊明遗老陈翼叔先生诗全集·宁瘦居草》卷后，第 34 页，国家图书馆藏，1946 年。

《天叫集序》自言作诗追求不涉理路，不落言筌[①]，其部分诗歌的艺术性，与陈似迷《是何庵集序》所评，时有“水月镜花之致”[②]亦相吻合，如两首《山居》的言近意远[③]，《闻牡丹花落》的深渺温淳，《秋夜》的迷离惝恍，《听说词传》的神余象外[④]，均出离文字，各得其妙，可视为其禅趣诗的代表作。

在陈佐才的学诗路上，其师友著名诗僧担当，无疑是影响最大者，但陈诗以独特的创作个性，表现了与担当诗风的明显区别，在于经历和性情，而不在文字[⑤]。

陈佐才诗歌传世有《宁瘦居草》《宁瘦居续集》《是何庵集》《天叫集》，后人编为合集。《云南丛书》初编收《陈翼叔诗集》六卷。民国三十四年（1945），陈虞佐（辅唐）编辑的《重刊明遗老陈翼叔先生诗全集》，由西南联大巍山籍学生徐克权，代呈罗庸先生乞序，罗庸为之作《重刻陈翼叔诗集序》。较之于《云南丛书》所收本，罗庸称陈虞佐辑本为“旧本”，并说《云南丛书》本“洎于旧本者几十之五”，“丛书本所删者，大抵皆触冒时忌之作，然翼叔生平志事，乃悉在此类诗中”[⑥]。又：李根源辑《天叫集脉望集残诗合刻》中有《天叫集残稿》，清宣统元年（1909）出版；《云南丛书》初编《滇南诗略》，收陈佐才诗 58 首；施立卓校注《陈翼叔诗集》，2012 年由云南民族出版社出版。本谱引用陈佐才诗歌及序、跋、集评，据国家图书馆藏 1946 年版《重刊明遗老陈翼叔先生诗全集》，对别本异文和诗集之编误，有所涉则简校之。

由于明代遗民不屑奉清朝正朔，陈佐才诗全集又有误排，故其诗、其事之年代，令人时觉扑朔迷离，使得研究困难重重。如其生卒年，就有 1608~1678 年[⑦]、

---

① 陈佐才：《天叫集序》，《重刊明遗老陈翼叔先生诗全集·天叫集》卷前，第 122 页，国家图书馆藏，1946 年。

② 陈似迷：《是何庵集序》，《重刊明遗老陈翼叔先生诗全集》，第 91 页，国家图书馆藏，1946 年。

③ 陈佐才：《重刊明遗老陈翼叔先生诗全集·宁瘦居草》卷 1，第 6、24~25 页，国家图书馆藏，1946 年。

④ 以上所引诗依次见《重刊明遗老陈翼叔先生诗全集》：《宁瘦居草》卷 1（第 22 页）、《宁瘦居草》卷 2（第 30 页）、《天叫集》卷 2（第 139 页，国家图书馆藏，1946 年）。

⑤ 罗庸：《重刻陈翼叔诗集序》：“兹读翼叔诗，则担当之友也。虽其诗之蕴藉凝炼，或逊于担当，然其人戎马偏裨学诗，晚岁真情至性，往往流露于楮墨间。于以见忠义之气，自上存于天壤。初不因文字工拙增损毫末，斯其所以尤可贵也。”（《重刊明遗老陈翼叔先生诗全集》卷首）。

⑥ 罗庸先生《序》还说，旧本载诗比之《云南丛书》，数量多至 303 首，“而叙、跋、题词，为丛书本所无者称是焉。”（陈佐才：《重刊明遗老陈翼叔先生诗全集》卷首，陈虞佐辑，国家图书馆藏，1946 年）。

⑦ 王丽珠：《撑风老干坚如铁 几度凌霜不改节——明末爱国诗人陈佐才和他的诗》，《昆明师范学院学报》（哲学社会科学版），1981 年第 3 期。

1611~1681年[1]、1627~1697年[2]等不同的说法，笔者则推定为1623~1692年。首编陈佐才年谱，希望能够展现诗人的生平事迹和诗歌创作，对南明历史和文学研究有所裨益。

年谱

明熹宗朱由校天启三年癸亥（1623），一岁

二月初六日出生。

《寿杨东越先生》："暖风二月诞弥逢，我乃初六君初七。"[3]

按：关于陈佐才的生年，史籍无载，而今人说法各异（见本谱综论）。本谱主要据陈佐才《哭长兄》、魏人京为陈佐才诗集所作《题辞》中的记载，推定为今年。《哭长兄·诗序》云："长兄讳甲才，号旷仙。或问何为旷仙？因世变弃功名而不问，子侄不教以书，日夕以酒为事……迄今年近七十，果醉酒而故。异哉吾兄，处于浊世，有渊明之风、刘伶之兴，非旷仙而何？"诗云："幼以书为业，老将酒作缘。……若过兔子岁(1687)，得见龙儿年(1688)。"[4]魏人京《题辞》云："索笔砚书《临终谒》……遂长逝，时年七十矣。"[5]张秉祥先生引证《哭长兄》，认为陈佐才的长兄只活了69岁，死于丁卯（1687），诗亦写于这一年。据卒年推算，则其长兄生年当是1618年。因陈佐才还有个二哥，故其长兄大他九岁是说得过去的。[6]我赞同对陈佐才长兄生卒年的这个推定，并以此作为重要证据上推，设定陈佐才的生年。但说"其长兄大他九岁"，却不尽然，假设大五岁，则既合乎情理，又合乎陈佐才生平事迹发生的时代背景，及其第一部诗集《宁瘦居集》编成时诗人的大致年纪。陈佐才的长兄生于1618年，陈佐才七十岁卒，其长兄卒时他有65岁，生年当为1623年。

---

① 张秉祥：《民族诗人陈翼叔》，《云南日报》，1981年04月24日。李孝友、张勇、余嘉华《云南丛书书目提要》采此说（第149页，中华书局，2010年）。

② 张秉祥：《关于明末清初云南诗人陈翼叔的生卒年》，《昆明师范学院学报》（哲学社会科学版），1983年第4期。

③ 陈佐才：《重刊明遗老陈翼叔先生诗全集·天叫集》卷2，第143页，国家图书馆藏，1946年。张秉祥《关于明末清初云南世人陈翼叔的生卒年》引证之。这句诗表明了陈佐才出生的准确月、日，但其出生年却遍查无据。杨东越，生平事迹不详。

④ 陈佐才：《重刊明遗老陈翼叔先生诗全集·宁瘦居续集》卷1，第56页，国家图书馆藏，1946年。

⑤ 陈佐才：《重刊明遗老陈翼叔先生诗全集》卷前，第2页，国家图书馆藏，1946年。

⑥ 张秉祥：《关于明末清初云南诗人陈翼叔的生卒年》，《昆明师范学院学报》（哲学社会科学版），1983年第4期。

蒙化盟石村人，原籍江西。

本集诗题有语云："原籍江右陈翼叔来此。"① 参阅本谱五十五岁纪事。

《蒙化志稿》：（陈佐才）"蒙之盟石人。"②

按：蒙化，今名巍山，古代别名阳瓜。陈佐才《题死节长沙周太守遗容》诗序云："蒙化即阳瓜也。"③ 江右，江西省别称。因古代我国在地理上以西为右，故江西以此得名。

名佐才，字翼叔、相公，号天耳中人、睡隐子。

《吴文宗观风诗题天耳山》："萧寺清幽堪避喧，山长水远若中原。须知外更付天耳，非礼勿言孰肯言。迩来颇有教可怜，子曰引诱年复年。饥寒力软无生活，欲卖文章不值钱。"④

《自删小序》落款："天耳中人陈佐才相公甫识。"⑤

《康熙蒙化府志》："天耳山有大石，色赤，状如耳。相传郡中计事甚密，山中人便觉。"⑥

《睡隐》："此地堪吾隐，离城不近村。月来已闭户，日过未开门。蝴蝶枕中老，杜鹃耳外喧。醒时心尚睡，何事敢相烦。"⑦

罗庸《重刻陈翼叔诗集序》："陈佐才，字翼叔，一字相公，号睡隐子，一号天耳中人。"⑧

按：据陈佐才以上诗、序，天耳中人和睡隐子，当为沐天波奉永历帝入缅，其归隐后自号。

有兄二人：长兄名甲才，别号旷仙；仲兄名字不详，别号睡仙。

本集有诗《哭长兄》⑨。还有诗《柬旷仙长兄》⑩《忆旷仙长兄》⑪《题仲兄睡仙

---

① 陈佐才：《重刊明遗老陈翼叔先生诗全集·是何庵集》卷2，第120页，国家图书馆藏，1946年。
② 梁有檍纂：《蒙化志稿》卷23《耆旧志》下，第204页，云南德宏民族出版社，1996年。
③ 陈佐才：《重刊明遗老陈翼叔先生诗全集·宁瘦居续集》卷1，第69页，国家图书馆藏，1946年。
④ 同上书，第51页。
⑤ 陈佐才：《重刊明遗老陈翼叔先生诗全集·宁瘦居续集》卷后，第54页，国家图书馆藏，1946年。
⑥ 蒋旭修、陈金珏纂：《康熙蒙化府志》卷1《地理志·古迹》，《中国地方志集成》本《云南府县志辑》，第79册，第43页，凤凰出版社，2009年。
⑦ 陈佐才：《重刊明遗老陈翼叔先生诗全集·是何庵集》卷1，第109页，国家图书馆藏，1946年。
⑧ 陈佐才：《重刊明遗老陈翼叔先生诗全集》卷首，国家图书馆藏，1946年。
⑨ 陈佐才：《重刊明遗老陈翼叔先生诗全集·宁瘦居续集》卷1，第56页，国家图书馆藏，1946年。
⑩ 陈佐才：《重刊明遗老陈翼叔先生诗全集·宁瘦居草》卷1，第23~24页，国家图书馆藏，1946年。
⑪ 陈佐才：《重刊明遗老陈翼叔先生诗全集·是何庵集》卷1，第110页，国家图书馆藏，1946年。

门外梅花》[①]《祭灶日与睡仙仲兄饮有感》[②]。

有姊，名不详，嫁张氏。

本集有诗《外甥张璇，素未知诗，于中秋夜饮偶成一绝，虽失粘，稍有诗意，附集》[③]。

天启五年乙丑（1625），三岁

丧父，自此无人教以诗书。

《自序》："余三岁失父，不事诗书，自分听樵歌牧唱，讽咏太平。无何干戈四起，遂学剑从戎，竟成画饼。"[④]

按：罗庸《重刻陈翼叔诗集序》云，佐才五岁丧父[⑤]，而佐才自谓"三岁"，从之。上面这段话时间跨度很大，所括岁月当直到其成年前后。"无何"在此其实并非指不久、短期，故"干戈四起"，至少在鼎革之年（1644）。或因其事后追叙，不及细说。

明思宗朱由检崇祯元年戊辰（1628），六岁

十月十七日，沐天波嗣黔国公位。[⑥]

因沐天波年幼，十二月初七日诏免赴京，准袭黔国公爵，仍挂征南将军印充总兵官，镇守云南地方。[⑦]

崇祯十年丁丑（1637），十五岁

年少时倜傥不羁，相传其读书仅至《论语》，友人彭心符深以为奇。

《蒙化志稿·耆旧志》本传："少倜傥不羁，读书仅至《论语》。"[⑧]

《宁瘦居诗评》："小子彭心符读《宁瘦居草》，语友曰：'天下奇怪，有如翼叔陈先生者乎？'友云：'天下奇怪最多，如何独称翼叔？'余曰：'试问天下读书仅至《论语》者，能作此前无古后无今之诗否？'友无以对。"[⑨]

---

① 陈佐才：《重刊明遗老陈翼叔先生诗全集·宁瘦居草》卷1，第19页，国家图书馆藏，1946年。

② 陈佐才：《重刊明遗老陈翼叔先生诗全集·是何庵集》卷2，第119页，国家图书馆藏，1946年。

③ 陈佐才：《陈翼叔诗集·宁瘦居续集》卷1，施立卓校注，第76页，云南民族出版社，2013年。

④ 陈佐才：《重刊明遗老陈翼叔先生诗全集》卷前，第5页，国家图书馆藏，1946年。

⑤ 陈佐才：《重刊明遗老陈翼叔先生诗全集》卷首，国家图书馆藏，1946年。

⑥《明实录》附录汪楫《崇祯长编》卷14，第796页，台湾"中央研究院"历史语言研究所，1962年。

⑦《明实录》附录汪楫《崇祯长编》卷16，第906页，台湾"中央研究院"历史语言研究所，1962年。

⑧ 梁有檍纂：《蒙化志稿》卷33《耆旧志》下，第204页，云南德宏州民族出版社，1996年。

⑨ 陈佐才：《重刊明遗老陈翼叔先生诗全集》卷前，第7页，国家图书馆藏，1946年。

按：其事史传无确切年代，以“年少时”，姑系于今年。师范《陈佐才小传》则云：“少倜傥不羁，世乱，习才技。”[①]

彭心符，名印古，号栖霞，禀生。吴三桂之乱，协以官，不受，隐遁西山。年三十二而卒。多所吟咏，并有吊陈佐才诗（详本谱七十岁纪事）[②]。彭心符为雪峰社诗人，陈佐才的忘年交，陈氏有诗叙二人交谊，如《阅彭心符诗集赋赠次张尔立韵》：“心符年少友，落落亦无羁。踪迹人皆见，襟怀世莫知。沉酣十载酒，独创一家诗。但惜吾衰老，相谈能几时？”[③]《乱中逢友彭心符》：“少小携家避乱时，衰年奔走路途欺。短节伴我同颠倒，长剑随君共乱离。战鼓声中难问酒，征旗影里易寻诗。相逢孰忍便相奔，坐待山高月上迟。”[④]

崇祯十七年甲申（1644），二十二岁

李自成入京，崇祯帝自缢于万岁山（今北京景山）。

《明史·庄烈帝本纪》：三月“丁未（十九日），昧爽，内城陷。帝崩于万岁山……”[⑤]

南明安宗朱由崧弘光元年，清世祖福临顺治二年乙酉（1645），二十三岁

九月，元谋土司吾必奎反。沙定洲奉调驻会城昆明外，十二月亦反。沐天波走楚雄，其母陈氏、其妻焦氏自焚死。沙定洲盘踞会城，劫巡抚吴兆元，执大学士王锡衮于贡院。

冯甦《滇考·沙定洲陷云南》：“大贽贪墨，数侵元谋土酋吾必奎地，必奎不能忍，秋九月，据元谋叛，连陷武定、禄丰等城。天波召各土司兵讨之，诛必奎。冬十一月，沙定洲方应调至省，天波厚劳之，定洲屯城外，不肯归。……以十二月朔入城辞行，天波以家忌未出现，定洲入门大呼其下，蜂起焚劫，天波由小窦出西城……走楚雄。其母陈氏、妻焦氏亦走城北普吉村之金井庵，当夜举火自焚死。定洲因尽得沐氏所有，盘踞省城，劫巡抚吴兆元，又至禄丰，执家居大学士王锡衮置贡院，胁之号召各郡。”[⑥]

---

① 陈佐才：《陈翼叔诗集》，影印《云南丛书》，第 22 册，第 11611 页，中华书局，2009 年。
② 陈佐才：《陈翼叔诗集·宁瘦居诗评》注第〔15〕，施立卓校注，第 27 页，云南民族出版社，2013 年。
③ 陈佐才：《重刊明遗老陈翼叔先生诗全集·是何庵集》卷 1，第 104 页，国家图书馆藏，1946 年。
④ 陈佐才：《重刊明遗老陈翼叔先生诗全集·大叫集》卷 1，第 129~130 页，国家图书馆藏，1946 年。
⑤《明史》卷 24，第 2 册，第 335 页，中华书局，1974 年。
⑥ 冯甦：《滇考》下卷，云南省人民政府参事室、云南省文史研究馆校注，云南民族出版社，2002 年，第 356~357 页。按：王锡衮究竟在何处被执，有二说，详本书其行实录存是年纪事。

倪蜕《云南事略》：顺治二年“十二月，安南土酋沙定洲反。”[①]

南明绍宗朱聿键隆武二年、清顺治三年丙戌（1646），二十四岁

沙定洲追击沐天波于楚雄。杨畏知、王运开守城，沙定洲不能破，分遣其党李日芳陷蒙化、王朔陷大理。沐天波惧而西逃永昌（今保山）。

冯甦《滇考·沙定洲陷云南》：顺治三年，沙定洲“追天波于楚雄。分守副使杨畏知有才略，适永昌府推官王运开亦以分闸回，过楚与畏知倡率义师守城。定洲不能破，分遣其党李日芳陷蒙化，王朔陷大理，惨毒备至。天波惧，西走永昌。”[②]

在沐天波标下任裨将，随讨沙定洲，奉命驻守榆城。作诗《过榆关有感》《过榆关阅吊万人冢慨然成韵》。榆城陷落。

《自删小序》：“黔国公沐，明末时授予裨将，随讨沙逆。”[③]

《过榆关有感》自注：“予昔奉黔国公命，驻守于此。”[④]

《过榆关阅吊万人塚诗，慨然成韵》：“半林残雨挂远村，百千怨鬼泣黄昏。战死病死皆是死，汝何呜呜泣不已！君不见，《阴火篇》《战场赋》，有身无首知是谁，寒风莫射刀伤处。又不见，榆关城外寒风恶。”[⑤]

《蒙化志稿》本传：“渐长，以世乱习才技，隶黔国公沐天波标下，受弁职。”[⑥]

罗庸《重刻陈翼叔诗集序》：“然其人戎马偏裨……值明末世乱，习才技，隶黔国公沐天波标下为把总，随讨沙逆，驻榆城。”[⑦]

按：一、陈佐才何时、何地投沐天波军，诸志无载，《自删小序》《滇考》可印证当在其随讨沙定洲时。二、《蒙化志稿》载陈佐才在军中“受弁职”，与《自删小序》不符，而罗庸序既言“偏裨”，复言“为把总”。“裨将”是副将，“弁职”“把总”是低层武官，级差不小。本谱姑从本人言，载其为裨将。三、榆城即叶榆城，古

---

① 倪蜕：《云南事略》，李春龙、刘景毛《正续云南备征志精选点校》，云南民族出版社，2000年，第125页。按：安南土司已废，属地于万历年间赐沙氏。

② 冯甦：《滇考》下卷，第357页，云南省人民政府参事室、云南省文史研究馆校注，云南民族出版社，2002年。

③ 陈佐才：《重刊明遗老陈翼叔先生诗全集·宁庱居草》卷2，第54页，国家图书馆藏，1946年。

④ 陈佐才：《重刊明遗老陈翼叔先生诗全集·宁瘦居草》卷1，第25页，国家图书馆藏，1946年。

⑤ 陈佐才：《重刊明遗老陈翼叔先生诗全集·宁瘦居续集》卷1，第98页，国家图书馆藏，1946年。

⑥ 梁有檍纂：《蒙化志稿》卷23《耆旧志》下，第204页，云南德宏民族出版社，1996年。

⑦ 陈佐才：《重刊明遗老陈翼叔先生诗全集》卷首，国家图书馆藏，1946年。

时云南大理别称。陈佐才驻守榆城事，诸志无载，据《自删小序》“随讨沙逆”和《过榆关有感》自注，则此事当在今年。榆城陷落，见上条引《滇考》。

南明昭宗朱由榔永历元年，清顺治四年丁亥（1647），二十五岁

孙可望入滇，据会城昆明。陈佐才第一次负剑归隐，始学诗。

《自删小序》：“流寇入滇，乃负剑归隐，始学诗。政之骚坛，刊以问世。”①

倪蜕《云南事略》：“四年丁亥正月，沙贼复攻楚雄，闻流寇入滇，乃解围去。四月，流寇孙可望等人入滇。……由宜良趋云南，遂据省城。”②

冯甦《滇考·沙定洲陷云南》：“丁亥二月，孙可望至云南，假称焦夫人亲来为黔国公复仇，定洲迎战不胜，归走阿迷州，可望追至蛇花口，再战，定洲复大败……”③

方树梅《担当年谱》：“蒙化陈佐才……鼎革后，隐居不仕……后从担师学诗，有《天叫集》等。”④

按：罗庸《重刻陈翼叔诗集序》云：“翼叔三十四岁始学诗”，此说或以《三十四岁诗》⑤为隐居之据，复据《自删小序》推测之，但《三十四岁诗》《自删小序》均未指实其归隐、学诗的年纪。以《自删小序》印证其他记载，陈佐才应在去年榆城陷落，今年孙可望入滇后，第一次隐居蒙化并开始学诗，沐天波归会城后，他复投军中，其诗集“政之骚坛，刊以问世”，则在二十年后。

永历二年，清顺治五年戊子（1648），二十六岁

沙定洲之乱平⑥。

沙定洲及其妻万氏等被解送昆明，十月，处死于市。

---

① 陈佐才：《重刊明遗老陈翼叔先生诗全集·宁庋居草》卷后，第 54 页，国家图书馆藏，1946 年。

② 倪蜕：《云南事略》，李春龙、刘景毛《正续云南备征志精选点校》，第 125 页，云南人民出版社、云南民族出版社，2000 年。

③ 冯甦：《滇考》下卷，第 357~358 页，云南省人民政府参事室、云南省文史研究馆校注，云南民族出版社，2002 年。

④ 方树梅：《担当年谱》，余嘉华、杨开达点校《担当诗文全集》，第 518 页，云南人民出版社、云南美术出版社，2003 年。

⑤ 陈佐才：《重刊明遗老陈翼叔先生诗全集·宁瘦居续集》卷 2，第 84 页，国家图书馆藏，1946 年。

⑥《担当年谱》载其事而不明出处。余嘉华、杨开达点校：《担当诗文全集》，第 522 页，云南人民出版社、云南美术出版社，2003 年。

《康熙云南府志》："五年戊子十月，桀沙定洲、万氏等于市。"[①]

担当驻锡鸡足山。[②]

按：方树梅《担当年谱》载，担当至康熙六年（1667）才移锡苍山感通寺，灭寂于此。在担当驻锡鸡山的十九年间，佐才应曾访之；在其圆寂后，佐才当重游鸡山。本集有多首游鸡山诗[③]，而陈佐才从担当学诗，则在康熙五年（详本谱是年纪事）。

永历六年，清顺治九年壬辰（1652），三十岁

孙仁溶中进士。

孙仁溶，字晓湖，又作晓潮，无锡（今属江苏）人。顺治九年（1652）进士。出于浙江海宁人查东山门下，查东山讲学于敬修堂，著有《罪惟录》等著作[④]。康熙八年，孙仁溶任蒙化经历，入云南十年而客死于滇（参阅本谱康熙八年、十八年纪事），为陈佐才作《义士传》[⑤]。

永历八年，清顺治十一年甲午（1654），三十二岁

避乱山中，有诗纪之。

《避乱》："十载戎马乱京华，何处而今更问家。思友无书传过雁，怀亲有恨付啼鸦。晓行奴仆身充树，夜走妻儿泪点花。极力穷山回首望，故乡迢递暮云遮。"[⑥]

按："十载"，指十年前甲申鼎革至今年。《云南丛书》本此诗题下有自注"旧作"[⑦]，可证其并非《是何庵集》时代的作品，误编入集。

永历九年，清顺治十二年乙未（1655），三十三岁

沐天波在会城，趁孙可望离滇往黔时，密遣使入粤，与李定国相约，迎永

---

① 范承勋等纂修：《康熙云南府志》卷5，《中国地方志集成》本《云南府县志辑》，第1册，第110页，凤凰出版社，2009年。

② 方树梅：《担当年谱》，余嘉华、杨开达点校《担当诗文全集》，第522页，云南人民出版社、云南美术出版社，2003年。

③ 如《鸡足山赞》《游鸡山礼迦叶尊者，回至途中偶成》《送道南开士游鸡山》《再游鸡山》，陈佐才：《重刊明遗老陈翼叔先生诗全集》，第59、88、121、133页，国家图书馆藏，1946年。

④ 沈起《查东山年谱》：己酉（一六六九），先生六十九岁。春，复开讲敬修堂。处其门人徐人五（伦）家，著《同学出处传略》一卷，附《敬修堂同学出处偶记目录》，载有孙仁溶的姓名、籍贯（民国嘉业堂丛书本）。

⑤ 陈佐才：《重刊明遗老陈翼叔先生诗全集》卷前，第1~2页，国家图书馆藏，1946年。

⑥ 陈佐才：《重刊明遗老陈翼叔先生诗全集·是何庵集》卷1，第110页，国家图书馆藏，1946年。

⑦ 陈佐才：《陈翼叔诗集》卷3《是何庵集》，影印《云南丛书》，第22册，第11643页，中华书局，2009年。

历帝朱由榔入滇。

倪蜕《云南事略》："十二年乙未，前明黔国公沐天波密遣使入粤，约李定国迎永明王于滇。天波自还省城，一筹难展，但佩旧印委蛇而已。至是，可望往黔，事有机会，又闻定国倾心拥戴，故遣使至粤，约迎永明王至滇。于时，定国亦已密表永明迎跸矣。"①

永历十年，清顺治十三年丙申（1656），三十四岁

二月初六日生辰，游山归来，作《三十四岁诗》。

诗云："斜风细雨送归春，树色含辉草色新。才去游山一二日，回来不见两三人。深可叹息邻居子，与我同庚今已死。而我怕死对天泣，老天许我活七十。明年已是三十五，身躯一半埋黄土。一半须臾又欲埋，何处何物遣愁怀。日向篱边饮数杯，菊花都被酒催开。"②

按：参阅本谱二十五岁纪事。

三月，李定国、白文选合兵，扈永历帝入滇，沐天波迎之马龙驿（属云南曲靖）。驻跸昆明五华山，以孙可望旧第为行宫，以云南府③为滇都。

《康熙云南府志》："十三年丙申三月，永历帝入云南。"④

倪在田《续明纪事本末》：顺治十三年，"永历帝在安龙府（属贵州，原名安隆）。二月，李定国以兵入卫。未至安龙，孙可望已使白文选劫永历帝入黔……及定国至，言：'南宁危迫；云南沃野千里，宜取之为根本。'三月，定国、文选合军出安南卫，间道抵曲靖。……是月，永历帝入云南，即可望第为行宫；改云南府为滇都。"⑤

徐鼒《小腆纪年附考》："三月……文选与李定国连和，遂共扈王入云南……黔国公沐天波迓之马龙驿。王入城，居可望第。改为滇都。"⑥

重归沐天波军，奉命至蜀中催饷。

《蒙化志稿》本传："永历帝入滇，佐才奉命赴川催饷。"⑦

---

① 倪蜕：《云南事略》，李春龙、刘景毛《正续云南备征志精选点校》，第127页，云南民族出版社，2000年。

② 陈佐才：《重刊明遗老陈翼叔先生诗全集·宁瘦居续集》卷2，第84页，国家图书馆藏，1946年。

③ 明代云南府，其首县为会城昆明，云南三司、云南府、昆明县治所均在昆明城内。

④ 范承勋等纂修：《康熙云南府志》卷5，《中国地方志集成》本《云南府县志辑》，第1册，第112页，凤凰出版社，2009年。

⑤ 倪在田辑：《续明纪事本末》卷13《永历奔亡》，台湾银行经济研究室辑《台湾文献丛刊》，第133种，第322~323页，台湾银行，1962年。

⑥ 徐鼒：《小腆纪年附考》卷18，第710~711页，中华书局，1957年。

⑦ 梁有檍纂：《蒙化志稿》卷23下《耆旧志》，第204页，云南德宏民族出版社，1996年。

罗庸《重刻陈翼叔诗集序》：“永明王莅滇，翼叔以黔国命奉使蜀中。”①

过峨眉山，有感而作《峨眉山》诗。

诗云：“浪游那容竹杖闲，拨开世事过重关。猿千个也鹤千个，树一湾兮草一湾。瓦屋长年汗滴滴，茅庐逐日泪潸潸。暑来寒去皆霜雪，除却峨眉不有山。”②

永历十二年，清顺治十五年戊戌（1658），三十六岁

吴三桂兵分三路入滇，永历帝逃往永昌。

《明史·桂王常瀛传》：“十五年三月，大兵三路入云南。……李定国连败于安隆，由榔走永昌。”③

《康熙云南府志》：“十二月，我师入滇，永历奔迤西。”注：“我师三路会于曲靖。”④

与徐宏泰（交伯）结交。

《蒙化志稿》：徐宏泰，字交伯，江西人。万历三十七年乙酉科进士。⑤“徐鸿泰，字交伯，江西人。明季任分守道，清慎高洁，颇著风裁。鼎革后寓居蒙化，性嗜吟咏，与郡中人士相唱和。囊橐萧然，泊如也。”⑥

按：万历三十七年无会试，当为乡试。陈佐才与徐宏泰为诗友，徐宏泰作《宁瘦居草序》《天叫集跋》，陈佐才诗集中则有多首诗为徐宏泰而作。如《读徐方伯诗集》云：“君诗言似浅，君诗意最深。思家因恋国，吊古为悲今。句句穷猿哭，篇篇孤鹤吟。但能倾耳听，未有不伤心。”⑦徐宏泰1678年移居姚安，陈佐才有诗送之，诗云“廿载相依随仗履”（参阅本谱是年纪事），可见二人订交于今年。徐宏泰卒，陈佐才作《哭交伯徐老先生》四首，其四云：“……殉葬虽非唐印绶，裹躯犹是汉衣冠。几多后学行装改，道及先生齿觉寒。”⑧

---

① 陈佐才：《重刊明遗老陈翼叔先生诗全集》卷首，国家图书馆藏，1946年。

② 陈佐才：《陈翼叔诗集·宁瘦居续集》卷1，施立卓校注，第62~63页，云南民族出版社，2013年。

③《明史》卷120，第12册，第3655页，中华书局，1974年。

④ 范承勋等纂修：《康熙云南府志》卷5，《中国地方志集成》本《云南府县志辑》，第1册，第114页，凤凰出版社，2009年。

⑤ 梁有檍纂：《蒙化志稿》卷19《职官志·分守道题名》，第163页，云南德宏民族出版社，1996年。

⑥ 梁有檍纂：《蒙化志稿》卷25《寓贤志》，第238页，云南德宏民族出版社，1996年。

⑦ 陈佐才：《陈翼叔诗集·宁瘦居续集》卷1，施立卓校注，第75页，云南民族出版社，2013年。

⑧ 陈佐才：《重刊明遗老陈翼叔先生诗全集·天叫集》卷1，第128~129页，国家图书馆藏，1946年。

永历十三年，清顺治十六年己亥（1659），三十七岁

正月，云南会城昆明被清军攻破。初三日，黔国公沐天波等奉永历帝走腾越（今属腾冲）、奔缅甸，五月十二日至缅甸赭硁，缅人置草屋以居，遣兵防之。

《明史·桂王常瀛传》："正月三日，大兵入云南，由榔走腾越。……二十六日，抵囊木河，是为缅境。……二月，缅以四舟来迎……黔国公沐天波等谋奉由榔走户、腊二河，不果。五月四日，缅复以舟来迎。明日，发井亘，行三日，至阿瓦。阿瓦者，缅酋所居城也。又五日至赭硁。……缅人于赭硁置草屋居由榔，遣兵防之。"①

自蜀中催饷归滇，永历帝、沐天波已被逼奔缅甸，追之不及，第二次归隐蒙化。在深山废寺中一心向学，与徐宏泰、张以恒、担当相唱和。

《寄徐交伯先生》："西风满地狼烟起，战将倒戈战卒徙。逐我故主入不毛，流落孤臣无依倚。惟有须眉共此身，夜行晓宿影相亲。颓垣废寺深山里，那个僧家作主人？"②

按：此诗编入《是何庵集》，误。参阅本谱五十一岁纪事。

《蒙化志稿》本传："明鼎革后，永历帝入滇，佐才奉命赴川催饷，及归，则帝已为吴三桂逼走缅甸，追不及，乃隐居山寺，发愤向学，喜吟咏，与徐宏泰、张以恒、担当和尚相唱和。"③

张以恒，字子正，湖广江陵（今湖北荆州）人。明鼎革后占籍大理，性廉介不苟。能文，工书画。志甘淡泊，罕至城市，所居不避风雨。后寓蒙化龙于山下，结庐隐居，自称白溪渔者，与陈翼叔、彭心符、张允怀等相唱和。著有《白溪渔者》《并蒿园》二诗集④。佐才《赠张子正》云："别后复经岁，相知已数年。"⑤《酒后与张子正谈心有感》云："十年闲于足，不欲走穷途。……日在喧哗处，此身亦觉孤。"⑥

担当，云南晋宁人，俗名唐泰，字大来，举人，出家后号担当。"屡游蒙化，与陈翼叔志同道合，性命相依。"⑦

---

①《明史》卷120，第12册，第3656页，中华书局，1974年。

②陈佐才：《重刊明遗老陈翼叔先生诗全集·是何庵集》卷1，第99页，国家图书馆，1964年。

③梁有檍纂：《蒙化志稿》卷25下《耆旧志》，第204页，云南德宏民族出版社，1996年。

④梁有檍纂：《蒙化志稿》卷25《寓贤志》，第239页，云南德宏民族出版社，1996年。

⑤陈佐才：《重刊明遗老陈翼叔先生诗全集·宁瘦居续集》卷1，第63页，国家图书馆藏，1946年。

⑥陈佐才：《重刊明遗老陈翼叔先生诗全集·是何庵集》卷1，第103页，国家图书馆，1964年。

⑦梁有檍纂：《蒙化志稿》卷25《寓贤志》，第238~239页，云南德宏民族出版社，1996年。其生平事迹参阅本书《担当年谱》。

作诗《宁瘦居》《山居》。

《宁瘦居》："沽来酒已无，瓢空壁上挂。耳边时有声，风对竹说话。"（其一）"避暑往何处，常来卧此中。宁无升合米，不卖北窗风。"（其二）[①]

《山居》："已在山中住，那知世上情。"（其二）[②]

作诗《吊窦将军名望王将军玺死战》。

诗序："已亥岁，清兵陷云南，永历帝跸缅，敕晋王李、将军窦等伏兵磨盘山，据险截之。清兵至，不觉。有本营叛卒卢桂生、曹延生潜入清营泄机。清兵遂绕道劫营，将军率兵血战，杀清兵数千而亡。"[③]

按："敕晋王李、将军窦等"，别本作"敕晋王李、将军窦将军等"，"绕道"作"烧道"[④]。李，李定国；窦，窦望。

元江世守那嵩战死，作诗《吊沅江世守那公》。

诗序："沅江世守那公嵩，永历先帝授以将军。清兵陷云南之明年，公提兵伐之，不克，退守沅城。清将率兵攻沅城，公统兵出郭，沿江大战，杀清兵将甚多，尸横水逆不流。后因战守日久，无救应，城破。招公降，不从。举家男妇三百余登棚楼，公着朝服北拜毕，举火自焚，清兵亦叹其忠烈。余吊之者，恐史书编不到之意也。"[⑤]

按：清军去年入云南，那嵩今年九月起兵抗清并战死[⑥]，此事诸南明史载之。十月云南基本平定，那嵩事不应如陈佐才所说发生在明年，故系吊诗于此。又，《诗序》称"先帝"，则此诗当作于永历帝崩后，存疑。那嵩传附《明史·吴贞毓传》[⑦]。

永历十四年，清顺治十七年庚子（1660），三十八岁

正月，清廷任命吴三桂为总管移镇云南。吴三桂疏乞沐氏山庄。[⑧]

---

① 陈佐才：《重刊明遗老陈翼叔先生诗全集·宁瘦居草》卷2，第44页，国家图书馆藏，1946年。

② 陈佐才：《重刊明遗老陈翼叔先生诗全集·宁瘦居续集》卷1，第59~60页，国家图书馆藏，1946年。

③ 陈佐才：《重刊明遗老陈翼叔先生诗全集·是何庵集》卷1，第96页，国家图书馆藏，1946年。

④ 陈佐才：《陈翼叔诗集》卷3《是何庵集》卷1，影印《云南丛书》，第22册，第11637页，中华书局，2009年。

⑤ 陈佐才：《重刊明遗老陈翼叔先生诗全集·是何庵集》卷1，第96页，国家图书馆藏，1946年。

⑥ 靖道谟纂：雍正《云南通志》卷16下，第569册，《景印文渊阁四库全书》，第523页，台湾商务印书馆，1986年。

⑦《明史》卷279，第23册，第7168页，中华书局，1974年。

⑧ 范承勋等纂修：《康熙云南府志》卷5，《中国地方志集成》本《云南府县志辑》，第1册，第115页，凤凰出版社，2009年。

永历十五年，清顺治十八年辛丑（1661），三十九岁

云南版图已入清三载。佐才不遵清制，仍蓄发加冠，身着明朝服饰；被逮至镇府，镇府官员王永祚不能折其节，为其释缚。一时，义士之名，传扬乡里。自此绝迹城市，虽时以诗酒自娱，却不屈忠义气节，其诗长歌当哭，荡气回肠。

《宁瘦居诗评》李自白云："翼叔云：'吾于辛丑岁，已打破生死关矣，何恐之有！'"①

孙仁溶《义士传》："顺治辛丑，滇之版图已入清三载矣。时无不清制是遵者，君独蓄发，加冠峨峨，仍汉威仪，出入里闬，意气坦如也。瞯者遂罗而致之镇府。镇府为王永祚，忍人也，庭见作威，将刑之。左右皆震摄，君凝然自若，不稍挫，且曰：'吾受遗体于父母，弗敢伤。若殆欲执清法而死明人耶？'声色俱厉，挺身请刑，顽儒为之辟易。永祚亦踧躇，言曰：'子诚义士，吾奈何以衣冠独异，戕义士为？'为释其缚，君遂曳筇行。一时，义士之名，啧啧乡里。"②

按：王永祚，山西人。康熙二年升任蒙景总兵官。③

朱中囷《跋〈是何庵集〉后》："予昔乱离中薙发为僧，携一瓢一衲，遍游滇黔。每相遇者，多谈文论武，讲孝言忠，逮考其言行，相顾几人哉！辛丑，目击冀叔抗傲不屈，万死一生。凛凛英风，即古之烈士有加焉。诸名公有《壮士歌》《义士传》并五言、七言诗赠翼叔。是时，尚未知翼叔能诗也。忽一日，将所著诗五卷相示，篇中皆言人之未言，言己之欲言。即人所欲言而不能言，予欲言而不可言者，翼叔尽代言之。令予读辄哭，哭已辄又读，虽有触而悲，实为此诗伤也！倘竟不得传于中原，孰知滇中犹有忠义士、风雅人也！"④

《蒙化志稿》："……自是绝迹不履城市，时以诗酒自娱。"⑤。

《蒙化乡土志》："尝畜一黑卫，出则跨之。侍二童，各持二蒲团，互相易踩而行，足不履地。时薙发令下，佐才死不囗，吏役即其首跋（拔）之。不哭，亦不言。"⑥

五月，缅酋谋献永历帝于清军。沐天波护驾，挥石锤杀数十人，遂遇害殉难，

---

① 陈佐才：《重刊明遗老陈翼叔先生诗全集·宁瘦居诗评》卷前，第8页，国家图书馆藏，1946年。

② 陈佐才：《重刊明遗老陈翼叔先生诗全集》卷前，国家图书馆藏，1946年。

③ 蒋旭修、陈金珏纂：《康熙蒙化府志》卷4《秩官志·武职》，《中国地方志集成》本《云南府县志辑》，第79册，第96页，凤凰出版社，2009年。

④ 陈佐才：《重刊明遗老陈翼叔先生诗全集·是何庵集》卷前，第93页，国家图书馆藏，1946年。

⑤ 梁有檍纂：《蒙化志稿》卷33《耆旧志》下，第204页，云南德宏民族出版社，1996年。

⑥ 佚名：《蒙化乡土志》卷上《耆旧录》，巍山县文化馆藏抄本。

其子亦绝食死。

《明史·桂端王常瀛传》："十八年五月，缅酋弟莽猛白代立，给从官渡河盟。既至，以兵围之，杀沐天波、马吉翔、王维恭、魏豹等四十有二人……"①

雍正《云南通志·沐天波传》："从由榔入缅，诸臣多傲慢，天波于颠沛中执君臣礼甚谨。缅酋谋献由榔，诱至木城。天波察其有变，挥石锤杀数十人，遂遇害。其子忠亮被执，不食，旬日死。黔国自沐英传至天波，凡十三世，天波更殉难以死，遂与明运相始终焉。"②

作《吊黔国公》《阅缅录哭沐黔国》诗。

《吊黔国公》："战马嘶归还汉地，将军枯骨在蛮城。招魂惟有沙洲水，日夜呜呜作怨声。"诗题下小注："为缅酋杀。"③

《阅缅录哭沐黔国》："碧草黄花迷汉路，残黎何处吊忠魂。"诗题下自注："讳天波。"④

按：明王朝覆亡之际，陈佐才尚在沐天波标下征战；滇云入清版图后，陈佐才仍蓄发加冠，不懈其志；在沐天波殉难后很长时期中，陈佐才都有诗吊之。除以上二诗外，还有三首吊诗写作的具体年代不明，摘录于下：

《清明日吊黔国沐公并死缅地诸难臣》："……家家坟上哭清明，杜鹃啼血混干土。纸灰蝴蝶到处飞，不到黑地黑天处。"⑤

《听说小传再哭沐黔国父子》："逆旅凄凉莫可状，故人不至遥相望。何来一叟抱琵琶，忽啼忽笑街前唱。唱到沐氏孰忍闻，子南父北死于君。教人向北向南哭，南山北山起愁云。"⑥

《听说词传》："长廊冷落兴将穷，一曲琵琶逐晚风。归去英雄气已尽，忽闻吞吐月明中。"⑦

按：据《听说小传再哭沐黔国父子》《听说词传》二诗，沐天波殉难后，其故事曾在民间长期以琵琶弹唱的形式流传。

---

①《明史》卷120，第12册，第3656页，中华书局，1974年。

② 靖道谟等编纂：雍正《云南通志》卷17，《景印文渊阁四库全书》，第569册，第538页，台湾商务印书馆，1986年。

③ 陈佐才：《重刊明遗老陈翼叔先生诗全集·宁瘦居草》卷1，第22页，国家图书馆藏，1946年。

④ 陈佐才：《重刊明遗老陈翼叔先生诗全集·是何庵集》卷1，第95页，国家图书馆藏，1946年。

⑤ 陈佐才：《重刊明遗老陈翼叔先生诗全集·宁瘦居草》卷2，第29页，国家图书馆藏，1946年。

⑥ 陈佐才：《重刊明遗老陈翼叔先生诗全集·是何庵集》卷1，第96页，国家图书馆藏，1946年。

⑦ 陈佐才：《重刊明遗老陈翼叔先生诗全集·天叫集》卷2，第139页，国家图书馆藏，1946年。

十二月，吴三桂兵临缅甸，永历帝父子被送交军前。

《明史·桂端王常瀛传》："十二月，大兵临缅，白文选自木邦降，定国走景线，缅人以由榔父子送军前。"①

清圣祖玄烨康熙元年壬寅（1662），四十岁

三月，吴三桂执送永历帝回会城。

《康熙云南府志》："康熙元年壬寅三月，吴三桂送永历回省。"②

四月，吴三桂缢杀永历帝父子于昆明。③

《明史·桂端王常瀛传》："四月，死于云南。"

《康熙云南府志》："（四月）吴三桂缢杀永历帝及其子于昆明。"④

按：永历父子被缢杀处，后名为"逼死坡"。

魏人京读《宁瘦居草》手稿后撰文。⑤

按：文末署"壬寅立夏日嵩谷魏人京撰。"⑥其文虽缀于徐宏泰《宁庋居草序》后，但应成于前。参阅本谱四十五岁纪事。

康熙二年癸卯（1663），四十一岁

担当寿辰，作诗《寿担当和尚》。

诗云："弥天障雾满关山，多少英雄发有斑。担老上人古且怪，年余七十尚童颜。"⑦

按：方树梅《担当年谱》载，担当生于1593年3月12日，康熙二年（1663）有

---

①《明史》卷120，第12册，第3656页，中华书局，1974年。

② 范承勋等纂修：《康熙云南府志》卷5，《中国地方志集成》本《云南府县志辑》，第1册，第116页，凤凰出版社，2009年。

③《明史》卷120，第12册，第3656页，中华书局，1974年。

④ 范承勋等纂修：《康熙云南府志》卷5，《中国地方志集成》本《云南府县志辑》，第1册，第117页，凤凰出版社，2009年。

⑤"当时人魏人京在读了陈翼叔还未刊印的《宁瘦居草》手稿后，撰文说：'有心者，不必谋翼叔面，问翼叔心。后日读是诗，即可想见其为何如人也（见《全集》第三页）。魏人京的文章写于壬寅（一六六二年）……'"（张秉祥《关于明末清初云南诗人陈翼叔的生卒年》，《昆明师范学院学报》（哲学社会科学版），1983年第4期）。

⑥ 陈佐才：《重刊明遗老陈翼叔先生诗全集》，第3页，国家图书馆藏，1946年。

⑦ 陈佐才：《重刊明遗老陈翼叔先生诗全集·宁瘦居草》卷1，第7页，国家图书馆藏，1946年。

71 岁[①]。据“年余七十尚童颜”句，系此诗于今年。

冬，与担当相聚于榆城。作诗《题担当和尚画》《冬日过榆城赏唐梅并访担当》[②]。

方树梅《担当年谱》：“师在鸡山常往来苍洱间。冬日，师在榆城。蒙化陈佐才，有过榆城赏唐梅，并访担当和尚诗。”[③]

离榆城，作诗《别担当和尚》。

诗云：“谁知依旧各天涯，只恐相逢隔岁华。别后莫愁无可寄，吾家园内有梅花。”（其一）“昨宵闲话到三更，今日携筇独远行。鸿雁分飞亦恋侣，别君何以若为情。”（其二）[④]

按：“恋侣”，《云南丛书》本《陈翼叔诗集》作“伴侣”[⑤]。

康熙三年甲辰（1664），四十二岁

乡居，作诗《梅坞》。

诗云：“乱离二十载，城市几家存。教我依谁住，梅花共一村。”[⑥]

按：“二十载”，当自 1644 年明王朝覆亡迄今。

康熙五年丙午（1666），四十四岁

担当时年七十四岁，在鸡足山为陈佐才删定诗稿，又评论其诗并为之作序，佐才从之学诗。[⑦]

《宁瘦居诗评》载担老和尚曰：“‘翼叔陈子，蒙化人也。少任侠而壮任耕锄，何尝与‘王杨卢骆’等相契。一日，以所著诗篇示余，余甚讳之。熟读其诗，能不三致叹焉！即狂呼大叫云：‘古来学未成而一诣即到，此其人乎？余游遍天下，今见此

---

① 方树梅：《担当年谱》，余嘉华、杨开达点校《担当诗文全集》，第 494、538 页，云南人民出版社、云南美术出版社，2003 年。

② 陈佐才：《重刊明遗老陈翼叔先生诗全集·宁瘦居草》卷 1，第 21 页；卷 2，第 33 页。国家图书馆藏，1946 年。

③ 方树梅：《担当年谱》，余嘉华、杨开达点校《担当诗文全集》，第 538 页，云南人民出版社、云南美术出版社，2003 年。

④ 陈佐才：《重刊明遗老陈翼叔先生诗全集·宁廋居草》卷 2，第 31~32 页，国家图书馆藏，1946 年。

⑤ 陈佐才：《陈翼叔诗集》卷 1《宁瘦居草》，影印《云南丛书》，第 22 册，第 11614 页，中华书局，2009 年。

⑥ 陈佐才：《重刊明遗老陈翼叔先生诗全集·宁瘦居续集》卷 2，第 55 页，国家图书馆藏，1946 年。

⑦ 方树梅：《担当年谱》，余嘉华、杨开达点校《担当诗文全集》，第 539~540 页，云南人民出版社、云南美术出版社，2003 年。此书《担当年谱》七十四岁条注释表明，此事出于《文渊阁四库全书》靖道谟等编纂《云南通志》卷 22 之二。

人，岂忠义之灵，泄为章句，使翼叔铮铮不已耶！”“一圈一点，吾不滥加。有圈点者，不是意好，即是句好。”[①]

《普荷(担当)序》：“天下百艺，皆可人为；惟诗，必由天授。何为天授？无心而成，‘三百篇’是也；若夫捻须而得，费尽推敲，只顾新人耳目，不存大雅于将来，近日之诗是也。余与翼叔，交以侠而不以诗。一日，出其诗以示余。诗仍从侠来，侠以气盛，不事穿凿，自成一家言。声韵偕，情景相协；思路正，纤巧不施。谓非天授得耶？由是壮心皆为逸响，人皆赏之。惟有不屈不下之傲骨一具，谓非担老人，不能描其崚嶒崒嵂之态。余素有怜才之病，得不解衣盘礴，为翼叔写生？是为序。”[②]

按：担当评论被辑入《宁瘦居诗评》中，其序则当写在删定诗稿后。担当删定者，应为《宁瘦集草》，此集次年刊成。张秉祥认为《宁瘦集草》《宁瘦集续集》均为担当校阅[③]。

康熙六年丁未（1667），四十五岁

李自白见《宁瘦居草》刊成。

《宁廋居诗评》李自白云：“丁未岁，见《宁瘦居草》刊成。”[④]

张于闇《宁瘦居草跋》：“丁未夏，过先生居索诗问字。先生出近作示余。余读之，冷飕飕秋在纸上。”[⑤]

《自序》：“吁嗟！光景如昨，忽忽年将半百，既不能跃马长安，又何如栽菊篱下？迩来觅得一片闲地，因竹为居，名曰‘宁瘦’。时与怪石通情，孤鹤同梦。但能醒人梦者，不能共人语；能与人语者，不能解人意。昔人有云：‘不题短什，何汰衷襟？’……要不过言余之所能言，言余之所欲言，亦自成其余言而已。”[⑥]

徐宏泰《宁瘦居草序》：“余侨寓阳瓜，与翼叔村居相近，春江夜月，搔首共谈。一日，出其诗篇相质。语多奇矫，不欲寄人篱下；意犹感悟，不胜思古伤今。匪第其诗称独步，其致已过人远矣。昔高达夫五十始学诗，其后擅名唐室，至今宗为名家。翼叔年与彼相近，

---

① 陈佐才：《重刊明遗老陈翼叔先生诗全集·宁廋居诗评》，第 6 页，国家图书馆藏，1946 年。

② 陈佐才：《重刊明遗老陈翼叔先生诗全集·宁瘦居续集》卷前，第 4 页，国家图书馆藏，1946 年。

③ 张秉祥：《关于明末清初云南诗人陈翼叔的生卒年》，《昆明师范学院学报》（哲学社会科学版），1983 年第 4 期。

④ 陈佐才：《重刊明遗老陈翼叔先生诗全集·宁瘦居诗评》，第 8 页，国家图书馆藏，1946 年。

⑤ 陈佐才：《重刊明遗老陈翼叔先生诗全集·宁瘦居草》卷后，第 54 页，国家图书馆藏，1946 年。

⑥ 陈佐才：《重刊明遗老陈翼叔先生诗全集》，第 5 页，国家图书馆藏，1946 年。

拈题偶咏，便尔悲壮，安在其诗之不可成名家也？是为序。”①

按：徐宏泰《宁瘦居草序》说，在第一部诗集编成时，陈佐才虽年近五十，但“安在其诗之不可成名家也”，与陈佐才《自序》“忽忽年将半百”而“自成其余言”语意吻合。

或因《宁瘦居草》即将刊成，欣作《自述》诗。

诗云：“老去传家无别物，床头唯有数篇诗。”②

按：陈佐才曾自删《宁瘦居草》。其集卷二之后有《自删小序》云：“几欲自删翻刻，迩来极穹，只得将已刊本内删者，或题前，或诗后加一‘删’字。庶几自信，留者不敢加以‘留’字；倘有不可信于人者，俟再删之意云尔。”③此集《途中》有题无诗，题下有“删”字④，可印证其小序所言。

作《暮春有感》诗。

诗云：“偏到黄昏叫鹧鸪，凄声入耳动悲呼。肝肠未老头先白，眉目虽存泪已枯。嗜酒沉诗非得乐，栽花插柳自支吾。而今笑我成庸腐，二十年前也丈夫。”⑤

按：1647年，陈佐才在沐天波标下任裨将，随讨沙定洲，驻守榆城，故云“二十年前也丈夫”。

康熙八年己酉（1669），四十七岁

孙仁溶任蒙化经历。

《康熙蒙化府志》：“孙仁溶，江南无锡进士，康熙八年任。”⑥

《蒙化志稿》：“蒙化职官，置自有明。……清初裁去各官，设同知一员，经历司经历一员……”⑦

与孙仁溶交游，孙仁溶读其诗，评价甚高。

孙仁溶《义士传》：“阳瓜有翼叔陈君者，始余幕滇时，获与之交。见其优游逐性，不事边幅，不惠不夷，陶焉有得，意其为傲岸不羁者流。又见其顾盼自喜，英风熠熠

① 陈佐才：《重刊明遗老陈翼叔先生诗全集》卷前《宁瘦居草序》，第3页，国家图书馆藏，1946年。
② 陈佐才：《重刊明遗老陈翼叔先生诗全集·宁瘦居草》卷2，第52页，国家图书馆藏，1946年。
③ 陈佐才：《重刊明遗老陈翼叔先生诗全集·宁瘦居草》卷2，第54页，国家图书馆藏，1946年。
④ 陈佐才：《重刊明遗老陈翼叔先生诗全集·宁瘦居草》卷1，第30页，国家图书馆藏，1946年。
⑤ 施立卓校注：《陈翼叔诗集·宁瘦居续集》卷1，第82页，云南民族出版社，2013年。
⑥ 蒋旭修、陈金珏纂：《康熙蒙化府志》卷4《秩官志·文职·经历》，《中国地方志集成》本《云南府县志辑》，第79册，第93页，凤凰出版社，2009年。
⑦ 梁有檍纂：《蒙化志稿》卷19《职官志》，第166页，云南德宏民族出版社，1996年。

眉睫间，复意为非常人。及读其诗，天真烂漫，自出机轴，不屑屑寄人篱下，卓卓成一家言。”①

按：孙仁溶入云南十年而客死于滇，陈佐才与其交，当在这十年间。据刊成情况，孙仁溶所读佐才诗，当为《宁瘦居草》。

独处穷居，作《自述》诗。

《自述》：“亭高垣阔长扃户，独处穷居半（又作十）载零。甑内不炊梅瓣白，灶中常爨柳条青。避寒逃脱奴三口，爱热随奔婢五丁。苦我耕时佣莫顾，谁家农唱满郊坰。”②

路遇旧友，作《遇旧友有感》诗。

诗云：“十年分散各西东，今日重逢貌不同。我鬓凋于征战后，群容老在乱离中。半生事业随流水，几度韶华逐晓风。往迹寻思相对哭，那知血泪染衣红。”③

按：佐才第二次归隐在十年前，故据诗意系以上二诗于今年。

康熙十年辛亥（1671），四十九岁

作诗《感怀》，怀念沐天波。

诗云：“痛绝十年人去后，空余血泪染衣丹。”④

按：此诗当为沐天波而作，其人殉难于十年前，详本谱1661年纪事。

康熙十一年壬子（1672），五十岁

《宁瘦居续集》刊成，传播滇外。

《宁庋居诗评》李自白云：“又于壬子岁（1672），见《宁瘦居续集》刊成，传播滇外。”⑤

腊月廿八日，与蒿隐子赏梅、谈时事。夜归，在驴背上偶成绝句《燃薪赏梅》，有序。

诗序：“壬子岁除夕前二日，与蒿隐子道旁赏梅。谈及时事，不觉黄昏，兴犹未已，即于梅花树下，燃薪赏之。烈焰薰蒸，梅花色变不同。嗟乎！吾只谓桃花爱热，

---

① 陈佐才：《重刊明遗老陈翼叔先生诗全集》卷前，第1页，国家图书馆藏，1946年。

②《重刊明遗老陈翼叔先生诗全集·天叫集》卷1，第128页。是集编此诗入《天叫集》，似辑误。别本“半载”作“十载”，更合乎陈佐才归隐实际，从之（见陈佐才《陈翼叔诗集》卷4《天叫集》上，影印《云南丛书》，第22册，第11648页，中华书局，2009年）。

③ 陈佐才：《重刊明遗老陈翼叔先生诗全集·宁瘦居草》卷1，第26页，国家图书馆藏，1946年。

④ 同上书，第3页。

⑤ 陈佐才：《重刊明遗老陈翼叔先生诗全集·宁庋居诗评》，第8页，国家图书馆藏，1946年。

孰知梅花亦爱热乎？今而后梅花可笑，桃花不可笑也。或问予何故？予曰：'桃花爱热，自是本色；梅花爱热，大非本色。'予深为梅花恼，遂辞蒿隐子，冒夜跨驴而归，于驴背上偶成一绝。"①

按：诗序云"壬子岁除夕前二日"，故系于今年。

康熙十二年癸丑（1673），五十一岁

担当圆寂于班山楼感通寺，行年八十一。

方树梅《担当年谱》："孟冬示微疾，十有九日……寂然而化，塔于班山。"②

按："班山"为大理苍山感通寺班山楼。陈佐才曾误闻担当卒，作诗《误闻担当和尚西游》悼之。诗云："少时豪气迈群雄，晚岁生涯诗画中。竭尽几多心上血，可怜飘掷付东风。"（其一）"一榻松风正好闲，先生何事便回还？想因泄尽山川气，不许常留山水间。"（其二）③不明诗作于何年，姑系于此。

腊月二十三日，与仲兄睡仙饮酒，作诗《祭灶日与睡仙仲兄饮有感》。

诗云："历尾相摧过五十，冷然虚度许多春。年来虽是锅无鬼，岁去应知灶有神。吕氏夫妇曾嘱苦，陈家兄弟不言贫。掀眉愿见中兴日，倾倒残樽酒百巡。"④

在蒙化盟石山中建成是何庵，刻其诗于眺雪处、对石头和尚谈禅处、酌台洗耳处。

魏人京《题辞》："及暮年，见蒙诏盟石之左，有山峻丽，峰抱溪环，先生建一庵，名曰'是何庵'。其庵之下隔里许，清流可掬，数步外桃花千亩，梨柚无数，松阴柏巷，梅卧竹横。先生有眺雪处、对石头和尚谈禅处并酌台洗耳处，皆有诗刻于其上。"⑤

按：《康熙蒙化府志》云："是何庵，姚氏建，郡人陈佐才重修。"⑥当以时人所载为据。

五月初七日，陈似迷至是何庵拜访，见《是何庵集》，读未终篇，深为叹服。

陈似迷《是何庵集序》："夏至日，闻翼叔在山中建是何庵，欲修头陀业。予曳

---

① 陈佐才：《重刊明遗老陈翼叔先生诗全集·是何庵集》卷1，第97页，国家图书馆藏，1946年。

② 方树梅：《担当年谱》，余嘉华、杨开达点校《担当诗文全集》，第544页，云南人民出版社、云南美术出版社，2003年。

③ 陈佐才：《重刊明遗老陈翼叔先生诗全集·宁瘦居草》卷1，第22页，国家图书馆藏，1946年。

④ 陈佐才：《重刊明遗老陈翼叔先生诗全集·是何庵集》卷2，第119页，国家图书馆藏，1946年。

⑤ 陈佐才：《重刊明遗老陈翼叔先生诗全集·是何庵集》卷前，第2页，国家图书馆藏，1946年。

⑥ 蒋旭修、陈金珏纂：《康熙蒙化府志》卷2《建设志·寺观》，《中国地方志集成》本《云南府县志辑》，第79册，第71页，凤凰出版社，2009年。

节相访，翼叔醉我以酒，醒我以诗。予问曰：'此《宁瘦居续集》耶？'翼叔曰：'《是何庵集》也。'予读未终篇，深为叹服。是诗也，已悟到虚处写形，实处描影，有水月镜花之致。名曰《是何庵集》，但不知是何庵是何庵也？翼叔曰：'人我山高，生死岸阔。今日居此庵者，是何也；异日居此庵者，是何也。'予又曰：'庵如是乎，诗亦如是乎？'翼叔曰：'流水生涯，浮云事业。今日作此诗者，是何也；异日作此诗者，是何也；异日存此诗者，是何也。故名曰《是何庵集》。'"[①]

按：是何庵建于何年，史籍无载。魏人京云，陈佐才"及暮年"而建庵于盟石山中；陈似迷闻陈佐才"在山中建是何庵，欲修头陀业"而来相访，距其庵建成当不久；明年，陈佐才在这里集诸志士结雪峰社，庵必建成于此前。是故，系是何庵建成于今年。陈佐才《天叫集自序》虽将《是何庵集》与《宁瘦居草》《宁瘦居续集》，一同列于"不二三年间"所作诗之列[②]，但此集之编成定名，当在是何庵建成后。陈似迷，事迹不详，观其序，为当地士人。

九月九日登高，作《登高晚归》诗。

诗云："轻摇白扇遮容醉，倒折黄花插鬓香。路遇儿童迎我笑，年馀五十尚颠狂。"[③]

按：登高为古代重阳节习俗，且诗云"黄花插鬓"。本年所引以上二诗，一云其年"过五十"，一云其"年余五十"，故系于今年。

康熙十三年甲寅（1674），五十二岁

春游东庄，赏碧桃花，忆徐扶万，作诗《甲寅春，余跨驴携酒游东庄，赏碧桃花，忆旧年与徐扶万共醉于此》。

按：诗云："见花想去年，故人知何处。"[④]可知去年春天，二人曾同游此地，饮酒赏花。

春日，集诸志士于是何庵，结雪峰社。作诗《雪峰社》《春日与诸亲友萧寺中结社，指雪峰为题，各赋一诗》《立春日与众社友饮》（次胡心耕韵）[⑤]。

罗庸《重刻陈翼叔诗集序》："甲寅，集诸志士于萧寺，结雪峰社。"[⑥]

---

① 陈佐才：《重刊明遗老陈翼叔先生诗全集·是何庵集》卷前，第 91 页，国家图书馆藏，1946 年。
② 陈佐才：《重刊明遗老陈翼叔先生诗全集·天叫集》卷前，第 122 页，国家图书馆藏，1946 年。
③ 陈佐才：《重刊明遗老陈翼叔先生诗全集·宁瘦居续集》卷 1，第 63 页，国家图书馆藏，1946 年。
④ 陈佐才：《重刊明遗老陈翼叔先生诗全集·是何庵集》卷 1，第 97 页，国家图书馆藏，1946 年。
⑤ 同上书，第 110~111、118 页。
⑥ 罗庸：《重刻陈翼叔诗集序》，陈佐才《重刊明遗老陈翼叔先生诗全集》卷首，国家图书馆藏，1946 年。

按：施立卓校注《陈翼叔诗集·附诸名公赠诗》中有雪峰社友彭印古、杨廷斌、王国信、于迁、于暹等人之诗各一首①。

郡守促开报入册，不久又清烟户，作诗《甲寅春，郡守查公整理门户，编审内住，乡老促余开报入册，余戏之云》。

诗云："空庭冷风吹，内住者是谁？竹树与梅花，共我为三户。桃花与李花，共我为三家。一一开明白，凭汝入于册。"②

按：此诗后有诗《〈春城柳色〉，乃前任查公观风诗题，于时自觉无兴，不能成韵。兹值卞公为政，偶成一律，始信诗须有兴而作也》。诗云："如今此地逢纯政，萧鼓家家醉太平。"③

《蒙化乡土志》："寻清烟户，佐才书云：'桃花与李花，共我是三家。'"④

罗庸《重刻陈翼叔诗集序》："郡守编审户籍，乡老或有劝其册报者，翼叔赋诗答之，'盖隐有夷齐之志焉'。"⑤

清明日吊担当，并奠李尔伟阵亡归葬，作诗《清明日过榆关，至班山吊担当老和尚，便道遄榆城，奠李尔伟阵亡归葬》。

诗云："叶落冬已静，花开春不闲。又是清明日，携泪过榆关。吊我亡年友，老死在山间。便道往孤城，买酒奠李生。"⑥

按：担当卒于去年孟冬，故此诗言"又是清明日"。诗题中的"遄"字，别本作"逞"⑦。

康熙十四年乙卯（1675），五十三岁

冬日过榆城，登高楼远眺，作诗《乙卯冬，过榆城，登危楼远眺感赠》。

诗云："独自依危楼，遥看不断愁。洱水冲容貌，苍雪扑人头。山远随云走，水长任月游。时起千层浪，孤撑一叶舟。"⑧

---

① 陈佐才：《陈翼叔诗集·附诸名公赠诗》，施立卓校注本，第332~336页，云南人民出版社，2013年。
② 陈佐才：《重刊明遗老陈翼叔先生诗全集·是何庵集》卷1，第113~114页，国家图书馆藏，1946年。
③ 同上书，第114页。
④ 佚名：《蒙化乡土志》卷上，巍山县文化馆藏抄本。
⑤ 陈佐才：《重刊明遗老陈翼叔先生诗全集》卷首，国家图书馆藏，1946年。
⑥ 陈佐才：《重刊明遗老陈翼叔先生诗全集·是何庵集》卷1，第101页，国家图书馆藏，1946年。
⑦ 陈佐才：《陈翼叔诗集》卷3《是何庵集》，影印《云南丛书》，第22册，第11639页，中华书局，2009年。
⑧ 陈佐才：《重刊明遗老陈翼叔先生诗全集·是何庵集》卷1，第102页，国家图书馆藏，1946年。

康熙十五年丙辰（1676），五十四岁

秋，有大理苍山感通寺之行，作诗《丙辰秋，游感通寺，时值滇乱，睹明太祖御制有感》。

诗云："风雷圣僧泄秘密，马嘶花笑为儿戏。御制遥颁轰动传，感通日月俯仰视。龙涎淋漓滑滑流，冻倒凤凰晒两翅。鬼神若是认得字，护持直至有天地。"①

按：此诗误编入《宁瘦居草》。御制诗，朱元璋洪武十七年（1384）赐予感通寺住持无极法师者。圆鼎《滇释记》："荡山法天无极禅师，大理名家杨氏子。年十六，礼荡山海印禅师出家。……时大理宰官延师为山住持，师以宗印心以教化人，常讲《华严》《法华》等经，一方所仰。大军克平之后，洪武十六年，率诸缁侣走间道入觐京师，献山茶一本、龙马一匹、《征南赋》一通、《进觐诗》二章。……上御殿纳之……又御书《乘春》诗二章赐之。……师辞归，上复制诗十八章，拟师跋涉之况……诗序曰：'……洪武十七年，云南大理府等州县名刹高僧相率来朝，朕甚嘉焉……'"②

同郡危孝子卒，作诗《吊危孝子》《遥望危孝子墓》。

《吊危孝子》诗序："吾郡有危姓者，讳斯泰。父有疾，割股疗之不愈，遂日夜号泣，随父而死。予甚慕，作眼泪歌吊之。"③

《遥望危孝子墓》诗下注："丙辰春，死葬。前有序。"④

康熙十六年丁巳（1677），五十五岁

因有僧救将死之人，喜而作《岁丁巳，海滩哨僧视行人若枯鱼，以善化人，凿石引水数里许济其渴，结无尽缘。原籍江右陈翼叔来此，喜而赠以诗》。⑤

闻有夫妇因婚姻幸福而感谢天地，作诗《闻愚夫愚妇谢地谢天》。

诗下自注："丁巳岁。"诗云："于归一载，胜似三年。昼则同食，夜则同眠，梦则同然。愚夫愚妇，谢地谢天。"⑥

---

① 陈佐才：《重刊明遗老陈翼叔先生诗全集·宁瘦居草》卷2，第49~50页，国家图书馆藏，1946年。

② 圆鼎：《滇释记》卷2《无极禅师传》，影印《云南丛书》，第19册，第10374~10375页，中华书局，2009年。

③ 陈佐才：《重刊明遗老陈翼叔先生诗全集·是何庵集》卷1，第109页，国家图书馆藏，1946年。

④ 同上书，第114~115页。

⑤ 陈佐才：《重刊明遗老陈翼叔先生诗全集·是何庵集》卷2，第120页，国家图书馆藏，1946年。

⑥ 陈佐才：《重刊明遗老陈翼叔先生诗全集·是何庵集》卷1，第116页，国家图书馆藏，1946年。

按：此本原繁体字“晝”作“書”，从别本[1]改。

康熙十七年戊午（1678），五十六岁

徐交伯（宏泰）移居姚城（今云南楚雄姚安县），赋诗《岁戊午，交伯徐老先生移居姚城去也，吾郡有素未相知者，闻而无不恻然，况素在相知乎！况素在相逢有逾骨肉者乎！莫可将情，聊赋诗歌，以见别意云》五首赠别。[2]

诗云：“从来今日别离苦，遥忆相逢遇乱时。”（其一）“廿载相依随仗履，一朝忍别老门生。”（其五）

按：据“廿载相依”，二人订交于1658年。

康熙十八年己未（1679），五十七岁

孙仁溶卒，作《挽晓湖孙先生仁溶》五首。

诗云：“流落情怀何处遣，之乎也者共徘徊。”“别我不知便死去，思君犹忆再生来。”（其一）“一肚文章何处论，宦游十载姓空存。生前常做思家梦，死后应为泣路魂。亲友赠棺停绿野，妻儿守柩哭黄昏。牧童不识哀离苦，横笛频吹过远村。”（其二）“十年车马走尘埃，处处何由倦眼开。”（其三）[3]

按：孙仁溶十年前任蒙化经历（详本谱康熙八年纪事），故陈诗云“宦游十载”、“十年车马”。

康熙十九年庚申（1680），五十八岁

避乱山中，作《题知空老和尚画》十二首。

诗序：“岁庚申，予避乱深山，所携者，惟诗画耳。内有知空老和尚写意山水十二帙，笔墨纵横，气运生动，有空房而无人物，恍然此时流离境也。诗人见境生情，遂逐一题之以志。”诗云：“从来画意由心得，安有伤心画不成。草木皆含征战气，江山尽带乱离声。男儿流落悲云变，妻女萧条哭月明。空屋尚闻双燕语，似言家破国亡情。”（其四）“阅来画意浑如昨，物景难堪似此薄。逆旅才经客乱离，孤亭又见人萧索。山深

---

① 陈佐才：《陈翼叔诗集》卷3《是何庵集》，影印《云南丛书》，第22册，第11645页，中华书局，2009年。

② 陈佐才：《重刊明遗老陈翼叔先生诗全集·是何庵集》卷2，第120~121页，国家图书馆藏，1946年。

③ 陈佐才：《重刊明遗老陈翼叔先生诗全集·天叫集》卷1，第131页，国家图书馆藏，1946年。

渐觉烽烟苦，海阔犹然波浪恶。极目长空绝雁书，伤心老去瘦成鹤。”（其十二）[①]

按：《云南丛书》本诗序“气运”作“运气”[②]，诗仅存八首。

第二次归隐（1659）至今已二十余年，忆昔日归田事，作《七夕茅亭午睡》诗。

诗云：“匹马归来廿载零，穷居仍旧烂茅亭。竹栽浅水拖微绿，树种深山送远青。腹内有诗何必晒，梦中无酒自然醒。隔邻谁唱边关调，犹是南腔不忍听。”[③]

康熙二十一年壬戌（1682），六十岁

《天叫集》编成，为之作序。

《天叫集序》：“兹行年六十，复著诗若干首。晓潮孙先生云：‘此创言也，能辟人世所独无，能开人世所未有。’噫！予乃何人，而敢当此哉！客有曰：‘若是乎，此集应命名《天授》。’予曰：‘若名《天授》，未免落言铨，涉理路。’客又曰：‘何以使不落言铨，不涉理路为？’予曰：‘如彝人闻汉人语，汉人闻彝人语之类也。’遂命名《天叫集》。”[④]

按：此序所引，为孙晓潮逝前语。罗庸《重刻陈翼叔诗集序》云：陈佐才“岁庚申，避乱山中，名其集曰《天叫集》，自为之序。”[⑤]此说或据陈氏《题知空老和尚画》诗序而来，但陈佐才《天叫集序》虽云此集编成于其六十岁时，此诗亦在《天叫集》中，却没有说他究竟在山中避乱几年，也没有说编成此集的具体年月，因此难以确定时间必在庚申年，但相距亦当不远，故系于今年。《厌乱》诗云：“阴晴未可知，离乱孰能料。不欲见干戈，顾[⑥]天忽尔叫。”[⑦]可知“天叫”之愤，由厌乱而生，故以“天叫”为诗集名，实非诗人一日一时之思，而为日积月累之恨。《厌乱》编入《宁瘦居续集》，误。

徐宏泰为《天叫集》作《跋》。

《跋》云：“予赏谓翼叔诗不从天得，不从地得，不从人得。顷有一僧问曰：‘从何处而得？’吾以世尊应曰：‘不可说，不可说’为《跋》。”[⑧]

---

① 陈佐才：《重刊明遗老陈翼叔先生诗全集·天叫集》卷1，第123~127页，国家图书馆藏，1946年。

② 陈佐才：《陈翼叔诗集》卷4《天叫集》，影印《云南丛书》，第22册，第11647页，中华书局，2009年。

③ 陈佐才：《重刊明遗老陈翼叔先生诗全集·天叫集》卷1，第129页，国家图书馆藏，1946年。

④ 陈佐才：《重刊明遗老陈翼叔先生诗全集·天叫集》卷前，第5页，国家图书馆藏，1946年。

⑤ 陈佐才：《重刊明遗老陈翼叔先生诗全集》卷首，国家图书馆藏，1946年。

⑥“顾”，别本作“愿”（陈佐才：《陈翼叔诗集》，施立卓校注本，第165页，云南民族出版社，2013年）。

⑦ 陈佐才：《重刊明遗老陈翼叔先生诗全集·宁瘦居续集》卷1，第68页，国家图书馆藏，1946年。

⑧ 陈佐才：《重刊明遗老陈翼叔先生诗全集·天叫集》卷后，第143页，国家图书馆藏，1946年。

秋，江夏（今属湖北武汉）程石门议降而死，见归化寺壁间题句，作《挽程石门先生》二首。

诗题下自注："先生江夏人。"诗序："岁壬戌，闻程石门先生议降而死。兹游归化寺，见壁间题句，不胜凄然。予虽未识先生面，然诗文乃一脉也，姑依韵赋诗二章以挽。……"诗云："声名寥落楚江夏，骸骨飘零滇海秋。"（其二）[①]

按：查方志，蒙化未见有载归化寺，存疑。

康熙二十五年丙寅（1686），六十四岁

生辰，作《六十四岁诗》。

诗云："流年虚自度，花甲过六旬。历尾管不识，应称世外人。"[②]

暮春，顾绳其过访，作诗纪之。

《丙寅暮春，顾绳其过访》："眼泪倾干曾别离，残春却又遇相知。寻花皆是红颜日，折柳已非黑发时。我欲醒君必以酒，君能醉我只须诗。平生亦不将人妒，到处依然说项斯。"[③]

按：此诗编入《宁瘦居草》，误。

长沙太守周二南死节，作诗《题死节长沙周太守遗容》。

诗序："公讳二南，滇中蒙化府人……"诗云："羡君归去早，不见兔儿年。"[④]

按：今年为虎年，明年丁卯为兔年，"不见兔儿年"，则周太守死节于今年。此诗误编入《宁瘦居续集》。周二南，《康熙蒙化府志》有传[⑤]。

康熙二十六年丁卯（1687），六十五岁

长兄旷仙逝，作《哭长兄》，有诗序。

按：诗序见本谱一岁纪事。此诗误编入《宁瘦居续集》。

康熙三十年辛未（1691），六十九岁

在盟石山中是何庵旁凿巨石为棺，以示生不为清朝人，死不做清朝鬼之志。

---

① 陈佐才：《重刊明遗老陈翼叔先生诗全集·天叫集》卷1，第130~131页，国家图书馆藏，1946年。

② 陈佐才：《重刊明遗老陈翼叔先生诗全集·天叫集》卷2，第140页，国家图书馆藏，1946年。

③ 陈佐才：《重刊明遗老陈翼叔先生诗全集·宁瘦居草》卷2，第50页，国家图书馆藏，1946年。

④ 陈佐才：《重刊明遗老陈翼叔先生诗全集·宁瘦居续集》卷1，第69页，国家图书馆藏，1946年。

⑤ 蒋旭撰：《康熙蒙化府志》卷5《人物志》（第137页）有传、卷6《艺文志》有州同知陈金珏《明赠太仆卿二南周公尽节传》（第207页），《巍山县旧志丛书》，云南德宏民族出版社，1998年。

棺成，作《自挽诗》刻于其上。

诗云：“明末孤臣，死不改节。埋在石中，日炼精魄。雨泣风号，常为吊客。”①

魏人京《题辞》云，陈佐才于盟石山“欲思更筑一室，惟恨地中有石高三丈，宽十丈余为碍。忽而悟焉，乃喜曰：‘与其藏此龌龊之身于火宅，何如藏此放浪之骨于云根！’于是石之中凿一窟，窟内上下四围，皆宽一丈，以为冢焉。终岁而成，先生视之，大叫：‘快哉！’”②

按：魏人京曰凿石棺“终岁而成”，佐才视石棺归后数日逝（详本谱明年纪事），故系凿石棺时间及题诗于今年。

康熙三十一年壬申（1692），七十岁

病卒。逝前谆嘱其侄孙辈，己身必葬于石棺中。又召友人李文启雄谈半日，而后索笔砚书《临终谒》。书毕更衣，端坐而逝。侄孙辈遵嘱，葬之于盟石山箐是何庵旁石棺中。

魏人京《题辞》：石棺筑成，佐才“归数日后，谆嘱其侄孙辈，必葬石中。又恐其或违也，乃召友人李文启者至，与之雄谈半日，索笔砚书《临终谒》，犹如平昔。书毕，起视日午，遂更衣端坐。阖家悲泣，了无一语。移时，复大叫李曰：‘为我多致意雪峰诸社友，六十年如一日！’遂长逝，时年七十矣。李遂以带袍道冠，瘗于石中。”③

《康熙蒙化府志》：李文启，河南人，康熙二十一年（1682）任驻防千总。④

按：《临终谒》，未见于陈佐才诗集。陈佐才葬地盟石山，在今巍山县庙街镇盟石村公所山塔村之后，旧貌犹存。陈佐才《三十四岁诗》云：“而我怕死对天泣，老天许我活七十。”不料一语成谶。魏人京《题辞》云，“李遂以带袍道冠，瘗于石中”。但据朱骝先生记，2005年陈氏后裔修理石棺墓后，因墓被盗而进行了清理，他曾亲见陈佐才遗骨并抚之，又视其后人重新将遗骨安葬于石棺中，盖好棺盖⑤。可见，陈佐才石棺墓并非衣冠冢。

---

① 陈佐才：《重刊明遗老陈翼叔先生诗全集·石棺集》，第144页，国家图书馆藏，1946年。

② 陈佐才：《重刊明遗老陈翼叔先生诗全集》卷前，第2页，国家图书馆藏，1946年。

③ 同上。《石棺集》中有自挽诗及其子侄、孙辈吊诗。附录《诸名公赠诗》，见陈佐才《陈翼叔诗集》末卷，施立卓校注本，云南民族出版社，2013年。

④ 蒋旭撰：《康熙蒙化府志》卷4《秩官志》，《巍山县旧志丛书》，第110页，云南德宏民族出版社，1998年。

⑤ 朱骝：《陈佐才先生传略及生年考》，施立卓校注《陈翼叔诗集》，第7页，云南民族出版社，2013年。

七十岁妻安氏卖其书画，辑刻《石棺集》并四方诸名公吊诗。

魏人京《题辞》："翻其囊，得《石棺诗稿》并四方诸名公赠言垒垒，家人犹多失之。其妻安氏卖其书画，将现存者付之梨枣，以纪高风。失遗者，犹恳再赐补梓云。"[①]

按：《云南丛书》本《陈翼叔诗集·石棺集》署"七十老妻安氏辑"。是集只有第一首《自挽诗》为陈佐才所作，其余为其子侄和孙辈吊诗。施立卓校注《陈翼叔诗集·石棺集》后《附诸名公吊诗》（国家图书馆藏《重刊明遗老陈翼叔先生诗全集》阙）中，有雪峰社友人之诗五首，兹录三首于下[②]：

彭印古（心符）诗云："不欲染污浊，凄清若个同。须知李太白，埋在流水中。"

王国信诗云："先生欲睡隐，睡隐石之中。又作青山梦，青山梦亦同。夜半西风起，吹向那株松。"

于迁诗云："拜石米颠不敢凿，翼叔凿破为石椁。恍然炼石又补天，补得青天这一角。"

（孙秋克）

---

① 陈佐才：《重刊明遗老陈翼叔先生诗全集》卷前，第 2 页，国家图书馆藏，1946 年。《石棺集》中有自挽诗及其子侄、孙辈吊诗。

② 施立卓校注：《陈翼叔诗集·附诸名公赠诗》，第 332、334~335 页，云南民族出版社，2013 年。

何蔚文年谱（1625~1699）

综论

大理浪穹（今洱源）何氏，是由明迄清，云南文学成就较为突出的一个家族群体。何氏一族，五代六人，好学尚文，代代相继，在文学上各有建树，并有佳作流传。这个著名文学世家的家族传承如下：一世何思明，二世何邦渐，三世何鸣凤，四世何星文、何蔚文，五世何素珩。何蔚文是家族中的第四代诗人，他曾中永历朝丁酉科（1657）乡试第二，但处在明清易代的乱世，想在政治上一展所长而不得，与兄长何星文隐居家乡宁湖，以文学自娱。他的诗歌、戏曲成就较高。创作了《浪楂集》《缅瓦十四片传奇》《年谱诗话》等作品。

这个家族中，肇兴家族之人，当推一世祖何思明。何思明字志远，少孤贫，却勤学奋进，于嘉靖二十二年（1543）举于乡，先后做过知府、通判等官职，归家后树立好学不倦的家风，被乡里称之为笃行君子。[①] 在他的经营下，何氏家族在地方影响渐隆。自此五代，何氏一族中过举的有何思明、何鸣凤、何其宽三人，拔贡的有何邦渐、何邦贲、何翔凤、何源长（后更名腾凤）四人，岁贡一人（何星文）。到二世祖何邦渐（字文槐，万历间选贡）时，何家经济有了较大发展，何邦渐做官返乡后，以“乐善好施、倡修学宫、武庙”和“修撰地方志”[②] 闻名。何氏家族官声最响的，是三世祖何蔚文的父亲何鸣凤。何鸣凤字巢阿，万历四十三年（1615）举人，先后做过四川郫县知县、六安（今属安徽）知州，在任上做了很多安抚百姓、振兴文教、抵御流寇的事，建树颇丰，六安百姓为他建立生祠，离任五十年，还被录入六安名宦传。[③]

如果我们从这个家族的中式情况、官声影响、交游阅历、经济状况来看，何蔚文

---

* 作为本课题阶段性研究成果，本谱《引论》题为《何蔚文诗歌创作简论》，发表于《昆明冶金高等专科学校学报》，2015 年第 2 期；《年谱》发表于《昆明学院学报》，2015 年第 2 期。

① 罗瀛美、周沆修纂：《浪穹县志略》卷 9，第 84 页，台湾成文出版社有限公司影印，1957 年。

② 同上书，第 85 页。

③ 同上。

都算不上前列。他生逢明清易代的乱世，作为短短国运的南明举人，入清后为明哲保身，对自己的举人身份避之唯恐不及，更不用说拿出来炫耀了。既不能做官，又无处显才，再加上处于战乱频仍的环境里，累世清华的诗人，也不得不过缺衣少食的艰难生活。在他的作品里，我们看到了诗人生活的种种困境——修补破衣烂衫的艰辛："破衫细补旧还新，看惹风花两袖春。万贯冰丝何敢系，十年山兰幸相亲"；[①]绝粮的窘况："鹤立冰霜原自得，蝉吟风露亦多时。岂困诗瘦真堪叹，纵为饥驱何处之"；[②]失子的悲哀："不堪风雨夜，又读祭挐文。此言良凄酸，我泪亦纷纷。纷纷泪为谁，作堆小儿坟"。[③]值得庆幸的是，艰难窘迫的生活状况，并没有磨灭诗人的意志，他将一腔热血投注到诗歌创作中去，用作诗记叙生活，用作诗排解痛苦，在作诗中寻找乐趣，亦在作诗中默默死去。自古以来，文人终以"立言"成就自己的不朽，何蔚文以他的肆力于诗和卓越诗才，得到了后人的认可，《新纂云南通志》有何邦渐传，其子何鸣凤，其孙何星文、蔚文，曾孙何素珩附于其后。认为"浪邑为诗，自邦渐始。其孙蔚文，盖尤卓绝。"[④]何邦渐对当地诗学具有倡导之功，但就创作水平看，他的孙子何蔚文，则可算成就最高的一位，其诗学成就，不因布衣之身而埋没。

何蔚文存世的作品有诗、词、文、赋，其中诗歌最多，《浪楂集》除存《耆古堂赋》一篇外，其余均为诗，由他的八世孙潘问山辑录，共有诗歌 124 首。《滇南诗略》《滇诗拾遗补》收录了他的诗歌 40 首，部分超出了《浪楂集》所收内容。这些作品古近体皆备，长篇短制不乏佳作。内容均出于真情，出于生活。

通过作品，我们可以看见诗人何蔚文奋争济世、兼济天下的胸怀，无奈退隐、固穷守节的节操，隐居山中、以苦为乐的豁达，逢春即望、期盼新变的热切。诗歌《飞龙引》（效李白）写道："不羡骑龙飞上太清家，不羡官中采女颜如花，只羡荆山遗下好丹砂，好丹砂，偏赐天下穷人不用嗟，竟须点成金世界，不游青天其乐亦无涯。"[⑤]这应该是作者早期力图用世之作，他用奇特的想象，表达一飞冲天的壮志，确有李白任情挥洒的浪漫风格，不同的是其主旨不在于道家的游仙访道，而落脚在济苍生、变世态上。通过它，我们依然可以证明，世上本无天生的隐士，作为深受儒家传统思想影响的何蔚文，本身想走"学而优则仕"的传统道路，但是造化弄人，短短国运的永历朝

① 何蔚文：《浪楂集·补衫》，民国年间抄本，云南省图书馆藏。
② 何蔚文：《浪楂集·绝粮》，民国年间抄本，云南省图书馆藏。
③ 何蔚文：《浪楂集·读韩集有感》，民国年间抄本，云南省图书馆藏。
④《新纂云南通志》，第 8 册，第 248 页，云南人民出版社，2007 年。
⑤ 何蔚文：《浪楂集·飞龙引（其一）》，民国年间抄本，云南省图书馆藏。

廷开科取士不久便一败涂地，将西南边陲引入连绵不断的战火中，使刚刚中举的诗人，不得已过着“早朝曾拜翠云裘，罢谷今藏西洱头。穷气欲冲翻鬼窟，壮游还去梦神州”[①]的日子。入清后，他进退两难，深知“入官不选旧蛾眉，出塞徒闻新雁悲”，[②]只好退居家乡宁湖山中，过“生涯常是问烟波，逃却人间礼数多。几点疏林秋叶下，数声隔浦老渔歌”[③]的隐居生活。家乡的山川“二十年来战不休，青燐白骨未全收”，[④]心有余而力不足的何蔚文，只好把全部精力放到诗词创作中去。在笔者眼中，他是一个贫穷的逍遥者，不只一次写下《绝粮》诗，“谋食斑鸠还拙拙，忍饥瘦鹤欲飘飘”[⑤]，诗中的形象瘦骨嶙峋、风吹欲倒，“自嘲穷到骨，冷落故交稀”[⑥]，但他会自我排解，也有“略得南华意，逍遥只自游……夕阳牛背稳，短笛不惊秋”[⑦]的惬意。他总是能够“愁中不把诗情减”，[⑧]面对诗友，充满“逍遥自合山随水，唱和依然弟子师”的欢欣。

少年时期，何蔚文因父亲在外做官的关系，随父母走出过云南，到过四川、南京、杭州等地，但十四岁返乡后，就再也没有离开。作为远居西南边陲的乱世隐士，交往者自不会多，主要有南直隶人汪蛟（字辰初）[⑨]、福建人许鸿（字子羽）、诗僧担当（俗名唐泰，字大来，云南晋宁人）及本乡杜锦里（擅画、家贫，事迹不详）等，可谓知音难求。他与以上文人的交往，大概始于清顺治十六年（南明桂王永历十三年 1659），此时作者经历了科举中式，小有名气，汪蛟、许鸿、担当等人又先后来到大理，

① 何蔚文：《浪楂集·杂诗（二）》，民国年间抄本，云南省图书馆藏。
② 何蔚文：《浪楂集·玭碧湖中秋月歌》，民国年间抄本，云南省图书馆藏。
③ 何蔚文：《浪楂集·即事漫赋》，民国年间抄本，云南省图书馆藏。
④ 何蔚文：《浪楂集·感赋》，民国年间抄本，云南省图书馆藏。
⑤ 何蔚文：《浪楂集·绝粮》，民国年间抄本，云南省图书馆藏。
⑥ 何蔚文：《浪楂集·自嘲》，民国年间抄本，云南省图书馆藏。
⑦ 何蔚文：《浪楂集·偶成》，民国年间抄本，云南省图书馆藏。
⑧ 何蔚文：《浪楂集·即事》，民国年间抄本，云南省图书馆藏。
⑨ 据何绍基撰《光绪重修安徽通志》卷260记载：“汪蛟，字辰初，歙县（今属安徽黄山市）人。崇祯已卯举人。李自成陷京师，走闽、粤、滇、缅间二十余载，藩帅闻其名荐之，以原职用，蛟以母老，固辞。母卒，杜门谢客。著有《客滇集》，诗、古文、词数十种。兄季舒，举人，亦以文名。”查继佐撰《罪惟录》（志卷之18）载：“桂主开乡试于云南，以翰林杨在、汪蛟为主考，得王等三十余人。”可见他是永历朝丁酉（1657）科主考官，何蔚文在该科被取为第二名。靖道谟等编纂雍正《云南通志》卷23记载：“汪蛟，字辰初，徽州人。明末宦滇，以中原多故，避乱至榆，爱太和古生傍水，因侨寓焉。博学工诗，为人简静，有志操，后归黄山。”据钱澄之《田间诗文集》《藏山阁集》中他写给汪蛟的诗、书、序看，汪蛟曾任南明王朝詹事府少詹事，与钱澄之关系很好。其生年应为万历辛丑（1601），卒年不详，康熙甲子（1684）仍在世。

有了交游的可能性。[①] 洱源到太和（今属大理）尚有近百里的距离，何蔚文为与知己相会，以木楂为舟，顺水而行，前往聚会，可谓一年一探。[②] 对此担当赞誉有加，他的诗《何稚翁家于浪穹，来往以浪名楂，乃兄于浪上加一破字，稚翁耽隐欲避之，赋赠请正》对此描述得十分精彩："曾闻黄河水从天上流，浪穹亦在天尽头。昔者张骞未曾到，留与今人泛斗牛。稚翁使气直欲上，尝乘一木不可状。不蓬不桨名为楂，乃兄助之同破浪。浪头低处柳生芽，浪头高处桃始华。骑鲸拿龙皆小技，月梯日御仿仙家。仙人住在蓬莱宫，来往必须乘长风，既已踏倒嫦娥窟，何妨隐避普陀崆。兄弟相看往下视，穴蚁而今生羽翼，稚翁不遇能雄飞，连理掀髯上天去。"他的诗集《浪楂集》之名应由此得来。作家的率真、任情可见一斑。

何蔚文的诗歌皆为生活的实录。生逢乱世，其诗笔对明清易代时期百姓生活的艰难，南明王朝在云南的政治变迁，士人消极避世的无奈及借诗友唱和排遣生活、寻求慰藉的状况均有涉及。这是我们了解南明政治和隐逸士子的一扇窗。

展读何蔚文诗歌，艺术风格崇尚古朴、趣味。说古朴，主要是指那些清新明快，有浓郁民歌风格的小诗，《青溪小姑行》《怨词》《竹枝词》《乐府体》《妾薄命》等诗歌均属此类。如《青溪小姑行》[③]，《滇南诗略》诗后评语认为："气味纯似古乐府"。[④]《竹枝词》[⑤] 则自然流畅，贴近生活。说趣味，主要指那些咏物之作，即《风鸢》《题墨牡丹》《山茶》《白燕》《拟青青河畔草》之类。如《风鸢》："高高直上皆称好，却叹全凭线索多。"[⑥]《题墨牡丹》："由来富贵多贪墨，妆点休教恼画工。"[⑦]《拟青青河畔草》："昔日犹如花，今日不如草。河畔自沉吟，徒憐青青草。"[⑧] 三首诗都由物及人，既写物又写人，引人联想，寓意深刻，颇有理趣。何蔚文确是一位卓立独行而睿智的人，他看待社会人生有独到见解，甚至是佛教法王也敢于批评："岂

---

① 《浪楂集·独笑草小引》云："忆昔江南汪辰初宫詹、闽中许子羽舍人同寓洱河，与予唱和。其后，诗僧担当往来更久。担亦滇人，常与予言：'昆海我池，姑分洱河与尔洗笔。'一时声气，可谓不孤。今宫詹舍人具招玉楼，担当亦游仙界，然予之独笑也，复谁同乎！"

② 许鸿：《放歌行寄稚翁有道》："早年尚友汪詹事，比邻唱和咏唐梅。于时浪仙心颇热，一年一度探春回。"见何蔚文《浪楂集》，民国年间抄本，云南省图书馆藏。

③ 袁文典、袁文揆辑：《滇南诗略》卷 10，《丛书集成续编》，第 150 册，第 197 页，上海书店，1994 年。

④ 同上。

⑤ 何蔚文：《浪楂集·竹枝词》，民国年间抄本，云南省图书馆藏。

⑥ 何蔚文：《浪楂集·风鸢》，民国年间抄本，云南省图书馆藏。

⑦ 何蔚文：《浪楂集·题墨牡丹》，民国年间抄本，云南省图书馆藏。

⑧ 何蔚文：《浪楂集·拟青青河畔草》，民国年间抄本，云南省图书馆藏。

真达摩心印通，未必图澄神光煜。杖底谁言斗虎兮，钵内虚夸狞虬伏。千年狐祟惑人多，月下常闻私带髑……锻瑚垂翅丽水滨，法王无法救穷蹙。难将于橹桿西番，空挈人民附南服。牵马操璧贡亲藩，虫画螺书求赦牍。当时曾作帝者师，而今敢望王门仆……”①通过叙述大宝法王向吴三桂进贡之事，把一个如墙头草般的大宝法王揭露得淋漓尽致：既没有神力，又没有气骨，只是惑人惑世罢了。黄山老人汪蛟认为何蔚文诗“微言讽世，别趣解颐”②《滇南诗略》卷十引颐园先生评语：“何稚元学有渊源，而才情恣肆。发为诗歌，其古今各体，有时而沉郁顿挫，险绝为工；有时而古拙渊深，自然潇洒；有时而隽永清新，诙谐成趣。所谓残膏剩馥，沾丐后人。”③又引肖森语曰：“其诗品宜位置担当上，余子不及也。”④高度评价了何蔚文在诗歌创作方面取得的杰出成就。

何蔚文的戏曲成就也值得学界关注。他创作的传奇剧共有五种，即《插一脚》《摄身光》《笔花梦》《吹更弹》《缅瓦十四片》，虽然都已亡佚，但还可以根据《年谱诗话》中涉及的“传奇题词”，对这五种传奇的情况作大致的推论。如据《缅瓦十四片传奇题词》所言，“缅事目击，乃日久亦恍亦惚，错舛且忘，如忆往梦。偶填词得《缅瓦十四片》，真长歌当哭也。若以漏多瓦少，又略补盖，然猿听三声，已不禁泪下，那得再”⑤，作家七十五岁创作完成的这个传奇剧，写的是南明永历帝败逃缅甸，后被缅甸王猛白俘获，交清军带回昆明处死一事，寄托了作家的故国之思、亡国之痛。戏曲形式有其追求通俗、娱乐的方面，但一个深受儒家文化影响者对创作的参与，使它除谑浪游戏之外，又增加了历史内容和思想意义。段炳昌在《明清时期云南戏剧文学略论》中谈道：“如果说兰茂是云南戏剧史上的开山剧作家，那么何蔚文可以说是云南戏剧史上的第一个少数民族剧作家，而且可能还是中国南方少数民族文学史上的第一个剧作家”。⑥

对于何蔚文的研究，除上述成果之外，尚有陶应昌《云南历代各族作家》⑦，陈友康《古代云南少数民族的家族文学》⑧，周锦国《明朝洱源“何氏作家群”作家亲属关

① 何蔚文：《浪槎集·大宝法王》，民国年间抄本，云南省图书馆藏。

② 何蔚文：《浪槎集·破窗啸咏题叙》，民国年间抄本，云南省图书馆藏。

③ 袁文典、袁文揆辑：《滇南诗略》卷 10，《丛书集成续编》，第 150 册，第 198 页，上海书店，1994 年。

④ 同上书，第 201 页。

⑤ 何蔚文：《年谱诗话》，康熙己卯（1699）抄本，云南省图书馆藏。

⑥ 段炳昌：《明清时期云南戏剧文学略论》，《民族艺术研究》，2002 年第 2 期。

⑦ 陶应昌：《云南历代各族作家》，云南民族出版社，1996 年。

⑧ 陈友康：《古代云南少数民族的家族文学》，《云南民族大学学报》，1998 年第 4 期。

系及生平》[①]，孙秋克《明代云南文学研究》[②]等，这些研究对何蔚文少数民族作家的性质、文学成就、诗歌、戏曲特点，进行了关注和简略地介绍。但是，对何蔚文生平事迹、丰富的文学作品，尚没有详细系年梳理，对其诗歌创作特点和成就，亦缺乏细致的研究和总结。

关于何蔚文的生平事迹，其自撰《年谱诗话》载之甚详，为本年谱的撰写提供了可靠而翔实的资料。本年谱就何蔚文的生平及其作品，进行系年详细考订，以推动其研究的开展。

年谱

明熹宗朱由校天启五年乙丑（1625），一岁

一月十二日生。字稚玄，一说稚元，浪穹人（今大理洱源）。

《新纂云南通志》："年谱诗话一卷。明何蔚文撰。蔚文，字稚玄，浪穹人。永历丁酉在滇升科，中式举人。是书为蔚文自编年谱。蔚文生天启乙丑正月十二日，卒康熙己卯七月初八日，年七十五。《谱》自始生至临终前一月，皆自编，一年有一事，一年有数事，不定，事后间系以诗，诗亦叙事而已。"[③]

按：何蔚文，字本稚玄。稚元，应是进入清代后，避康熙帝玄烨讳而改。

出生时其父梦到一头金花豹进入其家，引为异兆。

《年谱诗话》先君自叙："先子梦一金花豹入室，惊觉，即生予，乙丑岁十二日。"诗云："我闻苍山后，曾应中溪生。予岂其流亚，惊豹梦中惊。南山争雾隐，先兆似分明。"[④]

《滇南诗略》《滇诗拾遗补》录有何氏祖孙五代之诗文，世称'一门五代六诗人'，被誉为'白族诗人之家'"[⑤]

按：五代六诗人指何思明、何邦渐、何鸣凤、何星文、何蔚文、何素珩。

周锦国《明朝洱源"何氏作家群"作家亲属关系及生平》："洱源何氏作家群亲属关系如下：一世何思明；二世长子何邦渐、次子何邦贲；三世何邦渐长子何源长、次子何源受，三世次子何邦贲长子何鸣凤、次子何翔凤；四世何鸣凤长子星文、次子

① 周锦国：《明朝洱源"何氏作家群"作家亲属关系及生平》，《大理学院学报》，2009年第5期。

② 孙秋克：《明代云南文学研究》，云南人民出版社，2010年。

③《新纂云南通志》卷72《艺文考二》传记类，第4册，第281页，云南人民出版社，2007年。

④ 何蔚文：《年谱诗话》，康熙己卯（1699）抄本，云南省图书馆藏。

⑤ 云南省洱源县志编纂委员会：《洱源县志》，第670~714页，云南人民出版社，1996年。

炳文、三子瑞文、四子蔚文；五世何蔚文侄子何素珩。”①

父何鸣凤，明万历乙卯（1615）举人，六安州（今安徽六安）知州。母杨氏，当地名家之女。

《浪穹县志略·人物志》：“何鸣凤，字巢阿。思明之孙，万历乙卯举人。崇祯间任四川郫县知县……升安徽六安州知州，值流寇围城，鸣凤躬亲督率分队堵御，日夜防守，贼不能破，民创生祠祀之。归，置书万卷，以夸掖后进为己任。著有《半留亭稿》《嵩寮集》。”②

《何母杨孺人小传》：“母杨，出邑名家，于归来阃，德不待言矣。侍太孺人李，欢如也。”③

明思宗朱由检崇祯三年庚午（1630），六岁

随父何鸣凤在四川郫县生活，此年始授书。

《何母杨孺人小传》：“岁庚午，先子以己未会试副榜，例补有司，出守蜀成都郫邑，接家口。母辞李太孺人，挈子女赴郫。”④

《年谱诗话》先君自叙：“先子令郫筒，予五岁授书署中。”诗曰：“子云亭畔儿，不解问奇字。酒盗郫筒香，可知五岁事。”⑤

按：此条与上一条，所载时间相差一年，应有误。一则前者是何蔚文为母亲所写小传有纪年，更显谨慎；二则后者出自何蔚文自编年谱之先君自叙，应为追忆性文字，没有具体年月，亦可能是其父之概说。

崇祯五年壬申（1632），八岁

兄弟几人与母随父在任所，请先生于府中教学。

《何母杨孺人小传》：“予八岁，延先生在署课读。母亲操割，葱青廿廿（不详何意，待考），至今回忆，犹如睹见。”⑥

作诗，记载八岁曾到金山后山丘观赏山泉之事。

---

① 周锦国：《明朝洱源“何氏作家群”作家亲属关系及生平》，《大理学院学报》，2009年第5期。

② 罗瀛美、周沆修纂：《浪穹县志略》卷9，第85页，台湾成文出版社有限公司影印，1957年。

③ 何蔚文：《年谱诗话·附文》，康熙己卯（1699）抄本，云南省图书馆藏。

④ 同上。

⑤ 何蔚文：《年谱诗话》，康熙己卯（1699）本，云南省图书馆藏。

⑥ 同上。

《年谱诗话》："天下第一泉、第二泉、第三泉，俱赏之金山后丘，只略记忆，时年八岁。"①

崇祯六年癸酉（1633），九岁

父何鸣凤督运食盐往南京，随父前往，遭遇饥饿，父十分感概，写下"相忆水晶盘"诗句。

《年谱诗话》："先子入后林盐司，督运赴北。除夕，寓金陵承恩寺，有恒饥，怜稚子。'相忆水晶盘'之句，盖癸酉岁也，时予九岁。"②

崇祯八年乙亥（1635），十一岁

随父何鸣凤在古蓼，遇战乱，流寇攻城。

《年谱诗话》："先子移守古蓼，流寇至，攻围数次。予在署，年十一岁。"③

崇祯十年丁丑（1637），十三岁

随父何鸣凤游牛首山，夜宿绿云居。

《游牛首山宿绿云居，与先子同榻》诗前有注："时予十三岁。"④

与家人寄居南京。祖母去世，战乱中父何鸣凤独自赶回乡。

《年谱诗话》："祖母讣至，地方戒严，当事难其代。先子先遣，家口寄金陵，时予十三岁。"⑤

崇祯十一年戊寅（1638），十四岁

返大理浪穹，至此已离乡九年。

《年谱诗话》："戊寅，归里。予十四春矣。"诗曰："九年归来，丁令威鹤，细柳新蒲，江南何若。"⑥

---

① 何蔚文：《年谱诗话》，康熙己卯（1699）本，云南省图书馆藏。
② 同上。
③ 同上。
④ 何蔚文：《浪槎集》，民国年间抄本，云南省图书馆藏。
⑤ 何蔚文：《年谱诗话》，康熙己卯（1699）本，云南省图书馆藏。
⑥ 同上。

崇祯十二年己卯（1639），十五岁

入学读书。

《年谱诗话》：“己卯春，予十五岁。始聘。”①

崇祯十三年庚辰（1640），十六岁

参加童子试，被郑觐光取为第四名。

《年谱诗话》：“庚辰，予十六岁。文宗江国郑公，取入学第四。公讳觐光。”②

崇祯十四年辛巳（1641），十七岁

去年岁末，随父何鸣凤登鸡足山，父做一不祥之梦，梦己口吐金虫，飞上中锋，于是得病。今年正月，病故。

《年谱诗话》：“是岁残腊，随先子入鸡足山。先子梦口吐金虫，飞上中峰，遂得疾。正月，捐宾客。时年辛巳，予十七岁。”③

《何母杨孺人小传》：“不幸辛巳春，先子见背，儿女未了之婚嫁，一一累母。”④

南明安宗朱由崧弘光元年、南明绍宗朱聿键隆武元年、清世祖福临顺治二年乙酉（1645），二十一岁

南明王朝在云南开科举，选拔人才。得参加科举，却遭遇兵乱。

《年谱诗话》：“乙酉，得科举。见放后，吴沙两酋相继兵起。予二十一岁。”⑤

按：何蔚文此科应为童子试，因遭遇兵乱，放榜后未能入学。

南明绍宗隆武二年、顺治三年丙戌（1646），二十二岁

成婚，娶妻杨氏，名琼。

《年谱诗话》：“丙戌，予成婚礼，年二十二岁。”⑥

《何嫔杨媛墓表》：“西二河洲，望若仙瀛，盖名喜云，媛杨，其中高阀也。洲之喜神，

---

① 何蔚文：《年谱诗话》，康熙己卯（1699）抄本，云南省图书馆藏。
② 同上。
③ 同上。
④ 何蔚文：《年谱诗话·附文》，康熙己卯（1699）本，云南省图书馆藏。
⑤ 何蔚文：《年谱诗话》，康熙己卯（1699）本，云南省图书馆藏。
⑥ 同上。

送以来归，为咏河州，曰：‘惭淑女矣……’媛名琼，父命也，当不愧其生。”[①]

南明昭宗朱由榔永历元年、清顺治四年丁亥（1647），二十三岁

孙可望带兵入滇，战火烧到何蔚文乡，举家避祸兰州山中。

《新纂云南通志》：“顺治四年三月，流寇入滇。”[②]

《年谱诗话》：“丁亥八月，孙可望入滇[③]。予合家走兰州，报急，再入山中。”[④]

永历二年、顺治五年戊子（1648），二十四岁

长女出生。

《年谱诗话》：“戊子，二十四岁。生长女。”[⑤]

永历四年、顺治七年庚寅（1650），二十六岁

宗师马方碧主持岁考，取列第一，补廪生。

《年谱诗话》：“庚寅，予二十六岁。宗师方碧马公岁考，取第一，大加叹赏。是年，补廪生。”[⑥]

永历六年、顺治九年壬辰（1652），二十八岁

简见早亡，作诗诉伤感之情。

《年谱诗话》：“壬辰，予二十八岁，简见殇，作诗云：‘缘合偶如萍，飞光似坠萤。捻须拳在目，犹带小金铃。’”[⑦]

腊月，儿子执出生。

---

①何蔚文：《年谱诗话·附文》，康熙己卯（1699）本，云南省图书馆藏。

②《新纂云南通志》卷6《大事记》，第1册，第114页，云南人民出版社，2007年。

③孙可望（1602~1660），原名孙可旺，明末张献忠农民起义军大西政权主要将领、南明永历时期权臣，陕西延长县（或作米脂县）人。公元1630年（明崇祯三年），张献忠在陕北起义，孙可望参加义军，被其收为养子，改姓张。公元1644年八月（崇祯十七年），张献忠在成都建立大西政权，孙可望位列群将之首。公元1646年（顺治三年），清军大举入川，张献忠战死于川西凤鸣山，余部由孙可望和李定国率领进据云南。后投永历朝。

④何蔚文：《年谱诗话》，康熙己卯（1699）抄本，云南省图书馆藏。

⑤同上。

⑥同上。

⑦同上。

《年谱诗话》："腊，执在生。"[①]

按：《年谱诗话》乙巳、戊申、辛亥年条，多次提及其子"执"，故上文"执在"应为"执"，"在"为衍文。此子后改名相才。

永历七年、顺治十年癸巳（1653），二十九岁

在凌厚子主持的县学岁考中，取第一名。

《年谱诗话》："癸巳，予二十九岁，文宗西蜀厚子凌公科考，取第一。"[②]

永历八年、顺治十一年甲午（1654），三十岁

孙可望挟天子以令诸侯，改秋闱为春。应试，不中。

《年谱诗话》："甲午，孙秦挟天子令诸侯[③]，改秋闱为春，予入场不售，时三十岁。"[④]

永历九年、顺治十二年乙未（1655），三十一岁

在孙顺主持的县学岁考中取第一名。

《年谱诗话》："乙未，予三十一岁，文宗孙公岁考，取第一。公讳顺，黔人，号蒨溪。以'清真淡宕'赏予。"[⑤]

永历十年、顺治十三年丙申（1656），三十二岁

作诗表达对永历帝到云南的欢欣。

《岁丙申》（驾幸云南）："云中仙杖忽争传，瑞彩开先问几年。谁说碧鸡全不叫，寄声蚤报大明天。"[⑥]

到昆明，诗《移宫》《五凤楼前观仗》[⑦]约作于此年。

---

① 何蔚文：《年谱诗话》，康熙己卯（1699）本，云南省图书馆藏。

② 同上。

③ 公元1654年（顺治十一年）初，永历帝慑于孙可望威逼，在大学士吴贞毓等人支持下，秘密写信给出征在外的李定国，请求回来护驾。消息被宦官马吉祥报告孙可望，他在盛怒之下，严刑拷掠诸臣，并胁迫永历帝下诏处死吴贞毓等18位大臣。

④ 何蔚文：《年谱诗话》，康熙己卯（1699）本，云南省图书馆藏。

⑤ 同上。

⑥ 何蔚文：《浪槎集》，民国年间抄本，云南省图书馆藏。

⑦ 同上。

在刘廖韶主持的县学岁考中，取第一名。

《年谱诗话》："丙申春，永历大驾狩滇，文宗蜀国廖韶刘公科考，取第一。"①

永历十一年、顺治十四年丁酉（1657），三十三岁

以乡试第二名中永历朝科举。

《年谱诗话》："丁酉，予三十三岁，中式第二，为黔中善长倪师房所拔。先拟解，因经筵进讲《书经》，适得王肇兴名，以为巧符中兴，又《书经》也，遂亚予。时孙秦犯阙，上命晋蜀两籓，御大明门亲饯，犒从征将士，予侍班。"②

《先君子小传》："……蔚文小子，永历丁酉步试第二。劫灰累动，桂林枝尽是黄柏树，伤哉！"③

《新纂云南通志》："永历举云南乡试，以校场为贡院，取王肇兴等五十四人。"④

《何母杨孺人小传》："及予丁酉得中第二，母喜动颜色曰：'汝能继尔父之后，我心亦慰。但只要做个好人，亦不必做官。若尔父宦途之苦，我知之耳。'"⑤

永历帝为充实官员队伍，在新科举人中选二十名入监读书。以乡试第二，复试第十三应选。

《年谱诗话》："上以行在词臣乏员，将新科举人临轩覆试，特取二十名入监读书，着候考选翰林庶常。予遇上，取列第十三。"⑥

次子器儿出生。

《年谱诗话》："器儿生在揭榜后。"⑦

按：此子入学后改名相品。

乱军直逼昆明城，公与家人大奇、观五，同科举人金行健、毛士玉等，在万分危急中仓皇奔逃。

《年谱诗话》："予请假将归，忽孙逆骁将张胜，以精兵三千，由间道直薄城下。予与大奇、观五狂走，仅以身免。仓卒中，遇同年金行健、毛士玉相伴，徒步逃归。

---

① 何蔚文：《年谱诗话》，康熙己卯（1699）本，云南省图书馆藏。

② 同上。

③ 方树梅辑，李春龙、刘景毛、江燕点校：《滇南碑传集》，第145页，云南民族出版社，2003年。

④《新纂云南通志》卷6《大事记》，第1册，第114页，云南人民出版社，2007年。

⑤ 何蔚文：《年谱诗话·附文》，康熙己卯（1699）抄本，云南省图书馆藏。

⑥ 何蔚文：《年谱诗话》，康熙己卯（1699）本，云南省图书馆藏。

⑦ 同上。

中途闻晋王回归夹击，张胜大败。”[①]

永历十二年、顺治十五年戊戌（1658），三十四岁

正月十二日，于生日当天返回家中，虽历惊险，但一朝得中之喜，让老母及家人十分高兴。

《年谱诗话》：“予以生日抵家。是夜城中大惊，讹传叛爵夔国王自奇永昌兵下。”诗曰：“莫问歌诗听鹿鸣，且悲且喜复还惊。一杯拚醉仍堪笑，白虎红鸾总并行。”又曰：“家晏忙从喜处开，恰逢初度叹擎杯。筵头谁是西王母，娘老呼儿送酒来。”[②]

归家不久，受战事波及，一家避入宁湖。

《年谱诗话》：“归家不数日，羽书纷驰，因入宁湖，夔贼乎始殆。”[③]

三月，奉旨至昆明入监读书，等待考选翰林。候选期间，作词《好事近》[④]。馆师厚爱，将预先提名为内阁中书，婉言谢绝，决心以考试结果决成败。不料考期一再推延，离家六月，钱银用尽，只得请求暂返家。

《年谱诗话》：“戊戌，予三十四岁。三月，束装赴行在，销假。奉旨着就寓读书，听候考选翰林。予作《好事近》词云：‘听说选峨眉，对镜把菱花抹，堕马妆来宫样，旧衫儿轻脱。金钱偷卜问佳期，喜鹊何偏聒，道好事分明近，望梅愈添渴。’时馆师欲先题予中书。予谓：‘师虽破格相爱，恐外议以为私也，不若仍听考选词林。’馆师然之。后考选期竟不定。予出门将六月，囊箧萧然。复闻黔警，不得已，言之馆阁，乞暂归。”[⑤]

《年谱诗话》附录：“……（臣）窃以为真能读书，始能辨天下事。但（臣）家贫，僻居浪穹，往来一月，赀粮运送艰难。事关奉旨，不敢擅便私回，伏祈天恩，准给假再候。（臣）无任战慄，待命之至。为此，具本亲赍，谨奏以闻（永历十二年）。”[⑥]

返家不久，永历抵御不了清军的进攻，向西退却。十二月十七日，永历帝过玉龙关，到永昌（今云南保山），后避入缅甸。

---

① 何蔚文：《年谱诗话》，康熙已卯（1699）本，云南省图书馆藏。
② 同上。
③ 同上。
④ 该词收入《滇词从录》，赵藩辑《滇词从录》卷上，《丛书集成续编》，第162册，第293页，上海书店，1994年。
⑤ 何蔚文：《年谱诗话》，康熙已卯（1699）抄本，云南省图书馆藏。
⑥ 同上。

《年谱诗话》："予归后，国事大坏，翠华西幸。十二月十七日，驾过玉龙关，上永昌，入缅。归，予举家在湖（宁湖）。"①

永历十三年、顺治十六年己亥（1659），三十五岁

永历王朝一败涂地，云南陷入战乱。全家由宁湖遁居石洞。

《年谱诗话》："己亥正月，大驾过后，人情汹汹。叛兵逃将，焚劫抄掠，乱不可言。予阖家自湖遁去，伏石洞中。时予三十五岁。"②

诗《宁湖感赋》三首，约作于此年秋天。其诗对去年五华候选期间的生活有所记载。③

《宁湖感赋》诗注："戊戌秋，奉旨读书五华候词林。"④

入浪穹县城探听情况，遇到兵马来袭的危险。

《年谱诗话》："入城探缓急，兵突至。"诗曰：'戎马一尘中，衣飞叶叶风。突逢射雕手，怕挩大黄弓。'剃发令下，招僧入湖落发。⑤

今年，汪蛟避祸来到苍洱，与何蔚文结识。何蔚文将自己的诗集《破窗啸咏》给汪蛟评点，汪蛟在这年腊月写下《破窗吟咏题叙》，高度赞扬了何蔚文的诗歌创作及品行。

汪蛟《破窗啸咏题叙》："岁己亥，余遁迹苍洱，寄傲物外，放适如水禽山鹿，远谢人事。独于文字，欢喜作缘，挑拨冷肠，鼓动吟舌，引我离忧激楚之情，则豁然怡悦。何子稚玄，吾门风雅士也，不第，以举子业冠冕滇服。时以《破窗吟咏》示余，微言讽世，别趣解颐，起我固疾……何子发愤抒词，睥睨一世，上下千古，直于小窗中觑破浮云幻景，又奚足掛其襟抱乎！忆靖节不仕而胸次旷落，语多高致，仁山、白云俱为元处士，绝意进取，力学敦行，为世羽仪。今吾子能坚定清节于烟霞云雾之表，游心楮墨洩蒲陀罣谷之奇，追步古人而益进之，吾不能测其高深矣。岁腊书于点苍之客亭，黄山老人汪蛟拜赠。"⑥

---

① 何蔚文：《年谱诗话》，康熙己卯（1699）本，云南省图书馆藏。

② 同上。

③ 该诗被录入《滇诗拾遗补》。李坤辑《滇诗拾遗补》卷3，《丛书集成续编》，第151册，第232~233页，上海书店，1994年。

④ 何蔚文：《浪楂集》，民国年间抄本，云南省图书馆藏。

⑤ 何蔚文：《年谱诗话》，康熙己卯（1699）本，云南省图书馆藏。

⑥ 何蔚文：《年谱诗话·附文》，康熙己卯（1699）抄本，云南省图书馆藏。

诗《访汪辰初学士老师洱河寓中赋赠》《汪辰师招饮海滨村寓》《寿辰初汪老师》约作于此年。①

永历十四年、顺治十七年庚子（1660），三十六岁

抚台袁公命丁酉科举人前往就职，历尽劫灰的何蔚文决定放弃仕途，回家隐居。

《年谱诗话》："庚子，予三十六岁，抚台袁公，檄令永历丁酉科举人，权行就教职。予曰：'山林骨重，泉石心坚。'"②

作诗《岁庚子，檄令丁酉科举子复学，诗以见志》③，表达做隐士之想。

《岁庚子，檄令丁酉科举子复学，诗以见志》："巢由箕颖放，圣德大虞唐。"④

永历十五年、顺治十八年辛丑（1661），三十七岁

六月，当事再次下令丁酉科举人复学应考，因病力辞。

《年谱诗话》："辛丑，予三十七岁。夏六月，下痢，几不起。秋，补行开科，当事又檄令复学，促赴场屋，以疾力谢。"诗曰："闻说天香月里开，一枝留下付多才，嫦娥莫错将人怪，前度何郎今不来。"⑤

再到汪蛟寓所拜访，作诗《辛丑端月后元一日，再过海滨拜访》⑥。

清圣祖玄烨康熙元年壬寅（1662），三十八岁

永历帝在昆明遇难。

《年谱诗话》："壬寅，予三十八岁。大清兵已入缅。永历上随大师出，劫数也。"⑦

九月，女兆采生于战乱中。

《年谱诗话》："壬寅，予三十八岁。四月廿四日，闻永历皇上惨变。九月，女兆

---

① 何蔚文：《浪楂集》，民国年间抄本，云南省图书馆藏。
② 何蔚文：《年谱诗话》，康熙己卯（1699）本，云南省图书馆藏。
③ 何蔚文：《浪楂集》，民国年间抄本，云南省图书馆藏。
④ 同上。
⑤ 何蔚文：《年谱诗话》，康熙己卯（1699）本，云南省图书馆藏。
⑥ 何蔚文：《浪楂集》，民国年间抄本，云南省图书馆藏。
⑦ 何蔚文：《年谱诗话》，康熙己卯（1699）抄本，云南省图书馆藏。

采生。”[1]

康熙二年癸卯（1663），三十九岁

春，拜访汪蛟，联席夜话，有诗互赠。

按：《浪楂集》载汪蛟诗《癸卯春，何子稚玄来止荒榻，夜话诗，亟称志同道合，归以纪忆》，诗题下注“黄山汪蛟学士”。[2]

来自八闽的许鸿，此间避世于大理洱海边，与汪蛟为邻。何蔚文盖于此时结识许鸿，三人互有交往。汪蛟、许鸿先后离大理后，何蔚文与许鸿仍有书信往来，许鸿为之作《浪楂一集叙》。

许鸿《浪楂一集叙》：“滇西何子稚玄，能读父书，遭世变，刻意风雅，上下古今。时予寄迹洱滨，与詹事辰初汪公比邻唱和，而何子为詹事及门，每一探梅消息，则盘桓累日。今詹事归，余与何子隔越百有余里，诗筒往还不绝，道合味孚，疑义相与剖析，两无间言，或目为牛鬼蛇神，大非正法眼藏。嗟嗟！吾两人戏入天魔，此心岂不自信，肯于迷途中求转活也耶？但恨古人不见吾两人耳，又奚必对莱佣鹅媪。说是播非，无益也，况罹劫灰之余，值变风之下，遍地矛盾，到处词锋，吾辈焉敢以三寸毛锥，较胜负于此时也哉！今何子以《浪楂集》寄质于予，余谬书弁言，然此语未敢轻以语人，惟何子可以共之。杨子所谓‘壮夫不为’，余与子勉，为之何如哉？八闽仝学弟许鸿拜撰”[3]

按：许鸿与何蔚文交游的诗歌，约写于这时期。许鸿诗有《人日，何稚玄翁枉顾柳溪草堂》《闻稚翁病，以诗寄慰》《又寄稚翁》《放歌行寄稚翁有道》等[4]。

《读许子羽先生稿》《许子羽为我评叙，持稿久不报，促之》[5]约作于此年。

按：后一首收入《滇南诗略》，被认为奇逸处似脱胎太白《将进酒》篇。[6]

与诗僧担当的诗歌酬唱之作亦多，《浪楂稿初集》载“鸡山普荷担当评”。二人当有较多交往，时间约在此年前后。

按：方树梅《担当年谱》认为，担当大师乙酉（1645）入鸡足山。壬辰（1652）出游剑川石宝山、丽江雪山，有诗。甲午（1654）师在鸡山，常来往于苍洱间。乙未

---

① 何蔚文：《年谱诗话》，康熙己卯（1699）本，云南省图书馆藏。

② 何蔚文：《浪楂集》，民国年间抄本，云南省图书馆藏。

③ 同上。

④ 同上。

⑤ 同上。

⑥ 袁文典、袁文揆辑：《滇南诗略》卷10，《丛书集成续编》，第150册，第199页，上海书店，1994年。

（1655）师在鸡山，歙县（今属安徽）汪宸初蛟入山访师，师赠与诗……宸初时侨寓太和……师游浪穹道中有诗。癸卯（1663）、甲辰（1664）、乙巳（1665），师在鸡山，常往来苍洱间。丁未（1667年）起，师住班山感通寺（在今大理古城），直至癸丑（1673）离世，年八十一。[①]担当写给何蔚文的诗有：《放歌行寄稚翁有道》《何稚翁家于浪穹，来往以浪楂，乃兄于浪上加一破字，稚翁耽隐，欲避之，赋赠请正》《答稚翁破浪楂作》《赠稚翁》《题画赠稚翁》等。[②]何蔚文写给担当的诗有：《赋赠担当》（《滇南诗略》名为《担当过访赋赠》[③]）《赠担当》《浪楂篇答担当》《乞潇湘》《谢担当画》《担当有诗题云年十三，在金陵，湘兰老马姬采花为余簪髻，因以二绝柬之》[④]等。

康熙三年甲辰（1664），四十岁

在家开办私塾。女儿兆采三岁，夭折。

《年谱诗话》："甲辰，予四十岁。在家开馆。女兆采殇。"[⑤]

作《长星》诗。

《长星》（效李贺）诗前注："甲辰年"。[⑥]

康熙四年乙巳（1665），四十一岁

在家开办私塾。五月，乡儿出生。长子执十九岁，应童子试，考试时已面取，发榜却无名字。

《年谱诗话》："乙巳，予四十一岁，开馆。五月，乡儿生，执儿应童子试。文宗何已面取及，榜出，遗名。"[⑦]

康熙五年丙午（1666），四十二岁

黄山何如壁、湖楚叶扶云到访，恰逢何蔚文生日，作诗《丙午客浪，喜芘

---

① 方树梅：《担当年谱》，余嘉华、杨开达点校《担当诗文全集》，第519~544页，云南人民出版社、云南美术出版社，2003年。

② 何蔚文：《浪楂集》，民国年间抄本，云南省图书馆藏。

③ 袁文典、袁文揆辑：《滇南诗略》卷10，《丛书集成续编》，第150册，第200页，上海书店，1994年。

④ 同上书，第201页。

⑤ 何蔚文：《年谱诗话》，康熙己卯（1699）抄本，云南省图书馆藏。

⑥ 何蔚文：《浪楂集》，民国年间抄本，云南省图书馆藏。

⑦ 何蔚文：《年谱诗话》，康熙己卯（1699）本，云南省图书馆藏。

湖初霁，值何稚翁初度，联句奉祝，并请校正》[①]以赠。

在家开办私塾。三月，乡儿两岁，夭折。作诗《读韩集有感》[②]，述说失子之痛。

《年谱诗话》："丙午，予四十二岁，开馆。三月，乡儿殇。"[③]

作诗《赠相师》。

《赠相师》："四十无闻又二年，羞从唐举问知前。从来爱注养生主，记得还传非相篇。一杖云中应有路，数峰江上岂无天。张良只为酬韩志，才接人间隆准缘。"[④]

康熙六年丁未（1667），四十三岁

在家开办私塾。三月，女兆佳出生。十月，长女年二十，嫁陶家。

《年谱诗话》："丁未，予四十三岁，开馆。三月，女兆佳生。十月，长女归陶门，颇竭力。"[⑤]

康熙七年戊申（1668），四十四岁

七月，生怪病。九月携执、器两儿到太和（今属大理）参加童子试，二人均被额外录取。期间，居柴村（今才村）与周泰垣等人结社唱和，作《柴村社草》。何如璧写《柴村社草小引》，周泰垣评。

《年谱诗话》："戊申，予四十四岁。七月，得奇病。九月，执、器两儿应试。宗师寿颇加怜爱，以限于额数，俱取，准社中作养，入学。"[⑥]

何如璧《柴村社草小引》："稚玄一第，抒志十年牢骚，高隐罢谷，绝不关门外事。戊申冬，携二郎就郡试，僦居柴村，联予唱和。"周泰垣评语："考先生忠孝性成，故形之笔端，遑遑出风入雅，淋漓尽致。此固由平日取友读书，引觞刻烛，推敲于汉、魏、晋、唐古风、近体之林而然乎？而实则披襟蹑屡，品泉搜石，箕踞于名山胜水，疏风朗月之下而得之者也。弟生平暴弃，自甘于古今制艺，惘然一无所知。兹读何先生诸作，

---

① 何蔚文：《年谱诗话》，康熙己卯（1699）本，云南省图书馆藏。

② 袁文典、袁文揆辑：《滇南诗略》卷10，《丛书集成续编》，第150册，第198页，上海书店，1994年。

③ 何蔚文：《年谱诗话》，康熙己卯（1699）抄本，云南省图书馆藏。

④ 何蔚文：《浪槎集》，民国年间抄本，云南省图书馆藏。

⑤ 何蔚文：《年谱诗话》，康熙己卯（1699）本，云南省图书馆藏。

⑥ 同上。

辄洑不忍释手，其殆所谓顽石亦知点头耶？敬服！敬服！”[①]

作诗《大宝法王》。

按：记载曾经地位尊崇的法王，向平西王府入贡之事，感慨江山反覆。诗中涉及对法王见风使舵的批判，及其佛教信仰的虚伪，显现了作者的睿智。

《大宝法王》引言：“……康熙戊申春，法王为西番所迫，逃至丽江，遣弟大乘王入贡，赴云南平西藩府。道经余邑，感而系以诗”。诗曰：“……锻瑚垂翅丽水滨，法王无法救穷蹙。难将于橹桿西番，空挈人民附南服。……明元两代几编年，请看江山已反覆。”[②]

康熙八年己酉（1669），四十五岁

三月，妻杨氏病危。因丁酉应试借债未还，被债主追讨。

《年谱诗话》：“已酉，予四十五岁。三月，妻杨氏病亦危。五月，为索偿者窘，系丁酉中式之旧帐也。”[③]

康熙九年庚戌（1670），四十六岁

元旦，作诗《庚戌元日》[④]。

十一月，第六儿出生。

《年谱诗话》：“庚戌，予四十六岁。十一月，第六儿生。”[⑤]

除夕日，作诗《逼除即事》。

《逼除即事》诗前注：“庚戌”。[⑥]

康熙十年辛亥（1671），四十七岁

正月十二日，作诗《辛亥初度》。[⑦] 二月，湖居遭火灾。岁考前，有关方面认为前道额外考录的学员，不合礼部的统一规范，不准入学。为二子改名相才、

① 何蔚文：《年谱诗话》，康熙已卯（1699）本，云南省图书馆藏。
② 何蔚文：《浪楂集》，民国年间抄本，云南省图书馆藏。
③ 何蔚文：《年谱诗话》，康熙已卯（1699）抄本，云南省图书馆藏。
④ 何蔚文：《浪楂集》，民国年间抄本，云南省图书馆藏。
⑤ 何蔚文：《年谱诗话》，康熙已卯（1699）本，云南省图书馆藏。
⑥ 何蔚文：《浪楂集》，民国年间抄本，云南省图书馆藏。
⑦ 袁文典、袁文揆辑：《滇南诗略》卷10，《丛书集成续编》，第150册，第200页，上海书店，1994年。

相品，重应童子试，俱再进，方得入馆学习。自开私塾散馆。

《年谱诗话》：“辛亥，予四十七岁。二月，湖居被回禄。文宗陈岁考，以前道考经发社作养者，不合部例，俱不准入学。执、器两儿改名相才、相品，复应童试，俱再进。是年，予散馆。”①

康熙十一年壬子（1672），四十八岁

三月，第六儿三岁，夭折。五月，女儿兆佳又亡，不足八岁。八月，相才、相品二子考秀才，未中。

《年谱诗话》：“壬子，予四十八岁。三月，六儿殇。五月，女兆佳又殇。八月，虽竭力之设法，令两子相才、相品考遗才，得首取连名入场，不中。”②

康熙十二年癸丑（1673），四十九岁

正月，长子相才二十二岁，成婚，家中颇感吃力。冬，滇云又起大乱。

《年谱诗话》：“癸丑，予四十九岁。正月，长儿相才完娶，颇竭力。八、九月，俱有意外口舌事。冬，值滇大乱。”③

康熙十三年甲寅（1674），五十岁

二月，幼子相猷出生。被迫赴省城，此行应为吴三桂叛清，发文要求永历朝中式之人赴省城应差。

《年谱诗话》：“甲寅，予五十岁。二月，子相猷生，不得已，迫赴省。”④

《何母杨孺人小传》：“癸丑冬，昆池劫灰又动，檄取旧人，不应，则祸且及。予请于母。母曰：‘但去了事，免祸足矣。只是可以脱身，即宜速回，不然，恐我不能待汝。’予切切在心。略为点水蜻蜓，即学出墙蝴蝶，力辞终养。当事许之。母甚悦。”⑤

《何嫔杨媛墓表》：“十六七年，滇云又变，藩伯檄用旧人，指予名下。媛曰：‘时亦不可失了，其图之。’母亦曰：‘虽不求荣，不往，恐反辱。’予乃束装下昆明。”⑥

---

① 何蔚文：《年谱诗话》，康熙己卯（1699）本，云南省图书馆藏。
② 同上。
③ 同上。
④ 同上。
⑤ 何蔚文：《年谱诗话·附文》，康熙己卯（1699）本，云南省图书馆藏。
⑥ 同上。

康熙十四年乙卯（1675），五十一岁

次子相品十九岁，成婚。自省城归家为母祝寿。

《年谱诗话》："乙卯，予五十一岁。次子相品完娶。予自省归，祝母寿。"①

康熙十五年丙辰（1676），五十二岁

多次以赡养老母为由，欲辞省城差事，未得允。

《年谱诗话》："丙辰，予五十二岁。连以终养力请，苦不允。"②

康熙十六年丁巳（1677），五十三岁

以请假为名，得允回家。八月，再次申请辞职终养。九月，得准。

《年谱诗话》："丁巳，予五十三岁。托请假为名，得回家。八月，具呈申报，力请终养。九月，得准。"③

康熙十七年戊午（1678），五十四岁

二子相才、相品赴太和（今属大理）参加科举考试。

《年谱诗话》："戊午，予五十四岁。两子赴科。"④

五月，女婿陶氏病逝。妻病月余。

《年谱诗话》："五月，陶婿卒。老妻亦病月余。"⑤

康熙十八年己未（1679），五十五岁

二月初四日，母去世，享年九十。八月，将其母安葬。

《年谱诗话》："己未，予五十五岁。二月初四，九十老慈见背，痛哉！八月安厝。"⑥

《何母杨孺人小传》："己未春，年登九十，终正寝。议者谓浪穹小邑，母福称全矣。呜呼，独是母生予一番，虽锥牛于墓，不能服海味诱读之万一，况恩同大造也耶！因修家乘，悲思作小传。子四，文星、炳、瑞、蔚。"⑦

---

① 何蔚文：《年谱诗话》，康熙己卯（1699）本，云南省图书馆藏。
② 同上。
③ 同上。
④ 同上。
⑤ 同上。
⑥ 同上。
⑦ 何蔚文：《年谱诗话·附文》，康熙己卯（1699）本，云南省图书馆藏。

康熙十九年庚申（1680），五十六岁

一直为生计四处奔走。

《年谱诗话》："庚申，予五十六岁。亦在外奔驰。"①

康熙二十年辛酉（1681），五十七岁

十月二十八日，清军破昆明城，吴世璠自杀，云南叛乱平息。

《清史稿·圣祖本纪一》："十一月癸亥，定远平寇大将军贝子彰泰、平南大将军都统赖塔、勇略将军总督赵良栋、绥远将军总督蔡毓荣疏报王师于十月二十八日入云南城，吴世璠自杀。传首，吴三桂析骸，示中外，诛伪相方光琛，余党降，云南平。"②

春，闻清军进军云南消息，而后昆明城破。十一月十四日，妻杨氏病逝。十二月，下葬。儿相才、相品分家独立。蔚文与幼子相猷居。

《何嫔杨媛墓表》："自知不起，则泫然谓予曰：生死，数也！第吾身后，君苦矣。伯仲两儿，读庠家，知家务。止小子八龄（相猷）以累君，幸善诱，毋徒忧楚。继以涕，付管钥曰：某袄其袷、某半臂、某六福，犹嫁时裳衣，当殉，馀姑分儿女，如见予。夜尽逝……子三，曰相才与品、与学。女一，早孀，不久亦后媛逝。即几儿女之养育婚嫁。其积瘁且得何如。"③

按："子三，曰相才与品、与学"，参阅本谱六十四、六十八岁纪事。

《年谱诗话》："辛酉，予五十七岁。春，大师入滇，昆明围破，滇版复归。十一月十四，老妻杨氏以疾终。腊月葬。分相才、相品各家。予与小子相猷同食。"④

康熙二十一年壬戌（1682），五十八岁

冬，嫁与陶家之女何兆彦病死，其公婆、丈夫均先其死，家中孩子小，无人营葬。何蔚文将女殡葬于自家墓地，并亲自操办其丧事。

《年谱诗话》："壬戌，予五十八岁。冬，适陶门女兆彦病终。予家因其翁姑俱亡，夫又先亡，无靠，只得在父母家殡葬完事。"⑤

自妻去世后，深感年华老去，整理自己的文稿，付与爱好文学的儿辈，自作《文

---

① 何蔚文：《年谱诗话》，康熙己卯（1699）本，云南省图书馆藏。

②《清史稿》，第2册，第207页，中华书局，1976年。

③ 何蔚文：《年谱诗话·附文》，康熙己卯（1699）抄本，云南省图书馆藏。

④ 何蔚文：《年谱诗话》，康熙己卯（1699）本，云南省图书馆藏。

⑤ 同上。

集自叙》。

《文集自叙》："少读古文词，窃学操觚染翰，随自匿弃去。及犀明略开，求通之心，愈不能已，而自匿更甚。或者物色之，遂难自匿，时复代为床头捉刀，屡有词林大用之机，辄以沧海桑田递变而止。文章遇而不遇，殆真命也！后多征营幕草，俱付瀛烈。壬戌秋，家居失偶，殊觉枯寂。念年华老去，髀肉复生，必不能复望凤阁鸾台，含毫运时，可胜叹慨！检旧存稿，积有若干，分类录藏家笥。儿辈中或有好笔墨如予者，即以付之，不致使飞花零落，可惜也。"①

康熙二十二年癸亥（1683），五十九岁

辛酉年因战事未举行科举考试，是年补考一次。相品参加考试而落榜。相才原亦参加，因病危未去。

《年谱诗话》："癸亥，予五十九岁。补开辛酉科，相品赴科场，不售。相才得科举，病不能前，病亦危。"②

康熙二十三年甲子（1684），六十岁

二子相品、相才均参加科考而未中。十一月，将孙女荣儿许配史家。

《年谱诗话》："甲子，予六十岁。相才、相品俱入科场，不售。十一月，将孙女荣儿许史门。"③

康熙二十四年乙丑（1685），六十一岁

招赘史家之子，改其名为何来天。冬，亲家郑固过世。郑固家居洱海，与蔚文同年中式。蔚文与子相品前往凭吊，而后回沙坪过元旦。

《年谱诗话》："乙丑，予六十一岁。招史门子，改名何来天上门。冬，洱海同年亲家郑子固卒。同子相品往吊。回沙坪过元旦。"④

康熙二十五年丙寅（1686），六十二岁

相品之岳父母均过世，其媳之弟兄尚年幼，无依靠。二月，亲往洱海，将

---

① 何蔚文：《浪槎集》，民国年间抄本，云南省图书馆藏。
② 何蔚文：《年谱诗话》，康熙己卯（1699）本，云南省图书馆藏。
③ 同上。
④ 同上。

相品夫妇接回浪穹家中，时天降大雪，行程困难。

《年谱诗话》："丙寅，予六十二岁。二月，亲往洱海接小子、媳妇归来家。冒大雪，行极苦。郑门父母俱不存，弟兄幼小，全无所依，不得不将儿妇接归。"①

相品之妻郑氏去世。十月二十四日，安葬之。

《年谱诗话》："予生，亲朋制屏相寿。因多年蹇疵，众欲借此略为妆点。不忆相品儿妇忽卒。十月廿四，安厝。"②

康熙二十六年丁卯（1687），六十三岁

正月，相品、相才俱应岁考，与孙女麟先、鹿定在家等待。五月，幼子相猷成婚，时年十四岁。八月，相品再赴科举，又不中，归家一月，一病不起，年仅三十一岁。十一月，葬相品于南山，有生趣尽失之感。

《年谱诗话》："丁卯，予六十三岁。正月，儿辈往府应岁考。麟先、鹿定两孙女既失母，其父又赴试，在予左右，甚可悯。不忆相品试归，麟先又不豫。五月，相猷行婚礼。八月，相品得科举赴试。先是，相品因有妻变，家计消乏，日间报遗女鹿定谋饔飧，夜间发奋读书，图背城一战，以为必中，乃又不第，遂大失意。归方愈月，一病不起。此儿才真可爱，予私心窃大望之。不幸值此，生趣俱尽失矣。十一月葬南山。腊坚墓石。"③

《哭品儿文》④约作于此年。

康熙二十七年戊辰（1688），六十四岁

六安（今属安徽）张幼桥到浪穹，告知蔚文双方父亲在六安做官时政绩良好，同被列入六安《名宦传》，蔚文十分欣慰。所写祝文有"父亲自六安为官，至今已五十三年"之语。

《祝文》："我考昔刺六安，去今五十三载。鹤阳孝廉幼侨张君，自六来云，考与渠翁愚公先生，同入六之《名宦传》矣。"⑤

---

① 何蔚文：《年谱诗话》，康熙己卯（1699）本，云南省图书馆藏。

② 同上。

③ 同上。

④ 同上。

⑤ 何蔚文：《年谱诗话·附文》，康熙己卯（1699）抄本，云南省图书馆藏。

《年谱诗话》："先子移守古蓼，流寇至，攻围数次。予在署，年十一岁。"①

按：考蔚文父何鸣凤在六安为官时间，为其十一岁时事，故系于今年。

幼子相猷去年被人告恶状，不得以生员名分注册读书。今年正月，经大儿相才在太和府极力调停，太和县丞伍公当堂将相猷名改作相才，准予入学，但无物质待遇。当时相猷改名相高应童子试，未能入学，颇为受气。

《年谱诗话》："戊辰，予六十四。先是于丁卯年有人阴害，将小子相猷暗报人丁，在太和县城东厢里。春正，值岁考，相才往府，极力调停。太和伍县尊，当堂亲笔将相猷名改作相才，准注生员，优免。时相猷改名相高应童试，恨不入学，颇受宵小之侮。"②

康熙二十八年己巳（1689），六十五岁

七月，堂兄观五去世。

《年谱诗话》："己巳，予六十五岁。伯兄观五，于七月卒。"③

康熙二十九年庚午（1690），六十六岁

七月，四奇不华去世。

《年谱诗话》："庚午，予六十六岁。七月，四奇不华卒。四奇尝言予，所藏书画，当尽换酒，不必留一物与后人，大率如其所言。"④

按，"四奇不华"，其人及与公关系待考。

康熙三十年辛未（1691），六十七岁

作《浪穹外志小引》。

《浪穹外志小引》："邑志宜葺，若贝待编，太岁辛未，檄行各郡修纂上史局，备采录。予以前明野逸不与其事，桃源洞不知汉魏矣。闻志成难见，不啻籀册竹书炎蒸。无事，因作《浪穹外志》，其应详如建设、官师、钱粮、户口之类，宜正《志》者，不赘。意在标雅，间出诗歌论断，皆以予一家言，作六诏别注，至后方略入名人遗咏诗话耳。掌上罗纹，一览而尽。小哉浪乎，虽然蚍蜉王钓砚池，姑作紫石潭观。"⑤

---

① 何蔚文：《年谱诗话》，康熙己卯（1699）抄本，云南省图书馆藏。

② 同上。

③ 同上。

④ 同上。

⑤ 何蔚文：《年谱诗话·附文》，康熙己卯（1699）抄本，云南省图书馆藏。

遇荒年，食不果腹，生活艰难。冬，遇债主追丁酉年应试所借债务，仍无法偿还。

《年谱诗话》："辛未，予六十七岁。值荒欠，不继饔飧，艰窘万分。冬，复为索偿者迫，仍是丁酉中式未了之帐。"①

康熙三十一年壬申（1692），六十八岁

冬，幼子相高改名相学再应童子试，终得进学。

《年谱诗话》："壬申，予六十八岁。冬，宗师孙科考，相高改名相学，得进学。"②

康熙三十二年癸酉（1693），六十九岁

《浪穹外志》完稿，付同年马声正评阅，马为之作《浪穹外志叙》。

《浪穹外志叙》："《志》之有外，补内之不足也。两相参而文错出，又另一机杼。何子《浪穹外志》条理烂如，即以当诗史可矣。……癸酉花朝上党年家弟马声正希氏，识于北胜镇署缀白楼。"③

夏，得孙。在其出生日，北胜马镇台派人前来祝贺，特为取名镇喜。这年生活稍有好转，但至腊月讨债者又至，依然无力还债。

《年谱诗话》："癸酉，予六十九岁。夏，生孙。生日，北胜马镇台走使相迎，因名之镇喜。是年略可。冬腊前，索偿者又至。"④

康熙三十三年甲戌（1694），七十岁

正月，剑川妹丈陈祚隆（字履吉）病故。后一月，三妹去世。一年来奔波劳碌。十一月二十四日，北胜镇镇台马公下属欲做屏风，道贺马镇台接印并贺生辰，前往何蔚文家征文，他为此撰文并前往祝贺。相才赴太和府应试，被提标姜中军聘为家庭教师。

《年谱诗话》："甲戌，予七十岁。往北胜贺马镇台接印，兼祝寿。回家枯坐，艰窘难堪。先是，正月剑川妹丈陈履吉病故。后一月，三妹继逝。予亦奔波碌碌。十一月二十四，北胜镇黔下诸属员为督帅马公屏祝，到家征文，致润笔，意略点缀。

---

① 何蔚文：《年谱诗话》，康熙己卯（1699）本，云南省图书馆藏。

② 同上。

③ 何蔚文：《年谱诗话·附文》，康熙己卯（1699）本，云南省图书馆藏。

④ 何蔚文：《年谱诗话》，康熙己卯（1699）本，云南省图书馆藏。

相才赴府应试，提标中军姜延请入西馆。”①

受剑南马公之托写《耆古堂赋》。

按：文章约写于公与其交往较为频繁的一二年间。该文被收入《滇文从录》。

《滇文从录》之《耆古堂赋》引文：“剑南马公将军，擅文章之府，作耆古堂，命何子赋之。曰：唯唯。赋曰……”②

传奇《摄身光》作于在北胜镇镇台马公处做客期间，约此年前后。

《柬张幼侨》：“向在马将军镇府，命作《摄身光》传奇一本，曾经松江词家点看，以为可观。久付昆板演串，然毕竟如此一册，乃真可观，亦更可演串也。嘱恳不宣。”③

按：何蔚文创作的传奇剧共有五种：《插一脚》《摄身光》《笔花梦》《吹更弹》《缅瓦十四片》，皆佚。但据何蔚文《年谱诗话》，还可对五种传奇的情况做大致的推论。创作时间除《摄身光》《缅瓦十四片》可考，其余皆不详。

康熙三十四年乙亥（1695），七十一岁

四月二十九日，北胜镇马公延其为家庭教师。五月初八入馆开课，八月因身体不好辞职，八月十四日返回家中。十二月，债主周宪廷之弟周之礼来家，将其丁酉科所借之债免除，蔚文十分感激。数十年来未销心事得解，成为艰窘生活之一大快事。

《年谱诗话》：“已亥，予七十一岁。四月二十九，北胜镇马公礼聘赴召。五月初八入西馆，八月以疾辞，十四回家。十二月，有江右周之礼，系周宪廷亲弟，到家将予丁酉科所借宪廷旧债，前后结绝勾销。此中承其盛情，因寻原券不获，另写收帖云：‘寻获原券，如同帮纸。’数十年来未销心事，一旦做开明白，亦驳杂中一快也。”④

广陵后学梁嘉稷为之作《浪穹外志题词》。

《何稚翁浪穹外志题词》末有“康熙乙亥浴佛日”。⑤

康熙三十五年丙子（1696），七十二岁

正月十七日，北胜镇马公派人至其家，征提台寿文并诗，致润笔费。长子

① 何蔚文：《年谱诗话》，康熙己卯（1699）抄本，云南省图书馆藏。

② 袁文典、袁文揆辑《滇文从录》卷16，《丛书集成续编》，第153册，第220页，上海书店，1994年。

③ 何蔚文：《年谱诗话》，康熙己卯（1699）本，云南省图书馆藏。

④ 同上。

⑤ 何蔚文：《浪楂集》，民国年间抄本，云南省图书馆藏。

相才应试，又不中；腊月，辞姜氏馆职。腊月初一，家人聚佛堂焚疏祈祷。

《年谱诗话》："丙子，予七十二岁。正月十七早，北胜镇马公使到家，征提台寿文并诗，致润笔。相才赴科，不售。腊月，辞姜馆。腊月朔，具疏祷于家堂佛前。"①

腊月十三日夜，梦《霓裳羽衣曲》，遨游云水间，填词一阕以自娱，梦中还与已逝诗友许鸿同唱新词。十六日夜，梦礼佛。

《年谱诗话》："十三夜，梦见水面白鹭，微花间杂，最清雅。予梦中曰：'此即霓裳羽衣仙部曲也。信步从之，遨游云水间。'"②

康熙三十六年丁丑（1697），七十三岁

二月八日，作《缅瓦十四片》传奇，抒发故国之思、亡国之痛。

《年谱诗话》："丁丑，予年七十三岁。二月八日，梦口中抽出丝数丈，齿牙有声，后作《缅瓦十四片》传奇，不忘故也。"③

按：传奇记南明永历帝败逃缅甸、后被缅甸王猛白俘获、交清军带回昆明处死一事。

《缅瓦十四片传奇题词》约作于此年。

《缅瓦十四片传奇题词》："缅事目击，乃日久亦恍亦惚，错舛且忘，如忆往梦。偶填词得《缅瓦十四片》，真长歌当哭也。若以漏多瓦少，又略补盖，然猿听三声，已不禁泪下，那得再。"④

康熙三十七年戊寅（1698），七十四岁

正月始，险受官司株连，幸而县官蒋公详明审理，历半年，乃得脱。

《年谱诗话》："戊寅，予七十四岁。正月内，仆辈有异常官事，几至株连，幸（县君蒋公）秉公详明审理，半载始结案，惟有焚香顶祝而已。"⑤

七月初十日，孙女（相品之女）鹿定突发疾病去世，年仅十五岁。

《年谱诗话》："七月初十，孙女鹿定得病六七日，竟不起。伤哉，此儿年十五，父母早失。予加意抚育，以为老景指使，许定江尾杨门，乃真意外之变。"⑥

---

① 何蔚文：《年谱诗话》，康熙己卯（1699）抄本，云南省图书馆藏。
② 同上。
③ 同上。
④ 何蔚文：《年谱诗话·附文》，康熙己卯（1699）本，云南省图书馆藏。
⑤ 何蔚文：《年谱诗话》，康熙己卯（1699）本，云南省图书馆藏。
⑥ 同上。

十月初十夜，公梦作《文昌化书叙》，醒来不忘，一一录之。

《年谱诗话》：“十月初十夜，梦作《文昌化书叙》。及醒，一字不遗录出。”①

十一月三日，孙子镇喜改学名何韩，进学读书。

《年谱诗话》：“十一月朔三日，孙镇喜书名何韩，命之开学。”②

康熙三十八年己卯（1699），七十五岁

正月，邓川在庠学生前来征文，为外翰胡公做寿。

《年谱诗话》：“己卯，予七十五岁。正月，邓庠诸子征文，为外翰胡公寿。”③

六月，张幼侨又至浪穹，写诗一册送之，请他带到江南。传奇剧《缅瓦十四片》约于当时一并送出。

《年谱诗话》：“六月，写诗一册送张幼桥，嘱其携至江南。”附录《柬幼桥》《柬张幼侨》《江南点滇误曲道人新编词，闻而口占》④等。

七月初八夜十二时去世。

何相才、何相学《年谱诗话》补记：“己卯，秋七月朔八夜亥时，终正寝。是日无他恙，饮食动履如常。至夕，安然就榻，忽睡觉，呼相才、相学云：‘予胸中气微阻。’方煎药，未及进而即逝，临终无一语。呜呼！先君一丝不挂，尘俗俱消，可谓难矣！独是不孝相才、相学，抱恨终天，罪当万死。粉骨碎身，何由以报吾亲哉！”⑤

十二月初八日，葬于南山祖父母坟墓下方，与母墓并列于右侧。儿相才、相学恭录其《自叙》《年谱诗话》，使之传世。

何相才、何相学《年谱诗话》补记：“十二月朔八日，葬于南山祖父母之下，与母并列墓于右。呜呼，先君一生之事毕矣，痛哉不孝相才、相学，愧未能为文以状先君于万一。谨录自叙《年谱诗话》，不敢替一词，大约存心于忠孝节义，寄情于文章诗歌。倘巨公名流见而怜之，聊备采风，先人死且不朽。”⑥

（姜晓霞）

---

① 何蔚文：《年谱诗话》，康熙己卯（1699）本，云南省图书馆藏。

② 同上。

③ 同上。

④ 同上。

⑤ 同上。

⑥ 同上。

陆天麟行实录存（生卒年不详）

综论

陆天麟（生卒年不详），字玉书，号烟萍（坪），宁州（今云南玉溪华宁县）昌富乡人。明末岁贡生。天麟身处明清鼎革之际，又遭遇沙定洲、孙可望之乱，“携孥避地，转徙澄江、临安、云南诸郡县间，卧病山寺，乞食荒村，极人世间不堪之苦……晚始定居江村，与二三僧侣徜徉山水间，僧皆天麟故友，剃发后即易服为僧，互以气节相砥砺，不更仕新朝者也。”[①] 与陆天麟志同道合、相交甚深者有担当和尚、慈衲上人、许海沤等。

陆天麟处在政治极端腐朽黑暗，阶级矛盾、民族矛盾非常尖锐的明末。他以悲观厌世的态度，去过隐居不仕的生活，但又不能忘怀旧王朝，故只能以诗文书画的相互酬唱，来流露和抒发“亡国之痛”，表现“孤臣孽子”的节操[②]。其诗作多散佚。据其乡人林槐说，陆天麟的《卖雪诗》已刊板行世，“因迭遭兵燹，煨烬无存”[③]，为挽救烟坪遗诗，林槐抄出二卷 190 首诗交昆明李坤审订。李坤感叹“天末遗老，表曝无人”，将烟坪遗诗编为《烟坪诗钞》，民国间编入《云南丛书》本。此编分上下两卷，上卷《樵隐集》，载诗 95 首，主要作于南明永历四年至十三年（1650~1659）；下卷《百噫草》，载诗 95 首，主要作于顺治十七年至康熙九年（1660~1670）[④]。据张士儒《明末遗民陆天麟及其诗歌》，《烟坪诗钞》的“坪”误写，应为“萍”，“烟萍”疑即“烟尘萍踪”之省，这是诗人在那战乱年代，自己萍踪无定的感叹和概括[⑤]。上卷《樵隐集》，其题名可能是根据《晋书》“隐者在山，樵者亦在山”而来，下卷《百噫草》，应是由东汉梁鸿《五噫歌》点化而来。所以，“诗人不论在其别号和诗集的命题上，都是具有

---

① 李坤：《烟坪诗钞序》，陆天麟《烟坪诗钞》，影印《云南丛书》，第 22 册，第 11535 页，中华书局，2009 年。临安，今建水县；云南，今祥云县。

② 张士儒：《明末遗民陆天麟及其诗歌》，《昆明师范学院学报》，1986 年第 2 期。

③ 林槐：《烟坪诗钞钞后叙》，见《烟坪诗钞》，影印《云南丛书》，第 22 册，第 11553 页，中华书局，2009 年。

④ 陆天麟《烟坪诗钞》之《樵隐集》部分诗作晚于 1659 年，《百噫草》部分作品晚于 1670 年。

⑤ 张士儒：《明末遗民陆天麟及其诗歌》，《昆明师范学院学报》，1986 年第 2 期。

深刻的含蓄的寓意的。”[①]

从《烟坪诗钞》录存的190首诗来看，陆天麟的诗歌，主要抒发对南明的依恋与悲苦，对友人的深情与感伤，对景物的审美与玩味等情怀，也有一些诗歌表达了关注民生、谴责权贵的精神。在诗体上多用七律、五律，偶用七绝、排律，在艺术表现上则往往借物抒怀，情真意切，体现了明代遗民的节操。

陆天麟的遗民身份存在争议。陈垣认为，李坤序文说陆天麟“不更仕新朝”，殊未尽然；陆天麟其诗“有乱离之痛，无故国之思”，其人又参加过清初科举，列为遗民，似未确。[②]其实，天麟诗既有“乱离之痛”，也有“故国之思”（尤以七律《经五华废宫》《滇城感事三首》最为明显），而其以诗纪乱离之痛，主要因土民和遗民反抗吴三桂而起，暗含对吴三桂背叛明朝的谴责。此外，陈垣从诗文中判断天麟参加清初科考，似过于主观。虽然陆天麟在写宝月上人的诗文中提到了“与友辈走句町小试”[③]，但到底是与友人一同“走句町小试”，还是陪友人“走句町小试”，难以论定。秦光玉《明季滇南遗民录序》将遗民分为六类，并把陆天麟录为“蒿目沧桑，时怀故国河山之感”[④]的第三类遗民，本年谱赞同。但需要说明的是，陆天麟也确实有少数诗歌表达了对清朝之期许和入仕向往（如《送郡侯丁公还楚》《昆明送麟伯赵孝廉会试》等，本谱纪年录以见实），这是他在新朝产生的复杂心理，表明其对先朝和新朝的感情有一定的两面性，也表明了遗民心理的复杂性。但从总体看，陆天麟诗歌中的“故国之思”无疑占主导地位，彰显了他的遗民本色。

陆天麟的诗作，因编入《云南丛书》而得以留存，但有关陆天麟生平的材料却非常少，我们甚至连其生卒年都无法确定。因此，本文拟从《烟坪诗钞》入手，采取内证与外证相结合的办法，通过诗文和史料中相关信息的查实与考证，显现陆天麟生平和创作中可以落实的情况。

创作行实

南明昭宗朱由榔永历十三年、清世祖福临顺治十六年庚寅（1659）

作七律《自遣二首》。

---

① 张士儒：《明末遗民陆天麟及其诗歌》，《昆明师范学院学报》，1986年第2期。

② 陈垣：《明季滇黔佛教考》，第141页，河北教育出版社，2000年。

③ 陆天麟：《烟坪诗钞》，影印《云南丛书》，第22册，第11552页，中华书局，2009年。

④ 秦光玉：《明季滇南遗民录·序》，呈贡秦氏罗山楼刻本，1933年。

其一："荷衣制后叹鹑悬，乱里恒饥种石田。哭友几人余尚在，伤春三月闰犹添。欲亲祇树谈经老，难访桃源闭洞仙。岁久因愁常卧病，不堪乡里尚烽烟。"其二："此身无计望天公，更效昌黎苦送穷。病酒何妨存麴蘖，破琴不复种梧桐。畜盐有怨如陵肉，兵马频惊射日弓。安得好文重有遇，凌云赋笔上虚空。"[①]

按：此诗原编入《烟坪诗钞》下卷《百噫草》，写作时间应在"前清顺治十七年庚子至康熙九年庚戌"[②]（1660~1670）之间，但"伤春三月闰犹添"一句，表明此诗或作于1659年。"伤春三月"，这是已过了春天的三月（或三个月），"闰犹添"表明在三月（或三个月）之外还添了一个闰月，这就是闰三月。经查万年历，1610、1659、1678、1689、1697等年份都是闰三月，相比较而言，1659年的可能性最大。此外，"不堪乡里尚烽烟""兵马频惊射日弓"，显示当时应是滇南战乱时期，可能正是吴三桂率三路清军进攻云南，永历帝西撤腾越（今属云南腾冲）之时[③]。

永历十五年、顺治十八年辛丑（1661）

抵省会，作七律《辛丑岁初抵滇城》。

诗曰："我到苴兰辛丑年，车尘满地杂烽烟。王侯宅第全吹笛，兵马刍粮半在船。无数健儿屯古戍，轻生贾客走霜天。几人犹著繁华念，不到城东看墓田。"[④]

得王忠嗣书诗，作七律《得王忠嗣书并诗裁此答之》。

诗曰："夫君怀抱欲如何？我愧山中泣薜萝。一日九回肠易断，三春两闰月难过。离居莫信忧终老，痛极何妨哭是歌。索楮缄书灯烛夜，悬知池草梦生多。"[⑤]

按："三春两闰"应是三年之中有两个闰月，据万年历可知，1640（闰正月）、1642（闰冬月），1651（闰二月）、1653（闰六月），1659（闰三月）、1661（闰七月），1670（闰二月）、1672（闰七月）年间都存在这种情况，相比较而言，此诗可能作于辛丑（1661）年闰七月之后。"痛极何妨哭此歌"，虽指个体感受，但应与此时的时势有关联。1661年，永历帝入缅已两年多，寄人篱下，威严扫地，更为可叹的是，1661年七月发生咒水之难，缅甸当局杀害了永历帝身边的所有大臣，永历帝已成为孤

---

① 陆天麟：《烟坪诗钞》，影印《云南丛书》，第22册，第11547页，中华书局，2009年。
② 同上书，第11545页。
③《吴三桂传》，《清史稿》，第42册，第12838页，中华书局，1976年。
④ 陆天麟：《烟坪诗钞》，影印《云南丛书》，第22册，第11545页，中华书局，2009年。
⑤ 同上。

家寡人。十二月，永历帝被缅甸献与吴三桂，于次年惨遭杀害[①]。忠于明朝的陆天麟，对于永历帝流落异邦的惨状是非常痛心的。故此诗可能作于1661年。

清圣祖玄烨康熙元年壬寅（1662）

永历帝被吴三桂杀害[②]，天麟来到昆明五华废宫，哀作七律六首。

七律《经五华废宫》三首诗前附注："五华本梵刹，孙可望改创为宫后，迎永历帝驻跸于此，可望率兵犯之。"[③]其一曰："无端宫殿如传舍，有恨豺狼误跳梁。……寒鸦似解人间事，群噪哀声集禁墙。"其二曰："鹊巢须信属于鸠，跃马公孙不自筹。敢有六宫填粉黛，难容万乘历春秋。"其三曰："雨助青苔埋玉辂，风吹黄叶补金铺。虚留绝塞崇高位，仅作当年战伐图。"[④]

七律《滇城感事三首》其一曰："塞南卉服充仙杖，天外蛮山响玉銮。……几番覆辙车犹度，谁把遗弓堕泪看。"其二曰："三载昆明秋复春，高天有意祸君臣。……诏下十行观听少，呼连三祝去来频。"其三曰："护跸由来专攘夺，清人犹自狃逍遥。中兴岁月无消息，秋水昆明怨寂寥。"[⑤]

按：永历十年，在李定国的救护下，永历帝从孙可望控制的贵州安龙，移跸昆明五华，三年之后，受奸臣蒙蔽流落缅甸，后被缅甸当局移交吴三桂手中。康熙元年四月，吴三桂遣人用弓弦缢永历帝，南明灭亡。《经五华废宫》和《滇城感事》两组诗，应作于康熙元年永历帝被害之后，表达了"孤臣孽子"的哀叹和忠于明朝的感情。

在临安（今建水），送别郡侯丁昭伯，作七律《送郡侯丁公还楚》四首。

诗前注："公字伯昭，吾宁州守也。忤当路者，以罪遣戍，遇赦乃解。余今于临安送之。"其一："句町相见揖吟鞭，正值金鸡赐赦年。匹马看山停暮雨，轻装流寓历春烟……"[⑥]

---

①《吴三桂传》，《清史稿》，第42册，第12841页，中华书局，1976年。

②范承勋等纂修：《康熙云南府志》卷五《沿革》，《中国地方志集成》本《云南府县志辑》，第1册，第117页，凤凰出版社，2009年。

③张士儒认为：将五华梵刹改创为宫的固然是孙可望，但迎永历驻跸于此的却是李定国；孙可望虽然投降了清廷，但"率兵犯之"的乃是吴三桂。当时，吴三桂的权势遍及云南各地，宁州（华宁）又是吴三桂的饮马地，如果直而言之，肯定会招来横祸，所以将罪责归于孙可望。其说可参。见《明末遗民陆天麟及其诗歌创作》，《昆明师范学院学报》，1986年第2期。

④陆天麟：《烟坪诗钞》，影印《云南丛书》，第22册，第11545~11546页，中华书局，2009年。

⑤同上书，第11546页。

⑥同上书，第11552页。

按："金鸡遇赦"，指大赦。据《清史稿·圣祖本纪》，康熙前期的大赦有康熙元年、六年、九年、十年、十四年、二十年。这几次大赦中，康熙元年大赦是在三月，"三月，以滇南平，告庙祭陵，赦天下"①。其他大赦均不在春天：康熙六年"七月，上亲政……"②；康熙九年"五月，加上孝康章皇后尊谥"③；康熙十年"九月，上以寰宇一统……"④；康熙十四年"十二月，立胤礽为皇太子……"⑤；康熙二十年"十二月……加上太皇太后、皇太后徽号"⑥。从"轻装流寓历春烟""春花簇簇照装行"推论，此次大赦的时间应在春天。故此诗创作时间应在康熙元年（1662）三月以后。

康熙二年癸卯（1663）

在昆明翠湖为赵士麟赴京会试饯行，作七律《昆明送麟伯赵孝廉会试》。

诗附注："麟伯，名士麟，号玉峰，河阳（今澄江）人。"诗曰："停舟命酒翠湖边，细算燕京万里天。卜夜灯添头上焰，假装管应梦中椽。都门会面期吾党，马首题书拟隔年。假使朝廷推谕蜀，滇南文物让君贤。"⑦

按：赵士麟为庚子科（1660）乡试举人（云南全省五十四人）⑧，甲辰科（1664）会试中进士⑨。在二月间举行，从昆明进京赶考需三四个月的时间，则此诗可能作于癸卯年（1663）十月左右。

"谕蜀"，指司马相如的《谕巴蜀檄》。此文起于汉武帝使唐蒙略通夜郎，唐蒙"发巴蜀吏卒千人，郡又多为发转漕万余人，用兴法诛其渠帅，巴蜀民大惊恐"，武帝乃使司马相如责唐蒙，并草檄"喻告巴蜀民以非上意"⑩。《谕巴蜀檄》虽是短文而极具气魄，陆天麟此诗用"谕蜀"的典故，喻指有治世安民才能的文士。此诗表达了对赵麟伯会试成功的期待，以及对他才华的高度赞扬。

---

①《圣祖本纪》，《清史稿》第2册，中华书局，1976年，第167页。
② 同上书，第175页。
③ 同上书，第179页。
④ 同上书，第181页。
⑤ 同上书，第191页。
⑥ 同上书，第208页。
⑦ 陆天麟：《烟坪诗钞》，影印《云南丛书》，第22册，第11543页，中华书局，2009年。
⑧《新纂云南通志》，第2册，第359页，云南人民出版社，2007年。
⑨ 同上书，第330页。
⑩ 司马迁：《史记·司马相如列传》，第3044页，中华书局，1959年。

康熙三年甲辰（1664）

作《闰六月雨后见新月怀友》。

诗曰："玉兔如新浴，青山动旧愁。为离终觉缺，因闰不成秋。笛里频听曲，天涯莫上楼。香醪同一盏，苦忆五年游。"①

按：此诗本列于上卷《樵隐集》，写作时间据诗中所注，应在"永历乙未至己亥"（即1655~1659），但诗题点明创作时间是"闰六月"，考1653年和1664年，都有闰六月，此诗可能作于1664年。最后一句"苦忆五年游"，应是指思念1659年与诗人有过交游的严苹溪、刘西逋、慈衲上人、王抚仙、息尘上人等。

康熙四年乙巳（1665）

三、四月，迤东土司反，吴三桂镇压，战乱起，天麟逃难。

作七律《逃难三首》，诗附注："时土司以兵各据迤东州县"。其一曰："山川流血难容隐，田野陈尸尽罢耕。"其二曰："元凶作孽天应祸，列郡连殃罪不明。"其三曰："弓刀满眼亲朋隔，山水潜踪进退邅。"②

按：从林槐注"时土司以兵各据迤东州县"来看，此诗应作于康熙四年。当时，云南东部各土司和南明遗民势力，乘平西王吴三桂征剿水西土司之机，举兵反抗吴三桂的暴虐统治。"（康熙）四年三月，迤东土酋宁州（今玉溪华宁）禄昌贤，新兴（今玉溪）王耀祖，嶍峨（今玉溪峨山）禄益、王扬祖，王弄（今文山部分地区）王朔，蒙自李日森、李世藩、李世屏……石屏龙韬、龙飞扬，路南（今石林）秦祖根，陆凉（今陆良）资拱，弥勒（今属红河州）昂复祖，维摩（今属文山州砚山）沈应麟、沈兆麟、王承祖等谋叛，众至数万，攻临安，陷蒙自、嶍峨、宁州、易门，围弥勒、通海、石屏、宜良等州县，各郡震动……四月，吴三桂自乌蒙回师，次第剿嶍峨新兴易门等贼。"③。陆天麟家乡宁州也参与了反抗。

战乱稍息，返家。

七言《还村三绝》："尸横道路泪如麻，不料余生尚到家。入室青青三尺草，晚来相聚有鸣蛙。"（其一）"风腥蝇闹路旁尸，谁为无辜老稚悲。日日鬼妻犹避走，

---

① 陆天麟：《烟坪诗钞》，影印《云南丛书》，第22册，第11547页，中华书局，2009年。

② 同上书，第11549页。

③ 靖道谟等编纂：雍正《云南通志》，影印《文渊阁四库全书》，第569册，第523~524页，台湾商务印书馆，1986年。

青磷照夜到家迟。”（其二）“避兵儿女半无魂，四月五月犹出门。布谷催耕声断绝，只闻鸠妇哭荒村。”（其三）①

七律《携妻女还家》：“秋山处处赋招魂，妻女相随返破村。厨冷东邻聊借釜，室空中夜不关门。蔬充腹饱供三昼，月代膏明照四垣。清泪两行诗一帙，拌将初服住林园。”②

作《赠徐交伯先生》二首。

诗序：“先生先为粤西臬使，后守金沧。近传家人数十口尚保全。”其一：“丹笔曾生粤地春，至今德化浸文身。传来百口俱无恙，知累天公不累人。”其二：“彭泽犹烦征聘诏，叠山谁许放归时。何如遁迹天涯客，题遍青山世不知。”③

《新纂云南通志·寓贤传》：“徐宏泰，字交伯，江西人。明季任金沧分守道。清慎高洁，颇著风裁。鼎革后，寓居蒙化。性嗜吟咏，与郡中人士相唱和，囊橐萧然泊如也。宁州陆天麟赠以诗云：‘彭泽犹烦征聘诏，叠山谁许放归时。何如遁迹天涯客，题遍青山世不知。’其高致可想见已。”④

按：陆天麟为徐宏泰家人保全而庆幸，则肯定与当时正在发生的战乱有关，可能正是吴三桂镇压迤东土司之后。

兵乱平息后，同严苹溪登句町⑤城东楼。

作七律《同严苹溪登句町城东楼》，诗附注：“城经兵火后，屋宇皆灰烬，独神庙尚存，城外有万人冢碑。”诗曰：“危楼十丈踞城巅，望入南交异国连。一代豪华归劫土，四时瘴疠涨蛮烟。神坛鬼社碑犹在，蚁垤蜂房灶可怜。咫尺乡关偕故旧，生愁何自怪山川。”⑥

吴三桂围猎，土人不胜其扰，感而作五律《逐猎》《野兽》。

《逐猎》：“逐猎人如虎，群呼酒食齐。此山遍野兽，何室剩家鸡。妇女逾墙走，婴儿戒夜啼。王侯多肉味，宁用不情黐。”⑦《野兽》曰：“珍错千端味，翻然野兽奇。

---

① 陆天麟：《烟坪诗钞》，影印《云南丛书》，第22册，第11549页，中华书局，2009年。

② 同上书，第11550页。

③ 同上书，第11548页。

④《新纂云南通志》，第10册，第478页，云南人民出版社，2007年。

⑤ 句町：古西南夷国，地域包括今云南省文山州全部、红河州中东部，以及玉溪、曲靖和广西百色的部分地区，治所在今云南文山广南县境内。

⑥ 陆天麟：《烟坪诗钞》，影印《云南丛书》，第22册，第11548页，中华书局，2009年。

⑦ 同上书，第11549页。

庖厨无不满，山谷更多思。一箸当筵笑，千家破壁悲。古人事田猎，未必似今时。”①

按：林槐注“以上二诗因围猎兵多，土人受扰不堪而作”，评价《逐猎》诗“得少陵石壕吏神味”。这两首诗的写作背景，可能是吴三桂平定迤东土司之乱后②，在土州围猎，兵士众多，土人不堪其扰。

康熙六年丁未（1667）

夏，病寓金莲山。作七律《时闻赵麟伯游诸名胜，泛舟赏荷，余病寓金莲山赋寄》寄赵士麟。

诗曰：“天假诗人十里限，兰桡催荡芰荷开。鸳鸯莫学临江锦，鹦鹉争飞在艇杯。白纻清歌齐唱入，红莲深艳醉携来。谁怜客子居无赖，山削芙蓉卧病哀。”③

按：赵麟伯于康熙三年（1664）中进士，康熙六年任贵州平远府推官，从此进入仕途④。此番游览名胜，泛舟赏荷，可能在赴任之前。金莲山在澄江，当时陆天麟有病在身，未及相见，作此以寄。

康熙十年辛亥（1671）

夜梦与吴石峰谈诗，得二句，后作七律一首。

诗题为：《梦吴石峰与予谈诗，诗有云：“归路几年催发白，出门何处看桃红。”及觉，以意测之，“归路”句似道故人，而“看桃红”句，岂“去年今日此门中，人面桃花相映红”意耶？以六句足之，亦犹梦中语也。石峰，江南人，近传归里》。

诗曰：“黑甜诗句岂论工？犹是相逢感慨中。归路几年催发白，出门何处看桃红。故人已在天涯隔，别恨翻来枕畔空。遥拟金陵深隐处，六朝往事怨无穷。”⑤

按：吴石峰可能就是慈衲上人。据《新纂云南通志·寓贤传》：“吴鼎，字石峰，镇江人。崇祯进士，官礼部员外郎。因流寇之变，避地入滇。永历时，曾疏劾李定国独擅威柄，命系狱。及出狱后，遂剃发为僧。尝居新兴、嶍峨、临安，自号大拙。善书工诗邃文，学人多师事之。倜傥不羁，嗜饮，醉后，辄仰天悲歌，啸傲风月。康熙

---

① 陆天麟：《烟坪诗钞》，影印《云南丛书》，第22册，第11549页，中华书局，2009年。

②《吴三桂传》，《清史稿》“择诸将子弟，四方宾客，与肄武备，谓以储将帅之选。”（第42册，第12841~12842页，中华书局，1976年）

③ 陆天麟：《烟坪诗钞》，影印《云南丛书》，第22册，第11550页，中华书局，2009年。

④ 董文献、杨兴荣主编：《走进玉溪》，第87页，云南人民出版社，2014年。

⑤ 陆天麟：《烟坪诗钞》，影印《云南丛书》，第22册，第11548页，中华书局，2009年。

十年始归。"[①]另，《宁州志抄本》"僧道"一门有一条记载："广林，字慈纳（衲）……往水目寺参无住，剃发受具。久之，豁然有悟，游宁，卓锡玉泉山，大畅宗旨，牖迪沙门。所为诗歌、语录，每有大悟，天然之句，信口拈来，新出尘表。"清代乾隆年间的《重修玉泉山妙源寺常住碑记》，所载与此基本相同，只是将"广林"的俗名俗姓改为"吴石峰"[②]。由此推知，吴石峰为僧后，可能就是慈衲上人。吴石峰在康熙十年归里，则此诗或作于康熙十年。

康熙十二年癸丑（1673）

诗挽担当和尚。

七律《挽担当和尚》诗序："李中溪有冢在大理，杨升庵有楼在苍山，担老人住焉。"诗曰："云门耆宿生天去，哪得才名拟惠休。漫说人间常见画，可怜天竺忆骑牛。孤坟好傍中溪冢，大雪谁眠太史楼？嗟我已无西向志，点苍峰下任遨游。"[③]

按：李中溪为李元阳，杨太史即杨慎。从题目《挽担当和尚》以及"耆宿生天去"，"天竺忆骑牛"，"孤坟好傍中溪冢，大雪谁眠太史楼"来看，此诗显然作于担当逝后。考担当逝于1673年，此诗当作于此年或其后不久。

（朱供罗）

---

①《新纂云南通志》，第10册，第468页，云南人民出版社，2007年。

②张士儒：《明末遗民陆天麟及其诗歌创作》，《昆明师范学院学报》，1986年第2期。

③陆天麟：《烟坪诗钞》，影印《云南丛书》，第22册，第11536页，中华书局，2009年。

附录一　明代云南文学大事记

按：《明代云南文学大事记》，旨在以尽可能简略的方式，包罗明代云南文学史上值得一提的作家及其文献名称；以各阶段皇帝的在位时间、本地文学家的生活年代、外地文学家居停云南的时间为排列顺序；作家事迹多出于载其作品的方志和作品集，由于篇幅和体例的关系，只标出载其涉滇作品文献的名称；本书年谱中已有的18位谱主，其事迹和作品不再收录。

明太祖朱元璋洪武元年至三十一年（1368~1398）

洪武初，平显戍云南。平显，字仲微，浙江杭州人。博学能文。西平侯沐英请于朝，除伍籍，为塾宾。著有《松雨轩集》。平显在滇时和日本僧人演此宗有交往，其诗《寄演此宗》曰："秋风起江汉，纤月在西南。影落清滇水，凉生白石龛。唱酬蔬笋气，梦寐葛藤谈。未遂依禅寂，徒惭雪满簪。"沐昂辑《沧海遗珠》录其诗19首。景泰《云南图经志书》卷九载有《忆滇春》《喜曾翰林奉使交趾回》等诗。天启《滇志·艺文志》载其文《汤池渠记》及诗二首：《登聚远楼》《题扇寄滇南诸人》。

洪武初，逯昶戍滇。逯昶，字光古，河南怀庆（今属河南焦作）人。通经术，能诗赋。著有《方外集》。沐昂辑《沧海遗珠》录其诗21首。景泰《云南图经志书》卷九载有《宿金齿山中寺》《道中望荡山感通寺》《龙关晓月》《碑院官梅》等诗。《千顷堂书目》（卷十七）著录《逯光古诗》五卷，《明诗综》（卷十二）著录《逯光古集》。

洪武初，日本僧人机先流寓大理。《沧海遗珠》录其诗18首。逯昶卒，机先有诗《挽逯光古先生》："昨日来过我，今朝去哭君。那堪谈话际，便作死生分。"胡粹中有《挽鉴机先和尚》诗曰："日出扶桑极东处，云归滇海最西头。"可知机先殁于昆明。天启《滇志·艺文志》载其诗三首：《滇池》《高峣泛舟昆明池》《碧鸡山》。

洪武初，史谨以事谪居云南。史谨，字公谨，南直隶昆山（今属江苏）人。著有《独醉亭集》。天启《滇志·艺文志》载其《云南诗》一首。

洪武四年（1371），刘寅登进士，后以罪谪金齿（今云南保山）。刘寅，字拱辰，山西崞县（今原平市）人。载有《武经直解》四卷，《标幽赋注》一卷，景泰《云南图经志书》卷十载其《黔宁昭靖王庙赋》，天启《滇志·艺文志》载其《金马山赋》《永昌龙王庙铭（有记）》，《永昌府文征》录其文《龙王庙记》。

---

* 本《大事记》参阅孙秋克《明代云南文学研究》编写，云南人民出版社，2010年。

洪武十一年(1378),郑旭以学行荐为国子堂仪,太祖亲临太学,选才德兼备者十人以傅太子,郑旭名居第二。郑旭,字景初,福建闽县(今福州市)人。洪武中以蜚语谪云南二十余年。著有《诗经总旨》《初学提纲》《咏竹稿》等。景泰《云南图经志书》卷九载其《题雪谷》,咏昆明五华山。

洪武十五年(1382),云南平,张纮为左参政,迁布政使。张纮(? ~ 1403),字昭季,陕西富平人。著有《游太华寺》五首、《游筇竹寺》等诗,又有《黔宁昭靖王庙记》《慎斋记》。景泰《云南图经志书》卷九、天启《滇志・艺文志》载张纮七律《太华山》、七绝《华亭寺》,吟咏滇池西畔的太华山胜迹;景泰《云南图经志书》卷十另载《感通寺记》《铜漏铭》《吊国使王翰林文》。万历十二年(1584),富平知县刘兑编辑《频阳四先生集》四卷,录张纮、李宗枢、杨爵、孙丕扬等四人的诗文。

洪武二十年(1387),程本立坐事谪云南马龙他郎甸。程本立(? ~ 1402),字原道,浙江崇德(今属桐乡)人。著有《巽隐集》四卷。天启《滇志・艺文志》载其文《敬思堂记》《黔宁昭靖王庙记》,其诗《题河尾关》《出龙尾关至永昌》《过三塔寺》。《永昌府文征》载其诗《出龙尾关至永昌》。

洪武二十三年(1390),刘有年作《祛螣颂》。刘有年,字大行,湖广沅州(今属湖南怀化)人,洪武年间以明经荐拜监察御史。景泰《云南图经志书》卷十收其《祛螣颂》,卷九收其《寓轩》《游太华寺》等诗。

洪武二十九年(1396),钱古训、李思聪同使麓川。钱古训,号坚斋,浙江余姚人;李思聪,湖广桂阳(今属湖南)人。《永昌府文征》录两人合写之《百夷传》《与思伦发书》。

洪武间,楼琏谪戍云南,后召还。楼琏,字士连,浙江金华人,著有《居夷稿》。沐昂辑《沧海遗珠》录其诗三首。

洪武间,高莘以《起居注》事谪戍金齿(今云南保山)。高莘,山东人。

洪武间,范从文以罪谪戍金齿(今云南保山)。范从文,字复之,南直隶昆山(今属江苏)人,文正公十三世孙。十年,宥赦归。著有《小学章诂》《宗谍谱》《遗后斋集》。

洪武间,桂慎谪戍云南临安(今建水)府。桂慎,字宗敬,浙江慈溪人。《明诗综》收其《登太华山寺》诗,天启《滇志・艺文志》载其《游太华》诗。

洪武间,郭文隐滇池青草湖中,以舟为屋,故别号"舟屋"。郭文,字仲炳,云南昆明人,与谪戍云南的平宣、居广、陈谦,并称为"平居陈郭"。著有《舟屋集》。他最为人激赏的诗是《滇中竹枝词》,《登碧鸡山太华寺》被杨慎认为同属上乘之作。天启《滇志・艺文志》载其赋《贡章赋》,诗《登太华蓝若二首》《赋得滇池夜月》《游太华寺》《观音寺玉泉》等。《永昌府文征》载其六言诗《送本学往金齿》二首。

洪武间,兰廷瑞出生。兰廷瑞,兰茂之弟,约生于洪武年间,云南嵩明杨林人。其《夏日》云:"终日凭栏对水鸥,园林长夏似深秋。槐龙细洒鹅黄雪,凉意萧萧风满楼。"《终夜》云:"枕上诗成喜不睡,起寻笔砚旋呼灯。银瓶浸满梅花水,已被霜风冻作冰。"《题姮娥奔月图》曰:"窃药私奔计已穷,藁砧应恨洞房空。当时射日弓犹在,何事无能近月中。"杨慎称"三诗皆可喜"。杨慎另载兰廷瑞《信天翁》一诗:"荷钱荇带绿江空,唼鲤含沙浅水中。波上鱼鹰贪未饱,何曾饿死信天翁。”《丹铅余录·总录》（卷八、《摘录》卷十八）有《兰廷瑞诗》。《云南丛书》本《杨林两隐君集·兰隐君集》附录兰廷瑞诗四首。

洪武间，王景常、韩宜可谪戍云南临安（今建水）。临安文学，倡于两公，郡人为立祠祀。王景常，名奎，初名景，字景章，浙江山阴（今绍兴市）人。博洽多才，诗文高古，滇人士多从之游。召还为翰林学士。有《南诏玉堂稿》，沐昂辑《沧海遗珠》录其诗九首。景泰《云南图经志书》卷九、十有其《平云南颂》《越州回师》《判山玩月》等诗赋。天启《滇志·艺文志》载其《平云南颂》《游云龙山记》《云津桥记》《临安秋江静钓诗》《泸江》等诗文。《永昌府文征》录其《安边定远楼》诗一首。韩宜可，字伯时，浙江山阴（今绍兴市）人。著有《南云稿》。沐昂辑《沧海遗珠》录其诗 11 首。天启《滇志·艺文志》载其《五华寺》《灵照山》《通海潮》诗三首。

洪武间，郏经流寓云南。郏经，字仲谊，号玩斋，浙江钱塘（今杭州市）人，元末进士，以元代遗民自居。作《澄江棹歌》。《千顷堂书目》（卷十七）、《御选元诗姓名爵里二》著录郏经《玩斋稿》。沐昂辑《沧海遗珠》录其诗 17 首。

洪武间，胡粹中安置云南。胡粹中，名由，以字行，浙江山阴（今绍兴市）人。著有《元史续编》《读史笔记》。沐昂辑《沧海遗珠》录其诗 17 首。景泰《云南图经志书》卷九有《游太华寺》《晚入五华寺》（收入天启《滇志·艺文志》）等诗。

洪武间，曾烜安置昆明。曾烜，字日章，南直隶吴江（今属江苏苏州）人，翰林侍读学士。沐昂辑《沧海遗珠》录其诗 12 首。景泰《云南图经志书》卷九有《陪西平侯游太华即事十二韵》。

洪武间，杨宗彝宦游云南。杨宗彝，浙江山阴（今绍兴市）人。著有《贵竹稿》，曾于洪武二十九年在普安与王绅交流此书。沐昂辑《沧海遗珠》录其诗 10 首。

洪武间，李彦和谪戍云南澄江府。李彦和，浙江长兴人。能诗文。

洪武间，毛铉以事安置金齿（今云南保山），后授国子学录，升翰林院侍读。毛铉，字鼎臣，浙江山阴（今绍兴市）人。景泰《云南图经志书》卷九有其《神坪赏花》《汉营走马》《龙祠望云》《温泉晚浴》等诗。《永昌府文征》录其诗《金齿八景》八首。

洪武间，朱绂以诗累安置云南府。朱绂，字士林，南直隶泰兴（今江苏泰兴）人。景泰《云南图经志书》卷九有其诗《花马歌》《花马行》。

洪武间，沐昂编选《沧海遗珠》，选录了明初谪戍云南的 21 位诗家及其作品。《四库全书总目提要》（卷一百八十九条）称：“以武人司选录而其书不愧善本者，惟此一集而已，是固不可不传也。”沐昂（1379 ~ 1445），字景颙，西平侯沐英第三子，南直隶定远（今属安徽）人。天启《滇志·艺文志》载其诗三首：《海源寺》《曲江》《圆照寺》。《永昌府文征》载其诗二首：《送胡梠轩还永昌》《法明寺》。

明惠帝朱允炆建文元年至四年（1399~1402）

建文二年（1400），应履平登进士。应履平，字锡祥，号东轩，浙江奉化人。

建文四年（1402）：燕王兵至，程本立自缢于住所。楼琏因拒为燕王草拟诏书而自尽。靖难军至，刘有年守义不迎，安置昆明。平定交趾（今越南），起为按察司佥事，卒于官。平显作《汤池渠记》，天启《滇志·艺文志》收录。

明成祖朱棣永乐元年至二十二年（1403~1424）

永乐二年（1404），王直登进士。王直，字行俭，江西泰和人，景泰《云南图经志书》卷十有其《金齿司新建儒学记》《定远忠靖王庙碑》（亦收入天启《滇志·艺文志》）《惠宣堂记》。

永乐初，王汝玉由应天府学训导擢翰林五经博士。王汝玉，名璲，以字行，蜀人。著有《青城山人集》。沐昂辑《沧海遗珠》录其诗21首。诸史皆不载王汝玉谪戍云南事。洪熙初，赠王汝玉太子宾客，谥号文靖。

永乐四年（1406），张洪以行人司行人奉使往谕缅甸，编《南夷书》《使规》各一卷，《永昌府文征》录其《平缅录》。沐昂辑《沧海遗珠》录其诗五首。张洪，字宗海，南直隶常熟（今属江苏）人，有《拜谒黔宁王庙》诗，黔宁王庙在昆明。《新纂云南通志·轶事》（卷二百六十三）载其逸事甚详。有《张宗海集》。

永乐四年，王骥登进士。王骥，字尚德，河北直隶束鹿（今河北辛集）人。后任兵部尚书，以功封靖远伯。正统间统兵三征麓川（在今云南瑞丽，事见本大事纪正统间纪事）。

永乐十三年（1415），陈循中状元。陈循，字德遵，江西泰和人。景泰《云南图经志书》卷十有其《龙泉观长春真人祠记》《居敬堂记》。

永乐间，陈逊任云南左参政，升右布政使。陈逊，福建浦城（今南平）人，为人博学，有操守，卒于官，无以为殓，都督、定边伯沐昂经理其丧归之。景泰《云南图经志书》卷九有其诗《和定边伯游狮子山》。

永乐间，潘仁以会试同考官谪云南安置。潘仁，南直隶和州（今安徽巢湖市）人。景泰《云南图经志书》卷九有其诗《题华亭寺》《玉案晴云》《定边回师》。天启《滇志·艺文志》载其《游太华》诗一首。《永昌府文征》录其《定边回师》。

明仁宗朱高炽洪熙元年（1425）

洪熙间，丁嵩被举荐，怀才抱德，辞而不就。丁嵩，云南永昌（今保山市）人。家贫，事母甚孝。乡居开馆教乡里子弟，师从者如云。著有《横峰樵唱》。

明宣宗朱瞻基宣德元年至十年（1426~1435）

宣德二年（1427），萧镃登进士。后任太子少师兼翰林院学士，户部尚书。有文集《尚约文钞》。景泰《云南图经志书》卷十有其《重建长春观记》。萧镃，（1398~1464），字孟勤，江西泰和人。

宣德二年（1427），侯琎登进士。侯琎（1398~1450），字廷玉，山西泽州（今山西晋城）人。

宣德五年（1430），杨宁登进士。杨宁，字彦谧，南直隶歙县（今安徽歙县）人。

宣德间，郑颙中举人，任乐安教谕，以成就人才为己任，月书日课，晨夕不倦。郑颙，字士昂，浙江钱塘（今杭州）人。

明英宗朱祁镇正统元年至十四年（1436~1449）

正统元年（1436），陈文进士及第，授翰林院编修。陈文，字安简，江西庐陵（今吉安）人。

正统六年（1441），王骥总督军务，一征麓川（在今云南瑞丽。骥统军八年二征，十三年三征，约立石表而还）。

正统七年（1442），刘俨中状元。刘俨，字宣化，江西吉水（今属吉安）人。景泰《云南图经志书》卷十有其《白斋诗序》。

正统七年（1442），侯琎随军征麓川，纪实而作七古《高黎贡山》《新筑腾冲司城记》。天启《滇志·艺文志》，《永昌府文征》皆见载。麓川平，拜礼部右侍郎，参赞云南军务。

正统八年（1443），郭登从王骥征麓川，亲赴缅劝缅酋献思任发。后遭人嫉功，事竟不成。郭登，字符登，南直隶定远（今属安徽）人，武定侯郭英之孙。《永昌府文征》录其诗九首，有《入缅取贼早发金沙江》《自缅甸回感怀寄沐征南》《南牙山》《梅花铺》等。

正统十一年（1446）五月，杨宁作《金齿新建庙学记》，此文被《永昌府文征》收录。杨宁曾从王骥征麓川（在今云南瑞丽），有功，于正统九年（1444）代侯琎参赞云南军务，与都督沐昂筑城置卫，边方遂定。

正统十二年（1447），柯暹为云南按察史。柯暹，南直隶建德（今属安徽建德）人。著有《东冈集》。景泰《云南图经志书》卷十载其文《云南都司题名记》《重修五灵庙记》。

正统十二年（1447），陈升由金齿（今云南保山）司调腾冲卫军民指挥司，筑城浚池，垦辟田野，有实惠于民。陈升，南直隶合肥（今属安徽）人。

正统十二年（1447），张收为其父张适编成《甘白集》六卷。张适，字子宣，苏州人。明初以儒士征授水部郎中，旋即放归。

正统十三年（1448）十二月十五日，王骥作《题请褒赠忠节疏》，后被《永昌府文征》收录。

正统间，汤琮与同郡陶宁、张志举、程广、曹遇等人结为诗社。《云南通志》卷二十一载其“素心相许，隐居乐志，以诗名”。汤琮，号岩庵，云南永昌（今保山市）人。陶宁，字致远，正统间贡生。曹遇，江南太仓（今属江苏）人，官云南副使。张志举和程广生平不详。天启《滇志·艺文志》载汤琮七律《法明寺》、曹遇七绝《诸葛营》。《永昌府文征》录陶宁《即事》《菜灯》诗二首，录汤琮《法明寺》《鹦鹉》诗二首，录曹遇七绝《诸葛营》。

正统间，王昙入云南代父从戍，滇人延为塾师。王昙，字梦云，号芸窗，浙江山阴（今绍兴市）人，著《芸窗吟稿》。

正统间，应履平奉敕同兵部尚书王骥征麓川。应履平曾为云南左布政史。景泰《云南图经志书》卷十有其《云南布政司题名记》。

正统间，陈瑊以郎中、卢瑄以行人、张炜以主事从征麓川至腾越（今属云南腾冲）。《永昌府文征》录陈瑊诗《入腾冲行军》，录卢瑄诗《宿龙川江驿》，录张炜诗《夜闻麓贼就擒》。

正统间，郑颙任云南按察副使。多所著述。

正统间，余谷任金齿司儒学教授，造就有方，士多成就而文风大开。历任十九年。余谷，江西临江（今樟树）人。

明代宗朱祁钰景泰元年至七年（1450~1456）

景泰元年（1450）正月十五，陈升作《腾冲司钟铭》。《永昌府文征》收录此文。

景泰元年（1450），施铨中举人。施铨，字文衡，云南昆明人。致仕后授业乡里。著《东轩稿》。

景泰二年（1451），陈文升为云南布政司右布政使，在云南为官六年。景泰间撰景泰《云南图经志书》，其十载其《新建云南贡院记》等文。天启《滇志·艺文志》载其《南坝闸记》。

景泰二年（1451），童轩登进士。童轩，生卒年不详，字士昂，江西鄱阳人。

景泰间，郑颙任云南巡抚右佥都御史。多所著述。景泰《云南图经志书》卷十有《云南按察司题名记》《重修云南志序》《五华书屋记》《思召堂记》《按察司题名记》。景泰《云南图经志书》卷九又有《登旷怡楼》《春日游圆通寺》《巡边至永平过沙木和驿有感》《题雪谷清》《和五华寺旷月楼》等诗。天启《滇志·艺文志》载其《按察司题名记》《重修云南志序》《登旷怡楼》。《永昌府文征》录其诗《巡边至永昌杉木河驿有感》，其文《金齿司庙学新建梓橦祠记》，此文作于景泰五年。

明英宗朱祁镇天顺元年至八年（1457~1464）

天顺元年（1457），沐璘由云南右军都督同知为右都督，充总兵官。沐璘，沐昴长孙，字廷章，号继轩。所著诗文若干卷。景泰《云南图经志书》卷十有其《瑞麦》《冬日游筇竹、圆照二寺》《过横岭铺望点苍山有感》《自永昌次沙木和》等诗。天启《滇志·艺文志》载其《滇南即事》《游圆通寺》《入下关》《望西海》诗四首。《永昌府文征》载其《午日军至缅甸望西海》《复过沙木陇》《自永昌次杉木河》诗三首。

天顺二年（1458）正月中旬，许斌撰《腾冲晋家园许氏自南京到腾越肇基记》，此文录入《永昌府文征》。许斌，字福山，南直隶应天府（今江苏南京）人，从五品世袭腾冲卫副千户，时年九十。

天顺七年（1463），王宗作《重修华严寺碑》，录入《永昌府文征》。王宗，字绍尊，江西庐陵（今吉安）人。

天顺间，徐有贞以罪谪戍金齿（今云南保山），三年赐还。徐有贞，字符玉，初名珵，南直隶吴县（属今江苏苏州）人。宣德八年（1433）登进士。著有《武功集》。其学无所不通，其人品为人诟病。天启《滇志·艺文志》《永昌府文征》载其《寄易处士可久》诗一首。

天顺间，曾鼎任云南布政史司左参议。曾鼎，江西永丰人，景泰《云南图经志书》卷十有其《临安府重新庙学记》。

明宪宗朱见深成化元年至二十三年（1465~1487）

成化五年（1469）至成化十年，童轩任云南提学佥事。著《枕肱集》二十卷，《清风亭稿》八卷。《清风亭稿》为其门人李澄所编。天启《滇志·艺文志》载其诗《点苍山》《天井铺》《登五华寺戒上人楼》《宿下关驿书怀》，文《重修云南县儒学记》。《永昌府文征》载其《和杉木河驿壁间郑都宪韵》《天井铺》《漾备道中》《暮入永平》等诗六首。

成化六年(1470),余谷作《重修云岩卧佛禅寺并清出常住田地记》,此文录入《永昌府文征》。

成化十一年(1475),张西铭登进士,入仕。张西铭(1444~1496),字希载,云南宁州(今华宁)人,著《鹤轩集》。天启《滇志·艺文志》载其《重修清凉寺记》。

成化十三年(1477),赵子禧中举。授临安训导,升南阳府同知,卒于官。赵子禧,字庆夫,云南鹤庆人。著《碧莎》《蛙鸣》二集。

成化十三年(1477),万纶中举,任武冈州学正。后致仕归,内外族党之贫者咸周之。万纶,字允言,云南永昌(今保山市)人。著《西窗集》。《永昌府文征》载其诗十四首,即《毗卢阁》《杂咏》《西窗寿藏十二咏》。其妻王氏有《梅月轩诗集》,《永昌府文征》载其文《西窗先生寿藏跋》。

成化十九年(1483),余谷作《重建金齿太保山法明禅寺记》,此文录入《永昌府文征》。

成化二十年(1484),张志淳登进士。张志淳(1457~1538),字进之,自号南园野人,其先江宁(今属南京)人,洪武中迁金齿司(今云南保山),著《南园集》《西铭通》《谥法》《永昌二芳记》《南园漫录》《续录》等。《永昌府文征》载其诗三十四首,文二十六篇,纪载十六则。

成化二十三年(1487),腾槟登进士。腾槟,字秀之,云南永昌(今保山市)人。历南京户部郎中,清苦持重,以亲老乞归。著有《永昌百咏》《归田录》。《永昌府文征》载其《潞江》《百花寺》诗二首。

成化间,黄明善任云南按察司副使。黄明善,字复初,四川眉州(今眉山市)人,贡士。《永昌府文征》载其《汉营夜月》诗一首。

明孝宗朱佑樘弘治元年至十八年(1488~1505)

弘治元年(1488)正月,林俊擢云南提刑按察司副使。林俊,字待用,福建莆田人,成化十四年(1478)进士,著《见素集》《见素集续集》,天启《滇志·艺文志》载其《永昌名宦乡贤祠记》。《永昌府文征》载其《浦缥驿》《分司偶成》诗二首,又载其文《永昌名宦乡贤祠记》。

弘治二年(1489),萧景时中举。萧景时,字应元,云南晋宁人。弘治间不愿曲事上官而告归。著《可亭集》。

弘治九年(1496),张绎登进士,以贵州兵备副使致仕。张绎,字思绍,云南临安(今建水)人。著《东岩录》诸稿,天启《滇志·艺文志》载其七律《龙马蹄》。

弘治十四年(1501),易经中举。易经,字人常,云南腾越(今属腾冲)人。曾教读永昌太保山。著有《时吟轩稿》,杨慎为其撰《墓志铭》。《永昌府文征》载其诗二首:《游鲁氏园咏老梅和杨升庵先生韵》《叠水河观瀑》。

弘治十八年(1505),陆芸登进士。陆芸,云南永昌(今保山市)人,弘治十一年(1498)举人,历官御史、知府。《永昌府文征》载其诗《腾越州龙洞河》。

弘治间,李宗泗官云南按察司佥事。李宗泗,字希颜,四川彭山(今属眉山)人,成化十七年(1481)进士。《永昌府文征》载其诗《来凤寺》。

弘治间,黎民表官云南右参议。黎民表,字本端,湖广华容(今湖南岳阳)人,成化二十年(1484)

进士。《永昌府文征》载其诗《送友人之腾越州牧》，友人即顺德陈克侯。

弘治间，项瑄每游滇云山水，多有题咏。项瑄，广西南宁人，生平不详。

弘治间，赵炯任金腾兵备道，刚正有为，创建龙川江桥，修通高黎贡山路。赵炯，字文鉴，四川永川（今属重庆）人，成化八年（1472）进士。《永昌府文征》载其诗《秀峰亭》。

弘治间，王臣任云南按察司副使。王臣，字世赏，江西庐陵（今吉安）人。《永昌府文征》载其文《霁虹桥记》，此文作于弘治十三年（1500）七月。

弘治间，彭纲官云南提学副使。彭纲，字性仁，江西清江人，成化十一年（1475）进士。气量宏伟，谙练政体，表率诸士。弘治十六年（1503）纂《云南总志》，又著《云田集》。《永昌府文征》载其诗四首：《毗卢阁》《金齿谒武侯祠用元揭文安公韵》《咏刺桐花》《漾备道中》。

明武宗朱厚照正德元年至十六年（1506~1521）

正德二年（1507），易翼之中举人。易翼之，易经之子，字孔彰，与上官不洽，归隐龙川江讲学，著有《四书音义会编》《春秋经传会编》《诗话类钞》《古今诗评》及《腾冲司志》，皆有刻本，已佚。

正德十二年（1517），刘节任金腾兵备。刘节，字介夫，江西大庾（今大余）人，弘治十八年（1505）进士。《永昌府文征》载其诗三首《按腾越次果轩韵》《腾越州龙河洞》《渡潞江叹》。正德十四年（1519），徐泰中举人。徐泰，云南永昌（今保山市）人。《永昌府文征》载其文《重建龙江桥记》。

正德间，何孟春以右副都御史巡抚云南。《何文简疏议》十卷之第四卷至第八卷、《何燕泉诗集》四卷部分作品完成于此时期。何孟春（1474~1536），字子元，湖广郴州（今属湖南）人，弘治六年（1493）登进士。天启《滇志·艺文志》载其古体《平十八寨有跋》，《永昌府文征》载其《请复置永昌府治疏》。

正德间，朱应登任云南右布政使。朱应登（1477~1526），字升之，南直隶宝应（今属江苏扬州）人，弘治十二年（1499）进士，著《凌溪集》十八卷，其中赋二卷，诗十卷，文五卷，附录碑文、传铭、诗文一卷。天启《滇志·艺文志》载其七律《兰沧江》、七绝《沿途咏怀》三首。《永昌府文征》载其诗七首，有《过分水岭有怀同志》《澜沧渡》等。

正德间，杭淮官云南按察司副使。杭淮，字东卿，南直隶宜兴（今属江苏）人。弘治十二年（1499）进士，著有《双溪集》。《永昌府文征》载其诗一首《众安桥》。

明世宗朱厚熜嘉靖元年至四十五年（1522~1566）

嘉靖元年（1522）正月，祝璀作《重修华严寺记》。祝璀，江西德兴人，以罪戍腾冲，寻得归，郡人留之，遂家焉。教读以终，有诗文集。

嘉靖初，汪必东官云南右参政。汪必东①，湖广崇阳（今属湖北）人，正德六年（1511）进士。

---

①《永昌府文征》记为“江必东”，考明代进士题名表，正德六年进士没有“江必东”者，只有“汪必东”，故改之。

《永昌府文征》载其诗《花桥乘月》。

嘉靖初，王启官云南巡抚。王启，字景昭，浙江黄岩（今属台州）人，成化丁未（1487）进士。《永昌府文征》载其诗《咏尚书营》。

嘉靖二年（1523），张时彻登进士。任云南按察使。张时彻（1504～？），字惟静，浙江鄞县（今宁波）人。著《芝园集》。天启《滇志・艺文志》载其七律《同周木泾赏白梅山茶》。

嘉靖二年（1523），张纲登进士。官金腾兵备道。张纲，字美中，江西吉水（今属吉安）人，官至右副都御史巡抚云南。有《遗爱碑》。《永昌府文征》载其文《叙〈禺山文〉》。

嘉靖二年（1523），严时泰奉敕守云南永昌（今保山市），后擢去，民甚思之。严时泰，浙江余姚人，正德六年（1511）进士。《永昌府文征》载其诗《龙王泉》，文《永昌射圃记》。

嘉靖二年（1523），吴鹏登进士。以副使督学云南。吴鹏，字万里，浙江秀水（今属嘉兴）人。著有《飞鸿亭集》。《永昌府文征》载其诗《永平道中》。

嘉靖三年（1524），杨慎因“大礼议”被判“永远充军”云南永昌（今保山市）卫，嘉靖四年（1525）到达。杨慎（1488~1559），字用修，号升庵，四川新都（今属成都）人，正德六年（1511）状元。著有著作数百种，其中有《滇程记》一卷，《滇产记》一卷，《滇载记》《丹铅总录》等。《永昌府文征》载其诗72首，词一阙，文14篇。

嘉靖三年（1524），沈初杲因“大议礼”被廷杖，几死。约在嘉靖八年（1529）任云南右参政。沈初杲，字启明，湖广潜江（今属湖北）人，正德十六年（1521）进士。《永昌府文征》载其诗《三清观》。

嘉靖四年（1525），黄明良中举人，出仕后罢归。著《西牧山人集》。黄明良，字时际，云南晋宁人。

嘉靖四年（1525），郑文灿中举人，著有《梦骥赋》等。郑文灿，字国光，云南腾越（今属腾冲）人。

嘉靖五年（1526），胡尧时登进士。以按察司副使提学云南。胡尧时，字子中，江西泰和人，《永昌府文征》载其诗一首《霁虹桥》。

嘉靖八年（1529），郭春震登进士。官云南按察司副使。郭春震，字以亨，江西万安人，《永昌府文征》载其诗《过哀牢故县》，文《霁虹桥记》。

嘉靖十年（1531），段承恩乡试第二名，次年登进士。段承恩，字德大，号午衢，云南晋宁人，以疾病致仕。著《三巡疏要》，佚。存诗数首。

嘉靖十一年（1532），张合登进士，入仕后以病告归。张合（1506～？），张志淳之子，张含之弟，字懋观，年十六岁举云贵乡试第一（1522）。著《贳所文集》《宙载》等。《永昌府文征》录有其《履影诗》五首、文五篇、纪载二则。

嘉靖十三年（1534），李茂阳中举。后因直言得罪上官，乞归终养。李茂阳，字三山，云南昆明人，著《归来园集》。

嘉靖十四年（1535），郑冔官云南永昌府（今保山市）知府。郑冔，广西桂林人，举人。《永昌府文征》载其文《永昌忠毅祠记》。

嘉靖十五年（1536），汪文盛官云南巡抚都御史。汪文盛，字希周，湖广崇阳（今属湖北）人，正德辛未（1511）进士，有诗集、文集。《永昌府文征》载其文《保山县儒学记》。

嘉靖十六年（1537），陶庚中举人，仕至承天府通判，后归乡，吟哦不倦。陶庚，字星予，云南永昌（今保山市）人。《永昌府文征》载其诗《自嘲》。

嘉靖十七年（1538），陈表因得罪权贵罢官回籍。陈表，字献忠，号草池，云南新兴（今玉溪）人，天顺四年（1460）进士，曾任嘉靖朝浙江路御史。著有《绣衣集》。

嘉靖二十年（1541），陈善登进士。以宪副督学云南。陈善，字思敬，浙江钱塘（今杭州）人，著有《滇南类编》。

嘉靖二十一年（1542），童蒙正任永昌府（今保山市）知府，九载廉明如一日。童蒙正，四川铜梁（今属重庆）人，举人。《永昌府文征》载其诗一首《贺周中丞敬松平陇川》。

嘉靖二十四年（1545），龙施中解元，出仕后以母老乞归。龙施，字德敷，云南昆明人，著有《露林蝉啸》《归田百韵》《田园杂兴》《林皋漫兴》《选玄析韵》《吟稿》等。天启《滇志·艺文志》载其七律《春日奉侍中丞邹公游太华次韵》《游罗汉寺》《春日田园襟兴》等。

嘉靖二十五年（1546），应大猷任云南巡抚都御史。应大猷，字邦升，浙江仙居人，正德九年（1514）进士。《永昌府文征》载其诗《澜沧江》。

嘉靖二十五年（1546），马继龙中举人。马继龙，字云卿，号梅樵，回族，云南永昌（今保山市）人，著有《梅樵集》，未刊。天启《滇志·艺文志》载其七律《沧江怀古》。《永昌府文征》载其诗 69 首，有《夏日喜晴》《春日过适园有怀》等。

嘉靖二十五年（1546），石雷举亚元。官四川叙州府通判。丁忧归，遂不仕。石雷，云南永昌（今保山市）新牌坊人，著有《保秀堂诗稿》《学稿》《外稿》。《永昌府文征》载其诗《太保山玉皇阁题壁》。

嘉靖二十五年（1546），俞汝钦中举人。后隐逸。俞汝钦，楚雄人，著《山斋集》。《云南通志》收其杂言诗《柴溪山》。

嘉靖二十六年（1547），孙继鲁以右副都御史巡抚山西，任上被诬下狱，疽发背而死，在狱中用饭盌画壁，与同时获罪的御史杨爵唱和百余首，即《败碗集》。孙继鲁（？~1547），字道甫，号松山，云南昆明人，嘉靖二年（1523 年）进士。

嘉靖二十六年（1547），邵惟中登进士。邵惟中，字缨泉，云南永昌（今保山市）人。《永昌府文征》载其文《南金沙江源流考》。

嘉靖三十年（1651），李辐由河南府通判升腾越（今属云南腾冲）州知州。李辐，字文舆，号省庵，江西吉水（今属江西吉安）人，监生。《永昌府文征》载其诗《游巃嵸山》。

嘉靖三十二年（1653），罗汝芳登进士。官云南屯田副使进参政，署金腾兵备道。罗汝芳，字维德，号近溪，江西南城人。《永昌府文征》载其诗《游宝峰山》《再游龙光亭》。

约嘉靖三十三年（1654），皇甫汸任云南按察司佥事。皇甫汸（1504~1583），字子循，号百泉山人，南直隶长洲（今江苏苏州）人，嘉靖八年（1529）进士。咏滇诗甚多，集于《皇甫司勋集》第二十卷。

嘉靖三十三年（1654），黄中官云南巡按。黄中，字文卿，浙江遂昌人。贡士，《永昌府文征》载其诗四首：《金浪巅神祠》《沙木河》《澜沧江》《打牛坪》。

嘉靖三十五年（1556），周旷官腾越（今属云南腾冲）州知州。嘉靖三十八年十二月初八日，作《卧佛岩虚各一天》诗三首。周旷，号梧桐山人，贵州举人。《永昌府文征》另载其《又绝句二首》《题镇南楼》。

嘉靖三十七年（1558），侯必登中乡试亚元，三十八年（1559）登进士。侯必登，字颐真，号星湖，云南江川人。著有《金碧草》，《滇诗丛录》录其诗163首。

嘉靖三十八年（1559），张桥登进士。张桥，字衡如，云南昆明人，曾作诗千余首，多散佚。《梅花》长短句、《怀母》诗、《贺中丞见吾陈公序》等作品广为乡人传诵。天启《滇志·艺文志》载其《梅花吟》《登太华寺》《登进耳寺》等诗。

嘉靖三十八年（1559），杨慎卒。嘉靖间，“杨门七子”（张含、唐锜、胡廷禄、王廷表、李元阳、杨士云、吴懋），董难、叶瑞、沐九华、杨南金、简西峃等人与杨慎交游。

嘉靖三十八年（1559）八月二十五日，陈大纶作《高秋落叶遍郊扉》诗。陈大纶，字少野，浙江人，嘉靖间官腾越（今属云南腾冲）守备。

嘉靖四十四年（1565），许镃登进士。许镃，字国器，云南石屏人。《永昌府文征》载其文《赠云抚凤坪刘公西征缅甸序》。

嘉靖间，唐胄任金腾兵备道，不久改任云南提学。唐胄，字平侯，号西洲居士，广东琼山（今海南琼山）人，弘治十五年（1502）进士。《永昌府文征》载其文《〈禺山文〉跋》。

嘉靖间，顾应祥两次以右副都御史巡抚云南。顾应祥（1483~1565），字维贤，浙江长兴人，弘治十八年（1505）进士。其《昆明池歌》多为方志载录。

嘉靖间，潘润官金腾兵备道，建龙江桥。潘润，字时雨，南直隶建平（今安徽宣城）人，正德九年（1514）进士。《永昌府文征》载其文《重修龙江桥祭文》。

嘉靖间，诗人贾惟孝隐逸。贾惟孝，字若曾，号东畮，云南嵩明杨林人。《云南丛书》本《杨林两隐君集》载其诗66首。

嘉靖间，高可观著《苍洱集咏》并天下名胜诗编。高可观，云南太和（今属大理）人，廪生。

嘉靖间，柴宗儒以举贡入太学，不久归乡，著《居易稿》。柴宗儒，字师鲁，广西布政使司南宁府人。

嘉靖间，杨思震任云南永昌府（今保山市）儒学教授。杨思震，号云兴，湖广宁乡（今属湖南长沙）人，监生。修《永昌郡志》。《永昌府文征》载其文《保山县学科第题名记》。

嘉靖末，张佳胤以佥宪督学云南，“凡滇池苍洱之胜，收以古文词”，有《崌崃山房集》。张佳胤（1527~1588），字肖甫，四川铜梁（在今重庆西北部）人，嘉靖二十九年（1550）登进士。嘉靖四十五（1566）十二月廿三日，作《游安宁温泉记》。天启《滇志·艺文志》另载其《龙池》《九日集圆通寺有怀》《夜宿太华》等作品。《永昌府文征》载其诗12首：《自漾备趋金齿》《澜沧江桥》《金腾道中十首》。

明穆宗朱载垕隆庆元年至六年（1567~1572）

隆庆三年（1569）二月，陈善作《重修九龙池沟道记》。

隆庆间，徐中行为云南布政使司左参议，著《滇池集》。徐中行（?~1578），字子与，号天目山人，浙江长兴人，嘉靖二十九年（1550）进士。明代著名文学流派“后七子”之一。天启《滇志·艺文志》载其《和垂柳篇》《和山花歌》《太华山歌》等。

隆庆间，邹光祚任金腾兵备副使。邹光祚，字承卿，江西鄱阳人。嘉靖三十二年（1556）进士。《永昌府文征》载其文五篇，有《永昌里社义仓记》《光尊寺三教叙》等。

隆庆间，沈祖学任腾越（今属云南腾冲）知州。沈祖学，字时敏，号嵩高，浙江余姚人，举人。《永昌府文征》载其诗《过分水岭》《过高仑岗怀吴执斋先生》，文《重修腾越州治记》。

明神宗朱翊钧万历元年至四十八年（1573~1620）

万历初，张祥鸢任云南府知府。张祥鸢，生卒年不详，字道卿，南直隶金坛(在今江苏常州西部）人，嘉靖三十八年（1559）进士。著《华阳洞稿》《虚庵集》。

万历二年（1574），郭庭梧官云南巡抚。郭庭梧，字子材，河南新乡人。嘉靖四十四年（1565）进士，《永昌府文征》载其诗《澜沧江》。

万历五年（1577），李贽任云南姚安知府。李贽（1573~1620），又名载贽，字卓吾，又字宏甫，号温陵居士，又号龙湖叟，福建晋江（今泉州）人。嘉靖三十一年（1552）举人。

万历五年（1577），张文耀登进士，后任金腾兵备副使。张文耀，字养晦，湖广沅陵（今湖南怀化）人，《永昌府文征》载其诗《游宝峰寺》《永昌署中牡丹盛开》。

万历五年（1577），杨芳登进士，后任云南左布政使。杨芳，四川巴县（今属重庆）人。《永昌府文征》载其文《〈滇南修攘备考图说〉序》。

万历七年（1579），方沆任云南提学佥事，谪宁州任盐吏。方沆（1542~1608），字子及，福建莆田人，隆庆二年（1568）进士。

万历八年（1580），李本固登进士。官云南巡按。李本固，字叔茂，河南固始人。《永昌府文征》载其文《安插思化疏》。《云南通志》载其诗《游云津洞》《署中望点苍山》。

万历八年（1580），冯应凤登进士。官云南巡按御史。冯应凤，字邦瑞，浙江山阴（今绍兴市）人。《永昌府文征》载其文《陈地方紧急军情并述边警始末疏》。

万历八年（1580），李元阳去世，李贽作《李中溪先生告文》。五月，光明宫建成，李贽在鸡足山作《光明宫记》。

万历八年（1580），李贽姚安知府任满，退出官场，迁居湖广黄安（今湖北红安），几年后在麻城芝佛院落发为僧。

万历八年（1580），史旌贤登进士。史旌贤，字廷征，云南县（今云南祥云）人。著有《宁淡轩稿》《西台奏议》《维风篇》。《永昌府文征》载其诗《悲蛮莫》。

万历间，冯时可任云南布政使司右参议，著有《滇南稿》《滇行纪略》。冯时可，生卒年不详，字敏卿，南直隶松江华亭人（今属上海），隆庆五年（1571）进士。天启《滇志·艺文志》载其《游鸡足山记》《点苍山》等诗文。

万历十年（1582），刘世曾官云南巡抚。刘世曾，字胤甫，四川巴县（今属重庆）人。嘉靖壬戌（1562）年进士。《永昌府文征》载其文《重修永昌武安王庙记》。

万历十年（1582），马煜如中举人。马煜如，字韬叔，云南永昌（今保山）人。《永昌府文征》载其诗《落花》二首。

万历十一年（1583），薛继茂登进士。薛继茂，字懋敬，云南永昌卫（今保山市）人。《永昌府文征》载其诗《巡按黔中归省永昌宿大姚察院行署》《间道归省宿晴蛉驿有作》，其文九篇，有《请立皇太子疏》《上王相国书》等。

万历十一年（1583），刘文征登进士。刘文征，字右吾，云南昆明人，官至布政使致仕。纂《滇志》（天启年间完成）。

万历十一年（1583），邓子龙奉旨驻永昌平乱，作《约束土司檄》。邓子龙（1528~1598），字武桥，号大千，明朝杰出的抗倭将领。江西丰城人，嘉靖三十七年武举，巢贼数有功。万历十一年，缅甸木邦侵犯云南，岳凤、罕虔附缅甸为患，湾甸土知州景宗真及弟守材助之。邓子龙奉旨驻云南永昌（今保山市），与刘綎等将平定之。万历二十六年（1598），邓子龙入朝抗倭，于露梁海战中不幸遇难。《永昌府文征》载其《约束土司檄》《登镇南楼歌》《题姚关清平洞》等诗五首。有《枕戈集》行世。万历二十六年死于入朝抗倭战争。

万历十四年（1586），黄凤翔登进士。黄凤翔，字冲霄，云南昆明人。万历间著述甚富而无存。

万历十四年（1586），姜忻以参议督饷云南，论平缅功晋参政，第二年升按察使，任金腾兵备道。姜忻，字克荣，江西南昌人。嘉靖四十四年（1565）进士。《永昌府文征》载其诗《自浦缥赴龙川江》。

万历十七年（1589），方沆再任云南督学。作《华亭寺》《龙尾关天生桥》《苍洱纪行十八韵》《西巡过禄丰诗》《雄川阁》等诗。

万历十七年（1589）三月，邵惟中作《新建会真楼记》。

万历十七年（1589），包见捷登进士。包见捷，字汝纯，号大瀛，云南临安（今建水）人。《永昌府文征》载其《缅甸始末》。

万历十八年（1590），严清卒。严清（1524~1590），字公直，或字直甫，云南昆明人，嘉靖二十三年（1544）进士，有《冰玉堂集》。天启《滇志・艺文志》载其《迁巡抚都察院记》《湖中遇雨》等诗文。

万历十九年（1591），万嗣达中举人，分守金沧道。万嗣达，字禺存，江西九江人，《永昌府文征》载其诗《永昌怀古》。

万历二十年（1592），邓原岳登进士。任云南提学佥事。邓原岳，生卒年不详，字汝高，福建闽县（今福州市）人，著《西楼集》。其诗滇中文献多有收录，如《点苍山石歌》。天启《滇志・艺文志》载其《重修霁虹桥记》《游云津洞》《涌泉寺》等诗文。《永昌府文征》载其诗《叮当山》。

万历二十年（1592），朱化孚登进士。朱化孚，号岱晟，云南安宁人。著有《贲幽吟》《阳城纪胜》。天启《滇志・艺文志》载其文《福田寺记》。

万历二十一年（1593），漆文昌作《万华馆记》。漆文昌，江西新昌（今宜丰）人，贡士，万历间任金腾兵备道。《永昌府文征》载其诗《干崖夜月》《复过杉木笼》。

万历二十一年（1593），陈用宾官云南巡抚。陈用宾，字道亨，号毓台，福建晋江人，隆庆五年辛未（1571）进士。《永昌府文征》载其文《罢采宝井疏》。天启《滇志·艺文志》载其《环翠宫》《还定六慰后说》《祭告义勇武安王文》等。

万历二十二年（1594），张鼒中举人。张鼒，字大鼎，云南安宁人。有诗文若干卷，名目不详。

万历二十四年（1596），木青袭土知府，次年卒。其子木增编其诗入《玉水清音》。木青，字长生，一字乔岳，号松鹤，又号长春，纳西族，云南丽江人。

万历二十五年（1597），杨忠亮中举人。杨忠亮，字荩卿，云南石屏人。有《素吟草》《山窗漫言》。

万历二十六年（1598），邓渼登进士。邓渼（1569~1628），字远游，江西新城（今黎川）人，天启《滇志·艺文志》载其《兰津渡》《山茶花一百韵》等诗。《永昌府文征》载其诗十首，《兰津渡》及《陇川曲》九首。

万历二十六年（1598），毛堪登进士。官云南巡按，卒。毛堪，字公舆，南直隶吴县（今属江苏苏州）人，《永昌府文征》载其文《兰津谒武侯祠》。

万历二十八年（1600），王来仪中举人。王来仪（？~1647），字仲威，云南昆明人，有《晴陲集》。《永昌府文征》载其诗《贺周中丞敬松平陇川》《寄闪广山铨部，时有星变》。

万历二十八至三十四年（1600~1606），何邦渐纂辑《浪穹县志》十二卷，刊印行世（已佚）。何邦渐，字文槐，一字北渠，号绍渠，云南浪穹（今大理洱源）人，选贡。著有《初知稿》六卷，《百咏梅诗》一卷。

万历二十九年（1601），赵日亨登进士。赵日亨，字贞所，云南安宁人。著有《寤歌楼集》，佚。

万历三十四年（1606），杨如龙中举人。杨如龙，字世见，号大器子，云南腾越（今属腾冲）人，有文名。《永昌府文征》载其文《帖贡碑记》。约万历三十五至四十年（1607 ~ 1612）巡按云南，著《南中集》四卷。

万历三十七年（1609），闪继迪中举人。闪继迪（？~1637），字允修，回族，云南永昌（今保山市）人，著有《羽岑园秋兴》《吴越吟草》。天启《滇志·艺文志》载其《追和用修先生春兴》。《永昌府文征》载其诗四十三首，有《焦山》《霹雳石》等，文三篇《刻〈弘山先生存稿语录〉序》（此文作于万历四十三年（1615）《创建十一城碑记》《龙泉寺常住田碑记》。

万历四十六年（1618），谢肇淛任云南布政使司右参政，编撰《滇略》。谢肇淛（1567~1624），字在杭，福建长乐人，万历二十年（1592）进士。天启《滇志·艺文志》载其《一塔寺》《鸡足绝顶》。《永昌府文征》载其诗《重过分水岭》。

万历四十六年（1618），潘一柱作《新建腾越毗卢寺》。潘一柱，云南永昌（今保山市）人，万历甲辰（1602）进士，官监守御史。《永昌府文征》载其《新建腾越毗卢寺》《分守金沧道参政彭公平叛碑》。

万历四十八年（1620），薛梦雷以右副都御史巡抚云南，著《彩云篇》二卷。薛梦雷（1546~1611），字汝奋，号鸣宇，福建福清人，隆庆五年（1571）进士。天启《滇志·艺文志》载其诗《赏茶花述怀二十韵呈同台》《读滇志》。《永昌府文征》载其诗《送沐都护西征》。

万历间，陈文燧官云南巡按御史。陈文燧，字汝相，江西临川（今属抚州）人[①]，嘉靖四十一年（1562）进士。《永昌府文征》载其诗《板桥漫兴》。

万历间，范讷曾至云南搜剔名胜，辑《全唐诗》千余卷。范讷，字东生，浙江乌程（今吴兴）人。《永昌府文征》载其诗《滇西词》。

万历间，陈鸣鹤创作诗歌数百篇。陈鸣鹤，字汝翔，福建闽县（今福州市）人。《永昌府文征》载其诗《送人至缅甸》。

万历间，刘廷蕙官云南左参议。刘廷蕙，字蕙璋，卿浦人（今福建漳浦县），《永昌府文征》载其文《重建霁虹桥碑记》《重修永平县儒学记》。

万历间，郭棐任云南右布政使。郭棐（1529~1605），字笃甫，广东番禺人。天启《滇志·艺文志》载其《海洞奇游》《筇竹寺》《题西平图》等诗。著有《炎徼琐言》。

万历间，杨师孔任云南布政使司右参议。杨师孔（1570~1630），字愿之，一字冷然，号霞标，江西庐陵（今吉安）人，贵州卫官籍，万历二十九年（1601）进士。

万历间，吴稼竳官云南通判。吴稼竳，字翁晋，浙江孝丰（今安吉）人。著有《元盖副草》，又《北征南湝》《滇游》诸稿。《永昌府文征》载其诗《矿山谣》。

万历间，喻朗任腾越（今属云南腾冲）州判。喻朗，江西南昌人。《永昌府文征》载其诗《龙光台观瀑》二首。

万历间，周宪章任云龙州知州。周宪章，贵州思南人，举人，《永昌府文征》载其诗《澜沧江》一首。

万历间，郑邦诰著《滇边地理考》。郑邦诰，云南腾越（今属腾冲）人，诸生。《永昌府文征》载其文《高化冈证讹》。

万历间，黄贞元作《黑水辨》《腾冲司山水志》。黄贞元，字干运，云南腾越（今属腾冲）人，诸生。《永昌府文征》载其《黑水辨》。

万历间，丁大训隐居云南楚雄吕合驿。丁大训，别号五楼山人。著作散佚，仅遗《仙人骨》一绝，诗云："五楼峰下紫云关，鹤驭秋风甚日还。白骨不随鸡犬去，只今遗蜕满空山。"

万历间，陈宗器作《瘦竹轩诗文稿》。陈宗器，安竹之，云南腾越（今属腾冲）人，贡生。长于诗赋。《永昌府文征》载其《龙交亭赋》。

明熹宗朱由校天启元年至七年（1621~1627）

天启初，刘綎赠少保。刘綎，字省吾，都督刘显子，万历初从父讨九丝蛮，以功迁云南迤东守备。《永昌府文征》载其诗《各官大会永昌宴集赋诗》、文《平麓川露布》《蛮莫威远营碑》。

---

①《永昌府文征》记为嘉靖壬辰（嘉靖十一年）进士，查明代进士表，陈文燧实为嘉靖壬戌科（嘉靖四十一年）进士。

天启二年（1622），戈允礼登进士。戈允礼，字敬舆，云南永昌（今保山市）人，万历四十六年（1618）举人，官至工部侍郎。著有《四书正眼》《知儒管见》《邹鲁乡语》《吾宗正眼》等书。《永昌府文征》载其诗 125 首。

约天启五年（1624），朱泰祯巡按云南。朱泰祯，生卒年不详，字道子，浙江海盐人，万历四十四年（1616）进士。天启《滇志·艺文志》载其《爱君勤政历约议》《盘龙寺瞻莲峰禅师遗蜕》《圣水三朝》等诗文。著有《远人楼诗集》。

天启五年（1624），刘文征《滇志》完稿。刘文征（1555~1626），字懋学，号右吾。祖籍云中（今山西大同），洪武十四年，其先辈从征云南，隶籍云南右卫，遂为昆明人。万历十一年（1583）进士。

天启六年（1625），李仲春与进士胡琏同建清微宫。李仲春，江西人，曾以医随邓子龙至腾越（今属云南腾冲）。《永昌府文征》载其《清微宫碑记》。

天启七年（1627），闪仲侗中举人。闪仲侗，闪继迪之季子，字士觉，著有《鹤鸣篇》。

天启间，杨师孔再次任云南按察使司佥事。天启《滇志·艺文志》载其《春日同诸方伯王给谏登太华》《人日，直指朱白翁招院中看火树》。天启《滇志·搜遗志》载其《游温泉记》《游云津洞》。

天启间，张学懋任鹤庆府知府。张学懋，四川梓州（今三台）人，《永昌府文征》载其诗《迎旭阁》。

天启间，闵洪学官云南巡抚。闵洪学，字周先，浙江乌程（今吴兴）人，万历二十六（1598）进士。《永昌府文征》载其《致缅酋阿瓦攻车里疏》。

天启间，陈仪官云南右参政。陈仪，字用吉，福建闽县（今福州市）人，万历三十五年（1607）进士，《永昌府文征》载其诗《诸葛武侯庙》。

明思宗朱由检崇祯元年至十七年（1628~1644）

崇祯三年（1629），禄洪率滇兵赴京勤王，六月抵京时皇太极已退兵。著《北征集》。禄洪（？～约 1633）字霄宾，云南宁州（今华宁）人，世袭土知府。

崇祯十年（1636），云南永昌（今保山市）人。潘嗣魁、潘世澄父子同榜中举人。《永昌府文征》载潘嗣魁《钵龙庵漫兴》诗，潘世澄《春日游金鸡村》诗。

崇祯十五年（1642），傅宗龙总督陕西，出征李自成，军溃被俘。傅宗龙（?~1641），号括苍，云南昆明人，万历三十八年（1610）进士。《滇南诗略》存其诗三首，《滇诗拾遗》存二首。

崇祯十六年（1643），戈允礼作《三梅居士自叙》。戈允礼，字敬舆，云南保山人。天启二年（1622）进士。官至工部侍郎，著有《知儒管见》等。

崇祯十六年（1643），吴易登进士。吴易，字同生，南直隶吴江（今属江苏苏州）人，著有《东湖唱和集》。《永昌府文征》载其诗《靖远伯王忠毅公骥》。

崇祯间，史秉信与何可及续《鹤庆府志》。史秉信，字实斋，鹤庆人，诸生。何可及，字允升，号若溪，云南剑川人，万历四十七年（1619）进士。

崇祯间，施武遍游滇南，著《楚游草》《西览篇》。施武，字鲁孙，别号百灵，南直隶无锡（今属江苏）人。《永昌府文征》载其诗四首：《永昌词》《街子词》《土官出山词》《宝井词》。

崇祯间，木增著《云邁集》《啸月函》《山中逸趣集》《芝山集》《空翠山集》《光碧楼选草》等六种诗文集。木增（1587~1646），字生白，纳西族，任丽江土知府。

崇祯间，吉先庚任金腾参将。《永昌府文征》载其诗《永腾参将题名碑》。

南明昭宗朱由榔永历元年至十六年（1647 ~1662）

永历元年（1647），孙可望入滇，迫张国正为官，张隐遁陇亩之中，著有《垅亩集》。张国正，字永和，云南昆明人。

永历七年（1653），胡鲤作《万华馆常住田碑记》。胡鲤，字克斋，云南江川人，官陇川游击。

永历八年（1654），金维新中举人。金维新，字公趾，号又生，云南昆明人。《永昌府文征》载其诗《西行永昌旅次题墨牡丹》。

永历十三年（1659）入缅后，胡璇归隐腾越（今属云南腾冲）宝峰山。胡璇，字大器，又字宝树，别号二峰，云南腾越人，崇祯八年（1634）进士。《永昌府文征》载其诗《龙洞河瀑布》《涌珠泉》，载其《重修腾越宝峰山佛殿碑记》等文六篇。

永历十五年（1659），咒水之难事发，永历近臣42人被杀，邓凯因腿伤未过江饮咒水而幸存，后于昆阳普照寺出家为僧。著《也是录》。邓凯，江西吉安人。

永历间，雷跃龙入永历朝内阁宰辅。雷跃龙（1602~1681），字石庵，号伯麟，云南新兴（今玉溪）人。万历四十六年（1618）中举人，次年登进士。以不交魏党受崇祯帝重用。后入永历帝内阁，任礼刑二部尚书。永历十二年，在禄丰广通被乱兵所执，送洪承畴处，被放还，以此未随永历帝入缅，幸免于咒水之难。明亡后，于腾越雪山（今高黎贡山）腾云寺剃发隐居。著有《逸余集》二卷，《葵谷草》一卷。

永历间，刘坊著《滇歌行》《七星关》等。刘坊，原名琅，字季英，号鳌石，云南永昌（今保山市）人。祖于清兵攻陷上杭时殉国，父于永历狩缅时殉国。《永昌府文征》载其诗46首。

永历间，刘范著《萍寄偶咏》《醉余草》等。弟刘彬作《铁园吃语无数》《如东录》。《永昌府文征》载刘范《暮相思》《边城曲》等诗五首，载刘彬《旗台》《粮堆》等诗八首，另载刘范《〈永昌府志〉序》，刘彬《永昌土司论》。

明亡之际，王琦隐居山野。王琦，字玉振，一字石玉，云南昆明人，王来仪之子。《滇诗丛录》录其诗13首。

明亡后，轮庵祝发为僧。轮庵，名同揆，南直隶吴县（属今江苏苏州）人，少为诸生。著有《云溪集》《洱海杂谈》等书。《永昌府文征》载其诗《鼎湖篇》。

明亡后，不夜佯狂为僧。不夜，相传随永历帝入滇，帝被杀后（1662）佯狂为僧。其“不夜”寓“明”之意，一署“晴人”寓明清之交意。《永昌府文征》载其《偶成》《失题》等诗七首。

明亡后，周东华隐居宝峰寺，著有《雪山集》24篇。

（朱供罗）

附录二　明代云南文学家地理分布图及统计表

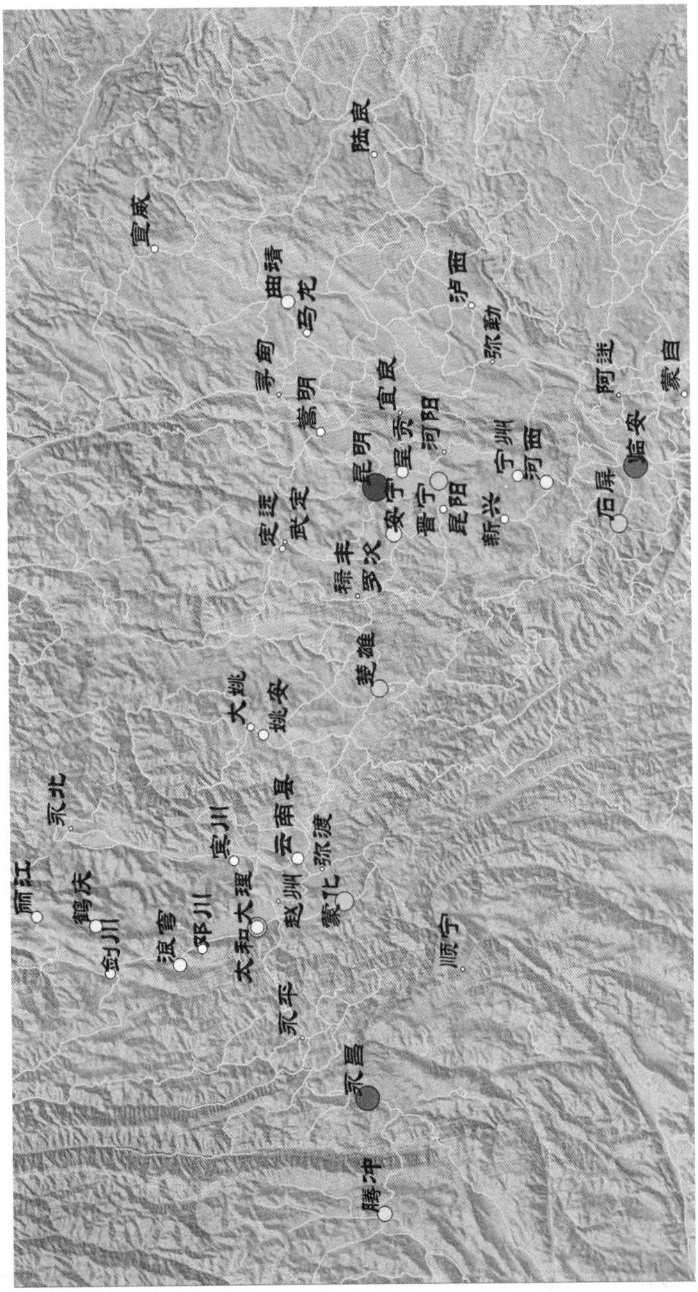

（一）明代云南文学家地理分布统计表

序号	姓名	籍贯	今用地名	X	Y
1	王廷表	阿迷	开远	103.23381	23.71490
2	曾祺	安宁		102.44000	24.95000
3	陈所有	安宁		102.44000	24.95000
4	陈玺	安宁		102.44000	24.95000
5	罗九有	安宁		102.44000	24.95000
6	杨伯诚	安宁		102.44000	24.95000
7	杨师呈	安宁		102.44000	24.95000
8	杨廷光	安宁		102.44000	24.95000
9	杨一清	安宁		102.44000	24.95000
10	张鼒	安宁		102.44000	24.95000
11	张素	安宁		102.44000	24.95000
12	张维	安宁		102.44000	24.95000
13	张烛	安宁		102.44000	24.95000
14	赵日亨	安宁		102.44000	24.95000
15	朱化孚	安宁		102.44000	24.95000
16	何邦宪	宾川		100.55000	25.82000
17	释大错	宾川		100.55000	25.82000
18	释真语	宾川		100.55000	25.82000
19	叶松	宾川		100.55000	25.82000
20	朱奕文	宾川		100.55000	25.82000
21	陈常道	呈贡		102.79896	24.90134
22	陈淳	呈贡		102.79896	24.90134
23	李萃	呈贡		102.79896	24.90134
24	石银	呈贡		102.79896	24.90134
25	释读彻	呈贡		102.79896	24.90134
26	文俊德	呈贡		102.79896	24.90134
27	文祖尧	呈贡		102.79896	24.90134
28	张薰	呈贡		102.79896	24.90134
29	陈士恪	楚雄		101.54286	25.03307
30	丁大训	楚雄		101.54286	25.03307
31	杜天祯	楚雄		101.54286	25.03307
32	姜维蕃	楚雄		101.54286	25.03307
33	李珏	楚雄		101.54286	25.03307
34	李希纲	楚雄		101.54286	25.03307
35	刘联声	楚雄		101.54286	25.03307
36	萨天井	楚雄		101.54286	25.03307
37	释读体	楚雄		101.54286	25.03307
38	孙学诗	楚雄		101.54286	25.03307

（续表）

序号	姓名	籍贯	今用地名	X	Y
39	俞观	楚雄		101.54286	25.03307
40	俞联辉	楚雄		101.54286	25.03307
41	俞汝卿	楚雄		101.54286	25.03307
42	俞汝谐	楚雄		101.54286	25.03307
43	俞维	楚雄		101.54286	25.03307
44	张如凤	楚雄		101.54286	25.03307
45	陈时雨	大理		101.47362	25.18079
46	董难	大理		101.47362	25.18079
47	段世	大理		101.47362	25.18079
48	高尉	大理		101.47362	25.18079
49	何文极	大理		101.47362	25.18079
50	李嗣善	大理		101.47362	25.18079
51	梁佐	大理		101.47362	25.18079
52	释同揆	大理		101.47362	25.18079
53	释无极	大理		101.47362	25.18079
54	苏必达	大理		101.47362	25.18079
55	杨安道	大理		101.47362	25.18079
56	杨黼	大理		101.47362	25.18079
57	杨禹锡	大理		101.47362	25.18079
58	尹心尧	大理		101.47362	25.18079
59	张拱文	大理		101.47362	25.18079
60	张相度	大理		101.47362	25.18079
61	张以恒	大理		101.47362	25.18079
62	张云鹏	大理		101.47362	25.18079
63	赵汝廉	大理		101.47362	25.18079
64	赵惟精	大理		101.47362	25.18079
65	施光裕	大姚		101.32531	25.72573
66	王鸣凤	大姚		101.32531	25.72573
67	谢宗阳	大姚		101.32531	25.72573
68	艾自新	邓川		100.04160	25.99123
69	艾自修	邓川		100.04160	25.99123
70	樊相	邓川		100.04160	25.99123
71	高桂枝	邓川		100.04160	25.99123
72	杨南金	邓川		100.04160	25.99123
73	丁希度	定远	牟定	102.36000	25.55000
74	释洪如	定远		102.36000	25.55000
75	葛中选	河西	通海	102.73174	24.11781
76	陈其力	河西		102.75561	24.10607

（续表）

序号	姓名	籍贯	今用地名	X	Y
77	华大统	河西	通海	102.75561	24.10607
78	孔聘贤	河西		102.75561	24.10607
79	马信	河西		102.75561	24.10607
80	缪宗周	河西		102.75561	24.10607
81	沈政	河西		102.75561	24.10607
82	向于宸	河西		102.75561	24.10607
83	许登赢	河西		102.75561	24.10607
84	周师稷	河西		102.75561	24.10607
85	邓汉鼎	河阳	澄江	102.91122	24.67320
86	查伟	鹤庆		100.17928	26.55942
87	陈洞天	鹤庆		100.17928	26.55942
88	樊巍	鹤庆		100.17928	26.55942
89	李梦颀	鹤庆		100.17928	26.55942
90	孙桐	鹤庆		100.17928	26.55942
91	张九贤	鹤庆		100.17928	26.55942
92	张启贤	鹤庆		100.17928	26.55942
93	张宗载	鹤庆		100.17928	26.55942
94	赵以相	鹤庆		100.17928	26.55942
95	李东儒	剑川		99.90253	26.48383
96	释行脚	剑川		99.90253	26.48383
97	王元英	剑川		99.90253	26.48383
98	杨应科	剑川		99.90253	26.48383
99	张时宜	剑川		99.90253	26.48383
100	赵炳龙	剑川		99.90253	26.48383
101	段承恩	晋宁		102.74321	24.70312
102	方端	晋宁		102.74321	24.70312
103	方世瑜	晋宁		102.74321	24.70312
104	黄梦禧	晋宁		102.74321	24.70312
105	黄明良	晋宁		102.74321	24.70312
106	释普荷	晋宁		102.74321	24.70312
107	唐华	晋宁		102.74321	24.70312
108	唐懋德	晋宁		102.74321	24.70312
109	唐尧官	晋宁		102.74321	24.70312
110	唐以敬	晋宁		102.74321	24.70312
111	唐锜	晋宁		102.74321	24.70312
112	王昱	晋宁		102.74321	24.70312
113	王宗	晋宁		102.74321	24.70312
114	肖景时	晋宁		102.74321	24.70312

（续表）

序号	姓名	籍贯	今用地名	X	Y
115	朱凤	晋宁		102.74321	24.70312
116	朱玑	晋宁		102.74321	24.70312
117	朱克瀛	晋宁		102.74321	24.70312
118	昌容	昆明		102.71035	25.04591
119	陈氏	昆明		102.71035	25.04591
120	高应雷	昆明		102.71035	25.04591
121	顾天佑	昆明		102.71035	25.04591
122	郭斗	昆明		102.71035	25.04591
123	郭文	昆明		102.71035	25.04591
124	郭之建	昆明		102.71035	25.04591
125	胡山	昆明		102.71035	25.04591
126	胡廷禄	昆明		102.71035	25.04591
127	黄凤翔	昆明		102.71035	25.04591
128	金燧	昆明		102.71035	25.04591
129	李茂阳	昆明		102.71035	25.04591
130	李玉素	昆明		102.71035	25.04591
131	李宗儒	昆明		102.71035	25.04591
132	刘文征	昆明		102.71035	25.04591
133	龙施	昆明		102.71035	25.04591
134	毛玉	昆明		102.71035	25.04591
135	孟富	昆明		102.71035	25.04591
136	倪辂	昆明		102.71035	25.04591
137	阮端	昆明		102.71035	25.04591
138	施铨	昆明		102.71035	25.04591
139	施昱	昆明		102.71035	25.04591
140	释禅	昆明		102.71035	25.04591
141	释净伦	昆明		102.71035	25.04591
142	释善坚	昆明		102.71035	25.04591
143	孙继鲁	昆明		102.71035	25.04591
144	陶庚	昆明		102.71035	25.04591
145	王来仪	昆明		102.71035	25.04591
146	肖氏	昆明		102.71035	25.04591
147	辛恪	昆明		102.71035	25.04591
148	熊才	昆明		102.71035	25.04591
149	熊之龙	昆明		102.71035	25.04591
150	严清	昆明		102.71035	25.04591
151	严士龙	昆明		102.71035	25.04591
152	杨永言	昆明		102.71035	25.04591

（续表）

序号	姓名	籍贯	今用地名	X	Y
153	张国正	昆明		102.71035	25.04591
154	张桥	昆明		102.71035	25.04591
155	赵璧	昆明		102.71035	25.04591
156	朱昂	昆明		102.71035	25.04591
157	迟光启	昆阳		102.58000	24.68000
158	李畅藻	昆阳		102.58000	24.68000
159	李舜耕	昆阳		102.58000	24.68000
160	何邦渐	浪穹	洱源	99.94923	26.11270
161	何鸣凤	浪穹		99.94923	26.11270
162	何思明	浪穹		99.94923	26.11270
163	何素珩	浪穹		99.94923	26.11270
164	何蔚文	浪穹		99.94923	26.11270
165	何文星	浪穹		99.94923	26.11270
166	杨兆衡	浪穹		99.94923	26.11270
167	杨嶟	浪穹		99.94923	26.11270
168	张腾霄	浪穹		99.94923	26.11270
169	赵以康	浪穹		99.94923	26.11270
170	木高	丽江		100.23598	26.87463
171	木公	丽江		100.23598	26.87463
172	木靖	丽江		100.23598	26.87463
173	木青	丽江		100.23598	26.87463
174	木泰	丽江		100.23598	26.87463
175	木增	丽江		100.23598	26.87463
176	沐昂	丽江		100.23598	26.87463
177	包见捷	临安	建水	102.82231	23.62455
178	冯桂芳	临安		102.82231	23.62455
179	郭镛	临安		102.82231	23.62455
180	江濬	临安		102.82231	23.62455
181	蓝和	临安		102.82231	23.62455
182	刘存存	临安		102.82231	23.62455
183	刘敬	临安		102.82231	23.62455
184	刘容	临安		102.82231	23.62455
185	刘洙	临安		102.82231	23.62455
186	罗昊	临安		102.82231	23.62455
187	罗庸	临安		102.82231	23.62455
188	马之骝	临安		102.82231	23.62455
189	马质	临安		102.82231	23.62455
190	濮宗达	临安		102.82231	23.62455

（续表）

序号	姓名	籍贯	今用地名	X	Y
191	谭继统	临安	建水	102.82231	23.62455
192	田容	临安		102.82231	23.62455
193	万文彩	临安		102.82231	23.62455
194	吴希县	临安		102.82231	23.62455
195	肖崇业	临安		102.82231	23.62455
196	肖琯	临安		102.82231	23.62455
197	邢干	临安		102.82231	23.62455
198	徐澜	临安		102.82231	23.62455
199	杨 僎	临安		102.82231	23.62455
200	杨道明	临安		102.82231	23.62455
201	杨应桂	临安		102.82231	23.62455
202	叶瑞	临安		102.82231	23.62455
203	叶舟	临安		102.82231	23.62455
204	张隆	临安		102.82231	23.62455
205	张文宗	临安		102.82231	23.62455
206	张绎	临安		102.82231	23.62455
207	朱绅	临安		102.82231	23.62455
208	陈玉廷	泸西		103.76000	24.52000
209	释隆慧	泸西		103.76000	24.52000
210	申吾敬	陆良		104.64000	25.04000
211	朱朝蕃	陆良		104.64000	25.04000
212	王劝士	禄丰		102.08010	25.14740
213	李丁元	罗次	今属禄丰	102.08010	25.14740
214	杜维馨	马龙		103.61000	25.41000
215	阮近贤	马龙		103.61000	25.41000
216	阮元声	马龙		103.61000	25.41000
217	陈佐才	蒙化	巍山	100.30888	25.23003
218	丁昶	蒙化		100.30888	25.23003
219	范瑞世	蒙化		100.30888	25.23003
220	官惠	蒙化		100.30888	25.23003
221	郭廷珪	蒙化		100.30888	25.23003
222	刘庆增	蒙化		100.30888	25.23003
223	刘养中	蒙化		100.30888	25.23003
224	马逸	蒙化		100.30888	25.23003
225	于迁	蒙化		100.30888	25.23003
226	张璧	蒙化		100.30888	25.23003
227	张锦蕴	蒙化		100.30888	25.23003
228	张烈文	蒙化		100.30888	25.23003

（续表）

序号	姓名	籍贯	今用地名	X	Y
229	赵子禧	蒙化	巍山	100.30888	25.23003
230	朱光霁	蒙化		100.30888	25.23003
231	朱玑	蒙化		100.30888	25.23003
232	左明理	蒙化		100.30888	25.23003
233	左文臣	蒙化		100.30888	25.23003
234	左文象	蒙化		100.30888	25.23003
235	左正	蒙化		100.30888	25.23003
236	谈三极	蒙自		103.23675	23.35547
237	尹愉	蒙自		103.23675	23.35547
238	释非相	弥渡		100.49776	25.34971
239	杨纯武	弥勒		103.43320	24.40936
240	陆天麟	宁州	华宁	102.77002	24.27566
241	禄洪	宁州		102.77002	24.27566
242	禄厚	宁州		102.77002	24.27566
243	王元翰	宁州		102.77002	24.27566
244	张凤翙	宁州		102.77002	24.27566
245	张文礼	宁州		102.77002	24.27566
246	张西铭	宁州		102.77002	24.27566
247	柴宗儒	曲靖		103.79000	25.51000
248	傅遇高	曲靖		103.79000	25.51000
249	李思揆	曲靖		103.79000	25.51000
250	施继先	曲靖		103.79000	25.51000
251	释本智	曲靖		103.79000	25.51000
252	唐时英	曲靖		103.79000	25.51000
253	项宣	曲靖		103.79000	25.51000
254	朱服远	曲靖		103.79000	25.51000
255	朱家民	曲靖		103.79000	25.51000
256	庄以裕	曲靖		103.79000	25.51000
257	陈壁光	石屏		102.48826	23.71902
258	陈鉴	石屏		102.48826	23.71902
259	陈杰	石屏		102.48826	23.71902
260	陈世治	石屏		102.48826	23.71902
261	段暄	石屏		102.48826	23.71902
262	刘芳	石屏		102.48826	23.71902
263	孙衮	石屏		102.48826	23.71902
264	孙联芳	石屏		102.48826	23.71902
265	孙联科	石屏		102.48826	23.71902
266	涂大辂	石屏		102.48826	23.71902

（续表）

序号	姓名	籍贯	今用地名	X	Y
267	涂时相	石屏		102.48826	23.71902
268	王尚贤	石屏		102.48826	23.71902
269	杨忠亮	石屏		102.48826	23.71902
270	张琮	石屏		102.48826	23.71902
271	张廷璧	石屏		102.48826	23.71902
272	张一甲	石屏		102.48826	23.71902
273	张煜然	石屏		102.48826	23.71902
274	罗元佐	顺宁	凤庆	99.91098	24.59181
275	花璧	嵩明		103.03332	25.34134
276	贾惟孝	嵩明		103.03332	25.34134
277	兰茂	嵩明		103.03332	25.34134
278	释本悟	嵩明		103.03332	25.34134
279	高可观	太和	今属大理	101.47362	25.18079
280	李东	太和		101.47362	25.18079
281	李元阳	太和		101.47362	25.18079
282	施心极	太和		101.47362	25.18079
283	吴懋	太和		101.47362	25.18079
284	吴尧献	太和		101.47362	25.18079
285	杨鼒	太和		101.47362	25.18079
286	杨士云	太和		101.47362	25.18079
287	赵赞	太和		101.47362	25.18079
288	董卿	太和		100.16444	25.69783
289	陈彝典	腾冲		98.49498	25.02435
290	陈宗器	腾冲		98.49498	25.02435
291	胡璇	腾冲		98.49498	25.02435
292	汪城	腾冲		98.49498	25.02435
293	吴璋	腾冲		98.49498	25.02435
294	吴宗尧	腾冲		98.49498	25.02435
295	吴宗周	腾冲		98.49498	25.02435
296	易经	腾冲		98.49498	25.02435
297	易翼之	腾冲		98.49498	25.02435
298	张润	腾冲		98.49498	25.02435
299	郑文灿	腾冲		98.49498	25.02435
300	周东华	腾冲		98.49498	25.02435
301	杨春震	武定		102.39832	25.53585
302	陈表	新兴	玉溪	102.52000	24.35000
303	雷跃龙	新兴		102.52000	24.35000
304	马明阳	新兴		102.52000	24.35000

（续表）

序号	姓名	籍贯	今用地名	X	Y
305	万璩	新兴	玉溪	102.52000	24.35000
306	李珉	宣威		104.10641	26.21884
307	缪良玉	宣威		104.10641	26.21884
308	缪文龙	宣威		104.10641	26.21884
309	董汉英	寻甸		103.25372	25.56220
310	碶应东	姚安		101.27985	25.65638
311	陶珙	姚安		101.27985	25.65638
312	陶珽	姚安		101.27985	25.65638
313	陶希皋	姚安		101.27985	25.65638
314	由于廷	姚安		101.27985	25.65638
315	张金	姚安		101.27985	25.65638
316	严容	宜良		103.14198	24.91107
317	刘完初	永北		100.74804	26.68933
318	陈秉善	永昌	保山	99.16686	25.11244
319	丁嵩	永昌		99.16686	25.11244
320	符节	永昌		99.16686	25.11244
321	戈允礼	永昌		99.16686	25.11244
322	胡昶	永昌		99.16686	25.11244
323	马继龙	永昌		99.16686	25.11244
324	樵逸	永昌		99.16686	25.11244
325	闪继迪	永昌		99.16686	25.11244
326	闪仲侗	永昌		99.16686	25.11244
327	石雷	永昌		99.16686	25.11244
328	宋氏	永昌		99.16686	25.11244
329	汤琮	永昌		99.16686	25.11244
330	陶凝	永昌		99.16686	25.11244
331	滕槟	永昌		99.16686	25.11244
332	万纶	永昌		99.16686	25.11244
333	万纶妻王氏	永昌		99.16686	25.11244
334	王国治	永昌		99.16686	25.11244
335	王弘祚	永昌		99.16686	25.11244
336	辛和国	永昌		99.16686	25.11244
337	辛亨	永昌		99.16686	25.11244
338	薛继茂	永昌		99.16686	25.11244
339	杨元	永昌		99.16686	25.11244
340	叶奕	永昌		99.16686	25.11244
341	张必焕	永昌		99.16686	25.11244
342	张昞	永昌		99.16686	25.11244

（续表）

序号	姓名	籍贯	今用地名	X	Y
343	张含	永昌	保山	99.16686	25.11244
344	张合	永昌		99.16686	25.11244
345	张升	永昌		99.16686	25.11244
346	张志淳	永昌		99.16686	25.11244
347	张志信	永昌		99.16686	25.11244
348	赵千乘	永昌		99.16686	25.11244
349	俞焜	永平		99.51934	25.46317
350	常宪	云南县	祥云	100.56000	25.48000
351	李素	云南县		100.56000	25.48000
352	史旌贤	云南县		100.56000	25.48000
353	释学蕴	云南县		100.56000	25.48000
354	释周理	云南县		100.56000	25.48000
355	杨向春	云南县		100.56000	25.48000
356	赵民献	云南县		100.56000	25.48000
357	周臣	云南县		100.56000	25.48000
358	杨京	赵州	凤仪	100.31290	25.58517

（二）各地区及作者人数总计

序号	地名	人数	X	Y
1	昆明	39	102.71035	25.04591
2	临安	31	102.82231	23.62455
3	永昌	31	99.16686	25.11244
4	大理	20	101.47362	25.18079
5	蒙化	19	100.30888	25.23003
6	晋宁	17	102.74321	24.70312
7	石屏	17	102.48826	23.71902
8	楚雄	16	101.54286	25.03307
9	安宁	14	102.44000	24.95000
10	腾冲	12	98.49498	25.02435
11	河西	10	102.73174	24.11781
12	浪穹	10	99.94923	26.11270
13	曲靖	10	103.79000	25.51000
14	太和	10	101.47362	25.18079
15	鹤庆	9	100.17928	26.55942
16	呈贡	8	102.79896	24.90134
17	云南县	8	100.56000	25.48000
18	丽江	7	100.23598	26.87463
19	宁州	7	102.77002	24.27566
20	剑川	6	99.90253	26.48383
21	姚安	6	101.27985	25.65638
22	宾川	5	100.55000	25.82000
23	邓川	5	100.04160	25.99123
24	嵩明	4	103.03332	25.34134
25	新兴	4	102.52000	24.35000
26	大姚	3	101.32531	25.72573
27	昆阳	3	102.58000	24.68000
28	马龙	3	103.61000	25.41000
29	宣威	3	104.10641	26.21884
30	定远	2	102.36000	25.55000
31	泸西	2	103.76000	24.52000
32	陆良	2	104.64000	25.04000
33	蒙自	2	103.23675	23.35547
34	阿迷	1	103.23381	23.71490
35	河阳	1	102.91122	24.67320
36	禄丰	1	102.08010	25.14740
37	罗次	1	102.08010	25.14740
38	弥渡	1	100.49776	25.34971

（续表）

序号	地名	人数	X	Y
39	弥勒	1	103.43320	24.40936
40	顺宁	1	99.91098	24.59181
41	武定	1	102.39832	25.53585
42	寻甸	1	103.25372	25.56220
43	宜良	1	103.14198	24.91107
44	永北	1	100.74804	26.68933
45	永平	1	99.51934	25.46317
46	赵州	1	100.31290	25.58517
总计 46		358		

（董雪莲）

附录三　本书引用文献编目

本书所引文献编目分为著作类和文章类。著作类以著（编）者所处年代或作品成书年代先后为序分为先明、明、清、民国、当代五个时期，除先明外，同一时期的文献按照出版时间先后排列，出版时间同者以著（编）者生年早晚为序，无出版项的古本则置于每期最前，以著（编）者生年早晚为序，并尽可能注明所藏图书馆及刊刻时间。文章类以发表时间先后为序排列。

一、著作类

［西汉］司马迁：《史记》，北京：中华书局，1982 年。

［东汉］班固：《后汉书》，北京：中华书局，1965 年。

［魏］曹植：《曹子建集》，《续修四库全书》，上海：上海古籍出版社，2002 年。

［唐］李白：《李白集校注》，上海：上海古籍出版社，1980 年。

［宋］陈师道：《后山诗注补笺》，北京：中华书局，1995 年。

［明］吴宽：《匏翁家藏集》，明正德刻本。

［明］钱福：《钱太史鹤滩稿》，明万历三十六年（1608）沈思梅居刻本。

［明］周季凤：正德《云南志》，云南省图书馆藏，范氏天一阁藏嘉靖三十二年（1553）刻本之传抄本。

［明］唐龙：《渔石集》，明嘉靖年间刻本。

［明］顾元庆：《夷白斋诗话》，明刻《顾氏四十家小说》。

［明］木公：《玉湖游录》，云南省图书馆藏，明嘉靖年间（约 1545）刻本。

［明］木公：《隐园春兴》，云南省图书馆藏，明嘉靖年间刻本。

［明］木公：《雪山始音》，云南省图书馆藏，明嘉靖年间刻本。

［明］木公：《仙楼琼华》，云南省图书馆藏，明嘉靖年间刻本。

［明］木公：《雪山庚子稿》，国家图书馆藏，明嘉靖年间刻本之民国年间抄校本。

［明］雷礼：《国朝列卿纪》，万历年间徐鉴刻本。

［明］何士晋：《工部厂库须知》，万历年间林如楚刻本。

［明］王世贞：《弇州史料后集》，明万历四十二年（1614）刻本。

［明］蒋一葵：《尧山堂外纪》，明刻本。

［明］吴伟业：《吴梅村先生编年诗集》，程穆衡原笺、杨学沆补注，太昆先哲遗书之一，太仓俞氏世德堂己巳校印本。

［明］陆世仪：《桴亭先生集外文》，1927 年刻本。

[明] 何蔚文：《年谱诗话》，云南省图书馆藏，清康熙三十八年（1699）抄本。
[明] 何蔚文：《浪槎集》，云南省图书馆藏，民国年间抄本。
[明] 瞿共美：《东明闻见录》，《七百种明季稗史初编》，台北：台北商务印书馆，1936 年。
[明] 释读体：《一梦漫言》，上海：世界书局，1937 年。
[明] 陈佐才：《重刊明遗老陈翼叔先生诗全集》，北京：国家图书馆藏，1946 年。
[明] 沈德符：《万历野获编》，北京：中华书局，1959 年。
[明] 西亭凌雪：《南天痕》，《台湾文献丛刊》，台北：台湾银行经济研究室辑，1960 年。
[明]《明实录》，台北：台湾"中央研究院"历史语言研究所校印，1962 年。
[明] 吴伟业：《梅村诗话》，《清诗话》，上海：中华书局，1963 年。
[明] 宋濂等：《元史》，北京：中华书局，1976 年。
[明] 释读彻：《王氏辑注南来堂诗集》，《中国学术类编》，台北：鼎文书局，1977 年。
[明] 李元阳：《嘉靖大理府志》，大理：大理白族自治州文化局翻印，1983 年。
[明] 李东阳：《李东阳集》，长沙：岳麓出版社，1984 年。
[明] 兰茂：《性天风月通玄记》，《古本戏曲丛刊》，上海：上海古籍出版社，1986 年。
[明] 李贤等：《明一统志》，《景印文渊阁四库全书》，台北：商务印书馆，1986 年。
[明] 李东阳：《怀麓堂集》，《景印文渊阁四库全书》，台北：商务印书馆，1986 年。
[明] 王鏊：《震泽集》，《景印文渊阁四库全书》，台北：商务印书馆，1986 年。
[明] 王鏊：《姑苏志》，《景印文渊阁四库全书》，台北：商务印书馆，1986 年。
[明] 林俊：《见素集》，《景印文渊阁四库全书》，台北：商务印书馆，1986 年。
[明] 邵宝：《容春堂集》，《景印文渊阁四库全书》，台北：商务印书馆，1986 年。
[明] 顾清：《东江家藏集》，《景印文渊阁四库全书》，台北：商务印书馆，1986 年。
[明] 王守仁：《王文成全书》，《景印文渊阁四库全书》，台北：商务印书馆，1986 年。
[明] 李梦阳：《空同集》，《景印文渊阁四库全书》，台北：商务印书馆，1986 年。
[明] 康海：《对山集》，《景印文渊阁四库全书》，台北：商务印书馆，1986 年。
[明] 顾璘：《顾华玉集》，《景印文渊阁四库全书》，台北：商务印书馆，1986 年。
[明] 陆深：《俨山集》，《景印文渊阁四库全书》，台北：商务印书馆，1986 年。
[明] 杨慎：《升庵集》，《景印文渊阁四库全书》，台北：商务印书馆，1986 年。
[明] 陆粲：《陆子余集》，《景印文渊阁四库全书》，台北：商务印书馆，1986 年。
[明] 郑若曾：《江南经略》，《景印文渊阁四库全书》，台北：商务印书馆，1986 年。
[明] 王世贞：《弇山堂别集》，《景印文渊阁四库全书》，台北：商务印书馆，1986 年。
[明] 王世贞：《嘉靖以来首辅传》，《景印文渊阁四库全书》，台北：商务印书馆，1986 年。
[明] 凌迪知：《万姓统谱》，《景印文渊阁四库全书》，台北：商务印书馆，1986 年。
[明] 冯从吾：《少墟集》，《景印文渊阁四库全书》，台北：商务印书馆，1986 年。
[明] 徐𤈶：《徐氏笔精》，《景印文渊阁四库全书》，台北：商务印书馆，1986 年。
[明] 谢肇淛：《滇略》，《景印文渊阁四库全书》，台北：商务印书馆，1986 年。

[明] 孙承泽：《春明梦馀录》，《景印文渊阁四库全书》，台北：商务印书馆，1986 年。

[明] 徐弘祖：《徐霞客游记》，上海：上海古籍出版社，1987 年。

[明] 袁中道：《珂雪斋集》，上海：上海古籍出版社，1989 年。

[明] 赵炳龙：《居易轩遗稿》，《丛书集成续编》，台北：新文丰出版公司，1989 年。

[明] 高应雷：《高澹生诗文钞》，《丛书集成续编》，台北：新文丰出版公司，1989 年。

[明] 刘文征：天启《滇志》，昆明：云南教育出版社，1991 年。

[明] 锺惺：《隐秀轩集》，上海：上海古籍出版社，1992 年。

[明] 王廷表：《桃川剩集》，《丛书集成续编》，上海：上海书店，1994 年。

[明] 李元阳：《中溪家传汇稿》，《丛书集成续编》，上海：上海书店，1994 年。

[明] 何乔远：《闽书》，福州：福建人民出版社，1994 年。

[明] 诸葛元声：《滇史》，芒市：云南德宏州民族出版社，1994 年。

[明] 陈继儒：《白石樵真稿》，《丛书集成三编》，台北：新文丰出版公司，1996 年。

[明] 陈瑚：《离忧集》，《丛书集成三编》，台北：新文丰出版公司，1996 年。

[明] 李东阳：《李东阳续集》，长沙：岳麓出版社，1997 年。

[明] 杨一清：《石淙诗稿》，《四库全书存目丛书》，济南：齐鲁书社，1997 年。

[明] 戴鱀：《戴中丞遗集》，《四库全书存目丛书》，济南：齐鲁书社 ,1997 年。

[明] 余继登：《皇明典故纪闻》，《四库全书存目丛书》，济南：齐鲁书社，1997 年。

[明] 徐学聚：《国朝典汇》，《四库全书存目丛书》，济南：齐鲁书社，1997 年。

[明] 张志淳：《南园漫录》，昆明：云南民族出版社，1999 年。

[明] 简绍芳：《杨文宪升庵先生年谱》，《北京图书馆藏珍本年谱丛刊》，北京：北京图书馆出版社，1999 年。

[明] 王元翰：《未焚草》，《天津图书馆孤本秘籍丛书》，北京：中华全国图书馆文献缩微复制中心影印，1999 年。

[明] 王元翰：《王谏议全集》，《四库未收书辑刊》，北京：北京出版社，2000 年。

[明] 陈瑚：《确庵文稿》，《四库禁毁丛刊》，北京：北京出版社，2000 年。

[明] 杨一清：《杨一清集》，北京：中华书局，2001 年。

[明] 陈文：《景泰云南图经志书》，昆明：云南民族出版社，2002 年。

[明] 杨慎：《升庵长短句续集》，《续修四库全书》，上海：上海古籍出版社，2002 年。

[明] 何镗：《古今游名山记》，《续修四库全书》，上海：上海古籍出版社，2002 年。

[明] 焦竑：《国朝献征录》，《续修四库全书》，上海：上海古籍出版社，2002 年。

[明] 释德清：《憨山老人梦游集》，《续修四库全书》，上海：上海古籍出版社，2002 年。

[明] 陈继儒：《陈眉公集》，《续修四库全书》，上海：上海古籍出版社，2002 年。

[明] 钱谦益：《牧斋初学集》，《续修四库全书》，上海：上海古籍出版社，2002 年。

[明] 王时敏：《王奉常书画题跋》，《续修四库全书》，上海：上海古籍出版社，2002 年。

[明] 吴伟业：《梅村家藏稿》，《续修四库全书》，上海：上海古籍出版社，2002 年。

[明]陆世仪：《桴亭先生文集》，《续修四库全书》，上海：上海古籍出版社，2002年。

[明]担当（释通荷）：《担当诗文全集》，昆明：云南美术出版社，2003年。

[明]李元阳：《李元阳集》，昆明：云南大学出版社，2008年。

[明]袁宏道：《袁宏道集》，上海：上海古籍出版社，2008年。

[明]兰茂：《兰隐君集》，影印《云南丛书》之《杨林两隐君集》，北京：中华书局，2009年。

[明]杨一清：《石淙诗钞》，影印《云南丛书》，北京：中华书局，2009年。

[明]木公：《雪山诗选》，影印《云南丛书》，北京：中华书局，2009年。

[明]李元阳：《李中溪全集》，影印《云南丛书》，北京：中华书局，2009年。

[明]王元翰：《凝翠集》，影印《云南丛书》，北京：中华书局，2009年。

[明]文祖尧：《明阳山房遗集》，影印《云南丛书》之《呈贡文氏三遗集合钞》，北京：中华书局，2009年。

[明]释通荷（担当）：《担当遗诗》，影印《云南丛书》，北京：中华书局，2009年。

[明]王锡衮：《王忠节公文集》，影印《云南丛书》之《明滇南五名臣遗集》，北京：中华书局，2009年。

[明]禄洪：《北征集》，影印《云南丛书》，北京：中华书局，2009年。

[明]王时敏：《王烟客先生集》，《清代诗文集汇编》，上海：上海古籍出版社，2010年。

[明]陈继儒：《陈眉公先生全集》，《原国立北平图书馆甲库善本丛书》，北京：国家图书馆出版社，2013年。

[清]康熙《云南通志》，日本京都大学藏，清康熙二十九年（1690）刊本。

[清]王叟：《嵩明州志》，云南省图书馆藏，康熙五十九年（1720）刻本之传抄本。

[清]王昶：《直隶太仓州志》，清嘉庆七年（1802）刻本。

[清]汪学金：《娄东诗派》，清嘉庆九年（1804）诗志斋刻本。

[清]师范：《滇系》，清光绪十三年（1887）云南通志局本。

[清]李铭皖、冯桂芬等：《苏州府志》，清光绪九年（1883）刊本。

[清]秦光玉：《明季滇南遗民录》，云南省图书馆藏手写本。

[清]秦光玉：《明季滇南遗民录》，呈贡秦氏罗山楼刻本，1933年。

[清]佚名：《蒙化乡土志》（上、下卷），云南省巍山县文化馆藏本，出版地、出版年代不详。

[清]蒋平阶：《东林始末》，上海：神州国光社，1947年。

[清]徐鼒：《小腆纪年附考》，北京：中华书局，1957年。

[清]罗瀛美等：《浪穹县志略》，台北：成文出版社，1957年。

[清]温睿临：《南疆逸史》，北京：中华书局，1959年。

[清]汪楫：《崇祯实录》，《明实录》附录本，台北：台湾“中央研究院”历史语言研究所校印，1962年。

[清]汪楫：《崇祯长编》，《明实录》附录本，台北：台湾“中央研究院”历史语言研究所校印，1962年。

［清］倪在田：《续明纪事本末》，《台湾文献丛刊》，台北：台湾银行经济研究室辑，1962年。
［清］王士祯：《渔洋诗话》，《清诗话》，上海：中华书局，1963年。
［清］李天根：《爝火录》，《台湾文献丛刊》，台北：台湾银行经济研究室辑，1963年。
［清］永瑢等：《四库全书总目》，北京：中华书局，1965年。
［清］吴宜燮等：《龙溪县志》，《中国方志丛书》，台北：成文出版社，1967年。
［清］李逊之：《崇祯朝野纪》，《台湾文献丛刊》，台北：台湾银行经济研究室辑，1968年。
［清］侯允钦：《邓川州志》，《中国方志丛书》，台北：成文出版社，1968年。
［清］李周望：《国朝历科题名碑录初集·明洪武至崇祯各科附》，台北：华文书局，1969年。
［清］张廷玉：《明史》，北京：中华书局，1974年。
［清］赵尔巽：《清史稿》，北京：中华书局，1977年。
［清］葛万里：《清钱牧斋先生谦益年谱》，《新编中国名人年谱集成》，台北：商务印书馆，1981年。
［清］王士祯：《池北偶谈》，《清代史料笔记丛刊》，北京：中华书局，1982年。
［清］计六奇：《明季南略》，北京：中华书局，1984年。
［清］周钺：雍正《宾川州志》，大理：大理白族自治州文化局翻印，1984年。
［清］林焜熿：《金门志》，《台湾文献丛刊》，台北：大通书局，1984年。
［清］杨陆荣：《三藩纪事本末》，《丛书集成新编》，台北：新文丰出版公司，1985年。
［清］窦镇：《国朝书画家笔录》，《清代传记丛刊》，台北：明文书局，1985年。
［清］黄宗羲：《明文海》，《景印文渊阁四库全书》，台北：商务印书馆，1986年。
［清］黄虞稷：《千顷堂书目》，《景印文渊阁四库全书》，台北：商务印书馆，1986年。
［清］王士祯：《香祖笔记》，《景印文渊阁四库全书》，台北：商务印书馆，1986年。
［清］王士祯：《居易录》，《景印文渊阁四库全书》，台北：商务印书馆，1986年。
［清］孙岳颁等：《御定佩文斋书画谱》，《景印文渊阁四库全书》，台北：商务印书馆，1986年。
［清］储大文：《存研楼文集》，《景印文渊阁四库全书》，台北：商务印书馆，1986年。
［清］黄之隽等：《江南通志》，《景印文渊阁四库全书》，台北：商务印书馆，1986年。
［清］葛万里：《别号录》，《景印文渊阁四库全书》，台北：商务印书馆，1986年。
［清］李清馥：《闽中理学渊源考》，《景印文渊阁四库全书》，台北：商务印书馆，1986年。
［清］沈青崖等：《陕西通志》，《景印文渊阁四库全书》，台北：台北商务印书馆，1986年。
［清］秦蕙田：《五礼通考》，《景印文渊阁四库全书》，台北：商务印书馆，1986年。
［清］鲁曾煜等：《广东通志》，《景印文渊阁四库全书》，台北：商务印书馆，1986年。
［清］嵇璜等：《钦定续文献通考》，《景印文渊阁四库全书》，台北：商务印书馆，1986年。
［清］傅恒等：《御批历代通鉴辑览》，《景印文渊阁四库全书》，台北：商务印书馆，1986年。
［清］王世贵等：康熙《剑川州志》，大理：大理州白族自治州文化局印，1986年。
［清］和珅等：《大清一统志》，《景印文渊阁四库全书》，台北：商务印书馆，1986年。
［清］钱秉镫：《所知录》，上海：上海古籍出版社，1987年。

［清］王夫之：《永历实录》，上海：上海古籍出版社，1987 年。

［清］陈荣昌：《滇诗拾遗》，《丛书集成续编》，台北：新文丰出版公司，1988 年。

［清］吴荣光：《历代名人年谱》，上海：上海书店出版社，1989 年。

［清］何绍章等：《光绪丹徒县志》，《中国地方志集成》之《江苏府县志辑》，南京：江苏古籍出版社，1991 年。

［清］陈田：《明诗纪事》，《明代传记丛刊》，台北：明文书局，1991 年。

［清］袁文典等：《滇南诗略》，《丛书集成续编》，上海：上海书店，1994 年。

［清］李坤：《滇诗拾遗补》，《丛书集成续编》，上海：上海书店，1994 年。

［清］赵藩：《滇词从录》，《丛书集成续编》，上海：上海书店，1994 年。

［清］梁有檍：《蒙化志稿》，芒市：云南德宏州民族出版社，1996 年。

［清］谷应泰：《明史纪事本末》，《丛书集成三编》，台北：新文丰出版公司，1997 年。

［清］蒋旭：康熙《蒙化府志》，《巍山县旧志丛书》，芒市：德宏州民族出版社，1998 年。

［清］朱景英：《李文正公年谱》，《北京图书馆藏珍本年谱丛刊》，北京：北京图书馆出版社，1999 年。

［清］法式善：《明李文正公年谱》，《北京图书馆藏珍本年谱丛刊》，北京：北京图书馆出版社，1999 年。

［清］王宝仁：《奉常公年谱》，《北京图书馆藏珍本年谱丛刊》，北京：北京图书馆出版社，1999 年。

［清］刘海涵：《何大复先生年谱》，《北京图书馆藏珍本年谱丛刊》，北京：北京图书馆出版社，1999 年。

［清］倪蜕：《云南事略》，《正续云南备征志》，昆明：云南民族出版社，2000 年。

［清］袁嘉谷：《滇绎》，《正续云南备征志》，昆明：云南民族出版社，2000 年。

［清］归庄：《归玄恭遗著》，《续修四库全书》，上海：上海古籍出版社，2002 年。

［清］王夫之：《楚辞通释》，《续修四库全书》，上海：上海古籍出版社，2002 年。

［清］潘耒：《遂初堂别集》，《续修四库全书》，上海：上海古籍出版社，2002 年。

［清］刘献廷：《广阳杂记》，《续修四库全书》，上海：上海古籍出版社，2002 年。

［清］丁丙：《善本书室藏书志》，《续修四库全书》，上海：上海古籍出版社，2002 年。

［清］冯甦：《滇考》，昆明：云南民族出版社，2002 年。

［清］高奣映：《鸡足山志》，昆明：云南人民出版社，2003 年。

［清］管学宣等：《丽江府志略》，《西南稀见方志文献》，兰州：兰州大学出版社，2003 年。

［清］陈佐才：《陈翼叔诗集》，影印《云南丛书》，北京：中华书局，2009 年。

［清］陆天麟：《烟坪诗钞》，影印《云南丛书》，北京：中华书局，2009 年。

［清］圆鼎：《滇释记》，影印《云南丛书》，北京：中华书局，2009 年。

［清］范承勋等：《康熙云南府志》，《中国地方志集成》之《云南府县志辑》，南京：凤凰出版社，2009 年。

[清]杜绍先：《康熙晋宁州志》，《中国地方志集成》之《云南府县志辑》，南京：凤凰出版社，2009年。

[清]倪蜕：《滇云历年传》，影印《云南丛书》，北京：中华书局，2009年。

[清]袁文揆等：《滇南文略》，影印《云南丛书》，北京：中华书局，2009年。

[清]朱庆椿等：《道光晋宁州志》，《中国地方志集成》之《云南府县志辑》，南京：凤凰出版社，2009年。

[清]赵联元：《丽郡诗文征》，影印《云南丛书》，北京：中华书局，2009年。

[清]赵藩：《向湖村舍诗初集》，影印《云南丛书》，北京：中华书局，2009年。

[清]赵藩：《二集》，影印《云南丛书》，北京：中华书局，2009年。

[清]朱若功、李明、李蔚文等：《光绪呈贡县志》，《中国地方志集成》之《云南府县志辑》，南京：凤凰出版社，2009年。

[清]朱淳增：《重辑杨文襄公事略》，影印《云南丛书》，北京：中华书局，2009年。

[清]张庚等：《国朝画征录》，杭州：浙江人民美术出版社，2011年。

[民国]方树梅：《杨文襄公年谱》，《学山楼丛书未刊稿》，云南省图书馆藏。

[民国]李棪：《东林党籍考》，北京：人民出版社，1957年。

[民国]王葆心：《蕲黄四十八寨纪事》，《台湾文献丛刊》，台北：台湾银行经济研究室辑，1972年。

[民国]张培爵等：《大理县志稿》，《中国方志丛书》，台北：成文出版社，1974年。

[民国]阳仰：《禄丰县志条目》，《中国方志丛书》，台北：成文出版社，1975年。

[民国]陈乃乾：《苍雪大师行年考略》，《中国学术类编》之《王氏辑注南来堂诗集》，台北：鼎文书局，1977年。

[民国]辑刻《云南丛书》处：《滇文丛录》，《丛书集成续编》，上海：上海书店，1994年。

[民国]陈垣：《明季滇黔佛教考》，石家庄：河北教育出版社，2000年。

[民国]方国瑜：《云南史料丛刊》，昆明：云南大学出版社，2000年。

[民国]李根源：《永昌府文征》，昆明：云南美术出版社，2001年。

[民国]舒立淇：《民国溆浦县志》，《中国地方志集成》之《湖南府县志辑》，南京：江苏古籍出版社，2002年。

[民国]方树梅：《担当年谱》，《担当诗文全集》，昆明：云南美术出版社，2003年。

[民国]方树梅：《滇南碑传集》，昆明：云南民族出版社，2003年。

[民国]周宗岳等：《新纂云南通志》，昆明：云南人民出版社，2007年。

[民国]方树梅：《晋宁诗文征》，影印《云南丛书》，北京：中华书局，2009年。

[民国]辑刻《云南丛书》处：《滇诗丛录》，影印《云南丛书》，北京：中华书局，2009年。

[民国]辑刻《云南丛书》处：《滇文丛录》，影印《云南丛书》，北京：中华书局，2009年。

[民国]李昌泰等：《民国嵩明县志》，《中国地方志集成》之《云南府县志辑》，南京：凤凰出版社，2009年。

铃木虎雄:《李卓吾年谱》,《李贽研究参考资料》(第1辑)本,福州:福建人民出版社,1975年。
朱宝炯等:《明清进士题名碑录索引》,上海:上海古籍出版社,1980年。
张文勋:《白族文学史》,昆明:云南人民出版社,1983年。
方国瑜:《明修九种云南史志概说》,《中国地方史志论丛》,北京:中华书局,1984年。
李缵绪:《白族文学史略》,北京:中国民间文艺出版社,1984年。
王文才等:《升庵著述序跋》,昆明:云南人民出版社,1985年。
黄云眉:《明史考证》,北京:中华书局,1986年。
李初梨:《李初梨珍藏书画选》,重庆:重庆出版社,1986年。
王文才:《杨慎学谱》,上海:上海古籍出版社,1988年。
蓝华增:《云南诗歌史略》,昆明:云南人民出版社,1988年。
郑威:《董其昌年谱》,上海:上海书画出版社,1989年。
李正清:《大理喜洲文化史考》,昆明:云南民族出版社,1989年。
丽江县政协文史资料委员会:《丽江文史资料》(第8辑),丽江:丽江县政协文史资料委员会编,1989年。
冯其庸等:《吴梅村年谱》,南京:江苏古籍出版社,1990年。
华宁县文史资料委员会:《华宁县文史资料选辑》(第3辑),玉溪:华宁县文史资料委员会编,1990年。
云南省嵩明县县志编纂委员会:《嵩明县志》,昆明:云南人民出版社,1995年。
钱振民:《李东阳年谱》,上海:复旦大学出版社,1995年。
云南省洱源县志编纂委员会:《洱源县志》,昆明:云南人民出版社,1996年。
大理市文化丛书编辑文员会:《大理市古碑存文录》,昆明:云南民族出版社,1996年。
《云南省志·地名志》,昆明:云南人民出版社,1997年。
苏石:《兰芷庵年谱》,《兰茂评传》,昆明:云南人民出版社,1997年。
中国古籍善本书目编辑委员会:《中国古籍善本书目》,上海:上海古籍出版社,1998年。
丰家骅:《杨慎评传》,南京:南京大学出版社,1998年。
云南剑川县志编篡委员会:《剑川县志》,昆明:云南民族出版社,1999年。
木光:《木府风云录》,昆明:云南民族出版社,2000年。
赵寅松:《白族文化研究2001》,北京:民族出版社,2002年。
王艳萍:《李元阳年谱》,《西南古籍研究(2001年)》,昆明:云南大学出版社,2002年。
剑川县民族宗教事务局:《剑川县民族宗教志》,昆明:云南民族出版社,2002年。
李光荣等:《古籍中的大理》,昆明:云南民族出版社,2003年。
中国人民政治协商会议保山市隆阳区委员会:《隆阳碑铭石刻》,昆明:云南美术出版社,2005年。
李学智:《桥连阡陌:峻岭阡陌间的禄丰桥文化》,昆明:云南民族出版,2006年。
罗江文:《历代白族作家丛书》,昆明:云南民族出版社,2006年。
杜泽逊:《四库存目标注》,上海:上海古籍出版社,2007年。

大理白族自治州白族文化研究所：《大理丛书》，北京：民族出版社，2007 年。
施立卓：《李元阳年谱》，《李元阳集》，昆明：云南大学出版社，2008 年。
保山市文化广电新闻出版局：《保山碑刻》，昆明：云南美术出版社，2008 年。
大理白族自治州民族事务委员会:《大理白族自治州民族宗教志》,昆明: 云南民族出版社,2009年。
余来明：《嘉靖前期诗坛研究（1522~1550）》，武汉：武汉大学出版社，2009 年。
张德信：《明代职官年表》，合肥：黄山书社，2009 年。
孙秋克：《明代云南文学研究》，昆明：云南人民出版社，2010 年。
张树芳等：《大理丛书》，昆明：云南民族出版社，2010 年。
杨继国等：《宁夏历代艺文集》，银川：宁夏人民出版社，2011 年。
朱东润：《张居正大传》，长沙：湖南人民出版社，2013 年。
董文献等：《走进玉溪》，昆明：云南人民出版社，2014 年。

二、文章类

张秉祥：《民族诗人陈翼叔》，《云南日报》，1981 年 4 月 24 日。
王丽珠：《撑风老干坚如铁 几度凌霜不改节——明末爱国诗人陈佐才和他的诗》，《昆明师范学院学报》，1981 年第 3 期。
张秉祥：《关于明末清初云南诗人陈翼叔的生卒年》，《昆明师范学院学报》，1983 年第 4 期。
张士儒：《明末遗民陆天麟及其诗歌》，《昆明师范学院学报》，1986 年第 2 期。
万揆一：《呈贡学者文祖尧及其后裔》，《云南师范大学学报》（哲学社会科学版），1991 年第 1 期。
木仕华：《明代丽江木氏土司有关汉文史料综述》，《云南文史资料》，1995 年第 2 期。
潘发生：《〈木氏宦谱〉部分疑难地名考释》，《思想战线》，1998 年第 12 期。
陈友康：《古代云南少数民族的家族文学》，《云南民族学院学报》，1998 年第 4 期。
黄丝才等：《兰茂年谱》，《云南中医学院学报》，2001 年第 1 期。
木仕华：《丽江木氏土司与滇川藏交角区域历史文化研讨会论文集》，北京：中国藏学出版社，2001 年。
段炳昌：《明清时期云南戏剧文学略论》，《民族艺术研究》，2002 年第 2 期。
罗江文：《薄命篇成泪满襟，湘累哀怨楚骚心——谈明代白族诗人赵炳龙的诗歌创作》，《大理学院学报》，2005 年第 4 期。
姜晓霞：《张含年谱》，《保山师专学报》，2008 年第 1 期。
盛林忠：《杨一清研究》，浙江大学人文学院硕士学位论文，2008 年。
周锦国:《明朝洱源“何氏作家群”作家亲属关系及生平》,《大理学院学报》,2009 年第5期。
郑伟章：《毛晋代丽江木增刻书略述》，《文献》，2009 年第 4 期。

（李艳峰）

跋

从填写项目立项申报文件至本书出版，逾时六年。对于这样一个工作量极大的课题而言，六年的时间或许并不算长，然而作为课题负责人，我觉得走过了又一段艰苦而充实的学术之旅。近年来我居住于上海和昆明，在距离遥远的双城之间飞越崇山峻岭，尤觉时光流逝极其迅疾。只希望通过扎实的努力，为明代云南文学研究提供一部具有一定价值的著作；只希望本着一颗真心，为学术事业的发展结成一个研究能力较强的群体。

本书的著者分属于昆明学院（孙秋克、姜晓霞、李艳峰、朱供罗）和云南大学（谢蔚）、浙江大学（董雪莲，在读博士），除我之外都是青年教师。可喜的是通过本课题研究，他们的学术素质都有所提高：十八家年谱由他们完成了八家，课题的十四项阶段性研究成果他们发表了六项；随着课题研究的进行，他们中有人晋升教授、有人获得博士学位并晋升副教授；作为自己课题的负责人，他们获得了九项省厅级科研基金立项。数字是枯燥的，实绩却是可见的，这说明扎实地进行学术研究，对于促进学术事业的可持续发展大有裨益。姜晓霞教授、李艳峰副教授除日常教学和科研工作外，先后承担了烦琐的报账等杂事。谢蔚副教授则在搜集部分历史文献上，做了不容忽视的工作。大家知道，所有课题组的研究人员，无论在哪个方面做了多少工作，都不能从课题经费中获取任何劳务补助，故除了不计较得到和付出，我们无法在经济利益驱动下完成课题。

在课题的完成过程中，有一些情况值得一提。因为这项基础研究，需要海量的文献作为支撑，即使图书条件已今非昔比，仍难免搜罗之苦，幸好许多学界同仁给了我们帮助：浙江大学徐永明教授、暨南大学史小军教授、天津师范大学楚爱华教授、浙江财经大学讲师陈文辉博士，都曾帮助查找过省内稀缺文献，甚至发送文本以解急需，云南师范大学的封海清教授帮忙找书并送到门前——这些算是比较顺利的访书，还有更为困难的，如云南省图书馆所藏丽江木公的明刻本《雪山庚子稿》，近年我几次去查阅，皆答曰搬迁新馆后找不到了，陈佐才的《重刊明遗老陈翼叔先生诗全集》亦遍寻不得。这是本书两位谱主的重要著作，后来我查到国家图书馆两部均有（但《雪山庚子稿》仅有民国年间抄校本），只好在车祸之后，身体尚未完全康复的情况下前往阅读，这才使相关研究得以按时完成。在藏书较多的上海图书馆，我亦曾多次寂坐终日，披览书籍。

访书之外，我们也为寻找尚存的历史遗迹而走过山山水水：如谱主故里大理古城及苍山、洱海，丽江古城及玉龙雪山下的玉湖村，谱主驻锡或圆寂地宾川鸡足山、苏州中峰寺，谱主占籍地镇江丁卯桥及其游览地金山、焦山，谱主墓葬昆明呈贡和晋宁、巍山盟石山，亦驻足涉及谱主事迹的古驿站遗址，并翻越高黎贡山……流年似水，世事沧桑，太多的历史遗迹，早已被淹没在漫漫岁月的云烟中。按史籍记载去追寻，那些所剩无几的断碣残碑，仍在使用的古时地名，在原址上新建的庙宇、房屋，虽然实际上多半令人失望，但并非只留下一片空茫。在大量查阅文献的基础上，古人和今人的精神总会超越时空，在某一时刻形成近距离交流，这或许才是我们寻找众多谱主遗迹的意义。

谨借此感谢各地专家热情帮助，感谢国家和昆明学院为本项目提供资助经费，感谢人文学院、科研处、计财处等部门尽可能为我们排忧解难！

孙秋克

2017年5月于浦东张江